Schneider
Gebührentabellen

Gebührentabellen

mit Erläuterungen, Berechnungsmustern und Arbeitshilfen

von

Norbert Schneider

Rechtsanwalt in Neunkirchen-Seelscheid

4., korrigierte Auflage 2014

www.beck.de

ISBN 978 3 406 66955 2

© 2014 Verlag C. H. Beck oHG
Wilhelmstraße 9, 80801 München
Satz, Druck und Bindung: Druckerei C. H. Beck Nördlingen
(Adresse wie Verlag)
Gedruckt auf säurefreiem, alterungsbeständigem Papier
(hergestellt aus chlorfrei gebleichtem Zellstoff)

Für Sabrina

Vorwort zur 4. Auflage

Mit Verspätung ist zum 1. August 2013 das Zweite Kostenrechtsmodernisierungsgesetz vom 23. Juli 2013 (2. KostRMoG) in Kraft getreten, das erst am 29. Juli 2013 verkündet worden ist (BGBl. I S. 2586). Ursprünglich war vorgesehen, dass das Gesetz bereits im Dezember 2012 verkündet und am 1. Juli 2013 in Kraft treten solle, sodass genügend Vorlaufzeit bestanden hätte, sich frühzeitig mit den eintretenden Änderungen zu befassen. Das Gesetzgebungsverfahren hat sich dann doch schwieriger gestaltet, als ursprünglich angenommen. Die gegenläufigen Interessen der Notare und der Anwaltschaft einerseits und der Länder andererseits, soweit sie Gerichtsgebühren vereinnahmen oder Prozess-, Verfahrenskostenhilfe- oder, Pflichtverteidigervergütung etc. auszahlen müssen, waren schwer in Einklang zu bringen. Mehrfache Änderungen des Gesetzesentwurfs waren die Folge. Mehrmals wurden die Gerichtsgebühren im Verlaufe des Gesetzgebungsverfahrens (zuletzt noch im Juli 2013) angehoben. Auch die Beträge für die Anwaltsgebühren sind gegenüber dem Referentenentwurf im Juni 2013 nochmals angepasst worden. Diese gesamten Unwägbarkeiten und ständigen Veränderungen im Laufe des Gesetzgebungsverfahrens haben es unmöglich gemacht, das Tabellenwerk pünktlich zum August 2013 erscheinen zu lassen.

Mit dem 2. KostRMoG sind sämtliche Wertgebühren aller Kostengesetze angehoben worden, insbesondere im RVG, im GKG, im FamGKG. Die KostO ist abgeschafft worden. An ihre Stelle ist jetzt das Gerichts- und Notarkostengesetz (GNotKG) getreten, das – wie die Kostenordnung – ebenfalls wertabhängige Gebühren für Gerichte und Notare vorsieht. Auch die Gebühren für Verfahrens- und Prozesskostenhilfe sowie für Beratungshilfe sind angehoben worden. Diese gesamten Änderungen waren in der vorliegenden 3. Auflage zu berücksichtigen.

Neu aufgenommen worden in das Tabellenwerk sind jetzt auch die Gebühren nach der Steuerberatervergütungsverordnung (StBVV), soweit sie für den Anwalt nach § 35 RVG von Bedeutung sind. Ferner ist auch den zu erstattenden Parteiauslagen nach § 91 ZPO i.V.m. den Vorschriften des JVEG ein eigenes Kapitel gewidmet worden. Überarbeitet worden sind darüber hinaus auch die Verfahrenswerte in Familiensachen.

Das Kapitel zur Anrechnung anwaltlicher Gebühren ist erheblich erweitert worden, nachdem jetzt auch in sozialrechtlichen Angelegenheiten die Gebührenanrechnung eingeführt worden ist.

Mit dieser Auflage sind die Gebührentabellen und Rechtsprechungsnachweise wieder auf aktuellem Stand.

Das Werk liefert damit eine aktuelle umfassende Arbeitshilfe, die alles, was der Anwalt und sein Sekretariat für die Abrechnung benötigen, bietet.

Durch ein bedauerliches Versehen beim Setzen der Tabellen wurden einzelne Tabellen in den Kapiteln 3, 9, 27 und 29 in der Vorauflage teilweise unrichtig abgedruckt. Mit der vorliegenden korrigierten Auflage werden diese Tabellen richtiggestellt.

Für Anregungen und Hinweise bin ich selbstverständlich weiterhin dankbar.

Neunkirchen, im März 2014 *Norbert Schneider*

Inhaltsübersicht

Vorwort	VII
Inhaltsverzeichnis	XI

A. Gebührentabellen zum RVG

1. Vergütungsverzeichnis (VV RVG) 1
2. Anwaltsgebühren nach Gegenstandswert bei außergerichtlichen Tätigkeiten 33
3. Wertgebühren in erstinstanzlichen gerichtlichen Verfahren nach Teil 3 VV RVG mit Erinnerung und allgemeinem Beschwerdeverfahren (einschließlich Gerichtsgebühren) 60
4. Wertgebühren in gerichtlichen Verfahren nach Teil 3 VV RVG, Rechtsmittel ohne allgemeine Beschwerde (einschließlich Gerichtsgebühren) 89
5. Gebühren in der Vollstreckung, Zwangsvollstreckung, Zwangsverwaltung, in Insolvenzverfahren u. a. 116
6. Gebührenbeträge der Prozess- und Verfahrenskostenhilfe bei Wertgebühren 131
7. Gebühren in sozialrechtlichen Angelegenheiten nach Betragsrahmen 139
8. Hilfeleistung in Steuersachen 145
9. Gebühren in Strafsachen 158
10. Gebühren in Bußgeldsachen 166
11. Gebühren in Verfahren nach Teil 6 VV RVG 171
12. Beratungshilfe 176
13. Hebegebühren 181
14. Dokumentenpauschalen 186
15. Reisekosten für Geschäftsreisen 197
16. Entgelte für Post- und Telekommunikationsdienstleistungen 201
17. Haftpflichtversicherungsprämie 203
18. Gebühren nach den Abrechnungsgrundsätzen bei der Regulierung von Verkehrsunfällen 206
19. Vergütung für Akteneinsicht und Aktenauszüge aus Unfallstrafakten 210
20. Gebührenanrechnungen nach dem RVG 211
21. Berücksichtigung der Gebührenanrechnung nach § 15a Abs. 2 RVG bei der Kostenerstattung und der PKH/VKH-Vergütungsfestsetzung 237
22. Verfahrens- und Gegenstandswerte in familienrechtlichen Angelegenheiten 247
23. Erstattungsfähige Kosten der Partei für die Wahrnehmung gerichtlicher Termine 271
24. ABC der wichtigsten Gebührentatbestände und -vorschriften 273

B. Gebührentabellen zum GKG

25. Kostenverzeichnis zum GKG 287
26. Gerichtsgebühren nach § 34 GKG (ausgenommen Verfahren vor den Arbeitsgerichten) 335
27. Gerichtsgebühren in Verfahren vor den Gerichten der Arbeitsgerichtsbarkeit (Teil 8 KV GKG) 350

C. Gebührentabellen zum FamGKG

28. Kostenverzeichnis zum FamGKG 357

D. Tabellen zum GNotKG

29. Gebühren nach § 34 GNotKG 371
30. Ermäßigte Gebühren nach § 91 GNotKG 394

E. Prozess- und Verfahrenskostenhilfe

31. Einzusetzendes Einkommen und Freibeträge 401

Inhaltsverzeichnis

A. Gebührentabellen zum RVG

1. Vergütungsverzeichnis (VV RVG) 1
2. Anwaltsgebühren nach Gegenstandswert bei außergerichtlichen Tätigkeiten 33
   - I. Überblick 33
   - II. Gebührentabelle bis 30 Mio. Euro 34
   - III. Höhere Werte als 30 Mio. Euro bei mehreren Auftraggebern 58
     1. Erhöhungsmöglichkeit und Begrenzung 58
     2. Berechnungsmethode bei Werten über 30 Mio. Euro 58
3. Wertgebühren in erstinstanzlichen gerichtlichen Verfahren nach Teil 3 VV RVG mit Erinnerung und allgemeinem Beschwerdeverfahren (einschließlich Gerichtsgebühren) 60
   - I. Überblick 60
     1. Anwaltsgebühren 60
     2. Gerichtsgebühren 61
   - II. Gebührentabelle 62
   - III. Berechnung der Gebührenbeträge bei höheren Werten als 30 Mio. Euro 86
     1. Überblick 86
     2. Berechnungsmethode bei Werten über 30 Mio. Euro 86
4. Wertgebühren in gerichtlichen Verfahren nach Teil 3 VV RVG, Rechtsmittel ohne allgemeine Beschwerde (einschließlich Gerichtsgebühren) 89
   - I. Überblick 89
   - II. Gebührentabelle 90
   - III. Berechnung der Gebührenbeträge bei höheren Werten als 30 Mio. Euro 114
     1. Überblick 114
     2. Berechnungsmethode bei Werten über 30 Mio. Euro 114
5. Gebühren in der Vollstreckung, Zwangsvollstreckung, Zwangsverwaltung, in Insolvenzverfahren u. a. 116
   - I. Überblick 116
   - II. Gebührentabelle für Werte bis 10 Mio. Euro 118
   - III. Berechnung der Gebührenbeträge bei höheren Werten als 10 Mio. Euro 128
     1. Werte über 10 Mio. bis 30 Mio. Euro 128
     2. Werte über 30 Mio. Euro und Begrenzung 128
     3. Berechnung 129
6. Gebührenbeträge der Prozess- und Verfahrenskostenhilfe bei Wertgebühren 131
   - I. Überblick 131
   - II. Tabelle PKH- und VKH-Gebührenbeträge 132
   - III. Mehrere Auftraggeber 134
   - IV. Anrechnung bei vorangegangener außergerichtlicher Tätigkeit 135
   - V. Die Festsetzung 135
   - VI. Rechtsbehelfe und Rechtsmittel gegen die Festsetzung 136
   - VII. Differenzberechnung bei teilweiser Prozess- oder Verfahrenskostenhilfe 136
     1. Überblick 136

	2. Die Partei führt den Rechtsstreit in vollem Umfang, obwohl Prozess- oder Verfahrenskostenhilfe nur teilweise bewilligt worden ist	136
	3. Nach teilweiser Prozess- oder Verfahrenskostenhilfe-Bewilligung wird der Rechtsstreit nur im Rahmen der bewilligten Prozess- oder Verfahrenskostenhilfe durchgeführt	138
7.	Gebühren in sozialrechtlichen Angelegenheiten nach Betragsrahmen	139
	I. Überblick	139
	II. Gebührentabelle	140
8.	Hilfeleistung in Steuersachen	145
	I. Überblick	145
	II. Auszug aus der StBVV	145
9.	Gebühren in Strafsachen	158
	I. Überblick	158
	II. Tabelle Gebühren in Strafsachen	160
10.	Gebühren in Bußgeldsachen	166
	I. Überblick	166
	II. Tabelle Gebühren in Bußgeldsachen	168
11.	Gebühren in Verfahren nach Teil 6 VV RVG	171
	I. Überblick	171
	II. Gebührentabelle	172
12.	Beratungshilfe	176
	I. Vergütung	176
	II. Festsetzung	176
	III. Gebühren	177
	IV. Gesamtabrechnungen	178
	1. Allgemeine Tätigkeiten	178
	2. Tätigkeiten mit dem Ziel einer außergerichtlichen Einigung mit den Gläubigern (§ 305 Abs. 1 Nr. 1 InsO)	179
13.	Hebegebühren	181
	I. Anwalt (Nr. 1009 Nr. 1 bis 3 VV RVG)	181
	1. Überblick	181
	II. Formeln	181
	1. Beträge oder Werte bis einschließlich 2.500,00 Euro	181
	2. Beträge oder Werte von 2.500,01 Euro bis einschließlich 10.000,00 Euro	181
	3. Beträge oder Werte über 10.000,00 Euro	182
	III. Hinweise	182
	IV. Berechnungsbeispiele	182
	V. Erstattungsfähigkeit	184
	VI. Notar (Nrn. 25300, 25301 KV GNotKG)	184
	1. Überblick	184
	2. Geldbeträge	185
	3. Wertpapiere und Kostbarkeiten	185
14.	Dokumentenpauschalen	186
	I. Überblick	186
	II. RVG	186
	1. Ablichtungen und Ausdrucke Nr. 7000 Nr. 1 VV RVG	186
	2. Überlassung elektronisch gespeicherter Dateien	187

III. GKG	187
1. Herstellung und Überlassung von Dokumenten	187
2. Überlassung elektronisch gespeicherter Dateien	188
IV. FamGKG	188
V. GNotKG	188
1. Abrechnung des Gerichts	188
2. Notar	188
VI. Berechnungstabelle	189
1. Ablichtungen, Kopien und Ausdrucke	189
2. Kombinierte Tabelle zur Dokumentenpauschale	190
3. Überlassung elektronisch gespeicherter Dateien je Arbeitsgang oder Datenträger	196

15. Reisekosten für Geschäftsreisen ... 197

I. Überblick	197
II. Fahrtkosten	197
III. Sonstige Auslagen anlässlich der Geschäftsreise	198
IV. Abwesenheitsgelder	198
V. Verteilung der Kosten bei Geschäftsreisen in mehreren Angelegenheiten	198
1. Überblick	198
2. Anwalt	199
3. Notar	200

16. Entgelte für Post- und Telekommunikationsdienstleistungen ... 201

I. Anwalt	201
II. Notar	202

17. Haftpflichtversicherungsprämie ... 203

I. Anwalt	203
1. Überblick	203
2. Konkrete Abrechnung	203
3. Verhältnismäßige Abrechnung	203
II. Notar	205
1. Überblick	205
2. Konkrete Abrechnung	205
3. Verhältnismäßige Abrechnung	205

18. Gebühren nach den Abrechnungsgrundsätzen bei der Regulierung von Verkehrsunfällen ... 206

I. Übersicht über die verschiedenen Abrechnungsgrundsätze	206
II. Abrechnungsgrundsätze auf der Basis 1,8	206
1. Überblick	206
2. Beteiligte Versicherungsgesellschaften	206
3. Übersicht über die Gebührensätze (Basis 1,8)	206
III. Abrechnungsgrundsätze auf der Basis 1,5	207
1. Überblick	207
2. Beteiligte Versicherungsgesellschaften	207
3. Übersicht über die Gebührensätze (Basis 1,5)	207
IV. Weitergehender Vergütungsanspruch gegen den eigenen Mandanten	207

19. Vergütung für Akteneinsicht und Aktenauszüge aus Unfallstrafakten ... 210
I. Text des Abkommens ... 210
II. Übersicht über die abzurechnenden Pauschalen und Auslagen ... 210
   1. Erster Aktenauszug ... 210
   2. Zweiter Aktenauszug ... 210

20. Gebührenanrechnungen nach dem RVG ... 211
I. Überblick ... 211
II. Anrechnungsvorschriften ... 213
   1. Beratung und Gutachten ... 213
   2. Steuerliche Hilfeleistungen ... 214
   3. Prüfung der Erfolgsaussicht eines Rechtsmittels ... 214
   4. Geschäftsgebühr ... 214
   5. Beratungshilfe ... 215
   6. Verfahren nach Teil 3 VV RVG ... 215
   7. Strafsachen ... 218
   8. Bußgeldverfahren ... 219
   9. Verfahren nach Teil 6 VV RVG ... 219
III. Anrechnungsbeispiele (Wertgebühren) ... 220
   1. Volle Anrechnung ... 220
   2. Hälftige Anrechnung der Geschäftsgebühr ... 221
   3. Anrechnung zu einem Drittel ... 224
   4. Anrechnung zu einem Viertel ... 224
   5. Anrechnung bei unterschiedlichen Gegenständen ... 225
   6. Anrechnung bei niedrigerem Gebührensatz in der nachfolgenden Angelegenheit ... 227
   7. Kombinationen ... 227
   8. Anrechnung eines überschießenden Anrechnungsbetrags auf nachfolgende Angelegenheit ... 228
   9. Verfahren nach gescheitertem Einigungsversuch in einem vorangegangenen Verfahren ... 229
IV. Anrechnungsbeispiele (Rahmengebühren) ... 233

21. Berücksichtigung der Gebührenanrechnung nach § 15a Abs. 2 RVG bei der Kostenerstattung und der PKH-/VKH-Vergütungsfestsetzung ... 237
I. Überblick ... 237
II. Kostenfestsetzung ... 237
   1. Grundsatz ... 237
   2. Ausnahmen ... 237
III. Anrechnung der Geschäftsgebühr im PKH-/VKH-Festsetzungsverfahren ... 241
IV. Anrechnung bei rechtsschutzversicherten Mandanten ... 244

22. Verfahrens- und Gegenstandswerte im familienrechtlichen Angelegenheiten ... 247
I. Überblick ... 247
II. Verfahrens- und Gegenstandswerttabelle ... 248
   1. Allgemeine Regeln ... 248
   2. Selbstständige Familiensachen ... 251
   3. Besondere Verfahrenssituationen in Unterhaltssachen ... 261
   4. Verbundverfahren (§ 137 FamFG) ... 266
   5. Einstweilige Anordnungsverfahren (§§ 49 ff. FamFG) ... 268
   6. Außergerichtliche Tätigkeiten ... 270

23.	Erstattungsfähige Kosten der Partei für die Wahrnehmung gerichtlicher Termine	271
	I. Überblick	271
	II. Fahrtkosten	271
	III. Entschädigung für Zeitversäumnis	271
	IV. Tagegeld	272
	V. Sonstige Aufwendungen	272
24.	ABC der wichtigsten Gebührentatbestände und -vorschriften	273

B. Gebührentabellen zum GKG

25.	Kostenverzeichnis zum GKG	287
26.	Gerichtsgebühren nach § 34 GKG (ausgenommen Verfahren vor den Arbeitsgerichten)	335
	I. Überblick	335
	II. Tabelle	337
27.	Gerichtsgebühren in Verfahren vor den Gerichten der Arbeitsgerichtsbarkeit (Teil 8 KV GKG)	349
	I. Überblick	349
	II. Die Gebührensätze in arbeitsgerichtlichen Verfahren	349
	III. Gebührentabelle bis 10 Mio. Euro	351

C. Gebührentabellen zum FamGKG

28.	Kostenverzeichnis zum FamGKG	357

D. Tabellen zur GNotKG

29.	Gebühren nach § 34 GNotKG	371
	I. Überblick	371
	II. Gebührenbeträge nach § 34 Abs. 2 GNotKG	372
	1. Tabelle A bis 30 Mio. Euro	372
	2. Tabelle B bis 60 Mio. Euro	384
30.	Ermäßigte Gebühren nach § 91 GNotKG	394
	I. Überblick	394
	II. Gebührentabelle bis 60 Mio. Euro	395

E. Prozess- und Verfahrenskostenhilfe

31.	Einzusetzendes Einkommen und Freibeträge	401
	I. Einzusetzendes Einkommen	401
	II. Freibeträge	402
	III. Berücksichtigung von Fahrtkosten zur Arbeitsstelle	402

A. Gebührentabellen zum RVG

1. Vergütungsverzeichnis (VV RVG)

Gliederung

Teil 1. Allgemeine Gebühren

Teil 2. Außergerichtliche Tätigkeiten einschließlich der Vertretung im Verwaltungsverfahren

Abschnitt 1. Prüfung der Erfolgsaussicht eines Rechtsmittels

Abschnitt 2. Herstellung des Einvernehmens

Abschnitt 3. Vertretung

Abschnitt 4. *(aufgehoben)*

Abschnitt 5. Beratungshilfe

Teil 3. Zivilsachen, Verfahren der öffentlich-rechtlichen Gerichtsbarkeiten, Verfahren nach dem Strafvollzugsgesetz, auch in Verbindung mit § 92 des Jugendgerichtsgesetzes, und ähnliche Verfahren

Abschnitt 1. Erster Rechtszug

Abschnitt 2. Berufung, Revision, bestimmte Beschwerden und Verfahren vor dem Finanzgericht

    Unterabschnitt 1. Berufung, bestimmte Beschwerden und Verfahren vor dem Finanzgericht
    Unterabschnitt 2. Revision, bestimmte Beschwerden und Rechtsbeschwerden

Abschnitt 3. Gebühren für besondere Verfahren

    Unterabschnitt 1. Besondere erstinstanzliche Verfahren
    Unterabschnitt 2. Mahnverfahren
    Unterabschnitt 3. Vollstreckung und Vollziehung
    Unterabschnitt 4. Zwangsversteigerung und Zwangsverwaltung
    Unterabschnitt 5. Insolvenzverfahren, Verteilungsverfahren nach der Schifffahrtsrechtlichen Verteilungsordnung
    Unterabschnitt 6. Sonstige besondere Verfahren

Abschnitt 4. Einzeltätigkeiten

Abschnitt 5. Beschwerde, Nichtzulassungsbeschwerde und Erinnerung

Teil 4. Strafsachen

Abschnitt 1. Gebühren des Verteidigers

    Unterabschnitt 1. Allgemeine Gebühren
    Unterabschnitt 2. Vorbereitendes Verfahren
    Unterabschnitt 3. Gerichtliches Verfahren
    Erster Rechtszug
      Berufung
      Revision
    Unterabschnitt 4. Wiederaufnahmeverfahren
    Unterabschnitt 5. Zusätzliche Gebühren

Abschnitt 2. Gebühren in der Strafvollstreckung

Abschnitt 3. Einzeltätigkeiten

Teil 5. Bußgeldsachen

Abschnitt 1. Gebühren des Verteidigers

    Unterabschnitt 1. Allgemeine Gebühr
    Unterabschnitt 2. Verfahren vor der Verwaltungsbehörde
    Unterabschnitt 3. Gerichtliches Verfahren im ersten Rechtszug
    Unterabschnitt 4. Verfahren über die Rechtsbeschwerde
    Unterabschnitt 5. Zusätzliche Gebühren

Abschnitt 2. Einzeltätigkeiten

Teil 6. Sonstige Verfahren

Abschnitt 1. Verfahren nach dem Gesetz über die internationale Rechtshilfe in Strafsachen und Verfahren nach dem Gesetz über die Zusammenarbeit mit dem internationalen Strafgerichtshof
Unterabschnitt 1. Verfahren vor der Verwaltungsbehörde
Unterabschnitt 2. Gerichtliches Verfahren

Abschnitt 2. Disziplinarverfahren, berufsgerichtliche Verfahren wegen der Verletzung einer Berufspflicht
Unterabschnitt 1. Allgemeine Gebühren
Unterabschnitt 2. Außergerichtliches Verfahren
Unterabschnitt 3. Gerichtliches Verfahren
  Erster Rechtszug
  Zweiter Rechtszug
  Dritter Rechtszug
Unterabschnitt 4. Zusatzgebühr

Abschnitt 3. Gerichtliche Verfahren bei Freiheitsentziehung und in Unterbringungssachen

Abschnitt 4. Gerichtliche Verfahren nach der Wehrbeschwerdeordnung

Abschnitt 5. Einzeltätigkeiten und Verfahren auf Aufhebung oder Änderung einer Disziplinarmaßnahme

Teil 7. Auslagen

Teil 1. Allgemeine Gebühren

Nr.	Gebührentatbestand	Gebühr oder Satz der Gebühr nach § 13 RVG
	Vorbemerkung 1: Die Gebühren dieses Teils entstehen neben den in anderen Teilen bestimmten Gebühren.	
1000	Einigungsgebühr	1,5
	(1) Die Gebühr entsteht für die Mitwirkung beim Abschluss eines Vertrags, durch den 1. der Streit oder die Ungewissheit über ein Rechtsverhältnis beseitigt wird oder 2. die Erfüllung des Anspruchs bei gleichzeitigem vorläufigem Verzicht auf die gerichtliche Geltendmachung und, wenn bereits ein zur Zwangsvollstreckung geeigneter Titel vorliegt, bei gleichzeitigem vorläufigem Verzicht auf Vollstreckungsmaßnahmen geregelt wird (Zahlungsvereinbarung). Die Gebühr entsteht nicht, wenn sich der Vertrag ausschließlich auf ein Anerkenntnis oder einen Verzicht beschränkt. Im Privatklageverfahren ist Nummer 4147 anzuwenden. (2) Die Gebühr entsteht auch für die Mitwirkung bei Vertragsverhandlungen, es sei denn, dass diese für den Abschluss des Vertrags im Sinne des Absatzes 1 nicht ursächlich war. (3) Für die Mitwirkung bei einem unter einer aufschiebenden Bedingung oder unter dem Vorbehalt des Widerrufs geschlossenen Vertrag entsteht die Gebühr, wenn die Bedingung eingetreten ist oder der Vertrag nicht mehr widerrufen werden kann. (4) Soweit über die Ansprüche vertraglich verfügt werden kann, gelten die Absätze 1 und 2 auch bei Rechtsverhältnissen des öffentlichen Rechts. (5) Die Gebühr entsteht nicht in Ehesachen und in Lebenspartnerschaftssachen (§ 269 Abs. 1 Nr. 1 und 2 FamFG). Wird ein Vertrag, insbesondere über den Unterhalt, im Hinblick auf die in Satz 1 genannten Verfahren geschlossen, bleibt der Wert dieser Verfahren bei der Berechnung der Gebühr außer Betracht. In Kindschaftssachen ist Absatz 1 Satz 1 und 2 auch für die Mitwirkung an einer Vereinbarung, über deren Gegenstand nicht vertraglich verfügt werden kann, entsprechend anzuwenden.	
1001	Aussöhnungsgebühr	1,5
	Die Gebühr entsteht für die Mitwirkung bei der Aussöhnung, wenn der ernstliche Wille eines Ehegatten, eine Scheidungssache oder ein Verfahren auf Aufhebung der Ehe anhängig zu machen, hervorgetreten ist und die Ehegatten die eheliche Lebensgemeinschaft fortsetzen oder die eheliche Lebensgemeinschaft wieder aufnehmen. Dies gilt entsprechend bei Lebenspartnerschaften.	
1002	Erledigungsgebühr, soweit nicht Nummer 1005 gilt	1,5
	Die Gebühr entsteht, wenn sich eine Rechtssache ganz oder teilweise nach Aufhebung oder Änderung des mit einem Rechtsbehelf angefochtenen Verwaltungsakts durch die anwaltliche Mitwirkung erledigt. Das Gleiche gilt, wenn sich eine Rechtssache ganz oder teilweise durch Erlass eines bisher abgelehnten Verwaltungsakts erledigt.	
1003	Über den Gegenstand ist ein anderes gerichtliches Verfahren als ein selbstständiges Beweisverfahren anhängig: Die Gebühren 1000 bis 1002 betragen	1,0
	(1) Dies gilt auch, wenn ein Verfahren über die Prozesskostenhilfe anhängig ist, soweit nicht lediglich Prozesskostenhilfe für ein selbständiges Beweisverfahren oder die gerichtliche Protokollierung des Vergleichs beantragt wird oder sich die Beiordnung auf den Abschluss eines Vertrags im Sinne der Nummer 1000 erstreckt (§ 48 Abs. 3 RVG). Die Anmeldung eines Anspruchs zum Musterverfahren nach dem KapMuG steht einem anhängigen gerichtlichen Verfahren gleich. Das Verfahren vor dem Gerichtsvollzieher steht einem gerichtlichen Verfahren gleich. (2) In Kindschaftssachen entsteht die Gebühr auch für die Mitwirkung am Abschluss eines gerichtlich gebilligten Vergleichs (§ 156 Abs. 2 FamFG) und an einer Vereinbarung, über deren Gegenstand nicht vertraglich verfügt werden kann, wenn hierdurch eine gerichtliche Entscheidung entbehrlich wird oder wenn die Entscheidung der getroffenen Vereinbarung folgt.	
1004	Über den Gegenstand ist ein Berufungs- oder Revisionsverfahren, ein Verfahren über die Beschwerde gegen die Nichtzulassung eines dieser Rechtsmittel oder ein Verfahren vor dem Rechtsmittelgericht über die Zulassung des Rechtsmittels anhängig: Die Gebühren 1000 bis 1002 betragen	1,3
	(1) Dies gilt auch in den in den Vorbemerkungen 3.2.1 und 3.2.2 genannten Beschwerde- und Rechtsbeschwerdeverfahren. (2) Absatz 2 der Anmerkung zu Nummer 1003 ist anzuwenden.	

Nr.	Gebührentatbestand	Gebühr oder Satz der Gebühr nach § 13 RVG
1005	Einigung oder Erledigung in einem Verwaltungsverfahren in sozialrechtlichen Angelegenheiten, in denen im gerichtlichen Verfahren Betragsrahmengebühren entstehen (§ 3 RVG): Die Gebühren 1000 und 1002 entstehen .... (1) Die Gebühr bestimmt sich einheitlich nach dieser Vorschrift, wenn in die Einigung Ansprüche aus anderen Verwaltungsverfahren einbezogen werden. Ist über einen Gegenstand ein gerichtliches Verfahren anhängig, bestimmt sich die Gebühr nach Nummer 1006. Maßgebend für die Höhe der Gebühr ist die höchste entstandene Geschäftsgebühr ohne Berücksichtigung einer Erhöhung nach Nummer 1008. Steht dem Rechtsanwalt ausschließlich eine Gebühr nach § 34 RVG zu, beträgt die Gebühr die Hälfte des in der Anmerkung zu Nummer 2302 genannten Betrags. (2) Betrifft die Einigung oder Erledigung nur einen Teil der Angelegenheit, ist der auf diesen Teil der Angelegenheit entfallende Anteil an der Geschäftsgebühr unter Berücksichtigung der in § 14 Abs. 1 RVG genannten Umstände zu schätzen.	in Höhe der Geschäftsgebühr
1006	Über den Gegenstand ist ein gerichtliches Verfahren anhängig: Die Gebühr 1005 entsteht .... (1) Die Gebühr bestimmt sich auch dann einheitlich nach dieser Vorschrift, wenn in die Einigung Ansprüche einbezogen werden, die nicht in diesem Verfahren rechtshängig sind. Maßgebend für die Höhe der Gebühr ist die im Einzelfall bestimmte Verfahrensgebühr in der Angelegenheit, in der die Einigung erfolgt. Eine Erhöhung nach Nummer 1008 ist nicht zu berücksichtigen. (2) Betrifft die Einigung oder Erledigung nur einen Teil der Angelegenheit, ist der auf diesen Teil der Angelegenheit entfallende Anteil an der Verfahrensgebühr unter Berücksichtigung der in § 14 Abs. 1 RVG genannten Umstände zu schätzen.	in Höhe der Verfahrensgebühr
1007	*(aufgehoben)*	
1008	Auftraggeber sind in derselben Angelegenheit mehrere Personen: Die Verfahrens- oder Geschäftsgebühr erhöht sich für jede weitere Person um (1) Dies gilt bei Wertgebühren nur, soweit der Gegenstand der anwaltlichen Tätigkeit derselbe ist. (2) Die Erhöhung wird nach dem Betrag berechnet, an dem die Personen gemeinschaftlich beteiligt sind. (3) Mehrere Erhöhungen dürfen einen Gebührensatz von 2,0 nicht übersteigen; bei Festgebühren dürfen die Erhöhungen das Doppelte der Festgebühr und bei Betragsrahmengebühren das Doppelte des Mindest- und Höchstbetrags nicht übersteigen. (4) Im Fall der Anmerkung zu den Gebühren 2300 und 2302 erhöht sich der Gebührensatz oder Betrag dieser Gebühren entsprechend.	0,3 oder 30 % bei Festgebühren, bei Betragsrahmengebühren erhöhen sich der Mindest- und Höchstbetrag um 30 %
1009	Hebegebühr 1. bis einschließlich 2 500,00 € .... 2. von dem Mehrbetrag bis einschließlich 10 000,00 € .... 3. von dem Mehrbetrag über 10 000,00 € .... (1) Die Gebühr wird für die Auszahlung oder Rückzahlung von entgegengenommenen Geldbeträgen erhoben. (2) Unbare Zahlungen stehen baren Zahlungen gleich. Die Gebühr kann bei der Ablieferung an den Auftraggeber entnommen werden. (3) Ist das Geld in mehreren Beträgen gesondert ausgezahlt oder zurückgezahlt, wird die Gebühr von jedem Betrag besonders erhoben. (4) Für die Ablieferung oder Rücklieferung von Wertpapieren und Kostbarkeiten entsteht die in den Absätzen 1 bis 3 bestimmte Gebühr nach dem Wert. (5) Die Hebegebühr entsteht nicht, soweit Kosten an ein Gericht oder eine Behörde weitergeleitet oder eingezogene Kosten an den Auftraggeber abgeführt oder eingezogene Beträge auf die Vergütung verrechnet werden.	1,0 % 0,5 % 0,25 % des aus- oder zurückgezahlten Betrags – mindestens 1,00 €
1010	Zusatzgebühr für besonders umfangreiche Beweisaufnahmen in Angelegenheiten, in denen sich die Gebühren nach Teil 3 richten und mindestens drei gerichtliche Termine stattfinden, in denen Sachverständige oder Zeugen vernommen werden .... Die Gebühr entsteht für den durch besonders umfangreiche Beweisaufnahmen anfallenden Mehraufwand.	0,3 oder bei Betragsrahmengebühren erhöhen sich der Mindest- und Höchstbetrag der Terminsgebühr um 30 %

Teil 2. Außergerichtliche Tätigkeiten einschließlich der Vertretung im Verwaltungsverfahren

Nr.	Gebührentatbestand	Gebühr oder Satz der Gebühr nach § 13 RVG

Vorbemerkung 2:

(1) Die Vorschriften dieses Teils sind nur anzuwenden, soweit nicht die §§ 34 bis 36 RVG etwas anderes bestimmen.

(2) Für die Tätigkeit als Beistand für einen Zeugen oder Sachverständigen in einem Verwaltungsverfahren, für das sich die Gebühren nach diesem Teil bestimmen, entstehen die gleichen Gebühren wie für einen Bevollmächtigten in diesem Verfahren. Für die Tätigkeit als Beistand eines Zeugen oder Sachverständigen vor einem parlamentarischen Untersuchungsausschuss entstehen die gleichen Gebühren wie für die entsprechende Beistandsleistung in einem Strafverfahren des ersten Rechtszugs vor dem Oberlandesgericht.

Abschnitt 1. Prüfung der Erfolgsaussicht eines Rechtsmittels

Nr.	Gebührentatbestand	Gebühr oder Satz der Gebühr nach § 13 RVG
2100	Gebühr für die Prüfung der Erfolgsaussicht eines Rechtsmittels, soweit in Nummer 2102 nichts anderes bestimmt ist .... Die Gebühr ist auf eine Gebühr für das Rechtsmittelverfahren anzurechnen.	0,5 bis 1,0
2101	Die Prüfung der Erfolgsaussicht eines Rechtsmittels ist mit der Ausarbeitung eines schriftlichen Gutachtens verbunden: Die Gebühr 2100 beträgt	1,3
2102	Gebühr für die Prüfung der Erfolgsaussicht eines Rechtsmittels in sozialrechtlichen Angelegenheiten, in denen im gerichtlichen Verfahren Betragsrahmengebühren entstehen (§ 3 RVG), und in den Angelegenheiten, für die nach den Teilen 4 bis 6 Betragsrahmengebühren entstehen .... Die Gebühr ist auf eine Gebühr für das Rechtsmittelverfahren anzurechnen.	30,00 bis 320,00 €
2103	Die Prüfung der Erfolgsaussicht eines Rechtsmittels ist mit der Ausarbeitung eines schriftlichen Gutachtens verbunden: Die Gebühr 2102 beträgt	50,00 bis 550,00 €

Abschnitt 2. Herstellung des Einvernehmens

Nr.	Gebührentatbestand	Gebühr oder Satz der Gebühr nach § 13 RVG
2200	Geschäftsgebühr für die Herstellung des Einvernehmens nach § 28 EuRAG	in Höhe der einem Bevollmächtigten oder Verteidiger zustehenden Verfahrensgebühr
2201	Das Einvernehmen wird nicht hergestellt: Die Gebühr 2200 beträgt	0,1 bis 0,5 oder Mindestbetrag der einem Bevollmächtigten oder Verteidiger zustehenden Verfahrensgebühr

Abschnitt 3. Vertretung

Vorbemerkung 2.3:

(1) Im Verwaltungszwangsverfahren ist Teil 3 Abschnitt 3 Unterabschnitt 3 entsprechend anzuwenden.

(2) Dieser Abschnitt gilt nicht für die in den Teilen 4 bis 6 geregelten Angelegenheiten.

(3) Die Geschäftsgebühr entsteht für das Betreiben des Geschäfts einschließlich der Information und für die Mitwirkung bei der Gestaltung eines Vertrags.

Nr.	Gebührentatbestand	Gebühr oder Satz der Gebühr nach § 13 RVG
	(4) Soweit wegen desselben Gegenstands eine Geschäftsgebühr für eine Tätigkeit im Verwaltungsverfahren entstanden ist, wird diese Gebühr zur Hälfte, bei Wertgebühren jedoch höchstens mit einem Gebührensatz von 0,75, auf eine Geschäftsgebühr für eine Tätigkeit im weiteren Verwaltungsverfahren, das der Nachprüfung des Verwaltungsakts dient, angerechnet. Bei einer Betragsrahmengebühr beträgt der Anrechnungsbetrag höchstens 175,00 €. Bei der Bemessung einer weiteren Geschäftsgebühr innerhalb eines Rahmens ist nicht zu berücksichtigen, dass der Umfang der Tätigkeit infolge der vorangegangenen Tätigkeit geringer ist. Bei einer Wertgebühr erfolgt die Anrechnung nach dem Wert des Gegenstands, der auch Gegenstand des weiteren Verfahrens ist.	
	(5) Absatz 4 gilt entsprechend bei einer Tätigkeit im Verfahren nach der Wehrbeschwerdeordnung, wenn darauf eine Tätigkeit im Beschwerdeverfahren oder wenn der Tätigkeit im Beschwerdeverfahren eine Tätigkeit im Verfahren der weiteren Beschwerde vor den Disziplinarvorgesetzten folgt.	
	(6) Soweit wegen desselben Gegenstands eine Geschäftsgebühr nach Nummer 2300 entstanden ist, wird diese Gebühr zur Hälfte, jedoch höchstens mit einem Gebührensatz von 0,75, auf eine Geschäftsgebühr nach Nummer 2303 angerechnet. Absatz 4 Satz 4 gilt entsprechend.	
2300	Geschäftsgebühr, soweit in den Nummern 2302 und 2303 nichts anderes bestimmt ist .... Eine Gebühr von mehr als 1,3 kann nur gefordert werden, wenn die Tätigkeit umfangreich oder schwierig war.	0,5 bis 2,5
2301	Der Auftrag beschränkt sich auf ein Schreiben einfacher Art: Die Gebühr 2300 beträgt .... Es handelt sich um ein Schreiben einfacher Art, wenn dieses weder schwierige rechtliche Ausführungen noch größere sachliche Auseinandersetzungen enthält.	0,3
2302	Geschäftsgebühr in 1. sozialrechtlichen Angelegenheiten, in denen im gerichtlichen Verfahren Betragsrahmengebühren entstehen (§ 3 RVG), und 2. Verfahren nach der Wehrbeschwerdeordnung, wenn im gerichtlichen Verfahren das Verfahren vor dem Truppendienstgericht oder vor dem Bundesverwaltungsgericht an die Stelle des Verwaltungsrechtswegs gemäß § 82 SG tritt .... Eine Gebühr von mehr als 300,00 € kann nur gefordert werden, wenn die Tätigkeit umfangreich oder schwierig war.	50,00 bis 640,00 €
2303	Geschäftsgebühr für 1. Güteverfahren vor einer durch die Landesjustizverwaltung eingerichteten oder anerkannten Gütestelle (§ 794 Abs. 1 Nr. 1 ZPO) oder, wenn die Parteien den Einigungsversuch einvernehmlich unternehmen, vor einer Gütestelle, die Streitbeilegung betreibt (§ 15a Abs. 3 EGZPO), 2. Verfahren vor einem Ausschuss der in § 111 Abs. 2 des Arbeitsgerichtsgesetzes bezeichneten Art, 3. Verfahren vor dem Seemannsamt zur vorläufigen Entscheidung von Arbeitssachen und 4. Verfahren vor sonstigen gesetzlich eingerichteten Einigungsstellen, Gütestellen oder Schiedsstellen	1,5

Abschnitt 4. *(aufgehoben)*

Abschnitt 5. Beratungshilfe

Vorbemerkung 2.5:
Im Rahmen der Beratungshilfe entstehen Gebühren ausschließlich nach diesem Abschnitt.

Nr.	Gebührentatbestand	Gebühr
2500	Beratungshilfegebühr .... Neben der Gebühr werden keine Auslagen erhoben. Die Gebühr kann erlassen werden.	15,00 €
2501	Beratungsgebühr .... (1) Die Gebühr entsteht für eine Beratung, wenn die Beratung nicht mit einer anderen gebührenpflichtigen Tätigkeit zusammenhängt. (2) Die Gebühr ist auf eine Gebühr für eine sonstige Tätigkeit anzurechnen, die mit der Beratung zusammenhängt.	35,00 €

Nr.	Gebührentatbestand	Gebühr oder Satz der Gebühr nach § 13 RVG
2502	Beratungstätigkeit mit dem Ziel einer außergerichtlichen Einigung mit den Gläubigern über die Schuldenbereinigung auf der Grundlage eines Plans (§ 305 Abs. 1 Nr. 1 InsO): Die Gebühr 2501 beträgt	70,00 €
2503	Geschäftsgebühr	85,00 €
	(1) Die Gebühr entsteht für das Betreiben des Geschäfts einschließlich der Information oder die Mitwirkung bei der Gestaltung eines Vertrags.	
	(2) Auf die Gebühren für ein anschließendes gerichtliches oder behördliches Verfahren ist diese Gebühr zur Hälfte anzurechnen. Auf die Gebühren für ein Verfahren auf Vollstreckbarerklärung eines Vergleichs nach den §§ 796a, 796b und 796c Abs. 2 Satz 2 ZPO ist die Gebühr zu einem Viertel anzurechnen.	
2504	Tätigkeit mit dem Ziel einer außergerichtlichen Einigung mit den Gläubigern über die Schuldenbereinigung auf der Grundlage eines Plans (§ 305 Abs. 1 Nr. 1 InsO): Die Gebühr 2503 beträgt bei bis zu 5 Gläubigern	270,00 €
2505	Es sind 6 bis 10 Gläubiger vorhanden: Die Gebühr 2503 beträgt	405,00 €
2506	Es sind 11 bis 15 Gläubiger vorhanden: Die Gebühr 2503 beträgt	540,00 €
2507	Es sind mehr als 15 Gläubiger vorhanden: Die Gebühr 2503 beträgt	675,00 €
2508	Einigungs- und Erledigungsgebühr	150,00 €
	(1) Die Anmerkungen zu Nummern 1000 und 1002 sind anzuwenden.	
	(2) Die Gebühr entsteht auch für die Mitwirkung bei einer außergerichtlichen Einigung mit den Gläubigern über die Schuldenbereinigung auf der Grundlage eines Plans (§ 305 Abs. 1 Nr. 1 InsO).	

Teil 3. Zivilsachen, Verfahren der öffentlich-rechtlichen Gerichtsbarkeiten, Verfahren nach dem Strafvollzugsgesetz, auch in Verbindung mit § 92 des Jugendgerichtsgesetzes, und ähnliche Verfahren

Nr.	Gebührentatbestand	Gebühr oder Satz der Gebühr nach § 13 RVG

Vorbemerkung 3:

(1) Gebühren nach diesem Teil erhält der Rechtsanwalt, dem ein unbedingter Auftrag als Prozess- oder Verfahrensbevollmächtigter, als Beistand für einen Zeugen oder Sachverständigen oder für eine sonstige Tätigkeit in einem gerichtlichen Verfahren erteilt worden ist. Der Beistand für einen Zeugen oder Sachverständigen erhält die gleichen Gebühren wie ein Verfahrensbevollmächtigter.

(2) Die Verfahrensgebühr entsteht für das Betreiben des Geschäfts einschließlich der Information.

(3) Die Terminsgebühr entsteht sowohl für die Wahrnehmung von gerichtlichen Terminen als auch für die Wahrnehmung von außergerichtlichen Terminen und Besprechungen, wenn nichts anderes bestimmt ist. Sie entsteht jedoch nicht für die Wahrnehmung eines gerichtlichen Termins nur zur Verkündung einer Entscheidung. Die Gebühr für außergerichtliche Termine und Besprechungen entsteht für

1. die Wahrnehmung eines von einem gerichtlich bestellten Sachverständigen anberaumten Termins und
2. die Mitwirkung an Besprechungen, die auf die Vermeidung oder Erledigung des Verfahrens gerichtet sind; dies gilt nicht für Besprechungen mit dem Auftraggeber.

(4) Soweit wegen desselben Gegenstands eine Geschäftsgebühr nach Teil 2 entsteht, wird diese Gebühr zur Hälfte, bei Wertgebühren jedoch höchstens mit einem Gebührensatz von 0,75, auf die Verfahrensgebühr des gerichtlichen Verfahrens angerechnet. Bei Betragsrahmengebühren beträgt der Anrechnungsbetrag höchstens 175,00 €. Sind mehrere Gebühren entstanden, ist für die Anrechnung die zuletzt entstandene Gebühr maßgebend. Bei einer Betragsrahmengebühr ist nicht zu berücksichtigen, dass der Umfang der Tätigkeit im gerichtlichen Verfahren infolge der vorangegangenen Tätigkeit geringer ist. Bei einer wertabhängigen Gebühr erfolgt die Anrechnung nach dem Wert des Gegenstands, der auch Gegenstand des gerichtlichen Verfahrens ist.

(5) Soweit der Gegenstand eines selbstständigen Beweisverfahrens auch Gegenstand eines Rechtsstreits ist oder wird, wird die Verfahrensgebühr des selbstständigen Beweisverfahrens auf die Verfahrensgebühr des Rechtszugs angerechnet.

Nr.	Gebührentatbestand	Gebühr oder Satz der Gebühr nach § 13 RVG
	(6) Soweit eine Sache an ein untergeordnetes Gericht zurückverwiesen wird, das mit der Sache bereits befasst war, ist die vor diesem Gericht bereits entstandene Verfahrensgebühr auf die Verfahrensgebühr für das erneute Verfahren anzurechnen. (7) Die Vorschriften dieses Teils sind nicht anzuwenden, soweit Teil 6 besondere Vorschriften enthält.	
	Abschnitt 1. Erster Rechtszug	
	Vorbemerkung 3.1: (1) Die Gebühren dieses Abschnitts entstehen in allen Verfahren, für die in den folgenden Abschnitten dieses Teils keine Gebühren bestimmt sind. (2) Dieser Abschnitt ist auch für das Rechtsbeschwerdeverfahren nach § 1065 ZPO anzuwenden.	
3100	Verfahrensgebühr, soweit in Nummer 3102 nichts anderes bestimmt ist	1,3
	(1) Die Verfahrensgebühr für ein vereinfachtes Verfahren über den Unterhalt Minderjähriger wird auf die Verfahrensgebühr angerechnet, die in dem nachfolgenden Rechtsstreit entsteht (§ 255 FamFG). (2) Die Verfahrensgebühr für einen Urkunden- oder Wechselprozess wird auf die Verfahrensgebühr für das ordentliche Verfahren angerechnet, wenn dieses nach Abstandnahme vom Urkunden- oder Wechselprozess oder nach einem Vorbehaltsurteil anhängig bleibt (§§ 596, 600 ZPO). (3) Die Verfahrensgebühr für ein Vermittlungsverfahren nach § 165 FamFG wird auf die Verfahrensgebühr für ein sich anschließendes Verfahren angerechnet.	
3101	1. Endigt der Auftrag, bevor der Rechtsanwalt die Klage, den ein Verfahren einleitenden Antrag oder einen Schriftsatz, der Sachanträge, Sachvortrag, die Zurücknahme der Klage oder die Zurücknahme des Antrags enthält, eingereicht oder bevor er einen gerichtlichen Termin wahrgenommen hat; 2. soweit Verhandlungen vor Gericht zur Einigung der Parteien oder der Beteiligten oder mit Dritten über in diesem Verfahren nicht rechtshängige Ansprüche geführt werden; der Verhandlung über solche Ansprüche steht es gleich, wenn beantragt ist, eine Einigung zu Protokoll zu nehmen oder das Zustandekommen einer Einigung festzustellen (§ 278 Abs. 6 ZPO); oder 3. soweit in einer Familiensache, die nur die Erteilung einer Genehmigung oder die Zustimmung des Familiengerichts zum Gegenstand hat, oder in einem Verfahren der freiwilligen Gerichtsbarkeit lediglich ein Antrag gestellt und eine Entscheidung entgegengenommen wird, beträgt die Gebühr 3100	0,8
	(1) Soweit in den Fällen der Nummer 2 der sich nach § 15 Abs. 3 RVG ergebende Gesamtbetrag der Verfahrensgebühren die Gebühr 3100 übersteigt, wird der übersteigende Betrag auf eine Verfahrensgebühr angerechnet, die wegen desselben Gegenstands in einer anderen Angelegenheit entsteht. (2) Nummer 3 ist in streitigen Verfahren der freiwilligen Gerichtsbarkeit, insbesondere in Verfahren nach dem Gesetz über das gerichtliche Verfahren in Landwirtschaftssachen, nicht anzuwenden.	
3102	Verfahrensgebühr für Verfahren vor den Sozialgerichten, in denen Betragsrahmengebühren entstehen (§ 3 RVG)	50,00 bis 550,00 €
3103	*(aufgehoben)*	
3104	Terminsgebühr, soweit in Nummer 3106 nichts anderes bestimmt ist	1,2
	(1) Die Gebühr entsteht auch, wenn 1. in einem Verfahren, für das mündliche Verhandlung vorgeschrieben ist, im Einverständnis mit den Parteien oder Beteiligten oder gemäß § 307 oder § 495a ZPO ohne mündliche Verhandlung entschieden oder in einem solchen Verfahren ein schriftlicher Vergleich geschlossen wird, 2. nach § 84 Abs. 1 Satz 1 VwGO oder § 105 Abs. 1 Satz 1 SGG durch Gerichtsbescheid entschieden wird und eine mündliche Verhandlung beantragt werden kann oder 3. das Verfahren vor dem Sozialgericht, für das mündliche Verhandlung vorgeschrieben ist, nach angenommenem Anerkenntnis ohne mündliche Verhandlung endet.	

Nr.	Gebührentatbestand	Gebühr oder Satz der Gebühr nach § 13 RVG
	(2) Sind in dem Termin auch Verhandlungen zur Einigung über in diesem Verfahren nicht rechtshängige Ansprüche geführt worden, wird die Terminsgebühr, soweit sie den sich ohne Berücksichtigung der nicht rechtshängigen Ansprüche ergebenden Gebührenbetrag übersteigt, auf eine Terminsgebühr angerechnet, die wegen desselben Gegenstands in einer anderen Angelegenheit entsteht. (3) Die Gebühr entsteht nicht, soweit lediglich beantragt ist, eine Einigung der Parteien oder der Beteiligten oder mit Dritten über nicht rechtshängige Ansprüche zu Protokoll zu nehmen. (4) Eine in einem vorausgegangenen Mahnverfahren oder vereinfachten Verfahren über den Unterhalt Minderjähriger entstandene Terminsgebühr wird auf die Terminsgebühr des nachfolgenden Rechtsstreits angerechnet.	
3105	Wahrnehmung nur eines Termins, in dem eine Partei oder ein Beteiligter nicht erschienen oder nicht ordnungsgemäß vertreten ist und lediglich ein Antrag auf Versäumnisurteil, Versäumnisentscheidung oder zur Prozess-, Verfahrens- oder Sachleitung gestellt wird: Die Gebühr 3104 beträgt	0,5
	(1) Die Gebühr entsteht auch, wenn 1. das Gericht bei Säumnis lediglich Entscheidungen zur Prozess-, Verfahrens- oder Sachleitung von Amts wegen trifft oder 2. eine Entscheidung gemäß § 331 Abs. 3 ZPO ergeht. (2) § 333 ZPO ist nicht entsprechend anzuwenden.	
3106	Terminsgebühr in Verfahren vor den Sozialgerichten, in denen Betragsrahmengebühren entstehen (§ 3 RVG)	50,00 bis 510,00 €
	Die Gebühr entsteht auch, wenn 1. in einem Verfahren, für das mündliche Verhandlung vorgeschrieben ist, im Einverständnis mit den Parteien ohne mündliche Verhandlung entschieden oder in einem solchen Verfahren ein schriftlicher Vergleich geschlossen wird, 2. nach § 105 Abs. 1 Satz 1 SGG durch Gerichtsbescheid entschieden wird und eine mündliche Verhandlung beantragt werden kann oder 3. das Verfahren, für das mündliche Verhandlung vorgeschrieben ist, nach angenommenem Anerkenntnis ohne mündliche Verhandlung endet. In den Fällen des Satzes 1 beträgt die Gebühr 90 % der in derselben Angelegenheit dem Rechtsanwalt zustehenden Verfahrensgebühr ohne Berücksichtigung einer Erhöhung nach Nummer 1008.	

Abschnitt 2. Berufung, Revision, bestimmte Beschwerden und Verfahren vor dem Finanzgericht

Vorbemerkung 3.2:

(1) Dieser Abschnitt ist auch in Verfahren vor dem Rechtsmittelgericht über die Zulassung des Rechtsmittels anzuwenden.

(2) Wenn im Verfahren über einen Antrag auf Anordnung, Abänderung oder Aufhebung eines Arrests oder einer einstweiligen Verfügung das Rechtsmittelgericht als Gericht der Hauptsache anzusehen ist (§ 943 ZPO), bestimmen sich die Gebühren nach den für die erste Instanz geltenden Vorschriften. Dies gilt entsprechend im Verfahren der einstweiligen Anordnung und im Verfahren auf Anordnung oder Wiederherstellung der aufschiebenden Wirkung, auf Aussetzung oder Aufhebung der Vollziehung oder Anordnung der sofortigen Vollziehung eines Verwaltungsakts. Satz 1 gilt ferner entsprechend in Verfahren über einen Antrag nach § 115 Abs. 2 Satz 5 und 6, § 118 Abs. 1 Satz 3 oder nach § 121 GWB.

Unterabschnitt 1. Berufung, bestimmte Beschwerden und Verfahren vor dem Finanzgericht

Vorbemerkung 3.2.1:

Dieser Unterabschnitt ist auch anzuwenden in Verfahren

1. vor dem Finanzgericht,
2. über Beschwerden
   a) gegen die den Rechtszug beendenden Entscheidungen in Verfahren über Anträge auf Vollstreckbarerklärung ausländischer Titel oder auf Erteilung der Vollstreckungsklausel zu ausländischen Titeln sowie über Anträge auf Aufhebung oder Abänderung der Vollstreckbarerklärung oder der Vollstreckungsklausel,
   b) gegen die Endentscheidung wegen des Hauptgegenstands in Familiensachen und in den Angelegenheiten der freiwilligen Gerichtsbarkeit,
   c) gegen die den Rechtszug beendenden Entscheidungen im Beschlussverfahren vor den Gerichten für Arbeitssachen,

Nr.	Gebührentatbestand	Gebühr oder Satz der Gebühr nach § 13 RVG
	d) gegen die den Rechtszug beendenden Entscheidungen im personalvertretungsrechtlichen Beschlussverfahren vor den Gerichten der Verwaltungsgerichtsbarkeit, e) nach dem GWB, f) nach dem EnWG, g) nach dem KSpG, h) nach dem VSchDG, i) nach dem SpruchG, j) nach dem WpÜG, 3. über Beschwerden a) gegen die Entscheidung des Verwaltungs- oder Sozialgerichts wegen des Hauptgegenstands in Verfahren des vorläufigen oder einstweiligen Rechtsschutzes, b) nach dem WpHG, 4. in Rechtsbeschwerdeverfahren nach dem StVollzG, auch i. V. m. § 92 JGG.	
3200	Verfahrensgebühr, soweit in Nummer 3204 nichts anderes bestimmt ist	1,6
3201	Vorzeitige Beendigung des Auftrags oder eingeschränkte Tätigkeit des Anwalts:	
	Die Gebühr 3200 beträgt	1,1
	(1) Eine vorzeitige Beendigung liegt vor, 1. wenn der Auftrag endigt, bevor der Rechtsanwalt das Rechtsmittel eingelegt oder einen Schriftsatz, der Sachanträge, Sachvortrag, die Zurücknahme der Klage oder die Zurücknahme des Rechtsmittels enthält, eingereicht oder bevor er einen gerichtlichen Termin wahrgenommen hat, oder 2. soweit Verhandlungen vor Gericht zur Einigung der Parteien oder der Beteiligten oder mit Dritten über in diesem Verfahren nicht rechtshängige Ansprüche geführt werden; der Verhandlung über solche Ansprüche steht es gleich, wenn beantragt ist, eine Einigung zu Protokoll zu nehmen oder das Zustandekommen einer Einigung festzustellen (§ 278 Abs. 6 ZPO). Soweit in den Fällen der Nummer 2 der sich nach § 15 Abs. 3 RVG ergebende Gesamtbetrag der Verfahrensgebühren die Gebühr 3200 übersteigt, wird der übersteigende Betrag auf eine Verfahrensgebühr angerechnet, die wegen desselben Gegenstands in einer anderen Angelegenheit entsteht. (2) Eine eingeschränkte Tätigkeit des Anwalts liegt vor, wenn sich seine Tätigkeit 1. in einer Familiensache, die nur die Erteilung einer Genehmigung oder die Zustimmung des Familiengerichts zum Gegenstand hat, oder 2. in einer Angelegenheit der freiwilligen Gerichtsbarkeit auf die Einlegung und Begründung des Rechtsmittels und die Entgegennahme der Rechtsmittelentscheidung beschränkt.	
3202	Terminsgebühr, soweit in Nummer 3205 nichts anderes bestimmt ist	1,2
	(1) Absatz 1 Nr. 1 und 3 sowie die Absätze 2 und 3 der Anmerkung zu Nummer 3104 gelten entsprechend. (2) Die Gebühr entsteht auch, wenn nach § 79a Abs. 2, § 90a oder § 94a FGO ohne mündliche Verhandlung durch Gerichtsbescheid entschieden wird.	
3203	Wahrnehmung nur eines Termins, in dem eine Partei oder ein Beteiligter, im Berufungsverfahren der Berufungskläger, im Beschwerdeverfahren der Beschwerdeführer, nicht erschienen oder nicht ordnungsgemäß vertreten ist und lediglich ein Antrag auf Versäumnisurteil, Versäumnisentscheidung oder zur Prozess-, Verfahrens- oder Sachleitung gestellt wird:	
	Die Gebühr 3202 beträgt	0,5
	Die Anmerkung zu Nummer 3105 und Absatz 2 der Anmerkung zu Nummer 3202 gelten entsprechend.	
3204	Verfahrensgebühr für Verfahren vor den Landessozialgerichten, in denen Betragsrahmengebühren entstehen (§ 3 RVG)	60,00 bis 680,00 €
3205	Terminsgebühr in Verfahren vor den Landessozialgerichten, in denen Betragsrahmengebühren entstehen (§ 3 RVG)	50,00 bis 510,00 €
	Satz 1 Nr. 1 und 3 der Anmerkung zu Nummer 3106 gilt entsprechend. In den Fällen des Satzes 1 beträgt die Gebühr 75 % der in derselben Angelegenheit dem Rechtsanwalt zustehenden Verfahrensgebühr ohne Berücksichtigung einer Erhöhung nach Nummer 1008.	

Nr.	Gebührentatbestand	Gebühr oder Satz der Gebühr nach § 13 RVG
	Unterabschnitt 2. Revision, bestimmte Beschwerden und Rechtsbeschwerden	

	Vorbemerkung 3.2.2:
	Dieser Unterabschnitt ist auch anzuwenden in Verfahren
	1. über Rechtsbeschwerden
	  a) in den in der Vorbemerkung 3.2.1 Nr. 2 genannten Fällen und
	  b) nach § 20 KapMuG,
	2. vor dem Bundesgerichtshof über Berufungen, Beschwerden oder Rechtsbeschwerden gegen Entscheidungen des Bundespatentgerichts und
	3. vor dem Bundesfinanzhof über Beschwerden nach § 128 Abs. 3 FGO.	

3206	Verfahrensgebühr, soweit in Nummer 3212 nichts anderes bestimmt ist	1,6
3207	Vorzeitige Beendigung des Auftrags oder eingeschränkte Tätigkeit des Anwalts: Die Gebühr 3206 beträgt .... Die Anmerkung zu Nummer 3201 gilt entsprechend.	1,1
3208	Im Verfahren können sich die Parteien oder die Beteiligten nur durch einen beim Bundesgerichtshof zugelassenen Rechtsanwalt vertreten lassen: Die Gebühr 3206 beträgt	2,3
3209	Vorzeitige Beendigung des Auftrags, wenn sich die Parteien oder die Beteiligten nur durch einen beim Bundesgerichtshof zugelassenen Rechtsanwalt vertreten lassen können: Die Gebühr 3206 beträgt .... Die Anmerkung zu Nummer 3201 gilt entsprechend.	1,8
3210	Terminsgebühr, soweit in Nummer 3213 nichts anderes bestimmt ist ...... Absatz 1 Nr. 1 und 3 sowie die Absätze 2 und 3 der Anmerkung zu Nummer 3104 und Absatz 2 der Anmerkung zu Nummer 3202 gelten entsprechend.	1,5
3211	Wahrnehmung nur eines Termins, in dem der Revisionskläger oder Beschwerdeführer nicht ordnungsgemäß vertreten ist und lediglich ein Antrag auf Versäumnisurteil, Versäumnisentscheidung oder zur Prozess-, Verfahrens- oder Sachleitung gestellt wird: Die Gebühr 3210 beträgt .... Die Anmerkung zu Nummer 3105 und Absatz 2 der Anmerkung zu Nummer 3202 gelten entsprechend.	0,8
3212	Verfahrensgebühr für Verfahren vor dem Bundessozialgericht, in denen Betragsrahmengebühren entstehen (§ 3 RVG)	80,00 bis 880,00 €
3213	Terminsgebühr in Verfahren vor dem Bundessozialgericht, in denen Betragsrahmengebühren entstehen (§ 3 RVG) .... Satz 1 Nr. 1 und 3 sowie Satz 2 der Anmerkung zu Nummer 3106 gelten entsprechend.	80,00 bis 830,00 €
	Abschnitt 3. Gebühren für besondere Verfahren	
	Unterabschnitt 1. Besondere erstinstanzliche Verfahren	
	Vorbemerkung 3.3.1: Die Terminsgebühr bestimmt sich nach Abschnitt 1.	
3300	Verfahrensgebühr 1. für das Verfahren vor dem Oberlandesgericht nach § 16 Abs. 4 des Urheberrechtswahrnehmungsgesetzes, 2. für das erstinstanzliche Verfahren vor dem Bundesverwaltungsgericht, dem Bundessozialgericht, dem Oberverwaltungsgericht (Verwaltungsgerichtshof) und dem Landessozialgericht sowie 3. für das Verfahren bei überlangen Gerichtsverfahren und strafrechtlichen Ermittlungsverfahren vor den Oberlandesgerichten, den Landessozialgerichten, den Oberverwaltungsgerichten, den Landesarbeitsgerichten oder einem obersten Gerichtshof des Bundes	1,6

Nr.	Gebührentatbestand	Gebühr oder Satz der Gebühr nach § 13 RVG
3301	Vorzeitige Beendigung des Auftrags: Die Gebühr 3300 beträgt .... Die Anmerkung zu Nummer 3201 gilt entsprechend.	1,0

Unterabschnitt 2. Mahnverfahren

Vorbemerkung 3.3.2:
Die Terminsgebühr bestimmt sich nach Abschnitt 1.

Nr.	Gebührentatbestand	
3305	Verfahrensgebühr für die Vertretung des Antragstellers .... Die Gebühr wird auf die Verfahrensgebühr für einen nachfolgenden Rechtsstreit angerechnet.	1,0
3306	Beendigung des Auftrags, bevor der Rechtsanwalt den verfahrenseinleitenden Antrag oder einen Schriftsatz, der Sachanträge, Sachvortrag oder die Zurücknahme des Antrags enthält, eingereicht hat: Die Gebühr 3305 beträgt	0,5
3307	Verfahrensgebühr für die Vertretung des Antragsgegners .... Die Gebühr wird auf die Verfahrensgebühr für einen nachfolgenden Rechtsstreit angerechnet.	0,5
3308	Verfahrensgebühr für die Vertretung des Antragstellers im Verfahren über den Antrag auf Erlass eines Vollstreckungsbescheids .... Die Gebühr entsteht neben der Gebühr 3305 nur, wenn innerhalb der Widerspruchsfrist kein Widerspruch erhoben oder der Widerspruch gemäß § 703a Abs. 2 Nr. 4 ZPO beschränkt worden ist. Nummer 1008 ist nicht anzuwenden, wenn sich bereits die Gebühr 3305 erhöht.	0,5

Unterabschnitt 3. Vollstreckung und Vollziehung

Vorbemerkung 3.3.3:
Dieser Unterabschnitt gilt für
1. die Zwangsvollstreckung,
2. die Vollstreckung,
3. Verfahren des Verwaltungszwangs und
4. die Vollziehung eines Arrestes oder einstweiligen Verfügung,

soweit nachfolgend keine besonderen Gebühren bestimmt sind. Er gilt auch für Verfahren auf Eintragung einer Zwangshypothek (§§ 867 und 870a ZPO).

Nr.	Gebührentatbestand	
3309	Verfahrensgebühr	0,3
3310	Terminsgebühr .... Die Gebühr entsteht für die Teilnahme an einem gerichtlichen Termin, einem Termin zur Abgabe der Vermögensauskunft oder zur Abnahme der eidesstattlichen Versicherung.	0,3

Unterabschnitt 4. Zwangsversteigerung und Zwangsverwaltung

Nr.	Gebührentatbestand	
3311	Verfahrensgebühr .... Die Gebühr entsteht jeweils gesondert 1. für die Tätigkeit im Zwangsversteigerungsverfahren bis zur Einleitung des Verteilungsverfahrens; 2. im Zwangsversteigerungsverfahren für die Tätigkeit im Verteilungsverfahren, und zwar auch für eine Mitwirkung an einer außergerichtlichen Verteilung; 3. im Verfahren der Zwangsverwaltung für die Vertretung des Antragstellers im Verfahren über den Antrag auf Anordnung der Zwangsverwaltung oder auf Zulassung des Beitritts; 4. im Verfahren der Zwangsverwaltung für die Vertretung des Antragstellers im weiteren Verfahren einschließlich des Verteilungsverfahrens; 5. im Verfahren der Zwangsverwaltung für die Vertretung eines sonstigen Beteiligten im ganzen Verfahren einschließlich des Verteilungsverfahrens; 6. für die Tätigkeit im Verfahren über Anträge auf einstweilige Einstellung oder Beschränkung der Zwangsvollstreckung und einstweilige Einstellung des Verfahrens sowie für Verhandlungen zwischen Gläubiger und Schuldner mit dem Ziel der Aufhebung des Verfahrens.	0,4

Nr.	Gebührentatbestand	Gebühr oder Satz der Gebühr nach § 13 RVG
3312	Terminsgebühr .... Die Gebühr entsteht nur für die Wahrnehmung eines Versteigerungstermins für einen Beteiligten. Im Übrigen entsteht im Verfahren der Zwangsversteigerung und der Zwangsverwaltung keine Terminsgebühr.	0,4

Unterabschnitt 5. Insolvenzverfahren, Verteilungsverfahren nach der Schifffahrtsrechtlichen Verteilungsordnung

Vorbemerkung 3.3.5:
(1) Die Gebührenvorschriften gelten für die Verteilungsverfahren nach der SVertO, soweit dies ausdrücklich angeordnet ist.
(2) Bei der Vertretung mehrerer Gläubiger, die verschiedene Forderungen geltend machen, entstehen die Gebühren jeweils besonders.
(3) Für die Vertretung des ausländischen Insolvenzverwalters im Sekundärinsolvenzverfahren entstehen die gleichen Gebühren wie für die Vertretung des Schuldners.

Nr.	Gebührentatbestand	Gebühr
3313	Verfahrensgebühr für die Vertretung des Schuldners im Eröffnungsverfahren Die Gebühr entsteht auch im Verteilungsverfahren nach der SVertO.	1,0
3314	Verfahrensgebühr für die Vertretung des Gläubigers im Eröffnungsverfahren Die Gebühr entsteht auch im Verteilungsverfahren nach der SVertO.	0,5
3315	Tätigkeit auch im Verfahren über den Schuldenbereinigungsplan: Die Verfahrensgebühr 3313 beträgt	1,5
3316	Tätigkeit auch im Verfahren über den Schuldenbereinigungsplan: Die Verfahrensgebühr 3314 beträgt	1,0
3317	Verfahrensgebühr für das Insolvenzverfahren .... Die Gebühr entsteht auch im Verteilungsverfahren nach der SVertO.	1,0
3318	Verfahrensgebühr für das Verfahren über einen Insolvenzplan	1,0
3319	Vertretung des Schuldners, der den Plan vorgelegt hat: Die Verfahrensgebühr 3318 beträgt	3,0
3320	Die Tätigkeit beschränkt sich auf die Anmeldung einer Insolvenzforderung: Die Verfahrensgebühr 3317 beträgt .... Die Gebühr entsteht auch im Verteilungsverfahren nach der SVertO.	0,5
3321	Verfahrensgebühr für das Verfahren über einen Antrag auf Versagung oder Widerruf der Restschuldbefreiung .... (1) Das Verfahren über mehrere gleichzeitig anhängige Anträge ist eine Angelegenheit. (2) Die Gebühr entsteht auch gesondert, wenn der Antrag bereits vor Aufhebung des Insolvenzverfahrens gestellt wird.	0,5
3322	Verfahrensgebühr für das Verfahren über Anträge auf Zulassung der Zwangsvollstreckung nach § 17 Abs. 4 SVertO	0,5
3323	Verfahrensgebühr für das Verfahren über Anträge auf Aufhebung von Vollstreckungsmaßregeln (§ 8 Abs. 5 und § 41 SVertO)	0,5

Unterabschnitt 6. Sonstige besondere Verfahren

Vorbemerkung 3.3.6:
Die Terminsgebühr bestimmt sich nach Abschnitt 1, soweit in diesem Unterabschnitt nichts anderes bestimmt ist. Im Verfahren über die Prozesskostenhilfe bestimmt sich die Terminsgebühr nach den für dasjenige Verfahren geltenden Vorschriften, für das die Prozesskostenhilfe beantragt wird.

Nr.	Gebührentatbestand	Gebühr
3324	Verfahrensgebühr für das Aufgebotsverfahren	1,0

Nr.	Gebührentatbestand	Gebühr oder Satz der Gebühr nach § 13 RVG
3325	Verfahrensgebühr für Verfahren nach § 148 Abs. 1 und 2, §§ 246a, 319 Abs. 6 AktG, auch i. V. m. § 327e Abs. 2 AktG, oder nach § 16 Abs. 3 UmwG	0,75
3326	Verfahrensgebühr für Verfahren vor den Gerichten für Arbeitssachen, wenn sich die Tätigkeit auf eine gerichtliche Entscheidung über die Bestimmung einer Frist (§ 102 Abs. 3 des Arbeitsgerichtsgesetzes), die Ablehnung eines Schiedsrichters (§ 103 Abs. 3 des Arbeitsgerichtsgesetzes) oder die Vornahme einer Beweisaufnahme oder einer Vereidigung (§ 106 Abs. 2 des Arbeitsgerichtsgesetzes) beschränkt	0,75
3327	Verfahrensgebühr für gerichtliche Verfahren über die Bestellung eines Schiedsrichters oder Ersatzschiedsrichters, über die Ablehnung eines Schiedsrichters oder über die Beendigung des Schiedsrichteramts, zur Unterstützung bei der Beweisaufnahme oder bei der Vornahme sonstiger richterlicher Handlungen anlässlich eines schiedsrichterlichen Verfahrens ..	0,75
3328	Verfahrensgebühr für Verfahren über die vorläufige Einstellung, Beschränkung oder Aufhebung der Zwangsvollstreckung oder die einstweilige Einstellung oder Beschränkung der Vollstreckung und die Anordnung, dass Vollstreckungsmaßnahmen aufzuheben sind .... Die Gebühr entsteht nur, wenn eine abgesonderte mündliche Verhandlung hierüber oder ein besonderer gerichtlicher Termin stattfindet. Wird der Antrag beim Vollstreckungsgericht und beim Prozessgericht gestellt, entsteht die Gebühr nur einmal.	0,5
3329	Verfahrensgebühr für Verfahren auf Vollstreckbarerklärung der durch Rechtsmittelanträge nicht angefochtenen Teile eines Urteils (§§ 537, 558 ZPO)	0,5
3330	Verfahrensgebühr für Verfahren über eine Rüge wegen Verletzung des Anspruchs auf rechtliches Gehör	in Höhe der Verfahrensgebühr für das Verfahren, in dem die Rüge erhoben wird, höchstens 0,5, bei Betragsrahmengebühren höchstens 220,00 €
3331	Terminsgebühr in Verfahren über eine Rüge wegen Verletzung des Anspruchs auf rechtliches Gehör	in Höhe der Terminsgebühr für das Verfahren, in dem die Rüge erhoben wird, höchstens 0,5, bei Betragsrahmengebühren höchstens 220,00 €
3332	Terminsgebühr in den in Nummern 3324 bis 3329 genannten Verfahren	0,5
3333	Verfahrensgebühr für ein Verteilungsverfahren außerhalb der Zwangsversteigerung und der Zwangsverwaltung .... Der Wert bestimmt sich nach § 26 Nr. 1 und 2 RVG. Eine Terminsgebühr entsteht nicht.	0,4
3334	Verfahrensgebühr für Verfahren vor dem Prozessgericht oder dem Amtsgericht auf Bewilligung, Verlängerung oder Verkürzung einer Räumungsfrist (§§ 721, 794a ZPO), wenn das Verfahren mit dem Verfahren über die Hauptsache nicht verbunden ist	1,0

Nr.	Gebührentatbestand	Gebühr oder Satz der Gebühr nach § 13 RVG
3335	Verfahrensgebühr für das Verfahren über die Prozesskostenhilfe	in Höhe der Verfahrensgebühr für das Verfahren, für das die Prozesskostenhilfe beantragt wird, höchstens 1,0, bei Betragsrahmengebühren höchstens 420,00 €
3336	*(aufgehoben)*	
3337	Vorzeitige Beendigung des Auftrags im Fall der Nummern 3324 bis 3327, 3334 und 3335:	
	Die Gebühren 3324 bis 3327, 3334 und 3335 betragen höchstens	0,5
	Eine vorzeitige Beendigung liegt vor, 1. wenn der Auftrag endigt, bevor der Rechtsanwalt den das Verfahren einleitenden Antrag oder einen Schriftsatz, der Sachanträge, Sachvortrag oder die Zurücknahme des Antrags enthält, eingereicht oder bevor er einen gerichtlichen Termin wahrgenommen hat, oder 2. soweit lediglich beantragt ist, eine Einigung der Parteien oder der Beteiligten zu Protokoll zu nehmen oder soweit lediglich Verhandlungen vor Gericht zur Einigung geführt werden.	
3338	Verfahrensgebühr für die Tätigkeit als Vertreter des Anmelders eines Anspruchs zum Musterverfahren (§ 10 Abs. 2 KapMuG)	0,8

Abschnitt 4. Einzeltätigkeiten

Vorbemerkung 3.4:
Für in diesem Abschnitt genannte Tätigkeiten entsteht eine Terminsgebühr nur, wenn dies ausdrücklich bestimmt ist.

3400	Der Auftrag beschränkt sich auf die Führung des Verkehrs der Partei oder des Beteiligten mit dem Verfahrensbevollmächtigten:	
	Verfahrensgebühr	in Höhe der dem Verfahrensbevollmächtigten zustehenden Verfahrensgebühr, höchstens 1,0, bei Betragsrahmengebühren höchstens 420,00 €
	Die gleiche Gebühr entsteht auch, wenn im Einverständnis mit dem Auftraggeber mit der Übersendung der Akten an den Rechtsanwalt des höheren Rechtszugs gutachterliche Äußerungen verbunden sind.	
3401	Der Auftrag beschränkt sich auf die Vertretung in einem Termin im Sinne der Vorbemerkung 3 Abs. 3:	
	Verfahrensgebühr	in Höhe der Hälfte der dem Verfahrensbevollmächtigten zustehenden Verfahrensgebühr
3402	Terminsgebühr in dem in Nummer 3401 genannten Fall	in Höhe der einem Verfahrensbevollmächtigten zustehenden Terminsgebühr

Nr.	Gebührentatbestand	Gebühr oder Satz der Gebühr nach § 13 RVG
3403	Verfahrensgebühr für sonstige Einzeltätigkeiten, soweit in Nummer 3406 nichts anderes bestimmt ist .... Die Gebühr entsteht für sonstige Tätigkeiten in einem gerichtlichen Verfahren, wenn der Rechtsanwalt nicht zum Prozess- oder Verfahrensbevollmächtigten bestellt ist, soweit in diesem Abschnitt nichts anderes bestimmt ist.	0,8
3404	Der Auftrag beschränkt sich auf ein Schreiben einfacher Art: Die Gebühr 3403 beträgt .... Die Gebühr entsteht insbesondere, wenn das Schreiben weder schwierige rechtliche Ausführungen noch größere sachliche Auseinandersetzungen enthält.	0,3
3405	Endet der Auftrag 1. im Fall der Nummer 3400, bevor der Verfahrensbevollmächtigte beauftragt oder der Rechtsanwalt gegenüber dem Verfahrensbevollmächtigten tätig geworden ist, 2. im Fall der Nummer 3401, bevor der Termin begonnen hat: Die Gebühren 3400 und 3401 betragen .... Im Fall der Nummer 3403 gilt die Vorschrift entsprechend.	höchstens 0,5, bei Betragsrahmengebühren höchstens 210,00 €
3406	Verfahrensgebühr für sonstige Einzeltätigkeiten in Verfahren vor Gerichten der Sozialgerichtsbarkeit, wenn Betragsrahmengebühren entstehen (§ 3 RVG) .... Die Anmerkung zu Nummer 3403 gilt entsprechend.	30,00 bis 340,00 €

Abschnitt 5. Beschwerde, Nichtzulassungsbeschwerde und Erinnerung

Vorbemerkung 3.5:
Die Gebühren nach diesem Abschnitt entstehen nicht in den in Vorbemerkung 3.1 Abs. 2 und in den Vorbemerkungen 3.2.1 und 3.2.2 genannten Beschwerdeverfahren.

Nr.	Gebührentatbestand	Gebühr oder Satz der Gebühr nach § 13 RVG
3500	Verfahrensgebühr für Verfahren über die Beschwerde und die Erinnerung, soweit in diesem Abschnitt keine besonderen Gebühren bestimmt sind	0,5
3501	Verfahrensgebühr für Verfahren vor den Gerichten der Sozialgerichtsbarkeit über die Beschwerde und die Erinnerung, wenn in den Verfahren Betragsrahmengebühren entstehen (§ 3 RVG), soweit in diesem Abschnitt keine besonderen Gebühren bestimmt sind	20,00 bis 210,00 €
3502	Verfahrensgebühr für das Verfahren über die Rechtsbeschwerde	1,0
3503	Vorzeitige Beendigung des Auftrags: Die Gebühr 3502 beträgt .... Die Anmerkung zu Nummer 3201 ist entsprechend anzuwenden.	0,5
3504	Verfahrensgebühr für das Verfahren über die Beschwerde gegen die Nichtzulassung der Berufung, soweit in Nummer 3511 nichts anderes bestimmt ist .... Die Gebühr wird auf die Verfahrensgebühr für ein nachfolgendes Berufungsverfahren angerechnet.	1,6
3505	Vorzeitige Beendigung des Auftrags: Die Gebühr 3504 beträgt .... Die Anmerkung zu Nummer 3201 ist entsprechend anzuwenden.	1,0
3506	Verfahrensgebühr für das Verfahren über die Beschwerde gegen die Nichtzulassung der Revision oder über die Beschwerde gegen die Nichtzulassung einer der in der Vorbemerkung 3.2.2 genannten Rechtsbeschwerden, soweit in Nummer 3512 nichts anderes bestimmt ist .... Die Gebühr wird auf die Verfahrensgebühr für ein nachfolgendes Revisions- oder Rechtsbeschwerdeverfahren angerechnet.	1,6

Nr.	Gebührentatbestand	Gebühr oder Satz der Gebühr nach § 13 RVG
3507	Vorzeitige Beendigung des Auftrags: Die Gebühr 3506 beträgt .... Die Anmerkung zu Nummer 3201 ist entsprechend anzuwenden.	1,1
3508	In dem Verfahren über die Beschwerde gegen die Nichtzulassung der Revision können sich die Parteien nur durch einen beim Bundesgerichtshof zugelassenen Rechtsanwalt vertreten lassen: Die Gebühr 3506 beträgt	2,3
3509	Vorzeitige Beendigung des Auftrags, wenn sich die Parteien nur durch einen beim Bundesgerichtshof zugelassenen Rechtsanwalt vertreten lassen können: Die Gebühr 3506 beträgt .... Die Anmerkung zu Nummer 3201 ist entsprechend anzuwenden.	1,8

3510	Verfahrensgebühr für Beschwerdeverfahren vor dem Bundespatentgericht
	1. nach dem Patentgesetz, wenn sich die Beschwerde gegen einen Beschluss richtet,
	  a) durch den die Vergütung bei Lizenzbereitschaftserklärung festgesetzt wird oder Zahlung der Vergütung an das Deutsche Patent- und Markenamt angeordnet wird,
	  b) durch den eine Anordnung nach § 50 Abs. 1 PatG oder die Aufhebung dieser Anordnung erlassen wird,
	  c) durch den die Anmeldung zurückgewiesen oder über die Aufrechterhaltung, den Widerruf oder die Beschränkung des Patents entschieden wird,
	2. nach dem Gebrauchsmustergesetz, wenn sich die Beschwerde gegen einen Beschluss richtet,
	  a) durch den die Anmeldung zurückgewiesen wird,
	  b) durch den über den Löschungsantrag entschieden wird,
	3. nach dem Markengesetz, wenn sich die Beschwerde gegen einen Beschluss richtet,
	  a) durch den über die Anmeldung einer Marke, einen Widerspruch oder einen Antrag auf Löschung oder über die Erinnerung gegen einen solchen Beschluss entschieden worden ist oder
	  b) durch den ein Antrag auf Eintragung einer geographischen Angabe oder einer Ursprungsbezeichnung zurückgewiesen worden ist,
	4. nach dem Halbleiterschutzgesetz, wenn sich die Beschwerde gegen einen Beschluss richtet,
	  a) durch den die Anmeldung zurückgewiesen wird,
	  b) durch den über den Löschungsantrag entschieden wird,
	5. nach dem Geschmacksmustergesetz, wenn sich die Beschwerde gegen einen Beschluss richtet, durch den die Anmeldung eines Geschmacksmusters zurückgewiesen oder durch den über einen Löschungsantrag entschieden worden ist,
	6. nach dem Sortenschutzgesetz, wenn sich die Beschwerde gegen einen Beschluss des Widerspruchsausschusses richtet ....
		1,3

3511	Verfahrensgebühr für das Verfahren über die Beschwerde gegen die Nichtzulassung der Berufung vor dem Landessozialgericht, wenn Betragsrahmengebühren entstehen (§ 3 RVG) .... Die Gebühr wird auf die Verfahrensgebühr für ein nachfolgendes Berufungsverfahren angerechnet.	60,00 bis 680,00 €
3512	Verfahrensgebühr für das Verfahren über die Beschwerde gegen die Nichtzulassung der Revision vor dem Bundessozialgericht, wenn Betragsrahmengebühren entstehen (§ 3 RVG) .... Die Gebühr wird auf die Verfahrensgebühr für ein nachfolgendes Revisionsverfahren angerechnet.	80,00 bis 880,00 €
3513	Terminsgebühr in den in Nummer 3500 genannten Verfahren	0,5

Nr.	Gebührentatbestand	Gebühr oder Satz der Gebühr nach § 13 RVG
3514	In dem Verfahren über die Beschwerde gegen die Zurückweisung des Antrags auf Anordnung eines Arrests oder des Antrags auf Erlass einer einstweiligen Verfügung bestimmt das Beschwerdegericht Termin zur mündlichen Verhandlung: Die Gebühr 3513 beträgt	1,2
3515	Terminsgebühr in den in Nummer 3501 genannten Verfahren	20,00 bis 210,00 €
3516	Terminsgebühr in den in Nummer 3502, 3504, 3506 und 3510 genannten Verfahren	1,2
3517	Terminsgebühr in den in Nummer 3511 genannten Verfahren	50,00 bis 510,00 €
3518	Terminsgebühr in den in Nummer 3512 genannten Verfahren	60,00 bis 660,00 €

Teil 4. Strafsachen

Nr.	Gebührentatbestand	Gebühr oder Satz der Gebühr nach § 13 oder § 49 RVG	
		Wahlanwalt	gerichtlich bestellter oder beigeordneter Rechtsanwalt

Vorbemerkung 4:

(1) Für die Tätigkeit als Beistand oder Vertreter eines Privatklägers, eines Nebenklägers, eines Einziehungs- oder Nebenbeteiligten, eines Verletzten, eines Zeugen oder Sachverständigen und im Verfahren nach dem Strafrechtlichen Rehabilitierungsgesetz sind die Vorschriften entsprechend anzuwenden.

(2) Die Verfahrensgebühr entsteht für das Betreiben des Geschäfts einschließlich der Information.

(3) Die Terminsgebühr entsteht für die Teilnahme an gerichtlichen Terminen, soweit nichts anderes bestimmt ist. Der Rechtsanwalt erhält die Terminsgebühr auch, wenn er zu einem anberaumten Termin erscheint, dieser aber aus Gründen, die er nicht zu vertreten hat, nicht stattfindet. Dies gilt nicht, wenn er rechtzeitig von der Aufhebung oder Verlegung des Termins in Kenntnis gesetzt worden ist.

(4) Befindet sich der Beschuldigte nicht auf freiem Fuß, entsteht die Gebühr mit Zuschlag.

(5) Für folgende Tätigkeiten entstehen Gebühren nach den Vorschriften des Teils 3:
1. im Verfahren über die Erinnerung oder die Beschwerde gegen einen Kostenfestsetzungsbeschluss (§ 464b StPO) und im Verfahren über die Erinnerung gegen den Kostenansatz und im Verfahren über die Beschwerde gegen die über diese Erinnerung,
2. in der Zwangsvollstreckung aus Entscheidungen, die über einen aus der Straftat erwachsenen vermögensrechtlichen Anspruch oder die Erstattung von Kosten ergangen sind (§§ 406b, 464b StPO), für die Mitwirkung bei der Ausübung der Veröffentlichungsbefugnis und im Beschwerdeverfahren gegen eine dieser Entscheidungen.

Abschnitt 1. Gebühren des Verteidigers

Vorbemerkung 4.1:

(1) Dieser Abschnitt ist auch anzuwenden auf die Tätigkeit im Verfahren über die im Urteil vorbehaltene Sicherungsverwahrung und im Verfahren über die nachträgliche Anordnung der Sicherungsverwahrung.

(2) Durch die Gebühren wird die gesamte Tätigkeit als Verteidiger entgolten. Hierzu gehören auch Tätigkeiten im Rahmen des Täter-Opfer-Ausgleichs, soweit der Gegenstand nicht vermögensrechtlich ist.

Unterabschnitt 1. Allgemeine Gebühren

4100	Grundgebühr	40,00 bis 360,00 €	160,00 €
	(1) Die Gebühr entsteht neben der Verfahrensgebühr für die erstmalige Einarbeitung in den Rechtsfall nur einmal, unabhängig davon, in welchem Verfahrensabschnitt sie erfolgt.		
	(2) Eine wegen derselben Tat oder Handlung bereits entstandene Gebühr 5100 ist nicht anzurechnen.		
4101	Gebühr 4100 mit Zuschlag	40,00 bis 450,00 €	192,00 €

Nr.	Gebührentatbestand	Gebühr oder Satz der Gebühr nach § 13 oder § 49 RVG	
		Wahlanwalt	gerichtlich bestellter oder beigeordneter Rechtsanwalt
4102	Terminsgebühr für die Teilnahme an 1. richterlichen Vernehmungen und Augenscheinseinnahmen, 2. Vernehmungen durch die Staatsanwaltschaft oder eine andere Strafverfolgungsbehörde, 3. Terminen außerhalb der Hauptverhandlung, in denen über die Anordnung oder Fortdauer der Untersuchungshaft oder der einstweiligen Unterbringung verhandelt wird, 4. Verhandlungen im Rahmen des Täter-Opfer-Ausgleichs sowie 5. Sühneterminen nach § 380 StPO .... Mehrere Termine an einem Tag gelten als ein Termin. Die Gebühr entsteht im vorbereitenden Verfahren und in jedem Rechtszug für die Teilnahme an jeweils bis zu drei Terminen einmal.	40,00 bis 300,00 €	136,00 €
4103	Gebühr 4102 mit Zuschlag	40,00 bis 375,00 €	166,00 €

Unterabschnitt 2. Vorbereitendes Verfahren

Vorbemerkung 4.1.2:
Die Vorbereitung der Privatklage steht der Tätigkeit im vorbereitenden Verfahren gleich.

Nr.	Gebührentatbestand	Wahlanwalt	gerichtlich bestellter oder beigeordneter Rechtsanwalt
4104	Verfahrensgebühr .... Die Gebühr entsteht für eine Tätigkeit in dem Verfahren bis zum Eingang der Anklageschrift, des Antrags auf Erlass eines Strafbefehls bei Gericht oder im beschleunigten Verfahren bis zum Vortrag der Anklage, wenn diese nur mündlich erhoben wird.	40,00 bis 290,00 €	132,00 €
4105	Gebühr 4104 mit Zuschlag	40,00 bis 362,50 €	161,00 €

Unterabschnitt 3. Gerichtliches Verfahren

Erster Rechtszug

Nr.	Gebührentatbestand	Wahlanwalt	gerichtlich bestellter oder beigeordneter Rechtsanwalt
4106	Verfahrensgebühr für den ersten Rechtszug vor dem Amtsgericht	40,00 bis 290,00 €	132,00 €
4107	Gebühr 4106 mit Zuschlag	40,00 bis 362,50 €	161,00 €
4108	Terminsgebühr je Hauptverhandlungstag in den in Nummer 4106 genannten Verfahren	70,00 bis 480,00 €	220,00 €
4109	Gebühr 4108 mit Zuschlag	70,00 bis 600,00 €	268,00 €
4110	Der gerichtlich bestellte oder beigeordnete Rechtsanwalt nimmt mehr als 5 und bis 8 Stunden an der Hauptverhandlung teil: Zusätzliche Gebühr neben der Gebühr 4108 oder 4109		110,00 €
4111	Der gerichtlich bestellte oder beigeordnete Rechtsanwalt nimmt mehr als 8 Stunden an der Hauptverhandlung teil: Zusätzliche Gebühr neben der Gebühr 4108 oder 4109		220,00 €
4112	Verfahrensgebühr für den ersten Rechtszug vor der Strafkammer ..... Die Gebühr entsteht auch für Verfahren 1. vor der Jugendkammer, soweit sich die Gebühr nicht nach Nummer 4118 bestimmt, 2. im Rehabilitierungsverfahren nach Abschnitt 2 StrRehaG.	50,00 bis 320,00 €	148,00 €
4113	Gebühr 4112 mit Zuschlag	50,00 bis 400,00 €	180,00 €

Nr.	Gebührentatbestand	Gebühr oder Satz der Gebühr nach § 13 oder § 49 RVG	
		Wahlanwalt	gerichtlich bestellter oder beigeordneter Rechtsanwalt
4114	Terminsgebühr je Hauptverhandlungstag in den in Nummer 4112 genannten Verfahren	80,00 bis 560,00 €	256,00 €
4115	Gebühr 4114 mit Zuschlag	80,00 bis 700,00 €	312,00 €
4116	Der gerichtlich bestellte oder beigeordnete Rechtsanwalt nimmt mehr als 5 und bis 8 Stunden an der Hauptverhandlung teil: Zusätzliche Gebühr neben der Gebühr 4114 oder 4115		128,00 €
4117	Der gerichtlich bestellte oder beigeordnete Rechtsanwalt nimmt mehr als 8 Stunden an der Hauptverhandlung teil: Zusätzliche Gebühr neben der Gebühr 4114 oder 4115		256,00 €
4118	Verfahrensgebühr für den ersten Rechtszug vor dem Oberlandesgericht, dem Schwurgericht oder der Strafkammer nach den §§ 74a und 74c GVG .... Die Gebühr entsteht auch für Verfahren vor der Jugendkammer, soweit diese in Sachen entscheidet, die nach den allgemeinen Vorschriften zur Zuständigkeit des Schwurgerichts gehören.	100,00 bis 690,00 €	316,00 €
4119	Gebühr 4118 mit Zuschlag	100,00 bis 862,50 €	385,00 €
4120	Terminsgebühr je Hauptverhandlungstag in den in Nummer 4118 genannten Verfahren	130,00 bis 930,00 €	424,00 €
4121	Gebühr 4120 mit Zuschlag	130,00 bis 1162,50 €	517,00 €
4122	Der gerichtlich bestellte oder beigeordnete Rechtsanwalt nimmt mehr als 5 und bis 8 Stunden an der Hauptverhandlung teil: Zusätzliche Gebühr neben der Gebühr 4120 oder 4121		212,00 €
4123	Der gerichtlich bestellte oder beigeordnete Rechtsanwalt nimmt mehr als 8 Stunden an der Hauptverhandlung teil: Zusätzliche Gebühr neben der Gebühr 4120 oder 4121		424,00 €
	Berufung		
4124	Verfahrensgebühr für das Berufungsverfahren .... Die Gebühr entsteht auch für Beschwerdeverfahren nach § 13 StrRehaG.	80,00 bis 560,00 €	256,00 €
4125	Gebühr 4124 mit Zuschlag	80,00 bis 700,00 €	312,00 €
4126	Terminsgebühr je Hauptverhandlungstag im Berufungsverfahren .... Die Gebühr entsteht auch für Beschwerdeverfahren nach § 13 StrRehaG.	80,00 bis 560,00 €	256,00 €
4127	Gebühr 4126 mit Zuschlag	80,00 bis 700,00 €	312,00 €
4128	Der gerichtlich bestellte oder beigeordnete Rechtsanwalt nimmt mehr als 5 und bis 8 Stunden an der Hauptverhandlung teil: Zusätzliche Gebühr neben der Gebühr 4126 oder 4127		128,00 €
4129	Der gerichtlich bestellte oder beigeordnete Rechtsanwalt nimmt mehr als 8 Stunden an der Hauptverhandlung teil: Zusätzliche Gebühr neben der Gebühr 4126 oder 4127		256,00 €

Nr.	Gebührentatbestand	Gebühr oder Satz der Gebühr nach § 13 oder § 49 RVG	
		Wahlanwalt	gerichtlich bestellter oder beigeordneter Rechtsanwalt
	Revision		
4130	Verfahrensgebühr für das Revisionsverfahren	120,00 bis 1 110,00 €	492,00 €
4131	Gebühr 4130 mit Zuschlag	120,00 bis 1 387,50 €	603,00 €
4132	Terminsgebühr je Hauptverhandlungstag im Revisionsverfahren	120,00 bis 560,00 €	272,00 €
4133	Gebühr 4132 mit Zuschlag	120,00 bis 700,00 €	328,00 €
4134	Der gerichtlich bestellte oder beigeordnete Rechtsanwalt nimmt mehr als 5 und bis 8 Stunden an der Hauptverhandlung teil: Zusätzliche Gebühr neben der Gebühr 4132 oder 4133		136,00 €
4135	Der gerichtlich bestellte oder beigeordnete Rechtsanwalt nimmt mehr als 8 Stunden an der Hauptverhandlung teil: Zusätzliche Gebühr neben der Gebühr 4132 oder 4133		272,00 €
	Unterabschnitt 4. Wiederaufnahmeverfahren		
	Vorbemerkung 4.1.4: Eine Grundgebühr entsteht nicht.		
4136	Geschäftsgebühr für die Vorbereitung eines Antrags Die Gebühr entsteht auch, wenn von der Stellung eines Antrags abgeraten wird.	in Höhe der Verfahrensgebühr für den ersten Rechtszug	
4137	Verfahrensgebühr für das Verfahren über die Zulässigkeit des Antrags	in Höhe der Verfahrensgebühr für den ersten Rechtszug	
4138	Verfahrensgebühr für das weitere Verfahren	in Höhe der Verfahrensgebühr für den ersten Rechtszug	
4139	Verfahrensgebühr für das Beschwerdeverfahren (§ 372 StPO)	in Höhe der Verfahrensgebühr für den ersten Rechtszug	
4140	Terminsgebühr für jeden Verhandlungstag	in Höhe der Terminsgebühr für den ersten Rechtszug	
	Unterabschnitt 5. Zusätzliche Gebühren		
4141	Durch die anwaltliche Mitwirkung wird die Hauptverhandlung entbehrlich: Zusätzliche Gebühr	in Höhe der Verfahrensgebühr	

Nr.	Gebührentatbestand	Gebühr oder Satz der Gebühr nach § 13 oder § 49 RVG	
		Wahlanwalt	gerichtlich bestellter oder beigeordneter Rechtsanwalt
	(1) Die Gebühr entsteht, wenn 1. das Strafverfahren nicht nur vorläufig eingestellt wird oder 2. das Gericht beschließt, das Hauptverfahren nicht zu eröffnen oder 3. sich das gerichtliche Verfahren durch Rücknahme des Einspruchs gegen den Strafbefehl, der Berufung oder der Revision des Angeklagten oder eines anderen Verfahrensbeteiligten erledigt; ist bereits ein Termin zur Hauptverhandlung bestimmt, entsteht die Gebühr nur, wenn der Einspruch, die Berufung oder die Revision früher als zwei Wochen vor Beginn des Tages, der für die Hauptverhandlung vorgesehen war, zurückgenommen wird; oder 4. das Verfahren durch Beschluss nach § 411 Abs. 1 Satz 3 StPO endet. Nummer 3 ist auf den Beistand oder Vertreter eines Privatklägers entsprechend anzuwenden, wenn die Privatklage zurückgenommen wird. (2) Die Gebühr entsteht nicht, wenn eine auf die Förderung des Verfahrens gerichtete Tätigkeit nicht ersichtlich ist. Sie entsteht nicht neben der Gebühr 4147. (3) Die Höhe der Gebühr richtet sich nach dem Rechtszug, in dem die Hauptverhandlung vermieden wurde. Für den Wahlanwalt bemisst sich die Gebühr nach der Rahmenmitte. Eine Erhöhung nach Nummer 1008 und der Zuschlag (Vorbemerkung 4 Abs. 4) sind nicht zu berücksichtigen.		
4142	Verfahrensgebühr bei Einziehung und verwandten Maßnahmen .... (1) Die Gebühr entsteht für eine Tätigkeit für den Beschuldigten, die sich auf die Einziehung, dieser gleichstehende Rechtsfolgen (§ 442 StPO), die Abführung des Mehrerlöses oder auf eine diesen Zwecken dienende Beschlagnahme bezieht. (2) Die Gebühr entsteht nicht, wenn der Gegenstandswert niedriger als 30,00 € ist. (3) Die Gebühr entsteht für das Verfahren des ersten Rechtszugs einschließlich des vorbereitenden Verfahrens und für jeden weiteren Rechtszug.	1,0	1,0
4143	Verfahrensgebühr für das erstinstanzliche Verfahren über vermögensrechtliche Ansprüche des Verletzten oder seines Erben .... (1) Die Gebühr entsteht auch, wenn der Anspruch erstmalig im Berufungsverfahren geltend gemacht wird. (2) Die Gebühr wird zu einem Drittel auf die Verfahrensgebühr, die für einen bürgerlichen Rechtsstreit wegen desselben Anspruchs entsteht, angerechnet.	2,0	2,0
4144	Verfahrensgebühr im Berufungs- und Revisionsverfahren über vermögensrechtliche Ansprüche des Verletzten oder seines Erben	2,5	2,5
4145	Verfahrensgebühr für das Verfahren über die Beschwerde gegen den Beschluss, mit dem nach § 406 Abs. 5 Satz 2 StPO von einer Entscheidung abgesehen wird	0,5	0,5
4146	Verfahrensgebühr für das Verfahren über einen Antrag auf gerichtliche Entscheidung und über die Beschwerde gegen die den Rechtszug beendende Entscheidung nach § 25 Abs. 1 Satz 3 bis 5, § 13 StRehaG	1,5	1,5
4147	Einigungsgebühr im Privatklageverfahren bezüglich des Strafanspruchs und des Kostenerstattungsanspruchs: Die Gebühr 1000 entsteht .... Für einen Vertrag über sonstige Ansprüche entsteht eine weitere Einigungsgebühr nach Teil 1. Maßgebend für die Höhe der Gebühr ist die im Einzelfall bestimmte Verfahrensgebühr in der Angelegenheit, in der die Einigung erfolgt. Eine Erhöhung nach Nummer 1008 und der Zuschlag (Vorbemerkung 4 Abs. 4) sind nicht zu berücksichtigen.	in Höhe der Verfahrensgebühr	

Nr.	Gebührentatbestand	Gebühr oder Satz der Gebühr nach § 13 oder § 49 RVG	
		Wahlanwalt	gerichtlich bestellter oder beigeordneter Rechtsanwalt
	Abschnitt 2. Gebühren in der Strafvollstreckung		

Vorbemerkung 4.2:
Im Verfahren über die Beschwerde gegen die Entscheidung in der Hauptsache entstehen die Gebühren besonders.

Nr.	Gebührentatbestand	Wahlanwalt	gerichtlich bestellter oder beigeordneter Rechtsanwalt

4200	Verfahrensgebühr als Verteidiger für ein Verfahren über
	1. die Erledigung oder Aussetzung der Maßregel der Unterbringung
	  a) in der Sicherungsverwahrung,
	  b) in einem psychiatrischen Krankenhaus oder
	  c) in einer Entziehungsanstalt,
	2. die Aussetzung des Restes einer zeitigen Freiheitsstrafe oder einer lebenslangen Freiheitsstrafe oder
	3. den Widerruf einer Strafaussetzung zur Bewährung oder den Widerruf der Aussetzung einer Maßregel der Besserung und Sicherung zur Bewährung ....
		60,00 bis 670,00 €	292,00 €

4201	Gebühr 4200 mit Zuschlag	60,00 bis 837,50 €	359,00 €
4202	Terminsgebühr in den in Nummer 4200 genannten Verfahren	60,00 bis 300,00 €	144,00 €
4203	Gebühr 4202 mit Zuschlag	60,00 bis 375,00 €	174,00 €
4204	Verfahrensgebühr für sonstige Verfahren in der Strafvollstreckung	30,00 bis 300,00 €	132,00 €
4205	Gebühr 4204 mit Zuschlag	30,00 bis 375,00 €	162,00 €
4206	Terminsgebühr für sonstige Verfahren	30,00 bis 300,00 €	132,00 €
4207	Gebühr 4206 mit Zuschlag	30,00 bis 375,00 €	162,00 €

Abschnitt 3. Einzeltätigkeiten

Vorbemerkung 4.3:
(1) Die Gebühren entstehen für einzelne Tätigkeiten, ohne dass dem Rechtsanwalt sonst die Verteidigung oder Vertretung übertragen ist.
(2) Beschränkt sich die Tätigkeit des Rechtsanwalts auf die Geltendmachung oder Abwehr eines aus der Straftat erwachsenen vermögensrechtlichen Anspruchs im Strafverfahren, so erhält er die Gebühren nach den Nummern 4143 bis 4145.
(3) Die Gebühr entsteht für jede der genannten Tätigkeiten gesondert, soweit nichts anderes bestimmt ist. § 15 RVG bleibt unberührt. Das Beschwerdeverfahren gilt als besondere Angelegenheit.
(4) Wird dem Rechtsanwalt die Verteidigung oder die Vertretung für das Verfahren übertragen, werden die nach diesem Abschnitt entstandenen Gebühren auf die für die Verteidigung oder Vertretung entstehenden Gebühren angerechnet.

Nr.	Gebührentatbestand	Wahlanwalt	gerichtlich bestellter oder beigeordneter Rechtsanwalt
4300	Verfahrensgebühr für die Anfertigung oder Unterzeichnung einer Schrift 1. zur Begründung der Revision, 2. zur Erklärung auf die von dem Staatsanwalt, Privatkläger oder Nebenkläger eingelegte Revision oder 3. in Verfahren nach den §§ 57a und 67e StGB .... Neben der Gebühr für die Begründung der Revision entsteht für die Einlegung der Revision keine besondere Gebühr.	60,00 bis 670,00 €	292,00 €

Nr.	Gebührentatbestand	Gebühr oder Satz der Gebühr nach § 13 oder § 49 RVG	
		Wahlanwalt	gerichtlich bestellter oder beigeordneter Rechtsanwalt
4301	Verfahrensgebühr für 1. die Anfertigung oder Unterzeichnung einer Privatklage, 2. die Anfertigung oder Unterzeichnung einer Schrift zur Rechtfertigung der Berufung oder zur Beantwortung der von dem Staatsanwalt, Privatkläger oder Nebenkläger eingelegten Berufung, 3. die Führung des Verkehrs mit dem Verteidiger, 4. die Beistandsleistung für den Beschuldigten bei einer richterlichen Vernehmung, einer Vernehmung durch die Staatsanwaltschaft oder eine andere Strafverfolgungsbehörde oder in einer Hauptverhandlung, einer mündlichen Anhörung oder bei einer Augenscheinseinnahme, 5. die Beistandsleistung im Verfahren zur gerichtlichen Erzwingung der Anklage (§ 172 Abs. 2 bis 4, § 173 StPO) oder 6. sonstige Tätigkeiten in der Strafvollstreckung .... Neben der Gebühr für die Rechtfertigung der Berufung entsteht für die Einlegung der Berufung keine besondere Gebühr.	40,00 bis 460,00 €	200,00 €
4302	Verfahrensgebühr für 1. die Einlegung eines Rechtsmittels, 2. die Anfertigung oder Unterzeichnung anderer Anträge, Gesuche oder Erklärungen oder 3. eine andere nicht in Nummern 4300 oder 4301 erwähnte Beistandsleistung........................	30,00 bis 290,00 €	128,00 €
4303	Verfahrensgebühr für die Vertretung in einer Gnadensache .... Der Rechtsanwalt erhält die Gebühr auch, wenn ihm die Verteidigung übertragen war.	30,00 bis 300,00 €	
4304	Gebühr für den als Kontaktperson beigeordneten Rechtsanwalt (§ 34a EGGVG)....................		3 500,00 €

Teil 5. Bußgeldsachen

Vorbemerkung 5:

(1) Für die Tätigkeit als Beistand oder Vertreter eines Einziehungs- oder Nebenbeteiligten, eines Zeugen oder eines Sachverständigen in einem Verfahren, für das sich die Gebühren nach diesem Teil bestimmen, entstehen die gleichen Gebühren wie für einen Verteidiger in diesem Verfahren.

(2) Die Verfahrensgebühr entsteht für das Betreiben des Geschäfts einschließlich der Information.

(3) Die Terminsgebühr entsteht für die Teilnahme an gerichtlichen Terminen, soweit nichts anderes bestimmt ist. Der Rechtsanwalt erhält die Terminsgebühr auch, wenn er zu einem anberaumten Termin erscheint, dieser aber aus Gründen, die er nicht zu vertreten hat, nicht stattfindet. Dies gilt nicht, wenn er rechtzeitig von der Aufhebung oder Verlegung des Termins in Kenntnis gesetzt worden ist.

(4) Für folgende Tätigkeiten entstehen Gebühren nach den Vorschriften des Teils 3:

1. für das Verfahren über die Erinnerung oder die Beschwerde gegen einen Kostenfestsetzungsbeschluss, für das Verfahren über die Erinnerung gegen den Kostenansatz, für das Verfahren über die Beschwerde gegen die Entscheidung über diese Erinnerung und für Verfahren über den Antrag auf gerichtliche Entscheidung gegen einen Kostenfestsetzungsbescheid und den Ansatz der Gebühren und Auslagen (§ 108 OWiG), dabei steht das Verfahren über den Antrag auf gerichtliche Entscheidung dem Verfahren über die Erinnerung oder die Beschwerde gegen einen Kostenfestsetzungsbeschluss gleich.

2. in der Zwangsvollstreckung aus Entscheidungen, die über die Erstattung von Kosten ergangen sind, und für das Beschwerdeverfahren gegen die gerichtliche Entscheidung nach Nummer 1.

Nr.	Gebührentatbestand	Gebühr oder Satz der Gebühr nach § 13 oder § 49 RVG	
		Wahlanwalt	gerichtlich bestellter oder beigeordneter Rechtsanwalt

Vorbemerkung 5.1:

(1) Durch die Gebühren wird die gesamte Tätigkeit als Verteidiger entgolten.

(2) Hängt die Höhe der Gebühren von der Höhe der Geldbuße ab, ist die zum Zeitpunkt des Entstehens der Gebühr zuletzt festgesetzte Geldbuße maßgebend. Ist eine Geldbuße nicht festgesetzt, richtet sich die Höhe der Gebühren im Verfahren vor der Verwaltungsbehörde nach dem mittleren Betrag der in der Bußgeldvorschrift angedrohten Geldbuße. Sind in einer Rechtsvorschrift Regelsätze bestimmt, sind diese maßgebend. Mehrere Geldbußen sind zusammenzurechnen.

Unterabschnitt 1. Allgemeine Gebühr

Nr.	Gebührentatbestand	Wahlanwalt	bestellt
5100	Grundgebühr	30,00 bis 170,00 €	80,00 €
	(1) Die Gebühr entsteht neben der Verfahrensgebühr für die erstmalige Einarbeitung in den Rechtsfall nur einmal, unabhängig davon, in welchem Verfahrensabschnitt sie erfolgt.		
	(2) Die Gebühr entsteht nicht, wenn in einem vorangegangenen Strafverfahren für dieselbe Handlung oder Tat die Gebühr 4100 entstanden ist.		

Unterabschnitt 2. Verfahren vor der Verwaltungsbehörde

Vorbemerkung 5.1.2:

(1) Zu dem Verfahren vor der Verwaltungsbehörde gehört auch das Verwarnungsverfahren und das Zwischenverfahren (§ 69 OWiG) bis zum Eingang der Akten bei Gericht.

(2) Die Terminsgebühr entsteht auch für die Teilnahme an Vernehmungen vor der Polizei oder der Verwaltungsbehörde.

Nr.	Gebührentatbestand	Wahlanwalt	bestellt
5101	Verfahrensgebühr bei einer Geldbuße von weniger als 40,00 €	20,00 bis 110,00 €	52,00 €
5102	Terminsgebühr für jeden Tag, an dem ein Termin in den in Nummer 5101 genannten Verfahren stattfindet	20,00 bis 110,00 €	52,00 €
5103	Verfahrensgebühr bei einer Geldbuße von 40,00 bis 5 000,00 €	30,00 bis 290,00 €	128,00 €
5104	Terminsgebühr für jeden Tag, an dem ein Termin in den in Nummer 5103 genannten Verfahren stattfindet	30,00 bis 290,00 €	128,00 €
5105	Verfahrensgebühr bei einer Geldbuße von mehr als 5 000,00 €	40,00 bis 300,00 €	136,00 €
5106	Terminsgebühr für jeden Tag, an dem ein Termin in den in Nummer 5105 genannten Verfahren stattfindet	40,00 bis 300,00 €	136,00 €

Unterabschnitt 3. Gerichtliches Verfahren im ersten Rechtszug

Vorbemerkung 5.1.3:

(1) Die Terminsgebühr entsteht auch für die Teilnahme an gerichtlichen Terminen außerhalb der Hauptverhandlung.

(2) Die Gebühren dieses Unterabschnitts entstehen für das Wiederaufnahmeverfahren einschließlich seiner Vorbereitung gesondert; die Verfahrensgebühr entsteht auch, wenn von der Stellung eines Wiederaufnahmeantrags abgeraten wird.

Nr.	Gebührentatbestand	Wahlanwalt	bestellt
5107	Verfahrensgebühr bei einer Geldbuße von weniger als 40,00 €	20,00 bis 110,00 €	52,00 €
5108	Terminsgebühr je Hauptverhandlungstag in den in Nummer 5107 genannten Verfahren	20,00 bis 240,00 €	104,00 €
5109	Verfahrensgebühr bei einer Geldbuße von 40,00 bis 5 000,00 €	30,00 bis 290,00 €	128,00 €

Nr.	Gebührentatbestand	Gebühr oder Satz der Gebühr nach § 13 oder § 49 RVG	
		Wahlanwalt	gerichtlich bestellter oder beigeordneter Rechtsanwalt
5110	Terminsgebühr je Hauptverhandlungstag in den in Nummer 5109 genannten Verfahren	40,00 bis 470,00 €	204,00 €
5111	Verfahrensgebühr bei einer Geldbuße von mehr als 5 000,00 €	50,00 bis 350,00 €	160,00 €
5112	Terminsgebühr je Hauptverhandlungstag in den in Nummer 5111 genannten Verfahren	80,00 bis 560,00 €	256,00 €
	Unterabschnitt 4. Verfahren über die Rechtsbeschwerde		
5113	Verfahrensgebühr	80,00 bis 560,00 €	256,00 €
5114	Terminsgebühr je Hauptverhandlungstag	80,00 bis 560,00 €	256,00 €
	Unterabschnitt 5. Zusätzliche Gebühren		
5115	Durch die anwaltliche Mitwirkung wird das Verfahren vor der Verwaltungsbehörde erledigt oder die Hauptverhandlung entbehrlich: Zusätzliche Gebühr .... (1) Die Gebühr entsteht, wenn 1. das Verfahren nicht nur vorläufig eingestellt wird oder 2. der Einspruch gegen den Bußgeldbescheid zurückgenommen wird oder 3. der Bußgeldbescheid nach Einspruch von der Verwaltungsbehörde zurückgenommen und gegen einen neuen Bußgeldbescheid kein Einspruch eingelegt wird oder 4. sich das gerichtliche Verfahren durch Rücknahme des Einspruchs gegen den Bußgeldbescheid oder der Rechtsbeschwerde des Betroffenen oder eines anderen Verfahrensbeteiligten erledigt; ist bereits ein Termin zur Hauptverhandlung bestimmt, entsteht die Gebühr nur, wenn der Einspruch oder die Rechtsbeschwerde früher als zwei Wochen vor Beginn des Tages, der für die Hauptverhandlung vorgesehen war, zurückgenommen wird, oder 5. das Gericht nach § 72 Abs. 1 Satz 1 OWiG durch Beschluss entscheidet. (2) Die Gebühr entsteht nicht, wenn eine auf die Förderung des Verfahrens gerichtete Tätigkeit nicht ersichtlich ist. (3) Die Höhe der Gebühr richtet sich nach dem Rechtszug, in dem die Hauptverhandlung vermieden wurde. Für den Wahlanwalt bemisst sich die Gebühr nach der Rahmenmitte.	in Höhe der jeweiligen Verfahrensgebühr	
5116	Verfahrensgebühr bei Einziehung und verwandten Maßnahmen .... (1) Die Gebühr entsteht für eine Tätigkeit für den Betroffenen, die sich auf die Einziehung oder dieser gleichstehende Rechtsfolgen (§ 46 Abs. 1 OWiG, § 442 StPO) oder auf eine diesen Zwecken dienende Beschlagnahme bezieht. (2) Die Gebühr entsteht nicht, wenn der Gegenstandswert niedriger als 30,00 € ist. (3) Die Gebühr entsteht nur einmal für das Verfahren vor der Verwaltungsbehörde und für das gerichtliche Verfahren im ersten Rechtszug. Im Rechtsbeschwerdeverfahren entsteht die Gebühr besonders.	1,0	1,0
	Abschnitt 2. Einzeltätigkeiten		
5200	Verfahrensgebühr .... (1) Die Gebühr entsteht für einzelne Tätigkeiten, ohne dass dem Rechtsanwalt sonst die Verteidigung übertragen ist. (2) Die Gebühr entsteht für jede Tätigkeit gesondert, soweit nichts anderes bestimmt ist. § 15 RVG bleibt unberührt. (3) Wird dem Rechtsanwalt die Verteidigung für das Verfahren übertragen, werden die nach dieser Nummer entstandenen Gebühren auf die für die Verteidigung entstehenden Gebühren angerechnet. (4) Der Rechtsanwalt erhält die Gebühr für die Vertretung in der Vollstreckung und in einer Gnadensache auch, wenn ihm die Verteidigung übertragen war.	20,00 bis 110,00 €	52,00 €

Teil 6. Sonstige Verfahren

Nr.	Gebührentatbestand	Gebühr	
		Wahlverteidiger oder Verfahrensbevollmächtigter	gerichtlich bestellter oder beigeordneter Rechtsanwalt

Vorbemerkung 6:
(1) Für die Tätigkeit als Beistand für einen Zeugen oder Sachverständigen in einem Verfahren, für das sich die Gebühren nach diesem Teil bestimmen, entstehen die gleichen Gebühren wie für einen Verfahrensbevollmächtigten in diesem Verfahren.
(2) Die Verfahrensgebühr entsteht für das Betreiben des Geschäfts einschließlich der Information.
(3) Die Terminsgebühr entsteht für die Teilnahme an gerichtlichen Terminen, soweit nichts anderes bestimmt ist. Der Rechtsanwalt erhält die Terminsgebühr auch, wenn er zu einem anberaumten Termin erscheint, dieser aber aus Gründen, die er nicht zu vertreten hat, nicht stattfindet. Dies gilt nicht, wenn er rechtzeitig von der Aufhebung oder Verlegung des Termins in Kenntnis gesetzt worden ist.

Abschnitt 1. Verfahren nach dem Gesetz über die internationale Rechtshilfe in Strafsachen und Verfahren nach dem Gesetz über die Zusammenarbeit mit dem Internationalen Strafgerichtshof

Unterabschnitt 1. Verfahren vor der Verwaltungsbehörde

Vorbemerkung 6.1.1:
Die Gebühr nach diesem Unterabschnitt entsteht für die Tätigkeit gegenüber der Bewilligungsbehörde in Verfahren nach Abschnitt 2 Unterabschnitt 2 des Neunten Teils des Gesetzes über die internationale Rechtshilfe in Strafsachen.

6100	Verfahrensgebühr	50,00 bis 340,00 €	156,00 €

Unterabschnitt 2. Gerichtliches Verfahren

6101	Verfahrensgebühr	100,00 bis 690,00 €	316,00 €
6102	Terminsgebühr je Verhandlungstag	130,00 bis 930,00 €	424,00 €

Abschnitt 2. Disziplinarverfahren, berufsgerichtliche Verfahren wegen der Verletzung einer Berufspflicht

Vorbemerkung 6.2:
(1) Durch die Gebühren wird die gesamte Tätigkeit im Verfahren abgegolten.
(2) Für die Vertretung gegenüber der Aufsichtsbehörde außerhalb eines Disziplinarverfahrens entstehen Gebühren nach Teil 2.
(3) Für folgende Tätigkeiten entstehen Gebühren nach Teil 3:
1. für das Verfahren über die Erinnerung oder die Beschwerde gegen einen Kostenfestsetzungsbeschluss, für das Verfahren über die Erinnerung gegen den Kostenansatz und für das Verfahren über die Beschwerde gegen die Entscheidung über diese Erinnerung,
2. in der Zwangsvollstreckung aus einer Entscheidung, die über die Erstattung von Kosten ergangen ist, und für das Beschwerdeverfahren gegen diese Entscheidung.

Unterabschnitt 1. Allgemeine Gebühren

6200	Grundgebühr	40,00 bis 350,00 €	156,00 €
	Die Gebühr entsteht neben der Verfahrensgebühr für die erstmalige Einarbeitung in den Rechtsfall nur einmal, unabhängig davon, in welchem Verfahrensabschnitt sie erfolgt.		
6201	Terminsgebühr für jeden Tag, an dem ein Termin stattfindet	40,00 bis 370,00 €	164,00 €
	Die Gebühr entsteht für die Teilnahme an außergerichtlichen Anhörungsterminen und außergerichtlichen Terminen zur Beweiserhebung.		

Nr.	Gebührentatbestand	Gebühr	
		Wahlverteidiger oder Verfahrensbevollmächtigter	gerichtlich bestellter oder beigeordneter Rechtsanwalt
	Unterabschnitt 2. Außergerichtliches Verfahren		
6202	Verfahrensgebühr	40,00 bis 290,00 €	132,00 €
	(1) Die Gebühr entsteht gesondert für eine Tätigkeit in einem dem gerichtlichen Verfahren vorausgehenden und der Überprüfung der Verwaltungsentscheidung dienenden weiteren außergerichtlichen Verfahren.		
	(2) Die Gebühr entsteht für eine Tätigkeit in dem Verfahren bis zum Eingang des Antrags oder der Anschuldigungsschrift bei Gericht.		
	Unterabschnitt 3. Gerichtliches Verfahren		
	Erster Rechtszug		

Vorbemerkung 6.2.3:
Die nachfolgenden Gebühren entstehen für das Wiederaufnahmeverfahren einschließlich seiner Vorbereitung gesondert.

Nr.	Gebührentatbestand	Wahlverteidiger oder Verfahrensbevollmächtigter	gerichtlich bestellter oder beigeordneter Rechtsanwalt
6203	Verfahrensgebühr	50,00 bis 320,00 €	148,00 €
6204	Terminsgebühr je Verhandlungstag	80,00 bis 560,00 €	256,00 €
6205	Der gerichtlich bestellte Rechtsanwalt nimmt mehr als 5 und bis 8 Stunden an der Hauptverhandlung teil:		
	Zusätzliche Gebühr neben der Gebühr 6204		128,00 €
6206	Der gerichtlich bestellte Rechtsanwalt nimmt mehr als 8 Stunden an der Hauptverhandlung teil:		
	Zusätzliche Gebühr neben der Gebühr 6204		256,00 €
	Zweiter Rechtszug		
6207	Verfahrensgebühr	80,00 bis 560,00 €	256,00 €
6208	Terminsgebühr je Verhandlungstag	80,00 bis 560,00 €	256,00 €
6209	Der gerichtlich bestellte Rechtsanwalt nimmt mehr als 5 und bis 8 Stunden an der Hauptverhandlung teil:		
	Zusätzliche Gebühr neben der Gebühr 6208		128,00 €
6210	Der gerichtlich bestellte Rechtsanwalt nimmt mehr als 8 Stunden an der Hauptverhandlung teil:		
	Zusätzliche Gebühr neben der Gebühr 6208		256,00 €
	Dritter Rechtszug		
6211	Verfahrensgebühr	120,00 bis 1 110,00 €	492,00 €
6212	Terminsgebühr je Verhandlungstag	120,00 bis 550,00 €	268,00 €
6213	Der gerichtlich bestellte Rechtsanwalt nimmt mehr als 5 und bis 8 Stunden an der Hauptverhandlung teil:		
	Zusätzliche Gebühr neben der Gebühr 6212		134,00 €

Nr.	Gebührentatbestand	Gebühr	
		Wahlverteidiger oder Verfahrensbevollmächtigter	gerichtlich bestellter oder beigeordneter Rechtsanwalt
6214	Der gerichtlich bestellte Rechtsanwalt nimmt mehr als 8 Stunden an der Hauptverhandlung teil:		
	Zusätzliche Gebühr neben der Gebühr 6212		268,00 €
6215	Verfahrensgebühr für das Verfahren über die Beschwerde gegen die Nichtzulassung der Revision	70,00 bis 1 110,00 €	472,00 €
	Die Gebühr wird auf die Verfahrensgebühr für ein nachfolgendes Revisionsverfahren angerechnet.		

Unterabschnitt 4. Zusatzgebühr

Nr.	Gebührentatbestand	Gebühr	
6216	Durch die anwaltliche Mitwirkung wird die mündliche Verhandlung entbehrlich:		
	Zusätzliche Gebühr	in Höhe der jeweiligen Verfahrensgebühr	
	(1) Die Gebühr entsteht, wenn eine gerichtliche Entscheidung mit Zustimmung der Beteiligten ohne mündliche Verhandlung ergeht oder einer beabsichtigten Entscheidung ohne Hauptverhandlungstermin nicht widersprochen wird.		
	(2) Die Gebühr entsteht nicht, wenn eine auf die Förderung des Verfahrens gerichtete Tätigkeit nicht ersichtlich ist.		
	(3) Die Höhe der Gebühr richtet sich nach dem Rechtszug, in dem die Hauptverhandlung vermieden wurde. Für den Wahlanwalt bemisst sich die Gebühr nach der Rahmenmitte.		

Abschnitt 3. Gerichtliche Verfahren bei Freiheitsentziehung und in Unterbringungssachen

Nr.	Gebührentatbestand	Gebühr	
6300	Verfahrensgebühr in Freiheitsentziehungssachen nach § 415 FamFG, in Unterbringungssachen nach § 312 FamFG und bei Unterbringungsmaßnahmen nach § 151 Nr. 6 und 7 FamFG		
	Die Gebühr entsteht für jeden Rechtszug.	40,00 bis 470,00 €	204,00 €
6301	Terminsgebühr in den Fällen der Nummer 6300 ...	40,00 bis 470,00 €	204,00
	Die Gebühr entsteht für die Teilnahme an gerichtlichen Terminen.		
6302	Verfahrensgebühr in sonstigen Fällen	20,00 bis 300,00 €	128,00 €
	Die Gebühr entsteht für jeden Rechtszug des Verfahrens über die Verlängerung oder Aufhebung einer Freiheitsentziehung nach den §§ 425 und 426 FamFG oder einer Unterbringungsmaßnahme nach den §§ 329 und 330 FamFG.		
6303	Terminsgebühr in den Fällen der Nummer 6302 ..	20,00 bis 300,00 €	128,00 €
	Die Gebühr entsteht für die Teilnahme an gerichtlichen Terminen.		

Nr.	Gebührentatbestand	Gebühr	
		Wahlverteidiger oder Verfahrensbevollmächtigter	gerichtlich bestellter oder beigeordneter Rechtsanwalt

Abschnitt 4. Gerichtliche Verfahren nach der Wehrbeschwerdeordnung

Vorbemerkung 6.4:

(1) Die Gebühren nach diesem Abschnitt entstehen in Verfahren auf gerichtliche Entscheidung nach der WBO, auch i. V. m. § 42 WDO, wenn das Verfahren vor dem Truppendienstgericht oder vor dem Bundesverwaltungsgericht an die Stelle des Verwaltungsrechtswegs gemäß § 82 SG tritt.

(2) Soweit wegen desselben Gegenstands eine Geschäftsgebühr nach Nummer 2302 für eine Tätigkeit im Verfahren über die Beschwerde oder über die weitere Beschwerde vor einem Disziplinarvorgesetzten entstanden ist, wird diese Gebühr zur Hälfte, höchstens jedoch mit einem Betrag von 175,00 €, auf die Verfahrensgebühr des gerichtlichen Verfahrens vor dem Truppendienstgericht oder dem Bundesverwaltungsgericht angerechnet. Sind mehrere Gebühren entstanden, ist für die Anrechnung die zuletzt entstandene Gebühr maßgebend. Bei der Bemessung der Verfahrensgebühr ist nicht zu berücksichtigen, dass der Umfang der Tätigkeit infolge der vorangegangenen Tätigkeit geringer ist.

6400	Verfahrensgebühr für das Verfahren auf gerichtliche Entscheidung vor dem Truppendienstgericht	80,00 bis 680,00 €	
6401	Terminsgebühr je Verhandlungstag in den in Nummer 6400 genannten Verfahren	80,00 bis 680,00 €	
6402	Verfahrensgebühr für das Verfahren auf gerichtliche Entscheidung vor dem Bundesverwaltungsgericht, im Verfahren über die Rechtsbeschwerde oder im Verfahren über die Beschwerde gegen die Nichtzulassung der Rechtsbeschwerde .... Die Gebühr für ein Verfahren über die Beschwerde gegen die Nichtzulassung der Rechtsbeschwerde wird auf die Gebühr für ein nachfolgendes Verfahren über die Rechtsbeschwerde angerechnet.	100,00 bis 790,00 €	
6403	Terminsgebühr je Verhandlungstag in den in Nummer 6402 genannten Verfahren	100,00 bis 790,00 €	

Abschnitt 5. Einzeltätigkeiten und Verfahren auf Aufhebung oder Änderung einer Disziplinarmaßnahme

6500	Verfahrensgebühr	20,00 bis 300,00 €	128,00 €
	(1) Für eine Einzeltätigkeit entsteht die Gebühr, wenn dem Rechtsanwalt nicht die Verteidigung oder Vertretung übertragen ist.		
	(2) Die Gebühr entsteht für jede einzelne Tätigkeit gesondert, soweit nichts anderes bestimmt ist. § 15 RVG bleibt unberührt.		
	(3) Wird dem Rechtsanwalt die Verteidigung oder Vertretung für das Verfahren übertragen, werden die nach dieser Nummer entstandenen Gebühren auf die für die Verteidigung oder Vertretung entstehenden Gebühren angerechnet.		
	(4) Eine Gebühr nach dieser Vorschrift entsteht jeweils auch für das Verfahren nach der WDO vor einem Disziplinarvorgesetzten auf Aufhebung oder Änderung einer Disziplinarmaßnahme und im gerichtlichen Verfahren vor dem Wehrdienstgericht.		

Teil 7. Auslagen

Nr.	Auslagentatbestand	Höhe
	Vorbemerkung 7: (1) Mit den Gebühren werden auch die allgemeinen Geschäftskosten entgolten. Soweit nachfolgend nichts anderes bestimmt ist, kann der Rechtsanwalt Ersatz der entstandenen Aufwendungen (§ 675 i. V. m. § 670 BGB) verlangen. (2) Eine Geschäftsreise liegt vor, wenn das Reiseziel außerhalb der Gemeinde liegt, in der sich die Kanzlei oder die Wohnung des Rechtsanwalts befindet. (3) Dient eine Reise mehreren Geschäften, sind die entstandenen Auslagen nach den Nummern 7003 bis 7006 nach dem Verhältnis der Kosten zu verteilen, die bei gesonderter Ausführung der einzelnen Geschäfte entstanden wären. Ein Rechtsanwalt, der seine Kanzlei an einen anderen Ort verlegt, kann bei Fortführung eines ihm vorher erteilten Auftrags Auslagen nach den Nummern 7003 bis 7006 nur insoweit verlangen, als sie auch von seiner bisherigen Kanzlei aus entstanden wären.	

7000	Pauschale für die Herstellung und Überlassung von Dokumenten:
	1. für Kopien und Ausdrucke
	   a) aus Behörden- und Gerichtsakten, soweit deren Herstellung zur sachgemäßen Bearbeitung der Rechtssache geboten war,
	   b) zur Zustellung oder Mitteilung an Gegner, Beteiligte und Verfahrensbevollmächtigte aufgrund einer Rechtsvorschrift oder nach Aufforderung durch das Gericht, die Behörde oder die sonst das Verfahren führende Stelle, soweit hierfür mehr als 100 Seiten zu fertigen waren,
	   c) zur notwendigen Unterrichtung des Auftraggebers, soweit hierfür mehr als 100 Seiten zu fertigen waren,
	   d) in sonstigen Fällen nur, wenn sie im Einverständnis mit dem Auftraggeber zusätzlich, auch zur Unterrichtung Dritter, angefertigt worden sind:
	   für die ersten 50 abzurechnenden Seiten je Seite ....
	   für jede weitere Seite ....
	   für die ersten 50 abzurechnenden Seiten in Farbe je Seite ......
	   für jede weitere Seite in Farbe ....
	2. Überlassung von elektronisch gespeicherten Dateien oder deren Bereitstellung zum Abruf anstelle der in Nummer 1 Buchstabe d genannten Kopien und Ausdrucke:
	   je Datei ....
	   für die in einem Arbeitsgang überlassenen, bereitgestellten oder in einem Arbeitsgang auf denselben Datenträger übertragenen Dokumente insgesamt höchstens ....
	(1) Die Höhe der Dokumentenpauschale nach Nummer 1 ist in derselben Angelegenheit und in gerichtlichen Verfahren in demselben Rechtszug einheitlich zu berechnen. Eine Übermittlung durch den Rechtsanwalt per Telefax steht der Herstellung einer Kopie gleich.
	(2) Werden zum Zweck der Überlassung von elektronisch gespeicherten Dateien Dokumente im Einverständnis mit dem Auftraggeber zuvor von der Papierform in die elektronische Form übertragen, beträgt die Dokumentenpauschale nach Nummer 2 nicht weniger, als die Dokumentenpauschale im Fall der Nummer 1 betragen würde.
		
		0,50 €
		0,15 €
		1,00 €
		0,30 €
		
		1,50 €
		
		5,00 €

7001	Entgelte für Post- und Telekommunikationsdienstleistungen ...... Für die durch die Geltendmachung der Vergütung entstehenden Entgelte kann kein Ersatz verlangt werden.	in voller Höhe
7002	Pauschale für Entgelte für Post- und Telekommunikationsdienstleistungen . (1) Die Pauschale kann in jeder Angelegenheit anstelle der tatsächlichen Auslagen nach 7001 gefordert werden. (2) Werden Gebühren aus der Staatskasse bezahlt, sind diese maßgebend.	20 % der Gebühren – höchstens 20,00 €
7003	Fahrtkosten für eine Geschäftsreise bei Benutzung eines eigenen Kraftfahrzeugs für jeden gefahrenen Kilometer .... Mit den Fahrtkosten sind die Anschaffungs-, Unterhaltungs- und Betriebskosten sowie die Abnutzung des Kraftfahrzeugs abgegolten.	0,30 €
7004	Fahrtkosten für eine Geschäftsreise bei Benutzung eines anderen Verkehrsmittels, soweit sie angemessen sind	in voller Höhe

Nr.	Auslagentatbestand	Höhe
7005	Tage- und Abwesenheitsgeld bei einer Geschäftsreise 1. von nicht mehr als 4 Stunden .... 2. von mehr als 4 bis 8 Stunden .... 3. von mehr als 8 Stunden .... Bei Auslandsreisen kann zu diesen Beträgen ein Zuschlag von 50 % berechnet werden.	25,00 € 40,00 € 70,00 €
7006	Sonstige Auslagen anlässlich einer Geschäftsreise, soweit sie angemessen sind	in voller Höhe
7007	Im Einzelfall gezahlte Prämie für eine Haftpflichtversicherung für Vermögensschäden, soweit die Prämie auf Haftungsbeträge von mehr als 30 Mio. € entfällt .... Soweit sich aus der Rechnung des Versicherers nichts anderes ergibt, ist von der Gesamtprämie der Betrag zu erstatten, der sich aus dem Verhältnis der 30 Mio. € übersteigenden Versicherungssumme zu der Gesamtversicherungssumme ergibt.	in voller Höhe
7008	Umsatzsteuer auf die Vergütung .... Dies gilt nicht, wenn die Umsatzsteuer nach § 19 Abs. 1 UStG unerhoben bleibt.	in voller Höhe

Anlage 2[1]
(zu § 13 Abs. 1 Satz 3)

Gegenstandswert bis ...	Gebühr...	Gegenstandswert bis ...	Gebühr...
500	45,00	50 000	1 163,00
1 000	80,00	65 000	1 248,00
1 500	115,00	80 000	1 333,00
2 000	150,00	95 000	1 418,00
3 000	201,00	110 000	1 503,00
4 000	252,00	125 000	1 588,00
5 000	303,00	140 000	1 673,00
6 000	354,00	155 000	1 758,00
7 000	405,00	170 000	1 843,00
8 000	456,00	185 000	1 928,00
9 000	507,00	200 000	2 013,00
10 000	558,00	230 000	2 133,00
13 000	604,00	260 000	2 253,00
16 000	650,00	290 000	2 373,00
19 000	696,00	320 000	2 493,00
22 000	742,00	350 000	2 613,00
25 000	788,00	380 000	2 733,00
30 000	863,00	410 000	2 853,00
35 000	938,00	440 000	2 973,00
40 000	1 013,00	470 000	3 093,00
45 000	1 088,00	500 000	3 213,00

[1] Anlage 2 neu gef. durch 2. KostenrechtsmodernisierungsG idF des Gesetzentwurfs v. 14.11.2012 (BT-Drs. 17/11 471) und der Beschlussempfehlung (BT-Drs. 17/13537), siehe die Anm. zum Gesetzestitel.

2. Anwaltsgebühren nach Gegenstandswert bei außergerichtlichen Tätigkeiten

I. Überblick

Die Gebühren des Anwalts für außergerichtliche Tätigkeiten nach Gegenstandswerten richten sich grundsätzlich nach **Teil 2 VV RVG**. Ergänzend gelten nach **Teil 1 VV RVG** die Gebührentatbestände der Nrn. 1000 bis 1002 VV RVG (Einigungs-, Aussöhnungs- und Erledigungsgebühr) sowie die Gebührenerhöhung bei mehreren Auftraggebern nach Nr. 1008 VV RVG. Auch die Auszahlung und Rückzahlung von Geldern (Anm. Abs. 1 zu Nr. 1009 VV RVG) sowie die Ablieferung oder Rücklieferung von Wertpapieren und Kostbarkeiten (Anm. Abs. 4 zu Nr. 1009 VV RVG) sind streng genommen außergerichtliche Tätigkeiten. Insoweit sei jedoch auf die gesonderte Darstellung (S. 181 ff.) verwiesen.

Grundsätzlich richten sich auch die Gebühren für außergerichtliche Tätigkeiten nach dem Wert der anwaltlichen Tätigkeit, dem sog. **Gegenstandswert (§ 2 Abs. 1 RVG)**.

In **Straf- und Bußgeldsachen** (Teil 4 und 5 VV RVG) sowie in **Verfahren nach Teil 6 VV RVG** sind außergerichtliche Tätigkeiten gesondert geregelt, sodass insoweit auf die Darstellung S. 158 ff. (Teil 4 VV RVG), S. 166 ff. (Teil 5 VV RVG) und S. 171 ff. (Teil 6 VV RVG) verwiesen wird.

Soweit der Anwalt in **sozialrechtlichen Angelegenheiten** tätig wird, ist zu differenzieren
- Wird der Anwalt in außergerichtlichen Angelegenheiten tätig, in denen sich die Gebühren gem. § 3 Abs. 2 i.V.m. Abs. 1 S. 1 RVG nicht nach dem Gegenstandswert richten, gilt ebenfalls Teil 2 VV RVG. Hier sind allerdings gesonderte **Betragsrahmengebühren** vorgesehen, die wegen des Zusammenhangs auf S. 139 ff. dargestellt werden.
- Soweit nicht § 3 Abs. 2 i.V.m. Abs. 1 S. 1 RVG greift, richten sich die Gebühren wiederum nach dem Wert der anwaltlichen Tätigkeit.

Ist außergerichtlich nach dem Wert der anwaltlichen Tätigkeit abzurechnen, bestimmt sich der **Gegenstandswert** nach § 23 RVG. Hier ist wiederum zu differenzieren:
- Kann die Tätigkeit des Anwalts **Gegenstand eines Rechtsstreits** sein, gilt § 23 Abs. 1 S. 3 i.V.m. S. 1 RVG. Maßgebend sind danach die Wertvorschriften des jeweiligen (potentiellen) gerichtlichen Verfahrens.
- Kann die Tätigkeit des Anwalts **nicht Gegenstand eines Rechtsstreits** sein, gilt § 23 Abs. 3 RVG, der folgende Prüfungsreihenfolge vorgibt:
  - Zunächst verweist § 23 Abs. 3 S. 1 RVG auf bestimmte Vorschriften des GNotKG, nämlich die Bewertungsvorschriften der §§ 46 bis 54 GNotKG sowie die Wertvorschriften der §§ 37, 42 bis 45 sowie 99 bis 102 GNotKG.
  - Sind die zitierten Vorschriften des GNotKG nicht einschlägig, gilt billiges Ermessen (§ 23 Abs. 3 S. 2, 2. Hs. RVG).
  - Sofern für die Ausübung des billigen Ermessens nicht genügend Anhaltspunkte bestehen oder eine nichtvermögensrechtliche Streitigkeit vorliegt, ist ein Regelwert von 5.000,00 Euro anzusetzen (§ 23 Abs. 3 S. 2, 1. Hs. RVG), der herauf- oder herabgesetzt werden kann, jedoch nicht mehr als 500.000,00 Euro betragen darf (§ 23 Abs. 1 S. 2, 2. Hs. RVG).

Soweit die nach § 23 Abs. 1 S. 3, S. 1 RVG in Bezug genommenen Gesetze eine **Wertbegrenzung auf 30 Mio. Euro** enthalten (so z.B. in § 39 Abs. 2 GKG, § 33 Abs. 2 FamGKG), gilt diese Begrenzung kraft der Verweisung in § 23 Abs. 1 S. 1, S. 3 RVG auch für die Anwaltsgebühren. Im Übrigen greift die Begrenzung des § 22 Abs. 2 S. 1 RVG, der ebenfalls einen Gegenstandswert von maximal 30 Mio. Euro zulässt. Die nachstehende Tabelle II. weist daher die Werte bis 30 Mio. aus.

Bei **mehreren Auftraggebern** erhöht sich die Wertgrenze allerdings um 30 Mio. Euro je weiteren Auftraggeber auf bis zu maximal 100 Mio. Euro (§ 22 Abs. 2 S. 2 RVG). Voraussetzung ist, dass der Tätigkeit für die mehreren Auftraggeber verschiedene Gegenstände zugrunde liegen. Die Werterhöhung gilt nach § 23 Abs. 1 S. 4 RVG auch dann, wenn das in Bezug genommene Gesetz eine solche Erhöhungsmöglichkeit nicht kennt, wie z.B. § 39 Abs. 2 GKG, § 33 Abs. 2 FamGKG. Zur Berechnung der weitergehenden Gebührenbeträge bei mehreren Auftraggebern siehe unten III.

Der **Mindestbetrag** einer Gebühr beträgt 15,00 Euro (§ 13 Abs. 2 RVG).

II. Gebührentabelle bis 30 Mio. Euro

Wert bis €	0,3	0,5	0,6	0,65	0,75	0,8	0,9	1,0	1,1
500	15,00[1]	22,50	27,00	29,25	33,75	36,00	40,50	45,00	49,50
1.000	24,00	40,00	48,00	52,00	60,00	64,00	72,00	80,00	88,00
1.500	34,50	57,50	69,00	74,75	86,25	92,00	103,50	115,00	126,50
2.000	45,00	75,00	90,00	97,50	112,50	120,00	135,00	150,00	165,00
3.000	60,30	100,50	120,60	130,65	150,75	160,80	180,90	201,00	221,10
4.000	75,60	126,00	151,20	163,80	189,00	201,60	226,80	252,00	277,20
5.000	90,90	151,50	181,80	196,95	227,25	242,40	272,70	303,00	333,30
6.000	106,20	177,00	212,40	230,10	265,50	283,20	318,60	354,00	389,40
7.000	121,50	202,50	243,00	263,25	303,75	324,00	364,50	405,00	445,50
8.000	136,80	228,00	273,60	296,40	342,00	364,80	410,40	456,00	501,60
9.000	152,10	253,50	304,20	329,55	380,25	405,60	456,30	507,00	557,70
10.000	167,40	279,00	334,80	362,70	418,50	446,40	502,20	558,00	613,80
13.000	181,20	302,00	362,40	392,60	453,00	483,20	543,60	604,00	664,40
16.000	195,00	325,00	390,00	422,50	487,50	520,00	585,00	650,00	715,00
19.000	208,80	348,00	417,60	452,40	522,00	556,80	626,40	696,00	765,60
22.000	222,60	371,00	445,20	482,30	556,50	593,60	667,80	742,00	816,20
25.000	236,40	394,00	472,80	512,20	591,00	630,40	709,20	788,00	866,80
30.000	258,90	431,50	517,80	560,95	647,25	690,40	776,70	863,00	949,30
35.000	281,40	469,00	562,80	609,70	703,50	750,40	844,20	938,00	1.031,80
40.000	303,90	506,50	607,80	658,45	759,75	810,40	911,70	1.013,00	1.114,30
45.000	326,40	544,00	652,80	707,20	816,00	870,40	979,20	1.088,00	1.196,80
50.000	348,90	581,50	697,80	755,95	872,25	930,40	1.046,70	1.163,00	1.279,30
65.000	374,40	624,00	748,80	811,20	936,00	998,40	1.123,20	1.248,00	1.372,80
80.000	399,90	666,50	799,80	866,45	999,75	1.066,40	1.199,70	1.333,00	1.466,30
95.000	425,40	709,00	850,80	921,70	1.063,50	1.134,40	1.276,20	1.418,00	1.559,80
110.000	450,90	751,50	901,80	976,95	1.127,25	1.202,40	1.352,70	1.503,00	1.653,30
125.000	476,40	794,00	952,80	1.032,20	1.191,00	1.270,40	1.429,20	1.588,00	1.746,80
140.000	501,90	836,50	1.003,80	1.087,45	1.254,75	1.338,40	1.505,70	1.673,00	1.840,30
155.000	527,40	879,00	1.054,80	1.142,70	1.318,50	1.406,40	1.582,20	1.758,00	1.933,80
170.000	552,90	921,50	1.105,80	1.197,95	1.382,25	1.474,40	1.658,70	1.843,00	2.027,30
185.000	578,40	964,00	1.156,80	1.253,20	1.446,00	1.542,40	1.735,20	1.928,00	2.120,80
200.000	603,90	1.006,50	1.207,80	1.308,45	1.509,75	1.610,40	1.811,70	2.013,00	2.214,30
230.000	639,90	1.066,50	1.279,80	1.386,45	1.599,75	1.706,40	1.919,70	2.133,00	2.346,30
260.000	675,90	1.126,50	1.351,80	1.464,45	1.689,75	1.802,40	2.027,70	2.253,00	2.478,30
290.000	711,90	1.186,50	1.423,80	1.542,45	1.779,75	1.898,40	2.135,70	2.373,00	2.610,30
320.000	747,90	1.246,50	1.495,80	1.620,45	1.869,75	1.994,40	2.243,70	2.493,00	2.742,30
350.000	783,90	1.306,50	1.567,80	1.698,45	1.959,75	2.090,40	2.351,70	2.613,00	2.874,30
380.000	819,90	1.366,50	1.639,80	1.776,45	2.049,75	2.186,40	2.459,70	2.733,00	3.006,30
410.000	855,90	1.426,50	1.711,80	1.854,45	2.139,75	2.282,40	2.567,70	2.853,00	3.138,30
440.000	891,90	1.486,50	1.783,80	1.932,45	2.229,75	2.378,40	2.675,70	2.973,00	3.270,30
470.000	927,90	1.546,50	1.855,80	2.010,45	2.319,75	2.474,40	2.783,70	3.093,00	3.402,30
500.000	963,90	1.606,50	1.927,80	2.088,45	2.409,75	2.570,40	2.891,70	3.213,00	3.534,30
550.000	1.008,90	1.681,50	2.017,80	2.185,95	2.522,25	2.690,40	3.026,70	3.363,00	3.699,30
600.000	1.053,90	1.756,50	2.107,80	2.283,45	2.634,75	2.810,40	3.161,70	3.513,00	3.864,30
650.000	1.098,90	1.831,50	2.197,80	2.380,95	2.747,25	2.930,40	3.296,70	3.663,00	4.029,30
700.000	1.143,90	1.906,50	2.287,80	2.478,45	2.859,75	3.050,40	3.431,70	3.813,00	4.194,30
750.000	1.188,90	1.981,50	2.377,80	2.575,95	2.972,25	3.170,40	3.566,70	3.963,00	4.359,30
800.000	1.233,90	2.056,50	2.467,80	2.673,45	3.084,75	3.290,40	3.701,70	4.113,00	4.524,30
850.000	1.278,90	2.131,50	2.557,80	2.770,95	3.197,25	3.410,40	3.836,70	4.263,00	4.689,30

[1] Der Mindestbetrag einer Gebühr beträgt gem. § 13 Abs. 2 RVG 15,00 Euro. Geringere Beträge – wie hier – sind daher auf 15,00 Euro anzuheben.

2. Anwaltsgebühren nach Gegenstandswert bei außergerichtlichen Tätigkeiten | 35

1,2	1,3	1,4	1,5	1,6	1,8	1,9	2,0	2,5	Wert bis €
54,00	58,50	63,00	67,50	72,00	81,00	85,50	90,00	112,50	**500**
96,00	104,00	112,00	120,00	128,00	144,00	152,00	160,00	200,00	**1.000**
138,00	149,50	161,00	172,50	184,00	207,00	218,50	230,00	287,50	**1.500**
180,00	195,00	210,00	225,00	240,00	270,00	285,00	300,00	375,00	**2.000**
241,20	261,30	281,40	301,50	321,60	361,80	381,90	402,00	502,50	**3.000**
302,40	327,60	352,80	378,00	403,20	453,60	478,80	504,00	630,00	**4.000**
363,60	393,90	424,20	454,50	484,80	545,40	575,70	606,00	757,50	**5.000**
424,80	460,20	495,60	531,00	566,40	637,20	672,60	708,00	885,00	**6.000**
486,00	526,50	567,00	607,50	648,00	729,00	769,50	810,00	1.012,50	**7.000**
547,20	592,80	638,40	684,00	729,60	820,80	866,40	912,00	1.140,00	**8.000**
608,40	659,10	709,80	760,50	811,20	912,60	963,30	1.014,00	1.267,50	**9.000**
669,60	725,40	781,20	837,00	892,80	1.004,40	1.060,20	1.116,00	1.395,00	**10.000**
724,80	785,20	845,60	906,00	966,40	1.087,20	1.147,60	1.208,00	1.510,00	**13.000**
780,00	845,00	910,00	975,00	1.040,00	1.170,00	1.235,00	1.300,00	1.625,00	**16.000**
835,20	904,80	974,40	1.044,00	1.113,60	1.252,80	1.322,40	1.392,00	1.740,00	**19.000**
890,40	964,60	1.038,80	1.113,00	1.187,20	1.335,60	1.409,80	1.484,00	1.855,00	**22.000**
945,60	1.024,40	1.103,20	1.182,00	1.260,80	1.418,40	1.497,20	1.576,00	1.970,00	**25.000**
1.035,60	1.121,90	1.208,20	1.294,50	1.380,80	1.553,40	1.639,70	1.726,00	2.157,50	**30.000**
1.125,60	1.219,40	1.313,20	1.407,50	1.500,80	1.688,40	1.782,20	1.876,00	2.345,00	**35.000**
1.215,60	1.316,90	1.418,20	1.519,50	1.620,80	1.823,40	1.924,70	2.026,00	2.532,50	**40.000**
1.305,60	1.414,40	1.523,20	1.632,00	1.740,80	1.958,40	2.067,20	2.176,00	2.720,00	**45.000**
1.395,60	1.511,90	1.628,20	1.744,50	1.860,80	2.093,40	2.209,70	2.326,00	2.907,50	**50.000**
1.497,60	1.622,40	1.747,20	1.872,00	1.996,80	2.246,40	2.371,20	2.496,00	3.120,00	**65.000**
1.599,60	1.732,90	1.866,20	1.999,50	2.132,80	2.399,40	2.532,70	2.666,00	3.332,50	**80.000**
1.701,60	1.843,40	1.985,20	2.127,00	2.268,80	2.552,40	2.694,20	2.836,00	3.545,00	**95.000**
1.803,60	1.953,90	2.104,20	2.254,50	2.404,80	2.705,40	2.855,70	3.006,00	3.757,50	**110.000**
1.905,60	2.064,40	2.223,20	2.382,00	2.540,80	2.858,40	3.017,20	3.176,00	3.970,00	**125.000**
2.007,60	2.174,90	2.342,20	2.509,50	2.676,80	3.011,40	3.178,70	3.346,00	4.182,50	**140.000**
2.109,60	2.285,40	2.461,20	2.637,00	2.812,80	3.164,40	3.340,20	3.516,00	4.395,00	**155.000**
2.211,60	2.395,90	2.580,20	2.764,50	2.948,80	3.317,40	3.501,70	3.686,00	4.607,50	**170.000**
2.313,60	2.506,40	2.699,20	2.892,00	3.084,80	3.470,40	3.663,20	3.856,00	4.820,00	**185.000**
2.415,60	2.616,90	2.818,20	3.019,50	3.220,80	3.623,40	3.824,70	4.026,00	5.032,50	**200.000**
2.559,60	2.772,90	2.986,20	3.199,50	3.412,80	3.839,40	4.052,70	4.266,00	5.332,50	**230.000**
2.703,60	2.928,90	3.154,20	3.379,50	3.604,80	4.055,40	4.280,70	4.506,00	5.632,50	**260.000**
2.847,60	3.084,90	3.322,20	3.559,50	3.796,80	4.271,40	4.508,70	4.746,00	5.932,50	**290.000**
2.991,60	3.240,90	3.490,20	3.739,50	3.988,80	4.487,40	4.736,90	4.986,00	6.232,50	**320.000**
3.135,60	3.396,90	3.658,20	3.919,50	4.180,80	4.703,40	4.964,70	5.226,00	6.532,50	**350.000**
3.279,60	3.552,90	3.826,20	4.099,50	4.372,80	4.919,40	5.192,70	5.466,00	6.832,50	**380.000**
3.423,60	3.708,90	3.994,20	4.279,50	4.564,80	5.135,40	5.420,70	5.706,00	7.132,50	**410.000**
3.567,60	3.864,90	4.162,20	4.459,50	4.756,80	5.351,40	5.648,70	5.946,00	7.432,50	**440.000**
3.711,60	4.020,90	4.330,20	4.639,50	4.948,80	5.567,40	5.876,70	6.186,00	7.732,50	**470.000**
3.855,60	4.176,90	4.498,20	4.819,50	5.140,80	5.783,40	6.104,70	6.426,00	8.032,50	**500.000**
4.035,60	4.371,90	4.708,20	5.044,50	5.380,80	6.053,40	6.389,70	6.726,00	8.407,50	**550.000**
4.215,60	4.566,90	4.918,20	5.269,50	5.620,80	6.323,40	6.674,70	7.026,00	8.782,50	**600.000**
4.395,60	4.761,90	5.128,20	5.494,50	5.860,80	6.593,40	6.959,70	7.326,00	9.157,50	**650.000**
4.575,60	4.956,90	5.338,20	5.719,50	6.100,80	6.863,40	7.244,70	7.626,00	9.532,50	**700.000**
4.755,60	5.151,90	5.548,20	5.944,50	6.340,80	7.133,40	7.529,70	7.926,00	9.907,50	**750.000**
4.935,60	5.346,90	5.758,20	6.169,50	6.580,80	7.403,40	7.814,90	8.226,00	10.282,50	**800.000**
5.115,60	5.541,90	5.968,20	6.394,50	6.820,80	7.673,40	8.099,70	8.526,00	10.657,50	**850.000**

Wert bis €	0,3	0,5	0,6	0,65	0,75	0,8	0,9	1,0	1,1
900.000	1.323,90	2.206,50	2.647,80	2.868,45	3.309,75	3.530,40	3.971,70	4.413,00	4.854,30
950.000	1.368,90	2.281,50	2.737,80	2.965,95	3.422,25	3.650,40	4.106,70	4.563,00	5.019,30
1.000.000	1.413,90	2.356,50	2.827,80	3.063,45	3.534,75	3.770,40	4.241,70	4.713,00	5.184,30
1.050.000	1.458,90	2.431,50	2.917,80	3.160,95	3.647,25	3.890,40	4.376,70	4.863,00	5.349,30
1.100.000	1.503,90	2.506,50	3.007,80	3.258,45	3.759,75	4.010,40	4.511,70	5.013,00	5.514,30
1.150.000	1.548,90	2.581,50	3.097,80	3.355,95	3.872,25	4.130,40	4.646,70	5.163,00	5.679,30
1.200.000	1.593,90	2.656,50	3.187,80	3.453,45	3.984,75	4.250,40	4.781,70	5.313,00	5.844,30
1.250.000	1.638,90	2.731,50	3.277,80	3.550,95	4.097,25	4.370,40	4.916,70	5.463,00	6.009,30
1.300.000	1.683,90	2.806,50	3.367,80	3.648,45	4.209,75	4.490,40	5.051,70	5.613,00	6.174,30
1.350.000	1.728,90	2.881,50	3.457,80	3.745,95	4.322,25	4.610,40	5.186,70	5.763,00	6.339,30
1.400.000	1.773,90	2.956,50	3.547,80	3.843,45	4.434,75	4.730,40	5.321,70	5.913,00	6.504,30
1.450.000	1.818,90	3.031,50	3.637,80	3.940,95	4.547,25	4.850,40	5.456,70	6.063,00	6.669,30
1.500.000	1.863,90	3.106,50	3.727,80	4.038,45	4.659,75	4.970,40	5.591,70	6.213,00	6.834,30
1.550.000	1.908,90	3.181,50	3.817,80	4.135,95	4.772,25	5.090,40	5.726,70	6.363,00	6.999,30
1.600.000	1.953,90	3.256,50	3.907,80	4.233,45	4.884,75	5.210,40	5.861,70	6.513,00	7.164,30
1.650.000	1.998,90	3.331,50	3.997,80	4.330,95	4.997,25	5.330,40	5.996,70	6.663,00	7.329,30
1.700.000	2.043,90	3.406,50	4.087,80	4.428,45	5.109,75	5.450,40	6.131,70	6.813,00	7.494,30
1.750.000	2.088,90	3.481,50	4.177,80	4.525,95	5.222,25	5.570,40	6.266,70	6.963,00	7.659,30
1.800.000	2.133,90	3.556,50	4.267,80	4.623,45	5.334,75	5.690,40	6.401,70	7.113,00	7.824,30
1.850.000	2.178,90	3.631,50	4.357,80	4.720,95	5.447,25	5.810,40	6.536,70	7.263,00	7.989,30
1.900.000	2.223,90	3.706,50	4.447,80	4.818,45	5.559,75	5.930,40	6.671,70	7.413,00	8.154,30
1.950.000	2.268,90	3.781,50	4.537,80	4.915,95	5.672,25	6.050,40	6.806,70	7.563,00	8.319,30
2.000.000	2.313,90	3.856,50	4.627,80	5.013,45	5.784,75	6.170,40	6.941,70	7.713,00	8.484,30
2.050.000	2.358,90	3.931,50	4.717,80	5.110,95	5.897,25	6.290,40	7.076,70	7.863,00	8.649,30
2.100.000	2.403,90	4.006,50	4.807,80	5.208,45	6.009,75	6.410,40	7.211,70	8.013,00	8.814,30
2.150.000	2.448,90	4.081,50	4.897,80	5.305,95	6.122,25	6.530,40	7.346,70	8.163,00	8.979,30
2.200.000	2.493,90	4.156,50	4.987,80	5.403,45	6.234,75	6.650,40	7.481,70	8.313,00	9.144,30
2.250.000	2.538,90	4.231,50	5.077,80	5.500,95	6.347,25	6.770,40	7.616,70	8.463,00	9.309,30
2.300.000	2.583,90	4.306,50	5.167,80	5.598,45	6.459,75	6.890,40	7.751,70	8.613,00	9.474,30
2.350.000	2.628,90	4.381,50	5.257,80	5.695,95	6.572,25	7.010,40	7.886,70	8.763,00	9.639,30
2.400.000	2.673,90	4.456,50	5.347,80	5.793,45	6.684,75	7.130,40	8.021,70	8.913,00	9.804,30
2.450.000	2.718,90	4.531,50	5.437,80	5.890,95	6.797,25	7.250,40	8.156,70	9.063,00	9.969,30
2.500.000	2.763,90	4.606,50	5.527,80	5.988,45	6.909,75	7.370,40	8.291,70	9.213,00	10.134,30
2.550.000	2.808,90	4.681,50	5.617,80	6.085,95	7.022,25	7.490,40	8.426,70	9.363,00	10.299,30
2.600.000	2.853,90	4.756,50	5.707,80	6.183,45	7.134,75	7.610,40	8.561,70	9.513,00	10.464,30
2.650.000	2.898,90	4.831,50	5.797,80	6.280,95	7.247,25	7.730,40	8.696,70	9.663,00	10.629,30
2.700.000	2.943,90	4.906,50	5.887,80	6.378,45	7.359,75	7.850,40	8.831,70	9.813,00	10.794,30
2.750.000	2.988,90	4.981,50	5.977,80	6.475,95	7.472,25	7.970,40	8.966,70	9.963,00	10.959,30
2.800.000	3.033,90	5.056,50	6.067,80	6.573,45	7.584,75	8.090,40	9.101,70	10.113,00	11.124,30
2.850.000	3.078,90	5.131,50	6.157,80	6.670,95	7.697,25	8.210,40	9.236,70	10.263,00	11.289,30
2.900.000	3.123,90	5.206,50	6.247,80	6.768,45	7.809,75	8.330,40	9.371,70	10.413,00	11.454,30
2.950.000	3.168,90	5.281,50	6.337,80	6.865,95	7.922,25	8.450,40	9.506,70	10.563,00	11.619,30
3.000.000	3.213,90	5.356,50	6.427,80	6.963,45	8.034,75	8.570,40	9.641,70	10.713,00	11.784,30
3.050.000	3.258,90	5.431,50	6.517,80	7.060,95	8.147,25	8.690,40	9.776,70	10.863,00	11.949,30
3.100.000	3.303,90	5.506,50	6.607,80	7.158,45	8.259,75	8.810,40	9.911,70	11.013,00	12.114,30
3.150.000	3.348,90	5.581,50	6.697,80	7.255,95	8.372,25	8.930,40	10.046,70	11.163,00	12.279,30
3.200.000	3.393,90	5.656,50	6.787,80	7.353,45	8.484,75	9.050,40	10.181,70	11.313,00	12.444,30
3.250.000	3.438,90	5.731,50	6.877,80	7.450,95	8.597,25	9.170,40	10.316,70	11.463,00	12.609,30
3.300.000	3.483,90	5.806,50	6.967,80	7.548,45	8.709,75	9.290,40	10.451,70	11.613,00	12.774,30
3.350.000	3.528,90	5.881,50	7.057,80	7.645,95	8.822,25	9.410,40	10.586,70	11.763,00	12.939,30
3.400.000	3.573,90	5.956,50	7.147,80	7.743,45	8.934,75	9.530,40	10.721,70	11.913,00	13.104,30
3.450.000	3.618,90	6.031,50	7.237,80	7.840,95	9.047,25	9.650,40	10.856,70	12.063,00	13.269,30
3.500.000	3.663,90	6.106,50	7.327,80	7.938,45	9.159,75	9.770,40	10.991,70	12.213,00	13.434,30
3.550.000	3.708,90	6.181,50	7.417,80	8.035,95	9.272,25	9.890,40	11.126,70	12.363,00	13.599,30

2. Anwaltsgebühren nach Gegenstandswert bei außergerichtlichen Tätigkeiten | 37

1,2	1,3	1,4	1,5	1,6	1,8	1,9	2,0	2,5	Wert bis €
5.295,60	5.736,90	6.178,20	6.619,50	7.060,80	7.943,40	8.384,70	8.826,00	11.032,50	**900.000**
5.475,60	5.931,90	6.388,20	6.844,50	7.300,80	8.213,40	8.669,70	9.126,00	11.407,50	**950.000**
5.655,60	6.126,90	6.598,20	7.069,50	7.540,80	8.483,40	8.954,70	9.426,00	11.782,50	**1.000.000**
5.835,60	6.321,90	6.808,20	7.294,50	7.780,80	8.753,40	9.239,70	9.726,00	12.157,50	**1.050.000**
6.015,60	6.516,90	7.018,20	7.519,50	8.020,80	9.023,40	9.524,70	10.026,00	12.532,50	**1.100.000**
6.195,60	6.711,90	7.228,20	7.744,50	8.260,80	9.293,40	9.809,70	10.326,00	12.907,50	**1.150.000**
6.375,60	6.906,90	7.438,20	7.969,50	8.500,80	9.563,40	10.094,70	10.626,00	13.282,50	**1.200.000**
6.555,60	7.101,90	7.648,20	8.194,50	8.740,80	9.833,40	10.379,70	10.926,00	13.657,50	**1.250.000**
6.735,60	7.296,90	7.858,20	8.419,50	8.980,80	10.103,40	10.664,70	11.226,00	14.032,50	**1.300.000**
6.915,60	7.491,90	8.068,20	8.644,50	9.220,80	10.373,40	10.949,70	11.526,00	14.407,50	**1.350.000**
7.095,60	7.686,90	8.278,20	8.869,50	9.460,80	10.643,40	11.234,70	11.826,00	14.782,50	**1.400.000**
7.275,60	7.881,90	8.488,20	9.094,50	9.700,80	10.913,40	11.519,70	12.126,00	15.157,50	**1.450.000**
7.455,60	8.076,90	8.698,20	9.319,50	9.940,80	11.183,40	11.804,70	12.426,00	15.532,50	**1.500.000**
7.635,60	8.271,90	8.908,20	9.544,50	10.180,80	11.453,40	12.089,70	12.726,00	15.907,50	**1.550.000**
7.815,60	8.466,90	9.118,20	9.769,50	10.420,80	11.723,40	12.374,70	13.026,00	16.282,50	**1.600.000**
7.995,60	8.661,90	9.328,20	9.994,50	10.660,80	11.993,40	12.659,70	13.326,00	16.657,50	**1.650.000**
8.175,60	8.856,90	9.538,20	10.219,50	10.900,80	12.263,40	12.944,70	13.626,00	17.032,50	**1.700.000**
8.355,60	9.051,90	9.748,20	10.444,50	11.140,80	12.533,40	13.229,70	13.926,00	17.407,50	**1.750.000**
8.535,60	9.246,90	9.958,20	10.669,50	11.380,80	12.803,40	13.514,70	14.226,00	17.782,50	**1.800.000**
8.715,60	9.441,90	10.168,20	10.894,50	11.620,80	13.073,40	13.799,70	14.526,00	18.157,50	**1.850.000**
8.895,60	9.636,90	10.378,20	11.119,50	11.860,80	13.343,40	14.084,70	14.826,00	18.532,50	**1.900.000**
9.075,60	9.831,90	10.588,20	11.344,50	12.100,80	13.613,40	14.369,70	15.126,00	18.907,50	**1.950.000**
9.255,60	10.026,90	10.798,20	11.569,50	12.340,80	13.883,40	14.654,70	15.426,00	19.282,50	**2.000.000**
9.435,60	10.221,90	11.008,20	11.794,50	12.580,80	14.153,40	14.939,70	15.726,00	19.657,50	**2.050.000**
9.615,60	10.416,90	11.218,20	12.019,50	12.820,80	14.423,40	15.224,70	16.026,00	20.032,50	**2.100.000**
9.795,60	10.611,90	11.428,20	12.244,50	13.060,80	14.693,40	15.509,70	16.326,00	20.407,50	**2.150.000**
9.975,60	10.806,90	11.638,20	12.469,50	13.300,80	14.963,40	15.794,70	16.626,00	20.782,50	**2.200.000**
10.155,60	11.001,90	11.848,20	12.694,50	13.540,80	15.233,40	16.079,70	16.926,00	21.157,50	**2.250.000**
10.335,60	11.196,90	12.058,20	12.919,50	13.780,80	15.503,40	16.364,70	17.226,00	21.532,50	**2.300.000**
10.515,60	11.391,90	12.268,20	13.144,50	14.020,80	15.773,40	16.649,70	17.526,00	21.907,50	**2.350.000**
10.695,60	11.586,90	12.478,20	13.369,50	14.260,80	16.043,40	16.934,70	17.826,00	22.282,50	**2.400.000**
10.875,60	11.781,90	12.688,20	13.594,50	14.500,80	16.313,40	17.219,70	18.126,00	22.657,50	**2.450.000**
11.055,60	11.976,90	12.898,20	13.819,50	14.740,80	16.583,40	17.504,70	18.426,00	23.032,50	**2.500.000**
11.235,60	12.171,90	13.108,20	14.044,50	14.980,80	16.853,40	17.789,70	18.726,00	23.407,50	**2.550.000**
11.415,60	12.366,90	13.318,20	14.269,50	15.220,80	17.123,40	18.074,70	19.026,00	23.782,50	**2.600.000**
11.595,60	12.561,90	13.528,20	14.494,50	15.460,80	17.393,40	18.359,70	19.326,00	24.157,50	**2.650.000**
11.775,60	12.756,90	13.738,20	14.719,50	15.700,80	17.663,40	18.644,70	19.626,00	24.532,50	**2.700.000**
11.955,60	12.951,90	13.948,20	14.944,50	15.940,80	17.933,40	18.929,70	19.926,00	24.907,50	**2.750.000**
12.135,60	13.146,90	14.158,20	15.169,50	16.180,80	18.203,40	19.214,70	20.226,00	25.282,50	**2.800.000**
12.315,60	13.341,90	14.368,20	15.394,50	16.420,80	18.473,40	19.499,70	20.526,00	25.657,50	**2.850.000**
12.495,60	13.536,90	14.578,20	15.619,50	16.660,80	18.743,40	19.784,70	20.826,00	26.032,50	**2.900.000**
12.675,60	13.731,90	14.788,20	15.844,50	16.900,80	19.013,40	20.069,70	21.126,00	26.407,50	**2.950.000**
12.855,60	13.926,90	14.998,20	16.069,50	17.140,80	19.283,40	20.354,70	21.426,00	26.782,50	**3.000.000**
13.035,60	14.121,90	15.208,20	16.294,50	17.380,80	19.553,40	20.639,70	21.726,00	27.157,50	**3.050.000**
13.215,60	14.316,90	15.418,20	16.519,50	17.620,80	19.823,40	20.924,70	22.026,00	27.532,50	**3.100.000**
13.395,60	14.511,90	15.628,20	16.744,50	17.860,80	20.093,40	21.209,70	22.326,00	27.907,50	**3.150.000**
13.575,60	14.706,90	15.838,20	16.969,50	18.100,80	20.363,40	21.494,70	22.626,00	28.282,50	**3.200.000**
13.755,60	14.901,90	16.048,20	17.194,50	18.340,80	20.633,40	21.779,70	22.926,00	28.657,50	**3.250.000**
13.935,60	15.096,90	16.258,20	17.419,50	18.580,80	20.903,40	22.064,70	23.226,00	29.032,50	**3.300.000**
14.115,60	15.291,90	16.468,20	17.644,50	18.820,80	21.173,40	22.349,70	23.526,00	29.407,50	**3.350.000**
14.295,60	15.486,90	16.678,20	17.869,50	19.060,80	21.443,40	22.634,70	23.826,00	29.782,50	**3.400.000**
14.475,60	15.681,90	16.888,20	18.094,50	19.300,80	21.713,40	22.919,70	24.126,00	30.157,50	**3.450.000**
14.655,60	15.876,90	17.098,20	18.319,50	19.540,80	21.983,40	23.204,70	24.426,00	30.532,50	**3.500.000**
14.835,60	16.071,90	17.308,20	18.544,50	19.780,80	22.253,40	23.489,70	24.726,00	30.907,50	**3.550.000**

Wert bis €	0,3	0,5	0,6	0,65	0,75	0,8	0,9	1,0	1,1
3.600.000	3.753,90	6.256,50	7.507,80	8.133,45	9.384,75	10.010,40	11.261,70	12.513,00	13.764,30
3.650.000	3.798,90	6.331,50	7.597,80	8.230,95	9.497,25	10.130,40	11.396,70	12.663,00	13.929,30
3.700.000	3.843,90	6.406,50	7.687,80	8.328,45	9.609,75	10.250,40	11.531,70	12.813,00	14.094,30
3.750.000	3.888,90	6.481,50	7.777,80	8.425,95	9.722,25	10.370,40	11.666,70	12.963,00	14.259,30
3.800.000	3.933,90	6.556,50	7.867,80	8.523,45	9.834,75	10.490,40	11.801,70	13.113,00	14.424,30
3.850.000	3.978,90	6.631,50	7.957,80	8.620,95	9.947,25	10.610,40	11.936,70	13.263,00	14.589,30
3.900.000	4.023,90	6.706,50	8.047,80	8.718,45	10.059,75	10.730,40	12.071,70	13.413,00	14.754,30
3.950.000	4.068,90	6.781,50	8.137,80	8.815,95	10.172,25	10.850,40	12.206,70	13.563,00	14.919,30
4.000.000	4.113,90	6.856,50	8.227,80	8.913,45	10.284,75	10.970,40	12.341,70	13.713,00	15.084,30
4.050.000	4.158,90	6.931,50	8.317,80	9.010,95	10.397,25	11.090,40	12.476,70	13.863,00	15.249,30
4.100.000	4.203,90	7.006,50	8.407,80	9.108,45	10.509,75	11.210,40	12.611,70	14.013,00	15.414,30
4.150.000	4.248,90	7.081,50	8.497,80	9.205,95	10.622,25	11.330,40	12.746,70	14.163,00	15.579,30
4.200.000	4.293,90	7.156,50	8.587,80	9.303,45	10.734,75	11.450,40	12.881,70	14.313,00	15.744,30
4.250.000	4.338,90	7.231,50	8.677,80	9.400,95	10.847,25	11.570,40	13.016,70	14.463,00	15.909,30
4.300.000	4.383,90	7.306,50	8.767,80	9.498,45	10.959,75	11.690,40	13.151,70	14.613,00	16.074,30
4.350.000	4.428,90	7.381,50	8.857,80	9.595,95	11.072,25	11.810,40	13.286,70	14.763,00	16.239,30
4.400.000	4.473,90	7.456,50	8.947,80	9.693,45	11.184,75	11.930,40	13.421,70	14.913,00	16.404,30
4.450.000	4.518,90	7.531,50	9.037,80	9.790,95	11.297,25	12.050,40	13.556,70	15.063,00	16.569,30
4.500.000	4.563,90	7.606,50	9.127,80	9.888,45	11.409,75	12.170,40	13.691,70	15.213,00	16.734,30
4.550.000	4.608,90	7.681,50	9.217,80	9.985,95	11.522,25	12.290,40	13.826,70	15.363,00	16.899,30
4.600.000	4.653,90	7.756,50	9.307,80	10.083,45	11.634,75	12.410,40	13.961,70	15.513,00	17.064,30
4.650.000	4.698,90	7.831,50	9.397,80	10.180,95	11.747,25	12.530,40	14.096,70	15.663,00	17.229,30
4.700.000	4.743,90	7.906,50	9.487,80	10.278,45	11.859,75	12.650,40	14.231,70	15.813,00	17.394,30
4.750.000	4.788,90	7.981,50	9.577,80	10.375,95	11.972,25	12.770,40	14.366,70	15.963,00	17.559,30
4.800.000	4.833,90	8.056,50	9.667,80	10.473,45	12.084,75	12.890,40	14.501,70	16.113,00	17.724,30
4.850.000	4.878,90	8.131,50	9.757,80	10.570,95	12.197,25	13.010,40	14.636,70	16.263,00	17.889,30
4.900.000	4.923,90	8.206,50	9.847,80	10.668,45	12.309,75	13.130,40	14.771,70	16.413,00	18.054,30
4.950.000	4.968,90	8.281,50	9.937,80	10.765,95	12.422,25	13.250,40	14.906,70	16.563,00	18.219,30
5.000.000	5.013,90	8.356,50	10.027,80	10.863,45	12.534,75	13.370,40	15.041,70	16.713,00	18.384,30
5.050.000	5.058,90	8.431,50	10.117,80	10.960,95	12.647,25	13.490,40	15.176,70	16.863,00	18.549,30
5.100.000	5.103,90	8.506,50	10.207,80	11.058,45	12.759,75	13.610,40	15.311,70	17.013,00	18.714,30
5.150.000	5.148,90	8.581,50	10.297,80	11.155,95	12.872,25	13.730,40	15.446,70	17.163,00	18.879,30
5.200.000	5.193,90	8.656,50	10.387,80	11.253,45	12.984,75	13.850,40	15.581,70	17.313,00	19.044,30
5.250.000	5.238,90	8.731,50	10.477,80	11.350,95	13.097,25	13.970,40	15.716,70	17.463,00	19.209,30
5.300.000	5.283,90	8.806,50	10.567,80	11.448,45	13.209,75	14.090,40	15.851,70	17.613,00	19.374,30
5.350.000	5.328,90	8.881,50	10.657,80	11.545,95	13.322,25	14.210,40	15.986,70	17.763,00	19.539,30
5.400.000	5.373,90	8.956,50	10.747,80	11.643,45	13.434,75	14.330,40	16.121,70	17.913,00	19.704,30
5.450.000	5.418,90	9.031,50	10.837,80	11.740,95	13.547,25	14.450,40	16.256,70	18.063,00	19.869,30
5.500.000	5.463,90	9.106,50	10.927,80	11.838,45	13.659,75	14.570,40	16.391,70	18.213,00	20.034,30
5.550.000	5.508,90	9.181,50	11.017,80	11.935,95	13.772,25	14.690,40	16.526,70	18.363,00	20.199,30
5.600.000	5.553,90	9.256,50	11.107,80	12.033,45	13.884,75	14.810,40	16.661,70	18.513,00	20.364,30
5.650.000	5.598,90	9.331,50	11.197,80	12.130,95	13.997,25	14.930,40	16.796,70	18.663,00	20.529,30
5.700.000	5.643,90	9.406,50	11.287,80	12.228,45	14.109,75	15.050,40	16.931,70	18.813,00	20.694,30
5.750.000	5.688,90	9.481,50	11.377,80	12.325,95	14.222,25	15.170,40	17.066,70	18.963,00	20.859,30
5.800.000	5.733,90	9.556,50	11.467,80	12.423,45	14.334,75	15.290,40	17.201,70	19.113,00	21.024,30
5.850.000	5.778,90	9.631,50	11.557,80	12.520,95	14.447,25	15.410,40	17.336,70	19.263,00	21.189,30
5.900.000	5.823,90	9.706,50	11.647,80	12.618,45	14.559,75	15.530,40	17.471,70	19.413,00	21.354,30
5.950.000	5.868,90	9.781,50	11.737,80	12.715,95	14.672,25	15.650,40	17.606,70	19.563,00	21.519,30
6.000.000	5.913,90	9.856,50	11.827,80	12.813,45	14.784,75	15.770,40	17.741,70	19.713,00	21.684,30
6.050.000	5.958,90	9.931,50	11.917,80	12.910,95	14.897,25	15.890,40	17.876,70	19.863,00	21.849,30
6.100.000	6.003,90	10.006,50	12.007,80	13.008,45	15.009,75	16.010,40	18.011,70	20.013,00	22.014,30
6.150.000	6.048,90	10.081,50	12.097,80	13.105,95	15.122,25	16.130,40	18.146,70	20.163,00	22.179,30
6.200.000	6.093,90	10.156,50	12.187,80	13.203,45	15.234,75	16.250,40	18.281,70	20.313,00	22.344,30
6.250.000	6.138,90	10.231,50	12.277,80	13.300,95	15.347,25	16.370,40	18.416,70	20.463,00	22.509,30

2. Anwaltsgebühren nach Gegenstandswert bei außergerichtlichen Tätigkeiten | 39

1,2	1,3	1,4	1,5	1,6	1,8	1,9	2,0	2,5	Wert bis €
15.015,60	16.266,90	17.518,20	18.769,50	20.020,80	22.523,40	23.774,70	25.026,00	31.282,50	**3.600.000**
15.195,60	16.461,90	17.728,20	18.994,50	20.260,80	22.793,40	24.059,70	25.326,00	31.657,50	**3.650.000**
15.375,60	16.656,90	17.938,20	19.219,50	20.500,80	23.063,40	24.344,70	25.626,00	32.032,50	**3.700.000**
15.555,60	16.851,90	18.148,20	19.444,50	20.740,80	23.333,40	24.629,70	25.926,00	32.407,50	**3.750.000**
15.735,60	17.046,90	18.358,20	19.669,50	20.980,80	23.603,40	24.914,70	26.226,00	32.782,50	**3.800.000**
15.915,60	17.241,90	18.568,20	19.894,50	21.220,80	23.873,40	25.199,70	26.526,00	33.157,50	**3.850.000**
16.095,60	17.436,90	18.778,20	20.119,50	21.460,80	24.143,40	25.484,70	26.826,00	33.532,50	**3.900.000**
16.275,60	17.631,90	18.988,20	20.344,50	21.700,80	24.413,40	25.769,70	27.126,00	33.907,50	**3.950.000**
16.455,60	17.826,90	19.198,20	20.569,50	21.940,80	24.683,40	26.054,70	27.426,00	34.282,50	**4.000.000**
16.635,60	18.021,90	19.408,20	20.794,50	22.180,80	24.953,40	26.339,70	27.726,00	34.657,50	**4.050.000**
16.815,60	18.216,90	19.618,20	21.019,50	22.420,80	25.223,40	26.624,70	28.026,00	35.032,50	**4.100.000**
16.995,60	18.411,90	19.828,20	21.244,50	22.660,80	25.493,40	26.909,70	28.326,00	35.407,50	**4.150.000**
17.175,60	18.606,90	20.038,20	21.469,50	22.900,80	25.763,40	27.194,70	28.626,00	35.782,50	**4.200.000**
17.355,60	18.801,90	20.248,20	21.694,50	23.140,80	26.033,40	27.479,70	28.926,00	36.157,50	**4.250.000**
17.535,60	18.996,90	20.458,20	21.919,50	23.380,80	26.303,40	27.764,70	29.226,00	36.532,50	**4.300.000**
17.715,60	19.191,90	20.668,20	22.144,50	23.620,80	26.573,40	28.049,70	29.526,00	36.907,50	**4.350.000**
17.895,60	19.386,90	20.878,20	22.369,50	23.860,80	26.843,40	28.334,70	29.826,00	37.282,50	**4.400.000**
18.075,60	19.581,90	21.088,20	22.594,50	24.100,80	27.113,40	28.619,70	30.126,00	37.657,50	**4.450.000**
18.255,60	19.776,90	21.298,20	22.819,50	24.340,80	27.383,40	28.904,70	30.426,00	38.032,50	**4.500.000**
18.435,60	19.971,90	21.508,20	23.044,50	24.580,80	27.653,40	29.189,70	30.726,00	38.407,50	**4.550.000**
18.615,60	20.166,90	21.718,20	23.269,50	24.820,80	27.923,40	29.474,70	31.026,00	38.782,50	**4.600.000**
18.795,60	20.361,90	21.928,20	23.494,50	25.060,80	28.193,40	29.759,70	31.326,00	39.157,50	**4.650.000**
18.975,60	20.556,90	22.138,20	23.719,50	25.300,80	28.463,40	30.044,70	31.626,00	39.532,50	**4.700.000**
19.155,60	20.751,90	22.348,20	23.944,50	25.540,80	28.733,40	30.329,70	31.926,00	39.907,50	**4.750.000**
19.335,60	20.946,90	22.558,20	24.169,50	25.780,80	29.003,40	30.614,70	32.226,00	40.282,50	**4.800.000**
19.515,60	21.141,90	22.768,20	24.394,50	26.020,80	29.273,40	30.899,70	32.526,00	40.657,50	**4.850.000**
19.695,60	21.336,90	22.978,20	24.619,50	26.260,80	29.543,40	31.184,70	32.826,00	41.032,50	**4.900.000**
19.875,60	21.531,90	23.188,20	24.844,50	26.500,80	29.813,40	31.469,70	33.126,00	41.407,50	**4.950.000**
20.055,60	21.726,90	23.398,20	25.069,50	26.740,80	30.083,40	31.754,70	33.426,00	41.782,50	**5.000.000**
20.235,60	21.921,90	23.608,20	25.294,50	26.980,80	30.353,40	32.039,70	33.726,00	42.157,50	**5.050.000**
20.415,60	22.116,90	23.818,20	25.519,50	27.220,80	30.623,40	32.324,70	34.026,00	42.532,50	**5.100.000**
20.595,60	22.311,90	24.028,20	25.744,50	27.460,80	30.893,40	32.609,70	34.326,00	42.907,50	**5.150.000**
20.775,60	22.506,90	24.238,20	25.969,50	27.700,80	31.163,40	32.894,70	34.626,00	43.282,50	**5.200.000**
20.955,60	22.701,90	24.448,20	26.194,50	27.940,80	31.433,40	33.179,70	34.926,00	43.657,50	**5.250.000**
21.135,60	22.896,90	24.658,20	26.419,50	28.180,80	31.703,40	33.464,70	35.226,00	44.032,50	**5.300.000**
21.315,60	23.091,90	24.868,20	26.644,50	28.420,80	31.973,40	33.749,70	35.526,00	44.407,50	**5.350.000**
21.495,60	23.286,90	25.078,20	26.869,50	28.660,80	32.243,40	34.034,70	35.826,00	44.782,50	**5.400.000**
21.675,60	23.481,90	25.288,20	27.094,50	28.900,80	32.513,40	34.319,70	36.126,00	45.157,50	**5.450.000**
21.855,60	23.676,90	25.498,20	27.319,50	29.140,80	32.783,40	34.604,70	36.426,00	45.532,50	**5.500.000**
22.035,60	23.871,90	25.708,20	27.544,50	29.380,80	33.053,40	34.889,70	36.726,00	45.907,50	**5.550.000**
22.215,60	24.066,90	25.918,20	27.769,50	29.620,80	33.323,40	35.174,70	37.026,00	46.282,50	**5.600.000**
22.395,60	24.261,90	26.128,20	27.994,50	29.860,80	33.593,40	35.459,70	37.326,00	46.657,50	**5.650.000**
22.575,60	24.456,90	26.338,20	28.219,50	30.100,80	33.863,40	35.744,70	37.626,00	47.032,50	**5.700.000**
22.755,60	24.651,90	26.548,20	28.444,50	30.340,80	34.133,40	36.029,70	37.926,00	47.407,50	**5.750.000**
22.935,60	24.846,90	26.758,20	28.669,50	30.580,80	34.403,40	36.314,70	38.226,00	47.782,50	**5.800.000**
23.115,60	25.041,90	26.968,20	28.894,50	30.820,80	34.673,40	36.599,70	38.526,00	48.157,50	**5.850.000**
23.295,60	25.236,90	27.178,20	29.119,50	31.060,80	34.943,40	36.884,70	38.826,00	48.532,50	**5.900.000**
23.475,60	25.431,90	27.388,20	29.344,50	31.300,80	35.213,40	37.169,70	39.126,00	48.907,50	**5.950.000**
23.655,60	25.626,90	27.598,20	29.569,50	31.540,80	35.483,40	37.454,70	39.426,00	49.282,50	**6.000.000**
23.835,60	25.821,90	27.808,20	29.794,50	31.780,80	35.753,40	37.739,70	39.726,00	49.657,50	**6.050.000**
24.015,60	26.016,90	28.018,20	30.019,50	32.020,80	36.023,40	38.024,70	40.026,00	50.032,50	**6.100.000**
24.195,60	26.211,90	28.228,20	30.244,50	32.260,80	36.293,40	38.309,70	40.326,00	50.407,50	**6.150.000**
24.375,60	26.406,90	28.438,20	30.469,50	32.500,80	36.563,40	38.594,70	40.626,00	50.782,50	**6.200.000**
24.555,60	26.601,90	28.648,20	30.694,50	32.740,80	36.833,40	38.879,70	40.926,00	51.157,50	**6.250.000**

Wert bis €	0,3	0,5	0,6	0,65	0,75	0,8	0,9	1,0	1,1
6.300.000	6.183,90	10.306,50	12.367,80	13.398,45	15.459,75	16.490,40	18.551,70	20.613,00	22.674,30
6.350.000	6.228,90	10.381,50	12.457,80	13.495,95	15.572,25	16.610,40	18.686,70	20.763,00	22.839,30
6.400.000	6.273,90	10.456,50	12.547,80	13.593,45	15.684,75	16.730,40	18.821,70	20.913,00	23.004,30
6.450.000	6.318,90	10.531,50	12.637,80	13.690,95	15.797,25	16.850,40	18.956,70	21.063,00	23.169,30
6.500.000	6.363,90	10.606,50	12.727,80	13.788,45	15.909,75	16.970,40	19.091,70	21.213,00	23.334,30
6.550.000	6.408,90	10.681,50	12.817,80	13.885,95	16.022,25	17.090,40	19.226,70	21.363,00	23.499,30
6.600.000	6.453,90	10.756,50	12.907,80	13.983,45	16.134,75	17.210,40	19.361,70	21.513,00	23.664,30
6.650.000	6.498,90	10.831,50	12.997,80	14.080,95	16.247,25	17.330,40	19.496,70	21.663,00	23.829,30
6.700.000	6.543,90	10.906,50	13.087,80	14.178,45	16.359,75	17.450,40	19.631,70	21.813,00	23.994,30
6.750.000	6.588,90	10.981,50	13.177,80	14.275,95	16.472,25	17.570,40	19.766,70	21.963,00	24.159,30
6.800.000	6.633,90	11.056,50	13.267,80	14.373,45	16.584,75	17.690,40	19.901,70	22.113,00	24.324,30
6.850.000	6.678,90	11.131,50	13.357,80	14.470,95	16.697,25	17.810,40	20.036,70	22.263,00	24.489,30
6.900.000	6.723,90	11.206,50	13.447,80	14.568,45	16.809,75	17.930,40	20.171,70	22.413,00	24.654,30
6.950.000	6.768,90	11.281,50	13.537,80	14.665,95	16.922,25	18.050,40	20.306,70	22.563,00	24.819,30
7.000.000	6.813,90	11.356,50	13.627,80	14.763,45	17.034,75	18.170,40	20.441,70	22.713,00	24.984,30
7.050.000	6.858,90	11.431,50	13.717,80	14.860,95	17.147,25	18.290,40	20.576,70	22.863,00	25.149,30
7.100.000	6.903,90	11.506,50	13.807,80	14.958,45	17.259,75	18.410,40	20.711,70	23.013,00	25.314,30
7.150.000	6.948,90	11.581,50	13.897,80	15.055,95	17.372,25	18.530,40	20.846,70	23.163,00	25.479,30
7.200.000	6.993,90	11.656,50	13.987,80	15.153,45	17.484,75	18.650,40	20.981,70	23.313,00	25.644,30
7.250.000	7.038,90	11.731,50	14.077,80	15.250,95	17.597,25	18.770,40	21.116,70	23.463,00	25.809,30
7.300.000	7.083,90	11.806,50	14.167,80	15.348,45	17.709,75	18.890,40	21.251,70	23.613,00	25.974,30
7.350.000	7.128,90	11.881,50	14.257,80	15.445,95	17.822,25	19.010,40	21.386,70	23.763,00	26.139,30
7.400.000	7.173,90	11.956,50	14.347,80	15.543,45	17.934,75	19.130,40	21.521,70	23.913,00	26.304,30
7.450.000	7.218,90	12.031,50	14.437,80	15.640,95	18.047,25	19.250,40	21.656,70	24.063,00	26.469,30
7.500.000	7.263,90	12.106,50	14.527,80	15.738,45	18.159,75	19.370,40	21.791,70	24.213,00	26.634,30
7.550.000	7.308,90	12.181,50	14.617,80	15.835,95	18.272,25	19.490,40	21.926,70	24.363,00	26.799,30
7.600.000	7.353,90	12.256,50	14.707,80	15.933,45	18.384,75	19.610,40	22.061,70	24.513,00	26.964,30
7.650.000	7.398,90	12.331,50	14.797,80	16.030,95	18.497,25	19.730,40	22.196,70	24.663,00	27.129,30
7.700.000	7.443,90	12.406,50	14.887,80	16.128,45	18.609,75	19.850,40	22.331,70	24.813,00	27.294,30
7.750.000	7.488,90	12.481,50	14.977,80	16.225,95	18.722,25	19.970,40	22.466,70	24.963,00	27.459,30
7.800.000	7.533,90	12.556,50	15.067,80	16.323,45	18.834,75	20.090,40	22.601,70	25.113,00	27.624,30
7.850.000	7.578,90	12.631,50	15.157,80	16.420,95	18.947,25	20.210,40	22.736,70	25.263,00	27.789,30
7.900.000	7.623,90	12.706,50	15.247,80	16.518,45	19.059,75	20.330,40	22.871,70	25.413,00	27.954,30
7.950.000	7.668,90	12.781,50	15.337,80	16.615,95	19.172,25	20.450,40	23.006,70	25.563,00	28.119,30
8.000.000	7.713,90	12.856,50	15.427,80	16.713,45	19.284,75	20.570,40	23.141,70	25.713,00	28.284,30
8.050.000	7.758,90	12.931,50	15.517,80	16.810,95	19.397,25	20.690,40	23.276,70	25.863,00	28.449,30
8.100.000	7.803,90	13.006,50	15.607,80	16.908,45	19.509,75	20.810,40	23.411,70	26.013,00	28.614,30
8.150.000	7.848,90	13.081,50	15.697,80	17.005,95	19.622,25	20.930,40	23.546,70	26.163,00	28.779,30
8.200.000	7.893,90	13.156,50	15.787,80	17.103,45	19.734,75	21.050,40	23.681,70	26.313,00	28.944,30
8.250.000	7.938,90	13.231,50	15.877,80	17.200,95	19.847,25	21.170,40	23.816,70	26.463,00	29.109,30
8.300.000	7.983,90	13.306,50	15.967,80	17.298,45	19.959,75	21.290,40	23.951,70	26.613,00	29.274,30
8.350.000	8.028,90	13.381,50	16.057,80	17.395,95	20.072,25	21.410,40	24.086,70	26.763,00	29.439,30
8.400.000	8.073,90	13.456,50	16.147,80	17.493,45	20.184,75	21.530,40	24.221,70	26.913,00	29.604,30
8.450.000	8.118,90	13.531,50	16.237,80	17.590,95	20.297,25	21.650,40	24.356,70	27.063,00	29.769,30
8.500.000	8.163,90	13.606,50	16.327,80	17.688,45	20.409,75	21.770,40	24.491,70	27.213,00	29.934,30
8.550.000	8.208,90	13.681,50	16.417,80	17.785,95	20.522,25	21.890,40	24.626,70	27.363,00	30.099,30
8.600.000	8.253,90	13.756,50	16.507,80	17.883,45	20.634,75	22.010,40	24.761,70	27.513,00	30.264,30
8.650.000	8.298,90	13.831,50	16.597,80	17.980,95	20.747,25	22.130,40	24.896,70	27.663,00	30.429,30
8.700.000	8.343,90	13.906,50	16.687,80	18.078,45	20.859,75	22.250,40	25.031,70	27.813,00	30.594,30
8.750.000	8.388,90	13.981,50	16.777,80	18.175,95	20.972,25	22.370,40	25.166,70	27.963,00	30.759,30
8.800.000	8.433,90	14.056,50	16.867,80	18.273,45	21.084,75	22.490,40	25.301,70	28.113,00	30.924,30
8.850.000	8.478,90	14.131,50	16.957,80	18.370,95	21.197,25	22.610,40	25.436,70	28.263,00	31.089,30
8.900.000	8.523,90	14.206,50	17.047,80	18.468,45	21.309,75	22.730,40	25.571,70	28.413,00	31.254,30
8.950.000	8.568,90	14.281,50	17.137,80	18.565,95	21.422,25	22.850,40	25.706,70	28.563,00	31.419,30

2. Anwaltsgebühren nach Gegenstandswert bei außergerichtlichen Tätigkeiten | 41

1,2	1,3	1,4	1,5	1,6	1,8	1,9	2,0	2,5	Wert bis €
24.735,60	26.796,90	28.858,20	30.919,50	32.980,80	37.103,40	39.164,70	41.226,00	51.532,50	6.300.000
24.915,60	26.991,90	29.068,20	31.144,50	33.220,80	37.373,40	39.449,70	41.526,00	51.907,50	6.350.000
25.095,60	27.186,90	29.278,20	31.369,50	33.460,80	37.643,40	39.734,70	41.826,00	52.282,50	6.400.000
25.275,60	27.381,90	29.488,20	31.594,50	33.700,80	37.913,40	40.019,70	42.126,00	52.657,50	6.450.000
25.455,60	27.576,90	29.698,20	31.819,50	33.940,80	38.183,40	40.304,70	42.426,00	53.032,50	6.500.000
25.635,60	27.771,90	29.908,20	32.044,50	34.180,80	38.453,40	40.589,70	42.726,00	53.407,50	6.550.000
25.815,60	27.966,90	30.118,20	32.269,50	34.420,80	38.723,40	40.874,70	43.026,00	53.782,50	6.600.000
25.995,60	28.161,90	30.328,20	32.494,50	34.660,80	38.993,40	41.159,70	43.326,00	54.157,50	6.650.000
26.175,60	28.356,90	30.538,20	32.719,50	34.900,80	39.263,40	41.444,70	43.626,00	54.532,50	6.700.000
26.355,60	28.551,90	30.748,20	32.944,50	35.140,80	39.533,40	41.729,70	43.926,00	54.907,50	6.750.000
26.535,60	28.746,90	30.958,20	33.169,50	35.380,80	39.803,40	42.014,70	44.226,00	55.282,50	6.800.000
26.715,60	28.941,90	31.168,20	33.394,50	35.620,80	40.073,40	42.299,70	44.526,00	55.657,50	6.850.000
26.895,60	29.136,90	31.378,20	33.619,50	35.860,80	40.343,40	42.584,70	44.826,00	56.032,50	6.900.000
27.075,60	29.331,90	31.588,20	33.844,50	36.100,80	40.613,40	42.869,70	45.126,00	56.407,50	6.950.000
27.255,60	29.526,90	31.798,20	34.069,50	36.340,80	40.883,40	43.154,70	45.426,00	56.782,50	7.000.000
27.435,60	29.721,90	32.008,20	34.294,50	36.580,80	41.153,40	43.439,70	45.726,00	57.157,50	7.050.000
27.615,60	29.916,90	32.218,20	34.519,50	36.820,80	41.423,40	43.724,70	46.026,00	57.532,50	7.100.000
27.795,60	30.111,90	32.428,20	34.744,50	37.060,80	41.693,40	44.009,70	46.326,00	57.907,50	7.150.000
27.975,60	30.306,90	32.638,20	34.969,50	37.300,80	41.963,40	44.294,70	46.626,00	58.282,50	7.200.000
28.155,60	30.501,90	32.848,20	35.194,50	37.540,80	42.233,40	44.579,70	46.926,00	58.657,50	7.250.000
28.335,60	30.696,90	33.058,20	35.419,50	37.780,80	42.503,40	44.864,70	47.226,00	59.032,50	7.300.000
28.515,60	30.891,90	33.268,20	35.644,50	38.020,80	42.773,40	45.149,70	47.526,00	59.407,50	7.350.000
28.695,60	31.086,90	33.478,20	35.869,50	38.260,80	43.043,40	45.434,70	47.826,00	59.782,50	7.400.000
28.875,60	31.281,90	33.688,20	36.094,50	38.500,80	43.313,40	45.719,70	48.126,00	60.157,50	7.450.000
29.055,60	31.476,90	33.898,20	36.319,50	38.740,80	43.583,40	46.004,70	48.426,00	60.532,50	7.500.000
29.235,60	31.671,90	34.108,20	36.544,50	38.980,80	43.853,40	46.289,70	48.726,00	60.907,50	7.550.000
29.415,60	31.866,90	34.318,20	36.769,50	39.220,80	44.123,40	46.574,70	49.026,00	61.282,50	7.600.000
29.595,60	32.061,90	34.528,20	36.994,50	39.460,80	44.393,40	46.859,70	49.326,00	61.657,50	7.650.000
29.775,60	32.256,90	34.738,20	37.219,50	39.700,80	44.663,40	47.144,70	49.626,00	62.032,50	7.700.000
29.955,60	32.451,90	34.948,20	37.444,50	39.940,80	44.933,40	47.429,70	49.926,00	62.407,50	7.750.000
30.135,60	32.646,90	35.158,20	37.669,50	40.180,80	45.203,40	47.714,70	50.226,00	62.782,50	7.800.000
30.315,60	32.841,90	35.368,20	37.894,50	40.420,80	45.473,40	47.999,70	50.526,00	63.157,50	7.850.000
30.495,60	33.036,90	35.578,20	38.119,50	40.660,80	45.743,40	48.284,70	50.826,00	63.532,50	7.900.000
30.675,60	33.231,90	35.788,20	38.344,50	40.900,80	46.013,40	48.569,70	51.126,00	63.907,50	7.950.000
30.855,60	33.426,90	35.998,20	38.569,50	41.140,80	46.283,40	48.854,70	51.426,00	64.282,50	8.000.000
31.035,60	33.621,90	36.208,20	38.794,50	41.380,80	46.553,40	49.139,70	51.726,00	64.657,50	8.050.000
31.215,60	33.816,90	36.418,20	39.019,50	41.620,80	46.823,40	49.424,70	52.026,00	65.032,50	8.100.000
31.395,60	34.011,90	36.628,20	39.244,50	41.860,80	47.093,40	49.709,70	52.326,00	65.407,50	8.150.000
31.575,60	34.206,90	36.838,20	39.469,50	42.100,80	47.363,40	49.994,70	52.626,00	65.782,50	8.200.000
31.755,60	34.401,90	37.048,20	39.694,50	42.340,80	47.633,40	50.279,70	52.926,00	66.157,50	8.250.000
31.935,60	34.596,90	37.258,20	39.919,50	42.580,80	47.903,40	50.564,70	53.226,00	66.532,50	8.300.000
32.115,60	34.791,90	37.468,20	40.144,50	42.820,80	48.173,40	50.849,70	53.526,00	66.907,50	8.350.000
32.295,60	34.986,90	37.678,20	40.369,50	43.060,80	48.443,40	51.134,70	53.826,00	67.282,50	8.400.000
32.475,60	35.181,90	37.888,20	40.594,50	43.300,80	48.713,40	51.419,70	54.126,00	67.657,50	8.450.000
32.655,60	35.376,90	38.098,20	40.819,50	43.540,80	48.983,40	51.704,70	54.426,00	68.032,50	8.500.000
32.835,60	35.571,90	38.308,20	41.044,50	43.780,80	49.253,40	51.989,70	54.726,00	68.407,50	8.550.000
33.015,60	35.766,90	38.518,20	41.269,50	44.020,80	49.523,40	52.274,70	55.026,00	68.782,50	8.600.000
33.195,60	35.961,90	38.728,20	41.494,50	44.260,80	49.793,40	52.559,70	55.326,00	69.157,50	8.650.000
33.375,60	36.156,90	38.938,20	41.719,50	44.500,80	50.063,40	52.844,70	55.626,00	69.532,50	8.700.000
33.555,60	36.351,90	39.148,20	41.944,50	44.740,80	50.333,40	53.129,70	55.926,00	69.907,50	8.750.000
33.735,60	36.546,90	39.358,20	42.169,50	44.980,80	50.603,40	53.414,70	56.226,00	70.282,50	8.800.000
33.915,60	36.741,90	39.568,20	42.394,50	45.220,80	50.873,40	53.699,70	56.526,00	70.657,50	8.850.000
34.095,60	36.936,90	39.778,20	42.619,50	45.460,80	51.143,40	53.984,70	56.826,00	71.032,50	8.900.000
34.275,60	37.131,90	39.988,20	42.844,50	45.700,80	51.413,40	54.269,70	57.126,00	71.407,50	8.950.000

Wert bis €	0,3	0,5	0,6	0,65	0,75	0,8	0,9	1,0	1,1
9.000.000	8.613,90	14.356,50	17.227,80	18.663,45	21.534,75	22.970,40	25.841,70	28.713,00	31.584,30
9.050.000	8.658,90	14.431,50	17.317,80	18.760,95	21.647,25	23.090,40	25.976,70	28.863,00	31.749,30
9.100.000	8.703,90	14.506,50	17.407,80	18.858,45	21.759,75	23.210,40	26.111,70	29.013,00	31.914,30
9.150.000	8.748,90	14.581,50	17.497,80	18.955,95	21.872,25	23.330,40	26.246,70	29.163,00	32.079,30
9.200.000	8.793,90	14.656,50	17.587,80	19.053,45	21.984,75	23.450,40	26.381,70	29.313,00	32.244,30
9.250.000	8.838,90	14.731,50	17.677,80	19.150,95	22.097,25	23.570,40	26.516,70	29.463,00	32.409,30
9.300.000	8.883,90	14.806,50	17.767,80	19.248,45	22.209,75	23.690,40	26.651,70	29.613,00	32.574,30
9.350.000	8.928,90	14.881,50	17.857,80	19.345,95	22.322,25	23.810,40	26.786,70	29.763,00	32.739,30
9.400.000	8.973,90	14.956,50	17.947,80	19.443,45	22.434,75	23.930,40	26.921,70	29.913,00	32.904,30
9.450.000	9.018,90	15.031,50	18.037,80	19.540,95	22.547,25	24.050,40	27.056,70	30.063,00	33.069,30
9.500.000	9.063,90	15.106,50	18.127,80	19.638,45	22.659,75	24.170,40	27.191,70	30.213,00	33.234,30
9.550.000	9.108,90	15.181,50	18.217,80	19.735,95	22.772,25	24.290,40	27.326,70	30.363,00	33.399,30
9.600.000	9.153,90	15.256,50	18.307,80	19.833,45	22.884,75	24.410,40	27.461,70	30.513,00	33.564,30
9.650.000	9.198,90	15.331,50	18.397,80	19.930,95	22.997,25	24.530,40	27.596,70	30.663,00	33.729,30
9.700.000	9.243,90	15.406,50	18.487,80	20.028,45	23.109,75	24.650,40	27.731,70	30.813,00	33.894,30
9.750.000	9.288,90	15.481,50	18.577,80	20.125,95	23.222,25	24.770,40	27.866,70	30.963,00	34.059,30
9.800.000	9.333,90	15.556,50	18.667,80	20.223,45	23.334,75	24.890,40	28.001,70	31.113,00	34.224,30
9.850.000	9.378,90	15.631,50	18.757,80	20.320,95	23.447,25	25.010,40	28.136,70	31.263,00	34.389,30
9.900.000	9.423,90	15.706,50	18.847,80	20.418,45	23.559,75	25.130,40	28.271,70	31.413,00	34.554,30
9.950.000	9.468,90	15.781,50	18.937,80	20.515,95	23.672,25	25.250,40	28.406,70	31.563,00	34.719,30
10.000.000	9.513,90	15.856,50	19.027,80	20.613,45	23.784,75	25.370,40	28.541,70	31.713,00	34.884,30
10.050.000	9.558,90	15.931,50	19.117,80	20.710,95	23.897,25	25.490,40	28.676,70	31.863,00	35.049,30
10.100.000	9.603,90	16.006,50	19.207,80	20.808,45	24.009,75	25.610,40	28.811,70	32.013,00	35.214,30
10.150.000	9.648,90	16.081,50	19.297,80	20.905,95	24.122,25	25.730,40	28.946,70	32.163,00	35.379,30
10.200.000	9.693,90	16.156,50	19.387,80	21.003,45	24.234,75	25.850,40	29.081,70	32.313,00	35.544,30
10.250.000	9.738,90	16.231,50	19.477,80	21.100,95	24.347,25	25.970,40	29.216,70	32.463,00	35.709,30
10.300.000	9.783,90	16.306,50	19.567,80	21.198,45	24.459,75	26.090,40	29.351,70	32.613,00	35.874,30
10.350.000	9.828,90	16.381,50	19.657,80	21.295,95	24.572,25	26.210,40	29.486,70	32.763,00	36.039,30
10.400.000	9.873,90	16.456,50	19.747,80	21.393,45	24.684,75	26.330,40	29.621,70	32.913,00	36.204,30
10.450.000	9.918,90	16.531,50	19.837,80	21.490,95	24.797,25	26.450,40	29.756,70	33.063,00	36.369,30
10.500.000	9.963,90	16.606,50	19.927,80	21.588,45	24.909,75	26.570,40	29.891,70	33.213,00	36.534,30
10.550.000	10.008,90	16.681,50	20.017,80	21.685,95	25.022,25	26.690,40	30.026,70	33.363,00	36.699,30
10.600.000	10.053,90	16.756,50	20.107,80	21.783,45	25.134,75	26.810,40	30.161,70	33.513,00	36.864,30
10.650.000	10.098,90	16.831,50	20.197,80	21.880,95	25.247,25	26.930,40	30.296,70	33.663,00	37.029,30
10.700.000	10.143,90	16.906,50	20.287,80	21.978,45	25.359,75	27.050,40	30.431,70	33.813,00	37.194,30
10.750.000	10.188,90	16.981,50	20.377,80	22.075,95	25.472,25	27.170,40	30.566,70	33.963,00	37.359,30
10.800.000	10.233,90	17.056,50	20.467,80	22.173,45	25.584,75	27.290,40	30.701,70	34.113,00	37.524,30
10.850.000	10.278,90	17.131,50	20.557,80	22.270,95	25.697,25	27.410,40	30.836,70	34.263,00	37.689,30
10.900.000	10.323,90	17.206,50	20.647,80	22.368,45	25.809,75	27.530,40	30.971,70	34.413,00	37.854,30
10.950.000	10.368,90	17.281,50	20.737,80	22.465,95	25.922,25	27.650,40	31.106,70	34.563,00	38.019,30
11.000.000	10.413,90	17.356,50	20.827,80	22.563,45	26.034,75	27.770,40	31.241,70	34.713,00	38.184,30
11.050.000	10.458,90	17.431,50	20.917,80	22.660,95	26.147,25	27.890,40	31.376,70	34.863,00	38.349,30
11.100.000	10.503,90	17.506,50	21.007,80	22.758,45	26.259,75	28.010,40	31.511,70	35.013,00	38.514,30
11.150.000	10.548,90	17.581,50	21.097,80	22.855,95	26.372,25	28.130,40	31.646,70	35.163,00	38.679,30
11.200.000	10.593,90	17.656,50	21.187,80	22.953,45	26.484,75	28.250,40	31.781,70	35.313,00	38.844,30
11.250.000	10.638,90	17.731,50	21.277,80	23.050,95	26.597,25	28.370,40	31.916,70	35.463,00	39.009,30
11.300.000	10.683,90	17.806,50	21.367,80	23.148,45	26.709,75	28.490,40	32.051,70	35.613,00	39.174,30
11.350.000	10.728,90	17.881,50	21.457,80	23.245,95	26.822,25	28.610,40	32.186,70	35.763,00	39.339,30
11.400.000	10.773,90	17.956,50	21.547,80	23.343,45	26.934,75	28.730,40	32.321,70	35.913,00	39.504,30
11.450.000	10.818,90	18.031,50	21.637,80	23.440,95	27.047,25	28.850,40	32.456,70	36.063,00	39.669,30
11.500.000	10.863,90	18.106,50	21.727,80	23.538,45	27.159,75	28.970,40	32.591,70	36.213,00	39.834,30
11.550.000	10.908,90	18.181,50	21.817,80	23.635,95	27.272,25	29.090,40	32.726,70	36.363,00	39.999,30
11.600.000	10.953,90	18.256,50	21.907,80	23.733,45	27.384,75	29.210,40	32.861,70	36.513,00	40.164,30
11.650.000	10.998,90	18.331,50	21.997,80	23.830,95	27.497,25	29.330,40	32.996,70	36.663,00	40.329,30

2. Anwaltsgebühren nach Gegenstandswert bei außergerichtlichen Tätigkeiten | 43

1,2	1,3	1,4	1,5	1,6	1,8	1,9	2,0	2,5	Wert bis €
34.455,60	37.326,90	40.198,20	43.069,50	45.940,80	51.683,40	54.554,70	57.426,00	71.782,50	9.000.000
34.635,60	37.521,90	40.408,20	43.294,50	46.180,80	51.953,40	54.839,70	57.726,00	72.157,50	9.050.000
34.815,60	37.716,90	40.618,20	43.519,50	46.420,80	52.223,40	55.124,70	58.026,00	72.532,50	9.100.000
34.995,60	37.911,90	40.828,20	43.744,50	46.660,80	52.493,40	55.409,70	58.326,00	72.907,50	9.150.000
35.175,60	38.106,90	41.038,20	43.969,50	46.900,80	52.763,40	55.694,70	58.626,00	73.282,50	9.200.000
35.355,60	38.301,90	41.248,20	44.194,50	47.140,80	53.033,40	55.979,70	58.926,00	73.657,50	9.250.000
35.535,60	38.496,90	41.458,20	44.419,50	47.380,80	53.303,40	56.264,70	59.226,00	74.032,50	9.300.000
35.715,60	38.691,90	41.668,20	44.644,50	47.620,80	53.573,40	56.549,70	59.526,00	74.407,50	9.350.000
35.895,60	38.886,90	41.878,20	44.869,50	47.860,80	53.843,40	56.834,70	59.826,00	74.782,50	9.400.000
36.075,60	39.081,90	42.088,20	45.094,50	48.100,80	54.113,40	57.119,70	60.126,00	75.157,50	9.450.000
36.255,60	39.276,90	42.298,20	45.319,50	48.340,80	54.383,40	57.404,70	60.426,00	75.532,50	9.500.000
36.435,60	39.471,90	42.508,20	45.544,50	48.580,80	54.653,40	57.689,70	60.726,00	75.907,50	9.550.000
36.615,60	39.666,90	42.718,20	45.769,50	48.820,80	54.923,40	57.974,70	61.026,00	76.282,50	9.600.000
36.795,60	39.861,90	42.928,20	45.994,50	49.060,80	55.193,40	58.259,70	61.326,00	76.657,50	9.650.000
36.975,60	40.056,90	43.138,20	46.219,50	49.300,80	55.463,40	58.544,70	61.626,00	77.032,50	9.700.000
37.155,60	40.251,90	43.348,20	46.444,50	49.540,80	55.733,40	58.829,70	61.926,00	77.407,50	9.750.000
37.335,60	40.446,90	43.558,20	46.669,50	49.780,80	56.003,40	59.114,70	62.226,00	77.782,50	9.800.000
37.515,60	40.641,90	43.768,20	46.894,50	50.020,80	56.273,40	59.399,70	62.526,00	78.157,50	9.850.000
37.695,60	40.836,90	43.978,20	47.119,50	50.260,80	56.543,40	59.684,70	62.826,00	78.532,50	9.900.000
37.875,60	41.031,90	44.188,20	47.344,50	50.500,80	56.813,40	59.969,70	63.126,00	78.907,50	9.950.000
38.055,60	41.226,90	44.398,20	47.569,50	50.740,80	57.083,40	60.254,70	63.426,00	79.282,50	10.000.000
38.235,60	41.421,90	44.608,20	47.794,50	50.980,80	57.353,40	60.539,70	63.726,00	79.657,50	10.050.000
38.415,60	41.616,90	44.818,20	48.019,50	51.220,80	57.623,40	60.824,70	64.026,00	80.032,50	10.100.000
38.595,60	41.811,90	45.028,20	48.244,50	51.460,80	57.893,40	61.109,70	64.326,00	80.407,50	10.150.000
38.775,60	42.006,90	45.238,20	48.469,50	51.700,80	58.163,40	61.394,70	64.626,00	80.782,50	10.200.000
38.955,60	42.201,90	45.448,20	48.694,50	51.940,80	58.433,40	61.679,70	64.926,00	81.157,50	10.250.000
39.135,60	42.396,90	45.658,20	48.919,50	52.180,80	58.703,40	61.964,70	65.226,00	81.532,50	10.300.000
39.315,60	42.591,90	45.868,20	49.144,50	52.420,80	58.973,40	62.249,70	65.526,00	81.907,50	10.350.000
39.495,60	42.786,90	46.078,20	49.369,50	52.660,80	59.243,40	62.534,70	65.826,00	82.282,50	10.400.000
39.675,60	42.981,90	46.288,20	49.594,50	52.900,80	59.513,40	62.819,70	66.126,00	82.657,50	10.450.000
39.855,60	43.176,90	46.498,20	49.819,50	53.140,80	59.783,40	63.104,70	66.426,00	83.032,50	10.500.000
40.035,60	43.371,90	46.708,20	50.044,50	53.380,80	60.053,40	63.389,70	66.726,00	83.407,50	10.550.000
40.215,60	43.566,90	46.918,20	50.269,50	53.620,80	60.323,40	63.674,70	67.026,00	83.782,50	10.600.000
40.395,60	43.761,90	47.128,20	50.494,50	53.860,80	60.593,40	63.959,70	67.326,00	84.157,50	10.650.000
40.575,60	43.956,90	47.338,20	50.719,50	54.100,80	60.863,40	64.244,70	67.626,00	84.532,50	10.700.000
40.755,60	44.151,90	47.548,20	50.944,50	54.340,80	61.133,40	64.529,70	67.926,00	84.907,50	10.750.000
40.935,60	44.346,90	47.758,20	51.169,50	54.580,80	61.403,40	64.814,70	68.226,00	85.282,50	10.800.000
41.115,60	44.541,90	47.968,20	51.394,50	54.820,80	61.673,40	65.099,70	68.526,00	85.657,50	10.850.000
41.295,60	44.736,90	48.178,20	51.619,50	55.060,80	61.943,40	65.384,70	68.826,00	86.032,50	10.900.000
41.475,60	44.931,90	48.388,20	51.844,50	55.300,80	62.213,40	65.669,70	69.126,00	86.407,50	10.950.000
41.655,60	45.126,90	48.598,20	52.069,50	55.540,80	62.483,40	65.954,70	69.426,00	86.782,50	11.000.000
41.835,60	45.321,90	48.808,20	52.294,50	55.780,80	62.753,40	66.239,70	69.726,00	87.157,50	11.050.000
42.015,60	45.516,90	49.018,20	52.519,50	56.020,80	63.023,40	66.524,70	70.026,00	87.532,50	11.100.000
42.195,60	45.711,90	49.228,20	52.744,50	56.260,80	63.293,40	66.809,70	70.326,00	87.907,50	11.150.000
42.375,60	45.906,90	49.438,20	52.969,50	56.500,80	63.563,40	67.094,70	70.626,00	88.282,50	11.200.000
42.555,60	46.101,90	49.648,20	53.194,50	56.740,80	63.833,40	67.379,70	70.926,00	88.657,50	11.250.000
42.735,60	46.296,90	49.858,20	53.419,50	56.980,80	64.103,40	67.664,70	71.226,00	89.032,50	11.300.000
42.915,60	46.491,90	50.068,20	53.644,50	57.220,80	64.373,40	67.949,70	71.526,00	89.407,50	11.350.000
43.095,60	46.686,90	50.278,20	53.869,50	57.460,80	64.643,40	68.234,70	71.826,00	89.782,50	11.400.000
43.275,60	46.881,90	50.488,20	54.094,50	57.700,80	64.913,40	68.519,70	72.126,00	90.157,50	11.450.000
43.455,60	47.076,90	50.698,20	54.319,50	57.940,80	65.183,40	68.804,70	72.426,00	90.532,50	11.500.000
43.635,60	47.271,90	50.908,20	54.544,50	58.180,80	65.453,40	69.089,70	72.726,00	90.907,50	11.550.000
43.815,60	47.466,90	51.118,20	54.769,50	58.420,80	65.723,40	69.374,70	73.026,00	91.282,50	11.600.000
43.995,60	47.661,90	51.328,20	54.994,50	58.660,80	65.993,40	69.659,70	73.326,00	91.657,50	11.650.000

Wert bis €	0,3	0,5	0,6	0,65	0,75	0,8	0,9	1,0	1,1
11.700.000	11.043,90	18.406,50	22.087,80	23.928,45	27.609,75	29.450,40	33.131,70	36.813,00	40.494,30
11.750.000	11.088,90	18.481,50	22.177,80	24.025,95	27.722,25	29.570,40	33.266,70	36.963,00	40.659,30
11.800.000	11.133,90	18.556,50	22.267,80	24.123,45	27.834,75	29.690,40	33.401,70	37.113,00	40.824,30
11.850.000	11.178,90	18.631,50	22.357,80	24.220,95	27.947,25	29.810,40	33.536,70	37.263,00	40.989,30
11.900.000	11.223,90	18.706,50	22.447,80	24.318,45	28.059,75	29.930,40	33.671,70	37.413,00	41.154,30
11.950.000	11.268,90	18.781,50	22.537,80	24.415,95	28.172,25	30.050,40	33.806,70	37.563,00	41.319,30
12.000.000	11.313,90	18.856,50	22.627,80	24.513,45	28.284,75	30.170,40	33.941,70	37.713,00	41.484,30
12.050.000	11.358,90	18.931,50	22.717,80	24.610,95	28.397,25	30.290,40	34.076,70	37.863,00	41.649,30
12.100.000	11.403,90	19.006,50	22.807,80	24.708,45	28.509,75	30.410,40	34.211,70	38.013,00	41.814,30
12.150.000	11.448,90	19.081,50	22.897,80	24.805,95	28.622,25	30.530,40	34.346,70	38.163,00	41.979,30
12.200.000	11.493,90	19.156,50	22.987,80	24.903,45	28.734,75	30.650,40	34.481,70	38.313,00	42.144,30
12.250.000	11.538,90	19.231,50	23.077,80	25.000,95	28.847,25	30.770,40	34.616,70	38.463,00	42.309,30
12.300.000	11.583,90	19.306,50	23.167,80	25.098,45	28.959,75	30.890,40	34.751,70	38.613,00	42.474,30
12.350.000	11.628,90	19.381,50	23.257,80	25.195,95	29.072,25	31.010,40	34.886,70	38.763,00	42.639,30
12.400.000	11.673,90	19.456,50	23.347,80	25.293,45	29.184,75	31.130,40	35.021,70	38.913,00	42.804,30
12.450.000	11.718,90	19.531,50	23.437,80	25.390,95	29.297,25	31.250,40	35.156,70	39.063,00	42.969,30
12.500.000	11.763,90	19.606,50	23.527,80	25.488,45	29.409,75	31.370,40	35.291,70	39.213,00	43.134,30
12.550.000	11.808,90	19.681,50	23.617,80	25.585,95	29.522,25	31.490,40	35.426,70	39.363,00	43.299,30
12.600.000	11.853,90	19.756,50	23.707,80	25.683,45	29.634,75	31.610,40	35.561,70	39.513,00	43.464,30
12.650.000	11.898,90	19.831,50	23.797,80	25.780,95	29.747,25	31.730,40	35.696,70	39.663,00	43.629,30
12.700.000	11.943,90	19.906,50	23.887,80	25.878,45	29.859,75	31.850,40	35.831,70	39.813,00	43.794,30
12.750.000	11.988,90	19.981,50	23.977,80	25.975,95	29.972,25	31.970,40	35.966,70	39.963,00	43.959,30
12.800.000	12.033,90	20.056,50	24.067,80	26.073,45	30.084,75	32.090,40	36.101,70	40.113,00	44.124,30
12.850.000	12.078,90	20.131,50	24.157,80	26.170,95	30.197,25	32.210,40	36.236,70	40.263,00	44.289,30
12.900.000	12.123,90	20.206,50	24.247,80	26.268,45	30.309,75	32.330,40	36.371,70	40.413,00	44.454,30
12.950.000	12.168,90	20.281,50	24.337,80	26.365,95	30.422,25	32.450,40	36.506,70	40.563,00	44.619,30
13.000.000	12.213,90	20.356,50	24.427,80	26.463,45	30.534,75	32.570,40	36.641,70	40.713,00	44.784,30
13.050.000	12.258,90	20.431,50	24.517,80	26.560,95	30.647,25	32.690,40	36.776,70	40.863,00	44.949,30
13.100.000	12.303,90	20.506,50	24.607,80	26.658,45	30.759,75	32.810,40	36.911,70	41.013,00	45.114,30
13.150.000	12.348,90	20.581,50	24.697,80	26.755,95	30.872,25	32.930,40	37.046,70	41.163,00	45.279,30
13.200.000	12.393,90	20.656,50	24.787,80	26.853,45	30.984,75	33.050,40	37.181,70	41.313,00	45.444,30
13.250.000	12.438,90	20.731,50	24.877,80	26.950,95	31.097,25	33.170,40	37.316,70	41.463,00	45.609,30
13.300.000	12.483,90	20.806,50	24.967,80	27.048,45	31.209,75	33.290,40	37.451,70	41.613,00	45.774,30
13.350.000	12.528,90	20.881,50	25.057,80	27.145,95	31.322,25	33.410,40	37.586,70	41.763,00	45.939,30
13.400.000	12.573,90	20.956,50	25.147,80	27.243,45	31.434,75	33.530,40	37.721,70	41.913,00	46.104,30
13.450.000	12.618,90	21.031,50	25.237,80	27.340,95	31.547,25	33.650,40	37.856,70	42.063,00	46.269,30
13.500.000	12.663,90	21.106,50	25.327,80	27.438,45	31.659,75	33.770,40	37.991,70	42.213,00	46.434,30
13.550.000	12.708,90	21.181,50	25.417,80	27.535,95	31.772,25	33.890,40	38.126,70	42.363,00	46.599,30
13.600.000	12.753,90	21.256,50	25.507,80	27.633,45	31.884,75	34.010,40	38.261,70	42.513,00	46.764,30
13.650.000	12.798,90	21.331,50	25.597,80	27.730,95	31.997,25	34.130,40	38.396,70	42.663,00	46.929,30
13.700.000	12.843,90	21.406,50	25.687,80	27.828,45	32.109,75	34.250,40	38.531,70	42.813,00	47.094,30
13.750.000	12.888,90	21.481,50	25.777,80	27.925,95	32.222,25	34.370,40	38.666,70	42.963,00	47.259,30
13.800.000	12.933,90	21.556,50	25.867,80	28.023,45	32.334,75	34.490,40	38.801,70	43.113,00	47.424,30
13.850.000	12.978,90	21.631,50	25.957,80	28.120,95	32.447,25	34.610,40	38.936,70	43.263,00	47.589,30
13.900.000	13.023,90	21.706,50	26.047,80	28.218,45	32.559,75	34.730,40	39.071,70	43.413,00	47.754,30
13.950.000	13.068,90	21.781,50	26.137,80	28.315,95	32.672,25	34.850,40	39.206,70	43.563,00	47.919,30
14.000.000	13.113,90	21.856,50	26.227,80	28.413,45	32.784,75	34.970,40	39.341,70	43.713,00	48.084,30
14.050.000	13.158,90	21.931,50	26.317,80	28.510,95	32.897,25	35.090,40	39.476,70	43.863,00	48.249,30
14.100.000	13.203,90	22.006,50	26.407,80	28.608,45	33.009,75	35.210,40	39.611,70	44.013,00	48.414,30
14.150.000	13.248,90	22.081,50	26.497,80	28.705,95	33.122,25	35.330,40	39.746,70	44.163,00	48.579,30
14.200.000	13.293,90	22.156,50	26.587,80	28.803,45	33.234,75	35.450,40	39.881,70	44.313,00	48.744,30
14.250.000	13.338,90	22.231,50	26.677,80	28.900,95	33.347,25	35.570,40	40.016,70	44.463,00	48.909,30
14.300.000	13.383,90	22.306,50	26.767,80	28.998,45	33.459,75	35.690,40	40.151,70	44.613,00	49.074,30
14.350.000	13.428,90	22.381,50	26.857,80	29.095,95	33.572,25	35.810,40	40.286,70	44.763,00	49.239,30

2. Anwaltsgebühren nach Gegenstandswert bei außergerichtlichen Tätigkeiten

1,2	1,3	1,4	1,5	1,6	1,8	1,9	2,0	2,5	Wert bis €
44.175,60	47.856,90	51.538,20	55.219,50	58.900,80	66.263,40	69.944,70	73.626,00	92.032,50	11.700.000
44.355,60	48.051,90	51.748,20	55.444,50	59.140,80	66.533,40	70.229,70	73.926,00	92.407,50	11.750.000
44.535,60	48.246,90	51.958,20	55.669,50	59.380,80	66.803,40	70.514,70	74.226,00	92.782,50	11.800.000
44.715,60	48.441,90	52.168,20	55.894,50	59.620,80	67.073,40	70.799,70	74.526,00	93.157,50	11.850.000
44.895,60	48.636,90	52.378,20	56.119,50	59.860,80	67.343,40	71.084,70	74.826,00	93.532,50	11.900.000
45.075,60	48.831,90	52.588,20	56.344,50	60.100,80	67.613,40	71.369,70	75.126,00	93.907,50	11.950.000
45.255,60	49.026,90	52.798,20	56.569,50	60.340,80	67.883,40	71.654,70	75.426,00	94.282,50	12.000.000
45.435,60	49.221,90	53.008,20	56.794,50	60.580,80	68.153,40	71.939,70	75.726,00	94.657,50	12.050.000
45.615,60	49.416,90	53.218,20	57.019,50	60.820,80	68.423,40	72.224,70	76.026,00	95.032,50	12.100.000
45.795,60	49.611,90	53.428,20	57.244,50	61.060,80	68.693,40	72.509,70	76.326,00	95.407,50	12.150.000
45.975,60	49.806,90	53.638,20	57.469,50	61.300,80	68.963,40	72.794,70	76.626,00	95.782,50	12.200.000
46.155,60	50.001,90	53.848,20	57.694,50	61.540,80	69.233,40	73.079,70	76.926,00	96.157,50	12.250.000
46.335,60	50.196,90	54.058,20	57.919,50	61.780,80	69.503,40	73.364,70	77.226,00	96.532,50	12.300.000
46.515,60	50.391,90	54.268,20	58.144,50	62.020,80	69.773,40	73.649,70	77.526,00	96.907,50	12.350.000
46.695,60	50.586,90	54.478,20	58.369,50	62.260,80	70.043,40	73.934,70	77.826,00	97.282,50	12.400.000
46.875,60	50.781,90	54.688,20	58.594,50	62.500,80	70.313,40	74.219,70	78.126,00	97.657,50	12.450.000
47.055,60	50.976,90	54.898,20	58.819,50	62.740,80	70.583,40	74.504,70	78.426,00	98.032,50	12.500.000
47.235,60	51.171,90	55.108,20	59.044,50	62.980,80	70.853,40	74.789,70	78.726,00	98.407,50	12.550.000
47.415,60	51.366,90	55.318,20	59.269,50	63.220,80	71.123,40	75.074,70	79.026,00	98.782,50	12.600.000
47.595,60	51.561,90	55.528,20	59.494,50	63.460,80	71.393,40	75.359,70	79.326,00	99.157,50	12.650.000
47.775,60	51.756,90	55.738,20	59.719,50	63.700,80	71.663,40	75.644,70	79.626,00	99.532,50	12.700.000
47.955,60	51.951,90	55.948,20	59.944,50	63.940,80	71.933,40	75.929,70	79.926,00	99.907,50	12.750.000
48.135,60	52.146,90	56.158,20	60.169,50	64.180,80	72.203,40	76.214,70	80.226,00	100.282,50	12.800.000
48.315,60	52.341,90	56.368,20	60.394,50	64.420,80	72.473,40	76.499,70	80.526,00	100.657,50	12.850.000
48.495,60	52.536,90	56.578,20	60.619,50	64.660,80	72.743,40	76.784,70	80.826,00	101.032,50	12.900.000
48.675,60	52.731,90	56.788,20	60.844,50	64.900,80	73.013,40	77.069,70	81.126,00	101.407,50	12.950.000
48.855,60	52.926,90	56.998,20	61.069,50	65.140,80	73.283,40	77.354,70	81.426,00	101.782,50	13.000.000
49.035,60	53.121,90	57.208,20	61.294,50	65.380,80	73.553,40	77.639,70	81.726,00	102.157,50	13.050.000
49.215,60	53.316,90	57.418,20	61.519,50	65.620,80	73.823,40	77.924,70	82.026,00	102.532,50	13.100.000
49.395,60	53.511,90	57.628,20	61.744,50	65.860,80	74.093,40	78.209,70	82.326,00	102.907,50	13.150.000
49.575,60	53.706,90	57.838,20	61.969,50	66.100,80	74.363,40	78.494,70	82.626,00	103.282,50	13.200.000
49.755,60	53.901,90	58.048,20	62.194,50	66.340,80	74.633,40	78.779,70	82.926,00	103.657,50	13.250.000
49.935,60	54.096,90	58.258,20	62.419,50	66.580,80	74.903,40	79.064,70	83.226,00	104.032,50	13.300.000
50.115,60	54.291,90	58.468,20	62.644,50	66.820,80	75.173,40	79.349,70	83.526,00	104.407,50	13.350.000
50.295,60	54.486,90	58.678,20	62.869,50	67.060,80	75.443,40	79.634,70	83.826,00	104.782,50	13.400.000
50.475,60	54.681,90	58.888,20	63.094,50	67.300,80	75.713,40	79.919,70	84.126,00	105.157,50	13.450.000
50.655,60	54.876,90	59.098,20	63.319,50	67.540,80	75.983,40	80.204,70	84.426,00	105.532,50	13.500.000
50.835,60	55.071,90	59.308,20	63.544,50	67.780,80	76.253,40	80.489,70	84.726,00	105.907,50	13.550.000
51.015,60	55.266,90	59.518,20	63.769,50	68.020,80	76.523,40	80.774,70	85.026,00	106.282,50	13.600.000
51.195,60	55.461,90	59.728,20	63.994,50	68.260,80	76.793,40	81.059,70	85.326,00	106.657,50	13.650.000
51.375,60	55.656,90	59.938,20	64.219,50	68.500,80	77.063,40	81.344,70	85.626,00	107.032,50	13.700.000
51.555,60	55.851,90	60.148,20	64.444,50	68.740,80	77.333,40	81.629,70	85.926,00	107.407,50	13.750.000
51.735,60	56.046,90	60.358,20	64.669,50	68.980,80	77.603,40	81.914,70	86.226,00	107.782,50	13.800.000
51.915,60	56.241,90	60.568,20	64.894,50	69.220,80	77.873,40	82.199,70	86.526,00	108.157,50	13.850.000
52.095,60	56.436,90	60.778,20	65.119,50	69.460,80	78.143,40	82.484,70	86.826,00	108.532,50	13.900.000
52.275,60	56.631,90	60.988,20	65.344,50	69.700,80	78.413,40	82.769,70	87.126,00	108.907,50	13.950.000
52.455,60	56.826,90	61.198,20	65.569,50	69.940,80	78.683,40	83.054,70	87.426,00	109.282,50	14.000.000
52.635,60	57.021,90	61.408,20	65.794,50	70.180,80	78.953,40	83.339,70	87.726,00	109.657,50	14.050.000
52.815,60	57.216,90	61.618,20	66.019,50	70.420,80	79.223,40	83.624,70	88.026,00	110.032,50	14.100.000
52.995,60	57.411,90	61.828,20	66.244,50	70.660,80	79.493,40	83.909,70	88.326,00	110.407,50	14.150.000
53.175,60	57.606,90	62.038,20	66.469,50	70.900,80	79.763,40	84.194,70	88.626,00	110.782,50	14.200.000
53.355,60	57.801,90	62.248,20	66.694,50	71.140,80	80.033,40	84.479,70	88.926,00	111.157,50	14.250.000
53.535,60	57.996,90	62.458,20	66.919,50	71.380,80	80.303,40	84.764,70	89.226,00	111.532,50	14.300.000
53.715,60	58.191,90	62.668,20	67.144,50	71.620,80	80.573,40	85.049,70	89.526,00	111.907,50	14.350.000

Wert bis €	0,3	0,5	0,6	0,65	0,75	0,8	0,9	1,0	1,1
14.400.000	13.473,90	22.456,50	26.947,80	29.193,45	33.684,75	35.930,40	40.421,70	44.913,00	49.404,30
14.450.000	13.518,90	22.531,50	27.037,80	29.290,95	33.797,25	36.050,40	40.556,70	45.063,00	49.569,30
14.500.000	13.563,90	22.606,50	27.127,80	29.388,45	33.909,75	36.170,40	40.691,70	45.213,00	49.734,30
14.550.000	13.608,90	22.681,50	27.217,80	29.485,95	34.022,25	36.290,40	40.826,70	45.363,00	49.899,30
14.600.000	13.653,90	22.756,50	27.307,80	29.583,45	34.134,75	36.410,40	40.961,70	45.513,00	50.064,30
14.650.000	13.698,90	22.831,50	27.397,80	29.680,95	34.247,25	36.530,40	41.096,70	45.663,00	50.229,30
14.700.000	13.743,90	22.906,50	27.487,80	29.778,45	34.359,75	36.650,40	41.231,70	45.813,00	50.394,30
14.750.000	13.788,90	22.981,50	27.577,80	29.875,95	34.472,25	36.770,40	41.366,70	45.963,00	50.559,30
14.800.000	13.833,90	23.056,50	27.667,80	29.973,45	34.584,75	36.890,40	41.501,70	46.113,00	50.724,30
14.850.000	13.878,90	23.131,50	27.757,80	30.070,95	34.697,25	37.010,40	41.636,70	46.263,00	50.889,30
14.900.000	13.923,90	23.206,50	27.847,80	30.168,45	34.809,75	37.130,40	41.771,70	46.413,00	51.054,30
14.950.000	13.968,90	23.281,50	27.937,80	30.265,95	34.922,25	37.250,40	41.906,70	46.563,00	51.219,30
15.000.000	14.013,90	23.356,50	28.027,80	30.363,45	35.034,75	37.370,40	42.041,70	46.713,00	51.384,30
15.050.000	14.058,90	23.431,50	28.117,80	30.460,95	35.147,25	37.490,40	42.176,70	46.863,00	51.549,30
15.100.000	14.103,90	23.506,50	28.207,80	30.558,45	35.259,75	37.610,40	42.311,70	47.013,00	51.714,30
15.150.000	14.148,90	23.581,50	28.297,80	30.655,95	35.372,25	37.730,40	42.446,70	47.163,00	51.879,30
15.200.000	14.193,90	23.656,50	28.387,80	30.753,45	35.484,75	37.850,40	42.581,70	47.313,00	52.044,30
15.250.000	14.238,90	23.731,50	28.477,80	30.850,95	35.597,25	37.970,40	42.716,70	47.463,00	52.209,30
15.300.000	14.283,90	23.806,50	28.567,80	30.948,45	35.709,75	38.090,40	42.851,70	47.613,00	52.374,30
15.350.000	14.328,90	23.881,50	28.657,80	31.045,95	35.822,25	38.210,40	42.986,70	47.763,00	52.539,30
15.400.000	14.373,90	23.956,50	28.747,80	31.143,45	35.934,75	38.330,40	43.121,70	47.913,00	52.704,30
15.450.000	14.418,90	24.031,50	28.837,80	31.240,95	36.047,25	38.450,40	43.256,70	48.063,00	52.869,30
15.500.000	14.463,90	24.106,50	28.927,80	31.338,45	36.159,75	38.570,40	43.391,70	48.213,00	53.034,30
15.550.000	14.508,90	24.181,50	29.017,80	31.435,95	36.272,25	38.690,40	43.526,70	48.363,00	53.199,30
15.600.000	14.553,90	24.256,50	29.107,80	31.533,45	36.384,75	38.810,40	43.661,70	48.513,00	53.364,30
15.650.000	14.598,90	24.331,50	29.197,80	31.630,95	36.497,25	38.930,40	43.796,70	48.663,00	53.529,30
15.700.000	14.643,90	24.406,50	29.287,80	31.728,45	36.609,75	39.050,40	43.931,70	48.813,00	53.694,30
15.750.000	14.688,90	24.481,50	29.377,80	31.825,95	36.722,25	39.170,40	44.066,70	48.963,00	53.859,30
15.800.000	14.733,90	24.556,50	29.467,80	31.923,45	36.834,75	39.290,40	44.201,70	49.113,00	54.024,30
15.850.000	14.778,90	24.631,50	29.557,80	32.020,95	36.947,25	39.410,40	44.336,70	49.263,00	54.189,30
15.900.000	14.823,90	24.706,50	29.647,80	32.118,45	37.059,75	39.530,40	44.471,70	49.413,00	54.354,30
15.950.000	14.868,90	24.781,50	29.737,80	32.215,95	37.172,25	39.650,40	44.606,70	49.563,00	54.519,30
16.000.000	14.913,90	24.856,50	29.827,80	32.313,45	37.284,75	39.770,40	44.741,70	49.713,00	54.684,30
16.050.000	14.958,90	24.931,50	29.917,80	32.410,95	37.397,25	39.890,40	44.876,70	49.863,00	54.849,30
16.100.000	15.003,90	25.006,50	30.007,80	32.508,45	37.509,75	40.010,40	45.011,70	50.013,00	55.014,30
16.150.000	15.048,90	25.081,50	30.097,80	32.605,95	37.622,25	40.130,40	45.146,70	50.163,00	55.179,30
16.200.000	15.093,90	25.156,50	30.187,80	32.703,45	37.734,75	40.250,40	45.281,70	50.313,00	55.344,30
16.250.000	15.138,90	25.231,50	30.277,80	32.800,95	37.847,25	40.370,40	45.416,70	50.463,00	55.509,30
16.300.000	15.183,90	25.306,50	30.367,80	32.898,45	37.959,75	40.490,40	45.551,70	50.613,00	55.674,30
16.350.000	15.228,90	25.381,50	30.457,80	32.995,95	38.072,25	40.610,40	45.686,70	50.763,00	55.839,30
16.400.000	15.273,90	25.456,50	30.547,80	33.093,45	38.184,75	40.730,40	45.821,70	50.913,00	56.004,30
16.450.000	15.318,90	25.531,50	30.637,80	33.190,95	38.297,25	40.850,40	45.956,70	51.063,00	56.169,30
16.500.000	15.363,90	25.606,50	30.727,80	33.288,45	38.409,75	40.970,40	46.091,70	51.213,00	56.334,30
16.550.000	15.408,90	25.681,50	30.817,80	33.385,95	38.522,25	41.090,40	46.226,70	51.363,00	56.499,30
16.600.000	15.453,90	25.756,50	30.907,80	33.483,45	38.634,75	41.210,40	46.361,70	51.513,00	56.664,30
16.650.000	15.498,90	25.831,50	30.997,80	33.580,95	38.747,25	41.330,40	46.496,70	51.663,00	56.829,30
16.700.000	15.543,90	25.906,50	31.087,80	33.678,45	38.859,75	41.450,40	46.631,70	51.813,00	56.994,30
16.750.000	15.588,90	25.981,50	31.177,80	33.775,95	38.972,25	41.570,40	46.766,70	51.963,00	57.159,30
16.800.000	15.633,90	26.056,50	31.267,80	33.873,45	39.084,75	41.690,40	46.901,70	52.113,00	57.324,30
16.850.000	15.678,90	26.131,50	31.357,80	33.970,95	39.197,25	41.810,40	47.036,70	52.263,00	57.489,30
16.900.000	15.723,90	26.206,50	31.447,80	34.068,45	39.309,75	41.930,40	47.171,70	52.413,00	57.654,30
16.950.000	15.768,90	26.281,50	31.537,80	34.165,95	39.422,25	42.050,40	47.306,70	52.563,00	57.819,30
17.000.000	15.813,90	26.356,50	31.627,80	34.263,45	39.534,75	42.170,40	47.441,70	52.713,00	57.984,30
17.050.000	15.858,90	26.431,50	31.717,80	34.360,95	39.647,25	42.290,40	47.576,70	52.863,00	58.149,30

2. Anwaltsgebühren nach Gegenstandswert bei außergerichtlichen Tätigkeiten | 47

1,2	1,3	1,4	1,5	1,6	1,8	1,9	2,0	2,5	Wert bis €
53.895,60	58.386,90	62.878,20	67.369,50	71.860,80	80.843,40	85.334,70	89.826,00	112.282,50	**14.400.000**
54.075,60	58.581,90	63.088,20	67.594,50	72.100,80	81.113,40	85.619,70	90.126,00	112.657,50	**14.450.000**
54.255,60	58.776,90	63.298,20	67.819,50	72.340,80	81.383,40	85.904,70	90.426,00	113.032,50	**14.500.000**
54.435,60	58.971,90	63.508,20	68.044,50	72.580,80	81.653,40	86.189,70	90.726,00	113.407,50	**14.550.000**
54.615,60	59.166,90	63.718,20	68.269,50	72.820,80	81.923,40	86.474,70	91.026,00	113.782,50	**14.600.000**
54.795,60	59.361,90	63.928,20	68.494,50	73.060,80	82.193,40	86.759,70	91.326,00	114.157,50	**14.650.000**
54.975,60	59.556,90	64.138,20	68.719,50	73.300,80	82.463,40	87.044,70	91.626,00	114.532,50	**14.700.000**
55.155,60	59.751,90	64.348,20	68.944,50	73.540,80	82.733,40	87.329,70	91.926,00	114.907,50	**14.750.000**
55.335,60	59.946,90	64.558,20	69.169,50	73.780,80	83.003,40	87.614,70	92.226,00	115.282,50	**14.800.000**
55.515,60	60.141,90	64.768,20	69.394,50	74.020,80	83.273,40	87.899,70	92.526,00	115.657,50	**14.850.000**
55.695,60	60.336,90	64.978,20	69.619,50	74.260,80	83.543,40	88.184,70	92.826,00	116.032,50	**14.900.000**
55.875,60	60.531,90	65.188,20	69.844,50	74.500,80	83.813,40	88.469,70	93.126,00	116.407,50	**14.950.000**
56.055,60	60.726,90	65.398,20	70.069,50	74.740,80	84.083,40	88.754,70	93.426,00	116.782,50	**15.000.000**
56.235,60	60.921,90	65.608,20	70.294,50	74.980,80	84.353,40	89.039,70	93.726,00	117.157,50	**15.050.000**
56.415,60	61.116,90	65.818,20	70.519,50	75.220,80	84.623,40	89.324,70	94.026,00	117.532,50	**15.100.000**
56.595,60	61.311,90	66.028,20	70.744,50	75.460,80	84.893,40	89.609,70	94.326,00	117.907,50	**15.150.000**
56.775,60	61.506,90	66.238,20	70.969,50	75.700,80	85.163,40	89.894,70	94.626,00	118.282,50	**15.200.000**
56.955,60	61.701,90	66.448,20	71.194,50	75.940,80	85.433,40	90.179,70	94.926,00	118.657,50	**15.250.000**
57.135,60	61.896,90	66.658,20	71.419,50	76.180,80	85.703,40	90.464,70	95.226,00	119.032,50	**15.300.000**
57.315,60	62.091,90	66.868,20	71.644,50	76.420,80	85.973,40	90.749,70	95.526,00	119.407,50	**15.350.000**
57.495,60	62.286,90	67.078,20	71.869,50	76.660,80	86.243,40	91.034,70	95.826,00	119.782,50	**15.400.000**
57.675,60	62.481,90	67.288,20	72.094,50	76.900,80	86.513,40	91.319,70	96.126,00	120.157,50	**15.450.000**
57.855,60	62.676,90	67.498,20	72.319,50	77.140,80	86.783,40	91.604,70	96.426,00	120.532,50	**15.500.000**
58.035,60	62.871,90	67.708,20	72.544,50	77.380,80	87.053,40	91.889,70	96.726,00	120.907,50	**15.550.000**
58.215,60	63.066,90	67.918,20	72.769,50	77.620,80	87.323,40	92.174,70	97.026,00	121.282,50	**15.600.000**
58.395,60	63.261,90	68.128,20	72.994,50	77.860,80	87.593,40	92.459,70	97.326,00	121.657,50	**15.650.000**
58.575,60	63.456,90	68.338,20	73.219,50	78.100,80	87.863,40	92.744,70	97.626,00	122.032,50	**15.700.000**
58.755,60	63.651,90	68.548,20	73.444,50	78.340,80	88.133,40	93.029,70	97.926,00	122.407,50	**15.750.000**
58.935,60	63.846,90	68.758,20	73.669,50	78.580,80	88.403,40	93.314,70	98.226,00	122.782,50	**15.800.000**
59.115,60	64.041,90	68.968,20	73.894,50	78.820,80	88.673,40	93.599,70	98.526,00	123.157,50	**15.850.000**
59.295,60	64.236,90	69.178,20	74.119,50	79.060,80	88.943,40	93.884,70	98.826,00	123.532,50	**15.900.000**
59.475,60	64.431,90	69.388,20	74.344,50	79.300,80	89.213,40	94.169,70	99.126,00	123.907,50	**15.950.000**
59.655,60	64.626,90	69.598,20	74.569,50	79.540,80	89.483,40	94.454,70	99.426,00	124.282,50	**16.000.000**
59.835,60	64.821,90	69.808,20	74.794,50	79.780,80	89.753,40	94.739,70	99.726,00	124.657,50	**16.050.000**
60.015,60	65.016,90	70.018,20	75.019,50	80.020,80	90.023,40	95.024,70	100.026,00	125.032,50	**16.100.000**
60.195,60	65.211,90	70.228,20	75.244,50	80.260,80	90.293,40	95.309,70	100.326,00	125.407,50	**16.150.000**
60.375,60	65.406,90	70.438,20	75.469,50	80.500,80	90.563,40	95.594,70	100.626,00	125.782,50	**16.200.000**
60.555,60	65.601,90	70.648,20	75.694,50	80.740,80	90.833,40	95.879,70	100.926,00	126.157,50	**16.250.000**
60.735,60	65.796,90	70.858,20	75.919,50	80.980,80	91.103,40	96.164,70	101.226,00	126.532,50	**16.300.000**
60.915,60	65.991,90	71.068,20	76.144,50	81.220,80	91.373,40	96.449,70	101.526,00	126.907,50	**16.350.000**
61.095,60	66.186,90	71.278,20	76.369,50	81.460,80	91.643,40	96.734,70	101.826,00	127.282,50	**16.400.000**
61.275,60	66.381,90	71.488,20	76.594,50	81.700,80	91.913,40	97.019,70	102.126,00	127.657,50	**16.450.000**
61.455,60	66.576,90	71.698,20	76.819,50	81.940,80	92.183,40	97.304,70	102.426,00	128.032,50	**16.500.000**
61.635,60	66.771,90	71.908,20	77.044,50	82.180,80	92.453,40	97.589,70	102.726,00	128.407,50	**16.550.000**
61.815,60	66.966,90	72.118,20	77.269,50	82.420,80	92.723,40	97.874,70	103.026,00	128.782,50	**16.600.000**
61.995,60	67.161,90	72.328,20	77.494,50	82.660,80	92.993,40	98.159,70	103.326,00	129.157,50	**16.650.000**
62.175,60	67.356,90	72.538,20	77.719,50	82.900,80	93.263,40	98.444,70	103.626,00	129.532,50	**16.700.000**
62.355,60	67.551,90	72.748,20	77.944,50	83.140,80	93.533,40	98.729,70	103.926,00	129.907,50	**16.750.000**
62.535,60	67.746,90	72.958,20	78.169,50	83.380,80	93.803,40	99.014,70	104.226,00	130.282,50	**16.800.000**
62.715,60	67.941,90	73.168,20	78.394,50	83.620,80	94.073,40	99.299,70	104.526,00	130.657,50	**16.850.000**
62.895,60	68.136,90	73.378,20	78.619,50	83.860,80	94.343,40	99.584,70	104.826,00	131.032,50	**16.900.000**
63.075,60	68.331,90	73.588,20	78.844,50	84.100,80	94.613,40	99.869,70	105.126,00	131.407,50	**16.950.000**
63.255,60	68.526,90	73.798,20	79.069,50	84.340,80	94.883,40	100.154,70	105.426,00	131.782,50	**17.000.000**
63.435,60	68.721,90	74.008,20	79.294,50	84.580,80	95.153,40	100.439,70	105.726,00	132.157,50	**17.050.000**

Wert bis €	0,3	0,5	0,6	0,65	0,75	0,8	0,9	1,0	1,1
17.100.000	15.903,90	26.506,50	31.807,80	34.458,45	39.759,75	42.410,40	47.711,70	53.013,00	58.314,30
17.150.000	15.948,90	26.581,50	31.897,80	34.555,95	39.872,25	42.530,40	47.846,70	53.163,00	58.479,30
17.200.000	15.993,90	26.656,50	31.987,80	34.653,45	39.984,75	42.650,40	47.981,70	53.313,00	58.644,30
17.250.000	16.038,90	26.731,50	32.077,80	34.750,95	40.097,25	42.770,40	48.116,70	53.463,00	58.809,30
17.300.000	16.083,90	26.806,50	32.167,80	34.848,45	40.209,75	42.890,40	48.251,70	53.613,00	58.974,30
17.350.000	16.128,90	26.881,50	32.257,80	34.945,95	40.322,25	43.010,40	48.386,70	53.763,00	59.139,30
17.400.000	16.173,90	26.956,50	32.347,80	35.043,45	40.434,75	43.130,40	48.521,70	53.913,00	59.304,30
17.450.000	16.218,90	27.031,50	32.437,80	35.140,95	40.547,25	43.250,40	48.656,70	54.063,00	59.469,30
17.500.000	16.263,90	27.106,50	32.527,80	35.238,45	40.659,75	43.370,40	48.791,70	54.213,00	59.634,30
17.550.000	16.308,90	27.181,50	32.617,80	35.335,95	40.772,25	43.490,40	48.926,70	54.363,00	59.799,30
17.600.000	16.353,90	27.256,50	32.707,80	35.433,45	40.884,75	43.610,40	49.061,70	54.513,00	59.964,30
17.650.000	16.398,90	27.331,50	32.797,80	35.530,95	40.997,25	43.730,40	49.196,70	54.663,00	60.129,30
17.700.000	16.443,90	27.406,50	32.887,80	35.628,45	41.109,75	43.850,40	49.331,70	54.813,00	60.294,30
17.750.000	16.488,90	27.481,50	32.977,80	35.725,95	41.222,25	43.970,40	49.466,70	54.963,00	60.459,30
17.800.000	16.533,90	27.556,50	33.067,80	35.823,45	41.334,75	44.090,40	49.601,70	55.113,00	60.624,30
17.850.000	16.578,90	27.631,50	33.157,80	35.920,95	41.447,25	44.210,40	49.736,70	55.263,00	60.789,30
17.900.000	16.623,90	27.706,50	33.247,80	36.018,45	41.559,75	44.330,40	49.871,70	55.413,00	60.954,30
17.950.000	16.668,90	27.781,50	33.337,80	36.115,95	41.672,25	44.450,40	50.006,70	55.563,00	61.119,30
18.000.000	16.713,90	27.856,50	33.427,80	36.213,45	41.784,75	44.570,40	50.141,70	55.713,00	61.284,30
18.050.000	16.758,90	27.931,50	33.517,80	36.310,95	41.897,25	44.690,40	50.276,70	55.863,00	61.449,30
18.100.000	16.803,90	28.006,50	33.607,80	36.408,45	42.009,75	44.810,40	50.411,70	56.013,00	61.614,30
18.150.000	16.848,90	28.081,50	33.697,80	36.505,95	42.122,25	44.930,40	50.546,70	56.163,00	61.779,30
18.200.000	16.893,90	28.156,50	33.787,80	36.603,45	42.234,75	45.050,40	50.681,70	56.313,00	61.944,30
18.250.000	16.938,90	28.231,50	33.877,80	36.700,95	42.347,25	45.170,40	50.816,70	56.463,00	62.109,30
18.300.000	16.983,90	28.306,50	33.967,80	36.798,45	42.459,75	45.290,40	50.951,70	56.613,00	62.274,30
18.350.000	17.028,90	28.381,50	34.057,80	36.895,95	42.572,25	45.410,40	51.086,70	56.763,00	62.439,30
18.400.000	17.073,90	28.456,50	34.147,80	36.993,45	42.684,75	45.530,40	51.221,70	56.913,00	62.604,30
18.450.000	17.118,90	28.531,50	34.237,80	37.090,95	42.797,25	45.650,40	51.356,70	57.063,00	62.769,30
18.500.000	17.163,90	28.606,50	34.327,80	37.188,45	42.909,75	45.770,40	51.491,70	57.213,00	62.934,30
18.550.000	17.208,90	28.681,50	34.417,80	37.285,95	43.022,25	45.890,40	51.626,70	57.363,00	63.099,30
18.600.000	17.253,90	28.756,50	34.507,80	37.383,45	43.134,75	46.010,40	51.761,70	57.513,00	63.264,30
18.650.000	17.298,90	28.831,50	34.597,80	37.480,95	43.247,25	46.130,40	51.896,70	57.663,00	63.429,30
18.700.000	17.343,90	28.906,50	34.687,80	37.578,45	43.359,75	46.250,40	52.031,70	57.813,00	63.594,30
18.750.000	17.388,90	28.981,50	34.777,80	37.675,95	43.472,25	46.370,40	52.166,70	57.963,00	63.759,30
18.800.000	17.433,90	29.056,50	34.867,80	37.773,45	43.584,75	46.490,40	52.301,70	58.113,00	63.924,30
18.850.000	17.478,90	29.131,50	34.957,80	37.870,95	43.697,25	46.610,40	52.436,70	58.263,00	64.089,30
18.900.000	17.523,90	29.206,50	35.047,80	37.968,45	43.809,75	46.730,40	52.571,70	58.413,00	64.254,30
18.950.000	17.568,90	29.281,50	35.137,80	38.065,95	43.922,25	46.850,40	52.706,70	58.563,00	64.419,30
19.000.000	17.613,90	29.356,50	35.227,80	38.163,45	44.034,75	46.970,40	52.841,70	58.713,00	64.584,30
19.050.000	17.658,90	29.431,50	35.317,80	38.260,95	44.147,25	47.090,40	52.976,70	58.863,00	64.749,30
19.100.000	17.703,90	29.506,50	35.407,80	38.358,45	44.259,75	47.210,40	53.111,70	59.013,00	64.914,30
19.150.000	17.748,90	29.581,50	35.497,80	38.455,95	44.372,25	47.330,40	53.246,70	59.163,00	65.079,30
19.200.000	17.793,90	29.656,50	35.587,80	38.553,45	44.484,75	47.450,40	53.381,70	59.313,00	65.244,30
19.250.000	17.838,90	29.731,50	35.677,80	38.650,95	44.597,25	47.570,40	53.516,70	59.463,00	65.409,30
19.300.000	17.883,90	29.806,50	35.767,80	38.748,45	44.709,75	47.690,40	53.651,70	59.613,00	65.574,30
19.350.000	17.928,90	29.881,50	35.857,80	38.845,95	44.822,25	47.810,40	53.786,70	59.763,00	65.739,30
19.400.000	17.973,90	29.956,50	35.947,80	38.943,45	44.934,75	47.930,40	53.921,70	59.913,00	65.904,30
19.450.000	18.018,90	30.031,50	36.037,80	39.040,95	45.047,25	48.050,40	54.056,70	60.063,00	66.069,30
19.500.000	18.063,90	30.106,50	36.127,80	39.138,45	45.159,75	48.170,40	54.191,70	60.213,00	66.234,30
19.550.000	18.108,90	30.181,50	36.217,80	39.235,95	45.272,25	48.290,40	54.326,70	60.363,00	66.399,30
19.600.000	18.153,90	30.256,50	36.307,80	39.333,45	45.384,75	48.410,40	54.461,70	60.513,00	66.564,30
19.650.000	18.198,90	30.331,50	36.397,80	39.430,95	45.497,25	48.530,40	54.596,70	60.663,00	66.729,30
19.700.000	18.243,90	30.406,50	36.487,80	39.528,45	45.609,75	48.650,40	54.731,70	60.813,00	66.894,30
19.750.000	18.288,90	30.481,50	36.577,80	39.625,95	45.722,25	48.770,40	54.866,70	60.963,00	67.059,30

1,2	1,3	1,4	1,5	1,6	1,8	1,9	2,0	2,5	Wert bis €
63.615,60	68.916,90	74.218,20	79.519,50	84.820,80	95.423,40	100.724,70	106.026,00	132.532,50	**17.100.000**
63.795,60	69.111,90	74.428,20	79.744,50	85.060,80	95.693,40	101.009,70	106.326,00	132.907,50	**17.150.000**
63.975,60	69.306,90	74.638,20	79.969,50	85.300,80	95.963,40	101.294,70	106.626,00	133.282,50	**17.200.000**
64.155,60	69.501,90	74.848,20	80.194,50	85.540,80	96.233,40	101.579,70	106.926,00	133.657,50	**17.250.000**
64.335,60	69.696,90	75.058,20	80.419,50	85.780,80	96.503,40	101.864,70	107.226,00	134.032,50	**17.300.000**
64.515,60	69.891,90	75.268,20	80.644,50	86.020,80	96.773,40	102.149,70	107.526,00	134.407,50	**17.350.000**
64.695,60	70.086,90	75.478,20	80.869,50	86.260,80	97.043,40	102.434,70	107.826,00	134.782,50	**17.400.000**
64.875,60	70.281,90	75.688,20	81.094,50	86.500,80	97.313,40	102.719,70	108.126,00	135.157,50	**17.450.000**
65.055,60	70.476,90	75.898,20	81.319,50	86.740,80	97.583,40	103.004,70	108.426,00	135.532,50	**17.500.000**
65.235,60	70.671,90	76.108,20	81.544,50	86.980,80	97.853,40	103.289,70	108.726,00	135.907,50	**17.550.000**
65.415,60	70.866,90	76.318,20	81.769,50	87.220,80	98.123,40	103.574,70	109.026,00	136.282,50	**17.600.000**
65.595,60	71.061,90	76.528,20	81.994,50	87.460,80	98.393,40	103.859,70	109.326,00	136.657,50	**17.650.000**
65.775,60	71.256,90	76.738,20	82.219,50	87.700,80	98.663,40	104.144,70	109.626,00	137.032,50	**17.700.000**
65.955,60	71.451,90	76.948,20	82.444,50	87.940,80	98.933,40	104.429,70	109.926,00	137.407,50	**17.750.000**
66.135,60	71.646,90	77.158,20	82.669,50	88.180,80	99.203,40	104.714,70	110.226,00	137.782,50	**17.800.000**
66.315,60	71.841,90	77.368,20	82.894,50	88.420,80	99.473,40	104.999,70	110.526,00	138.157,50	**17.850.000**
66.495,60	72.036,90	77.578,20	83.119,50	88.660,80	99.743,40	105.284,70	110.826,00	138.532,50	**17.900.000**
66.675,60	72.231,90	77.788,20	83.344,50	88.900,80	100.013,40	105.569,70	111.126,00	138.907,50	**17.950.000**
66.855,60	72.426,90	77.998,20	83.569,50	89.140,80	100.283,40	105.854,70	111.426,00	139.282,50	**18.000.000**
67.035,60	72.621,90	78.208,20	83.794,50	89.380,80	100.553,40	106.139,70	111.726,00	139.657,50	**18.050.000**
67.215,60	72.816,90	78.418,20	84.019,50	89.620,80	100.823,40	106.424,70	112.026,00	140.032,50	**18.100.000**
67.395,60	73.011,90	78.628,20	84.244,50	89.860,80	101.093,40	106.709,70	112.326,00	140.407,50	**18.150.000**
67.575,60	73.206,90	78.838,20	84.469,50	90.100,80	101.363,40	106.994,70	112.626,00	140.782,50	**18.200.000**
67.755,60	73.401,90	79.048,20	84.694,50	90.340,80	101.633,40	107.279,70	112.926,00	141.157,50	**18.250.000**
67.935,60	73.596,90	79.258,20	84.919,50	90.580,80	101.903,40	107.564,70	113.226,00	141.532,50	**18.300.000**
68.115,60	73.791,90	79.468,20	85.144,50	90.820,80	102.173,40	107.849,70	113.526,00	141.907,50	**18.350.000**
68.295,60	73.986,90	79.678,20	85.369,50	91.060,80	102.443,40	108.134,70	113.826,00	142.282,50	**18.400.000**
68.475,60	74.181,90	79.888,20	85.594,50	91.300,80	102.713,40	108.419,70	114.126,00	142.657,50	**18.450.000**
68.655,60	74.376,90	80.098,20	85.819,50	91.540,80	102.983,40	108.704,70	114.426,00	143.032,50	**18.500.000**
68.835,60	74.571,90	80.308,20	86.044,50	91.780,80	103.253,40	108.989,70	114.726,00	143.407,50	**18.550.000**
69.015,60	74.766,90	80.518,20	86.269,50	92.020,80	103.523,40	109.274,70	115.026,00	143.782,50	**18.600.000**
69.195,60	74.961,90	80.728,20	86.494,50	92.260,80	103.793,40	109.559,70	115.326,00	144.157,50	**18.650.000**
69.375,60	75.156,90	80.938,20	86.719,50	92.500,80	104.063,40	109.844,70	115.626,00	144.532,50	**18.700.000**
69.555,60	75.351,90	81.148,20	86.944,50	92.740,80	104.333,40	110.129,70	115.926,00	144.907,50	**18.750.000**
69.735,60	75.546,90	81.358,20	87.169,50	92.980,80	104.603,40	110.414,70	116.226,00	145.282,50	**18.800.000**
69.915,60	75.741,90	81.568,20	87.394,50	93.220,80	104.873,40	110.699,70	116.526,00	145.657,50	**18.850.000**
70.095,60	75.936,90	81.778,20	87.619,50	93.460,80	105.143,40	110.984,70	116.826,00	146.032,50	**18.900.000**
70.275,60	76.131,90	81.988,20	87.844,50	93.700,80	105.413,40	111.269,70	117.126,00	146.407,50	**18.950.000**
70.455,60	76.326,90	82.198,20	88.069,50	93.940,80	105.683,40	111.554,70	117.426,00	146.782,50	**19.000.000**
70.635,60	76.521,90	82.408,20	88.294,50	94.180,80	105.953,40	111.839,70	117.726,00	147.157,50	**19.050.000**
70.815,60	76.716,90	82.618,20	88.519,50	94.420,80	106.223,40	112.124,70	118.026,00	147.532,50	**19.100.000**
70.995,60	76.911,90	82.828,20	88.744,50	94.660,80	106.493,40	112.409,70	118.326,00	147.907,50	**19.150.000**
71.175,60	77.106,90	83.038,20	88.969,50	94.900,80	106.763,40	112.694,70	118.626,00	148.282,50	**19.200.000**
71.355,60	77.301,90	83.248,20	89.194,50	95.140,80	107.033,40	112.979,70	118.926,00	148.657,50	**19.250.000**
71.535,60	77.496,90	83.458,20	89.419,50	95.380,80	107.303,40	113.264,70	119.226,00	149.032,50	**19.300.000**
71.715,60	77.691,90	83.668,20	89.644,50	95.620,80	107.573,40	113.549,70	119.526,00	149.407,50	**19.350.000**
71.895,60	77.886,90	83.878,20	89.869,50	95.860,80	107.843,40	113.834,70	119.826,00	149.782,50	**19.400.000**
72.075,60	78.081,90	84.088,20	90.094,50	96.100,80	108.113,40	114.119,70	120.126,00	150.157,50	**19.450.000**
72.255,60	78.276,90	84.298,20	90.319,50	96.340,80	108.383,40	114.404,70	120.426,00	150.532,50	**19.500.000**
72.435,60	78.471,90	84.508,20	90.544,50	96.580,80	108.653,40	114.689,70	120.726,00	150.907,50	**19.550.000**
72.615,60	78.666,90	84.718,20	90.769,50	96.820,80	108.923,40	114.974,70	121.026,00	151.282,50	**19.600.000**
72.795,60	78.861,90	84.928,20	90.994,50	97.060,80	109.193,40	115.259,70	121.326,00	151.657,50	**19.650.000**
72.975,60	79.056,90	85.138,20	91.219,50	97.300,80	109.463,40	115.544,70	121.626,00	152.032,50	**19.700.000**
73.155,60	79.251,90	85.348,20	91.444,50	97.540,80	109.733,40	115.829,70	121.926,00	152.407,50	**19.750.000**

Wert bis €	0,3	0,5	0,6	0,65	0,75	0,8	0,9	1,0	1,1
19.800.000	18.333,90	30.556,50	36.667,80	39.723,45	45.834,75	48.890,40	55.001,70	61.113,00	67.224,30
19.850.000	18.378,90	30.631,50	36.757,80	39.820,95	45.947,25	49.010,40	55.136,70	61.263,00	67.389,30
19.900.000	18.423,90	30.706,50	36.847,80	39.918,45	46.059,75	49.130,40	55.271,70	61.413,00	67.554,30
19.950.000	18.468,90	30.781,50	36.937,80	40.015,95	46.172,25	49.250,40	55.406,70	61.563,00	67.719,30
20.000.000	18.513,90	30.856,50	37.027,80	40.113,45	46.284,75	49.370,40	55.541,70	61.713,00	67.884,30
20.050.000	18.558,90	30.931,50	37.117,80	40.210,95	46.397,25	49.490,40	55.676,70	61.863,00	68.049,30
20.100.000	18.603,90	31.006,50	37.207,80	40.308,45	46.509,75	49.610,40	55.811,70	62.013,00	68.214,30
20.150.000	18.648,90	31.081,50	37.297,80	40.405,95	46.622,25	49.730,40	55.946,70	62.163,00	68.379,30
20.200.000	18.693,90	31.156,50	37.387,80	40.503,45	46.734,75	49.850,40	56.081,70	62.313,00	68.544,30
20.250.000	18.738,90	31.231,50	37.477,80	40.600,95	46.847,25	49.970,40	56.216,70	62.463,00	68.709,30
20.300.000	18.783,90	31.306,50	37.567,80	40.698,45	46.959,75	50.090,40	56.351,70	62.613,00	68.874,30
20.350.000	18.828,90	31.381,50	37.657,80	40.795,95	47.072,25	50.210,40	56.486,70	62.763,00	69.039,30
20.400.000	18.873,90	31.456,50	37.747,80	40.893,45	47.184,75	50.330,40	56.621,70	62.913,00	69.204,30
20.450.000	18.918,90	31.531,50	37.837,80	40.990,95	47.297,25	50.450,40	56.756,70	63.063,00	69.369,30
20.500.000	18.963,90	31.606,50	37.927,80	41.088,45	47.409,75	50.570,40	56.891,70	63.213,00	69.534,30
20.550.000	19.008,90	31.681,50	38.017,80	41.185,95	47.522,25	50.690,40	57.026,70	63.363,00	69.699,30
20.600.000	19.053,90	31.756,50	38.107,80	41.283,45	47.634,75	50.810,40	57.161,70	63.513,00	69.864,30
20.650.000	19.098,90	31.831,50	38.197,80	41.380,95	47.747,25	50.930,40	57.296,70	63.663,00	70.029,30
20.700.000	19.143,90	31.906,50	38.287,80	41.478,45	47.859,75	51.050,40	57.431,70	63.813,00	70.194,30
20.750.000	19.188,90	31.981,50	38.377,80	41.575,95	47.972,25	51.170,40	57.566,70	63.963,00	70.359,30
20.800.000	19.233,90	32.056,50	38.467,80	41.673,45	48.084,75	51.290,40	57.701,70	64.113,00	70.524,30
20.850.000	19.278,90	32.131,50	38.557,80	41.770,95	48.197,25	51.410,40	57.836,70	64.263,00	70.689,30
20.900.000	19.323,90	32.206,50	38.647,80	41.868,45	48.309,75	51.530,40	57.971,70	64.413,00	70.854,30
20.950.000	19.368,90	32.281,50	38.737,80	41.965,95	48.422,25	51.650,40	58.106,70	64.563,00	71.019,30
21.000.000	19.413,90	32.356,50	38.827,80	42.063,45	48.534,75	51.770,40	58.241,70	64.713,00	71.184,30
21.050.000	19.458,90	32.431,50	38.917,80	42.160,95	48.647,25	51.890,40	58.376,70	64.863,00	71.349,30
21.100.000	19.503,90	32.506,50	39.007,80	42.258,45	48.759,75	52.010,40	58.511,70	65.013,00	71.514,30
21.150.000	19.548,90	32.581,50	39.097,80	42.355,95	48.872,25	52.130,40	58.646,70	65.163,00	71.679,30
21.200.000	19.593,90	32.656,50	39.187,80	42.453,45	48.984,75	52.250,40	58.781,70	65.313,00	71.844,30
21.250.000	19.638,90	32.731,50	39.277,80	42.550,95	49.097,25	52.370,40	58.916,70	65.463,00	72.009,30
21.300.000	19.683,90	32.806,50	39.367,80	42.648,45	49.209,75	52.490,40	59.051,70	65.613,00	72.174,30
21.350.000	19.728,90	32.881,50	39.457,80	42.745,95	49.322,25	52.610,40	59.186,70	65.763,00	72.339,30
21.400.000	19.773,90	32.956,50	39.547,80	42.843,45	49.434,75	52.730,40	59.321,70	65.913,00	72.504,30
21.450.000	19.818,90	33.031,50	39.637,80	42.940,95	49.547,25	52.850,40	59.456,70	66.063,00	72.669,30
21.500.000	19.863,90	33.106,50	39.727,80	43.038,45	49.659,75	52.970,40	59.591,70	66.213,00	72.834,30
21.550.000	19.908,90	33.181,50	39.817,80	43.135,95	49.772,25	53.090,40	59.726,70	66.363,00	72.999,30
21.600.000	19.953,90	33.256,50	39.907,80	43.233,45	49.884,75	53.210,40	59.861,70	66.513,00	73.164,30
21.650.000	19.998,90	33.331,50	39.997,80	43.330,95	49.997,25	53.330,40	59.996,70	66.663,00	73.329,30
21.700.000	20.043,90	33.406,50	40.087,80	43.428,45	50.109,75	53.450,40	60.131,70	66.813,00	73.494,30
21.750.000	20.088,90	33.481,50	40.177,80	43.525,95	50.222,25	53.570,40	60.266,70	66.963,00	73.659,30
21.800.000	20.133,90	33.556,50	40.267,80	43.623,45	50.334,75	53.690,40	60.401,70	67.113,00	73.824,30
21.850.000	20.178,90	33.631,50	40.357,80	43.720,95	50.447,25	53.810,40	60.536,70	67.263,00	73.989,30
21.900.000	20.223,90	33.706,50	40.447,80	43.818,45	50.559,75	53.930,40	60.671,70	67.413,00	74.154,30
21.950.000	20.268,90	33.781,50	40.537,80	43.915,95	50.672,25	54.050,40	60.806,70	67.563,00	74.319,30
22.000.000	20.313,90	33.856,50	40.627,80	44.013,45	50.784,75	54.170,40	60.941,70	67.713,00	74.484,30
22.050.000	20.358,90	33.931,50	40.717,80	44.110,95	50.897,25	54.290,40	61.076,70	67.863,00	74.649,30
22.100.000	20.403,90	34.006,50	40.807,80	44.208,45	51.009,75	54.410,40	61.211,70	68.013,00	74.814,30
22.150.000	20.448,90	34.081,50	40.897,80	44.305,95	51.122,25	54.530,40	61.346,70	68.163,00	74.979,30
22.200.000	20.493,90	34.156,50	40.987,80	44.403,45	51.234,75	54.650,40	61.481,70	68.313,00	75.144,30
22.250.000	20.538,90	34.231,50	41.077,80	44.500,95	51.347,25	54.770,40	61.616,70	68.463,00	75.309,30
22.300.000	20.583,90	34.306,50	41.167,80	44.598,45	51.459,75	54.890,40	61.751,70	68.613,00	75.474,30
22.350.000	20.628,90	34.381,50	41.257,80	44.695,95	51.572,25	55.010,40	61.886,70	68.763,00	75.639,30
22.400.000	20.673,90	34.456,50	41.347,80	44.793,45	51.684,75	55.130,40	62.021,70	68.913,00	75.804,30
22.450.000	20.718,90	34.531,50	41.437,80	44.890,95	51.797,25	55.250,40	62.156,70	69.063,00	75.969,30

2. Anwaltsgebühren nach Gegenstandswert bei außergerichtlichen Tätigkeiten | 51

1,2	1,3	1,4	1,5	1,6	1,8	1,9	2,0	2,5	Wert bis €
73.335,60	79.446,90	85.558,20	91.669,50	97.780,80	110.003,40	116.114,70	122.226,00	152.782,50	19.800.000
73.515,60	79.641,90	85.768,20	91.894,50	98.020,80	110.273,40	116.399,70	122.526,00	153.157,50	19.850.000
73.695,60	79.836,90	85.978,20	92.119,50	98.260,80	110.543,40	116.684,70	122.826,00	153.532,50	19.900.000
73.875,60	80.031,90	86.188,20	92.344,50	98.500,80	110.813,40	116.969,70	123.126,00	153.907,50	19.950.000
74.055,60	80.226,90	86.398,20	92.569,50	98.740,80	111.083,40	117.254,70	123.426,00	154.282,50	20.000.000
74.235,60	80.421,90	86.608,20	92.794,50	98.980,80	111.353,40	117.539,70	123.726,00	154.657,50	20.050.000
74.415,60	80.616,90	86.818,20	93.019,50	99.220,80	111.623,40	117.824,70	124.026,00	155.032,50	20.100.000
74.595,60	80.811,90	87.028,20	93.244,50	99.460,80	111.893,40	118.109,70	124.326,00	155.407,50	20.150.000
74.775,60	81.006,90	87.238,20	93.469,50	99.700,80	112.163,40	118.394,70	124.626,00	155.782,50	20.200.000
74.955,60	81.201,90	87.448,20	93.694,50	99.940,80	112.433,40	118.679,70	124.926,00	156.157,50	20.250.000
75.135,60	81.396,90	87.658,20	93.919,50	100.180,80	112.703,40	118.964,70	125.226,00	156.532,50	20.300.000
75.315,60	81.591,90	87.868,20	94.144,50	100.420,80	112.973,40	119.249,70	125.526,00	156.907,50	20.350.000
75.495,60	81.786,90	88.078,20	94.369,50	100.660,80	113.243,40	119.534,70	125.826,00	157.282,50	20.400.000
75.675,60	81.981,90	88.288,20	94.594,50	100.900,80	113.513,40	119.819,70	126.126,00	157.657,50	20.450.000
75.855,60	82.176,90	88.498,20	94.819,50	101.140,80	113.783,40	120.104,70	126.426,00	158.032,50	20.500.000
76.035,60	82.371,90	88.708,20	95.044,50	101.380,80	114.053,40	120.389,70	126.726,00	158.407,50	20.550.000
76.215,60	82.566,90	88.918,20	95.269,50	101.620,80	114.323,40	120.674,70	127.026,00	158.782,50	20.600.000
76.395,60	82.761,90	89.128,20	95.494,50	101.860,80	114.593,40	120.959,70	127.326,00	159.157,50	20.650.000
76.575,60	82.956,90	89.338,20	95.719,50	102.100,80	114.863,40	121.244,70	127.626,00	159.532,50	20.700.000
76.755,60	83.151,90	89.548,20	95.944,50	102.340,80	115.133,40	121.529,70	127.926,00	159.907,50	20.750.000
76.935,60	83.346,90	89.758,20	96.169,50	102.580,80	115.403,40	121.814,70	128.226,00	160.282,50	20.800.000
77.115,60	83.541,90	89.968,20	96.394,50	102.820,80	115.673,40	122.099,70	128.526,00	160.657,50	20.850.000
77.295,60	83.736,90	90.178,20	96.619,50	103.060,80	115.943,40	122.384,70	128.826,00	161.032,50	20.900.000
77.475,60	83.931,90	90.388,20	96.844,50	103.300,80	116.213,40	122.669,70	129.126,00	161.407,50	20.950.000
77.655,60	84.126,90	90.598,20	97.069,50	103.540,80	116.483,40	122.954,70	129.426,00	161.782,50	21.000.000
77.835,60	84.321,90	90.808,20	97.294,50	103.780,80	116.753,40	123.239,70	129.726,00	162.157,50	21.050.000
78.015,60	84.516,90	91.018,20	97.519,50	104.020,80	117.023,40	123.524,70	130.026,00	162.532,50	21.100.000
78.195,60	84.711,90	91.228,20	97.744,50	104.260,80	117.293,40	123.809,70	130.326,00	162.907,50	21.150.000
78.375,60	84.906,90	91.438,20	97.969,50	104.500,80	117.563,40	124.094,70	130.626,00	163.282,50	21.200.000
78.555,60	85.101,90	91.648,20	98.194,50	104.740,80	117.833,40	124.379,70	130.926,00	163.657,50	21.250.000
78.735,60	85.296,90	91.858,20	98.419,50	104.980,80	118.103,40	124.664,70	131.226,00	164.032,50	21.300.000
78.915,60	85.491,90	92.068,20	98.644,50	105.220,80	118.373,40	124.949,70	131.526,00	164.407,50	21.350.000
79.095,60	85.686,90	92.278,20	98.869,50	105.460,80	118.643,40	125.234,70	131.826,00	164.782,50	21.400.000
79.275,60	85.881,90	92.488,20	99.094,50	105.700,80	118.913,40	125.519,70	132.126,00	165.157,50	21.450.000
79.455,60	86.076,90	92.698,20	99.319,50	105.940,80	119.183,40	125.804,70	132.426,00	165.532,50	21.500.000
79.635,60	86.271,90	92.908,20	99.544,50	106.180,80	119.453,40	126.089,70	132.726,00	165.907,50	21.550.000
79.815,60	86.466,90	93.118,20	99.769,50	106.420,80	119.723,40	126.374,70	133.026,00	166.282,50	21.600.000
79.995,60	86.661,90	93.328,20	99.994,50	106.660,80	119.993,40	126.659,70	133.326,00	166.657,50	21.650.000
80.175,60	86.856,90	93.538,20	100.219,50	106.900,80	120.263,40	126.944,70	133.626,00	167.032,50	21.700.000
80.355,60	87.051,90	93.748,20	100.444,50	107.140,80	120.533,40	127.229,70	133.926,00	167.407,50	21.750.000
80.535,60	87.246,90	93.958,20	100.669,50	107.380,80	120.803,40	127.514,70	134.226,00	167.782,50	21.800.000
80.715,60	87.441,90	94.168,20	100.894,50	107.620,80	121.073,40	127.799,70	134.526,00	168.157,50	21.850.000
80.895,60	87.636,90	94.378,20	101.119,50	107.860,80	121.343,40	128.084,70	134.826,00	168.532,50	21.900.000
81.075,60	87.831,90	94.588,20	101.344,50	108.100,80	121.613,40	128.369,70	135.126,00	168.907,50	21.950.000
81.255,60	88.026,90	94.798,20	101.569,50	108.340,80	121.883,40	128.654,70	135.426,00	169.282,50	22.000.000
81.435,60	88.221,90	95.008,20	101.794,50	108.580,80	122.153,40	128.939,70	135.726,00	169.657,50	22.050.000
81.615,60	88.416,90	95.218,20	102.019,50	108.820,80	122.423,40	129.224,70	136.026,00	170.032,50	22.100.000
81.795,60	88.611,90	95.428,20	102.244,50	109.060,80	122.693,40	129.509,70	136.326,00	170.407,50	22.150.000
81.975,60	88.806,90	95.638,20	102.469,50	109.300,80	122.963,40	129.794,70	136.626,00	170.782,50	22.200.000
82.155,60	89.001,90	95.848,20	102.694,50	109.540,80	123.233,40	130.079,70	136.926,00	171.157,50	22.250.000
82.335,60	89.196,90	96.058,20	102.919,50	109.780,80	123.503,40	130.364,70	137.226,00	171.532,50	22.300.000
82.515,60	89.391,90	96.268,20	103.144,50	110.020,80	123.773,40	130.649,70	137.526,00	171.907,50	22.350.000
82.695,60	89.586,90	96.478,20	103.369,50	110.260,80	124.043,40	130.934,70	137.826,00	172.282,50	22.400.000
82.875,60	89.781,90	96.688,20	103.594,50	110.500,80	124.313,40	131.219,70	138.126,00	172.657,50	22.450.000

Wert bis €	0,3	0,5	0,6	0,65	0,75	0,8	0,9	1,0	1,1
22.500.000	20.763,90	34.606,50	41.527,80	44.988,45	51.909,75	55.370,40	62.291,70	69.213,00	76.134,30
22.550.000	20.808,90	34.681,50	41.617,80	45.085,95	52.022,25	55.490,40	62.426,70	69.363,00	76.299,30
22.600.000	20.853,90	34.756,50	41.707,80	45.183,45	52.134,75	55.610,40	62.561,70	69.513,00	76.464,30
22.650.000	20.898,90	34.831,50	41.797,80	45.280,95	52.247,25	55.730,40	62.696,70	69.663,00	76.629,30
22.700.000	20.943,90	34.906,50	41.887,80	45.378,45	52.359,75	55.850,40	62.831,70	69.813,00	76.794,30
22.750.000	20.988,90	34.981,50	41.977,80	45.475,95	52.472,25	55.970,40	62.966,70	69.963,00	76.959,30
22.800.000	21.033,90	35.056,50	42.067,80	45.573,45	52.584,75	56.090,40	63.101,70	70.113,00	77.124,30
22.850.000	21.078,90	35.131,50	42.157,80	45.670,95	52.697,25	56.210,40	63.236,70	70.263,00	77.289,30
22.900.000	21.123,90	35.206,50	42.247,80	45.768,45	52.809,75	56.330,40	63.371,70	70.413,00	77.454,30
22.950.000	21.168,90	35.281,50	42.337,80	45.865,95	52.922,25	56.450,40	63.506,70	70.563,00	77.619,30
23.000.000	21.213,90	35.356,50	42.427,80	45.963,45	53.034,75	56.570,40	63.641,70	70.713,00	77.784,30
23.050.000	21.258,90	35.431,50	42.517,80	46.060,95	53.147,25	56.690,40	63.776,70	70.863,00	77.949,30
23.100.000	21.303,90	35.506,50	42.607,80	46.158,45	53.259,75	56.810,40	63.911,70	71.013,00	78.114,30
23.150.000	21.348,90	35.581,50	42.697,80	46.255,95	53.372,25	56.930,40	64.046,70	71.163,00	78.279,30
23.200.000	21.393,90	35.656,50	42.787,80	46.353,45	53.484,75	57.050,40	64.181,70	71.313,00	78.444,30
23.250.000	21.438,90	35.731,50	42.877,80	46.450,95	53.597,25	57.170,40	64.316,70	71.463,00	78.609,30
23.300.000	21.483,90	35.806,50	42.967,80	46.548,45	53.709,75	57.290,40	64.451,70	71.613,00	78.774,30
23.350.000	21.528,90	35.881,50	43.057,80	46.645,95	53.822,25	57.410,40	64.586,70	71.763,00	78.939,30
23.400.000	21.573,90	35.956,50	43.147,80	46.743,45	53.934,75	57.530,40	64.721,70	71.913,00	79.104,30
23.450.000	21.618,90	36.031,50	43.237,80	46.840,95	54.047,25	57.650,40	64.856,70	72.063,00	79.269,30
23.500.000	21.663,90	36.106,50	43.327,80	46.938,45	54.159,75	57.770,40	64.991,70	72.213,00	79.434,30
23.550.000	21.708,90	36.181,50	43.417,80	47.035,95	54.272,25	57.890,40	65.126,70	72.363,00	79.599,30
23.600.000	21.753,90	36.256,50	43.507,80	47.133,45	54.384,75	58.010,40	65.261,70	72.513,00	79.764,30
23.650.000	21.798,90	36.331,50	43.597,80	47.230,95	54.497,25	58.130,40	65.396,70	72.663,00	79.929,30
23.700.000	21.843,90	36.406,50	43.687,80	47.328,45	54.609,75	58.250,40	65.531,70	72.813,00	80.094,30
23.750.000	21.888,90	36.481,50	43.777,80	47.425,95	54.722,25	58.370,40	65.666,70	72.963,00	80.259,30
23.800.000	21.933,90	36.556,50	43.867,80	47.523,45	54.834,75	58.490,40	65.801,70	73.113,00	80.424,30
23.850.000	21.978,90	36.631,50	43.957,80	47.620,95	54.947,25	58.610,40	65.936,70	73.263,00	80.589,30
23.900.000	22.023,90	36.706,50	44.047,80	47.718,45	55.059,75	58.730,40	66.071,70	73.413,00	80.754,30
23.950.000	22.068,90	36.781,50	44.137,80	47.815,95	55.172,25	58.850,40	66.206,70	73.563,00	80.919,30
24.000.000	22.113,90	36.856,50	44.227,80	47.913,45	55.284,75	58.970,40	66.341,70	73.713,00	81.084,30
24.050.000	22.158,90	36.931,50	44.317,80	48.010,95	55.397,25	59.090,40	66.476,70	73.863,00	81.249,30
24.100.000	22.203,90	37.006,50	44.407,80	48.108,45	55.509,75	59.210,40	66.611,70	74.013,00	81.414,30
24.150.000	22.248,90	37.081,50	44.497,80	48.205,95	55.622,25	59.330,40	66.746,70	74.163,00	81.579,30
24.200.000	22.293,90	37.156,50	44.587,80	48.303,45	55.734,75	59.450,40	66.881,70	74.313,00	81.744,30
24.250.000	22.338,90	37.231,50	44.677,80	48.400,95	55.847,25	59.570,40	67.016,70	74.463,00	81.909,30
24.300.000	22.383,90	37.306,50	44.767,80	48.498,45	55.959,75	59.690,40	67.151,70	74.613,00	82.074,30
24.350.000	22.428,90	37.381,50	44.857,80	48.595,95	56.072,25	59.810,40	67.286,70	74.763,00	82.239,30
24.400.000	22.473,90	37.456,50	44.947,80	48.693,45	56.184,75	59.930,40	67.421,70	74.913,00	82.404,30
24.450.000	22.518,90	37.531,50	45.037,80	48.790,95	56.297,25	60.050,40	67.556,70	75.063,00	82.569,30
24.500.000	22.563,90	37.606,50	45.127,80	48.888,45	56.409,75	60.170,40	67.691,70	75.213,00	82.734,30
24.550.000	22.608,90	37.681,50	45.217,80	48.985,95	56.522,25	60.290,40	67.826,70	75.363,00	82.899,30
24.600.000	22.653,90	37.756,50	45.307,80	49.083,45	56.634,75	60.410,40	67.961,70	75.513,00	83.064,30
24.650.000	22.698,90	37.831,50	45.397,80	49.180,95	56.747,25	60.530,40	68.096,70	75.663,00	83.229,30
24.700.000	22.743,90	37.906,50	45.487,80	49.278,45	56.859,75	60.650,40	68.231,70	75.813,00	83.394,30
24.750.000	22.788,90	37.981,50	45.577,80	49.375,95	56.972,25	60.770,40	68.366,70	75.963,00	83.559,30
24.800.000	22.833,90	38.056,50	45.667,80	49.473,45	57.084,75	60.890,40	68.501,70	76.113,00	83.724,30
24.850.000	22.878,90	38.131,50	45.757,80	49.570,95	57.197,25	61.010,40	68.636,70	76.263,00	83.889,30
24.900.000	22.923,90	38.206,50	45.847,80	49.668,45	57.309,75	61.130,40	68.771,70	76.413,00	84.054,30
24.950.000	22.968,90	38.281,50	45.937,80	49.765,95	57.422,25	61.250,40	68.906,70	76.563,00	84.219,30
25.000.000	23.013,90	38.356,50	46.027,80	49.863,45	57.534,75	61.370,40	69.041,70	76.713,00	84.384,30
25.050.000	23.058,90	38.431,50	46.117,80	49.960,95	57.647,25	61.490,40	69.176,70	76.863,00	84.549,30
25.100.000	23.103,90	38.506,50	46.207,80	50.058,45	57.759,75	61.610,40	69.311,70	77.013,00	84.714,30
25.150.000	23.148,90	38.581,50	46.297,80	50.155,95	57.872,25	61.730,40	69.446,70	77.163,00	84.879,30

1,2	1,3	1,4	1,5	1,6	1,8	1,9	2,0	2,5	Wert bis €
83.055,60	89.976,90	96.898,20	103.819,50	110.740,80	124.583,40	131.504,70	138.426,00	173.032,50	**22.500.000**
83.235,60	90.171,90	97.108,20	104.044,50	110.980,80	124.853,40	131.789,70	138.726,00	173.407,50	**22.550.000**
83.415,60	90.366,90	97.318,20	104.269,50	111.220,80	125.123,40	132.074,70	139.026,00	173.782,50	**22.600.000**
83.595,60	90.561,90	97.528,20	104.494,50	111.460,80	125.393,40	132.359,70	139.326,00	174.157,50	**22.650.000**
83.775,60	90.756,90	97.738,20	104.719,50	111.700,80	125.663,40	132.644,70	139.626,00	174.532,50	**22.700.000**
83.955,60	90.951,90	97.948,20	104.944,50	111.940,80	125.933,40	132.929,70	139.926,00	174.907,50	**22.750.000**
84.135,60	91.146,90	98.158,20	105.169,50	112.180,80	126.203,40	133.214,70	140.226,00	175.282,50	**22.800.000**
84.315,60	91.341,90	98.368,20	105.394,50	112.420,80	126.473,40	133.499,70	140.526,00	175.657,50	**22.850.000**
84.495,60	91.536,90	98.578,20	105.619,50	112.660,80	126.743,40	133.784,70	140.826,00	176.032,50	**22.900.000**
84.675,60	91.731,90	98.788,20	105.844,50	112.900,80	127.013,40	134.069,70	141.126,00	176.407,50	**22.950.000**
84.855,60	91.926,90	98.998,20	106.069,50	113.140,80	127.283,40	134.354,70	141.426,00	176.782,50	**23.000.000**
85.035,60	92.121,90	99.208,20	106.294,50	113.380,80	127.553,40	134.639,70	141.726,00	177.157,50	**23.050.000**
85.215,60	92.316,90	99.418,20	106.519,50	113.620,80	127.823,40	134.924,70	142.026,00	177.532,50	**23.100.000**
85.395,60	92.511,90	99.628,20	106.744,50	113.860,80	128.093,40	135.209,70	142.326,00	177.907,50	**23.150.000**
85.575,60	92.706,90	99.838,20	106.969,50	114.100,80	128.363,40	135.494,70	142.626,00	178.282,50	**23.200.000**
85.755,60	92.901,90	100.048,20	107.194,50	114.340,80	128.633,40	135.779,70	142.926,00	178.657,50	**23.250.000**
85.935,60	93.096,90	100.258,20	107.419,50	114.580,80	128.903,40	136.064,70	143.226,00	179.032,50	**23.300.000**
86.115,60	93.291,90	100.468,20	107.644,50	114.820,80	129.173,40	136.349,70	143.526,00	179.407,50	**23.350.000**
86.295,60	93.486,90	100.678,20	107.869,50	115.060,80	129.443,40	136.634,70	143.826,00	179.782,50	**23.400.000**
86.475,60	93.681,90	100.888,20	108.094,50	115.300,80	129.713,40	136.919,70	144.126,00	180.157,50	**23.450.000**
86.655,60	93.876,90	101.098,20	108.319,50	115.540,80	129.983,40	137.204,70	144.426,00	180.532,50	**23.500.000**
86.835,60	94.071,90	101.308,20	108.544,50	115.780,80	130.253,40	137.489,70	144.726,00	180.907,50	**23.550.000**
87.015,60	94.266,90	101.518,20	108.769,50	116.020,80	130.523,40	137.774,70	145.026,00	181.282,50	**23.600.000**
87.195,60	94.461,90	101.728,20	108.994,50	116.260,80	130.793,40	138.059,70	145.326,00	181.657,50	**23.650.000**
87.375,60	94.656,90	101.938,20	109.219,50	116.500,80	131.063,40	138.344,70	145.626,00	182.032,50	**23.700.000**
87.555,60	94.851,90	102.148,20	109.444,50	116.740,80	131.333,40	138.629,70	145.926,00	182.407,50	**23.750.000**
87.735,60	95.046,90	102.358,20	109.669,50	116.980,80	131.603,40	138.914,70	146.226,00	182.782,50	**23.800.000**
87.915,60	95.241,90	102.568,20	109.894,50	117.220,80	131.873,40	139.199,70	146.526,00	183.157,50	**23.850.000**
88.095,60	95.436,90	102.778,20	110.119,50	117.460,80	132.143,40	139.484,70	146.826,00	183.532,50	**23.900.000**
88.275,60	95.631,90	102.988,20	110.344,50	117.700,80	132.413,40	139.769,70	147.126,00	183.907,50	**23.950.000**
88.455,60	95.826,90	103.198,20	110.569,50	117.940,80	132.683,40	140.054,70	147.426,00	184.282,50	**24.000.000**
88.635,60	96.021,90	103.408,20	110.794,50	118.180,80	132.953,40	140.339,70	147.726,00	184.657,50	**24.050.000**
88.815,60	96.216,90	103.618,20	111.019,50	118.420,80	133.223,40	140.624,70	148.026,00	185.032,50	**24.100.000**
88.995,60	96.411,90	103.828,20	111.244,50	118.660,80	133.493,40	140.909,70	148.326,00	185.407,50	**24.150.000**
89.175,60	96.606,90	104.038,20	111.469,50	118.900,80	133.763,40	141.194,70	148.626,00	185.782,50	**24.200.000**
89.355,60	96.801,90	104.248,20	111.694,50	119.140,80	134.033,40	141.479,70	148.926,00	186.157,50	**24.250.000**
89.535,60	96.996,90	104.458,20	111.919,50	119.380,80	134.303,40	141.764,70	149.226,00	186.532,50	**24.300.000**
89.715,60	97.191,90	104.668,20	112.144,50	119.620,80	134.573,40	142.049,70	149.526,00	186.907,50	**24.350.000**
89.895,60	97.386,90	104.878,20	112.369,50	119.860,80	134.843,40	142.334,70	149.826,00	187.282,50	**24.400.000**
90.075,60	97.581,90	105.088,20	112.594,50	120.100,80	135.113,40	142.619,70	150.126,00	187.657,50	**24.450.000**
90.255,60	97.776,90	105.298,20	112.819,50	120.340,80	135.383,40	142.904,70	150.426,00	188.032,50	**24.500.000**
90.435,60	97.971,90	105.508,20	113.044,50	120.580,80	135.653,40	143.189,70	150.726,00	188.407,50	**24.550.000**
90.615,60	98.166,90	105.718,20	113.269,50	120.820,80	135.923,40	143.474,70	151.026,00	188.782,50	**24.600.000**
90.795,60	98.361,90	105.928,20	113.494,50	121.060,80	136.193,40	143.759,70	151.326,00	189.157,50	**24.650.000**
90.975,60	98.556,90	106.138,20	113.719,50	121.300,80	136.463,40	144.044,70	151.626,00	189.532,50	**24.700.000**
91.155,60	98.751,90	106.348,20	113.944,50	121.540,80	136.733,40	144.329,70	151.926,00	189.907,50	**24.750.000**
91.335,60	98.946,90	106.558,20	114.169,50	121.780,80	137.003,40	144.614,70	152.226,00	190.282,50	**24.800.000**
91.515,60	99.141,90	106.768,20	114.394,50	122.020,80	137.273,40	144.899,70	152.526,00	190.657,50	**24.850.000**
91.695,60	99.336,90	106.978,20	114.619,50	122.260,80	137.543,40	145.184,70	152.826,00	191.032,50	**24.900.000**
91.875,60	99.531,90	107.188,20	114.844,50	122.500,80	137.813,40	145.469,70	153.126,00	191.407,50	**24.950.000**
92.055,60	99.726,90	107.398,20	115.069,50	122.740,80	138.083,40	145.754,70	153.426,00	191.782,50	**25.000.000**
92.235,60	99.921,90	107.608,20	115.294,50	122.980,80	138.353,40	146.039,70	153.726,00	192.157,50	**25.050.000**
92.415,60	100.116,90	107.818,20	115.519,50	123.220,80	138.623,40	146.324,70	154.026,00	192.532,50	**25.100.000**
92.595,60	100.311,90	108.028,20	115.744,50	123.460,80	138.893,40	146.609,70	154.326,00	192.907,50	**25.150.000**

Wert bis €	0,3	0,5	0,6	0,65	0,75	0,8	0,9	1,0	1,1
25.200.000	23.193,90	38.656,50	46.387,80	50.253,45	57.984,75	61.850,40	69.581,70	77.313,00	85.044,30
25.250.000	23.238,90	38.731,50	46.477,80	50.350,95	58.097,25	61.970,40	69.716,70	77.463,00	85.209,30
25.300.000	23.283,90	38.806,50	46.567,80	50.448,45	58.209,75	62.090,40	69.851,70	77.613,00	85.374,30
25.350.000	23.328,90	38.881,50	46.657,80	50.545,95	58.322,25	62.210,40	69.986,70	77.763,00	85.539,30
25.400.000	23.373,90	38.956,50	46.747,80	50.643,45	58.434,75	62.330,40	70.121,70	77.913,00	85.704,30
25.450.000	23.418,90	39.031,50	46.837,80	50.740,95	58.547,25	62.450,40	70.256,70	78.063,00	85.869,30
25.500.000	23.463,90	39.106,50	46.927,80	50.838,45	58.659,75	62.570,40	70.391,70	78.213,00	86.034,30
25.550.000	23.508,90	39.181,50	47.017,80	50.935,95	58.772,25	62.690,40	70.526,70	78.363,00	86.199,30
25.600.000	23.553,90	39.256,50	47.107,80	51.033,45	58.884,75	62.810,40	70.661,70	78.513,00	86.364,30
25.650.000	23.598,90	39.331,50	47.197,80	51.130,95	58.997,25	62.930,40	70.796,70	78.663,00	86.529,30
25.700.000	23.643,90	39.406,50	47.287,80	51.228,45	59.109,75	63.050,40	70.931,70	78.813,00	86.694,30
25.750.000	23.688,90	39.481,50	47.377,80	51.325,95	59.222,25	63.170,40	71.066,70	78.963,00	86.859,30
25.800.000	23.733,90	39.556,50	47.467,80	51.423,45	59.334,75	63.290,40	71.201,70	79.113,00	87.024,30
25.850.000	23.778,90	39.631,50	47.557,80	51.520,95	59.447,25	63.410,40	71.336,70	79.263,00	87.189,30
25.900.000	23.823,90	39.706,50	47.647,80	51.618,45	59.559,75	63.530,40	71.471,70	79.413,00	87.354,30
25.950.000	23.868,90	39.781,50	47.737,80	51.715,95	59.672,25	63.650,40	71.606,70	79.563,00	87.519,30
26.000.000	23.913,90	39.856,50	47.827,80	51.813,45	59.784,75	63.770,40	71.741,70	79.713,00	87.684,30
26.050.000	23.958,90	39.931,50	47.917,80	51.910,95	59.897,25	63.890,40	71.876,70	79.863,00	87.849,30
26.100.000	24.003,90	40.006,50	48.007,80	52.008,45	60.009,75	64.010,40	72.011,70	80.013,00	88.014,30
26.150.000	24.048,90	40.081,50	48.097,80	52.105,95	60.122,25	64.130,40	72.146,70	80.163,00	88.179,30
26.200.000	24.093,90	40.156,50	48.187,80	52.203,45	60.234,75	64.250,40	72.281,70	80.313,00	88.344,30
26.250.000	24.138,90	40.231,50	48.277,80	52.300,95	60.347,25	64.370,40	72.416,70	80.463,00	88.509,30
26.300.000	24.183,90	40.306,50	48.367,80	52.398,45	60.459,75	64.490,40	72.551,70	80.613,00	88.674,30
26.350.000	24.228,90	40.381,50	48.457,80	52.495,95	60.572,25	64.610,40	72.686,70	80.763,00	88.839,30
26.400.000	24.273,90	40.456,50	48.547,80	52.593,45	60.684,75	64.730,40	72.821,70	80.913,00	89.004,30
26.450.000	24.318,90	40.531,50	48.637,80	52.690,95	60.797,25	64.850,40	72.956,70	81.063,00	89.169,30
26.500.000	24.363,90	40.606,50	48.727,80	52.788,45	60.909,75	64.970,40	73.091,70	81.213,00	89.334,30
26.550.000	24.408,90	40.681,50	48.817,80	52.885,95	61.022,25	65.090,40	73.226,70	81.363,00	89.499,30
26.600.000	24.453,90	40.756,50	48.907,80	52.983,45	61.134,75	65.210,40	73.361,70	81.513,00	89.664,30
26.650.000	24.498,90	40.831,50	48.997,80	53.080,95	61.247,25	65.330,40	73.496,70	81.663,00	89.829,30
26.700.000	24.543,90	40.906,50	49.087,80	53.178,45	61.359,75	65.450,40	73.631,70	81.813,00	89.994,30
26.750.000	24.588,90	40.981,50	49.177,80	53.275,95	61.472,25	65.570,40	73.766,70	81.963,00	90.159,30
26.800.000	24.633,90	41.056,50	49.267,80	53.373,45	61.584,75	65.690,40	73.901,70	82.113,00	90.324,30
26.850.000	24.678,90	41.131,50	49.357,80	53.470,95	61.697,25	65.810,40	74.036,70	82.263,00	90.489,30
26.900.000	24.723,90	41.206,50	49.447,80	53.568,45	61.809,75	65.930,40	74.171,70	82.413,00	90.654,30
26.950.000	24.768,90	41.281,50	49.537,80	53.665,95	61.922,25	66.050,40	74.306,70	82.563,00	90.819,30
27.000.000	24.813,90	41.356,50	49.627,80	53.763,45	62.034,75	66.170,40	74.441,70	82.713,00	90.984,30
27.050.000	24.858,90	41.431,50	49.717,80	53.860,95	62.147,25	66.290,40	74.576,70	82.863,00	91.149,30
27.100.000	24.903,90	41.506,50	49.807,80	53.958,45	62.259,75	66.410,40	74.711,70	83.013,00	91.314,30
27.150.000	24.948,90	41.581,50	49.897,80	54.055,95	62.372,25	66.530,40	74.846,70	83.163,00	91.479,30
27.200.000	24.993,90	41.656,50	49.987,80	54.153,45	62.484,75	66.650,40	74.981,70	83.313,00	91.644,30
27.250.000	25.038,90	41.731,50	50.077,80	54.250,95	62.597,25	66.770,40	75.116,70	83.463,00	91.809,30
27.300.000	25.083,90	41.806,50	50.167,80	54.348,45	62.709,75	66.890,40	75.251,70	83.613,00	91.974,30
27.350.000	25.128,90	41.881,50	50.257,80	54.445,95	62.822,25	67.010,40	75.386,70	83.763,00	92.139,30
27.400.000	25.173,90	41.956,50	50.347,80	54.543,45	62.934,75	67.130,40	75.521,70	83.913,00	92.304,30
27.450.000	25.218,90	42.031,50	50.437,80	54.640,95	63.047,25	67.250,40	75.656,70	84.063,00	92.469,30
27.500.000	25.263,90	42.106,50	50.527,80	54.738,45	63.159,75	67.370,40	75.791,70	84.213,00	92.634,30
27.550.000	25.308,90	42.181,50	50.617,80	54.835,95	63.272,25	67.490,40	75.926,70	84.363,00	92.799,30
27.600.000	25.353,90	42.256,50	50.707,80	54.933,45	63.384,75	67.610,40	76.061,70	84.513,00	92.964,30
27.650.000	25.398,90	42.331,50	50.797,80	55.030,95	63.497,25	67.730,40	76.196,70	84.663,00	93.129,30
27.700.000	25.443,90	42.406,50	50.887,80	55.128,45	63.609,75	67.850,40	76.331,70	84.813,00	93.294,30
27.750.000	25.488,90	42.481,50	50.977,80	55.225,95	63.722,25	67.970,40	76.466,70	84.963,00	93.459,30
27.800.000	25.533,90	42.556,50	51.067,80	55.323,45	63.834,75	68.090,40	76.601,70	85.113,00	93.624,30
27.850.000	25.578,90	42.631,50	51.157,80	55.420,95	63.947,25	68.210,40	76.736,70	85.263,00	93.789,30

1,2	1,3	1,4	1,5	1,6	1,8	1,9	2,0	2,5	Wert bis €
92.775,60	100.506,90	108.238,20	115.969,50	123.700,80	139.163,40	146.894,70	154.626,00	193.282,50	**25.200.000**
92.955,60	100.701,90	108.448,20	116.194,50	123.940,80	139.433,40	147.179,70	154.926,00	193.657,50	**25.250.000**
93.135,60	100.896,90	108.658,20	116.419,50	124.180,80	139.703,40	147.464,70	155.226,00	194.032,50	**25.300.000**
93.315,60	101.091,90	108.868,20	116.644,50	124.420,80	139.973,40	147.749,70	155.526,00	194.407,50	**25.350.000**
93.495,60	101.286,90	109.078,20	116.869,50	124.660,80	140.243,40	148.034,70	155.826,00	194.782,50	**25.400.000**
93.675,60	101.481,90	109.288,20	117.094,50	124.900,80	140.513,40	148.319,70	156.126,00	195.157,50	**25.450.000**
93.855,60	101.676,90	109.498,20	117.319,50	125.140,80	140.783,40	148.604,70	156.426,00	195.532,50	**25.500.000**
94.035,60	101.871,90	109.708,20	117.544,50	125.380,80	141.053,40	148.889,70	156.726,00	195.907,50	**25.550.000**
94.215,60	102.066,90	109.918,20	117.769,50	125.620,80	141.323,40	149.174,70	157.026,00	196.282,50	**25.600.000**
94.395,60	102.261,90	110.128,20	117.994,50	125.860,80	141.593,40	149.459,70	157.326,00	196.657,50	**25.650.000**
94.575,60	102.456,90	110.338,20	118.219,50	126.100,80	141.863,40	149.744,70	157.626,00	197.032,50	**25.700.000**
94.755,60	102.651,90	110.548,20	118.444,50	126.340,80	142.133,40	150.029,70	157.926,00	197.407,50	**25.750.000**
94.935,60	102.846,90	110.758,20	118.669,50	126.580,80	142.403,40	150.314,70	158.226,00	197.782,50	**25.800.000**
95.115,60	103.041,90	110.968,20	118.894,50	126.820,80	142.673,40	150.599,70	158.526,00	198.157,50	**25.850.000**
95.295,60	103.236,90	111.178,20	119.119,50	127.060,80	142.943,40	150.884,70	158.826,00	198.532,50	**25.900.000**
95.475,60	103.431,90	111.388,20	119.344,50	127.300,80	143.213,40	151.169,70	159.126,00	198.907,50	**25.950.000**
95.655,60	103.626,90	111.598,20	119.569,50	127.540,80	143.483,40	151.454,70	159.426,00	199.282,50	**26.000.000**
95.835,60	103.821,90	111.808,20	119.794,50	127.780,80	143.753,40	151.739,70	159.726,00	199.657,50	**26.050.000**
96.015,60	104.016,90	112.018,20	120.019,50	128.020,80	144.023,40	152.024,70	160.026,00	200.032,50	**26.100.000**
96.195,60	104.211,90	112.228,20	120.244,50	128.260,80	144.293,40	152.309,70	160.326,00	200.407,50	**26.150.000**
96.375,60	104.406,90	112.438,20	120.469,50	128.500,80	144.563,40	152.594,70	160.626,00	200.782,50	**26.200.000**
96.555,60	104.601,90	112.648,20	120.694,50	128.740,80	144.833,40	152.879,70	160.926,00	201.157,50	**26.250.000**
96.735,60	104.796,90	112.858,20	120.919,50	128.980,80	145.103,40	153.164,70	161.226,00	201.532,50	**26.300.000**
96.915,60	104.991,90	113.068,20	121.144,50	129.220,80	145.373,40	153.449,70	161.526,00	201.907,50	**26.350.000**
97.095,60	105.186,90	113.278,20	121.369,50	129.460,80	145.643,40	153.734,70	161.826,00	202.282,50	**26.400.000**
97.275,60	105.381,90	113.488,20	121.594,50	129.700,80	145.913,40	154.019,70	162.126,00	202.657,50	**26.450.000**
97.455,60	105.576,90	113.698,20	121.819,50	129.940,80	146.183,40	154.304,70	162.426,00	203.032,50	**26.500.000**
97.635,60	105.771,90	113.908,20	122.044,50	130.180,80	146.453,40	154.589,70	162.726,00	203.407,50	**26.550.000**
97.815,60	105.966,90	114.118,20	122.269,50	130.420,80	146.723,40	154.874,70	163.026,00	203.782,50	**26.600.000**
97.995,60	106.161,90	114.328,20	122.494,50	130.660,80	146.993,40	155.159,70	163.326,00	204.157,50	**26.650.000**
98.175,60	106.356,90	114.538,20	122.719,50	130.900,80	147.263,40	155.444,70	163.626,00	204.532,50	**26.700.000**
98.355,60	106.551,90	114.748,20	122.944,50	131.140,80	147.533,40	155.729,70	163.926,00	204.907,50	**26.750.000**
98.535,60	106.746,90	114.958,20	123.169,50	131.380,80	147.803,40	156.014,70	164.226,00	205.282,50	**26.800.000**
98.715,60	106.941,90	115.168,20	123.394,50	131.620,80	148.073,40	156.299,70	164.526,00	205.657,50	**26.850.000**
98.895,60	107.136,90	115.378,20	123.619,50	131.860,80	148.343,40	156.584,70	164.826,00	206.032,50	**26.900.000**
99.075,60	107.331,90	115.588,20	123.844,50	132.100,80	148.613,40	156.869,70	165.126,00	206.407,50	**26.950.000**
99.255,60	107.526,90	115.798,20	124.069,50	132.340,80	148.883,40	157.154,70	165.426,00	206.782,50	**27.000.000**
99.435,60	107.721,90	116.008,20	124.294,50	132.580,80	149.153,40	157.439,70	165.726,00	207.157,50	**27.050.000**
99.615,60	107.916,90	116.218,20	124.519,50	132.820,80	149.423,40	157.724,70	166.026,00	207.532,50	**27.100.000**
99.795,60	108.111,90	116.428,20	124.744,50	133.060,80	149.693,40	158.009,70	166.326,00	207.907,50	**27.150.000**
99.975,60	108.306,90	116.638,20	124.969,50	133.300,80	149.963,40	158.294,70	166.626,00	208.282,50	**27.200.000**
100.155,60	108.501,90	116.848,20	125.194,50	133.540,80	150.233,40	158.579,70	166.926,00	208.657,50	**27.250.000**
100.335,60	108.696,90	117.058,20	125.419,50	133.780,80	150.503,40	158.864,70	167.226,00	209.032,50	**27.300.000**
100.515,60	108.891,90	117.268,20	125.644,50	134.020,80	150.773,40	159.149,70	167.526,00	209.407,50	**27.350.000**
100.695,60	109.086,90	117.478,20	125.869,50	134.260,80	151.043,40	159.434,70	167.826,00	209.782,50	**27.400.000**
100.875,60	109.281,90	117.688,20	126.094,50	134.500,80	151.313,40	159.719,70	168.126,00	210.157,50	**27.450.000**
101.055,60	109.476,90	117.898,20	126.319,50	134.740,80	151.583,40	160.004,70	168.426,00	210.532,50	**27.500.000**
101.235,60	109.671,90	118.108,20	126.544,50	134.980,80	151.853,40	160.289,70	168.726,00	210.907,50	**27.550.000**
101.415,60	109.866,90	118.318,20	126.769,50	135.220,80	152.123,40	160.574,70	169.026,00	211.282,50	**27.600.000**
101.595,60	110.061,90	118.528,20	126.994,50	135.460,80	152.393,40	160.859,70	169.326,00	211.657,50	**27.650.000**
101.775,60	110.256,90	118.738,20	127.219,50	135.700,80	152.663,40	161.144,70	169.626,00	212.032,50	**27.700.000**
101.955,60	110.451,90	118.948,20	127.444,50	135.940,80	152.933,40	161.429,70	169.926,00	212.407,50	**27.750.000**
102.135,60	110.646,90	119.158,20	127.669,50	136.180,80	153.203,40	161.714,70	170.226,00	212.782,50	**27.800.000**
102.315,60	110.841,90	119.368,20	127.894,50	136.420,80	153.473,40	161.999,70	170.526,00	213.157,50	**27.850.000**

Wert bis €	0,3	0,5	0,6	0,65	0,75	0,8	0,9	1,0	1,1
27.900.000	25.623,90	42.706,50	51.247,80	55.518,45	64.059,75	68.330,40	76.871,70	85.413,00	93.954,30
27.950.000	25.668,90	42.781,50	51.337,80	55.615,95	64.172,25	68.450,40	77.006,70	85.563,00	94.119,30
28.000.000	25.713,90	42.856,50	51.427,80	55.713,45	64.284,75	68.570,40	77.141,70	85.713,00	94.284,30
28.050.000	25.758,90	42.931,50	51.517,80	55.810,95	64.397,25	68.690,40	77.276,70	85.863,00	94.449,30
28.100.000	25.803,90	43.006,50	51.607,80	55.908,45	64.509,75	68.810,40	77.411,70	86.013,00	94.614,30
28.150.000	25.848,90	43.081,50	51.697,80	56.005,95	64.622,25	68.930,40	77.546,70	86.163,00	94.779,30
28.200.000	25.893,90	43.156,50	51.787,80	56.103,45	64.734,75	69.050,40	77.681,70	86.313,00	94.944,30
28.250.000	25.938,90	43.231,50	51.877,80	56.200,95	64.847,25	69.170,40	77.816,70	86.463,00	95.109,30
28.300.000	25.983,90	43.306,50	51.967,80	56.298,45	64.959,75	69.290,40	77.951,70	86.613,00	95.274,30
28.350.000	26.028,90	43.381,50	52.057,80	56.395,95	65.072,25	69.410,40	78.086,70	86.763,00	95.439,30
28.400.000	26.073,90	43.456,50	52.147,80	56.493,45	65.184,75	69.530,40	78.221,70	86.913,00	95.604,30
28.450.000	26.118,90	43.531,50	52.237,80	56.590,95	65.297,25	69.650,40	78.356,70	87.063,00	95.769,30
28.500.000	26.163,90	43.606,50	52.327,80	56.688,45	65.409,75	69.770,40	78.491,70	87.213,00	95.934,30
28.550.000	26.208,90	43.681,50	52.417,80	56.785,95	65.522,25	69.890,40	78.626,70	87.363,00	96.099,30
28.600.000	26.253,90	43.756,50	52.507,80	56.883,45	65.634,75	70.010,40	78.761,70	87.513,00	96.264,30
28.650.000	26.298,90	43.831,50	52.597,80	56.980,95	65.747,25	70.130,40	78.896,70	87.663,00	96.429,30
28.700.000	26.343,90	43.906,50	52.687,80	57.078,45	65.859,75	70.250,40	79.031,70	87.813,00	96.594,30
28.750.000	26.388,90	43.981,50	52.777,80	57.175,95	65.972,25	70.370,40	79.166,70	87.963,00	96.759,30
28.800.000	26.433,90	44.056,50	52.867,80	57.273,45	66.084,75	70.490,40	79.301,70	88.113,00	96.924,30
28.850.000	26.478,90	44.131,50	52.957,80	57.370,95	66.197,25	70.610,40	79.436,70	88.263,00	97.089,30
28.900.000	26.523,90	44.206,50	53.047,80	57.468,45	66.309,75	70.730,40	79.571,70	88.413,00	97.254,30
28.950.000	26.568,90	44.281,50	53.137,80	57.565,95	66.422,25	70.850,40	79.706,70	88.563,00	97.419,30
29.000.000	26.613,90	44.356,50	53.227,80	57.663,45	66.534,75	70.970,40	79.841,70	88.713,00	97.584,30
29.050.000	26.658,90	44.431,50	53.317,80	57.760,95	66.647,25	71.090,40	79.976,70	88.863,00	97.749,30
29.100.000	26.703,90	44.506,50	53.407,80	57.858,45	66.759,75	71.210,40	80.111,70	89.013,00	97.914,30
29.150.000	26.748,90	44.581,50	53.497,80	57.955,95	66.872,25	71.330,40	80.246,70	89.163,00	98.079,30
29.200.000	26.793,90	44.656,50	53.587,80	58.053,45	66.984,75	71.450,40	80.381,70	89.313,00	98.244,30
29.250.000	26.838,90	44.731,50	53.677,80	58.150,95	67.097,25	71.570,40	80.516,70	89.463,00	98.409,30
29.300.000	26.883,90	44.806,50	53.767,80	58.248,45	67.209,75	71.690,40	80.651,70	89.613,00	98.574,30
29.350.000	26.928,90	44.881,50	53.857,80	58.345,95	67.322,25	71.810,40	80.786,70	89.763,00	98.739,30
29.400.000	26.973,90	44.956,50	53.947,80	58.443,45	67.434,75	71.930,40	80.921,70	89.913,00	98.904,30
29.450.000	27.018,90	45.031,50	54.037,80	58.540,95	67.547,25	72.050,40	81.056,70	90.063,00	99.069,30
29.500.000	27.063,90	45.106,50	54.127,80	58.638,45	67.659,75	72.170,40	81.191,70	90.213,00	99.234,30
29.550.000	27.108,90	45.181,50	54.217,80	58.735,95	67.772,25	72.290,40	81.326,70	90.363,00	99.399,30
29.600.000	27.153,90	45.256,50	54.307,80	58.833,45	67.884,75	72.410,40	81.461,70	90.513,00	99.564,30
29.650.000	27.198,90	45.331,50	54.397,80	58.930,95	67.997,25	72.530,40	81.596,70	90.663,00	99.729,30
29.700.000	27.243,90	45.406,50	54.487,80	59.028,45	68.109,75	72.650,40	81.731,70	90.813,00	99.894,30
29.750.000	27.288,90	45.481,50	54.577,80	59.125,95	68.222,25	72.770,40	81.866,70	90.963,00	100.059,30
29.800.000	27.333,90	45.556,50	54.667,80	59.223,45	68.334,75	72.890,40	82.001,70	91.113,00	100.224,30
29.850.000	27.378,90	45.631,50	54.757,80	59.320,95	68.447,25	73.010,40	82.136,70	91.263,00	100.389,30
29.900.000	27.423,90	45.706,50	54.847,80	59.418,45	68.559,75	73.130,40	82.271,70	91.413,00	100.554,30
29.950.000	27.468,90	45.781,50	54.937,80	59.515,95	68.672,25	73.250,40	82.406,70	91.563,00	100.719,30
30.000.000	27.513,90	45.856,50	55.027,80	59.613,45	68.784,75	73.370,40	82.541,70	91.713,00	100.884,30

1,2	1,3	1,4	1,5	1,6	1,8	1,9	2,0	2,5	Wert bis €
102.495,60	111.036,90	119.578,20	128.119,50	136.660,80	153.743,40	162.284,70	170.826,00	213.532,50	**27.900.000**
102.675,60	111.231,90	119.788,20	128.344,50	136.900,80	154.013,40	162.569,70	171.126,00	213.907,50	**27.950.000**
102.855,60	111.426,90	119.998,20	128.569,50	137.140,80	154.283,40	162.854,70	171.426,00	214.282,50	**28.000.000**
103.035,60	111.621,90	120.208,20	128.794,50	137.380,80	154.553,40	163.139,70	171.726,00	214.657,50	**28.050.000**
103.215,60	111.816,90	120.418,20	129.019,50	137.620,80	154.823,40	163.424,70	172.026,00	215.032,50	**28.100.000**
103.395,60	112.011,90	120.628,20	129.244,50	137.860,80	155.093,40	163.709,70	172.326,00	215.407,50	**28.150.000**
103.575,60	112.206,90	120.838,20	129.469,50	138.100,80	155.363,40	163.994,70	172.626,00	215.782,50	**28.200.000**
103.755,60	112.401,90	121.048,20	129.694,50	138.340,80	155.633,40	164.279,70	172.926,00	216.157,50	**28.250.000**
103.935,60	112.596,90	121.258,20	129.919,50	138.580,80	155.903,40	164.564,70	173.226,00	216.532,50	**28.300.000**
104.115,60	112.791,90	121.468,20	130.144,50	138.820,80	156.173,40	164.849,70	173.526,00	216.907,50	**28.350.000**
104.295,60	112.986,90	121.678,20	130.369,50	139.060,80	156.443,40	165.134,70	173.826,00	217.282,50	**28.400.000**
104.475,60	113.181,90	121.888,20	130.594,50	139.300,80	156.713,40	165.419,70	174.126,00	217.657,50	**28.450.000**
104.655,60	113.376,90	122.098,20	130.819,50	139.540,80	156.983,40	165.704,70	174.426,00	218.032,50	**28.500.000**
104.835,60	113.571,90	122.308,20	131.044,50	139.780,80	157.253,40	165.989,70	174.726,00	218.407,50	**28.550.000**
105.015,60	113.766,90	122.518,20	131.269,50	140.020,80	157.523,40	166.274,70	175.026,00	218.782,50	**28.600.000**
105.195,60	113.961,90	122.728,20	131.494,50	140.260,80	157.793,40	166.559,70	175.326,00	219.157,50	**28.650.000**
105.375,60	114.156,90	122.938,20	131.719,50	140.500,80	158.063,40	166.844,70	175.626,00	219.532,50	**28.700.000**
105.555,60	114.351,90	123.148,20	131.944,50	140.740,80	158.333,40	167.129,70	175.926,00	219.907,50	**28.750.000**
105.735,60	114.546,90	123.358,20	132.169,50	140.980,80	158.603,40	167.414,70	176.226,00	220.282,50	**28.800.000**
105.915,60	114.741,90	123.568,20	132.394,50	141.220,80	158.873,40	167.699,70	176.526,00	220.657,50	**28.850.000**
106.095,60	114.936,90	123.778,20	132.619,50	141.460,80	159.143,40	167.984,70	176.826,00	221.032,50	**28.900.000**
106.275,60	115.131,90	123.988,20	132.844,50	141.700,80	159.413,40	168.269,70	177.126,00	221.407,50	**28.950.000**
106.455,60	115.326,90	124.198,20	133.069,50	141.940,80	159.683,40	168.554,70	177.426,00	221.782,50	**29.000.000**
106.635,60	115.521,90	124.408,20	133.294,50	142.180,80	159.953,40	168.839,70	177.726,00	222.157,50	**29.050.000**
106.815,60	115.716,90	124.618,20	133.519,50	142.420,80	160.223,40	169.124,70	178.026,00	222.532,50	**29.100.000**
106.995,60	115.911,90	124.828,20	133.744,50	142.660,80	160.493,40	169.409,70	178.326,00	222.907,50	**29.150.000**
107.175,60	116.106,90	125.038,20	133.969,50	142.900,80	160.763,40	169.694,70	178.626,00	223.282,50	**29.200.000**
107.355,60	116.301,90	125.248,20	134.194,50	143.140,80	161.033,40	169.979,70	178.926,00	223.657,50	**29.250.000**
107.535,60	116.496,90	125.458,20	134.419,50	143.380,80	161.303,40	170.264,70	179.226,00	224.032,50	**29.300.000**
107.715,60	116.691,90	125.668,20	134.644,50	143.620,80	161.573,40	170.549,70	179.526,00	224.407,50	**29.350.000**
107.895,60	116.886,90	125.878,20	134.869,50	143.860,80	161.843,40	170.834,70	179.826,00	224.782,50	**29.400.000**
108.075,60	117.081,90	126.088,20	135.094,50	144.100,80	162.113,40	171.119,70	180.126,00	225.157,50	**29.450.000**
108.255,60	117.276,90	126.298,20	135.319,50	144.340,80	162.383,40	171.404,70	180.426,00	225.532,50	**29.500.000**
108.435,60	117.471,90	126.508,20	135.544,50	144.580,80	162.653,40	171.689,70	180.726,00	225.907,50	**29.550.000**
108.615,60	117.666,90	126.718,20	135.769,50	144.820,80	162.923,40	171.974,70	181.026,00	226.282,50	**29.600.000**
108.795,60	117.861,90	126.928,20	135.994,50	145.060,80	163.193,40	172.259,70	181.326,00	226.657,50	**29.650.000**
108.975,60	118.056,90	127.138,20	136.219,50	145.300,80	163.463,40	172.544,70	181.626,00	227.032,50	**29.700.000**
109.155,60	118.251,90	127.348,20	136.444,50	145.540,80	163.733,40	172.829,70	181.926,00	227.407,50	**29.750.000**
109.335,60	118.446,90	127.558,20	136.669,50	145.780,80	164.003,40	173.114,70	182.226,00	227.782,50	**29.800.000**
109.515,60	118.641,90	127.768,20	136.894,50	146.020,80	164.273,40	173.399,70	182.526,00	228.157,50	**29.850.000**
109.695,60	118.836,90	127.978,20	137.119,50	146.260,80	164.543,40	173.684,70	182.826,00	228.532,50	**29.900.000**
109.875,60	119.031,90	128.188,20	137.344,50	146.500,80	164.813,40	173.969,70	183.126,00	228.907,50	**29.950.000**
110.055,60	119.226,90	128.398,20	137.569,50	146.740,80	165.083,40	174.254,70	183.426,00	229.282,50	**30.000.000**

III. Höhere Werte als 30 Mio. Euro bei mehreren Auftraggebern

1. Erhöhungsmöglichkeit und Begrenzung

Höhere Werte als 30 Mio. Euro sind nur bei mehreren Auftraggebern möglich. Zwar sieht das Gesetz in § 22 Abs. 2 S. 1 RVG (ebenso in § 23 Abs. 1 S. 3, S. 1 RVG i. V. m. § 39 Abs. 2 GKG und § 33 Abs. 2 FamGKG) eine Begrenzung auf 30 Mio. Euro vor; diese Begrenzung wird jedoch bei mehreren Auftraggebern um jeweils 30 Mio. Euro je weiteren Auftraggeber angehoben,[1] höchstens jedoch auf 100 Mio. Euro (§ 22 Abs. 1 S. 2 RVG); das gilt auch im Falle des § 23 Abs. 1 S. 3 RVG (§ 23 Abs. 1 S. 4 RVG). Voraussetzung ist, dass der Tätigkeit für die mehreren Auftraggeber verschiedene Gegenstände zugrunde liegen. Höhere Werte als 100 Mio. Euro sind bei gesetzlicher Abrechnung nicht möglich. Insoweit besteht nur die Möglichkeit einer Vergütungsvereinbarung nach §§ 3a ff. RVG.[2]

Es gelten danach folgende Begrenzungen

Höchstwerte bei mehreren Auftraggebern

Auftraggeber	Höchstwert
1	30 Mio.
2	60 Mio.
3	90 Mio.
4 und mehr	100 Mio.

Dies ergibt folgende Höchstbeträge, die bei der nachfolgenden Berechnung bei mehreren Auftraggebern zu beachten sind.

Höchstbeträge bei mehreren Auftraggebern

Wert bis €	0,3	0,5	0,6	0,65	0,75	0,8	0,9	1,0	1,1
30.000.000	27.513,90	45.856,50	55.027,80	59.613,45	68.784,75	73.370,40	82.541,70	91.713,00	100.884,30
60.000.000	54.513,90	90.856,50	109.027,80	118.113,45	136.284,75	145.370,40	163.541,70	181.713,00	199.884,30
90.000.000	81.513,90	135.856,50	163.027,80	176.613,45	203.784,75	217.370,40	244.541,70	271.713,00	298.884,30
100.000.000	90.603,90	151.006,50	181.207,80	196.308,45	226.509,75	241.610,40	271.811,70	302.013,00	332.214,30

Wert bis €	1,2	1,3	1,4	1,5	1,6	1,8	1,9	2,0	2,5
30.000.000	110.055,60	119.226,90	128.398,20	137.569,50	146.740,80	165.083,40	174.254,70	183.426,00	229.282,50
60.000.000	218.055,60	236.226,90	254.398,20	272.569,50	290.740,80	327.083,40	345.254,70	363.426,00	454.282,50
90.000.000	326.055,60	353.226,90	380.398,20	407.569,50	434.740,80	489.083,40	516.254,70	543.426,00	679.282,50
100.000.000	362.415,60	392.616,90	422.818,20	453.019,50	483.220,80	543.623,40	573.824,70	604.026,00	755.032,50

2. Berechnungsmethode bei Werten über 30 Mio. Euro

Bei Werten über 30 Mio. (§ 22 Abs. 2 S. 2 RVG) ist nach folgender Formel zu verfahren:

Gegenstandswert, aufgerundet auf volle 50.000,00 Euro x Hilfsfaktor + Hilfsbetrag

Dabei ist von folgenden Schritten auszugehen:

(1) Der Gegenstandswert ist zunächst auf volle 50.000,00 Euro aufzurunden.

(2) Sodann ist der aufgerundete Betrag mit dem in der nachfolgenden Hilfstabelle unter Nr. 2 angegebenen Faktor zu multiplizieren.

(3) Hiernach ist dem gefundenen Produkt der unter Nr. 3 der nachfolgenden Hilfstabelle ausgewiesene Ergänzungsbetrag hinzuzurechnen.

---

[1] Zur Berechnung siehe AnwK-RVG/N. *Schneider*, § 22 RVG Rn. 29 ff.
[2] Siehe hierzu *N. Schneider*, Die Vergütungsvereinbarung, Rn. 879 ff. (901 ff.).

Hilfstabelle zur Berechnung höherer Werte

1. Gebührensatz	0,3	0,5	0,6	0,65	0,75	0,8	0,9	1,0	1,1
2. Faktor									
a) in Prozent	0,09	0,15	0,18	0,195	0,225	0,24	0,270	0,3	0,33
b) in Dezimalzahlen	0,0009	0,0015	0,0018	0,00195	0,00225	0,0024	0,0027	0,003	0,0033
3. Ergänzungsbetrag	513,90	856,50	1027,80	1.113,50	1.284,80	1.370,40	1.541,70	1.713,00	1.884,30

1. Gebührensatz	1,2	1,3	1,4	1,5	1,6	1,8	1,9	2,0	2,5
2. Faktor									
a) in Prozent	0,36	0,39	0,42	0,45	0,48	0,54	0,57	0,6	0,75
b) in Dezimalzahlen	0,0036	0,0039	0,0042	0,0045	0,0048	0,0054	0,0057	0,006	0,0075
3. Ergänzungsbetrag	2.055,60	2.226,90	2398,20	2.569,50	2.740,80	3.083,40	3.254,70	3.426,00	4.282,50

Beispiel: Berechnet werden soll eine 1,5-Einigungsgebühr (Nr. 1000 VV RVG) aus dem Gegenstandswert von 45.678.900,00 Euro.

(1) Aufrundung auf volle 50.000,00 Euro   45.700.000,00 Euro

(2) Multiplikation mit Hilfsfaktor

(a) 45.700.000,00 Euro x 0,45 % =   205.650,00 Euro

oder

(b) 45.700.000,00 Euro x 0,0045 =   205.650,00 Euro

(3) Addition mit Ergänzungsbetrag

205.650,00 Euro + 2.569,50 Euro =   **208.219,50 Euro**

Eine andere Berechnungsmöglichkeit besteht darin, von dem 1,0-Wert bei 30 Mio. Euro auszugehen und dann die Erhöhungen für jede weitere 50.000,00 Euro hinzuzurechnen. Es ergibt sich dann folgende Formel:

$$\frac{\textit{(Gegenstandswert, aufgerundet auf volle 50.000,00 Euro} - \textit{30 Mio. Euro)} \times \textit{150}}{\textit{50.000}} \quad + 91.713,00\ \euro$$

Dabei ist von folgenden Schritten auszugehen:

(1) Der Gegenstandswert ist zunächst auf volle 50.000,00 Euro aufzurunden.

(2) Davon sind dann 30 Mio. Euro abzuziehen.

(3) Sodann ist die Differenz durch 50.000,00 Euro zu dividieren und mit 150,00 zu multiplizieren (oder umgekehrt).

(4) Hiernach ist dem gefundenen Produkt der 1,0-Wert bei 30 Mio. Euro in Höhe von 91.713,00 Euro hinzuzurechnen.

(5) Die sich danach ergebende Summe ist sodann mit dem jeweiligen Gebührensatz zu multiplizieren.

Beispiel: Dies ergibt im vorgenannten Beispiel folgende Berechnung:

(1) Aufrundung auf volle 50.000,00 Euro   45.700.000,00 Euro

(2) Abzüglich 30 Mio. Euro

45.700.000,00 Euro − 30 Mio. Euro   15.700.000,00 Euro

(3) Division durch 50.000 und Multiplikation mit 150

15.700.000,00 Euro : 50.000 x 150 =   47.100,00 Euro

(4) Addition mit 30 Mio.-Wert

47.100,00 Euro + 91.713,00 Euro =   138.813,00 Euro

(5) Multiplikation mit Gebührensatz

138.813,00 Euro x 1,5   **208.219,50 Euro**

3. Wertgebühren in erstinstanzlichen gerichtlichen Verfahren nach Teil 3 VV RVG[1] mit Erinnerung und allgemeinem Beschwerdeverfahren (einschließlich Gerichtsgebühren)

I. Überblick

1. Anwaltsgebühren

Die Gebühren für gerichtliche Tätigkeiten – ausgenommen Straf- und Bußgeldsachen sowie Verfahren nach Teil 6 VV RVG (Vorbem. 3 Abs. 7 VV RVG) – richten sich nach **Teil 3 VV RVG**. Ergänzend gelten die Einigungs-, Aussöhnungs- und Erledigungsgebühren (Nrn. 1000 ff. VV RVG), die Gebührenerhöhung nach Nr. 1008 VV RVG und die Zusatzgebühr für besonders umfangreiche Beweisaufnahmen (Nr. 1010 VV RVG).

Mit Ausnahme der Gebühren in sozialgerichtlichen Verfahren nach § 3 Abs. 1 S. 1 RVG, in denen Betragsrahmengebühren vorgesehen sind, gelten in Teil 3 VV RVG ausnahmslos Gebühren, deren **Höhe** sich nach dem **Gegenstandswert** richtet (§ 2 Abs. 1 RVG). Das gilt auch für sozialgerichtliche Verfahren nach § 3 Abs. 1 S. 2 RVG.

Der **Gegenstandswert** berechnet sich nach § 23 Abs. 1 S. 1 oder S. 2 RVG, der auf die Wertvorschriften der jeweiligen gerichtlichen Verfahren verweist. Soweit das Gericht einen Wert für die Gerichtsgebühren festgesetzt hat, ist der Anwalt nach § 32 Abs. 1 RVG daran gebunden. Fehlt es an einer gerichtlichen Wertfestsetzung, weil keine Gerichtsgebühren anfallen oder deren Wert ausnahmsweise nicht für die Anwaltsgebühren gelten, wird der Gegenstandswert auf Antrag im Verfahren nach § 33 RVG festgesetzt.

Soweit die in Bezug genommenen Gesetze eine **Wertbegrenzung** auf 30 Mio. Euro enthalten (so in § 39 Abs. 2 GKG; § 33 Abs. 2 FamGKG), gilt diese Begrenzung nach § 23 Abs. 1 S. 1, 2 RVG auch für die Anwaltsgebühren. Im Übrigen greift die Begrenzung des § 22 Abs. 2 S. 1 RVG auf 30 Mio. Euro. Bei **mehreren Auftraggebern** erhöht sich die Wertgrenze um 30 Mio. Euro je Auftraggeber auf bis zu maximal 100 Mio. Euro (§ 22 Abs. 2 S. 2 RVG). Voraussetzung ist, dass der Tätigkeit für die mehreren Auftraggeber verschiedene Gegenstände zugrunde liegen. Die Werterhöhung gilt nach § 23 Abs. 1 S. 4 RVG auch dann, wenn das in Bezug genommene Gesetz keine solche Erhöhung kennt, wie z.B. § 39 Abs. 2 GKG oder § 33 Abs. 2 FamGKG.

Nach dem jeweiligen Gegenstandswert ergibt sich aus der Tabelle des § 13 Abs. 1 RVG ein **Gebührenbetrag**, der dann mit dem entsprechenden Gebührensatz des jeweiligen Gebührentatbestands des Vergütungsverzeichnisses zu multiplizieren ist.

Der **Mindestbetrag** einer Gebühr beträgt 15,00 Euro (§ 13 Abs. 2 RVG).

Möglich ist, dass aus einzelnen Teilwerten **unterschiedliche Gebührensätze** anfallen. Dann ist zunächst aus jedem Teilwert die jeweilige Gebühr zu ermitteln. Die Summe beider Einzelgebühren aus den Teilwerten darf nach § 15 Abs. 3 RVG jedoch eine Gebühr nach dem höchsten Gebührensatz aus dem Gesamtwert nicht übersteigen und ist gegebenenfalls auf diesen Betrag zu kürzen.

Beispiel: Der Anwalt erhält den Auftrag, eine Klage über 14.000,00 Euro einzureichen. Er entwirft die Klageschrift. Diese wird jedoch nur noch in Höhe von 8.000,00 Euro eingereicht, da der Beklagte vor Klageerhebung noch 6.000,00 Euro gezahlt hat.

– In Höhe von 8.000,00 Euro ist die Klage eingereicht worden; insoweit ist die volle 1,3-Verfahrensgebühr entstanden (Nr. 3100 VV RVG).

– In Höhe von 6.000,00 Euro hat sich die Klage vorzeitig erledigt; insoweit ist nur eine ermäßigte 0,8-Verfahrensgebühr angefallen (Nrn. 3100, 3101 Nr. 1 VV RVG).

---

[1] Ausgenommen erstinstanzliche Verfahren vor den Finanzgerichten (Vorbem. 3.2.1 Nr. 1 VV RVG) und in Verfahren nach Nr. 3300 VV RVG. Zu den Gebühren in diesen Verfahren hierzu S. 89 ff.

- Insgesamt darf der Anwalt nicht mehr als eine 1,3-Gebühr aus dem Gesamtwert abrechnen:

1. 1,3-Verfahrensgebühr, Nr. 3100 VV RVG
   (Wert: 8.000,00 Euro)   592,80 Euro
2. 0,8-Verfahrensgebühr, Nrn. 3100, 3101 Nr. 1 VV RVG
   (Wert: 6.000,00 Euro)   283,20 Euro
   gem. § 15 Abs. 3 RVG
   nicht mehr als 1,3 aus 14.000,00 Euro   845,00 Euro
3. Postentgeltpauschale, Nr. 7002 VV RVG   20,00 Euro
   Zwischensumme   865,00 Euro
4. 19 % Umsatzsteuer, Nr. 7008 VV RVG   164,35 Euro

Gesamt   **1.029,35 Euro**

Ist dem gerichtlichen Verfahren eine außergerichtliche Vertretung vorangegangen, so ist die dort entstandene **Geschäftsgebühr** zur Hälfte auf die Verfahrensgebühr des gerichtlichen Verfahrens **anzurechnen**, höchstens jedoch zu 0,75 (Vorbem. 3 Abs. 4 VV RVG). Siehe hierzu S. 211.

Vertritt der Anwalt **mehrere Auftraggeber**, so erhöhen sich die Verfahrensgebühren nach Nr. 1008 VV RVG um jeweils 0,3 je weiteren Auftraggeber, sofern der Gegenstand der anwaltlichen Tätigkeit derselbe ist (Anm. Abs. 1 zu Nr. 1008 VV RVG).

Sind **mehrere Auftraggeber unterschiedlich** beteiligt, so wird die Erhöhung nur nach dem Betrag berechnet, an dem die Auftraggeber gemeinschaftlich beteiligt sind (Anm. Abs. 2 zu Nr. 1008 VV RVG). Es sind dann aus den Teilwerten der unterschiedlichen Beteiligungen gesonderte Gebühren zu berechnen, wobei die Summe der Einzel-Gebühren nicht höher liegen darf als eine nach dem höchsten angefallenen Gebührensatz berechnete Gebühr aus dem Gesamtwert (§ 15 Abs. 3 RVG).[1]

Beispiel: Der Anwalt erhebt für den aus einem Verkehrsunfall Geschädigten eine Schadensersatzklage in Höhe von 2.000,00 Euro gegen den Unfallgegner. Der verklagte Halter erhebt daraufhin Widerklage gegen den Kläger und dessen Haftpflichtversicherer in Höhe von 10.000,00 Euro. Der Anwalt wird auch hinsichtlich der Abwehr der Widerklage beauftragt.

- Aus dem Wert der Klage ist nur die einfache 1,3-Verfahrensgebühr (Nr. 3100 VV RVG) angefallen, da insoweit nur ein Auftraggeber vorhanden ist.
- Hinsichtlich der Widerklage vertritt der Anwalt dagegen zwei Auftraggeber, sodass insoweit eine erhöhte 1,6-Verfahrensgebühr (Nrn. 3100, 1008 VV RVG) entsteht.
- Insgesamt darf der Anwalt gem. § 15 Abs. 3 RVG nicht mehr als eine 1,6-Gebühr aus dem Gesamtwert abrechnen.

Zu rechnen ist wie folgt:

1. 1,6-Verfahrensgebühr, Nrn. 3100, 1008 VV RVG
   (Wert: 10.000,00 Euro)   892,80 Euro
2. 1,3-Verfahrensgebühr, Nr. 3100 VV RVG
   (Wert: 2.000,00 Euro)   195,00 Euro
   gem. § 15 Abs. 3 RVG
   nicht mehr als 1,6 aus 12.000,00 Euro   966,40 Euro
3. 1,2-Terminsgebühr, Nr. 3104 VV RVG
   (Wert: 12.000,00 Euro)   724,80 Euro
4. Postentgeltpauschale, Nr. 7002 VV RVG   20,00 Euro
   Zwischensumme   1.711,20 Euro
5. 19 % Umsatzsteuer, Nr. 7008 VV RVG   325,13 Euro

Gesamt   **2.036,33 Euro**

2. Gerichtsgebühren

Zu den Gerichtsgebühren siehe die Ausführungen auf S. 287 f., 335.

---

[1] LG Saarbrücken AGS 2012, 56 = DAR 2012, 177 = NJW-Spezial 2012, 27 = VRR 2012, 120; AG Augsburg AGS 2008, 434 = DAR 2008, 673 = NJW-Spezial 2008, 636 = VRR 2008, 479.

II. Gebührentabelle

Anwaltsgebühren

Wert bis €	0,3	0,5	0,6	0,65	0,75	0,8	0,9	0,95	1,0	1,1
500	15,00[1]	22,50	27,00	29,25	33,75	36,00	40,50	42,75	45,00	49,50
1.000	24,00	40,00	48,00	52,00	60,00	64,00	72,00	76,00	80,00	88,00
1.500	34,50	57,50	69,00	74,75	86,25	92,00	103,50	109,25	115,00	126,50
2.000	45,00	75,00	90,00	97,50	112,50	120,00	135,00	142,50	150,00	165,00
3.000	60,30	100,50	120,60	130,65	150,75	160,80	180,90	190,95	201,00	221,10
4.000	75,60	126,00	151,20	163,80	189,00	201,60	226,80	239,40	252,00	277,20
5.000	90,90	151,50	181,80	196,95	227,25	242,40	272,70	287,85	303,00	333,30
6.000	106,20	177,00	212,40	230,10	265,50	283,20	318,60	336,30	354,00	389,40
7.000	121,50	202,50	243,00	263,25	303,75	324,00	364,50	384,75	405,00	445,50
8.000	136,80	228,00	273,60	296,40	342,00	364,80	410,40	433,20	456,00	501,60
9.000	152,10	253,50	304,20	329,55	380,25	405,60	456,30	481,65	507,00	557,70
10.000	167,40	279,00	334,80	362,70	418,50	446,40	502,20	530,10	558,00	613,80
13.000	181,20	302,00	362,40	392,60	453,00	483,20	543,60	573,80	604,00	664,40
16.000	195,00	325,00	390,00	422,50	487,50	520,00	585,00	617,50	650,00	715,00
19.000	208,80	348,00	417,60	452,40	522,00	556,80	626,40	661,20	696,00	765,60
22.000	222,60	371,00	445,20	482,30	556,50	593,60	667,80	704,90	742,00	816,20
25.000	236,40	394,00	472,80	512,20	591,00	630,40	709,20	748,60	788,00	866,80
30.000	258,90	431,50	517,80	560,95	647,25	690,40	776,70	819,85	863,00	949,30
35.000	281,40	469,00	562,80	609,70	703,50	750,40	844,20	891,10	938,00	1.031,80
40.000	303,90	506,50	607,80	658,45	759,75	810,40	911,70	962,35	1.013,00	1.114,30
45.000	326,40	544,00	652,80	707,20	816,00	870,40	979,20	1.033,60	1.088,00	1.196,80
50.000	348,90	581,50	697,80	755,95	872,25	930,40	1.046,70	1.104,85	1.163,00	1.279,30
65.000	374,40	624,00	748,80	811,20	936,00	998,40	1.123,20	1.185,60	1.248,00	1.372,80
80.000	399,90	666,50	799,80	866,45	999,75	1.066,40	1.199,70	1.266,35	1.333,00	1.466,30
95.000	425,40	709,00	850,80	921,70	1.063,50	1.134,40	1.276,20	1.347,10	1.418,00	1.559,80
110.000	450,90	751,50	901,80	976,95	1.127,25	1.202,40	1.352,70	1.427,85	1.503,00	1.653,30
125.000	476,40	794,00	952,80	1.032,20	1.191,00	1.270,40	1.429,20	1.508,60	1.588,00	1.746,80
140.000	501,90	836,50	1.003,80	1.087,45	1.254,75	1.338,40	1.505,70	1.589,35	1.673,00	1.840,30
155.000	527,40	879,00	1.054,80	1.142,70	1.318,50	1.406,40	1.582,20	1.670,10	1.758,00	1.933,80
170.000	552,90	921,50	1.105,80	1.197,95	1.382,25	1.474,40	1.658,70	1.750,85	1.843,00	2.027,30
185.000	578,40	964,00	1.156,80	1.253,20	1.446,00	1.542,40	1.735,20	1.831,60	1.928,00	2.120,80
200.000	603,90	1.006,50	1.207,80	1.308,45	1.509,75	1.610,40	1.811,70	1.912,35	2.013,00	2.214,30
230.000	639,90	1.066,50	1.279,80	1.386,45	1.599,75	1.706,40	1.919,70	2.026,35	2.133,00	2.346,30
260.000	675,90	1.126,50	1.351,80	1.464,45	1.689,75	1.802,40	2.027,70	2.140,35	2.253,00	2.478,30
290.000	711,90	1.186,50	1.423,80	1.542,45	1.779,75	1.898,40	2.135,70	2.254,35	2.373,00	2.610,30
320.000	747,90	1.246,50	1.495,80	1.620,45	1.869,75	1.994,40	2.243,70	2.368,35	2.493,00	2.742,30
350.000	783,90	1.306,50	1.567,80	1.698,45	1.959,75	2.090,40	2.351,70	2.482,35	2.613,00	2.874,30
380.000	819,90	1.366,50	1.639,80	1.776,45	2.049,75	2.186,40	2.459,70	2.596,35	2.733,00	3.006,30
410.000	855,90	1.426,50	1.711,80	1.854,45	2.139,75	2.282,40	2.567,70	2.710,35	2.853,00	3.138,30
440.000	891,90	1.486,50	1.783,80	1.932,45	2.229,75	2.378,40	2.675,70	2.824,35	2.973,00	3.270,30
470.000	927,90	1.546,50	1.855,80	2.010,45	2.319,75	2.474,40	2.783,70	2.938,35	3.093,00	3.402,30
500.000	963,90	1.606,50	1.927,80	2.088,45	2.409,75	2.570,40	2.891,70	3.052,35	3.213,00	3.534,30
550.000	1.008,90	1.681,50	2.017,80	2.185,95	2.522,25	2.690,40	3.026,70	3.194,85	3.363,00	3.699,30
600.000	1.053,90	1.756,50	2.107,80	2.283,45	2.634,75	2.810,40	3.161,70	3.337,35	3.513,00	3.864,30
650.000	1.098,90	1.831,50	2.197,80	2.380,95	2.747,25	2.930,40	3.296,70	3.479,85	3.663,00	4.029,30
700.000	1.143,90	1.906,50	2.287,80	2.478,45	2.859,75	3.050,40	3.431,70	3.622,35	3.813,00	4.194,30
750.000	1.188,90	1.981,50	2.377,80	2.575,95	2.972,25	3.170,40	3.566,70	3.764,85	3.963,00	4.359,30
800.000	1.233,90	2.056,50	2.467,80	2.673,45	3.084,75	3.290,40	3.701,70	3.907,35	4.113,00	4.524,30
850.000	1.278,90	2.131,50	2.557,80	2.770,95	3.197,25	3.410,40	3.836,70	4.049,85	4.263,00	4.689,30

[1] Der Mindestbetrag einer Gebühr beträgt 15,00 Euro (§ 13 Abs. 2 RVG). Geringere Beträge sind daher – wie hier – auf 15,00 Euro anzuheben.

3. Wertgebühren in erstinstanzlichen gerichtlichen Verfahren

1,2	1,3	1,4	1,5	1,6	1,8	Gerichtsgebühren 0,5	1,0	2,0	3,0	Wert bis €
54,00	58,50	63,00	67,50	72,00	81,00	17,50	35,00	70,00	105,00	500
96,00	104,00	112,00	120,00	128,00	144,00	26,50	53,00	106,00	159,00	1.000
138,00	149,50	161,00	172,50	184,00	207,00	35,50	71,00	142,00	213,00	1.500
180,00	195,00	210,00	225,00	240,00	270,00	44,50	89,00	178,00	267,00	2.000
241,20	261,30	281,40	301,50	321,60	361,80	54,00	108,00	216,00	324,00	3.000
302,40	327,60	352,80	378,00	403,20	453,60	63,50	127,00	254,00	381,00	4.000
363,60	393,90	424,20	454,50	484,80	545,40	73,00	146,00	292,00	438,00	5.000
424,80	460,20	495,60	531,00	566,40	637,20	82,50	165,00	330,00	495,00	6.000
486,00	526,50	567,00	607,50	648,00	729,00	92,00	184,00	368,00	552,00	7.000
547,20	592,80	638,40	684,00	729,60	820,80	101,50	203,00	406,00	609,00	8.000
608,40	659,10	709,80	760,50	811,20	912,60	111,00	222,00	444,00	666,00	9.000
669,60	725,40	781,20	837,00	892,80	1.004,40	120,50	241,00	482,00	723,00	10.000
724,80	785,20	845,60	906,00	966,40	1.087,20	133,50	267,00	534,00	801,00	13.000
780,00	845,00	910,00	975,00	1.040,00	1.170,00	146,50	293,00	586,00	879,00	16.000
835,20	904,80	974,40	1.044,00	1.113,60	1.252,80	159,50	319,00	638,00	957,00	19.000
890,40	964,60	1.038,80	1.113,00	1.187,20	1.335,60	172,50	345,00	690,00	1.035,00	22.000
945,60	1.024,40	1.103,20	1.182,00	1.260,80	1.418,40	185,50	371,00	742,00	1.113,00	25.000
1.035,60	1.121,90	1.208,20	1.294,50	1.380,80	1.553,40	203,00	406,00	812,00	1.218,00	30.000
1.125,60	1.219,40	1.313,20	1.407,00	1.500,80	1.688,40	220,50	441,00	882,00	1.323,00	35.000
1.215,60	1.316,90	1.418,20	1.519,50	1.620,80	1.823,40	238,00	476,00	952,00	1.428,00	40.000
1.305,60	1.414,40	1.523,20	1.632,00	1.740,80	1.958,40	255,50	511,00	1.022,00	1.533,00	45.000
1.395,60	1.511,90	1.628,20	1.744,50	1.860,80	2.093,40	273,00	546,00	1.092,00	1.638,00	50.000
1.497,60	1.622,40	1.747,20	1.872,00	1.996,80	2.246,40	333,00	666,00	1.332,00	1.998,00	65.000
1.599,60	1.732,90	1.866,20	1.999,50	2.132,80	2.399,40	393,00	786,00	1.572,00	2.358,00	80.000
1.701,60	1.843,40	1.985,20	2.127,00	2.268,80	2.552,40	453,00	906,00	1.812,00	2.718,00	95.000
1.803,60	1.953,90	2.104,20	2.254,50	2.404,80	2.705,40	513,00	1.026,00	2.052,00	3.078,00	110.000
1.905,60	2.064,40	2.223,20	2.382,00	2.540,80	2.858,40	573,00	1.146,00	2.292,00	3.438,00	125.000
2.007,60	2.174,90	2.342,20	2.509,50	2.676,80	3.011,40	633,00	1.266,00	2.532,00	3.798,00	140.000
2.109,60	2.285,40	2.461,20	2.637,00	2.812,80	3.164,40	693,00	1.386,00	2.772,00	4.158,00	155.000
2.211,60	2.395,90	2.580,20	2.764,50	2.948,80	3.317,40	753,00	1.506,00	3.012,00	4.518,00	170.000
2.313,60	2.506,40	2.699,20	2.892,00	3.084,80	3.470,40	813,00	1.626,00	3.252,00	4.878,00	185.000
2.415,60	2.616,90	2.818,20	3.019,50	3.220,80	3.623,40	873,00	1.746,00	3.492,00	5.238,00	200.000
2.559,60	2.772,90	2.986,20	3.199,50	3.412,80	3.839,40	962,50	1.925,00	3.850,00	5.775,00	230.000
2.703,60	2.928,90	3.154,20	3.379,50	3.604,80	4.055,40	1.052,00	2.104,00	4.208,00	6.312,00	260.000
2.847,60	3.084,90	3.322,20	3.559,50	3.796,80	4.271,40	1.141,50	2.283,00	4.566,00	6.849,00	290.000
2.991,60	3.240,90	3.490,20	3.739,50	3.988,80	4.487,40	1.231,00	2.462,00	4.924,00	7.386,00	320.000
3.135,60	3.396,90	3.658,20	3.919,50	4.180,80	4.703,40	1.320,50	2.641,00	5.282,00	7.923,00	350.000
3.279,60	3.552,90	3.826,20	4.099,50	4.372,80	4.919,40	1.410,00	2.820,00	5.640,00	8.460,00	380.000
3.423,60	3.708,90	3.994,20	4.279,50	4.564,80	5.135,40	1.499,50	2.999,00	5.998,00	8.997,00	410.000
3.567,60	3.864,90	4.162,20	4.459,50	4.756,80	5.351,40	1.589,00	3.178,00	6.356,00	9.534,00	440.000
3.711,60	4.020,90	4.330,20	4.639,50	4.948,80	5.567,40	1.678,50	3.357,00	6.714,00	10.071,00	470.000
3.855,60	4.176,90	4.498,20	4.819,50	5.140,80	5.783,40	1.768,00	3.536,00	7.072,00	10.608,00	500.000
4.035,60	4.371,90	4.708,20	5.044,50	5.380,80	6.053,40	1.858,00	3.716,00	7.432,00	11.148,00	550.000
4.215,60	4.566,90	4.918,20	5.269,50	5.620,80	6.323,40	1.948,00	3.896,00	7.792,00	11.688,00	600.000
4.395,60	4.761,90	5.128,20	5.494,50	5.860,80	6.593,40	2.038,00	4.076,00	8.152,00	12.228,00	650.000
4.575,60	4.956,90	5.338,20	5.719,50	6.100,80	6.863,40	2.128,00	4.256,00	8.512,00	12.768,00	700.000
4.755,60	5.151,90	5.548,20	5.944,50	6.340,80	7.133,40	2.218,00	4.436,00	8.872,00	13.308,00	750.000
4.935,60	5.346,90	5.758,20	6.169,50	6.580,80	7.403,40	2.308,00	4.616,00	9.232,00	13.848,00	800.000
5.115,60	5.541,90	5.968,20	6.394,50	6.820,80	7.673,40	2.398,00	4.796,00	9.592,00	14.388,00	850.000

Anwaltsgebühren

Wert bis €	0,3	0,5	0,6	0,65	0,75	0,8	0,9	0,95	1,0	1,1
900.000	1.323,90	2.206,50	2.647,80	2.868,45	3.309,75	3.530,40	3.971,70	4.192,35	4.413,00	4.854,30
950.000	1.368,90	2.281,50	2.737,80	2.965,95	3.422,25	3.650,40	4.106,70	4.334,85	4.563,00	5.019,30
1.000.000	1.413,90	2.356,50	2.827,80	3.063,45	3.534,75	3.770,40	4.241,70	4.477,35	4.713,00	5.184,30
1.050.000	1.458,90	2.431,50	2.917,80	3.160,95	3.647,25	3.890,40	4.376,70	4.619,85	4.863,00	5.349,30
1.100.000	1.503,90	2.506,50	3.007,80	3.258,45	3.759,75	4.010,40	4.511,70	4.762,35	5.013,00	5.514,30
1.150.000	1.548,90	2.581,50	3.097,80	3.355,95	3.872,25	4.130,40	4.646,70	4.904,85	5.163,00	5.679,30
1.200.000	1.593,90	2.656,50	3.187,80	3.453,45	3.984,75	4.250,40	4.781,70	5.047,35	5.313,00	5.844,30
1.250.000	1.638,90	2.731,50	3.277,80	3.550,95	4.097,25	4.370,40	4.916,70	5.189,85	5.463,00	6.009,30
1.300.000	1.683,90	2.806,50	3.367,80	3.648,45	4.209,75	4.490,40	5.051,70	5.332,35	5.613,00	6.174,30
1.350.000	1.728,90	2.881,50	3.457,80	3.745,95	4.322,25	4.610,40	5.186,70	5.474,85	5.763,00	6.339,30
1.400.000	1.773,90	2.956,50	3.547,80	3.843,45	4.434,75	4.730,40	5.321,70	5.617,35	5.913,00	6.504,30
1.450.000	1.818,90	3.031,50	3.637,80	3.940,95	4.547,25	4.850,40	5.456,70	5.759,85	6.063,00	6.669,30
1.500.000	1.863,90	3.106,50	3.727,80	4.038,45	4.659,75	4.970,40	5.591,70	5.902,35	6.213,00	6.834,30
1.550.000	1.908,90	3.181,50	3.817,80	4.135,95	4.772,25	5.090,40	5.726,70	6.044,85	6.363,00	6.999,30
1.600.000	1.953,90	3.256,50	3.907,80	4.233,45	4.884,75	5.210,40	5.861,70	6.187,35	6.513,00	7.164,30
1.650.000	1.998,90	3.331,50	3.997,80	4.330,95	4.997,25	5.330,40	5.996,70	6.329,85	6.663,00	7.329,30
1.700.000	2.043,90	3.406,50	4.087,80	4.428,45	5.109,75	5.450,40	6.131,70	6.472,35	6.813,00	7.494,30
1.750.000	2.088,90	3.481,50	4.177,80	4.525,95	5.222,25	5.570,40	6.266,70	6.614,85	6.963,00	7.659,30
1.800.000	2.133,90	3.556,50	4.267,80	4.623,45	5.334,75	5.690,40	6.401,70	6.757,35	7.113,00	7.824,30
1.850.000	2.178,90	3.631,50	4.357,80	4.720,95	5.447,25	5.810,40	6.536,70	6.899,85	7.263,00	7.989,30
1.900.000	2.223,90	3.706,50	4.447,80	4.818,45	5.559,75	5.930,40	6.671,70	7.042,35	7.413,00	8.154,30
1.950.000	2.268,90	3.781,50	4.537,80	4.915,95	5.672,25	6.050,40	6.806,70	7.184,85	7.563,00	8.319,30
2.000.000	2.313,90	3.856,50	4.627,80	5.013,45	5.784,75	6.170,40	6.941,70	7.327,35	7.713,00	8.484,30
2.050.000	2.358,90	3.931,50	4.717,80	5.110,95	5.897,25	6.290,40	7.076,70	7.469,85	7.863,00	8.649,30
2.100.000	2.403,90	4.006,50	4.807,80	5.208,45	6.009,75	6.410,40	7.211,70	7.612,35	8.013,00	8.814,30
2.150.000	2.448,90	4.081,50	4.897,80	5.305,95	6.122,25	6.530,40	7.346,70	7.754,85	8.163,00	8.979,30
2.200.000	2.493,90	4.156,50	4.987,80	5.403,45	6.234,75	6.650,40	7.481,70	7.897,35	8.313,00	9.144,30
2.250.000	2.538,90	4.231,50	5.077,80	5.500,95	6.347,25	6.770,40	7.616,70	8.039,85	8.463,00	9.309,30
2.300.000	2.583,90	4.306,50	5.167,80	5.598,45	6.459,75	6.890,40	7.751,70	8.182,35	8.613,00	9.474,30
2.350.000	2.628,90	4.381,50	5.257,80	5.695,95	6.572,25	7.010,40	7.886,70	8.324,85	8.763,00	9.639,30
2.400.000	2.673,90	4.456,50	5.347,80	5.793,45	6.684,75	7.130,40	8.021,70	8.467,35	8.913,00	9.804,30
2.450.000	2.718,90	4.531,50	5.437,80	5.890,95	6.797,25	7.250,40	8.156,70	8.609,85	9.063,00	9.969,30
2.500.000	2.763,90	4.606,50	5.527,80	5.988,45	6.909,75	7.370,40	8.291,70	8.752,35	9.213,00	10.134,30
2.550.000	2.808,90	4.681,50	5.617,80	6.085,95	7.022,25	7.490,40	8.426,70	8.894,85	9.363,00	10.299,30
2.600.000	2.853,90	4.756,50	5.707,80	6.183,45	7.134,75	7.610,40	8.561,70	9.037,35	9.513,00	10.464,30
2.650.000	2.898,90	4.831,50	5.797,80	6.280,95	7.247,25	7.730,40	8.696,70	9.179,85	9.663,00	10.629,30
2.700.000	2.943,90	4.906,50	5.887,80	6.378,45	7.359,75	7.850,40	8.831,70	9.322,35	9.813,00	10.794,30
2.750.000	2.988,90	4.981,50	5.977,80	6.475,95	7.472,25	7.970,40	8.966,70	9.464,85	9.963,00	10.959,30
2.800.000	3.033,90	5.056,50	6.067,80	6.573,45	7.584,75	8.090,40	9.101,70	9.607,35	10.113,00	11.124,30
2.850.000	3.078,90	5.131,50	6.157,80	6.670,95	7.697,25	8.210,40	9.236,70	9.749,85	10.263,00	11.289,30
2.900.000	3.123,90	5.206,50	6.247,80	6.768,45	7.809,75	8.330,40	9.371,70	9.892,35	10.413,00	11.454,30
2.950.000	3.168,90	5.281,50	6.337,80	6.865,95	7.922,25	8.450,40	9.506,70	10.034,85	10.563,00	11.619,30
3.000.000	3.213,90	5.356,50	6.427,80	6.963,45	8.034,75	8.570,40	9.641,70	10.177,35	10.713,00	11.784,30
3.050.000	3.258,90	5.431,50	6.517,80	7.060,95	8.147,25	8.690,40	9.776,70	10.319,85	10.863,00	11.949,30
3.100.000	3.303,90	5.506,50	6.607,80	7.158,45	8.259,75	8.810,40	9.911,70	10.462,35	11.013,00	12.114,30
3.150.000	3.348,90	5.581,50	6.697,80	7.255,95	8.372,25	8.930,40	10.046,70	10.604,85	11.163,00	12.279,30
3.200.000	3.393,90	5.656,50	6.787,80	7.353,45	8.484,75	9.050,40	10.181,70	10.747,35	11.313,00	12.444,30
3.250.000	3.438,90	5.731,50	6.877,80	7.450,95	8.597,25	9.170,40	10.316,70	10.889,85	11.463,00	12.609,30
3.300.000	3.483,90	5.806,50	6.967,80	7.548,45	8.709,75	9.290,40	10.451,70	11.032,35	11.613,00	12.774,30
3.350.000	3.528,90	5.881,50	7.057,80	7.645,95	8.822,25	9.410,40	10.586,70	11.174,85	11.763,00	12.939,30
3.400.000	3.573,90	5.956,50	7.147,80	7.743,45	8.934,75	9.530,40	10.721,70	11.317,35	11.913,00	13.104,30
3.450.000	3.618,90	6.031,50	7.237,80	7.840,95	9.047,25	9.650,40	10.856,70	11.459,85	12.063,00	13.269,30
3.500.000	3.663,90	6.106,50	7.327,80	7.938,45	9.159,75	9.770,40	10.991,70	11.602,35	12.213,00	13.434,30

3. Wertgebühren in erstinstanzlichen gerichtlichen Verfahren

1,2	1,3	1,4	1,5	1,6	1,8	Gerichtsgebühren 0,5	1,0	2,0	3,0	Wert bis €
5.295,60	5.736,90	6.178,20	6.619,50	7.060,80	7.943,40	2.488,00	4.976,00	9.952,00	14.928,00	**900.000**
5.475,60	5.931,90	6.388,20	6.844,50	7.300,80	8.213,40	2.578,00	5.156,00	10.312,00	15.468,00	**950.000**
5.655,60	6.126,90	6.598,20	7.069,50	7.540,80	8.483,40	2.668,00	5.336,00	10.672,00	16.008,00	**1.000.000**
5.835,60	6.321,90	6.808,20	7.294,50	7.780,80	8.753,40	2.758,00	5.516,00	11.032,00	16.548,00	**1.050.000**
6.015,60	6.516,90	7.018,20	7.519,50	8.020,80	9.023,40	2.848,00	5.696,00	11.392,00	17.088,00	**1.100.000**
6.195,60	6.711,90	7.228,20	7.744,50	8.260,80	9.293,40	2.938,00	5.876,00	11.752,00	17.628,00	**1.150.000**
6.375,60	6.906,90	7.438,20	7.969,50	8.500,80	9.563,40	3.028,00	6.056,00	12.112,00	18.168,00	**1.200.000**
6.555,60	7.101,90	7.648,20	8.194,50	8.740,80	9.833,40	3.118,00	6.236,00	12.472,00	18.708,00	**1.250.000**
6.735,60	7.296,90	7.858,20	8.419,50	8.980,80	10.103,40	3.208,00	6.416,00	12.832,00	19.248,00	**1.300.000**
6.915,60	7.491,90	8.068,20	8.644,50	9.220,80	10.373,40	3.298,00	6.596,00	13.192,00	19.788,00	**1.350.000**
7.095,60	7.686,90	8.278,20	8.869,50	9.460,80	10.643,40	3.388,00	6.776,00	13.552,00	20.328,00	**1.400.000**
7.275,60	7.881,90	8.488,20	9.094,50	9.700,80	10.913,40	3.478,00	6.956,00	13.912,00	20.868,00	**1.450.000**
7.455,60	8.076,90	8.698,20	9.319,50	9.940,80	11.183,40	3.568,00	7.136,00	14.272,00	21.408,00	**1.500.000**
7.635,60	8.271,90	8.908,20	9.544,50	10.180,80	11.453,40	3.658,00	7.316,00	14.632,00	21.948,00	**1.550.000**
7.815,60	8.466,90	9.118,20	9.769,50	10.420,80	11.723,40	3.748,00	7.496,00	14.992,00	22.488,00	**1.600.000**
7.995,60	8.661,90	9.328,20	9.994,50	10.660,80	11.993,40	3.838,00	7.676,00	15.352,00	23.028,00	**1.650.000**
8.175,60	8.856,90	9.538,20	10.219,50	10.900,80	12.263,40	3.928,00	7.856,00	15.712,00	23.568,00	**1.700.000**
8.355,60	9.051,90	9.748,20	10.444,50	11.140,80	12.533,40	4.018,00	8.036,00	16.072,00	24.108,00	**1.750.000**
8.535,60	9.246,90	9.958,20	10.669,50	11.380,80	12.803,40	4.108,00	8.216,00	16.432,00	24.648,00	**1.800.000**
8.715,60	9.441,90	10.168,20	10.894,50	11.620,80	13.073,40	4.198,00	8.396,00	16.792,00	25.188,00	**1.850.000**
8.895,60	9.636,90	10.378,20	11.119,50	11.860,80	13.343,40	4.288,00	8.576,00	17.152,00	25.728,00	**1.900.000**
9.075,60	9.831,90	10.588,20	11.344,50	12.100,80	13.613,40	4.378,00	8.756,00	17.512,00	26.268,00	**1.950.000**
9.255,60	10.026,90	10.798,20	11.569,50	12.340,80	13.883,40	4.468,00	8.936,00	17.872,00	26.808,00	**2.000.000**
9.435,60	10.221,90	11.008,20	11.794,50	12.580,80	14.153,40	4.558,00	9.116,00	18.232,00	27.348,00	**2.050.000**
9.615,60	10.416,90	11.218,20	12.019,50	12.820,80	14.423,40	4.648,00	9.296,00	18.592,00	27.888,00	**2.100.000**
9.795,60	10.611,90	11.428,20	12.244,50	13.060,80	14.693,40	4.738,00	9.476,00	18.952,00	28.428,00	**2.150.000**
9.975,60	10.806,90	11.638,20	12.469,50	13.300,80	14.963,40	4.828,00	9.656,00	19.312,00	28.968,00	**2.200.000**
10.155,60	11.001,90	11.848,20	12.694,50	13.540,80	15.233,40	4.918,00	9.836,00	19.672,00	29.508,00	**2.250.000**
10.335,60	11.196,90	12.058,20	12.919,50	13.780,80	15.503,40	5.008,00	10.016,00	20.032,00	30.048,00	**2.300.000**
10.515,60	11.391,90	12.268,20	13.144,50	14.020,80	15.773,40	5.098,00	10.196,00	20.392,00	30.588,00	**2.350.000**
10.695,60	11.586,90	12.478,20	13.369,50	14.260,80	16.043,40	5.188,00	10.376,00	20.752,00	31.128,00	**2.400.000**
10.875,60	11.781,90	12.688,20	13.594,50	14.500,80	16.313,40	5.278,00	10.556,00	21.112,00	31.668,00	**2.450.000**
11.055,60	11.976,90	12.898,20	13.819,50	14.740,80	16.583,40	5.368,00	10.736,00	21.472,00	32.208,00	**2.500.000**
11.235,60	12.171,90	13.108,20	14.044,50	14.980,80	16.853,40	5.458,00	10.916,00	21.832,00	32.748,00	**2.550.000**
11.415,60	12.366,90	13.318,20	14.269,50	15.220,80	17.123,40	5.548,00	11.096,00	22.192,00	33.288,00	**2.600.000**
11.595,60	12.561,90	13.528,20	14.494,50	15.460,80	17.393,40	5.638,00	11.276,00	22.552,00	33.828,00	**2.650.000**
11.775,60	12.756,90	13.738,20	14.719,50	15.700,80	17.663,40	5.728,00	11.456,00	22.912,00	34.368,00	**2.700.000**
11.955,60	12.951,90	13.948,20	14.944,50	15.940,80	17.933,40	5.818,00	11.636,00	23.272,00	34.908,00	**2.750.000**
12.135,60	13.146,90	14.158,20	15.169,50	16.180,80	18.203,40	5.908,00	11.816,00	23.632,00	35.448,00	**2.800.000**
12.315,60	13.341,90	14.368,20	15.394,50	16.420,80	18.473,40	5.998,00	11.996,00	23.992,00	35.988,00	**2.850.000**
12.495,60	13.536,90	14.578,20	15.619,50	16.660,80	18.743,40	6.088,00	12.176,00	24.352,00	36.528,00	**2.900.000**
12.675,60	13.731,90	14.788,20	15.844,50	16.900,80	19.013,40	6.178,00	12.356,00	24.712,00	37.068,00	**2.950.000**
12.855,60	13.926,90	14.998,20	16.069,50	17.140,80	19.283,40	6.268,00	12.536,00	25.072,00	37.608,00	**3.000.000**
13.035,60	14.121,90	15.208,20	16.294,50	17.380,80	19.553,40	6.358,00	12.716,00	25.432,00	38.148,00	**3.050.000**
13.215,60	14.316,90	15.418,20	16.519,50	17.620,80	19.823,40	6.448,00	12.896,00	25.792,00	38.688,00	**3.100.000**
13.395,60	14.511,90	15.628,20	16.744,50	17.860,80	20.093,40	6.538,00	13.076,00	26.152,00	39.228,00	**3.150.000**
13.575,60	14.706,90	15.838,20	16.969,50	18.100,80	20.363,40	6.628,00	13.256,00	26.512,00	39.768,00	**3.200.000**
13.755,60	14.901,90	16.048,20	17.194,50	18.340,80	20.633,40	6.718,00	13.436,00	26.872,00	40.308,00	**3.250.000**
13.935,60	15.096,90	16.258,20	17.419,50	18.580,80	20.903,40	6.808,00	13.616,00	27.232,00	40.848,00	**3.300.000**
14.115,60	15.291,90	16.468,20	17.644,50	18.820,80	21.173,40	6.898,00	13.796,00	27.592,00	41.388,00	**3.350.000**
14.295,60	15.486,90	16.678,20	17.869,50	19.060,80	21.443,40	6.988,00	13.976,00	27.952,00	41.928,00	**3.400.000**
14.475,60	15.681,90	16.888,20	18.094,50	19.300,80	21.713,40	7.078,00	14.156,00	28.312,00	42.468,00	**3.450.000**
14.655,60	15.876,90	17.098,20	18.319,50	19.540,80	21.983,40	7.168,00	14.336,00	28.672,00	43.008,00	**3.500.000**

Anwaltsgebühren

Wert bis €	0,3	0,5	0,6	0,65	0,75	0,8	0,9	0,95	1,0	1,1
3.550.000	3.708,90	6.181,50	7.417,80	8.035,95	9.272,25	9.890,40	11.126,70	11.744,85	12.363,00	13.599,30
3.600.000	3.753,90	6.256,50	7.507,80	8.133,45	9.384,75	10.010,40	11.261,70	11.887,35	12.513,00	13.764,30
3.650.000	3.798,90	6.331,50	7.597,80	8.230,95	9.497,25	10.130,40	11.396,70	12.029,85	12.663,00	13.929,30
3.700.000	3.843,90	6.406,50	7.687,80	8.328,45	9.609,75	10.250,40	11.531,70	12.172,35	12.813,00	14.094,30
3.750.000	3.888,90	6.481,50	7.777,80	8.425,95	9.722,25	10.370,40	11.666,70	12.314,85	12.963,00	14.259,30
3.800.000	3.933,90	6.556,50	7.867,80	8.523,45	9.834,75	10.490,40	11.801,70	12.457,35	13.113,00	14.424,30
3.850.000	3.978,90	6.631,50	7.957,80	8.620,95	9.947,25	10.610,40	11.936,70	12.599,85	13.263,00	14.589,30
3.900.000	4.023,90	6.706,50	8.047,80	8.718,45	10.059,75	10.730,40	12.071,70	12.742,35	13.413,00	14.754,30
3.950.000	4.068,90	6.781,50	8.137,80	8.815,95	10.172,25	10.850,40	12.206,70	12.884,85	13.563,00	14.919,30
4.000.000	4.113,90	6.856,50	8.227,80	8.913,45	10.284,75	10.970,40	12.341,70	13.027,35	13.713,00	15.084,30
4.050.000	4.158,90	6.931,50	8.317,80	9.010,95	10.397,25	11.090,40	12.476,70	13.169,85	13.863,00	15.249,30
4.100.000	4.203,90	7.006,50	8.407,80	9.108,45	10.509,75	11.210,40	12.611,70	13.312,35	14.013,00	15.414,30
4.150.000	4.248,90	7.081,50	8.497,80	9.205,95	10.622,25	11.330,40	12.746,70	13.454,85	14.163,00	15.579,30
4.200.000	4.293,90	7.156,50	8.587,80	9.303,45	10.734,75	11.450,40	12.881,70	13.597,35	14.313,00	15.744,30
4.250.000	4.338,90	7.231,50	8.677,80	9.400,95	10.847,25	11.570,40	13.016,70	13.739,85	14.463,00	15.909,30
4.300.000	4.383,90	7.306,50	8.767,80	9.498,45	10.959,75	11.690,40	13.151,70	13.882,35	14.613,00	16.074,30
4.350.000	4.428,90	7.381,50	8.857,80	9.595,95	11.072,25	11.810,40	13.286,70	14.024,85	14.763,00	16.239,30
4.400.000	4.473,90	7.456,50	8.947,80	9.693,45	11.184,75	11.930,40	13.421,70	14.167,35	14.913,00	16.404,30
4.450.000	4.518,90	7.531,50	9.037,80	9.790,95	11.297,25	12.050,40	13.556,70	14.309,85	15.063,00	16.569,30
4.500.000	4.563,90	7.606,50	9.127,80	9.888,45	11.409,75	12.170,40	13.691,70	14.452,35	15.213,00	16.734,30
4.550.000	4.608,90	7.681,50	9.217,80	9.985,95	11.522,25	12.290,40	13.826,70	14.594,85	15.363,00	16.899,30
4.600.000	4.653,90	7.756,50	9.307,80	10.083,45	11.634,75	12.410,40	13.961,70	14.737,35	15.513,00	17.064,30
4.650.000	4.698,90	7.831,50	9.397,80	10.180,95	11.747,25	12.530,40	14.096,70	14.879,85	15.663,00	17.229,30
4.700.000	4.743,90	7.906,50	9.487,80	10.278,45	11.859,75	12.650,40	14.231,70	15.022,35	15.813,00	17.394,30
4.750.000	4.788,90	7.981,50	9.577,80	10.375,95	11.972,25	12.770,40	14.366,70	15.164,85	15.963,00	17.559,30
4.800.000	4.833,90	8.056,50	9.667,80	10.473,45	12.084,75	12.890,40	14.501,70	15.307,35	16.113,00	17.724,30
4.850.000	4.878,90	8.131,50	9.757,80	10.570,95	12.197,25	13.010,40	14.636,70	15.449,85	16.263,00	17.889,30
4.900.000	4.923,90	8.206,50	9.847,80	10.668,45	12.309,75	13.130,40	14.771,70	15.592,35	16.413,00	18.054,30
4.950.000	4.968,90	8.281,50	9.937,80	10.765,95	12.422,25	13.250,40	14.906,70	15.734,85	16.563,00	18.219,30
5.000.000	5.013,90	8.356,50	10.027,80	10.863,45	12.534,75	13.370,40	15.041,70	15.877,35	16.713,00	18.384,30
5.050.000	5.058,90	8.431,50	10.117,80	10.960,95	12.647,25	13.490,40	15.176,70	16.019,85	16.863,00	18.549,30
5.100.000	5.103,90	8.506,50	10.207,80	11.058,45	12.759,75	13.610,40	15.311,70	16.162,35	17.013,00	18.714,30
5.150.000	5.148,90	8.581,50	10.297,80	11.155,95	12.872,25	13.730,40	15.446,70	16.304,85	17.163,00	18.879,30
5.200.000	5.193,90	8.656,50	10.387,80	11.253,45	12.984,75	13.850,40	15.581,70	16.447,35	17.313,00	19.044,30
5.250.000	5.238,90	8.731,50	10.477,80	11.350,95	13.097,25	13.970,40	15.716,70	16.589,85	17.463,00	19.209,30
5.300.000	5.283,90	8.806,50	10.567,80	11.448,45	13.209,75	14.090,40	15.851,70	16.732,35	17.613,00	19.374,30
5.350.000	5.328,90	8.881,50	10.657,80	11.545,95	13.322,25	14.210,40	15.986,70	16.874,85	17.763,00	19.539,30
5.400.000	5.373,90	8.956,50	10.747,80	11.643,45	13.434,75	14.330,40	16.121,70	17.017,35	17.913,00	19.704,30
5.450.000	5.418,90	9.031,50	10.837,80	11.740,95	13.547,25	14.450,40	16.256,70	17.159,85	18.063,00	19.869,30
5.500.000	5.463,90	9.106,50	10.927,80	11.838,45	13.659,75	14.570,40	16.391,70	17.302,35	18.213,00	20.034,30
5.550.000	5.508,90	9.181,50	11.017,80	11.935,95	13.772,25	14.690,40	16.526,70	17.444,85	18.363,00	20.199,30
5.600.000	5.553,90	9.256,50	11.107,80	12.033,45	13.884,75	14.810,40	16.661,70	17.587,35	18.513,00	20.364,30
5.650.000	5.598,90	9.331,50	11.197,80	12.130,95	13.997,25	14.930,40	16.796,70	17.729,85	18.663,00	20.529,30
5.700.000	5.643,90	9.406,50	11.287,80	12.228,45	14.109,75	15.050,40	16.931,70	17.872,35	18.813,00	20.694,30
5.750.000	5.688,90	9.481,50	11.377,80	12.325,95	14.222,25	15.170,40	17.066,70	18.014,85	18.963,00	20.859,30
5.800.000	5.733,90	9.556,50	11.467,80	12.423,45	14.334,75	15.290,40	17.201,70	18.157,35	19.113,00	21.024,30
5.850.000	5.778,90	9.631,50	11.557,80	12.520,95	14.447,25	15.410,40	17.336,70	18.299,85	19.263,00	21.189,30
5.900.000	5.823,90	9.706,50	11.647,80	12.618,45	14.559,75	15.530,40	17.471,70	18.442,35	19.413,00	21.354,30
5.950.000	5.868,90	9.781,50	11.737,80	12.715,95	14.672,25	15.650,40	17.606,70	18.584,85	19.563,00	21.519,30
6.000.000	5.913,90	9.856,50	11.827,80	12.813,45	14.784,75	15.770,40	17.741,70	18.727,35	19.713,00	21.684,30
6.050.000	5.958,90	9.931,50	11.917,80	12.910,95	14.897,25	15.890,40	17.876,70	18.869,85	19.863,00	21.849,30
6.100.000	6.003,90	10.006,50	12.007,80	13.008,45	15.009,75	16.010,40	18.011,70	19.012,35	20.013,00	22.014,30
6.150.000	6.048,90	10.081,50	12.097,80	13.105,95	15.122,25	16.130,40	18.146,70	19.154,85	20.163,00	22.179,30

3. Wertgebühren in erstinstanzlichen gerichtlichen Verfahren

						Gerichtsgebühren				
1,2	1,3	1,4	1,5	1,6	1,8	0,5	1,0	2,0	3,0	Wert bis €
14.835,60	16.071,90	17.308,20	18.544,50	19.780,80	22.253,40	7.258,00	14.516,00	29.032,00	43.548,00	**3.550.000**
15.015,60	16.266,90	17.518,20	18.769,50	20.020,80	22.523,40	7.348,00	14.696,00	29.392,00	44.088,00	**3.600.000**
15.195,60	16.461,90	17.728,20	18.994,50	20.260,80	22.793,40	7.438,00	14.876,00	29.752,00	44.628,00	**3.650.000**
15.375,60	16.656,90	17.938,20	19.219,50	20.500,80	23.063,40	7.528,00	15.056,00	30.112,00	45.168,00	**3.700.000**
15.555,60	16.851,90	18.148,20	19.444,50	20.740,80	23.333,40	7.618,00	15.236,00	30.472,00	45.708,00	**3.750.000**
15.735,60	17.046,90	18.358,20	19.669,50	20.980,80	23.603,40	7.708,00	15.416,00	30.832,00	46.248,00	**3.800.000**
15.915,60	17.241,90	18.568,20	19.894,50	21.220,80	23.873,40	7.798,00	15.596,00	31.192,00	46.788,00	**3.850.000**
16.095,60	17.436,90	18.778,20	20.119,50	21.460,80	24.143,40	7.888,00	15.776,00	31.552,00	47.328,00	**3.900.000**
16.275,60	17.631,90	18.988,20	20.344,50	21.700,80	24.413,40	7.978,00	15.956,00	31.912,00	47.868,00	**3.950.000**
16.455,60	17.826,90	19.198,20	20.569,50	21.940,80	24.683,40	8.068,00	16.136,00	32.272,00	48.408,00	**4.000.000**
16.635,60	18.021,90	19.408,20	20.794,50	22.180,80	24.953,40	8.158,00	16.316,00	32.632,00	48.948,00	**4.050.000**
16.815,60	18.216,90	19.618,20	21.019,50	22.420,80	25.223,40	8.248,00	16.496,00	32.992,00	49.488,00	**4.100.000**
16.995,60	18.411,90	19.828,20	21.244,50	22.660,80	25.493,40	8.338,00	16.676,00	33.352,00	50.028,00	**4.150.000**
17.175,60	18.606,90	20.038,20	21.469,50	22.900,80	25.763,40	8.428,00	16.856,00	33.712,00	50.568,00	**4.200.000**
17.355,60	18.801,90	20.248,20	21.694,50	23.140,80	26.033,40	8.518,00	17.036,00	34.072,00	51.108,00	**4.250.000**
17.535,60	18.996,90	20.458,20	21.919,50	23.380,80	26.303,40	8.608,00	17.216,00	34.432,00	51.648,00	**4.300.000**
17.715,60	19.191,90	20.668,20	22.144,50	23.620,80	26.573,40	8.698,00	17.396,00	34.792,00	52.188,00	**4.350.000**
17.895,60	19.386,90	20.878,20	22.369,50	23.860,80	26.843,40	8.788,00	17.576,00	35.152,00	52.728,00	**4.400.000**
18.075,60	19.581,90	21.088,20	22.594,50	24.100,80	27.113,40	8.878,00	17.756,00	35.512,00	53.268,00	**4.450.000**
18.255,60	19.776,90	21.298,20	22.819,50	24.340,80	27.383,40	8.968,00	17.936,00	35.872,00	53.808,00	**4.500.000**
18.435,60	19.971,90	21.508,20	23.044,50	24.580,80	27.653,40	9.058,00	18.116,00	36.232,00	54.348,00	**4.550.000**
18.615,60	20.166,90	21.718,20	23.269,50	24.820,80	27.923,40	9.148,00	18.296,00	36.592,00	54.888,00	**4.600.000**
18.795,60	20.361,90	21.928,20	23.494,50	25.060,80	28.193,40	9.238,00	18.476,00	36.952,00	55.428,00	**4.650.000**
18.975,60	20.556,90	22.138,20	23.719,50	25.300,80	28.463,40	9.328,00	18.656,00	37.312,00	55.968,00	**4.700.000**
19.155,60	20.751,90	22.348,20	23.944,50	25.540,80	28.733,40	9.418,00	18.836,00	37.672,00	56.508,00	**4.750.000**
19.335,60	20.946,90	22.558,20	24.169,50	25.780,80	29.003,40	9.508,00	19.016,00	38.032,00	57.048,00	**4.800.000**
19.515,60	21.141,90	22.768,20	24.394,50	26.020,80	29.273,40	9.598,00	19.196,00	38.392,00	57.588,00	**4.850.000**
19.695,60	21.336,90	22.978,20	24.619,50	26.260,80	29.543,40	9.688,00	19.376,00	38.752,00	58.128,00	**4.900.000**
19.875,60	21.531,90	23.188,20	24.844,50	26.500,80	29.813,40	9.778,00	19.556,00	39.112,00	58.668,00	**4.950.000**
20.055,60	21.726,90	23.398,20	25.069,50	26.740,80	30.083,40	9.868,00	19.736,00	39.472,00	59.208,00	**5.000.000**
20.235,60	21.921,90	23.608,20	25.294,50	26.980,80	30.353,40	9.958,00	19.916,00	39.832,00	59.748,00	**5.050.000**
20.415,60	22.116,90	23.818,20	25.519,50	27.220,80	30.623,40	10.048,00	20.096,00	40.192,00	60.288,00	**5.100.000**
20.595,60	22.311,90	24.028,20	25.744,50	27.460,80	30.893,40	10.138,00	20.276,00	40.552,00	60.828,00	**5.150.000**
20.775,60	22.506,90	24.238,20	25.969,50	27.700,80	31.163,40	10.228,00	20.456,00	40.912,00	61.368,00	**5.200.000**
20.955,60	22.701,90	24.448,20	26.194,50	27.940,80	31.433,40	10.318,00	20.636,00	41.272,00	61.908,00	**5.250.000**
21.135,60	22.896,90	24.658,20	26.419,50	28.180,80	31.703,40	10.408,00	20.816,00	41.632,00	62.448,00	**5.300.000**
21.315,60	23.091,90	24.868,20	26.644,50	28.420,80	31.973,40	10.498,00	20.996,00	41.992,00	62.988,00	**5.350.000**
21.495,60	23.286,90	25.078,20	26.869,50	28.660,80	32.243,40	10.588,00	21.176,00	42.352,00	63.528,00	**5.400.000**
21.675,60	23.481,90	25.288,20	27.094,50	28.900,80	32.513,40	10.678,00	21.356,00	42.712,00	64.068,00	**5.450.000**
21.855,60	23.676,90	25.498,20	27.319,50	29.140,80	32.783,40	10.768,00	21.536,00	43.072,00	64.608,00	**5.500.000**
22.035,60	23.871,90	25.708,20	27.544,50	29.380,80	33.053,40	10.858,00	21.716,00	43.432,00	65.148,00	**5.550.000**
22.215,60	24.066,90	25.918,20	27.769,50	29.620,80	33.323,40	10.948,00	21.896,00	43.792,00	65.688,00	**5.600.000**
22.395,60	24.261,90	26.128,20	27.994,50	29.860,80	33.593,40	11.038,00	22.076,00	44.152,00	66.228,00	**5.650.000**
22.575,60	24.456,90	26.338,20	28.219,50	30.100,80	33.863,40	11.128,00	22.256,00	44.512,00	66.768,00	**5.700.000**
22.755,60	24.651,90	26.548,20	28.444,50	30.340,80	34.133,40	11.218,00	22.436,00	44.872,00	67.308,00	**5.750.000**
22.935,60	24.846,90	26.758,20	28.669,50	30.580,80	34.403,40	11.308,00	22.616,00	45.232,00	67.848,00	**5.800.000**
23.115,60	25.041,90	26.968,20	28.894,50	30.820,80	34.673,40	11.398,00	22.796,00	45.592,00	68.388,00	**5.850.000**
23.295,60	25.236,90	27.178,20	29.119,50	31.060,80	34.943,40	11.488,00	22.976,00	45.952,00	68.928,00	**5.900.000**
23.475,60	25.431,90	27.388,20	29.344,50	31.300,80	35.213,40	11.578,00	23.156,00	46.312,00	69.468,00	**5.950.000**
23.655,60	25.626,90	27.598,20	29.569,50	31.540,80	35.483,40	11.668,00	23.336,00	46.672,00	70.008,00	**6.000.000**
23.835,60	25.821,90	27.808,20	29.794,50	31.780,80	35.753,40	11.758,00	23.516,00	47.032,00	70.548,00	**6.050.000**
24.015,60	26.016,90	28.018,20	30.019,50	32.020,80	36.023,40	11.848,00	23.696,00	47.392,00	71.088,00	**6.100.000**
24.195,60	26.211,90	28.228,20	30.244,50	32.260,80	36.293,40	11.938,00	23.876,00	47.752,00	71.628,00	**6.150.000**

Anwaltsgebühren

Wert bis €	0,3	0,5	0,6	0,65	0,75	0,8	0,9	0,95	1,0	1,1
6.200.000	6.093,90	10.156,50	12.187,80	13.203,45	15.234,75	16.250,40	18.281,70	19.297,35	20.313,00	22.344,30
6.250.000	6.138,90	10.231,50	12.277,80	13.300,95	15.347,25	16.370,40	18.416,70	19.439,85	20.463,00	22.509,30
6.300.000	6.183,90	10.306,50	12.367,80	13.398,45	15.459,75	16.490,40	18.551,70	19.582,35	20.613,00	22.674,30
6.350.000	6.228,90	10.381,50	12.457,80	13.495,95	15.572,25	16.610,40	18.686,70	19.724,85	20.763,00	22.839,30
6.400.000	6.273,90	10.456,50	12.547,80	13.593,45	15.684,75	16.730,40	18.821,70	19.867,35	20.913,00	23.004,30
6.450.000	6.318,90	10.531,50	12.637,80	13.690,95	15.797,25	16.850,40	18.956,70	20.009,85	21.063,00	23.169,30
6.500.000	6.363,90	10.606,50	12.727,80	13.788,45	15.909,75	16.970,40	19.091,70	20.152,35	21.213,00	23.334,30
6.550.000	6.408,90	10.681,50	12.817,80	13.885,95	16.022,25	17.090,40	19.226,70	20.294,85	21.363,00	23.499,30
6.600.000	6.453,90	10.756,50	12.907,80	13.983,45	16.134,75	17.210,40	19.361,70	20.437,35	21.513,00	23.664,30
6.650.000	6.498,90	10.831,50	12.997,80	14.080,95	16.247,25	17.330,40	19.496,70	20.579,85	21.663,00	23.829,30
6.700.000	6.543,90	10.906,50	13.087,80	14.178,45	16.359,75	17.450,40	19.631,70	20.722,35	21.813,00	23.994,30
6.750.000	6.588,90	10.981,50	13.177,80	14.275,95	16.472,25	17.570,40	19.766,70	20.864,85	21.963,00	24.159,30
6.800.000	6.633,90	11.056,50	13.267,80	14.373,45	16.584,75	17.690,40	19.901,70	21.007,35	22.113,00	24.324,30
6.850.000	6.678,90	11.131,50	13.357,80	14.470,95	16.697,25	17.810,40	20.036,70	21.149,85	22.263,00	24.489,30
6.900.000	6.723,90	11.206,50	13.447,80	14.568,45	16.809,75	17.930,40	20.171,70	21.292,35	22.413,00	24.654,30
6.950.000	6.768,90	11.281,50	13.537,80	14.665,95	16.922,25	18.050,40	20.306,70	21.434,85	22.563,00	24.819,30
7.000.000	6.813,90	11.356,50	13.627,80	14.763,45	17.034,75	18.170,40	20.441,70	21.577,35	22.713,00	24.984,30
7.050.000	6.858,90	11.431,50	13.717,80	14.860,95	17.147,25	18.290,40	20.576,70	21.719,85	22.863,00	25.149,30
7.100.000	6.903,90	11.506,50	13.807,80	14.958,45	17.259,75	18.410,40	20.711,70	21.862,35	23.013,00	25.314,30
7.150.000	6.948,90	11.581,50	13.897,80	15.055,95	17.372,25	18.530,40	20.846,70	22.004,85	23.163,00	25.479,30
7.200.000	6.993,90	11.656,50	13.987,80	15.153,45	17.484,75	18.650,40	20.981,70	22.147,35	23.313,00	25.644,30
7.250.000	7.038,90	11.731,50	14.077,80	15.250,95	17.597,25	18.770,40	21.116,70	22.289,85	23.463,00	25.809,30
7.300.000	7.083,90	11.806,50	14.167,80	15.348,45	17.709,75	18.890,40	21.251,70	22.432,35	23.613,00	25.974,30
7.350.000	7.128,90	11.881,50	14.257,80	15.445,95	17.822,25	19.010,40	21.386,70	22.574,85	23.763,00	26.139,30
7.400.000	7.173,90	11.956,50	14.347,80	15.543,45	17.934,75	19.130,40	21.521,70	22.717,35	23.913,00	26.304,30
7.450.000	7.218,90	12.031,50	14.437,80	15.640,95	18.047,25	19.250,40	21.656,70	22.859,85	24.063,00	26.469,30
7.500.000	7.263,90	12.106,50	14.527,80	15.738,45	18.159,75	19.370,40	21.791,70	23.002,35	24.213,00	26.634,30
7.550.000	7.308,90	12.181,50	14.617,80	15.835,95	18.272,25	19.490,40	21.926,70	23.144,85	24.363,00	26.799,30
7.600.000	7.353,90	12.256,50	14.707,80	15.933,45	18.384,75	19.610,40	22.061,70	23.287,35	24.513,00	26.964,30
7.650.000	7.398,90	12.331,50	14.797,80	16.030,95	18.497,25	19.730,40	22.196,70	23.429,85	24.663,00	27.129,30
7.700.000	7.443,90	12.406,50	14.887,80	16.128,45	18.609,75	19.850,40	22.331,70	23.572,35	24.813,00	27.294,30
7.750.000	7.488,90	12.481,50	14.977,80	16.225,95	18.722,25	19.970,40	22.466,70	23.714,85	24.963,00	27.459,30
7.800.000	7.533,90	12.556,50	15.067,80	16.323,45	18.834,75	20.090,40	22.601,70	23.857,35	25.113,00	27.624,30
7.850.000	7.578,90	12.631,50	15.157,80	16.420,95	18.947,25	20.210,40	22.736,70	23.999,85	25.263,00	27.789,30
7.900.000	7.623,90	12.706,50	15.247,80	16.518,45	19.059,75	20.330,40	22.871,70	24.142,35	25.413,00	27.954,30
7.950.000	7.668,90	12.781,50	15.337,80	16.615,95	19.172,25	20.450,40	23.006,70	24.284,85	25.563,00	28.119,30
8.000.000	7.713,90	12.856,50	15.427,80	16.713,45	19.284,75	20.570,40	23.141,70	24.427,35	25.713,00	28.284,30
8.050.000	7.758,90	12.931,50	15.517,80	16.810,95	19.397,25	20.690,40	23.276,70	24.569,85	25.863,00	28.449,30
8.100.000	7.803,90	13.006,50	15.607,80	16.908,45	19.509,75	20.810,40	23.411,70	24.712,35	26.013,00	28.614,30
8.150.000	7.848,90	13.081,50	15.697,80	17.005,95	19.622,25	20.930,40	23.546,70	24.854,85	26.163,00	28.779,30
8.200.000	7.893,90	13.156,50	15.787,80	17.103,45	19.734,75	21.050,40	23.681,70	24.997,35	26.313,00	28.944,30
8.250.000	7.938,90	13.231,50	15.877,80	17.200,95	19.847,25	21.170,40	23.816,70	25.139,85	26.463,00	29.109,30
8.300.000	7.983,90	13.306,50	15.967,80	17.298,45	19.959,75	21.290,40	23.951,70	25.282,35	26.613,00	29.274,30
8.350.000	8.028,90	13.381,50	16.057,80	17.395,95	20.072,25	21.410,40	24.086,70	25.424,85	26.763,00	29.439,30
8.400.000	8.073,90	13.456,50	16.147,80	17.493,45	20.184,75	21.530,40	24.221,70	25.567,35	26.913,00	29.604,30
8.450.000	8.118,90	13.531,50	16.237,80	17.590,95	20.297,25	21.650,40	24.356,70	25.709,85	27.063,00	29.769,30
8.500.000	8.163,90	13.606,50	16.327,80	17.688,45	20.409,75	21.770,40	24.491,70	25.852,35	27.213,00	29.934,30
8.550.000	8.208,90	13.681,50	16.417,80	17.785,95	20.522,25	21.890,40	24.626,70	25.994,85	27.363,00	30.099,30
8.600.000	8.253,90	13.756,50	16.507,80	17.883,45	20.634,75	22.010,40	24.761,70	26.137,35	27.513,00	30.264,30
8.650.000	8.298,90	13.831,50	16.597,80	17.980,95	20.747,25	22.130,40	24.896,70	26.279,85	27.663,00	30.429,30
8.700.000	8.343,90	13.906,50	16.687,80	18.078,45	20.859,75	22.250,40	25.031,70	26.422,35	27.813,00	30.594,30
8.750.000	8.388,90	13.981,50	16.777,80	18.175,95	20.972,25	22.370,40	25.166,70	26.564,85	27.963,00	30.759,30
8.800.000	8.433,90	14.056,50	16.867,80	18.273,45	21.084,75	22.490,40	25.301,70	26.707,35	28.113,00	30.924,30

3. Wertgebühren in erstinstanzlichen gerichtlichen Verfahren | 69

					Gerichtsgebühren				
1,2	1,3	1,4	1,5	1,6	1,8	0,5	1,0	2,0	3,0	Wert bis €
24.375,60	26.406,90	28.438,20	30.469,50	32.500,80	36.563,40	12.028,00	24.056,00	48.112,00	72.168,00	**6.200.000**
24.555,60	26.601,90	28.648,20	30.694,50	32.740,80	36.833,40	12.118,00	24.236,00	48.472,00	72.708,00	**6.250.000**
24.735,60	26.796,90	28.858,20	30.919,50	32.980,80	37.103,40	12.208,00	24.416,00	48.832,00	73.248,00	**6.300.000**
24.915,60	26.991,90	29.068,20	31.144,50	33.220,80	37.373,40	12.298,00	24.596,00	49.192,00	73.788,00	**6.350.000**
25.095,60	27.186,90	29.278,20	31.369,50	33.460,80	37.643,40	12.388,00	24.776,00	49.552,00	74.328,00	**6.400.000**
25.275,60	27.381,90	29.488,20	31.594,50	33.700,80	37.913,40	12.478,00	24.956,00	49.912,00	74.868,00	**6.450.000**
25.455,60	27.576,90	29.698,20	31.819,50	33.940,80	38.183,40	12.568,00	25.136,00	50.272,00	75.408,00	**6.500.000**
25.635,60	27.771,90	29.908,20	32.044,50	34.180,80	38.453,40	12.658,00	25.316,00	50.632,00	75.948,00	**6.550.000**
25.815,60	27.966,90	30.118,20	32.269,50	34.420,80	38.723,40	12.748,00	25.496,00	50.992,00	76.488,00	**6.600.000**
25.995,60	28.161,90	30.328,20	32.494,50	34.660,80	38.993,40	12.838,00	25.676,00	51.352,00	77.028,00	**6.650.000**
26.175,60	28.356,90	30.538,20	32.719,50	34.900,80	39.263,40	12.928,00	25.856,00	51.712,00	77.568,00	**6.700.000**
26.355,60	28.551,90	30.748,20	32.944,50	35.140,80	39.533,40	13.018,00	26.036,00	52.072,00	78.108,00	**6.750.000**
26.535,60	28.746,90	30.958,20	33.169,50	35.380,80	39.803,40	13.108,00	26.216,00	52.432,00	78.648,00	**6.800.000**
26.715,60	28.941,90	31.168,20	33.394,50	35.620,80	40.073,40	13.198,00	26.396,00	52.792,00	79.188,00	**6.850.000**
26.895,60	29.136,90	31.378,20	33.619,50	35.860,80	40.343,40	13.288,00	26.576,00	53.152,00	79.728,00	**6.900.000**
27.075,60	29.331,90	31.588,20	33.844,50	36.100,80	40.613,40	13.378,00	26.756,00	53.512,00	80.268,00	**6.950.000**
27.255,60	29.526,90	31.798,20	34.069,50	36.340,80	40.883,40	13.468,00	26.936,00	53.872,00	80.808,00	**7.000.000**
27.435,60	29.721,90	32.008,20	34.294,50	36.580,80	41.153,40	13.558,00	27.116,00	54.232,00	81.348,00	**7.050.000**
27.615,60	29.916,90	32.218,20	34.519,50	36.820,80	41.423,40	13.648,00	27.296,00	54.592,00	81.888,00	**7.100.000**
27.795,60	30.111,90	32.428,20	34.744,50	37.060,80	41.693,40	13.738,00	27.476,00	54.952,00	82.428,00	**7.150.000**
27.975,60	30.306,90	32.638,20	34.969,50	37.300,80	41.963,40	13.828,00	27.656,00	55.312,00	82.968,00	**7.200.000**
28.155,60	30.501,90	32.848,20	35.194,50	37.540,80	42.233,40	13.918,00	27.836,00	55.672,00	83.508,00	**7.250.000**
28.335,60	30.696,90	33.058,20	35.419,50	37.780,80	42.503,40	14.008,00	28.016,00	56.032,00	84.048,00	**7.300.000**
28.515,60	30.891,90	33.268,20	35.644,50	38.020,80	42.773,40	14.098,00	28.196,00	56.392,00	84.588,00	**7.350.000**
28.695,60	31.086,90	33.478,20	35.869,50	38.260,80	43.043,40	14.188,00	28.376,00	56.752,00	85.128,00	**7.400.000**
28.875,60	31.281,90	33.688,20	36.094,50	38.500,80	43.313,40	14.278,00	28.556,00	57.112,00	85.668,00	**7.450.000**
29.055,60	31.476,90	33.898,20	36.319,50	38.740,80	43.583,40	14.368,00	28.736,00	57.472,00	86.208,00	**7.500.000**
29.235,60	31.671,90	34.108,20	36.544,50	38.980,80	43.853,40	14.458,00	28.916,00	57.832,00	86.748,00	**7.550.000**
29.415,60	31.866,90	34.318,20	36.769,50	39.220,80	44.123,40	14.548,00	29.096,00	58.192,00	87.288,00	**7.600.000**
29.595,60	32.061,90	34.528,20	36.994,50	39.460,80	44.393,40	14.638,00	29.276,00	58.552,00	87.828,00	**7.650.000**
29.775,60	32.256,90	34.738,20	37.219,50	39.700,80	44.663,40	14.728,00	29.456,00	58.912,00	88.368,00	**7.700.000**
29.955,60	32.451,90	34.948,20	37.444,50	39.940,80	44.933,40	14.818,00	29.636,00	59.272,00	88.908,00	**7.750.000**
30.135,60	32.646,90	35.158,20	37.669,50	40.180,80	45.203,40	14.908,00	29.816,00	59.632,00	89.448,00	**7.800.000**
30.315,60	32.841,90	35.368,20	37.894,50	40.420,80	45.473,40	14.998,00	29.996,00	59.992,00	89.988,00	**7.850.000**
30.495,60	33.036,90	35.578,20	38.119,50	40.660,80	45.743,40	15.088,00	30.176,00	60.352,00	90.528,00	**7.900.000**
30.675,60	33.231,90	35.788,20	38.344,50	40.900,80	46.013,40	15.178,00	30.356,00	60.712,00	91.068,00	**7.950.000**
30.855,60	33.426,90	35.998,20	38.569,50	41.140,80	46.283,40	15.268,00	30.536,00	61.072,00	91.608,00	**8.000.000**
31.035,60	33.621,90	36.208,20	38.794,50	41.380,80	46.553,40	15.358,00	30.716,00	61.432,00	92.148,00	**8.050.000**
31.215,60	33.816,90	36.418,20	39.019,50	41.620,80	46.823,40	15.448,00	30.896,00	61.792,00	92.688,00	**8.100.000**
31.395,60	34.011,90	36.628,20	39.244,50	41.860,80	47.093,40	15.538,00	31.076,00	62.152,00	93.228,00	**8.150.000**
31.575,60	34.206,90	36.838,20	39.469,50	42.100,80	47.363,40	15.628,00	31.256,00	62.512,00	93.768,00	**8.200.000**
31.755,60	34.401,90	37.048,20	39.694,50	42.340,80	47.633,40	15.718,00	31.436,00	62.872,00	94.308,00	**8.250.000**
31.935,60	34.596,90	37.258,20	39.919,50	42.580,80	47.903,40	15.808,00	31.616,00	63.232,00	94.848,00	**8.300.000**
32.115,60	34.791,90	37.468,20	40.144,50	42.820,80	48.173,40	15.898,00	31.796,00	63.592,00	95.388,00	**8.350.000**
32.295,60	34.986,90	37.678,20	40.369,50	43.060,80	48.443,40	15.988,00	31.976,00	63.952,00	95.928,00	**8.400.000**
32.475,60	35.181,90	37.888,20	40.594,50	43.300,80	48.713,40	16.078,00	32.156,00	64.312,00	96.468,00	**8.450.000**
32.655,60	35.376,90	38.098,20	40.819,50	43.540,80	48.983,40	16.168,00	32.336,00	64.672,00	97.008,00	**8.500.000**
32.835,60	35.571,90	38.308,20	41.044,50	43.780,80	49.253,40	16.258,00	32.516,00	65.032,00	97.548,00	**8.550.000**
33.015,60	35.766,90	38.518,20	41.269,50	44.020,80	49.523,40	16.348,00	32.696,00	65.392,00	98.088,00	**8.600.000**
33.195,60	35.961,90	38.728,20	41.494,50	44.260,80	49.793,40	16.438,00	32.876,00	65.752,00	98.628,00	**8.650.000**
33.375,60	36.156,90	38.938,20	41.719,50	44.500,80	50.063,40	16.528,00	33.056,00	66.112,00	99.168,00	**8.700.000**
33.555,60	36.351,90	39.148,20	41.944,50	44.740,80	50.333,40	16.618,00	33.236,00	66.472,00	99.708,00	**8.750.000**
33.735,60	36.546,90	39.358,20	42.169,50	44.980,80	50.603,40	16.708,00	33.416,00	66.832,00	100.248,00	**8.800.000**

Anwaltsgebühren

Wert bis €	0,3	0,5	0,6	0,65	0,75	0,8	0,9	0,95	1,0	1,1
8.850.000	8.478,90	14.131,50	16.957,80	18.370,95	21.197,25	22.610,40	25.436,70	26.849,85	28.263,00	31.089,30
8.900.000	8.523,90	14.206,50	17.047,80	18.468,45	21.309,75	22.730,40	25.571,70	26.992,35	28.413,00	31.254,30
8.950.000	8.568,90	14.281,50	17.137,80	18.565,95	21.422,25	22.850,40	25.706,70	27.134,85	28.563,00	31.419,30
9.000.000	8.613,90	14.356,50	17.227,80	18.663,45	21.534,75	22.970,40	25.841,70	27.277,35	28.713,00	31.584,30
9.050.000	8.658,90	14.431,50	17.317,80	18.760,95	21.647,25	23.090,40	25.976,70	27.419,85	28.863,00	31.749,30
9.100.000	8.703,90	14.506,50	17.407,80	18.858,45	21.759,75	23.210,40	26.111,70	27.562,35	29.013,00	31.914,30
9.150.000	8.748,90	14.581,50	17.497,80	18.955,95	21.872,25	23.330,40	26.246,70	27.704,85	29.163,00	32.079,30
9.200.000	8.793,90	14.656,50	17.587,80	19.053,45	21.984,75	23.450,40	26.381,70	27.847,35	29.313,00	32.244,30
9.250.000	8.838,90	14.731,50	17.677,80	19.150,95	22.097,25	23.570,40	26.516,70	27.989,85	29.463,00	32.409,30
9.300.000	8.883,90	14.806,50	17.767,80	19.248,45	22.209,75	23.690,40	26.651,70	28.132,35	29.613,00	32.574,30
9.350.000	8.928,90	14.881,50	17.857,80	19.345,95	22.322,25	23.810,40	26.786,70	28.274,85	29.763,00	32.739,30
9.400.000	8.973,90	14.956,50	17.947,80	19.443,45	22.434,75	23.930,40	26.921,70	28.417,35	29.913,00	32.904,30
9.450.000	9.018,90	15.031,50	18.037,80	19.540,95	22.547,25	24.050,40	27.056,70	28.559,85	30.063,00	33.069,30
9.500.000	9.063,90	15.106,50	18.127,80	19.638,45	22.659,75	24.170,40	27.191,70	28.702,35	30.213,00	33.234,30
9.550.000	9.108,90	15.181,50	18.217,80	19.735,95	22.772,25	24.290,40	27.326,70	28.844,85	30.363,00	33.399,30
9.600.000	9.153,90	15.256,50	18.307,80	19.833,45	22.884,75	24.410,40	27.461,70	28.987,35	30.513,00	33.564,30
9.650.000	9.198,90	15.331,50	18.397,80	19.930,95	22.997,25	24.530,40	27.596,70	29.129,85	30.663,00	33.729,30
9.700.000	9.243,90	15.406,50	18.487,80	20.028,45	23.109,75	24.650,40	27.731,70	29.272,35	30.813,00	33.894,30
9.750.000	9.288,90	15.481,50	18.577,80	20.125,95	23.222,25	24.770,40	27.866,70	29.414,85	30.963,00	34.059,30
9.800.000	9.333,90	15.556,50	18.667,80	20.223,45	23.334,75	24.890,40	28.001,70	29.557,35	31.113,00	34.224,30
9.850.000	9.378,90	15.631,50	18.757,80	20.320,95	23.447,25	25.010,40	28.136,70	29.699,85	31.263,00	34.389,30
9.900.000	9.423,90	15.706,50	18.847,80	20.418,45	23.559,75	25.130,40	28.271,70	29.842,35	31.413,00	34.554,30
9.950.000	9.468,90	15.781,50	18.937,80	20.515,95	23.672,25	25.250,40	28.406,70	29.984,85	31.563,00	34.719,30
10.000.000	9.513,90	15.856,50	19.027,80	20.613,45	23.784,75	25.370,40	28.541,70	30.127,35	31.713,00	34.884,30
10.050.000	9.558,90	15.931,50	19.117,80	20.710,95	23.897,25	25.490,40	28.676,70	30.269,85	31.863,00	35.049,30
10.100.000	9.603,90	16.006,50	19.207,80	20.808,45	24.009,75	25.610,40	28.811,70	30.412,35	32.013,00	35.214,30
10.150.000	9.648,90	16.081,50	19.297,80	20.905,95	24.122,25	25.730,40	28.946,70	30.554,85	32.163,00	35.379,30
10.200.000	9.693,90	16.156,50	19.387,80	21.003,45	24.234,75	25.850,40	29.081,70	30.697,35	32.313,00	35.544,30
10.250.000	9.738,90	16.231,50	19.477,80	21.100,95	24.347,25	25.970,40	29.216,70	30.839,85	32.463,00	35.709,30
10.300.000	9.783,90	16.306,50	19.567,80	21.198,45	24.459,75	26.090,40	29.351,70	30.982,35	32.613,00	35.874,30
10.350.000	9.828,90	16.381,50	19.657,80	21.295,95	24.572,25	26.210,40	29.486,70	31.124,85	32.763,00	36.039,30
10.400.000	9.873,90	16.456,50	19.747,80	21.393,45	24.684,75	26.330,40	29.621,70	31.267,35	32.913,00	36.204,30
10.450.000	9.918,90	16.531,50	19.837,80	21.490,95	24.797,25	26.450,40	29.756,70	31.409,85	33.063,00	36.369,30
10.500.000	9.963,90	16.606,50	19.927,80	21.588,45	24.909,75	26.570,40	29.891,70	31.552,35	33.213,00	36.534,30
10.550.000	10.008,90	16.681,50	20.017,80	21.685,95	25.022,25	26.690,40	30.026,70	31.694,85	33.363,00	36.699,30
10.600.000	10.053,90	16.756,50	20.107,80	21.783,45	25.134,75	26.810,40	30.161,70	31.837,35	33.513,00	36.864,30
10.650.000	10.098,90	16.831,50	20.197,80	21.880,95	25.247,25	26.930,40	30.296,70	31.979,85	33.663,00	37.029,30
10.700.000	10.143,90	16.906,50	20.287,80	21.978,45	25.359,75	27.050,40	30.431,70	32.122,35	33.813,00	37.194,30
10.750.000	10.188,90	16.981,50	20.377,80	22.075,95	25.472,25	27.170,40	30.566,70	32.264,85	33.963,00	37.359,30
10.800.000	10.233,90	17.056,50	20.467,80	22.173,45	25.584,75	27.290,40	30.701,70	32.407,35	34.113,00	37.524,30
10.850.000	10.278,90	17.131,50	20.557,80	22.270,95	25.697,25	27.410,40	30.836,70	32.549,85	34.263,00	37.689,30
10.900.000	10.323,90	17.206,50	20.647,80	22.368,45	25.809,75	27.530,40	30.971,70	32.692,35	34.413,00	37.854,30
10.950.000	10.368,90	17.281,50	20.737,80	22.465,95	25.922,25	27.650,40	31.106,70	32.834,85	34.563,00	38.019,30
11.000.000	10.413,90	17.356,50	20.827,80	22.563,45	26.034,75	27.770,40	31.241,70	32.977,35	34.713,00	38.184,30
11.050.000	10.458,90	17.431,50	20.917,80	22.660,95	26.147,25	27.890,40	31.376,70	33.119,85	34.863,00	38.349,30
11.100.000	10.503,90	17.506,50	21.007,80	22.758,45	26.259,75	28.010,40	31.511,70	33.262,35	35.013,00	38.514,30
11.150.000	10.548,90	17.581,50	21.097,80	22.855,95	26.372,25	28.130,40	31.646,70	33.404,85	35.163,00	38.679,30
11.200.000	10.593,90	17.656,50	21.187,80	22.953,45	26.484,75	28.250,40	31.781,70	33.547,35	35.313,00	38.844,30
11.250.000	10.638,90	17.731,50	21.277,80	23.050,95	26.597,25	28.370,40	31.916,70	33.689,85	35.463,00	39.009,30
11.300.000	10.683,90	17.806,50	21.367,80	23.148,45	26.709,75	28.490,40	32.051,70	33.832,35	35.613,00	39.174,30
11.350.000	10.728,90	17.881,50	21.457,80	23.245,95	26.822,25	28.610,40	32.186,70	33.974,85	35.763,00	39.339,30
11.400.000	10.773,90	17.956,50	21.547,80	23.343,45	26.934,75	28.730,40	32.321,70	34.117,35	35.913,00	39.504,30
11.450.000	10.818,90	18.031,50	21.637,80	23.440,95	27.047,25	28.850,40	32.456,70	34.259,85	36.063,00	39.669,30

3. Wertgebühren in erstinstanzlichen gerichtlichen Verfahren | 71

1,2	1,3	1,4	1,5	1,6	1,8	Gerichtsgebühren 0,5	1,0	2,0	3,0	Wert bis €
33.915,60	36.741,90	39.568,20	42.394,50	45.220,80	50.873,40	16.798,00	33.596,00	67.192,00	100.788,00	**8.850.000**
34.095,60	36.936,90	39.778,20	42.619,50	45.460,80	51.143,40	16.888,00	33.776,00	67.552,00	101.328,00	**8.900.000**
34.275,60	37.131,90	39.988,20	42.844,50	45.700,80	51.413,40	16.978,00	33.956,00	67.912,00	101.868,00	**8.950.000**
34.455,60	37.326,90	40.198,20	43.069,50	45.940,80	51.683,40	17.068,00	34.136,00	68.272,00	102.408,00	**9.000.000**
34.635,60	37.521,90	40.408,20	43.294,50	46.180,80	51.953,40	17.158,00	34.316,00	68.632,00	102.948,00	**9.050.000**
34.815,60	37.716,90	40.618,20	43.519,50	46.420,80	52.223,40	17.248,00	34.496,00	68.992,00	103.488,00	**9.100.000**
34.995,60	37.911,90	40.828,20	43.744,50	46.660,80	52.493,40	17.338,00	34.676,00	69.352,00	104.028,00	**9.150.000**
35.175,60	38.106,90	41.038,20	43.969,50	46.900,80	52.763,40	17.428,00	34.856,00	69.712,00	104.568,00	**9.200.000**
35.355,60	38.301,90	41.248,20	44.194,50	47.140,80	53.033,40	17.518,00	35.036,00	70.072,00	105.108,00	**9.250.000**
35.535,60	38.496,90	41.458,20	44.419,50	47.380,80	53.303,40	17.608,00	35.216,00	70.432,00	105.648,00	**9.300.000**
35.715,60	38.691,90	41.668,20	44.644,50	47.620,80	53.573,40	17.698,00	35.396,00	70.792,00	106.188,00	**9.350.000**
35.895,60	38.886,90	41.878,20	44.869,50	47.860,80	53.843,40	17.788,00	35.576,00	71.152,00	106.728,00	**9.400.000**
36.075,60	39.081,90	42.088,20	45.094,50	48.100,80	54.113,40	17.878,00	35.756,00	71.512,00	107.268,00	**9.450.000**
36.255,60	39.276,90	42.298,20	45.319,50	48.340,80	54.383,40	17.968,00	35.936,00	71.872,00	107.808,00	**9.500.000**
36.435,60	39.471,90	42.508,20	45.544,50	48.580,80	54.653,40	18.058,00	36.116,00	72.232,00	108.348,00	**9.550.000**
36.615,60	39.666,90	42.718,20	45.769,50	48.820,80	54.923,40	18.148,00	36.296,00	72.592,00	108.888,00	**9.600.000**
36.795,60	39.861,90	42.928,20	45.994,50	49.060,80	55.193,40	18.238,00	36.476,00	72.952,00	109.428,00	**9.650.000**
36.975,60	40.056,90	43.138,20	46.219,50	49.300,80	55.463,40	18.328,00	36.656,00	73.312,00	109.968,00	**9.700.000**
37.155,60	40.251,90	43.348,20	46.444,50	49.540,80	55.733,40	18.418,00	36.836,00	73.672,00	110.508,00	**9.750.000**
37.335,60	40.446,90	43.558,20	46.669,50	49.780,80	56.003,40	18.508,00	37.016,00	74.032,00	111.048,00	**9.800.000**
37.515,60	40.641,90	43.768,20	46.894,50	50.020,80	56.273,40	18.598,00	37.196,00	74.392,00	111.588,00	**9.850.000**
37.695,60	40.836,90	43.978,20	47.119,50	50.260,80	56.543,40	18.688,00	37.376,00	74.752,00	112.128,00	**9.900.000**
37.875,60	41.031,90	44.188,20	47.344,50	50.500,80	56.813,40	18.778,00	37.556,00	75.112,00	112.668,00	**9.950.000**
38.055,60	41.226,90	44.398,20	47.569,50	50.740,80	57.083,40	18.868,00	37.736,00	75.472,00	113.208,00	**10.000.000**
38.235,60	41.421,90	44.608,20	47.794,50	50.980,80	57.353,40	18.958,00	37.916,00	75.832,00	113.748,00	**10.050.000**
38.415,60	41.616,90	44.818,20	48.019,50	51.220,80	57.623,40	19.048,00	38.096,00	76.192,00	114.288,00	**10.100.000**
38.595,60	41.811,90	45.028,20	48.244,50	51.460,80	57.893,40	19.138,00	38.276,00	76.552,00	114.828,00	**10.150.000**
38.775,60	42.006,90	45.238,20	48.469,50	51.700,80	58.163,40	19.228,00	38.456,00	76.912,00	115.368,00	**10.200.000**
38.955,60	42.201,90	45.448,20	48.694,50	51.940,80	58.433,40	19.318,00	38.636,00	77.272,00	115.908,00	**10.250.000**
39.135,60	42.396,90	45.658,20	48.919,50	52.180,80	58.703,40	19.408,00	38.816,00	77.632,00	116.448,00	**10.300.000**
39.315,60	42.591,90	45.868,20	49.144,50	52.420,80	58.973,40	19.498,00	38.996,00	77.992,00	116.988,00	**10.350.000**
39.495,60	42.786,90	46.078,20	49.369,50	52.660,80	59.243,40	19.588,00	39.176,00	78.352,00	117.528,00	**10.400.000**
39.675,60	42.981,90	46.288,20	49.594,50	52.900,80	59.513,40	19.678,00	39.356,00	78.712,00	118.068,00	**10.450.000**
39.855,60	43.176,90	46.498,20	49.819,50	53.140,80	59.783,40	19.768,00	39.536,00	79.072,00	118.608,00	**10.500.000**
40.035,60	43.371,90	46.708,20	50.044,50	53.380,80	60.053,40	19.858,00	39.716,00	79.432,00	119.148,00	**10.550.000**
40.215,60	43.566,90	46.918,20	50.269,50	53.620,80	60.323,40	19.948,00	39.896,00	79.792,00	119.688,00	**10.600.000**
40.395,60	43.761,90	47.128,20	50.494,50	53.860,80	60.593,40	20.038,00	40.076,00	80.152,00	120.228,00	**10.650.000**
40.575,60	43.956,90	47.338,20	50.719,50	54.100,80	60.863,40	20.128,00	40.256,00	80.512,00	120.768,00	**10.700.000**
40.755,60	44.151,90	47.548,20	50.944,50	54.340,80	61.133,40	20.218,00	40.436,00	80.872,00	121.308,00	**10.750.000**
40.935,60	44.346,90	47.758,20	51.169,50	54.580,80	61.403,40	20.308,00	40.616,00	81.232,00	121.848,00	**10.800.000**
41.115,60	44.541,90	47.968,20	51.394,50	54.820,80	61.673,40	20.398,00	40.796,00	81.592,00	122.388,00	**10.850.000**
41.295,60	44.736,90	48.178,20	51.619,50	55.060,80	61.943,40	20.488,00	40.976,00	81.952,00	122.928,00	**10.900.000**
41.475,60	44.931,90	48.388,20	51.844,50	55.300,80	62.213,40	20.578,00	41.156,00	82.312,00	123.468,00	**10.950.000**
41.655,60	45.126,90	48.598,20	52.069,50	55.540,80	62.483,40	20.668,00	41.336,00	82.672,00	124.008,00	**11.000.000**
41.835,60	45.321,90	48.808,20	52.294,50	55.780,80	62.753,40	20.758,00	41.516,00	83.032,00	124.548,00	**11.050.000**
42.015,60	45.516,90	49.018,20	52.519,50	56.020,80	63.023,40	20.848,00	41.696,00	83.392,00	125.088,00	**11.100.000**
42.195,60	45.711,90	49.228,20	52.744,50	56.260,80	63.293,40	20.938,00	41.876,00	83.752,00	125.628,00	**11.150.000**
42.375,60	45.906,90	49.438,20	52.969,50	56.500,80	63.563,40	21.028,00	42.056,00	84.112,00	126.168,00	**11.200.000**
42.555,60	46.101,90	49.648,20	53.194,50	56.740,80	63.833,40	21.118,00	42.236,00	84.472,00	126.708,00	**11.250.000**
42.735,60	46.296,90	49.858,20	53.419,50	56.980,80	64.103,40	21.208,00	42.416,00	84.832,00	127.248,00	**11.300.000**
42.915,60	46.491,90	50.068,20	53.644,50	57.220,80	64.373,40	21.298,00	42.596,00	85.192,00	127.788,00	**11.350.000**
43.095,60	46.686,90	50.278,20	53.869,50	57.460,80	64.643,40	21.388,00	42.776,00	85.552,00	128.328,00	**11.400.000**
43.275,60	46.881,90	50.488,20	54.094,50	57.700,80	64.913,40	21.478,00	42.956,00	85.912,00	128.868,00	**11.450.000**

RVG

Anwaltsgebühren

Wert bis €	0,3	0,5	0,6	0,65	0,75	0,8	0,9	0,95	1,0	1,1
11.500.000	10.863,90	18.106,50	21.727,80	23.538,45	27.159,75	28.970,40	32.591,70	34.402,35	36.213,00	39.834,30
11.550.000	10.908,90	18.181,50	21.817,80	23.635,95	27.272,25	29.090,40	32.726,70	34.544,85	36.363,00	39.999,30
11.600.000	10.953,90	18.256,50	21.907,80	23.733,45	27.384,75	29.210,40	32.861,70	34.687,35	36.513,00	40.164,30
11.650.000	10.998,90	18.331,50	21.997,80	23.830,95	27.497,25	29.330,40	32.996,70	34.829,85	36.663,00	40.329,30
11.700.000	11.043,90	18.406,50	22.087,80	23.928,45	27.609,75	29.450,40	33.131,70	34.972,35	36.813,00	40.494,30
11.750.000	11.088,90	18.481,50	22.177,80	24.025,95	27.722,25	29.570,40	33.266,70	35.114,85	36.963,00	40.659,30
11.800.000	11.133,90	18.556,50	22.267,80	24.123,45	27.834,75	29.690,40	33.401,70	35.257,35	37.113,00	40.824,30
11.850.000	11.178,90	18.631,50	22.357,80	24.220,95	27.947,25	29.810,40	33.536,70	35.399,85	37.263,00	40.989,30
11.900.000	11.223,90	18.706,50	22.447,80	24.318,45	28.059,75	29.930,40	33.671,70	35.542,35	37.413,00	41.154,30
11.950.000	11.268,90	18.781,50	22.537,80	24.415,95	28.172,25	30.050,40	33.806,70	35.684,85	37.563,00	41.319,30
12.000.000	11.313,90	18.856,50	22.627,80	24.513,45	28.284,75	30.170,40	33.941,70	35.827,35	37.713,00	41.484,30
12.050.000	11.358,90	18.931,50	22.717,80	24.610,95	28.397,25	30.290,40	34.076,70	35.969,85	37.863,00	41.649,30
12.100.000	11.403,90	19.006,50	22.807,80	24.708,45	28.509,75	30.410,40	34.211,70	36.112,35	38.013,00	41.814,30
12.150.000	11.448,90	19.081,50	22.897,80	24.805,95	28.622,25	30.530,40	34.346,70	36.254,85	38.163,00	41.979,30
12.200.000	11.493,90	19.156,50	22.987,80	24.903,45	28.734,75	30.650,40	34.481,70	36.397,35	38.313,00	42.144,30
12.250.000	11.538,90	19.231,50	23.077,80	25.000,95	28.847,25	30.770,40	34.616,70	36.539,85	38.463,00	42.309,30
12.300.000	11.583,90	19.306,50	23.167,80	25.098,45	28.959,75	30.890,40	34.751,70	36.682,35	38.613,00	42.474,30
12.350.000	11.628,90	19.381,50	23.257,80	25.195,95	29.072,25	31.010,40	34.886,70	36.824,85	38.763,00	42.639,30
12.400.000	11.673,90	19.456,50	23.347,80	25.293,45	29.184,75	31.130,40	35.021,70	36.967,35	38.913,00	42.804,30
12.450.000	11.718,90	19.531,50	23.437,80	25.390,95	29.297,25	31.250,40	35.156,70	37.109,85	39.063,00	42.969,30
12.500.000	11.763,90	19.606,50	23.527,80	25.488,45	29.409,75	31.370,40	35.291,70	37.252,35	39.213,00	43.134,30
12.550.000	11.808,90	19.681,50	23.617,80	25.585,95	29.522,25	31.490,40	35.426,70	37.394,85	39.363,00	43.299,30
12.600.000	11.853,90	19.756,50	23.707,80	25.683,45	29.634,75	31.610,40	35.561,70	37.537,35	39.513,00	43.464,30
12.650.000	11.898,90	19.831,50	23.797,80	25.780,95	29.747,25	31.730,40	35.696,70	37.679,85	39.663,00	43.629,30
12.700.000	11.943,90	19.906,50	23.887,80	25.878,45	29.859,75	31.850,40	35.831,70	37.822,35	39.813,00	43.794,30
12.750.000	11.988,90	19.981,50	23.977,80	25.975,95	29.972,25	31.970,40	35.966,70	37.964,85	39.963,00	43.959,30
12.800.000	12.033,90	20.056,50	24.067,80	26.073,45	30.084,75	32.090,40	36.101,70	38.107,35	40.113,00	44.124,30
12.850.000	12.078,90	20.131,50	24.157,80	26.170,95	30.197,25	32.210,40	36.236,70	38.249,85	40.263,00	44.289,30
12.900.000	12.123,90	20.206,50	24.247,80	26.268,45	30.309,75	32.330,40	36.371,70	38.392,35	40.413,00	44.454,30
12.950.000	12.168,90	20.281,50	24.337,80	26.365,95	30.422,25	32.450,40	36.506,70	38.534,85	40.563,00	44.619,30
13.000.000	12.213,90	20.356,50	24.427,80	26.463,45	30.534,75	32.570,40	36.641,70	38.677,35	40.713,00	44.784,30
13.050.000	12.258,90	20.431,50	24.517,80	26.560,95	30.647,25	32.690,40	36.776,70	38.819,85	40.863,00	44.949,30
13.100.000	12.303,90	20.506,50	24.607,80	26.658,45	30.759,75	32.810,40	36.911,70	38.962,35	41.013,00	45.114,30
13.150.000	12.348,90	20.581,50	24.697,80	26.755,95	30.872,25	32.930,40	37.046,70	39.104,85	41.163,00	45.279,30
13.200.000	12.393,90	20.656,50	24.787,80	26.853,45	30.984,75	33.050,40	37.181,70	39.247,35	41.313,00	45.444,30
13.250.000	12.438,90	20.731,50	24.877,80	26.950,95	31.097,25	33.170,40	37.316,70	39.389,85	41.463,00	45.609,30
13.300.000	12.483,90	20.806,50	24.967,80	27.048,45	31.209,75	33.290,40	37.451,70	39.532,35	41.613,00	45.774,30
13.350.000	12.528,90	20.881,50	25.057,80	27.145,95	31.322,25	33.410,40	37.586,70	39.674,85	41.763,00	45.939,30
13.400.000	12.573,90	20.956,50	25.147,80	27.243,45	31.434,75	33.530,40	37.721,70	39.817,35	41.913,00	46.104,30
13.450.000	12.618,90	21.031,50	25.237,80	27.340,95	31.547,25	33.650,40	37.856,70	39.959,85	42.063,00	46.269,30
13.500.000	12.663,90	21.106,50	25.327,80	27.438,45	31.659,75	33.770,40	37.991,70	40.102,35	42.213,00	46.434,30
13.550.000	12.708,90	21.181,50	25.417,80	27.535,95	31.772,25	33.890,40	38.126,70	40.244,85	42.363,00	46.599,30
13.600.000	12.753,90	21.256,50	25.507,80	27.633,45	31.884,75	34.010,40	38.261,70	40.387,35	42.513,00	46.764,30
13.650.000	12.798,90	21.331,50	25.597,80	27.730,95	31.997,25	34.130,40	38.396,70	40.529,85	42.663,00	46.929,30
13.700.000	12.843,90	21.406,50	25.687,80	27.828,45	32.109,75	34.250,40	38.531,70	40.672,35	42.813,00	47.094,30
13.750.000	12.888,90	21.481,50	25.777,80	27.925,95	32.222,25	34.370,40	38.666,70	40.814,85	42.963,00	47.259,30
13.800.000	12.933,90	21.556,50	25.867,80	28.023,45	32.334,75	34.490,40	38.801,70	40.957,35	43.113,00	47.424,30
13.850.000	12.978,90	21.631,50	25.957,80	28.120,95	32.447,25	34.610,40	38.936,70	41.099,85	43.263,00	47.589,30
13.900.000	13.023,90	21.706,50	26.047,80	28.218,45	32.559,75	34.730,40	39.071,70	41.242,35	43.413,00	47.754,30
13.950.000	13.068,90	21.781,50	26.137,80	28.315,95	32.672,25	34.850,40	39.206,70	41.384,85	43.563,00	47.919,30
14.000.000	13.113,90	21.856,50	26.227,80	28.413,45	32.784,75	34.970,40	39.341,70	41.527,35	43.713,00	48.084,30
14.050.000	13.158,90	21.931,50	26.317,80	28.510,95	32.897,25	35.090,40	39.476,70	41.669,85	43.863,00	48.249,30
14.100.000	13.203,90	22.006,50	26.407,80	28.608,45	33.009,75	35.210,40	39.611,70	41.812,35	44.013,00	48.414,30

1,2	1,3	1,4	1,5	1,6	1,8	0,5	1,0	2,0	3,0	Wert bis €
43.455,60	47.076,90	50.698,20	54.319,50	57.940,80	65.183,40	21.568,00	43.136,00	86.272,00	129.408,00	**11.500.000**
43.635,60	47.271,90	50.908,20	54.544,50	58.180,80	65.453,40	21.658,00	43.316,00	86.632,00	129.948,00	**11.550.000**
43.815,60	47.466,90	51.118,20	54.769,50	58.420,80	65.723,40	21.748,00	43.496,00	86.992,00	130.488,00	**11.600.000**
43.995,60	47.661,90	51.328,20	54.994,50	58.660,80	65.993,40	21.838,00	43.676,00	87.352,00	131.028,00	**11.650.000**
44.175,60	47.856,90	51.538,20	55.219,50	58.900,80	66.263,40	21.928,00	43.856,00	87.712,00	131.568,00	**11.700.000**
44.355,60	48.051,90	51.748,20	55.444,50	59.140,80	66.533,40	22.018,00	44.036,00	88.072,00	132.108,00	**11.750.000**
44.535,60	48.246,90	51.958,20	55.669,50	59.380,80	66.803,40	22.108,00	44.216,00	88.432,00	132.648,00	**11.800.000**
44.715,60	48.441,90	52.168,20	55.894,50	59.620,80	67.073,40	22.198,00	44.396,00	88.792,00	133.188,00	**11.850.000**
44.895,60	48.636,90	52.378,20	56.119,50	59.860,80	67.343,40	22.288,00	44.576,00	89.152,00	133.728,00	**11.900.000**
45.075,60	48.831,90	52.588,20	56.344,50	60.100,80	67.613,40	22.378,00	44.756,00	89.512,00	134.268,00	**11.950.000**
45.255,60	49.026,90	52.798,20	56.569,50	60.340,80	67.883,40	22.468,00	44.936,00	89.872,00	134.808,00	**12.000.000**
45.435,60	49.221,90	53.008,20	56.794,50	60.580,80	68.153,40	22.558,00	45.116,00	90.232,00	135.348,00	**12.050.000**
45.615,60	49.416,90	53.218,20	57.019,50	60.820,80	68.423,40	22.648,00	45.296,00	90.592,00	135.888,00	**12.100.000**
45.795,60	49.611,90	53.428,20	57.244,50	61.060,80	68.693,40	22.738,00	45.476,00	90.952,00	136.428,00	**12.150.000**
45.975,60	49.806,90	53.638,20	57.469,50	61.300,80	68.963,40	22.828,00	45.656,00	91.312,00	136.968,00	**12.200.000**
46.155,60	50.001,90	53.848,20	57.694,50	61.540,80	69.233,40	22.918,00	45.836,00	91.672,00	137.508,00	**12.250.000**
46.335,60	50.196,90	54.058,20	57.919,50	61.780,80	69.503,40	23.008,00	46.016,00	92.032,00	138.048,00	**12.300.000**
46.515,60	50.391,90	54.268,20	58.144,50	62.020,80	69.773,40	23.098,00	46.196,00	92.392,00	138.588,00	**12.350.000**
46.695,60	50.586,90	54.478,20	58.369,50	62.260,80	70.043,40	23.188,00	46.376,00	92.752,00	139.128,00	**12.400.000**
46.875,60	50.781,90	54.688,20	58.594,50	62.500,80	70.313,40	23.278,00	46.556,00	93.112,00	139.668,00	**12.450.000**
47.055,60	50.976,90	54.898,20	58.819,50	62.740,80	70.583,40	23.368,00	46.736,00	93.472,00	140.208,00	**12.500.000**
47.235,60	51.171,90	55.108,20	59.044,50	62.980,80	70.853,40	23.458,00	46.916,00	93.832,00	140.748,00	**12.550.000**
47.415,60	51.366,90	55.318,20	59.269,50	63.220,80	71.123,40	23.548,00	47.096,00	94.192,00	141.288,00	**12.600.000**
47.595,60	51.561,90	55.528,20	59.494,50	63.460,80	71.393,40	23.638,00	47.276,00	94.552,00	141.828,00	**12.650.000**
47.775,60	51.756,90	55.738,20	59.719,50	63.700,80	71.663,40	23.728,00	47.456,00	94.912,00	142.368,00	**12.700.000**
47.955,60	51.951,90	55.948,20	59.944,50	63.940,80	71.933,40	23.818,00	47.636,00	95.272,00	142.908,00	**12.750.000**
48.135,60	52.146,90	56.158,20	60.169,50	64.180,80	72.203,40	23.908,00	47.816,00	95.632,00	143.448,00	**12.800.000**
48.315,60	52.341,90	56.368,20	60.394,50	64.420,80	72.473,40	23.998,00	47.996,00	95.992,00	143.988,00	**12.850.000**
48.495,60	52.536,90	56.578,20	60.619,50	64.660,80	72.743,40	24.088,00	48.176,00	96.352,00	144.528,00	**12.900.000**
48.675,60	52.731,90	56.788,20	60.844,50	64.900,80	73.013,40	24.178,00	48.356,00	96.712,00	145.068,00	**12.950.000**
48.855,60	52.926,90	56.998,20	61.069,50	65.140,80	73.283,40	24.268,00	48.536,00	97.072,00	145.608,00	**13.000.000**
49.035,60	53.121,90	57.208,20	61.294,50	65.380,80	73.553,40	24.358,00	48.716,00	97.432,00	146.148,00	**13.050.000**
49.215,60	53.316,90	57.418,20	61.519,50	65.620,80	73.823,40	24.448,00	48.896,00	97.792,00	146.688,00	**13.100.000**
49.395,60	53.511,90	57.628,20	61.744,50	65.860,80	74.093,40	24.538,00	49.076,00	98.152,00	147.228,00	**13.150.000**
49.575,60	53.706,90	57.838,20	61.969,50	66.100,80	74.363,40	24.628,00	49.256,00	98.512,00	147.768,00	**13.200.000**
49.755,60	53.901,90	58.048,20	62.194,50	66.340,80	74.633,40	24.718,00	49.436,00	98.872,00	148.308,00	**13.250.000**
49.935,60	54.096,90	58.258,20	62.419,50	66.580,80	74.903,40	24.808,00	49.616,00	99.232,00	148.848,00	**13.300.000**
50.115,60	54.291,90	58.468,20	62.644,50	66.820,80	75.173,40	24.898,00	49.796,00	99.592,00	149.388,00	**13.350.000**
50.295,60	54.486,90	58.678,20	62.869,50	67.060,80	75.443,40	24.988,00	49.976,00	99.952,00	149.928,00	**13.400.000**
50.475,60	54.681,90	58.888,20	63.094,50	67.300,80	75.713,40	25.078,00	50.156,00	100.312,00	150.468,00	**13.450.000**
50.655,60	54.876,90	59.098,20	63.319,50	67.540,80	75.983,40	25.168,00	50.336,00	100.672,00	151.008,00	**13.500.000**
50.835,60	55.071,90	59.308,20	63.544,50	67.780,80	76.253,40	25.258,00	50.516,00	101.032,00	151.548,00	**13.550.000**
51.015,60	55.266,90	59.518,20	63.769,50	68.020,80	76.523,40	25.348,00	50.696,00	101.392,00	152.088,00	**13.600.000**
51.195,60	55.461,90	59.728,20	63.994,50	68.260,80	76.793,40	25.438,00	50.876,00	101.752,00	152.628,00	**13.650.000**
51.375,60	55.656,90	59.938,20	64.219,50	68.500,80	77.063,40	25.528,00	51.056,00	102.112,00	153.168,00	**13.700.000**
51.555,60	55.851,90	60.148,20	64.444,50	68.740,80	77.333,40	25.618,00	51.236,00	102.472,00	153.708,00	**13.750.000**
51.735,60	56.046,90	60.358,20	64.669,50	68.980,80	77.603,40	25.708,00	51.416,00	102.832,00	154.248,00	**13.800.000**
51.915,60	56.241,90	60.568,20	64.894,50	69.220,80	77.873,40	25.798,00	51.596,00	103.192,00	154.788,00	**13.850.000**
52.095,60	56.436,90	60.778,20	65.119,50	69.460,80	78.143,40	25.888,00	51.776,00	103.552,00	155.328,00	**13.900.000**
52.275,60	56.631,90	60.988,20	65.344,50	69.700,80	78.413,40	25.978,00	51.956,00	103.912,00	155.868,00	**13.950.000**
52.455,60	56.826,90	61.198,20	65.569,50	69.940,80	78.683,40	26.068,00	52.136,00	104.272,00	156.408,00	**14.000.000**
52.635,60	57.021,90	61.408,20	65.794,50	70.180,80	78.953,40	26.158,00	52.316,00	104.632,00	156.948,00	**14.050.000**
52.815,60	57.216,90	61.618,20	66.019,50	70.420,80	79.223,40	26.248,00	52.496,00	104.992,00	157.488,00	**14.100.000**

Anwaltsgebühren

Wert bis €	0,3	0,5	0,6	0,65	0,75	0,8	0,9	0,95	1,0	1,1
14.150.000	13.248,90	22.081,50	26.497,80	28.705,95	33.122,25	35.330,40	39.746,70	41.954,85	44.163,00	48.579,30
14.200.000	13.293,90	22.156,50	26.587,80	28.803,45	33.234,75	35.450,40	39.881,70	42.097,35	44.313,00	48.744,30
14.250.000	13.338,90	22.231,50	26.677,80	28.900,95	33.347,25	35.570,40	40.016,70	42.239,85	44.463,00	48.909,30
14.300.000	13.383,90	22.306,50	26.767,80	28.998,45	33.459,75	35.690,40	40.151,70	42.382,35	44.613,00	49.074,30
14.350.000	13.428,90	22.381,50	26.857,80	29.095,95	33.572,25	35.810,40	40.286,70	42.524,85	44.763,00	49.239,30
14.400.000	13.473,90	22.456,50	26.947,80	29.193,45	33.684,75	35.930,40	40.421,70	42.667,35	44.913,00	49.404,30
14.450.000	13.518,90	22.531,50	27.037,80	29.290,95	33.797,25	36.050,40	40.556,70	42.809,85	45.063,00	49.569,30
14.500.000	13.563,90	22.606,50	27.127,80	29.388,45	33.909,75	36.170,40	40.691,70	42.952,35	45.213,00	49.734,30
14.550.000	13.608,90	22.681,50	27.217,80	29.485,95	34.022,25	36.290,40	40.826,70	43.094,85	45.363,00	49.899,30
14.600.000	13.653,90	22.756,50	27.307,80	29.583,45	34.134,75	36.410,40	40.961,70	43.237,35	45.513,00	50.064,30
14.650.000	13.698,90	22.831,50	27.397,80	29.680,95	34.247,25	36.530,40	41.096,70	43.379,85	45.663,00	50.229,30
14.700.000	13.743,90	22.906,50	27.487,80	29.778,45	34.359,75	36.650,40	41.231,70	43.522,35	45.813,00	50.394,30
14.750.000	13.788,90	22.981,50	27.577,80	29.875,95	34.472,25	36.770,40	41.366,70	43.664,85	45.963,00	50.559,30
14.800.000	13.833,90	23.056,50	27.667,80	29.973,45	34.584,75	36.890,40	41.501,70	43.807,35	46.113,00	50.724,30
14.850.000	13.878,90	23.131,50	27.757,80	30.070,95	34.697,25	37.010,40	41.636,70	43.949,85	46.263,00	50.889,30
14.900.000	13.923,90	23.206,50	27.847,80	30.168,45	34.809,75	37.130,40	41.771,70	44.092,35	46.413,00	51.054,30
14.950.000	13.968,90	23.281,50	27.937,80	30.265,95	34.922,25	37.250,40	41.906,70	44.234,85	46.563,00	51.219,30
15.000.000	14.013,90	23.356,50	28.027,80	30.363,45	35.034,75	37.370,40	42.041,70	44.377,35	46.713,00	51.384,30
15.050.000	14.058,90	23.431,50	28.117,80	30.460,95	35.147,25	37.490,40	42.176,70	44.519,85	46.863,00	51.549,30
15.100.000	14.103,90	23.506,50	28.207,80	30.558,45	35.259,75	37.610,40	42.311,70	44.662,35	47.013,00	51.714,30
15.150.000	14.148,90	23.581,50	28.297,80	30.655,95	35.372,25	37.730,40	42.446,70	44.804,85	47.163,00	51.879,30
15.200.000	14.193,90	23.656,50	28.387,80	30.753,45	35.484,75	37.850,40	42.581,70	44.947,35	47.313,00	52.044,30
15.250.000	14.238,90	23.731,50	28.477,80	30.850,95	35.597,25	37.970,40	42.716,70	45.089,85	47.463,00	52.209,30
15.300.000	14.283,90	23.806,50	28.567,80	30.948,45	35.709,75	38.090,40	42.851,70	45.232,35	47.613,00	52.374,30
15.350.000	14.328,90	23.881,50	28.657,80	31.045,95	35.822,25	38.210,40	42.986,70	45.374,85	47.763,00	52.539,30
15.400.000	14.373,90	23.956,50	28.747,80	31.143,45	35.934,75	38.330,40	43.121,70	45.517,35	47.913,00	52.704,30
15.450.000	14.418,90	24.031,50	28.837,80	31.240,95	36.047,25	38.450,40	43.256,70	45.659,85	48.063,00	52.869,30
15.500.000	14.463,90	24.106,50	28.927,80	31.338,45	36.159,75	38.570,40	43.391,70	45.802,35	48.213,00	53.034,30
15.550.000	14.508,90	24.181,50	29.017,80	31.435,95	36.272,25	38.690,40	43.526,70	45.944,85	48.363,00	53.199,30
15.600.000	14.553,90	24.256,50	29.107,80	31.533,45	36.384,75	38.810,40	43.661,70	46.087,35	48.513,00	53.364,30
15.650.000	14.598,90	24.331,50	29.197,80	31.630,95	36.497,25	38.930,40	43.796,70	46.229,85	48.663,00	53.529,30
15.700.000	14.643,90	24.406,50	29.287,80	31.728,45	36.609,75	39.050,40	43.931,70	46.372,35	48.813,00	53.694,30
15.750.000	14.688,90	24.481,50	29.377,80	31.825,95	36.722,25	39.170,40	44.066,70	46.514,85	48.963,00	53.859,30
15.800.000	14.733,90	24.556,50	29.467,80	31.923,45	36.834,75	39.290,40	44.201,70	46.657,35	49.113,00	54.024,30
15.850.000	14.778,90	24.631,50	29.557,80	32.020,95	36.947,25	39.410,40	44.336,70	46.799,85	49.263,00	54.189,30
15.900.000	14.823,90	24.706,50	29.647,80	32.118,45	37.059,75	39.530,40	44.471,70	46.942,35	49.413,00	54.354,30
15.950.000	14.868,90	24.781,50	29.737,80	32.215,95	37.172,25	39.650,40	44.606,70	47.084,85	49.563,00	54.519,30
16.000.000	14.913,90	24.856,50	29.827,80	32.313,45	37.284,75	39.770,40	44.741,70	47.227,35	49.713,00	54.684,30
16.050.000	14.958,90	24.931,50	29.917,80	32.410,95	37.397,25	39.890,40	44.876,70	47.369,85	49.863,00	54.849,30
16.100.000	15.003,90	25.006,50	30.007,80	32.508,45	37.509,75	40.010,40	45.011,70	47.512,35	50.013,00	55.014,30
16.150.000	15.048,90	25.081,50	30.097,80	32.605,95	37.622,25	40.130,40	45.146,70	47.654,85	50.163,00	55.179,30
16.200.000	15.093,90	25.156,50	30.187,80	32.703,45	37.734,75	40.250,40	45.281,70	47.797,35	50.313,00	55.344,30
16.250.000	15.138,90	25.231,50	30.277,80	32.800,95	37.847,25	40.370,40	45.416,70	47.939,85	50.463,00	55.509,30
16.300.000	15.183,90	25.306,50	30.367,80	32.898,45	37.959,75	40.490,40	45.551,70	48.082,35	50.613,00	55.674,30
16.350.000	15.228,90	25.381,50	30.457,80	32.995,95	38.072,25	40.610,40	45.686,70	48.224,85	50.763,00	55.839,30
16.400.000	15.273,90	25.456,50	30.547,80	33.093,45	38.184,75	40.730,40	45.821,70	48.367,35	50.913,00	56.004,30
16.450.000	15.318,90	25.531,50	30.637,80	33.190,95	38.297,25	40.850,40	45.956,70	48.509,85	51.063,00	56.169,30
16.500.000	15.363,90	25.606,50	30.727,80	33.288,45	38.409,75	40.970,40	46.091,70	48.652,35	51.213,00	56.334,30
16.550.000	15.408,90	25.681,50	30.817,80	33.385,95	38.522,25	41.090,40	46.226,70	48.794,85	51.363,00	56.499,30
16.600.000	15.453,90	25.756,50	30.907,80	33.483,45	38.634,75	41.210,40	46.361,70	48.937,35	51.513,00	56.664,30
16.650.000	15.498,90	25.831,50	30.997,80	33.580,95	38.747,25	41.330,40	46.496,70	49.079,85	51.663,00	56.829,30
16.700.000	15.543,90	25.906,50	31.087,80	33.678,45	38.859,75	41.450,40	46.631,70	49.222,35	51.813,00	56.994,30
16.750.000	15.588,90	25.981,50	31.177,80	33.775,95	38.972,25	41.570,40	46.766,70	49.364,85	51.963,00	57.159,30

3. Wertgebühren in erstinstanzlichen gerichtlichen Verfahren | 75

Gerichtsgebühren

1,2	1,3	1,4	1,5	1,6	1,8	0,5	1,0	2,0	3,0	Wert bis €
52.995,60	57.411,90	61.828,20	66.244,50	70.660,80	79.493,40	26.338,00	52.676,00	105.352,00	158.028,00	14.150.000
53.175,60	57.606,90	62.038,20	66.469,50	70.900,80	79.763,40	26.428,00	52.856,00	105.712,00	158.568,00	14.200.000
53.355,60	57.801,90	62.248,20	66.694,50	71.140,80	80.033,40	26.518,00	53.036,00	106.072,00	159.108,00	14.250.000
53.535,60	57.996,90	62.458,20	66.919,50	71.380,80	80.303,40	26.608,00	53.216,00	106.432,00	159.648,00	14.300.000
53.715,60	58.191,90	62.668,20	67.144,50	71.620,80	80.573,40	26.698,00	53.396,00	106.792,00	160.188,00	14.350.000
53.895,60	58.386,90	62.878,20	67.369,50	71.860,80	80.843,40	26.788,00	53.576,00	107.152,00	160.728,00	14.400.000
54.075,60	58.581,90	63.088,20	67.594,50	72.100,80	81.113,40	26.878,00	53.756,00	107.512,00	161.268,00	14.450.000
54.255,60	58.776,90	63.298,20	67.819,50	72.340,80	81.383,40	26.968,00	53.936,00	107.872,00	161.808,00	14.500.000
54.435,60	58.971,90	63.508,20	68.044,50	72.580,80	81.653,40	27.058,00	54.116,00	108.232,00	162.348,00	14.550.000
54.615,60	59.166,90	63.718,20	68.269,50	72.820,80	81.923,40	27.148,00	54.296,00	108.592,00	162.888,00	14.600.000
54.795,60	59.361,90	63.928,20	68.494,50	73.060,80	82.193,40	27.238,00	54.476,00	108.952,00	163.428,00	14.650.000
54.975,60	59.556,90	64.138,20	68.719,50	73.300,80	82.463,40	27.328,00	54.656,00	109.312,00	163.968,00	14.700.000
55.155,60	59.751,90	64.348,20	68.944,50	73.540,80	82.733,40	27.418,00	54.836,00	109.672,00	164.508,00	14.750.000
55.335,60	59.946,90	64.558,20	69.169,50	73.780,80	83.003,40	27.508,00	55.016,00	110.032,00	165.048,00	14.800.000
55.515,60	60.141,90	64.768,20	69.394,50	74.020,80	83.273,40	27.598,00	55.196,00	110.392,00	165.588,00	14.850.000
55.695,60	60.336,90	64.978,20	69.619,50	74.260,80	83.543,40	27.688,00	55.376,00	110.752,00	166.128,00	14.900.000
55.875,60	60.531,90	65.188,20	69.844,50	74.500,80	83.813,40	27.778,00	55.556,00	111.112,00	166.668,00	14.950.000
56.055,60	60.726,90	65.398,20	70.069,50	74.740,80	84.083,40	27.868,00	55.736,00	111.472,00	167.208,00	15.000.000
56.235,60	60.921,90	65.608,20	70.294,50	74.980,80	84.353,40	27.958,00	55.916,00	111.832,00	167.748,00	15.050.000
56.415,60	61.116,90	65.818,20	70.519,50	75.220,80	84.623,40	28.048,00	56.096,00	112.192,00	168.288,00	15.100.000
56.595,60	61.311,90	66.028,20	70.744,50	75.460,80	84.893,40	28.138,00	56.276,00	112.552,00	168.828,00	15.150.000
56.775,60	61.506,90	66.238,20	70.969,50	75.700,80	85.163,40	28.228,00	56.456,00	112.912,00	169.368,00	15.200.000
56.955,60	61.701,90	66.448,20	71.194,50	75.940,80	85.433,40	28.318,00	56.636,00	113.272,00	169.908,00	15.250.000
57.135,60	61.896,90	66.658,20	71.419,50	76.180,80	85.703,40	28.408,00	56.816,00	113.632,00	170.448,00	15.300.000
57.315,60	62.091,90	66.868,20	71.644,50	76.420,80	85.973,40	28.498,00	56.996,00	113.992,00	170.988,00	15.350.000
57.495,60	62.286,90	67.078,20	71.869,50	76.660,80	86.243,40	28.588,00	57.176,00	114.352,00	171.528,00	15.400.000
57.675,60	62.481,90	67.288,20	72.094,50	76.900,80	86.513,40	28.678,00	57.356,00	114.712,00	172.068,00	15.450.000
57.855,60	62.676,90	67.498,20	72.319,50	77.140,80	86.783,40	28.768,00	57.536,00	115.072,00	172.608,00	15.500.000
58.035,60	62.871,90	67.708,20	72.544,50	77.380,80	87.053,40	28.858,00	57.716,00	115.432,00	173.148,00	15.550.000
58.215,60	63.066,90	67.918,20	72.769,50	77.620,80	87.323,40	28.948,00	57.896,00	115.792,00	173.688,00	15.600.000
58.395,60	63.261,90	68.128,20	72.994,50	77.860,80	87.593,40	29.038,00	58.076,00	116.152,00	174.228,00	15.650.000
58.575,60	63.456,90	68.338,20	73.219,50	78.100,80	87.863,40	29.128,00	58.256,00	116.512,00	174.768,00	15.700.000
58.755,60	63.651,90	68.548,20	73.444,50	78.340,80	88.133,40	29.218,00	58.436,00	116.872,00	175.308,00	15.750.000
58.935,60	63.846,90	68.758,20	73.669,50	78.580,80	88.403,40	29.308,00	58.616,00	117.232,00	175.848,00	15.800.000
59.115,60	64.041,90	68.968,20	73.894,50	78.820,80	88.673,40	29.398,00	58.796,00	117.592,00	176.388,00	15.850.000
59.295,60	64.236,90	69.178,20	74.119,50	79.060,80	88.943,40	29.488,00	58.976,00	117.952,00	176.928,00	15.900.000
59.475,60	64.431,90	69.388,20	74.344,50	79.300,80	89.213,40	29.578,00	59.156,00	118.312,00	177.468,00	15.950.000
59.655,60	64.626,90	69.598,20	74.569,50	79.540,80	89.483,40	29.668,00	59.336,00	118.672,00	178.008,00	16.000.000
59.835,60	64.821,90	69.808,20	74.794,50	79.780,80	89.753,40	29.758,00	59.516,00	119.032,00	178.548,00	16.050.000
60.015,60	65.016,90	70.018,20	75.019,50	80.020,80	90.023,40	29.848,00	59.696,00	119.392,00	179.088,00	16.100.000
60.195,60	65.211,90	70.228,20	75.244,50	80.260,80	90.293,40	29.938,00	59.876,00	119.752,00	179.628,00	16.150.000
60.375,60	65.406,90	70.438,20	75.469,50	80.500,80	90.563,40	30.028,00	60.056,00	120.112,00	180.168,00	16.200.000
60.555,60	65.601,90	70.648,20	75.694,50	80.740,80	90.833,40	30.118,00	60.236,00	120.472,00	180.708,00	16.250.000
60.735,60	65.796,90	70.858,20	75.919,50	80.980,80	91.103,40	30.208,00	60.416,00	120.832,00	181.248,00	16.300.000
60.915,60	65.991,90	71.068,20	76.144,50	81.220,80	91.373,40	30.298,00	60.596,00	121.192,00	181.788,00	16.350.000
61.095,60	66.186,90	71.278,20	76.369,50	81.460,80	91.643,40	30.388,00	60.776,00	121.552,00	182.328,00	16.400.000
61.275,60	66.381,90	71.488,20	76.594,50	81.700,80	91.913,40	30.478,00	60.956,00	121.912,00	182.868,00	16.450.000
61.455,60	66.576,90	71.698,20	76.819,50	81.940,80	92.183,40	30.568,00	61.136,00	122.272,00	183.408,00	16.500.000
61.635,60	66.771,90	71.908,20	77.044,50	82.180,80	92.453,40	30.658,00	61.316,00	122.632,00	183.948,00	16.550.000
61.815,60	66.966,90	72.118,20	77.269,50	82.420,80	92.723,40	30.748,00	61.496,00	122.992,00	184.488,00	16.600.000
61.995,60	67.161,90	72.328,20	77.494,50	82.660,80	92.993,40	30.838,00	61.676,00	123.352,00	185.028,00	16.650.000
62.175,60	67.356,90	72.538,20	77.719,50	82.900,80	93.263,40	30.928,00	61.856,00	123.712,00	185.568,00	16.700.000
62.355,60	67.551,90	72.748,20	77.944,50	83.140,80	93.533,40	31.018,00	62.036,00	124.072,00	186.108,00	16.750.000

Anwaltsgebühren

Wert bis €	0,3	0,5	0,6	0,65	0,75	0,8	0,9	0,95	1,0	1,1
16.800.000	15.633,90	26.056,50	31.267,80	33.873,45	39.084,75	41.690,40	46.901,70	49.507,35	52.113,00	57.324,30
16.850.000	15.678,90	26.131,50	31.357,80	33.970,95	39.197,25	41.810,40	47.036,70	49.649,85	52.263,00	57.489,30
16.900.000	15.723,90	26.206,50	31.447,80	34.068,45	39.309,75	41.930,40	47.171,70	49.792,35	52.413,00	57.654,30
16.950.000	15.768,90	26.281,50	31.537,80	34.165,95	39.422,25	42.050,40	47.306,70	49.934,85	52.563,00	57.819,30
17.000.000	15.813,90	26.356,50	31.627,80	34.263,45	39.534,75	42.170,40	47.441,70	50.077,35	52.713,00	57.984,30
17.050.000	15.858,90	26.431,50	31.717,80	34.360,95	39.647,25	42.290,40	47.576,70	50.219,85	52.863,00	58.149,30
17.100.000	15.903,90	26.506,50	31.807,80	34.458,45	39.759,75	42.410,40	47.711,70	50.362,35	53.013,00	58.314,30
17.150.000	15.948,90	26.581,50	31.897,80	34.555,95	39.872,25	42.530,40	47.846,70	50.504,85	53.163,00	58.479,30
17.200.000	15.993,90	26.656,50	31.987,80	34.653,45	39.984,75	42.650,40	47.981,70	50.647,35	53.313,00	58.644,30
17.250.000	16.038,90	26.731,50	32.077,80	34.750,95	40.097,25	42.770,40	48.116,70	50.789,85	53.463,00	58.809,30
17.300.000	16.083,90	26.806,50	32.167,80	34.848,45	40.209,75	42.890,40	48.251,70	50.932,35	53.613,00	58.974,30
17.350.000	16.128,90	26.881,50	32.257,80	34.945,95	40.322,25	43.010,40	48.386,70	51.074,85	53.763,00	59.139,30
17.400.000	16.173,90	26.956,50	32.347,80	35.043,45	40.434,75	43.130,40	48.521,70	51.217,35	53.913,00	59.304,30
17.450.000	16.218,90	27.031,50	32.437,80	35.140,95	40.547,25	43.250,40	48.656,70	51.359,85	54.063,00	59.469,30
17.500.000	16.263,90	27.106,50	32.527,80	35.238,45	40.659,75	43.370,40	48.791,70	51.502,35	54.213,00	59.634,30
17.550.000	16.308,90	27.181,50	32.617,80	35.335,95	40.772,25	43.490,40	48.926,70	51.644,85	54.363,00	59.799,30
17.600.000	16.353,90	27.256,50	32.707,80	35.433,45	40.884,75	43.610,40	49.061,70	51.787,35	54.513,00	59.964,30
17.650.000	16.398,90	27.331,50	32.797,80	35.530,95	40.997,25	43.730,40	49.196,70	51.929,85	54.663,00	60.129,30
17.700.000	16.443,90	27.406,50	32.887,80	35.628,45	41.109,75	43.850,40	49.331,70	52.072,35	54.813,00	60.294,30
17.750.000	16.488,90	27.481,50	32.977,80	35.725,95	41.222,25	43.970,40	49.466,70	52.214,85	54.963,00	60.459,30
17.800.000	16.533,90	27.556,50	33.067,80	35.823,45	41.334,75	44.090,40	49.601,70	52.357,35	55.113,00	60.624,30
17.850.000	16.578,90	27.631,50	33.157,80	35.920,95	41.447,25	44.210,40	49.736,70	52.499,85	55.263,00	60.789,30
17.900.000	16.623,90	27.706,50	33.247,80	36.018,45	41.559,75	44.330,40	49.871,70	52.642,35	55.413,00	60.954,30
17.950.000	16.668,90	27.781,50	33.337,80	36.115,95	41.672,25	44.450,40	50.006,70	52.784,85	55.563,00	61.119,30
18.000.000	16.713,90	27.856,50	33.427,80	36.213,45	41.784,75	44.570,40	50.141,70	52.927,35	55.713,00	61.284,30
18.050.000	16.758,90	27.931,50	33.517,80	36.310,95	41.897,25	44.690,40	50.276,70	53.069,85	55.863,00	61.449,30
18.100.000	16.803,90	28.006,50	33.607,80	36.408,45	42.009,75	44.810,40	50.411,70	53.212,35	56.013,00	61.614,30
18.150.000	16.848,90	28.081,50	33.697,80	36.505,95	42.122,25	44.930,40	50.546,70	53.354,85	56.163,00	61.779,30
18.200.000	16.893,90	28.156,50	33.787,80	36.603,45	42.234,75	45.050,40	50.681,70	53.497,35	56.313,00	61.944,30
18.250.000	16.938,90	28.231,50	33.877,80	36.700,95	42.347,25	45.170,40	50.816,70	53.639,85	56.463,00	62.109,30
18.300.000	16.983,90	28.306,50	33.967,80	36.798,45	42.459,75	45.290,40	50.951,70	53.782,35	56.613,00	62.274,30
18.350.000	17.028,90	28.381,50	34.057,80	36.895,95	42.572,25	45.410,40	51.086,70	53.924,85	56.763,00	62.439,30
18.400.000	17.073,90	28.456,50	34.147,80	36.993,45	42.684,75	45.530,40	51.221,70	54.067,35	56.913,00	62.604,30
18.450.000	17.118,90	28.531,50	34.237,80	37.090,95	42.797,25	45.650,40	51.356,70	54.209,85	57.063,00	62.769,30
18.500.000	17.163,90	28.606,50	34.327,80	37.188,45	42.909,75	45.770,40	51.491,70	54.352,35	57.213,00	62.934,30
18.550.000	17.208,90	28.681,50	34.417,80	37.285,95	43.022,25	45.890,40	51.626,70	54.494,85	57.363,00	63.099,30
18.600.000	17.253,90	28.756,50	34.507,80	37.383,45	43.134,75	46.010,40	51.761,70	54.637,35	57.513,00	63.264,30
18.650.000	17.298,90	28.831,50	34.597,80	37.480,95	43.247,25	46.130,40	51.896,70	54.779,85	57.663,00	63.429,30
18.700.000	17.343,90	28.906,50	34.687,80	37.578,45	43.359,75	46.250,40	52.031,70	54.922,35	57.813,00	63.594,30
18.750.000	17.388,90	28.981,50	34.777,80	37.675,95	43.472,25	46.370,40	52.166,70	55.064,85	57.963,00	63.759,30
18.800.000	17.433,90	29.056,50	34.867,80	37.773,45	43.584,75	46.490,40	52.301,70	55.207,35	58.113,00	63.924,30
18.850.000	17.478,90	29.131,50	34.957,80	37.870,95	43.697,25	46.610,40	52.436,70	55.349,85	58.263,00	64.089,30
18.900.000	17.523,90	29.206,50	35.047,80	37.968,45	43.809,75	46.730,40	52.571,70	55.492,35	58.413,00	64.254,30
18.950.000	17.568,90	29.281,50	35.137,80	38.065,95	43.922,25	46.850,40	52.706,70	55.634,85	58.563,00	64.419,30
19.000.000	17.613,90	29.356,50	35.227,80	38.163,45	44.034,75	46.970,40	52.841,70	55.777,35	58.713,00	64.584,30
19.050.000	17.658,90	29.431,50	35.317,80	38.260,95	44.147,25	47.090,40	52.976,70	55.919,85	58.863,00	64.749,30
19.100.000	17.703,90	29.506,50	35.407,80	38.358,45	44.259,75	47.210,40	53.111,70	56.062,35	59.013,00	64.914,30
19.150.000	17.748,90	29.581,50	35.497,80	38.455,95	44.372,25	47.330,40	53.246,70	56.204,85	59.163,00	65.079,30
19.200.000	17.793,90	29.656,50	35.587,80	38.553,45	44.484,75	47.450,40	53.381,70	56.347,35	59.313,00	65.244,30
19.250.000	17.838,90	29.731,50	35.677,80	38.650,95	44.597,25	47.570,40	53.516,70	56.489,85	59.463,00	65.409,30
19.300.000	17.883,90	29.806,50	35.767,80	38.748,45	44.709,75	47.690,40	53.651,70	56.632,35	59.613,00	65.574,30
19.350.000	17.928,90	29.881,50	35.857,80	38.845,95	44.822,25	47.810,40	53.786,70	56.774,85	59.763,00	65.739,30
19.400.000	17.973,90	29.956,50	35.947,80	38.943,45	44.934,75	47.930,40	53.921,70	56.917,35	59.913,00	65.904,30

3. Wertgebühren in erstinstanzlichen gerichtlichen Verfahren

						Gerichtsgebühren				
1,2	1,3	1,4	1,5	1,6	1,8	0,5	1,0	2,0	3,0	Wert bis €
62.535,60	67.746,90	72.958,20	78.169,50	83.380,80	93.803,40	31.108,00	62.216,00	124.432,00	186.648,00	16.800.000
62.715,60	67.941,90	73.168,20	78.394,50	83.620,80	94.073,40	31.198,00	62.396,00	124.792,00	187.188,00	16.850.000
62.895,60	68.136,90	73.378,20	78.619,50	83.860,80	94.343,40	31.288,00	62.576,00	125.152,00	187.728,00	16.900.000
63.075,60	68.331,90	73.588,20	78.844,50	84.100,80	94.613,40	31.378,00	62.756,00	125.512,00	188.268,00	16.950.000
63.255,60	68.526,90	73.798,20	79.069,50	84.340,80	94.883,40	31.468,00	62.936,00	125.872,00	188.808,00	17.000.000
63.435,60	68.721,90	74.008,20	79.294,50	84.580,80	95.153,40	31.558,00	63.116,00	126.232,00	189.348,00	17.050.000
63.615,60	68.916,90	74.218,20	79.519,50	84.820,80	95.423,40	31.648,00	63.296,00	126.592,00	189.888,00	17.100.000
63.795,60	69.111,90	74.428,20	79.744,50	85.060,80	95.693,40	31.738,00	63.476,00	126.952,00	190.428,00	17.150.000
63.975,60	69.306,90	74.638,20	79.969,50	85.300,80	95.963,40	31.828,00	63.656,00	127.312,00	190.968,00	17.200.000
64.155,60	69.501,90	74.848,20	80.194,50	85.540,80	96.233,40	31.918,00	63.836,00	127.672,00	191.508,00	17.250.000
64.335,60	69.696,90	75.058,20	80.419,50	85.780,80	96.503,40	32.008,00	64.016,00	128.032,00	192.048,00	17.300.000
64.515,60	69.891,90	75.268,20	80.644,50	86.020,80	96.773,40	32.098,00	64.196,00	128.392,00	192.588,00	17.350.000
64.695,60	70.086,90	75.478,20	80.869,50	86.260,80	97.043,40	32.188,00	64.376,00	128.752,00	193.128,00	17.400.000
64.875,60	70.281,90	75.688,20	81.094,50	86.500,80	97.313,40	32.278,00	64.556,00	129.112,00	193.668,00	17.450.000
65.055,60	70.476,90	75.898,20	81.319,50	86.740,80	97.583,40	32.368,00	64.736,00	129.472,00	194.208,00	17.500.000
65.235,60	70.671,90	76.108,20	81.544,50	86.980,80	97.853,40	32.458,00	64.916,00	129.832,00	194.748,00	17.550.000
65.415,60	70.866,90	76.318,20	81.769,50	87.220,80	98.123,40	32.548,00	65.096,00	130.192,00	195.288,00	17.600.000
65.595,60	71.061,90	76.528,20	81.994,50	87.460,80	98.393,40	32.638,00	65.276,00	130.552,00	195.828,00	17.650.000
65.775,60	71.256,90	76.738,20	82.219,50	87.700,80	98.663,40	32.728,00	65.456,00	130.912,00	196.368,00	17.700.000
65.955,60	71.451,90	76.948,20	82.444,50	87.940,80	98.933,40	32.818,00	65.636,00	131.272,00	196.908,00	17.750.000
66.135,60	71.646,90	77.158,20	82.669,50	88.180,80	99.203,40	32.908,00	65.816,00	131.632,00	197.448,00	17.800.000
66.315,60	71.841,90	77.368,20	82.894,50	88.420,80	99.473,40	32.998,00	65.996,00	131.992,00	197.988,00	17.850.000
66.495,60	72.036,90	77.578,20	83.119,50	88.660,80	99.743,40	33.088,00	66.176,00	132.352,00	198.528,00	17.900.000
66.675,60	72.231,90	77.788,20	83.344,50	88.900,80	100.013,40	33.178,00	66.356,00	132.712,00	199.068,00	17.950.000
66.855,60	72.426,90	77.998,20	83.569,50	89.140,80	100.283,40	33.268,00	66.536,00	133.072,00	199.608,00	18.000.000
67.035,60	72.621,90	78.208,20	83.794,50	89.380,80	100.553,40	33.358,00	66.716,00	133.432,00	200.148,00	18.050.000
67.215,60	72.816,90	78.418,20	84.019,50	89.620,80	100.823,40	33.448,00	66.896,00	133.792,00	200.688,00	18.100.000
67.395,60	73.011,90	78.628,20	84.244,50	89.860,80	101.093,40	33.538,00	67.076,00	134.152,00	201.228,00	18.150.000
67.575,60	73.206,90	78.838,20	84.469,50	90.100,80	101.363,40	33.628,00	67.256,00	134.512,00	201.768,00	18.200.000
67.755,60	73.401,90	79.048,20	84.694,50	90.340,80	101.633,40	33.718,00	67.436,00	134.872,00	202.308,00	18.250.000
67.935,60	73.596,90	79.258,20	84.919,50	90.580,80	101.903,40	33.808,00	67.616,00	135.232,00	202.848,00	18.300.000
68.115,60	73.791,90	79.468,20	85.144,50	90.820,80	102.173,40	33.898,00	67.796,00	135.592,00	203.388,00	18.350.000
68.295,60	73.986,90	79.678,20	85.369,50	91.060,80	102.443,40	33.988,00	67.976,00	135.952,00	203.928,00	18.400.000
68.475,60	74.181,90	79.888,20	85.594,50	91.300,80	102.713,40	34.078,00	68.156,00	136.312,00	204.468,00	18.450.000
68.655,60	74.376,90	80.098,20	85.819,50	91.540,80	102.983,40	34.168,00	68.336,00	136.672,00	205.008,00	18.500.000
68.835,60	74.571,90	80.308,20	86.044,50	91.780,80	103.253,40	34.258,00	68.516,00	137.032,00	205.548,00	18.550.000
69.015,60	74.766,90	80.518,20	86.269,50	92.020,80	103.523,40	34.348,00	68.696,00	137.392,00	206.088,00	18.600.000
69.195,60	74.961,90	80.728,20	86.494,50	92.260,80	103.793,40	34.438,00	68.876,00	137.752,00	206.628,00	18.650.000
69.375,60	75.156,90	80.938,20	86.719,50	92.500,80	104.063,40	34.528,00	69.056,00	138.112,00	207.168,00	18.700.000
69.555,60	75.351,90	81.148,20	86.944,50	92.740,80	104.333,40	34.618,00	69.236,00	138.472,00	207.708,00	18.750.000
69.735,60	75.546,90	81.358,20	87.169,50	92.980,80	104.603,40	34.708,00	69.416,00	138.832,00	208.248,00	18.800.000
69.915,60	75.741,90	81.568,20	87.394,50	93.220,80	104.873,40	34.798,00	69.596,00	139.192,00	208.788,00	18.850.000
70.095,60	75.936,90	81.778,20	87.619,50	93.460,80	105.143,40	34.888,00	69.776,00	139.552,00	209.328,00	18.900.000
70.275,60	76.131,90	81.988,20	87.844,50	93.700,80	105.413,40	34.978,00	69.956,00	139.912,00	209.868,00	18.950.000
70.455,60	76.326,90	82.198,20	88.069,50	93.940,80	105.683,40	35.068,00	70.136,00	140.272,00	210.408,00	19.000.000
70.635,60	76.521,90	82.408,20	88.294,50	94.180,80	105.953,40	35.158,00	70.316,00	140.632,00	210.948,00	19.050.000
70.815,60	76.716,90	82.618,20	88.519,50	94.420,80	106.223,40	35.248,00	70.496,00	140.992,00	211.488,00	19.100.000
70.995,60	76.911,90	82.828,20	88.744,50	94.660,80	106.493,40	35.338,00	70.676,00	141.352,00	212.028,00	19.150.000
71.175,60	77.106,90	83.038,20	88.969,50	94.900,80	106.763,40	35.428,00	70.856,00	141.712,00	212.568,00	19.200.000
71.355,60	77.301,90	83.248,20	89.194,50	95.140,80	107.033,40	35.518,00	71.036,00	142.072,00	213.108,00	19.250.000
71.535,60	77.496,90	83.458,20	89.419,50	95.380,80	107.303,40	35.608,00	71.216,00	142.432,00	213.648,00	19.300.000
71.715,60	77.691,90	83.668,20	89.644,50	95.620,80	107.573,40	35.698,00	71.396,00	142.792,00	214.188,00	19.350.000
71.895,60	77.886,90	83.878,20	89.869,50	95.860,80	107.843,40	35.788,00	71.576,00	143.152,00	214.728,00	19.400.000

Anwaltsgebühren

Wert bis €	0,3	0,5	0,6	0,65	0,75	0,8	0,9	0,95	1,0	1,1
19.500.000	18.063,90	30.106,50	36.127,80	39.138,45	45.159,75	48.170,40	54.191,70	57.202,35	60.213,00	66.234,30
19.550.000	18.108,90	30.181,50	36.217,80	39.235,95	45.272,25	48.290,40	54.326,70	57.344,85	60.363,00	66.399,30
19.600.000	18.153,90	30.256,50	36.307,80	39.333,45	45.384,75	48.410,40	54.461,70	57.487,35	60.513,00	66.564,30
19.650.000	18.198,90	30.331,50	36.397,80	39.430,95	45.497,25	48.530,40	54.596,70	57.629,85	60.663,00	66.729,30
19.700.000	18.243,90	30.406,50	36.487,80	39.528,45	45.609,75	48.650,40	54.731,70	57.772,35	60.813,00	66.894,30
19.750.000	18.288,90	30.481,50	36.577,80	39.625,95	45.722,25	48.770,40	54.866,70	57.914,85	60.963,00	67.059,30
19.800.000	18.333,90	30.556,50	36.667,80	39.723,45	45.834,75	48.890,40	55.001,70	58.057,35	61.113,00	67.224,30
19.850.000	18.378,90	30.631,50	36.757,80	39.820,95	45.947,25	49.010,40	55.136,70	58.199,85	61.263,00	67.389,30
19.900.000	18.423,90	30.706,50	36.847,80	39.918,45	46.059,75	49.130,40	55.271,70	58.342,35	61.413,00	67.554,30
19.950.000	18.468,90	30.781,50	36.937,80	40.015,95	46.172,25	49.250,40	55.406,70	58.484,85	61.563,00	67.719,30
20.000.000	18.513,90	30.856,50	37.027,80	40.113,45	46.284,75	49.370,40	55.541,70	58.627,35	61.713,00	67.884,30
20.050.000	18.558,90	30.931,50	37.117,80	40.210,95	46.397,25	49.490,40	55.676,70	58.769,85	61.863,00	68.049,30
20.100.000	18.603,90	31.006,50	37.207,80	40.308,45	46.509,75	49.610,40	55.811,70	58.912,35	62.013,00	68.214,30
20.150.000	18.648,90	31.081,50	37.297,80	40.405,95	46.622,25	49.730,40	55.946,70	59.054,85	62.163,00	68.379,30
20.200.000	18.693,90	31.156,50	37.387,80	40.503,45	46.734,75	49.850,40	56.081,70	59.197,35	62.313,00	68.544,30
20.250.000	18.738,90	31.231,50	37.477,80	40.600,95	46.847,25	49.970,40	56.216,70	59.339,85	62.463,00	68.709,30
20.300.000	18.783,90	31.306,50	37.567,80	40.698,45	46.959,75	50.090,40	56.351,70	59.482,35	62.613,00	68.874,30
20.350.000	18.828,90	31.381,50	37.657,80	40.795,95	47.072,25	50.210,40	56.486,70	59.624,85	62.763,00	69.039,30
20.400.000	18.873,90	31.456,50	37.747,80	40.893,45	47.184,75	50.330,40	56.621,70	59.767,35	62.913,00	69.204,30
20.450.000	18.918,90	31.531,50	37.837,80	40.990,95	47.297,25	50.450,40	56.756,70	59.909,85	63.063,00	69.369,30
20.500.000	18.963,90	31.606,50	37.927,80	41.088,45	47.409,75	50.570,40	56.891,70	60.052,35	63.213,00	69.534,30
20.550.000	19.008,90	31.681,50	38.017,80	41.185,95	47.522,25	50.690,40	57.026,70	60.194,85	63.363,00	69.699,30
20.600.000	19.053,90	31.756,50	38.107,80	41.283,45	47.634,75	50.810,40	57.161,70	60.337,35	63.513,00	69.864,30
20.650.000	19.098,90	31.831,50	38.197,80	41.380,95	47.747,25	50.930,40	57.296,70	60.479,85	63.663,00	70.029,30
20.700.000	19.143,90	31.906,50	38.287,80	41.478,45	47.859,75	51.050,40	57.431,70	60.622,35	63.813,00	70.194,30
20.750.000	19.188,90	31.981,50	38.377,80	41.575,95	47.972,25	51.170,40	57.566,70	60.764,85	63.963,00	70.359,30
20.800.000	19.233,90	32.056,50	38.467,80	41.673,45	48.084,75	51.290,40	57.701,70	60.907,35	64.113,00	70.524,30
20.850.000	19.278,90	32.131,50	38.557,80	41.770,95	48.197,25	51.410,40	57.836,70	61.049,85	64.263,00	70.689,30
20.900.000	19.323,90	32.206,50	38.647,80	41.868,45	48.309,75	51.530,40	57.971,70	61.192,35	64.413,00	70.854,30
20.950.000	19.368,90	32.281,50	38.737,80	41.965,95	48.422,25	51.650,40	58.106,70	61.334,85	64.563,00	71.019,30
21.000.000	19.413,90	32.356,50	38.827,80	42.063,45	48.534,75	51.770,40	58.241,70	61.477,35	64.713,00	71.184,30
21.050.000	19.458,90	32.431,50	38.917,80	42.160,95	48.647,25	51.890,40	58.376,70	61.619,85	64.863,00	71.349,30
21.100.000	19.503,90	32.506,50	39.007,80	42.258,45	48.759,75	52.010,40	58.511,70	61.762,35	65.013,00	71.514,30
21.150.000	19.548,90	32.581,50	39.097,80	42.355,95	48.872,25	52.130,40	58.646,70	61.904,85	65.163,00	71.679,30
21.200.000	19.593,90	32.656,50	39.187,80	42.453,45	48.984,75	52.250,40	58.781,70	62.047,35	65.313,00	71.844,30
21.250.000	19.638,90	32.731,50	39.277,80	42.550,95	49.097,25	52.370,40	58.916,70	62.189,85	65.463,00	72.009,30
21.300.000	19.683,90	32.806,50	39.367,80	42.648,45	49.209,75	52.490,40	59.051,70	62.332,35	65.613,00	72.174,30
21.350.000	19.728,90	32.881,50	39.457,80	42.745,95	49.322,25	52.610,40	59.186,70	62.474,85	65.763,00	72.339,30
21.400.000	19.773,90	32.956,50	39.547,80	42.843,45	49.434,75	52.730,40	59.321,70	62.617,35	65.913,00	72.504,30
21.450.000	19.818,90	33.031,50	39.637,80	42.940,95	49.547,25	52.850,40	59.456,70	62.759,85	66.063,00	72.669,30
21.500.000	19.863,90	33.106,50	39.727,80	43.038,45	49.659,75	52.970,40	59.591,70	62.902,35	66.213,00	72.834,30
21.550.000	19.908,90	33.181,50	39.817,80	43.135,95	49.772,25	53.090,40	59.726,70	63.044,85	66.363,00	72.999,30
21.600.000	19.953,90	33.256,50	39.907,80	43.233,45	49.884,75	53.210,40	59.861,70	63.187,35	66.513,00	73.164,30
21.650.000	19.998,90	33.331,50	39.997,80	43.330,95	49.997,25	53.330,40	59.996,70	63.329,85	66.663,00	73.329,30
21.700.000	20.043,90	33.406,50	40.087,80	43.428,45	50.109,75	53.450,40	60.131,70	63.472,35	66.813,00	73.494,30
21.750.000	20.088,90	33.481,50	40.177,80	43.525,95	50.222,25	53.570,40	60.266,70	63.614,85	66.963,00	73.659,30
21.800.000	20.133,90	33.556,50	40.267,80	43.623,45	50.334,75	53.690,40	60.401,70	63.757,35	67.113,00	73.824,30
21.850.000	20.178,90	33.631,50	40.357,80	43.720,95	50.447,25	53.810,40	60.536,70	63.899,85	67.263,00	73.989,30
21.900.000	20.223,90	33.706,50	40.447,80	43.818,45	50.559,75	53.930,40	60.671,70	64.042,35	67.413,00	74.154,30
21.950.000	20.268,90	33.781,50	40.537,80	43.915,95	50.672,25	54.050,40	60.806,70	64.184,85	67.563,00	74.319,30
22.000.000	20.313,90	33.856,50	40.627,80	44.013,45	50.784,75	54.170,40	60.941,70	64.327,35	67.713,00	74.484,30
22.050.000	20.358,90	33.931,50	40.717,80	44.110,95	50.897,25	54.290,40	61.076,70	64.469,85	67.863,00	74.649,30
22.100.000	20.403,90	34.006,50	40.807,80	44.208,45	51.009,75	54.410,40	61.211,70	64.612,35	68.013,00	74.814,30

1,2	1,3	1,4	1,5	1,6	1,8	0,5	1,0	2,0	3,0	Wert bis €
72.255,60	78.276,90	84.298,20	90.319,50	96.340,80	108.383,40	35.968,00	71.936,00	143.872,00	215.808,00	**19.500.000**
72.435,60	78.471,90	84.508,20	90.544,50	96.580,80	108.653,40	36.058,00	72.116,00	144.232,00	216.348,00	**19.550.000**
72.615,60	78.666,90	84.718,20	90.769,50	96.820,80	108.923,40	36.148,00	72.296,00	144.592,00	216.888,00	**19.600.000**
72.795,60	78.861,90	84.928,20	90.994,50	97.060,80	109.193,40	36.238,00	72.476,00	144.952,00	217.428,00	**19.650.000**
72.975,60	79.056,90	85.138,20	91.219,50	97.300,80	109.463,40	36.328,00	72.656,00	145.312,00	217.968,00	**19.700.000**
73.155,60	79.251,90	85.348,20	91.444,50	97.540,80	109.733,40	36.418,00	72.836,00	145.672,00	218.508,00	**19.750.000**
73.335,60	79.446,90	85.558,20	91.669,50	97.780,80	110.003,40	36.508,00	73.016,00	146.032,00	219.048,00	**19.800.000**
73.515,60	79.641,90	85.768,20	91.894,50	98.020,80	110.273,40	36.598,00	73.196,00	146.392,00	219.588,00	**19.850.000**
73.695,60	79.836,90	85.978,20	92.119,50	98.260,80	110.543,40	36.688,00	73.376,00	146.752,00	220.128,00	**19.900.000**
73.875,60	80.031,90	86.188,20	92.344,50	98.500,80	110.813,40	36.778,00	73.556,00	147.112,00	220.668,00	**19.950.000**
74.055,60	80.226,90	86.398,20	92.569,50	98.740,80	111.083,40	36.868,00	73.736,00	147.472,00	221.208,00	**20.000.000**
74.235,60	80.421,90	86.608,20	92.794,50	98.980,80	111.353,40	36.958,00	73.916,00	147.832,00	221.748,00	**20.050.000**
74.415,60	80.616,90	86.818,20	93.019,50	99.220,80	111.623,40	37.048,00	74.096,00	148.192,00	222.288,00	**20.100.000**
74.595,60	80.811,90	87.028,20	93.244,50	99.460,80	111.893,40	37.138,00	74.276,00	148.552,00	222.828,00	**20.150.000**
74.775,60	81.006,90	87.238,20	93.469,50	99.700,80	112.163,40	37.228,00	74.456,00	148.912,00	223.368,00	**20.200.000**
74.955,60	81.201,90	87.448,20	93.694,50	99.940,80	112.433,40	37.318,00	74.636,00	149.272,00	223.908,00	**20.250.000**
75.135,60	81.396,90	87.658,20	93.919,50	100.180,80	112.703,40	37.408,00	74.816,00	149.632,00	224.448,00	**20.300.000**
75.315,60	81.591,90	87.868,20	94.144,50	100.420,80	112.973,40	37.498,00	74.996,00	149.992,00	224.988,00	**20.350.000**
75.495,60	81.786,90	88.078,20	94.369,50	100.660,80	113.243,40	37.588,00	75.176,00	150.352,00	225.528,00	**20.400.000**
75.675,60	81.981,90	88.288,20	94.594,50	100.900,80	113.513,40	37.678,00	75.356,00	150.712,00	226.068,00	**20.450.000**
75.855,60	82.176,90	88.498,20	94.819,50	101.140,80	113.783,40	37.768,00	75.536,00	151.072,00	226.608,00	**20.500.000**
76.035,60	82.371,90	88.708,20	95.044,50	101.380,80	114.053,40	37.858,00	75.716,00	151.432,00	227.148,00	**20.550.000**
76.215,60	82.566,90	88.918,20	95.269,50	101.620,80	114.323,40	37.948,00	75.896,00	151.792,00	227.688,00	**20.600.000**
76.395,60	82.761,90	89.128,20	95.494,50	101.860,80	114.593,40	38.038,00	76.076,00	152.152,00	228.228,00	**20.650.000**
76.575,60	82.956,90	89.338,20	95.719,50	102.100,80	114.863,40	38.128,00	76.256,00	152.512,00	228.768,00	**20.700.000**
76.755,60	83.151,90	89.548,20	95.944,50	102.340,80	115.133,40	38.218,00	76.436,00	152.872,00	229.308,00	**20.750.000**
76.935,60	83.346,90	89.758,20	96.169,50	102.580,80	115.403,40	38.308,00	76.616,00	153.232,00	229.848,00	**20.800.000**
77.115,60	83.541,90	89.968,20	96.394,50	102.820,80	115.673,40	38.398,00	76.796,00	153.592,00	230.388,00	**20.850.000**
77.295,60	83.736,90	90.178,20	96.619,50	103.060,80	115.943,40	38.488,00	76.976,00	153.952,00	230.928,00	**20.900.000**
77.475,60	83.931,90	90.388,20	96.844,50	103.300,80	116.213,40	38.578,00	77.156,00	154.312,00	231.468,00	**20.950.000**
77.655,60	84.126,90	90.598,20	97.069,50	103.540,80	116.483,40	38.668,00	77.336,00	154.672,00	232.008,00	**21.000.000**
77.835,60	84.321,90	90.808,20	97.294,50	103.780,80	116.753,40	38.758,00	77.516,00	155.032,00	232.548,00	**21.050.000**
78.015,60	84.516,90	91.018,20	97.519,50	104.020,80	117.023,40	38.848,00	77.696,00	155.392,00	233.088,00	**21.100.000**
78.195,60	84.711,90	91.228,20	97.744,50	104.260,80	117.293,40	38.938,00	77.876,00	155.752,00	233.628,00	**21.150.000**
78.375,60	84.906,90	91.438,20	97.969,50	104.500,80	117.563,40	39.028,00	78.056,00	156.112,00	234.168,00	**21.200.000**
78.555,60	85.101,90	91.648,20	98.194,50	104.740,80	117.833,40	39.118,00	78.236,00	156.472,00	234.708,00	**21.250.000**
78.735,60	85.296,90	91.858,20	98.419,50	104.980,80	118.103,40	39.208,00	78.416,00	156.832,00	235.248,00	**21.300.000**
78.915,60	85.491,90	92.068,20	98.644,50	105.220,80	118.373,40	39.298,00	78.596,00	157.192,00	235.788,00	**21.350.000**
79.095,60	85.686,90	92.278,20	98.869,50	105.460,80	118.643,40	39.388,00	78.776,00	157.552,00	236.328,00	**21.400.000**
79.275,60	85.881,90	92.488,20	99.094,50	105.700,80	118.913,40	39.478,00	78.956,00	157.912,00	236.868,00	**21.450.000**
79.455,60	86.076,90	92.698,20	99.319,50	105.940,80	119.183,40	39.568,00	79.136,00	158.272,00	237.408,00	**21.500.000**
79.635,60	86.271,90	92.908,20	99.544,50	106.180,80	119.453,40	39.658,00	79.316,00	158.632,00	237.948,00	**21.550.000**
79.815,60	86.466,90	93.118,20	99.769,50	106.420,80	119.723,40	39.748,00	79.496,00	158.992,00	238.488,00	**21.600.000**
79.995,60	86.661,90	93.328,20	99.994,50	106.660,80	119.993,40	39.838,00	79.676,00	159.352,00	239.028,00	**21.650.000**
80.175,60	86.856,90	93.538,20	100.219,50	106.900,80	120.263,40	39.928,00	79.856,00	159.712,00	239.568,00	**21.700.000**
80.355,60	87.051,90	93.748,20	100.444,50	107.140,80	120.533,40	40.018,00	80.036,00	160.072,00	240.108,00	**21.750.000**
80.535,60	87.246,90	93.958,20	100.669,50	107.380,80	120.803,40	40.108,00	80.216,00	160.432,00	240.648,00	**21.800.000**
80.715,60	87.441,90	94.168,20	100.894,50	107.620,80	121.073,40	40.198,00	80.396,00	160.792,00	241.188,00	**21.850.000**
80.895,60	87.636,90	94.378,20	101.119,50	107.860,80	121.343,40	40.288,00	80.576,00	161.152,00	241.728,00	**21.900.000**
81.075,60	87.831,90	94.588,20	101.344,50	108.100,80	121.613,40	40.378,00	80.756,00	161.512,00	242.268,00	**21.950.000**
81.255,60	88.026,90	94.798,20	101.569,50	108.340,80	121.883,40	40.468,00	80.936,00	161.872,00	242.808,00	**22.000.000**
81.435,60	88.221,90	95.008,20	101.794,50	108.580,80	122.153,40	40.558,00	81.116,00	162.232,00	243.348,00	**22.050.000**
81.615,60	88.416,90	95.218,20	102.019,50	108.820,80	122.423,40	40.648,00	81.296,00	162.592,00	243.888,00	**22.100.000**

Anwaltsgebühren

Wert bis €	0,3	0,5	0,6	0,65	0,75	0,8	0,9	0,95	1,0	1,1
22.150.000	20.448,90	34.081,50	40.897,80	44.305,95	51.122,25	54.530,40	61.346,70	64.754,85	68.163,00	74.979,30
22.200.000	20.493,90	34.156,50	40.987,80	44.403,45	51.234,75	54.650,40	61.481,70	64.897,35	68.313,00	75.144,30
22.250.000	20.538,90	34.231,50	41.077,80	44.500,95	51.347,25	54.770,40	61.616,70	65.039,85	68.463,00	75.309,30
22.300.000	20.583,90	34.306,50	41.167,80	44.598,45	51.459,75	54.890,40	61.751,70	65.182,35	68.613,00	75.474,30
22.350.000	20.628,90	34.381,50	41.257,80	44.695,95	51.572,25	55.010,40	61.886,70	65.324,85	68.763,00	75.639,30
22.400.000	20.673,90	34.456,50	41.347,80	44.793,45	51.684,75	55.130,40	62.021,70	65.467,35	68.913,00	75.804,30
22.450.000	20.718,90	34.531,50	41.437,80	44.890,95	51.797,25	55.250,40	62.156,70	65.609,85	69.063,00	75.969,30
22.500.000	20.763,90	34.606,50	41.527,80	44.988,45	51.909,75	55.370,40	62.291,70	65.752,35	69.213,00	76.134,30
22.550.000	20.808,90	34.681,50	41.617,80	45.085,95	52.022,25	55.490,40	62.426,70	65.894,85	69.363,00	76.299,30
22.600.000	20.853,90	34.756,50	41.707,80	45.183,45	52.134,75	55.610,40	62.561,70	66.037,35	69.513,00	76.464,30
22.650.000	20.898,90	34.831,50	41.797,80	45.280,95	52.247,25	55.730,40	62.696,70	66.179,85	69.663,00	76.629,30
22.700.000	20.943,90	34.906,50	41.887,80	45.378,45	52.359,75	55.850,40	62.831,70	66.322,35	69.813,00	76.794,30
22.750.000	20.988,90	34.981,50	41.977,80	45.475,95	52.472,25	55.970,40	62.966,70	66.464,85	69.963,00	76.959,30
22.800.000	21.033,90	35.056,50	42.067,80	45.573,45	52.584,75	56.090,40	63.101,70	66.607,35	70.113,00	77.124,30
22.850.000	21.078,90	35.131,50	42.157,80	45.670,95	52.697,25	56.210,40	63.236,70	66.749,85	70.263,00	77.289,30
22.900.000	21.123,90	35.206,50	42.247,80	45.768,45	52.809,75	56.330,40	63.371,70	66.892,35	70.413,00	77.454,30
22.950.000	21.168,90	35.281,50	42.337,80	45.865,95	52.922,25	56.450,40	63.506,70	67.034,85	70.563,00	77.619,30
23.000.000	21.213,90	35.356,50	42.427,80	45.963,45	53.034,75	56.570,40	63.641,70	67.177,35	70.713,00	77.784,30
23.050.000	21.258,90	35.431,50	42.517,80	46.060,95	53.147,25	56.690,40	63.776,70	67.319,85	70.863,00	77.949,30
23.100.000	21.303,90	35.506,50	42.607,80	46.158,45	53.259,75	56.810,40	63.911,70	67.462,35	71.013,00	78.114,30
23.150.000	21.348,90	35.581,50	42.697,80	46.255,95	53.372,25	56.930,40	64.046,70	67.604,85	71.163,00	78.279,30
23.200.000	21.393,90	35.656,50	42.787,80	46.353,45	53.484,75	57.050,40	64.181,70	67.747,35	71.313,00	78.444,30
23.250.000	21.438,90	35.731,50	42.877,80	46.450,95	53.597,25	57.170,40	64.316,70	67.889,85	71.463,00	78.609,30
23.300.000	21.483,90	35.806,50	42.967,80	46.548,45	53.709,75	57.290,40	64.451,70	68.032,35	71.613,00	78.774,30
23.350.000	21.528,90	35.881,50	43.057,80	46.645,95	53.822,25	57.410,40	64.586,70	68.174,85	71.763,00	78.939,30
23.400.000	21.573,90	35.956,50	43.147,80	46.743,45	53.934,75	57.530,40	64.721,70	68.317,35	71.913,00	79.104,30
23.450.000	21.618,90	36.031,50	43.237,80	46.840,95	54.047,25	57.650,40	64.856,70	68.459,85	72.063,00	79.269,30
23.500.000	21.663,90	36.106,50	43.327,80	46.938,45	54.159,75	57.770,40	64.991,70	68.602,35	72.213,00	79.434,30
23.550.000	21.708,90	36.181,50	43.417,80	47.035,95	54.272,25	57.890,40	65.126,70	68.744,85	72.363,00	79.599,30
23.600.000	21.753,90	36.256,50	43.507,80	47.133,45	54.384,75	58.010,40	65.261,70	68.887,35	72.513,00	79.764,30
23.650.000	21.798,90	36.331,50	43.597,80	47.230,95	54.497,25	58.130,40	65.396,70	69.029,85	72.663,00	79.929,30
23.700.000	21.843,90	36.406,50	43.687,80	47.328,45	54.609,75	58.250,40	65.531,70	69.172,35	72.813,00	80.094,30
23.750.000	21.888,90	36.481,50	43.777,80	47.425,95	54.722,25	58.370,40	65.666,70	69.314,85	72.963,00	80.259,30
23.800.000	21.933,90	36.556,50	43.867,80	47.523,45	54.834,75	58.490,40	65.801,70	69.457,35	73.113,00	80.424,30
23.850.000	21.978,90	36.631,50	43.957,80	47.620,95	54.947,25	58.610,40	65.936,70	69.599,85	73.263,00	80.589,30
23.900.000	22.023,90	36.706,50	44.047,80	47.718,45	55.059,75	58.730,40	66.071,70	69.742,35	73.413,00	80.754,30
23.950.000	22.068,90	36.781,50	44.137,80	47.815,95	55.172,25	58.850,40	66.206,70	69.884,85	73.563,00	80.919,30
24.000.000	22.113,90	36.856,50	44.227,80	47.913,45	55.284,75	58.970,40	66.341,70	70.027,35	73.713,00	81.084,30
24.050.000	22.158,90	36.931,50	44.317,80	48.010,95	55.397,25	59.090,40	66.476,70	70.169,85	73.863,00	81.249,30
24.100.000	22.203,90	37.006,50	44.407,80	48.108,45	55.509,75	59.210,40	66.611,70	70.312,35	74.013,00	81.414,30
24.150.000	22.248,90	37.081,50	44.497,80	48.205,95	55.622,25	59.330,40	66.746,70	70.454,85	74.163,00	81.579,30
24.200.000	22.293,90	37.156,50	44.587,80	48.303,45	55.734,75	59.450,40	66.881,70	70.597,35	74.313,00	81.744,30
24.250.000	22.338,90	37.231,50	44.677,80	48.400,95	55.847,25	59.570,40	67.016,70	70.739,85	74.463,00	81.909,30
24.300.000	22.383,90	37.306,50	44.767,80	48.498,45	55.959,75	59.690,40	67.151,70	70.882,35	74.613,00	82.074,30
24.350.000	22.428,90	37.381,50	44.857,80	48.595,95	56.072,25	59.810,40	67.286,70	71.024,85	74.763,00	82.239,30
24.400.000	22.473,90	37.456,50	44.947,80	48.693,45	56.184,75	59.930,40	67.421,70	71.167,35	74.913,00	82.404,30
24.450.000	22.518,90	37.531,50	45.037,80	48.790,95	56.297,25	60.050,40	67.556,70	71.309,85	75.063,00	82.569,30
24.500.000	22.563,90	37.606,50	45.127,80	48.888,45	56.409,75	60.170,40	67.691,70	71.452,35	75.213,00	82.734,30
24.550.000	22.608,90	37.681,50	45.217,80	48.985,95	56.522,25	60.290,40	67.826,70	71.594,85	75.363,00	82.899,30
24.600.000	22.653,90	37.756,50	45.307,80	49.083,45	56.634,75	60.410,40	67.961,70	71.737,35	75.513,00	83.064,30
24.650.000	22.698,90	37.831,50	45.397,80	49.180,95	56.747,25	60.530,40	68.096,70	71.879,85	75.663,00	83.229,30
24.700.000	22.743,90	37.906,50	45.487,80	49.278,45	56.859,75	60.650,40	68.231,70	72.022,35	75.813,00	83.394,30
24.750.000	22.788,90	37.981,50	45.577,80	49.375,95	56.972,25	60.770,40	68.366,70	72.164,85	75.963,00	83.559,30

1,2	1,3	1,4	1,5	1,6	1,8	0,5	1,0	2,0	3,0	Wert bis €
81.795,60	88.611,90	95.428,20	102.244,50	109.060,80	122.693,40	40.738,00	81.476,00	162.952,00	244.428,00	22.150.000
81.975,60	88.806,90	95.638,20	102.469,50	109.300,80	122.963,40	40.828,00	81.656,00	163.312,00	244.968,00	22.200.000
82.155,60	89.001,90	95.848,20	102.694,50	109.540,80	123.233,40	40.918,00	81.836,00	163.672,00	245.508,00	22.250.000
82.335,60	89.196,90	96.058,20	102.919,50	109.780,80	123.503,40	41.008,00	82.016,00	164.032,00	246.048,00	22.300.000
82.515,60	89.391,90	96.268,20	103.144,50	110.020,80	123.773,40	41.098,00	82.196,00	164.392,00	246.588,00	22.350.000
82.695,60	89.586,90	96.478,20	103.369,50	110.260,80	124.043,40	41.188,00	82.376,00	164.752,00	247.128,00	22.400.000
82.875,60	89.781,90	96.688,20	103.594,50	110.500,80	124.313,40	41.278,00	82.556,00	165.112,00	247.668,00	22.450.000
83.055,60	89.976,90	96.898,20	103.819,50	110.740,80	124.583,40	41.368,00	82.736,00	165.472,00	248.208,00	22.500.000
83.235,60	90.171,90	97.108,20	104.044,50	110.980,80	124.853,40	41.458,00	82.916,00	165.832,00	248.748,00	22.550.000
83.415,60	90.366,90	97.318,20	104.269,50	111.220,80	125.123,40	41.548,00	83.096,00	166.192,00	249.288,00	22.600.000
83.595,60	90.561,90	97.528,20	104.494,50	111.460,80	125.393,40	41.638,00	83.276,00	166.552,00	249.828,00	22.650.000
83.775,60	90.756,90	97.738,20	104.719,50	111.700,80	125.663,40	41.728,00	83.456,00	166.912,00	250.368,00	22.700.000
83.955,60	90.951,90	97.948,20	104.944,50	111.940,80	125.933,40	41.818,00	83.636,00	167.272,00	250.908,00	22.750.000
84.135,60	91.146,90	98.158,20	105.169,50	112.180,80	126.203,40	41.908,00	83.816,00	167.632,00	251.448,00	22.800.000
84.315,60	91.341,90	98.368,20	105.394,50	112.420,80	126.473,40	41.998,00	83.996,00	167.992,00	251.988,00	22.850.000
84.495,60	91.536,90	98.578,20	105.619,50	112.660,80	126.743,40	42.088,00	84.176,00	168.352,00	252.528,00	22.900.000
84.675,60	91.731,90	98.788,20	105.844,50	112.900,80	127.013,40	42.178,00	84.356,00	168.712,00	253.068,00	22.950.000
84.855,60	91.926,90	98.998,20	106.069,50	113.140,80	127.283,40	42.268,00	84.536,00	169.072,00	253.608,00	23.000.000
85.035,60	92.121,90	99.208,20	106.294,50	113.380,80	127.553,40	42.358,00	84.716,00	169.432,00	254.148,00	23.050.000
85.215,60	92.316,90	99.418,20	106.519,50	113.620,80	127.823,40	42.448,00	84.896,00	169.792,00	254.688,00	23.100.000
85.395,60	92.511,90	99.628,20	106.744,50	113.860,80	128.093,40	42.538,00	85.076,00	170.152,00	255.228,00	23.150.000
85.575,60	92.706,90	99.838,20	106.969,50	114.100,80	128.363,40	42.628,00	85.256,00	170.512,00	255.768,00	23.200.000
85.755,60	92.901,90	100.048,20	107.194,50	114.340,80	128.633,40	42.718,00	85.436,00	170.872,00	256.308,00	23.250.000
85.935,60	93.096,90	100.258,20	107.419,50	114.580,80	128.903,40	42.808,00	85.616,00	171.232,00	256.848,00	23.300.000
86.115,60	93.291,90	100.468,20	107.644,50	114.820,80	129.173,40	42.898,00	85.796,00	171.592,00	257.388,00	23.350.000
86.295,60	93.486,90	100.678,20	107.869,50	115.060,80	129.443,40	42.988,00	85.976,00	171.952,00	257.928,00	23.400.000
86.475,60	93.681,90	100.888,20	108.094,50	115.300,80	129.713,40	43.078,00	86.156,00	172.312,00	258.468,00	23.450.000
86.655,60	93.876,90	101.098,20	108.319,50	115.540,80	129.983,40	43.168,00	86.336,00	172.672,00	259.008,00	23.500.000
86.835,60	94.071,90	101.308,20	108.544,50	115.780,80	130.253,40	43.258,00	86.516,00	173.032,00	259.548,00	23.550.000
87.015,60	94.266,90	101.518,20	108.769,50	116.020,80	130.523,40	43.348,00	86.696,00	173.392,00	260.088,00	23.600.000
87.195,60	94.461,90	101.728,20	108.994,50	116.260,80	130.793,40	43.438,00	86.876,00	173.752,00	260.628,00	23.650.000
87.375,60	94.656,90	101.938,20	109.219,50	116.500,80	131.063,40	43.528,00	87.056,00	174.112,00	261.168,00	23.700.000
87.555,60	94.851,90	102.148,20	109.444,50	116.740,80	131.333,40	43.618,00	87.236,00	174.472,00	261.708,00	23.750.000
87.735,60	95.046,90	102.358,20	109.669,50	116.980,80	131.603,40	43.708,00	87.416,00	174.832,00	262.248,00	23.800.000
87.915,60	95.241,90	102.568,20	109.894,50	117.220,80	131.873,40	43.798,00	87.596,00	175.192,00	262.788,00	23.850.000
88.095,60	95.436,90	102.778,20	110.119,50	117.460,80	132.143,40	43.888,00	87.776,00	175.552,00	263.328,00	23.900.000
88.275,60	95.631,90	102.988,20	110.344,50	117.700,80	132.413,40	43.978,00	87.956,00	175.912,00	263.868,00	23.950.000
88.455,60	95.826,90	103.198,20	110.569,50	117.940,80	132.683,40	44.068,00	88.136,00	176.272,00	264.408,00	24.000.000
88.635,60	96.021,90	103.408,20	110.794,50	118.180,80	132.953,40	44.158,00	88.316,00	176.632,00	264.948,00	24.050.000
88.815,60	96.216,90	103.618,20	111.019,50	118.420,80	133.223,40	44.248,00	88.496,00	176.992,00	265.488,00	24.100.000
88.995,60	96.411,90	103.828,20	111.244,50	118.660,80	133.493,40	44.338,00	88.676,00	177.352,00	266.028,00	24.150.000
89.175,60	96.606,90	104.038,20	111.469,50	118.900,80	133.763,40	44.428,00	88.856,00	177.712,00	266.568,00	24.200.000
89.355,60	96.801,90	104.248,20	111.694,50	119.140,80	134.033,40	44.518,00	89.036,00	178.072,00	267.108,00	24.250.000
89.535,60	96.996,90	104.458,20	111.919,50	119.380,80	134.303,40	44.608,00	89.216,00	178.432,00	267.648,00	24.300.000
89.715,60	97.191,90	104.668,20	112.144,50	119.620,80	134.573,40	44.698,00	89.396,00	178.792,00	268.188,00	24.350.000
89.895,60	97.386,90	104.878,20	112.369,50	119.860,80	134.843,40	44.788,00	89.576,00	179.152,00	268.728,00	24.400.000
90.075,60	97.581,90	105.088,20	112.594,50	120.100,80	135.113,40	44.878,00	89.756,00	179.512,00	269.268,00	24.450.000
90.255,60	97.776,90	105.298,20	112.819,50	120.340,80	135.383,40	44.968,00	89.936,00	179.872,00	269.808,00	24.500.000
90.435,60	97.971,90	105.508,20	113.044,50	120.580,80	135.653,40	45.058,00	90.116,00	180.232,00	270.348,00	24.550.000
90.615,60	98.166,90	105.718,20	113.269,50	120.820,80	135.923,40	45.148,00	90.296,00	180.592,00	270.888,00	24.600.000
90.795,60	98.361,90	105.928,20	113.494,50	121.060,80	136.193,40	45.238,00	90.476,00	180.952,00	271.428,00	24.650.000
90.975,60	98.556,90	106.138,20	113.719,50	121.300,80	136.463,40	45.328,00	90.656,00	181.312,00	271.968,00	24.700.000
91.155,60	98.751,90	106.348,20	113.944,50	121.540,80	136.733,40	45.418,00	90.836,00	181.672,00	272.508,00	24.750.000

Anwaltsgebühren

Wert bis €	0,3	0,5	0,6	0,65	0,75	0,8	0,9	0,95	1,0	1,1
24.800.000	22.833,90	38.056,50	45.667,80	49.473,45	57.084,75	60.890,40	68.501,70	72.307,35	76.113,00	83.724,30
24.850.000	22.878,90	38.131,50	45.757,80	49.570,95	57.197,25	61.010,40	68.636,70	72.449,85	76.263,00	83.889,30
24.900.000	22.923,90	38.206,50	45.847,80	49.668,45	57.309,75	61.130,40	68.771,70	72.592,35	76.413,00	84.054,30
24.950.000	22.968,90	38.281,50	45.937,80	49.765,95	57.422,25	61.250,40	68.906,70	72.734,85	76.563,00	84.219,30
25.000.000	23.013,90	38.356,50	46.027,80	49.863,45	57.534,75	61.370,40	69.041,70	72.877,35	76.713,00	84.384,30
25.050.000	23.058,90	38.431,50	46.117,80	49.960,95	57.647,25	61.490,40	69.176,70	73.019,85	76.863,00	84.549,30
25.100.000	23.103,90	38.506,50	46.207,80	50.058,45	57.759,75	61.610,40	69.311,70	73.162,35	77.013,00	84.714,30
25.150.000	23.148,90	38.581,50	46.297,80	50.155,95	57.872,25	61.730,40	69.446,70	73.304,85	77.163,00	84.879,30
25.200.000	23.193,90	38.656,50	46.387,80	50.253,45	57.984,75	61.850,40	69.581,70	73.447,35	77.313,00	85.044,30
25.250.000	23.238,90	38.731,50	46.477,80	50.350,95	58.097,25	61.970,40	69.716,70	73.589,85	77.463,00	85.209,30
25.300.000	23.283,90	38.806,50	46.567,80	50.448,45	58.209,75	62.090,40	69.851,70	73.732,35	77.613,00	85.374,30
25.350.000	23.328,90	38.881,50	46.657,80	50.545,95	58.322,25	62.210,40	69.986,70	73.874,85	77.763,00	85.539,30
25.400.000	23.373,90	38.956,50	46.747,80	50.643,45	58.434,75	62.330,40	70.121,70	74.017,35	77.913,00	85.704,30
25.450.000	23.418,90	39.031,50	46.837,80	50.740,95	58.547,25	62.450,40	70.256,70	74.159,85	78.063,00	85.869,30
25.500.000	23.463,90	39.106,50	46.927,80	50.838,45	58.659,75	62.570,40	70.391,70	74.302,35	78.213,00	86.034,30
25.550.000	23.508,90	39.181,50	47.017,80	50.935,95	58.772,25	62.690,40	70.526,70	74.444,85	78.363,00	86.199,30
25.600.000	23.553,90	39.256,50	47.107,80	51.033,45	58.884,75	62.810,40	70.661,70	74.587,35	78.513,00	86.364,30
25.650.000	23.598,90	39.331,50	47.197,80	51.130,95	58.997,25	62.930,40	70.796,70	74.729,85	78.663,00	86.529,30
25.700.000	23.643,90	39.406,50	47.287,80	51.228,45	59.109,75	63.050,40	70.931,70	74.872,35	78.813,00	86.694,30
25.750.000	23.688,90	39.481,50	47.377,80	51.325,95	59.222,25	63.170,40	71.066,70	75.014,85	78.963,00	86.859,30
25.800.000	23.733,90	39.556,50	47.467,80	51.423,45	59.334,75	63.290,40	71.201,70	75.157,35	79.113,00	87.024,30
25.850.000	23.778,90	39.631,50	47.557,80	51.520,95	59.447,25	63.410,40	71.336,70	75.299,85	79.263,00	87.189,30
25.900.000	23.823,90	39.706,50	47.647,80	51.618,45	59.559,75	63.530,40	71.471,70	75.442,35	79.413,00	87.354,30
25.950.000	23.868,90	39.781,50	47.737,80	51.715,95	59.672,25	63.650,40	71.606,70	75.584,85	79.563,00	87.519,30
26.000.000	23.913,90	39.856,50	47.827,80	51.813,45	59.784,75	63.770,40	71.741,70	75.727,35	79.713,00	87.684,30
26.050.000	23.958,90	39.931,50	47.917,80	51.910,95	59.897,25	63.890,40	71.876,70	75.869,85	79.863,00	87.849,30
26.100.000	24.003,90	40.006,50	48.007,80	52.008,45	60.009,75	64.010,40	72.011,70	76.012,35	80.013,00	88.014,30
26.150.000	24.048,90	40.081,50	48.097,80	52.105,95	60.122,25	64.130,40	72.146,70	76.154,85	80.163,00	88.179,30
26.200.000	24.093,90	40.156,50	48.187,80	52.203,45	60.234,75	64.250,40	72.281,70	76.297,35	80.313,00	88.344,30
26.250.000	24.138,90	40.231,50	48.277,80	52.300,95	60.347,25	64.370,40	72.416,70	76.439,85	80.463,00	88.509,30
26.300.000	24.183,90	40.306,50	48.367,80	52.398,45	60.459,75	64.490,40	72.551,70	76.582,35	80.613,00	88.674,30
26.350.000	24.228,90	40.381,50	48.457,80	52.495,95	60.572,25	64.610,40	72.686,70	76.724,85	80.763,00	88.839,30
26.400.000	24.273,90	40.456,50	48.547,80	52.593,45	60.684,75	64.730,40	72.821,70	76.867,35	80.913,00	89.004,30
26.450.000	24.318,90	40.531,50	48.637,80	52.690,95	60.797,25	64.850,40	72.956,70	77.009,85	81.063,00	89.169,30
26.500.000	24.363,90	40.606,50	48.727,80	52.788,45	60.909,75	64.970,40	73.091,70	77.152,35	81.213,00	89.334,30
26.550.000	24.408,90	40.681,50	48.817,80	52.885,95	61.022,25	65.090,40	73.226,70	77.294,85	81.363,00	89.499,30
26.600.000	24.453,90	40.756,50	48.907,80	52.983,45	61.134,75	65.210,40	73.361,70	77.437,35	81.513,00	89.664,30
26.650.000	24.498,90	40.831,50	48.997,80	53.080,95	61.247,25	65.330,40	73.496,70	77.579,85	81.663,00	89.829,30
26.700.000	24.543,90	40.906,50	49.087,80	53.178,45	61.359,75	65.450,40	73.631,70	77.722,35	81.813,00	89.994,30
26.750.000	24.588,90	40.981,50	49.177,80	53.275,95	61.472,25	65.570,40	73.766,70	77.864,85	81.963,00	90.159,30
26.800.000	24.633,90	41.056,50	49.267,80	53.373,45	61.584,75	65.690,40	73.901,70	78.007,35	82.113,00	90.324,30
26.850.000	24.678,90	41.131,50	49.357,80	53.470,95	61.697,25	65.810,40	74.036,70	78.149,85	82.263,00	90.489,30
26.900.000	24.723,90	41.206,50	49.447,80	53.568,45	61.809,75	65.930,40	74.171,70	78.292,35	82.413,00	90.654,30
26.950.000	24.768,90	41.281,50	49.537,80	53.665,95	61.922,25	66.050,40	74.306,70	78.434,85	82.563,00	90.819,30
27.000.000	24.813,90	41.356,50	49.627,80	53.763,45	62.034,75	66.170,40	74.441,70	78.577,35	82.713,00	90.984,30
27.050.000	24.858,90	41.431,50	49.717,80	53.860,95	62.147,25	66.290,40	74.576,70	78.719,85	82.863,00	91.149,30
27.100.000	24.903,90	41.506,50	49.807,80	53.958,45	62.259,75	66.410,40	74.711,70	78.862,35	83.013,00	91.314,30
27.150.000	24.948,90	41.581,50	49.897,80	54.055,95	62.372,25	66.530,40	74.846,70	79.004,85	83.163,00	91.479,30
27.200.000	24.993,90	41.656,50	49.987,80	54.153,45	62.484,75	66.650,40	74.981,70	79.147,35	83.313,00	91.644,30
27.250.000	25.038,90	41.731,50	50.077,80	54.250,95	62.597,25	66.770,40	75.116,70	79.289,85	83.463,00	91.809,30
27.300.000	25.083,90	41.806,50	50.167,80	54.348,45	62.709,75	66.890,40	75.251,70	79.432,35	83.613,00	91.974,30
27.350.000	25.128,90	41.881,50	50.257,80	54.445,95	62.822,25	67.010,40	75.386,70	79.574,85	83.763,00	92.139,30
27.400.000	25.173,90	41.956,50	50.347,80	54.543,45	62.934,75	67.130,40	75.521,70	79.717,35	83.913,00	92.304,30

3. Wertgebühren in erstinstanzlichen gerichtlichen Verfahren

						Gerichtsgebühren				
1,2	1,3	1,4	1,5	1,6	1,8	0,5	1,0	2,0	3,0	Wert bis €
91.335,60	98.946,90	106.558,20	114.169,50	121.780,80	137.003,40	45.508,00	91.016,00	182.032,00	273.048,00	24.800.000
91.515,60	99.141,90	106.768,20	114.394,50	122.020,80	137.273,40	45.598,00	91.196,00	182.392,00	273.588,00	24.850.000
91.695,60	99.336,90	106.978,20	114.619,50	122.260,80	137.543,40	45.688,00	91.376,00	182.752,00	274.128,00	24.900.000
91.875,60	99.531,90	107.188,20	114.844,50	122.500,80	137.813,40	45.778,00	91.556,00	183.112,00	274.668,00	24.950.000
92.055,60	99.726,90	107.398,20	115.069,50	122.740,80	138.083,40	45.868,00	91.736,00	183.472,00	275.208,00	25.000.000
92.235,60	99.921,90	107.608,20	115.294,50	122.980,80	138.353,40	45.958,00	91.916,00	183.832,00	275.748,00	25.050.000
92.415,60	100.116,90	107.818,20	115.519,50	123.220,80	138.623,40	46.048,00	92.096,00	184.192,00	276.288,00	25.100.000
92.595,60	100.311,90	108.028,20	115.744,50	123.460,80	138.893,40	46.138,00	92.276,00	184.552,00	276.828,00	25.150.000
92.775,60	100.506,90	108.238,20	115.969,50	123.700,80	139.163,40	46.228,00	92.456,00	184.912,00	277.368,00	25.200.000
92.955,60	100.701,90	108.448,20	116.194,50	123.940,80	139.433,40	46.318,00	92.636,00	185.272,00	277.908,00	25.250.000
93.135,60	100.896,90	108.658,20	116.419,50	124.180,80	139.703,40	46.408,00	92.816,00	185.632,00	278.448,00	25.300.000
93.315,60	101.091,90	108.868,20	116.644,50	124.420,80	139.973,40	46.498,00	92.996,00	185.992,00	278.988,00	25.350.000
93.495,60	101.286,90	109.078,20	116.869,50	124.660,80	140.243,40	46.588,00	93.176,00	186.352,00	279.528,00	25.400.000
93.675,60	101.481,90	109.288,20	117.094,50	124.900,80	140.513,40	46.678,00	93.356,00	186.712,00	280.068,00	25.450.000
93.855,60	101.676,90	109.498,20	117.319,50	125.140,80	140.783,40	46.768,00	93.536,00	187.072,00	280.608,00	25.500.000
94.035,60	101.871,90	109.708,20	117.544,50	125.380,80	141.053,40	46.858,00	93.716,00	187.432,00	281.148,00	25.550.000
94.215,60	102.066,90	109.918,20	117.769,50	125.620,80	141.323,40	46.948,00	93.896,00	187.792,00	281.688,00	25.600.000
94.395,60	102.261,90	110.128,20	117.994,50	125.860,80	141.593,40	47.038,00	94.076,00	188.152,00	282.228,00	25.650.000
94.575,60	102.456,90	110.338,20	118.219,50	126.100,80	141.863,40	47.128,00	94.256,00	188.512,00	282.768,00	25.700.000
94.755,60	102.651,90	110.548,20	118.444,50	126.340,80	142.133,40	47.218,00	94.436,00	188.872,00	283.308,00	25.750.000
94.935,60	102.846,90	110.758,20	118.669,50	126.580,80	142.403,40	47.308,00	94.616,00	189.232,00	283.848,00	25.800.000
95.115,60	103.041,90	110.968,20	118.894,50	126.820,80	142.673,40	47.398,00	94.796,00	189.592,00	284.388,00	25.850.000
95.295,60	103.236,90	111.178,20	119.119,50	127.060,80	142.943,40	47.488,00	94.976,00	189.952,00	284.928,00	25.900.000
95.475,60	103.431,90	111.388,20	119.344,50	127.300,80	143.213,40	47.578,00	95.156,00	190.312,00	285.468,00	25.950.000
95.655,60	103.626,90	111.598,20	119.569,50	127.540,80	143.483,40	47.668,00	95.336,00	190.672,00	286.008,00	26.000.000
95.835,60	103.821,90	111.808,20	119.794,50	127.780,80	143.753,40	47.758,00	95.516,00	191.032,00	286.548,00	26.050.000
96.015,60	104.016,90	112.018,20	120.019,50	128.020,80	144.023,40	47.848,00	95.696,00	191.392,00	287.088,00	26.100.000
96.195,60	104.211,90	112.228,20	120.244,50	128.260,80	144.293,40	47.938,00	95.876,00	191.752,00	287.628,00	26.150.000
96.375,60	104.406,90	112.438,20	120.469,50	128.500,80	144.563,40	48.028,00	96.056,00	192.112,00	288.168,00	26.200.000
96.555,60	104.601,90	112.648,20	120.694,50	128.740,80	144.833,40	48.118,00	96.236,00	192.472,00	288.708,00	26.250.000
96.735,60	104.796,90	112.858,20	120.919,50	128.980,80	145.103,40	48.208,00	96.416,00	192.832,00	289.248,00	26.300.000
96.915,60	104.991,90	113.068,20	121.144,50	129.220,80	145.373,40	48.298,00	96.596,00	193.192,00	289.788,00	26.350.000
97.095,60	105.186,90	113.278,20	121.369,50	129.460,80	145.643,40	48.388,00	96.776,00	193.552,00	290.328,00	26.400.000
97.275,60	105.381,90	113.488,20	121.594,50	129.700,80	145.913,40	48.478,00	96.956,00	193.912,00	290.868,00	26.450.000
97.455,60	105.576,90	113.698,20	121.819,50	129.940,80	146.183,40	48.568,00	97.136,00	194.272,00	291.408,00	26.500.000
97.635,60	105.771,90	113.908,20	122.044,50	130.180,80	146.453,40	48.658,00	97.316,00	194.632,00	291.948,00	26.550.000
97.815,60	105.966,90	114.118,20	122.269,50	130.420,80	146.723,40	48.748,00	97.496,00	194.992,00	292.488,00	26.600.000
97.995,60	106.161,90	114.328,20	122.494,50	130.660,80	146.993,40	48.838,00	97.676,00	195.352,00	293.028,00	26.650.000
98.175,60	106.356,90	114.538,20	122.719,50	130.900,80	147.263,40	48.928,00	97.856,00	195.712,00	293.568,00	26.700.000
98.355,60	106.551,90	114.748,20	122.944,50	131.140,80	147.533,40	49.018,00	98.036,00	196.072,00	294.108,00	26.750.000
98.535,60	106.746,90	114.958,20	123.169,50	131.380,80	147.803,40	49.108,00	98.216,00	196.432,00	294.648,00	26.800.000
98.715,60	106.941,90	115.168,20	123.394,50	131.620,80	148.073,40	49.198,00	98.396,00	196.792,00	295.188,00	26.850.000
98.895,60	107.136,90	115.378,20	123.619,50	131.860,80	148.343,40	49.288,00	98.576,00	197.152,00	295.728,00	26.900.000
99.075,60	107.331,90	115.588,20	123.844,50	132.100,80	148.613,40	49.378,00	98.756,00	197.512,00	296.268,00	26.950.000
99.255,60	107.526,90	115.798,20	124.069,50	132.340,80	148.883,40	49.468,00	98.936,00	197.872,00	296.808,00	27.000.000
99.435,60	107.721,90	116.008,20	124.294,50	132.580,80	149.153,40	49.558,00	99.116,00	198.232,00	297.348,00	27.050.000
99.615,60	107.916,90	116.218,20	124.519,50	132.820,80	149.423,40	49.648,00	99.296,00	198.592,00	297.888,00	27.100.000
99.795,60	108.111,90	116.428,20	124.744,50	133.060,80	149.693,40	49.738,00	99.476,00	198.952,00	298.428,00	27.150.000
99.975,60	108.306,90	116.638,20	124.969,50	133.300,80	149.963,40	49.828,00	99.656,00	199.312,00	298.968,00	27.200.000
100.155,60	108.501,90	116.848,20	125.194,50	133.540,80	150.233,40	49.918,00	99.836,00	199.672,00	299.508,00	27.250.000
100.335,60	108.696,90	117.058,20	125.419,50	133.780,80	150.503,40	50.008,00	100.016,00	200.032,00	300.048,00	27.300.000
100.515,60	108.891,90	117.268,20	125.644,50	134.020,80	150.773,40	50.098,00	100.196,00	200.392,00	300.588,00	27.350.000
100.695,60	109.086,90	117.478,20	125.869,50	134.260,80	151.043,40	50.188,00	100.376,00	200.752,00	301.128,00	27.400.000

Anwaltsgebühren

Wert bis €	0,3	0,5	0,6	0,65	0,75	0,8	0,9	0,95	1,0	1,1
27.450.000	25.218,90	42.031,50	50.437,80	54.640,95	63.047,25	67.250,40	75.656,70	79.859,85	84.063,00	92.469,30
27.500.000	25.263,90	42.106,50	50.527,80	54.738,45	63.159,75	67.370,40	75.791,70	80.002,35	84.213,00	92.634,30
27.550.000	25.308,90	42.181,50	50.617,80	54.835,95	63.272,25	67.490,40	75.926,70	80.144,85	84.363,00	92.799,30
27.600.000	25.353,90	42.256,50	50.707,80	54.933,45	63.384,75	67.610,40	76.061,70	80.287,35	84.513,00	92.964,30
27.650.000	25.398,90	42.331,50	50.797,80	55.030,95	63.497,25	67.730,40	76.196,70	80.429,85	84.663,00	93.129,30
27.700.000	25.443,90	42.406,50	50.887,80	55.128,45	63.609,75	67.850,40	76.331,70	80.572,35	84.813,00	93.294,30
27.750.000	25.488,90	42.481,50	50.977,80	55.225,95	63.722,25	67.970,40	76.466,70	80.714,85	84.963,00	93.459,30
27.800.000	25.533,90	42.556,50	51.067,80	55.323,45	63.834,75	68.090,40	76.601,70	80.857,35	85.113,00	93.624,30
27.850.000	25.578,90	42.631,50	51.157,80	55.420,95	63.947,25	68.210,40	76.736,70	80.999,85	85.263,00	93.789,30
27.900.000	25.623,90	42.706,50	51.247,80	55.518,45	64.059,75	68.330,40	76.871,70	81.142,35	85.413,00	93.954,30
27.950.000	25.668,90	42.781,50	51.337,80	55.615,95	64.172,25	68.450,40	77.006,70	81.284,85	85.563,00	94.119,30
28.000.000	25.713,90	42.856,50	51.427,80	55.713,45	64.284,75	68.570,40	77.141,70	81.427,35	85.713,00	94.284,30
28.050.000	25.758,90	42.931,50	51.517,80	55.810,95	64.397,25	68.690,40	77.276,70	81.569,85	85.863,00	94.449,30
28.100.000	25.803,90	43.006,50	51.607,80	55.908,45	64.509,75	68.810,40	77.411,70	81.712,35	86.013,00	94.614,30
28.150.000	25.848,90	43.081,50	51.697,80	56.005,95	64.622,25	68.930,40	77.546,70	81.854,85	86.163,00	94.779,30
28.200.000	25.893,90	43.156,50	51.787,80	56.103,45	64.734,75	69.050,40	77.681,70	81.997,35	86.313,00	94.944,30
28.250.000	25.938,90	43.231,50	51.877,80	56.200,95	64.847,25	69.170,40	77.816,70	82.139,85	86.463,00	95.109,30
28.300.000	25.983,90	43.306,50	51.967,80	56.298,45	64.959,75	69.290,40	77.951,70	82.282,35	86.613,00	95.274,30
28.350.000	26.028,90	43.381,50	52.057,80	56.395,95	65.072,25	69.410,40	78.086,70	82.424,85	86.763,00	95.439,30
28.400.000	26.073,90	43.456,50	52.147,80	56.493,45	65.184,75	69.530,40	78.221,70	82.567,35	86.913,00	95.604,30
28.450.000	26.118,90	43.531,50	52.237,80	56.590,95	65.297,25	69.650,40	78.356,70	82.709,85	87.063,00	95.769,30
28.500.000	26.163,90	43.606,50	52.327,80	56.688,45	65.409,75	69.770,40	78.491,70	82.852,35	87.213,00	95.934,30
28.550.000	26.208,90	43.681,50	52.417,80	56.785,95	65.522,25	69.890,40	78.626,70	82.994,85	87.363,00	96.099,30
28.600.000	26.253,90	43.756,50	52.507,80	56.883,45	65.634,75	70.010,40	78.761,70	83.137,35	87.513,00	96.264,30
28.650.000	26.298,90	43.831,50	52.597,80	56.980,95	65.747,25	70.130,40	78.896,70	83.279,85	87.663,00	96.429,30
28.700.000	26.343,90	43.906,50	52.687,80	57.078,45	65.859,75	70.250,40	79.031,70	83.422,35	87.813,00	96.594,30
28.750.000	26.388,90	43.981,50	52.777,80	57.175,95	65.972,25	70.370,40	79.166,70	83.564,85	87.963,00	96.759,30
28.800.000	26.433,90	44.056,50	52.867,80	57.273,45	66.084,75	70.490,40	79.301,70	83.707,35	88.113,00	96.924,30
28.850.000	26.478,90	44.131,50	52.957,80	57.370,95	66.197,25	70.610,40	79.436,70	83.849,85	88.263,00	97.089,30
28.900.000	26.523,90	44.206,50	53.047,80	57.468,45	66.309,75	70.730,40	79.571,70	83.992,35	88.413,00	97.254,30
28.950.000	26.568,90	44.281,50	53.137,80	57.565,95	66.422,25	70.850,40	79.706,70	84.134,85	88.563,00	97.419,30
29.000.000	26.613,90	44.356,50	53.227,80	57.663,45	66.534,75	70.970,40	79.841,70	84.277,35	88.713,00	97.584,30
29.050.000	26.658,90	44.431,50	53.317,80	57.760,95	66.647,25	71.090,40	79.976,70	84.419,85	88.863,00	97.749,30
29.100.000	26.703,90	44.506,50	53.407,80	57.858,45	66.759,75	71.210,40	80.111,70	84.562,35	89.013,00	97.914,30
29.150.000	26.748,90	44.581,50	53.497,80	57.955,95	66.872,25	71.330,40	80.246,70	84.704,85	89.163,00	98.079,30
29.200.000	26.793,90	44.656,50	53.587,80	58.053,45	66.984,75	71.450,40	80.381,70	84.847,35	89.313,00	98.244,30
29.250.000	26.838,90	44.731,50	53.677,80	58.150,95	67.097,25	71.570,40	80.516,70	84.989,85	89.463,00	98.409,30
29.300.000	26.883,90	44.806,50	53.767,80	58.248,45	67.209,75	71.690,40	80.651,70	85.132,35	89.613,00	98.574,30
29.350.000	26.928,90	44.881,50	53.857,80	58.345,95	67.322,25	71.810,40	80.786,70	85.274,85	89.763,00	98.739,30
29.400.000	26.973,90	44.956,50	53.947,80	58.443,45	67.434,75	71.930,40	80.921,70	85.417,35	89.913,00	98.904,30
29.450.000	27.018,90	45.031,50	54.037,80	58.540,95	67.547,25	72.050,40	81.056,70	85.559,85	90.063,00	99.069,30
29.500.000	27.063,90	45.106,50	54.127,80	58.638,45	67.659,75	72.170,40	81.191,70	85.702,35	90.213,00	99.234,30
29.550.000	27.108,90	45.181,50	54.217,80	58.735,95	67.772,25	72.290,40	81.326,70	85.844,85	90.363,00	99.399,30
29.600.000	27.153,90	45.256,50	54.307,80	58.833,45	67.884,75	72.410,40	81.461,70	85.987,35	90.513,00	99.564,30
29.650.000	27.198,90	45.331,50	54.397,80	58.930,95	67.997,25	72.530,40	81.596,70	86.129,85	90.663,00	99.729,30
29.700.000	27.243,90	45.406,50	54.487,80	59.028,45	68.109,75	72.650,40	81.731,70	86.272,35	90.813,00	99.894,30
29.750.000	27.288,90	45.481,50	54.577,80	59.125,95	68.222,25	72.770,40	81.866,70	86.414,85	90.963,00	100.059,30
29.800.000	27.333,90	45.556,50	54.667,80	59.223,45	68.334,75	72.890,40	82.001,70	86.557,35	91.113,00	100.224,30
29.850.000	27.378,90	45.631,50	54.757,80	59.320,95	68.447,25	73.010,40	82.136,70	86.699,85	91.263,00	100.389,30
29.900.000	27.423,90	45.706,50	54.847,80	59.418,45	68.559,75	73.130,40	82.271,70	86.842,35	91.413,00	100.554,30
29.950.000	27.468,90	45.781,50	54.937,80	59.515,95	68.672,25	73.250,40	82.406,70	86.984,85	91.563,00	100.719,30
30.000.000	27.513,90	45.856,50	55.027,80	59.613,45	68.784,75	73.370,40	82.541,70	87.127,35	91.713,00	100.884,30

3. Wertgebühren in erstinstanzlichen gerichtlichen Verfahren

Gerichtsgebühren

1,2	1,3	1,4	1,5	1,6	1,8	0,5	1,0	2,0	3,0	Wert bis €
100.875,60	109.281,90	117.688,20	126.094,50	134.500,80	151.313,40	50.278,00	100.556,00	201.112,00	301.668,00	**27.450.000**
101.055,60	109.476,90	117.898,20	126.319,50	134.740,80	151.583,40	50.368,00	100.736,00	201.472,00	302.208,00	**27.500.000**
101.235,60	109.671,90	118.108,20	126.544,50	134.980,80	151.853,40	50.458,00	100.916,00	201.832,00	302.748,00	**27.550.000**
101.415,60	109.866,90	118.318,20	126.769,50	135.220,80	152.123,40	50.548,00	101.096,00	202.192,00	303.288,00	**27.600.000**
101.595,60	110.061,90	118.528,20	126.994,50	135.460,80	152.393,40	50.638,00	101.276,00	202.552,00	303.828,00	**27.650.000**
101.775,60	110.256,90	118.738,20	127.219,50	135.700,80	152.663,40	50.728,00	101.456,00	202.912,00	304.368,00	**27.700.000**
101.955,60	110.451,90	118.948,20	127.444,50	135.940,80	152.933,40	50.818,00	101.636,00	203.272,00	304.908,00	**27.750.000**
102.135,60	110.646,90	119.158,20	127.669,50	136.180,80	153.203,40	50.908,00	101.816,00	203.632,00	305.448,00	**27.800.000**
102.315,60	110.841,90	119.368,20	127.894,50	136.420,80	153.473,40	50.998,00	101.996,00	203.992,00	305.988,00	**27.850.000**
102.495,60	111.036,90	119.578,20	128.119,50	136.660,80	153.743,40	51.088,00	102.176,00	204.352,00	306.528,00	**27.900.000**
102.675,60	111.231,90	119.788,20	128.344,50	136.900,80	154.013,40	51.178,00	102.356,00	204.712,00	307.068,00	**27.950.000**
102.855,60	111.426,90	119.998,20	128.569,50	137.140,80	154.283,40	51.268,00	102.536,00	205.072,00	307.608,00	**28.000.000**
103.035,60	111.621,90	120.208,20	128.794,50	137.380,80	154.553,40	51.358,00	102.716,00	205.432,00	308.148,00	**28.050.000**
103.215,60	111.816,90	120.418,20	129.019,50	137.620,80	154.823,40	51.448,00	102.896,00	205.792,00	308.688,00	**28.100.000**
103.395,60	112.011,90	120.628,20	129.244,50	137.860,80	155.093,40	51.538,00	103.076,00	206.152,00	309.228,00	**28.150.000**
103.575,60	112.206,90	120.838,20	129.469,50	138.100,80	155.363,40	51.628,00	103.256,00	206.512,00	309.768,00	**28.200.000**
103.755,60	112.401,90	121.048,20	129.694,50	138.340,80	155.633,40	51.718,00	103.436,00	206.872,00	310.308,00	**28.250.000**
103.935,60	112.596,90	121.258,20	129.919,50	138.580,80	155.903,40	51.808,00	103.616,00	207.232,00	310.848,00	**28.300.000**
104.115,60	112.791,90	121.468,20	130.144,50	138.820,80	156.173,40	51.898,00	103.796,00	207.592,00	311.388,00	**28.350.000**
104.295,60	112.986,90	121.678,20	130.369,50	139.060,80	156.443,40	51.988,00	103.976,00	207.952,00	311.928,00	**28.400.000**
104.475,60	113.181,90	121.888,20	130.594,50	139.300,80	156.713,40	52.078,00	104.156,00	208.312,00	312.468,00	**28.450.000**
104.655,60	113.376,90	122.098,20	130.819,50	139.540,80	156.983,40	52.168,00	104.336,00	208.672,00	313.008,00	**28.500.000**
104.835,60	113.571,90	122.308,20	131.044,50	139.780,80	157.253,40	52.258,00	104.516,00	209.032,00	313.548,00	**28.550.000**
105.015,60	113.766,90	122.518,20	131.269,50	140.020,80	157.523,40	52.348,00	104.696,00	209.392,00	314.088,00	**28.600.000**
105.195,60	113.961,90	122.728,20	131.494,50	140.260,80	157.793,40	52.438,00	104.876,00	209.752,00	314.628,00	**28.650.000**
105.375,60	114.156,90	122.938,20	131.719,50	140.500,80	158.063,40	52.528,00	105.056,00	210.112,00	315.168,00	**28.700.000**
105.555,60	114.351,90	123.148,20	131.944,50	140.740,80	158.333,40	52.618,00	105.236,00	210.472,00	315.708,00	**28.750.000**
105.735,60	114.546,90	123.358,20	132.169,50	140.980,80	158.603,40	52.708,00	105.416,00	210.832,00	316.248,00	**28.800.000**
105.915,60	114.741,90	123.568,20	132.394,50	141.220,80	158.873,40	52.798,00	105.596,00	211.192,00	316.788,00	**28.850.000**
106.095,60	114.936,90	123.778,20	132.619,50	141.460,80	159.143,40	52.888,00	105.776,00	211.552,00	317.328,00	**28.900.000**
106.275,60	115.131,90	123.988,20	132.844,50	141.700,80	159.413,40	52.978,00	105.956,00	211.912,00	317.868,00	**28.950.000**
106.455,60	115.326,90	124.198,20	133.069,50	141.940,80	159.683,40	53.068,00	106.136,00	212.272,00	318.408,00	**29.000.000**
106.635,60	115.521,90	124.408,20	133.294,50	142.180,80	159.953,40	53.158,00	106.316,00	212.632,00	318.948,00	**29.050.000**
106.815,60	115.716,90	124.618,20	133.519,50	142.420,80	160.223,40	53.248,00	106.496,00	212.992,00	319.488,00	**29.100.000**
106.995,60	115.911,90	124.828,20	133.744,50	142.660,80	160.493,40	53.338,00	106.676,00	213.352,00	320.028,00	**29.150.000**
107.175,60	116.106,90	125.038,20	133.969,50	142.900,80	160.763,40	53.428,00	106.856,00	213.712,00	320.568,00	**29.200.000**
107.355,60	116.301,90	125.248,20	134.194,50	143.140,80	161.033,40	53.518,00	107.036,00	214.072,00	321.108,00	**29.250.000**
107.535,60	116.496,90	125.458,20	134.419,50	143.380,80	161.303,40	53.608,00	107.216,00	214.432,00	321.648,00	**29.300.000**
107.715,60	116.691,90	125.668,20	134.644,50	143.620,80	161.573,40	53.698,00	107.396,00	214.792,00	322.188,00	**29.350.000**
107.895,60	116.886,90	125.878,20	134.869,50	143.860,80	161.843,40	53.788,00	107.576,00	215.152,00	322.728,00	**29.400.000**
108.075,60	117.081,90	126.088,20	135.094,50	144.100,80	162.113,40	53.878,00	107.756,00	215.512,00	323.268,00	**29.450.000**
108.255,60	117.276,90	126.298,20	135.319,50	144.340,80	162.383,40	53.968,00	107.936,00	215.872,00	323.808,00	**29.500.000**
108.435,60	117.471,90	126.508,20	135.544,50	144.580,80	162.653,40	54.058,00	108.116,00	216.232,00	324.348,00	**29.550.000**
108.615,60	117.666,90	126.718,20	135.769,50	144.820,80	162.923,40	54.148,00	108.296,00	216.592,00	324.888,00	**29.600.000**
108.795,60	117.861,90	126.928,20	135.994,50	145.060,80	163.193,40	54.238,00	108.476,00	216.952,00	325.428,00	**29.650.000**
108.975,60	118.056,90	127.138,20	136.219,50	145.300,80	163.463,40	54.328,00	108.656,00	217.312,00	325.968,00	**29.700.000**
109.155,60	118.251,90	127.348,20	136.444,50	145.540,80	163.733,40	54.418,00	108.836,00	217.672,00	326.508,00	**29.750.000**
109.335,60	118.446,90	127.558,20	136.669,50	145.780,80	164.003,40	54.508,00	109.016,00	218.032,00	327.048,00	**29.800.000**
109.515,60	118.641,90	127.768,20	136.894,50	146.020,80	164.273,40	54.598,00	109.196,00	218.392,00	327.588,00	**29.850.000**
109.695,60	118.836,90	127.978,20	137.119,50	146.260,80	164.543,40	54.688,00	109.376,00	218.752,00	328.128,00	**29.900.000**
109.875,60	119.031,90	128.188,20	137.344,50	146.500,80	164.813,40	54.778,00	109.556,00	219.112,00	328.668,00	**29.950.000**
110.055,60	119.226,90	128.398,20	137.569,50	146.740,80	165.083,40	54.868,00	109.736,00	219.472,00	329.208,00	**30.000.000**

III. Berechnung der Gebührenbeträge bei höheren Werten als 30 Mio. Euro

1. Überblick

Bei Gegenstandswerten über 30 Mio. Euro ändert sich an den **Gerichtsgebühren** nichts, da hier in § 39 Abs. 2 GKG und § 33 Abs. 2 FamGKG jeweils eine absolute Höchstgrenze von 30 Mio. Euro vorgesehen ist, die im Gegensatz zum RVG nie überschritten werden kann.

Hinsichtlich der **Anwaltsgebühren**, sind nach § 23 Abs. 1 S. 4 i.V.m. § 22 Abs. 2 S. 2 RVG auch in gerichtlichen Verfahren höhere Werte als 30 Mio. Euro (bis 100 Mio. Euro) möglich, wenn der Anwalt mehrere Auftraggeber vertritt. Zwar sieht das Gesetz in § 22 Abs. 2 S 1 RVG (ebenso in § 23 Abs. 1 S. 1 u. 2 RVG i.V.m. § 39 Abs. 2 GKG, § 33 Abs. 2 FamGKG) eine Begrenzung auf 30 Mio. Euro vor; diese Begrenzung wird jedoch bei mehreren Auftraggebern um jeweils 30 Mio. Euro je weiteren Auftraggeber angehoben, sofern der Gegenstand derselbe ist, höchstens jedoch auf 100 Mio. Euro (§ 22 Abs. 2 S. 2 RVG); das gilt auch im Falle des § 23 Abs. 1 S. 3, S. 1 RVG (§ 23 Abs. 1 S. 4 RVG). Höhere Werte als 100 Mio. Euro sind bei gesetzlicher Abrechnung nicht möglich. Insoweit besteht nur die Möglichkeit einer Vergütungsvereinbarung nach §§ 3a ff. RVG.[1]

Es gelten danach folgende Begrenzungen

Höchstwerte bei mehreren Auftraggebern

Auftraggeber	Höchstwert
1	30 Mio.
2	60 Mio.
3	90 Mio.
4 und mehr	100 Mio.

Dies ergibt folgende Höchstbeträge, die bei der nachfolgenden Berechnung bei mehreren Auftraggebern zu beachten sind.

Höchstbeträge bei mehreren Auftraggebern

Wert bis €	0,3	0,5	0,6	0,65	0,75	0,8	0,9	1,0
30.000.000	27.513,90	45.856,50	55.027,80	59.613,45	68.784,75	73.370,40	82.541,70	91.713,00
60.000.000	54.513,90	90.856,50	109.027,80	118.113,45	136.284,75	145.370,40	163.541,70	181.713,00
90.000.000	81.513,90	135.856,50	163.027,80	176.613,45	203.784,75	217.370,40	244.541,70	271.713,00
100.000.000	90.513,90	150.856,50	181.027,80	196.113,45	226.284,75	241.370,40	271.541,70	301.713,00

Wert bis €	1,1	1,2	1,3	1,4	1,5	1,6	1,8	1,9
30.000.000	100.884,30	110.055,60	119.226,90	128.398,20	137.569,50	146.740,80	165.083,40	174.254,70
60.000.000	199.884,30	218.055,60	236.226,90	254.398,20	272.569,50	290.740,80	327.083,40	345.254,70
90.000.000	298.884,30	326.055,60	353.226,90	380.398,20	407.569,50	434.740,80	489.083,40	516.254,70
100.000.000	331.884,30	362.055,60	392.226,90	422.398,20	452.569,50	482.740,80	543.083,40	573.254,70

2. Berechnungsmethode bei Werten über 30 Mio. Euro

Bei Werten über 30 Mio. (§ 22 Abs. 2 S. 2 RVG) nach folgender Formel zu verfahren:

Gegenstandswert, aufgerundet auf volle 50.000,00 Euro x Hilfsfaktor + Hilfsbetrag

Dabei ist von folgenden Schritten auszugehen:
(1) Der Gegenstandswert ist zunächst auf volle 50.000,00 Euro aufzurunden.
(2) Sodann ist der aufgerundete Betrag mit dem in der nachfolgenden Hilfstabelle unter Nr. 2 angegebenen Faktor zu multiplizieren.

---

[1] Siehe hierzu N. *Schneider*, Die Vergütungsvereinbarung, Rn. 879 ff. (901 ff.).

(3) Hiernach ist dem gefundenen Produkt der unter Nr. 3 der nachfolgenden Hilfstabelle ausgewiesene Ergänzungsbetrag hinzuzurechnen.

1. Gebührensatz	0,3	0,5	0,6	0,65	0,75	0,8	0,95	1,0
2. Faktor								
a) in Prozent	0,09	0,15	0,18	0,20	0,23	0,24	0,29	0,30
b) in Dezimalzahlen	0,0009	0,0015	0,0018	0,00195	0,0025	0,0024	0,00285	0,0030
3. Ergänzungsbetrag	513,90	856,5	1.027,80	1.113,50	1.284,80	1.370,40	1.627,35	1.713,00

1. Gebührensatz	1,1	1,2	1,3	1,4	1,5	1,6	1,8	1,9
2. Faktor								
a) in Prozent	0,33	0,36	0,39	0,42	0,45	0,48	0,54	0,57
b) in Dezimalzahlen	0,0033	0,0036	0,0039	0,0042	0,0045	0,0048	0,0054	0,0057
3. Ergänzungsbetrag	1.884,30	2.055,60	2.226,90	2.398,20	2.569,50	2.740,80	3.083,40	3.254,70

Beispiel: Berechnet werden soll eine 1,2-Terminsgebühr (Nr. 3104 VV RVG) aus dem Gegenstandswert von 38.234.500,00 Euro.

(1) Aufrundung 38.250.000,00 Euro

(2) Multiplikation mit Faktor
(a) 38.250.000,00 Euro x 0,36 % =   137.700,00 Euro
oder
(b) 38.250.000,00 Euro x 0,0036 =   137.700,00 Euro

(3) Addition mit Ergänzungswert
137.700,00 Euro + 2.055,60 Euro =   **139.755,60 Euro**

Eine andere Berechnungsmöglichkeit besteht darin, von dem 1,0-Wert bei 30 Mio. Euro auszugehen und dann die Erhöhungen für jede weitere 50.000,00 Euro hinzuzurechnen. Es ergibt sich dann folgende Formel:

$$\frac{(Gegenstandswert, aufgerundet\ auf\ volle\ 50.000,00\ Euro - 30\ Mio.\ Euro) \times 150}{50.000} \quad + 91.713,00\ €$$

Dabei ist von folgenden Schritten auszugehen:

(1) Der Gegenstandswert ist zunächst auf volle 50.000,00 Euro aufzurunden.

(2) Davon sind dann 30 Mio. Euro abzuziehen.

(3) Sodann ist die Differenz durch 50.000,00 Euro zu dividieren und mit 150,00 zu multiplizieren (oder umgekehrt).

(4) Hiernach ist dem gefundenen Produkt der 1,0-Wert bei 30 Mio. Euro in Höhe von 91.713,00 Euro hinzuzurechnen.

(5) Die sich danach ergebende Summe ist sodann mit dem jeweiligen Gebührensatz zu multiplizieren.

Beispiel: Dies ergibt im vorgenannten Beispiel folgende Berechnung:

(1) Aufrundung auf volle 50.000,00 Euro   38.250.000,00 Euro

(2) Abzüglich 30 Mio. Euro
38.250.000,00 Euro – 30 Mio. Euro   8.250.000,00 Euro

(3) Division durch 50.000 und Multiplikation mit 150
8.250.000,00 Euro : 50.000 x 150 =   24.750,00 Euro

(4) Addition mit 30 Mio.-Wert

24.750,00 Euro + 91.713,00 Euro =   116.463,00 Euro

(5) Multiplikation mit Gebührensatz

116.463,00 Euro x 1,2   **139.755,60 Euro**

4. Wertgebühren in gerichtlichen Verfahren nach Teil 3 VV RVG, Rechtsmittel ohne allgemeine Beschwerde[1] (einschließlich Gerichtsgebühren)

I. Überblick

In Rechtsmittelverfahren[2] – soweit nach dem Gegenstandswert abgerechnet wird – und in erstinstanzlichen Verfahren vor den Finanzgerichten, für die die Gebühren des Berufungsverfahren anzuwenden sind (Vorbem. 3.2.1 Nr. 1 VV RVG) gelten grundsätzlich höhere Gebührensätze als in der ersten Instanz. Diese Gebühren sind im Vergütungsverzeichnis gesondert ausgewiesen; eine generelle Gebührenerhöhung wie noch nach der BRAGO gibt es nach dem RVG nicht.

Auch die Einigungs-, Aussöhnungs- und Erledigungsgebühren sind im Rechtsmittelverfahren – einschließlich der Zulassungsverfahren und Verfahren über die Beschwerde gegen die Nichtzulassung höher (1,3), soweit die Gegenstände dort anhängig sind (Nr. 1004 VV RVG). Für Einigungen oder Erledigungen im erstinstanzlichen finanzgerichtlichen Verfahren gilt dagegen der erhöhte Satz von 1,3 nicht. Insoweit bleibt es bei dem erstinstanzlichen Gebührensatz von 1,0 (Nr. 1003 VV RVG).

Die Gerichtsgebühren in den Rechtsmittelverfahren sind ebenfalls gesondert geregelt.

---

[1] Mit erstinstanzlichen Verfahren vor den Finanzgerichten und Beschwerdeverfahren nach Vorbem. 3.2.1, Nr. 2 Buchst. e) bis j) sowie Verfahren nach Nr. 3330 VV RVG.
[2] Einschließlich der Verfahren auf Zulassung des Rechtsmittels und der Beschwerde gegen die Nichtzulassung des Rechtsmittels.

II. Gebührentabelle

Anwaltsgebühren

Wert bis €	0,5	1,0	1,1	1,2	1,3	1,4	1,5	1,6	1,8	1,9
500	22,50	45,00	49,50	54,00	58,50	63,00	67,50	72,00	81,00	85,50
1.000	40,00	80,00	88,00	96,00	104,00	112,00	120,00	128,00	144,00	152,00
1.500	57,50	115,00	126,50	138,00	149,50	161,00	172,50	184,00	207,00	218,50
2.000	75,00	150,00	165,00	180,00	195,00	210,00	225,00	240,00	270,00	285,00
3.000	100,50	201,00	221,10	241,20	261,30	281,40	301,50	321,60	361,80	381,90
4.000	126,00	252,00	277,20	302,40	327,60	352,80	378,00	403,20	453,60	478,80
5.000	151,50	303,00	333,30	363,60	393,90	424,20	454,50	484,80	545,40	575,70
6.000	177,00	354,00	389,40	424,80	460,20	495,60	531,00	566,40	637,20	672,60
7.000	202,50	405,00	445,50	486,00	526,50	567,00	607,50	648,00	729,00	769,50
8.000	228,00	456,00	501,60	547,20	592,80	638,40	684,00	729,60	820,80	866,40
9.000	253,50	507,00	557,70	608,40	659,10	709,80	760,50	811,20	912,60	963,30
10.000	279,00	558,00	613,80	669,60	725,40	781,20	837,00	892,80	1.004,40	1.060,20
13.000	302,00	604,00	664,40	724,80	785,20	845,60	906,00	966,40	1.087,20	1.147,60
16.000	325,00	650,00	715,00	780,00	845,00	910,00	975,00	1.040,00	1.170,00	1.235,00
19.000	348,00	696,00	765,60	835,20	904,80	974,40	1.044,00	1.113,60	1.252,80	1.322,40
22.000	371,00	742,00	816,20	890,40	964,60	1.038,80	1.113,00	1.187,20	1.335,60	1.409,80
25.000	394,00	788,00	866,80	945,60	1.024,40	1.103,20	1.182,00	1.260,80	1.418,40	1.497,20
30.000	431,50	863,00	949,30	1.035,60	1.121,90	1.208,20	1.294,50	1.380,80	1.553,40	1.639,70
35.000	469,00	938,00	1.031,80	1.125,60	1.219,40	1.313,20	1.407,00	1.500,80	1.688,40	1.782,20
40.000	506,50	1.013,00	1.114,30	1.215,60	1.316,90	1.418,20	1.519,50	1.620,80	1.823,40	1.924,70
45.000	544,00	1.088,00	1.196,80	1.305,60	1.414,40	1.523,20	1.632,00	1.740,80	1.958,40	2.067,20
50.000	581,50	1.163,00	1.279,30	1.395,60	1.511,90	1.628,20	1.744,50	1.860,80	2.093,40	2.209,70
65.000	624,00	1.248,00	1.372,80	1.497,60	1.622,40	1.747,20	1.872,00	1.996,80	2.246,40	2.371,20
80.000	666,50	1.333,00	1.466,30	1.599,60	1.732,90	1.866,20	1.999,50	2.132,80	2.399,40	2.532,70
95.000	709,00	1.418,00	1.559,80	1.701,60	1.843,40	1.985,20	2.127,00	2.268,80	2.552,40	2.694,20
110.000	751,50	1.503,00	1.653,30	1.803,60	1.953,90	2.104,20	2.254,50	2.404,80	2.705,40	2.855,70
125.000	794,00	1.588,00	1.746,80	1.905,60	2.064,40	2.223,20	2.382,00	2.540,80	2.858,40	3.017,20
140.000	836,50	1.673,00	1.840,30	2.007,60	2.174,90	2.342,20	2.509,50	2.676,80	3.011,40	3.178,70
155.000	879,00	1.758,00	1.933,80	2.109,60	2.285,40	2.461,20	2.637,00	2.812,80	3.164,40	3.340,20
170.000	921,50	1.843,00	2.027,30	2.211,60	2.395,90	2.580,20	2.764,50	2.948,80	3.317,40	3.501,70
185.000	964,00	1.928,00	2.120,80	2.313,60	2.506,40	2.699,20	2.892,00	3.084,80	3.470,40	3.663,20
200.000	1.006,50	2.013,00	2.214,30	2.415,60	2.616,90	2.818,20	3.019,50	3.220,80	3.623,40	3.824,70
230.000	1.066,50	2.133,00	2.346,30	2.559,60	2.772,90	2.986,20	3.199,50	3.412,80	3.839,40	4.052,70
260.000	1.126,50	2.253,00	2.478,30	2.703,60	2.928,90	3.154,20	3.379,50	3.604,80	4.055,40	4.280,70
290.000	1.186,50	2.373,00	2.610,30	2.847,60	3.084,90	3.322,20	3.559,50	3.796,80	4.271,40	4.508,70
320.000	1.246,50	2.493,00	2.742,30	2.991,60	3.240,90	3.490,20	3.739,50	3.988,80	4.487,40	4.736,70
350.000	1.306,50	2.613,00	2.874,30	3.135,60	3.396,90	3.658,20	3.919,50	4.180,80	4.703,40	4.964,70
380.000	1.366,50	2.733,00	3.006,30	3.279,60	3.552,90	3.826,20	4.099,50	4.372,80	4.919,40	5.192,70
410.000	1.426,50	2.853,00	3.138,30	3.423,60	3.708,90	3.994,20	4.279,50	4.564,80	5.135,40	5.420,70
440.000	1.486,50	2.973,00	3.270,30	3.567,60	3.864,90	4.162,20	4.459,50	4.756,80	5.351,40	5.648,70
470.000	1.546,50	3.093,00	3.402,30	3.711,60	4.020,90	4.330,20	4.639,50	4.948,80	5.567,40	5.876,70
500.000	1.606,50	3.213,00	3.534,30	3.855,60	4.176,90	4.498,20	4.819,50	5.140,80	5.783,40	6.104,70
550.000	1.681,50	3.363,00	3.699,30	4.035,60	4.371,90	4.708,20	5.044,50	5.380,80	6.053,40	6.389,70
600.000	1.756,50	3.513,00	3.864,30	4.215,60	4.566,90	4.918,20	5.269,50	5.620,80	6.323,40	6.674,70
650.000	1.831,50	3.663,00	4.029,30	4.395,60	4.761,90	5.128,20	5.494,50	5.860,80	6.593,40	6.959,70
700.000	1.906,50	3.813,00	4.194,30	4.575,60	4.956,90	5.338,20	5.719,50	6.100,80	6.863,40	7.244,70
750.000	1.981,50	3.963,00	4.359,30	4.755,60	5.151,90	5.548,20	5.944,50	6.340,80	7.133,40	7.529,70
800.000	2.056,50	4.113,00	4.524,30	4.935,60	5.346,90	5.758,20	6.169,50	6.580,80	7.403,40	7.814,70
850.000	2.131,50	4.263,00	4.689,30	5.115,60	5.541,90	5.968,20	6.394,50	6.820,80	7.673,40	8.099,70
900.000	2.206,50	4.413,00	4.854,30	5.295,60	5.736,90	6.178,20	6.619,50	7.060,80	7.943,40	8.384,70

Gerichtsgebühren

2,1	2,3	2,6	5,0	4,0	3,0	2,0	1,0	0,75	0,5	Wert bis €
94,50	103,50	117,00	175,00	140,00	105,00	70,00	35,00	26,25	17,50	500
168,00	184,00	208,00	265,00	212,00	159,00	106,00	53,00	39,75	26,50	1.000
241,50	264,50	299,00	355,00	284,00	213,00	142,00	71,00	53,25	35,50	1.500
315,00	345,00	390,00	445,00	356,00	267,00	178,00	89,00	66,75	44,50	2.000
422,10	462,30	522,60	540,00	432,00	324,00	216,00	108,00	81,00	54,00	3.000
529,20	579,60	655,20	635,00	508,00	381,00	254,00	127,00	95,25	63,50	4.000
636,30	696,90	787,80	730,00	584,00	438,00	292,00	146,00	109,50	73,00	5.000
743,40	814,20	920,40	825,00	660,00	495,00	330,00	165,00	123,75	82,50	6.000
850,50	931,50	1.053,00	920,00	736,00	552,00	368,00	184,00	138,00	92,00	7.000
957,60	1.048,80	1.185,60	1.015,00	812,00	609,00	406,00	203,00	152,25	101,50	8.000
1.064,70	1.166,10	1.318,20	1.110,00	888,00	666,00	444,00	222,00	166,50	111,00	9.000
1.171,80	1.283,40	1.450,80	1.205,00	964,00	723,00	482,00	241,00	180,75	120,50	10.000
1.268,40	1.389,20	1.570,40	1.335,00	1.068,00	801,00	534,00	267,00	200,25	133,50	13.000
1.365,00	1.495,00	1.690,00	1.465,00	1.172,00	879,00	586,00	293,00	219,75	146,50	16.000
1.461,60	1.600,80	1.809,60	1.595,00	1.276,00	957,00	638,00	319,00	239,25	159,50	19.000
1.558,20	1.706,60	1.929,20	1.725,00	1.380,00	1.035,00	690,00	345,00	258,75	172,50	22.000
1.654,80	1.812,40	2.048,80	1.855,00	1.484,00	1.113,00	742,00	371,00	278,25	185,50	25.000
1.812,30	1.984,90	2.243,80	2.030,00	1.624,00	1.218,00	812,00	406,00	304,50	203,00	30.000
1.969,80	2.157,40	2.438,80	2.205,00	1.764,00	1.323,00	882,00	441,00	330,75	220,50	35.000
2.127,30	2.329,90	2.633,80	2.380,00	1.904,00	1.428,00	952,00	476,00	357,00	238,00	40.000
2.284,80	2.502,40	2.828,80	2.555,00	2.044,00	1.533,00	1.022,00	511,00	383,25	255,50	45.000
2.442,30	2.674,90	3.023,80	2.730,00	2.184,00	1.638,00	1.092,00	546,00	409,50	273,00	50.000
2.620,80	2.870,40	3.244,80	3.330,00	2.664,00	1.998,00	1.332,00	666,00	499,50	333,00	65.000
2.799,30	3.065,90	3.465,80	3.930,00	3.144,00	2.358,00	1.572,00	786,00	589,50	393,00	80.000
2.977,80	3.261,40	3.686,80	4.530,00	3.624,00	2.718,00	1.812,00	906,00	679,50	453,00	95.000
3.156,30	3.456,90	3.907,80	5.130,00	4.104,00	3.078,00	2.052,00	1.026,00	769,50	513,00	110.000
3.334,80	3.652,40	4.128,80	5.730,00	4.584,00	3.438,00	2.292,00	1.146,00	859,50	573,00	125.000
3.513,30	3.847,90	4.349,80	6.330,00	5.064,00	3.798,00	2.532,00	1.266,00	949,50	633,00	140.000
3.691,80	4.043,40	4.570,80	6.930,00	5.544,00	4.158,00	2.772,00	1.386,00	1.039,50	693,00	155.000
3.870,30	4.238,90	4.791,80	7.530,00	6.024,00	4.518,00	3.012,00	1.506,00	1.129,50	753,00	170.000
4.048,80	4.434,40	5.012,80	8.130,00	6.504,00	4.878,00	3.252,00	1.626,00	1.219,50	813,00	185.000
4.227,30	4.629,90	5.233,80	8.730,00	6.984,00	5.238,00	3.492,00	1.746,00	1.309,50	873,00	200.000
4.479,30	4.905,90	5.545,80	9.625,00	7.700,00	5.775,00	3.850,00	1.925,00	1.443,75	962,50	230.000
4.731,30	5.181,90	5.857,80	10.520,00	8.416,00	6.312,00	4.208,00	2.104,00	1.578,00	1.052,00	260.000
4.983,30	5.457,90	6.169,80	11.415,00	9.132,00	6.849,00	4.566,00	2.283,00	1.712,25	1.141,50	290.000
5.235,30	5.733,90	6.481,80	12.310,00	9.848,00	7.386,00	4.924,00	2.462,00	1.846,50	1.231,00	320.000
5.487,30	6.009,90	6.793,80	13.205,00	10.564,00	7.923,00	5.282,00	2.641,00	1.980,75	1.320,50	350.000
5.739,30	6.285,90	7.105,80	14.100,00	11.280,00	8.460,00	5.640,00	2.820,00	2.115,00	1.410,00	380.000
5.991,30	6.561,90	7.417,80	14.995,00	11.996,00	8.997,00	5.998,00	2.999,00	2.249,25	1.499,50	410.000
6.243,30	6.837,90	7.729,80	15.890,00	12.712,00	9.534,00	6.356,00	3.178,00	2.383,75	1.589,00	440.000
6.495,30	7.113,90	8.041,80	16.785,00	13.428,00	10.071,00	6.714,00	3.357,00	2.517,75	1.678,50	470.000
6.747,30	7.389,90	8.353,80	17.680,00	14.144,00	10.608,00	7.072,00	3.536,00	2.652,00	1.768,00	500.000
7.062,30	7.734,90	8.743,80	18.580,00	14.864,00	11.148,00	7.432,00	3.716,00	2.787,00	1.858,00	550.000
7.377,30	8.079,90	9.133,80	19.480,00	15.584,00	11.688,00	7.792,00	3.896,00	2.922,00	1.948,00	600.000
7.692,30	8.424,90	9.523,80	20.380,00	16.304,00	12.228,00	8.152,00	4.076,00	3.057,00	2.038,00	650.000
8.007,30	8.769,90	9.913,80	21.280,00	17.024,00	12.768,00	8.512,00	4.256,00	3.192,00	2.128,00	700.000
8.322,30	9.114,90	10.303,80	22.180,00	17.744,00	13.308,00	8.872,00	4.436,00	3.327,00	2.218,00	750.000
8.637,30	9.459,90	10.693,80	23.080,00	18.464,00	13.848,00	9.232,00	4.616,00	3.462,00	2.308,00	800.000
8.952,30	9.804,90	11.083,80	23.980,00	19.184,00	14.388,00	9.592,00	4.796,00	3.597,00	2.398,00	850.000
9.267,30	10.149,90	11.473,80	24.880,00	19.904,00	14.928,00	9.952,00	4.976,00	3.732,00	2.488,00	900.000

Anwaltsgebühren

Wert bis €	0,5	1,0	1,1	1,2	1,3	1,4	1,5	1,6	1,8	1,9
950.000	2.281,50	4.563,00	5.019,30	5.475,60	5.931,90	6.388,20	6.844,50	7.300,80	8.213,40	8.669,70
1.000.000	2.356,50	4.713,00	5.184,30	5.655,60	6.126,90	6.598,20	7.069,50	7.540,80	8.483,40	8.954,70
1.050.000	2.431,50	4.863,00	5.349,30	5.835,60	6.321,90	6.808,20	7.294,50	7.780,80	8.753,40	9.239,70
1.100.000	2.506,50	5.013,00	5.514,30	6.015,60	6.516,90	7.018,20	7.519,50	8.020,80	9.023,40	9.524,70
1.150.000	2.581,50	5.163,00	5.679,30	6.195,60	6.711,90	7.228,20	7.744,50	8.260,80	9.293,40	9.809,70
1.200.000	2.656,50	5.313,00	5.844,30	6.375,60	6.906,90	7.438,20	7.969,50	8.500,80	9.563,40	10.094,70
1.250.000	2.731,50	5.463,00	6.009,30	6.555,60	7.101,90	7.648,20	8.194,50	8.740,80	9.833,40	10.379,70
1.300.000	2.806,50	5.613,00	6.174,30	6.735,60	7.296,90	7.858,20	8.419,50	8.980,80	10.103,40	10.664,70
1.350.000	2.881,50	5.763,00	6.339,30	6.915,60	7.491,90	8.068,20	8.644,50	9.220,80	10.373,40	10.949,70
1.400.000	2.956,50	5.913,00	6.504,30	7.095,60	7.686,90	8.278,20	8.869,50	9.460,80	10.643,40	11.234,70
1.450.000	3.031,50	6.063,00	6.669,30	7.275,60	7.881,90	8.488,20	9.094,50	9.700,80	10.913,40	11.519,70
1.500.000	3.106,50	6.213,00	6.834,30	7.455,60	8.076,90	8.698,20	9.319,50	9.940,80	11.183,40	11.804,70
1.550.000	3.181,50	6.363,00	6.999,30	7.635,60	8.271,90	8.908,20	9.544,50	10.180,80	11.453,40	12.089,70
1.600.000	3.256,50	6.513,00	7.164,30	7.815,60	8.466,90	9.118,20	9.769,50	10.420,80	11.723,40	12.374,70
1.650.000	3.331,50	6.663,00	7.329,30	7.995,60	8.661,90	9.328,20	9.994,50	10.660,80	11.993,40	12.659,70
1.700.000	3.406,50	6.813,00	7.494,30	8.175,60	8.856,90	9.538,20	10.219,50	10.900,80	12.263,40	12.944,70
1.750.000	3.481,50	6.963,00	7.659,30	8.355,60	9.051,90	9.748,20	10.444,50	11.140,80	12.533,40	13.229,70
1.800.000	3.556,50	7.113,00	7.824,30	8.535,60	9.246,90	9.958,20	10.669,50	11.380,80	12.803,40	13.514,70
1.850.000	3.631,50	7.263,00	7.989,30	8.715,60	9.441,90	10.168,20	10.894,50	11.620,80	13.073,40	13.799,70
1.900.000	3.706,50	7.413,00	8.154,30	8.895,60	9.636,90	10.378,20	11.119,50	11.860,80	13.343,40	14.084,70
1.950.000	3.781,50	7.563,00	8.319,30	9.075,60	9.831,90	10.588,20	11.344,50	12.100,80	13.613,40	14.369,70
2.000.000	3.856,50	7.713,00	8.484,30	9.255,60	10.026,90	10.798,20	11.569,50	12.340,80	13.883,40	14.654,70
2.050.000	3.931,50	7.863,00	8.649,30	9.435,60	10.221,90	11.008,20	11.794,50	12.580,80	14.153,40	14.939,70
2.100.000	4.006,50	8.013,00	8.814,30	9.615,60	10.416,90	11.218,20	12.019,50	12.820,80	14.423,40	15.224,70
2.150.000	4.081,50	8.163,00	8.979,30	9.795,60	10.611,90	11.428,20	12.244,50	13.060,80	14.693,40	15.509,70
2.200.000	4.156,50	8.313,00	9.144,30	9.975,60	10.806,90	11.638,20	12.469,50	13.300,80	14.963,40	15.794,70
2.250.000	4.231,50	8.463,00	9.309,30	10.155,60	11.001,90	11.848,20	12.694,50	13.540,80	15.233,40	16.079,70
2.300.000	4.306,50	8.613,00	9.474,30	10.335,60	11.196,90	12.058,20	12.919,50	13.780,80	15.503,40	16.364,70
2.350.000	4.381,50	8.763,00	9.639,30	10.515,60	11.391,90	12.268,20	13.144,50	14.020,80	15.773,40	16.649,70
2.400.000	4.456,50	8.913,00	9.804,30	10.695,60	11.586,90	12.478,20	13.369,50	14.260,80	16.043,40	16.934,70
2.450.000	4.531,50	9.063,00	9.969,30	10.875,60	11.781,90	12.688,20	13.594,50	14.500,80	16.313,40	17.219,70
2.500.000	4.606,50	9.213,00	10.134,30	11.055,60	11.976,90	12.898,20	13.819,50	14.740,80	16.583,40	17.504,70
2.550.000	4.681,50	9.363,00	10.299,30	11.235,60	12.171,90	13.108,20	14.044,50	14.980,80	16.853,40	17.789,70
2.600.000	4.756,50	9.513,00	10.464,30	11.415,60	12.366,90	13.318,20	14.269,50	15.220,80	17.123,40	18.074,70
2.650.000	4.831,50	9.663,00	10.629,30	11.595,60	12.561,90	13.528,20	14.494,50	15.460,80	17.393,40	18.359,70
2.700.000	4.906,50	9.813,00	10.794,30	11.775,60	12.756,90	13.738,20	14.719,50	15.700,80	17.663,40	18.644,70
2.750.000	4.981,50	9.963,00	10.959,30	11.955,60	12.951,90	13.948,20	14.944,50	15.940,80	17.933,40	18.929,70
2.800.000	5.056,50	10.113,00	11.124,30	12.135,60	13.146,90	14.158,20	15.169,50	16.180,80	18.203,40	19.214,70
2.850.000	5.131,50	10.263,00	11.289,30	12.315,60	13.341,90	14.368,20	15.394,50	16.420,80	18.473,40	19.499,70
2.900.000	5.206,50	10.413,00	11.454,30	12.495,60	13.536,90	14.578,20	15.619,50	16.660,80	18.743,40	19.784,70
2.950.000	5.281,50	10.563,00	11.619,30	12.675,60	13.731,90	14.788,20	15.844,50	16.900,80	19.013,40	20.069,70
3.000.000	5.356,50	10.713,00	11.784,30	12.855,60	13.926,90	14.998,20	16.069,50	17.140,80	19.283,40	20.354,70
3.050.000	5.431,50	10.863,00	11.949,30	13.035,60	14.121,90	15.208,20	16.294,50	17.380,80	19.553,40	20.639,70
3.100.000	5.506,50	11.013,00	12.114,30	13.215,60	14.316,90	15.418,20	16.519,50	17.620,80	19.823,40	20.924,70
3.150.000	5.581,50	11.163,00	12.279,30	13.395,60	14.511,90	15.628,20	16.744,50	17.860,80	20.093,40	21.209,70
3.200.000	5.656,50	11.313,00	12.444,30	13.575,60	14.706,90	15.838,20	16.969,50	18.100,80	20.363,40	21.494,70
3.250.000	5.731,50	11.463,00	12.609,30	13.755,60	14.901,90	16.048,20	17.194,50	18.340,80	20.633,40	21.779,70
3.300.000	5.806,50	11.613,00	12.774,30	13.935,60	15.096,90	16.258,20	17.419,50	18.580,80	20.903,40	22.064,70
3.350.000	5.881,50	11.763,00	12.939,30	14.115,60	15.291,90	16.468,20	17.644,50	18.820,80	21.173,40	22.349,70
3.400.000	5.956,50	11.913,00	13.104,30	14.295,60	15.486,90	16.678,20	17.869,50	19.060,80	21.443,40	22.634,70
3.450.000	6.031,50	12.063,00	13.269,30	14.475,60	15.681,90	16.888,20	18.094,50	19.300,80	21.713,40	22.919,70
3.500.000	6.106,50	12.213,00	13.434,30	14.655,60	15.876,90	17.098,20	18.319,50	19.540,80	21.983,40	23.204,70
3.550.000	6.181,50	12.363,00	13.599,30	14.835,60	16.071,90	17.308,20	18.544,50	19.780,80	22.253,40	23.489,70

Gerichtsgebühren

2,1	2,3	2,6	5,0	4,0	3,0	2,0	1,0	0,75	0,5	Wert bis €
9.582,30	10.494,90	11.863,80	25.780,00	20.624,00	15.468,00	10.312,00	5.156,00	3.867,00	2.578,00	950.000
9.897,30	10.839,90	12.253,80	26.680,00	21.344,00	16.008,00	10.672,00	5.336,00	4.002,00	2.668,00	1.000.000
10.212,30	11.184,90	12.643,80	27.580,00	22.064,00	16.548,00	11.032,00	5.516,00	4.137,00	2.758,00	1.050.000
10.527,30	11.529,90	13.033,80	28.480,00	22.784,00	17.088,00	11.392,00	5.696,00	4.272,00	2.848,00	1.100.000
10.842,30	11.874,90	13.423,80	29.380,00	23.504,00	17.628,00	11.752,00	5.876,00	4.407,00	2.938,00	1.150.000
11.157,30	12.219,90	13.813,80	30.280,00	24.224,00	18.168,00	12.112,00	6.056,00	4.542,00	3.028,00	1.200.000
11.472,30	12.564,90	14.203,80	31.180,00	24.944,00	18.708,00	12.472,00	6.236,00	4.677,00	3.118,00	1.250.000
11.787,30	12.909,90	14.593,80	32.080,00	25.664,00	19.248,00	12.832,00	6.416,00	4.812,00	3.208,00	1.300.000
12.102,30	13.254,90	14.983,80	32.980,00	26.384,00	19.788,00	13.192,00	6.596,00	4.947,00	3.298,00	1.350.000
12.417,30	13.599,90	15.373,80	33.880,00	27.104,00	20.328,00	13.552,00	6.776,00	5.082,00	3.388,00	1.400.000
12.732,30	13.944,90	15.763,80	34.780,00	27.824,00	20.868,00	13.912,00	6.956,00	5.217,00	3.478,00	1.450.000
13.047,30	14.289,90	16.153,80	35.680,00	28.544,00	21.408,00	14.272,00	7.136,00	5.352,00	3.568,00	1.500.000
13.362,30	14.634,90	16.543,80	36.580,00	29.264,00	21.948,00	14.632,00	7.316,00	5.487,00	3.658,00	1.550.000
13.677,30	14.979,90	16.933,80	37.480,00	29.984,00	22.488,00	14.992,00	7.496,00	5.622,00	3.748,00	1.600.000
13.992,30	15.324,90	17.323,80	38.380,00	30.704,00	23.028,00	15.352,00	7.676,00	5.757,00	3.838,00	1.650.000
14.307,30	15.669,90	17.713,80	39.280,00	31.424,00	23.568,00	15.712,00	7.856,00	5.892,00	3.928,00	1.700.000
14.622,30	16.014,90	18.103,80	40.180,00	32.144,00	24.108,00	16.072,00	8.036,00	6.027,00	4.018,00	1.750.000
14.937,30	16.359,90	18.493,80	41.080,00	32.864,00	24.648,00	16.432,00	8.216,00	6.162,00	4.108,00	1.800.000
15.252,30	16.704,90	18.883,80	41.980,00	33.584,00	25.188,00	16.792,00	8.396,00	6.297,00	4.198,00	1.850.000
15.567,30	17.049,90	19.273,80	42.880,00	34.304,00	25.728,00	17.152,00	8.576,00	6.432,00	4.288,00	1.900.000
15.882,30	17.394,90	19.663,80	43.780,00	35.024,00	26.268,00	17.512,00	8.756,00	6.567,00	4.378,00	1.950.000
16.197,30	17.739,90	20.053,80	44.680,00	35.744,00	26.808,00	17.872,00	8.936,00	6.702,00	4.468,00	2.000.000
16.512,30	18.084,90	20.443,80	45.580,00	36.464,00	27.348,00	18.232,00	9.116,00	6.837,00	4.558,00	2.050.000
16.827,30	18.429,90	20.833,80	46.480,00	37.184,00	27.888,00	18.592,00	9.296,00	6.972,00	4.648,00	2.100.000
17.142,30	18.774,90	21.223,80	47.380,00	37.904,00	28.428,00	18.952,00	9.476,00	7.107,00	4.738,00	2.150.000
17.457,30	19.119,90	21.613,80	48.280,00	38.624,00	28.968,00	19.312,00	9.656,00	7.242,00	4.828,00	2.200.000
17.772,30	19.464,90	22.003,80	49.180,00	39.344,00	29.508,00	19.672,00	9.836,00	7.377,00	4.918,00	2.250.000
18.087,30	19.809,90	22.393,80	50.080,00	40.064,00	30.048,00	20.032,00	10.016,00	7.512,00	5.008,00	2.300.000
18.402,30	20.154,90	22.783,80	50.980,00	40.784,00	30.588,00	20.392,00	10.196,00	7.647,00	5.098,00	2.350.000
18.717,30	20.499,90	23.173,80	51.880,00	41.504,00	31.128,00	20.752,00	10.376,00	7.782,00	5.188,00	2.400.000
19.032,30	20.844,90	23.563,80	52.780,00	42.224,00	31.668,00	21.112,00	10.556,00	7.917,00	5.278,00	2.450.000
19.347,30	21.189,90	23.953,80	53.680,00	42.944,00	32.208,00	21.472,00	10.736,00	8.052,00	5.368,00	2.500.000
19.662,30	21.534,90	24.343,80	54.580,00	43.664,00	32.748,00	21.832,00	10.916,00	8.187,00	5.458,00	2.550.000
19.977,30	21.879,90	24.733,80	55.480,00	44.384,00	33.288,00	22.192,00	11.096,00	8.322,00	5.548,00	2.600.000
20.292,30	22.224,90	25.123,80	56.380,00	45.104,00	33.828,00	22.552,00	11.276,00	8.457,00	5.638,00	2.650.000
20.607,30	22.569,90	25.513,80	57.280,00	45.824,00	34.368,00	22.912,00	11.456,00	8.592,00	5.728,00	2.700.000
20.922,30	22.914,90	25.903,80	58.180,00	46.544,00	34.908,00	23.272,00	11.636,00	8.727,00	5.818,00	2.750.000
21.237,30	23.259,90	26.293,80	59.080,00	47.264,00	35.448,00	23.632,00	11.816,00	8.862,00	5.908,00	2.800.000
21.552,30	23.604,90	26.683,80	59.980,00	47.984,00	35.988,00	23.992,00	11.996,00	8.997,00	5.998,00	2.850.000
21.867,30	23.949,90	27.073,80	60.880,00	48.704,00	36.528,00	24.352,00	12.176,00	9.132,00	6.088,00	2.900.000
22.182,30	24.294,90	27.463,80	61.780,00	49.424,00	37.068,00	24.712,00	12.356,00	9.267,00	6.178,00	2.950.000
22.497,30	24.639,90	27.853,80	62.680,00	50.144,00	37.608,00	25.072,00	12.536,00	9.402,00	6.268,00	3.000.000
22.812,30	24.984,90	28.243,80	63.580,00	50.864,00	38.148,00	25.432,00	12.716,00	9.537,00	6.358,00	3.050.000
23.127,30	25.329,90	28.633,80	64.480,00	51.584,00	38.688,00	25.792,00	12.896,00	9.672,00	6.448,00	3.100.000
23.442,30	25.674,90	29.023,80	65.380,00	52.304,00	39.228,00	26.152,00	13.076,00	9.807,00	6.538,00	3.150.000
23.757,30	26.019,90	29.413,80	66.280,00	53.024,00	39.768,00	26.512,00	13.256,00	9.942,00	6.628,00	3.200.000
24.072,30	26.364,90	29.803,80	67.180,00	53.744,00	40.308,00	26.872,00	13.436,00	10.077,00	6.718,00	3.250.000
24.387,30	26.709,90	30.193,80	68.080,00	54.464,00	40.848,00	27.232,00	13.616,00	10.212,00	6.808,00	3.300.000
24.702,30	27.054,90	30.583,80	68.980,00	55.184,00	41.388,00	27.592,00	13.796,00	10.347,00	6.898,00	3.350.000
25.017,30	27.399,90	30.973,80	69.880,00	55.904,00	41.928,00	27.952,00	13.976,00	10.482,00	6.988,00	3.400.000
25.332,30	27.744,90	31.363,80	70.780,00	56.624,00	42.468,00	28.312,00	14.156,00	10.617,00	7.078,00	3.450.000
25.647,30	28.089,90	31.753,80	71.680,00	57.344,00	43.008,00	28.672,00	14.336,00	10.752,00	7.168,00	3.500.000
25.962,30	28.434,90	32.143,80	72.580,00	58.064,00	43.548,00	29.032,00	14.516,00	10.887,00	7.258,00	3.550.000

Anwaltsgebühren

Wert bis €	0,5	1,0	1,1	1,2	1,3	1,4	1,5	1,6	1,8	1,9
3.600.000	6.256,50	12.513,00	13.764,30	15.015,60	16.266,90	17.518,20	18.769,50	20.020,80	22.523,40	23.774,70
3.650.000	6.331,50	12.663,00	13.929,30	15.195,60	16.461,90	17.728,20	18.994,50	20.260,80	22.793,40	24.059,70
3.700.000	6.406,50	12.813,00	14.094,30	15.375,60	16.656,90	17.938,20	19.219,50	20.500,80	23.063,40	24.344,70
3.750.000	6.481,50	12.963,00	14.259,30	15.555,60	16.851,90	18.148,20	19.444,50	20.740,80	23.333,40	24.629,70
3.800.000	6.556,50	13.113,00	14.424,30	15.735,60	17.046,90	18.358,20	19.669,50	20.980,80	23.603,40	24.914,70
3.850.000	6.631,50	13.263,00	14.589,30	15.915,60	17.241,90	18.568,20	19.894,50	21.220,80	23.873,40	25.199,70
3.900.000	6.706,50	13.413,00	14.754,30	16.095,60	17.436,90	18.778,20	20.119,50	21.460,80	24.143,40	25.484,70
3.950.000	6.781,50	13.563,00	14.919,30	16.275,60	17.631,90	18.988,20	20.344,50	21.700,80	24.413,40	25.769,70
4.000.000	6.856,50	13.713,00	15.084,30	16.455,60	17.826,90	19.198,20	20.569,50	21.940,80	24.683,40	26.054,70
4.050.000	6.931,50	13.863,00	15.249,30	16.635,60	18.021,90	19.408,20	20.794,50	22.180,80	24.953,40	26.339,70
4.100.000	7.006,50	14.013,00	15.414,30	16.815,60	18.216,90	19.618,20	21.019,50	22.420,80	25.223,40	26.624,70
4.150.000	7.081,50	14.163,00	15.579,30	16.995,60	18.411,90	19.828,20	21.244,50	22.660,80	25.493,40	26.909,70
4.200.000	7.156,50	14.313,00	15.744,30	17.175,60	18.606,90	20.038,20	21.469,50	22.900,80	25.763,40	27.194,70
4.250.000	7.231,50	14.463,00	15.909,30	17.355,60	18.801,90	20.248,20	21.694,50	23.140,80	26.033,40	27.479,70
4.300.000	7.306,50	14.613,00	16.074,30	17.535,60	18.996,90	20.458,20	21.919,50	23.380,80	26.303,40	27.764,70
4.350.000	7.381,50	14.763,00	16.239,30	17.715,60	19.191,90	20.668,20	22.144,50	23.620,80	26.573,40	28.049,70
4.400.000	7.456,50	14.913,00	16.404,30	17.895,60	19.386,90	20.878,20	22.369,50	23.860,80	26.843,40	28.334,70
4.450.000	7.531,50	15.063,00	16.569,30	18.075,60	19.581,90	21.088,20	22.594,50	24.100,80	27.113,40	28.619,70
4.500.000	7.606,50	15.213,00	16.734,30	18.255,60	19.776,90	21.298,20	22.819,50	24.340,80	27.383,40	28.904,70
4.550.000	7.681,50	15.363,00	16.899,30	18.435,60	19.971,90	21.508,20	23.044,50	24.580,80	27.653,40	29.189,70
4.600.000	7.756,50	15.513,00	17.064,30	18.615,60	20.166,90	21.718,20	23.269,50	24.820,80	27.923,40	29.474,70
4.650.000	7.831,50	15.663,00	17.229,30	18.795,60	20.361,90	21.928,20	23.494,50	25.060,80	28.193,40	29.759,70
4.700.000	7.906,50	15.813,00	17.394,30	18.975,60	20.556,90	22.138,20	23.719,50	25.300,80	28.463,40	30.044,70
4.750.000	7.981,50	15.963,00	17.559,30	19.155,60	20.751,90	22.348,20	23.944,50	25.540,80	28.733,40	30.329,70
4.800.000	8.056,50	16.113,00	17.724,30	19.335,60	20.946,90	22.558,20	24.169,50	25.780,80	29.003,40	30.614,70
4.850.000	8.131,50	16.263,00	17.889,30	19.515,60	21.141,90	22.768,20	24.394,50	26.020,80	29.273,40	30.899,70
4.900.000	8.206,50	16.413,00	18.054,30	19.695,60	21.336,90	22.978,20	24.619,50	26.260,80	29.543,40	31.184,70
4.950.000	8.281,50	16.563,00	18.219,30	19.875,60	21.531,90	23.188,20	24.844,50	26.500,80	29.813,40	31.469,70
5.000.000	8.356,50	16.713,00	18.384,30	20.055,60	21.726,90	23.398,20	25.069,50	26.740,80	30.083,40	31.754,70
5.050.000	8.431,50	16.863,00	18.549,30	20.235,60	21.921,90	23.608,20	25.294,50	26.980,80	30.353,40	32.039,70
5.100.000	8.506,50	17.013,00	18.714,30	20.415,60	22.116,90	23.818,20	25.519,50	27.220,80	30.623,40	32.324,70
5.150.000	8.581,50	17.163,00	18.879,30	20.595,60	22.311,90	24.028,20	25.744,50	27.460,80	30.893,40	32.609,70
5.200.000	8.656,50	17.313,00	19.044,30	20.775,60	22.506,90	24.238,20	25.969,50	27.700,80	31.163,40	32.894,70
5.250.000	8.731,50	17.463,00	19.209,30	20.955,60	22.701,90	24.448,20	26.194,50	27.940,80	31.433,40	33.179,70
5.300.000	8.806,50	17.613,00	19.374,30	21.135,60	22.896,90	24.658,20	26.419,50	28.180,80	31.703,40	33.464,70
5.350.000	8.881,50	17.763,00	19.539,30	21.315,60	23.091,90	24.868,20	26.644,50	28.420,80	31.973,40	33.749,70
5.400.000	8.956,50	17.913,00	19.704,30	21.495,60	23.286,90	25.078,20	26.869,50	28.660,80	32.243,40	34.034,70
5.450.000	9.031,50	18.063,00	19.869,30	21.675,60	23.481,90	25.288,20	27.094,50	28.900,80	32.513,40	34.319,70
5.500.000	9.106,50	18.213,00	20.034,30	21.855,60	23.676,90	25.498,20	27.319,50	29.140,80	32.783,40	34.604,70
5.550.000	9.181,50	18.363,00	20.199,30	22.035,60	23.871,90	25.708,20	27.544,50	29.380,80	33.053,40	34.889,70
5.600.000	9.256,50	18.513,00	20.364,30	22.215,60	24.066,90	25.918,20	27.769,50	29.620,80	33.323,40	35.174,70
5.650.000	9.331,50	18.663,00	20.529,30	22.395,60	24.261,90	26.128,20	27.994,50	29.860,80	33.593,40	35.459,70
5.700.000	9.406,50	18.813,00	20.694,30	22.575,60	24.456,90	26.338,20	28.219,50	30.100,80	33.863,40	35.744,70
5.750.000	9.481,50	18.963,00	20.859,30	22.755,60	24.651,90	26.548,20	28.444,50	30.340,80	34.133,40	36.029,70
5.800.000	9.556,50	19.113,00	21.024,30	22.935,60	24.846,90	26.758,20	28.669,50	30.580,80	34.403,40	36.314,70
5.850.000	9.631,50	19.263,00	21.189,30	23.115,60	25.041,90	26.968,20	28.894,50	30.820,80	34.673,40	36.599,70
5.900.000	9.706,50	19.413,00	21.354,30	23.295,60	25.236,90	27.178,20	29.119,50	31.060,80	34.943,40	36.884,70
5.950.000	9.781,50	19.563,00	21.519,30	23.475,60	25.431,90	27.388,20	29.344,50	31.300,80	35.213,40	37.169,70
6.000.000	9.856,50	19.713,00	21.684,30	23.655,60	25.626,90	27.598,20	29.569,50	31.540,80	35.483,40	37.454,70
6.050.000	9.931,50	19.863,00	21.849,30	23.835,60	25.821,90	27.808,20	29.794,50	31.780,80	35.753,40	37.739,70
6.100.000	10.006,50	20.013,00	22.014,30	24.015,60	26.016,90	28.018,20	30.019,50	32.020,80	36.023,40	38.024,70
6.150.000	10.081,50	20.163,00	22.179,30	24.195,60	26.211,90	28.228,20	30.244,50	32.260,80	36.293,40	38.309,70
6.200.000	10.156,50	20.313,00	22.344,30	24.375,60	26.406,90	28.438,20	30.469,50	32.500,80	36.563,40	38.594,70

Gerichtsgebühren

2,1	2,3	2,6	5,0	4,0	3,0	2,0	1,0	0,75	0,5	Wert bis €
26.277,30	28.779,90	32.533,80	73.480,00	58.784,00	44.088,00	29.392,00	14.696,00	11.022,00	7.348,00	3.600.000
26.592,30	29.124,90	32.923,80	74.380,00	59.504,00	44.628,00	29.752,00	14.876,00	11.157,00	7.438,00	3.650.000
26.907,30	29.469,90	33.313,80	75.280,00	60.224,00	45.168,00	30.112,00	15.056,00	11.292,00	7.528,00	3.700.000
27.222,30	29.814,90	33.703,80	76.180,00	60.944,00	45.708,00	30.472,00	15.236,00	11.427,00	7.618,00	3.750.000
27.537,30	30.159,90	34.093,80	77.080,00	61.664,00	46.248,00	30.832,00	15.416,00	11.562,00	7.708,00	3.800.000
27.852,30	30.504,90	34.483,80	77.980,00	62.384,00	46.788,00	31.192,00	15.596,00	11.697,00	7.798,00	3.850.000
28.167,30	30.849,90	34.873,80	78.880,00	63.104,00	47.328,00	31.552,00	15.776,00	11.832,00	7.888,00	3.900.000
28.482,30	31.194,90	35.263,80	79.780,00	63.824,00	47.868,00	31.912,00	15.956,00	11.967,00	7.978,00	3.950.000
28.797,30	31.539,90	35.653,80	80.680,00	64.544,00	48.408,00	32.272,00	16.136,00	12.102,00	8.068,00	4.000.000
29.112,30	31.884,90	36.043,80	81.580,00	65.264,00	48.948,00	32.632,00	16.316,00	12.237,00	8.158,00	4.050.000
29.427,30	32.229,90	36.433,80	82.480,00	65.984,00	49.488,00	32.992,00	16.496,00	12.372,00	8.248,00	4.100.000
29.742,30	32.574,90	36.823,80	83.380,00	66.704,00	50.028,00	33.352,00	16.676,00	12.507,00	8.338,00	4.150.000
30.057,30	32.919,90	37.213,80	84.280,00	67.424,00	50.568,00	33.712,00	16.856,00	12.642,00	8.428,00	4.200.000
30.372,30	33.264,90	37.603,80	85.180,00	68.144,00	51.108,00	34.072,00	17.036,00	12.777,00	8.518,00	4.250.000
30.687,30	33.609,90	37.993,80	86.080,00	68.864,00	51.648,00	34.432,00	17.216,00	12.912,00	8.608,00	4.300.000
31.002,30	33.954,90	38.383,80	86.980,00	69.584,00	52.188,00	34.792,00	17.396,00	13.047,00	8.698,00	4.350.000
31.317,30	34.299,90	38.773,80	87.880,00	70.304,00	52.728,00	35.152,00	17.576,00	13.182,00	8.788,00	4.400.000
31.632,30	34.644,90	39.163,80	88.780,00	71.024,00	53.268,00	35.512,00	17.756,00	13.317,00	8.878,00	4.450.000
31.947,30	34.989,90	39.553,80	89.680,00	71.744,00	53.808,00	35.872,00	17.936,00	13.452,00	8.968,00	4.500.000
32.262,30	35.334,90	39.943,80	90.580,00	72.464,00	54.348,00	36.232,00	18.116,00	13.587,00	9.058,00	4.550.000
32.577,30	35.679,90	40.333,80	91.480,00	73.184,00	54.888,00	36.592,00	18.296,00	13.722,00	9.148,00	4.600.000
32.892,30	36.024,90	40.723,80	92.380,00	73.904,00	55.428,00	36.952,00	18.476,00	13.857,00	9.238,00	4.650.000
33.207,30	36.369,90	41.113,80	93.280,00	74.624,00	55.968,00	37.312,00	18.656,00	13.992,00	9.328,00	4.700.000
33.522,30	36.714,90	41.503,80	94.180,00	75.344,00	56.508,00	37.672,00	18.836,00	14.127,00	9.418,00	4.750.000
33.837,30	37.059,90	41.893,80	95.080,00	76.064,00	57.048,00	38.032,00	19.016,00	14.262,00	9.508,00	4.800.000
34.152,30	37.404,90	42.283,80	95.980,00	76.784,00	57.588,00	38.392,00	19.196,00	14.397,00	9.598,00	4.850.000
34.467,30	37.749,90	42.673,80	96.880,00	77.504,00	58.128,00	38.752,00	19.376,00	14.532,00	9.688,00	4.900.000
34.782,30	38.094,90	43.063,80	97.780,00	78.224,00	58.668,00	39.112,00	19.556,00	14.667,00	9.778,00	4.950.000
35.097,30	38.439,90	43.453,80	98.680,00	78.944,00	59.208,00	39.472,00	19.736,00	14.802,00	9.868,00	5.000.000
35.412,30	38.784,90	43.843,80	99.580,00	79.664,00	59.748,00	39.832,00	19.916,00	14.937,00	9.958,00	5.050.000
35.727,30	39.129,90	44.233,80	100.480,00	80.384,00	60.288,00	40.192,00	20.096,00	15.072,00	10.048,00	5.100.000
36.042,30	39.474,90	44.623,80	101.380,00	81.104,00	60.828,00	40.552,00	20.276,00	15.207,00	10.138,00	5.150.000
36.357,30	39.819,90	45.013,80	102.280,00	81.824,00	61.368,00	40.912,00	20.456,00	15.342,00	10.228,00	5.200.000
36.672,30	40.164,90	45.403,80	103.180,00	82.544,00	61.908,00	41.272,00	20.636,00	15.477,00	10.318,00	5.250.000
36.987,30	40.509,90	45.793,80	104.080,00	83.264,00	62.448,00	41.632,00	20.816,00	15.612,00	10.408,00	5.300.000
37.302,30	40.854,90	46.183,80	104.980,00	83.984,00	62.988,00	41.992,00	20.996,00	15.747,00	10.498,00	5.350.000
37.617,30	41.199,90	46.573,80	105.880,00	84.704,00	63.528,00	42.352,00	21.176,00	15.882,00	10.588,00	5.400.000
37.932,30	41.544,90	46.963,80	106.780,00	85.424,00	64.068,00	42.712,00	21.356,00	16.017,00	10.678,00	5.450.000
38.247,30	41.889,90	47.353,80	107.680,00	86.144,00	64.608,00	43.072,00	21.536,00	16.152,00	10.768,00	5.500.000
38.562,30	42.234,90	47.743,80	108.580,00	86.864,00	65.148,00	43.432,00	21.716,00	16.287,00	10.858,00	5.550.000
38.877,30	42.579,90	48.133,80	109.480,00	87.584,00	65.688,00	43.792,00	21.896,00	16.422,00	10.948,00	5.600.000
39.192,30	42.924,90	48.523,80	110.380,00	88.304,00	66.228,00	44.152,00	22.076,00	16.557,00	11.038,00	5.650.000
39.507,30	43.269,90	48.913,80	111.280,00	89.024,00	66.768,00	44.512,00	22.256,00	16.692,00	11.128,00	5.700.000
39.822,30	43.614,90	49.303,80	112.180,00	89.744,00	67.308,00	44.872,00	22.436,00	16.827,00	11.218,00	5.750.000
40.137,30	43.959,90	49.693,80	113.080,00	90.464,00	67.848,00	45.232,00	22.616,00	16.962,00	11.308,00	5.800.000
40.452,30	44.304,90	50.083,80	113.980,00	91.184,00	68.388,00	45.592,00	22.796,00	17.097,00	11.398,00	5.850.000
40.767,30	44.649,90	50.473,80	114.880,00	91.904,00	68.928,00	45.952,00	22.976,00	17.232,00	11.488,00	5.900.000
41.082,30	44.994,90	50.863,80	115.780,00	92.624,00	69.468,00	46.312,00	23.156,00	17.367,00	11.578,00	5.950.000
41.397,30	45.339,90	51.253,80	116.680,00	93.344,00	70.008,00	46.672,00	23.336,00	17.502,00	11.668,00	6.000.000
41.712,30	45.684,90	51.643,80	117.580,00	94.064,00	70.548,00	47.032,00	23.516,00	17.637,00	11.758,00	6.050.000
42.027,30	46.029,90	52.033,80	118.480,00	94.784,00	71.088,00	47.392,00	23.696,00	17.772,00	11.848,00	6.100.000
42.342,30	46.374,90	52.423,80	119.380,00	95.504,00	71.628,00	47.752,00	23.876,00	17.907,00	11.938,00	6.150.000
42.657,30	46.719,90	52.813,80	120.280,00	96.224,00	72.168,00	48.112,00	24.056,00	18.042,00	12.028,00	6.200.000

Anwaltsgebühren

Wert bis €	0,5	1,0	1,1	1,2	1,3	1,4	1,5	1,6	1,8	1,9
6.250.000	10.231,50	20.463,00	22.509,30	24.555,60	26.601,90	28.648,20	30.694,50	32.740,80	36.833,40	38.879,70
6.300.000	10.306,50	20.613,00	22.674,30	24.735,60	26.796,90	28.858,20	30.919,50	32.980,80	37.103,40	39.164,70
6.350.000	10.381,50	20.763,00	22.839,30	24.915,60	26.991,90	29.068,20	31.144,50	33.220,80	37.373,40	39.449,70
6.400.000	10.456,50	20.913,00	23.004,30	25.095,60	27.186,90	29.278,20	31.369,50	33.460,80	37.643,40	39.734,70
6.450.000	10.531,50	21.063,00	23.169,30	25.275,60	27.381,90	29.488,20	31.594,50	33.700,80	37.913,40	40.019,70
6.500.000	10.606,50	21.213,00	23.334,30	25.455,60	27.576,90	29.698,20	31.819,50	33.940,80	38.183,40	40.304,70
6.550.000	10.681,50	21.363,00	23.499,30	25.635,60	27.771,90	29.908,20	32.044,50	34.180,80	38.453,40	40.589,70
6.600.000	10.756,50	21.513,00	23.664,30	25.815,60	27.966,90	30.118,20	32.269,50	34.420,80	38.723,40	40.874,70
6.650.000	10.831,50	21.663,00	23.829,30	25.995,60	28.161,90	30.328,20	32.494,50	34.660,80	38.993,40	41.159,70
6.700.000	10.906,50	21.813,00	23.994,30	26.175,60	28.356,90	30.538,20	32.719,50	34.900,80	39.263,40	41.444,70
6.750.000	10.981,50	21.963,00	24.159,30	26.355,60	28.551,90	30.748,20	32.944,50	35.140,80	39.533,40	41.729,70
6.800.000	11.056,50	22.113,00	24.324,30	26.535,60	28.746,90	30.958,20	33.169,50	35.380,80	39.803,40	42.014,70
6.850.000	11.131,50	22.263,00	24.489,30	26.715,60	28.941,90	31.168,20	33.394,50	35.620,80	40.073,40	42.299,70
6.900.000	11.206,50	22.413,00	24.654,30	26.895,60	29.136,90	31.378,20	33.619,50	35.860,80	40.343,40	42.584,70
6.950.000	11.281,50	22.563,00	24.819,30	27.075,60	29.331,90	31.588,20	33.844,50	36.100,80	40.613,40	42.869,70
7.000.000	11.356,50	22.713,00	24.984,30	27.255,60	29.526,90	31.798,20	34.069,50	36.340,80	40.883,40	43.154,70
7.050.000	11.431,50	22.863,00	25.149,30	27.435,60	29.721,90	32.008,20	34.294,50	36.580,80	41.153,40	43.439,70
7.100.000	11.506,50	23.013,00	25.314,30	27.615,60	29.916,90	32.218,20	34.519,50	36.820,80	41.423,40	43.724,70
7.150.000	11.581,50	23.163,00	25.479,30	27.795,60	30.111,90	32.428,20	34.744,50	37.060,80	41.693,40	44.009,70
7.200.000	11.656,50	23.313,00	25.644,30	27.975,60	30.306,90	32.638,20	34.969,50	37.300,80	41.963,40	44.294,70
7.250.000	11.731,50	23.463,00	25.809,30	28.155,60	30.501,90	32.848,20	35.194,50	37.540,80	42.233,40	44.579,70
7.300.000	11.806,50	23.613,00	25.974,30	28.335,60	30.696,90	33.058,20	35.419,50	37.780,80	42.503,40	44.864,70
7.350.000	11.881,50	23.763,00	26.139,30	28.515,60	30.891,90	33.268,20	35.644,50	38.020,80	42.773,40	45.149,70
7.400.000	11.956,50	23.913,00	26.304,30	28.695,60	31.086,90	33.478,20	35.869,50	38.260,80	43.043,40	45.434,70
7.450.000	12.031,50	24.063,00	26.469,30	28.875,60	31.281,90	33.688,20	36.094,50	38.500,80	43.313,40	45.719,70
7.500.000	12.106,50	24.213,00	26.634,30	29.055,60	31.476,90	33.898,20	36.319,50	38.740,80	43.583,40	46.004,70
7.550.000	12.181,50	24.363,00	26.799,30	29.235,60	31.671,90	34.108,20	36.544,50	38.980,80	43.853,40	46.289,70
7.600.000	12.256,50	24.513,00	26.964,30	29.415,60	31.866,90	34.318,20	36.769,50	39.220,80	44.123,40	46.574,70
7.650.000	12.331,50	24.663,00	27.129,30	29.595,60	32.061,90	34.528,20	36.994,50	39.460,80	44.393,40	46.859,70
7.700.000	12.406,50	24.813,00	27.294,30	29.775,60	32.256,90	34.738,20	37.219,50	39.700,80	44.663,40	47.144,70
7.750.000	12.481,50	24.963,00	27.459,30	29.955,60	32.451,90	34.948,20	37.444,50	39.940,80	44.933,40	47.429,70
7.800.000	12.556,50	25.113,00	27.624,30	30.135,60	32.646,90	35.158,20	37.669,50	40.180,80	45.203,40	47.714,70
7.850.000	12.631,50	25.263,00	27.789,30	30.315,60	32.841,90	35.368,20	37.894,50	40.420,80	45.473,40	47.999,70
7.900.000	12.706,50	25.413,00	27.954,30	30.495,60	33.036,90	35.578,20	38.119,50	40.660,80	45.743,40	48.284,70
7.950.000	12.781,50	25.563,00	28.119,30	30.675,60	33.231,90	35.788,20	38.344,50	40.900,80	46.013,40	48.569,70
8.000.000	12.856,50	25.713,00	28.284,30	30.855,60	33.426,90	35.998,20	38.569,50	41.140,80	46.283,40	48.854,70
8.050.000	12.931,50	25.863,00	28.449,30	31.035,60	33.621,90	36.208,20	38.794,50	41.380,80	46.553,40	49.139,70
8.100.000	13.006,50	26.013,00	28.614,30	31.215,60	33.816,90	36.418,20	39.019,50	41.620,80	46.823,40	49.424,70
8.150.000	13.081,50	26.163,00	28.779,30	31.395,60	34.011,90	36.628,20	39.244,50	41.860,80	47.093,40	49.709,70
8.200.000	13.156,50	26.313,00	28.944,30	31.575,60	34.206,90	36.838,20	39.469,50	42.100,80	47.363,40	49.994,70
8.250.000	13.231,50	26.463,00	29.109,30	31.755,60	34.401,90	37.048,20	39.694,50	42.340,80	47.633,40	50.279,70
8.300.000	13.306,50	26.613,00	29.274,30	31.935,60	34.596,90	37.258,20	39.919,50	42.580,80	47.903,40	50.564,70
8.350.000	13.381,50	26.763,00	29.439,30	32.115,60	34.791,90	37.468,20	40.144,50	42.820,80	48.173,40	50.849,70
8.400.000	13.456,50	26.913,00	29.604,30	32.295,60	34.986,90	37.678,20	40.369,50	43.060,80	48.443,40	51.134,70
8.450.000	13.531,50	27.063,00	29.769,30	32.475,60	35.181,90	37.888,20	40.594,50	43.300,80	48.713,40	51.419,70
8.500.000	13.606,50	27.213,00	29.934,30	32.655,60	35.376,90	38.098,20	40.819,50	43.540,80	48.983,40	51.704,70
8.550.000	13.681,50	27.363,00	30.099,30	32.835,60	35.571,90	38.308,20	41.044,50	43.780,80	49.253,40	51.989,70
8.600.000	13.756,50	27.513,00	30.264,30	33.015,60	35.766,90	38.518,20	41.269,50	44.020,80	49.523,40	52.274,70
8.650.000	13.831,50	27.663,00	30.429,30	33.195,60	35.961,90	38.728,20	41.494,50	44.260,80	49.793,40	52.559,70
8.700.000	13.906,50	27.813,00	30.594,30	33.375,60	36.156,90	38.938,20	41.719,50	44.500,80	50.063,40	52.844,70
8.750.000	13.981,50	27.963,00	30.759,30	33.555,60	36.351,90	39.148,20	41.944,50	44.740,80	50.333,40	53.129,70
8.800.000	14.056,50	28.113,00	30.924,30	33.735,60	36.546,90	39.358,20	42.169,50	44.980,80	50.603,40	53.414,70
8.850.000	14.131,50	28.263,00	31.089,30	33.915,60	36.741,90	39.568,20	42.394,50	45.220,80	50.873,40	53.699,70

4. Wertgebühren in gerichtlichen Verfahren nach Teil 3 VV RVG

Gerichtsgebühren

2,1	2,3	2,6	5,0	4,0	3,0	2,0	1,0	0,75	0,5	Wert bis €
42.972,30	47.064,90	53.203,80	121.180,00	96.944,00	72.708,00	48.472,00	24.236,00	18.177,00	12.118,00	6.250.000
43.287,30	47.409,90	53.593,80	122.080,00	97.664,00	73.248,00	48.832,00	24.416,00	18.312,00	12.208,00	6.300.000
43.602,30	47.754,90	53.983,80	122.980,00	98.384,00	73.788,00	49.192,00	24.596,00	18.447,00	12.298,00	6.350.000
43.917,30	48.099,90	54.373,80	123.880,00	99.104,00	74.328,00	49.552,00	24.776,00	18.582,00	12.388,00	6.400.000
44.232,30	48.444,90	54.763,80	124.780,00	99.824,00	74.868,00	49.912,00	24.956,00	18.717,00	12.478,00	6.450.000
44.547,30	48.789,90	55.153,80	125.680,00	100.544,00	75.408,00	50.272,00	25.136,00	18.852,00	12.568,00	6.500.000
44.862,30	49.134,90	55.543,80	126.580,00	101.264,00	75.948,00	50.632,00	25.316,00	18.987,00	12.658,00	6.550.000
45.177,30	49.479,90	55.933,80	127.480,00	101.984,00	76.488,00	50.992,00	25.496,00	19.122,00	12.748,00	6.600.000
45.492,30	49.824,90	56.323,80	128.380,00	102.704,00	77.028,00	51.352,00	25.676,00	19.257,00	12.838,00	6.650.000
45.807,30	50.169,90	56.713,80	129.280,00	103.424,00	77.568,00	51.712,00	25.856,00	19.392,00	12.928,00	6.700.000
46.122,30	50.514,90	57.103,80	130.180,00	104.144,00	78.108,00	52.072,00	26.036,00	19.527,00	13.018,00	6.750.000
46.437,30	50.859,90	57.493,80	131.080,00	104.864,00	78.648,00	52.432,00	26.216,00	19.662,00	13.108,00	6.800.000
46.752,30	51.204,90	57.883,80	131.980,00	105.584,00	79.188,00	52.792,00	26.396,00	19.797,00	13.198,00	6.850.000
47.067,30	51.549,90	58.273,80	132.880,00	106.304,00	79.728,00	53.152,00	26.576,00	19.932,00	13.288,00	6.900.000
47.382,30	51.894,90	58.663,80	133.780,00	107.024,00	80.268,00	53.512,00	26.756,00	20.067,00	13.378,00	6.950.000
47.697,30	52.239,90	59.053,80	134.680,00	107.744,00	80.808,00	53.872,00	26.936,00	20.202,00	13.468,00	7.000.000
48.012,30	52.584,90	59.443,80	135.580,00	108.464,00	81.348,00	54.232,00	27.116,00	20.337,00	13.558,00	7.050.000
48.327,30	52.929,90	59.833,80	136.480,00	109.184,00	81.888,00	54.592,00	27.296,00	20.472,00	13.648,00	7.100.000
48.642,30	53.274,90	60.223,80	137.380,00	109.904,00	82.428,00	54.952,00	27.476,00	20.607,00	13.738,00	7.150.000
48.957,30	53.619,90	60.613,80	138.280,00	110.624,00	82.968,00	55.312,00	27.656,00	20.742,00	13.828,00	7.200.000
49.272,30	53.964,90	61.003,80	139.180,00	111.344,00	83.508,00	55.672,00	27.836,00	20.877,00	13.918,00	7.250.000
49.587,30	54.309,90	61.393,80	140.080,00	112.064,00	84.048,00	56.032,00	28.016,00	21.012,00	14.008,00	7.300.000
49.902,30	54.654,90	61.783,80	140.980,00	112.784,00	84.588,00	56.392,00	28.196,00	21.147,00	14.098,00	7.350.000
50.217,30	54.999,90	62.173,80	141.880,00	113.504,00	85.128,00	56.752,00	28.376,00	21.282,00	14.188,00	7.400.000
50.532,30	55.344,90	62.563,80	142.780,00	114.224,00	85.668,00	57.112,00	28.556,00	21.417,00	14.278,00	7.450.000
50.847,30	55.689,90	62.953,80	143.680,00	114.944,00	86.208,00	57.472,00	28.736,00	21.552,00	14.368,00	7.500.000
51.162,30	56.034,90	63.343,80	144.580,00	115.664,00	86.748,00	57.832,00	28.916,00	21.687,00	14.458,00	7.550.000
51.477,30	56.379,90	63.733,80	145.480,00	116.384,00	87.288,00	58.192,00	29.096,00	21.822,00	14.548,00	7.600.000
51.792,30	56.724,90	64.123,80	146.380,00	117.104,00	87.828,00	58.552,00	29.276,00	21.957,00	14.638,00	7.650.000
52.107,30	57.069,90	64.513,80	147.280,00	117.824,00	88.368,00	58.912,00	29.456,00	22.092,00	14.728,00	7.700.000
52.422,30	57.414,90	64.903,80	148.180,00	118.544,00	88.908,00	59.272,00	29.636,00	22.227,00	14.818,00	7.750.000
52.737,30	57.759,90	65.293,80	149.080,00	119.264,00	89.448,00	59.632,00	29.816,00	22.362,00	14.908,00	7.800.000
53.052,30	58.104,90	65.683,80	149.980,00	119.984,00	89.988,00	59.992,00	29.996,00	22.497,00	14.998,00	7.850.000
53.367,30	58.449,90	66.073,80	150.880,00	120.704,00	90.528,00	60.352,00	30.176,00	22.632,00	15.088,00	7.900.000
53.682,30	58.794,90	66.463,80	151.780,00	121.424,00	91.068,00	60.712,00	30.356,00	22.767,00	15.178,00	7.950.000
53.997,30	59.139,90	66.853,80	152.680,00	122.144,00	91.608,00	61.072,00	30.536,00	22.902,00	15.268,00	8.000.000
54.312,30	59.484,90	67.243,80	153.580,00	122.864,00	92.148,00	61.432,00	30.716,00	23.037,00	15.358,00	8.050.000
54.627,30	59.829,90	67.633,80	154.480,00	123.584,00	92.688,00	61.792,00	30.896,00	23.172,00	15.448,00	8.100.000
54.942,30	60.174,90	68.023,80	155.380,00	124.304,00	93.228,00	62.152,00	31.076,00	23.307,00	15.538,00	8.150.000
55.257,30	60.519,90	68.413,80	156.280,00	125.024,00	93.768,00	62.512,00	31.256,00	23.442,00	15.628,00	8.200.000
55.572,30	60.864,90	68.803,80	157.180,00	125.744,00	94.308,00	62.872,00	31.436,00	23.577,00	15.718,00	8.250.000
55.887,30	61.209,90	69.193,80	158.080,00	126.464,00	94.848,00	63.232,00	31.616,00	23.712,00	15.808,00	8.300.000
56.202,30	61.554,90	69.583,80	158.980,00	127.184,00	95.388,00	63.592,00	31.796,00	23.847,00	15.898,00	8.350.000
56.517,30	61.899,90	69.973,80	159.880,00	127.904,00	95.928,00	63.952,00	31.976,00	23.982,00	15.988,00	8.400.000
56.832,30	62.244,90	70.363,80	160.780,00	128.624,00	96.468,00	64.312,00	32.156,00	24.117,00	16.078,00	8.450.000
57.147,30	62.589,90	70.753,80	161.680,00	129.344,00	97.008,00	64.672,00	32.336,00	24.252,00	16.168,00	8.500.000
57.462,30	62.934,90	71.143,80	162.580,00	130.064,00	97.548,00	65.032,00	32.516,00	24.387,00	16.258,00	8.550.000
57.777,30	63.279,90	71.533,80	163.480,00	130.784,00	98.088,00	65.392,00	32.696,00	24.522,00	16.348,00	8.600.000
58.092,30	63.624,90	71.923,80	164.380,00	131.504,00	98.628,00	65.752,00	32.876,00	24.657,00	16.438,00	8.650.000
58.407,30	63.969,90	72.313,80	165.280,00	132.224,00	99.168,00	66.112,00	33.056,00	24.792,00	16.528,00	8.700.000
58.722,30	64.314,90	72.703,80	166.180,00	132.944,00	99.708,00	66.472,00	33.236,00	24.927,00	16.618,00	8.750.000
59.037,30	64.659,90	73.093,80	167.080,00	133.664,00	100.248,00	66.832,00	33.416,00	25.062,00	16.708,00	8.800.000
59.352,30	65.004,90	73.483,80	167.980,00	134.384,00	100.788,00	67.192,00	33.596,00	25.197,00	16.798,00	8.850.000

Anwaltsgebühren

Wert bis €	0,5	1,0	1,1	1,2	1,3	1,4	1,5	1,6	1,8	1,9
8.900.000	14.206,50	28.413,00	31.254,30	34.095,60	36.936,90	39.778,20	42.619,50	45.460,80	51.143,40	53.984,70
8.950.000	14.281,50	28.563,00	31.419,30	34.275,60	37.131,90	39.988,20	42.844,50	45.700,80	51.413,40	54.269,70
9.000.000	14.356,50	28.713,00	31.584,30	34.455,60	37.326,90	40.198,20	43.069,50	45.940,80	51.683,40	54.554,70
9.050.000	14.431,50	28.863,00	31.749,30	34.635,60	37.521,90	40.408,20	43.294,50	46.180,80	51.953,40	54.839,70
9.100.000	14.506,50	29.013,00	31.914,30	34.815,60	37.716,90	40.618,20	43.519,50	46.420,80	52.223,40	55.124,70
9.150.000	14.581,50	29.163,00	32.079,30	34.995,60	37.911,90	40.828,20	43.744,50	46.660,80	52.493,40	55.409,70
9.200.000	14.656,50	29.313,00	32.244,30	35.175,60	38.106,90	41.038,20	43.969,50	46.900,80	52.763,40	55.694,70
9.250.000	14.731,50	29.463,00	32.409,30	35.355,60	38.301,90	41.248,20	44.194,50	47.140,80	53.033,40	55.979,70
9.300.000	14.806,50	29.613,00	32.574,30	35.535,60	38.496,90	41.458,20	44.419,50	47.380,80	53.303,40	56.264,70
9.350.000	14.881,50	29.763,00	32.739,30	35.715,60	38.691,90	41.668,20	44.644,50	47.620,80	53.573,40	56.549,70
9.400.000	14.956,50	29.913,00	32.904,30	35.895,60	38.886,90	41.878,20	44.869,50	47.860,80	53.843,40	56.834,70
9.450.000	15.031,50	30.063,00	33.069,30	36.075,60	39.081,90	42.088,20	45.094,50	48.100,80	54.113,40	57.119,70
9.500.000	15.106,50	30.213,00	33.234,30	36.255,60	39.276,90	42.298,20	45.319,50	48.340,80	54.383,40	57.404,70
9.550.000	15.181,50	30.363,00	33.399,30	36.435,60	39.471,90	42.508,20	45.544,50	48.580,80	54.653,40	57.689,70
9.600.000	15.256,50	30.513,00	33.564,30	36.615,60	39.666,90	42.718,20	45.769,50	48.820,80	54.923,40	57.974,70
9.650.000	15.331,50	30.663,00	33.729,30	36.795,60	39.861,90	42.928,20	45.994,50	49.060,80	55.193,40	58.259,70
9.700.000	15.406,50	30.813,00	33.894,30	36.975,60	40.056,90	43.138,20	46.219,50	49.300,80	55.463,40	58.544,70
9.750.000	15.481,50	30.963,00	34.059,30	37.155,60	40.251,90	43.348,20	46.444,50	49.540,80	55.733,40	58.829,70
9.800.000	15.556,50	31.113,00	34.224,30	37.335,60	40.446,90	43.558,20	46.669,50	49.780,80	56.003,40	59.114,70
9.850.000	15.631,50	31.263,00	34.389,30	37.515,60	40.641,90	43.768,20	46.894,50	50.020,80	56.273,40	59.399,70
9.900.000	15.706,50	31.413,00	34.554,30	37.695,60	40.836,90	43.978,20	47.119,50	50.260,80	56.543,40	59.684,70
9.950.000	15.781,50	31.563,00	34.719,30	37.875,60	41.031,90	44.188,20	47.344,50	50.500,80	56.813,40	59.969,70
10.000.000	15.856,50	31.713,00	34.884,30	38.055,60	41.226,90	44.398,20	47.569,50	50.740,80	57.083,40	60.254,70
10.050.000	15.931,50	31.863,00	35.049,30	38.235,60	41.421,90	44.608,20	47.794,50	50.980,80	57.353,40	60.539,70
10.100.000	16.006,50	32.013,00	35.214,30	38.415,60	41.616,90	44.818,20	48.019,50	51.220,80	57.623,40	60.824,70
10.150.000	16.081,50	32.163,00	35.379,30	38.595,60	41.811,90	45.028,20	48.244,50	51.460,80	57.893,40	61.109,70
10.200.000	16.156,50	32.313,00	35.544,30	38.775,60	42.006,90	45.238,20	48.469,50	51.700,80	58.163,40	61.394,70
10.250.000	16.231,50	32.463,00	35.709,30	38.955,60	42.201,90	45.448,20	48.694,50	51.940,80	58.433,40	61.679,70
10.300.000	16.306,50	32.613,00	35.874,30	39.135,60	42.396,90	45.658,20	48.919,50	52.180,80	58.703,40	61.964,70
10.350.000	16.381,50	32.763,00	36.039,30	39.315,60	42.591,90	45.868,20	49.144,50	52.420,80	58.973,40	62.249,70
10.400.000	16.456,50	32.913,00	36.204,30	39.495,60	42.786,90	46.078,20	49.369,50	52.660,80	59.243,40	62.534,70
10.450.000	16.531,50	33.063,00	36.369,30	39.675,60	42.981,90	46.288,20	49.594,50	52.900,80	59.513,40	62.819,70
10.500.000	16.606,50	33.213,00	36.534,30	39.855,60	43.176,90	46.498,20	49.819,50	53.140,80	59.783,40	63.104,70
10.550.000	16.681,50	33.363,00	36.699,30	40.035,60	43.371,90	46.708,20	50.044,50	53.380,80	60.053,40	63.389,70
10.600.000	16.756,50	33.513,00	36.864,30	40.215,60	43.566,90	46.918,20	50.269,50	53.620,80	60.323,40	63.674,70
10.650.000	16.831,50	33.663,00	37.029,30	40.395,60	43.761,90	47.128,20	50.494,50	53.860,80	60.593,40	63.959,70
10.700.000	16.906,50	33.813,00	37.194,30	40.575,60	43.956,90	47.338,20	50.719,50	54.100,80	60.863,40	64.244,70
10.750.000	16.981,50	33.963,00	37.359,30	40.755,60	44.151,90	47.548,20	50.944,50	54.340,80	61.133,40	64.529,70
10.800.000	17.056,50	34.113,00	37.524,30	40.935,60	44.346,90	47.758,20	51.169,50	54.580,80	61.403,40	64.814,70
10.850.000	17.131,50	34.263,00	37.689,30	41.115,60	44.541,90	47.968,20	51.394,50	54.820,80	61.673,40	65.099,70
10.900.000	17.206,50	34.413,00	37.854,30	41.295,60	44.736,90	48.178,20	51.619,50	55.060,80	61.943,40	65.384,70
10.950.000	17.281,50	34.563,00	38.019,30	41.475,60	44.931,90	48.388,20	51.844,50	55.300,80	62.213,40	65.669,70
11.000.000	17.356,50	34.713,00	38.184,30	41.655,60	45.126,90	48.598,20	52.069,50	55.540,80	62.483,40	65.954,70
11.050.000	17.431,50	34.863,00	38.349,30	41.835,60	45.321,90	48.808,20	52.294,50	55.780,80	62.753,40	66.239,70
11.100.000	17.506,50	35.013,00	38.514,30	42.015,60	45.516,90	49.018,20	52.519,50	56.020,80	63.023,40	66.524,70
11.150.000	17.581,50	35.163,00	38.679,30	42.195,60	45.711,90	49.228,20	52.744,50	56.260,80	63.293,40	66.809,70
11.200.000	17.656,50	35.313,00	38.844,30	42.375,60	45.906,90	49.438,20	52.969,50	56.500,80	63.563,40	67.094,70
11.250.000	17.731,50	35.463,00	39.009,30	42.555,60	46.101,90	49.648,20	53.194,50	56.740,80	63.833,40	67.379,70
11.300.000	17.806,50	35.613,00	39.174,30	42.735,60	46.296,90	49.858,20	53.419,50	56.980,80	64.103,40	67.664,70
11.350.000	17.881,50	35.763,00	39.339,30	42.915,60	46.491,90	50.068,20	53.644,50	57.220,80	64.373,40	67.949,70
11.400.000	17.956,50	35.913,00	39.504,30	43.095,60	46.686,90	50.278,20	53.869,50	57.460,80	64.643,40	68.234,70
11.450.000	18.031,50	36.063,00	39.669,30	43.275,60	46.881,90	50.488,20	54.094,50	57.700,80	64.913,40	68.519,70
11.500.000	18.106,50	36.213,00	39.834,30	43.455,60	47.076,90	50.698,20	54.319,50	57.940,80	65.183,40	68.804,70

4. Wertgebühren in gerichtlichen Verfahren nach Teil 3 VV RVG | 99

Gerichtsgebühren

2,1	2,3	2,6	5,0	4,0	3,0	2,0	1,0	0,75	0,5	Wert bis €
59.667,30	65.349,90	73.873,80	168.880,00	135.104,00	101.328,00	67.552,00	33.776,00	25.332,00	16.888,00	8.900.000
59.982,30	65.694,90	74.263,80	169.780,00	135.824,00	101.868,00	67.912,00	33.956,00	25.467,00	16.978,00	8.950.000
60.297,30	66.039,90	74.653,80	170.680,00	136.544,00	102.408,00	68.272,00	34.136,00	25.602,00	17.068,00	9.000.000
60.612,30	66.384,90	75.043,80	171.580,00	137.264,00	102.948,00	68.632,00	34.316,00	25.737,00	17.158,00	9.050.000
60.927,30	66.729,90	75.433,80	172.480,00	137.984,00	103.488,00	68.992,00	34.496,00	25.872,00	17.248,00	9.100.000
61.242,30	67.074,90	75.823,80	173.380,00	138.704,00	104.028,00	69.352,00	34.676,00	26.007,00	17.338,00	9.150.000
61.557,30	67.419,90	76.213,80	174.280,00	139.424,00	104.568,00	69.712,00	34.856,00	26.142,00	17.428,00	9.200.000
61.872,30	67.764,90	76.603,80	175.180,00	140.144,00	105.108,00	70.072,00	35.036,00	26.277,00	17.518,00	9.250.000
62.187,30	68.109,90	76.993,80	176.080,00	140.864,00	105.648,00	70.432,00	35.216,00	26.412,00	17.608,00	9.300.000
62.502,30	68.454,90	77.383,80	176.980,00	141.584,00	106.188,00	70.792,00	35.396,00	26.547,00	17.698,00	9.350.000
62.817,30	68.799,90	77.773,80	177.880,00	142.304,00	106.728,00	71.152,00	35.576,00	26.682,00	17.788,00	9.400.000
63.132,30	69.144,90	78.163,80	178.780,00	143.024,00	107.268,00	71.512,00	35.756,00	26.817,00	17.878,00	9.450.000
63.447,30	69.489,90	78.553,80	179.680,00	143.744,00	107.808,00	71.872,00	35.936,00	26.952,00	17.968,00	9.500.000
63.762,30	69.834,90	78.943,80	180.580,00	144.464,00	108.348,00	72.232,00	36.116,00	27.087,00	18.058,00	9.550.000
64.077,30	70.179,90	79.333,80	181.480,00	145.184,00	108.888,00	72.592,00	36.296,00	27.222,00	18.148,00	9.600.000
64.392,30	70.524,90	79.723,80	182.380,00	145.904,00	109.428,00	72.952,00	36.476,00	27.357,00	18.238,00	9.650.000
64.707,30	70.869,90	80.113,80	183.280,00	146.624,00	109.968,00	73.312,00	36.656,00	27.492,00	18.328,00	9.700.000
65.022,30	71.214,90	80.503,80	184.180,00	147.344,00	110.508,00	73.672,00	36.836,00	27.627,00	18.418,00	9.750.000
65.337,30	71.559,90	80.893,80	185.080,00	148.064,00	111.048,00	74.032,00	37.016,00	27.762,00	18.508,00	9.800.000
65.652,30	71.904,90	81.283,80	185.980,00	148.784,00	111.588,00	74.392,00	37.196,00	27.897,00	18.598,00	9.850.000
65.967,30	72.249,90	81.673,80	186.880,00	149.504,00	112.128,00	74.752,00	37.376,00	28.032,00	18.688,00	9.900.000
66.282,30	72.594,90	82.063,80	187.780,00	150.224,00	112.668,00	75.112,00	37.556,00	28.167,00	18.778,00	9.950.000
66.597,30	72.939,90	82.453,80	188.680,00	150.944,00	113.208,00	75.472,00	37.736,00	28.302,00	18.868,00	10.000.000
66.912,30	73.284,90	82.843,80	189.580,00	151.664,00	113.748,00	75.832,00	37.916,00	28.437,00	18.958,00	10.050.000
67.227,30	73.629,90	83.233,80	190.480,00	152.384,00	114.288,00	76.192,00	38.096,00	28.572,00	19.048,00	10.100.000
67.542,30	73.974,90	83.623,80	191.380,00	153.104,00	114.828,00	76.552,00	38.276,00	28.707,00	19.138,00	10.150.000
67.857,30	74.319,90	84.013,80	192.280,00	153.824,00	115.368,00	76.912,00	38.456,00	28.842,00	19.228,00	10.200.000
68.172,30	74.664,90	84.403,80	193.180,00	154.544,00	115.908,00	77.272,00	38.636,00	28.977,00	19.318,00	10.250.000
68.487,30	75.009,90	84.793,80	194.080,00	155.264,00	116.448,00	77.632,00	38.816,00	29.112,00	19.408,00	10.300.000
68.802,30	75.354,90	85.183,80	194.980,00	155.984,00	116.988,00	77.992,00	38.996,00	29.247,00	19.498,00	10.350.000
69.117,30	75.699,90	85.573,80	195.880,00	156.704,00	117.528,00	78.352,00	39.176,00	29.382,00	19.588,00	10.400.000
69.432,30	76.044,90	85.963,80	196.780,00	157.424,00	118.068,00	78.712,00	39.356,00	29.517,00	19.678,00	10.450.000
69.747,30	76.389,90	86.353,80	197.680,00	158.144,00	118.608,00	79.072,00	39.536,00	29.652,00	19.768,00	10.500.000
70.062,30	76.734,90	86.743,80	198.580,00	158.864,00	119.148,00	79.432,00	39.716,00	29.787,00	19.858,00	10.550.000
70.377,30	77.079,90	87.133,80	199.480,00	159.584,00	119.688,00	79.792,00	39.896,00	29.922,00	19.948,00	10.600.000
70.692,30	77.424,90	87.523,80	200.380,00	160.304,00	120.228,00	80.152,00	40.076,00	30.057,00	20.038,00	10.650.000
71.007,30	77.769,90	87.913,80	201.280,00	161.024,00	120.768,00	80.512,00	40.256,00	30.192,00	20.128,00	10.700.000
71.322,30	78.114,90	88.303,80	202.180,00	161.744,00	121.308,00	80.872,00	40.436,00	30.327,00	20.218,00	10.750.000
71.637,30	78.459,90	88.693,80	203.080,00	162.464,00	121.848,00	81.232,00	40.616,00	30.462,00	20.308,00	10.800.000
71.952,30	78.804,90	89.083,80	203.980,00	163.184,00	122.388,00	81.592,00	40.796,00	30.597,00	20.398,00	10.850.000
72.267,30	79.149,90	89.473,80	204.880,00	163.904,00	122.928,00	81.952,00	40.976,00	30.732,00	20.488,00	10.900.000
72.582,30	79.494,90	89.863,80	205.780,00	164.624,00	123.468,00	82.312,00	41.156,00	30.867,00	20.578,00	10.950.000
72.897,30	79.839,90	90.253,80	206.680,00	165.344,00	124.008,00	82.672,00	41.336,00	31.002,00	20.668,00	11.000.000
73.212,30	80.184,90	90.643,80	207.580,00	166.064,00	124.548,00	83.032,00	41.516,00	31.137,00	20.758,00	11.050.000
73.527,30	80.529,90	91.033,80	208.480,00	166.784,00	125.088,00	83.392,00	41.696,00	31.272,00	20.848,00	11.100.000
73.842,30	80.874,90	91.423,80	209.380,00	167.504,00	125.628,00	83.752,00	41.876,00	31.407,00	20.938,00	11.150.000
74.157,30	81.219,90	91.813,80	210.280,00	168.224,00	126.168,00	84.112,00	42.056,00	31.542,00	21.028,00	11.200.000
74.472,30	81.564,90	92.203,80	211.180,00	168.944,00	126.708,00	84.472,00	42.236,00	31.677,00	21.118,00	11.250.000
74.787,30	81.909,90	92.593,80	212.080,00	169.664,00	127.248,00	84.832,00	42.416,00	31.812,00	21.208,00	11.300.000
75.102,30	82.254,90	92.983,80	212.980,00	170.384,00	127.788,00	85.192,00	42.596,00	31.947,00	21.298,00	11.350.000
75.417,30	82.599,90	93.373,80	213.880,00	171.104,00	128.328,00	85.552,00	42.776,00	32.082,00	21.388,00	11.400.000
75.732,30	82.944,90	93.763,80	214.780,00	171.824,00	128.868,00	85.912,00	42.956,00	32.217,00	21.478,00	11.450.000
76.047,30	83.289,90	94.153,80	215.680,00	172.544,00	129.408,00	86.272,00	43.136,00	32.352,00	21.568,00	11.500.000

Anwaltsgebühren

Wert bis €	0,5	1,0	1,1	1,2	1,3	1,4	1,5	1,6	1,8	1,9
11.550.000	18.181,50	36.363,00	39.999,30	43.635,60	47.271,90	50.908,20	54.544,50	58.180,80	65.453,40	69.089,70
11.600.000	18.256,50	36.513,00	40.164,30	43.815,60	47.466,90	51.118,20	54.769,50	58.420,80	65.723,40	69.374,70
11.650.000	18.331,50	36.663,00	40.329,30	43.995,60	47.661,90	51.328,20	54.994,50	58.660,80	65.993,40	69.659,70
11.700.000	18.406,50	36.813,00	40.494,30	44.175,60	47.856,90	51.538,20	55.219,50	58.900,80	66.263,40	69.944,70
11.750.000	18.481,50	36.963,00	40.659,30	44.355,60	48.051,90	51.748,20	55.444,50	59.140,80	66.533,40	70.229,70
11.800.000	18.556,50	37.113,00	40.824,30	44.535,60	48.246,90	51.958,20	55.669,50	59.380,80	66.803,40	70.514,70
11.850.000	18.631,50	37.263,00	40.989,30	44.715,60	48.441,90	52.168,20	55.894,50	59.620,80	67.073,40	70.799,70
11.900.000	18.706,50	37.413,00	41.154,30	44.895,60	48.636,90	52.378,20	56.119,50	59.860,80	67.343,40	71.084,70
11.950.000	18.781,50	37.563,00	41.319,30	45.075,60	48.831,90	52.588,20	56.344,50	60.100,80	67.613,40	71.369,70
12.000.000	18.856,50	37.713,00	41.484,30	45.255,60	49.026,90	52.798,20	56.569,50	60.340,80	67.883,40	71.654,70
12.050.000	18.931,50	37.863,00	41.649,30	45.435,60	49.221,90	53.008,20	56.794,50	60.580,80	68.153,40	71.939,70
12.100.000	19.006,50	38.013,00	41.814,30	45.615,60	49.416,90	53.218,20	57.019,50	60.820,80	68.423,40	72.224,70
12.150.000	19.081,50	38.163,00	41.979,30	45.795,60	49.611,90	53.428,20	57.244,50	61.060,80	68.693,40	72.509,70
12.200.000	19.156,50	38.313,00	42.144,30	45.975,60	49.806,90	53.638,20	57.469,50	61.300,80	68.963,40	72.794,70
12.250.000	19.231,50	38.463,00	42.309,30	46.155,60	50.001,90	53.848,20	57.694,50	61.540,80	69.233,40	73.079,70
12.300.000	19.306,50	38.613,00	42.474,30	46.335,60	50.196,90	54.058,20	57.919,50	61.780,80	69.503,40	73.364,70
12.350.000	19.381,50	38.763,00	42.639,30	46.515,60	50.391,90	54.268,20	58.144,50	62.020,80	69.773,40	73.649,70
12.400.000	19.456,50	38.913,00	42.804,30	46.695,60	50.586,90	54.478,20	58.369,50	62.260,80	70.043,40	73.934,70
12.450.000	19.531,50	39.063,00	42.969,30	46.875,60	50.781,90	54.688,20	58.594,50	62.500,80	70.313,40	74.219,70
12.500.000	19.606,50	39.213,00	43.134,30	47.055,60	50.976,90	54.898,20	58.819,50	62.740,80	70.583,40	74.504,70
12.550.000	19.681,50	39.363,00	43.299,30	47.235,60	51.171,90	55.108,20	59.044,50	62.980,80	70.853,40	74.789,70
12.600.000	19.756,50	39.513,00	43.464,30	47.415,60	51.366,90	55.318,20	59.269,50	63.220,80	71.123,40	75.074,70
12.650.000	19.831,50	39.663,00	43.629,30	47.595,60	51.561,90	55.528,20	59.494,50	63.460,80	71.393,40	75.359,70
12.700.000	19.906,50	39.813,00	43.794,30	47.775,60	51.756,90	55.738,20	59.719,50	63.700,80	71.663,40	75.644,70
12.750.000	19.981,50	39.963,00	43.959,30	47.955,60	51.951,90	55.948,20	59.944,50	63.940,80	71.933,40	75.929,70
12.800.000	20.056,50	40.113,00	44.124,30	48.135,60	52.146,90	56.158,20	60.169,50	64.180,80	72.203,40	76.214,70
12.850.000	20.131,50	40.263,00	44.289,30	48.315,60	52.341,90	56.368,20	60.394,50	64.420,80	72.473,40	76.499,70
12.900.000	20.206,50	40.413,00	44.454,30	48.495,60	52.536,90	56.578,20	60.619,50	64.660,80	72.743,40	76.784,70
12.950.000	20.281,50	40.563,00	44.619,30	48.675,60	52.731,90	56.788,20	60.844,50	64.900,80	73.013,40	77.069,70
13.000.000	20.356,50	40.713,00	44.784,30	48.855,60	52.926,90	56.998,20	61.069,50	65.140,80	73.283,40	77.354,70
13.050.000	20.431,50	40.863,00	44.949,30	49.035,60	53.121,90	57.208,20	61.294,50	65.380,80	73.553,40	77.639,70
13.100.000	20.506,50	41.013,00	45.114,30	49.215,60	53.316,90	57.418,20	61.519,50	65.620,80	73.823,40	77.924,70
13.150.000	20.581,50	41.163,00	45.279,30	49.395,60	53.511,90	57.628,20	61.744,50	65.860,80	74.093,40	78.209,70
13.200.000	20.656,50	41.313,00	45.444,30	49.575,60	53.706,90	57.838,20	61.969,50	66.100,80	74.363,40	78.494,70
13.250.000	20.731,50	41.463,00	45.609,30	49.755,60	53.901,90	58.048,20	62.194,50	66.340,80	74.633,40	78.779,70
13.300.000	20.806,50	41.613,00	45.774,30	49.935,60	54.096,90	58.258,20	62.419,50	66.580,80	74.903,40	79.064,70
13.350.000	20.881,50	41.763,00	45.939,30	50.115,60	54.291,90	58.468,20	62.644,50	66.820,80	75.173,40	79.349,70
13.400.000	20.956,50	41.913,00	46.104,30	50.295,60	54.486,90	58.678,20	62.869,50	67.060,80	75.443,40	79.634,70
13.450.000	21.031,50	42.063,00	46.269,30	50.475,60	54.681,90	58.888,20	63.094,50	67.300,80	75.713,40	79.919,70
13.500.000	21.106,50	42.213,00	46.434,30	50.655,60	54.876,90	59.098,20	63.319,50	67.540,80	75.983,40	80.204,70
13.550.000	21.181,50	42.363,00	46.599,30	50.835,60	55.071,90	59.308,20	63.544,50	67.780,80	76.253,40	80.489,70
13.600.000	21.256,50	42.513,00	46.764,30	51.015,60	55.266,90	59.518,20	63.769,50	68.020,80	76.523,40	80.774,70
13.650.000	21.331,50	42.663,00	46.929,30	51.195,60	55.461,90	59.728,20	63.994,50	68.260,80	76.793,40	81.059,70
13.700.000	21.406,50	42.813,00	47.094,30	51.375,60	55.656,90	59.938,20	64.219,50	68.500,80	77.063,40	81.344,70
13.750.000	21.481,50	42.963,00	47.259,30	51.555,60	55.851,90	60.148,20	64.444,50	68.740,80	77.333,40	81.629,70
13.800.000	21.556,50	43.113,00	47.424,30	51.735,60	56.046,90	60.358,20	64.669,50	68.980,80	77.603,40	81.914,70
13.850.000	21.631,50	43.263,00	47.589,30	51.915,60	56.241,90	60.568,20	64.894,50	69.220,80	77.873,40	82.199,70
13.900.000	21.706,50	43.413,00	47.754,30	52.095,60	56.436,90	60.778,20	65.119,50	69.460,80	78.143,40	82.484,70
13.950.000	21.781,50	43.563,00	47.919,30	52.275,60	56.631,90	60.988,20	65.344,50	69.700,80	78.413,40	82.769,70
14.000.000	21.856,50	43.713,00	48.084,30	52.455,60	56.826,90	61.198,20	65.569,50	69.940,80	78.683,40	83.054,70
14.050.000	21.931,50	43.863,00	48.249,30	52.635,60	57.021,90	61.408,20	65.794,50	70.180,80	78.953,40	83.339,70
14.100.000	22.006,50	44.013,00	48.414,30	52.815,60	57.216,90	61.618,20	66.019,50	70.420,80	79.223,40	83.624,70
14.150.000	22.081,50	44.163,00	48.579,30	52.995,60	57.411,90	61.828,20	66.244,50	70.660,80	79.493,40	83.909,70

4. Wertgebühren in gerichtlichen Verfahren nach Teil 3 VV RVG | 101

2,1	2,3	2,6	Gerichtsgebühren							Wert bis €
			5,0	4,0	3,0	2,0	1,0	0,75	0,5	
76.362,30	83.634,90	94.543,80	216.580,00	173.264,00	129.948,00	86.632,00	43.316,00	32.487,00	21.658,00	11.550.000
76.677,30	83.979,90	94.933,80	217.480,00	173.984,00	130.488,00	86.992,00	43.496,00	32.622,00	21.748,00	11.600.000
76.992,30	84.324,90	95.323,80	218.380,00	174.704,00	131.028,00	87.352,00	43.676,00	32.757,00	21.838,00	11.650.000
77.307,30	84.669,90	95.713,80	219.280,00	175.424,00	131.568,00	87.712,00	43.856,00	32.892,00	21.928,00	11.700.000
77.622,30	85.014,90	96.103,80	220.180,00	176.144,00	132.108,00	88.072,00	44.036,00	33.027,00	22.018,00	11.750.000
77.937,30	85.359,90	96.493,80	221.080,00	176.864,00	132.648,00	88.432,00	44.216,00	33.162,00	22.108,00	11.800.000
78.252,30	85.704,90	96.883,80	221.980,00	177.584,00	133.188,00	88.792,00	44.396,00	33.297,00	22.198,00	11.850.000
78.567,30	86.049,90	97.273,80	222.880,00	178.304,00	133.728,00	89.152,00	44.576,00	33.432,00	22.288,00	11.900.000
78.882,30	86.394,90	97.663,80	223.780,00	179.024,00	134.268,00	89.512,00	44.756,00	33.567,00	22.378,00	11.950.000
79.197,30	86.739,90	98.053,80	224.680,00	179.744,00	134.808,00	89.872,00	44.936,00	33.702,00	22.468,00	12.000.000
79.512,30	87.084,90	98.443,80	225.580,00	180.464,00	135.348,00	90.232,00	45.116,00	33.837,00	22.558,00	12.050.000
79.827,30	87.429,90	98.833,80	226.480,00	181.184,00	135.888,00	90.592,00	45.296,00	33.972,00	22.648,00	12.100.000
80.142,30	87.774,90	99.223,80	227.380,00	181.904,00	136.428,00	90.952,00	45.476,00	34.107,00	22.738,00	12.150.000
80.457,30	88.119,90	99.613,80	228.280,00	182.624,00	136.968,00	91.312,00	45.656,00	34.242,00	22.828,00	12.200.000
80.772,30	88.464,90	100.003,80	229.180,00	183.344,00	137.508,00	91.672,00	45.836,00	34.377,00	22.918,00	12.250.000
81.087,30	88.809,90	100.393,80	230.080,00	184.064,00	138.048,00	92.032,00	46.016,00	34.512,00	23.008,00	12.300.000
81.402,30	89.154,90	100.783,80	230.980,00	184.784,00	138.588,00	92.392,00	46.196,00	34.647,00	23.098,00	12.350.000
81.717,30	89.499,90	101.173,80	231.880,00	185.504,00	139.128,00	92.752,00	46.376,00	34.782,00	23.188,00	12.400.000
82.032,30	89.844,90	101.563,80	232.780,00	186.224,00	139.668,00	93.112,00	46.556,00	34.917,00	23.278,00	12.450.000
82.347,30	90.189,90	101.953,80	233.680,00	186.944,00	140.208,00	93.472,00	46.736,00	35.052,00	23.368,00	12.500.000
82.662,30	90.534,90	102.343,80	234.580,00	187.664,00	140.748,00	93.832,00	46.916,00	35.187,00	23.458,00	12.550.000
82.977,30	90.879,90	102.733,80	235.480,00	188.384,00	141.288,00	94.192,00	47.096,00	35.322,00	23.548,00	12.600.000
83.292,30	91.224,90	103.123,80	236.380,00	189.104,00	141.828,00	94.552,00	47.276,00	35.457,00	23.638,00	12.650.000
83.607,30	91.569,90	103.513,80	237.280,00	189.824,00	142.368,00	94.912,00	47.456,00	35.592,00	23.728,00	12.700.000
83.922,30	91.914,90	103.903,80	238.180,00	190.544,00	142.908,00	95.272,00	47.636,00	35.727,00	23.818,00	12.750.000
84.237,30	92.259,90	104.293,80	239.080,00	191.264,00	143.448,00	95.632,00	47.816,00	35.862,00	23.908,00	12.800.000
84.552,30	92.604,90	104.683,80	239.980,00	191.984,00	143.988,00	95.992,00	47.996,00	35.997,00	23.998,00	12.850.000
84.867,30	92.949,90	105.073,80	240.880,00	192.704,00	144.528,00	96.352,00	48.176,00	36.132,00	24.088,00	12.900.000
85.182,30	93.294,90	105.463,80	241.780,00	193.424,00	145.068,00	96.712,00	48.356,00	36.267,00	24.178,00	12.950.000
85.497,30	93.639,90	105.853,80	242.680,00	194.144,00	145.608,00	97.072,00	48.536,00	36.402,00	24.268,00	13.000.000
85.812,30	93.984,90	106.243,80	243.580,00	194.864,00	146.148,00	97.432,00	48.716,00	36.537,00	24.358,00	13.050.000
86.127,30	94.329,90	106.633,80	244.480,00	195.584,00	146.688,00	97.792,00	48.896,00	36.672,00	24.448,00	13.100.000
86.442,30	94.674,90	107.023,80	245.380,00	196.304,00	147.228,00	98.152,00	49.076,00	36.807,00	24.538,00	13.150.000
86.757,30	95.019,90	107.413,80	246.280,00	197.024,00	147.768,00	98.512,00	49.256,00	36.942,00	24.628,00	13.200.000
87.072,30	95.364,90	107.803,80	247.180,00	197.744,00	148.308,00	98.872,00	49.436,00	37.077,00	24.718,00	13.250.000
87.387,30	95.709,90	108.193,80	248.080,00	198.464,00	148.848,00	99.232,00	49.616,00	37.212,00	24.808,00	13.300.000
87.702,30	96.054,90	108.583,80	248.980,00	199.184,00	149.388,00	99.592,00	49.796,00	37.347,00	24.898,00	13.350.000
88.017,30	96.399,90	108.973,80	249.880,00	199.904,00	149.928,00	99.952,00	49.976,00	37.482,00	24.988,00	13.400.000
88.332,30	96.744,90	109.363,80	250.780,00	200.624,00	150.468,00	100.312,00	50.156,00	37.617,00	25.078,00	13.450.000
88.647,30	97.089,90	109.753,80	251.680,00	201.344,00	151.008,00	100.672,00	50.336,00	37.752,00	25.168,00	13.500.000
88.962,30	97.434,90	110.143,80	252.580,00	202.064,00	151.548,00	101.032,00	50.516,00	37.887,00	25.258,00	13.550.000
89.277,30	97.779,90	110.533,80	253.480,00	202.784,00	152.088,00	101.392,00	50.696,00	38.022,00	25.348,00	13.600.000
89.592,30	98.124,90	110.923,80	254.380,00	203.504,00	152.628,00	101.752,00	50.876,00	38.157,00	25.438,00	13.650.000
89.907,30	98.469,90	111.313,80	255.280,00	204.224,00	153.168,00	102.112,00	51.056,00	38.292,00	25.528,00	13.700.000
90.222,30	98.814,90	111.703,80	256.180,00	204.944,00	153.708,00	102.472,00	51.236,00	38.427,00	25.618,00	13.750.000
90.537,30	99.159,90	112.093,80	257.080,00	205.664,00	154.248,00	102.832,00	51.416,00	38.562,00	25.708,00	13.800.000
90.852,30	99.504,90	112.483,80	257.980,00	206.384,00	154.788,00	103.192,00	51.596,00	38.697,00	25.798,00	13.850.000
91.167,30	99.849,90	112.873,80	258.880,00	207.104,00	155.328,00	103.552,00	51.776,00	38.832,00	25.888,00	13.900.000
91.482,30	100.194,90	113.263,80	259.780,00	207.824,00	155.868,00	103.912,00	51.956,00	38.967,00	25.978,00	13.950.000
91.797,30	100.539,90	113.653,80	260.680,00	208.544,00	156.408,00	104.272,00	52.136,00	39.102,00	26.068,00	14.000.000
92.112,30	100.884,90	114.043,80	261.580,00	209.264,00	156.948,00	104.632,00	52.316,00	39.237,00	26.158,00	14.050.000
92.427,30	101.229,90	114.433,80	262.480,00	209.984,00	157.488,00	104.992,00	52.496,00	39.372,00	26.248,00	14.100.000
92.742,30	101.574,90	114.823,80	263.380,00	210.704,00	158.028,00	105.352,00	52.676,00	39.507,00	26.338,00	14.150.000

Anwaltsgebühren

Wert bis €	0,5	1,0	1,1	1,2	1,3	1,4	1,5	1,6	1,8	1,9
14.200.000	22.156,50	44.313,00	48.744,30	53.175,60	57.606,90	62.038,20	66.469,50	70.900,80	79.763,40	84.194,70
14.250.000	22.231,50	44.463,00	48.909,30	53.355,60	57.801,90	62.248,20	66.694,50	71.140,80	80.033,40	84.479,70
14.300.000	22.306,50	44.613,00	49.074,30	53.535,60	57.996,90	62.458,20	66.919,50	71.380,80	80.303,40	84.764,70
14.350.000	22.381,50	44.763,00	49.239,30	53.715,60	58.191,90	62.668,20	67.144,50	71.620,80	80.573,40	85.049,70
14.400.000	22.456,50	44.913,00	49.404,30	53.895,60	58.386,90	62.878,20	67.369,50	71.860,80	80.843,40	85.334,70
14.450.000	22.531,50	45.063,00	49.569,30	54.075,60	58.581,90	63.088,20	67.594,50	72.100,80	81.113,40	85.619,70
14.500.000	22.606,50	45.213,00	49.734,30	54.255,60	58.776,90	63.298,20	67.819,50	72.340,80	81.383,40	85.904,70
14.550.000	22.681,50	45.363,00	49.899,30	54.435,60	58.971,90	63.508,20	68.044,50	72.580,80	81.653,40	86.189,70
14.600.000	22.756,50	45.513,00	50.064,30	54.615,60	59.166,90	63.718,20	68.269,50	72.820,80	81.923,40	86.474,70
14.650.000	22.831,50	45.663,00	50.229,30	54.795,60	59.361,90	63.928,20	68.494,50	73.060,80	82.193,40	86.759,70
14.700.000	22.906,50	45.813,00	50.394,30	54.975,60	59.556,90	64.138,20	68.719,50	73.300,80	82.463,40	87.044,70
14.750.000	22.981,50	45.963,00	50.559,30	55.155,60	59.751,90	64.348,20	68.944,50	73.540,80	82.733,40	87.329,70
14.800.000	23.056,50	46.113,00	50.724,30	55.335,60	59.946,90	64.558,20	69.169,50	73.780,80	83.003,40	87.614,70
14.850.000	23.131,50	46.263,00	50.889,30	55.515,60	60.141,90	64.768,20	69.394,50	74.020,80	83.273,40	87.899,70
14.900.000	23.206,50	46.413,00	51.054,30	55.695,60	60.336,90	64.978,20	69.619,50	74.260,80	83.543,40	88.184,70
14.950.000	23.281,50	46.563,00	51.219,30	55.875,60	60.531,90	65.188,20	69.844,50	74.500,80	83.813,40	88.469,70
15.000.000	23.356,50	46.713,00	51.384,30	56.055,60	60.726,90	65.398,20	70.069,50	74.740,80	84.083,40	88.754,70
15.050.000	23.431,50	46.863,00	51.549,30	56.235,60	60.921,90	65.608,20	70.294,50	74.980,80	84.353,40	89.039,70
15.100.000	23.506,50	47.013,00	51.714,30	56.415,60	61.116,90	65.818,20	70.519,50	75.220,80	84.623,40	89.324,70
15.150.000	23.581,50	47.163,00	51.879,30	56.595,60	61.311,90	66.028,20	70.744,50	75.460,80	84.893,40	89.609,70
15.200.000	23.656,50	47.313,00	52.044,30	56.775,60	61.506,90	66.238,20	70.969,50	75.700,80	85.163,40	89.894,70
15.250.000	23.731,50	47.463,00	52.209,30	56.955,60	61.701,90	66.448,20	71.194,50	75.940,80	85.433,40	90.179,70
15.300.000	23.806,50	47.613,00	52.374,30	57.135,60	61.896,90	66.658,20	71.419,50	76.180,80	85.703,40	90.464,70
15.350.000	23.881,50	47.763,00	52.539,30	57.315,60	62.091,90	66.868,20	71.644,50	76.420,80	85.973,40	90.749,70
15.400.000	23.956,50	47.913,00	52.704,30	57.495,60	62.286,90	67.078,20	71.869,50	76.660,80	86.243,40	91.034,70
15.450.000	24.031,50	48.063,00	52.869,30	57.675,60	62.481,90	67.288,20	72.094,50	76.900,80	86.513,40	91.319,70
15.500.000	24.106,50	48.213,00	53.034,30	57.855,60	62.676,90	67.498,20	72.319,50	77.140,80	86.783,40	91.604,70
15.550.000	24.181,50	48.363,00	53.199,30	58.035,60	62.871,90	67.708,20	72.544,50	77.380,80	87.053,40	91.889,70
15.600.000	24.256,50	48.513,00	53.364,30	58.215,60	63.066,90	67.918,20	72.769,50	77.620,80	87.323,40	92.174,70
15.650.000	24.331,50	48.663,00	53.529,30	58.395,60	63.261,90	68.128,20	72.994,50	77.860,80	87.593,40	92.459,70
15.700.000	24.406,50	48.813,00	53.694,30	58.575,60	63.456,90	68.338,20	73.219,50	78.100,80	87.863,40	92.744,70
15.750.000	24.481,50	48.963,00	53.859,30	58.755,60	63.651,90	68.548,20	73.444,50	78.340,80	88.133,40	93.029,70
15.800.000	24.556,50	49.113,00	54.024,30	58.935,60	63.846,90	68.758,20	73.669,50	78.580,80	88.403,40	93.314,70
15.850.000	24.631,50	49.263,00	54.189,30	59.115,60	64.041,90	68.968,20	73.894,50	78.820,80	88.673,40	93.599,70
15.900.000	24.706,50	49.413,00	54.354,30	59.295,60	64.236,90	69.178,20	74.119,50	79.060,80	88.943,40	93.884,70
15.950.000	24.781,50	49.563,00	54.519,30	59.475,60	64.431,90	69.388,20	74.344,50	79.300,80	89.213,40	94.169,70
16.000.000	24.856,50	49.713,00	54.684,30	59.655,60	64.626,90	69.598,20	74.569,50	79.540,80	89.483,40	94.454,70
16.050.000	24.931,50	49.863,00	54.849,30	59.835,60	64.821,90	69.808,20	74.794,50	79.780,80	89.753,40	94.739,70
16.100.000	25.006,50	50.013,00	55.014,30	60.015,60	65.016,90	70.018,20	75.019,50	80.020,80	90.023,40	95.024,70
16.150.000	25.081,50	50.163,00	55.179,30	60.195,60	65.211,90	70.228,20	75.244,50	80.260,80	90.293,40	95.309,70
16.200.000	25.156,50	50.313,00	55.344,30	60.375,60	65.406,90	70.438,20	75.469,50	80.500,80	90.563,40	95.594,70
16.250.000	25.231,50	50.463,00	55.509,30	60.555,60	65.601,90	70.648,20	75.694,50	80.740,80	90.833,40	95.879,70
16.300.000	25.306,50	50.613,00	55.674,30	60.735,60	65.796,90	70.858,20	75.919,50	80.980,80	91.103,40	96.164,70
16.350.000	25.381,50	50.763,00	55.839,30	60.915,60	65.991,90	71.068,20	76.144,50	81.220,80	91.373,40	96.449,70
16.400.000	25.456,50	50.913,00	56.004,30	61.095,60	66.186,90	71.278,20	76.369,50	81.460,80	91.643,40	96.734,70
16.450.000	25.531,50	51.063,00	56.169,30	61.275,60	66.381,90	71.488,20	76.594,50	81.700,80	91.913,40	97.019,70
16.500.000	25.606,50	51.213,00	56.334,30	61.455,60	66.576,90	71.698,20	76.819,50	81.940,80	92.183,40	97.304,70
16.550.000	25.681,50	51.363,00	56.499,30	61.635,60	66.771,90	71.908,20	77.044,50	82.180,80	92.453,40	97.589,70
16.600.000	25.756,50	51.513,00	56.664,30	61.815,60	66.966,90	72.118,20	77.269,50	82.420,80	92.723,40	97.874,70
16.650.000	25.831,50	51.663,00	56.829,30	61.995,60	67.161,90	72.328,20	77.494,50	82.660,80	92.993,40	98.159,70
16.700.000	25.906,50	51.813,00	56.994,30	62.175,60	67.356,90	72.538,20	77.719,50	82.900,80	93.263,40	98.444,70
16.750.000	25.981,50	51.963,00	57.159,30	62.355,60	67.551,90	72.748,20	77.944,50	83.140,80	93.533,40	98.729,70
16.800.000	26.056,50	52.113,00	57.324,30	62.535,60	67.746,90	72.958,20	78.169,50	83.380,80	93.803,40	99.014,70

Gerichtsgebühren

2,1	2,3	2,6	5,0	4,0	3,0	2,0	1,0	0,75	0,5	Wert bis €
93.057,30	101.919,90	115.213,80	264.280,00	211.424,00	158.568,00	105.712,00	52.856,00	39.642,00	26.428,00	14.200.000
93.372,30	102.264,90	115.603,80	265.180,00	212.144,00	159.108,00	106.072,00	53.036,00	39.777,00	26.518,00	14.250.000
93.687,30	102.609,90	115.993,80	266.080,00	212.864,00	159.648,00	106.432,00	53.216,00	39.912,00	26.608,00	14.300.000
94.002,30	102.954,90	116.383,80	266.980,00	213.584,00	160.188,00	106.792,00	53.396,00	40.047,00	26.698,00	14.350.000
94.317,30	103.299,90	116.773,80	267.880,00	214.304,00	160.728,00	107.152,00	53.576,00	40.182,00	26.788,00	14.400.000
94.632,30	103.644,90	117.163,80	268.780,00	215.024,00	161.268,00	107.512,00	53.756,00	40.317,00	26.878,00	14.450.000
94.947,30	103.989,90	117.553,80	269.680,00	215.744,00	161.808,00	107.872,00	53.936,00	40.452,00	26.968,00	14.500.000
95.262,30	104.334,90	117.943,80	270.580,00	216.464,00	162.348,00	108.232,00	54.116,00	40.587,00	27.058,00	14.550.000
95.577,30	104.679,90	118.333,80	271.480,00	217.184,00	162.888,00	108.592,00	54.296,00	40.722,00	27.148,00	14.600.000
95.892,30	105.024,90	118.723,80	272.380,00	217.904,00	163.428,00	108.952,00	54.476,00	40.857,00	27.238,00	14.650.000
96.207,30	105.369,90	119.113,80	273.280,00	218.624,00	163.968,00	109.312,00	54.656,00	40.992,00	27.328,00	14.700.000
96.522,30	105.714,90	119.503,80	274.180,00	219.344,00	164.508,00	109.672,00	54.836,00	41.127,00	27.418,00	14.750.000
96.837,30	106.059,90	119.893,80	275.080,00	220.064,00	165.048,00	110.032,00	55.016,00	41.262,00	27.508,00	14.800.000
97.152,30	106.404,90	120.283,80	275.980,00	220.784,00	165.588,00	110.392,00	55.196,00	41.397,00	27.598,00	14.850.000
97.467,30	106.749,90	120.673,80	276.880,00	221.504,00	166.128,00	110.752,00	55.376,00	41.532,00	27.688,00	14.900.000
97.782,30	107.094,90	121.063,80	277.780,00	222.224,00	166.668,00	111.112,00	55.556,00	41.667,00	27.778,00	14.950.000
98.097,30	107.439,90	121.453,80	278.680,00	222.944,00	167.208,00	111.472,00	55.736,00	41.802,00	27.868,00	15.000.000
98.412,30	107.784,90	121.843,80	279.580,00	223.664,00	167.748,00	111.832,00	55.916,00	41.937,00	27.958,00	15.050.000
98.727,30	108.129,90	122.233,80	280.480,00	224.384,00	168.288,00	112.192,00	56.096,00	42.072,00	28.048,00	15.100.000
99.042,30	108.474,90	122.623,80	281.380,00	225.104,00	168.828,00	112.552,00	56.276,00	42.207,00	28.138,00	15.150.000
99.357,30	108.819,90	123.013,80	282.280,00	225.824,00	169.368,00	112.912,00	56.456,00	42.342,00	28.228,00	15.200.000
99.672,30	109.164,90	123.403,80	283.180,00	226.544,00	169.908,00	113.272,00	56.636,00	42.477,00	28.318,00	15.250.000
99.987,30	109.509,90	123.793,80	284.080,00	227.264,00	170.448,00	113.632,00	56.816,00	42.612,00	28.408,00	15.300.000
100.302,30	109.854,90	124.183,80	284.980,00	227.984,00	170.988,00	113.992,00	56.996,00	42.747,00	28.498,00	15.350.000
100.617,30	110.199,90	124.573,80	285.880,00	228.704,00	171.528,00	114.352,00	57.176,00	42.882,00	28.588,00	15.400.000
100.932,30	110.544,90	124.963,80	286.780,00	229.424,00	172.068,00	114.712,00	57.356,00	43.017,00	28.678,00	15.450.000
101.247,30	110.889,90	125.353,80	287.680,00	230.144,00	172.608,00	115.072,00	57.536,00	43.152,00	28.768,00	15.500.000
101.562,30	111.234,90	125.743,80	288.580,00	230.864,00	173.148,00	115.432,00	57.716,00	43.287,00	28.858,00	15.550.000
101.877,30	111.579,90	126.133,80	289.480,00	231.584,00	173.688,00	115.792,00	57.896,00	43.422,00	28.948,00	15.600.000
102.192,30	111.924,90	126.523,80	290.380,00	232.304,00	174.228,00	116.152,00	58.076,00	43.557,00	29.038,00	15.650.000
102.507,30	112.269,90	126.913,80	291.280,00	233.024,00	174.768,00	116.512,00	58.256,00	43.692,00	29.128,00	15.700.000
102.822,30	112.614,90	127.303,80	292.180,00	233.744,00	175.308,00	116.872,00	58.436,00	43.827,00	29.218,00	15.750.000
103.137,30	112.959,90	127.693,80	293.080,00	234.464,00	175.848,00	117.232,00	58.616,00	43.962,00	29.308,00	15.800.000
103.452,30	113.304,90	128.083,80	293.980,00	235.184,00	176.388,00	117.592,00	58.796,00	44.097,00	29.398,00	15.850.000
103.767,30	113.649,90	128.473,80	294.880,00	235.904,00	176.928,00	117.952,00	58.976,00	44.232,00	29.488,00	15.900.000
104.082,30	113.994,90	128.863,80	295.780,00	236.624,00	177.468,00	118.312,00	59.156,00	44.367,00	29.578,00	15.950.000
104.397,30	114.339,90	129.253,80	296.680,00	237.344,00	178.008,00	118.672,00	59.336,00	44.502,00	29.668,00	16.000.000
104.712,30	114.684,90	129.643,80	297.580,00	238.064,00	178.548,00	119.032,00	59.516,00	44.637,00	29.758,00	16.050.000
105.027,30	115.029,90	130.033,80	298.480,00	238.784,00	179.088,00	119.392,00	59.696,00	44.772,00	29.848,00	16.100.000
105.342,30	115.374,90	130.423,80	299.380,00	239.504,00	179.628,00	119.752,00	59.876,00	44.907,00	29.938,00	16.150.000
105.657,30	115.719,90	130.813,80	300.280,00	240.224,00	180.168,00	120.112,00	60.056,00	45.042,00	30.028,00	16.200.000
105.972,30	116.064,90	131.203,80	301.180,00	240.944,00	180.708,00	120.472,00	60.236,00	45.177,00	30.118,00	16.250.000
106.287,30	116.409,90	131.593,80	302.080,00	241.664,00	181.248,00	120.832,00	60.416,00	45.312,00	30.208,00	16.300.000
106.602,30	116.754,90	131.983,80	302.980,00	242.384,00	181.788,00	121.192,00	60.596,00	45.447,00	30.298,00	16.350.000
106.917,30	117.099,90	132.373,80	303.880,00	243.104,00	182.328,00	121.552,00	60.776,00	45.582,00	30.388,00	16.400.000
107.232,30	117.444,90	132.763,80	304.780,00	243.824,00	182.868,00	121.912,00	60.956,00	45.717,00	30.478,00	16.450.000
107.547,30	117.789,90	133.153,80	305.680,00	244.544,00	183.408,00	122.272,00	61.136,00	45.852,00	30.568,00	16.500.000
107.862,30	118.134,90	133.543,80	306.580,00	245.264,00	183.948,00	122.632,00	61.316,00	45.987,00	30.658,00	16.550.000
108.177,30	118.479,90	133.933,80	307.480,00	245.984,00	184.488,00	122.992,00	61.496,00	46.122,00	30.748,00	16.600.000
108.492,30	118.824,90	134.323,80	308.380,00	246.704,00	185.028,00	123.352,00	61.676,00	46.257,00	30.838,00	16.650.000
108.807,30	119.169,90	134.713,80	309.280,00	247.424,00	185.568,00	123.712,00	61.856,00	46.392,00	30.928,00	16.700.000
109.122,30	119.514,90	135.103,80	310.180,00	248.144,00	186.108,00	124.072,00	62.036,00	46.527,00	31.018,00	16.750.000
109.437,30	119.859,90	135.493,80	311.080,00	248.864,00	186.648,00	124.432,00	62.216,00	46.662,00	31.108,00	16.800.000

Anwaltsgebühren

Wert bis €	0,5	1,0	1,1	1,2	1,3	1,4	1,5	1,6	1,8	1,9
16.850.000	26.131,50	52.263,00	57.489,30	62.715,60	67.941,90	73.168,20	78.394,50	83.620,80	94.073,40	99.299,70
16.900.000	26.206,50	52.413,00	57.654,30	62.895,60	68.136,90	73.378,20	78.619,50	83.860,80	94.343,40	99.584,70
16.950.000	26.281,50	52.563,00	57.819,30	63.075,60	68.331,90	73.588,20	78.844,50	84.100,80	94.613,40	99.869,70
17.000.000	26.356,50	52.713,00	57.984,30	63.255,60	68.526,90	73.798,20	79.069,50	84.340,80	94.883,40	100.154,70
17.050.000	26.431,50	52.863,00	58.149,30	63.435,60	68.721,90	74.008,20	79.294,50	84.580,80	95.153,40	100.439,70
17.100.000	26.506,50	53.013,00	58.314,30	63.615,60	68.916,90	74.218,20	79.519,50	84.820,80	95.423,40	100.724,70
17.150.000	26.581,50	53.163,00	58.479,30	63.795,60	69.111,90	74.428,20	79.744,50	85.060,80	95.693,40	101.009,70
17.200.000	26.656,50	53.313,00	58.644,30	63.975,60	69.306,90	74.638,20	79.969,50	85.300,80	95.963,40	101.294,70
17.250.000	26.731,50	53.463,00	58.809,30	64.155,60	69.501,90	74.848,20	80.194,50	85.540,80	96.233,40	101.579,70
17.300.000	26.806,50	53.613,00	58.974,30	64.335,60	69.696,90	75.058,20	80.419,50	85.780,80	96.503,40	101.864,70
17.350.000	26.881,50	53.763,00	59.139,30	64.515,60	69.891,90	75.268,20	80.644,50	86.020,80	96.773,40	102.149,70
17.400.000	26.956,50	53.913,00	59.304,30	64.695,60	70.086,90	75.478,20	80.869,50	86.260,80	97.043,40	102.434,70
17.450.000	27.031,50	54.063,00	59.469,30	64.875,60	70.281,90	75.688,20	81.094,50	86.500,80	97.313,40	102.719,70
17.500.000	27.106,50	54.213,00	59.634,30	65.055,60	70.476,90	75.898,20	81.319,50	86.740,80	97.583,40	103.004,70
17.550.000	27.181,50	54.363,00	59.799,30	65.235,60	70.671,90	76.108,20	81.544,50	86.980,80	97.853,40	103.289,70
17.600.000	27.256,50	54.513,00	59.964,30	65.415,60	70.866,90	76.318,20	81.769,50	87.220,80	98.123,40	103.574,70
17.650.000	27.331,50	54.663,00	60.129,30	65.595,60	71.061,90	76.528,20	81.994,50	87.460,80	98.393,40	103.859,70
17.700.000	27.406,50	54.813,00	60.294,30	65.775,60	71.256,90	76.738,20	82.219,50	87.700,80	98.663,40	104.144,70
17.750.000	27.481,50	54.963,00	60.459,30	65.955,60	71.451,90	76.948,20	82.444,50	87.940,80	98.933,40	104.429,70
17.800.000	27.556,50	55.113,00	60.624,30	66.135,60	71.646,90	77.158,20	82.669,50	88.180,80	99.203,40	104.714,70
17.850.000	27.631,50	55.263,00	60.789,30	66.315,60	71.841,90	77.368,20	82.894,50	88.420,80	99.473,40	104.999,70
17.900.000	27.706,50	55.413,00	60.954,30	66.495,60	72.036,90	77.578,20	83.119,50	88.660,80	99.743,40	105.284,70
17.950.000	27.781,50	55.563,00	61.119,30	66.675,60	72.231,90	77.788,20	83.344,50	88.900,80	100.013,40	105.569,70
18.000.000	27.856,50	55.713,00	61.284,30	66.855,60	72.426,90	77.998,20	83.569,50	89.140,80	100.283,40	105.854,70
18.050.000	27.931,50	55.863,00	61.449,30	67.035,60	72.621,90	78.208,20	83.794,50	89.380,80	100.553,40	106.139,70
18.100.000	28.006,50	56.013,00	61.614,30	67.215,60	72.816,90	78.418,20	84.019,50	89.620,80	100.823,40	106.424,70
18.150.000	28.081,50	56.163,00	61.779,30	67.395,60	73.011,90	78.628,20	84.244,50	89.860,80	101.093,40	106.709,70
18.200.000	28.156,50	56.313,00	61.944,30	67.575,60	73.206,90	78.838,20	84.469,50	90.100,80	101.363,40	106.994,70
18.250.000	28.231,50	56.463,00	62.109,30	67.755,60	73.401,90	79.048,20	84.694,50	90.340,80	101.633,40	107.279,70
18.300.000	28.306,50	56.613,00	62.274,30	67.935,60	73.596,90	79.258,20	84.919,50	90.580,80	101.903,40	107.564,70
18.350.000	28.381,50	56.763,00	62.439,30	68.115,60	73.791,90	79.468,20	85.144,50	90.820,80	102.173,40	107.849,70
18.400.000	28.456,50	56.913,00	62.604,30	68.295,60	73.986,90	79.678,20	85.369,50	91.060,80	102.443,40	108.134,70
18.450.000	28.531,50	57.063,00	62.769,30	68.475,60	74.181,90	79.888,20	85.594,50	91.300,80	102.713,40	108.419,70
18.500.000	28.606,50	57.213,00	62.934,30	68.655,60	74.376,90	80.098,20	85.819,50	91.540,80	102.983,40	108.704,70
18.550.000	28.681,50	57.363,00	63.099,30	68.835,60	74.571,90	80.308,20	86.044,50	91.780,80	103.253,40	108.989,70
18.600.000	28.756,50	57.513,00	63.264,30	69.015,60	74.766,90	80.518,20	86.269,50	92.020,80	103.523,40	109.274,70
18.650.000	28.831,50	57.663,00	63.429,30	69.195,60	74.961,90	80.728,20	86.494,50	92.260,80	103.793,40	109.559,70
18.700.000	28.906,50	57.813,00	63.594,30	69.375,60	75.156,90	80.938,20	86.719,50	92.500,80	104.063,40	109.844,70
18.750.000	28.981,50	57.963,00	63.759,30	69.555,60	75.351,90	81.148,20	86.944,50	92.740,80	104.333,40	110.129,70
18.800.000	29.056,50	58.113,00	63.924,30	69.735,60	75.546,90	81.358,20	87.169,50	92.980,80	104.603,40	110.414,70
18.850.000	29.131,50	58.263,00	64.089,30	69.915,60	75.741,90	81.568,20	87.394,50	93.220,80	104.873,40	110.699,70
18.900.000	29.206,50	58.413,00	64.254,30	70.095,60	75.936,90	81.778,20	87.619,50	93.460,80	105.143,40	110.984,70
18.950.000	29.281,50	58.563,00	64.419,30	70.275,60	76.131,90	81.988,20	87.844,50	93.700,80	105.413,40	111.269,70
19.000.000	29.356,50	58.713,00	64.584,30	70.455,60	76.326,90	82.198,20	88.069,50	93.940,80	105.683,40	111.554,70
19.050.000	29.431,50	58.863,00	64.749,30	70.635,60	76.521,90	82.408,20	88.294,50	94.180,80	105.953,40	111.839,70
19.100.000	29.506,50	59.013,00	64.914,30	70.815,60	76.716,90	82.618,20	88.519,50	94.420,80	106.223,40	112.124,70
19.150.000	29.581,50	59.163,00	65.079,30	70.995,60	76.911,90	82.828,20	88.744,50	94.660,80	106.493,40	112.409,70
19.200.000	29.656,50	59.313,00	65.244,30	71.175,60	77.106,90	83.038,20	88.969,50	94.900,80	106.763,40	112.694,70
19.250.000	29.731,50	59.463,00	65.409,30	71.355,60	77.301,90	83.248,20	89.194,50	95.140,80	107.033,40	112.979,70
19.300.000	29.806,50	59.613,00	65.574,30	71.535,60	77.496,90	83.458,20	89.419,50	95.380,80	107.303,40	113.264,70
19.350.000	29.881,50	59.763,00	65.739,30	71.715,60	77.691,90	83.668,20	89.644,50	95.620,80	107.573,40	113.549,70
19.400.000	29.956,50	59.913,00	65.904,30	71.895,60	77.886,90	83.878,20	89.869,50	95.860,80	107.843,40	113.834,70
19.450.000	30.031,50	60.063,00	66.069,30	72.075,60	78.081,90	84.088,20	90.094,50	96.100,80	108.113,40	114.119,70

4. Wertgebühren in gerichtlichen Verfahren nach Teil 3 VV RVG

Gerichtsgebühren

2,1	2,3	2,6	5,0	4,0	3,0	2,0	1,0	0,75	0,5	Wert bis €
109.752,30	120.204,90	135.883,80	311.980,00	249.584,00	187.188,00	124.792,00	62.396,00	46.797,00	31.198,00	16.850.000
110.067,30	120.549,90	136.273,80	312.880,00	250.304,00	187.728,00	125.152,00	62.576,00	46.932,00	31.288,00	16.900.000
110.382,30	120.894,90	136.663,80	313.780,00	251.024,00	188.268,00	125.512,00	62.756,00	47.067,00	31.378,00	16.950.000
110.697,30	121.239,90	137.053,80	314.680,00	251.744,00	188.808,00	125.872,00	62.936,00	47.202,00	31.468,00	17.000.000
111.012,30	121.584,90	137.443,80	315.580,00	252.464,00	189.348,00	126.232,00	63.116,00	47.337,00	31.558,00	17.050.000
111.327,30	121.929,90	137.833,80	316.480,00	253.184,00	189.888,00	126.592,00	63.296,00	47.472,00	31.648,00	17.100.000
111.642,30	122.274,90	138.223,80	317.380,00	253.904,00	190.428,00	126.952,00	63.476,00	47.607,00	31.738,00	17.150.000
111.957,30	122.619,90	138.613,80	318.280,00	254.624,00	190.968,00	127.312,00	63.656,00	47.742,00	31.828,00	17.200.000
112.272,30	122.964,90	139.003,80	319.180,00	255.344,00	191.508,00	127.672,00	63.836,00	47.877,00	31.918,00	17.250.000
112.587,30	123.309,90	139.393,80	320.080,00	256.064,00	192.048,00	128.032,00	64.016,00	48.012,00	32.008,00	17.300.000
112.902,30	123.654,90	139.783,80	320.980,00	256.784,00	192.588,00	128.392,00	64.196,00	48.147,00	32.098,00	17.350.000
113.217,30	123.999,90	140.173,80	321.880,00	257.504,00	193.128,00	128.752,00	64.376,00	48.282,00	32.188,00	17.400.000
113.532,30	124.344,90	140.563,80	322.780,00	258.224,00	193.668,00	129.112,00	64.556,00	48.417,00	32.278,00	17.450.000
113.847,30	124.689,90	140.953,80	323.680,00	258.944,00	194.208,00	129.472,00	64.736,00	48.552,00	32.368,00	17.500.000
114.162,30	125.034,90	141.343,80	324.580,00	259.664,00	194.748,00	129.832,00	64.916,00	48.687,00	32.458,00	17.550.000
114.477,30	125.379,90	141.733,80	325.480,00	260.384,00	195.288,00	130.192,00	65.096,00	48.822,00	32.548,00	17.600.000
114.792,30	125.724,90	142.123,80	326.380,00	261.104,00	195.828,00	130.552,00	65.276,00	48.957,00	32.638,00	17.650.000
115.107,30	126.069,90	142.513,80	327.280,00	261.824,00	196.368,00	130.912,00	65.456,00	49.092,00	32.728,00	17.700.000
115.422,30	126.414,90	142.903,80	328.180,00	262.544,00	196.908,00	131.272,00	65.636,00	49.227,00	32.818,00	17.750.000
115.737,30	126.759,90	143.293,80	329.080,00	263.264,00	197.448,00	131.632,00	65.816,00	49.362,00	32.908,00	17.800.000
116.052,30	127.104,90	143.683,80	329.980,00	263.984,00	197.988,00	131.992,00	65.996,00	49.497,00	32.998,00	17.850.000
116.367,30	127.449,90	144.073,80	330.880,00	264.704,00	198.528,00	132.352,00	66.176,00	49.632,00	33.088,00	17.900.000
116.682,30	127.794,90	144.463,80	331.780,00	265.424,00	199.068,00	132.712,00	66.356,00	49.767,00	33.178,00	17.950.000
116.997,30	128.139,90	144.853,80	332.680,00	266.144,00	199.608,00	133.072,00	66.536,00	49.902,00	33.268,00	18.000.000
117.312,30	128.484,90	145.243,80	333.580,00	266.864,00	200.148,00	133.432,00	66.716,00	50.037,00	33.358,00	18.050.000
117.627,30	128.829,90	145.633,80	334.480,00	267.584,00	200.688,00	133.792,00	66.896,00	50.172,00	33.448,00	18.100.000
117.942,30	129.174,90	146.023,80	335.380,00	268.304,00	201.228,00	134.152,00	67.076,00	50.307,00	33.538,00	18.150.000
118.257,30	129.519,90	146.413,80	336.280,00	269.024,00	201.768,00	134.512,00	67.256,00	50.442,00	33.628,00	18.200.000
118.572,30	129.864,90	146.803,80	337.180,00	269.744,00	202.308,00	134.872,00	67.436,00	50.577,00	33.718,00	18.250.000
118.887,30	130.209,90	147.193,80	338.080,00	270.464,00	202.848,00	135.232,00	67.616,00	50.712,00	33.808,00	18.300.000
119.202,30	130.554,90	147.583,80	338.980,00	271.184,00	203.388,00	135.592,00	67.796,00	50.847,00	33.898,00	18.350.000
119.517,30	130.899,90	147.973,80	339.880,00	271.904,00	203.928,00	135.952,00	67.976,00	50.982,00	33.988,00	18.400.000
119.832,30	131.244,90	148.363,80	340.780,00	272.624,00	204.468,00	136.312,00	68.156,00	51.117,00	34.078,00	18.450.000
120.147,30	131.589,90	148.753,80	341.680,00	273.344,00	205.008,00	136.672,00	68.336,00	51.252,00	34.168,00	18.500.000
120.462,30	131.934,90	149.143,80	342.580,00	274.064,00	205.548,00	137.032,00	68.516,00	51.387,00	34.258,00	18.550.000
120.777,30	132.279,90	149.533,80	343.480,00	274.784,00	206.088,00	137.392,00	68.696,00	51.522,00	34.348,00	18.600.000
121.092,30	132.624,90	149.923,80	344.380,00	275.504,00	206.628,00	137.752,00	68.876,00	51.657,00	34.438,00	18.650.000
121.407,30	132.969,90	150.313,80	345.280,00	276.224,00	207.168,00	138.112,00	69.056,00	51.792,00	34.528,00	18.700.000
121.722,30	133.314,90	150.703,80	346.180,00	276.944,00	207.708,00	138.472,00	69.236,00	51.927,00	34.618,00	18.750.000
122.037,30	133.659,90	151.093,80	347.080,00	277.664,00	208.248,00	138.832,00	69.416,00	52.062,00	34.708,00	18.800.000
122.352,30	134.004,90	151.483,80	347.980,00	278.384,00	208.788,00	139.192,00	69.596,00	52.197,00	34.798,00	18.850.000
122.667,30	134.349,90	151.873,80	348.880,00	279.104,00	209.328,00	139.552,00	69.776,00	52.332,00	34.888,00	18.900.000
122.982,30	134.694,90	152.263,80	349.780,00	279.824,00	209.868,00	139.912,00	69.956,00	52.467,00	34.978,00	18.950.000
123.297,30	135.039,90	152.653,80	350.680,00	280.544,00	210.408,00	140.272,00	70.136,00	52.602,00	35.068,00	19.000.000
123.612,30	135.384,90	153.043,80	351.580,00	281.264,00	210.948,00	140.632,00	70.316,00	52.737,00	35.158,00	19.050.000
123.927,30	135.729,90	153.433,80	352.480,00	281.984,00	211.488,00	140.992,00	70.496,00	52.872,00	35.248,00	19.100.000
124.242,30	136.074,90	153.823,80	353.380,00	282.704,00	212.028,00	141.352,00	70.676,00	53.007,00	35.338,00	19.150.000
124.557,30	136.419,90	154.213,80	354.280,00	283.424,00	212.568,00	141.712,00	70.856,00	53.142,00	35.428,00	19.200.000
124.872,30	136.764,90	154.603,80	355.180,00	284.144,00	213.108,00	142.072,00	71.036,00	53.277,00	35.518,00	19.250.000
125.187,30	137.109,90	154.993,80	356.080,00	284.864,00	213.648,00	142.432,00	71.216,00	53.412,00	35.608,00	19.300.000
125.502,30	137.454,90	155.383,80	356.980,00	285.584,00	214.188,00	142.792,00	71.396,00	53.547,00	35.698,00	19.350.000
125.817,30	137.799,90	155.773,80	357.880,00	286.304,00	214.728,00	143.152,00	71.576,00	53.682,00	35.788,00	19.400.000
126.132,30	138.144,90	156.163,80	358.780,00	287.024,00	215.268,00	143.512,00	71.756,00	53.817,00	35.878,00	19.450.000

Anwaltsgebühren

Wert bis €	0,5	1,0	1,1	1,2	1,3	1,4	1,5	1,6	1,8	1,9
19.500.000	30.106,50	60.213,00	66.234,30	72.255,60	78.276,90	84.298,20	90.319,50	96.340,80	108.383,40	114.404,70
19.550.000	30.181,50	60.363,00	66.399,30	72.435,60	78.471,90	84.508,20	90.544,50	96.580,80	108.653,40	114.689,70
19.600.000	30.256,50	60.513,00	66.564,30	72.615,60	78.666,90	84.718,20	90.769,50	96.820,80	108.923,40	114.974,70
19.650.000	30.331,50	60.663,00	66.729,30	72.795,60	78.861,90	84.928,20	90.994,50	97.060,80	109.193,40	115.259,70
19.700.000	30.406,50	60.813,00	66.894,30	72.975,60	79.056,90	85.138,20	91.219,50	97.300,80	109.463,40	115.544,70
19.750.000	30.481,50	60.963,00	67.059,30	73.155,60	79.251,90	85.348,20	91.444,50	97.540,80	109.733,40	115.829,70
19.800.000	30.556,50	61.113,00	67.224,30	73.335,60	79.446,90	85.558,20	91.669,50	97.780,80	110.003,40	116.114,70
19.850.000	30.631,50	61.263,00	67.389,30	73.515,60	79.641,90	85.768,20	91.894,50	98.020,80	110.273,40	116.399,70
19.900.000	30.706,50	61.413,00	67.554,30	73.695,60	79.836,90	85.978,20	92.119,50	98.260,80	110.543,40	116.684,70
19.950.000	30.781,50	61.563,00	67.719,30	73.875,60	80.031,90	86.188,20	92.344,50	98.500,80	110.813,40	116.969,70
20.000.000	30.856,50	61.713,00	67.884,30	74.055,60	80.226,90	86.398,20	92.569,50	98.740,80	111.083,40	117.254,70
20.050.000	30.931,50	61.863,00	68.049,30	74.235,60	80.421,90	86.608,20	92.794,50	98.980,80	111.353,40	117.539,70
20.100.000	31.006,50	62.013,00	68.214,30	74.415,60	80.616,90	86.818,20	93.019,50	99.220,80	111.623,40	117.824,70
20.150.000	31.081,50	62.163,00	68.379,30	74.595,60	80.811,90	87.028,20	93.244,50	99.460,80	111.893,40	118.109,70
20.200.000	31.156,50	62.313,00	68.544,30	74.775,60	81.006,90	87.238,20	93.469,50	99.700,80	112.163,40	118.394,70
20.250.000	31.231,50	62.463,00	68.709,30	74.955,60	81.201,90	87.448,20	93.694,50	99.940,80	112.433,40	118.679,70
20.300.000	31.306,50	62.613,00	68.874,30	75.135,60	81.396,90	87.658,20	93.919,50	100.180,80	112.703,40	118.964,70
20.350.000	31.381,50	62.763,00	69.039,30	75.315,60	81.591,90	87.868,20	94.144,50	100.420,80	112.973,40	119.249,70
20.400.000	31.456,50	62.913,00	69.204,30	75.495,60	81.786,90	88.078,20	94.369,50	100.660,80	113.243,40	119.534,70
20.450.000	31.531,50	63.063,00	69.369,30	75.675,60	81.981,90	88.288,20	94.594,50	100.900,80	113.513,40	119.819,70
20.500.000	31.606,50	63.213,00	69.534,30	75.855,60	82.176,90	88.498,20	94.819,50	101.140,80	113.783,40	120.104,70
20.550.000	31.681,50	63.363,00	69.699,30	76.035,60	82.371,90	88.708,20	95.044,50	101.380,80	114.053,40	120.389,70
20.600.000	31.756,50	63.513,00	69.864,30	76.215,60	82.566,90	88.918,20	95.269,50	101.620,80	114.323,40	120.674,70
20.650.000	31.831,50	63.663,00	70.029,30	76.395,60	82.761,90	89.128,20	95.494,50	101.860,80	114.593,40	120.959,70
20.700.000	31.906,50	63.813,00	70.194,30	76.575,60	82.956,90	89.338,20	95.719,50	102.100,80	114.863,40	121.244,70
20.750.000	31.981,50	63.963,00	70.359,30	76.755,60	83.151,90	89.548,20	95.944,50	102.340,80	115.133,40	121.529,70
20.800.000	32.056,50	64.113,00	70.524,30	76.935,60	83.346,90	89.758,20	96.169,50	102.580,80	115.403,40	121.814,70
20.850.000	32.131,50	64.263,00	70.689,30	77.115,60	83.541,90	89.968,20	96.394,50	102.820,80	115.673,40	122.099,70
20.900.000	32.206,50	64.413,00	70.854,30	77.295,60	83.736,90	90.178,20	96.619,50	103.060,80	115.943,40	122.384,70
20.950.000	32.281,50	64.563,00	71.019,30	77.475,60	83.931,90	90.388,20	96.844,50	103.300,80	116.213,40	122.669,70
21.000.000	32.356,50	64.713,00	71.184,30	77.655,60	84.126,90	90.598,20	97.069,50	103.540,80	116.483,40	122.954,70
21.050.000	32.431,50	64.863,00	71.349,30	77.835,60	84.321,90	90.808,20	97.294,50	103.780,80	116.753,40	123.239,70
21.100.000	32.506,50	65.013,00	71.514,30	78.015,60	84.516,90	91.018,20	97.519,50	104.020,80	117.023,40	123.524,70
21.150.000	32.581,50	65.163,00	71.679,30	78.195,60	84.711,90	91.228,20	97.744,50	104.260,80	117.293,40	123.809,70
21.200.000	32.656,50	65.313,00	71.844,30	78.375,60	84.906,90	91.438,20	97.969,50	104.500,80	117.563,40	124.094,70
21.250.000	32.731,50	65.463,00	72.009,30	78.555,60	85.101,90	91.648,20	98.194,50	104.740,80	117.833,40	124.379,70
21.300.000	32.806,50	65.613,00	72.174,30	78.735,60	85.296,90	91.858,20	98.419,50	104.980,80	118.103,40	124.664,70
21.350.000	32.881,50	65.763,00	72.339,30	78.915,60	85.491,90	92.068,20	98.644,50	105.220,80	118.373,40	124.949,70
21.400.000	32.956,50	65.913,00	72.504,30	79.095,60	85.686,90	92.278,20	98.869,50	105.460,80	118.643,40	125.234,70
21.450.000	33.031,50	66.063,00	72.669,30	79.275,60	85.881,90	92.488,20	99.094,50	105.700,80	118.913,40	125.519,70
21.500.000	33.106,50	66.213,00	72.834,30	79.455,60	86.076,90	92.698,20	99.319,50	105.940,80	119.183,40	125.804,70
21.550.000	33.181,50	66.363,00	72.999,30	79.635,60	86.271,90	92.908,20	99.544,50	106.180,80	119.453,40	126.089,70
21.600.000	33.256,50	66.513,00	73.164,30	79.815,60	86.466,90	93.118,20	99.769,50	106.420,80	119.723,40	126.374,70
21.650.000	33.331,50	66.663,00	73.329,30	79.995,60	86.661,90	93.328,20	99.994,50	106.660,80	119.993,40	126.659,70
21.700.000	33.406,50	66.813,00	73.494,30	80.175,60	86.856,90	93.538,20	100.219,50	106.900,80	120.263,40	126.944,70
21.750.000	33.481,50	66.963,00	73.659,30	80.355,60	87.051,90	93.748,20	100.444,50	107.140,80	120.533,40	127.229,70
21.800.000	33.556,50	67.113,00	73.824,30	80.535,60	87.246,90	93.958,20	100.669,50	107.380,80	120.803,40	127.514,70
21.850.000	33.631,50	67.263,00	73.989,30	80.715,60	87.441,90	94.168,20	100.894,50	107.620,80	121.073,40	127.799,70
21.900.000	33.706,50	67.413,00	74.154,30	80.895,60	87.636,90	94.378,20	101.119,50	107.860,80	121.343,40	128.084,70
21.950.000	33.781,50	67.563,00	74.319,30	81.075,60	87.831,90	94.588,20	101.344,50	108.100,80	121.613,40	128.369,70
22.000.000	33.856,50	67.713,00	74.484,30	81.255,60	88.026,90	94.798,20	101.569,50	108.340,80	121.883,40	128.654,70
22.050.000	33.931,50	67.863,00	74.649,30	81.435,60	88.221,90	95.008,20	101.794,50	108.580,80	122.153,40	128.939,70
22.100.000	34.006,50	68.013,00	74.814,30	81.615,60	88.416,90	95.218,20	102.019,50	108.820,80	122.423,40	129.224,70

4. Wertgebühren in gerichtlichen Verfahren nach Teil 3 VV RVG | 107

Gerichtsgebühren

2,1	2,3	2,6	5,0	4,0	3,0	2,0	1,0	0,75	0,5	Wert bis €
126.447,30	138.489,90	156.553,80	359.680,00	287.744,00	215.808,00	143.872,00	71.936,00	53.952,00	35.968,00	19.500.000
126.762,30	138.834,90	156.943,80	360.580,00	288.464,00	216.348,00	144.232,00	72.116,00	54.087,00	36.058,00	19.550.000
127.077,30	139.179,90	157.333,80	361.480,00	289.184,00	216.888,00	144.592,00	72.296,00	54.222,00	36.148,00	19.600.000
127.392,30	139.524,90	157.723,80	362.380,00	289.904,00	217.428,00	144.952,00	72.476,00	54.357,00	36.238,00	19.650.000
127.707,30	139.869,90	158.113,80	363.280,00	290.624,00	217.968,00	145.312,00	72.656,00	54.492,00	36.328,00	19.700.000
128.022,30	140.214,90	158.503,80	364.180,00	291.344,00	218.508,00	145.672,00	72.836,00	54.627,00	36.418,00	19.750.000
128.337,30	140.559,90	158.893,80	365.080,00	292.064,00	219.048,00	146.032,00	73.016,00	54.762,00	36.508,00	19.800.000
128.652,30	140.904,90	159.283,80	365.980,00	292.784,00	219.588,00	146.392,00	73.196,00	54.897,00	36.598,00	19.850.000
128.967,30	141.249,90	159.673,80	366.880,00	293.504,00	220.128,00	146.752,00	73.376,00	55.032,00	36.688,00	19.900.000
129.282,30	141.594,90	160.063,80	367.780,00	294.224,00	220.668,00	147.112,00	73.556,00	55.167,00	36.778,00	19.950.000
129.597,30	141.939,90	160.453,80	368.680,00	294.944,00	221.208,00	147.472,00	73.736,00	55.302,00	36.868,00	20.000.000
129.912,30	142.284,90	160.843,80	369.580,00	295.664,00	221.748,00	147.832,00	73.916,00	55.437,00	36.958,00	20.050.000
130.227,30	142.629,90	161.233,80	370.480,00	296.384,00	222.288,00	148.192,00	74.096,00	55.572,00	37.048,00	20.100.000
130.542,30	142.974,90	161.623,80	371.380,00	297.104,00	222.828,00	148.552,00	74.276,00	55.707,00	37.138,00	20.150.000
130.857,30	143.319,90	162.013,80	372.280,00	297.824,00	223.368,00	148.912,00	74.456,00	55.842,00	37.228,00	20.200.000
131.172,30	143.664,90	162.403,80	373.180,00	298.544,00	223.908,00	149.272,00	74.636,00	55.977,00	37.318,00	20.250.000
131.487,30	144.009,90	162.793,80	374.080,00	299.264,00	224.448,00	149.632,00	74.816,00	56.112,00	37.408,00	20.300.000
131.802,30	144.354,90	163.183,80	374.980,00	299.984,00	224.988,00	149.992,00	74.996,00	56.247,00	37.498,00	20.350.000
132.117,30	144.699,90	163.573,80	375.880,00	300.704,00	225.528,00	150.352,00	75.176,00	56.382,00	37.588,00	20.400.000
132.432,30	145.044,90	163.963,80	376.780,00	301.424,00	226.068,00	150.712,00	75.356,00	56.517,00	37.678,00	20.450.000
132.747,30	145.389,90	164.353,80	377.680,00	302.144,00	226.608,00	151.072,00	75.536,00	56.652,00	37.768,00	20.500.000
133.062,30	145.734,90	164.743,80	378.580,00	302.864,00	227.148,00	151.432,00	75.716,00	56.787,00	37.858,00	20.550.000
133.377,30	146.079,90	165.133,80	379.480,00	303.584,00	227.688,00	151.792,00	75.896,00	56.922,00	37.948,00	20.600.000
133.692,30	146.424,90	165.523,80	380.380,00	304.304,00	228.228,00	152.152,00	76.076,00	57.057,00	38.038,00	20.650.000
134.007,30	146.769,90	165.913,80	381.280,00	305.024,00	228.768,00	152.512,00	76.256,00	57.192,00	38.128,00	20.700.000
134.322,30	147.114,90	166.303,80	382.180,00	305.744,00	229.308,00	152.872,00	76.436,00	57.327,00	38.218,00	20.750.000
134.637,30	147.459,90	166.693,80	383.080,00	306.464,00	229.848,00	153.232,00	76.616,00	57.462,00	38.308,00	20.800.000
134.952,30	147.804,90	167.083,80	383.980,00	307.184,00	230.388,00	153.592,00	76.796,00	57.597,00	38.398,00	20.850.000
135.267,30	148.149,90	167.473,80	384.880,00	307.904,00	230.928,00	153.952,00	76.976,00	57.732,00	38.488,00	20.900.000
135.582,30	148.494,90	167.863,80	385.780,00	308.624,00	231.468,00	154.312,00	77.156,00	57.867,00	38.578,00	20.950.000
135.897,30	148.839,90	168.253,80	386.680,00	309.344,00	232.008,00	154.672,00	77.336,00	58.002,00	38.668,00	21.000.000
136.212,30	149.184,90	168.643,80	387.580,00	310.064,00	232.548,00	155.032,00	77.516,00	58.137,00	38.758,00	21.050.000
136.527,30	149.529,90	169.033,80	388.480,00	310.784,00	233.088,00	155.392,00	77.696,00	58.272,00	38.848,00	21.100.000
136.842,30	149.874,90	169.423,80	389.380,00	311.504,00	233.628,00	155.752,00	77.876,00	58.407,00	38.938,00	21.150.000
137.157,30	150.219,90	169.813,80	390.280,00	312.224,00	234.168,00	156.112,00	78.056,00	58.542,00	39.028,00	21.200.000
137.472,30	150.564,90	170.203,80	391.180,00	312.944,00	234.708,00	156.472,00	78.236,00	58.677,00	39.118,00	21.250.000
137.787,30	150.909,90	170.593,80	392.080,00	313.664,00	235.248,00	156.832,00	78.416,00	58.812,00	39.208,00	21.300.000
138.102,30	151.254,90	170.983,80	392.980,00	314.384,00	235.788,00	157.192,00	78.596,00	58.947,00	39.298,00	21.350.000
138.417,30	151.599,90	171.373,80	393.880,00	315.104,00	236.328,00	157.552,00	78.776,00	59.082,00	39.388,00	21.400.000
138.732,30	151.944,90	171.763,80	394.780,00	315.824,00	236.868,00	157.912,00	78.956,00	59.217,00	39.478,00	21.450.000
139.047,30	152.289,90	172.153,80	395.680,00	316.544,00	237.408,00	158.272,00	79.136,00	59.352,00	39.568,00	21.500.000
139.362,30	152.634,90	172.543,80	396.580,00	317.264,00	237.948,00	158.632,00	79.316,00	59.487,00	39.658,00	21.550.000
139.677,30	152.979,90	172.933,80	397.480,00	317.984,00	238.488,00	158.992,00	79.496,00	59.622,00	39.748,00	21.600.000
139.992,30	153.324,90	173.323,80	398.380,00	318.704,00	239.028,00	159.352,00	79.676,00	59.757,00	39.838,00	21.650.000
140.307,30	153.669,90	173.713,80	399.280,00	319.424,00	239.568,00	159.712,00	79.856,00	59.892,00	39.928,00	21.700.000
140.622,30	154.014,90	174.103,80	400.180,00	320.144,00	240.108,00	160.072,00	80.036,00	60.027,00	40.018,00	21.750.000
140.937,30	154.359,90	174.493,80	401.080,00	320.864,00	240.648,00	160.432,00	80.216,00	60.162,00	40.108,00	21.800.000
141.252,30	154.704,90	174.883,80	401.980,00	321.584,00	241.188,00	160.792,00	80.396,00	60.297,00	40.198,00	21.850.000
141.567,30	155.049,90	175.273,80	402.880,00	322.304,00	241.728,00	161.152,00	80.576,00	60.432,00	40.288,00	21.900.000
141.882,30	155.394,90	175.663,80	403.780,00	323.024,00	242.268,00	161.512,00	80.756,00	60.567,00	40.378,00	21.950.000
142.197,30	155.739,90	176.053,80	404.680,00	323.744,00	242.808,00	161.872,00	80.936,00	60.702,00	40.468,00	22.000.000
142.512,30	156.084,90	176.443,80	405.580,00	324.464,00	243.348,00	162.232,00	81.116,00	60.837,00	40.558,00	22.050.000
142.827,30	156.429,90	176.833,80	406.480,00	325.184,00	243.888,00	162.592,00	81.296,00	60.972,00	40.648,00	22.100.000

Anwaltsgebühren

Wert bis €	0,5	1,0	1,1	1,2	1,3	1,4	1,5	1,6	1,8	1,9
22.150.000	34.081,50	68.163,00	74.979,30	81.795,60	88.611,90	95.428,20	102.244,50	109.060,80	122.693,40	129.509,70
22.200.000	34.156,50	68.313,00	75.144,30	81.975,60	88.806,90	95.638,20	102.469,50	109.300,80	122.963,40	129.794,70
22.250.000	34.231,50	68.463,00	75.309,30	82.155,60	89.001,90	95.848,20	102.694,50	109.540,80	123.233,40	130.079,70
22.300.000	34.306,50	68.613,00	75.474,30	82.335,60	89.196,90	96.058,20	102.919,50	109.780,80	123.503,40	130.364,70
22.350.000	34.381,50	68.763,00	75.639,30	82.515,60	89.391,90	96.268,20	103.144,50	110.020,80	123.773,40	130.649,70
22.400.000	34.456,50	68.913,00	75.804,30	82.695,60	89.586,90	96.478,20	103.369,50	110.260,80	124.043,40	130.934,70
22.450.000	34.531,50	69.063,00	75.969,30	82.875,60	89.781,90	96.688,20	103.594,50	110.500,80	124.313,40	131.219,70
22.500.000	34.606,50	69.213,00	76.134,30	83.055,60	89.976,90	96.898,20	103.819,50	110.740,80	124.583,40	131.504,70
22.550.000	34.681,50	69.363,00	76.299,30	83.235,60	90.171,90	97.108,20	104.044,50	110.980,80	124.853,40	131.789,70
22.600.000	34.756,50	69.513,00	76.464,30	83.415,60	90.366,90	97.318,20	104.269,50	111.220,80	125.123,40	132.074,70
22.650.000	34.831,50	69.663,00	76.629,30	83.595,60	90.561,90	97.528,20	104.494,50	111.460,80	125.393,40	132.359,70
22.700.000	34.906,50	69.813,00	76.794,30	83.775,60	90.756,90	97.738,20	104.719,50	111.700,80	125.663,40	132.644,70
22.750.000	34.981,50	69.963,00	76.959,30	83.955,60	90.951,90	97.948,20	104.944,50	111.940,80	125.933,40	132.929,70
22.800.000	35.056,50	70.113,00	77.124,30	84.135,60	91.146,90	98.158,20	105.169,50	112.180,80	126.203,40	133.214,70
22.850.000	35.131,50	70.263,00	77.289,30	84.315,60	91.341,90	98.368,20	105.394,50	112.420,80	126.473,40	133.499,70
22.900.000	35.206,50	70.413,00	77.454,30	84.495,60	91.536,90	98.578,20	105.619,50	112.660,80	126.743,40	133.784,70
22.950.000	35.281,50	70.563,00	77.619,30	84.675,60	91.731,90	98.788,20	105.844,50	112.900,80	127.013,40	134.069,70
23.000.000	35.356,50	70.713,00	77.784,30	84.855,60	91.926,90	98.998,20	106.069,50	113.140,80	127.283,40	134.354,70
23.050.000	35.431,50	70.863,00	77.949,30	85.035,60	92.121,90	99.208,20	106.294,50	113.380,80	127.553,40	134.639,70
23.100.000	35.506,50	71.013,00	78.114,30	85.215,60	92.316,90	99.418,20	106.519,50	113.620,80	127.823,40	134.924,70
23.150.000	35.581,50	71.163,00	78.279,30	85.395,60	92.511,90	99.628,20	106.744,50	113.860,80	128.093,40	135.209,70
23.200.000	35.656,50	71.313,00	78.444,30	85.575,60	92.706,90	99.838,20	106.969,50	114.100,80	128.363,40	135.494,70
23.250.000	35.731,50	71.463,00	78.609,30	85.755,60	92.901,90	100.048,20	107.194,50	114.340,80	128.633,40	135.779,70
23.300.000	35.806,50	71.613,00	78.774,30	85.935,60	93.096,90	100.258,20	107.419,50	114.580,80	128.903,40	136.064,70
23.350.000	35.881,50	71.763,00	78.939,30	86.115,60	93.291,90	100.468,20	107.644,50	114.820,80	129.173,40	136.349,70
23.400.000	35.956,50	71.913,00	79.104,30	86.295,60	93.486,90	100.678,20	107.869,50	115.060,80	129.443,40	136.634,70
23.450.000	36.031,50	72.063,00	79.269,30	86.475,60	93.681,90	100.888,20	108.094,50	115.300,80	129.713,40	136.919,70
23.500.000	36.106,50	72.213,00	79.434,30	86.655,60	93.876,90	101.098,20	108.319,50	115.540,80	129.983,40	137.204,70
23.550.000	36.181,50	72.363,00	79.599,30	86.835,60	94.071,90	101.308,20	108.544,50	115.780,80	130.253,40	137.489,70
23.600.000	36.256,50	72.513,00	79.764,30	87.015,60	94.266,90	101.518,20	108.769,50	116.020,80	130.523,40	137.774,70
23.650.000	36.331,50	72.663,00	79.929,30	87.195,60	94.461,90	101.728,20	108.994,50	116.260,80	130.793,40	138.059,70
23.700.000	36.406,50	72.813,00	80.094,30	87.375,60	94.656,90	101.938,20	109.219,50	116.500,80	131.063,40	138.344,70
23.750.000	36.481,50	72.963,00	80.259,30	87.555,60	94.851,90	102.148,20	109.444,50	116.740,80	131.333,40	138.629,70
23.800.000	36.556,50	73.113,00	80.424,30	87.735,60	95.046,90	102.358,20	109.669,50	116.980,80	131.603,40	138.914,70
23.850.000	36.631,50	73.263,00	80.589,30	87.915,60	95.241,90	102.568,20	109.894,50	117.220,80	131.873,40	139.199,70
23.900.000	36.706,50	73.413,00	80.754,30	88.095,60	95.436,90	102.778,20	110.119,50	117.460,80	132.143,40	139.484,70
23.950.000	36.781,50	73.563,00	80.919,30	88.275,60	95.631,90	102.988,20	110.344,50	117.700,80	132.413,40	139.769,70
24.000.000	36.856,50	73.713,00	81.084,30	88.455,60	95.826,90	103.198,20	110.569,50	117.940,80	132.683,40	140.054,70
24.050.000	36.931,50	73.863,00	81.249,30	88.635,60	96.021,90	103.408,20	110.794,50	118.180,80	132.953,40	140.339,70
24.100.000	37.006,50	74.013,00	81.414,30	88.815,60	96.216,90	103.618,20	111.019,50	118.420,80	133.223,40	140.624,70
24.150.000	37.081,50	74.163,00	81.579,30	88.995,60	96.411,90	103.828,20	111.244,50	118.660,80	133.493,40	140.909,70
24.200.000	37.156,50	74.313,00	81.744,30	89.175,60	96.606,90	104.038,20	111.469,50	118.900,80	133.763,40	141.194,70
24.250.000	37.231,50	74.463,00	81.909,30	89.355,60	96.801,90	104.248,20	111.694,50	119.140,80	134.033,40	141.479,70
24.300.000	37.306,50	74.613,00	82.074,30	89.535,60	96.996,90	104.458,20	111.919,50	119.380,80	134.303,40	141.764,70
24.350.000	37.381,50	74.763,00	82.239,30	89.715,60	97.191,90	104.668,20	112.144,50	119.620,80	134.573,40	142.049,70
24.400.000	37.456,50	74.913,00	82.404,30	89.895,60	97.386,90	104.878,20	112.369,50	119.860,80	134.843,40	142.334,70
24.450.000	37.531,50	75.063,00	82.569,30	90.075,60	97.581,90	105.088,20	112.594,50	120.100,80	135.113,40	142.619,70
24.500.000	37.606,50	75.213,00	82.734,30	90.255,60	97.776,90	105.298,20	112.819,50	120.340,80	135.383,40	142.904,70
24.550.000	37.681,50	75.363,00	82.899,30	90.435,60	97.971,90	105.508,20	113.044,50	120.580,80	135.653,40	143.189,70
24.600.000	37.756,50	75.513,00	83.064,30	90.615,60	98.166,90	105.718,20	113.269,50	120.820,80	135.923,40	143.474,70
24.650.000	37.831,50	75.663,00	83.229,30	90.795,60	98.361,90	105.928,20	113.494,50	121.060,80	136.193,40	143.759,70
24.700.000	37.906,50	75.813,00	83.394,30	90.975,60	98.556,90	106.138,20	113.719,50	121.300,80	136.463,40	144.044,70
24.750.000	37.981,50	75.963,00	83.559,30	91.155,60	98.751,90	106.348,20	113.944,50	121.540,80	136.733,40	144.329,70

4. Wertgebühren in gerichtlichen Verfahren nach Teil 3 VV RVG

			Gerichtsgebühren						
2,1	2,3	2,6	5,0	4,0	3,0	2,0	1,0	0,75	0,5	Wert bis €
143.142,30	156.774,90	177.223,80	407.380,00	325.904,00	244.428,00	162.952,00	81.476,00	61.107,00	40.738,00	**22.150.000**
143.457,30	157.119,90	177.613,80	408.280,00	326.624,00	244.968,00	163.312,00	81.656,00	61.242,00	40.828,00	**22.200.000**
143.772,30	157.464,90	178.003,80	409.180,00	327.344,00	245.508,00	163.672,00	81.836,00	61.377,00	40.918,00	**22.250.000**
144.087,30	157.809,90	178.393,80	410.080,00	328.064,00	246.048,00	164.032,00	82.016,00	61.512,00	41.008,00	**22.300.000**
144.402,30	158.154,90	178.783,80	410.980,00	328.784,00	246.588,00	164.392,00	82.196,00	61.647,00	41.098,00	**22.350.000**
144.717,30	158.499,90	179.173,80	411.880,00	329.504,00	247.128,00	164.752,00	82.376,00	61.782,00	41.188,00	**22.400.000**
145.032,30	158.844,90	179.563,80	412.780,00	330.224,00	247.668,00	165.112,00	82.556,00	61.917,00	41.278,00	**22.450.000**
145.347,30	159.189,90	179.953,80	413.680,00	330.944,00	248.208,00	165.472,00	82.736,00	62.052,00	41.368,00	**22.500.000**
145.662,30	159.534,90	180.343,80	414.580,00	331.664,00	248.748,00	165.832,00	82.916,00	62.187,00	41.458,00	**22.550.000**
145.977,30	159.879,90	180.733,80	415.480,00	332.384,00	249.288,00	166.192,00	83.096,00	62.322,00	41.548,00	**22.600.000**
146.292,30	160.224,90	181.123,80	416.380,00	333.104,00	249.828,00	166.552,00	83.276,00	62.457,00	41.638,00	**22.650.000**
146.607,30	160.569,90	181.513,80	417.280,00	333.824,00	250.368,00	166.912,00	83.456,00	62.592,00	41.728,00	**22.700.000**
146.922,30	160.914,90	181.903,80	418.180,00	334.544,00	250.908,00	167.272,00	83.636,00	62.727,00	41.818,00	**22.750.000**
147.237,30	161.259,90	182.293,80	419.080,00	335.264,00	251.448,00	167.632,00	83.816,00	62.862,00	41.908,00	**22.800.000**
147.552,30	161.604,90	182.683,80	419.980,00	335.984,00	251.988,00	167.992,00	83.996,00	62.997,00	41.998,00	**22.850.000**
147.867,30	161.949,90	183.073,80	420.880,00	336.704,00	252.528,00	168.352,00	84.176,00	63.132,00	42.088,00	**22.900.000**
148.182,30	162.294,90	183.463,80	421.780,00	337.424,00	253.068,00	168.712,00	84.356,00	63.267,00	42.178,00	**22.950.000**
148.497,30	162.639,90	183.853,80	422.680,00	338.144,00	253.608,00	169.072,00	84.536,00	63.402,00	42.268,00	**23.000.000**
148.812,30	162.984,90	184.243,80	423.580,00	338.864,00	254.148,00	169.432,00	84.716,00	63.537,00	42.358,00	**23.050.000**
149.127,30	163.329,90	184.633,80	424.480,00	339.584,00	254.688,00	169.792,00	84.896,00	63.672,00	42.448,00	**23.100.000**
149.442,30	163.674,90	185.023,80	425.380,00	340.304,00	255.228,00	170.152,00	85.076,00	63.807,00	42.538,00	**23.150.000**
149.757,30	164.019,90	185.413,80	426.280,00	341.024,00	255.768,00	170.512,00	85.256,00	63.942,00	42.628,00	**23.200.000**
150.072,30	164.364,90	185.803,80	427.180,00	341.744,00	256.308,00	170.872,00	85.436,00	64.077,00	42.718,00	**23.250.000**
150.387,30	164.709,90	186.193,80	428.080,00	342.464,00	256.848,00	171.232,00	85.616,00	64.212,00	42.808,00	**23.300.000**
150.702,30	165.054,90	186.583,80	428.980,00	343.184,00	257.388,00	171.592,00	85.796,00	64.347,00	42.898,00	**23.350.000**
151.017,30	165.399,90	186.973,80	429.880,00	343.904,00	257.928,00	171.952,00	85.976,00	64.482,00	42.988,00	**23.400.000**
151.332,30	165.744,90	187.363,80	430.780,00	344.624,00	258.468,00	172.312,00	86.156,00	64.617,00	43.078,00	**23.450.000**
151.647,30	166.089,90	187.753,80	431.680,00	345.344,00	259.008,00	172.672,00	86.336,00	64.752,00	43.168,00	**23.500.000**
151.962,30	166.434,90	188.143,80	432.580,00	346.064,00	259.548,00	173.032,00	86.516,00	64.887,00	43.258,00	**23.550.000**
152.277,30	166.779,90	188.533,80	433.480,00	346.784,00	260.088,00	173.392,00	86.696,00	65.022,00	43.348,00	**23.600.000**
152.592,30	167.124,90	188.923,80	434.380,00	347.504,00	260.628,00	173.752,00	86.876,00	65.157,00	43.438,00	**23.650.000**
152.907,30	167.469,90	189.313,80	435.280,00	348.224,00	261.168,00	174.112,00	87.056,00	65.292,00	43.528,00	**23.700.000**
153.222,30	167.814,90	189.703,80	436.180,00	348.944,00	261.708,00	174.472,00	87.236,00	65.427,00	43.618,00	**23.750.000**
153.537,30	168.159,90	190.093,80	437.080,00	349.664,00	262.248,00	174.832,00	87.416,00	65.562,00	43.708,00	**23.800.000**
153.852,30	168.504,90	190.483,80	437.980,00	350.384,00	262.788,00	175.192,00	87.596,00	65.697,00	43.798,00	**23.850.000**
154.167,30	168.849,90	190.873,80	438.880,00	351.104,00	263.328,00	175.552,00	87.776,00	65.832,00	43.888,00	**23.900.000**
154.482,30	169.194,90	191.263,80	439.780,00	351.824,00	263.868,00	175.912,00	87.956,00	65.967,00	43.978,00	**23.950.000**
154.797,30	169.539,90	191.653,80	440.680,00	352.544,00	264.408,00	176.272,00	88.136,00	66.102,00	44.068,00	**24.000.000**
155.112,30	169.884,90	192.043,80	441.580,00	353.264,00	264.948,00	176.632,00	88.316,00	66.237,00	44.158,00	**24.050.000**
155.427,30	170.229,90	192.433,80	442.480,00	353.984,00	265.488,00	176.992,00	88.496,00	66.372,00	44.248,00	**24.100.000**
155.742,30	170.574,90	192.823,80	443.380,00	354.704,00	266.028,00	177.352,00	88.676,00	66.507,00	44.338,00	**24.150.000**
156.057,30	170.919,90	193.213,80	444.280,00	355.424,00	266.568,00	177.712,00	88.856,00	66.642,00	44.428,00	**24.200.000**
156.372,30	171.264,90	193.603,80	445.180,00	356.144,00	267.108,00	178.072,00	89.036,00	66.777,00	44.518,00	**24.250.000**
156.687,30	171.609,90	193.993,80	446.080,00	356.864,00	267.648,00	178.432,00	89.216,00	66.912,00	44.608,00	**24.300.000**
157.002,30	171.954,90	194.383,80	446.980,00	357.584,00	268.188,00	178.792,00	89.396,00	67.047,00	44.698,00	**24.350.000**
157.317,30	172.299,90	194.773,80	447.880,00	358.304,00	268.728,00	179.152,00	89.576,00	67.182,00	44.788,00	**24.400.000**
157.632,30	172.644,90	195.163,80	448.780,00	359.024,00	269.268,00	179.512,00	89.756,00	67.317,00	44.878,00	**24.450.000**
157.947,30	172.989,90	195.553,80	449.680,00	359.744,00	269.808,00	179.872,00	89.936,00	67.452,00	44.968,00	**24.500.000**
158.262,30	173.334,90	195.943,80	450.580,00	360.464,00	270.348,00	180.232,00	90.116,00	67.587,00	45.058,00	**24.550.000**
158.577,30	173.679,90	196.333,80	451.480,00	361.184,00	270.888,00	180.592,00	90.296,00	67.722,00	45.148,00	**24.600.000**
158.892,30	174.024,90	196.723,80	452.380,00	361.904,00	271.428,00	180.952,00	90.476,00	67.857,00	45.238,00	**24.650.000**
159.207,30	174.369,90	197.113,80	453.280,00	362.624,00	271.968,00	181.312,00	90.656,00	67.992,00	45.328,00	**24.700.000**
159.522,30	174.714,90	197.503,80	454.180,00	363.344,00	272.508,00	181.672,00	90.836,00	68.127,00	45.418,00	**24.750.000**

Anwaltsgebühren

Wert bis €	0,5	1,0	1,1	1,2	1,3	1,4	1,5	1,6	1,8	1,9
24.800.000	38.056,50	76.113,00	83.724,30	91.335,60	98.946,90	106.558,20	114.169,50	121.780,80	137.003,40	144.614,70
24.850.000	38.131,50	76.263,00	83.889,30	91.515,60	99.141,90	106.768,20	114.394,50	122.020,80	137.273,40	144.899,70
24.900.000	38.206,50	76.413,00	84.054,30	91.695,60	99.336,90	106.978,20	114.619,50	122.260,80	137.543,40	145.184,70
24.950.000	38.281,50	76.563,00	84.219,30	91.875,60	99.531,90	107.188,20	114.844,50	122.500,80	137.813,40	145.469,70
25.000.000	38.356,50	76.713,00	84.384,30	92.055,60	99.726,90	107.398,20	115.069,50	122.740,80	138.083,40	145.754,70
25.050.000	38.431,50	76.863,00	84.549,30	92.235,60	99.921,90	107.608,20	115.294,50	122.980,80	138.353,40	146.039,70
25.100.000	38.506,50	77.013,00	84.714,30	92.415,60	100.116,90	107.818,20	115.519,50	123.220,80	138.623,40	146.324,70
25.150.000	38.581,50	77.163,00	84.879,30	92.595,60	100.311,90	108.028,20	115.744,50	123.460,80	138.893,40	146.609,70
25.200.000	38.656,50	77.313,00	85.044,30	92.775,60	100.506,90	108.238,20	115.969,50	123.700,80	139.163,40	146.894,70
25.250.000	38.731,50	77.463,00	85.209,30	92.955,60	100.701,90	108.448,20	116.194,50	123.940,80	139.433,40	147.179,70
25.300.000	38.806,50	77.613,00	85.374,30	93.135,60	100.896,90	108.658,20	116.419,50	124.180,80	139.703,40	147.464,70
25.350.000	38.881,50	77.763,00	85.539,30	93.315,60	101.091,90	108.868,20	116.644,50	124.420,80	139.973,40	147.749,70
25.400.000	38.956,50	77.913,00	85.704,30	93.495,60	101.286,90	109.078,20	116.869,50	124.660,80	140.243,40	148.034,70
25.450.000	39.031,50	78.063,00	85.869,30	93.675,60	101.481,90	109.288,20	117.094,50	124.900,80	140.513,40	148.319,70
25.500.000	39.106,50	78.213,00	86.034,30	93.855,60	101.676,90	109.498,20	117.319,50	125.140,80	140.783,40	148.604,70
25.550.000	39.181,50	78.363,00	86.199,30	94.035,60	101.871,90	109.708,20	117.544,50	125.380,80	141.053,40	148.889,70
25.600.000	39.256,50	78.513,00	86.364,30	94.215,60	102.066,90	109.918,20	117.769,50	125.620,80	141.323,40	149.174,70
25.650.000	39.331,50	78.663,00	86.529,30	94.395,60	102.261,90	110.128,20	117.994,50	125.860,80	141.593,40	149.459,70
25.700.000	39.406,50	78.813,00	86.694,30	94.575,60	102.456,90	110.338,20	118.219,50	126.100,80	141.863,40	149.744,70
25.750.000	39.481,50	78.963,00	86.859,30	94.755,60	102.651,90	110.548,20	118.444,50	126.340,80	142.133,40	150.029,70
25.800.000	39.556,50	79.113,00	87.024,30	94.935,60	102.846,90	110.758,20	118.669,50	126.580,80	142.403,40	150.314,70
25.850.000	39.631,50	79.263,00	87.189,30	95.115,60	103.041,90	110.968,20	118.894,50	126.820,80	142.673,40	150.599,70
25.900.000	39.706,50	79.413,00	87.354,30	95.295,60	103.236,90	111.178,20	119.119,50	127.060,80	142.943,40	150.884,70
25.950.000	39.781,50	79.563,00	87.519,30	95.475,60	103.431,90	111.388,20	119.344,50	127.300,80	143.213,40	151.169,70
26.000.000	39.856,50	79.713,00	87.684,30	95.655,60	103.626,90	111.598,20	119.569,50	127.540,80	143.483,40	151.454,70
26.050.000	39.931,50	79.863,00	87.849,30	95.835,60	103.821,90	111.808,20	119.794,50	127.780,80	143.753,40	151.739,70
26.100.000	40.006,50	80.013,00	88.014,30	96.015,60	104.016,90	112.018,20	120.019,50	128.020,80	144.023,40	152.024,70
26.150.000	40.081,50	80.163,00	88.179,30	96.195,60	104.211,90	112.228,20	120.244,50	128.260,80	144.293,40	152.309,70
26.200.000	40.156,50	80.313,00	88.344,30	96.375,60	104.406,90	112.438,20	120.469,50	128.500,80	144.563,40	152.594,70
26.250.000	40.231,50	80.463,00	88.509,30	96.555,60	104.601,90	112.648,20	120.694,50	128.740,80	144.833,40	152.879,70
26.300.000	40.306,50	80.613,00	88.674,30	96.735,60	104.796,90	112.858,20	120.919,50	128.980,80	145.103,40	153.164,70
26.350.000	40.381,50	80.763,00	88.839,30	96.915,60	104.991,90	113.068,20	121.144,50	129.220,80	145.373,40	153.449,70
26.400.000	40.456,50	80.913,00	89.004,30	97.095,60	105.186,90	113.278,20	121.369,50	129.460,80	145.643,40	153.734,70
26.450.000	40.531,50	81.063,00	89.169,30	97.275,60	105.381,90	113.488,20	121.594,50	129.700,80	145.913,40	154.019,70
26.500.000	40.606,50	81.213,00	89.334,30	97.455,60	105.576,90	113.698,20	121.819,50	129.940,80	146.183,40	154.304,70
26.550.000	40.681,50	81.363,00	89.499,30	97.635,60	105.771,90	113.908,20	122.044,50	130.180,80	146.453,40	154.589,70
26.600.000	40.756,50	81.513,00	89.664,30	97.815,60	105.966,90	114.118,20	122.269,50	130.420,80	146.723,40	154.874,70
26.650.000	40.831,50	81.663,00	89.829,30	97.995,60	106.161,90	114.328,20	122.494,50	130.660,80	146.993,40	155.159,70
26.700.000	40.906,50	81.813,00	89.994,30	98.175,60	106.356,90	114.538,20	122.719,50	130.900,80	147.263,40	155.444,70
26.750.000	40.981,50	81.963,00	90.159,30	98.355,60	106.551,90	114.748,20	122.944,50	131.140,80	147.533,40	155.729,70
26.800.000	41.056,50	82.113,00	90.324,30	98.535,60	106.746,90	114.958,20	123.169,50	131.380,80	147.803,40	156.014,70
26.850.000	41.131,50	82.263,00	90.489,30	98.715,60	106.941,90	115.168,20	123.394,50	131.620,80	148.073,40	156.299,70
26.900.000	41.206,50	82.413,00	90.654,30	98.895,60	107.136,90	115.378,20	123.619,50	131.860,80	148.343,40	156.584,70
26.950.000	41.281,50	82.563,00	90.819,30	99.075,60	107.331,90	115.588,20	123.844,50	132.100,80	148.613,40	156.869,70
27.000.000	41.356,50	82.713,00	90.984,30	99.255,60	107.526,90	115.798,20	124.069,50	132.340,80	148.883,40	157.154,70
27.050.000	41.431,50	82.863,00	91.149,30	99.435,60	107.721,90	116.008,20	124.294,50	132.580,80	149.153,40	157.439,70
27.100.000	41.506,50	83.013,00	91.314,30	99.615,60	107.916,90	116.218,20	124.519,50	132.820,80	149.423,40	157.724,70
27.150.000	41.581,50	83.163,00	91.479,30	99.795,60	108.111,90	116.428,20	124.744,50	133.060,80	149.693,40	158.009,70
27.200.000	41.656,50	83.313,00	91.644,30	99.975,60	108.306,90	116.638,20	124.969,50	133.300,80	149.963,40	158.294,70
27.250.000	41.731,50	83.463,00	91.809,30	100.155,60	108.501,90	116.848,20	125.194,50	133.540,80	150.233,40	158.579,70
27.300.000	41.806,50	83.613,00	91.974,30	100.335,60	108.696,90	117.058,20	125.419,50	133.780,80	150.503,40	158.864,70
27.350.000	41.881,50	83.763,00	92.139,30	100.515,60	108.891,90	117.268,20	125.644,50	134.020,80	150.773,40	159.149,70
27.400.000	41.956,50	83.913,00	92.304,30	100.695,60	109.086,90	117.478,20	125.869,50	134.260,80	151.043,40	159.434,70

Gerichtsgebühren

2,1	2,3	2,6	5,0	4,0	3,0	2,0	1,0	0,75	0,5	Wert bis €
159.837,30	175.059,90	197.893,80	455.080,00	364.064,00	273.048,00	182.032,00	91.016,00	68.262,00	45.508,00	**24.800.000**
160.152,30	175.404,90	198.283,80	455.980,00	364.784,00	273.588,00	182.392,00	91.196,00	68.397,00	45.598,00	**24.850.000**
160.467,30	175.749,90	198.673,80	456.880,00	365.504,00	274.128,00	182.752,00	91.376,00	68.532,00	45.688,00	**24.900.000**
160.782,30	176.094,90	199.063,80	457.780,00	366.224,00	274.668,00	183.112,00	91.556,00	68.667,00	45.778,00	**24.950.000**
161.097,30	176.439,90	199.453,80	458.680,00	366.944,00	275.208,00	183.472,00	91.736,00	68.802,00	45.868,00	**25.000.000**
161.412,30	176.784,90	199.843,80	459.580,00	367.664,00	275.748,00	183.832,00	91.916,00	68.937,00	45.958,00	**25.050.000**
161.727,30	177.129,90	200.233,80	460.480,00	368.384,00	276.288,00	184.192,00	92.096,00	69.072,00	46.048,00	**25.100.000**
162.042,30	177.474,90	200.623,80	461.380,00	369.104,00	276.828,00	184.552,00	92.276,00	69.207,00	46.138,00	**25.150.000**
162.357,30	177.819,90	201.013,80	462.280,00	369.824,00	277.368,00	184.912,00	92.456,00	69.342,00	46.228,00	**25.200.000**
162.672,30	178.164,90	201.403,80	463.180,00	370.544,00	277.908,00	185.272,00	92.636,00	69.477,00	46.318,00	**25.250.000**
162.987,30	178.509,90	201.793,80	464.080,00	371.264,00	278.448,00	185.632,00	92.816,00	69.612,00	46.408,00	**25.300.000**
163.302,30	178.854,90	202.183,80	464.980,00	371.984,00	278.988,00	185.992,00	92.996,00	69.747,00	46.498,00	**25.350.000**
163.617,30	179.199,90	202.573,80	465.880,00	372.704,00	279.528,00	186.352,00	93.176,00	69.882,00	46.588,00	**25.400.000**
163.932,30	179.544,90	202.963,80	466.780,00	373.424,00	280.068,00	186.712,00	93.356,00	70.017,00	46.678,00	**25.450.000**
164.247,30	179.889,90	203.353,80	467.680,00	374.144,00	280.608,00	187.072,00	93.536,00	70.152,00	46.768,00	**25.500.000**
164.562,30	180.234,90	203.743,80	468.580,00	374.864,00	281.148,00	187.432,00	93.716,00	70.287,00	46.858,00	**25.550.000**
164.877,30	180.579,90	204.133,80	469.480,00	375.584,00	281.688,00	187.792,00	93.896,00	70.422,00	46.948,00	**25.600.000**
165.192,30	180.924,90	204.523,80	470.380,00	376.304,00	282.228,00	188.152,00	94.076,00	70.557,00	47.038,00	**25.650.000**
165.507,30	181.269,90	204.913,80	471.280,00	377.024,00	282.768,00	188.512,00	94.256,00	70.692,00	47.128,00	**25.700.000**
165.822,30	181.614,90	205.303,80	472.180,00	377.744,00	283.308,00	188.872,00	94.436,00	70.827,00	47.218,00	**25.750.000**
166.137,30	181.959,90	205.693,80	473.080,00	378.464,00	283.848,00	189.232,00	94.616,00	70.962,00	47.308,00	**25.800.000**
166.452,30	182.304,90	206.083,80	473.980,00	379.184,00	284.388,00	189.592,00	94.796,00	71.097,00	47.398,00	**25.850.000**
166.767,30	182.649,90	206.473,80	474.880,00	379.904,00	284.928,00	189.952,00	94.976,00	71.232,00	47.488,00	**25.900.000**
167.082,30	182.994,90	206.863,80	475.780,00	380.624,00	285.468,00	190.312,00	95.156,00	71.367,00	47.578,00	**25.950.000**
167.397,30	183.339,90	207.253,80	476.680,00	381.344,00	286.008,00	190.672,00	95.336,00	71.502,00	47.668,00	**26.000.000**
167.712,30	183.684,90	207.643,80	477.580,00	382.064,00	286.548,00	191.032,00	95.516,00	71.637,00	47.758,00	**26.050.000**
168.027,30	184.029,90	208.033,80	478.480,00	382.784,00	287.088,00	191.392,00	95.696,00	71.772,00	47.848,00	**26.100.000**
168.342,30	184.374,90	208.423,80	479.380,00	383.504,00	287.628,00	191.752,00	95.876,00	71.907,00	47.938,00	**26.150.000**
168.657,30	184.719,90	208.813,80	480.280,00	384.224,00	288.168,00	192.112,00	96.056,00	72.042,00	48.028,00	**26.200.000**
168.972,30	185.064,90	209.203,80	481.180,00	384.944,00	288.708,00	192.472,00	96.236,00	72.177,00	48.118,00	**26.250.000**
169.287,30	185.409,90	209.593,80	482.080,00	385.664,00	289.248,00	192.832,00	96.416,00	72.312,00	48.208,00	**26.300.000**
169.602,30	185.754,90	209.983,80	482.980,00	386.384,00	289.788,00	193.192,00	96.596,00	72.447,00	48.298,00	**26.350.000**
169.917,30	186.099,90	210.373,80	483.880,00	387.104,00	290.328,00	193.552,00	96.776,00	72.582,00	48.388,00	**26.400.000**
170.232,30	186.444,90	210.763,80	484.780,00	387.824,00	290.868,00	193.912,00	96.956,00	72.717,00	48.478,00	**26.450.000**
170.547,30	186.789,90	211.153,80	485.680,00	388.544,00	291.408,00	194.272,00	97.136,00	72.852,00	48.568,00	**26.500.000**
170.862,30	187.134,90	211.543,80	486.580,00	389.264,00	291.948,00	194.632,00	97.316,00	72.987,00	48.658,00	**26.550.000**
171.177,30	187.479,90	211.933,80	487.480,00	389.984,00	292.488,00	194.992,00	97.496,00	73.122,00	48.748,00	**26.600.000**
171.492,30	187.824,90	212.323,80	488.380,00	390.704,00	293.028,00	195.352,00	97.676,00	73.257,00	48.838,00	**26.650.000**
171.807,30	188.169,90	212.713,80	489.280,00	391.424,00	293.568,00	195.712,00	97.856,00	73.392,00	48.928,00	**26.700.000**
172.122,30	188.514,90	213.103,80	490.180,00	392.144,00	294.108,00	196.072,00	98.036,00	73.527,00	49.018,00	**26.750.000**
172.437,30	188.859,90	213.493,80	491.080,00	392.864,00	294.648,00	196.432,00	98.216,00	73.662,00	49.108,00	**26.800.000**
172.752,30	189.204,90	213.883,80	491.980,00	393.584,00	295.188,00	196.792,00	98.396,00	73.797,00	49.198,00	**26.850.000**
173.067,30	189.549,90	214.273,80	492.880,00	394.304,00	295.728,00	197.152,00	98.576,00	73.932,00	49.288,00	**26.900.000**
173.382,30	189.894,90	214.663,80	493.780,00	395.024,00	296.268,00	197.512,00	98.756,00	74.067,00	49.378,00	**26.950.000**
173.697,30	190.239,90	215.053,80	494.680,00	395.744,00	296.808,00	197.872,00	98.936,00	74.202,00	49.468,00	**27.000.000**
174.012,30	190.584,90	215.443,80	495.580,00	396.464,00	297.348,00	198.232,00	99.116,00	74.337,00	49.558,00	**27.050.000**
174.327,30	190.929,90	215.833,80	496.480,00	397.184,00	297.888,00	198.592,00	99.296,00	74.472,00	49.648,00	**27.100.000**
174.642,30	191.274,90	216.223,80	497.380,00	397.904,00	298.428,00	198.952,00	99.476,00	74.607,00	49.738,00	**27.150.000**
174.957,30	191.619,90	216.613,80	498.280,00	398.624,00	298.968,00	199.312,00	99.656,00	74.742,00	49.828,00	**27.200.000**
175.272,30	191.964,90	217.003,80	499.180,00	399.344,00	299.508,00	199.672,00	99.836,00	74.877,00	49.918,00	**27.250.000**
175.587,30	192.309,90	217.393,80	500.080,00	400.064,00	300.048,00	200.032,00	100.016,00	75.012,00	50.008,00	**27.300.000**
175.902,30	192.654,90	217.783,80	500.980,00	400.784,00	300.588,00	200.392,00	100.196,00	75.147,00	50.098,00	**27.350.000**
176.217,30	192.999,90	218.173,80	501.880,00	401.504,00	301.128,00	200.752,00	100.376,00	75.282,00	50.188,00	**27.400.000**

Anwaltsgebühren

Wert bis €	0,5	1,0	1,1	1,2	1,3	1,4	1,5	1,6	1,8	1,9
27.450.000	42.031,50	84.063,00	92.469,30	100.875,60	109.281,90	117.688,20	126.094,50	134.500,80	151.313,40	159.719,70
27.500.000	42.106,50	84.213,00	92.634,30	101.055,60	109.476,90	117.898,20	126.319,50	134.740,80	151.583,40	160.004,70
27.550.000	42.181,50	84.363,00	92.799,30	101.235,60	109.671,90	118.108,20	126.544,50	134.980,80	151.853,40	160.289,70
27.600.000	42.256,50	84.513,00	92.964,30	101.415,60	109.866,90	118.318,20	126.769,50	135.220,80	152.123,40	160.574,70
27.650.000	42.331,50	84.663,00	93.129,30	101.595,60	110.061,90	118.528,20	126.994,50	135.460,80	152.393,40	160.859,70
27.700.000	42.406,50	84.813,00	93.294,30	101.775,60	110.256,90	118.738,20	127.219,50	135.700,80	152.663,40	161.144,70
27.750.000	42.481,50	84.963,00	93.459,30	101.955,60	110.451,90	118.948,20	127.444,50	135.940,80	152.933,40	161.429,70
27.800.000	42.556,50	85.113,00	93.624,30	102.135,60	110.646,90	119.158,20	127.669,50	136.180,80	153.203,40	161.714,70
27.850.000	42.631,50	85.263,00	93.789,30	102.315,60	110.841,90	119.368,20	127.894,50	136.420,80	153.473,40	161.999,70
27.900.000	42.706,50	85.413,00	93.954,30	102.495,60	111.036,90	119.578,20	128.119,50	136.660,80	153.743,40	162.284,70
27.950.000	42.781,50	85.563,00	94.119,30	102.675,60	111.231,90	119.788,20	128.344,50	136.900,80	154.013,40	162.569,70
28.000.000	42.856,50	85.713,00	94.284,30	102.855,60	111.426,90	119.998,20	128.569,50	137.140,80	154.283,40	162.854,70
28.050.000	42.931,50	85.863,00	94.449,30	103.035,60	111.621,90	120.208,20	128.794,50	137.380,80	154.553,40	163.139,70
28.100.000	43.006,50	86.013,00	94.614,30	103.215,60	111.816,90	120.418,20	129.019,50	137.620,80	154.823,40	163.424,70
28.150.000	43.081,50	86.163,00	94.779,30	103.395,60	112.011,90	120.628,20	129.244,50	137.860,80	155.093,40	163.709,70
28.200.000	43.156,50	86.313,00	94.944,30	103.575,60	112.206,90	120.838,20	129.469,50	138.100,80	155.363,40	163.994,70
28.250.000	43.231,50	86.463,00	95.109,30	103.755,60	112.401,90	121.048,20	129.694,50	138.340,80	155.633,40	164.279,70
28.300.000	43.306,50	86.613,00	95.274,30	103.935,60	112.596,90	121.258,20	129.919,50	138.580,80	155.903,40	164.564,70
28.350.000	43.381,50	86.763,00	95.439,30	104.115,60	112.791,90	121.468,20	130.144,50	138.820,80	156.173,40	164.849,70
28.400.000	43.456,50	86.913,00	95.604,30	104.295,60	112.986,90	121.678,20	130.369,50	139.060,80	156.443,40	165.134,70
28.450.000	43.531,50	87.063,00	95.769,30	104.475,60	113.181,90	121.888,20	130.594,50	139.300,80	156.713,40	165.419,70
28.500.000	43.606,50	87.213,00	95.934,30	104.655,60	113.376,90	122.098,20	130.819,50	139.540,80	156.983,40	165.704,70
28.550.000	43.681,50	87.363,00	96.099,30	104.835,60	113.571,90	122.308,20	131.044,50	139.780,80	157.253,40	165.989,70
28.600.000	43.756,50	87.513,00	96.264,30	105.015,60	113.766,90	122.518,20	131.269,50	140.020,80	157.523,40	166.274,70
28.650.000	43.831,50	87.663,00	96.429,30	105.195,60	113.961,90	122.728,20	131.494,50	140.260,80	157.793,40	166.559,70
28.700.000	43.906,50	87.813,00	96.594,30	105.375,60	114.156,90	122.938,20	131.719,50	140.500,80	158.063,40	166.844,70
28.750.000	43.981,50	87.963,00	96.759,30	105.555,60	114.351,90	123.148,20	131.944,50	140.740,80	158.333,40	167.129,70
28.800.000	44.056,50	88.113,00	96.924,30	105.735,60	114.546,90	123.358,20	132.169,50	140.980,80	158.603,40	167.414,70
28.850.000	44.131,50	88.263,00	97.089,30	105.915,60	114.741,90	123.568,20	132.394,50	141.220,80	158.873,40	167.699,70
28.900.000	44.206,50	88.413,00	97.254,30	106.095,60	114.936,90	123.778,20	132.619,50	141.460,80	159.143,40	167.984,70
28.950.000	44.281,50	88.563,00	97.419,30	106.275,60	115.131,90	123.988,20	132.844,50	141.700,80	159.413,40	168.269,70
29.000.000	44.356,50	88.713,00	97.584,30	106.455,60	115.326,90	124.198,20	133.069,50	141.940,80	159.683,40	168.554,70
29.050.000	44.431,50	88.863,00	97.749,30	106.635,60	115.521,90	124.408,20	133.294,50	142.180,80	159.953,40	168.839,70
29.100.000	44.506,50	89.013,00	97.914,30	106.815,60	115.716,90	124.618,20	133.519,50	142.420,80	160.223,40	169.124,70
29.150.000	44.581,50	89.163,00	98.079,30	106.995,60	115.911,90	124.828,20	133.744,50	142.660,80	160.493,40	169.409,70
29.200.000	44.656,50	89.313,00	98.244,30	107.175,60	116.106,90	125.038,20	133.969,50	142.900,80	160.763,40	169.694,70
29.250.000	44.731,50	89.463,00	98.409,30	107.355,60	116.301,90	125.248,20	134.194,50	143.140,80	161.033,40	169.979,70
29.300.000	44.806,50	89.613,00	98.574,30	107.535,60	116.496,90	125.458,20	134.419,50	143.380,80	161.303,40	170.264,70
29.350.000	44.881,50	89.763,00	98.739,30	107.715,60	116.691,90	125.668,20	134.644,50	143.620,80	161.573,40	170.549,70
29.400.000	44.956,50	89.913,00	98.904,30	107.895,60	116.886,90	125.878,20	134.869,50	143.860,80	161.843,40	170.834,70
29.450.000	45.031,50	90.063,00	99.069,30	108.075,60	117.081,90	126.088,20	135.094,50	144.100,80	162.113,40	171.119,70
29.500.000	45.106,50	90.213,00	99.234,30	108.255,60	117.276,90	126.298,20	135.319,50	144.340,80	162.383,40	171.404,70
29.550.000	45.181,50	90.363,00	99.399,30	108.435,60	117.471,90	126.508,20	135.544,50	144.580,80	162.653,40	171.689,70
29.600.000	45.256,50	90.513,00	99.564,30	108.615,60	117.666,90	126.718,20	135.769,50	144.820,80	162.923,40	171.974,70
29.650.000	45.331,50	90.663,00	99.729,30	108.795,60	117.861,90	126.928,20	135.994,50	145.060,80	163.193,40	172.259,70
29.700.000	45.406,50	90.813,00	99.894,30	108.975,60	118.056,90	127.138,20	136.219,50	145.300,80	163.463,40	172.544,70
29.750.000	45.481,50	90.963,00	100.059,30	109.155,60	118.251,90	127.348,20	136.444,50	145.540,80	163.733,40	172.829,70
29.800.000	45.556,50	91.113,00	100.224,30	109.335,60	118.446,90	127.558,20	136.669,50	145.780,80	164.003,40	173.114,70
29.850.000	45.631,50	91.263,00	100.389,30	109.515,60	118.641,90	127.768,20	136.894,50	146.020,80	164.273,40	173.399,70
29.900.000	45.706,50	91.413,00	100.554,30	109.695,60	118.836,90	127.978,20	137.119,50	146.260,80	164.543,40	173.684,70
29.950.000	45.781,50	91.563,00	100.719,30	109.875,60	119.031,90	128.188,20	137.344,50	146.500,80	164.813,40	173.969,70
30.000.000	45.856,50	91.713,00	100.884,30	110.055,60	119.226,90	128.398,20	137.569,50	146.740,80	165.083,40	174.254,70

Gerichtsgebühren

2,1	2,3	2,6	5,0	4,0	3,0	2,0	1,0	0,75	0,5	Wert bis €
176.532,30	193.344,90	218.563,80	502.780,00	402.224,00	301.668,00	201.112,00	100.556,00	75.417,00	50.278,00	**27.450.000**
176.847,30	193.689,90	218.953,80	503.680,00	402.944,00	302.208,00	201.472,00	100.736,00	75.552,00	50.368,00	**27.500.000**
177.162,30	194.034,90	219.343,80	504.580,00	403.664,00	302.748,00	201.832,00	100.916,00	75.687,00	50.458,00	**27.550.000**
177.477,30	194.379,90	219.733,80	505.480,00	404.384,00	303.288,00	202.192,00	101.096,00	75.822,00	50.548,00	**27.600.000**
177.792,30	194.724,90	220.123,80	506.380,00	405.104,00	303.828,00	202.552,00	101.276,00	75.957,00	50.638,00	**27.650.000**
178.107,30	195.069,90	220.513,80	507.280,00	405.824,00	304.368,00	202.912,00	101.456,00	76.092,00	50.728,00	**27.700.000**
178.422,30	195.414,90	220.903,80	508.180,00	406.544,00	304.908,00	203.272,00	101.636,00	76.227,00	50.818,00	**27.750.000**
178.737,30	195.759,90	221.293,80	509.080,00	407.264,00	305.448,00	203.632,00	101.816,00	76.362,00	50.908,00	**27.800.000**
179.052,30	196.104,90	221.683,80	509.980,00	407.984,00	305.988,00	203.992,00	101.996,00	76.497,00	50.998,00	**27.850.000**
179.367,30	196.449,90	222.073,80	510.880,00	408.704,00	306.528,00	204.352,00	102.176,00	76.632,00	51.088,00	**27.900.000**
179.682,30	196.794,90	222.463,80	511.780,00	409.424,00	307.068,00	204.712,00	102.356,00	76.767,00	51.178,00	**27.950.000**
179.997,30	197.139,90	222.853,80	512.680,00	410.144,00	307.608,00	205.072,00	102.536,00	76.902,00	51.268,00	**28.000.000**
180.312,30	197.484,90	223.243,80	513.580,00	410.864,00	308.148,00	205.432,00	102.716,00	77.037,00	51.358,00	**28.050.000**
180.627,30	197.829,90	223.633,80	514.480,00	411.584,00	308.688,00	205.792,00	102.896,00	77.172,00	51.448,00	**28.100.000**
180.942,30	198.174,90	224.023,80	515.380,00	412.304,00	309.228,00	206.152,00	103.076,00	77.307,00	51.538,00	**28.150.000**
181.257,30	198.519,90	224.413,80	516.280,00	413.024,00	309.768,00	206.512,00	103.256,00	77.442,00	51.628,00	**28.200.000**
181.572,30	198.864,90	224.803,80	517.180,00	413.744,00	310.308,00	206.872,00	103.436,00	77.577,00	51.718,00	**28.250.000**
181.887,30	199.209,90	225.193,80	518.080,00	414.464,00	310.848,00	207.232,00	103.616,00	77.712,00	51.808,00	**28.300.000**
182.202,30	199.554,90	225.583,80	518.980,00	415.184,00	311.388,00	207.592,00	103.796,00	77.847,00	51.898,00	**28.350.000**
182.517,30	199.899,90	225.973,80	519.880,00	415.904,00	311.928,00	207.952,00	103.976,00	77.982,00	51.988,00	**28.400.000**
182.832,30	200.244,90	226.363,80	520.780,00	416.624,00	312.468,00	208.312,00	104.156,00	78.117,00	52.078,00	**28.450.000**
183.147,30	200.589,90	226.753,80	521.680,00	417.344,00	313.008,00	208.672,00	104.336,00	78.252,00	52.168,00	**28.500.000**
183.462,30	200.934,90	227.143,80	522.580,00	418.064,00	313.548,00	209.032,00	104.516,00	78.387,00	52.258,00	**28.550.000**
183.777,30	201.279,90	227.533,80	523.480,00	418.784,00	314.088,00	209.392,00	104.696,00	78.522,00	52.348,00	**28.600.000**
184.092,30	201.624,90	227.923,80	524.380,00	419.504,00	314.628,00	209.752,00	104.876,00	78.657,00	52.438,00	**28.650.000**
184.407,30	201.969,90	228.313,80	525.280,00	420.224,00	315.168,00	210.112,00	105.056,00	78.792,00	52.528,00	**28.700.000**
184.722,30	202.314,90	228.703,80	526.180,00	420.944,00	315.708,00	210.472,00	105.236,00	78.927,00	52.618,00	**28.750.000**
185.037,30	202.659,90	229.093,80	527.080,00	421.664,00	316.248,00	210.832,00	105.416,00	79.062,00	52.708,00	**28.800.000**
185.352,30	203.004,90	229.483,80	527.980,00	422.384,00	316.788,00	211.192,00	105.596,00	79.197,00	52.798,00	**28.850.000**
185.667,30	203.349,90	229.873,80	528.880,00	423.104,00	317.328,00	211.552,00	105.776,00	79.332,00	52.888,00	**28.900.000**
185.982,30	203.694,90	230.263,80	529.780,00	423.824,00	317.868,00	211.912,00	105.956,00	79.467,00	52.978,00	**28.950.000**
186.297,30	204.039,90	230.653,80	530.680,00	424.544,00	318.408,00	212.272,00	106.136,00	79.602,00	53.068,00	**29.000.000**
186.612,30	204.384,90	231.043,80	531.580,00	425.264,00	318.948,00	212.632,00	106.316,00	79.737,00	53.158,00	**29.050.000**
186.927,30	204.729,90	231.433,80	532.480,00	425.984,00	319.488,00	212.992,00	106.496,00	79.872,00	53.248,00	**29.100.000**
187.242,30	205.074,90	231.823,80	533.380,00	426.704,00	320.028,00	213.352,00	106.676,00	80.007,00	53.338,00	**29.150.000**
187.557,30	205.419,90	232.213,80	534.280,00	427.424,00	320.568,00	213.712,00	106.856,00	80.142,00	53.428,00	**29.200.000**
187.872,30	205.764,90	232.603,80	535.180,00	428.144,00	321.108,00	214.072,00	107.036,00	80.277,00	53.518,00	**29.250.000**
188.187,30	206.109,90	232.993,80	536.080,00	428.864,00	321.648,00	214.432,00	107.216,00	80.412,00	53.608,00	**29.300.000**
188.502,30	206.454,90	233.383,80	536.980,00	429.584,00	322.188,00	214.792,00	107.396,00	80.547,00	53.698,00	**29.350.000**
188.817,30	206.799,90	233.773,80	537.880,00	430.304,00	322.728,00	215.152,00	107.576,00	80.682,00	53.788,00	**29.400.000**
189.132,30	207.144,90	234.163,80	538.780,00	431.024,00	323.268,00	215.512,00	107.756,00	80.817,00	53.878,00	**29.450.000**
189.447,30	207.489,90	234.553,80	539.680,00	431.744,00	323.808,00	215.872,00	107.936,00	80.952,00	53.968,00	**29.500.000**
189.762,30	207.834,90	234.943,80	540.580,00	432.464,00	324.348,00	216.232,00	108.116,00	81.087,00	54.058,00	**29.550.000**
190.077,30	208.179,90	235.333,80	541.480,00	433.184,00	324.888,00	216.592,00	108.296,00	81.222,00	54.148,00	**29.600.000**
190.392,30	208.524,90	235.723,80	542.380,00	433.904,00	325.428,00	216.952,00	108.476,00	81.357,00	54.238,00	**29.650.000**
190.707,30	208.869,90	236.113,80	543.280,00	434.624,00	325.968,00	217.312,00	108.656,00	81.492,00	54.328,00	**29.700.000**
191.022,30	209.214,90	236.503,80	544.180,00	435.344,00	326.508,00	217.672,00	108.836,00	81.627,00	54.418,00	**29.750.000**
191.337,30	209.559,90	236.893,80	545.080,00	436.064,00	327.048,00	218.032,00	109.016,00	81.762,00	54.508,00	**29.800.000**
191.652,30	209.904,90	237.283,80	545.980,00	436.784,00	327.588,00	218.392,00	109.196,00	81.897,00	54.598,00	**29.850.000**
191.967,30	210.249,90	237.673,80	546.880,00	437.504,00	328.128,00	218.752,00	109.376,00	82.032,00	54.688,00	**29.900.000**
192.282,30	210.594,90	238.063,80	547.780,00	438.224,00	328.668,00	219.112,00	109.556,00	82.167,00	54.778,00	**29.950.000**
192.597,30	210.939,90	238.453,80	548.680,00	438.944,00	329.208,00	219.472,00	109.736,00	82.302,00	54.868,00	**30.000.000**

III. Berechnung der Gebührenbeträge bei höheren Werten als 30 Mio. Euro

1. Überblick

Bei Gegenstandswerten über 30 Mio. Euro ändert sich an den **Gerichtsgebühren** nichts, da hier in § 39 Abs. 2 GKG eine absolute Höchstgrenze von 30 Mio. Euro vorgesehen ist, die im Gegensatz zum RVG nie überschritten werden kann.

Hinsichtlich der **Anwaltsgebühren**, sind nach § 23 Abs. 1 S. 4 i. V. m. § 22 Abs. 2 S. 2 RVG auch in gerichtlichen Verfahren höhere Werte als 30 Mio. Euro (bis 100 Mio. Euro) möglich, wenn der Anwalt mehrere Auftraggeber vertritt. Zwar sieht das Gesetz in § 22 Abs. 2 S. 2 RVG (ebenso in § 23 Abs. 1 S. 1 u. 2 RVG i. V. m. § 39 Abs. 2 GKG, § 33 Abs. 2 FamGKG) eine Begrenzung auf 30 Mio. Euro vor; diese Begrenzung wird jedoch bei mehreren Auftraggebern, sofern der Gegenstand derselbe ist, um jeweils 30 Mio. Euro je weiteren Auftraggeber angehoben, höchstens jedoch auf 100 Mio. Euro (§ 22 Abs. 2 S. 2 RVG); das gilt auch im Falle des § 23 Abs. 1 S. 3, S. 1 RVG (§ 23 Abs. 1 S. 4 RVG). Höhere Werte als 100 Mio. Euro sind bei gesetzlicher Abrechnung nicht möglich. Insoweit besteht nur die Möglichkeit einer Vergütungsvereinbarung nach §§ 3a ff. RVG.[1]

Es gelten danach folgende Begrenzungen

Höchstwerte bei mehreren Auftraggebern

Auftraggeber	Höchstwert
1	30 Mio.
2	60 Mio.
3	90 Mio.
4 und mehr	100 Mio.

Dies ergibt folgende Höchstbeträge, die bei der nachfolgenden Berechnung bei mehreren Auftraggebern zu beachten sind.

Höchstbeträge bei mehreren Auftraggebern

Wert bis €	0,5	1,0	1,1	1,2	1,3	1,4
30.000.000	45.856,50	91.713,00	100.884,30	110.055,60	119.226,90	128.398,20
60.000.000	90.856,50	181.713,00	199.884,30	218.055,60	236.226,90	254.398,20
90.000.000	135.856,50	271.713,00	298.884,30	326.055,60	353.226,90	380.398,20
100.000.000	150.856,50	301.713,00	331.884,30	362.055,60	392.226,90	422.398,20

Wert bis €	1,5	1,6	1,8	1,9	2,1	2,3
30.000.000	137.569,50	146.740,80	165.083,40	174.254,70	192.597,30	210.939,90
60.000.000	272.569,50	290.740,80	327.083,40	345.254,70	381.597,30	417.939,90
90.000.000	407.569,50	434.740,80	489.083,40	516.254,70	570.597,30	624.939,90
100.000.000	452.569,50	482.740,80	543.083,40	573.254,70	633.597,30	693.939,90

2. Berechnungsmethode bei Werten über 30 Mio. Euro

Bei Werten über 30 Mio. (§ 22 Abs. 2 RVG) ist nach folgender Formel zu verfahren:

Gegenstandswert, aufgerundet auf volle 50.000,00 Euro x Hilfsfaktor + Hilfsbetrag

Dabei ist von folgenden Schritten auszugehen:

(1) Der Gegenstandswert ist zunächst auf volle 50.000,00 Euro aufzurunden.

(2) Sodann ist der aufgerundete Betrag mit dem in der nachfolgenden Hilfstabelle unter Nr. 2 angegebenen Faktor zu multiplizieren.

(3) Hiernach ist dem gefundenen Produkt der unter Nr. 3 der nachfolgenden Hilfstabelle ausgewiesene Ergänzungsbetrag hinzuzurechnen.

---

[1] Siehe hierzu N. *Schneider*, Die Vergütungsvereinbarung, Rn. 879 ff. (901 ff.)

1. Gebührensatz	1,0	1,1	1,2	1,3	1,4	1,5
2. Faktor						
a) in Prozent	0,3	0,33	0,36	0,39	0,42	0,45
b) in Dezimalzahlen	0,003	0,0033	0,0036	0,0039	0,0042	0,0045
3. Ergänzungsbetrag	1.713,00	1.884,30	2.055,60	2.226,90	2.398,20	2.569,50

1. Gebührensatz	1,6	1,8	1,9	2,1	2,3	2,6
2. Faktor						
a) in Prozent	0,48	0,54	0,57	0,63	0,69	0,78
b) in Dezimalzahlen	0,0048	0,0054	0,0057	0,0063	0,0069	0,0078
3. Ergänzungsbetrag	2.740,80	3.083,40	3.254,70	3.597,30	3.939,90	4.453,80

Beispiel: Berechnet werden soll eine 1,6-Verfahrensgebühr (Nr. 3200 VV RVG) aus dem Gegenstandswert von 45.678.900,00 Euro.

(1) Aufrundung 45.700.000,00 Euro

(2) Multiplikation mit Faktor
(a) 45.700.000,00 Euro x 0,48 % = 219.360,00 Euro
oder
(b) 45.700.000,00 Euro x 0,0048 = 219.360,00 Euro

(3) Addition mit Ergänzungswert
219.360,00 Euro + 2.740,80 Euro = **222.100,80 Euro**

Eine andere Berechnungsmöglichkeit besteht darin, von dem 1,0-Wert bei 30 Mio. Euro auszugehen und dann die Erhöhungen für jede weitere 50.000,00 Euro hinzuzurechnen. Es ergibt sich dann folgende Formel:

$$\frac{(\textit{Gegenstandswert, aufgerundet auf volle 50.000,00 Euro} - 30 \textit{ Mio. Euro}) \times 150}{50.000} \qquad + 91.713,00 \text{ €}$$

Dabei ist von folgenden Schritten auszugehen:

(1) Der Gegenstandswert ist zunächst auf volle 50.000,00 Euro aufzurunden.
(2) Davon sind dann 30 Mio. Euro abzuziehen.
(3) Sodann ist die Differenz durch 50.000,00 Euro zu dividieren und mit 150,00 zu multiplizieren (oder umgekehrt).
(4) Hiernach ist dem gefundenen Produkt der 1,0-Wert bei 30 Mio. Euro in Höhe von 91.713,00 Euro hinzuzurechnen.
(5) Die sich danach ergebende Summe ist sodann mit dem jeweiligen Gebührensatz zu multiplizieren.

Beispiel: Dies ergibt im vorgenannten Beispiel folgende Berechnung:

(1) Aufrundung auf volle 50.000,00 Euro 45.700.000,00 Euro

(2) Abzüglich 30 Mio. Euro
45.700.000,00 Euro – 30 Mio. Euro 15.700.000,00 Euro

(3) Division durch 50.000 und Multiplikation mit 150
15.700.000,00 Euro : 50.000 x 150 = 47.100,00 Euro

(4) Addition mit 30 Mio.-Wert
47.100,00 Euro + 91.713,00 Euro = 138.813,00 Euro

(5) Multiplikation mit Gebührensatz
138.813,00 Euro x 1,6 **222.100,80 Euro**

5. Gebühren in der Vollstreckung, Zwangsvollstreckung, Zwangsverwaltung, in Insolvenzverfahren u.a.

I. Überblick

Die Gebühren in der **Vollstreckung und Vollziehung** richten sich nach Teil 3 Abschnitt 3 Unterabschnitt 3 VV RVG (Dieser Unterabschnitt erfasst
- die Zwangsvollstreckung (Vorbem. 3.3.3 S. Nr. 1 VV RVG)
- die Vollstreckung (Vorbem. 3.3.3 S. Nr. 2 VV RVG),
- das Verfahren des Verwaltungszwangs (Vorbem. 3.3.3 S. Nr. 3 VV RVG) und
- die Vollziehung eines Arrestes oder einer einstweiligen Verfügung (Vorbem. 3.3.3 S. Nr. 4 VV RVG),

Dieser Unterabschnitt gilt gem. Vorbem. 3.3.3 S. 2 VV RVG auch für Verfahren auf Eintragung einer Zwangshypothek (§§ 867 und 870a ZPO).

Auch in sozialgerichtlichen Angelegenheiten, die in der Hauptsache nach Betragsrahmen abgerechnet werden, gelten bei einer Vollsteckung nach § 201 Abs. 1 SGG die Wertgebühren der Nrn. 3309, 3310 VV RVG (§ 3 Abs. 2 S. 2, 2. Hs. RVG).

Darüber hinaus gelten diese Vorschriften auch für die Zwangsvollstreckung aus Entscheidungen, die über einen aus der Straftat erwachsenen vermögensrechtlichen Anspruch oder die Erstattung von Kosten ergangen sind (§§ 406b, 464b StPO) sowie für die Mitwirkung bei der Ausübung der Veröffentlichungsbefugnis (Vorbem. 4 Abs. 5 Nr. 2 VV RVG).

Vorgesehen sind eine **Verfahrensgebühr** (Nr. 3309 VV RVG) und eine **Terminsgebühr** (Nr. 3310 VV RVG). Die Terminsgebühr entsteht nur für die Teilnahme an gerichtlichen Terminen oder Terminen zur Abgabe der Vermögensauskunft. Vorbem. 3 Abs. 3 S. 3 Nr. 2 VV RVG greift hier also nicht.

Nach § 18 Abs. 1 Nr. 1 RVG zählt jede Vollstreckungsmaßnahme zusammen mit den durch diese vorbereiteten weiteren Vollstreckungshandlungen bis zur Befriedigung des Gläubigers als **eine Angelegenheit**. Dies gilt entsprechend im Verwaltungszwangsverfahren (Verwaltungsvollstreckungsverfahren).

Die Gebühren in der **Zwangsversteigerung** und **Zwangsverwaltung** sind in Teil 3, Abschnitt 3 Unterabschnitt 4 VV RVG (Nrn. 3311, 3312 VV RVG) geregelt.

Insolvenzverfahren, Verteilungsverfahren nach der Schifffahrtsrechtlichen Verteilungsordnung finden sich wiederum in Teil 3, Abschnitt 3 Unterabschnitt 5 VV RVG (Nrn. 3313, 3323 VV RVG). Die Gebührenvorschriften gelten für die **Verteilungsverfahren nach der SVertO**, soweit dies ausdrücklich angeordnet ist (Vorbem. 3.3.5 Abs. 1 VV RVG).

Vorgesehen sind i.d.R. geringe Gebührensätze. Die **Mindestgebühr** gem. § 13 Abs. 2 RVG beträgt auch hier 15,00 Euro.

Hinzu kommen kann eine **Einigungsgebühr** für eine **Einigung** nach Anm. Abs. 1 S. 1 Nr. 1 zu Nr. 1000 VV RVG oder auch eine Einigung für eine **Zahlungsvereinbarung** nach Anm. Abs. 1 S. 1 Nr. 2 zu Nr. 1000 VV RVG.

Der **Gegenstandswert** richtet sich nach den §§ 25 ff. RVG. Da in den Vollstreckungsverfahren etc. i.d.R. bei Gericht wertunabhängige Festgebühren anfallen, sind insoweit gesonderte Regelungen für die Anwaltsgebühren erforderlich. Der Gegenstandswert ist auf Antrag nach § 33 RVG vom Gericht festzusetzen.

Im Falle einer Zahlungsvereinbarung beläuft sich der Gegenstandswert auf 20% der Forderung (§ 31b RVG).

Die Höhe des Gegenstandswertes ist auch hier nach § 22 Abs. 2 S. 1 RVG auf 30 Mio. Euro begrenzt, bei mehreren Auftraggebern, sofern der Gegenstand derselbe ist, auf 60, 90 bzw. 100 Mio. Euro (§ 22 Abs. 2 S. 2 RVG).

Im Verfahren auf **Abgabe der Vermögensauskunft** nach § 802c ZPO ist der Gegenstandswert darüber hinaus auf 2.000,00 Euro beschränkt (§ 25 Abs. 1 Nr. 4 RVG).

Die Verfahrensgebühren werden bei **mehreren Auftraggebern,** sofern der anwaltlichen Tätigkeit derselbe Gegenstand zugrunde liegt, um 0,3 je weiteren Auftraggeber angehoben und nicht etwa um 0,3 der jeweiligen Ausgangsgebühr.[1]

Wird gegen **mehrere Schuldner** vorgegangen – auch Gesamtschuldner – handelt es sich um verschiedene Angelegenheiten. Eine Streitgenossenschaft auf Schuldnerseite gibt es in der Zwangsvollstreckung nicht,[2] es sei denn, es wird in einen den Schuldnern gemeinschaftlich gehörenden Gegenstand vollstreckt.[3]

---

[1] LG Frankfurt AGS 2005, 18 m. Anm. *Mock* = NZM 2004, 920 = NJW 2004, 3642; LG Hamburg AGS 2005, 49.
[2] OLG Frankfurt/M. AGS 2004, 69; LG Frankfurt/M. AGS 2003, 207 m. Anm. *Mock.*
[3] OLG Hamburg AGS 2009, 479.

II. Gebührentabelle für Werte bis 10 Mio. Euro

Wert bis €	0,3	0,4	0,5	0,75	0,8	1,0	1,1	1,2
500	15,00[1]	18,00	22,50	33,75	36,00	45,00	49,50	54,00
1.000	24,00	32,00	40,00	60,00	64,00	80,00	88,00	96,00
1.500	34,50	46,00	57,50	86,25	92,00	115,00	126,50	138,00
2.000	45,00	60,00	75,00	112,50	120,00	150,00	165,00	180,00
3.000	60,30	80,40	100,50	150,75	160,80	201,00	221,10	241,20
4.000	75,60	100,80	126,00	189,00	201,60	252,00	277,20	302,40
5.000	90,90	121,20	151,50	227,25	242,40	303,00	333,30	363,60
6.000	106,20	141,60	177,00	265,50	283,20	354,00	389,40	424,80
7.000	121,50	162,00	202,50	303,75	324,00	405,00	445,50	486,00
8.000	136,80	182,40	228,00	342,00	364,80	456,00	501,60	547,20
9.000	152,10	202,80	253,50	380,25	405,60	507,00	557,70	608,40
10.000	167,40	223,20	279,00	418,50	446,40	558,00	613,80	669,60
13.000	181,20	241,60	302,00	453,00	483,20	604,00	664,40	724,80
16.000	195,00	260,00	325,00	487,50	520,00	650,00	715,00	780,00
19.000	208,80	278,40	348,00	522,00	556,80	696,00	765,60	835,20
22.000	222,60	296,80	371,00	556,50	593,60	742,00	816,20	890,40
25.000	236,40	315,20	394,00	591,00	630,40	788,00	866,80	945,60
30.000	258,90	345,20	431,50	647,25	690,40	863,00	949,30	1.035,60
35.000	281,40	375,20	469,00	703,50	750,40	938,00	1.031,80	1.125,60
40.000	303,90	405,20	506,50	759,75	810,40	1.013,00	1.114,30	1.215,60
45.000	326,40	435,20	544,00	816,00	870,40	1.088,00	1.196,80	1.305,60
50.000	348,90	465,20	581,50	872,25	930,40	1.163,00	1.279,30	1.395,60
65.000	374,40	499,20	624,00	936,00	998,40	1.248,00	1.372,80	1.497,60
80.000	399,90	533,20	666,50	999,75	1.066,40	1.333,00	1.466,30	1.599,60
95.000	425,40	567,20	709,00	1.063,50	1.134,40	1.418,00	1.559,80	1.701,60
110.000	450,90	601,20	751,50	1.127,25	1.202,40	1.503,00	1.653,30	1.803,60
125.000	476,40	635,20	794,00	1.191,00	1.270,40	1.588,00	1.746,80	1.905,60
140.000	501,90	669,20	836,50	1.254,75	1.338,40	1.673,00	1.840,30	2.007,60
155.000	527,40	703,20	879,00	1.318,50	1.406,40	1.758,00	1.933,80	2.109,60
170.000	552,90	737,20	921,50	1.382,25	1.474,40	1.843,00	2.027,30	2.211,60
185.000	578,40	771,20	964,00	1.446,00	1.542,40	1.928,00	2.120,80	2.313,60
200.000	603,90	805,20	1.006,50	1.509,75	1.610,40	2.013,00	2.214,30	2.415,60
230.000	639,90	853,20	1.066,50	1.599,75	1.706,40	2.133,00	2.346,30	2.559,60
260.000	675,90	901,20	1.126,50	1.689,75	1.802,40	2.253,00	2.478,30	2.703,60
290.000	711,90	949,20	1.186,50	1.779,75	1.898,40	2.373,00	2.610,30	2.847,60
320.000	747,90	997,20	1.246,50	1.869,75	1.994,40	2.493,00	2.742,30	2.991,60
350.000	783,90	1.045,20	1.306,50	1.959,75	2.090,40	2.613,00	2.874,30	3.135,60
380.000	819,90	1.093,20	1.366,50	2.049,75	2.186,40	2.733,00	3.006,30	3.279,60
410.000	855,90	1.141,20	1.426,50	2.139,75	2.282,40	2.853,00	3.138,30	3.423,60
440.000	891,90	1.189,20	1.486,50	2.229,75	2.378,40	2.973,00	3.270,30	3.567,60
470.000	927,90	1.237,20	1.546,50	2.319,75	2.474,40	3.093,00	3.402,30	3.711,60
500.000	963,90	1.285,20	1.606,50	2.409,75	2.570,40	3.213,00	3.534,30	3.855,60
550.000	1.008,90	1.345,20	1.681,50	2.522,25	2.690,40	3.363,00	3.699,30	4.035,60
600.000	1.053,90	1.405,20	1.756,50	2.634,75	2.810,40	3.513,00	3.864,30	4.215,60
650.000	1.098,90	1.465,20	1.831,50	2.747,25	2.930,40	3.663,00	4.029,30	4.395,60
700.000	1.143,90	1.525,20	1.906,50	2.859,75	3.050,40	3.813,00	4.194,30	4.575,60
750.000	1.188,90	1.585,20	1.981,50	2.972,25	3.170,40	3.963,00	4.359,30	4.755,60
800.000	1.233,90	1.645,20	2.056,50	3.084,75	3.290,40	4.113,00	4.524,30	4.935,60
850.000	1.278,90	1.705,20	2.131,50	3.197,25	3.410,40	4.263,00	4.689,30	5.115,60
900.000	1.323,90	1.765,20	2.206,50	3.309,75	3.530,40	4.413,00	4.854,30	5.295,60

[1] Mindestbetrag nach § 13 Abs. 2 RVG.

5. Zwangsvollstreckung, Zwangsverwaltung, Insolvenzverfahren u.a.

1,3	1,5	1,6	1,8	2,3	2,5	2,8	3,0	3,5	Wert bis €
58,50	67,50	72,00	81,00	103,50	112,50	126,00	135,00	157,50	500
104,00	120,00	128,00	144,00	184,00	200,00	224,00	240,00	280,00	1.000
149,50	172,50	184,00	207,00	264,50	287,50	322,00	345,00	402,50	1.500
195,00	225,00	240,00	270,00	345,00	375,00	420,00	450,00	525,00	2.000
261,30	301,50	321,60	361,80	462,30	502,50	562,80	603,00	703,50	3.000
327,60	378,00	403,20	453,60	579,60	630,00	705,60	756,00	882,00	4.000
393,90	454,50	484,80	545,40	696,90	757,50	848,40	909,00	1.060,50	5.000
460,20	531,00	566,40	637,20	814,20	885,00	991,20	1.062,00	1.239,00	6.000
526,50	607,50	648,00	729,00	931,50	1.012,50	1.134,00	1.215,00	1.417,50	7.000
592,80	684,00	729,60	820,80	1.048,80	1.140,00	1.276,80	1.368,00	1.596,00	8.000
659,10	760,50	811,20	912,60	1.166,10	1.267,50	1.419,60	1.521,00	1.774,50	9.000
725,40	837,00	892,80	1.004,40	1.283,40	1.395,00	1.562,40	1.674,00	1.953,00	10.000
785,20	906,00	966,40	1.087,20	1.389,20	1.510,00	1.691,20	1.812,00	2.114,00	13.000
845,00	975,00	1.040,00	1.170,00	1.495,00	1.625,00	1.820,00	1.950,00	2.275,00	16.000
904,80	1.044,00	1.113,60	1.252,80	1.600,80	1.740,00	1.948,80	2.088,00	2.436,00	19.000
964,60	1.113,00	1.187,20	1.335,60	1.706,60	1.855,00	2.077,60	2.226,00	2.597,00	22.000
1.024,40	1.182,00	1.260,80	1.418,40	1.812,40	1.970,00	2.206,40	2.364,00	2.758,00	25.000
1.121,90	1.294,50	1.380,80	1.553,40	1.984,90	2.157,50	2.416,40	2.589,00	3.020,50	30.000
1.219,40	1.407,00	1.500,80	1.688,40	2.157,40	2.345,00	2.626,40	2.814,00	3.283,00	35.000
1.316,90	1.519,50	1.620,80	1.823,40	2.329,90	2.532,50	2.836,40	3.039,00	3.545,50	40.000
1.414,40	1.632,00	1.740,80	1.958,40	2.502,40	2.720,00	3.046,40	3.264,00	3.808,00	45.000
1.511,90	1.744,50	1.860,80	2.093,40	2.674,90	2.907,50	3.256,40	3.489,00	4.070,50	50.000
1.622,40	1.872,00	1.996,80	2.246,40	2.870,40	3.120,00	3.494,40	3.744,00	4.368,00	65.000
1.732,90	1.999,50	2.132,80	2.399,40	3.065,90	3.332,50	3.732,40	3.999,00	4.665,50	80.000
1.843,40	2.127,00	2.268,80	2.552,40	3.261,40	3.545,00	3.970,40	4.254,00	4.963,00	95.000
1.953,90	2.254,50	2.404,80	2.705,40	3.456,90	3.757,50	4.208,40	4.509,00	5.260,50	110.000
2.064,40	2.382,00	2.540,80	2.858,40	3.652,40	3.970,00	4.446,40	4.764,00	5.558,00	125.000
2.174,90	2.509,50	2.676,80	3.011,40	3.847,90	4.182,50	4.684,40	5.019,00	5.855,50	140.000
2.285,40	2.637,00	2.812,80	3.164,40	4.043,40	4.395,00	4.922,40	5.274,00	6.153,00	155.000
2.395,90	2.764,50	2.948,80	3.317,40	4.238,90	4.607,50	5.160,40	5.529,00	6.450,50	170.000
2.506,40	2.892,00	3.084,80	3.470,40	4.434,40	4.820,00	5.398,40	5.784,00	6.748,00	185.000
2.616,90	3.019,50	3.220,80	3.623,40	4.629,90	5.032,50	5.636,40	6.039,00	7.045,50	200.000
2.772,90	3.199,50	3.412,80	3.839,40	4.905,90	5.332,50	5.972,40	6.399,00	7.465,50	230.000
2.928,90	3.379,50	3.604,80	4.055,40	5.181,90	5.632,50	6.308,40	6.759,00	7.885,50	260.000
3.084,90	3.559,50	3.796,80	4.271,40	5.457,90	5.932,50	6.644,40	7.119,00	8.305,50	290.000
3.240,90	3.739,50	3.988,80	4.487,40	5.733,90	6.232,50	6.980,40	7.479,00	8.725,50	320.000
3.396,90	3.919,50	4.180,80	4.703,40	6.009,90	6.532,50	7.316,40	7.839,00	9.145,50	350.000
3.552,90	4.099,50	4.372,80	4.919,40	6.285,90	6.832,50	7.652,40	8.199,00	9.565,50	380.000
3.708,90	4.279,50	4.564,80	5.135,40	6.561,90	7.132,50	7.988,40	8.559,00	9.985,50	410.000
3.864,90	4.459,50	4.756,80	5.351,40	6.837,90	7.432,50	8.324,40	8.919,00	10.405,50	440.000
4.020,90	4.639,50	4.948,80	5.567,40	7.113,90	7.732,50	8.660,40	9.279,00	10.825,50	470.000
4.176,90	4.819,50	5.140,80	5.783,40	7.389,90	8.032,50	8.996,40	9.639,00	11.245,50	500.000
4.371,90	5.044,50	5.380,80	6.053,40	7.734,90	8.407,50	9.416,40	10.089,00	11.770,50	550.000
4.566,90	5.269,50	5.620,80	6.323,40	8.079,90	8.782,50	9.836,40	10.539,00	12.295,50	600.000
4.761,90	5.494,50	5.860,80	6.593,40	8.424,90	9.157,50	10.256,40	10.989,00	12.820,50	650.000
4.956,90	5.719,50	6.100,80	6.863,40	8.769,90	9.532,50	10.676,40	11.439,00	13.345,50	700.000
5.151,90	5.944,50	6.340,80	7.133,40	9.114,90	9.907,50	11.096,40	11.889,00	13.870,50	750.000
5.346,90	6.169,50	6.580,80	7.403,40	9.459,90	10.282,50	11.516,40	12.339,00	14.395,50	800.000
5.541,90	6.394,50	6.820,80	7.673,40	9.804,90	10.657,50	11.936,40	12.789,00	14.920,50	850.000
5.736,90	6.619,50	7.060,80	7.943,40	10.149,90	11.032,50	12.356,40	13.239,00	15.445,50	900.000

A. Gebührentabellen zum RVG

Wert bis €	0,3	0,4	0,5	0,75	0,8	1,0	1,1	1,2
950.000	1.368,90	1.825,20	2.281,50	3.422,25	3.650,40	4.563,00	5.019,30	5.475,60
1.000.000	1.413,90	1.885,20	2.356,50	3.534,75	3.770,40	4.713,00	5.184,30	5.655,60
1.050.000	1.458,90	1.945,20	2.431,50	3.647,25	3.890,40	4.863,00	5.349,30	5.835,60
1.100.000	1.503,90	2.005,20	2.506,50	3.759,75	4.010,40	5.013,00	5.514,30	6.015,60
1.150.000	1.548,90	2.065,20	2.581,50	3.872,25	4.130,40	5.163,00	5.679,30	6.195,60
1.200.000	1.593,90	2.125,20	2.656,50	3.984,75	4.250,40	5.313,00	5.844,30	6.375,60
1.250.000	1.638,90	2.185,20	2.731,50	4.097,25	4.370,40	5.463,00	6.009,30	6.555,60
1.300.000	1.683,90	2.245,20	2.806,50	4.209,75	4.490,40	5.613,00	6.174,30	6.735,60
1.350.000	1.728,90	2.305,20	2.881,50	4.322,25	4.610,40	5.763,00	6.339,30	6.915,60
1.400.000	1.773,90	2.365,20	2.956,50	4.434,75	4.730,40	5.913,00	6.504,30	7.095,60
1.450.000	1.818,90	2.425,20	3.031,50	4.547,25	4.850,40	6.063,00	6.669,30	7.275,60
1.500.000	1.863,90	2.485,20	3.106,50	4.659,75	4.970,40	6.213,00	6.834,30	7.455,60
1.550.000	1.908,90	2.545,20	3.181,50	4.772,25	5.090,40	6.363,00	6.999,30	7.635,60
1.600.000	1.953,90	2.605,20	3.256,50	4.884,75	5.210,40	6.513,00	7.164,30	7.815,60
1.650.000	1.998,90	2.665,20	3.331,50	4.997,25	5.330,40	6.663,00	7.329,30	7.995,60
1.700.000	2.043,90	2.725,20	3.406,50	5.109,75	5.450,40	6.813,00	7.494,30	8.175,60
1.750.000	2.088,90	2.785,20	3.481,50	5.222,25	5.570,40	6.963,00	7.659,30	8.355,60
1.800.000	2.133,90	2.845,20	3.556,50	5.334,75	5.690,40	7.113,00	7.824,30	8.535,60
1.850.000	2.178,90	2.905,20	3.631,50	5.447,25	5.810,40	7.263,00	7.989,30	8.715,60
1.900.000	2.223,90	2.965,20	3.706,50	5.559,75	5.930,40	7.413,00	8.154,30	8.895,60
1.950.000	2.268,90	3.025,20	3.781,50	5.672,25	6.050,40	7.563,00	8.319,30	9.075,60
2.000.000	2.313,90	3.085,20	3.856,50	5.784,75	6.170,40	7.713,00	8.484,30	9.255,60
2.050.000	2.358,90	3.145,20	3.931,50	5.897,25	6.290,40	7.863,00	8.649,30	9.435,60
2.100.000	2.403,90	3.205,20	4.006,50	6.009,75	6.410,40	8.013,00	8.814,30	9.615,60
2.150.000	2.448,90	3.265,20	4.081,50	6.122,25	6.530,40	8.163,00	8.979,30	9.795,60
2.200.000	2.493,90	3.325,20	4.156,50	6.234,75	6.650,40	8.313,00	9.144,30	9.975,60
2.250.000	2.538,90	3.385,20	4.231,50	6.347,25	6.770,40	8.463,00	9.309,30	10.155,60
2.300.000	2.583,90	3.445,20	4.306,50	6.459,75	6.890,40	8.613,00	9.474,30	10.335,60
2.350.000	2.628,90	3.505,20	4.381,50	6.572,25	7.010,40	8.763,00	9.639,30	10.515,60
2.400.000	2.673,90	3.565,20	4.456,50	6.684,75	7.130,40	8.913,00	9.804,30	10.695,60
2.450.000	2.718,90	3.625,20	4.531,50	6.797,25	7.250,40	9.063,00	9.969,30	10.875,60
2.500.000	2.763,90	3.685,20	4.606,50	6.909,75	7.370,40	9.213,00	10.134,30	11.055,60
2.550.000	2.808,90	3.745,20	4.681,50	7.022,25	7.490,40	9.363,00	10.299,30	11.235,60
2.600.000	2.853,90	3.805,20	4.756,50	7.134,75	7.610,40	9.513,00	10.464,30	11.415,60
2.650.000	2.898,90	3.865,20	4.831,50	7.247,25	7.730,40	9.663,00	10.629,30	11.595,60
2.700.000	2.943,90	3.925,20	4.906,50	7.359,75	7.850,40	9.813,00	10.794,30	11.775,60
2.750.000	2.988,90	3.985,20	4.981,50	7.472,25	7.970,40	9.963,00	10.959,30	11.955,60
2.800.000	3.033,90	4.045,20	5.056,50	7.584,75	8.090,40	10.113,00	11.124,30	12.135,60
2.850.000	3.078,90	4.105,20	5.131,50	7.697,25	8.210,40	10.263,00	11.289,30	12.315,60
2.900.000	3.123,90	4.165,20	5.206,50	7.809,75	8.330,40	10.413,00	11.454,30	12.495,60
2.950.000	3.168,90	4.225,20	5.281,50	7.922,25	8.450,40	10.563,00	11.619,30	12.675,60
3.000.000	3.213,90	4.285,20	5.356,50	8.034,75	8.570,40	10.713,00	11.784,30	12.855,60
3.050.000	3.258,90	4.345,20	5.431,50	8.147,25	8.690,40	10.863,00	11.949,30	13.035,60
3.100.000	3.303,90	4.405,20	5.506,50	8.259,75	8.810,40	11.013,00	12.114,30	13.215,60
3.150.000	3.348,90	4.465,20	5.581,50	8.372,25	8.930,40	11.163,00	12.279,30	13.395,60
3.200.000	3.393,90	4.525,20	5.656,50	8.484,75	9.050,40	11.313,00	12.444,30	13.575,60
3.250.000	3.438,90	4.585,20	5.731,50	8.597,25	9.170,40	11.463,00	12.609,30	13.755,60
3.300.000	3.483,90	4.645,20	5.806,50	8.709,75	9.290,40	11.613,00	12.774,30	13.935,60
3.350.000	3.528,90	4.705,20	5.881,50	8.822,25	9.410,40	11.763,00	12.939,30	14.115,60
3.400.000	3.573,90	4.765,20	5.956,50	8.934,75	9.530,40	11.913,00	13.104,30	14.295,60
3.450.000	3.618,90	4.825,20	6.031,50	9.047,25	9.650,40	12.063,00	13.269,30	14.475,60
3.500.000	3.663,90	4.885,20	6.106,50	9.159,75	9.770,40	12.213,00	13.434,30	14.655,60
3.550.000	3.708,90	4.945,20	6.181,50	9.272,25	9.890,40	12.363,00	13.599,30	14.835,60
3.600.000	3.753,90	5.005,20	6.256,50	9.384,75	10.010,40	12.513,00	13.764,30	15.015,60

5. Zwangsvollstreckung, Zwangsverwaltung, Insolvenzverfahren u.a.

1,3	1,5	1,6	1,8	2,3	2,5	2,8	3,0	3,5	Wert bis €
5.931,90	6.844,50	7.300,80	8.213,40	10.494,90	11.407,50	12.776,40	13.689,00	15.970,50	**950.000**
6.126,90	7.069,50	7.540,80	8.483,40	10.839,90	11.782,50	13.196,40	14.139,00	16.495,50	**1.000.000**
6.321,90	7.294,50	7.780,80	8.753,40	11.184,90	12.157,50	13.616,40	14.589,00	17.020,50	**1.050.000**
6.516,90	7.519,50	8.020,80	9.023,40	11.529,90	12.532,50	14.036,40	15.039,00	17.545,50	**1.100.000**
6.711,90	7.744,50	8.260,80	9.293,40	11.874,90	12.907,50	14.456,40	15.489,00	18.070,50	**1.150.000**
6.906,90	7.969,50	8.500,80	9.563,40	12.219,90	13.282,50	14.876,40	15.939,00	18.595,50	**1.200.000**
7.101,90	8.194,50	8.740,80	9.833,40	12.564,90	13.657,50	15.296,40	16.389,00	19.120,50	**1.250.000**
7.296,90	8.419,50	8.980,80	10.103,40	12.909,90	14.032,50	15.716,40	16.839,00	19.645,50	**1.300.000**
7.491,90	8.644,50	9.220,80	10.373,40	13.254,90	14.407,50	16.136,40	17.289,00	20.170,50	**1.350.000**
7.686,90	8.869,50	9.460,80	10.643,40	13.599,90	14.782,50	16.556,40	17.739,00	20.695,50	**1.400.000**
7.881,90	9.094,50	9.700,80	10.913,40	13.944,90	15.157,50	16.976,40	18.189,00	21.220,50	**1.450.000**
8.076,90	9.319,50	9.940,80	11.183,40	14.289,90	15.532,50	17.396,40	18.639,00	21.745,50	**1.500.000**
8.271,90	9.544,50	10.180,80	11.453,40	14.634,90	15.907,50	17.816,40	19.089,00	22.270,50	**1.550.000**
8.466,90	9.769,50	10.420,80	11.723,40	14.979,90	16.282,50	18.236,40	19.539,00	22.795,50	**1.600.000**
8.661,90	9.994,50	10.660,80	11.993,40	15.324,90	16.657,50	18.656,40	19.989,00	23.320,50	**1.650.000**
8.856,90	10.219,50	10.900,80	12.263,40	15.669,90	17.032,50	19.076,40	20.439,00	23.845,50	**1.700.000**
9.051,90	10.444,50	11.140,80	12.533,40	16.014,90	17.407,50	19.496,40	20.889,00	24.370,50	**1.750.000**
9.246,90	10.669,50	11.380,80	12.803,40	16.359,90	17.782,50	19.916,40	21.339,00	24.895,50	**1.800.000**
9.441,90	10.894,50	11.620,80	13.073,40	16.704,90	18.157,50	20.336,40	21.789,00	25.420,50	**1.850.000**
9.636,90	11.119,50	11.860,80	13.343,40	17.049,90	18.532,50	20.756,40	22.239,00	25.945,50	**1.900.000**
9.831,90	11.344,50	12.100,80	13.613,40	17.394,90	18.907,50	21.176,40	22.689,00	26.470,50	**1.950.000**
10.026,90	11.569,50	12.340,80	13.883,40	17.739,90	19.282,50	21.596,40	23.139,00	26.995,50	**2.000.000**
10.221,90	11.794,50	12.580,80	14.153,40	18.084,90	19.657,50	22.016,40	23.589,00	27.520,50	**2.050.000**
10.416,90	12.019,50	12.820,80	14.423,40	18.429,90	20.032,50	22.436,40	24.039,00	28.045,50	**2.100.000**
10.611,90	12.244,50	13.060,80	14.693,40	18.774,90	20.407,50	22.856,40	24.489,00	28.570,50	**2.150.000**
10.806,90	12.469,50	13.300,80	14.963,40	19.119,90	20.782,50	23.276,40	24.939,00	29.095,50	**2.200.000**
11.001,90	12.694,50	13.540,80	15.233,40	19.464,90	21.157,50	23.696,40	25.389,00	29.620,50	**2.250.000**
11.196,90	12.919,50	13.780,80	15.503,40	19.809,90	21.532,50	24.116,40	25.839,00	30.145,50	**2.300.000**
11.391,90	13.144,50	14.020,80	15.773,40	20.154,90	21.907,50	24.536,40	26.289,00	30.670,50	**2.350.000**
11.586,90	13.369,50	14.260,80	16.043,40	20.499,90	22.282,50	24.956,40	26.739,00	31.195,50	**2.400.000**
11.781,90	13.594,50	14.500,80	16.313,40	20.844,90	22.657,50	25.376,40	27.189,00	31.720,50	**2.450.000**
11.976,90	13.819,50	14.740,80	16.583,40	21.189,90	23.032,50	25.796,40	27.639,00	32.245,50	**2.500.000**
12.171,90	14.044,50	14.980,80	16.853,40	21.534,90	23.407,50	26.216,40	28.089,00	32.770,50	**2.550.000**
12.366,90	14.269,50	15.220,80	17.123,40	21.879,90	23.782,50	26.636,40	28.539,00	33.295,50	**2.600.000**
12.561,90	14.494,50	15.460,80	17.393,40	22.224,90	24.157,50	27.056,40	28.989,00	33.820,50	**2.650.000**
12.756,90	14.719,50	15.700,80	17.663,40	22.569,90	24.532,50	27.476,40	29.439,00	34.345,50	**2.700.000**
12.951,90	14.944,50	15.940,80	17.933,40	22.914,90	24.907,50	27.896,40	29.889,00	34.870,50	**2.750.000**
13.146,90	15.169,50	16.180,80	18.203,40	23.259,90	25.282,50	28.316,40	30.339,00	35.395,50	**2.800.000**
13.341,90	15.394,50	16.420,80	18.473,40	23.604,90	25.657,50	28.736,40	30.789,00	35.920,50	**2.850.000**
13.536,90	15.619,50	16.660,80	18.743,40	23.949,90	26.032,50	29.156,40	31.239,00	36.445,50	**2.900.000**
13.731,90	15.844,50	16.900,80	19.013,40	24.294,90	26.407,50	29.576,40	31.689,00	36.970,50	**2.950.000**
13.926,90	16.069,50	17.140,80	19.283,40	24.639,90	26.782,50	29.996,40	32.139,00	37.495,50	**3.000.000**
14.121,90	16.294,50	17.380,80	19.553,40	24.984,90	27.157,50	30.416,40	32.589,00	38.020,50	**3.050.000**
14.316,90	16.519,50	17.620,80	19.823,40	25.329,90	27.532,50	30.836,40	33.039,00	38.545,50	**3.100.000**
14.511,90	16.744,50	17.860,80	20.093,40	25.674,90	27.907,50	31.256,40	33.489,00	39.070,50	**3.150.000**
14.706,90	16.969,50	18.100,80	20.363,40	26.019,90	28.282,50	31.676,40	33.939,00	39.595,50	**3.200.000**
14.901,90	17.194,50	18.340,80	20.633,40	26.364,90	28.657,50	32.096,40	34.389,00	40.120,50	**3.250.000**
15.096,90	17.419,50	18.580,80	20.903,40	26.709,90	29.032,50	32.516,40	34.839,00	40.645,50	**3.300.000**
15.291,90	17.644,50	18.820,80	21.173,40	27.054,90	29.407,50	32.936,40	35.289,00	41.170,50	**3.350.000**
15.486,90	17.869,50	19.060,80	21.443,40	27.399,90	29.782,50	33.356,40	35.739,00	41.695,50	**3.400.000**
15.681,90	18.094,50	19.300,80	21.713,40	27.744,90	30.157,50	33.776,40	36.189,00	42.220,50	**3.450.000**
15.876,90	18.319,50	19.540,80	21.983,40	28.089,90	30.532,50	34.196,40	36.639,00	42.745,50	**3.500.000**
16.071,90	18.544,50	19.780,80	22.253,40	28.434,90	30.907,50	34.616,40	37.089,00	43.270,50	**3.550.000**
16.266,90	18.769,50	20.020,80	22.523,40	28.779,90	31.282,50	35.036,40	37.539,00	43.795,50	**3.600.000**

Wert bis €	0,3	0,4	0,5	0,75	0,8	1,0	1,1	1,2
3.650.000	3.798,90	5.065,20	6.331,50	9.497,25	10.130,40	12.663,00	13.929,30	15.195,60
3.700.000	3.843,90	5.125,20	6.406,50	9.609,75	10.250,40	12.813,00	14.094,30	15.375,60
3.750.000	3.888,90	5.185,20	6.481,50	9.722,25	10.370,40	12.963,00	14.259,30	15.555,60
3.800.000	3.933,90	5.245,20	6.556,50	9.834,75	10.490,40	13.113,00	14.424,30	15.735,60
3.850.000	3.978,90	5.305,20	6.631,50	9.947,25	10.610,40	13.263,00	14.589,30	15.915,60
3.900.000	4.023,90	5.365,20	6.706,50	10.059,75	10.730,40	13.413,00	14.754,30	16.095,60
3.950.000	4.068,90	5.425,20	6.781,50	10.172,25	10.850,40	13.563,00	14.919,30	16.275,60
4.000.000	4.113,90	5.485,20	6.856,50	10.284,75	10.970,40	13.713,00	15.084,30	16.455,60
4.050.000	4.158,90	5.545,20	6.931,50	10.397,25	11.090,40	13.863,00	15.249,30	16.635,60
4.100.000	4.203,90	5.605,20	7.006,50	10.509,75	11.210,40	14.013,00	15.414,30	16.815,60
4.150.000	4.248,90	5.665,20	7.081,50	10.622,25	11.330,40	14.163,00	15.579,30	16.995,60
4.200.000	4.293,90	5.725,20	7.156,50	10.734,75	11.450,40	14.313,00	15.744,30	17.175,60
4.250.000	4.338,90	5.785,20	7.231,50	10.847,25	11.570,40	14.463,00	15.909,30	17.355,60
4.300.000	4.383,90	5.845,20	7.306,50	10.959,75	11.690,40	14.613,00	16.074,30	17.535,60
4.350.000	4.428,90	5.905,20	7.381,50	11.072,25	11.810,40	14.763,00	16.239,30	17.715,60
4.400.000	4.473,90	5.965,20	7.456,50	11.184,75	11.930,40	14.913,00	16.404,30	17.895,60
4.450.000	4.518,90	6.025,20	7.531,50	11.297,25	12.050,40	15.063,00	16.569,30	18.075,60
4.500.000	4.563,90	6.085,20	7.606,50	11.409,75	12.170,40	15.213,00	16.734,30	18.255,60
4.550.000	4.608,90	6.145,20	7.681,50	11.522,25	12.290,40	15.363,00	16.899,30	18.435,60
4.600.000	4.653,90	6.205,20	7.756,50	11.634,75	12.410,40	15.513,00	17.064,30	18.615,60
4.650.000	4.698,90	6.265,20	7.831,50	11.747,25	12.530,40	15.663,00	17.229,30	18.795,60
4.700.000	4.743,90	6.325,20	7.906,50	11.859,75	12.650,40	15.813,00	17.394,30	18.975,60
4.750.000	4.788,90	6.385,20	7.981,50	11.972,25	12.770,40	15.963,00	17.559,30	19.155,60
4.800.000	4.833,90	6.445,20	8.056,50	12.084,75	12.890,40	16.113,00	17.724,30	19.335,60
4.850.000	4.878,90	6.505,20	8.131,50	12.197,25	13.010,40	16.263,00	17.889,30	19.515,60
4.900.000	4.923,90	6.565,20	8.206,50	12.309,75	13.130,40	16.413,00	18.054,30	19.695,60
4.950.000	4.968,90	6.625,20	8.281,50	12.422,25	13.250,40	16.563,00	18.219,30	19.875,60
5.000.000	5.013,90	6.685,20	8.356,50	12.534,75	13.370,40	16.713,00	18.384,30	20.055,60
5.050.000	5.058,90	6.745,20	8.431,50	12.647,25	13.490,40	16.863,00	18.549,30	20.235,60
5.100.000	5.103,90	6.805,20	8.506,50	12.759,75	13.610,40	17.013,00	18.714,30	20.415,60
5.150.000	5.148,90	6.865,20	8.581,50	12.872,25	13.730,40	17.163,00	18.879,30	20.595,60
5.200.000	5.193,90	6.925,20	8.656,50	12.984,75	13.850,40	17.313,00	19.044,30	20.775,60
5.250.000	5.238,90	6.985,20	8.731,50	13.097,25	13.970,40	17.463,00	19.209,30	20.955,60
5.300.000	5.283,90	7.045,20	8.806,50	13.209,75	14.090,40	17.613,00	19.374,30	21.135,60
5.350.000	5.328,90	7.105,20	8.881,50	13.322,25	14.210,40	17.763,00	19.539,30	21.315,60
5.400.000	5.373,90	7.165,20	8.956,50	13.434,75	14.330,40	17.913,00	19.704,30	21.495,60
5.450.000	5.418,90	7.225,20	9.031,50	13.547,25	14.450,40	18.063,00	19.869,30	21.675,60
5.500.000	5.463,90	7.285,20	9.106,50	13.659,75	14.570,40	18.213,00	20.034,30	21.855,60
5.550.000	5.508,90	7.345,20	9.181,50	13.772,25	14.690,40	18.363,00	20.199,30	22.035,60
5.600.000	5.553,90	7.405,20	9.256,50	13.884,75	14.810,40	18.513,00	20.364,30	22.215,60
5.650.000	5.598,90	7.465,20	9.331,50	13.997,25	14.930,40	18.663,00	20.529,30	22.395,60
5.700.000	5.643,90	7.525,20	9.406,50	14.109,75	15.050,40	18.813,00	20.694,30	22.575,60
5.750.000	5.688,90	7.585,20	9.481,50	14.222,25	15.170,40	18.963,00	20.859,30	22.755,60
5.800.000	5.733,90	7.645,20	9.556,50	14.334,75	15.290,40	19.113,00	21.024,30	22.935,60
5.850.000	5.778,90	7.705,20	9.631,50	14.447,25	15.410,40	19.263,00	21.189,30	23.115,60
5.900.000	5.823,90	7.765,20	9.706,50	14.559,75	15.530,40	19.413,00	21.354,30	23.295,60
5.950.000	5.868,90	7.825,20	9.781,50	14.672,25	15.650,40	19.563,00	21.519,30	23.475,60
6.000.000	5.913,90	7.885,20	9.856,50	14.784,75	15.770,40	19.713,00	21.684,30	23.655,60
6.050.000	5.958,90	7.945,20	9.931,50	14.897,25	15.890,40	19.863,00	21.849,30	23.835,60
6.100.000	6.003,90	8.005,20	10.006,50	15.009,75	16.010,40	20.013,00	22.014,30	24.015,60
6.150.000	6.048,90	8.065,20	10.081,50	15.122,25	16.130,40	20.163,00	22.179,30	24.195,60
6.200.000	6.093,90	8.125,20	10.156,50	15.234,75	16.250,40	20.313,00	22.344,30	24.375,60
6.250.000	6.138,90	8.185,20	10.231,50	15.347,25	16.370,40	20.463,00	22.509,30	24.555,60
6.300.000	6.183,90	8.245,20	10.306,50	15.459,75	16.490,40	20.613,00	22.674,30	24.735,60

1,3	1,5	1,6	1,8	2,3	2,5	2,8	3,0	3,5	Wert bis €
16.461,90	18.994,50	20.260,80	22.793,40	29.124,90	31.657,50	35.456,40	37.989,00	44.320,50	**3.650.000**
16.656,90	19.219,50	20.500,80	23.063,40	29.469,90	32.032,50	35.876,40	38.439,00	44.845,50	**3.700.000**
16.851,90	19.444,50	20.740,80	23.333,40	29.814,90	32.407,50	36.296,40	38.889,00	45.370,50	**3.750.000**
17.046,90	19.669,50	20.980,80	23.603,40	30.159,90	32.782,50	36.716,40	39.339,00	45.895,50	**3.800.000**
17.241,90	19.894,50	21.220,80	23.873,40	30.504,90	33.157,50	37.136,40	39.789,00	46.420,50	**3.850.000**
17.436,90	20.119,50	21.460,80	24.143,40	30.849,90	33.532,50	37.556,40	40.239,00	46.945,50	**3.900.000**
17.631,90	20.344,50	21.700,80	24.413,40	31.194,90	33.907,50	37.976,40	40.689,00	47.470,50	**3.950.000**
17.826,90	20.569,50	21.940,80	24.683,40	31.539,90	34.282,50	38.396,40	41.139,00	47.995,50	**4.000.000**
18.021,90	20.794,50	22.180,80	24.953,40	31.884,90	34.657,50	38.816,40	41.589,00	48.520,50	**4.050.000**
18.216,90	21.019,50	22.420,80	25.223,40	32.229,90	35.032,50	39.236,40	42.039,00	49.045,50	**4.100.000**
18.411,90	21.244,50	22.660,80	25.493,40	32.574,90	35.407,50	39.656,40	42.489,00	49.570,50	**4.150.000**
18.606,90	21.469,50	22.900,80	25.763,40	32.919,90	35.782,50	40.076,40	42.939,00	50.095,50	**4.200.000**
18.801,90	21.694,50	23.140,80	26.033,40	33.264,90	36.157,50	40.496,40	43.389,00	50.620,50	**4.250.000**
18.996,90	21.919,50	23.380,80	26.303,40	33.609,90	36.532,50	40.916,40	43.839,00	51.145,50	**4.300.000**
19.191,90	22.144,50	23.620,80	26.573,40	33.954,90	36.907,50	41.336,40	44.289,00	51.670,50	**4.350.000**
19.386,90	22.369,50	23.860,80	26.843,40	34.299,90	37.282,50	41.756,40	44.739,00	52.195,50	**4.400.000**
19.581,90	22.594,50	24.100,80	27.113,40	34.644,90	37.657,50	42.176,40	45.189,00	52.720,50	**4.450.000**
19.776,90	22.819,50	24.340,80	27.383,40	34.989,90	38.032,50	42.596,40	45.639,00	53.245,50	**4.500.000**
19.971,90	23.044,50	24.580,80	27.653,40	35.334,90	38.407,50	43.016,40	46.089,00	53.770,50	**4.550.000**
20.166,90	23.269,50	24.820,80	27.923,40	35.679,90	38.782,50	43.436,40	46.539,00	54.295,50	**4.600.000**
20.361,90	23.494,50	25.060,80	28.193,40	36.024,90	39.157,50	43.856,40	46.989,00	54.820,50	**4.650.000**
20.556,90	23.719,50	25.300,80	28.463,40	36.369,90	39.532,50	44.276,40	47.439,00	55.345,50	**4.700.000**
20.751,90	23.944,50	25.540,80	28.733,40	36.714,90	39.907,50	44.696,40	47.889,00	55.870,50	**4.750.000**
20.946,90	24.169,50	25.780,80	29.003,40	37.059,90	40.282,50	45.116,40	48.339,00	56.395,50	**4.800.000**
21.141,90	24.394,50	26.020,80	29.273,40	37.404,90	40.657,50	45.536,40	48.789,00	56.920,50	**4.850.000**
21.336,90	24.619,50	26.260,80	29.543,40	37.749,90	41.032,50	45.956,40	49.239,00	57.445,50	**4.900.000**
21.531,90	24.844,50	26.500,80	29.813,40	38.094,90	41.407,50	46.376,40	49.689,00	57.970,50	**4.950.000**
21.726,90	25.069,50	26.740,80	30.083,40	38.439,90	41.782,50	46.796,40	50.139,00	58.495,50	**5.000.000**
21.921,90	25.294,50	26.980,80	30.353,40	38.784,90	42.157,50	47.216,40	50.589,00	59.020,50	**5.050.000**
22.116,90	25.519,50	27.220,80	30.623,40	39.129,90	42.532,50	47.636,40	51.039,00	59.545,50	**5.100.000**
22.311,90	25.744,50	27.460,80	30.893,40	39.474,90	42.907,50	48.056,40	51.489,00	60.070,50	**5.150.000**
22.506,90	25.969,50	27.700,80	31.163,40	39.819,90	43.282,50	48.476,40	51.939,00	60.595,50	**5.200.000**
22.701,90	26.194,50	27.940,80	31.433,40	40.164,90	43.657,50	48.896,40	52.389,00	61.120,50	**5.250.000**
22.896,90	26.419,50	28.180,80	31.703,40	40.509,90	44.032,50	49.316,40	52.839,00	61.645,50	**5.300.000**
23.091,90	26.644,50	28.420,80	31.973,40	40.854,90	44.407,50	49.736,40	53.289,00	62.170,50	**5.350.000**
23.286,90	26.869,50	28.660,80	32.243,40	41.199,90	44.782,50	50.156,40	53.739,00	62.695,50	**5.400.000**
23.481,90	27.094,50	28.900,80	32.513,40	41.544,90	45.157,50	50.576,40	54.189,00	63.220,50	**5.450.000**
23.676,90	27.319,50	29.140,80	32.783,40	41.889,90	45.532,50	50.996,40	54.639,00	63.745,50	**5.500.000**
23.871,90	27.544,50	29.380,80	33.053,40	42.234,90	45.907,50	51.416,40	55.089,00	64.270,50	**5.550.000**
24.066,90	27.769,50	29.620,80	33.323,40	42.579,90	46.282,50	51.836,40	55.539,00	64.795,50	**5.600.000**
24.261,90	27.994,50	29.860,80	33.593,40	42.924,90	46.657,50	52.256,40	55.989,00	65.320,50	**5.650.000**
24.456,90	28.219,50	30.100,80	33.863,40	43.269,90	47.032,50	52.676,40	56.439,00	65.845,50	**5.700.000**
24.651,90	28.444,50	30.340,80	34.133,40	43.614,90	47.407,50	53.096,40	56.889,00	66.370,50	**5.750.000**
24.846,90	28.669,50	30.580,80	34.403,40	43.959,90	47.782,50	53.516,40	57.339,00	66.895,50	**5.800.000**
25.041,90	28.894,50	30.820,80	34.673,40	44.304,90	48.157,50	53.936,40	57.789,00	67.420,50	**5.850.000**
25.236,90	29.119,50	31.060,80	34.943,40	44.649,90	48.532,50	54.356,40	58.239,00	67.945,50	**5.900.000**
25.431,90	29.344,50	31.300,80	35.213,40	44.994,90	48.907,50	54.776,40	58.689,00	68.470,50	**5.950.000**
25.626,90	29.569,50	31.540,80	35.483,40	45.339,90	49.282,50	55.196,40	59.139,00	68.995,50	**6.000.000**
25.821,90	29.794,50	31.780,80	35.753,40	45.684,90	49.657,50	55.616,40	59.589,00	69.520,50	**6.050.000**
26.016,90	30.019,50	32.020,80	36.023,40	46.029,90	50.032,50	56.036,40	60.039,00	70.045,50	**6.100.000**
26.211,90	30.244,50	32.260,80	36.293,40	46.374,90	50.407,50	56.456,40	60.489,00	70.570,50	**6.150.000**
26.406,90	30.469,50	32.500,80	36.563,40	46.719,90	50.782,50	56.876,40	60.939,00	71.095,50	**6.200.000**
26.601,90	30.694,50	32.740,80	36.833,40	47.064,90	51.157,50	57.296,40	61.389,00	71.620,50	**6.250.000**
26.796,90	30.919,50	32.980,80	37.103,40	47.409,90	51.532,50	57.716,40	61.839,00	72.145,50	**6.300.000**

Wert bis €	0,3	0,4	0,5	0,75	0,8	1,0	1,1	1,2
6.350.000	6.228,90	8.305,20	10.381,50	15.572,25	16.610,40	20.763,00	22.839,30	24.915,60
6.400.000	6.273,90	8.365,20	10.456,50	15.684,75	16.730,40	20.913,00	23.004,30	25.095,60
6.450.000	6.318,90	8.425,20	10.531,50	15.797,25	16.850,40	21.063,00	23.169,30	25.275,60
6.500.000	6.363,90	8.485,20	10.606,50	15.909,75	16.970,40	21.213,00	23.334,30	25.455,60
6.550.000	6.408,90	8.545,20	10.681,50	16.022,25	17.090,40	21.363,00	23.499,30	25.635,60
6.600.000	6.453,90	8.605,20	10.756,50	16.134,75	17.210,40	21.513,00	23.664,30	25.815,60
6.650.000	6.498,90	8.665,20	10.831,50	16.247,25	17.330,40	21.663,00	23.829,30	25.995,60
6.700.000	6.543,90	8.725,20	10.906,50	16.359,75	17.450,40	21.813,00	23.994,30	26.175,60
6.750.000	6.588,90	8.785,20	10.981,50	16.472,25	17.570,40	21.963,00	24.159,30	26.355,60
6.800.000	6.633,90	8.845,20	11.056,50	16.584,75	17.690,40	22.113,00	24.324,30	26.535,60
6.850.000	6.678,90	8.905,20	11.131,50	16.697,25	17.810,40	22.263,00	24.489,30	26.715,60
6.900.000	6.723,90	8.965,20	11.206,50	16.809,75	17.930,40	22.413,00	24.654,30	26.895,60
6.950.000	6.768,90	9.025,20	11.281,50	16.922,25	18.050,40	22.563,00	24.819,30	27.075,60
7.000.000	6.813,90	9.085,20	11.356,50	17.034,75	18.170,40	22.713,00	24.984,30	27.255,60
7.050.000	6.858,90	9.145,20	11.431,50	17.147,25	18.290,40	22.863,00	25.149,30	27.435,60
7.100.000	6.903,90	9.205,20	11.506,50	17.259,75	18.410,40	23.013,00	25.314,30	27.615,60
7.150.000	6.948,90	9.265,20	11.581,50	17.372,25	18.530,40	23.163,00	25.479,30	27.795,60
7.200.000	6.993,90	9.325,20	11.656,50	17.484,75	18.650,40	23.313,00	25.644,30	27.975,60
7.250.000	7.038,90	9.385,20	11.731,50	17.597,25	18.770,40	23.463,00	25.809,30	28.155,60
7.300.000	7.083,90	9.445,20	11.806,50	17.709,75	18.890,40	23.613,00	25.974,30	28.335,60
7.350.000	7.128,90	9.505,20	11.881,50	17.822,25	19.010,40	23.763,00	26.139,30	28.515,60
7.400.000	7.173,90	9.565,20	11.956,50	17.934,75	19.130,40	23.913,00	26.304,30	28.695,60
7.450.000	7.218,90	9.625,20	12.031,50	18.047,25	19.250,40	24.063,00	26.469,30	28.875,60
7.500.000	7.263,90	9.685,20	12.106,50	18.159,75	19.370,40	24.213,00	26.634,30	29.055,60
7.550.000	7.308,90	9.745,20	12.181,50	18.272,25	19.490,40	24.363,00	26.799,30	29.235,60
7.600.000	7.353,90	9.805,20	12.256,50	18.384,75	19.610,40	24.513,00	26.964,30	29.415,60
7.650.000	7.398,90	9.865,20	12.331,50	18.497,25	19.730,40	24.663,00	27.129,30	29.595,60
7.700.000	7.443,90	9.925,20	12.406,50	18.609,75	19.850,40	24.813,00	27.294,30	29.775,60
7.750.000	7.488,90	9.985,20	12.481,50	18.722,25	19.970,40	24.963,00	27.459,30	29.955,60
7.800.000	7.533,90	10.045,20	12.556,50	18.834,75	20.090,40	25.113,00	27.624,30	30.135,60
7.850.000	7.578,90	10.105,20	12.631,50	18.947,25	20.210,40	25.263,00	27.789,30	30.315,60
7.900.000	7.623,90	10.165,20	12.706,50	19.059,75	20.330,40	25.413,00	27.954,30	30.495,60
7.950.000	7.668,90	10.225,20	12.781,50	19.172,25	20.450,40	25.563,00	28.119,30	30.675,60
8.000.000	7.713,90	10.285,20	12.856,50	19.284,75	20.570,40	25.713,00	28.284,30	30.855,60
8.050.000	7.758,90	10.345,20	12.931,50	19.397,25	20.690,40	25.863,00	28.449,30	31.035,60
8.100.000	7.803,90	10.405,20	13.006,50	19.509,75	20.810,40	26.013,00	28.614,30	31.215,60
8.150.000	7.848,90	10.465,20	13.081,50	19.622,25	20.930,40	26.163,00	28.779,30	31.395,60
8.200.000	7.893,90	10.525,20	13.156,50	19.734,75	21.050,40	26.313,00	28.944,30	31.575,60
8.250.000	7.938,90	10.585,20	13.231,50	19.847,25	21.170,40	26.463,00	29.109,30	31.755,60
8.300.000	7.983,90	10.645,20	13.306,50	19.959,75	21.290,40	26.613,00	29.274,30	31.935,60
8.350.000	8.028,90	10.705,20	13.381,50	20.072,25	21.410,40	26.763,00	29.439,30	32.115,60
8.400.000	8.073,90	10.765,20	13.456,50	20.184,75	21.530,40	26.913,00	29.604,30	32.295,60
8.450.000	8.118,90	10.825,20	13.531,50	20.297,25	21.650,40	27.063,00	29.769,30	32.475,60
8.500.000	8.163,90	10.885,20	13.606,50	20.409,75	21.770,40	27.213,00	29.934,30	32.655,60
8.550.000	8.208,90	10.945,20	13.681,50	20.522,25	21.890,40	27.363,00	30.099,30	32.835,60
8.600.000	8.253,90	11.005,20	13.756,50	20.634,75	22.010,40	27.513,00	30.264,30	33.015,60
8.650.000	8.298,90	11.065,20	13.831,50	20.747,25	22.130,40	27.663,00	30.429,30	33.195,60
8.700.000	8.343,90	11.125,20	13.906,50	20.859,75	22.250,40	27.813,00	30.594,30	33.375,60
8.750.000	8.388,90	11.185,20	13.981,50	20.972,25	22.370,40	27.963,00	30.759,30	33.555,60
8.800.000	8.433,90	11.245,20	14.056,50	21.084,75	22.490,40	28.113,00	30.924,30	33.735,60
8.850.000	8.478,90	11.305,20	14.131,50	21.197,25	22.610,40	28.263,00	31.089,30	33.915,60
8.900.000	8.523,90	11.365,20	14.206,50	21.309,75	22.730,40	28.413,00	31.254,30	34.095,60
8.950.000	8.568,90	11.425,20	14.281,50	21.422,25	22.850,40	28.563,00	31.419,30	34.275,60
9.000.000	8.613,90	11.485,20	14.356,50	21.534,75	22.970,40	28.713,00	31.584,30	34.455,60

5. Zwangsvollstreckung, Zwangsverwaltung, Insolvenzverfahren u.a.

1,3	1,5	1,6	1,8	2,3	2,5	2,8	3,0	3,5	Wert bis €
26.991,90	31.144,50	33.220,80	37.373,40	47.754,90	51.907,50	58.136,40	62.289,00	72.670,50	6.350.000
27.186,90	31.369,50	33.460,80	37.643,40	48.099,90	52.282,50	58.556,40	62.739,00	73.195,50	6.400.000
27.381,90	31.594,50	33.700,80	37.913,40	48.444,90	52.657,50	58.976,40	63.189,00	73.720,50	6.450.000
27.576,90	31.819,50	33.940,80	38.183,40	48.789,90	53.032,50	59.396,40	63.639,00	74.245,50	6.500.000
27.771,90	32.044,50	34.180,80	38.453,40	49.134,90	53.407,50	59.816,40	64.089,00	74.770,50	6.550.000
27.966,90	32.269,50	34.420,80	38.723,40	49.479,90	53.782,50	60.236,40	64.539,00	75.295,50	6.600.000
28.161,90	32.494,50	34.660,80	38.993,40	49.824,90	54.157,50	60.656,40	64.989,00	75.820,50	6.650.000
28.356,90	32.719,50	34.900,80	39.263,40	50.169,90	54.532,50	61.076,40	65.439,00	76.345,50	6.700.000
28.551,90	32.944,50	35.140,80	39.533,40	50.514,90	54.907,50	61.496,40	65.889,00	76.870,50	6.750.000
28.746,90	33.169,50	35.380,80	39.803,40	50.859,90	55.282,50	61.916,40	66.339,00	77.395,50	6.800.000
28.941,90	33.394,50	35.620,80	40.073,40	51.204,90	55.657,50	62.336,40	66.789,00	77.920,50	6.850.000
29.136,90	33.619,50	35.860,80	40.343,40	51.549,90	56.032,50	62.756,40	67.239,00	78.445,50	6.900.000
29.331,90	33.844,50	36.100,80	40.613,40	51.894,90	56.407,50	63.176,40	67.689,00	78.970,50	6.950.000
29.526,90	34.069,50	36.340,80	40.883,40	52.239,90	56.782,50	63.596,40	68.139,00	79.495,50	7.000.000
29.721,90	34.294,50	36.580,80	41.153,40	52.584,90	57.157,50	64.016,40	68.589,00	80.020,50	7.050.000
29.916,90	34.519,50	36.820,80	41.423,40	52.929,90	57.532,50	64.436,40	69.039,00	80.545,50	7.100.000
30.111,90	34.744,50	37.060,80	41.693,40	53.274,90	57.907,50	64.856,40	69.489,00	81.070,50	7.150.000
30.306,90	34.969,50	37.300,80	41.963,40	53.619,90	58.282,50	65.276,40	69.939,00	81.595,50	7.200.000
30.501,90	35.194,50	37.540,80	42.233,40	53.964,90	58.657,50	65.696,40	70.389,00	82.120,50	7.250.000
30.696,90	35.419,50	37.780,80	42.503,40	54.309,90	59.032,50	66.116,40	70.839,00	82.645,50	7.300.000
30.891,90	35.644,50	38.020,80	42.773,40	54.654,90	59.407,50	66.536,40	71.289,00	83.170,50	7.350.000
31.086,90	35.869,50	38.260,80	43.043,40	54.999,90	59.782,50	66.956,40	71.739,00	83.695,50	7.400.000
31.281,90	36.094,50	38.500,80	43.313,40	55.344,90	60.157,50	67.376,40	72.189,00	84.220,50	7.450.000
31.476,90	36.319,50	38.740,80	43.583,40	55.689,90	60.532,50	67.796,40	72.639,00	84.745,50	7.500.000
31.671,90	36.544,50	38.980,80	43.853,40	56.034,90	60.907,50	68.216,40	73.089,00	85.270,50	7.550.000
31.866,90	36.769,50	39.220,80	44.123,40	56.379,90	61.282,50	68.636,40	73.539,00	85.795,50	7.600.000
32.061,90	36.994,50	39.460,80	44.393,40	56.724,90	61.657,50	69.056,40	73.989,00	86.320,50	7.650.000
32.256,90	37.219,50	39.700,80	44.663,40	57.069,90	62.032,50	69.476,40	74.439,00	86.845,50	7.700.000
32.451,90	37.444,50	39.940,80	44.933,40	57.414,90	62.407,50	69.896,40	74.889,00	87.370,50	7.750.000
32.646,90	37.669,50	40.180,80	45.203,40	57.759,90	62.782,50	70.316,40	75.339,00	87.895,50	7.800.000
32.841,90	37.894,50	40.420,80	45.473,40	58.104,90	63.157,50	70.736,40	75.789,00	88.420,50	7.850.000
33.036,90	38.119,50	40.660,80	45.743,40	58.449,90	63.532,50	71.156,40	76.239,00	88.945,50	7.900.000
33.231,90	38.344,50	40.900,80	46.013,40	58.794,90	63.907,50	71.576,40	76.689,00	89.470,50	7.950.000
33.426,90	38.569,50	41.140,80	46.283,40	59.139,90	64.282,50	71.996,40	77.139,00	89.995,50	8.000.000
33.621,90	38.794,50	41.380,80	46.553,40	59.484,90	64.657,50	72.416,40	77.589,00	90.520,50	8.050.000
33.816,90	39.019,50	41.620,80	46.823,40	59.829,90	65.032,50	72.836,40	78.039,00	91.045,50	8.100.000
34.011,90	39.244,50	41.860,80	47.093,40	60.174,90	65.407,50	73.256,40	78.489,00	91.570,50	8.150.000
34.206,90	39.469,50	42.100,80	47.363,40	60.519,90	65.782,50	73.676,40	78.939,00	92.095,50	8.200.000
34.401,90	39.694,50	42.340,80	47.633,40	60.864,90	66.157,50	74.096,40	79.389,00	92.620,50	8.250.000
34.596,90	39.919,50	42.580,80	47.903,40	61.209,90	66.532,50	74.516,40	79.839,00	93.145,50	8.300.000
34.791,90	40.144,50	42.820,80	48.173,40	61.554,90	66.907,50	74.936,40	80.289,00	93.670,50	8.350.000
34.986,90	40.369,50	43.060,80	48.443,40	61.899,90	67.282,50	75.356,40	80.739,00	94.195,50	8.400.000
35.181,90	40.594,50	43.300,80	48.713,40	62.244,90	67.657,50	75.776,40	81.189,00	94.720,50	8.450.000
35.376,90	40.819,50	43.540,80	48.983,40	62.589,90	68.032,50	76.196,40	81.639,00	95.245,50	8.500.000
35.571,90	41.044,50	43.780,80	49.253,40	62.934,90	68.407,50	76.616,40	82.089,00	95.770,50	8.550.000
35.766,90	41.269,50	44.020,80	49.523,40	63.279,90	68.782,50	77.036,40	82.539,00	96.295,50	8.600.000
35.961,90	41.494,50	44.260,80	49.793,40	63.624,90	69.157,50	77.456,40	82.989,00	96.820,50	8.650.000
36.156,90	41.719,50	44.500,80	50.063,40	63.969,90	69.532,50	77.876,40	83.439,00	97.345,50	8.700.000
36.351,90	41.944,50	44.740,80	50.333,40	64.314,90	69.907,50	78.296,40	83.889,00	97.870,50	8.750.000
36.546,90	42.169,50	44.980,80	50.603,40	64.659,90	70.282,50	78.716,40	84.339,00	98.395,50	8.800.000
36.741,90	42.394,50	45.220,80	50.873,40	65.004,90	70.657,50	79.136,40	84.789,00	98.920,50	8.850.000
36.936,90	42.619,50	45.460,80	51.143,40	65.349,90	71.032,50	79.556,40	85.239,00	99.445,50	8.900.000
37.131,90	42.844,50	45.700,80	51.413,40	65.694,90	71.407,50	79.976,40	85.689,00	99.970,50	8.950.000
37.326,90	43.069,50	45.940,80	51.683,40	66.039,90	71.782,50	80.396,40	86.139,00	100.495,50	9.000.000

Wert bis €	0,3	0,4	0,5	0,75	0,8	1,0	1,1	1,2
9.050.000	8.658,90	11.545,20	14.431,50	21.647,25	23.090,40	28.863,00	31.749,30	34.635,60
9.100.000	8.703,90	11.605,20	14.506,50	21.759,75	23.210,40	29.013,00	31.914,30	34.815,60
9.150.000	8.748,90	11.665,20	14.581,50	21.872,25	23.330,40	29.163,00	32.079,30	34.995,60
9.200.000	8.793,90	11.725,20	14.656,50	21.984,75	23.450,40	29.313,00	32.244,30	35.175,60
9.250.000	8.838,90	11.785,20	14.731,50	22.097,25	23.570,40	29.463,00	32.409,30	35.355,60
9.300.000	8.883,90	11.845,20	14.806,50	22.209,75	23.690,40	29.613,00	32.574,30	35.535,60
9.350.000	8.928,90	11.905,20	14.881,50	22.322,25	23.810,40	29.763,00	32.739,30	35.715,60
9.400.000	8.973,90	11.965,20	14.956,50	22.434,75	23.930,40	29.913,00	32.904,30	35.895,60
9.450.000	9.018,90	12.025,20	15.031,50	22.547,25	24.050,40	30.063,00	33.069,30	36.075,60
9.500.000	9.063,90	12.085,20	15.106,50	22.659,75	24.170,40	30.213,00	33.234,30	36.255,60
9.550.000	9.108,90	12.145,20	15.181,50	22.772,25	24.290,40	30.363,00	33.399,30	36.435,60
9.600.000	9.153,90	12.205,20	15.256,50	22.884,75	24.410,40	30.513,00	33.564,30	36.615,60
9.650.000	9.198,90	12.265,20	15.331,50	22.997,25	24.530,40	30.663,00	33.729,30	36.795,60
9.700.000	9.243,90	12.325,20	15.406,50	23.109,75	24.650,40	30.813,00	33.894,30	36.975,60
9.750.000	9.288,90	12.385,20	15.481,50	23.222,25	24.770,40	30.963,00	34.059,30	37.155,60
9.800.000	9.333,90	12.445,20	15.556,50	23.334,75	24.890,40	31.113,00	34.224,30	37.335,60
9.850.000	9.378,90	12.505,20	15.631,50	23.447,25	25.010,40	31.263,00	34.389,30	37.515,60
9.900.000	9.423,90	12.565,20	15.706,50	23.559,75	25.130,40	31.413,00	34.554,30	37.695,60
9.950.000	9.468,90	12.625,20	15.781,50	23.672,25	25.250,40	31.563,00	34.719,30	37.875,60
10.000.000	9.513,90	12.685,20	15.856,50	23.784,75	25.370,40	31.713,00	34.884,30	38.055,60

1,3	1,5	1,6	1,8	2,3	2,5	2,8	3,0	3,5	Wert bis €
37.521,90	43.294,50	46.180,80	51.953,40	66.384,90	72.157,50	80.816,40	86.589,00	101.020,50	**9.050.000**
37.716,90	43.519,50	46.420,80	52.223,40	66.729,90	72.532,50	81.236,40	87.039,00	101.545,50	**9.100.000**
37.911,90	43.744,50	46.660,80	52.493,40	67.074,90	72.907,50	81.656,40	87.489,00	102.070,50	**9.150.000**
38.106,90	43.969,50	46.900,80	52.763,40	67.419,90	73.282,50	82.076,40	87.939,00	102.595,50	**9.200.000**
38.301,90	44.194,50	47.140,80	53.033,40	67.764,90	73.657,50	82.496,40	88.389,00	103.120,50	**9.250.000**
38.496,90	44.419,50	47.380,80	53.303,40	68.109,90	74.032,50	82.916,40	88.839,00	103.645,50	**9.300.000**
38.691,90	44.644,50	47.620,80	53.573,40	68.454,90	74.407,50	83.336,40	89.289,00	104.170,50	**9.350.000**
38.886,90	44.869,50	47.860,80	53.843,40	68.799,90	74.782,50	83.756,40	89.739,00	104.695,50	**9.400.000**
39.081,90	45.094,50	48.100,80	54.113,40	69.144,90	75.157,50	84.176,40	90.189,00	105.220,50	**9.450.000**
39.276,90	45.319,50	48.340,80	54.383,40	69.489,90	75.532,50	84.596,40	90.639,00	105.745,50	**9.500.000**
39.471,90	45.544,50	48.580,80	54.653,40	69.834,90	75.907,50	85.016,40	91.089,00	106.270,50	**9.550.000**
39.666,90	45.769,50	48.820,80	54.923,40	70.179,90	76.282,50	85.436,40	91.539,00	106.795,50	**9.600.000**
39.861,90	45.994,50	49.060,80	55.193,40	70.524,90	76.657,50	85.856,40	91.989,00	107.320,50	**9.650.000**
40.056,90	46.219,50	49.300,80	55.463,40	70.869,90	77.032,50	86.276,40	92.439,00	107.845,50	**9.700.000**
40.251,90	46.444,50	49.540,80	55.733,40	71.214,90	77.407,50	86.696,40	92.889,00	108.370,50	**9.750.000**
40.446,90	46.669,50	49.780,80	56.003,40	71.559,90	77.782,50	87.116,40	93.339,00	108.895,50	**9.800.000**
40.641,90	46.894,50	50.020,80	56.273,40	71.904,90	78.157,50	87.536,40	93.789,00	109.420,50	**9.850.000**
40.836,90	47.119,50	50.260,80	56.543,40	72.249,90	78.532,50	87.956,40	94.239,00	109.945,50	**9.900.000**
41.031,90	47.344,50	50.500,80	56.813,40	72.594,90	78.907,50	88.376,40	94.689,00	110.470,50	**9.950.000**
41.226,90	47.569,50	50.740,80	57.083,40	72.939,90	79.282,50	88.796,40	95.139,00	110.995,50	**10.000.000**

III. Berechnung der Gebührenbeträge bei höheren Werten als 10 Mio. Euro

1. Werte über 10 Mio. bis 30 Mio. Euro

Von dem Abdruck höherer Beträge bei Werten von mehr als 10 Mio. Euro wird aus Platzgründen und mangels praktischer Relevanz abgesehen. Soweit höhere Werte zu berechnen sind, kann zum Teil auf die Tabellen zu den Teilen 2, 4 und 5 verwiesen werden. Dort finden sich auch für Werte über 10 Mio. Euro die Beträge zu Gebührensätzen von

0,3 (Teile 2, 4),
0,4 (Teil 4)
0,5 (Teile 2, 3, 5)
0,6 (Teile 2, 4)
0,8 (Teile 2, 4)
1,0 (Teile 2, 4, 5)
1,3 (Teile 2, 4, 5)
1,5 (Teile 2, 4, 5)

2. Werte über 30 Mio. Euro und Begrenzung

Höhere Werte als 30 Mio. Euro sind nur bei mehreren Auftraggebern möglich. Zwar sieht das Gesetz in § 22 Abs. 1 RVG (ebenso in § 23 Abs. 1 S. 3, S. 1 RVG i. V. m. § 39 Abs. 2 GKG, § 33 Abs. 2 FamGKG) eine Begrenzung auf 30 Mio. Euro vor; diese Begrenzung wird jedoch bei mehreren Auftraggebern, sofern derselbe Gegenstand zugrunde liegt, um jeweils 30 Mio. Euro je weiteren Auftraggeber angehoben, höchstens jedoch auf 100 Mio. Euro (§ 22 Abs. 2 S. 2 RVG); das gilt auch im Falle des § 23 Abs. 1 S. 3, S. 1 RVG (§ 23 Abs. 1 S. 4 RVG). Höhere Werte als 100 Mio. Euro sind bei gesetzlicher Abrechnung nicht möglich. Insoweit besteht nur die Möglichkeit einer Vergütungsvereinbarung nach §§ 3a ff. RVG.[1]

Es gelten danach folgende Begrenzungen:

Höchstwerte bei mehreren Auftraggebern

Auftraggeber	Höchstwert
1	30 Mio.
2	60 Mio.
3	90 Mio.
4 und mehr	100 Mio.

Dies ergibt folgende Höchstbeträge, die bei der nachfolgenden Berechnung bei mehreren Auftraggebern zu beachten sind.

Höchstbeträge bei mehreren Auftraggebern

Wert bis €	0,3	0,4	0,5	0,75	0,8	1,0	1,1	1,2
30.000.000	27.513,90	36.685,20	45.856,50	68.784,75	73.370,40	91.713,00	100.884,30	110.055,60
60.000.000	81.513,90	108.685,20	135.856,50	203.784,75	217.370,40	271.713,00	298.884,30	326.055,60
90.000.000	54.513,90	72.685,20	90.856,50	136.284,75	145.370,40	181.713,00	199.884,30	218.055,60
100.000.000	90.513,90	120.685,20	150.856,50	226.284,75	241.370,40	301.713,00	331.884,30	362.055,60

Wert bis €	1,3	1,5	1,6	1,8	2,3	2,5	2,8	3,0
30.000.000	119.226,90	137.569,50	146.740,80	165.083,40	210.939,90	229.282,50	256.796,40	275.139,00
60.000.000	353.226,90	407.569,50	434.740,80	489.083,40	624.939,90	679.282,50	760.796,40	815.139,00
90.000.000	236.226,90	272.569,50	290.740,80	327.083,40	417.939,90	454.282,50	508.796,40	545.139,00
100.000.000	392.226,90	452.569,50	482.740,80	543.083,40	693.939,90	754.282,50	844.796,40	905.139,00

---

[1] Siehe hierzu N. *Schneider*, Die Vergütungsvereinbarung, Rn. 879 ff. (901 ff.).

Zur Berechnung der Anwaltsgebühren nach Gegenstandswerten von über 10 Mio. (§ 22 Abs. 2 RVG) gibt es zwei Berechnungsmethoden um den jeweils anzurechnenden Betrag zu ermitteln:

3. Berechnung

Zur Berechnung höherer Werte als in der Tabelle bis 10 Mio. Euro ausgewiesen ist nach folgender Formel verfahren werden:

Gegenstandswert, aufgerundet auf volle 50.000,00 Euro x Hilfsfaktor + Hilfsbetrag

Dabei ist von folgenden Schritten auszugehen:
(1) Der Gegenstandswert ist zunächst auf volle 50.000,00 Euro aufzurunden.
(2) Sodann ist der aufgerundete Betrag mit dem in der nachfolgenden Hilfstabelle unter Nr. 2 angegebenen Faktor zu multiplizieren.
(3) Hiernach ist dem gefundenen Produkt der unter Nr. 3 der nachfolgenden Hilfstabelle ausgewiesene Ergänzungsbetrag hinzuzurechnen.

Hilfstabelle zur Berechnung höherer Gebührenbeträge

1. Gebührensatz	0,3	0,4	0,5	0,75	0,8	1,0
2. Faktor						
a) in Prozent	0,09	0,12	0,15	0,225	0,24	0,3
b) in Dezimalzahl	0,0009	0,0012	0,0015	0,00225	0,0024	0,003
3. Ergänzungsbetrag	512,40	683,20	854,00	1.281,00	1.366,40	1.708,00

1. Gebührensatz	1,1	1,2	1,3	1,5	2,3	3,0
2. Faktor						
a) in Prozent	0,33	0,36	0,39	0,45	0,69	0,9
b) in Dezimalzahl	0,0033	0,0036	0,0039	0,0045	0,0069	0,009
3. Ergänzungsbetrag	1.878,80	2.049,60	2.220,40	2.562,00	3.928,40	5.124,00

Beispiel: Berechnet werden soll eine 0,6-Verfahrensgebühr (Nrn. 3309, 1008 VV RVG) aus dem Gegenstandswert von 33.566.772,00 Euro.

(1) Aufrundung   33.600.000,00 Euro

(2) Multiplikation mit Faktor
(a) 33.600.000,00 Euro x 0,18 % =   60.480,00 Euro
oder
(b) 33.600.000,00 Euro x 0,0018 =   60.480,00 Euro

(3) Addition mit Ergänzungswert
60.480,00 Euro + 1.027,80 Euro =   **61.507,80 Euro**

Eine andere Berechnungsmöglichkeit besteht darin, von dem 1,0-Wert bei 10 Mio. Euro auszugehen und dann die Erhöhungen für jede weitere 50.000,00 Euro hinzuzurechnen. Es ergibt sich dann folgende Formel:

$$\frac{\text{(Gegenstandswert, aufgerundet auf volle 50.000,00 Euro} - 30 \text{ Mio. Euro)} \times 150}{50.000} \quad + 91.713{,}00\ €$$

Dabei ist von folgenden Schritten auszugehen:
(1) Der Gegenstandswert ist zunächst auf volle 50.000,00 Euro aufzurunden.
(2) Davon sind dann 10 Mio. Euro abzuziehen.
(3) Sodann ist die Differenz durch 50.000,00 Euro zu dividieren und mit 150,00 zu multiplizieren (oder umgekehrt).

(4) Hiernach ist dem gefundenen Produkt der 1,0-Wert bei 10 Mio. Euro in Höhe von 31.713,00 Euro hinzuzurechnen.

(5) Die sich danach ergebende Summe ist sodann mit dem jeweiligen Gebührensatz zu multiplizieren.

Beispiel: Dies ergibt im vorgenannten Beispiel folgende Berechnung:

(1) Aufrundung auf volle 50.000,00 Euro   33.600.000,00 Euro

(2) Abzüglich 10 Mio. Euro
33.600.000,00 Euro – 10 Mio. Euro   23.600.000,00 Euro

(3) Division durch 50.000 und Multiplikation mit 150
23.600.000,00 Euro : 50.000 x 150 =   70.800,00 Euro

(4) Addition mit 10 Mio.-Wert
70.800,00 Euro + 31.713,00 Euro =   102.513,00 Euro

(5) Multiplikation mit Gebührensatz
102.513,00 Euro x 0,6   **61.507,80 Euro**

6. Gebührenbeträge der Prozess- und Verfahrenskostenhilfe bei Wertgebühren

I. Überblick

Soweit einer Partei Prozesskostenhilfe oder einem Beteiligten Verfahrenskostenhilfe bewilligt und ein Anwalt beigeordnet worden ist, bewirkt dies, dass der Anwalt die **Partei oder den Beteiligten im Umfang seiner Beiordnung nicht in Anspruch** nehmen kann (§ 122 Abs. 1 Nr. 3 ZPO; § 76 FamFG). Der Anwalt erhält stattdessen seine **Vergütung aus der Staatskasse** (§ 45 Abs. 1 RVG). Zur weitergehenden Vergütung gegen den Auftraggeber bei teilweiser Bewilligung s. u. VII.

Gleiches gilt für einen
- nach § 11a ArbGG beigeordneten Anwalt (§ 12 RVG),
- nach § 4a InsO beigeordneten Anwalt (§ 12 RVG),
- nach §§ 57, 58 ZPO bestellen Prozesspfleger (§ 45 Abs 1 RVG),
- nach § 138 FamFG beigeordneten Anwalt (§ 45 Abs. 2 RVG),
- nach § 67a Abs. 1 S. 2 VwGO beigeordneten Anwalt (§ 45 Abs. 2 RVG),
- in Straf- und Bußgeldsachen bestellten Verteidiger, Beistand oder sonstigen Vertreter, soweit dort nach Wertgebühren abzurechnen ist (Nrn. 4142, 4143 f., 5116 VV RVG).

Hinsichtlich der Gebührensätze gilt nichts Abweichendes; der beigeordnete oder bestellte Anwalt erhält dieselben Gebührensätze wie ein Wahlanwalt.

Auch hinsichtlich der **Auslagen** gilt nichts Abweichendes; Auslagen werden ebenfalls von der Staatskasse übernommen, es sei denn, sie waren nicht notwendig (§ 46 RVG).

Zu den von der Staatskasse zu übernehmenden Auslagen zählen insbesondere die Reisekosten des Anwalts (Nrn. 7003 ff. VV RVG), soweit sie nicht durch eine einschränkende Beiordnung ausgeschlossen sind.

- Dabei ist ein **im Gerichtsbezirk niedergelassener Rechtanwalt** immer uneingeschränkt beizuordnen, unabhängig davon ob er am Ort des Gerichts niedergelassen oder wohnhaft ist oder an einem auswärtigen – aber noch zum jeweiligen Gerichtsbezirk gehörenden – Ort.[1]
- Ein Rechtsanwalt, der **nicht im Bezirk des Prozessgerichts niedergelassen** ist, kann einschränkend beigeordnet werden, allerdings nur zu den Bedingungen eines im Gerichtsbezirk niedergelassenen Anwalts,[2] sodass er die Reisekosten bis zur höchst möglichen Entfernung innerhalb des Gerichtsbezirks erhält.[3]

Soweit die Partei einen **Anspruch auf einen Verkehrsanwalt** hat, kann sie die Beiordnung eines außerhalb des Gerichtsbezirks niedergelassenen Anwalts mit der Maßgabe verlangen, dass dessen Reisekosten bis zur Höhe der Kosten eines Verkehrsanwalts aus der Staatskasse übernommen werden.[4]

Unterbleibt eine Beschränkung erhält der Anwalt seine Reisekosten in voller Höhe.[5]

Der Anwalt kann nach § 46 Abs. 2 S. 1 RVG beantragen, die Notwendigkeit einer Reise vorab durch das Prozessgericht feststellen zu lassen. Eine solche Feststellung ist für das spätere Festsetzungsverfahren bindend (§ 46 Abs. 1 S. 2 RVG).

---

[1] OLG Oldenburg AGS 2006, 110 m. Anm. *N. Schneider* = NJW 2006, 851 = FamRZ 2006, 629 = JurBüro 2006, 320 = MDR 2006, 777 = AnwBl 2006, 219 = ZFE 2006, 117; OLG Celle AGS 2011, 365.
[2] OLG Celle JurBüro 2012, 378 = NJW-RR 2012, 1093 = NdsRpfl 2012, 375.
[3] VG Oldenburg AGS 2009, 467 = NJW-Spezial 2009, 460; LAG Hessen AGS 2010, 299 = NJW-Spezial 2010, 380.
[4] BGH AGS 2004, 349 = BGHZ 159, 370 = FamRZ 2004, 1362 = NJW 2004, 2749 = FPR 2004, 628 = JurBüro 2004, 604 = Rpfleger 2004, 708 RVGreport 2004, 356 = VersR 2004, 1577 = MDR 2004, 1373.
[5] KG AGS 2010, 612 = JurBüro 2011, 94 = MDR 2011, 327 = Rpfleger 2011, 217 = FamRZ 2011, 835 = NJW-Spezial 2010, 764 = RVGreport 2011, 118.

Auch die auf die Gebühren und Auslagen entfallende **Umsatzsteuer** (Nr. 7008 VV RVG) ist nach § 46 RVG von der Staatskasse zu übernehmen und zwar auch dann, wenn der bedürftige Auftraggeber zum Vorsteuerabzug berechtigt ist.[1]

Die **Gebührenbeträge** richten sich für den beigeordneten oder bestellten Anwalt ab einem Gegenstandswert von mehr als 4.000,00 Euro abweichend von den Beträgen des § 13 Abs. 1 RVG nach der Tabelle des § 49 RVG. Bis zu einem Gegenstandswert von 4.000,00 Euro sind die Gebührenbeträge mit den Wahlanwaltsbeträgen identisch. Für die darüber hinaus gehenden Werte werden die Beträge erheblich reduziert. Bei Werten von über 35.000,00 Euro erhöhen sich die Gebührenbeträge gar nicht mehr. Insoweit kommt lediglich bei mehreren Auftraggebern die analoge Anwendung der Nr. 1008 VV RVG in Betracht (siehe unten III.).

II. Tabelle PKH- und VKH-Gebührenbeträge

Wert bis €	0,3	0,5	0,65	0,8	0,9	1,0	1,1	1,2
500	15,00[2]	22,50	29,25	36,00	40,50	45,00	49,50	54,00
1.000	24,00	40,00	52,00	64,00	72,00	80,00	88,00	96,00
1.500	34,50	57,50	74,75	92,00	103,50	115,00	126,50	138,00
2.000	45,00	75,00	97,50	120,00	135,00	150,00	165,00	180,00
3.000	60,30	100,50	130,65	160,80	180,90	201,00	221,10	241,20
4.000	75,60	126,00	163,80	201,60	226,80	252,00	277,20	302,40
5.000	77,10	128,50	167,05	205,60	231,30	257,00	282,70	308,40
6.000	80,10	133,50	173,55	213,60	240,30	267,00	293,70	320,40
7.000	83,10	138,50	180,05	221,60	249,30	277,00	304,70	332,40
8.000	86,10	143,50	186,55	229,60	258,30	287,00	315,70	344,40
9.000	89,10	148,50	193,05	237,60	267,30	297,00	326,70	356,40
10.000	92,10	153,50	199,55	245,60	276,30	307,00	337,70	368,40
13.000	96,30	160,50	208,65	256,80	288,90	321,00	353,10	385,20
16.000	100,50	167,50	217,75	268,00	301,50	335,00	368,50	402,00
19.000	104,70	174,50	226,85	279,20	314,10	349,00	383,90	418,80
22.000	108,90	181,50	235,95	290,40	326,70	363,00	399,30	435,60
25.000	113,10	188,50	245,05	301,60	339,30	377,00	414,70	452,40
30.000	123,60	206,00	267,80	329,60	370,80	412,00	453,20	494,40
darüber hinaus	134,10	223,50	290,55	357,60	402,30	447,00	491,70	536,40

---

[1] OLG Hamburg, MDR 2013, 1194 = RVGreport 2013, 348 = NJW-Spezial 2013, 572; LAG Rheinland-Pfalz JurBüro 1997, 29 f.; AnwK-RVG/N. *Schneider*, Nr. 7008 Rn. 68.
[2] Mindestbetrag nach § 13 Abs. 2 RVG.

Dem Anwalt steht auch gegen die Staatskasse ein Recht auf **Vorschuss** zu (§ 47 RVG). Einen Vorschuss auf Gebühren kann der Anwalt allerdings nur verlangen, soweit die Gebühren bereits entstanden sind. Hinsichtlich der Auslagen kann ein Vorschuss dagegen auch verlangt werden, soweit diese noch nicht entstanden, aber zu erwarten sind.

Die **Festsetzung der Vergütung** erfolgt auf Antrag im Verfahren nach § 55 RVG. Zuständig ist das Gericht des ersten Rechtszugs (§ 55 Abs. 1 S. 2 RVG) oder das Rechtsmittelgericht (§ 55 Abs. 2 RVG). Der Antrag hat die Erklärung zu enthalten, ob und welche Zahlungen und Vorschüsse der Anwalt bis zum Tage der Antragstellung erhalten hat (§ 55 Abs. 5 S. 1 RVG). Darüber hinaus hat der Anwalt auch Zahlungen auf anzurechnende Gebühren mitzuteilen und zwar unter Angabe der Zahlung, des Gebührensatzes und des zugrunde gelegten Wertes (§ 55 Abs. 5 S. 3 RVG). Nachträgliche Zahlungen sind unverzüglich anzuzeigen (§ 55 Abs. 5 S. 4 RVG).

1,3	1,4	1,5	1,6	1,8	1,9	2,3	2,6	Wert bis €
58,50	63,00	67,50	72,00	81,00	85,50	103,50	117,00	500
104,00	112,00	120,00	128,00	144,00	152,00	184,00	208,00	1.000
149,50	161,00	172,50	184,00	207,00	218,50	264,50	299,00	1.500
195,00	210,00	225,00	240,00	270,00	285,00	345,00	390,00	2.000
261,30	281,40	301,50	321,60	361,80	381,90	462,30	522,60	3.000
327,60	352,80	378,00	403,20	453,60	478,80	579,60	655,20	4.000
334,10	359,80	385,50	411,20	462,60	488,30	591,10	668,20	5.000
347,10	373,80	400,50	427,20	480,60	507,30	614,10	694,20	6.000
360,10	387,80	415,50	443,20	498,60	526,30	637,10	720,20	7.000
373,10	401,80	430,50	459,20	516,60	545,30	660,10	746,20	8.000
386,10	415,80	445,50	475,20	534,60	564,30	683,10	772,20	9.000
399,10	429,80	460,50	491,20	552,60	583,30	706,10	798,20	10.000
417,30	449,40	481,50	513,60	577,80	609,90	738,30	834,60	13.000
435,50	469,00	502,50	536,00	603,00	636,50	770,50	871,00	16.000
453,70	488,60	523,50	558,40	628,20	663,10	802,70	907,40	19.000
471,90	508,20	544,50	580,80	653,40	689,70	834,90	943,80	22.000
490,10	527,80	565,50	603,20	678,60	716,30	867,10	980,20	25.000
535,60	576,80	618,00	659,20	741,60	782,80	947,60	1.071,20	30.000
581,10	625,80	670,50	715,20	804,60	849,30	1.028,10	1.162,20	darüber hinaus

III. Mehrere Auftraggeber

Wird der beigeordnete Anwalt für mehrere Auftraggeber im Rahmen der Prozess- oder Verfahrenskostenhilfe tätig, ist danach zu differenzieren, ob derselbe Gegenstand zugrunde liegt oder ob es sich um verschiedene Gegenstände handelt.

Soweit **derselbe Gegenstand** zugrunde liegt, erhöhen sich auch im Rahmen der Prozess- oder Verfahrenskostenhilfe die Gebührensätze nach Nr. 1008 VV RVG, sodass sich keine besonderen Probleme ergeben.

Soweit **unterschiedliche Gegenstände** zugrunde liegen, erhöht sich der Gegenstandswert nach § 23 Abs. 1 S. 1 RVG i. V. m. § 39 Abs. 1 GKG, § 33 Abs. 1 FamGKG, § 35 Abs. 1 GNotKG oder nach § 22 Abs. 1 RVG. Zu beachten ist dann aber Folgendes:

- **Bis zu einem Gesamtwert von 35.000,00 Euro** (also der letzen Wertstufe der Tabelle zu § 49 RVG) erhält der Anwalt nur eine einfache Gebühr.
- **Ab einem Gesamtwert von über 35.000,00 Euro** (also der weiteren Wertstufen des Wahlanwalts – siehe § 13 Abs. 1 RVG –, die die Tabelle zu § 49 RVG nicht mehr erfasst) erhöht sich die Verfahrensgebühr analog Nr. 1008 VV RVG. Obwohl eine Erhöhung bei verschiedenen Gegenständen ausgeschlossen ist, wenn nach dem Gegenstandswert abzurechnen ist, wird hier von der Rechtsprechung eine Ausnahme gemacht, da sich bei Werten von über 35.000,00 Euro die Kumulation der Einzelwerte wegen des Höchstbetrages des § 49 RVG nicht mehr auswirkt.[1]

Beispiel: Der Anwalt ist von zwei Auftraggebern beauftragt worden, Pflichtteilsansprüche in Höhe von jeweils 30.000,00 Euro geltend zu machen. Beiden Auftraggebern wird Prozesskostenhilfe bewilligt und derselbe Anwalt beigeordnet.

Jeder Pflichtteilsanspruch ist ein eigener Gegenstand. Der Gegenstandswert beläuft sich somit auf 60.000,00 Euro (§ 23 Abs. 1 RVG i. V. m. § 39 Abs. 1 GKG). Infolge der faktischen Begrenzung der Gebührentabelle nach § 49 RVG auf die vergleichbare Gebührenstufe des § 13 Abs. 1 RVG von „bis 35.000,00 Euro" wird der über 35.000,00 Euro hinausgehende Wert (weitere 25.000,00 Euro) nicht mehr berücksichtigt. Insoweit ist Nr. 1008 VV RVG entsprechend anzuwenden. Vorzugehen ist dabei wie folgt:
Die Gebührentabelle des § 49 RVG reicht nur bis zur vergleichbaren Wertstufe des § 13 RVG von „bis zu 35.000,00 Euro". Dies bedeutet, dass die weiteren (60.000,00 Euro – 35.000,00 Euro =) 25.000,00 Euro streitwertmäßig von der Tabelle des § 49 RVG nicht mehr erfasst werden. Daher erhält der Anwalt aus diesem Mehrwert analog Nr. 1008 VV RVG eine um 0,3 erhöhte Verfahrensgebühr, also eine 1,6-Verfahrensgebühr (Nrn. 3100, 1008 VV RVG).
Aus dem restlichen Wert (35.000,00 Euro – 25.000,00 Euro = 10.000,00 Euro) entsteht nur die einfache 1,3-Verfahrensgebühr. Entsprechend § 15 Abs. 3 RVG ist allerdings die Höhe der Gebühr zu begrenzen auf eine 1,6-Gebühr aus dem Gesamtwert. Zu rechnen ist nach den Beträgen des § 49 RVG wie folgt:

1. 1,6-Verfahrensgebühr, Nrn. 3100, 1008 VV RVG, § 49 RVG (Wert: 25.000,00 Euro)	603,20 Euro
2. 1,3-Verfahrensgebühr, Nr. 3100 VV RVG, § 49 RVG (Wert: 10.000,00 Euro)	399,10 Euro
gem. § 15 Abs. 3 RVG nicht mehr als 1,6 aus über 30.000,00 Euro	715,20 Euro
3. 1,2-Terminsgebühr, Nr. 3104 VV RVG, § 49 RVG (Wert: 60.000,00 Euro)	536,40 Euro
4. Postentgeltpauschale, Nr. 7002 VV RVG	20,00 Euro
Zwischensumme	1.271,60 Euro
5. 19 % Umsatzsteuer, Nr. 7008 VV RVG	241,60 Euro
Gesamt	**1.513,20 Euro**

---

[1] BGHZ 81, 40 = NJW 1981, 2757 = AnwBl. 1981, 402 = MDR 1981, 1004 = JurBüro 1981, 1657 = Rpfleger 1981, 437 = VersR 1981, 1031; OLG Hamm AGS 2003, 200 m. Anm. N. *Schneider* = AnwBl. 2003, 179; VGH Mannheim AGS 2009, 501 = JurBüro 2009, 490 = DÖV 2009, 688; ebenso AnwK-RVG/*Volpert*, Nr. 1008 VV RVG Rn. 171, § 49 Rn 13.

Nach a. A., die eine gesonderte Erhöhung berechnet, wäre wie folgt zu rechnen:

1. 1,3-Verfahrensgebühr, Nr. 3100 VV RVG,
   § 49 RVG (Wert: 60.000,00 Euro)   581,10 Euro
2. 0,3-Erhöhung, Nr. 1008 VV RVG,
   § 49 RVG (Wert: 25.000,00 Euro)   113,10 Euro
3. 1,2-Terminsgebühr, Nr. 3104 VV RVG,
   § 49 RVG (Wert: 60.000,00 Euro)   536,40 Euro
4. Postentgeltpauschale, Nr. 7002 VV RVG   20,00 Euro
   Zwischensumme   1.250,60 Euro
5. 19 % Umsatzsteuer, Nr. 7008 VV RVG   237,61 Euro

Gesamt   **1.488,21 Euro**

IV. Anrechnung bei vorangegangener außergerichtlicher Tätigkeit

War der im gerichtlichen Verfahren beigeordnete Anwalt bereits vorgerichtlich tätig, so sind dort erhaltene Gebühren anzurechnen.

Soweit der Anwalt im Rahmen der **Beratungshilfe** tätig war ist eine Beratungsgebühr (Nr. 2501 VV RVG) in voller Höhe (Anm. Abs. 2 zu Nr. 2501 VV RVG) und eine Geschäftsgebühr (Nr. 2503 VV RVG) hälftig anzurechnen (Anm. Abs. 2 zu Nr. 2503 VV RVG).

War der später beigeordnete Anwalt vorgerichtlich als **Wahlanwalt** tätig und hat er dort eine Geschäftsgebühr (Nrn. 2300, 2305 VV RVG) abgerechnet und auch erhalten,[1] so ist die hälftige Anrechnung nach Vorbem. 3 Abs. 4 VV RVG zu berücksichtigen. Allerdings erfolgt keine unmittelbare Anrechnung, da diese nach § 15a Abs. 2 RVG ausgeschlossen ist. Die Anrechnung ist vielmehr nach § 58 Abs. 2 RVG vorzunehmen. Siehe dazu Kap. 21 S. 241 ff.

V. Die Festsetzung

Die aus der Staatskasse zu gewährende PKH- oder VKH-Vergütung des Anwalts wird auf seinen Antrag vom Urkundsbeamten der Geschäftsstelle des ersten Rechtszugs festgesetzt § 55 Abs. 1 S. 1 RVG). Soweit Wertgebühren abzurechnen sind und die Sache vor dem Rechtsmittelgericht anhängig und noch nicht beendet worden ist, ist der Urkundsbeamte des Rechtsmittelgerichts zuständig (§ 55 Abs. 2 RVG).

Ein Formularzwang besteht – im Gegensatz zur Festsetzung der Beratungshilfevergütung – nicht.

Der Anfall der angemeldeten Gebühren und Auslagen ist glaubhaft zu machen (§ 55 Abs. 5 S. 1 RVG i. V. m. § 104 Abs. 2 ZPO).

Der Antrag hat darüber hinaus eine Erklärung zu enthalten, ob und welche Vorschüsse oder Zahlungen der Rechtsanwalt bis zum Tag der Antragstellung erhalten hat (§ 55 Abs. 5 S. 2 RVG). Bei Zahlungen auf eine anzurechnende Gebühr sind diese Zahlungen, der Satz oder der Betrag der Gebühr und bei Wertgebühren auch der zugrunde gelegte Wert anzugeben (§ 55 Abs. 5 S. 3 RVG). Eventuelle Zahlungen, die der Anwalt erhalten hat, werden auf die aus der Staatskasse zu zahlende Vergütung angerechnet. Allerdings wird zunächst auf denjenigen Teil der Vergütung angerechnet, für den ein Anspruch gegen die Staatskasse nicht oder nur unter den Voraussetzungen des § 50 RVG besteht (§ 58 Abs. 2 RVG). Nachträgliche Zahlungen sind unverzüglich anzuzeigen (§ 55 Abs. 5 S. 4 RVG).

Hat der beigeordnete Rechtsanwalt durch schuldhaftes Verhalten die Beiordnung eines anderen Anwalts veranlasst, kann er Gebühren, die auch für den anderen Anwalt entstehen, nicht fordern (§ 54 RVG).

---

[1] Anzurechnen sind nur erhaltene Beträge. Eine fiktive Anrechnung wie nach der bis zum 4.8.2009 geltenden Rechtsprechung kommt nach § 15a Abs. 2 RVG nicht mehr in Betracht.

VI. Rechtsbehelfe und Rechtsmittel gegen die Festsetzung

Gegen die Festsetzung des Urkundsbeamten ist nach § 56 Abs. 1 RVG die **unbefristete**[1] **Erinnerung** gegeben, der der Urkundsbeamte abhelfen kann; anderenfalls legt er sie dem Richter, der Kammer oder dem Senat vor, die darüber entscheiden.

Gegen die Entscheidung über die Erinnerung ist die **Beschwerde** zum nächst höheren Gericht gegeben, wenn der Wert des Beschwerdegegenstands 200,00 € übersteigt oder die Beschwerde in der Entscheidung über die Erinnerung zugelassen worden ist (§§ 56 Abs. 2 S. 1, 33 Abs. 3 RVG). Die Beschwerde ist gem. § 1 Abs. 3 RVG auch dann zulässig, wenn nach der Verfahrensordnung des zugrunde liegenden Verfahrens eine Beschwerde ausgeschlossen wäre (so z. B. nach §§ 178 S. 1, 197 Abs. 2 SGG).[2] Eine Beschwerde ist allerdings ausgeschlossen, wenn darüber ein oberstes Bundesgericht entscheiden müsste (§§ 56 Abs. 2 S. 1, 33 Abs. 3 RVG). Die Beschwerde ist **befristet** und muss innerhalb von **zwei Wochen** eingelegt werden (§ 56 Abs. 2 i. V. m. § 33 Abs. 4 S. 3 RVG).

Gegen eine Beschwerdeentscheidung des LG ist die **weitere Beschwerde** zum OLG möglich, wenn das LG diese wegen grundsätzlicher Bedeutung zugelassen hat (§§ 56 Abs. 2 S. 1, 33 Abs. 6 RVG). Auch die weitere Beschwerde ist **befristet** und muss innerhalb von **zwei Wochen** eingelegt werden (§ 56 Abs. 2 i. V. m. § 33 Abs. 3 S. 3, Abs. 6 S. 3 RVG). Beschwerdeentscheidungen sonstiger Gerichte sind unanfechtbar (§§ 56 Abs. 2 S. 1, 33 Abs. 4 S. 2 RVG).

Eine **Rechtsbeschwerde** ist nicht vorgesehen.

Soweit eine Beschwerde nicht zulässig ist, kommt die **Gehörsrüge** nach § 12 a RVG in Betracht.

VII. Differenzberechnung bei teilweiser Prozess- oder Verfahrenskostenhilfe

1. Überblick

Ist der Partei oder dem Beteiligten nur teilweise Prozess- oder Verfahrenskostenhilfe bewilligt worden, so erhält der Anwalt sowohl die Vergütung aus der Staatskasse nach den Beträgen des § 49 RVG als auch von der Partei nach den Beträgen des § 13 Abs. 1 RVG.

– Aus der Staatskasse erhält der Anwalt die volle Vergütung nach dem Wert der Bewilligung aus den Gebührenbeträgen des § 49 RVG.[3]

– Vom Mandanten erhält er noch eine restliche Vergütung aus dem Mehrwert, jetzt allerdings aus den Gebührenbeträgen des § 13 RVG. Um diese restliche Vergütung zu berechnen, ist eine Differenzberechnung nach folgender Formel vorzunehmen:

Vergütung aus dem Gesamtwert nach den Beträgen des § 13 RVG
./. Vergütung aus dem Wert der Bewilligung nach den Beträgen des § 13 RVG
= restliche Haftung des Auftraggebers

Zu unterscheiden sind folgende Fälle:

2. Die Partei führt den Rechtsstreit in vollem Umfang, obwohl Prozess- oder Verfahrenskostenhilfe nur teilweise bewilligt worden ist

Ist der Partei oder dem Beteiligten Prozess- oder Verfahrenskostenhilfe nur für einen Teil der beabsichtigten Prozess- oder Verfahrensführung bewilligt worden, etwa weil die beabsichtigte Rechtsverfolgung oder Rechtsverteidigung nur teilweise Aussicht auf Erfolg bietet oder im Übrigen eine Rechtsschutzversicherung greift, hat das Gericht die Bewilligung auf den-

---

[1] OLG Frankfurt RVGreport 2007, 100; AG Halle/Saale Rpfleger 2012, 266 = FamRZ 2012, 1579 = BtPrax 2012, 86; AnwK-RVG/*Volpert*, § 56 Rn. 8.

[2] Ältere gegenteilige Rechtsprechung – insbesondere der Landessozialgerichte ist angesichts des neu eingeführten § 1 Abs. 3 RVG nicht mehr verwertbar.

[3] AG Besigheim AGS 2007, 318; a. A. OLG Schleswig, Beschl. v. 5.4.2002 – 21 A 170/01: Verhältnismäßige Aufteilung.

jenigen Teil zu beschränken, der hinreichende Erfolgsaussichten bietet bzw. für den kein Rechtsschutz besteht. Im Übrigen ist der Antrag auf Bewilligung von Prozess- oder Verfahrenskostenhilfe zurückzuweisen. Soweit die Prozess- oder Verfahrenskostenhilfe danach nicht bewilligt ist, greift die Sperre des § 122 Abs. 1 Nr. 3 ZPO nicht. Der Anwalt kann insoweit die Wahlanwaltsvergütung unmittelbar gegen seinen Auftraggeber geltend machen. Die Berechnung dieser Vergütung wird nach zutreffender Ansicht durch eine Differenzberechnung gelöst.[1]

Beispiel: Der Beklagte will seinen Anwalt mit der Abwehr einer gegen ihn gerichteten Klage in Höhe von 20.000,00 Euro beauftragen und bittet den Anwalt zunächst, hierfür Prozesskostenhilfe zu beantragen. Dem Beklagten wird Prozesskostenhilfe lediglich zur Abwehr eines Teilbetrages in Höhe von 12.000,00 Euro bewilligt. Im Übrigen wird die Prozesskostenhilfe mangels hinreichender Erfolgsaussichten abgelehnt. Die bedürftige Partei beauftragt den Anwalt ungeachtet dessen, das Verfahren in voller Höhe durchzuführen.

Der Anwalt erhält zunächst die volle Prozesskostenhilfe-Vergütung aus der Staatskasse:

1. 1,3-Verfahrensgebühr, Nr. 3100 VV RVG,
§ 49 RVG (Wert: 12.000,00 Euro)   417,30 Euro
2. 1,2-Terminsgebühr, Nr. 3104 VV RVG,
§ 49 RVG (Wert: 12.000,00 Euro)   385,20 Euro
3. Postentgeltpauschale, Nr. 7002 VV RVG   20,00 Euro

    Zwischensumme   822,50 Euro

4. 19 % Umsatzsteuer, Nr. 7008 VV RVG   156,28 Euro
Gesamt   **978,78 Euro**

Darüber hinaus erhält er die Differenz zwischen der Wahlanwaltsvergütung aus dem vollen Wert (20.000,00 Euro) und aus dem Wert der Prozesskostenhilfe-Bewilligung (12.000,00 Euro):

1. 1,3-Verfahrensgebühr, Nr. 3100 VV RVG,
§ 13 RVG (Wert: 20.000,00 Euro)   964,60 Euro
2. ./. 1,3-Verfahrensgebühr, Nr. 3100 VV RVG,
§ 13 RVG (Wert: 12.000,00 Euro)   – 785,20 Euro
3. 1,2-Terminsgebühr, Nr. 3104 VV RVG,
§ 13 RVG (Wert: 20.000,00 Euro)   890,40 Euro
4. ./. 1,2-Terminsgebühr, Nr. 3104 VV RVG,
§ 13 RVG (Wert: 12.000,00 Euro)   – 724,80 Euro
5. Postentgeltpauschale, Nr. 7002 VV RVG   20,00 Euro
6. ./. Postentgeltpauschale, Nr. 7002 VV RVG   – 20,00 Euro

    Zwischensumme   345,00 Euro

7. 19 % Umsatzsteuer, Nr. 7008 VV RVG   65,55 Euro
Gesamt   **410,55 Euro**

Insgesamt erhält der Anwalt also:
PKH-Vergütung aus der Staatskasse: 978,78 Euro
Wahlanwaltsgebühren vom Mandanten: 410,55 Euro
Gesamt   **1.389,33 Euro**

---

[1] KG Rpfleger 1988, 204 = JurBüro 1988, 728; OLG Düsseldorf AGS 1999, 108; AGS 2001, 66 = MDR 2001, 57 = OLGR 2000, 388; OLG Düsseldorf AGS 2005, 457 = JurBüro 2005, 321; VG Ansbach, Beschl. v. 10.3.2011 – AN 14 M 09.01121; AG Besigheim AGS 2007, 318; Ausführlich *N. Schneider*, Weiter gehende Ansprüche gegen die Partei bei teilweise bewilligter Prozesskostenhilfe, AGS 2005, 137; a. A. OLG Schleswig, Beschl. v. 5.4.2002 – 21 A 170/01: Verhältnismäßige Aufteilung.

3. Nach teilweiser Prozess- oder Verfahrenskostenhilfe-Bewilligung wird der Rechtsstreit nur im Rahmen der bewilligten Prozess- oder Verfahrenskostenhilfe durchgeführt

Ebenso ist vorzugehen, wenn sich die Partei oder der Beteiligte nach dem Prozess- oder Verfahrenskostenhilfeprüfungsverfahren auf den Betrag beschränkt, für den Prozess- oder Verfahrenskostenhilfe bewilligt worden ist. Dann verbleibt für das Prozess- oder Verfahrenskostenhilfeprüfungsverfahren noch ein restlicher Vergütungsanspruch gegen den Auftraggeber.

Beispiel: Der Anwalt wird von der bedürftigen Partei beauftragt, für eine beabsichtigte Klage in Höhe von 25.000,00 Euro Prozesskostenhilfe zu beantragen. Das Gericht ordnet einen Termin im Prozesskostenhilfeprüfungsverfahren an und bewilligt nach mündlicher Verhandlung im Prüfungsverfahren Prozesskostenhilfe lediglich in Höhe von 20.000,00 Euro; in Höhe der weiteren 5.000,00 Euro sieht das Gericht keine hinreichenden Erfolgsaussichten und lehnt den Antrag ab. Der Anwalt wird daraufhin beauftragt, das Verfahren lediglich nach einem Wert von 20.000,00 Euro durchzuführen, nach dem dann anschließend auch verhandelt wird.

Aus der Staatskasse erhält der Anwalt seine Vergütung nach den §§ 45 ff. RVG aus dem Wert der Beiordnung, also aus 20.000,00 Euro, und zwar nach den Gebührenbeträgen des § 49 RVG:

1. 1,3-Verfahrensgebühr, Nr. 3100 VV RVG, § 49 RVG	471,90 Euro
2. 1,2-Termingebühr, Nr. 3104 VV RVG, § 49 RVG	435,60 Euro
3. Postentgeltpauschale, Nr. 7002 VV RVG	20,00 Euro
Zwischensumme 927,50 Euro	
4. 19 % Umsatzsteuer, Nr. 7008 VV RVG	176,23 Euro
Gesamt	**1.103,73 Euro**

Auch hier kann der Anwalt den Mandanten wegen der weiter gehenden Vergütung in Anspruch nehmen, nämlich insoweit, als der Anwalt im Prüfungsverfahren tätig geworden ist, ohne dass der Auftraggeber die beantragte Prozesskostenhilfe bewilligt erhalten hat. Hier ist zunächst die tatsächliche Wahlanwaltsvergütung aus den Beträgen des § 13 RVG unter Berücksichtigung des § 15 Abs. 3 RVG zu berechnen und dann die Wahlanwaltsvergütung wiederum nach den Beträgen des § 13 RVG aus dem Wert, zu dem Prozesskostenhilfe bewilligt worden ist, wieder abzuziehen:

1. 1,3-Verfahrensgebühr, Nr. 3100 VV RVG (Wert: 20.000,00 Euro)	964,60 Euro
2. 1,0-Verfahrensgebühr, Nr. 3335 VV RVG (Wert: 5.000,00 Euro)	303,00 Euro
gem. § 15 Abs. 3 RVG nicht mehr als 1,3 aus 25.000,00 Euro	1.024,40 Euro
3. ./. 1,3-Verfahrensgebühr, Nr. 3100 VV RVG (Wert: 20.000,00 Euro)	– 964,60 Euro
4. 1,2-Termingebühr, Nr. 3104 VV RVG, Vorbem. 3.3.6 VV RVG (Wert: 25.000,00 Euro)	945,80 Euro
5. ./. 1,2-Termingebühr, Nr. 3104 VV RVG (Wert: 20.000,00 Euro)	– 890,40 Euro
6. Postentgeltpauschale, Nr. 7002 VV RVG	20,00 Euro
7. ./. Postentgeltpauschale, Nr. 7002 VV RVG	– 20,00 Euro
Zwischensumme 115,00 Euro	
8. 19 % Umsatzsteuer, Nr. 7008 VV RVG	21,85 Euro
Gesamt	**136,85 Euro**

Insgesamt erhält der Anwalt also:

PKH-Vergütung aus der Staatskasse:	1.103,73 Euro
Wahlanwaltsgebühren vom Mandanten:	136,85 Euro
Gesamt	**1.240,58 Euro**

7. Gebühren in sozialrechtlichen Angelegenheiten nach Betragsrahmen

I. Überblick

Die Gebühren in sozialrechtlichen Angelegenheiten richten sich grundsätzlich nach Betragsrahmen (§ 3 Abs. 1 S. 1 RVG). Dies gilt auch für außergerichtliche Tätigkeiten (§ 3 Abs. 2 RVG).

Lediglich in Ausnahmefällen richten sich die Gebühren gem. § 3 Abs. 1 S. 2, Abs. 2 RVG auch in sozialrechtlichen Angelegenheiten nach dem Gegenstandswert (§ 2 Abs. 1 RVG). Für diese Fälle kann auf die Gebührentabellen nach den Gegenstandswerten und die dortigen Ausführungen Bezug genommen werden.

Soweit sich die Gebühren nicht nach dem Gegenstandswert richten, sind Betragsrahmen vorgesehen. Zu den betreffenden Gebührentatbeständen ist grundsätzlich ein Mindest- und ein Höchstbetrag vorgegeben. Aus diesen Rahmen bestimmt der Anwalt unter Berücksichtigung der Kriterien des § 14 Abs. 1 RVG die im Einzelfall angemessene Gebühr. Auch hier ist für die Geschäftsgebühr eine sog. Schwellengebühr vorgesehen, die einen Höchstbetrag vorsieht, wenn die Tätigkeit weder umfangreich noch schwierig war (Anm. zu Nr. 2302 VV RVG). Des weiteren gilt nach wie vor für den Verkehrsanwalt eine Höchstgrenze (Nr. 3400 VV RVG).

Besonderheiten ergeben sich nach Nrn. 1005, 1006 VV RVG für die Einigungs- und Erledigungsgebühren. Hier sind keine eigenen Gebührenrahmen mehr vorgesehen. Vielmehr entstehen diese Gebühren grundsätzlich in Höhe der jeweiligen Verfahrensgebühr (gerichtliche Verfahren), Geschäftsgebühr (außergerichtliche Tätigkeiten) oder in Höhe der der halben Schwellengebühr (Beratung). Eine Erhöhung der Verfahrens- oder Geschäftsgebühr wegen mehrerer Auftraggeber (Nr. 1008 VV RVG) ist zuvor herauszurechnen. Bei Teileinigungen – oder -erledigungen ist zu quoteln.

Eine weitere Besonderheit ergibt sich für die sog. fiktiven Terminsgebühren, also für die Terminsgebühren bei einer Entscheidung ohne mündliche Verhandlung, bei Abschluss eines schriftlichen Vergleichs, bei angenommenem Anerkenntnis oder auch bei einer Entscheidung durch Gerichtsbescheid. Auch hier sind die Terminsgebühren an die konkrete Verfahrensgebühr gekoppelt, und zwar in der ersten Instanz (Anm. S. 2 zu Nr. 3106 VV RVG) und im Revisionsverfahren (Anm. zu Nr. 3213 VV RVG) auf 90% der jeweiligen Verfahrensgebühr und im Berufungsverfahren auf 75 % (Anm. zu Nr. 3205 VV RVG). Eine Erhöhung der Verfahrensgebühr wegen mehrerer Auftraggeber nach Nr. 1008 VV RVG ist allerdings zuvor herauszurechnen.

Vertritt der Anwalt **mehrere Auftraggeber**, so gilt auch hier Nr. 1008 VV RVG. Der Gebührenrahmen wird um 30% angehoben, indem für jeden weiteren Auftraggeber, der Mindest- und der Höchstbetrag – und damit auch die Mittelgebühr – um jeweils 30 % erhöht wird.[1] Auch die Kappungsgrenze der Anm. zu Nr. 2302 VV RVG erhöht sich bei mehreren Auftraggebern (Anm. Abs. 4 zu Nr. 1008 VV RVG). Mehrere Erhöhungen dürfen das Doppelte des Mindest- und des Höchstbetrages nicht übersteigen. Im Gegensatz zu den Wertgebühren ist es bei den Betragsrahmengebühren nicht erforderlich, dass der Gegenstand der anwaltlichen Tätigkeit für die einzelnen Auftraggeber derselbe ist. Die Anm. Abs. 1 zu Nr. 1008 VV RVG gilt nur für Wertgebühren.

Im Rahmen der **Beratungshilfe**, die in sozialrechtlichen Angelegenheiten auch möglich ist, gelten die gleichen Festgebühren wie auch in sonstigen Angelegenheiten. Der bisherige Anrechnungsausschluss der Geschäftsgebühr ist weggefallen.

Mit dem 2. KostRMoG ist jetzt auch in sozialrechtlichen Angelegenheiten eine Anrechnung der **Geschäftgebühr** eingeführt worden. Danach wird die Geschäftsgebühr des Verwaltungsverfahrens auf die Geschäftsgebühr des Widerspruchsverfahrens hälftig – höchstens zu 175,00 Euro – angerechnet (Vorbem. 2.3 Abs. 4 VV RVG). Die Geschäftsgebühr des Widerspruchsverfahrens oder – wenn es ein solches nicht stattfindet – die des Verwaltungsverfahrens wird auf die Verfahrensgebühr des erstinstanzlichen gerichtlichen Verfahrens angerechnet (Vorbem. 3 Abs. 4 VV RVG).

---

[1] SG Lüneburg, Beschl. v. 9.3.2009 – S 12 SF 30/09 E.

II. Gebührentabelle

Gebührentatbestand	VV-Nr. oder RVG-§	Mindestgebühr	Mittelgebühr	20% über Mittelgebühr[1]	Höchstgebühr	Höchstbetrag
I. Beratung und Gutachten (sofern keine Vereinbarung getroffen)						
1. Beratung und Gutachten						
a) Beratung oder Gutachten	§ 34 Abs. 1 S. 2 RVG		übliche Vergütung nach § 612 oder § 632 BGB			
b) Höchstgrenze bei Verbraucher	§ 34 Abs. 1 S. 3 RVG					250,00 €
c) Höchstgrenze Erstberatung bei Verbraucher	§ 34 Abs. 1 S. 3 RVG					190,00 €
2. Einigung oder Erledigung[2]	Anm. Abs. 1 S. 4 zu Nr. 1005		150,00 € (halbe Schwellengebühr)			
II. Beratungshilfe						
1. Beratungshilfegebühr	2500		15,00 (Festgebühr)[3]			
2. Beratungsgebühr	2501		35,00 (Festgebühr)[4]			
3. Geschäftsgebühr[5]	2503		85,00 (Festgebühr)[6]			
4. Geschäftsgebühr bei mehreren Auftraggeber	2500, 1008		Erhöhung um 30% je weiteren Auftraggeber höchstens um 200%			
5. Einigung/Erledigung	2508		150,00 € (Festgebühr)			
III. Prüfung der Erfolgsaussicht eines Rechtsmittels						
1. Prüfung	2102	30,00 €	175,00 €	210,00 €	320,00 €	
2. Prüfung mit Gutachten	2103	50,00 €	300,00 €	360,00 €	550,00 €	
IV. Außergerichtliche Vertretung						
1. Verwaltungsverfahren						
a) Geschäftsgebühr[7]	2302 Nr. 1	50,00 €	345,00 €	414,00 €	600,00 €	
b) weder umfangreich noch schwierig[8]	Anm. zu Nr. 2302					300,00 €[9]

[1] Nach ganz einhelliger Rspr. steht dem Anwalt bei der Bestimmung der angemessenen Gebühr nach § 14 Abs. 1 RVG ein Toleranzbereich von 20% zu, so dass ein Überschreiten der billigen Gebühr von bis zu 20% im Einzelfall noch nicht als unbillig angesehen wird. Unzulässig ist es allerdings, die angemessene Gebühr bewusst um 20 % anzuheben, da dies einen Ermessensfehlgebrauch darstellt.

[2] Auch im Rahmen einer Beratung kann der Anwalt eine Einigungs- oder Erledigungsgebühr verdienen (OVG Lüneburg AnwBl. 1983, 282; VG Münster AnwBl. 1981, 163; OVG Münster AnwBl. 1985, 391 = JurBüro 1985, 1500 = Rpfleger 1985, 325).

[3] Diese Gebühr schuldet nur der Rechtsuchende § 44 Abs. S. 2 RVG. Auslagen, auch Umsatzsteuer (Nr. 7008 VV RVG), können neben der Gebühr nicht erhoben werden (Anm. S. 1 zu Nr. 2500 VV RVG). Die Gebühr kann erlassen werden (Anm. S. 2 zu Nr. 2500 VV RVG).

[4] Die Gebühr ist in voller Höhe auf eine nachfolgende Tätigkeit anzurechnen (Anm. Abs. 2 zu Nr. 2501 VV RVG).

[5] Sofern der Anwalt sowohl in Verwaltungs- als auch im Widerspruchsverfahren tätig war, entsteht die Geschäftsgebühr gesondert (§ 17 Nr. 1a RVG); es gilt dann allerdings die Anrechnungsvorschrift der Anm. Abs. 2 S. 1 zu Nr. 2503 VV RVG.
Eine Anrechnung der Geschäftsgebühr auf die Verfahrensgebühr des sozialgerichtlichen Verfahrens kommt jedoch entgegen dem Wortlaut der Anm. Abs. 2 zu Nr. 2503 VV RVG nicht in Betracht, da im gerichtlichen Verfahren bereits danach differenziert wird, ob der Anwalt im Verwaltungs- oder Widerspruchsverfahren vertreten hat. Es liegt hier ein Redaktionsversehen des Gesetzgebers vor.

[6] Die Gebühr ist hälftig auf eine nachfolgende behördliche oder gerichtliche Tätigkeit anzurechnen (Anm. Abs. 2 zu Nr. 2503 VV RVG

[7] Der Rahmen erhöht sich nach Nr. 1008 VV RVG bei mehreren Auftraggebern um 30 % je weiteren Auftraggeber, höchstens um 200 %.

[8] Die Kappungsgrenze erhöht sich nach Anm. Abs. 4 zu Nr. 1008 VV RVG bei mehreren Auftraggebern um 30 % je weiteren Auftraggeber, höchstens um 200 %.

[9] Der Kappungsgrenze erhöht sich nach Nr. 1008 VV RVG bei mehreren Auftraggebern um 30% je weiteren Auftraggeber (Anm. Abs. 4 zu Nr. 1008 VV RVG).

Gebührentatbestand	VV-Nr. oder RVG-§	Mindestgebühr	Mittelgebühr	20% über Mittelgebühr	Höchstgebühr	Höchstbetrag
c) Einigung/Erledigung						
aa) nicht anhängig	1005	\multicolumn{5}{c}{in Höhe der konkret abgerechneten Geschäftsgebühr[1]}				
bb) anhängig	Anm. S. 2 zu Nr. 1005, 1006	in Höhe der konkret abgerechneten Verfahrensgebühr[2]				
2. Nachprüfungsverfahren						
a) Geschäftsgebühr[3]	2302 Nr. 1	50,00 €	345,00 €	414,00 €	640,00 €	
b) weder umfangreich noch schwierig	Anm. zu Nr. 2302					300,00 €[4]
c) Anrechnung	Vorbem. 2.3 Abs.4	hälftige Anrechnung einer im Verwaltungsverfahren angefallenen Geschäftsgebühr (höchstens 175,00 €)				
d) Einigung/Erledigung						
aa) nicht anhängig	1005	in Höhe der konkret abgerechneten Geschäftsgebühr[5]				
bb) anhängig	Anm. S. 2 zu Nr. 1005, 1006	in Höhe der konkret abgerechneten Verfahrensgebühr[6]				
V. Selbstständiges Beweisverfahren						
1. Verfahrensgebühr[3]	3102	50,00 €	300,00 €	360,00 €	550,00 €	
2. Terminsgebühr						
a) tatsächlicher Termin nach Vorbem. 3 Abs. 3 VV RVG	3106	50,00 €	280,00 €	336,00 €	510,00 €	
b) fiktiver Termin nach Anm. zu Nr. 3106 VV RVG	Anm. Abs. 2 zu 3106	90 % der jeweiligen Verfahrensgebühr ohne Erhöhung nach Nr. 1008 VV RVG				
3. Einigung/Erledigung[4]						
a) Gesamteinigung	1006	in Höhe der jeweiligen Verfahrensgebühr ohne Erhöhung nach Nr. 1008 VV RVG				
b) Teileinigung	Anm. Abs. 2 zu 1006	Anteil der jeweiligen Verfahrensgebühr nach Verhältnis der Streitgegenstände ohne Erhöhung nach Nr. 1008 VV RVG				
VI. Gerichtliches Verfahren 1. Instanz						
1. Verfahrensgebühr						
a) Verfahrensgebühr[3]	3102	50,00 €	300,00 €	360,00 €	550,00 €	
b) Anrechnung	Vorbem. 3 Abs.4	hälftige Anrechnung einer im Verwaltungs- oder Widerspruchsverfahren angefallenen Geschäftsgebühr[7] (höchstens 175,00 €)				
2. Terminsgebühr						
a) tatsächlicher Termin nach Vorbem. 3 Abs. 3 VV RVG	3106	50,00 €	280,00 €	336,00 €	510,00 €	
b) fiktiver Termin nach Anm. zu Nr. 3106 VV RVG	Anm. Abs. 2 zu 3106	90 % der jeweiligen Verfahrensgebühr ohne Erhöhung nach Nr. 1008 VV RVG				
3. Einigung/Erledigung[3]						
a) Gesamteinigung	1006	in Höhe der jeweiligen Verfahrensgebühr ohne Erhöhung nach Nr. 1008 VV RVG				
b) Teileinigung	Anm. Abs. 2 zu 1006	Anteil der jeweiligen Verfahrensgebühr nach Verhältnis der Streitgegenstände ohne Erhöhung nach Nr. 1008 VV RVG				

[1] Ohne eventuelle Erhöhung nach Nr. 1008 VV RVG.
[2] Ohne eventuelle Erhöhung nach Nr. 1008 VV RVG.
[3] Der Rahmen erhöht sich nach Nr. 1008 VV RVG bei mehreren Auftraggebern um 30 % je weiteren Auftraggeber.
[4] Der Kappungsgrenze erhöht sich nach Nr. 1008 VV RVG bei mehreren Auftraggebern um 30 % je weiteren Auftraggeber (Anm. Abs. 4 zu Nr. 1008 VV RVG).
[5] Ohne eventuelle Erhöhung nach Nr. 1008 VV RVG.
[6] Ohne eventuelle Erhöhung nach Nr. 1008 VV RVG.
[7] Angerechnet wird nur die letzte Gebühr (Vorbem. 4 Abs. 3 S. 3 VV RVG).

Gebührentatbestand	VV-Nr. oder RVG-§	Mindestgebühr	Mittelgebühr	20% über Mittelgebühr	Höchstgebühr	Höchstbetrag
VII. Beschwerde gegen die Nichtzulassung der Berufung						
1. Verfahrensgebühr[1]	3511	60,00 €	370,00 €	444,00 €	680,00 €	
2. Terminsgebühr	3517	50,00 €	280,00 €	336,00 €	510,00 €	
3. Einigung/Erledigung						
a) Gesamteinigung	1006		in Höhe der jeweiligen Verfahrensgebühr ohne Erhöhung nach Nr. 1008 VV RVG			
b) Teileinigung	Anm. Abs. 2 zu 1006	Anteil der jeweiligen Verfahrensgebühr nach Verhältnis der Streitgegenstände ohne Erhöhung nach Nr. 1008 VV RVG				
VIII. Berufung						
1. Verfahrensgebühr[1]	3204	60,00 €	370,00 €	440,00 €	380,00 €	
2. Terminsgebühr						
a) tatsächlicher Termin nach Vorbem. 3 Abs. 3 VV RVG	3205	50,00 €	280,00 €	336,00 €	510,00 €	
b) fiktiver Termin nach Anm. S. 1 Nr. 1 und 3, S. 2 zu Nr. 3106 VV RVG	Anm. Abs. 2 zu 3205	75 % der jeweiligen Verfahrensgebühr ohne Erhöhung nach Nr. 1008 VV RVG				
3. Einigung/Erledigung						
a) Gesamteinigung	1006	in Höhe der jeweiligen Verfahrensgebühr ohne Erhöhung nach Nr. 1008 VV RVG				
b) Teileinigung	Anm. Abs. 2 zu 1006	Anteil der jeweiligen Verfahrensgebühr nach Verhältnis der Streitgegenstände ohne Erhöhung nach Nr. 1008 VV RVG				
IX. Beschwerde gegen die Nichtzulassung der Revision						
1. Verfahrensgebühr[1]	3512	80,00 €	480,00 €	576,00 €	880,00 €	
2. Terminsgebühr	3518	60,00 €	360,00 €	432,00 €	660,00 €	
3. Einigung/Erledigung						
a) Gesamteinigung	1006	in Höhe der jeweiligen Verfahrensgebühr ohne Erhöhung nach Nr. 1008 VV RVG				
b) Teileinigung	Anm. Abs. 2 zu 1006	Anteil der jeweiligen Verfahrensgebühr nach Verhältnis der Streitgegenstände ohne Erhöhung nach Nr. 1008 VV RVG				
X. Revision						
1. Verfahrensgebühr[1]	3212	80,00 €	480,00 €	576,00 €	800,00 €	
2. Terminsgebühr						
a) tatsächlicher Termin nach Vorbem. 3 Abs. 3 VV RVG	3213	40,00 €	455,00 €	546,00 €	830,00 €	
b) fiktiver Termin nach Anm. 3213, Anm. S. 1 Nr. 1 und 3, S. 2 zu Nr. 3106 VV RVG	Anm. Abs. 2 zu 3205	90 % der jeweiligen Verfahrensgebühr ohne Erhöhung nach Nr. 1008 VV RVG				
3. Einigung/Erledigung						
a) Gesamteinigung	1006	in Höhe der jeweiligen Verfahrensgebühr ohne Erhöhung nach Nr. 1008 VV RVG				
b) Teileinigung	Anm. Abs. 2 zu 1006	Anteil der jeweiligen Verfahrensgebühr nach Verhältnis der Streitgegenstände ohne Erhöhung nach Nr. 1008 VV RVG				
XI. Einfache Beschwerde[2] und Erinnerung[3]						
1. Verfahrensgebühr[1]	3501	20,00 €	115,00 €	138,00 €	210,00 €	
2. Terminsgebühr	3515	20,00 €	115,00 €	138,00 €	210,00 €	

[1] Der Rahmen erhöht sich nach Nr. 1008 VV RVG bei mehreren Auftraggebern um 30% je weiteren Auftraggeber.

[2] In Beschwerdeverfahren gegen Entscheidungen im einstweiligen Rechtsschutz gelten die Gebühren eines Berufungsverfahrens (Vorbem. 3.2.1 Nr. 3 Buchst. g) VV RVG.

[3] Auch Erinnerungen gegen eine Entscheidung des Urkundsbeamten im Rahmen der Kostenfestsetzung sind eigene Angelegenheiten (§ 18 Abs. 1 Nr. 3 RVG).

7. Gebühren in sozialrechtlichen Angelegenheiten nach Betragsrahmen

Gebührentatbestand	VV-Nr. oder RVG-§	Mindest-gebühr	Mittel-gebühr	20% über Mittel-gebühr	Höchst-gebühr	Höchst-betrag
3. Einigung/Erledigung						
a) Gesamteinigung	1006	\multicolumn{5}{l|}{in Höhe der jeweiligen Verfahrensgebühr ohne Erhöhung nach Nr. 1008 VV RVG}				
b) Teileinigung	Anm. Abs. 2 zu 1006	\multicolumn{5}{l|}{Anteil der jeweiligen Verfahrensgebühr nach Verhältnis der Streitgegenstände ohne Erhöhung nach Nr. 1008 VV RVG}				

XII. Verkehrsanwalt

Gebührentatbestand	VV-Nr. oder RVG-§	Mindest-gebühr	Mittel-gebühr	20% über Mittel-gebühr	Höchst-gebühr	Höchst-betrag
1. Verfahrensgebühr[2]	3400		Gebühr wie Hauptbevollmächtigter			420,00 €[1]
2. Vorzeitige Erledigung	3405		Gebühr wie Hauptbevollmächtigter			210,00 €[1]
3. Einigung/Erledigung						
a) Gesamteinigung	1006		in Höhe der jeweiligen Verfahrensgebühr ohne Erhöhung nach Nr. 1008 VV RVG			
b) Teileinigung	Anm. Abs. 2 zu 1006		Anteil der jeweiligen Verfahrensgebühr nach Verhältnis der Streitgegenstände ohne Erhöhung nach Nr. 1008 VV RVG			

XIII. Terminsvertreter

Gebührentatbestand	VV-Nr. oder RVG-§	Mindest-gebühr	Mittel-gebühr	20% über Mittel-gebühr	Höchst-gebühr	Höchst-betrag
1. Verfahrensgebühr[2]	3401 i.V. m.					
a) 1. Instanz[3]	3102	50,00 €	300,00 €	360,00 €	550,00 €	
b) Beschwerde gegen Nichtzulassung der Berufung	3511	60,00 €	370,00 €	444,00 €	680,00 €	
c) Berufung[4]	3204	60,00 €	370,00 €	444,00 €	680,00 €	
d) Beschwerde gegen Nichtzulassung der Revision	3512	80,00 €	480,00 €	576,00 €	880,00 €	
e) Revision[5]	3212	80,00 €	480,00 €	576,00 €	880,00 €	
f) Sonstige Beschwerden	3501	20,00 €[6]	115,00 €	138,00 €	210,00 €	
2. Vorzeitige Erledigung	3405					210,00 €[1]
3. Terminsgebühr	3402		wie ein Hauptbevollmächtigter			
4. Einigung/Erledigung						
a) Gesamteinigung	1006		in Höhe der jeweiligen Verfahrensgebühr ohne Erhöhung nach Nr. 1008 VV RVG			
b) Teileinigung	Anm. Abs. 2 zu 1006		Anteil der jeweiligen Verfahrensgebühr nach Verhältnis der Streitgegenstände ohne Erhöhung nach Nr. 1008 VV RVG			

XIV. Einzeltätigkeiten in gerichtlichen Verfahren

Gebührentatbestand	VV-Nr. oder RVG-§	Mindest-gebühr	Mittel-gebühr	20% über Mittel-gebühr	Höchst-gebühr	Höchst-betrag
1. Verfahrensgebühr[2]	3406	30,00 €	185,00 €	220,00 €	340,00 €	
2. Vorzeitige Erledigung	analog 3405[7]					210,00 €[1]
3. Einigung/Erledigung						
a) Gesamteinigung	1006		in Höhe der jeweiligen Verfahrensgebühr ohne Erhöhung nach Nr. 1008 VV RVG			

---

[1] Der Höchstbetrag erhöht sich nach Nr. 1008 VV RVG bei mehreren Auftraggebern um 30 % je weiteren Auftraggeber.
[2] Der Rahmen erhöht sich nach Nr. 1008 VV RVG bei mehreren Auftraggebern um 30 % je weiteren Auftraggeber.
[3] Eine zuvor verdiente Geschäftsgebühr ist auch hier anzurechnen (Vorbem. 3 Abs. 4 VV RVG). Nr. 1008 VV RVG bei mehreren Auftraggebern um 30% je weiteren Auftraggeber.
[4] Eine Verfahrensgebühr für eine vorangegangene Beschwerde gegen Nichtzulassung der Berufung ist anzurechnen (Anm. zu Nr. 3511 VV RVG).
[5] Eine Verfahrensgebühr für eine vorangegangene Beschwerde gegen Nichtzulassung der Berufung ist anzurechnen (Anm. zu Nr. 3512 VV RVG).
[6] Der Mindestbetrag einer Gebühr beläuft sich gem. § 13 Abs. 2 RVG auf 15,00 Euro.
[7] Siehe AnwK-RVG/N. *Schneider* Nr. 3405 VV RVG Rn. 17, 18.

Gebührentatbestand	VV-Nr. oder RVG-§	Mindest-gebühr	Mittel-gebühr	20% über Mittel-gebühr	Höchst-gebühr	Höchst-betrag
b) Teileinigung	Anm. Abs. 2 zu 1006	Anteil der jeweiligen Verfahrensgebühr nach Verhältnis der Streitgegenstände ohne Erhöhung nach Nr. 1008 VV RVG				

XV. Prozesskostenhilfeverfahren

Gebührentatbestand	VV-Nr. oder RVG-§					Höchst-betrag
1. Verfahrensgebühr[1]	3335	wie ein Hauptbevollmächtigter				420,00 €
2. Terminsgebühr	Vorbem. 3.3.6	In Höhe der Terminsgebühr des zugrunde liegenden Verfahrens				
3. Einigung/Erledigung						
a) Gesamteinigung	1006	in Höhe der jeweiligen Verfahrensgebühr ohne Erhöhung nach Nr. 1008 VV RVG				
b) Teileinigung	Anm. Abs. 2 zu 1006	Anteil der jeweiligen Verfahrensgebühr nach Verhältnis der Streitgegenstände ohne Erhöhung nach Nr. 1008 VV RVG				

XVI. Gehörsrügeverfahren

Gebührentatbestand	VV-Nr. oder RVG-§					Höchst-betrag
1. Verfahrensgebühr[1]	3330	In Höhe der Verfahrensgebühr des zugrunde liegenden Verfahrens				220,00 €
2. Terminsgebühr	3331	In Höhe der Terminsgebühr des zugrunde liegenden Verfahrens				220,00 €

[1] Der Rahmen erhöht sich nach Nr. 1008 VV RVG bei mehreren Auftraggebern um 30 % je weiteren Auftraggeber.

8. Hilfeleistung in Steuersachen

I. Überblick

Erbringt der Rechtsanwalt Hilfeleistung in Steuersachen richtet sich die Abrechnung der Vergütung nicht nach dem RVG, sondern gemäß der in § 35 Abs. 1 RVG enthaltenen Verweisung nach den §§ 23 bis 39 i.V.m. §§ 10 und 13 der Steuerberatervergütungsverordnung (StBVV).

Von der Verweisung erfasst wird nur die außergerichtliche Vertretung bei der Erbringung von Hilfeleistungen, und zwar auch nur im Besteuerungsverfahren.

Im Einspruchsverfahren und in einem Verfahren auf Aussetzung der Vollziehung vor der Finanzbehörde (§ 69 Abs. 2 FGO) gilt bereits das RVG, da § 35 Abs. 1 RVG nicht auf § 40 Abs. 1 und 7 StBVV Bezug nimmt.

In gerichtlichen Verfahren richtet sich die Vergütung immer nach dem RVG, da auch der Steuerberater nach dem RVG abrechnet (§ 45 StBVV). Das gilt auch in der Verwaltungsvollstreckung (§ 44 StBVV).

Erbringt der Anwalt andere Tätigkeiten oder Hilfeleistungen, die durch die Verweisung in § 35 Abs. 1 RVG nicht erfasst werden, gelten die Gebühren nach Teil 2 VV RVG.

Soweit die StBVV anzuwenden ist, richtet sich der Gegenstandswert nach dem Wert, den der Gegenstand der beruflichen Tätigkeit hat (§ 10 Abs. 1 S. 1 StBVV). Maßgebend ist, soweit dieses Gesetz nichts anderes bestimmt, der Wert des Interesses (§ 10 Abs. 1 S. 3 StBVV).

Soweit für die Tätigkeit in Besteuerungsverfahren die StBVV gilt, ist eine dort verdiente Gebühr nach Vorbem. 2.3 Abs. 4 VV RVG auf die Geschäftsgebühr eines Einspruchsverfahrens und nach Vorbem. 3 Abs. 4 VV RVG auf die Verfahrensgebühr eines nachfolgenden gerichtlichen Verfahrens hälftig anzurechen (§ 35 Abs. 2 S. 1 RVG) Dabei stehen die Gebühren nach den §§ 23, 24 und 31 der StBVV, bei mehreren Gebühren deren Summe, einer Geschäftsgebühr nach Teil 2 VV RVG gleich (§ 35 Abs. 2 S. 1 RVG). Bei der Ermittlung des Höchstbetrags des anzurechnenden Teils der Geschäftsgebühr ist der Gegenstandswert derjenigen Gebühr zugrunde zu legen, auf die angerechnet wird (§ 35 Abs. 2 S. 2 RVG).

II. Auszug aus der StBVV

§ 10 Wertgebühren

(1) [1] Die Wertgebühren bestimmen sich nach den der Verordnung als Anlage beigefügten Tabellen A bis E. [2] Sie werden nach dem Wert berechnet, den der Gegenstand der beruflichen Tätigkeit hat. [3] Maßgebend ist, soweit diese Verordnung nichts anderes bestimmt, der Wert des Interesses.

(2) In derselben Angelegenheit werden die Werte mehrerer Gegenstände zusammengerechnet; dies gilt nicht für die in den §§ 24 bis 27, 30, 35 und 37 bezeichneten Tätigkeiten.

§ 13 Zeitgebühr

[1] Die Zeitgebühr ist zu berechnen
1. in den Fällen, in denen diese Verordnung dies vorsieht,
2. wenn keine genügenden Anhaltspunkte für eine Schätzung des Gegenstandswerts vorliegen; dies gilt nicht für Tätigkeiten nach § 23 sowie für die Vertretung im außergerichtlichen Rechtsbehelfsverfahren (§ 40), im Verwaltungsvollstreckungsverfahren (§ 44) und in gerichtlichen und anderen Verfahren (§§ 45, 46).

[2] Sie beträgt 30 bis 70 Euro je angefangene halbe Stunde.

§ 23 Sonstige Einzeltätigkeiten

¹Die Gebühr beträgt für

1. die Berichtigung einer Erklärung	2/10 bis 10/10
2. einen Antrag auf Stundung	2/10 bis 8/10
3. einen Antrag auf Anpassung der Vorauszahlungen	2/10 bis 8/10
4. einen Antrag auf abweichende Steuerfestsetzung aus Billigkeitsgründen	2/10 bis 8/10
5. einen Antrag auf Erlaß von Ansprüchen aus dem Steuerschuldverhältnis oder aus zollrechtlichen Bestimmungen	2/10 bis 8/10
6. einen Antrag auf Erstattung (§ 37 Abs. 2 der Abgabenordnung)	2/10 bis 8/10
7. einen Antrag auf Aufhebung oder Änderung eines Steuerbescheides oder einer Steueranmeldung	2/10 bis 10/10
8. einen Antrag auf volle oder teilweise Rücknahme oder auf vollen oder teilweisen Widerruf eines Verwaltungsaktes	4/10 bis 10/10
9. einen Antrag auf Wiedereinsetzung in den vorigen Stand außerhalb eines Rechtsbehelfsverfahrens	4/10 bis 10/10
10. sonstige Anträge, soweit sie nicht in Steuererklärungen gestellt werden	2/10 bis 10/10

einer vollen Gebühr nach Tabelle A (Anlage 1). ²Soweit Tätigkeiten nach den Nummern 1 bis 10 denselben Gegenstand betreffen, ist nur eine Tätigkeit maßgebend, und zwar die mit dem höchsten oberen Gebührenrahmen.

§ 24 Steuererklärungen

(1) Der Steuerberater erhält für die Anfertigung

1. der Einkommensteuererklärung ohne Ermittlung der einzelnen Einkünfte einer vollen Gebühr nach Tabelle A (Anlage 1); Gegenstandswert ist die Summe der positiven Einkünfte, jedoch mindestens 8 000 Euro;	1/10 bis 6/10
2. der Erklärung zur gesonderten Feststellung der Einkünfte ohne Ermittlung der Einkünfte einer vollen Gebühr nach Tabelle A (Anlage 1); Gegenstandswert ist die Summe der positiven Einkünfte, jedoch mindestens 8 000 Euro;	1/10 bis 5/10
3. der Körperschaftsteuererklärung einer vollen Gebühr nach Tabelle A (Anlage 1); Gegenstandswert ist das Einkommen vor Berücksichtigung eines Verlustabzugs, jedoch mindestens 16 000 Euro; bei der Anfertigung einer Körperschaftsteuererklärung für eine Organgesellschaft ist das Einkommen der Organgesellschaft vor Zurechnung maßgebend; das entsprechende Einkommen ist bei der Gegenstandsberechnung des Organträgers zu kürzen;	2/10 bis 8/10
4. *[aufgehoben]*	
5. der Erklärung zur Gewerbesteuer einer vollen Gebühr nach Tabelle A (Anlage 1); Gegenstandswert ist der Gewerbeertrag vor Berücksichtigung des Freibetrags und eines Gewerbeverlustes, jedoch mindestens 8 000 Euro;	1/10 bis 6/10
6. der Gewerbesteuerzerlegungserklärung einer vollen Gebühr nach Tabelle A (Anlage 1); Gegenstandswert sind 10 Prozent der als Zerlegungsmaßstab erklärten Arbeitslöhne, jedoch mindestens 4 000 Euro;	1/10 bis 6/10
7. der Umsatzsteuer-Voranmeldung sowie hierzu ergänzender Anträge und Meldungen einer vollen Gebühr nach Tabelle A (Anlage 1); Gegenstandswert sind 10 Prozent der Summe aus dem Gesamtbetrag der Entgelte und der Entgelte, für die der Leistungsempfänger Steuerschuldner ist, jedoch mindestens 650 Euro;	1/10 bis 6/10
8. der Umsatzsteuererklärung für das Kalenderjahr einschließlich ergänzender Anträge und Meldungen einer vollen Gebühr nach Tabelle A (Anlage 1); Gegenstandswert sind 10 Prozent der Summe aus dem Gesamtbetrag der Entgelte und der Entgelte, für die der Leistungsempfänger Steuerschuldner ist, jedoch mindestens 8 000 Euro;	1/10 bis 8/10
9. *[aufgehoben]*	

10. der Vermögensteuererklärung oder der Erklärung zur gesonderten Feststellung des Vermögens von Gemeinschaften
    einer vollen Gebühr nach Tabelle A (Anlage 1); Gegenstandswert ist das Rohvermögen, jedoch bei natürlichen Personen mindestens 12 500 Euro und bei Körperschaften, Personenvereinigungen und Vermögensmassen mindestens 25 000 Euro;
    1/20 bis 18/20
11. der Erklärung zur Feststellung nach dem Bewertungsgesetz oder dem Erbschaftsteuer- und Schenkungsteuergesetz
    einer vollen Gebühr nach Tabelle A (Anlage 1); Gegenstandswert ist der erklärte Wert, jedoch mindestens 25 000 Euro;
    1/20 bis 18/20
12. der Erbschaftsteuererklärung ohne Ermittlung der Zugewinnausgleichsforderung nach § 5 des Erbschaftsteuergesetzes
    einer vollen Gebühr nach Tabelle A (Anlage 1); Gegenstandswert ist der Wert des Erwerbs von Todes wegen vor Abzug der Schulden und Lasten, jedoch mindestens 16 000 Euro;
    2/10 bis 10/10
13. der Schenkungsteuererklärung
    einer vollen Gebühr nach Tabelle A (Anlage 1); Gegenstandswert ist der Rohwert der Schenkung, jedoch mindestens 16 000 Euro;
    2/10 bis 10/10
14. der Kapitalertragsteueranmeldung sowie für jede weitere Erklärung in Zusammenhang mit Kapitalerträgen
    einer vollen Gebühr nach Tabelle A (Anlage 1); Gegenstandswert ist die Summe der kapitalertragsteuerpflichtigen Kapitalerträge, jedoch mindestens 4 000 Euro;
    1/20 bis 6/20
15. der Lohnsteuer-Anmeldung
    einer vollen Gebühr nach Tabelle A (Anlage 1); Gegenstandswert sind 20 Prozent der Arbeitslöhne einschließlich sonstiger Bezüge, jedoch mindestens 1 000 Euro;
    1/20 bis 6/20
16. von Steuererklärungen auf dem Gebiet der Einfuhr- und Ausfuhrabgaben, und der Verbrauchsteuern, die als Einfuhrabgaben erhoben werden,
    einer vollen Gebühr nach Tabelle A (Anlage 1); Gegenstandswert ist der Betrag, der sich bei Anwendung der höchsten in Betracht kommenden Abgabensätze auf die den Gegenstand der Erklärung bildenden Waren ergibt, jedoch mindestens 1 000 Euro;
    1/10 bis 3/10
17. von Anmeldungen oder Erklärungen auf dem Gebiete der Verbrauchsteuern, die nicht als Einfuhrabgaben geschuldet werden,
    einer vollen Gebühr nach Tabelle A (Anlage 1); Gegenstandswert ist für eine Steueranmeldung der angemeldete Betrag und für eine Steuererklärung der festgesetzte Betrag, jedoch mindestens 1 000 Euro;
    1/10 bis 3/10
18. von Anträgen auf Gewährung einer Verbrauchsteuervergütung oder einer einzelgesetzlich geregelten Verbrauchsteuererstattung, sofern letztere nicht in der monatlichen Steuererklärung oder Steueranmeldung geltend zu machen ist,
    einer vollen Gebühr nach Tabelle A (Anlage 1); Gegenstandswert ist die beantragte Vergütung oder Erstattung, jedoch mindestens 1 000 Euro;
    1/10 bis 3/10
19. von Anträgen auf Gewährung einer Investitionszulage
    einer vollen Gebühr nach Tabelle A (Anlage 1); Gegenstandswert ist die Bemessungsgrundlage;
    1/10 bis 6/10
20. von Anträgen auf Steuervergütung nach § 4a des Umsatzsteuergesetzes
    einer vollen Gebühr nach Tabelle A (Anlage 1); Gegenstandswert ist die beantragte Vergütung;
    1/10 bis 6/10
21. von Anträgen auf Vergütung der abziehbaren Vorsteuerbeträge
    einer vollen Gebühr nach Tabelle A (Anlage 1); Gegenstandswert ist die beantragte Vergütung, jedoch mindestens 1 300 Euro;
    1/10 bis 6/10
22. von Anträgen auf Erstattung von Kapitalertragsteuer und Vergütung der anrechenbaren Körperschaftsteuer
    einer vollen Gebühr nach Tabelle A (Anlage 1); Gegenstandswert ist die beantragte Erstattung, jedoch mindestens 1 000 Euro;
    1/10 bis 6/10
23. von Anträgen nach Abschnitt X des Einkommensteuergesetzes
    einer vollen Gebühr nach Tabelle A (Anlage 1); Gegenstandswert ist das beantragte Jahreskindergeld;
    2/10 bis 10/10

24. *[aufgehoben]*
25. der Anmeldung über den Steuerabzug von Bauleistungen einer vollen Gebühr nach Tabelle A (Anlage 1); Gegenstandswert ist der angemeldete Steuerabzugsbetrag (§§ 48 ff. des Einkommensteuergesetzes), jedoch mindestens 1 000 Euro;   1/10 bis 6/10
26. für die Erstellung sonstiger Steuererklärungen einer vollen Gebühr nach Tabelle A (Anlage 1); Gegenstandswert ist die jeweilige Bemessungsgrundlage, jedoch mindestens 8 000 Euro.   1/10 bis 6/10

(2) Für die Ermittlung der Zugewinnausgleichsforderung nach § 5 des Erbschaftsteuergesetzes erhält der Steuerberater 5 Zehntel bis 15 Zehntel einer vollen Gebühr nach Tabelle A (Anlage 1); Gegenstandswert ist der ermittelte Betrag, jedoch mindestens 12 500 Euro.

(3) Für einen Antrag auf Lohnsteuer-Ermäßigung (Antrag auf Eintragung von Freibeträgen) erhält der Steuerberater 1/20 bis 4/20 einer vollen Gebühr nach Tabelle A (Anlage 1); Gegenstandswert ist der voraussichtliche Jahresarbeitslohn; er beträgt mindestens 4 500 Euro.

(4) Der Steuerberater erhält die Zeitgebühr
1. *[aufgehoben]*
2. für Arbeiten zur Feststellung des verrechenbaren Verlustes gemäß § 15a des Einkommensteuergesetzes;
3. für die Anfertigung einer Meldung über die Beteiligung an ausländischen Körperschaften, Vermögensmassen und Personenvereinigungen und an ausländischen Personengesellschaften;
4. *[aufgehoben]*
5. für sonstige Anträge und Meldungen nach dem Einkommensteuergesetz;
6. *[aufgehoben]*
7. *[aufgehoben]*
8. *[aufgehoben]*
9. *[aufgehoben]*
10. *[aufgehoben]*
11. für die Anfertigung eines Antrags auf Stundung nach § 95 Abs. 2 des Einkommensteuergesetzes;
12. für die Anfertigung eines Antrags auf Gewährung der Zulage nach Neubegründung der unbeschränkten Steuerpflicht nach § 95 Abs. 3 des Einkommensteuergesetzes;
13. für die Überwachung und Meldung der Lohnsumme sowie der Behaltensfrist im Sinne von § 13a Absatz 1 in Verbindung mit Absatz 6 Satz 1, Absatz 5 in Verbindung mit Absatz 6 Satz 2 des Erbschaftsteuer- und Schenkungsteuergesetzes;
14. für die Berechnung des Begünstigungsgewinnes im Sinne von § 34a Absatz 1 Satz 1 des Einkommensteuergesetzes (Begünstigung der nicht entnommenen Gewinne).

§ 25 Ermittlung des Überschusses der Betriebseinnahmen über die Betriebsausgaben

(1) ¹Die Gebühr für die Ermittlung des Überschusses der Betriebseinnahmen über die Betriebsausgaben bei den Einkünften aus Land- und Forstwirtschaft, Gewerbebetrieb oder selbständiger Arbeit beträgt 5 Zehntel bis 20 Zehntel einer vollen Gebühr nach Tabelle B (Anlage 2). ²Gegenstandswert ist der jeweils höhere Betrag, der sich aus der Summe der Betriebseinnahmen oder der Summe der Betriebsausgaben ergibt, jedoch mindestens 12 500 Euro.

(2) Für Vorarbeiten, die über das übliche Maß erheblich hinausgehen, erhält der Steuerberater die Zeitgebühr.

(3) Sind bei mehreren Einkünften aus derselben Einkunftsart die Überschüsse getrennt zu ermitteln, so erhält der Steuerberater die Gebühr nach Absatz 1 für jede Überschußrechnung.

(4) ¹Für die Aufstellung eines schriftlichen Erläuterungsberichts zur Ermittlung des Überschusses der Betriebseinnahmen über die Betriebsausgaben erhält der Steuerberater 2/10 bis 12/10 einer vollen Gebühr nach Tabelle B (Anlage 2). ²Der Gegenstandswert bemisst sich nach Absatz 1 Satz 2.

§ 26 Ermittlung des Gewinns aus Land- und Forstwirtschaft nach Durchschnittssätzen

(1) ¹Die Gebühr für die Ermittlung des Gewinns nach Durchschnittssätzen beträgt 5 Zehntel bis 20 Zehntel einer vollen Gebühr nach Tabelle B (Anlage 2). ²Gegenstandswert ist der Durchschnittssatzgewinn nach § 13a Abs. 3 Satz 1 des Einkommensteuergesetzes.

(2) Sind für mehrere land- und forstwirtschaftliche Betriebe desselben Auftraggebers die Gewinne nach Durchschnittssätzen getrennt zu ermitteln, so erhält der Steuerberater die Gebühr nach Absatz 1 für jede Gewinnermittlung.

§ 27 Ermittlung des Überschusses der Einnahmen über die Werbungskosten

(1) [1] Die Gebühr für die Ermittlung des Überschusses der Einnahmen über die Werbungskosten bei den Einkünften aus nichtselbständiger Arbeit, Kapitalvermögen, Vermietung und Verpachtung oder sonstigen Einkünften beträgt 1 Zwanzigstel bis 12 Zwanzigstel einer vollen Gebühr nach Tabelle A (Anlage 1). [2] Gegenstandswert ist der jeweils höhere Betrag, der sich aus der Summe der Einnahmen oder der Summe der Werbungskosten ergibt, jedoch mindestens 8 000 Euro.

(2) Beziehen sich die Einkünfte aus Vermietung und Verpachtung auf mehrere Grundstücke oder sonstige Wirtschaftsgüter und ist der Überschuß der Einnahmen über die Werbungskosten jeweils getrennt zu ermitteln, so erhält der Steuerberater die Gebühr nach Absatz 1 für jede Überschußrechnung.

(3) Für Vorarbeiten, die über das übliche Maß erheblich hinausgehen, erhält der Steuerberater die Zeitgebühr.

§ 28 Prüfung von Steuerbescheiden

Für die Prüfung eines Steuerbescheids erhält der Steuerberater die Zeitgebühr.

§ 29 Teilnahme an Prüfungen

Der Steuerberater erhält
1. für die Teilnahme an einer Prüfung, insbesondere an einer Außen- oder Zollprüfung (§ 193 der Abgabenordnung, Artikel 78 der Verordnung (EWG) Nr. 2913/92 des Rates vom 12. Oktober 1992 zur Festlegung des Zollkodex der Gemeinschaften (ABl. EG Nr. L 302 S. 1, 1993 Nr. L 79 S. 84, 1996 Nr. L 97 S. 38), die zuletzt durch die Verordnung (EG) Nr. 648/2005 des Europäischen Parlaments und des Rates vom 13. April 2005 (ABl. EU Nr. L 117 S. 13) geändert worden ist, in der jeweils geltenden Fassung) einschließlich der Schlußbesprechung und der Prüfung des Prüfungsberichts, an einer Ermittlung der Besteuerungsgrundlagen (§ 208 der Abgabenordnung) oder an einer Maßnahme der Steueraufsicht (§§ 209 bis 217 der Abgabenordnung) die Zeitgebühr;
2. für schriftliche Einwendungen gegen den Prüfungsbericht 5 Zehntel bis 10 Zehntel einer vollen Gebühr nach Tabelle A (Anlage 1).

§ 30 Selbstanzeige

(1) Für die Tätigkeit im Verfahren der Selbstanzeige (§§ 371 und 378 Absatz 3 der Abgabenordnung) einschließlich der Ermittlungen zur Berichtigung, Ergänzung oder Nachholung der Angaben erhält der Steuerberater 10/10 bis 30/10 einer vollen Gebühr nach Tabelle A (Anlage 1).

(2) Der Gegenstandswert bestimmt sich nach der Summe der berichtigten, ergänzten und nachgeholten Angaben, er beträgt jedoch mindestens 8 000 Euro.

§ 31 Besprechungen

(1) Für Besprechungen mit Behörden oder mit Dritten in abgaberechtlichen Sachen erhält der Steuerberater 5/10 bis 10/10 einer vollen Gebühr nach Tabelle A (Anlage 1).

(2) [1] Die Besprechungsgebühr entsteht, wenn der Steuerberater an einer Besprechung über tatsächliche oder rechtliche Fragen mitwirkt, die von der Behörde angeordnet ist oder im Einverständnis mit dem Auftraggeber mit der Behörde oder mit einem Dritten geführt wird. [2] Der Steuerberater erhält diese Gebühr nicht für die Beantwortung einer mündlichen oder fernmündlichen Nachfrage der Behörde.

§ 32 Einrichtung einer Buchführung

Für die Hilfeleistung bei der Einrichtung einer Buchführung im Sinne der §§ 33 und 34 erhält der Steuerberater die Zeitgebühr.

§ 33 Buchführung

(1) Für die Buchführung oder das Führen steuerlicher Aufzeichnungen einschließlich des Kontierens der Belege beträgt die Monatsgebühr 2/10 bis 12/10 einer vollen Gebühr nach Tabelle C (Anlage 3).

(2) Für das Kontieren der Belege beträgt die Monatsgebühr 1/10 bis 6/10 einer vollen Gebühr nach Tabelle C (Anlage 3).

(3) Für die Buchführung oder das Führen steuerlicher Aufzeichnungen nach vom Auftraggeber kontierten Belegen oder erstellten Kontierungsunterlagen beträgt die Monatsgebühr 1/10 bis 6/10 einer vollen Gebühr nach Tabelle C (Anlage 3).

(4) Für die Buchführung oder das Führen steuerlicher Aufzeichnungen nach vom Auftraggeber erstellten Eingaben für die Datenverarbeitung und beim Auftraggeber eingesetzten Datenverarbeitungsprogrammen des Steuerberaters erhält der Steuerberater neben der Vergütung für die Datenverarbeitung und für den Einsatz der Datenverarbeitungsprogramme eine Monatsgebühr von 1/20 bis 10/20 einer vollen Gebühr nach Tabelle C (Anlage 3).

(5) Für die laufende Überwachung der Buchführung oder der steuerlichen Aufzeichnungen des Auftraggebers beträgt die Monatsgebühr 1/10 bis 6/10 einer vollen Gebühr nach Tabelle C (Anlage 3).

(6) Gegenstandswert ist der jeweils höchste Betrag, der sich aus dem Jahresumsatz oder aus der Summe des Aufwandes ergibt.

(7) Für die Hilfeleistung bei sonstigen Tätigkeiten im Zusammenhang mit der Buchführung oder das Führen steuerlicher Aufzeichnungen erhält der Steuerberater die Zeitgebühr.

(8) Mit der Gebühr nach den Absätzen 1, 3 und 4 sind die Gebühren für die Umsatzsteuervoranmeldung (§ 24 Abs. 1 Nr. 7) abgegolten.

§ 34 Lohnbuchführung

(1) Für die erstmalige Einrichtung von Lohnkonten und die Aufnahme der Stammdaten erhält der Steuerberater eine Gebühr von 5 bis 16 Euro je Arbeitnehmer.

(2) Für die Führung von Lohnkonten und die Anfertigung der Lohnabrechnung erhält der Steuerberater eine Gebühr von 5 bis 25 Euro je Arbeitnehmer und Abrechnungszeitraum.

(3) Für die Führung von Lohnkonten und die Anfertigung der Lohnabrechnung nach vom Auftraggeber erstellten Buchungsunterlagen erhält der Steuerberater eine Gebühr von 2 bis 9 Euro je Arbeitnehmer und Abrechnungszeitraum.

(4) Für die Führung von Lohnkonten und die Anfertigung der Lohnabrechnung nach vom Auftraggeber erstellten Eingaben für die Datenverarbeitung und mit beim Auftraggeber eingesetzten Datenverarbeitungsprogrammen des Steuerberaters erhält der Steuerberater neben der Vergütung für die Datenverarbeitung und für den Einsatz der Datenverarbeitungsprogramme eine Gebühr von 1 bis 4 Euro je Arbeitnehmer und Abrechnungszeitraum.

(5) Für die Hilfeleistung bei sonstigen Tätigkeiten im Zusammenhang mit dem Lohnsteuerabzug und der Lohnbuchführung erhält der Steuerberater die Zeitgebühr.

(6) Mit der Gebühr nach den Absätzen 2 bis 4 sind die Gebühren für die Lohnsteueranmeldung (§ 24 Abs. 1 Nr. 15) abgegolten.

§ 35 Abschlußarbeiten

(1) Die Gebühr beträgt für
1. a) die Aufstellung eines Jahresabschlusses (Bilanz und Gewinn- und
    Verlustrechnung)   10/10 bis 40/10
   b) die Erstellung eines Anhangs   2/10 bis 12/10
   c) *[aufgehoben]*
2. die Aufstellung eines Zwischenabschlusses oder eines vorläufigen
   Abschlusses (Bilanz und Gewinn- und Verlustrechnung)   10/10 bis 40/10
3. a) die Ableitung des steuerlichen Ergebnisses aus dem
    Handelsbilanzergebnis   2/10 bis 10/10
   b) die Entwicklung einer Steuerbilanz aus der Handelsbilanz   5/10 bis 12/10
4. die Aufstellung einer Eröffnungsbilanz   5/10 bis 12/10
5. die Aufstellung einer Auseinandersetzungsbilanz   5/10 bis 20/10
6. den schriftlichen Erläuterungsbericht zu Tätigkeiten nach den Nummern 1 bis 5   2/10 bis 12/10
7. a) die beratende Mitwirkung bei der Aufstellung eines Jahresabschlusses
    (Bilanz und Gewinn- und Verlustrechnung)   2/10 bis 10/10
   b) die beratende Mitwirkung bei der Erstellung eines Anhangs   2/10 bis 4/10
   c) die beratende Mitwirkung bei der Erstellung eines Lageberichts   2/10 bis 4/10
8. *[aufgehoben]*

einer vollen Gebühr nach Tabelle B (Anlage 2).

(2) [1] Gegenstandswert ist
1. in den Fällen des Absatzes 1 Nummer 1 bis 3 und 7 das Mittel zwischen der berichtigten Bilanzsumme und der betrieblichen Jahresleistung;
2. in den Fällen des Absatzes 1 Nr. 4 und 5 die berichtigte Bilanzsumme;
3. in den Fällen des Absatzes 1 Nr. 6 der Gegenstandswert, der für die dem Erläuterungsbericht zugrunde liegenden Abschlußarbeiten maßgeblich ist.

[2] Die berichtigte Bilanzsumme ergibt sich aus der Summe der Posten der Aktivseite der Bilanz zuzüglich Privatentnahmen und offener Ausschüttungen, abzüglich Privateinlagen, Kapitalerhöhungen durch Einlagen und Wertberichtigungen. [3] Die betriebliche Jahresleistung umfaßt Umsatzerlöse, sonstige betriebliche Erträge, Erträge aus Beteiligungen, Erträge aus anderen Wertpapieren und Ausleihungen des Finanzanlagevermögens, sonstige Zinsen und ähnliche Erträge, Veränderungen des Bestands an fertigen und unfertigen Erzeugnissen, andere aktivierte Eigenleistungen sowie außerordentliche Erträge. [4] Ist der betriebliche Jahresaufwand höher als die betriebliche Jahresleistung, so ist dieser der Berechnung des Gegenstandswerts zugrunde zu legen. [5] Betrieblicher Jahresaufwand ist die Summe der Betriebsausgaben einschließlich der Abschreibungen. [6] Bei der Berechnung des Gegenstandswerts ist eine negative berichtigte Bilanzsumme als positiver Wert anzusetzen. [7] Übersteigen die betriebliche Jahresleistung oder der höhere betriebliche Jahresaufwand das 5fache der berichtigten Bilanzsumme, so bleibt der übersteigende Betrag bei der Ermittlung des Gegenstandswerts außer Ansatz. [8] Der Gegenstandswert besteht nur aus der berichtigten Bilanzsumme, wenn die betriebliche Jahresleistung geringer als 3 000 Euro ist. [9] Der Gegenstandswert besteht nur aus der betrieblichen Jahresleistung, wenn die berichtigte Bilanzsumme geringer als 3 000 Euro ist.

(3) Für die Anfertigung oder Berichtigung von Inventurunterlagen und für sonstige Abschlußvorarbeiten bis zur abgestimmten Saldenbilanz erhält der Steuerberater die Zeitgebühr.

§ 36 Steuerliches Revisionswesen

(1) Der Steuerberater erhält für die Prüfung einer Buchführung, einzelner Konten, einzelner Posten des Jahresabschlusses, eines Inventars, einer Überschussrechnung oder von Bescheinigungen für steuerliche Zwecke und für die Berichterstattung hierüber die Zeitgebühr.

(2) Der Steuerberater erhält
1. für die Prüfung einer Bilanz, einer Gewinn- und Verlustrechnung, eines Anhangs, eines Lageberichts oder einer sonstigen Vermögensrechnung für steuerliche Zwecke 2/10 bis 10/10 einer vollen Gebühr nach Tabelle B (Anlage 2) sowie die Zeitgebühr; der Gegenstandswert bemisst sich nach § 35 Absatz 2;
2. für die Berichterstattung über eine Tätigkeit nach Nummer 1 die Zeitgebühr.

§ 37 Vermögensstatus, Finanzstatus für steuerliche Zwecke

[1] Die Gebühr beträgt für
1. die Erstellung eines Vermögensstatus oder Finanzstatus — 5/10 bis 15/10
2. die Erstellung eines Vermögensstatus oder Finanzstatus aus übergebenen Endzahlen (ohne Vornahme von Prüfungsarbeiten) — 2/10 bis 6/10
3. den schriftlichen Erläuterungsbericht zu den Tätigkeiten nach Nummer 1 — 1/10 bis 6/10

einer vollen Gebühr nach Tabelle B (Anlage 2). [2] Gegenstandswert ist für die Erstellung eines Vermögensstatus die Summe der Vermögenswerte, für die Erstellung eines Finanzstatus die Summe der Finanzwerte.

§ 38 Erteilung von Bescheinigungen

(1) [1] Der Steuerberater erhält für die Erteilung einer Bescheinigung über die Beachtung steuerrechtlicher Vorschriften in Vermögensübersichten und Erfolgsrechnungen 1 Zehntel bis 6 Zehntel einer vollen Gebühr nach Tabelle B (Anlage 2). [2] Der Gegenstandswert bemißt sich nach § 35 Abs. 2.

(2) Der Steuerberater erhält für die Mitwirkung an der Erteilung von Steuerbescheinigungen die Zeitgebühr.

§ 39 Buchführungs- und Abschlußarbeiten für land- und forstwirtschaftliche Betriebe

(1) Für Angelegenheiten, die sich auf land- und forstwirtschaftliche Betriebe beziehen, gelten abweichend von den §§ 32, 33, 35 und 36 die Absätze 2 bis 7.

(2) ¹Die Gebühr beträgt für
1. laufende Buchführungsarbeiten einschließlich Kontieren der Belege jährlich — 3/10 bis 20/10
2. die Buchführung nach vom Auftraggeber kontierten Belegen oder erstellten Kontierungsunterlagen jährlich — 3/20 bis 20/20
3. die Buchführung nach vom Auftraggeber erstellten Datenträgern oder anderen Eingabemitteln für die Datenverarbeitung neben der Vergütung für die Datenverarbeitung und für den Einsatz der Datenverarbeitungsprogramme jährlich — 1/20 bis 16/20
4. die laufende Überwachung der Buchführung jährlich — 1/10 bis 6/10

einer vollen Gebühr nach Tabelle D (Anlage 4). ²Die volle Gebühr ist die Summe der Gebühren nach Tabelle D Teil a und Tabelle D Teil b.

(3) ¹Die Gebühr beträgt für
1. die Abschlußvorarbeiten — 1/10 bis 5/10
2. die Aufstellung eines Abschlusses — 3/10 bis 10/10
3. die Entwicklung eines steuerlichen Abschlusses aus dem betriebswirtschaftlichen Abschluß oder aus der Handelsbilanz oder die Ableitung des steuerlichen Ergebnisses vom Ergebnis des betriebswirtschaftlichen, Abschlusses oder der Handelsbilanz — 3/20 bis 10/20
4. die beratende Mitwirkung bei der Erstellung eines Abschlusses — 1/20 bis 10/20
5. die Prüfung eines Abschlusses für steuerliche Zwecke — 1/10 bis 8/10
6. den schriftlichen Erläuterungsbericht zum Abschluß — 1/10 bis 8/10

einer vollen Gebühr nach Tabelle D (Anlage 4). ²Die volle Gebühr ist die Summe der Gebühren nach Tabelle D Teil a und Tabelle D Teil b.

(4) Die Gebühr beträgt für
1. die Hilfeleistung bei der Einrichtung einer Buchführung — 1/10 bis 6/10
2. die Erfassung der Anfangswerte bei Buchführungsbeginn — 3/10 bis 15/10

einer vollen Gebühr nach Tabelle D Teil a (Anlage 4).

(5) ¹Gegenstandswert ist für die Anwendung der Tabelle D Teil a die Betriebsfläche. ²Gegenstandswert für die Anwendung der Tabelle D Teil b ist der Jahresumsatz zuzüglich der Privateinlagen, mindestens jedoch die Höhe der Aufwendungen zuzüglich der Privatentnahmen. ³Im Falle des Absatzes 3 vermindert sich der 100 000 Euro übersteigende Betrag auf die Hälfte.

(6) Bei der Errechnung der Betriebsfläche (Absatz 5) ist
1. bei einem Jahresumsatz bis zu 1 000 Euro je Hektar — das Einfache,
2. bei einem Jahresumsatz über 1 000 Euro je Hektar — das Vielfache, das sich aus dem durch 1 000 geteilten Betrag des Jahresumsatzes je Hektar ergibt,
3. bei forstwirtschaftlich genutzten Flächen — die Hälfte,
4. bei Flächen mit bewirtschafteten Teichen — die Hälfte,
5. bei durch Verpachtung genutzten Flächen — ein Viertel

der tatsächlich genutzten Flächen anzusetzen.

(7) Mit der Gebühr nach Absatz 2 Nr. 1, 2 und 3 ist die Gebühr für die Umsatzsteuervoranmeldungen (§ 24 Abs. 1 Nr. 7) abgegolten.

Tabelle A (Beratungstabelle)

Gegenstandswert bis ... Euro	Volle Gebühr (10/10) Euro	Gegenstandswert bis ... Euro	Volle Gebühr (10/10) Euro
300	26	110 000	1 422
600	47	125 000	1 503
900	68	140 000	1 583
1 200	89	155 000	1 664
1 500	110	170 000	1 745
2 000	140	185 000	1 826
2 500	169	200 000	1 907
3 000	198	230 000	2 031
3 500	228	260 000	2 155
4 000	257	290 000	2 279
4 500	287	320 000	2 408
5 000	316	350 000	2 464
6 000	355	380 000	2 519
7 000	394	410 000	2 573
8 000	433	440 000	2 624
9 000	471	470 000	2 674
10 000	510	500 000	2 724
13 000	552	550 000	2 796
16 000	594	600 000	2 867
19 000	636	vom Mehrbetrag bis 5 000 000 Euro je angefangene 50 000 Euro	126
22 000	678		
25 000	720		
30 000	796		
35 000	872	vom Mehrbetrag über 5 000 000 Euro bis 25 000 000 Euro je angefangene 50 000 Euro	95
40 000	947		
45 000	1 023		
50 000	1 098		
65 000	1 179	vom Mehrbetrag über 25 000 000 Euro je angefangene 50 000 Euro	74
80 000	1 260		
95 000	1 341		

Tabelle B (Abschlusstabelle)

Gegenstandswert bis ... Euro	Volle Gebühr (10/10) Euro	Gegenstandswert bis ... Euro	Volle Gebühr (10/10) Euro
3 000	41	1 500 000	1 115
3 500	48	1 750 000	1 212
4 000	57	2 000 000	1 299
4 500	64	2 250 000	1 377
5 000	72	2 500 000	1 447
6 000	81	3 000 000	1 513
7 000	88	3 500 000	1 644
8 000	97	4 000 000	1 760
9 000	102	4 500 000	1 865
10 000	108	5 000 000	1 961
12 500	113	7 500 000	2 291
15 000	127	10 000 000	2 663
17 500	140	12 500 000	2 965
20 000	150	15 000 000	3 217
22 500	161	17 500 000	3 431
25 000	170	20 000 000	3 616
37 500	181	22 500 000	3 852
50 000	221	25 000 000	4 070
62 500	255	30 000 000	4 477
75 000	285	35 000 000	4 851
87 500	297	40 000 000	5 199
100 000	311	45 000 000	5 524
125 000	356	50 000 000	5 832
150 000	396	vom Mehrbetrag bis 125 000 000 Euro je angefangene 5 000 000 Euro	230
175 000	431		
200 000	462		
225 000	490		
250 000	516	vom Mehrbetrag über 125 000 000 Euro bis 250 000 000 Euro je angefangene 12 500 000 Euro	402
300 000	540		
350 000	587		
400 000	629		
450 000	666		
500 000	701	vom Mehrbetrag über 250 000 000 Euro je angefangene 25 000 000 Euro	573
625 000	734		
750 000	815		
875 000	885		
1 000 000	948		
1 250 000	1 005		

Tabelle C (Buchführungstabelle)

Gegenstandswert bis ... Euro	Volle Gebühr (10/10) Euro	Gegenstandswert bis ... Euro	Volle Gebühr (10/10) Euro
15 000	61	125 000	176
17 500	67	150 000	194
20 000	74	200 000	231
22 500	79	250 000	267
25 000	85	300 000	303
30 000	91	350 000	340
35 000	98	400 000	371
40 000	103	450 000	400
45 000	109	500 000	431
50 000	116	vom Mehrbetrag über 500 000 Euro je angefangene 50 000 Euro	30
62 500	122		
75 000	132		
87 500	146		
100 000	158		

Tabelle D
Teil a (Landwirtschaftliche Tabelle – Betriebsfläche)

Betriebsfläche bis ... Hektar	Volle Gebühr (10/10) Euro	Betriebsfläche bis ... Hektar	Volle Gebühr (10/10) Euro
40	311	380	1 009
45	333	400	1 036
50	354	420	1 063
55	374	440	1 089
60	394	460	1 114
65	412	480	1 138
70	428	500	1 162
75	444	520	1 187
80	459	540	1 210
85	473	560	1 232
90	485	580	1 254
95	496	600	1 276
100	506	620	1 297
110	531	640	1 317
120	555	660	1 337
130	579	680	1 356
140	602	700	1 374
150	625	750	1 416
160	647	800	1 454
170	668	850	1 486
180	689	900	1 513
190	709	950	1 535
200	729	1 000	1 552
210	748	2 000 je ha	1,42
220	767	3 000 je ha	1,29
230	785	4 000 je ha	1,16
240	802	5 000 je ha	1,03
250	819	6 000 je ha	0,90
260	836	7 000 je ha	0,78
270	852	8 000 je ha	0,64
280	866	9 000 je ha	0,51
290	881	10 000 je ha	0,38
300	895	11 000 je ha	0,25
320	924	12 000 je ha	0,13
340	953	ab 12 000 je ha	0,13
360	982		

Teil b (Landwirtschaftliche Tabelle – Jahresumsatz)

Jahresumsatz im Sinne von § 39 Absatz 5 bis ... Euro	Volle Gebühr (10/10) Euro	Jahresumsatz im Sinne von § 39 Absatz 5 bis ... Euro	Volle Gebühr (10/10) Euro
40 000	323	255 000	1 504
42 500	339	260 000	1 529
45 000	355	265 000	1 552
47 500	372	270 000	1 576
50 000	387	275 000	1 599
55 000	419	280 000	1 622
60 000	449	285 000	1 645
65 000	481	290 000	1 668
70 000	510	295 000	1 691
75 000	541	300 000	1 713
80 000	571	305 000	1 735
85 000	601	310 000	1 757
90 000	630	315 000	1 778
95 000	659	320 000	1 799
100 000	688	325 000	1 820
105 000	716	330 000	1 841
110 000	744	335 000	1 861
115 000	773	340 000	1 881
120 000	801	345 000	1 901
125 000	828	350 000	1 919
130 000	856	355 000	1 939
135 000	883	360 000	1 958
140 000	911	365 000	1 976
145 000	938	370 000	1 995
150 000	965	375 000	2 013
155 000	992	380 000	2 025
160 000	1 019	385 000	2 049
165 000	1 046	390 000	2 065
170 000	1 072	395 000	2 082
175 000	1 098	400 000	2 099
180 000	1 125	410 000	2 132
185 000	1 151	420 000	2 164
190 000	1 177	430 000	2 197
195 000	1 203	440 000	2 228
200 000	1 229	450 000	2 259
205 000	1 255	460 000	2 289
210 000	1 280	470 000	2 318
215 000	1 305	480 000	2 347
220 000	1 331	490 000	2 373
225 000	1 357	500 000	2 399
230 000	1 381	vom Mehrbetrag über 500 000 Euro je angefangene 50 000 Euro	139
235 000	1 406		
240 000	1 431		
245 000	1 455		
250 000	1 479		

9. Gebühren in Strafsachen

I. Überblick

Die Gebühren in Strafsachen richten sich nach Teil 4 VV RVG.

Grundsätzlich sind hier **Betragsrahmen-Gebühren** geregelt. Vorgegeben ist jeweils ein Mindest- und ein Höchstbetrag. Aus diesen Rahmen bestimmt der Anwalt unter Berücksichtigung der Kriterien des § 14 Abs. 1 RVG die im Einzelfall angemessene Gebühr. Für den gerichtlich bestellten oder beigeordneten Anwalt sind dagegen **Festgebühren** vorgesehen.

Befindet sich der Angeklagte oder anderweitig Vertretene (Vorbem. 4 Abs. 1 VV RVG) nicht auf freiem Fuß, so erhöht sich der Gebührenrahmen in den meisten Fällen. Der Anwalt erhält dann eine Gebühr „**mit Zuschlag**" (Vorbem. 4 Abs. 4 VV RVG).

Im erstinstanzlichen gerichtlichen Verfahren richtet sich die Höhe der Gebühren nach der Ordnung des Gerichts. Es wird unterschieden nach

- Verfahren vor dem Amtsgericht (Nr. 4106 VV RVG),
- Verfahren vor der Strafkammer und der Jugendkammer, soweit sich die Gebühr nicht nach Nr. 4118 VV RVG bestimmt (Nr. 4112 VV RVG),
- Verfahren vor dem OLG, dem Schwurgericht oder der Strafkammer nach den §§ 74a und 74c GVG und in für Verfahren vor der Jugendkammer, soweit diese in Sachen entscheidet, die nach den allgemeinen Vorschriften zur Zuständigkeit des Schwurgerichts gehören (Nr. 4118 VV RVG).

Für die erstmalige Einarbeitung in die Rechtssache erhält der Anwalt neben der jeweiligen Verfahrensgebühr eine **Grundgebühr** (Nr. 4100 VV RVG). Die Gebühr erhält er aber nur einmal, unabhängig davon, in welchem Verfahrensabschnitt die Einarbeitung erfolgt (Anm. Abs. 1 zu Nr. 4100 VV RVG).

Darüber hinaus erhält der Anwalt in jedem Verfahrensabschnitt:
- vorbereitendes Verfahren,
- erstinstanzliches gerichtliches Verfahren,[1]
- Berufung,
- Revision,
- Beschwerdeverfahren, soweit gesonderte Gebühren dafür vorgesehen sind (§ 19 Nr. 10a RVG),
- Verfahren nach Zurückverweisung,
- Wiederaufnahmeverfahren (§ 17 Nr. 13 RVG) und
- wiederaufgenommenes Verfahren (§ 17 Nr. 13 RVG)

jeweils eine **Verfahrensgebühr**. Diese Gebühr entsteht für das Betreiben des Geschäfts einschließlich der Information (Vorbem. 4 Abs. 2 VV RVG). Vertritt der Anwalt **mehrere Auftraggeber** (etwa mehrere Nebenkläger), so erhöhen sich die Betragsrahmen, um 30%, indem sowohl die Mindest- als auch die Höchstgebühren um jeweils 30% angehoben werden.

Die **Terminsgebühr** erhält der Anwalt grundsätzlich für jeden Kalendertag, an dem ein Termin stattfindet. Die Terminsgebühr entsteht – anders als in Teil 3 VV RVG – nur für die Teilnahme an gerichtlichen Terminen, soweit nichts anderes bestimmt ist (Vorbem. 4 Abs. 3 S. 1 VV RVG). Eine solche anderweitige Bestimmung findet sich in Nr. 4102 VV RVG. Darüber hinaus erhält der Rechtsanwalt die Terminsgebühr auch dann, wenn er zu einem anberaumten Termin erscheint, dieser aber aus Gründen, die er nicht zu vertreten hat, nicht stattfindet (Vorbem. 4 Abs. 3 S. 2 VV RVG). Dies gilt nicht, wenn er rechtzeitig von der Aufhebung oder Verlegung des Termins in Kenntnis gesetzt worden ist (Vorbem. 4 Abs. 3 S. 3 VV RVG). Für den gerichtlich bestellten oder beigeordneten Anwalt sind darüber hinaus Längenzuschläge vorgesehen, wenn die Verhandlung mehr als 5 oder mehr als 8 Stunden dauerte (z. B. Nrn. 4110, 4111 VV RVG).

---

[1] Nach der Neufassung des § 17 Nr. 10 RVG ist das gerichtliche Verfahren gegenüber dem Ermittlungsverfahren eine eigene Angelegenheit.

Neben Grund-, Verfahrens-, und Terminsgebühren sind **zusätzliche Gebühren** vorgesehen, so für die vorzeitige Erledigung nach Nr. 4141 VV RVG, für Tätigkeiten in einem Verfahren auf Einziehung und verwandte Maßnahmen (Nr. 4142 VV RVG) und für die Vertretung im Adhäsionsverfahren (Nrn. 4143 ff. VV RVG).

Für Tätigkeiten in Verfahren auf Einziehung und verwandte Maßnahmen (Nr. 4142 VV RVG) und im Adhäsionsverfahren (Nrn. 4143 ff. VV RVG) sind **Wertgebühren** vorgesehen. Das Gericht muss hier also gegebenenfalls nach § 32 Abs. 1 RVG i. V. m. §§ 63 ff. GKG oder § 33 Abs. 1 RVG einen Wert festsetzen. Soweit hier **Verfahrensgebühren** vorgesehen sind (z. B. Nrn. 4142, 4143 VV RVG), gilt Nr. 1008 VV RVG. Vertritt der Anwalt mehrere Auftraggeber, so erhöhen sich die Gebühren um jeweils 0,3 je weiteren Auftraggeber, sofern der Gegenstand der anwaltlichen Tätigkeit derselbe ist.[1]

Die Tätigkeiten in der **Strafvollstreckung** sind gesondert geregelt in den Nrn. 4200 ff. VV RVG.

Einzeltätigkeiten wiederum sind in den Nrn. 4300 ff. VV RVG enthalten.

Darüber hinaus verweist Vorbem. 4 Abs. 5 VV RVG auf die Vorschriften des Teil 3 VV RVG:
- Nr. 1: in Verfahren über die Erinnerung oder die Beschwerde gegen einen Kostenfestsetzungsbeschluss (§ 464b StPO) und im Verfahren über die Erinnerung gegen den Kostenansatz und im Verfahren über die Beschwerde gegen die Entscheidung über diese Erinnerung; es gelten dann die Nrn. 3500 ff. VV RVG;
- Nr. 2: in der Zwangsvollstreckung aus Entscheidungen, die über einen aus der Straftat erwachsenen vermögensrechtlichen Anspruch oder die Erstattung von Kosten ergangen sind (§§ 406 b, 464 b StPO), für die Mitwirkung bei der Ausübung der Veröffentlichungsbefugnis und im Beschwerdeverfahren gegen eine dieser Entscheidungen; es gelten die Nrn. 3309 ff. VV RVG.

Daneben gelten die allgemeinen Vorschriften für **Beratung** (§ 34 RVG) **Prüfung der Erfolgsaussicht eines Rechtsmittels** (Nrn. 2100 ff. VV RVG) **Beratungshilfe**[2] (Nrn. 2500, 2501 VV RVG) und Einigung (Nrn. 1000 ff. VV RVG), wobei in Nr. 4147 VV RVG noch eine besondere Einigungsgebühr für das Privatklageverfahren vorgesehen ist.

---

[1] OLG Brandenburg AGS 2009, 325 = RVGreport 2009, 341.
[2] In Strafsachen kann Beratungshilfe nur für eine Beratung, nicht auch eine Vertretung gewährt werden.

II. Tabelle Gebühren in Strafsachen

Gebührentatbestand	VV-Nr.	Wahlanwalt					gerichtlich bestellter oder beigeordneter Anwalt (auch Beratungshilfe)
		Rahmengebühren				Festgebühren	
		Mindestgebühr	Mittelgebühr	20% über Mittelgebühr[1]	Höchstgebühr		
I. Gebühren des Verteidigers							
1. Allgemeine Gebühren							
a) **Grundgebühr**[2]	4100	40,00 €	200,00 €	240,00 €	360,00 €		160,00 €
mit Haftzuschlag	4101	40,00 €	245,00 €	294,00 €	450,00 €		192,00 €
b) **Terminsgebühr**[3, 4]	4102	40,00 €	170,00 €	204,00 €	300,00 €		136,00 €
mit Haftzuschlag	4103	40,00 €	270,50 €	324,60 €	375,50 €		166,00 €
2. Vorbereitendes Verfahren							
a) **Verfahrensgebühr**	4104	40,00 €	165,00 €	198,00 €	290,00 €		132,00 €
mit Haftzuschlag	4105	40,00 €	201,25 €	241,50 €	362,50 €		161,00 €
b) **Zusätzliche Gebühr bei Vermeidung der Hauptverhandlung**[5]	4141 i.V.m.[6]						
aa) AG	4106					165,00 €[7]	132,00 €
bb) LG (Strafkammer, Jugendkammer[8]	4112					185,00 €	148,00 €
cc) OLG, Schwurgericht, Strafkammer nach §§ 74a, c GVG	4118					395,00 €	316,00 €
c) **Zusätzliche Gebühr bei Einziehung u. a.**[9]	4142					1,0	1,0[10]

[1] Nach ganz einhelliger Rspr. steht dem Anwalt bei der Bestimmung der angemessenen Gebühr nach § 14 Abs. 1 RVG ein Toleranzbereich von 20% zu, so dass ein Überschreiten der billigen Gebühr von bis zu 20% im Einzelfall noch nicht als unbillig angesehen wird (AnwK-RVG/Onderka § 14 Rn. 75 m.w. Nachw.). Unzulässig ist es allerdings, die angemessene Gebühr bewusst um 20% anzuheben, da dies einen Ermessensfehlgebrauch darstellt.

[2] Die Grundgebühr entsteht für die erstmalige Einarbeitung in den Rechtsfall, unabhängig davon, in welchem Verfahrensabschnitt sie erfolgt (Anm. Abs. 1 zu Nr. 4100 VV RVG). Die Gebühr entsteht nur einmalig (Anm. Abs. 1 zu Nr. 4100 VV RVG).

Die Grundgebühr entsteht auch, wenn der Anwalt zuvor in einer Bußgeldsache tätig war und er dort bereits eine Grundgebühr nach Nr. 5100 VV RVG verdient hat. Soweit der Anwalt wegen derselben Tat in der Bußgeldsache beauftragt wird, wird die Grundgebühr der Nr. 5100 VV RVG allerdings auf die Grundgebühr der Nr. 4100 VV RVG angerechnet (Anm. Abs. 2 zu Nr. 4100 VV RVG).

[3] Die Terminsgebühr erstreckt sich auf bis zu drei Termine je Verfahrensabschnitt (Anm. S. 1 zu Nr. 4102 VV RVG). Mehrere Termine an einem Tag gelten als ein Termin (Anm. S. 2 zu Nr. 4102 VV RVG).

[4] Die Terminsgebühr entsteht auch dann, wenn der Anwalt zum Termin erscheint, dieser aber aus Gründen nicht stattfindet, die er nicht zu vertreten hat (Vorbem. 4 Abs. 3 S. 3 VV RVG) und er von der Aufhebung des Termins **keine Kenntnis** gehabt hatte (Vorbem. 4 Abs. 3 S. 3 VV RVG).

[5] Im vorbereitenden Verfahren kommen als Vermeidung der Hauptverhandlung in Betracht
– nicht nur vorläufige Einstellung (Anm. Abs. 1 Nr. 1 zu Nr. 4141 VV RVG)
– Rücknahme des Einspruchs gegen den Strafbefehl (Anm. Abs. 1 Nr. 3 zu Nr. 4141 VV RVG).

[6] Maßgebend ist nicht die Verfahrensgebühr des Stadiums, in dem sich die Sache erledigt, sondern des Verfahrensstadiums, in dem die Hauptverhandlung vermieden wurde. Daher ist auch im vorbereitenden Verfahren auf die Verfahrensgebühren des gerichtlichen Verfahrens abzustellen, das sich ohne Erledigung angeschlossen hätte. Maßgebend ist also, vor welchem Gericht die Sache angeklagt worden wäre (AnwK-RVG/N. Schneider Nr. 4141 VV RVG Rn. 93).

[7] Bei der Gebühr nach Nr. 4141 VV RVG handelt es sich nach einheiliger Auffassung um eine Festgebühr, da sich die Gebühr gem. Anm. Abs. 3 zu Nr. 4141 VV RVG nach der Rahmenmitte richtet (AnwK-RVG/N. Schneider Nr. 4141 VV RVG Rn. 91 ff.; Burhoff, RVG, Nr. 4141 Rn. 41).

[8] Soweit nicht nach den allgemeinen Vorschriften die Zuständigkeit des Schwurgerichts gegeben wäre.

[9] Die Gebühr entsteht nicht, wenn der Gegenstandswert niedriger als 30,00 Euro ist (Anm. Abs. 2 zu Nr. 4142 VV RVG).

[10] Die Gebührenbeträge richten sich beim bestellten oder beigeordneten Anwalt nach den reduzierten Beträgen des § 49 RVG.

9. Gebühren in Strafsachen

Gebührentatbestand	VV-Nr.	Wahlanwalt – Rahmengebühren				Festgebühren	gerichtlich bestellter oder beigeordneter Anwalt (auch Beratungshilfe)
		Mindestgebühr	Mittelgebühr	20% über Mittelgebühr	Höchstgebühr		
3. Gerichtliches Verfahren 1. Instanz							
a) Verfahrensgebühr							
aa) AG	4106	40,00 €	165,00 €	198,00 €	290,00 €		132,00 €
mit Haftzuschlag	4107	40,00 €	201,50 €	241,80 €	362,50 €		161,00 €
bb) LG (Strafkammer, Jugendkammer[1]	4112	50,00 €	185,00 €	222,00 €	320,00 €		148,00 €
mit Haftzuschlag	4113	50,00 €	225,00 €	270,00 €	400,00 €		180,00 €
cc) OLG, Schwurgericht, Strafkammer nach §§ 74 a, c GVG	4118	100,00 €	395,00 €	474,00 €	690,00 €		316,00 €
mit Haftzuschlag	4119	100,00 €	481,25 €	577,50 €	862,50 €		385,00 €
b) Terminsgebühr Hauptverhandlung							
aa) AG	4108	70,00 €	275,00 €	276,00 €	480,00 €		220,00 €
mit Haftzuschlag	4109	70,00 €	335,00 €	330,00 €	600,00 €		268,00 €
Zusatzgebühr bei Dauer 5 bis 8 Std.	4110						110,00 €
Zusatzgebühr bei Dauer über 8 Std.	4111						220,00 €
bb) LG (Strafkammer, Jugendkammer[1]	4114	80,00 €	320,00 €	384,00 €	560,00 €		256,00 €
mit Haftzuschlag	4115	80,00 €	390,00 €	468,00 €	700,00 €		312,00 €
Zusatzgebühr bei Dauer 5 bis 8 Std.	4116						128,00 €
Zusatzgebühr bei Dauer über 8 Std.	4117						256,00 €
cc) OLG, Schwurgericht, Strafkammer nach §§ 74 a, c GVG	4120	130,00 €	530,00 €	636,00 €	930,00 €		424,00 €
mit Haftzuschlag	4121	130,00 €	646,50 €	775,80 €	1.162,50 €		517,00 €
Zusatzgebühr bei Dauer 5 bis 8 Std.	4122						212,00 €
Zusatzgebühr bei Dauer über 8 Std.	4123						424,00 €
c) Zusätzliche Gebühr bei Vermeidung der Hauptverhandlung[2]	4141 i. V. m.						
aa) AG	4106					165,00 €	132,00 €
bb) LG (Strafkammer, Jugendkammer[1]	4112					185,00 €	148,00 €
cc) OLG, Schwurgericht, Strafkammer nach §§ 74 a, c GVG	4118					395,00 €	316,00 €
d) Zusätzliche Gebühr bei Einziehung u. a.[3]	4142					1,0	1,0[4]

[1] Soweit nicht nach den allgemeinen Vorschriften die Zuständigkeit des Schwurgerichts gegeben wäre.
[2] Im gerichtlichen Verfahren kommen als Vermeidung der Hauptverhandlung in Betracht
– nicht nur vorläufige Einstellung (Anm. Abs. 1 Nr. 1 zu Nr. 4141 VV RVG)
– Nichteröffnung des Hauptverfahrens (Anm. Abs. 1 Nr. 2 zu Nr. 4141 VV RVG)
– Rücknahme des Einspruchs gegen den Strafbefehl (Anm. Abs. 1 Nr. 3 zu Nr. 4141 VV RVG)
– Zustimmung zum schriftlichen Verfahren nach § 411 Abs. 1 S. 3 StPO (Anm. Abs. 1 Nr. 4 zu Nr. 4141 VV RVG).
– Übergang zum Strafbefehlsverfahren nach Eröffnung des Hauptverfahrens (analog Nr. 4141 VV RVG), siehe hierzu AG Bautzen AGS 2007, 307.
[3] Die Gebühr entsteht nicht, wenn die Gebühr bereits im vorbereitenden Verfahren entstanden ist (Anm. Abs. 3 zu Nr. 4142 VV RVG) oder der Gegenstandswert unter 30,00 Euro liegt (Anm. Abs. 2 zu Nr. 4142 VV RVG).
[4] Die Gebührenbeträge richten sich beim bestellten oder beigeordneten Anwalt nach den reduzierten Beträgen des § 49 RVG.

Gebührentatbestand	VV-Nr.	Wahlanwalt – Rahmengebühren				Festgebühren	gerichtlich bestellter oder beigeordneter Anwalt (auch Beratungshilfe)
		Mindestgebühr	Mittelgebühr	20% über Mittelgebühr	Höchstgebühr		
4. Berufung							
a) Verfahrensgebühr	4124	80,00 €	320,00 €	384,00 €	560,00 €		256,00 €
mit Haftzuschlag	4125	80,00 €	390,00 €	468,00 €	700,00 €		312,00 €
b) Terminsgebühr Hauptverhandlung	4126	80,00 €	320,00 €	384,00 €	560,00 €		256,00 €
mit Haftzuschlag	4127	80,00 €	390,00 €	486,00 €	700,00 €		312,00 €
Zusatzgebühr bei Dauer 5 bis 8 Std.	4128						128,00 €
Zusatzgebühr bei Dauer über 8 Std.	4129						256,00 €
c) Zusätzliche Gebühr bei Vermeidung der Hauptverhandlung[1]	4141, 4124					320,00 €	256,00 €
d) Zusätzliche Gebühr bei Einziehung u. a.[2]	4142					1,0	1,0[3]
5. Revision							
a) Verfahrensgebühr	4130	120,00 €	615,00 €	738,00 €	1.110,00 €		492,00 €
mit Haftzuschlag	4131	120,00 €	753,75 €	904,50 €	1.387,50 €		603,00 €
b) Terminsgebühr Hauptverhandlung	4132	120,00 €	340,00 €	408,00 €	560,00 €		272,00 €
mit Haftzuschlag	4133	120,00 €	410,00 €	492,00 €	700,00 €		328,00 €
Zusatzgebühr bei Dauer 5 bis 8 Std.	4134						136,00 €
Zusatzgebühr bei Dauer über 8 Std.	4135						272,00 €
c) Zusätzliche Gebühr bei Vermeidung der Hauptverhandlung[4]	4141, 4132					340,00 €	272,00 €
d) Zusätzliche Gebühr bei Einziehung u. a.[5]	4142					1,0	1,0[6]
6. Verfahren nach Zurückverweisung		alle Gebühren (außer der Grundgebühr) entstehen erneut (§ 21 Abs. 1 RVG)[7]					

---

[1] Im Berufungsverfahren kommen als Vermeidung der Hauptverhandlung in Betracht
– nicht nur vorläufige Einstellung (Anm. Abs. 1 Nr. 1 zu Nr. 4141 VV RVG)
– Rücknahme der Berufung mehr als zwei Wochen vor einem eventuell anberaumten Hauptverhandlungstermin (Anm. Abs. 1 Nr. 3 zu Nr. 4141 VV RVG).

[2] Die Gebühr entsteht nicht, wenn, der Gegenstandswert unter 30,00 Euro liegt (Anm. Abs. 2 zu Nr. 4142 VV RVG).

[3] Die Gebührenbeträge richten sich beim bestellten oder beigeordneten Anwalt nach den reduzierten Beträgen des § 49 RVG.

[4] Im Revisionsverfahren kommen als Vermeidung der Hauptverhandlung in Betracht
– nicht nur vorläufige Einstellung (Anm. Abs. 1 Nr. 1 zu Nr. 4141 VV RVG);
– Rücknahme der Revision mehr als zwei Wochen vor einem eventuell anberaumten Hauptverhandlungstermin (Anm. Abs. 1 Nr. 3 zu Nr. 4141 VV RVG).

[5] Die Gebühr entsteht nicht, wenn die Gebühr bereits im vorbereitenden Verfahren entstanden ist (Anm. Abs. 3 zu Nr. 4142 VV RVG) oder der Gegenstandswert unter 30,00 Euro liegt (Anm. Abs. 2 zu Nr. 4142 VV RVG).

[6] Die Gebührenbeträge richten sich beim bestellten oder beigeordneten Anwalt nach den reduzierten Beträgen des § 49 RVG.

[7] Eine Anrechnung wie bei den Gebühren nach Teil 3 VV RVG (Vorbem. 3 Abs. 6 VV RVG) ist hier nicht vorgesehen.

Gebührentatbestand	VV-Nr.	Wahlanwalt Rahmengebühren					Festgebühren	gerichtlich bestellter oder beigeordneter Anwalt (auch Beratungshilfe)
		Mindestgebühr	Mittelgebühr	20% über Mittelgebühr	Höchstgebühr			

II. Adhäsionsverfahren[1]

1. Vorgerichtliche Vertretung

a) Geschäftsgebühr	2300	0,5	1,5	1,8	2,5			85,00 €
weder umfangreich noch schwierig	Anm. zu 2300				1,3			
b) Einigungsgebühr	1000						1,5	150,00 €

2. Erstmalige gerichtliche Geltendmachung[2]

a) Verfahrensgebühr[3]	4143						2,0	
b) Einigungsgebühr								
aa) Einigung über anhängige Gegenstände	1000, 1003						1,0	1,0[4]
bb) Einigung über nicht anhängige Gegenstände	1000						1,5	1,5[4]

3. Berufungs- oder Revisionsverfahren

a) Verfahrensgebühr	4144						2,3	2,3[4]
b) Einigungsgebühr								
aa) Einigung über anhängige Gegenstände	1000, 1004						1,3	1,3[4]
bb) Einigung über nicht anhängige Gegenstände[5]	1000						1,5	1,5[4]

4. Beschwerde nach § 406 Abs. 5 S. 2 StPO

Verfahrensgebühr	4145						0,5	0,5[4]

III. Privatklageverfahren

1. Gebühren für Vertretung

wie Verteidiger (Vorbem. 4 Abs. 1 VV RVG)

2. Vertretung auch hinsichtlich vermögensrechtlicher Ansprüche

siehe Adhäsionsverfahren

3. Einigung bezüglich des Strafanspruchs oder des Kostenerstattungsanspruchs

| 4147 | in Höhe der jeweiligen Verfahrengebühr |

4. Einigung über sonstige Ansprüche

a) anhängig in 1. Instanz	1000, 1003						1,0	1,0
b) anhängig in Berufungs- oder Revisionsinstanz	1000, 1004						1,3	1,3
c) nicht anhängig	1000						1,5	1,5

IV. Wiederaufnahmeverfahren

1. Vorbereitung eines Antrags

| 4136 | Verfahrensgebühr des ersten Rechtszugs |

2. Verfahren über die Zulässigkeit des Antrags

| 4137 | Verfahrensgebühr des ersten Rechtszugs |

3. Weiteres Verfahren

| 4138 | Verfahrensgebühr des ersten Rechtszugs |

---

[1] Die Gebühren entstehen sowohl dann, wenn der Anwalt in der Strafsache tätig ist und zusätzlich im Verfahren über vermögensrechtliche Ansprüche des Verletzten oder seines Erben beauftragt wird als auch dann, wenn er nur in einem solchen Verfahren beauftragt wird (Vorbem. 4.3 Abs. 2 VV RVG).

[2] Das gilt auch dann, wenn die Ansprüche erstmals im Berufungsverfahren erhoben werden (Anm. Abs. 1 zu Nr. 4143 VV RVG).

[3] Die Verfahrensgebühr wird zu einem Drittel auf die Verfahrensgebühr, die für einen bürgerlichen Rechtsstreit wegen desselben Anspruchs entsteht, angerechnet (Anm. Abs. 2 zu Nr. 4143 VV RVG).

[4] Die Gebührenbeträge richten sich beim bestellten oder beigeordneten Anwalt nach den reduzierten Beträgen des § 49 RVG.

[5] Soweit sich die Parteien über anhängige und nicht anhängige Gegenstände einigen, ist § 15 Abs. 3 RVG zu beachten. Der Anwalt erhält nicht mehr als eine 1,5-Gebühr aus dem Gesamtwert.

Gebührentatbestand	Wahlanwalt						gerichtlich bestellter oder beigeordneter Anwalt (auch Beratungshilfe)
	VV-Nr.	Rahmengebühren				Festgebühren	
		Mindestgebühr	Mittelgebühr	20% über Mittelgebühr	Höchstgebühr		

4. Beschwerdeverfahren

| | 4139 | Verfahrensgebühr des ersten Rechtszugs |

5. Terminsgebühr in allen Verfahren nach Nrn. 1 bis 4

| | 4140 | Terminsgebühr des ersten Rechtszugs |

V. Strafvollstreckung

1. Verfahren nach Nr. 4200 VV RVG

	VV-Nr.	Mindest	Mittel	20% über	Höchst	Fest	gerichtlich bestellt
a) Verfahrensgebühr	4200	60,00 €	365,00 €	438,00 €	670,00 €		292,00 €
mit Haftzuschlag	4201	60,00 €	448,75 €	538,20 €	837,50 €		359,00 €
b) Terminsgebühr	4202	60,00 €	180,00 €	216,00 €	300,00 €		144,00 €
mit Haftzuschlag	4203	60,00 €	217,50 €	261,00 €	375,50 €		174,00 €

2. Sonstige Verfahren

a) Verfahrensgebühr	4204	30,00 €	165,00 €	198,00 €	300,00 €		132,00 €
mit Haftzuschlag	4205	30,00 €	202,50 €	243,00 €	375,00 €		152,00 €
b) Terminsgebühr	4206	30,00 €	165,00 €	198,00 €	300,00 €		142,00 €
mit Haftzuschlag	4207	30,00 €	202,50 €	243,00 €	375,00 €		152,00 €

VI. Einzeltätigkeiten

1. Verfahren nach Nr. 4300 Nrn. 1 bis 3 VV RVG

| | 4300 | 50,00 € | 365,00 € | 438,00 € | 670,00 € | | 292,00 € |

2. Verfahren nach Nr. 4301 Nrn. 1 bis 6 VV RVG

| | 4301 | 40,00 € | 250,00 € | 300,00 € | 460,00 € | | 200,00 € |

3. Verfahren nach Nr. 4302 Nrn. 1 bis 3 VV RVG

| | 4302 | 30,00 € | 160,00 € | 192,00 € | 290,00 € | | 128,00 € |

VII. Gnadensachen

| | 4303 | 30,00 € | 165,00 € | 198,00 € | 300,00 € | | 85,00 €[1] |

VIII. Kontaktperson

| | 4304 | | | | | | 4.000,00 € |

IX. Beschwerden, Erinnerungen und Anträge auf gerichtliche Entscheidung nach Vorbem. 4 Abs. 5 VV RVG

| 1. Verfahrensgebühr | 3500 | | | | | 0,5 | 0,5[2] |
| 2. Terminsgebühr | 3513 | | | | | 0,5 | 0,5[2] |

X. Beratung und Gutachten

1. Wahlanwalt

a) Beratung oder Gutachten	§ 34 Abs. 1 S. 2 RVG	übliche Vergütung nach § 612 oder § 632 BGB	
b) Höchstgrenze bei Verbraucher	§ 34 Abs. 1 S. 3 RVG		250,00 €
c) Höchstgrenze Erstberatung bei Verbraucher	§ 34 Abs. 1 S. 3 RVG		190,00 €

2. Beratungshilfe[3]

| a) Beratungshilfegebühr | 2500 | | | | | 15,00 € | |
| b) Beratungsgebühr | 2501 | | | | | | 35,00 € |

---

[1] Eine Beiordnung in Gnadensachen ist nicht möglich. Die Bestellung als Pflichtverteidiger erstreckt sich nicht auch auf ein späteres Gnadenverfahren. Möglich ist nur die Bewilligung von Beratungshilfe (AG Köln AGS 2009, 41 = NJW-Spezial 2009, 2; LG Berlin AGS 2008, 460 = RVGreport 2007, 422; AnwK-RVG/N. Schneider, Nr. 4303 VV RVG Rn. 22).

[2] Die Gebührenbeträge richten sich beim bestellten oder beigeordneten Anwalt nach den reduzierten Beträgen des § 49 RVG.

[3] Beratungshilfe wird in Strafsachen nur für eine Beratung gewährt, nicht auch für eine Vertretung.

Gebührentatbestand	Wahlanwalt					Fest-gebühren	gerichtlich bestellter oder beige-ordneter Anwalt (auch Beratungs-hilfe)
	VV-Nr.	Rahmengebühren					
		Mindest-gebühr	Mittel-gebühr	20% über Mittel-gebühr	Höchst-gebühr		

XI. Prüfung der Erfolgsaussicht eines Rechtsmittels

1. Betreffend Strafsache

a) Prüfung	2102	30,00 €	175,00 €	210,00 €	320,00 €		35,00 €[1]
b) Prüfung mit Gutachten	2103	50,00 €	300,00 €	360,00 €	550,00 €		35,00 €[2]

2. Betreffend Einziehung oder Adhäsionsverfahren

a) Prüfung	2100	0,5	0,75	0,9	1,0 €		wie Wahlanwalt
b) Prüfung mit Gutachten	2101	50,00 €	300,00 €	360,00 €	550,00 €		wie Wahlanwalt

XII. Verfahren über einen Antrag auf gerichtliche Entscheidung oder Beschwerde gegen eine den Rechtszug beendende Entscheidung nach § 25 Abs. 1 S. 3 bis 5, § 13 StrRehaG

	4146					1,5	1,5[3]

---

[1] Nr. 2301 VV RVG.
[2] Nr. 2301 VV RVG.
[3] Die Gebührenbeträge richten sich beim bestellten oder beigeordneten Anwalt nach den reduzierten Beträgen des § 49 RVG.

10. Gebühren in Bußgeldsachen

I. Überblick

Die Gebühren in Bußgeldsachen richten sich nach Teil 5 VV RVG.

Grundsätzlich sind hier **Betragsrahmen-Gebühren** geregelt. Vorgegeben ist jeweils ein Mindest- und ein Höchstbetrag. Aus diesem Rahmen bestimmt der Anwalt unter Berücksichtigung der Kriterien des § 14 Abs. 1 RVG die im Einzelfall angemessene Gebühr. Für den gerichtlich bestellten oder beigeordneten Anwalt sind dagegen **Festgebühren** vorgesehen.

Die **Höhe der Gebührenrahmen** richten sich im vorbereitenden Verfahren und im erstinstanzlichen gerichtlichen Verfahren nach der **Höhe des Bußgeldes**. Maßgebend ist die zum Zeitpunkt des Entstehens der Gebühr zuletzt festgesetzte Geldbuße (Vorbem. 5 Abs. 2 S. 1 VV RVG). Ist eine Geldbuße nicht festgesetzt, richtet sich die Höhe der Gebühren im Verfahren vor der Verwaltungsbehörde nach dem mittleren Betrag der in der Bußgeldvorschrift angedrohten Geldbuße (Vorbem. 5 Abs. 2 S. 2 VV RVG). Sind in einer Rechtsvorschrift Regelsätze bestimmt, sind diese maßgebend (Vorbem. 5 Abs. 2 S. 3 VV RVG). Auf die Höhe der später festgesetzten Geldbuße oder eines Verwarnungsgeldes kommt es nicht an.[1] Mehrere Geldbußen sind zusammenzurechnen (Vorbem. 5 Abs. 2 S. 4 VV RVG). Das bedeutet, bei Tateinheit gilt das höchste der angedrohten Bußgelder und bei Tatmehrheit die Summe der einzelnen angedrohten Bußgelder. Im Rechtsbeschwerdeverfahren sowie für Einzeltätigkeiten spielt die Höhe des Bußgeldes keine Rolle, sondern kann allenfalls im Rahmen des § 14 Abs. 1 RVG berücksichtigt werden.

Ein **Haftzuschlag** wie in Strafsachen (Vorbem. 4 Abs. 1 VV RVG), wenn sich der Betroffene nicht auf freiem Fuß befindet, ist in Bußgeldsachen nicht vorgesehen. Der erhöhte Aufwand kann hier nur im Rahmen des § 14 Abs. 1 RVG berücksichtigt werden.

Für die erstmalige Einarbeitung in die Rechtssache erhält der Anwalt neben der jeweiligen Verfahrensgebühr eine **Grundgebühr** (Nr. 5100 VV RVG).[2] Die Gebühr erhält er aber nur einmal, unabhängig davon, in welchem Verfahrensabschnitt die Einarbeitung erfolgt (Anm. Abs. 1 zu Nr. 5100 VV RVG). Die Grundgebühr entsteht nicht, wenn der Anwalt bereits wegen derselben Tat in einem Strafverfahren tätig war und dort die Grundgebühr nach Nr. 4100 VV RVG verdient hatte (Anm. Abs. 2 zu Nr. 5100 VV RVG). Geht das Bußgeldverfahren später in ein Strafverfahren über, wird die Grundgebühr der Nr. 5100 VV RVG auf die Grundgebühr der Nr. 4100 VV RVG angerechnet (Anm. Abs. 2 zu Nr. 4100 VV RVG).

Darüber hinaus erhält der Anwalt in jedem Verfahrensabschnitt, also
- im **Verfahren vor der Verwaltungsbehörde** einschließlich des Verwarnungsverfahrens und des Zwischenverfahrens vor der Staatsanwaltschaft (§ 69 OWiG) bis zum Eingang der Akten bei Gericht (Vorbem. 5.1.2 Abs. 1 VV RVG),
- im **erstinstanzlichen gerichtlichen Verfahren**,[3]
- im Verfahren der **Rechtsbeschwerde** (§ 17 Nr. 1 RVG) einschließlich des Verfahrens auf **Zulassung der Rechtsbeschwerde** (§ 16 Nr. 11 RVG) und
- im Verfahren **nach Zurückverweisung** (§ 21 Abs. 1 RVG)
- im **Wiederaufnahmeverfahren** (§ 17 Nr. 13 RVG) und
- in einem **Verfahren nach Wiederaufnahme** (§ 17 Nr. 13 RVG)

jeweils eine **Verfahrensgebühr**. Diese Gebühr entsteht für das Betreiben des Geschäfts einschließlich der Information (Vorbem. 5 Abs. 2 VV RVG).

Die **Terminsgebühr** erhält der Anwalt grundsätzlich für jeden Kalendertag, an dem ein Termin stattfindet. Die Terminsgebühr erhält der Anwalt – im Gegensatz als in Teil 3 VV RVG –

---

[1] AG Stuttgart AGS 2008, 547 = VRR 2008, 400 = NJW-Spezial 2008, 731 = RVGreport 2008, 430.
[2] Die Grundgebühr kann niemals isoliert entstehen. Sie entsteht immer zeitgleich neben einer Verfahrensgebühr.
[3] Nach der Neufassung des § 17 Nr. 11 RVG ist das erstinstanzliche gerichtliche Verfahren gegenüber dem Verfahren vor der Verwaltungsbehörde eine eigene Angelegenheit.

nur für die Teilnahme an gerichtlichen Terminen, soweit nichts anderes bestimmt ist (Vorbem. 5 Abs. 3 S. 1 VV RVG). Solche anderweitigen Bestimmungen finden sich in
- Vorbem. 5.1.2 Abs. 2 VV RVG. Danach entsteht die Terminsgebühr auch für die Teilnahme an Vernehmungen vor der Polizei oder der Verwaltungsbehörde.
- Vorbem. 5.1.3 Abs. 1 VV RVG. Danach entsteht die Terminsgebühr auch für die Teilnahme an gerichtlichen Terminen außerhalb der Hauptverhandlung. Im Gegensatz zu den Strafsachen findet sich hier keine Einschränkung, dass die Gebühr bis zu drei Termine abdeckt.

Der Rechtsanwalt erhält die Terminsgebühr auch dann, wenn er zu einem anberaumten Termin erscheint, dieser aber aus Gründen, die er nicht zu vertreten hat, nicht stattfindet (Vorbem. 5 Abs. 3 S. 2 VV RVG). Dies gilt nicht, wenn er rechtzeitig von der Aufhebung oder Verlegung des Termins in Kenntnis gesetzt worden ist (Vorbem. 5 Abs. 3 S. 3 VV RVG). Längenzuschläge sind für den gerichtlich bestellten oder beigeordneten Anwalt – im Gegensatz zu den Strafsachen – nicht vorgesehen.

Neben Grund-, Verfahrens- und Terminsgebühren sind dann noch **zusätzliche Gebühren** vorgesehen, so für die vorzeitige Erledigung nach Nr. 5115 VV RVG sowie Verfahren auf Einziehung und verwandte Maßnahmen (Nr. 5116 VV RVG).

Die **zusätzliche Gebühr nach Nr. 5115 VV RVG** entsteht dem Anwalt, wenn er daran mitwirkt, dass sich das Verfahren vor der Verwaltungsbehörde erledigt oder im gerichtlichen Verfahren die Hauptverhandlung entbehrlich wird, weil
- das Verfahren nicht nur vorläufig eingestellt wird (Anm. Abs. 1 Nr. 1 zu Nr. 5115 VV RVG),
- der Einspruch gegen einen Bußgeldbescheid (rechtzeitig) zurückgenommen wird (Anm. Abs. 1 Nrn. 2, 4 zu Nr. 5115 VV RVG),
- die Verwaltungsbehörde den Bußgeldbescheid nach Einspruch zurücknimmt, durch einen neuen Bußgeldbescheid ersetzt und gegen den neu erlassenen Bußgeldbescheid kein Einspruch eingelegt wird (Anm. Abs. 1 Nr. 3 zu Nr. 5115 VV),
- die Rechtsbeschwerde zurückgenommen wird (Anm. Abs. 1 Nr. 4 zu Nr. 5115 VV RVG),
- der Antrag auf Zulassung der Rechtsbeschwerde zurückgenommen wird (analog Anm. Abs. 1 Nr. 4 zu Nr. 5115 VV RVG),
- das Gericht nach § 72 Abs. 1 S. 1 OWiG durch Beschluss im schriftlichen Verfahren entscheidet (Anm. Abs. 1 Nr. 5 zu Nr. 5115 VV RVG).

Für Tätigkeiten in Verfahren auf Einziehung und verwandte Maßnahmen (Nr. 5116 VV RVG) sind **Wertgebühren** vorgesehen. Das Gericht muss hier also gegebenenfalls nach § 33 RVG einen Streitwert festsetzen. Die Gebühr entsteht nicht, wenn der Gegenstandswert weniger als 30,00 Euro beträgt (Anm. Abs. 2 zu Nr. 5116 VV RVG).

Einzeltätigkeiten sind in den Nrn. 5200 ff. VV RVG geregelt. Dazu gehören auch Tätigkeiten in der **Vollstreckung**, die im Gegensatz zu den strafrechtlichen Gebühren nicht gesondert geregelt sind.

Darüber hinaus verweist Vorbem. 5 Abs. 4 VV RVG auf die Vorschriften des Teil 3 VV RVG
- Nr. 1: für das Verfahren über die Erinnerung oder die Beschwerde gegen einen Kostenfestsetzungsbeschluss, für das Verfahren über die Erinnerung gegen den Kostenansatz, für das Verfahren über die Beschwerde gegen die Entscheidung über diese Erinnerung und für Verfahren über den Antrag auf gerichtliche Entscheidung gegen einen Kostenfestsetzungsbescheid und den Ansatz der Gebühren und Auslagen (§ 108 OWiG);
- Nr. 2: in der Zwangsvollstreckung aus Entscheidungen, die über die Erstattung von Kosten ergangen sind, und für das Beschwerdeverfahren gegen die gerichtliche Entscheidung nach Nr. 1.

Daneben gelten die allgemeinen Vorschriften für **Beratung** (§ 34 RVG) **Prüfung der Erfolgsaussicht eines Rechtsmittels** (Nrn. 2100 ff. VV RVG) und **Beratungshilfe** (Nrn. 2500 ff. VV RVG).

II. Tabelle Gebühren in Bußgeldsachen

Gebührentatbestand	VV-Nr.	Wahlanwalt					gerichtlich bestellter oder beigeordneter Anwalt (auch Beratungshilfe)
		Rahmengebühren				Fest-gebühren	
		Mindest-gebühr	Mittel-gebühr	20% über Mittel-gebühr[1]	Höchst-gebühr		

Gebührentatbestand	VV-Nr.	Mindestgebühr	Mittelgebühr	20% über Mittelgebühr[1]	Höchstgebühr	Festgebühren	gerichtlich bestellter oder beigeordneter Anwalt (auch Beratungshilfe)
I. Gebühren des Verteidigers							
1. Grundgebühr[2]	5100[3]	30,00 €	100,00 €	120,00 €	170,00 €		80,00 €
2. Verfahren vor der Verwaltungsbehörde einschließlich des Zwischenverfahrens vor der Staatsanwaltschaft bis zum Eingang der Akten bei Gericht							
a) Verfahrensgebühr							
aa) Bußgeld unter 40,00 €	5101	20,00 €	65,00 €	78,00 €	110,00 €		52,00 €
bb) Bußgeld von 40,00 € bis 5.000,00 €	5103	30,00 €	160,00 €	192,00 €	290,00 €		128,00 €
cc) Bußgeld über 5.000,00 €	5105	40,00 €	170,00 €	204,00 €	300,00 €		136,00 €
b) Terminsgebühr[4, 5]							
aa) Bußgeld unter 40,00 €	5102	20,00 €	65,00 €	78,00 €	110,00 €		52,00 €
bb) Bußgeld von 40,00 € bis 5.000,00 €	5104	30,00 €	160,00 €	192,00 €	290,00 €		128,00 €
cc) Bußgeld über 5.000,00 €	5106	40,00 €	170,00 €	204,00 €	300,00 €		136,00 €
c) Zusätzliche Gebühr bei Erledigung[6]	5115 i.V.m.[7]						
aa) Bußgeld unter 40,00 €	5107					65,00 €[8]	52,00 €

---

[1] Nach ganz einhelliger Rspr. steht dem Anwalt bei der Bestimmung der angemessenen Gebühr nach § 14 Abs. 1 RVG ein Toleranzbereich von 20% zu, so dass ein Überschreiten der billigen Gebühr von bis zu 20% im Einzelfall noch nicht als unbillig angesehen wird (AnwK-RVG/*Onderka* § 14 Rn. 77 ff. m.w.Nachw.). Unzulässig ist es allerdings, die angemessene Gebühr bewusst um 20% anzuheben, da dies einen Ermessensfehlgebrauch darstellt.

[2] Die Grundgebühr entsteht für die erstmalige Einarbeitung in den Rechtsfall, unabhängig davon, in welchem Verfahrensabschnitt es erfolgt (Anm. Abs. 1 zu Nr. 5100 VV RVG). Die Gebühr entsteht nur einmalig (Anm. Abs. 1 zu Nr. 5100 VV RVG).

Die Grundgebühr entsteht nicht, wenn der Anwalt zuvor in einem Strafverfahren wegen derselben Tat beauftragt gewesen war und dort bereits die Grundgebühr der Nr. 4100 VV RVG verdient hatte.

[3] Die Höhe des Gebührenrahmens der Grundgebühr ist unabhängig von der Höhe des Bußgeldes.

[4] Die Terminsgebühr entsteht für jeden Termin. Eine Beschränkung wie in Strafsachen, dass die Gebühr bis zu drei Termine abdeckt, fehlt in Bußgeldsachen. Mehrere Termine an einem Tag gelten als ein Termin (Anm. zu Nr. 5101 VV RVG).

[5] Die Terminsgebühr entsteht auch dann, wenn der Anwalt zum Termin erscheint, dieser aber aus Gründen nicht stattfindet, die er nicht zu vertreten hat und er von der Aufhebung des Termins keine Kenntnis gehabt hatte (Vorbem. 5 Abs. 3 S. 3 VV RVG).

[6] Im Verfahren vor der Verwaltungsbehörde kommen als Erledigung in Betracht
- nicht nur vorläufige Einstellung (Anm. Abs. 1 Nr. 1 zu Nr. 5115 VV RVG);
- Rücknahme des Einspruchs (Anm. Abs. 1 Nr. 2 zu Nr. 5115 VV RVG)
- Rücknahme des Bußgeldbescheides nach Einspruch und Neuerlass, wenn dieser akzeptiert wird (Anm. Abs. 1 Nr. 3 zu Nr. 5115 VV RVG).

[7] Maßgebend ist nicht die Verfahrensgebühr des Stadiums, in dem sich die Sache erledigt, sondern des Verfahrensstadiums, in dem die Hauptverhandlung vermieden wurde. Daher ist im auch vorbereitenden Verfahren auf die Verfahrensgebühren des gerichtlichen Verfahrens abzustellen, das sich ohne Erledigung angeschlossen hätte. Obwohl die Gebührenbeträge identisch sind, können sich durchaus Unterschiede ergeben.

Beispiel: Es droht ein Bußgeld i.H.v. 50,00 Euro. Aufgrund besonderer Umstände werden nur 35,00 Euro Bußgeld festgesetzt. Hiergegen wird Einspruch eingelegt und dieser wieder zurückgenommen. Die Verfahrensgebühr für das Verfahren vor der Verwaltungsbehörde richtet sich nach Nr. 5103 VV RVG (Bußgeld über 40,00 Euro). Die zusätzliche Gebühr richtet sich dagegen nach Nr. 5107 VV RVG, da die (vermiedene) Hauptverhandlung nur noch wegen 35,00 Euro durchgeführt worden wäre.

[8] Bei der Gebühr nach Nr. 5115 VV RVG handelt es sich nach ganz h. M. um eine Festgebühr, da sich die Gebühr gem. Anm. Abs. 3 zu Nr. 5115 VV RVG nach der Rahmenmitte richtet (AnwK-RVG/ *N. Schneider* Nr. 5115 VV RVG Rn. 81 ff.; *Burhoff*, RVG, Nr. 5115 Rn. 36). Die gegenteilige Auffassung, die soweit ersichtlich nur noch vom LG Leipzig vertreten wird (AGS 2010, 19 m. abl. Anm. *N. Schneider* = NJW-Spezial 2009, 781), ist unzutreffend.

Gebührentatbestand	VV-Nr.	Wahlanwalt Rahmengebühren					Festgebühren	gerichtlich bestellter oder beigeordneter Anwalt (auch Beratungshilfe)
		Mindestgebühr	Mittelgebühr	20% über Mittelgebühr	Höchstgebühr		
bb) Bußgeld von 40,00 € bis 5.000,00 €	5109					160,00 €	128,00 €
cc) Bußgeld über 5.000,00 €	5111					170,00 €	136,00 €
d) Zusätzliche Gebühr bei Einziehung u. a.[1]	5116					1,0	1,0[2]
3. Erstinstanzliches gerichtliches Verfahren							
a) Verfahrensgebühr							
aa) Bußgeld unter 40,00 €	5107	20,00 €	65,00 €	78,00 €	110,00 €		52,00 €
bb) Bußgeld von 40,00 € bis 5.000,00 €	5109	30,00 €	160,00 €	192,00 €	290,00 €		128,00 €
cc) Bußgeld über 5.000,00 €	5111	50,00 €	200,00 €	240,00 €	350,00 €		160,00 €
b) Terminsgebühr (Hauptverhandlung und außerhalb)[3]							
aa) Bußgeld unter 40,00 €	5108	20,00 €	130,00 €	156,00 €	240,00 €		104,00 €
bb) Bußgeld bis 40,00 € bis 5.000,00 €	5110	40,00 €	255,00 €	306,00 €	470,00 €		204,00 €
cc) Bußgeld über 5.000,00 €	5112	80,00 €	320,00 €	384,00 €	560,00 €		256,00 €
c) Zusätzliche Gebühr bei Vermeidung der Hauptverhandlung[4]	5115 i.V.m.						
aa) Bußgeld unter 40,00 €	5107					65,00 €	52,00 €
bb) Bußgeld von 40,00 € bis 5000,00 €	5109					160,00 €	128,00 €
cc) Bußgeld über 5.000,00 €	5111					170,00 €	136,00 €
d) Zusätzliche Gebühr bei Einziehung u. a.[5]	5116					1,0	1,0
4. Rechtsbeschwerde, einschließlich des Verfahrens auf Zulassung der Rechtsbeschwerde							
a) Verfahrensgebühr	5113	80,00 €	320,00 €	384,00 €	560,00 €		256,00 €
b) Terminsgebühr	5114	80,00 €	320,00 €	384,00 €	560,00 €		256,00 €
c) Zusätzliche Gebühr bei Vermeidung der Hauptverhandlung[6]	5115, 5113					320,00 €	256,00 €
d) Zusätzliche Gebühr bei Einziehung u. a.	5116					1,0	1,0
5. Verfahren nach Zurückverweisung		alle Gebühren (außer der Grundgebühr) entstehen erneut (§ 21 Abs. 1 RVG)[7]					

---

[1] Die Gebühr entsteht nicht, wenn der Gegenstandswert weniger als 30,00 Euro beträgt (Anm. Abs. 2 zu Nr. 5116 VV RVG).

[2] Die Gebührenbeträge richten sich beim bestellten oder beigeordneten Anwalt nach den reduzierten Beträgen des § 49 RVG.

[3] Eine Unterscheidung zwischen der Teilnahme an Hauptverhandlungsterminen und an Terminen außerhalb der Hauptverhandlung kennt Teil 5 VV RVG im Gegensatz zu Teil 4 VV RVG (Nrn. 4102, 4103 VV RVG) nicht. Daher werden stets dieselben Gebühren ausgelöst.

[4] Im erstinstanzlichen gerichtlichen Verfahren kommen als Erledigung in Betracht
– nicht nur vorläufige Einstellung (Anm. Abs. 1 Nr. 1 zu Nr. 5115 VV RVG)
– Rücknahme des Einspruchs (Anm. Abs. 1 Nr. 4 zu Nr. 5115 VV RVG)
– Zustimmung zum schriftlichen Verfahren nach § 72 OWiG (Anm. Abs. 1 Nr. 4 zu Nr. 5115 VV RVG).

[5] Die Gebühr entsteht nicht, wenn die Gebühr bereits im vorbereitenden Verfahren entstanden ist (Anm. Abs. 3 zu Nr. 5116 VV RVG).

[6] Im Rechtsbeschwerdeverfahren/Verfahren auf Zulassung der Rechtsbeschwerde kommen als Erledigung in Betracht
– nicht nur vorläufige Einstellung (Anm. Abs. 1 Nr. 1 zu Nr. 5115 VV RVG)
– Rücknahme der Rechtsbeschwerde oder (Anm. Abs. 1 Nr. 5 zu Nr. 5115 VV RVG)
– Rücknahme des Antrags auf Zulassung der Rechtsbeschwerde oder (analog Anm. Abs. 1 Nr. 5 zu Nr. 5115 VV RVG – siehe dazu AnwK-RVG/*N. Schneider*, Nr. 5115 Rn. 50, 80).

[7] Eine Anrechnung wie bei den Gebühren nach Teil 3 VV RVG (Vorbem. 3 Abs. 6 VV RVG) ist hier nicht vorgesehen.

Gebührentatbestand	VV-Nr.	Wahlanwalt					gerichtlich bestellter oder beigeordneter Anwalt (auch Beratungshilfe)
		Rahmengebühren					
		Mindestgebühr	Mittelgebühr	20% über Mittelgebühr	Höchstgebühr	Festgebühren	

II. Wiederaufnahmeverfahren — wie Verfahren vor dem AG

III. Einzeltätigkeiten

	5200	20,00 €	65,00 €	78,00 €	110,00 €		52,00 €

IV. Erinnerungen, Beschwerden und Anträge auf gerichtliche Entscheidung nach Vorbem. 5 Abs. 4 VV RVG[1]

	VV-Nr.					Fest	
1. Verfahrensgebühr	3500					0,5	0,5
2. Terminsgebühr	3513					0,5	0,5

V. Beratung und Gutachten

1. Wahlanwalt

a) Beratung oder Gutachten	§ 34 Abs. 1 S. 1 RVG	übliche Vergütung nach § 612 oder § 632 BGB	
b) Höchstgrenze bei Verbraucher	§ 34 Abs. 1 S. 2 RVG		250,00 €
c) Höchstgrenze Erstberatung bei Verbraucher	§ 34 Abs. 1 S. 2 RVG		190,00 €

2. Beratungshilfe[2]

	VV-Nr.	Festgebühren	
a) Beratungshilfegebühr	2500	15,00 €[3]	
b) Beratungsgebühr	2501		35,00 €

VI. Prüfung der Erfolgsaussicht einer Rechtsbeschwerde oder eines Zulassungsantrags

1. Betreffend Bußgeldsache

	VV-Nr.	Mindestgebühr	Mittelgebühr	20% über Mittelgebühr	Höchstgebühr		
a) Prüfung	2102	30,00 €	175,00 €	210,00 €	320,00 €		35,00 €[4]
b) Prüfung mit Gutachten	2103	50,00 €	300,00 €	360,00 €	550,00 €		35,00 €[5]

2. Betreffend Einziehung

	VV-Nr.						
a) Prüfung	2100	0,5	0,75	0,9	1,0 €		wie Wahlanwalt
b) Prüfung mit Gutachten	2101	50,00 €	300,00 €	175,00 €	550,00 €		wie Wahlanwalt

[1] Die Gebühren richten sich nach dem Gegenstandswert, der sich wiederum aus § 23 Abs. 2 RVG ergibt.
[2] In Bußgeldsachen wird Beratungshilfe nur für eine Beratung gewährt, nicht für eine Vertretung.
[3] Allerdings aus den Beträgen der § 49 RVG.
[4] Nr. 2301 VV RVG.
[5] Nr. 2301 VV RVG.

11. Gebühren in Verfahren nach Teil 6 VV RVG

I. Überblick

Teil 6 VV RVG regelt sonstige Verfahren, also Verfahren, die von den Gebühren der Teile 2 bis 5 VV RVG nicht erfasst werden. Es handelt sich um folgende Angelegenheiten:

Abschnitt 1:	Verfahren nach dem Gesetz über die internationale Rechtshilfe in Strafsachen und Verfahren nach dem Gesetz über die Zusammenarbeit mit dem Internationalen Strafgerichtshof	Nrn. 6100 – 6102 VV RVG
Abschnitt 2:	Disziplinarverfahren und berufsgerichtliche Verfahren wegen der Verletzung einer Berufspflicht	Nrn. 6200 – 6216 VV RVG
Abschnitt 3:	Gerichtliche Verfahren bei Freiheitsentziehung und in Unterbringungssachen	Nrn. 6300 – 6303 VV RVG
Abschnitt 4:	Verfahren nach der Wehrbeschwerdeordnung	Nrn. 6400 – 6403 VV RVG
Abschnitt 5:	Einzeltätigkeiten und Verfahren auf Aufhebung oder Änderung einer Disziplinarmaßnahme	Nr. 6500 VV RVG

Ebenso wie in Straf- und Bußgeldsachen (Teile 4 und 5 VV RVG) sind auch in Verfahren nach Teil 6 VV RVG grundsätzlich Betragsrahmengebühren vorgesehen.

Möglich ist in den Verfahren nach Abschnitten 1 bis 3 und in Einzeltätigkeiten nach Abschnitt 1 bis 3 (Nr. 6500 VV RVG), dass der Anwalt **gerichtlich bestellt oder beigeordnet** wird. In diesen Fällen sind dann ebenso Festgebühren vorgesehen wie in Straf- und Bußgeldsachen.

Die Gebühren nach Teil 6 VV RVG sind gegenüber den Gebühren anderer Teile vorrangig (Vorbem. 2.3 Abs. 2; Vorbem. 3 Abs. 7 VV RVG).

Lediglich in Disziplinarverfahren und berufsgerichtlichen Verfahren wegen der Verletzung einer Berufspflicht entstehen
– Gebühren nach Teil 2 VV RVG:

Für die Vertretung gegenüber der Aufsichtsbehörde außerhalb eines Disziplinarverfahrens (Vorbem. 6.2 Abs. 2 VV RVG)
– Gebühren nach Teil 3 VV RVG:

1. für das Verfahren über die Erinnerung oder die Beschwerde gegen einen Kostenfestsetzungsbeschluss, für das Verfahren über die Erinnerung gegen den Kostenansatz und für das Verfahren über die Beschwerde gegen die Entscheidung über diese Erinnerung,
2. in der Zwangsvollstreckung aus einer Entscheidung, die über die Erstattung von Kosten ergangen ist, und für das Beschwerdeverfahren gegen diese Entscheidung.

Ebenso wie in den anderen Teilen gelten die Gebühren auch für die Tätigkeit als **Beistand für einen Zeugen oder einen Sachverständigen** (Vorbem. 6 Abs. 1 VV RVG).

Die **Verfahrensgebühren** entstehen für das Betreiben des Geschäfts einschließlich der Information (Vorbem. 6 Abs. 2 VV RVG).

Die **Terminsgebühr** entsteht für die Teilnahme an gerichtlichen Terminen, soweit nichts anderes bestimmt ist (Vorbem. 6 Abs. 3 S. 1 VV RVG). Allerdings erhält der Rechtsanwalt die Terminsgebühr auch, wenn er zu einem anberaumten Termin erscheint, dieser aber aus Gründen, die er nicht zu vertreten hat, nicht stattfindet (Vorbem. 6 Abs. 3 S. 2 VV RVG). Dies gilt nicht, wenn er rechtzeitig von der Aufhebung oder Verlegung des Termins in Kenntnis gesetzt worden ist (Vorbem. 6 Abs. 3 S. 3 VV RVG).

II. Gebührentabelle

Gebührentatbestand	VV-Nr.	Wahlanwalt					gerichtlich bestellter oder beigeordneter Anwalt (auch Beratungshilfe)
		Rahmengebühren				Festgebühren	
		Mindestgebühr	Mittelgebühr	20% über Mittelgebühr[1]	Höchstgebühr		

I. Verfahren nach dem Gesetz über die internationale Rechtshilfe in Strafsachen und Verfahren nach dem Gesetz über die Zusammenarbeit mit dem Internationalen Strafgerichtshof

1. Verfahren vor der Verwaltungsbehörde

Verfahrensgebühr	6100	50,00 €	195,00 €	234,00 €	340,00 €		156,00 €

2. Gerichtliche Verfahren

a) Verfahrensgebühr	6201	100,00 €	395,00 €	474,00 €	690,00 €		316,00 €
b) Terminsgebühr	6202	130,00 €	530,00 €	636,00 €	930,00 €		424,00 €

II. Disziplinarverfahren und berufsgerichtliche Verfahren wegen der Verletzung einer Berufspflicht[2]

1. Allgemeine Gebühren

a) Grundgebühr	6200	40,00 €	195,00 €	234,00 €	350,00 €		156,00 €
b) Terminsgebühr	6201	40,00 €	205,00 €	246,00 €	370,00 €		164,00 €

2. Außergerichtliches Verfahren

a) Verfahrensgebühr	6202	40,00 €	165,00 €	198,00 €	290,00 €		132,00 €
b) zusätzliche Gebühr	6216, 6203[3]					185,00 €[4]	148,00 €

3. Gerichtliches Verfahren – Erster Rechtszug

a) Verfahrensgebühr	6203	50,00 €	185,00 €	220,00 €	320,00 €		148,00 €
b) Terminsgebühr	6204	80,00 €	320,00 €	384,00 €	560,00 €		256,00 €
c) Zusatzgebühr bei Dauer 5 bis 8 Std.	6205						128,00 €
d) Zusatzgebühr bei Dauer über 8 Std.	6206						256,00 €
e) Zusätzliche Gebühr	6216, 6203					185,00 €[4]	148,00 €

4. Zweiter Rechtszug

a) Verfahrensgebühr	6207	80,00 €	320,00 €	384,00 €	560,00 €		256,00 €
b) Terminsgebühr	6208	80,00 €	320,00 €	384,00 €	560,00 €		256,00 €
c) Zusatzgebühr bei Dauer 5 bis 8 Std.	6209						128,00 €
d) Zusatzgebühr bei Dauer über 8 Std.	6210						256,00 €
e) Zusätzliche Gebühr	6216, 6207					320,00 €[4]	256,00 €

5. Verfahrensgebühr für das Verfahren über die Beschwerde gegen die Nichtzulassung der Revision

a) Verfahrensgebühr[5]	6215	70,00 €	590,00 €	708,00 €	1.110,00 €		472,00 €
b) zusätzliche Gebühr	6216, 6211[6]					615,00 €[4]	492,00 €

---

[1] Nach ganz einhelliger Rspr. steht dem Anwalt bei der Bestimmung der angemessenen Gebühr nach § 14 Abs. 1 RVG ein Toleranzbereich von 20 % zu, so dass ein Überschreiten der billigen Gebühr von bis zu 20 % im Einzelfall noch nicht als unbillig angesehen wird (AnwK-RVG/*Onderka* § 14 Rn. 75 m. w. Nachw.). Unzulässig ist es allerdings, die angemessene Gebühr bewusst um 20 % anzuheben, da dies einen Ermessensfehlgebrauch darstellt.

[2] Für die Vertretung gegenüber der Aufsichtsbehörde außerhalb eines Disziplinarverfahrens entstehen Gebühren nach Teil 2 VV RVG, also die Gebühr nach Nr. 2302 Nr. 2 VV RVG (Vorbem. 6.2. Abs. 2 VV RVG).

[3] Maßgebend ist nicht die Verfahrensgebühr des Verfahrensstadiums, in dem sich die Angelegenheit erledigt, sondern des Stadiums, in dem die Hauptverhandlung stattgefunden hätte. Daher ist nicht auf Nr. 6202 VV RVG abzustellen, sondern auf Nr. 6203 VV RVG.

[4] Die Gebühr richtet sich nicht nach der Rahmenmitte, so dass es sich faktisch um eine Festgebühr handelt (Anm. Abs. 3 zu Nr. 6216 VV RVG).

[5] Diese Gebühr ist in einem nachfolgenden Revisionsverfahren anzurechnen (Anm. zu Nr. 6215 VV RVG).

[6] Maßgebend ist nicht die Verfahrensgebühr des Verfahrensstadiums, in dem sich die Angelegenheit erledigt, sondern des Stadiums, in dem die Hauptverhandlung stattgefunden hätte. Daher ist nicht auf Nr. 6202 VV RVG abzustellen, sondern auf Nr. 6211 VV RVG.

11. Gebühren in Verfahren nach Teil 6 VV RVG

Gebührentatbestand	VV-Nr.	Wahlanwalt Rahmengebühren Mindestgebühr	Mittelgebühr	20% über Mittelgebühr	Höchstgebühr	Festgebühren	gerichtlich bestellter oder beigeordneter Anwalt (auch Beratungshilfe)
6. Revision							
a) Verfahrensgebühr[1]	6211	120,00 €	615,00 €	738,00 €	1.110,00 €		472,00 €
b) Terminsgebühr	6212	120,00 €	335,00 €	402,00 €	550,00 €		492,00 €
c) Zusatzgebühr bei Dauer 5 bis 8 Std.	6213						154,00 €
d) Zusatzgebühr bei Dauer über 8 Std.	6214						268,00 €
e) Zusätzliche Gebühr	6216, 6211					615,00 €	492,00 €
7. Verfahren nach Zurückverweisung			alle Gebühren (außer der Grundgebühr) entstehen erneut (§ 21 Abs. 1 RVG)					
8. Wiederaufnahmeverfahren	Vorbem. 6.2.3	Gebühren wie im ersten Rechtszug					
9. Erinnerung und Beschwerden nach Vorbem. 6.2 Abs. 3 Nr. 1 und 2 VV RVG[2]							
a) Verfahrensgebühr	3500					0,5	0,5[3]
b) Terminsgebühr	3513					0,5	0,5[2]
10. Zwangsvollstreckung aus Entscheidungen über die Kostenerstattung nach Vorbem. 6.2 Abs. 3 Nr. 2 VV RVG							
a) Verfahrensgebühr	3309					0,3	0,3[2]
b) Terminsgebühr	3310					0,3	0,3[2]

III. Gerichtliche Verfahren bei Freiheitsentziehung und in Unterbringungssachen

1. Verfahren in Freiheitsentziehungssachen nach § 415 FamFG, in Unterbringungssachen nach § 312 FamFG und bei Unterbringungsmaßnahmen nach § 151 Nr. 6 u. 7. FamFG[4]

	VV-Nr.	Mindestgebühr	Mittelgebühr	20% über Mittelgebühr	Höchstgebühr	Festgebühren	beigeordnet
a) Verfahrensgebühr	6300	40,00 €	255,00 €	306,00 €	470,00 €		204,00 €
b) Terminsgebühr	6301	40,00 €	255,00 €	306,00 €	470,00 €		204,00 €

2. Verfahren in sonstigen Fällen[5]

	VV-Nr.						
a) Verfahrensgebühr	6302	20,00 €	160,00 €	192,00 €	300,00 €		128,00 €
b) Terminsgebühr	6303	20,00 €	160,00 €	192,00 €	300,00 €		128,00 €

IV. Verfahren nach der Wehrbeschwerdeordnung[6]

1. Verfahren über eine Beschwerde

	VV-Nr.						
a) Geschäftsgebühr							
– umfangreich oder schwierig	2302 Nr. 2	50,00 €	345,00 €	414,00 €	640,00 €		85,00 €
– weder umfangreich noch schwierig	Anm. zu 2302					300,00 €	85,00 €

[1] Eine vorangegangene Gebühr in einem Nichtzulassungsbeschwerdeverfahren ist anzurechnen (Anm. zu Nr. 6215 VV RVG).
[2] Die Gebühren richten sich nach dem Gegenstandswert, der sich wiederum aus § 23 Abs. 2 RVG ergibt.
[3] Die Gebührenbeträge richten sich nach § 49 RVG.
[4] Die Gebühren entstehen für jeden Rechtszug (Anm. zu Nr. 6300 VV RVG).
[5] Die Gebühr entsteht für jeden Rechtszug des Verfahrens über die Verlängerung oder Aufhebung einer Freiheitsentziehung nach den §§ 425 und 426 FamFG oder einer Unterbringungsmaßnahme nach den §§ 329 und 330 FamFG.
[6] Die Gebühren nach diesem Abschnitt entstehen in Verfahren auf gerichtliche Entscheidung nach der WBO, auch i.V.m. § 42 WDO, wenn das Verfahren vor dem Truppendienstgericht oder vor dem BVerwG an die Stelle des Verwaltungsrechtswegs gemäß § 82 SG tritt (Vorbem. 6.4 VV RVG).

A. Gebührentabellen zum RVG

Gebührentatbestand	VV-Nr.	Wahlanwalt Rahmengebühren					Festgebühren	gerichtlich bestellter oder beigeordneter Anwalt (auch Beratungshilfe)
		Mindestgebühr	Mittelgebühr	20% über Mittelgebühr	Höchstgebühr		
2. Verfahren über eine weitere Beschwerde							
a) Geschäftsgebühr[1]							
– umfangreich oder schwierig	2302 Nr. 2	50,00 €	345,00 €	414,00 €	640,00 €		85,00 €
– weder umfangreich noch schwierig	Anm. zu 2302					300,00 €	85,00 €
b) Erledigungsgebühr	1002, 1005	In Höhe der Geschäftsgebühr					150,00 Euro
3. Verfahren auf gerichtliche Entscheidung vor dem Truppendienstgericht							
a) Verfahrensgebühr[2]	6400	80,00 €	380,00 €	456,00 €	680,00 €		
b) Terminsgebühr	6401	80,00 €	380,00 €	456,00 €	680,00 €		
4. Verfahren über die Beschwerde gegen die Nichtzulassung der Rechtsbeschwerde							
Verfahrensgebühr[3]	Anm. zu 6402	100,00 €	445,00 €	534,00 €	790,00 €		
5. Verfahren auf gerichtliche Entscheidung vor dem Bundesverwaltungsgericht oder im Verfahren über die Rechtsbeschwerde							
a) Verfahrensgebühr[4, 5]	6402	100,00 €	445,00 €	534,00 €	790,00 €		
b) Terminsgebühr	6403	100,00 €	445,00 €	534,00 €	790,00 €		
V. Einzeltätigkeiten und Verfahren auf Aufhebung oder Änderung einer Disziplinarmaßnahme							
Verfahrensgebühr[6]	6500	20,00 €	160,00 €	192,00 €	300,00 €		128,00 €
VI. Beratung und Gutachten							
1. Wahlanwalt							
a) Beratung oder Gutachten	§ 34 Abs. 1 S. 1 RVG	übliche Vergütung nach § 612 oder § 632 BGB					
b) Höchstgrenze bei Verbraucher	§ 34 Abs. 1 S. 2 RVG				250,00 €		
c) Höchstgrenze Erstberatung bei Verbraucher	§ 34 Abs. 1 S. 2 RVG				190,00 €		

[1] Eine vorangegangene Geschäftsgebühr für das Beschwerdeverfahren ist hälftig anzurechnen, höchstens zu 175,00 Euro (Vorbem. 2.3 Abs. 5 VV RVG).

[2] Eine vorangegangene Geschäftsgebühr für das Beschwerdeverfahren ist hälftig anzurechnen, höchstens zu 175,00 Euro (Vorbem. 6.4 Abs. 2 VV RVG).

[3] Die Gebühr ist in einem nachfolgenden Verfahren über die Rechtsbeschwerde vor dem BVerwG anzurechnen (Anm. S. 2 zu Nr. 6402 VV RVG).

[4] Eine vorangegangene Geschäftsgebühr für das Beschwerdeverfahren ist hälftig anzurechnen, höchstens zu 175,00 Euro (Vorbem. 6.4 Abs. 2 VV RVG).

[5] Im Falle einer vorangegangenen Nichtzulassungsbeschwerde ist die dortige Gebühr anzurechnen (Anm. S. 2 zu Nr. 6402 VV RVG).

[6] Die Gebühr entsteht nicht, wenn dem Rechtsanwalt die Verteidigung oder Vertretung übertragen ist (Anm. Abs. 1 zu Nr. 6500 VV RVG).
Sie entsteht für jede einzelne Tätigkeit gesondert, soweit nichts anderes bestimmt ist; § 15 RVG bleibt unberührt (Anm. Abs. 2 zu Nr. 6500 VV RVG).
Wird dem Rechtsanwalt die Verteidigung oder Vertretung für das Verfahren übertragen, wird die Gebühr auf die für die Verteidigung oder Vertretung entstehenden Gebühren angerechnet (Anm. Abs. 3 zu Nr. 6500 VV RVG).
Die Gebühr entsteht jeweils auch für das Verfahren nach der WDO vor einem Disziplinarvorgesetzten auf Aufhebung oder Änderung einer Disziplinarmaßnahme und im gerichtlichen Verfahren vor dem Wehrdienstgericht (Anm. Abs. 4 zu Nr. 6500 VV RVG).

Gebührentatbestand	Wahlanwalt						gerichtlich bestellter oder beigeordneter Anwalt (auch Beratungs-hilfe)
	Rahmengebühren					Fest-gebühren	
	VV-Nr.	Mindest-gebühr	Mittel-gebühr	20% über Mittel-gebühr	Höchst-gebühr		
2. Beratungshilfe							
a) Beratungshilfegebühr	2500					10,00 €	
b) Beratungsgebühr	2501						35,00 €
c) Geschäftsgebühr[1]	2503						85,00 €
d) Erledigungsgebühr	2508						150,00 €
VII. Prüfung der Erfolgsaussicht eines Rechtsmittels							
a) Prüfung	2102	30,00 €	175,00 €	210,00 €	320,00 €		35,00 €[2]
b) Prüfung mit Gutachten	2103	50,00 €	300,00 €	360,00 €	550,00 €		35,00 €[3]

[1] Nur möglich in außergerichtlichen Angelegenheiten (siehe Nr. 6202 VV RVG).
[2] Nr. 2501 VV RVG.
[3] Nr. 2501 VV RVG.

12. Beratungshilfe

I. Vergütung

In der Beratungshilfe bestimmen sich die **Gebühren** des Anwalts nach den Nrn. 2500 ff. VV RVG.

Neben der **Beratungshilfegebühr** (Nr. 2500 VV RVG), die ausschließlich der Rechtsuchende schuldet (§ 44 S. 2 RVG), können Beratungs-, Geschäfts- und Einigungs-/Erledigungsgebühren (Nrn. 2501, 2503, 2508 VV RVG) anfallen. Ist der Anwalt mit dem Ziel einer außergerichtlichen Einigung mit den Gläubigern über die Schuldenbereinigung auf der Grundlage eines Plans (§ 305 Abs. 1 Nr. 1 InsO) beauftragt, so entstehen höhere Beratungs- und Geschäftsgebühren (Nrn. 2502, 2504, 2505, 2506, 2507 VV RVG); die Einigungsgebühr bleibt dagegen unverändert.

Die Gebühren der Nrn. 2500 ff. VV RVG gelten **ausschließlich** (Vorbem. 2.5 VV RVG); andere Gebührentatbestände sind daher nicht anwendbar. Ergänzend gilt allerdings Nr. 1008 VV RVG,[1] da es sich insoweit nicht um eine Gebühr, sondern nur um eine Gebührenerhöhung handelt.[2]

Auch die Gebühren in der Beratungshilfe sind **anzurechnen** auf Gebühren nachfolgender Tätigkeiten:
- Die **Beratungsgebühr** wird auch in der Beratungshilfe voll auf nachfolgende Gebühren angerechnet (Anm. Abs. 2 zu Nr. 2501 VV RVG).
- Die **Geschäftsgebühr** wird auf die Gebühren für ein anschließendes gerichtliches oder behördliches Verfahren grundsätzlich zur Hälfte angerechnet (Anm. Abs. 2 S. 1 zu Nr. 2503 VV RVG).
- Auf die Gebühren für ein Verfahren auf Vollstreckbarerklärung eines Vergleichs nach den §§ 796 a, 796 b und 796 c Abs. 2 S. 2 ZPO ist die Gebühr zu einem Viertel anzurechnen (Anm. Abs. 2 S. 2 zu Nr. 2503 VV RVG).
- Eine Anrechnung im Güte- und Schlichtungsverfahren nach Nr. 2303 VV RVG ist nach dem Gesetz nicht vorgesehen.[3]

Die **Auslagen** richten sich nach Teil 7 VV RVG (§§ 44, 46 RVG). Da die Umsatzsteuer als Auslagentatbestand behandelt wird (Nr. 7008 VV RVG), erhält der Anwalt nach § 46 RVG i. V. m. Nr. 7008 VV RVG auch die auf die Vergütung anfallende Umsatzsteuer. Ob der Rechtsuchende gegebenenfalls zum Vorsteuerabzug berechtigt ist, ist unerheblich.

Die **Postentgeltpauschale** der Nr. 7002 VV RVG richtet sich nach der Höhe der Beratungshilfegebühren.[4]

II. Festsetzung

Die **Festsetzung** der Vergütung richtet sich nach § 55 Abs. 4 RVG.

Erforderlich ist die **Fälligkeit der Vergütung** (§ 8 Abs. 1 RVG). Im Gegensatz zur Prozesskostenhilfe kann bei der Beratungshilfe vor Fälligkeit des Anspruchs **kein Vorschuss** verlangt werden (§ 47 Abs. 2 RVG).

---

[1] KG AGS 2007, 466 = KGR 2007, 703 = Rpfleger 2007, 553 = JurBüro 2007, 543 = RVGreport 2007, 299 = NJ 2008, 83; OLG Nürnberg FamRZ 2007, 844 = OLGR 2007, 686; OLG Oldenburg AGS 2007, 45 = OLGR 2007, 164 = JurBüro 2007, 140 = NJW-RR 2007, 431 = RVGreport 2006, 465; KG AGS 2007, 466 = KGR 2007, 703 = Rpfleger 2007, 553 = JurBüro 2007, 543 = RVGreport 2007, 299; OLG Düsseldorf AGS 2006, 244 = RVGreport 2006, 225; LG Kleve AGS 2006, 244.

[2] LG Düsseldorf AGS 2007, 381 = MDR 2007, 1164 = JurBüro 2007, 480 = NZM 2007, 743 = Rpfleger 2007, 629 = RVGreport 2007, 298; siehe hierzu auch *N. Schneider*, Gebührenerhöhung nach Nr. 1008 VV RVG in der Beratungshilfe in ZAP, Fach 24, S. 889; AnwK-RVG/*N. Schneider*, Nr. 2501 VV RVG Rn. 3 ff.; Nr. 2503 VV RVG Rn. 1 ff.

[3] Siehe N. Schneider, AGS 2006, 525.

[4] OLG Brandenburg JurBüro 2010, 198; OLG Celle AGS 2009, 189 = NJW-Spezial 2009, 285 = RVGreport 2009, 311; KG RVGreport 2008, 433.

Für den Festsetzungsantrag besteht Formularzwang nach Anlage 2 der BerHVV. Der Antrag ist bei dem nach § 4 Abs. 1 BerHG zuständigen AG einzureichen und den Anfall der angemeldeten Gebühren und Auslagen glaubhaft zu machen (§ 55 Abs. 5 S. 1 RVG i.V.m. § 104 Abs. 2 ZPO). Der Antrag hat darüber hinaus eine Erklärung zu enthalten, ob und welche Zahlungen der Rechtsanwalt bis zum Tag der Antragstellung erhalten hat. Bei Zahlungen auf eine anzurechnende Gebühr sind diese Zahlungen, der Satz oder der Betrag der Gebühr und bei Wertgebühren auch der zugrunde gelegte Wert anzugeben.

Die Vergütung wird, soweit sie berechtigt ist, vom Urkundsbeamten der Geschäftsstelle festgesetzt (§ 55 Abs. 4 RVG).

Gegen die Festsetzung ist die **Erinnerung** nach 56 Abs. 1 S. 1, 3 RVG gegeben, über die das nach § 4 Abs. 1 BerHG zuständige AG entscheidet (§ 56 Abs. 1 S. 3 RVG). Die Erinnerung ist nicht fristgebunden.[1] Der Urkundsbeamte kann der Erinnerung abhelfen; anderenfalls legt er sie dem Richter vor, der darüber entscheidet. Das gilt auch dann, wenn der Urkundsbeamte nur teilweise abhilft. Eine Verwerfungskompetenz hat der Urkundsbeamte nicht.

Die Entscheidung über die Erinnerung kann nach § 56 Abs. 2 i.V.m. § 33 Abs. 3 S. 1 RVG mit der **Beschwerde** angegriffen werden, wenn der Wert des Beschwerdegegenstands 200,00 Euro übersteigt oder wenn das Gericht in seiner Entscheidung über die Erinnerung die Beschwerde zugelassen hat (§ 56 Abs. 2 i.V.m. § 33 Abs. 3 S. 2 RVG). Über die Beschwerde entscheidet das LG, und zwar auch in Beratungshilfeangelegenheiten, die im gerichtlichen Verfahren Familiensachen wären.[2] Die Beschwerde muss **innerhalb von zwei Wochen** eingelegt werden (§ 56 Abs. 2 S. 1 i.V.m. § 33 Abs. 3 S. 3 RVG).

Eine Anschlussbeschwerde ist nicht statthaft.[3]

Gegen die Beschwerdeentscheidung des LG ist die **weitere Beschwerde** zum OLG gegeben, wenn das LG diese wegen grundsätzlicher Bedeutung in seinem Beschluss zugelassen hat (§§ 56 Abs. 2 S. 1, 33 Abs. 4 RVG). Auch die weitere Beschwerde muss innerhalb von **zwei Wochen** eingelegt werden (§ 56 Abs. 2 i.V.m. § 33 Abs. 6 S. 3 RVG). Eine Mindestbeschwer ist nicht erforderlich.

Eine **Rechtsbeschwerde** ist nicht vorgesehen. Möglich ist allerdings eine **Gehörsrüge** nach § 12a RVG.

III. Gebühren

Gebührentatbestand	VV-Nr.	Betrag
I. Beratungshilfegebühr[4]	2500	15,00 €[5]
II. Allgemeine Tätigkeiten		
1. Beratungsgebühr (1 Auftraggeber)	2501	35,00 €
2. Geschäftsgebühr (1 Auftraggeber)	2503	85,00 €

---

[1] OLG Frankfurt RVGreport 2007, 100; AG Halle (Saale) Rpfleger 2012, 266 = FamRZ 2012, 1579 = BtPrax 2012, 86.
[2] OLG Frankfurt NJW-RR 2012, 1024; OLG Köln AGS 2011, 85 = MDR 2011, 258 = FamRZ 2011, 919; OLG Koblenz AGS 2012, 27 = JurBüro 2012, 96 = Rpfleger 2012, 154 = NJW 2012, 944 = FamRZ 2012, 652 = RVGreport 2012, 179.
[3] AG Halle (Saale) AGS 2012, 288 = NJW-RR 2012, 894.
[4] Die Gebühr schuldet der Auftraggeber. Bei mehreren Auftraggebern schuldet jeder die Gebühr (AnwK-RVG/N. *Schneider*, Nr. 2500 VV RVG Rn. 3). Die Gebühr kann erlassen werden (Anm. S. 2 zu Nr. 2500 VV RVG).
[5] Neben der Gebühr werden keine Auslagen erhoben (Anm. S. 1 zu Nr. 2500 VV RVG). Da auch die Umsatzsteuer zu den Auslagen zählt (Nr. 7008 VV RVG), handelt sich also um eine Bruttogebühr (netto 12,61 Euro).

Gebührentatbestand	VV-Nr.	Betrag

3. Nach Nr. 1008 VV erhöhte Gebühren bei mehreren Auftraggebern[1]

Auftraggeber	Beratungsgebühr[2]	Geschäftsgebühr[3]
2	45,50 €	110,50 €
3	56,00 €	136,00 €
4	66,50 €	161,50 €
5	77,00 €	187,00 €
6	87,50 €	212,50 €
7	98,00 €	238,00 €
8 und mehr	105,00 €[4]	255,00 €[3]

III. Tätigkeiten mit dem Ziel einer außergerichtlichen Einigung mit den Gläubigern über die Schuldenbereinigung auf der Grundlage eines Plans (§ 305 Abs. 1 Nr. 1 InsO)		
1. Beratungsgebühr	2502	70,00 €
2. Geschäftsgebühr		
a) bis 5 Gläubiger	2504	270,00 €
b) 6 bis 10 Gläubiger	2505	405,00 €
c) 11 bis 15 Gläubiger	2506	540,00 €
d) über 15 Gläubiger	2507	675,00 €
IV. Einigung/Erledigung[5]	2508	150,00 €

IV. Gesamtabrechnungen

1. Allgemeine Tätigkeiten

Beratung (1 Auftraggeber)

VV-Nr.	Betrag
2501	35,00 €
7002	7,00 €
Zwischensumme	42,00 €
19% USt., 7008	7,98 €
Gesamt	**49,98 €**

Beratung mit Einigung (1 Auftraggeber)

VV-Nr.	Betrag
2501	35,00 €
2508	150,00 €
7002	20,00 €
Zwischensumme	295,00 €
19% USt., 7008	38,95 €
Gesamt	**243,95 €**

[1] Nr. 1008 VV RVG ist anwendbar (s. Einleitung). Zu beachten ist, dass hier der Gegenstand der anwaltlichen Tätigkeit für die verschiedenen Auftraggeber nicht derselbe sein muss, da es sich um eine Festgebühr handelt.
[2] Strittig ist, ob auch die Beratungsgebühr zu erhöhen ist oder nur die Geschäftsgebühr. Zutreffend ist es, auch die Beratungsgebühr zu erhöhen (AnwK-RVG/N. *Schneider*, Nr. 2501 VV RVG Rn. 3 ff.; a. A: KG AGS 2007, 312 = Rpfleger 2007, 401 = MDR 2007, 805 = KGR 2007 = RVGreport 2007, 143 = NJ 2007, 229 = StRR 2007, 277; AG Koblenz AGS 2008, 356 = FamRZ 2008, 912).
[3] Die Geschäftsgebühr ist unstrittig zu erhöhen (s. o. Einleitung).
[4] Hier greift die Höchstgrenze der Erhöhung nach Anm. Abs. 3, 2. Hs. zu Nr. 1008 VV RVG: Bei Festgebühren dürfen die Erhöhungen das Doppelte der Festgebühr nicht übersteigen, so dass also der dreifache Betrag die Höchstgrenze bildet.
[5] Ob die Gebühr für eine Einigung und Erledigung auch auf eine Aussöhnung (Nr. 1001 VV RVG) anzuwenden ist, ist strittig; dafür AnwK-RVG/N. *Schneider*, Nr. 2508 VV RVG Rn. 7; dagegen LG Darmstadt KostRsp. BRAGO § 132 Nr. 47; LG Kleve JurBüro 1985, 1844; AG Meppen NdsRpfl. 1995, 105.

Beratung (2 Auftraggeber)

VV-Nr.	Betrag
2501, 1008	45,50 €
7002	9,10 €
Zwischensumme	54,60 €
19% USt., 7008	10,37 €
Gesamt	**64,97 €**

Beratung mit Einigung (2 Auftraggeber)

VV-Nr.	Betrag
2501	45,50 €
2501, 1008	150,00 €
7002	20,00 €
Zwischensumme	215,50 €
19% USt., 7008	40,95 €
Gesamt	**256,45 €**

Beratung (3 Auftraggeber)

VV-Nr.	Betrag
2501, 1008	56,00 €
7002	11,20 €
Zwischensumme	67,20 €
19% USt., 7008	12,77 €
Gesamt	**79,97 €**

Beratung mit Einigung (3 Auftraggeber)

VV-Nr.	Betrag
2501, 1008	56,00 €
2508	150,00 €
Zwischensumme	226,00 €
7002	20,00 €
19% USt., 7008	42,94 €
Gesamt	**268,94 €**

Vertretung (1 Auftraggeber)

VV-Nr.	Betrag
2503	85,00 €
7002	17,00 €
Zwischensumme	102,00 €
19% USt., 7008	19,38 €
Gesamt	**121,38 €**

Vertretung mit Einigung (1 Auftraggeber)

VV-Nr.	Betrag
2503	85,00 €
2508	150,00 €
7002	20,00 €
Zwischensumme	255,00 €
19% USt., 7008	48,45 €
Gesamt	**303,45 €**

Vertretung (2 Auftraggeber)

VV-Nr.	Betrag
2503, 1008	110,50 €
7002	20,00 €
Zwischensumme	130,50 €
19% USt., 7008	24,80 €
Gesamt	**155,30 €**

Vertretung mit Einigung (2 Auftraggeber)

VV-Nr.	Betrag
2503, 1008	110,50 €
2508	150,00 €
7002	20,00 €
Zwischensumme	280,50 €
19% USt., 7008	53,30 €
Gesamt	**333,80 €**

Vertretung (3 Auftraggeber)

VV-Nr.	Betrag
2503, 1008	136,00 €
7002	20,00 €
Zwischensumme	156,00 €
19% USt., 7008	29,64 €
Gesamt	**185,64 €**

Vertretung mit Einigung (3 Auftraggeber)

VV-Nr.	Betrag
2503, 1008	136,00 €
2508	150,00 €
7002	20,00 €
Zwischensumme	306,00 €
19% USt., 7008	58,14 €
Gesamt	**364,14 €**

2. Tätigkeiten mit dem Ziel einer außergerichtlichen Einigung mit den Gläubigern (§ 305 Abs. 1 Nr. 1 InsO)

Beratung

VV-Nr.	Betrag
2502	70,00 €
7002	14,00 €
Zwischensumme	84,00 €
19% USt., 7008	15,96 €
Gesamt	**99,96 €**

Beratung mit Einigung

VV-Nr.	Betrag
2502	70,00 €
2508	150,00 €
7002	20,00 €
Zwischensumme	240,00 €
19% USt., 7008	45,60 €
Gesamt	**285,60 €**

**Vertretung
bis 5 Gläubiger**

VV-Nr.	Betrag
2504	270,00 €
7002	20,00 €
Zwischensumme	290,00 €
19% USt., 7008	55,10
Gesamt	**345,10 €**

**Vertretung
5 bis 10 Gläubiger**

VV-Nr.	Betrag
2505	405,00 €
7002	20,00 €
Zwischensumme	425,00 €
19% USt., 7008	80,75
Gesamt	**505,75**

**Vertretung
11 bis 15 Gläubiger**

VV-Nr.	Betrag
2506	540,00 €
7002	20,00 €
Zwischensumme	560,00 €
19% USt., 7008	106,40
Gesamt	**666,40**

**Vertretung
mehr als 15 Gläubiger**

VV-Nr.	Betrag
2507	675,00 €
7002	20,00 €
Zwischensumme	695,00 €
19% USt., 7008	132,05
Gesamt	**827,05€**

**Vertretung mit Einigung
bis 5 Gläubiger**

VV-Nr.	Betrag
2504	270,00 €
2508	150,00 €
7002	20,00 €
Zwischensumme	440,00 €
19% USt., 7008	83,60
Gesamt	**523,60 €**

**Vertretung mit Einigung
5 bis 10 Gläubiger**

2505	405,00 €
2508	150,00 €
7002	20,00 €
Zwischensumme	575,00 €
19% USt., 7008	109,25
Gesamt	**684,25 €**

**Vertretung mit Einigung
11 bis 15 Gläubiger**

2506	540,00 €
2508	150,00 €
7002	20,00 €
Zwischensumme	710,00 €
19% USt., 7008	134,90
Gesamt	**844,90 €**

**Vertretung mit Einigung
mehr als 15 Gläubiger**

VV-Nr.	Betrag
2507	675,00 €
2508	150,00 €
7002	20,00 €
Zwischensumme	845,00 €
19% USt., 7008	160,55
Gesamt	**1.005,55 €**

13. Hebegebühren

I. Anwalt (Nr. 1009 Nr. 1 bis 3 VV RVG)

1. Überblick

Hebegebühren fallen an für die Aus- oder Rückzahlung von Geldbeträgen oder das Ab- oder Rückliefern von Wertpapieren und Kostbarkeiten. Die Höhe der Hebegebühren berechnet sich nach Nr. 1009 Nr. 1 bis 3 VV RVG, wie folgt:

– bis einschließlich 2 500,00 Euro   1 %
– von dem Mehrbetrag bis einschließlich 10 000,00 Euro   0,5 %
– von dem Mehrbetrag über 10 000,00 Euro   0,25%

Der **Mindestbetrag** beläuft sich auf 1,00 Euro (Nr. 1009 VV RVG).

Beträge unter einem Cent werden auf einen vollen Cent gerundet; ab 0,5 Cent wird aufgerundet, unter 0,5 Cent wird abgerundet (§ 2 Abs. 2 S. 2 RVG).

Eine Erhöhung der Hebegebühren des Anwalts bei **mehreren Auftraggebern** nach Nr. 1008 VV RVG ist nicht vorgesehen, da es sich nicht um eine Geschäfts- oder Verfahrensgebühr handelt.

Der Abdruck einer Tabelle lohnt sich nicht, da eine Aufrundung auf eine Dezimalstelle hinter dem Komma nicht mehr vorgesehen ist, und daher zu viele Einzelbeträge auszuweisen wären, was zudem völlig unübersichtlich wäre. Daher beschränkt sich die Darstellung auf den Abdruck der entsprechenden Berechnungsformeln.

II. Formeln

Bei Auszahlungen[1]

- **bis zu 2.500,00 Euro** einschließlich erhält der Anwalt:

  aus dem Auszahlungsbetrag   1%

- **bis zu 10.000,00 Euro:**

  1 % aus 2.500,00 Euro =   25,00 Euro
  + aus dem darüber hinausgehenden Wert weitere   0,5%

- **über 10.000,00 Euro**:

  1 % aus 2.500,00 Euro =   25,00 Euro
  + 0,5% aus 7.500,00 Euro =   37,50 Euro
  + aus dem Mehrwert über 10.000,00 Euro weitere   0,25%

In einheitlichen Formeln ausgedrückt gilt Folgendes:

1. Beträge oder Werte bis einschließlich 2.500,00 Euro

$$\text{Betrag} \times 1\% \quad \text{oder} \quad \frac{\text{Betrag}}{100}$$

2. Beträge oder Werte von 2.500,01 Euro bis einschließlich 10.000,00 Euro

$$(\text{Betrag} - 2.500{,}00\ \text{Euro}) \times 0{,}5\,\% + 25{,}00\ \text{Euro}$$

oder

$$\frac{(\text{Betrag} - 2.500{,}00\ \text{Euro})}{200} + 25{,}00\ \text{Euro}$$

---

[1] Gleiches gilt für Rückzahlungen oder Ab- und Rücklieferungen von Wertpapieren oder Kostbarkeiten im gleichen Wert.

3. Beträge oder Werte über 10.000,00 Euro

(Betrag − 10.000,00 Euro) x 0,25 % + 62,50 Euro

oder

$$\frac{(\text{Betrag} - 10{,}000{,}00\ \text{Euro})}{400} + 62{,}50\ \text{Euro}$$

III. Hinweise

Zu beachten ist, dass die Hebegebühr nur von **Auszahlungen oder Rückzahlungen** und **Ablieferungen oder Rücklieferungen** berechnet und erhoben werden kann (Anm. Abs. 1, 3 zu Nr. 1009 VV RVG). Bei Zahlungen fällt die Gebühr mit jeder Aus- oder Rückzahlung an, unabhängig davon, in wie vielen Teilbeträgen der ausgezahlte Betrag oder die ausgezahlten Beträge eingegangen sind.[1]

Die Gebühr kann bei der Ablieferung an den Auftraggeber entnommen werden (Anm. Abs. 2 S. 2 zu Nr. 1009 VV RVG).

Die Hebegebühr entsteht nicht, soweit Kosten an ein Gericht oder eine Behörde weitergeleitet oder eingezogene Kosten an den Auftraggeber abgeführt oder eingezogene Beträge auf die Vergütung verrechnet werden (Anm. Abs. 5 zu Nr. 1009 VV RVG).

Neben der Hebegebühr besteht Anspruch auf Erstattung von Auslagen. So kann der Anwalt insbesondere die Erstattung seiner Telekommunikationskosten verlangen,[2] die er – wie üblich – konkret nach Nr. 7001 VV RVG oder pauschal nach Nr. 7002 VV RVG berechnen kann. Die Pauschale berechnet sich nach der jeweiligen Hebegebühr. Zu beachten ist, dass jede Auszahlung eine eigene Pauschale auslöst.[3]

IV. Berechnungsbeispiele

Beispiel 1 (Einfache Auszahlung): Der Anwalt erhält vom Mandanten eine Zahlung in Höhe 15.000,00 Euro und zahlt diese an den Mandanten aus.

1. Hebegebühr,		
1 % aus 2.500,00 Euro, Nr. 1009 Nr. 1 VV RVG		25,00 Euro
0,5 % aus 7.500,00 Euro, Nr. 1009 Nr. 2 VV RVG		37,50 Euro
0,25 % aus 5.000,00 Euro, Nr. 1009 Nr. 3 VV RVG		12,50 Euro
2. Postentgeltpauschale, Nr. 7002 VV RVG		15,00 Euro
Zwischensumme	90,00 Euro	
3. 19 % Umsatzsteuer, Nr. 7008 VV RVG		17,10 Euro
Gesamt		**107,10 Euro**

Beispiel 2 (Einheitlicher Zahlungseingang, verschiedene Auszahlungen an verschiedene Personen): Der Anwalt erhält eine Zahlung in Höhe von 20.000,00 Euro. Hiervon zahlt er 2.000,00 Euro an den Mandanten A und 18.000,00 Euro an den Mandanten B aus.

Jetzt liegen zwei Auszahlungen und damit zwei Angelegenheiten i.S.d. § 15 RVG vor. Die Hebegebühr entsteht jeweils gesondert.

I. Auszahlung an A

1. Hebegebühr,		
1 % aus 2.000,00 Euro, Nr. 1009 Nr. 1 VV RVG		20,00 Euro
2. Postentgeltpauschale, Nr. 7002 VV RVG		4,00 Euro
Zwischensumme	24,00 Euro	
3. 19 % Umsatzsteuer, Nr. 7008 VV RVG		4,56 Euro
Gesamt		**28,56 Euro**

---

[1] Siehe hierzu ausführlich AnwK-RVG/N. *Schneider*, Nr. 1009 VV RVG Rn. 24 ff.
[2] AnwK-RVG/N. *Schneider*, Nr. 1009 VV RVG Rn. 55 ff.
[3] AnwK-RVG/N. *Schneider*, Nr. 1009 VV RVG Rn. 1.

II. Auszahlung an B

1. Hebegebühr,

1 % aus 2.500,00 Euro, Nr. 1009 Nr. 1 VV RVG	25,00 Euro
0,5 % aus 7.500,00 Euro, Nr. 1009 Nr. 2 VV RVG	37,50 Euro
0,25 % aus 8.000,00 Euro, Nr. 1009 Nr. 3 VV RVG	20,00 Euro
2. Postentgeltpauschale, Nr. 7002 VV RVG	16,50 Euro
Zwischensumme 99,00 Euro	
3. 19 % Umsatzsteuer, Nr. 7008 VV RVG	18,81 Euro
Gesamt	**117,81 Euro**

Beispiel 3 (Einheitlicher Zahlungseingang, verschiedene Auszahlungen an dieselbe Person): An den Anwalt werden aus einem Räumungsvergleich treuhänderisch 10.000,00 Euro gezahlt mit der Maßgabe, 4.000,00 Euro sofort auszuzahlen und die weiteren 6.000,00 Euro erst nach Rückgabe der Wohnung.

Der Anwalt erhält bei entsprechender Auszahlung wiederum zwei Hebegebühren aus 6.000,00 Euro und aus 4.000,00 Euro.

I. Auszahlung der 4.000,00 Euro

1. Hebegebühr,

1 % aus 2.500,00 Euro, Nr. 1009 Nr. 1 VV RVG	25,00 Euro
0,5 % aus 1.500,00 Euro, Nr. 1009 Nr. 2 VV RVG	7,50 Euro
2. Postentgeltpauschale, Nr. 7002 VV RVG	6,50 Euro
Zwischensumme 39,00 Euro	
3. 19 % Umsatzsteuer, Nr. 7008 VV RVG	7,41 Euro
Gesamt	**46,41 Euro**

II. Auszahlung der 6.000,00 Euro

1. Hebegebühr,

1 % aus 2.500,00 Euro, Nr. 1009 Nr. 1 VV RVG	25,00 Euro
0,5 % aus 3.500,00 Euro, Nr. 1009 Nr. 2 VV RVG	17,50 Euro
2. Postentgeltpauschale, Nr. 7002 VV RVG	8,50 Euro
Zwischensumme 51,00 Euro	
3. 19 % Umsatzsteuer, Nr. 7008 VV RVG	9,70 Euro
Gesamt	**60,70 Euro**

Beispiel 4 (Verschiedene Zahlungseingänge aus demselben Auftrag, einheitliche Auszahlung): Beim Anwalt gehen aus einer Verkehrsunfallregulierung zunächst 2.000,00 Euro für den Sachschaden ein und später weitere 1.500,00 Euro Schmerzengeld. Der Anwalt überweist die Summe von 3.500,00 Euro in einem Betrag.

Es liegt nur eine Angelegenheit vor. Die Gebühr entsteht nur einmal.

1. Hebegebühr,

1 % aus 2.500,00 Euro, Nr. 1009 Nr. 1 VV RVG	25,00 Euro
0,5 % aus 1.000,00 Euro, Nr. 1009 Nr. 2 VV RVG	5,00 Euro
2. Postentgeltpauschale, Nr. 7002 VV RVG	6,00 Euro
Zwischensumme 36,00 Euro	
3. 19 % Umsatzsteuer, Nr. 7008 VV RVG	6,84 Euro
Gesamt	**42,84 Euro**

Beispiel 5 (Entnahme des Hauptsachehonorars): Der Beklagte zahlt die Urteilssumme in Höhe von 4.000,00 Euro an den Anwalt des Klägers. Dieser verrechnet davon 1.000,00 Euro vereinbarungsgemäß mit seiner Vergütungsforderung aus dem Rechtsstreit und zahlt den Restbetrag an den Mandanten aus.

Dem Anwalt steht eine Hebegebühr nur aus 3.000,00 Euro zu, da nur dieser Betrag ausgezahlt worden ist.

1. Hebegebühr,
   1 % aus 2.500,00 Euro, Nr. 1009 Nr. 1 VV RVG   25,00 Euro
   0,5 % aus 500,00 Euro, Nr. 1009 Nr. 2 VV RVG   2,50 Euro
2. Postentgeltpauschale, Nr. 7002 VV RVG   5,50 Euro
   Zwischensumme   33,00 Euro
3. 19 % Umsatzsteuer, Nr. 7008 VV RVG   6,27 Euro
Gesamt   **39,27 Euro**

Beispiel 6 (Entnahme der Hebegebühren): Der Beklagte zahlt die Urteilssumme in Höhe von 4.000,00 Euro an den Anwalt des Klägers. Dieser will seine Hebegebühr sofort einbehalten. Der Anwalt erhält auch in diesem Fall die Hebegebühr aus 4.000,00 Euro, obwohl er diesen Betrag nicht in voller Höhe weiterleitet. Zur Entnahme ist er nach Anm. Abs. 2 S. 2 zu Nr. 1009 VV RVG berechtigt.

I. Berechnung der Hebegebühr
1. Hebegebühr,
   1 % aus 2.500,00 Euro, Nr. 1009 Nr. 1 VV RVG   25,00 Euro
   0,5 % aus 1.500,00 Euro, Nr. 1009 Nr. 2 VV RVG   7,50 Euro
2. Postentgeltpauschale, Nr. 7002 VV RVG   6,50 Euro
   Zwischensumme   39,00 Euro
3. 19 % Umsatzsteuer, Nr. 7008 VV RVG   7,41 Euro
Gesamt   **46,41 Euro**

II. Berechnung des auszuzahlenden Betrages
Der Anwalt darf dem weiterzuleitenden Betrag in Höhe von   4.000,00 Euro
seine Hebegebühren nebst Auslagen   46,41 Euro
entnehmen, so dass nur noch auszuzahlen sind.[1]   **3.953,59 Euro**

V. Erstattungsfähigkeit

Werden Zahlungen an den Anwalt erbracht, können die durch die anschließende Auszahlung anfallenden Hebegebühren nach §§ 103 ff. ZPO oder § 788 ZPO erstattungsfähig sein und gegen den Gegner festgesetzt werden. Die Rechtsprechung verhält sich hier allerdings sehr restriktiv und nimmt nur in Ausnahmefällen eine Erstattungsfähigkeit an. In vielen Fällen lässt sie die Erstattung daran scheitern, dass das Einziehen und Weiterleiten durch den Anwalt nicht notwendig i. S. der §§ 91, 788 ZPO gewesen seien.[2]

Bejaht wird eine Erstattungspflicht u. a.
– wenn die titulierte Forderung vom Schuldner in Raten gezahlt wird und damit die Entgegennahme und Weiterleitung der einzelnen Teilbeträge und die Überwachung der Zahlungen durch den Anwalt erforderlich macht.[3]
– bei Zahlung unmittelbar an den Prozessbevollmächtigten ohne Aufforderung[4] oder obwohl eine ausdrückliche Aufforderung vorlag, unmittelbar an die Partei zu leisten.[5]

VI. Notar (Nrn. 25300, 25301 KV GNotKG)
1. Überblick

Auch der Notar erhält Gebühren für die Verwahrung von Geld, Wertpapieren und Kostbarkeiten (Vorbem. 2.5.3 KV GNotKG). Die Gebühren entstehen neben Gebühren für Betreuungstätigkeiten gesondert (Vorbem. 2.5.3 Abs. 1 KV GNotKG).

---

[1] Ohne dass sich damit die Höhe der Hebegebühr verringert.
[2] Ausführlich AnwK-RVG/N. *Schneider*, Rn. 78 ff.
[3] AG Limburg AGS 2005, 308 m. Anm. *N. Schneider* = RVGreport 2005, 357.
[4] AG Gronau AGS 2000, 211 = DAR 2001, 94.
[5] LG Berlin zfs 1990, 413 = NZV 1991, 74; OLG Düsseldorf, JurBüro 1985, 714 = VersR 1986, 243.

2. Geldbeträge

Für die Auszahlung von Geldbeträgen erhält der Notar nach Nr. 25300 KV GNotKG je Auszahlung

- bei Beträgen bis 13 Mio. Euro   eine 1,0-Gebühr nach Tabelle A
- bei Beträgen von mehr als 13 Mio. Euro   0,1 % des Auszahlungsbetrags.

Eine 1,0-Gebühr nach Tabelle B bei einem Wert von 13. Mio. Euro beträgt 13.185,00 Euro, 0,1 aus 13.000.000,01 Euro betragen 13.000,00 Euro.

Der Notar kann die Gebühr bei der Ablieferung an den Auftraggeber entnehmen (Anm. zu Nr. 25300 KV GNotKG).

Im Gegensatz zu den Anwaltsgebühren gilt für den Notar der allgemeine Mindestbetrag von 15,00 Euro (§ 34 Abs. 5 GNotKG).

Eine Begrenzung des Gegenstandswerts nach § 35 Abs. 2 GNotKG auf 30 Mio. Euro gilt hier nicht (Vorbem. 2.5.3 Abs. 2 KV GNotKG). Im Gegenzug kann der Notar in diesem Fall eine eventuelle Haftpflichtversicherungsprämie aus dem Mehrwert von 30 Mio. Euro nicht auf den Mandanten nach Nr. 32013 KV GNotKG umlegen (Vorbem. 2.5.3 Abs. 2 KV GNotKG).

3. Wertpapiere und Kostbarkeiten

Für die Entgegennahme von Wertpapieren und Kostbarkeiten zur Verwahrung erhält der Notar nach Nr. 25301 KV GNotKG die gleiche Vergütung, also

- bei Werten von bis 13 Mio. Euro   eine 1,0-Gebühr nach Tabelle B
- bei Werten von mehr als 13 Mio. Euro   0,1 % des Auszahlungsbetrags.

Durch die Gebühr wird die Verwahrung mit abgegolten (Anm. zu Nr. 25301 KV GNotKG). Es gilt auch hier der Mindestbetrag des § 34 Abs. 5 GNotKG i. H. v. 15,00 Euro.

14. Dokumentenpauschalen
– Pauschalen für die Herstellung und Überlassung von Dokumenten –
(Nr. 7000 VV RVG; Nr. 9000 KV GKG; Nr. 2000 KV FamGKG; Nrn. 31000, 32000–32003 KV GNotKG)

I. Überblick

Sowohl nach dem RVG als auch nach dem GKG, dem FamGKG und dem GNotKG werden Dokumentenpauschalen als besondere Auslagen erhoben. Sämtliche Gesetze regeln insoweit zwei verschiedene Auslagentatbestände, nämlich
- das Anfertigen von Ablichtungen, Ausfertigungen und Ausdrucken und
- die Überlassung von elektronisch gespeicherten Dateien anstelle der abzurechnenden Ausfertigungen, Ablichtungen und Ausdrucke.

Die Regelungen und Voraussetzungen, unter denen diese Auslagen anfallen sind je nach Gesetz unterschiedlich und zu vielfältig, als dass sie hier umfassend dargestellt werden könnten. Daher beschränken sich die nachfolgenden Ausführungen im Wesentlichen nur auf die Höhe der Dokumentenpauschalen.

II. RVG

1. Ablichtungen und Ausdrucke Nr. 7000 Nr. 1 VV RVG

Abzurechnen sind Ablichtungen und Ausdrucke (Nr. 7000 Nr. 1 VV RVG).

In den Fällen der Nr. 7000 Nr. 1 b) und c) VV RVG sind die ersten 100 Seiten vergütungsfrei. Abgerechnet werden kann dann erst ab der 101. Seite. Die Kosten für das Anfertigen der ersten 100 Seiten Ablichtungen und Ausdrucke werden in diesen Fällen als allgemeine Geschäftskosten (Vorbem. 7 Abs. 1 S. 1 VV RVG) durch die Gebühren mit abgegolten. Keinesfalls können auch die ersten 100 Seiten abgerechnet werden, wenn mehr als 100 Seiten anfallen.[1]

Nach § 7 Abs. 2 S. 1 RVG schuldet jeder der Auftraggeber grundsätzlich die Auslagen, nur insoweit als er sie schulden würde, wenn der Rechtsanwalt nur in seinem Auftrag tätig geworden wäre; die Dokumentenpauschale nach Nr. 7000 VV RVG schuldet er allerdings auch insoweit, als diese nur durch die Unterrichtung mehrerer Auftraggeber entstanden ist.

Eine Übermittlung durch den Rechtsanwalt per Telefax steht der Herstellung einer Ablichtung gleich (Anm. S. 2 zu Nr. 7000 VV RVG). Für empfange Telefaxe kann dagegen keine Vergütung verlangt werden.[2]

Die Höhe der Dokumentenpauschale nach Nr. 7000 Nr. 1 VV RVG ist in derselben Angelegenheit und in gerichtlichen Verfahren in demselben Rechtszug einheitlich zu berechnen. In verschiedenen Angelegenheiten ist jeweils gesondert zu zählen.

Im Gegensatz zu GKG, FamGKG und GNotKG wird in 7000 VV RVG die Formatgröße nicht geregelt. Bislang ging die Praxis davon aus, dass grundsätzlich nur DIN A 4 Formate erfasst sind.[3] Größere Formate wurden mit dem entsprechenden Vielfachen des DIN A 4 Formats abgerechnet (z. B. DIN A 3 Formate mit 1,00 Euro bzw. 0,30 Euro).[4] Bei besonderen Formaten kann konkret abgerechnet werden (z. B. bei der Ablichtung eines Bebauungsplans).[5]

---

[1] LG Berlin AGS 2006, 72; AnwK-RVG/N. *Schneider*, Nr. 7000 VV RVG Rn. 70; *Gerold/Schmidt/Müller-Rabe*, Nr. 7000 VV RVG Rn. 65; *Mayer/Kroiß*, Nr. 7000 VV RVG Rn. 6.
[2] KG AGS 2007, 611 = ZfSch 2007, 583 = JurBüro 2007, 589 = RVGreport 2007.
[3] OVG Rheinland-Pfalz AGS 2010, 14 = NJW-Spezial 2010, 14.
[4] *Burhoff/Schmidt*, RVG, 2. Aufl. Nr. 7000 Rn. 14.
[5] OVG Rheinland-Pfalz AGS 2010, 14 = NJW-Spezial 2010, 14.

Die Höhe richtet sich danach, ab die Ablichtungen oder der Ausdruck in Farbe oder schwarz-weiß hergestellt wird. Für schwarz-weiße Ablichtungen und Ausdrucke ist eine Vergütung von 0,50 Euro für die ersten 50 abzurechnenden Seiten vorgesehen und darüber hinaus 0,15 Euro je Seite. Bei mehrfarbigen Ablichtungen und Ausdrucken gilt ein Satz von 1,00 Euro für die ersten 50 Seiten und für die darüber hinausgehenden Seiten 0,30 Euro je Seite.

2. Überlassung elektronisch gespeicherter Dateien

Für die Überlassung von elektronisch gespeicherten Dateien anstelle der abzurechnenden Seiten für Ablichtungen, Ausfertigungen und Ausdrucke sind je Datei 1,50 Euro zu vergüten. Eine Staffelung der Auslagenbeträge ist hier nicht vorgesehen.

Für die in einem Arbeitsgang überlassenen, bereitgestellten oder in einem Arbeitsgang auf denselben Datenträger übertragenen Dokumente insgesamt höchstens 5,00 Euro.

Werden zum Zweck der Überlassung von elektronisch gespeicherten Dateien Dokumente im Einverständnis mit dem Auftraggeber zuvor von der Papierform in die elektronische Form übertragen, beträgt die Dokumentenpauschale nach Nr. 7000 Nr. 2 VV RVG nicht weniger, als die Dokumentenpauschale im Fall der Nr. 7000 Nr. 1 VV RVG betragen würde (Anm. Abs. 2 zu Nr. 7000 VV RVG).

Überblick: Ablichtungen und Ausdrucke

schwarz/weiß, bis 50 Seiten	0,50 Euro/Seite
schwarz/weiß, über 50 Seiten	0,15 Euro/Seite
mehrfarbig, bis 50 Seiten	1,00 Euro/Seite
mehrfarbig, über 50 Seiten	0,30 Euro/Seite

Überblick: Überlassung von Dateien

je Datei	1,50 Euro
in einem Arbeitsgang überlassenen, bereitgestellten oder in einem Arbeitsgang auf denselben Datenträger übertragenen Dokumente insgesamt höchstens	5,00 Euro
Datei muss auf Wunsch des Auftraggebers erst hergestellt werden und Ausdrucke	wie Ablichtungen

III. GKG

1. Herstellung und Überlassung von Dokumenten

Die Abrechnung der Dokumentenpauschale in Verfahren, in denen sich die Auslagen nach dem GKG richten, sind in Nr. 9000 KV GKG geregelt:

Nr. 9000 Nr. 1 GKG-KV	Herstellung und Überlassung von Ausfertigungen, Kopien und Ausdrucken bis zur Größe von DIN A 3
Nr. 9000 Nr. 2 GKG-KV	Herstellung und Überlassung von Ausfertigungen, Kopien und Ausdrucken in einer Größe von mehr als DIN A 3
Nr. 9000 Nr. 3 GKG-KV	Überlassung von elektronisch gespeicherten Dateien oder deren Bereitstellung zum Abruf anstelle der in den Nummern 1 und 2 genannten Ausfertigungen, Kopien und Ausdrucke

Die Höhe der Dokumentenpauschale ist in jedem Rechtszug und für jeden Kostenschuldner nach § 28 Abs. 1 GKG gesondert zu berechnen; Gesamtschuldner gelten als ein Schuldner.

Überblick: Ablichtungen und Ausdrucke

schwarz/weiß, nicht größer als DIN A 3, bis 50 Seiten	0,50 Euro/Seite
schwarz/weiß, nicht größer als DIN A 3, über 50 Seiten	0,15 Euro/Seite
mehrfarbig, nicht größer als DIN A 3, bis 50 Seiten	1,00 Euro/Seite
mehrfarbig, nicht größer als DIN A 3, über 50 Seiten	0,30 Euro/Seite
schwarz/weiß, größer als DIN A 3	konkrete Abrechnung oder pauschal 3,00 Euro/Seite
mehrfarbig, größer als DIN A 3	konkrete Abrechnung oder pauschal 6,00 Euro/Seite

2. Überlassung elektronisch gespeicherter Dateien

Für die Überlassung von elektronisch gespeicherten Dateien anstelle der abzurechnenden Seiten für Ablichtungen, Ausfertigungen und Ausdrucke sind je Datei 1,50 Euro zu vergüten.

Für die in einem Arbeitsgang überlassenen, bereitgestellten oder in einem Arbeitsgang auf denselben Datenträger übertragenen Dokumente insgesamt höchstens 5,00 Euro.

Überblick: Überlassung von Dateien

je Datei	1,50 Euro
in einem Arbeitsgang überlassenen, bereitgestellten oder in einem Arbeitsgang auf denselben Datenträger übertragenen Dokumente insgesamt höchstens	5,00 Euro

IV. FamGKG

Die Dokumentenpauschalre richtet sich nach Nr. 2000 KV FamGKG, die mit Nr. 9000 KV GKG inhaltlich identisch ist. Daher wird insoweit auf die Ausführungen zum GKG verwiesen (s. o. II.).

V. GNotKG

1. Abrechnung des Gerichts

Die Dokumentenpauschalre richtet sich nach Nr. 31000 KV GNotKG, die mit Nr. 9000 KV GKG inhaltlich identisch ist. Daher wird insoweit auf die Ausführungen zum GKG verwiesen (s. o. II.).

2. Notar

Der Notar erhält folgende Dokumentenpauschalen:

Nrn. 32000, 32003 GNotKG KV	Überlassung von Ausfertigungen, Kopien und Ausdrucken, die auf besonderen Antrag angefertigt oder per Telefax übermittelt worden sind, soweit in Nr. 32001 Nr. 2 und 3 GNotKG KV nichts Abweichendes geregelt ist.	
schwarz/weiß, nicht größer als DIN A 3, bis 50 Seiten		0,50 Euro/Seite
schwarz/weiß, nicht größer als DIN A 3, über 50 Seiten		0,15 Euro/Seite
mehrfarbig, nicht größer als DIN A 3, bis 50 Seiten		1,00 Euro/Seite
mehrfarbig, nicht größer als DIN A 3, über 50 Seiten		0,30 Euro/Seite
schwarz/weiß, größer als DIN A 3		konkrete Abrechnung oder pauschal 3,00 Euro/Seite
mehrfarbig, größer als DIN A 3		konkrete Abrechnung oder pauschal 6,00 Euro/Seite

Nrn. 32001, 32003 GNotKG KV	Ausfertigungen, Kopien und Ausdrucke die
	1. ohne besonderen Antrag von eigenen Niederschriften, eigenen Entwürfen und von Urkunden, auf denen der Notar eine Unterschrift beglaubigt hat, angefertigt oder per Telefax übermittelt worden sind; dies gilt nur, wenn die Dokumente nicht beim Notar verbleiben;
	2. in einem Beurkundungsverfahren auf besonderen Antrag angefertigt oder per Telefax übermittelt worden sind; dies gilt nur, wenn der Antrag spätestens bei der Aufnahme der Niederschrift gestellt wird;
	3. bei einem Auftrag zur Erstellung eines Entwurfs auf besonderen Antrag angefertigt oder per Telefax übermittelt worden sind; dies gilt nur, wenn der Antrag spätestens am Tag vor der Versendung des Entwurfs gestellt wird:
schwarz/weiß, nicht größer als DIN A 3, bis 50 Seiten	0,50 Euro/Seite
schwarz/weiß, nicht größer als DIN A 3, über 50 Seiten	0,15 Euro/Seite
mehrfarbig, nicht größer als DIN A 3, bis 50 Seiten	1,00 Euro/Seite
mehrfarbig, nicht größer als DIN A 3, über 50 Seiten	0,30 Euro/Seite
schwarz/weiß, größer als DIN A 3	konkrete Abrechnung oder pauschal 3,00 Euro/Seite
mehrfarbig, größer als DIN A 3	konkrete Abrechnung oder pauschal 6,00 Euro/Seite

Nr. 32002 GNotKG KV	Überlassung von elektronisch gespeicherten Dateien oder deren Bereitstellung zum Abruf anstelle der in den Nummern 32000 und 32001 genannten Dokumente ohne Rücksicht auf die Größe der Vorlage
je Datei	1,50 Euro
in einem Arbeitsgang überlassenen, bereitgestellten oder in einem Arbeitsgang auf denselben Datenträger übertragenen Dokumente insgesamt höchstens	5,00 Euro
Datei wird auf Antrag von der Papierform in die elektronische Form übertragen	nicht weniger, als die Dokumentenpauschale für schwarz/weiß-Kopie

VI. Berechnungstabelle

1. Ablichtungen, Kopien und Ausdrucke

	schwarz/weiß bis DIN A 3, gestaffelt	Mehrfarbig bis DIN A 3, gestaffelt	schwarz/weiß, bis DIN A 3, ohne Staffelung	mehrfarbig, bis DIN A 3, ohne Staffelung	schwarz/weiß größer als DIN A 3	mehrfarbig größer als DIN A 3
RVG	Nr. 7000 Nr. 1 VV RVG	Nr. 7000 Nr. 1 VV RVG				
GKG	Nr. 9000 Nr. 1 KV GKG	Nr. 9000 Nr. 1 KV GKG			Nr. 9000 Nr. 2 KV GKG	Nr. 9000 Nr. 2 KV GKG
FamGKG	Nr. 2000 Nr. 1 KV FamGKG	Nr. 2000 Nr. 1 KV FamGKG			Nr. 2000 Nr. 2 KV FamGKG	Nr. 2000 Nr. 2 KV FamGKG
GNotKG Gericht	Nr. 31000 Nr. 1 KV GNotKG	Nr. 31000 Nr. 1 KV GNotKG			Nr. 31000 Nr. 2 KV GNotKG	Nr. 31000 Nr. 2 KV GNotKG
GNotKG Notar	Nr. 32000 KV GNotKG	Nr. 32000 KV GNotKG	Nr. 32001 KV GNotKG	Nr. 32001 KV GNotKG	Nr. 32003 KV GNotKG	Nr. 32003 KV GNotKG
Anzahl Seiten	Gesamtbetrag in Euro	Gesamtbetrag in Euro	Gesamtbetrag in Euro	Gesamtbetrag in Euro	Gesamtbetrag in Euro	Gesamtbetrag in Euro

2. Kombinierte Tabelle zur Dokumentenpauschale

Seiten	schwarz/weiß bis DIN A 3, gestaffelt	mehrfarbig bis DIN A 3	schwarz/weiß bis DIN A 3, ohne Staffelung	mehrfarbig bis DIN A 3, ohne Staffelung	größer als DIN A 3, schwarz/weiß	größer als DIN A 3, mehrfarbig
	Betrag	Betrag	Betrag	Betrag	Betrag	Betrag
1	0,50	1,00	0,15	0,30	3,00	6,00
2	1,00	2,00	0,30	0,60	6,00	12,00
3	1,50	3,00	0,45	0,90	9,00	18,00
4	2,00	4,00	0,60	1,20	12,00	24,00
5	2,50	5,00	0,75	1,50	15,00	30,00
6	3,00	6,00	0,90	1,80	18,00	36,00
7	3,50	7,00	1,05	2,10	21,00	42,00
8	4,00	8,00	1,20	2,40	24,00	48,00
9	4,50	9,00	1,35	2,70	27,00	54,00
10	5,00	10,00	1,50	3,00	30,00	60,00
11	5,50	11,00	1,65	3,30	33,00	66,00
12	6,00	12,00	1,80	3,60	36,00	72,00
13	6,50	13,00	1,95	3,90	39,00	78,00
14	7,00	14,00	2,10	4,20	42,00	84,00
15	7,50	15,00	2,25	4,50	45,00	90,00
16	8,00	16,00	2,40	4,80	48,00	96,00
17	8,50	17,00	2,55	5,10	51,00	102,00
18	9,00	18,00	2,70	5,40	54,00	108,00
19	9,50	19,00	2,85	5,70	57,00	114,00
20	10,00	20,00	3,00	6,00	60,00	120,00
21	10,50	21,00	3,15	6,30	63,00	126,00
22	11,00	22,00	3,30	6,60	66,00	132,00
23	11,50	23,00	3,45	6,90	69,00	138,00
24	12,00	24,00	3,60	7,20	72,00	144,00
25	12,50	25,00	3,75	7,50	75,00	150,00
26	13,00	26,00	3,90	7,80	78,00	156,00
27	13,50	27,00	4,05	8,10	81,00	162,00
28	14,00	28,00	4,20	8,40	84,00	168,00
29	14,50	29,00	4,35	8,70	87,00	174,00
30	15,00	30,00	4,50	9,00	90,00	180,00
31	15,50	31,00	4,65	9,30	93,00	186,00
32	16,00	32,00	4,80	9,60	96,00	192,00
33	16,50	33,00	4,95	9,90	99,00	198,00
34	17,00	34,00	5,10	10,20	102,00	204,00
35	17,50	35,00	5,25	10,50	105,00	210,00
36	18,00	36,00	5,40	10,80	108,00	216,00
37	18,50	37,00	5,55	11,10	111,00	222,00
38	19,00	38,00	5,70	11,40	114,00	228,00
39	19,50	39,00	5,85	11,70	117,00	234,00
40	20,00	40,00	6,00	12,00	120,00	240,00
41	20,50	41,00	6,15	12,30	123,00	246,00
42	21,00	42,00	6,30	12,60	126,00	252,00
43	21,50	43,00	6,45	12,90	129,00	258,00
44	22,00	44,00	6,60	13,20	132,00	264,00
45	22,50	45,00	6,75	13,50	135,00	270,00
46	23,00	46,00	6,90	13,80	138,00	276,00
47	23,50	47,00	7,05	14,10	141,00	282,00
48	24,00	48,00	7,20	14,40	144,00	288,00
49	24,50	49,00	7,35	14,70	147,00	294,00

14. Dokumentenpauschalen

Seiten	schwarz/weiß bis DIN A 3, gestaffelt	mehrfarbig bis DIN A 3	schwarz/weiß bis DIN A 3, ohne Staffelung	mehrfarbig bis DIN A 3, ohne Staffelung	größer als DIN A 3, schwarz/weiß	größer als DIN A 3, mehrfarbig
	Betrag	Betrag	Betrag	Betrag	Betrag	Betrag
50	25,00	50,00	7,50	15,00	150,00	300,00
51	25,15	50,30	7,65	15,30	153,00	306,00
52	25,30	50,60	7,80	15,60	156,00	312,00
53	25,45	50,90	7,95	15,90	159,00	318,00
54	25,60	51,20	8,10	16,20	162,00	324,00
55	25,75	51,50	8,25	16,50	165,00	330,00
56	25,90	51,80	8,40	16,80	168,00	336,00
57	26,05	52,10	8,55	17,10	171,00	342,00
58	26,20	52,40	8,70	17,40	174,00	348,00
59	26,35	52,70	8,85	17,70	177,00	354,00
60	26,50	53,00	9,00	18,00	180,00	360,00
61	26,65	53,30	9,15	18,30	183,00	366,00
62	26,80	53,60	9,30	18,60	186,00	372,00
63	26,95	53,90	9,45	18,90	189,00	378,00
64	27,10	54,20	9,60	19,20	192,00	384,00
65	27,25	54,50	9,75	19,50	195,00	390,00
66	27,40	54,80	9,90	19,80	198,00	396,00
67	27,55	55,10	10,05	20,10	201,00	402,00
68	27,70	55,40	10,20	20,40	204,00	408,00
69	27,85	55,70	10,35	20,70	207,00	414,00
70	28,00	56,00	10,50	21,00	210,00	420,00
71	28,15	56,30	10,65	21,30	213,00	426,00
72	28,30	56,60	10,80	21,60	216,00	432,00
73	28,45	56,90	10,95	21,90	219,00	438,00
74	28,60	57,20	11,10	22,20	222,00	444,00
75	28,75	57,50	11,25	22,50	225,00	450,00
76	28,90	57,80	11,40	22,80	228,00	456,00
77	29,05	58,10	11,55	23,10	231,00	462,00
78	29,20	58,40	11,70	23,40	234,00	468,00
79	29,35	58,70	11,85	23,70	237,00	474,00
80	29,50	59,00	12,00	24,00	240,00	480,00
81	29,65	59,30	12,15	24,30	243,00	486,00
82	29,80	59,60	12,30	24,60	246,00	492,00
83	29,95	59,90	12,45	24,90	249,00	498,00
84	30,10	60,20	12,60	25,20	252,00	504,00
85	30,25	60,50	12,75	25,50	255,00	510,00
86	30,40	60,80	12,90	25,80	258,00	516,00
87	30,55	61,10	13,05	26,10	261,00	522,00
88	30,70	61,40	13,20	26,40	264,00	528,00
89	30,85	61,70	13,35	26,70	267,00	534,00
90	31,00	62,00	13,50	27,00	270,00	540,00
91	31,15	62,30	13,65	27,30	273,00	546,00
92	31,30	62,60	13,80	27,60	276,00	552,00
93	31,45	62,90	13,95	27,90	279,00	558,00
94	31,60	63,20	14,10	28,20	282,00	564,00
95	31,75	63,50	14,25	28,50	285,00	570,00
96	31,90	63,80	14,40	28,80	288,00	576,00
97	32,05	64,10	14,55	29,10	291,00	582,00
98	32,20	64,40	14,70	29,40	294,00	588,00
99	32,35	64,70	14,85	29,70	297,00	594,00
100	32,50	65,00	15,00	30,00	300,00	600,00
101	32,65	65,30	15,15	30,30	303,00	606,00

Seiten	schwarz/weiß bis DIN A 3, gestaffelt	mehrfarbig bis DIN A 3	schwarz/weiß bis DIN A 3, ohne Staffelung	mehrfarbig bis DIN A 3, ohne Staffelung	größer als DIN A 3, schwarz/weiß	größer als DIN A 3, mehrfarbig
	Betrag	Betrag	Betrag	Betrag	Betrag	Betrag
102	32,80	65,60	15,30	30,60	306,00	612,00
103	32,95	65,90	15,45	30,90	309,00	618,00
104	33,10	66,20	15,60	31,20	312,00	624,00
105	33,25	66,50	15,75	31,50	315,00	630,00
106	33,40	66,80	15,90	31,80	318,00	636,00
107	33,55	67,10	16,05	32,10	321,00	642,00
108	33,70	67,40	16,20	32,40	324,00	648,00
109	33,85	67,70	16,35	32,70	327,00	654,00
110	34,00	68,00	16,50	33,00	330,00	660,00
111	34,15	68,30	16,65	33,30	333,00	666,00
112	34,30	68,60	16,80	33,60	336,00	672,00
113	34,45	68,90	16,95	33,90	339,00	678,00
114	34,60	69,20	17,10	34,20	342,00	684,00
115	34,75	69,50	17,25	34,50	345,00	690,00
116	34,90	69,80	17,40	34,80	348,00	696,00
117	35,05	70,10	17,55	35,10	351,00	702,00
118	35,20	70,40	17,70	35,40	354,00	708,00
119	35,35	70,70	17,85	35,70	357,00	714,00
120	35,50	71,00	18,00	36,00	360,00	720,00
121	35,65	71,30	18,15	36,30	363,00	726,00
122	35,80	71,60	18,30	36,60	366,00	732,00
123	35,95	71,90	18,45	36,90	369,00	738,00
124	36,10	72,20	18,60	37,20	372,00	744,00
125	36,25	72,50	18,75	37,50	375,00	750,00
126	36,40	72,80	18,90	37,80	378,00	756,00
127	36,55	73,10	19,05	38,10	381,00	762,00
128	36,70	73,40	19,20	38,40	384,00	768,00
129	36,85	73,70	19,35	38,70	387,00	774,00
130	37,00	74,00	19,50	39,00	390,00	780,00
131	37,15	74,30	19,65	39,30	393,00	786,00
132	37,30	74,60	19,80	39,60	396,00	792,00
133	37,45	74,90	19,95	39,90	399,00	798,00
134	37,60	75,20	20,10	40,20	402,00	804,00
135	37,75	75,50	20,25	40,50	405,00	810,00
136	37,90	75,80	20,40	40,80	408,00	816,00
137	38,05	76,10	20,55	41,10	411,00	822,00
138	38,20	76,40	20,70	41,40	414,00	828,00
139	38,35	76,70	20,85	41,70	417,00	834,00
140	38,50	77,00	21,00	42,00	420,00	840,00
141	38,65	77,30	21,15	42,30	423,00	846,00
142	38,80	77,60	21,30	42,60	426,00	852,00
143	38,95	77,90	21,45	42,90	429,00	858,00
144	39,10	78,20	21,60	43,20	432,00	864,00
145	39,25	78,50	21,75	43,50	435,00	870,00
146	39,40	78,80	21,90	43,80	438,00	876,00
147	39,55	79,10	22,05	44,10	441,00	882,00
148	39,70	79,40	22,20	44,40	444,00	888,00
149	39,85	79,70	22,35	44,70	447,00	894,00
150	40,00	80,00	22,50	45,00	450,00	900,00
151	40,15	80,30	22,65	45,30	453,00	906,00
152	40,30	80,60	22,80	45,60	456,00	912,00
153	40,45	80,90	22,95	45,90	459,00	918,00

Seiten	schwarz/weiß bis DIN A 3, gestaffelt	mehrfarbig bis DIN A 3	schwarz/weiß bis DIN A 3, ohne Staffelung	mehrfarbig bis DIN A 3, ohne Staffelung	größer als DIN A 3, schwarz/weiß	größer als DIN A 3, mehrfarbig
	Betrag	Betrag	Betrag	Betrag	Betrag	Betrag
154	40,60	81,20	23,10	46,20	462,00	924,00
155	40,75	81,50	23,25	46,50	465,00	930,00
156	40,90	81,80	23,40	46,80	468,00	936,00
157	41,05	82,10	23,55	47,10	471,00	942,00
158	41,20	82,40	23,70	47,40	474,00	948,00
159	41,35	82,70	23,85	47,70	477,00	954,00
160	41,50	83,00	24,00	48,00	480,00	960,00
161	41,65	83,30	24,15	48,30	483,00	966,00
162	41,80	83,60	24,30	48,60	486,00	972,00
163	41,95	83,90	24,45	48,90	489,00	978,00
164	42,10	84,20	24,60	49,20	492,00	984,00
165	42,25	84,50	24,75	49,50	495,00	990,00
166	42,40	84,80	24,90	49,80	498,00	996,00
167	42,55	85,10	25,05	50,10	501,00	1.002,00
168	42,70	85,40	25,20	50,40	504,00	1.008,00
169	42,85	85,70	25,35	50,70	507,00	1.014,00
170	43,00	86,00	25,50	51,00	510,00	1.020,00
171	43,15	86,30	25,65	51,30	513,00	1.026,00
172	43,30	86,60	25,80	51,60	516,00	1.032,00
173	43,45	86,90	25,95	51,90	519,00	1.038,00
174	43,60	87,20	26,10	52,20	522,00	1.044,00
175	43,75	87,50	26,25	52,50	525,00	1.050,00
176	43,90	87,80	26,40	52,80	528,00	1.056,00
177	44,05	88,10	26,55	53,10	531,00	1.062,00
178	44,20	88,40	26,70	53,40	534,00	1.068,00
179	44,35	88,70	26,85	53,70	537,00	1.074,00
180	44,50	89,00	27,00	54,00	540,00	1.080,00
181	44,65	89,30	27,15	54,30	543,00	1.086,00
182	44,80	89,60	27,30	54,60	546,00	1.092,00
183	44,95	89,90	27,45	54,90	549,00	1.098,00
184	45,10	90,20	27,60	55,20	552,00	1.104,00
185	45,25	90,50	27,75	55,50	555,00	1.110,00
186	45,40	90,80	27,90	55,80	558,00	1.116,00
187	45,55	91,10	28,05	56,10	561,00	1.122,00
188	45,70	91,40	28,20	56,40	564,00	1.128,00
189	45,85	91,70	28,35	56,70	567,00	1.134,00
190	46,00	92,00	28,50	57,00	570,00	1.140,00
191	46,15	92,30	28,65	57,30	573,00	1.146,00
192	46,30	92,60	28,80	57,60	576,00	1.152,00
193	46,45	92,90	28,95	57,90	579,00	1.158,00
194	46,60	93,20	29,10	58,20	582,00	1.164,00
195	46,75	93,50	29,25	58,50	585,00	1.170,00
196	46,90	93,80	29,40	58,80	588,00	1.176,00
197	47,05	94,10	29,55	59,10	591,00	1.182,00
198	47,20	94,40	29,70	59,40	594,00	1.188,00
199	47,35	94,70	29,85	59,70	597,00	1.194,00
200	47,50	95,00	30,00	60,00	600,00	1.200,00
201	47,65	95,30	30,15	60,30	603,00	1.206,00
202	47,80	95,60	30,30	60,60	606,00	1.212,00
203	47,95	95,90	30,45	60,90	609,00	1.218,00
204	48,10	96,20	30,60	61,20	612,00	1.224,00
205	48,25	96,50	30,75	61,50	615,00	1.230,00

Seiten	schwarz/weiß bis DIN A 3, gestaffelt	mehrfarbig bis DIN A 3	schwarz/weiß bis DIN A 3, ohne Staffelung	mehrfarbig bis DIN A 3, ohne Staffelung	größer als DIN A 3, schwarz/weiß	größer als DIN A 3, mehrfarbig
	Betrag	Betrag	Betrag	Betrag	Betrag	Betrag
206	48,40	96,80	30,90	61,80	618,00	1.236,00
207	48,55	97,10	31,05	62,10	621,00	1.242,00
208	48,70	97,40	31,20	62,40	624,00	1.248,00
209	48,85	97,70	31,35	62,70	627,00	1.254,00
210	49,00	98,00	31,50	63,00	630,00	1.260,00
211	49,15	98,30	31,65	63,30	633,00	1.266,00
212	49,30	98,60	31,80	63,60	636,00	1.272,00
213	49,45	98,90	31,95	63,90	639,00	1.278,00
214	49,60	99,20	32,10	64,20	642,00	1.284,00
215	49,75	99,50	32,25	64,50	645,00	1.290,00
216	49,90	99,80	32,40	64,80	648,00	1.296,00
217	50,05	100,10	32,55	65,10	651,00	1.302,00
218	50,20	100,40	32,70	65,40	654,00	1.308,00
219	50,35	100,70	32,85	65,70	657,00	1.314,00
220	50,50	101,00	33,00	66,00	660,00	1.320,00
221	50,65	101,30	33,15	66,30	663,00	1.326,00
222	50,80	101,60	33,30	66,60	666,00	1.332,00
223	50,95	101,90	33,45	66,90	669,00	1.338,00
224	51,10	102,20	33,60	67,20	672,00	1.344,00
225	51,25	102,50	33,75	67,50	675,00	1.350,00
226	51,40	102,80	33,90	67,80	678,00	1.356,00
227	51,55	103,10	34,05	68,10	681,00	1.362,00
228	51,70	103,40	34,20	68,40	684,00	1.368,00
229	51,85	103,70	34,35	68,70	687,00	1.374,00
230	52,00	104,00	34,50	69,00	690,00	1.380,00
231	52,15	104,30	34,65	69,30	693,00	1.386,00
232	52,30	104,60	34,80	69,60	696,00	1.392,00
233	52,45	104,90	34,95	69,90	699,00	1.398,00
234	52,60	105,20	35,10	70,20	702,00	1.404,00
235	52,75	105,50	35,25	70,50	705,00	1.410,00
236	52,90	105,80	35,40	70,80	708,00	1.416,00
237	53,05	106,10	35,55	71,10	711,00	1.422,00
238	53,20	106,40	35,70	71,40	714,00	1.428,00
239	53,35	106,70	35,85	71,70	717,00	1.434,00
240	53,50	107,00	36,00	72,00	720,00	1.440,00
241	53,65	107,30	36,15	72,30	723,00	1.446,00
242	53,80	107,60	36,30	72,60	726,00	1.452,00
243	53,95	107,90	36,45	72,90	729,00	1.458,00
244	54,10	108,20	36,60	73,20	732,00	1.464,00
245	54,25	108,50	36,75	73,50	735,00	1.470,00
246	54,40	108,80	36,90	73,80	738,00	1.476,00
247	54,55	109,10	37,05	74,10	741,00	1.482,00
248	54,70	109,40	37,20	74,40	744,00	1.488,00
249	54,85	109,70	37,35	74,70	747,00	1.494,00
250	55,00	110,00	37,50	75,00	750,00	1.500,00
251	55,15	110,30	37,65	75,30	753,00	1.506,00
252	55,30	110,60	37,80	75,60	756,00	1.512,00
253	55,45	110,90	37,95	75,90	759,00	1.518,00
254	55,60	111,20	38,10	76,20	762,00	1.524,00
255	55,75	111,50	38,25	76,50	765,00	1.530,00
256	55,90	111,80	38,40	76,80	768,00	1.536,00
257	56,05	112,10	38,55	77,10	771,00	1.542,00

14. Dokumentenpauschalen

Seiten	schwarz/weiß bis DIN A 3, gestaffelt	mehrfarbig bis DIN A 3	schwarz/weiß bis DIN A 3, ohne Staffelung	mehrfarbig bis DIN A 3, ohne Staffelung	größer als DIN A 3, schwarz/weiß	größer als DIN A 3, mehrfarbig
	Betrag	Betrag	Betrag	Betrag	Betrag	Betrag
258	56,20	112,40	38,70	77,40	774,00	1.548,00
259	56,35	112,70	38,85	77,70	777,00	1.554,00
260	56,50	113,00	39,00	78,00	780,00	1.560,00
261	56,65	113,30	39,15	78,30	783,00	1.566,00
262	56,80	113,60	39,30	78,60	786,00	1.572,00
263	56,95	113,90	39,45	78,90	789,00	1.578,00
264	57,10	114,20	39,60	79,20	792,00	1.584,00
265	57,25	114,50	39,75	79,50	795,00	1.590,00
266	57,40	114,80	39,90	79,80	798,00	1.596,00
267	57,55	115,10	40,05	80,10	801,00	1.602,00
268	57,70	115,40	40,20	80,40	804,00	1.608,00
269	57,85	115,70	40,35	80,70	807,00	1.614,00
270	58,00	116,00	40,50	81,00	810,00	1.620,00
271	58,15	116,30	40,65	81,30	813,00	1.626,00
272	58,30	116,60	40,80	81,60	816,00	1.632,00
273	58,45	116,90	40,95	81,90	819,00	1.638,00
274	58,60	117,20	41,10	82,20	822,00	1.644,00
275	58,75	117,50	41,25	82,50	825,00	1.650,00
276	58,90	117,80	41,40	82,80	828,00	1.656,00
277	59,05	118,10	41,55	83,10	831,00	1.662,00
278	59,20	118,40	41,70	83,40	834,00	1.668,00
279	59,35	118,70	41,85	83,70	837,00	1.674,00
280	59,50	119,00	42,00	84,00	840,00	1.680,00
281	59,65	119,30	42,15	84,30	843,00	1.686,00
282	59,80	119,60	42,30	84,60	846,00	1.692,00
283	59,95	119,90	42,45	84,90	849,00	1.698,00
284	60,10	120,20	42,60	85,20	852,00	1.704,00
285	60,25	120,50	42,75	85,50	855,00	1.710,00
286	60,40	120,80	42,90	85,80	858,00	1.716,00
287	60,55	121,10	43,05	86,10	861,00	1.722,00
288	60,70	121,40	43,20	86,40	864,00	1.728,00
289	60,85	121,70	43,35	86,70	867,00	1.734,00
290	61,00	122,00	43,50	87,00	870,00	1.740,00
291	61,15	122,30	43,65	87,30	873,00	1.746,00
292	61,30	122,60	43,80	87,60	876,00	1.752,00
293	61,45	122,90	43,95	87,90	879,00	1.758,00
294	61,60	123,20	44,10	88,20	882,00	1.764,00
295	61,75	123,50	44,25	88,50	885,00	1.770,00
296	61,90	123,80	44,40	88,80	888,00	1.776,00
297	62,05	124,10	44,55	89,10	891,00	1.782,00
298	62,20	124,40	44,70	89,40	894,00	1.788,00
299	62,35	124,70	44,85	89,70	897,00	1.794,00
300	62,50	125,00	45,00	90,00	900,00	1.800,00
301	62,65	125,30	45,15	90,30	903,00	1.806,00
302	62,80	125,60	45,30	90,60	906,00	1.812,00
303	62,95	125,90	45,45	90,90	909,00	1.818,00
304	63,10	126,20	45,60	91,20	912,00	1.824,00
305	63,25	126,50	45,75	91,50	915,00	1.830,00
306	63,40	126,80	45,90	91,80	918,00	1.836,00
307	63,55	127,10	46,05	92,10	921,00	1.842,00
308	63,70	127,40	46,20	92,40	924,00	1.848,00
309	63,85	127,70	46,35	92,70	927,00	1.854,00

A. Gebührentabellen zum RVG

Seiten	schwarz/weiß bis DIN A 3, gestaffelt	mehrfarbig bis DIN A 3	schwarz/weiß bis DIN A 3, ohne Staffelung	mehrfarbig bis DIN A 3, ohne Staffelung	größer als DIN A 3, schwarz/weiß	größer als DIN A 3, mehrfarbig
	Betrag	Betrag	Betrag	Betrag	Betrag	Betrag
310	64,00	128,00	46,50	93,00	930,00	1.860,00
311	64,15	128,30	46,65	93,30	933,00	1.866,00
312	64,30	128,60	46,80	93,60	936,00	1.872,00
313	64,45	128,90	46,95	93,90	939,00	1.878,00
314	64,60	129,20	47,10	94,20	942,00	1.884,00
315	64,75	129,50	47,25	94,50	945,00	1.890,00
316	64,90	129,80	47,40	94,80	948,00	1.896,00
317	65,05	130,10	47,55	95,10	951,00	1.902,00
318	65,20	130,40	47,70	95,40	954,00	1.908,00
319	65,35	130,70	47,85	95,70	957,00	1.914,00
320	65,50	131,00	48,00	96,00	960,00	1.920,00
321	65,65	131,30	48,15	96,30	963,00	1.926,00
322	65,80	131,90	48,30	96,90	966,00	1.932,00
323	65,95	131,90	48,45	96,90	969,00	1.938,00
324	66,10	132,20	48,60	97,20	972,00	1.944,00
325	66,25	132,50	48,75	97,50	957,00	1.950,00
Jede weitere Seite wird mit						
	0,15	0,30	0,15	0,30	3,00	6,00
Euro vergütet						

3. Überlassung elektronisch gespeicherter Dateien je Arbeitsgang oder Datenträger

Anzahl Dateien	Betrag
1	1,50 Euro
2	3,00 Euro
3	4,50 Euro
4 und mehr	5,00 Euro

15. Reisekosten für Geschäftsreisen

I. Überblick

Die Höhe der Reisekosten für Geschäftsreisen berechnet sich für den Anwalt nach den Nrn. 7003–7006 VV RVG und für den Notar nach den Nrn. 32006–32009 KV GNotKG. Die abrechnungsfähigen Reisekosten setzen sich jeweils zusammen aus **Fahrtkosten, Abwesenheitsgeldern und sonstigen Auslagen**.

Der **Begriff der Geschäftsreise** ist in Vorbem. 7 Abs. 2 VV RVG/Vorbem. 3.2 Abs. 2 KV GNotKG. definiert. Eine Geschäftsreise liegt vor, wenn das Reiseziel außerhalb der Gemeinde liegt, in der sich die Kanzlei/der Amtssitz oder die Wohnung des Rechtsanwalts/des Notars befindet. Abzustellen ist auf den Ort der tatsächlichen Abreise. Eine Auslegung dahingehend, dass das Ziel sowohl außerhalb der Kanzleigemeinde/des Amtssitzes als auch außerhalb der Wohngemeinde liegen muss, ist nicht zulässig.[1]

II. Fahrtkosten

Bei den Fahrtkosten wird wiederum unterschieden zwischen Fahrtkosten infolge
- der Benutzung eines eigenen Kraftfahrzeugs
und
- der Benutzung anderer Verkehrsmittel.

Bei der Benutzung eines **eigenen Kraftfahrzeugs** erhalten Anwalt und Notar einen Auslagenersatz in Höhe von 0,30 Euro je gefahrenen Kilometer (Nr. 7003 VV RVG; Nr. 32006 KV GNotKG).[2]

Vergütet werden sämtliche gefahrenen Kilometer, also sowohl der Hin- als auch der Rückweg. Maßgebend ist die **tatsächliche Fahrtstrecke**[3] und nicht die fiktive Entfernung von Ortsmitte zu Ortsmitte. Angefangene Kilometer sind auf volle Kilometer aufzurunden.[4] Grundsätzlich ist der kürzeste Weg zu nehmen. Zweckmäßige Umwege, etwa bei Benutzung einer Autobahn zur Zeitersparnis, sind jedoch zulässig,[5] zumal wenn dadurch eine geringere Abwesenheitspauschale anfällt.[6]

Fahrtkosten für eine Geschäftsreise bei Benutzung **anderer Verkehrsmittel**, (z. B. Bahn, Taxi, Mietwagen oder Flugzeug) sind vom Auftraggeber zu ersetzen, soweit sie angemessen sind (Nr. 7004 VV RVG; Nr. 32007 KV GNotKG).

Bei Bahnfahrten ist umstritten, ob und in welcher Höhe die **anteiligen Kosten einer Bahncard** verlangt werden können. Nach überwiegender Rechtsprechung[7] zählen die Kosten einer Bahncard zu den allgemeinen Geschäftskosten (für den Anwalt Vorbem. 7 Abs. 1 S. 1 VV RVG) und können auch nicht anteilig zu dem gezahlten ermäßigten Fahrpreis verlangt werden.[8] Nach Auffassung des LG Würzburg[9] sind die Kosten einer Bahncard anteilig umlagefähig.

---

[1] OLG Düsseldorf AGS 2012, 167 = ZfSch 2012, 287 = NJW-RR 2012, 764 = JurBüro 2012, 299 = Rpfleger 2012, 412 = RVGreport 2012, 189.

[2] Mit diesen Fahrtkosten sind die Anschaffungs-, Unterhaltungs- und Betriebskosten sowie die Abnutzung des Kraftfahrzeugs abgegolten (Anm. zu Nr. 7003 VV RVG; Anm. zu Nr. 32006 KV GNotKG). Hinzu kommen lediglich bare Auslagen, wie z.B. Parkgebühren oder Kosten einer Autofähre (Nr. 7006 VV RVG; Nr. 32009 KV GNotKG.).

[3] OLG Celle NdsRpfl 1967, 63.

[4] LG Rostock NJW-Spezial 2009, 715 = StraFo 2009, 439.

[5] OLG Hamm JurBüro 1981, 1681; VG Würzburg JurBüro 2000, 77; KG AGS 2004, 12; LG Rostock NJW-Spezial 2009, 715 = StraFo 2009, 439.

[6] KG AGS 2004, 12.

[7] OLG Karlsruhe JurBüro 2000, 145 = OLGR 2000, 186 = Rpfleger 2000, 129; AG Ansbach AnwBl. 2001, 185; KG AGS 2003, 310 m. Anm. *N. Schneider*.

[8] KG AGS 2003, 310 m. Anm. *N. Schneider*; OVG Nordrhein Westfalen NJW 2006, 1897 = Rpfleger 2006, 443 = Rbeistand 2006, 62 = NZV 2006, 613; VG Köln NJW 2005, 3513 = NJW-Spezial 2006, 96 = NZV 2006, 224 = RVGreport 2006, 154.

[9] OLG Würzburg AGS 1999, 53.

Hierzu soll zunächst der für die privaten Fahrten verbrauchte Teil ausgeschieden und im Übrigen die Kosten anteilig auf alle unter Benutzung der Bahncard durchgeführten Geschäftsreisen umgelegt werden. Das OLG Frankfurt/M.[1] wiederum sieht die Kosten für den Erwerb einer Bahncard 100 bis zu der Grenze der Kosten einer regulären Fahrkarte als erstattungsfähig an, wenn dargelegt wird, in welchem Umfang die Bahncard innerhalb der Geltungsdauer genutzt wurde. Nach OLG Koblenz[2] sollen die anteiligen Kosten der Bahncard geschätzt und sofort abgerechnet werden können (vergleichbar der Situation bei § 5 JVEG).

III. Sonstige Auslagen anlässlich der Geschäftsreise

Darüber hinaus sind nach Nr. 7006 VV RVG, Nr. 32009 KV GNotKG auch sonstige Auslagen anlässlich einer Geschäftsreise abrechnungsfähig. Dazu gehören insbesondere Parkgebühren, die bei der Benutzung eines Kraftfahrzeugs anfallen sowie Übernachtungskosten, soweit sie angemessen sind. Als erforderlich werden Übernachtungskosten i.d.R. angesehen, wenn anderenfalls die Anreise vor 6.00 Uhr oder eine Rückreise nach 22.00 Uhr abends angetreten werden müsste.[3] Die Kosten eines Frühstücks sind nicht vom Mandanten zu übernehmen. Sind diese in der Rechnung nicht gesondert ausgewiesen, können Sie im Regelfall gemäß § 287 ZPO mit ca. 10 % der Übernachtungskosten geschätzt werden.[4]

Zu beachten ist, dass sonstige Auslagen nur mit den Netto-Beträgen in die Rechnung eingestellt werden dürfen, wenn der Anwalt zum Vorsteuerabzug berechtigt ist.[5] Erst hiernach ist dann einheitlich nach Nr. 7008 VV RVG Umsatzsteuer zu erheben.

IV. Abwesenheitsgelder

Nach Nr. 7005 VV RVG; Nr. 32008 KV GNotKG fallen sowohl für den Anwalt als auch für den Notar bei Geschäftsreisen zudem Abwesenheitsgelder an. Diese sind nach **Dauer der Abwesenheit**[6] gestaffelt. Der Anwalt kann darüber hinaus bei Auslandsreisen höhere Abwesenheitsgelder beanspruchen.

Dauer	Anwalt		Notar
	Inland	Ausland	
bis zu 4 Stunden	25,00 Euro	bis 37,50 Euro	20,00 Euro
4 bis 8 Stunden	40,00 Euro	bis 60,00 Euro	35,00 Euro
über 8 Stunden	70,00 Euro	bis 105,00 Euro	60,00 Euro

V. Verteilung der Kosten bei Geschäftsreisen in mehreren Angelegenheiten

1. Überblick

Wird eine Geschäftsreise für **mehrere Angelegenheiten** durchgeführt – unabhängig davon, ob auch für mehrere Auftraggeber oder für denselben –, so sind die gesamten Reisekosten zu

---

[1] OLG Frankfurt/M. AGS 2007, 136 u. 155 = NJW 2006, 2337 = JurBüro 2006, 429 = NZV 2006, 663 = OLGR 2007, 344.
[2] Rpfleger 1994, 85.
[3] OLG Karlsruhe Justiz 1985, 473; OLGR 2004, 20; OLG Saarbrücken AGS 2010, 48.
[4] OLG Düsseldorf AGS 2012, 561 = JurBüro 2012, 591= NJW-RR 2012, 1470 = NJW-Spezial 2012, 732.
[5] BGH AGS 2012, 268 = MDR 2012, 810 = AnwBl. 2012, 664 = ZfSch 2012, 463 = NJW-RR 2012, 1016 = JurBüro 2012, 479 = NZV 2012, 476 = VersR 2012, 1316 = NJW-Spezial 2012, 412 = RVGreport 2012, 266 = FamRZ 2012, 1136 = StRR 2012, 243.
[6] Entscheidend ist die Zeit, die der Anwalt/Notar von seiner Kanzlei entfernt ist, also grundsätzlich von der Abreise bis zur Rückkehr, gegebenenfalls einschließlich der Zeit für die Einnahme eines Mittagessens (VG Stuttgart AnwBl. 1984, 323 und 562).

verteilen. Eine Verteilung kann auch dann vorkommen, wenn ein Anwaltsnotar anlässlich einer Geschäftsreise sowohl Anwalts- als auch Notartätigkeit ausübt. Einer Verteilung bedarf es insbesondere für sog. **Rundreisen**, bei denen für mehrere Angelegenheiten/Geschäfte auf einer Reise mehrere Ziele angefahren werden.

2. Anwalt

Für den Anwalt ist eine strikte Aufteilung in Vorbem. 7 Abs. 3 S. 1 VV RVG vorgegeben.

Jeder Auftraggeber haftet bei einer solchen gemeinsamen Geschäftsreise nur **für seinen Anteil** (Vorbem. 7 Abs. 3 S. 1 VV RVG) und nicht etwa für die Kosten, die entstanden wären, wenn der Anwalt alleine für ihn gereist wäre. Eine Haftung der Auftraggeber als Gesamtschuldner oder nach § 7 Abs. 2 S. 1 RVG kommt hier also nicht in Betracht, da der Anwalt nicht in derselben Angelegenheit tätig wird.

Bei der Berechnung des auf die jeweilige Angelegenheit entfallenden Anteils ist in folgenden Schritten vorzugehen:

1. Zunächst sind die **tatsächlichen (erstattungsfähigen) Gesamtkosten** zu berechnen.
2. Sodann sind die **fiktiven Einzelreisekosten** zu ermitteln, die angefallen wären, wenn der Anwalt die Reisen für jeden Mandanten einzeln durchgeführt hätte.
3. Schließlich muss noch die **Summe der Kosten der fiktiven einzelnen Reisen** errechnet werden.
4. Alsdann werden die fiktiven Einzelreisekosten des Mandanten mit der Summe der tatsächlichen erstattungsfähigen Reisekosten multipliziert und durch den Gesamtbetrag aller fiktiven Reisekosten dividiert. Es gilt also folgende **Formel**:

$$\frac{\textit{Fiktive Einzelreisekosten des Mandanten} \times \textit{tatsächliche erstattungsfähige Gesamtreisekosten}}{\textit{Summe aller fiktiven Einzelreisekosten}}$$

Beispiel: Der Anwalt hat seine Kanzlei in Köln. Für Mandant A fährt er zum LG Bonn und anschließend für Mandant B zum LG Koblenz. Das LG Bonn liegt 30 km von der Kanzlei entfernt, das LG Koblenz 120 km, die Entfernung zwischen LG Bonn und LG Koblenz beträgt 100 km. Es ergibt sich folgende Berechnung:

(1) Tatsächliche erstattungsfähige Gesamtreisekosten
Fahrtkosten, Nr. 7003 VV RVG ([30 + 100 + 120 km] x 0,30 Euro/km)   75,00 Euro
Abwesenheitspauschale 4 bis 8 Stunden, Nr. 7005 Nr. 2 VV RVG   40,00 Euro

Gesamt   **115,00 Euro**

(2) Fiktive Einzelreisekosten
Mandant A:
Fahrtkosten, Nr. 7003 VV RVG (2 x 30 km x 0,30 Euro/km)   18,00 Euro
Abwesenheitspauschale bis 4 Stunden, Nr. 7005 Nr. 1 VV RVG   25,00 Euro

Gesamt   **43,00 Euro**

Mandant B:
Fahrtkosten, Nr. 7003 VV RVG (2 x 120 km x 0,30 Euro/km)   72,00 Euro
Abwesenheitspauschale 4 bis 8 Stunden, Nr. 7005 Nr. 2 VV RVG   40,00 Euro

Gesamt   **112,00 Euro**

(3) Summe der fiktiven Einzelreisekosten
(43,00 Euro + 112,00 Euro =)   **155,00 Euro**

(4) Anteilige Kosten
Mandant A hat zu zahlen: 43,00 Euro x 115,00 Euro : 155,00 Euro   31,90 Euro
Mandant B hat zu zahlen: 112,00 Euro x 115,00 Euro : 155,00 Euro   83,10 Euro

Gesamt (Kontrolle)   **115,00 Euro**

3. Notar

Für den Notar gilt dagegen nur eine „angemessene Verteilung", für die es keine strikten Vorgaben gibt. Ungeachtet dessen ist der für den Anwalt vorgeschriebene Maßstab jedenfalls auch für den Notar eine angemessene Möglichkeit.[1]

---

[1] So jedenfalls noch zur KostO: *Assenmacher/Mathias*, KostO, Stichwort „Reisekosten" Anm. 2.5.

16. Entgelte für Post- und Telekommunikationsdienstleistungen

I. Anwalt

Nach Nrn. 7001, 7002 VV RVG steht dem Anwalt gegen seinen Auftraggeber ein Anspruch auf Ersatz der bei Ausführung des Auftrags angefallenen Entgelte für Post- und Telekommunikationsdienstleistungen zu. Er kann diese Auslagen wahlweise konkret abrechnen (Nr. 7001 VV RVG)[1] oder pauschal (Nr. 7002 VV RVG). Für die Übersendung einer Rechnung dürfen in beiden Fällen keine Postentgelte erhoben werden (Anm. zu Nr. 7001 VV RVG).

Wählt der der Anwalt die **pauschale Abrechnung**, erhält er 20% der gesetzlichen Gebühren, höchstens jedoch 20,00 Euro. Ein **Mindestbetrag** ist nicht vorgesehen. Da der Mindestbetrag einer Gebühr jedoch immer 15,00 Euro beträgt (§ 13 Abs. 2 RVG), beläuft sich die Pauschale somit faktisch auf **mindestens 3,00 Euro**.

Voraussetzung für den Ansatz der Pauschale ist, dass mindestens 1 Cent an Post- oder Telekommunikationsentgelten angefallen ist, der nach Nr. 7001 VV RVG abgerechnet werden könnte. Sind keine abrechenbaren Post- und Telekommunikationsentgelte angefallen, besteht auch kein Anspruch auf die Pauschale, da dann nichts zu pauschalieren ist. Eine Rundungsregel existiert nicht. Die Vorschrift des § 2 Abs. 2 S. 2 RVG gilt nur für Gebühren. Die Regelung des § 2 Abs. 2 S. 2 RVG dürfte jedoch entsprechend anzuwenden sein, zumal sie der kaufmännischen Auf- und Abrundung auf volle Cent, also auf die zweite Dezimalstelle, entspricht.[2]

Die Pauschale berechnet sich nach den **gesetzlichen Gebühren**, also nicht nach den ermäßigten **Prozess- oder Verfahrenskostenhilfegebühren** des § 49 RVG.[3] Zum 1.1.2014 wird Nr. 7002 VV RVG allerdings dahingehend geändert, dass im Falle von Prozess- und Verfahrenskostenhilfe nur noch die geringeren Gebührenbeträge des § 49 RVG maßgebend sein sollen. Praktische Relevanz hat das jedoch nicht. Diese Änderung wirkt sich nur bei der 0,3-Verfahrensgebühr in der Zwangsvollstreckung (Nr. 3309 VV RVG) aus, und das auch nur bei Gegenstandswerten von 5.000,01 Euro bis 13.000,00 Euro.

In **Beratungshilfesachen** ist die Pauschale nach zutreffender Ansicht aus den Gebühren der Nrn. 2501 ff. VV RVG zu berechnen und nicht aus den fiktiven gesetzlichen Gebühren des Wahlanwalts.[4] Das wird durch eine Änderung der Nr. 7002 VV RVG zum 1.1.2014 vorsorglich gesetzlich klargestellt.

Aus der **Beratungshilfegebühr** der Nr. 2500 VV RVG darf keine Pauschale berechnet werden, da die Auslagen in der Gebühr bereits enthalten sind (Anm. zu Nr. 2500 VV RVG).

Zu beachten ist, dass die Postentgeltpauschale in **jeder Angelegenheit gesondert** entsteht. Sie entsteht z.B. im Mahnverfahren und im anschließenden streitigen Verfahren jeweils gesondert[5] oder auch nach einer Zurückverweisung.[6] Dies wird in der Praxis häufig übersehen und führt in der Summe zu nicht unerheblichen Beträgen, die verschenkt werden.[7] Klar gestellt ist durch die Neufassung des § 17 Nr. 10 und 11 RVG, dass auch in Straf- und Bußgeldsachen die Pauschale im vorgerichtlichen und im gerichtlichen Verfahren gesondert anfällt.

In **Anrechnungsfällen** berechnet sich die Postentgeltpauschale nach dem Gebührenaufkommen vor Anrechnung und nicht aus dem nach Anrechnung verbleibenden Restbetrag.[8]

---

[1] Insoweit genügt für die Abrechnung die Angabe des Gesamtbetrags (§ 10 Abs. 2 S. 2 RVG). Unabhängig davon kann der Auftraggeber zur Überprüfung eine Einzelaufstellung verlangen.
[2] AnwK-RVG/N. *Schneider*, Nrn. 7001, 7002 VV RVG Rn. 20.
[3] Zuletzt OLG Nürnberg AGS 2010, 137 = JurBüro 2010, 40; AnwK-RVG/N. *Schneider*, Nrn. 7001, 7002 Rn. 24 ff., 47 ff. m. w. Nachw.
[4] Siehe A 11, S. 156, Fn. 1.
[5] BGH AGS 2004, 343 = NJW-RR 2004, 1656; AGS 2005, 26 = NJW-RR 2005, 939; AnwK-RVG/ N. *Schneider*, Nrn. 7001, 7002 Rn. 32 ff.
[6] LG Dresden AGS 2006, 169.
[7] Siehe im Einzelnen AnwK-RVG/N. *Schneider*, Nrn. 7001, 7002 Rn. 32 ff.
[8] AnwK-RVG/N. *Schneider*, Nrn. 7002, 7003 VV RVG Rn. 36 ff. m. w. Nachw.

II. Notar

Der Notar kann seine Entgelte für Post- und Telekommunikationsdienstleistungen nach Nr. 32004 KV GNotKG konkret abrechnen. Auch er kann allerdings für die durch Geltendmachung seiner Kosten entstehenden Entgelte kein Ersatz verlangen (Anm. Abs. 1 zu Nr. 32004 KV GNotKG). Für Zustellungen mit Zustellungsurkunde und für Einschreiben gegen Rückschein ist der in Nr. 31002 KV GNotKG bestimmte Betrag i.H.v. 3,50 Euro anzusetzen (Anm. Abs. 2 zu Nr. 32004 KV GNotKG).

Anstelle der tatsächlichen Auslagen darf der Notar nach Nr. 32005 KV GNotKG ebenfalls eine Pauschale in Höhe von 20% der gesetzlichen Gebühren berechnen, höchstens 20,00 Euro. Er kann diese Pauschale in jedem notariellen Verfahren und bei sonstigen notariellen Geschäften erheben (Anm. S. 1 zu Nr. 32005 KV GNotKG). Ein notarielles Geschäft und der sich hieran anschließende Vollzug sowie sich hieran anschließende Betreuungstätigkeiten gelten insoweit zusammen als ein Geschäft (Anm. S. 2 zu Nr. 32005 KV GNotKG).

17. Haftpflichtversicherungsprämie

I. Anwalt

1. Überblick

Nach Nr. 7007 VV RVG kann der Anwalt die „im Einzelfall" gezahlte Prämie für seine Berufshaftpflichtversicherung (Haftpflichtversicherung für Vermögensschäden) dem Auftraggeber in Rechnung stellen, soweit sie das über 30 Mio. Euro hinausgehende Haftungsrisiko abdeckt. Auch wenn Anlass dieser Vorschrift die Begrenzung des Gegenstandswertes nach § 22 Abs. 2 RVG; §§ 23 Abs. 1 RVG i.V.m. § 39 Abs. 2 GKG, § 30 Abs. 2 FamGKG auf 30 Mio. Euro war, kommt es nicht auf den Gegenstandswert an, sondern nur auf das Haftungsrisiko.

Voraussetzung ist in allen Fällen selbstverständlich, dass der Anwalt sich auch tatsächlich entsprechend **versichert**. Eine **fiktive Abrechnung** ist nicht möglich.

2. Konkrete Abrechnung

Sofern der Anwalt bereits über 30 Mio. Euro versichert ist und er lediglich eine **Zusatzversicherung** über das bereits versicherte Risiko abschließt, bereitet die Berechnung keine Probleme. Die anfallende Prämie ist in voller Höhe umlagefähig (1. Alt. der Anm. zu Nr. 7007 VV RVG).

Beispiel: Der Anwalt erhält ein Mandat über 50 Mio. Euro. Er ist bis 30 Mio. Euro versichert und schließt für die weiteren 20 Mio. Euro eine Zusatzversicherung ab, für die eine gesonderte Prämie berechnet wird. Der Anwalt kann die volle Prämie für die Zusatzversicherung nach der 1. Alt. der Anm. zu Nr. 7007 VV RVG dem Auftraggeber in Rechnung stellen.

3. Verhältnismäßige Abrechnung

Ist eine konkrete Abrechnung (siehe 2.) nicht möglich, so ist verhältnismäßig abzurechnen (2. Alt. der Anm. Nr. 7007 VV RVG). Es muss der Mehrbetrag ermittelt werden zwischen der Versicherungsprämie für Schäden bis 30 Mio. Euro und der Versicherungsprämie für Schäden in Höhe des versicherten Höchstbetrags. Dabei ist zu unterscheiden ob eine Grund- oder Anschlussversicherung abgeschlossen ist.[1]

a) Grundversicherung

Im Falle einer Grundversicherung ist nach folgender Dreisatz-Formel zu rechnen:[2]

$$\text{Gesamtprämie} \times \frac{\text{Versicherungssumme} - 30 \text{ Mio. Euro}}{\text{Versicherungssumme}} = \text{verhältnismäßiger Anteil}$$

Erläuterung:

Gesamtprämie: insgesamt gezahlte oder zu zahlende Versicherungsprämie aus dem Gesamthaftungsrisiko

Versicherungssumme: versichertes Haftungsrisiko

Beispiel: Der Anwalt hat zur Abdeckung des Haftungsrisikos von 50 Mio. Euro in einem bestimmten Mandat eine Haftpflichtversicherung mit einer Deckungssumme von 50 Mio. Euro abgeschlossen. Hierfür zahlt er einen Jahresbeitrag von 45.000,00 Euro.

Nach Nr. 7007 VV RVG kann er vom Mandanten die Beiträge für die 30 Mio. Euro übersteigende Versicherungssumme, also für weitere 20 Mio. Euro fordern.

---

[1] Zu den Vor- und Nachteilen siehe *Zimmermann*, AnwBl. 2006, 55.
[2] So auch *Hansens*, in: Hansens/Braun/Schneider, Praxis des Vergütungsrechts, Teil 19 Rn 124; Baumgärtel/Hergenröder/*Houben*, Nr. 7007 VV RVG Rn 3; Mayer/Kroiß/*Ebert*, RVG, Nr. 7007 VV RVG Rn 3; *Zimmermann*, AnwBl. 2006, 55.

Zu rechnen ist wie folgt:

$$45.000 \text{ Euro} \times \frac{50 \text{ Mio. Euro} - 30 \text{ Mio. Euro}}{50 \text{ Mio. Euro}} = 18.000 \text{ Euro}$$

b) Anschlussversicherung

Im Falle einer Anschlussversicherung muss beachtet werden, dass die Grundversicherung bereits ein Haftungsrisiko abdeckt, sodass die weitergehende Versicherung nicht mehr die vollen ersten 30 Mio. Euro erfasst. Es ist nach folgender Dreisatz-Formel zu rechnen:

$$\text{Gesamtprämie} \times \frac{\text{Weitere Versicherungssumme} - (30 \text{ Mio. Euro} - \text{Grundversicherungssumme})}{\text{Weitere Versicherungssumme}} = \text{verhältnismäßiger Anteil}$$

Erläuterung:

Gesamtprämie:	insgesamt gezahlte oder zu zahlende Versicherungsprämie aus dem weiteren Haftungsrisiko
Weitere Versicherungssumme:	über die Grundversicherung hinausgehendes versichertes Haftungsrisiko
Grundversicherungssumme:	bereits durch die nach § 51 Abs. 1 BRAO bestehende Grundversicherung abgedecktes Haftungsrisiko
verhältnismäßiger Anteil:	abzurechnender Auslagenbetrag nach Nr. 7007 VV RVG

Beispiel: Der Anwalt unterhält eine allgemeine Haftpflichtversicherung über ein Risiko von 5 Mio. Euro. Zur Abdeckung des Haftungsrisikos von insgesamt 40 Mio. Euro in einem bestimmten Mandat schließt er eine Anschluss-Haftpflichtversicherung mit einer Deckungssumme von weiteren 35 Mio. Euro ab. Hierfür zahlt er einen Jahresbeitrag von 25.000,00 Euro.

Nach Nr. 7007 VV RVG kann er vom Mandanten anteilig dem Beitrag für die 30 Mio. Euro übersteigende Versicherungssumme, also für weitere 10 Mio. Euro, fordern.

Zu rechnen ist wie folgt:

$$25.000 \text{ Euro} \times \frac{35 \text{ Mio. Euro} - (30 \text{ Mio. Euro} - 5 \text{ Mio. Euro})}{35 \text{ Mio. Euro}} = 7.142{,}86 \text{ Euro}$$

Zu rechnen ist nach folgender Dreisatz-Formel:[1]

$$\frac{\text{insgesamt versichertes Risiko}^2 - 30 \text{ Mio. Euro}}{\text{Versicherungssumme Zusatzversicherung}} \times \frac{\text{Versicherungsprämie}}{\text{Zusatzversicherung}}$$

Beispiel: Der Anwalt ist bis 5 Mio. Euro generell versichert. Zur Abdeckung eines Haftungsrisikos von insgesamt 50 Mio. Euro schließt er eine weitere Haftpflichtversicherung mit einer Deckungssumme bis zu 50 Mio. Euro, also weitere 45 Mio. Euro, ab. Hierfür zahlt er einen Jahresbeitrag von 45.000,00 Euro.

Nach Nr. 7007 VV RVG kann der Anwalt vom Mandanten die Beiträge für die 30 Mio. Euro übersteigende Versicherungssumme, also für weitere 20 Mio. Euro, fordern.

Zu rechnen ist wie folgt:

$$\frac{50 \text{ Mio. Euro} - 30 \text{ Mio. Euro}}{45 \text{ Mio. Euro}} \times 45.000{,}00 \text{ Euro} = 20.000{,}00 \text{ Euro}$$

Vertritt der Anwalt **mehrere Auftraggeber** in derselben Angelegenheit, so haftet jeder Auftraggeber anteilig auf die zusätzliche Versicherungsprämie.[3] Die Regelung des § 7 Abs. 2 RVG, wonach jeder Auftraggeber auf Auslagen insoweit haftet, als diese entstanden wären, wenn er alleine den Auftrag erteilt hätte, versagt hier und kann daher nicht unmittelbar angewendet werden.

---

[1] So auch *Hansens* in: Hansens/Braun/Schneider, Praxis des Vergütungsrechts, Teil 18 Rn. 214; *Zimmermann*, AnwBl. 2006, 55.
[2] Einschließlich der Grundversicherung.
[3] Siehe AnwK-RVG/N. *Schneider*, Nr. 7007 VV RVG Rn. 22.

Beispiel: Der Anwalt vertritt zwei Auftraggeber, die auf jeweils 30 Mio. Euro in Anspruch genommen werden. Versichert ist der Anwalt bis 1 Mio. Euro; er versichert sich daher für weitere 59 Mio. Euro und zahlt hierfür 50.000,00 Euro.

Abgerechnet werden kann jetzt nach einem Gegenstandswert von 60 Mio. Euro, da § 22 Abs. 2 S. 2 RVG greift (siehe § 23 Abs. 1 S. 4 RVG). Die anteilige Versicherungsprämie aus den weiteren 30 Mio. kann folglich umgelegt werden.

Jeder einzelne Auftraggeber haftet aber nur auf 30 Mio. Euro und hätte damit bei alleiniger Auftragserteilung (§ 7 Abs. 2 RVG) nach Nr. 7007 VV RVG keine anteilige Prämie zu zahlen. Für die anfallende Prämie würde also niemand haften.

Zutreffend dürfte es hier sein, die anteilige Prämie aus den weiteren 30 Mio. Euro anteilig, also hier jeweils zu Hälfte, den einzelnen Auftraggebern in Rechnung zu stellen.[1]

Zu rechnen wäre zunächst nach der o. g. Formel wie folgt:

$$\frac{60 \text{ Mio. Euro} - 30 \text{ Mio. Euro}}{59 \text{ Mio. Euro}} \times 60.000,00 \text{ Euro} = 30.508,48 \text{ Euro}$$

Von diesem Betrag müsste jeder Auftraggeber

30.508,48 Euro : 2 = 15.254,24 Euro

zahlen.

II. Notar

1. Überblick

Nach Nr. 32013 KV GNotKG kann der Notar Anwalt die „im Einzelfall" gezahlte Prämie für seine Versicherung gegen Vermögensschäden erheben, soweit die Prämie auf Haftungsbeträge von mehr als 60 Mio. Euro entfällt.

Soweit sich aus der Rechnung des Versicherers nichts anderes ergibt, ist von der Gesamtprämie derjenige Betrag zu erstatten, der sich aus dem Verhältnis der 60 Mio. Euro übersteigenden Versicherungssumme zu der Gesamtversicherungssumme ergibt.

2. Konkrete Abrechnung

Sofern der Notar eine ergänzende Versicherung über das bereits allgemein versicherte Risiko von 60 Mio. Euro abgeschlossen hat oder sich anderweitig aus der Rechnung des Versicherers der Prämienanteil für die Versicherung von über 60 Mio. Euro ergibt, ist die entsprechende Prämie ist in voller Höhe umlagefähig.

3. Verhältnismäßige Abrechnung

Ist eine konkrete Abrechnung (siehe 2.) nicht möglich, so ist verhältnismäßig abzurechnen. Es muss die anteilige Versicherungsprämie ermittelt werden, die das Risiko von über 60 Mio. Euro[2] abdeckt. Zu rechnen ist nach folgender Dreisatz-Formel:

$$\frac{\textit{insgesamt versichertes Risiko}^3 - 60 \text{ Mio. Euro}}{\textit{Versicherungssumme Zusatzversicherung}} \times \frac{\textit{Versicherungsprämie}}{\textit{Zusatzversicherung}}$$

Beispiel: Der Notar ist bis 10 Mio. Euro generell versichert. Zur Abdeckung eines Haftungsrisikos von insgesamt 80 Mio. Euro schließt er eine weitere Vermögensschadenversicherung mit einer Deckungssumme insgesamt bis zu 80 Mio. Euro ab, also für weitere 70 Mio. Euro. Hierfür zahlt er einen Jahresbeitrag von 60.000,00 Euro.

Nach Anm. zu Nr. 32013 KV GNotKG kann der Notar die Beiträge für die 60 Mio. Euro übersteigende Versicherungssumme, also für weitere 20 Mio. Euro fordern.

Zu rechnen ist wie folgt:

$$\frac{80 \text{ Mio. Euro} - 60 \text{ Mio. Euro}}{70 \text{ Mio. Euro}} \times 60.000,00 \text{ Euro} = 17.142,86 \text{ Euro}$$

---

[1] Siehe AnwK-RVG/N. *Schneider*, Nr. 7007 VV RVG Rn. 22.
[2] Wobei zu berücksichtigen ist, dass eine Grundversicherung bereits bestehen muss (§ 19a Abs. 3 S. 1 BNotO, mindestens 500.000,00 Euro).
[3] Einschließlich der Grundversicherung.

18. Gebühren nach den Abrechnungsgrundsätzen bei der Regulierung von Verkehrsunfällen

I. Übersicht über die verschiedenen Abrechnungsgrundsätze

Entsprechend den früheren Regulierungsempfehlungen (sog. „DAV-Abkommen") bieten einige Versicherer Abrechnungsgrundsätze an, nach denen sie pauschalen Ersatz der für die Regulierung von Kfz-Schäden angefallenen Anwaltskosten übernehmen.

Die Abrechnungsgrundsätze werden von allen Versicherern nur gegenüber den Anwälten und Anwältinnen angewandt, die sich mit ihnen in allen Fällen uneingeschränkt damit einverstanden erklären. Weicht der Anwalt im Einzelfall davon ab, ist der jeweilige Versicherer zukünftig auch nicht mehr daran gehalten.

Die Abrechnungsgrundsätze sind inhaltlich weitgehend gleich lautend. Es ergeben sich jedoch im Einzelnen Unterschiede.[1] Insbesondere von der Höhe der Gebühren her werden zwei verschiedene Modelle angeboten.

Abgerechnet wird im Rahmen der Abrechnungsgrundsätze nach dem Entschädigungsbetrag, also dem sog. Erledigungswert. Maßgebend ist für den Kostenerstattungsanspruch also nur, welche Beträge von dem Haftpflichtversicherer anerkannt oder gezahlt worden sind. Daher können sich durchaus weitergehende Ansprüche ergeben, wenn die Regulierung hinter dem geltend gemachten Schadensersatzanspruch zurückbleibt (siehe IV.).

II. Abrechnungsgrundsätze auf der Basis 1,8

1. Überblick

Die nachstehend aufgeführten Versicherer bieten Abrechnungssätze ausgehend von einem Mindestsatz von 1,8 an. Dieser Satz kann sich dann je nach weiteren Kriterien (siehe Tabelle III.) auf 2,1, 2,4 und 2,7 erhöhen.[2]

2. Beteiligte Versicherungsgesellschaften

Die Abrechnungsgrundsätze auf der Basis einer 1,8-Geschäftsgebühr bieten zur Zeit an:
- Öffentliche Landesbrandkasse Versicherungen Oldenburg
- VGH Versicherungen
- DEVK.

3. Übersicht über die Gebührensätze (Basis 1,8)

	ein Auftraggeber	mehrere Auftraggeber[3]
Nur Sachschaden	1,8	2,4
Personenschaden (und Sachschaden) bei einem Gesamterledigungswert unter 10.000,00 Euro	1,8	2,4

---

[1] Siehe hierzu im einzelnen AnwK-RVG/N. *Schneider*, Anhang IV Rn. 5.
[2] Nachgewiesen auf der Homepage des DAV (Verkehrsanwälte): http://verkehrsanwaelte.de/arbeitshilfen/abrechnung-kfz-haftpflichtschaeden.pdf.
[3] Wird das Mandat für mehrere Auftraggeber gemeinschaftlich geführt, kommt es im Gegensatz zur Gebührenerhöhung nach Nr. 1008 VV RVG (Anm. Abs. 1 zu Nr. 1008 VV RVG) nicht darauf an, ob der Anwalt von mehreren Auftraggebern auch wegen desselben Streitgegenstandes beauftragt worden ist. Es reicht vielmehr aus, dass die verschiedenen Auftraggeber jeweils selbständige eigene Schadensersatzansprüche geltend machen.
Ebenso wenig kommt es in Abweichung von Nr. 1008 VV RVG darauf an, wie viele zusätzliche Auftraggeber der Anwalt vertritt. Die Ausgangsgebühr erhöht sich also nicht je Auftraggeber, sondern insgesamt nur einmal um 0,3.

	ein Auftraggeber	mehrere Auftraggeber
Personenschaden (und Sachschaden) ab einem Gesamterledigungswert von 10.000,00 Euro	2,1	2,7

III. Abrechnungsgrundsätze auf der Basis 1,5

1. Überblick

Ausgehend von der früheren Basis 15/10 bieten die nachfolgenden Versicherer Abrechnungssätze an. Dieser Satz kann sich dann je nach weiteren Kriterien (siehe Tabelle III.) auf 1,75, 2,0 und 2,25 erhöhen.

2. Beteiligte Versicherungsgesellschaften

Die Abrechnungsgrundsätze auf der Basis einer 1,5-Geschäftsgebühr bieten an:

– HUK Coburg[1]
– Bruderhilfe Versicherungen

3. Übersicht über die Gebührensätze (Basis 1,5)

	ein Auftraggeber	mehrere Auftraggeber[1]
Nur Sachschaden	1,5	2,0
Personenschaden (und Sachschaden) bei einem Gesamterledigungswert unter 10.000,00 Euro	1,5	2,04
Personenschaden (und Sachschaden) ab einem Gesamterledigungswert von 10.000,00 Euro	1,75	2,25

IV. Weitergehender Vergütungsanspruch gegen den eigenen Mandanten

Wird nach den Abrechnungsgrundsätzen abgerechnet, dann sind damit bei vollständiger Erledigung sämtliche Kostenersatzansprüche des Geschädigten abgegolten. Soweit sich nach den gesetzlichen Vorschriften des RVG ein höherer Betrag ergibt, kann dieser gegenüber dem Auftraggeber nicht mehr gemacht werden.

Bleibt die Regulierung dagegen hinter den geltend gemachten Forderungen des Auftraggebers zurück, verbleibt ein restlicher Vergütungsanspruch gegen den Auftraggeber, für den dann auch dessen Rechtsschutzversicherer einzutreten hat.

Abzurechnen ist in solchen Fällen nach folgender Formel:[2]

	gesetzliche Vergütung aus dem Auftragswert
./.	gesetzliche Vergütung aus dem Erledigungswert
=	verbleibender Anspruch gegen den Auftraggeber

Beispiel (Modell 1,8): Geltend gemacht werden 10.000,00 Euro Sachschaden. Ersetzt werden lediglich 8.000,00 Euro, sei es, weil eine Mithaftung besteht oder die Ansprüche übersetzt sind. Angemessen ist nach Nr. 2300 VV RVG i. V. m. § 14 Abs. 1 RVG eine 1,5-Geschäftsgebühr.

---

[1] Die HUK Coburg verlangt eine schriftliche Vereinbarung von dem Anwalt. Sie rechnet dann grundsätzlich alle noch nicht abgeschlossenen Mandate auf der Basis der Abrechnungsgrundsätze ab. Im Rahmen von Verhandlungen ist sie jedoch auch bereit, in abgeschlossenen Mandaten nachzuzahlen, sofern geringer abgerechnet worden war.
[2] So zu den früheren Regulierungsempfehlungen bereits: OLG Düsseldorf AGS 2005, 372 m. Anm. N. *Schneider* = NJW-RR 2005, 1155 = JurBüro 2005, 476 m. Anm. *Enders* = OLGR 2006, 63 = RVGreport 2005, 348; AG Schwandorf zfs 1994, 64 m. zust. Anm. *Madert*; AG Ahaus AnwBl. 1989, 295.

Nach dem RVG könnte der Anwalt aus dem Wert von 10.000,00 Euro abrechnen:

1. 1,5-Geschäftsgebühr, Nr. 2300 VV RVG
   (Wert: 10.000,00 Euro)   837,00 Euro
2. Postentgeltpauschale, Nr. 7002 VV RVG   20,00 Euro
   Zwischensumme   857,00 Euro
3. 19 % Umsatzsteuer, Nr. 7008 VV RVG   162,83 Euro

Gesamt   **1.019,83 Euro**

Nach den Abrechnungsgrundsätzen erhält er aus dem Wert von 8.000,00 Euro:

1. 1,8-Geschäftsgebühr, Nr. 2300 VV RVG
   (Wert: 8.000,00 Euro)   820,80 Euro
2. Postentgeltpauschale, Nr. 7002 VV RVG   20,00 Euro
   Zwischensumme   848,80 Euro
3. 19 % Umsatzsteuer, Nr. 7008 VV RVG   161,27 Euro

Gesamt   **1.010,07 Euro**

Die Differenz der gesetzlichen Vergütung aus dem Erledigungs- und dem Auftragswert kann der Anwalt vom Mandanten jetzt noch verlangen:[1]

1. 1,5-Geschäftsgebühr, Nr. 2300 VV RVG
   (Wert: 10.000,00 Euro)   837,00 Euro
2. Postentgeltpauschale, Nr. 7002 VV RVG   20,00 Euro
3. ./. 1,5-Geschäftsgebühr, Nr. 2300 VV RVG
   (Wert: 8.000,00 Euro)   – 684,00 Euro
4. ./. Postentgeltpauschale, Nr. 7002 VV RVG   – 20,00 Euro
   Restbetrag   153,20 Euro
5. 19 % Umsatzsteuer, Nr. 7008 VV RVG   29,11 Euro

Gesamt   **182,31 Euro**

Die Gesamtvergütung des Anwalts liegt in dieser Fallkonstellation mit

Zahlung Versicherer   1.010,07 Euro
Zahlung Mandant   182,31 Euro

Gesamt   **1.192,38 Euro**

über dem gesetzlichen Vergütungsaufkommen, da der Gebührensatz der Abrechnungsgrundsätze über den gesetzlichen Gebühren liegt.

Beispiel (Modell 1,8): Der Anwalt erhält den Auftrag, einen Schaden in Höhe von 10.000,00 Euro geltend zu machen. Es findet eine Besprechung statt, die zu einer umfassenden Einigung, mit einer Zahlung von 8.000,00 Euro führt. Angemessen ist nach Nr. 2300 VV RVG i.V.m. § 14 Abs. 1 RVG eine 2,0-Geschäftsgebühr.

Als gesetzliche Gebühren kann der Anwalt insgesamt 3,5 aus 10.000,00 Euro verlangen (2,0-Geschäftsgebühr [Nr. 2300 VV RVG] und 1,5-Einigungsgebühr – [Nr. 1000 VV RVG]):

1. 2,0-Geschäftsgebühr, Nr. 2300 VV RVG
   (Wert: 10.000,00 Euro)   1.116,00 Euro
2. 1,5-Einigungsgebühr, Nr. 1000 VV RVG
   (Wert: 10.000,00 Euro)   837,00 Euro
3. Postentgeltpauschale, Nr. 7002 VV RVG   20,00 Euro
   Zwischensumme   1.973,00 Euro
4. 19 % Umsatzsteuer, Nr. 7008 VV RVG   374,87 Euro

Gesamt   **2.347,87 Euro**

---

[1] OLG Düsseldorf AGS 2005, 372 m. Anm. *N. Schneider* = NJW-RR 2005, 1155 = JurBüro 2005, 476 m. Anm. *Enders* = OLGR 2006, 63 = RVGreport 2005, 348; AG Ahaus AnwBl. 1989, 295.

Nach den Abrechnungsgrundsätzen sind jedoch nur 1,8 aus 8.000,00 Euro zu zahlen:

1. 1,8-Geschäftsgebühr, Nr. 2300 VV RVG (Wert: 8.000,00 Euro)	820,80 Euro
2. Postentgeltpauschale, Nr. 7002 VV RVG	20,00 Euro
Zwischensumme	840,80 Euro
3. 19 % Umsatzsteuer, Nr. 7008 VV RVG	159,75 Euro
Gesamt	**1.000,55 Euro**

Vom Mandanten kann der Anwalt jetzt wiederum die Differenz der gesetzlichen Vergütung aus dem Erledigungs- und dem Auftragswert verlangen:[1]

1. 2,0-Geschäftsgebühr, Nr. 2300 VV RVG (Wert: 10.000,00 Euro)	1.116,00 Euro
2. 1,5-Einigungsgebühr, Nr. 1000 VV RVG (Wert: 10.000,00 Euro)	837,80 Euro
3. Postentgeltpauschale, Nr. 7002 VV RVG	20,00 Euro
4. ./. 2,0-Geschäftsgebühr, Nr. 2300 VV RVG (Wert: 8.000,00 Euro)	− 912,00 Euro
5. ./. 1,5-Einigungsgebühr, Nr. 1000 VV RVG (Wert: 8.000,00 Euro)	− 684,00 Euro
6. Postentgeltpauschale, Nr. 7002 VV RVG	20,00 Euro
Restbetrag	377,80 Euro
7. 19 % Umsatzsteuer, Nr. 7008 VV RVG	71,78 Euro
Gesamt	**449,58 Euro**

Die Vergütung des Anwalts mit insgesamt

Zahlung Versicherer	1.000,55 Euro
Zahlung Mandant	449,58 Euro
Gesamt	**1.450,13 Euro**

bleibt bei dieser Fallkonstellation hinter dem gesetzlichen Vergütungsaufkommen zurück. Dies resultiert daraus, dass der Anwalt sich hinsichtlich des Erledigungswertes an den geringeren Abrechnungsgrundsätzen orientieren muss.

---

[1] OLG Düsseldorf AGS 2005, 372 m. Anm. *N. Schneider* = NJW-RR 2005, 1155 = JurBüro 2005, 476 m. Anm. *Enders* = OLGR 2006, 63 = RVGreport 2005, 348; AG Ahaus AnwBl. 1989, 295.

19. Vergütung für Akteneinsicht und Aktenauszüge aus Unfallstrafakten

I. Text des Abkommens

**Abkommen zwischen DAV und HUK-Verband
über das „Honorar für Akteneinsicht und Aktenauszüge aus Unfallstrafakten
für Versicherungsgesellschaften"**

1. a) Der Anwalt erhält für die Einsichtnahme in Unfallakten und für die Herstellung eines Auszuges zur Abgeltung seiner persönlichen Arbeitsleistung und der üblicherweise mit der Erledigung eines solchen Auftrages verbundenen Kosten (Porto und Telefon – außer Ferngesprächen, die besonders berechnet werden) ein Pauschalhonorar in Höhe von 26 Euro für jede Sache.
   b) Er erhält außerdem für jede Seite des Aktenauszuges (auch Fotokopie) die Schreibgebühr gemäß § 27 BRAGO.
   c) Wird eine Ergänzung des Aktenauszuges gewünscht, die sich auf nach dem Zeitpunkt der ersten Akteneinsicht zur Akte gelangten Aktenteile oder Beiakten bezieht, so erhält der Rechtsanwalt für diese Tätigkeit ein Pauschalhonorar von 13 Euro zuzüglich der Schreibgebühren.
2. Durch diese Pauschale sind nicht abgegolten:
   a) Gerichtskosten und sonstige außergewöhnliche Kosten des Auftraggebers, die vom Rechtsanwalt verauslagt worden sind.
   b) Außergewöhnliche Aufwendungen, die zu einer vom Auftraggeber gewünschten beschleunigten Ausführung des Auftrages aufgewandt worden sind.
   c) die auf die obige Vergütung zu zahlende Umsatzsteuer (Mehrwertsteuer) oder der statt dessen dem Anwalt nach § 25 Abs. 2 BRAGO zustehende Ausgleichsbetrag.

Das Abkommen ist noch nicht auf die neue Gesetzeslage des RVG angepasst, wird inhaltlich jedoch nach wie vor in der Praxis angewandt.

Anstelle der **Kopiekosten** nach § 27 BRAGO erhält der Anwalt jetzt die Dokumentenpauschale nach Nr. 7000 Nr. 1a VV RVG.

Die Übernahme der **Umsatzsteuer** folgt aus Nr. 7008 VV RVG.

Eine **Postentgeltpauschale** (Nr. 7002 VV RVG) fällt nicht an!

II. Übersicht über die abzurechnenden Pauschalen und Auslagen

1. Erster Aktenauszug

– Pauschale	26,00 Euro
– zuzüglich außergewöhnliche Aufwendungen aufgrund vom Auftraggeber gewünschter Ausführung des Auftrags	... Euro
– zuzüglich Versendungskosten[1]	... Euro
– zuzüglich Umsatzsteuer (Nr. 7008 VV RVG)	... Euro

2. Zweiter Aktenauszug

– Pauschale	13,00 Euro
– zuzüglich außergewöhnliche Aufwendungen aufgrund vom Auftraggeber gewünschter Ausführung des Auftrags	... Euro
– zuzüglich Versendungskosten[1]	... Euro
– zuzüglich Umsatzsteuer (Nr. 7008 VV RVG)	... Euro

---

[1] I.d.R. 12,00 Euro nach Nr. 9003 GKG-KV oder den entsprechenden Kostenvorschriften der Verwaltungsbehörden.
Da der Anwalt Leistungsempfänger der Aktenversendung und damit selbst Kostenschuldner ist, muss auch auf die Aktenversendungspauschale Umsatzsteuer erhoben werden (BGH AGS 2011, 262 = DAR 2011, 356 = VersR 2011, 877 = AnwBl. 2011, 583 = JurBüro 2011, 412 = NZV 2011, 438 = NJW 2011, 3041 = NJW-Spezial 2011, 349 = RVGreport 2011, 215).

20. Gebührenanrechnungen nach dem RVG

I. Überblick

In zahlreichen Fällen sieht das RVG vor, dass bestimmte Gebühren einer Angelegenheit anzurechnen sind auf Gebühren einer anderen Angelegenheit. Einen allgemeinen Anrechnungsgrundsatz gibt es nicht. Die Anrechnung ist die Ausnahme und muss daher ausdrücklich gesetzlich geregelt sein.

Zum Teil finden sich die Anrechnungsvorschriften – wenn sie nur konkrete Gebühren betreffen – in den Anmerkungen zum jeweiligen Gebührentatbestand (z. B. Anm. Abs. 1 bis 3 zu Nr. 3100 VV RVG). Zum Teil finden sich die Anrechnungsvorschriften – wenn sie generell für bestimmte Angelegenheiten gelten – auch in den Vorbemerkungen (z. B. Vorbem. 2.3 Abs. 4 bis 6; Vorbem. 3 Abs. 4 bis 6 VV RVG). Darüber hinaus sind Anrechnungsvorschriften auch unmittelbar im RVG geregelt (z. B. § 34 Abs. 2 RVG).

Anzurechnen sind nur gesetzliche Gebühren. Eine vereinbarte Vergütung (§§ 3a ff. RVG) ist – wenn dies ist zwischen den Vertragsparteien nicht vereinbart ist – nicht anzurechnen, auch wenn die vereinbarte Vergütung an die Stelle einer gesetzlichen Vergütung tritt, die anzurechnen wäre.[1]

Eine Anrechnung ist nicht nur bei Wertgebühren vorgesehen, sondern auch bei Betragsgebühren, und zwar sowohl in sozialrechtlichen Angelegenheiten, in Straf- und Bußgeldsachen, in Verfahren nach Teil 6 VV RVG als auch in der Beratungshilfe.

Zu beachten ist, dass eine Anrechnung immer dann **ausgeschlossen** ist, wenn seit Erledigung der vorangegangenen Angelegenheit, aus der die Gebühren anzurechnen sind, **mehr als zwei Kalenderjahre** vergangen sind (§ 15 Abs. 5 S. 2 RVG).[2]

Grundsätzlich werden die anzurechnenden Gebühren **voll** auf die Gebühren einer nachfolgenden Angelegenheit **angerechnet**. Das Gesetz kennt hiervon allerdings Ausnahmen:

- Nach Vorbem. 2.3 Abs. 4 bis 6, Vorbem. 3 Abs. 4 VV RVG ist eine Geschäftsgebühr nach Nrn. 2300–2303 VV RVG nur **zur Hälfte** anzurechnen, höchstens zu 0,75 oder zu 175,00 Euro.
- Ebenfalls nur **zur Hälfte** anzurechnen ist die Geschäftsgebühr der Nr. 2503 VV RVG auf die Verfahrensgebühr eines nachfolgenden gerichtlichen oder behördlichen Verfahrens (Anm. Abs. 2 S. 1 zu Nr. 2503 VV RVG).
- Nach Anm. Abs. 2 zu Nr. 4143 VV RVG wiederum ist eine Anrechnung der Gebühr nach Nr. 4143 VV RVG nur zu **einem Drittel** auf die Gebühren eines bürgerlichen Rechtsstreits vorgesehen.
- Nach Anm. Abs. 2 S. 2 zu Nr. 2503 VV RVG ist die Geschäftsgebühr der Nr. 2503 VV RVG nur zu **einen Viertel** auf ein Verfahren auf Vollstreckbarerklärung eines Vergleichs nach den §§ 796a, 796b und 796c Abs. 2 S. 2 ZPO anzurechnen.
- Nach Anm. Abs. 1 zu Nr. 3101 VV RVG und Anm. Abs. 2 zu Nr. 3104 VV RVG wiederum ist nur ein **rechnerischer Differenzbetrag** auf eine nachfolgende Verfahrensgebühr anzurechnen (s. u. III. 8.).

Die Folgen einer Anrechnungsbestimmung sind in § 15a RVG geregelt. Danach entsteht in Anrechnungsfällen zunächst einmal jede Gebühr unabhängig von der anderen in voller Höhe. Dass auf eine Gebühr eine andere zuvor entstandene Gebühr anzurechnen ist, bleibt zunächst einmal unerheblich und führt nicht dazu, dass die weitere Gebühr von Vornherein lediglich in verminderter Höhe entsteht. Sie entsteht vielmehr zunächst einmal in voller Höhe. Selbstverständlich kann der Anwalt nicht beide Gebühren in voller Höhe einfordern und behalten. Er

---

[1] BGH AGS 2009, 523 = NJW 2009, 3364 = ZIP 2009, 2313 = BGHreport 2009, 1234 = AnwBl. 2009, 878 = FamRZ 2009, 1905 = RVGreport 2009, 433 = MDR 2009, 1417.
[2] Siehe dazu OLG Köln OLGR 2009, 601 = MDR 2009, 1365; OLG Düsseldorf AGS 2009, 212 = OLGR 2009, 455 = NJW-Spezial 2009, 220 = RVGreport 2009, 181; OLG München AGS 2006, 369 = OLGR 2006, 681 = AnwBl. 2006, 588 = FamRZ 2006, 1561.

kann insgesamt nicht mehr geltend machen als beide Gebühren, allerdings um den anzurechnenden Betrag vermindert. Dabei ist es ihm jetzt aber unbenommen, wie er die Anrechnung vornimmt. Er kann die eine Gebühr in voller Höhe verlangen und die andere Gebühr gekürzt oder umgekehrt oder beide Gebühren teilweise gekürzt.

Beispiel: Der Anwalt hatte nach einem Gegenstandswert von 8.000,00 Euro eine 1,5-Geschäftsgebühr (Nr. 2300 VV RVG) verdient und anschließend im gerichtlichen Verfahren eine 1,3-Verfahrensgebühr (Nr. 3100 VV RVG).

Nach § 15a Abs. 1 RVG entstehen diese beiden Gebühren zunächst einmal unabhängig voneinander, insgesamt kann allerdings nicht mehr beansprucht werden als der um die Anrechnung gekürzte Betrag. Insgesamt steht dem Anwalt also zu: 1,5 + 1,3 – 0,75 = 2,05.

Fordert der Anwalt die Geschäftsgebühr in voller Höhe ein, dann darf er von der Verfahrensgebühr lediglich noch 0,55 verlangen.

I. Außergerichtliche Vertretung (Wert: 8.000,00 Euro)
1. 1,5-Geschäftsgebühr, Nr. 2300 VV RVG		684,00 Euro
2. Postentgeltpauschale, Nr. 7002 VV RVG		20,00 Euro
Zwischensumme	704,00 Euro	
3. 19 % Umsatzsteuer, Nr. 7008 VV RVG		133,76 Euro
Gesamt		**837,76 Euro**

II. Gerichtliches Verfahren (Wert: 8.000,00 Euro)
1. 1,3-Verfahrensgebühr, Nr. 3100 VV RVG		592,80 Euro
2. gem. Vorbem. 3 Abs. 4 VV RVG anzurechnen, 0,75 aus 8.000,00 Euro		– 342,00 Euro
3. 1,2-Terminsgebühr, Nr. 3104 VV RVG		547,20 Euro
4. Postentgeltpauschale, Nr. 7002 VV RVG		20,00 Euro
Zwischensumme	818,00 Euro	
5. 19 % Umsatzsteuer, Nr. 7008 VV RVG		155,42 Euro
Gesamt		**973,42 Euro**

III. Gesamt   **1.811,18 Euro**

Fordert er dagegen die Verfahrensgebühr in voller Höhe ein, dann verringert sich die Geschäftsgebühr um 0,75, so dass er insoweit lediglich noch restliche 0,75 verlangen kann.

I. Gerichtliches Verfahren (Wert: 8.000,00 Euro)
1. 1,3-Verfahrensgebühr, Nr. 3100 VV RVG		592,80 Euro
2. 1,2-Terminsgebühr, Nr. 3104 VV RVG		547,20 Euro
3. Postentgeltpauschale, Nr. 7002 VV RVG		20,00 Euro
Zwischensumme	1.160,00 Euro	
4. 19 % Umsatzsteuer, Nr. 7008 VV RVG		220,40 Euro
Gesamt		**1.380,40 Euro**

II. Außergerichtliche Vertretung (Wert: 8.000,00 Euro)
1. 1,5-Geschäftsgebühr, Nr. 2300 VV RVG		684,00 Euro
2. gem. Vorbem. 3 Abs. 4 VV RVG anzurechnen, 0,75 aus 8.000,00 Euro		– 342,00 Euro
3. Postentgeltpauschale, Nr. 7002 VV RVG		20,00 Euro
Zwischensumme	362,00 Euro	
4. 19 % Umsatzsteuer, Nr. 7008 VV RVG		68,78 Euro
Gesamt		**430,78 Euro**

III. Gesamt   **1.811,18 Euro**

Auf das Gesamtergebnis hat es also keinen Einfluss, welche Gebühr auf welche angerechnet wird.

Zweckmäßig wird es i. d. R. sein die zuerst entstandene Gebühr in voller Höhe abzurechnen und die Anrechnung dann bei der zeitlich nachfolgenden Gebühr zu berücksichtigen. Dies macht die Abrechnung übersichtlicher. Zudem kann der Anwalt die zuerst entstandene Gebühr, die früher fällig wird (§ 8 Abs. 1 RVG), auch früher abrechnen. Darüber hinaus steht bei Fälligkeit der ersten Gebühr häufig noch gar nicht fest, ob und inwieweit es zur Anrechnung kommen wird. Insoweit hat sich durch den neuen § 15a Abs. 1 RVG also an der bisherigen Rechtslage nicht viel geändert. In den Abrechnungsbeispielen (III.) wird daher auch nach dieser Methode vorgegangen. Die umgekehrte Berechnung wäre jedoch zulässig. Sie bietet sich insbesondere im Rahmen der Kostenerstattung an (s. A 21, 238 ff.) und bei Abrechnung mit einem Rechtsschutzversicherer, wenn nur die gerichtliche Tätigkeit versichert ist, nicht jedoch auch die außergerichtliche Vertretung (siehe A 21, 244 ff.).[1]

Die Anrechnung ist stets auf der **Nettobasis** vorzunehmen, da es anderenfalls zum doppelten Ausweis der Umsatzsteuer kommt.

Zu beachten ist, dass nie eine höhere Gebühr angerechnet werden kann, als in der nachfolgenden Angelegenheit entsteht. Anderenfalls würden sich ein negatives Gebührenaufkommen ergeben, so dass der Anwalt noch zurückzahlen müsste. Siehe hierzu III. 5, 6. Soweit wegen des geringeren Gebührensatzes die Anrechnung in diesen Fällen allerdings nicht verbraucht ist, kann dann der noch nicht verbrauchte Teil der Anrechnung auf eine nachfolgende Angelegenheit angerechnet werden. Siehe hierzu III. 8.

Darüber hinaus ist selbstverständlich auch nur insoweit anzurechnen, als sich die Gegenstände der jeweiligen Angelegenheiten decken. Für die Geschäftsgebühr ist dieser allgemeine Grundsatz in Vorbem. 2.3 Abs. 4 S. 4; Vorbem. 3 Abs. 4 S. 3 VV RVG ausdrücklich geregelt. Dieser Grundsatz gilt aber auch für andere Anrechnungen. Siehe hierzu die Berechnungsbeispiele unter III. 5. Auch hier kommt jedoch eine Berücksichtigung des nicht verbrauchte Teils der Anrechnung auf eine nachfolgende Angelegenheit in Betracht. Siehe hierzu III. 8.

Angerechnet werden nur Gebühren, nicht auch Auslagen. Insbesondere wird die Postentgeltpauschale der Nr. 7002 VV RVG nicht angerechnet,[2] sondern entsteht in Anrechnungsfällen erneut. Sie berechnet sich in der nachfolgenden Angelegenheit nach den vollen gesetzlichen Gebühren und nicht etwa nach einem rechnerischen Differenzbetrag, der nach Anrechnung noch verbleibt.[3] Siehe hierzu die Berechnungsbeispiele unter III.

Ist eine Gebühr einmal angerechnet, so ist damit die Anrechnung verbraucht. Ein und dieselbe Gebühr kann nicht mehrmals angerechnet werden.

Zur Berücksichtigung der Anrechnung im Kostenfestsetzungsverfahren und im PKH-Vergütungsfestsetzungsverfahren und bei rechtsschutzversicherten Mandaten siehe A 21, S. 238 f.

II. Anrechnungsvorschriften

1. Beratung und Gutachten

anzurechnende Gebühr	Anrechnungsvorschrift	Gebühren, auf die angerechnet wird
vereinbarte Gebühr für Beratung und Gutachten (§ 34 Abs. 1 S. 1 RVG)	§ 34 Abs. 2 RVG	alle Geschäfts- oder Verfahrensgebühren einer nachfolgenden Angelegenheit[4]
übliche Gebühr nach bürgerlichem Recht (§ 34 Abs. 1 S. 2 RVG)	§ 34 Abs. 2 RVG	alle Geschäfts- oder Verfahrensgebühren einer nachfolgenden Angelegenheit[4]

[1] Siehe AG München AGS 2011, 414 m. Anm. *Henke* = RVGreport 2011, 318.
[2] AnwK-RVG/N. *Schneider*, Nrn. 7001, 7002 Rn. 36 ff.
[3] Ausführlich AnwK-RVG/N. *Schneider*, Nrn. 7001, 7002 Rn. 36 ff.
[4] Eine Beschränkung der Anrechnung auf die Betriebsgebühr (Geschäfts- oder Verfahrensgebühr) ist hier zwar ausdrücklich nicht vorgesehen; dennoch ergibt sich aus dem Zusammenhang, dass nur auf Betriebsgebühren, nicht auch auf sonstige Gebühren, wie Terminsgebühren oder Einigungsgebühren anzurechnen ist (*Gerold/Schmidt/Mayer*, § 34 Rn. 65).

2. Steuerliche Hilfeleistungen

anzurechnende Gebühr	Anrechnungsvorschrift	Gebühren, auf die angerechnet wird
Gebühr nach StBVV	§ 35 Abs. 2 RVG i.V.m. Vorbem. 2.3 Abs. 4 VV RVG	Geschäftsgebühr im Einspruchsverfahren
Gebühr nach StBVV	§ 35 Abs. 2 RVG i. V.m. Vorbem. 4 Abs. 4 VV RVG	Verfahrensgebühr im finanzgerichtlichen Verfahren

3. Prüfung der Erfolgsaussicht eines Rechtsmittels

Nr. 2100 VV RVG	Anm. zu Nr. 2100 VV RVG	Nrn. 3200, 3206, 3500, 3502, 3504, 3506, 3509 VV RVG (auch wenn der Anwalt in diesen Verfahren Verkehrsanwalt nach Nr. 3400 VV RVG oder Terminsvertreter nach Nr. 3401 VV RVG wird)
Nrn. 2100, 2101 VV RVG	Anm. zu Nr. 2100 VV RVG	Nrn. 3200, 3206, 3500, 3502, 3504, 3506, 3509 VV RVG (auch wenn der Anwalt in diesen Verfahren Verkehrsanwalt nach Nr. 3400 VV RVG oder Terminsvertreter nach Nr. 3401 VV RVG wird)
Nr. 2102 VV RVG	Anm. zu Nr. 2102 VV RVG	Nrn. 3204, 3212, 3500, 3511, 3512 VV RVG (auch wenn der Anwalt in diesen Verfahren Verkehrsanwalt nach Nr. 3400 VV RVG oder Terminsvertreter nach Nr. 3401 VV RVG wird)
Nrn. 2012, 2103 VV RVG	Anm. zu Nr. 2102 VV RVG	Nrn. 3204, 3212, 3500, 3511, 3512 VV RVG (auch wenn der Anwalt in diesen Verfahren Verkehrsanwalt nach Nr. 3400 VV RVG oder Terminsvertreter nach Nr. 3401 VV RVG wird)

4. Geschäftsgebühr

a) Wertgebühren

Nr. 2300 VV RVG	Vorbem. 2.3 Abs. 4 VV RVG	Nr. 2300 VV RVG (hälftige Anrechnung höchstens 0,75)
Nr. 2300 VV RVG	Vorbem. 2.3 Abs. 6 VV RVG	Nr. 2303 VV RVG (hälftige Anrechnung höchstens 0,75)
Nr. 2300 VV RVG (nicht jedoch, wenn danach noch eine weitere Geschäftsgebühr nach § 17 Nr. 1a RVG i.V.m. Nr. 2300 VV RVG oder nach § 17 Nr. 1a RVG i.v.m. Nr. 2302 VV RVG anfällt; Vorbem. 3 Abs. 4 VV RVG S. 2)	Vorbem. 3 Abs. 4 VV RVG	jede Verfahrensgebühr nach Teil 3 VV RVG eines nachfolgenden gerichtlichen Verfahrens (hälftige Anrechnung höchstens 0,75); str. ob auch auf die Gebühr der Nr. 4143 VV RVG anzurechnen ist[1]

[1] Siehe AnwK-RVG/N. *Schneider*, Nrn. 4143 VV RVG Rn. 55 ff.

anzurechnende Gebühr	Anrechnungsvorschrift	Gebühren, auf die angerechnet wird
Nr. 2302 Nr. 1 VV RVG	Vorbem. 3 Abs. 4 VV RVG	jede Verfahrensgebühr nach Teil 3 VV RVG eines nachfolgenden gerichtlichen Verfahrens

b) Rahmengebühren in sozialrechtlichen Verfahren

Nr. 2302 Nr. 1 VV RVG	Vorbem. 2.3 Abs. 4 VV RVG	Nr. 2302 Nr. 1 VV RVG (hälftige Anrechnung höchstens 175,00 Euro)
Nr. 2302 Nr. 1 VV RVG (nicht jedoch, wenn danach noch eine weitere Geschäftsgebühr nach § 17 Nr. 1a RVG i.V.m. Nr. 2302 Nr. 1 VV RVG anfällt; Vorbem. 3 Abs. 4 S. 2 VV RVG)	Vorbem. 3 Abs. 4 VV RVG	jede Verfahrensgebühr nach Teil 3 VV RVG eines nachfolgenden gerichtlichen Verfahrens (hälftige Anrechnung höchstens 175,00 Euro)

c) Rahmengebühren in Verfahren nach der WBO

Nr. 2302 Nr. 2 VV RVG	Vorbem. 2.3 Abs. 5 VV RVG	Nr. 2302 Nr. 2 VV RVG (hälftige Anrechnung höchstens 175,00 Euro)
Nr. 2302 Nr. 2 VV RVG (nicht jedoch, wenn danach noch eine weitere Geschäftsgebühr nach § 17 Nr. 1a RVG i.V.m. Nr. 2302 Nr. 2 VV RVG Nr. 2 anfällt; VV Vorbem. 6.4 Abs. 2 S. 2)	Vorbem. 6.4 Abs. 2 S. 1 VV RVG	Nrn. 6400 und 6402 VV RVG in erstinstanzlichen Verfahren (hälftige Anrechnung höchstens 175,00 Euro)

5. Beratungshilfe

Nr. 2501 VV RVG	Anm. zu Nr. 2501 VV RVG	alle Geschäfts- oder Verfahrensgebühren einer nachfolgenden Angelegenheit[1]
Nr. 2503 VV RVG	Anm. Abs. 2 S. 1 zu Nr. 2503 VV RVG	alle Verfahrens- oder Geschäftsgebühren einer nachfolgenden Angelegenheit[2] (hälftige Anrechnung)
Nr. 2503 VV RVG	Anm. Abs. 2 S. 2 zu Nr. 2503 VV RVG	Nr. 3100 VV RVG im Verfahren nach §§ 796 a ff. ZPO (Anrechnung zu einem Viertel)

6. Verfahren nach Teil 3 VV RVG

a) Mahnverfahren

Nr. 3305 VV RVG (auch i.V.m. Nr. 3306 VV RVG)	Anm. zu Nr. 3305 VV RVG	Verfahrensgebühr des streitigen Verfahrens

---

[1] Eine Beschränkung der Anrechnung auf die Betriebsgebühr (Geschäfts- oder Verfahrensgebühr) ist hier zwar ausdrücklich nicht vorgesehen; dennoch ergibt sich aus dem Zusammenhang, dass nur auf Betriebsgebühren, nicht auch auf sonstige Gebühren, wie Terminsgebühren oder Einigungsgebühren anzurechnen ist.

[2] Eine Beschränkung auf Gebühren nach Teil 3 VV RVG ist hier im Gegensatz zu Vorbem. 3 Abs. 4 VV RVG nicht vorgesehen, was für eine entsprechende Anwendung der Vorbem. 3 Abs. 4 VV RVG auch auf Teil 4 VV RVG, also auch auf VV RVG 4143 sprechen könnte.

anzurechnende Gebühr	Anrechnungsvorschrift	Gebühren, auf die angerechnet wird
Nr. 3307 VV RVG	Anm. zu Nr. 3307 VV RVG	Verfahrensgebühr des streitigen Verfahrens
Nr. 3104 VV RVG (Vorbem. 3.3.2 VV RVG)	Anm. Abs. 4 zu Nr. 3104 VV RVG	Terminsgebühr des streitigen Verfahrens

b) Vereinfachtes Verfahren über den Unterhalt Minderjähriger

Nr. 3100 VV RVG im vereinfachten Verfahren über den Unterhalt Minderjähriger	Anm. Abs. 1 zu Nr. 3100 VV RVG	Verfahrensgebühr im nachfolgenden gerichtlichen Verfahren vor dem FamG
Nr. 3104 VV RVG	Anm. Abs. 4 zu Nr. 3104 VV RVG	Terminsgebühr im nachfolgenden gerichtlichen Verfahren vor dem FamG

c) Vermittlungsverfahren nach § 165 FamFG

Nr. 3100 VV RVG im Vermittlungsverfahren nach § 156 FGG	Anm. Abs. 3 zu Nr. 3100 VV RVG	Verfahrensgebühr im nachfolgenden gerichtlichen Verfahren vor dem FamG

d) Selbstständiges Beweisverfahren

Nr. 3100 VV RVG im selbstständigen Beweisverfahren	Vorbem. 3 Abs. 5 VV RVG	Nr. 3100 VV RVG im nachfolgenden Hauptsacheverfahren; im Falle eines Mahnverfahrens auf die Nrn. 3305, 3307 VV RVG
Nr. 3102 VV RVG im selbständigen Beweisverfahren[1]	Vorbem. 3 Abs. 5 VV RVG	Nr. 3102 VV RVG im nachfolgenden Hauptsacheverfahren
Nr. 3200 VV RVG im selbstständigen Beweisverfahren[2]	Vorbem. 3 Abs. 5 VV RVG	Nr. 3200 VV RVG im nachfolgenden Hauptsacheverfahren
Nr. 3204 VV RVG im selbstständigen Beweisverfahren	Vorbem. 3 Abs. 5 VV RVG	Nr. 3204 VV RVG im nachfolgenden Hauptsacheverfahren

e) Urkunden- oder Wechselprozess

Nr. 3100 VV RVG im Urkunden-, Scheck- oder Wechselprozess	Anm. Abs. 2 zu Nr. 3100 VV RVG	Nr. 3100 VV RVG im ordentlichen Verfahren nach Abstandnahme oder nach Vorbehaltsurteil

f) Erkenntnisverfahren erster Instanz

Nr. 3100 VV RVG im Hauptsacheverfahren	Vorbem. 3 Abs. 5 VV RVG	Nr. 3100 VV RVG im nachfolgenden selbstständigen Beweisverfahren
Nr. 3100 VV RVG im Verfahren vor Zurückverweisung	Vorbem. 3 Abs. 6 VV RVG	Nr. 3100 VV RVG im Verfahren nach Zurückverweisung[3]

[1] Das selbständige Beweisverfahren ist auch in sozialrechtlichen Angelegenheiten möglich (§ 76 SGG).
[2] Das selbständige Beweisverfahren kann auch vor dem Berufungsgericht als Gericht der Hauptsache stattfinden.
[3] Gem. § 15 Abs. 5 S. 2 RVG jedoch nicht, wenn zwei Kalenderjahre vergangen sind (OLG Köln OLGR 2009, 601 = MDR 2009, 1365; OLG Düsseldorf AGS 2009, 212 = OLGR 2009, 455 = NJW-

anzurechnende Gebühr	Anrechnungsvorschrift	Gebühren, auf die angerechnet wird
Nr. 3101 Nr. 2 VV RVG (gegebenenfalls nur der nach Kürzung gem. § 15 Abs. 3 verbleibende Anteil)	Anm. Abs. 1 zu VV 3101 VV RVG	Verfahrensgebühr eines im nachfolgenden gerichtlichen Verfahren
Nr. 3102 VV RVG	Vorbem. 3 Abs. 5 VV RVG	Nr. 3102 VV RVG im nachfolgenden selbstständigen Beweisverfahren
Nr. 3102 VV RVG im Verfahren vor Zurückverweisung	Vorbem. 3 Abs. 6 VV RVG	Nr. 3102 VV RVG im Verfahren nach Zurückverweisung[1]
Nr. 3104 VV RVG in Höhe der Differenz zwischen Gebühr aus anhängigen und nicht anhängigen Gegenständen	Anm. Abs. 2 zu Nr. 3104 VV RVG	Nr. 3104 VV RVG im nachfolgenden Verfahren

g) Beschwerde gegen die Nichtzulassung der Berufung

Nr. 3504 VV RVG	Anm. zu Nr. 3504 VV RVG	Nr. 3200 VV RVG
Nr. 3511 VV RVG	Anm. zu Nr. 3511 VV RVG	Nr. 3204 VV RVG

h) Berufungsverfahren[2]

Nr. 3200 VV RVG im Hauptsacheverfahren	Vorbem. 3 Abs. 5 VV RVG	Nr. 3200 VV RVG im nachfolgenden selbstständigen Beweisverfahren
Nr. 3200 VV RVG im Verfahren vor Zurückverweisung	Vorbem. 3 Abs. 6 VV RVG	Nr. 3200 VV RVG im Verfahren nach Zurückverweisung[3]
Nr. 3201 Nr. 2 VV RVG (gegebenenfalls nur der nach Kürzung gem. § 15 Abs. 3 verbleibende Anteil)	Nr. 3201 VV RVG	Verfahrensgebühr eines nachfolgenden Verfahrens
Nr. 3202 VV RVG in Höhe der Differenz zwischen Gebühr aus anhängigen und nicht anhängigen Gegenständen	Nr. 3202 i.V. m. Anm. Abs. 2 zu Nr. 3104 VV RVG	Terminsgebühr eines nachfolgenden Verfahrens
Nr. 3204 VV RVG im Hauptsacheverfahren[4]	Vorbem. 3 Abs. 5 VV RVG	Nr. 3204 VV RVG im nachfolgenden selbstständigen Beweisverfahren

Spezial 2009, 220 = RVGreport 2009, 181; OLG München AGS 2006, 369 = OLGR 2006, 681 = AnwBl. 2006, 588 = FamRZ 2006, 1561).
[1] Gem. § 15 Abs. 5 S 2 RVG jedoch nicht, wenn zwei Kalenderjahre vergangen sind (OLG Köln OLGR 2009, 601 = MDR 2009, 1365; OLG Düsseldorf AGS 2009, 212 = OLGR 2009, 455 = NJW-Spezial 2009, 220 = RVGreport 2009, 181; OLG München AGS 2006, 369 = OLGR 2006, 681 = AnwBl. 2006, 588 = FamRZ 2006, 1561).
[2] Siehe auch Selbstständiges Beweisverfahren.
[3] Gem. § 15 Abs. 5 S. 2 RVG jedoch nicht, wenn zwei Kalenderjahre vergangen sind (OLG Köln OLGR 2009, 601 = MDR 2009, 1365; OLG Düsseldorf AGS 2009, 212 = OLGR 2009, 455 = NJW-Spezial 2009, 220 = RVGreport 2009, 181; OLG München AGS 2006, 369 = OLGR 2006, 681 = AnwBl. 2006, 588 = FamRZ 2006, 1561).
[4] Das selbständige Beweisverfahren ist auch in sozialrechtlichen Angelegenheiten möglich (§ 76 SGG).

anzurechnende Gebühr	Anrechnungsvorschrift	Gebühren, auf die angerechnet wird
Nr. 3204 VV RVG im Verfahren vor Zurückverweisung	Vorbem. 3 Abs. 6 VV RVG	Nr. 3204 VV RVG im Verfahren nach Zurückverweisung[1]

i) Beschwerde gegen die Nichtzulassung der Revision

Nr. 3506 VV RVG	Anm. zu Nr. 3506 VV RVG	Nr. 3206 VV RVG
Nrn. 3506, 3508 VV RVG	Anm. zu Nr. 3508 VV RVG	Nr.. 3206, 3208 VV RVG
Nr. 3512 VV RVG	Anm. zu Nr. 3512 VV RVG	Nr. 3212 VV RVG

j) Revisionsverfahren

Anm. zu Nr. 3207 i.V. m. Nr. 3201 Nr. 2 VV RVG (gegebenenfalls nur der nach Kürzung gem. § 15 Abs. 3 RVG verbleibende Anteil)	Anm. zu Nr. 3209 i.V.m. Nr. 3201 VV RVG	Verfahrensgebühr eines nachfolgenden Verfahrens
Nr. 3210 VV RVG in Höhe der Differenz zwischen Gebühr aus anhängigen und nicht anhängigen Gegenständen	Anm. zu Nr. 3210 i.V.m. Anm. Abs. 2 zu Nr. 3104 VV RVG	Terminsgebühr eines nachfolgenden Verfahrens

k) Beschwerde gegen die Nichtzulassung der Rechtsbeschwerde

Nr. 3506 VV RVG	Anm. zu Nr. 3506 VV RVG	Nr. 3206 VV RVG
Nrn. 3506, 3508 VV RVG	Anm. zu Nr. 3508 i.V.m. Nr. 3506 VV RVG	Nrn. 3206, 3208 VV RVG

l) Verkehrsanwalt

Nr. 3400 VV RVG, soweit die Verfahrensgebühr des Hauptbevollmächtigten anzurechnen ist	Nr. 3400 VV RVG i.V.m. der Anrechnungsvorschrift für den Hauptbevollmächtigten	Nr. 3400 VV RVG oder eine Verfahrensgebühr, wenn der Verkehrsanwalt im nachfolgenden Verfahren die Vertretung übertragen erhält

m) Terminsvertreter

Nr. 3401 VV RVG, soweit die Verfahrensgebühr des Hauptbevollmächtigten anzurechnen ist	Nr. 3401 VV RVG i. V. m. der Anrechnungsvorschrift für den Hauptbevollmächtigten	Nr. 3401 VV RVG oder eine Verfahrensgebühr, wenn der Verkehrsanwalt im nachfolgenden Verfahren die Vertretung übertragen erhält

7. Strafsachen

Nr. 4143 VV RVG	Anm. Abs. 2 zu Nr. 4143 VV RVG	Nr. 3100 VV RVG eines nachfolgenden zivilrechtlichen Verfahrens; Nr. 3305 VV RVG, wenn die Ansprüche im Mahnverfahren geltend gemacht werden

---

[1] Gem. § 15 Abs. 5 S. 2 RVG jedoch nicht, wenn zwei Kalenderjahre vergangen sind (OLG Köln OLGR 2009, 601 = MDR 2009, 1365; OLG Düsseldorf AGS 2009, 212 = OLGR 2009, 455 = NJW-Spezial 2009, 220 = RVGreport 2009, 181; OLG München AGS 2006, 369 = OLGR 2006, 681 = AnwBl. 2006, 588 = FamRZ 2006, 1561).

anzurechnende Gebühr	Anrechnungsvorschrift	Gebühren, auf die angerechnet wird
Nr. 4300 VV RVG	Vorbem. 4.3 Abs. 4 VV RVG	Verfahrensgebühr nach Teil 4 VV RVG bei nachträglichem Auftrag zur Gesamtvertretung
Nr. 4301 VV RVG	Vorbem. 4.3 Abs. 4 VV RVG	Verfahrensgebühr nach Teil 4 VV RVG bei nachträglichem Auftrag zur Gesamtvertretung
Nr. 4302 VV RVG	Vorbem. 4.3 Abs. 4 VV RVG	Verfahrensgebühr nach Teil 4 VV RVG bei nachträglichem Auftrag zur Gesamtvertretung

8. Bußgeldverfahren

Nr. 5100 VV RVG	Anm. Abs. 2 zu Nr. 4100 VV RVG	Nr. 4100 VV RVG (strafrechtliche Grundgebühr)
Nr. 5200 VV RVG	Anm. Abs. 3 zu Nr. 5200 VV RVG	Verfahrensgebühr nach Teil 5 VV RVG bei nachträglichem Auftrag zur Gesamtvertretung

9. Verfahren nach Teil 6 VV RVG

a) Disziplinarverfahren und berufsgerichtliche Verfahren wegen der Verletzung einer Berufspflicht

Nr. 6215 VV RVG	Anm. zu Nr. 6215 VV RVG	Nr. 6211 VV RVG (volle Anrechnung)
Nr. 6500 VV RVG	Anm. Abs. 3 zu Nr. 6500 VV RVG	Verfahrensgebühr nach Teil 6 VV RVG bei nachträglichem Auftrag zur Gesamtvertretung

b) Verfahren nach der Wehrbeschwerdeordnung und der Wehrdisziplinarordnung

Nr. 2302 Nr. 2 VV RVG	Vorbem. 2.3. Abs. 5 VV RVG	Nr. 2302 Nr. 2 VV RVG (hälftige Anrechnung höchstens 175,00 Euro)
Nr. 2302 Nr. 2 VV RVG (nicht jedoch, wenn danach noch eine weitere Geschäftsgebühr nach § 17 Nr. 1a RVG i.V.m. Nr. 2302 Nr. 2 VV RVG anfällt; Vorbem. 3 Abs. 5 i. V. m. Abs. 4 S. 2 VV RVG)	Vorbem. 6.4 Abs. 2 S. 1 VV RVG	Nrn. 6400 und 6402 VV RVG in erstinstanzlichen Verfahren (hälftige Anrechnung höchsten 175,00 Euro)
Nr. 6402 VV RVG für des Verfahren über die Nichtzulassung der Rechtsbeschwerde	Anm. zu Nr. 6402 VV RVG	Nr. 6402 VV RVG für die Rechtsbeschwerde (volle Anrechnung)

c) Einzeltätigkeiten

Nr. 6500 VV RVG	Anm. Abs. 3 zu Nr. 6500 VV RVG	jede Verfahrensgebühr nach Teil 6 VV RVG (volle Anrechnung)

III. Anrechnungsbeispiele (Wertgebühren)

1. Volle Anrechnung

Ist eine volle Anrechnung vorgesehen, so kann der Anwalt wählen, welche Gebühr er in voller Höhe geltend macht und welche gekürzt (§ 15a Abs. 1 RVG). Insgesamt darf der Anwalt nur den um die Anrechnung gekürzten Betrag verlangen. Siehe o. S. 211. Zweckmäßig ist es, die zeitlich zuerst entstandene Gebühr voll abzurechnen und die nachfolgende Gebühr um die Anrechnung verkürzt. So wird im Folgenden auch vorgegangen. Der umgekehrte Weg wäre jedoch auch zulässig.

Beispiel 1: Der Anwalt erhält einen Auftrag für ein Mahnverfahren über 7.500,00 Euro. Der Antragsgegner legt fristgerecht Widerspruch ein. Nach Abgabe an das zuständige Landgericht wird mündlich verhandelt.

I. Mahnverfahren

1. 1,0-Verfahrensgebühr, Nr. 3305 VV RVG (Wert: 7.500,00 Euro)		456,00 Euro
2. Postentgeltpauschale, Nr. 7002 VV RVG		20,00 Euro
Zwischensumme	476,00 Euro	
3. 19 % Umsatzsteuer, Nr. 7008 VV RVG		90,44 Euro
Gesamt		**566,44 Euro**

II. Streitiges Verfahren

1. 1,3-Verfahrensgebühr, Nr. 3100 VV RVG (Wert: 7.500,00 Euro)		592,80 Euro
2. anzurechnen gem. Anm. zu Nr. 3305 VV RVG, 1,0 aus 7.500,00 Euro		– 456,00 Euro
3. 1,2-Terminsgebühr, Nr. 3104 VV RVG (Wert: 7.500,00 Euro)		547,20 Euro
4. Postentgeltpauschale, Nr. 7002 VV RVG		20,00 Euro
Zwischensumme	684,00 Euro	
5. 19 % Umsatzsteuer, Nr. 7008 VV RVG		129,96 Euro
Gesamt		**831,96 Euro**

Auf die Postentgeltpauschale der Nr. 7002 VV RVG hat die Anrechnung keinen Einfluss. Weder wird eine Postentgeltpauschale angerechnet, noch hat die Anrechnung Einfluss auf die Höhe der als Maßstab dienenden gesetzlichen Gebühren. Die Pauschale berechnet sich nach den vollen gesetzlichen Gebühren der nachfolgenden Angelegenheit (ohne Anrechnung) und nicht aus einem rechnerischen Differenzbetrag.[1]

Beispiel 2: Der Anwalt ist im selbstständigen Beweisverfahren tätig. Nach Abschluss wird Klage zur Hauptsache erhoben und anschließend das Verfahren ohne mündliche Verhandlung übereinstimmend für erledigt erklärt.

Obwohl infolge der Anrechnung die Verfahrensgebühr des Hauptsacheverfahrens wieder untergeht, wird sie für die Postentgeltpauschale herangezogen. Dies kann – wie hier – im Ergebnis dazu führen, dass nur die Postentgeltpauschale abzurechnen ist.

I. Selbstständiges Beweisverfahren (Wert: 30.000,00 Euro)

1. 1,3-Verfahrensgebühr, Nr. 3100 VV RVG		1.121,90 Euro
2. 1,2-Terminsgebühr, Nr. 3104 VV RVG		1.035,60 Euro
3. Postentgeltpauschale, Nr. 7002 VV RVG		20,00 Euro
Zwischensumme	2.177,50 Euro	
4. 19 % Umsatzsteuer, Nr. 7008 VV RVG		413,73 Euro
Gesamt		**2.591,23 Euro**

---

[1] AnwK-RVG/N. *Schneider*, Nr. 7002 VV RVG Rn. 36 ff.

II. Rechtsstreit (Wert: 30.000,00 Euro)

1. 1,3-Verfahrensgebühr, Nr. 3100 VV RVG		1.121,90 Euro
2. gem. Vorbem. 3 Abs. 5 VV RVG anzurechnen, 1,3 aus 30.000,00 Euro		– 1.121,90 Euro
3. Postentgeltpauschale, Nr. 7002 VV RVG[1]		20,00 Euro
Zwischensumme	20,00 Euro	
4. 19 % Umsatzsteuer, Nr. 7008 VV RVG		3,80 Euro
Gesamt		**23,80 Euro**

2. Hälftige Anrechnung der Geschäftsgebühr

a) Überblick

Die Geschäftsgebühren der Nrn. 2300, 2301 und 2302 VV RVG werden nur hälftig angerechnet, höchstens zu 0,75 oder zu 175,00 Euro. Die Geschäftsgebühr der Nr. 2503 VV RVG wird in den Fällen der Anm. Abs. 2. S 1 zu Nr. 2503 VV RVG immer hälftig angerechnet.

b) Ungekürzte Anrechnung

aa) Wahlanwaltsgebühren

Soweit der Gebührensatz der Geschäftsgebühr nicht über 1,5 liegt, wird hälftig angerechnet, indem der abgerechnete Gebührensatz der Geschäftsgebühr halbiert und aus diesem Gebührensatz der anzurechnende Betrag ermittelt wird.

Beispiel 3: Der Anwalt macht außergerichtlich für den Auftraggeber eine Forderung in Höhe von 8.000,00 Euro geltend. Die Sache ist weder umfangreich noch schwierig. Der Schuldner zahlt nicht. Der Anwalt erhebt daraufhin auftragsgemäß Klage, über die verhandelt wird. Auszugehen ist von der sog. Schwellengebühr (Anm. zu Nr. 2300 VV RVG).

Die 1,3-Geschäftsgebühr ist zur Hälfte, also zu 0,65 anzurechnen.

I. Außergerichtliche Vertretung (Wert: 8.000,00 Euro)

1. 1,3-Geschäftsgebühr, Nr. 2300 VV RVG		592,80 Euro
2. Postentgeltpauschale, Nr. 7002 VV RVG		20,00 Euro
Zwischensumme	612,80 Euro	
3. 19 % Umsatzsteuer, Nr. 7008 VV RVG		116,43 Euro
Gesamt		**729,23 Euro**

II. Gerichtliches Verfahren (Wert: 8.000,00 Euro)

1. 1,3-Verfahrensgebühr, Nr. 3100 VV RVG		592,80 Euro
2. gem. Vorbem. 3 Abs. 4 VV RVG anzurechnen, 0,65 aus 8.000,00 Euro		– 296,40 Euro
3. 1,2-Terminsgebühr, Nr. 3104 VV RVG		547,20 Euro
4. Postentgeltpauschale, Nr. 7002 VV RVG		20,00 Euro
Zwischensumme	883,60 Euro	
5. 19 % Umsatzsteuer, Nr. 7008 VV RVG		164,08 Euro
Gesamt		**1.027,68 Euro**

bb) Beratungshilfe

Auch bei der Beratungshilfe wird hälftig angerechnet. Hier wird der hälftige Betrag der Festgebühr angerechnet.

Beispiel 4: Der Anwalt ist außergerichtlich beauftragt, eine Forderung in Höhe von 1.500,00 Euro geltend zu machen. Die Gegenseite zahlt nicht, so dass hiernach dann Klage erhoben wird.

Für die **außergerichtliche Vertretung** entsteht die Geschäftsgebühr nach Nr. 2503 VV RVG in Höhe von 70,00 Euro.

---

[1] Berechnet aus 1.140,00 Euro.

Für die **Vertretung im Rechtsstreit** entstehen die Gebühren nach Teil 3 VV RVG. Auf diese Gebühren ist die Geschäftsgebühr nach Anm. Abs. 2 S. 1 zu Nr. 2503 VV RVG zur Hälfte anzurechnen, also mit 35,00 Euro.

I. Außergerichtliche Vertretung (Beratungshilfe)
1. Geschäftsgebühr, Nr. 2503 VV RVG		85,00 Euro
2. Postentgeltpauschale, Nr. 7002 VV RVG		17,00 Euro
Zwischensumme	102,,00 Euro	
3. 19 % Umsatzsteuer, Nr. 7008 VV RVG		19,38 Euro
Gesamt		**121,38 Euro**

II. Gerichtliches Verfahren (Wert: 1.500,00 Euro)
1. 1,3-Verfahrensgebühr, Nr. 3100 VV RVG		149,50 Euro
2. gem. Anm. Abs. 1 S. 2 zu Nr. 2503 VV RVG anzurechnen		– 42,50 Euro
3. 1,2-Terminsgebühr, Nr. 3104 VV RVG		138,00 Euro
4. Postentgeltpauschale, Nr. 7002 VV RVG		20,00 Euro
Zwischensumme	265,50 Euro	
5. 19 % Umsatzsteuer, Nr. 7008 VV RVG		50,35 Euro
Gesamt		**315,35 Euro**

c) Gekürzte Anrechnung

Soweit die Geschäftsgebühren der Nrn. 2300, 2301 VV RVG über 1,5 liegen, würde bei hälftiger Anrechnung der Höchstsatz von 0,75 überschritten. Hier ist daher der Anrechnungsbetrag auf eine 0,75-Gebühr zu kürzen.

Beispiel 5: Der Anwalt macht außergerichtlich für den Auftraggeber eine Forderung in Höhe von 8.000,00 Euro geltend. Die Sache ist äußerst umfangreich und schwierig. Der Schuldner zahlt nicht. Der Anwalt erhebt daraufhin auftragsgemäß Klage, über die verhandelt wird.

I. Außergerichtliche Vertretung (Wert: 8.000,00 Euro)
1. 2,0-Geschäftsgebühr, Nr. 2300 VV RVG		912,00 Euro
2. Postentgeltpauschale, Nr. 7002 VV RVG		20,00 Euro
Zwischensumme	932,00 Euro	
3. 19 % Umsatzsteuer, Nr. 7008 VV RVG		177,08 Euro
Gesamt		**1.109,08 Euro**

II. Gerichtliches Verfahren (Wert: 8.000,00 Euro)
1. 1,3-Verfahrensgebühr, Nr. 3100 VV RVG		592,80 Euro
2. gem. Vorbem. 3 Abs. 4 S. 3 VV RVG anzurechnen, 0,75 aus 8.000,00 Euro		– 342,00 Euro
3. 1,2-Terminsgebühr, Nr. 3104 VV RVG		547,20 Euro
4. Postentgeltpauschale, Nr. 7002 VV RVG		20,00 Euro
Zwischensumme	818,00 Euro	
5. 19 % Umsatzsteuer, Nr. 7008 VV RVG		155,42 Euro
Gesamt		**973,42 Euro**

d) Mehrere Auftraggeber

Vertritt der Anwalt mehrere Auftraggeber zunächst außergerichtlich und anschließend im nachfolgenden gerichtlichen Verfahren, so erhält er außergerichtlich eine nach Nr. 1008 VV RVG erhöhte Geschäftsgebühr (Nr. 2300 VV RVG). Im anschließenden gerichtlichen Verfahren erhöht sich auch die Verfahrensgebühr nach Nr. 1008 VV RVG. Die erhöhte Geschäftsgebühr ist anschließend hälftig, höchstens zu 0,75 anzurechnen. Zu beachten ist, dass die Erhöhung auch an der Anrechnung teilnimmt, da sie keine eigenständige Gebühr darstellt, sondern Teil der Geschäftsgebühr ist[1]. Die Anrechnungsgrenze bleibt auch jetzt bei 0,75. Sie erhöht sich aufgrund der mehreren Auftraggeber nicht.[2]

Beispiel 6: Der Anwalt vertritt ein Vermieterehepaar, für das er zunächst außergerichtlich rückständige Mieten in Höhe von 5.000,00 Euro geltend macht und anschließend einklagt. Die außergerichtliche Tätigkeit war weder umfangreich noch schwierig, so dass gem. Anm. zu Nr. 2300 VV RVG von der sog. Schwellengebühr ausgegangen werden soll.

Die erhöhte Geschäftsgebühr ist jetzt zu 0,75 anzurechnen.

I. Außergerichtliche Vertretung (Wert: 5.000,00 Euro)
1.	1,6-Geschäftsgebühr, Nrn. 2300, 1008 VV RVG	484,80 Euro
2.	Postentgeltpauschale, Nr. 7002 VV RVG	20,00 Euro
	Zwischensumme 504,80 Euro	
3.	19% Umsatzsteuer, Nr. 7008 VV RVG	95,91 Euro
Gesamt		**600,71 Euro**

II. Gerichtliche Vertretung (Wert: 5.000,00 Euro)
1.	1,6-Verfahrensgebühr, Nrn. 3100, 1008 VV RVG	484,80 Euro
2.	gem. Vorbem. 3 Abs. 4 VV RVG anzurechnen, 0,75 aus 5.000,00 Euro	– 227,25 Euro
3.	1,2-Terminsgebühr, Nr. 3104 VV RVG	363,60 Euro
4.	Postentgeltpauschale, Nr. 7002 VV RVG	20,00 Euro
	Zwischensumme 641,15 Euro	
5.	19% Umsatzsteuer, Nr. 7008 VV RVG	121,82 Euro
Gesamt		**762,97 Euro**

e) Mehrere Geschäftsgebühren

aa) Überblick

Möglich ist, dass außergerichtlich mehrere Geschäftsgebühren anfallen. Hier ist zu unterscheiden.

bb) Nrn. 2300/2303 VV RVG

Fällt sowohl die Geschäftsgebühr nach Nr. 2300 VV RVG als auch die nach Nr. 2303 VV RVG an, wird die Geschäftsgebühr der Nr. 2300 VV RVG nach Anm. zu Nr. 2303 VV RVG hälftig, höchstens zu 0,75 auf die Gebühr der Nr. 2303 VV RVG angerechnet, nicht auch auf eine Verfahrensgebühr nach Teil 3 VV RVG (Vorbem. 3 Abs. 4 S. 2 VV RVG) und die Gebühr der Nr. 2303 VV RVG hälftig, höchstens zu 0,75 auf die Verfahrensgebühr nach Teil 3 VV RVG (Vorbem. 3 Abs. 4 VV RVG).

Beispiel 7: Der Anwalt wird beauftragt, eine Forderung von 600,00 Euro außergerichtlich geltend zu machen. Die Tätigkeit ist weder umfangreich noch schwierig. Anschließend wird das Schlichtungsverfahren nach § 15a EGZPO durchgeführt und hiernach Klage erhoben. Nach mündlicher Verhandlung ergeht ein Urteil.

I. Außergerichtliche Tätigkeit (Wert: 600,00 Euro)
1.	1,3-Geschäftsgebühr, Nr. 2300 VV RVG	104,00 Euro
2.	Postentgeltpauschale, Nr. 7002 VV RVG	20,00 Euro
	Zwischensumme 124,00 Euro	
3.	19 % Umsatzsteuer, Nr. 7008 VV RVG	23,56 Euro
Gesamt		**147,56 Euro**

---

[1] LG Düsseldorf AGS 2007, 381 = MDR 2007, 1164 = JurBüro 2007, 480 = NZM 2007, 743 = Rpfleger 2007, 629 = RVGreport 2007, 298 = RVGprof. 2007, 182.
[2] KG AGS 2009, 4 = NJ 2008, 461 = Rpfleger 2008, 669 = KGR 2008, 968 = JurBüro 2008, 585 = RVGreport 2008, 391 = VRR 2008, 439 = NJW-Spezial 2009, 92; LG Düsseldorf AGS 2007, 381 = MDR 2007, 1164 = JurBüro 2007, 480 = NZM 2007, 743 = Rpfleger 2007, 629 = RVGreport 2007, 298 = VRR 2007, 399 = RVGprof. 2007, 182; AG Stuttgart AGS 2007, 385; LG Ulm AGS 2008, 163 = AnwBl. 2008, 73.

II. Schlichtungsverfahren (Wert: 600,00 Euro)

1. 1,5-Geschäftsgebühr, Nr. 2303 Nr. 1 VV RVG		120,00 Euro
2. gem. Anm. zu Nr. 2303 VV RVG anzurechnen, 0,65 aus 600,00 Euro		– 52,00 Euro
3. Postentgeltpauschale, Nr. 7002 VV RVG (20 % aus 67,50 Euro)		20,00 Euro
Zwischensumme	88,00 Euro	
4. 19 % Umsatzsteuer, Nr. 7008 VV RVG		16,72 Euro
Gesamt		**104,72 Euro**

III. Rechtsstreit (Wert: 600,00 Euro)

1. 1,3-Verfahrensgebühr, Nr. 3100 VV RVG		104,00 Euro
2. gem. Vorbem. 3 Abs. 4 VV RVG anzurechnen, 0,75 aus 600,00 Euro		– 60,00 Euro
3. 1,2-Terminsgebühr, Nr. 3104 VV RVG		96,00 Euro
4. Postentgeltpauschale, Nr. 7002 VV RVG		20,00 Euro
Zwischensumme	160,00 Euro	
5. 19 % Umsatzsteuer, Nr. 7008 VV RVG		30,40 Euro
Gesamt		**190,40 Euro**

3. Anrechnung zu einem Drittel

Die Anrechnung zu einem Drittel ist nur für die Verfahrensgebühr eines Adhäsionsverfahrens (Nr. 4143 VV RVG) vorgesehen (Anm. Abs. 2 zu Nr. 4243 VV RVG). Anzurechnen wäre an sich ein Gebührenbetrag in Höhe von 0,33 periode. Einfacher ist es, den im Adhäsionsverfahren abgerechneten Betrag durch den Divisor 3 zu teilen.

Beispiel 9: Der Verteidiger ist im Adhäsionsverfahren wegen einer Schmerzensgeldforderung in Höhe von 3.000,00 Euro tätig. Dort wird über die Forderung nicht entschieden. Anschließend wird vor dem Amtsgericht (Zivilabteilung) Klage erhoben.

I. Strafverfahren vor dem Amtsgericht

1. Verfahrensgebühr, Nr. 4106 VV RVG		165,00 Euro
2. Terminsgebühr, Nr. 4108 VV RVG		275,00 Euro
3. 2,0-Verfahrensgebühr, Nr. 4143 VV RVG (Wert: 3.000,00 Euro)		402,00 Euro
4. Postentgeltpauschale, Nr. 7002 VV RVG		20,00 Euro
Zwischensumme	862,00 Euro	
5. 19 % Umsatzsteuer, Nr. 7008 VV RVG		163,78 Euro
Gesamt		**1.205,78 Euro**

II. Rechtsstreit vor dem ordentlichen Gericht (Wert: 3.000,00 Euro)

1. 1,3-Verfahrensgebühr, Nr. 3100 VV RVG		261,30 Euro
2. gem. Anm. Abs. 3 zu Nr. 4143 VV RVG anzurechnender Betrag (1/3 aus 402,00 Euro)		– 134,00 Euro
3. 1,2-Terminsgebühr, Nr. 3104 VV RVG		241,40 Euro
4. Postentgeltpauschale, Nr. 7002 VV RVG		20,00 Euro
Zwischensumme	516,00 Euro	
5. 19 % Umsatzsteuer, Nr. 7008 VV RVG		98,04 Euro
Gesamt		**614,04 Euro**

4. Anrechnung zu einem Viertel

Lediglich im Falle der Beratungshilfe ist noch eine geringere Anrechnung vorgesehen, nämlich in Anm. Abs. 1 S. 3 zu Nr. 2503 VV RVG.

Beispiel 10: Der Anwalt schließt im Beratungshilfeverfahren einen Anwaltsvergleich über 4.000,00 Euro, der später im Verfahren nach §§ 796a ff. ZPO vor dem Amtsgericht für vollstreckbar erklärt werden soll.

I. Außergerichtliche Vertretung (Beratungshilfe)
1. Geschäftsgebühr, Nr. 2503 VV RVG   85,00 Euro
2. Postentgeltpauschale, Nr. 7002 VV RVG   17,00 Euro
   Zwischensumme   102,00 Euro
3. 19 % Umsatzsteuer, Nr. 7008 VV RVG   19,38 Euro

Gesamt   **121,38 Euro**

II. Gerichtliches Verfahren auf Vollstreckbarerklärung (Wert: 4.000,00 Euro)
1. 1,3-Verfahrensgebühr, Nr. 3100 VV RVG   327,60 Euro
2. gem. Anm. Abs. 1 S. 2 zu Nr. 2503 VV RVG
   anzurechnen (1/4 aus 70,00 Euro)   – 21,25 Euro
3. 1,2-Verfahrensgebühr, Nr. 3104 VV RVG   302,40 Euro
4. Postentgeltpauschale, Nr. 7002 VV RVG   20,00 Euro
   Zwischensumme   650,00 Euro
5. 19 % Umsatzsteuer, Nr. 7008 VV RVG   123,50 Euro

Gesamt   **773,50 Euro**

5. Anrechnung bei unterschiedlichen Gegenständen

a) Überblick

Sind die Gegenstände der aufeinander folgenden Angelegenheiten nicht identisch, so ist nur anzurechnen, soweit sich die Gegenstände decken. Für die Geschäftsgebühr ist dieser allgemeine Grundsatz in Vorbem. 3 Abs. 4 S. 3 VV RVG ausdrücklich geregelt. Dieser Grundsatz gilt aber auch für andere Anrechnungsfälle.

Der Gegenstand des nachfolgenden Verfahrens kann sich gegenüber dem vorangegangenen Verfahren verringern oder erweitern. Möglich ist auch beides.

b) Der Gegenstand der nachfolgenden Angelegenheit ist umfangreicher

Ist der Gegenstand des nachfolgenden Verfahrens umfangreicher, wird dennoch nur die Gebühr aus dem geringeren Wert angerechnet, da der Anwalt nur insoweit vorher tätig war.

Beispiel 11: Der Anwalt macht außergerichtlich für den Auftraggeber eine Forderung in Höhe von 8.000,00 Euro geltend. Die Sache ist umfangreich und schwierig. Der Schuldner zahlt nicht. Der Anwalt erhebt daraufhin auftragsgemäß Klage. Der Beklage erhebt Widerklage in Höhe von 4.000,00 Euro. Über Klage und Widerklage wird verhandelt.

Der Wert der außergerichtlichen Tätigkeit beläuft sich auf 8.000,00 Euro; der Wert des gerichtlichen Verfahrens auf 12.000,00 Euro, da die Werte von Klage und Widerklage zusammengerechnet werden (§ 45 Abs. 1 GKG). Angerechnet wird jetzt nur nach dem Wert, der außergerichtlicher Tätigkeit und Rechtsstreit gemeinsam ist (Vorbem. 3 Abs. 4 S. 3 VV RVG).

I. Außergerichtliche Vertretung (Wert: 8.000,00 Euro)
1. 1,5-Geschäftsgebühr, Nr. 2300 VV RVG   684,00 Euro
2. Postentgeltpauschale, Nr. 7002 VV RVG   20,00 Euro
   Zwischensumme   704,00 Euro
3. 19 % Umsatzsteuer, Nr. 7008 VV RVG   133,76 Euro

Gesamt   **837,76 Euro**

II. Gerichtliches Verfahren (Wert: 12.000,00 Euro)
1. 1,3-Verfahrensgebühr, Nr. 3100 VV RVG   785,20 Euro
2. gem. Vorbem. 3 Abs. 4 S. 3 VV RVG anzurechnen,
   0,75 aus 8.000,00 Euro   – 342,00 Euro
3. 1,2-Terminsgebühr, Nr. 3104 VV RVG   724,80 Euro
4. Postentgeltpauschale, Nr. 7002 VV RVG   20,00 Euro
   Zwischensumme   1.026,00 Euro
5. 19 % Umsatzsteuer, Nr. 7008 VV RVG   194,94 Euro

Gesamt   **1.220,94 Euro**

c) Der Gegenstand der nachfolgenden Angelegenheit ist geringer

Ist der Gegenstand des nachfolgenden Verfahrens geringer, wird auch nur eine Gebühr aus dem geringeren Wert angerechnet, da der Anwalt nur insoweit auch nachher tätig war. Allerdings kann die Anrechnung bei einer nachfolgenden Angelegenheit doch noch zum Tragen kommen (s. S. 228 ff.).

Beispiel 12: Der Anwalt erhält einen Auftrag für ein Mahnverfahren über 7.500,00 Euro. Der Antragsgegner legt fristgerecht Widerspruch ein. Das streitige Verfahren wird nur wegen einer Forderung von 5.000,00 Euro durchgeführt, da zwischenzeitlich 2.500,00 Euro gezahlt worden sind.

Angerechnet wird auch jetzt (analog Vorbem. 3 Abs. 4 S. 3 VV RVG) nur, soweit sich der Gegenstand der außergerichtlichen Tätigkeit im Rechtsstreit fortsetzt.

I. Mahnverfahren (Wert: 7.500,00 Euro)
1. 1,0-Verfahrensgebühr, Nr. 3305 VV RVG — 456,00 Euro
2. Postentgeltpauschale, Nr. 7002 VV RVG — 20,00 Euro
   Zwischensumme — 476,00 Euro
3. 19 % Umsatzsteuer, Nr. 7008 VV RVG — 90,44 Euro

Gesamt — 566,44 Euro

II. Streitiges Verfahren (Wert: 5.000,00 Euro)
1. 1,3-Verfahrensgebühr, Nr. 3100 VV RVG — 391,30 Euro
2. anzurechnen gem. Anm. zu Nr. 3305 VV RVG,
   1,0 aus 5.000,00 Euro — – 303,00 Euro
3. 1,2-Termingebühr, Nr. 3104 VV RVG — 363,60 Euro
4. Postentgeltpauschale, Nr. 7002 VV RVG — 20,00 Euro
   Zwischensumme — 471,90 Euro
5. 19 % Umsatzsteuer, Nr. 7008 VV RVG — 89,66 Euro

Gesamt — 561,56 Euro

d) Wechselnde Gegenstände

Ist der Gegenstand des nachfolgenden Verfahrens einerseits geringer, andererseits aber auch weiter, wird wiederum nur eine Gebühr aus dem Wert der Gegenstände angerechnet, der beiden Verfahren gemeinsam ist.

Beispiel 13: Der Anwalt erhält einen Auftrag für ein Mahnverfahren über 7.500,00 Euro für die rückständigen Mieten Januar, Februar und März zu je 2.500,00 Euro. Der Antragsgegner legt fristgerecht Widerspruch ein und zahlt die Mieten für Januar und Februar. Allerdings sind jetzt die Mieten für April und Mai rückständig geworden, so dass das streitige Verfahren wegen einer Forderung von 7.500,00 Euro durchgeführt wird.

Angerechnet wird auch jetzt (analog Vorbem. 3 Abs. 4 S. 3 VV RVG) nur, soweit sich der Gegenstand der außergerichtlichen Tätigkeit im Rechtsstreit fortsetzt, also nur in Höhe von 2.500,00 Euro, da nur die Miete März Gegenstand beider Verfahren war.

I. Mahnverfahren (Wert: 7.500,00 Euro)
1. 1,0-Verfahrensgebühr, Nr. 3305 VV RVG — 456,00 Euro
2. Postentgeltpauschale, Nr. 7002 VV RVG — 20,00 Euro
   Zwischensumme — 476,00 Euro
3. 19 % Umsatzsteuer, Nr. 7008 VV RVG — 90,44 Euro

Gesamt — 566,44 Euro

II. Streitiges Verfahren (Wert: 7.500,00 Euro)
1. 1,3-Verfahrensgebühr, Nr. 3100 VV RVG — 592,80 Euro
2. anzurechnen gem. Anm. zu Nr. 3305 VV RVG,
   1,0 aus 2.500,00 Euro — – 201,00 Euro
3. 1,2-Termingebühr, Nr. 3104 VV RVG — 547,20 Euro
4. Postentgeltpauschale, Nr. 7002 VV RVG — 20,00 Euro
   Zwischensumme — 959,00 Euro
5. 19 % Umsatzsteuer, Nr. 7008 VV RVG — 182,21 Euro

Gesamt — 1.141,21 Euro

6. Anrechnung bei niedrigerem Gebührensatz in der nachfolgenden Angelegenheit

Ist der Gebührensatz der Gebühr, auf die angerechnet wird, in der nachfolgenden Angelegenheit geringer als der anzurechnende Satz, ist die Anrechnung zu beschränken. Es kann nie mehr angerechnet werden, als der Anwalt erhalten hat. Allerdings kann sich der noch nicht verbrauchte Anrechnungsbetrag in einer späteren Angelegenheit anzurechnen sein (siehe 8. S. 228 f.).

Beispiel 14: Der Anwalt wehrt außergerichtlich für den Auftraggeber eine Forderung in Höhe von 8.000,00 Euro ab. Die Sache ist umfangreich aber durchschnittlich. Anschließend kommt es zum Mahnverfahren, in dem der Anwalt auftragsgemäß Widerspruch einlegt.

Die 1,5-Geschäftsgebühr würde an sich hälftig, also zu 0,75, angerechnet. Da die Verfahrensgebühr im Mahnverfahren jedoch nur 0,5 beträgt, ist die Geschäftsgebühr auch nur in dieser Höhe anzurechnen.

I. Außergerichtliche Vertretung (Wert: 8.000,00 Euro)
1. 1,5-Geschäftsgebühr, Nr. 2300 VV RVG   684,00 Euro
2. Postentgeltpauschale, Nr. 7002 VV RVG   20,00 Euro
   Zwischensumme   704,00 Euro
3. 19 % Umsatzsteuer, Nr. 7008 VV RV   133,76 Euro

Gesamt   **837,76 Euro**

II. Mahnverfahren (Wert: 8.000,00 Euro)
1. 0,5-Verfahrensgebühr, Nr. 3507 VV RVG   228,00 Euro
2. gem. Vorbem. 3 Abs. 4 VV RVG anzurechnen,
   0,5 aus 8.000,00 Euro   – 228,00 Euro
3. Postentgeltpauschale, Nr. 7002 VV RVG   20,00 Euro
   Zwischensumme   20,00 Euro
4. 19 % Umsatzsteuer, Nr. 7008 VV RVG   3,80 Euro

Gesamt   **23,80 Euro**

7. Kombinationen

Möglich sind auch Kombinationen, also geringere Gebührensätze und abweichende Gegenstände. Vorzugehen ist nach den vorangegangenen Grundsätzen.

Beispiel 15: Der Anwalt wehrt außergerichtlich für den Auftraggeber eine Forderung in Höhe von 8.000,00 Euro ab. Die Sache ist umfangreich aber durchschnittlich. Anschließend kommt es zum Mahnverfahren über 4.000,00 Euro. Der Anwalt legt auftragsgemäß Widerspruch ein.

Jetzt wird nicht nur nach einem geringeren Satz (0,5), sondern auch nach einem geringeren Wert (4.000,00 Euro) angerechnet.

I. Außergerichtliche Vertretung (Wert: 8.000,00 Euro)
1. 1,5-Geschäftsgebühr, Nr. 2300 VV RVG   684,00 Euro
2. Postentgeltpauschale, Nr. 7002 VV RVG   20,00 Euro
   Zwischensumme   704,00 Euro
3. 19 % Umsatzsteuer, Nr. 7008 VV RVG   133,76 Euro

Gesamt   **837,76 Euro**

II. Mahnverfahren (Wert: 4.000,00 Euro)
1. 0,5-Verfahrensgebühr, Nr. 3507 VV RVG   126,00 Euro
2. gem. Vorbem. 3 Abs. 4 VV RVG anzurechnen,
   0,5 aus 4.000,00 Euro   – 126,00 Euro
3. Postentgeltpauschale, Nr. 7002 VV RVG   20,00 Euro
   Zwischensumme   20,00 Euro
4. 19 % Umsatzsteuer, Nr. 7008 VV RVG   3,80 Euro

Gesamt   **23,80 Euro**

8. Anrechnung eines überschießenden Anrechnungsbetrags auf nachfolgende Angelegenheit

a) Gebührensatz der nachfolgenden Angelegenheit ist geringer

Kommt die Anrechnung der Geschäftsgebühr bei der ersten nachfolgenden Angelegenheit nicht voll zum Tragen, weil der Gebührensatz der ersten nachfolgenden Angelegenheit unter dem des anzurechnenden Gebührensatzes liegt, so ist der nicht verbrauchte Anrechnungsbetrag auf eine gegebenenfalls anschließende weitere Angelegenheit anzurechnen, wenn die Verfahrensgebühr des nachfolgenden Verfahrens auf die des weiteren Verfahrens ihrerseits anzurechnen ist.[1]

Beispiel 16: Der Anwalt wehrt außergerichtlich für den Auftraggeber eine Forderung in Höhe von 8.000,00 Euro ab. Die Sache ist umfangreich aber durchschnittlich. Der Gegner erwirkt daraufhin einen Mahnbescheid, gegen den der Anwalt Widerspruch einlegt. Hiernach kommt es zum streitigen Verfahren, in dem verhandelt wird.

Ausgehend von einer 1,5-Geschäftsgebühr wäre diese zu einem Gebührensatz von 0,75 anzurechnen. Da der Anwalt im Mahnverfahren aber nur 0,5 erhält (Nr. 3307 VV), kann nicht mehr angerechnet werden (siehe oben S. 196, Beispiel 14). Der nicht verbrauchte Anrechnungsbetrag i.H.v. 0,25 ist jetzt auf das streitige Verfahren zu „übertragen" und dort anzurechnen. Daneben ist auch die 0,5-Verfahrensgebühr der Nr. 3307 VV anzurechnen.

I. Außergerichtliche Vertretung (Wert: 8.000,00 Euro)
1. 1,5-Geschäftsgebühr, Nr. 2300 VV RVG   684,00 Euro
2. Postentgeltpauschale, Nr. 7002 VV RVG   20,00 Euro
   Zwischensumme   704,00 Euro
3. 19 % Umsatzsteuer, Nr. 7008 VV RVG   133,76 Euro
   Gesamt   **837,76 Euro**

II. Mahnverfahren (Wert: 8.000,00 Euro)
1. 0,5-Verfahrensgebühr, Nr. 3307 VV RVG   228,00 Euro
2. gem. Vorbem. 3 Abs. 4 VV RVG anzurechnen,
   0,5 aus 8.000,00 Euro   – 228,00 Euro
3. Postentgeltpauschale, Nr. 7002 VV RVG   20,00 Euro
   Zwischensumme   20,00 Euro
4. 19 % Umsatzsteuer, Nr. 7008 VV RVG   3,80 Euro
   Gesamt   **23,80 Euro**

III. Gerichtliches Verfahren (Wert: 8.000,00 Euro)
1. 1,3-Verfahrensgebühr, Nr. 3100 VV RVG   592,80 Euro
2. gem. Anm. zu Nr. 3307 VV RVG anzurechnen,
   0,5 aus 8.000,00 Euro   – 228,00 Euro
3. gem. Vorbem. 3 Abs. 4 VV RVG anzurechnen,
   0,75 aus 8.000,00 Euro   – 342,00 Euro
   ./. bereits angerechneter 0,5 aus 8.000,00 Euro   228,00 Euro
                                                               – 114,00 Euro
                                                                 547,20 Euro
4. 1,2-Terminsgebühr, Nr. 3104 VV RVG
5. Postentgeltpauschale, Nr. 7002 VV RVG   20,00 Euro
   Zwischensumme   818,00 Euro
6. 19 % Umsatzsteuer, Nr. 7008 VV RVG   155,42 Euro
   Gesamt   **973,42 Euro**

b) Gegenstandswert der nachfolgenden Angelegenheit ist geringer

Kommt die Anrechnung der Geschäftsgebühr bei der ersten nachfolgenden Angelegenheit nicht voll zum Tragen, weil der Gegenstandswert der nachfolgenden Angelegenheit geringer

---

[1] OLG Köln AGS 2009, 476 = OLGR 2009, 853 = NJW-Spezial 2009, 716.

ist (s. o. S. 226, Beispiel 12), kommt es dann aber zu einer nachfolgenden Angelegenheit, auf die auch anzurechnen ist, so wird der bisher nicht angerechnete Betrag nunmehr angerechnet.[1]

Beispiel 17: Der Anwalt war zunächst nach einem Wert von 10.243,96 Euro außergerichtlich tätig. Anschließend wurde ein selbstständiges Beweisverfahren über einen Teilbetrag in Höhe von 5.010,00 Euro geführt und danach der Rechtsstreit, wiederum über 10.243,96 Euro.[2]

Der nach Anrechnung im Beweisverfahren verbliebene Restbetrag der Geschäftsgebühr ist jetzt im Rechtsstreit anzurechnen.

I. Außergerichtliche Vertretung (Wert: 10.243,96 Euro)
1. 1,3-Geschäftsgebühr, Nr. 2300 VV RVG   785,20 Euro
2. Postentgeltpauschale, Nr. 7002 VV RVG   20,00 Euro
   Zwischensumme   805,20 Euro
3. 19 % Umsatzsteuer, Nr. 7008 VV RVG   152,98 Euro

Gesamt   958,19 Euro

II. Selbstständiges Beweisverfahren (Wert: 5.010,00 Euro)
1. 1,3-Verfahrensgebühr, Nr. 3100 VV RVG   460,20 Euro
2. anzurechnen gem. Vorbem. 3 Abs. 4 VV RVG,
   0,65 aus 5.010,00 Euro   – 230,10 Euro
3. Postentgeltpauschale, Nr. 7002 VV RVG   20,00 Euro
   Zwischensumme   250,10 Euro
4. 19 % Umsatzsteuer, Nr. 7008 VV RVG   47,52 Euro

Gesamt   297,62 Euro

III. Rechtsstreit
1. 1,3-Verfahrensgebühr, Nr. 3100 VV RVG
   (Wert: 10.243,96 Euro)   785,20 Euro
2. anzurechnen gem. Vorbem. 3 Abs. 5 VV RVG,
   1,3 aus 5.010,00 Euro   – 460,20 Euro
3. anzurechnen gem. Vorbem. 3 Abs. 4 VV RVG,
   0,65 aus 10.243,96 Euro   – 392,60 Euro
   ./. bereits im Beweisverfahren angerechneter   230,10 Euro
                                             – 162,50 Euro
4. 1,2-Terminsgebühr, Nr. 3104 VV RVG
   (Wert: 10.243,96 Euro)   724,80 Euro
5. Postentgeltpauschale, Nr. 7002 VV RVG   20,00 Euro
   Zwischensumme   907,30 Euro
6. 19 % Umsatzsteuer, Nr. 7008 VV RVG   172,39 Euro

Gesamt   1.079,69 Euro

9. Verfahren nach gescheitertem Einigungsversuch in einem vorangegangenen Verfahren

a) Überblick

Haben die Parteien erfolglos versucht, sich in einem Rechtsstreit (auch) über nicht anhängige Gegenstände zu einigen und wird hinsichtlich dieser Gegenstände später anderweitig noch ein Rechtsstreit geführt, so sind zwei Anrechnungsbestimmungen zu beachten.

Nach Anm. Abs. 1 zu Nr. 3101 VV RVG; Anm. Abs. 1 zu Nr. 3201 VV RVG; Anm. zu Nr. 3207 i.V. m. Anm. Abs. 1 zu Nr. 3201 VV RVG wird von dem sich – gegebenenfalls nach § 15 Abs. 3 RVG gekürzten – Gesamtbetrag der die **Verfahrensgebühren** der Nrn. 3100,

---
[1] Im Ergebnis OLG München AGS 2009, 438 m. Anm. N. *Schneider* = NJW-Spezial 2009, 588 = JurBüro 2009, 475, wenn auch mit umständlicher Berechnung.
[2] Fall nach OLG München AGS 2009, 438 m. Anm. N. *Schneider* = NJW-Spezial 2009, 588 = JurBüro 2009, 475.

3200, 3208 VV RVG aus dem Wert der anhängigen Gegenstände übersteigende Betrag auf eine Verfahrensgebühr angerechnet, die wegen **desselben Gegenstands** in einer anderen Angelegenheit entsteht.

Auch bei der **Terminsgebühr** hat in diesem Fall eine Anrechnung zu erfolgen (Anm. Abs. 2 zu Nr. 3104 VV RVG; Anm. Abs. 1 zu Nr. 3102 VV RVG i.V.m. Anm. Abs. 2 zu Nr. 3104 VV RVG; Anm. Abs. 1 zu Nr. 3210 VV RVG i.V.m. Anm. Abs. 2 zu Nr. 3104 VV RVG). Der Mehrbetrag der Terminsgebühr, der aus dem Mehrwert der nicht anhängigen Gegenstände entsteht, ist auf die Terminsgebühr des späteren Verfahrens anzurechnen, soweit diese aus **demselben Gegenstand** entsteht.

Anzurechnen sind die Verfahrens- und Terminsgebühren aller Instanzen.

b) Anrechnung der erstinstanzlichen entstandenen Gebühren

Wird in einem erstinstanzlichen **Verfahren versucht, sich (auch) über nicht anhängige Gegenstände zu einigen,** entsteht neben der 1,3-Verfahrensgebühr nach Nr. 3100 VV RVG aus dem Wert der anhängigen Gegenstände unter Beachtung des § 15 Abs. 3 RVG eine 0,8-Verfahrensgebühr aus dem Wert der nicht anhängigen Gegenstände (Nr. 3101 Nr. 2, 2. Var. VV RVG). Der Teil des – gegebenenfalls nach § 15 Abs. 3 RVG gekürzten – Gesamtbetrags der **Verfahrensgebühren**, der eine 1,3-Gebühr aus dem Wert der der anhängigen Gegenstände übersteigende ist anzurechnen. Um diesen Mehr-Betrag zu ermitteln, gilt folgende Formel:

Anrechnungsformel Verfahrensgebühr

	1,3-Verfahrensgebühr aus dem Wert der anhängigen Gegenstände
+	0,8-Verfahrensgebühr aus dem Wert der nicht anhängigen Gegenstände (gegebenenfalls nach § 15 Abs. 3 RVG gekürzt)
−	1,3-Verfahrensgebühr aus dem Wert der anhängigen Gegenstände
=	Anrechnungsbetrag

Die Terminsgebühr entsteht dagegen aus dem Gesamtwert der anhängigen und nicht anhängigen Teile. Hier ist der Teil anzurechnen, der eine 1,2-Terminsgebühr aus dem Wert der anhängigen Gegenstände übersteigt. Es gilt folgende Formel:

Anrechnungsformel Terminsgebühr

	1,2-Terminsgebühr aus dem Gesamtwert
−	1,2-Terminsgebühr aus dem Wert der anhängigen Gegenstände
=	Anrechnungsbetrag

Beispiel 18: In einem Rechtsstreit über 10.000,00 Euro (Verfahren 1) verhandeln die Parteien über die anhängigen 10.000,00 Euro sowie weitere nicht anhängige 8.000,00 Euro. Eine Einigung scheitert. Es wird dann über die 10.000,00 Euro durch Urteil entschieden. Wegen der 8.000,00 Euro wird anschließend Klage erhoben (Verfahren 2) und darüber verhandelt.

I. Verfahren 1

1. 1,3-Verfahrensgebühr, Nr. 3100 VV RVG
   (Wert: 10.000,00 Euro)   725,40 Euro
2. 0,8-Verfahrensgebühr, Nr. 3101 Nr. 2 VV RVG
   (Wert: 8.000,00 Euro)   364,80 Euro
   gem. § 15 Abs. 3 RVG nicht mehr als 1,3 aus
   18.000,00 Euro   904,80 Euro
3. 1,2-Terminsgebühr, Nr. 3104 VV RVG
   (Wert: 18.000,00 Euro)   835,20 Euro
4. Postentgeltpauschale, Nr. 7002 VV RVG   20,00 Euro
   Zwischensumme   1.760,00 Euro
5. 19 % Umsatzsteuer, Nr. 7008 VV RVG   334,40 Euro

Gesamt   **2.094,40 Euro**

II. Berechnung des Anrechnungsbetrages der Verfahrensgebühr
(Anm. Abs. 1 zu Nr. 3101 VV RVG)

1,3-Verfahrensgebühr, Nr. 3100 VV RVG (Wert: 10.000,00 Euro)	725,40 Euro
+ 0,8-Verfahrensgebühr, Nr. 3101 Nr. 2 VV RVG (Wert: 8.000,00 Euro)	364,80 Euro
Gesamtbetrag nach § 15 Abs. 3 RVG, 1,3 aus 18.000,00 Euro	904,80 Euro
./. 1,3-Verfahrensgebühr, Nr. 3101 Nr. 2 VV RVG (Wert: 10.000,00 Euro)	– 725,40 Euro
Gesamt	**179,40 Euro**

III. Berechnung des Anrechnungsbetrages der Terminsgebühr
(Anm. Abs. 2 zu Nr. 3104 VV RVG)

1,2-Terminsgebühr aus 18.000,00 Euro	835,20 Euro
./. 1,2-Terminsgebühr aus 10.000,00 Euro	– 669,60 Euro
Gesamt	**165,60 Euro**

IV. Verfahren 2

1. 1,3-Verfahrensgebühr, Nr. 3100 VV RVG (Wert: 8.000,00 Euro)		592,80 Euro
2. gem. Anm. Abs. 1 zu Nr. 3101 VV RVG anzurechnen		– 179,40 Euro
3. 1,2-Terminsgebühr, Nr. 3100 VV RVG (Wert: 8.000,00 Euro)		547,20 Euro
4. gem. Anm. Abs. 2 zu Nr. 3104 VV RVG anzurechnen		– 165,60 Euro
5. Postentgeltpauschale, Nr. 7002 VV RVG		20,00 Euro
Zwischensumme	815,00 Euro	
6. 19 % Umsatzsteuer, Nr. 7008 VV RVG		154,85 Euro
Gesamt		**969,85 Euro**

V. Gesamt Verfahren 1 und 2

	2.094,40 Euro
	969,85 Euro
Gesamt	**3.064,25 Euro**

VI. Kontrollberechnung ohne Einigungsversuch

Diese Kotrollberechnung ist nicht erforderlich, sondern soll nur darstellen, dass der Anwalt genau so steht, als hätte er von dem erfolglosen Mitverhandeln abgesehen und sogleich zwei getrennte Verfahren geführt.

I. Verfahren 1

1. 1,3-Verfahrensgebühr, Nr. 3100 VV RVG (Wert: 10.000,00 Euro)		725,40 Euro
2. 1,2-Terminsgebühr, Nr. 3104 VV RVG (Wert: 10.000,00 Euro)		669,60 Euro
3. Postentgeltpauschale, Nr. 7002 VV RVG		20,00 Euro
Zwischensumme	1.415,00 Euro	
4. 19 % Umsatzsteuer, Nr. 7008 VV RVG		268,85 Euro
Gesamt		**1.683,85 Euro**

II. Verfahren 2

1. 1,3-Verfahrensgebühr, Nr. 3100 VV RVG (Wert: 8.000,00 Euro)		592,80 Euro
2. 1,2-Terminsgebühr, Nr. 3100 VV RVG (Wert: 8.000,00 Euro)		547,20 Euro
3. Postentgeltpauschale, Nr. 7002 VV RVG		20,00 Euro
Zwischensumme	1.160,00 Euro	
4. 19 % Umsatzsteuer, Nr. 7008 VV RVG		220,40 Euro
Gesamt		**1.380,40 Euro**

III. Gesamt

Verfahren 1	1.683,85 Euro
Verfahren 2	1.380,40 Euro
Gesamt	**3.064,25 Euro**

c) Anrechnung der in der Berufungsinstanz entstandenen Gebühren

Es gilt hinsichtlich der Anrechnungen das gleiche wie für die erstinstanzlich angefallenen Gebühren (Anm. zu Nr. 3201 VV RVG; Anm. zu Nr. 3202 VV RVG i. V. m. Anm. Abs. 2 zu Nr. 3104 VV RVG), lediglich mit der Maßgabe, dass hinsichtlich der Verfahrensgebühr höhere Gebührensätze gelten.

Anrechnungsformel Verfahrensgebühr

    1,6-Verfahrensgebühr aus dem Wert der anhängigen Gegenstände
+ 1,1-Verfahrensgebühr aus dem Wert der nicht anhängigen Gegenstände
   (gegebenenfalls nach § 15 Abs. 3 RVG gekürzt)
− 1,1-Verfahrensgebühr aus dem Wert der anhängigen Gegenstände
= Anrechnungsbetrag

Anrechnungsformel Terminsgebühr

    1,2-Terminsgebühr aus dem Gesamtwert
− 1,2-Terminsgebühr aus dem Wert der anhängigen Gegenstände
= Anrechnungsbetrag

Beispiel 19: In einem Berufungsverfahren über 10.000,00 Euro (Verfahren 1) verhandeln die Parteien über die anhängigen 10.000,00 Euro sowie weitere nicht anhängige 8.000,00 Euro. Eine Einigung scheitert. Es wird dann über die 10.000,00 Euro durch Urteil entschieden. Wegen der 8.000,00 Euro wird nunmehr Klage erhoben (Verfahren 2) und darüber verhandelt.

I. Verfahren 1

1.	1,6-Verfahrensgebühr, Nr. 3200 VV RVG (Wert: 10.000,00 Euro)	892,80 Euro
2.	1,1-Verfahrensgebühr, Nr. 3201 Nr. 2 VV RVG (Wert: 8.000,00 Euro)	501,60 Euro
	gem. § 15 Abs. 3 RVG nicht mehr als 1,6 aus 18.000,00 Euro	1.113,60 Euro
3.	1,2-Terminsgebühr, Nr. 3202 VV RVG (Wert: 18.000,00 Euro)	835,20 Euro
4.	Postentgeltpauschale, Nr. 7002 VV RVG	20,00 Euro
	Zwischensumme	1.968,80 Euro
5.	19 % Umsatzsteuer, Nr. 7008 VV RVG	374,07 Euro
	Gesamt	**2.342,87 Euro**

II. Berechnung des Anrechnungsbetrages der Verfahrensgebühr (Anm. Abs. 1 zu Nr. 3101 VV RVG)

	1,6-Verfahrensgebühr, Nr. 3200 VV RVG (Wert: 10.000,00 Euro)	892,80 Euro
+	1,1-Verfahrensgebühr, Nr. 3101 Nr. 2 VV RVG (Wert: 8.000,00 Euro)	501,60 Euro
	gem. § 15 Abs. 3 RVG nicht mehr als 1,6 aus 18.000,00 Euro	1.113,60 Euro
./.	1,6-Verfahrensgebühr, Nr. 3201 Nr. 2 VV RVG (Wert: 10.000,00 Euro)	− 892,80 Euro
	Gesamt	**220,80 Euro**

III. Berechnung des Anrechnungsbetrages der Terminsgebühr (Anm. Abs. 2 zu Nr. 3104 VV RVG)

	1,2-Terminsgebühr aus 18.000,00 Euro	835,20 Euro
./.	1,2-Terminsgebühr aus 10.000,00 Euro	− 669,60 Euro
	Gesamt	**165,60 Euro**

IV. Verfahren 2

1. 1,6-Verfahrensgebühr, Nr. 3200 VV RVG
   (Wert: 8.000,00 Euro)   729,60 Euro
2. gem. Anm. Abs. 1 zu Nr. 3201 VV RVG anzurechnen   – 220,80 Euro
3. 1,2-Terminsgebühr, Nr. 3200 VV RVG
   (Wert: 8.000,00 Euro)   547,20 Euro
4. gem. Anm. Abs. 2 zu Nr. 3202 VV RVG anzurechnen   – 165,60 Euro
5. Postentgeltpauschale, Nr. 7002 VV RVG   20,00 Euro
   Zwischensumme   910,40 Euro
6. 19 % Umsatzsteuer, Nr. 7008 VV RVG   172,98 Euro

Gesamt   **1.083,38 Euro**

d) Anrechnung der in der Revisionsinstanz entstandenen Gebühren

Es gilt hinsichtlich der Anrechnungen das gleiche wie für die zweitinstanzlich angefallenen Gebühren (Anm. zu Nr. 3201 VV RVG; Anm. zu Nr. 3202 VV RVG i.V.m. Anm. Abs. 2 zu Nr. 3104 VV RVG), lediglich mit der Maßgabe, dass hinsichtlich der Terminsgebühren höhere Gebührensätze gelten.

Anrechnungsformel Verfahrensgebühr[1]

    1,6-Verfahrensgebühr aus dem Wert der anhängigen Gegenstände
+   1,1-Verfahrensgebühr aus dem Wert der nicht anhängigen Gegenstände
    (gegebenenfalls nach § 15 Abs. 3 RVG gekürzt)
=   1,1-Verfahrensgebühr aus dem Wert der anhängigen Gegenstände

=   Anrechnungsbetrag

Anrechnungsformel Terminsgebühr

    1,5-Terminsgebühr aus dem Gesamtwert
=   1,5-Terminsgebühr aus dem Wert der anhängigen Gegenstände

=   Anrechnungsbetrag

IV. Anrechnungsbeispiele (Rahmengebühren)

Mit Inkrafttreten des 2. KostRMoG ist jetzt auch in sozialrechtlichen Angelegenheiten, in denen nach Betragsrahmen abgerechnet wird (§ 3 Abs. 1 RVG) eine Gebührenanrechnung anstelle der früheren ermäßigten Gebühren vorgesehen. Auch hier kann der Anwalt wählen, welche Gebühr er in voller Höhe geltend macht und welche gekürzt (§ 15a Abs. 1 RVG). Insgesamt darf der Anwalt nur den um die Anrechnung gekürzten Betrag verlangen. Zweckmäßig ist es auch, die zeitlich zuerst entstandene Gebühr voll abzurechnen und die nachfolgende Gebühr um die Anrechnung verkürzt. So wird im Folgenden auch vorgegangen. Der umgekehrte Weg wäre jedoch auch zulässig und bietet sich insbesondere im Falle der Kostenerstattung oder eines rechtsschutzversicherten Mandats an.

Beispiel 20: Der Anwalt hatte im sozialrechtlichen Verwaltungs- und Nachprüfungsverfahren jeweils eine Geschäftsgebühr (Mittelgebühr) verdient.

Wird die Geschäftsgebühr des Verwaltungsverfahrens auf die Geschäftsgebühr des Widerspruchsverfahrens angerechnet, ergibt sich folgende Abrechnung:

I. Verwaltungsverfahren

1. Geschäftsgebühr, Nr. 2302 Nr. 1 VV RVG   345,00 Euro
2. Postentgeltpauschale, Nr. 7002 VV RVG   20,00 Euro
   Zwischensumme   365,00 Euro
3. 19 % Umsatzsteuer, Nr. 7008 VV RVG   69,35 Euro

Gesamt   **434,35 Euro**

---

[1] Ein Fall der 2,3/1,8-Verfahrensgebühr dürfte wohl nicht vorkommen, da der BGH-Anwalt wohl kaum in einem nachfolgenden Verfahren tätig werden kann.

II. Widerspruchsverfahren
1. Geschäftsgebühr, Nr. 2302 Nr. 1 VV RVG   345,00 Euro
2. gem. Vorbem. 2.3 Abs. 4 S. 1 VV RVG anzurechnen   − 172,50 Euro
3. Postentgeltpauschale, Nr. 7002 VV RVG   20,00 Euro
   Zwischensumme   192,50 Euro
4. 19 % Umsatzsteuer, Nr. 7008 VV RVG   36,58 Euro
Gesamt   **229,08 Euro**

Gesamt I. + II.   **663,43 Euro**

Wird dagegen die Anrechnung der Geschäftsgebühr des Verwaltungsverfahrens bereits dort berücksichtigt, ergibt sich folgende Abrechnung:

I. Verwaltungsverfahren
1. Geschäftsgebühr, Nr. 2302 Nr. 1 VV RVG   345,00 Euro
2. gem. Vorbem. 2.3 Abs. 4 S. 1 VV RVG anzurechnen   20,00 Euro
3. Postentgeltpauschale, Nr. 7002 VV RVG   − 172,50 Euro
   Zwischensumme   192,50 Euro
4. 19 % Umsatzsteuer, Nr. 7008 VV RVG   36,58 Euro
Gesamt   **229,08 Euro**

II. Widerspruchsverfahren
1. Geschäftsgebühr, Nr. 2302 Nr. 1 VV RVG   345,00 Euro
2. Postentgeltpauschale, Nr. 7002 VV RVG   20,00 Euro
   Zwischensumme   365,00 Euro
3. 19 % Umsatzsteuer, Nr. 7008 VV RVG   36,58 Euro
Gesamt   **229,08 Euro**

Gesamt I. + II.   **663,43 Euro**

Auf das Gesamtergebnis hat es also auch hier keinen Einfluss, welche Gebühr auf welche angerechnet wird.

Bei der Anrechnung von Rahmengebühren ergeben sich – im Gegensatz zu den Wertgebühren – kaum Probleme.

Zu beachten ist bei der Geschäftsgebühr eine Beschränkung der Anrechnung auf einen Höchstbetrag von 175,00 Euro (Vorbem. 2.3 Abs. S. 1; Vorbem. 3 Abs. 4 S. 1 VV RVG).

Beispiel 21: Der Anwalt hatte im sozialrechtlichen Verwaltungs- und Nachprüfungsverfahren jeweils eine Geschäftsgebühr verdient Die die Tätigkeit im Verwaltungsverfahren äußerst umfangreich und schwierig, sodass ein Betrag i.H.v. 50 % über der Mittelgebühr anzusetzen ist.

Anzurechnen ist jetzt nur der Höchstbetrag von 175,00 Euro

I. Verwaltungsverfahren
1. Geschäftsgebühr, Nr. 2302 Nr. 1 VV RVG   517,50 Euro
2. Postentgeltpauschale, Nr. 7002 VV RVG   20,00 Euro
   Zwischensumme   537,50 Euro
3. 19 % Umsatzsteuer, Nr. 7008 VV RVG   102,13 Euro
Gesamt   **639,63 Euro**

II. Widerspruchsverfahren
1. Geschäftsgebühr, Nr. 2302 Nr. 1 VV RVG   345,00 Euro
2. gem. Vorbem. 2.3 Abs. 4 S. 1 VV RVG anzurechnen   − 175,00 Euro
3. Postentgeltpauschale, Nr. 7002 VV RVG   20,00 Euro
   Zwischensumme   190,00 Euro
4. 19 % Umsatzsteuer, Nr. 7008 VV RVG   36,10 Euro
Gesamt   **226,10 Euro**

Die Anrechnungsgrenze ist auch bei mehreren Auftraggebern zu beachten.

Beispiel 22: Der Anwalt ist von einer aus vier Personen bestehenden Bedarfgemeinschaft sowohl im Verwaltungsverfahren als auch im Widerspruchsverfahren beauftragt worden. Auszugehen ist jeweils von der Schwellengebühr.

Anzurechnen ist auch jetzt nur der Höchstbetrag von 175,00 Euro

I. Verwaltungsverfahren
1. Geschäftsgebühr, Nrn. 2302 Nr. 1, 1008 VV RVG   570,00 Euro
2. Postentgeltpauschale, Nr. 7002 VV RVG   20,00 Euro
   Zwischensumme   590,00 Euro
3. 19 % Umsatzsteuer, Nr. 7008 VV RVG   112,10 Euro
Gesamt   **702,10 Euro**

II. Widerspruchsverfahren
1. Geschäftsgebühr, Nr. 2302 Nr. 1, 1008 VV RVG   570,00 Euro
2. gem. Vorbem. 2.3 Abs. 4 S. 1 VV RVG anzurechnen   – 175,00 Euro
3. Postentgeltpauschale, Nr. 7002 VV RVG   20,00 Euro
   Zwischensumme   415,00 Euro
4. 19 % Umsatzsteuer, Nr. 7008 VV RVG   78,85 Euro
Gesamt   **493,85 Euro**

Die Anrechnung der Geschäftsgebühr ist auch im nachfolgenden gerichtlichen Verfahren vorzunehmen (Vorbem. 3 Abs. 4 VV RVG).

Beispiel 23: Der Anwalt ist zunächst im Widerspruchsverfahren tätig und wird anschließend im erstinstanzlichen Verfahren vor dem Sozialgericht tätig.

I. Widerspruchsverfahren
1. Geschäftsgebühr, Nr. 2302 Nr. 1 VV RVG   345,00 Euro
2. Postentgeltpauschale, Nr. 7002 VV RVG   20,00 Euro
   Zwischensumme   365,00 Euro
3. 19 % Umsatzsteuer, Nr. 7008 VV RVG   69,35 Euro
Gesamt   **434,35 Euro**

II. Gerichtliches Verfahren
1. Verfahrensgebühr, Nr. 3102 VV RVG   300,00 Euro
2. gem. Vorbem. 3 Abs. 4 VV RVG anzurechnen   – 172,50 Euro
3. Terminsgebühr, Nr. 3106 VV RVG   280,00 Euro
4. Postentgeltpauschale, Nr. 7002 VV RVG   20,00 Euro
   Zwischensumme   427,50 Euro
5. 19 % Umsatzsteuer, Nr. 7008 VV RVG   81,23 Euro
Gesamt   **508,73 Euro**

War der Anwalt sowohl im Verwaltungsverfahren tätig, im Widerspruchsverfahren und im nachfolgenden gerichtlichen Verfahren, dann ist die erste Geschäftsgebühr des Verwaltungsverfahrens auf die zweite Geschäftsgebühr des Widerspruchsverfahrens anzurechnen (Vorbem. 2,3 Abs. 4 VV RVG) und diese Gebühr auf die Verfahrensgebühr des nachfolgenden gerichtlichen Verfahrens (Vorbem. 3 Abs. 4 VV RVG).

Beispiel 24: Der Anwalt ist zunächst im Widerspruchsverfahren tätig geworden und wird anschließend im erstinstanzlichen Verfahren vor dem Sozialgericht tätig.

I. Verwaltungsverfahren
1. Geschäftsgebühr, Nr. 2302 Nr. 1 VV RVG   345,00 Euro
2. Postentgeltpauschale, Nr. 7002 VV RVG   20,00 Euro
   Zwischensumme   365,00 Euro
3. 19 % Umsatzsteuer, Nr. 7008 VV RVG   69,35 Euro
Gesamt   **434,35 Euro**

II. Widerspruchsverfahren

1. Geschäftsgebühr, Nr. 2302 Nr. 1 VV RVG		345,00 Euro
2. gem. Vorbem. 2.3 Abs. 4 S. 1 VV RVG anzurechnen		– 172,50 Euro
3. Postentgeltpauschale, Nr. 7002 VV RVG		20,00 Euro
Zwischensumme	192,50 Euro	
4. 19 % Umsatzsteuer, Nr. 7008 VV RVG		36,58 Euro
Gesamt		**229,08 Euro**

III. Gerichtliches Verfahren

1. Verfahrensgebühr, Nr. 3102 VV RVG		300,00 Euro
2. gem. Vorbem. 3 Abs. 4 VV RVG anzurechnen		– 172,50 Euro
3. Terminsgebühr, Nr. 3106 VV RVG		280,00 Euro
4. Postentgeltpauschale, Nr. 7002 VV RVG		20,00 Euro
Zwischensumme	427,50 Euro	
5. 19 % Umsatzsteuer, Nr. 7008 VV RVG		81,23 Euro
Gesamt		**508,73 Euro**

21. Berücksichtigung der Gebührenanrechnung nach § 15a Abs. 2 RVG bei der Kostenerstattung und der PKH-/VKH-Vergütungsfestsetzung

I. Überblick

Aufgrund der Rechtsprechung des VIII. Zivilsenats des BGH war lange Zeit umstritten, ob, unter welchen Voraussetzungen und in welcher Höhe eine Gebührenanrechnung im Kostenfestsetzungsverfahren und im Rahmen der Prozess- oder Verfahrenskostenhilfevergütungsfestsetzung zu berücksichtigen sei. Um die verfehlte Rechtsprechung des VIII. Senats zu korrigieren hatte der Gesetzgeber zum 5.8.2009 einen neuen § 15a RVG geschaffen, in dessen Abs. 2 die Auswirkungen für die Kostenerstattung geregelt worden sind. Diese Vorschrift bereitet in der Praxis nach wie vor Probleme. Zur Anrechnung selbst siehe A. 20, S. 212 ff.

II. Kostenfestsetzung

1. Grundsatz

Nach § 15a Abs. 2 RVG kann sich ein erstattungspflichtiger Dritter grundsätzlich nicht auf eine Gebührenanrechnung berufen. Daher ist eine Gebühr unbeschadet der Anrechnung einer anderen Gebühr grundsätzlich in voller Höhe zu erstatten und festzusetzen.

Beispiel 1: Der Beklagte war vorgerichtlich auf Zahlung eines Betrages in Höhe von 8.000,00 Euro in Anspruch genommen worden und hatte durch seinen Anwalt die Forderung abwehren lassen. Angemessen war insoweit eine 1,3-Geschäftsgebühr (Anm. zu Nr. 2300 VV RVG). Hiernach kam es zum Rechtsstreit. Die Klage wurde abgewiesen. Die Kosten des Rechtsstreits hatte der Kläger zu tragen.

Während nach der früheren Rechtsprechung des BGH der Beklagte im Kostenfestsetzungsverfahren nur noch die Verfahrensgebühr abzüglich der nach Vorbem. 3 Abs. 4 VV RVG hälftig anzurechnenden Geschäftsgebühr (also 1,3 – 0,65 = 0,65) verlangen konnte, kann sich der Erstattungspflichtige nach § 15a Abs. 2 RVG auf diese Anrechnung nicht mehr berufen.

Der Beklagte kann also anrechnungsfrei zur Festsetzung anmelden:

1. 1,3-Verfahrensgebühr, Nr. 3100 VV RVG (Wert: 8.000,00 Euro)	592,80 Euro
2. 1,2-Terminsgebühr, Nr. 3100 VV RVG (Wert: 8.000,00 Euro)	547,20 Euro
3. Postentgeltpauschale, Nr. 7002 VV RVG	20,00 Euro
Zwischensumme	1.160,00 Euro
4. 19 % Umsatzsteuer, Nr. 7008 VV RVG	220,40 Euro
Gesamt	**1.380,40 Euro**

2. Ausnahmen

Nur dann, wenn der Erstattungspflichtige selbst die anzurechnende Gebühr bereits erfüllt hat, diese gegen ihn bereits tituliert ist oder sie im selben Verfahren gegen ihn geltend gemacht wird, kann er sich auf die Anrechnung berufen.

a) Geschäftsgebühr ist bereits erfüllt (§ 15a Abs. 2, 1. Var. VV RVG)

Hat der Erstattungspflichtige die Geschäftsgebühr bereits erfüllt, kann er sich im Kostenfestsetzungsverfahren auf die Anrechnung berufen. Hauptanwendungsfall ist die Zahlung der Geschäftsgebühr. Die Geschäftsgebühr kann aber auch anderweitig erfüllt worden sein, etwa durch eine Aufrechnung im Prozess.[1]

---

[1] OLG Köln AGS 2011, 619 = JurBüro 2012, 22 = NJW-Spezial 2011, 764 = RVGreport 2012, 33.

Beispiel 2: Im Rechtsstreit klagt der Kläger die Hauptforderung (8.000,00 Euro) sowie eine vorgerichtlich daraus entstandene 1,3-Geschäftsgebühr ein. Der Gegner zahlt während des Rechtsstreits sowohl die Hauptforderung als auch die Kosten. Daraufhin wird der Rechtsstreit übereinstimmend in der Hauptsache für erledigt erklärt. Die Kosten werden dem Beklagten auferlegt.

Da der Beklagte die Geschäftsgebühr bereits gezahlt hat, kann er sich jetzt im Kostenfestsetzungsverfahren auf die Anrechnung berufen.

Der Kläger kann daher zur Festsetzung lediglich folgende Kosten anmelden:

1. 1,3-Verfahrensgebühr, Nr. 3100 VV RVG (Wert: 8.000,00 Euro)	592,80 Euro
2. gem. Vorbem. 3 Abs. 4 VV RVG anzurechnen, 0,65 aus 8.000,00 Euro	– 296,40 Euro
3. 1,2-Terminsgebühr, Nr. 3100 VV RVG (Wert: 8.000,00 Euro)	547,20 Euro
4. Postentgeltpauschale, Nr. 7002 VV RVG	20,00 Euro
Zwischensumme	863,60 Euro
5. 19 % Umsatzsteuer, Nr. 7008 VV RVG	164,08 Euro
Gesamt	**1.027,68 Euro**

b) Titulierung der Geschäftsgebühr (§ 15a Abs. 2, 2. Var. VV RVG)

Ist die Geschäftsgebühr gegen den Erstattungspflichtigen bereits tituliert, kann er sich ebenfalls im Kostenfestsetzungsverfahren auf die Anrechnung berufen.

Beispiel 3: Der Beklagte ist verurteilt worden, die Klageforderung in Höhe von 8.000,00 Euro zu zahlen sowie eine vorgerichtlich daraus entstandene 1,3-Geschäftsgebühr.

Auch jetzt kann sich der Beklagte auf die Anrechnung berufen. Er ist in der Hauptsache bereits zur Zahlung der Geschäftsgebühr verurteilt worden, muss also die 1,3-Geschäftsgebühr zahlen. Dann kann von ihm aber im Kostenfestsetzungsverfahren nicht noch einmal die 1,3-Verfahrensgebühr verlangt werden.

Der Kläger kann daher zur Festsetzung wiederum lediglich folgende Kosten anmelden:

1. 1,3-Verfahrensgebühr, Nr. 3100 VV RVG (Wert: 8.000,00 Euro)	592,80 Euro
2. gem. Vorbem. 3 Abs. 4 VV RVG anzurechnen, 0,65 aus 8.000,00 Euro	– 296,40 Euro
3. 1,2-Terminsgebühr, Nr. 3100 VV RVG (Wert: 8.000,00 Euro)	547,20 Euro
4. Postentgeltpauschale, Nr. 7002 VV RVG	20,00 Euro
Zwischensumme	863,60 Euro
5. 19 % Umsatzsteuer, Nr. 7008 VV RVG	164,08 Euro
Gesamt	**1.027,68 Euro**

Zu beachten ist, dass eine Titulierung i.S.d. (§ 15a Abs. 2, 2. Var. VV RVG) nicht schon dann vorliegt, wenn die Parteien einen Vergleich über Hauptsache und vorgerichtliche Kosten schließen, sich daraus aber nicht eindeutig ergibt, inwieweit die Geschäftsgebühr dabei in der Vergleichssumme enthalten sein soll. Auf eine Anrechnung der Geschäftsgebühr im Kostenfestsetzungsverfahren kann sich der Erstattungspflichtige dann nicht berufen.[1] Erforderlich ist, dass sich aus dem Vergleich eindeutig ergibt, inwieweit damit die Geschäftsgebühr tituliert sein soll.

c) Zeitgleiches Geltendmachen (§ 15a Abs. 2, 3. Var. VV RVG)

Schließlich kann sich ein Erstattungspflichtiger auch dann auf die Anrechnung berufen, wenn gleichzeitig zwei Gebühren geltend gemacht werden, die aufeinander anzurechnen sind. Das kann sowohl dann der Fall sein, wenn beide Gebühren im Erkenntnisverfahren geltend gemacht werden als auch dann, wenn beide Gebühren im Festsetzungsverfahren angemeldet werden.

Beispiel 4: Der Kläger hatte zur Feststellung von Mietmängeln (Wert: 8.000,00 Euro) zunächst ein selbständiges Beweisverfahren eingeleitet. Nach Abschluss des Beweisverfahrens werden die Mängel beseitigt. Der Kläger klagt nunmehr als Schadensersatz die Kosten des Beweisver-

---

[1] BGH AGS 2011, 6 = AnwBl 2011, 226 = NJW 2011, 861 = JurBüro 2011, 188 = NJW-Spezial 2011, 59 = RVGprof. 2011, 20 = RVGreport 2011, 65.

fahrens (Verfahrensgebühr nach Nr. 3100 VV RVG nebst Auslagen und Umsatzsteuer) sowie die dazu gehörige vorgerichtliche 1,3-Geschäftsgebühr ein.

Auch jetzt muss der Kläger die Anrechnung gegen sich gelten lassen; er kann insgesamt nur verlangen:

I. Vorgerichtliche Vertretung

1. 1,3-Geschäftsgebühr, Nr. 2300 VV RVG (Wert: 8.000,00 Euro)		592,80 Euro
2. Postentgeltpauschale, Nr. 7002 VV RVG		20,00 Euro
Zwischensumme	612,80 Euro	
3. 19 % Umsatzsteuer, Nr. 7008 VV RVG		116,43 Euro
Gesamt		**729,23 Euro**

II. Beweisverfahren

1. 1,3-Verfahrensgebühr, Nr. 3100 VV RVG (Wert: 8.000,00 Euro)		592,80 Euro
2. gem. Vorbem. 3 Abs. 4 VV RVG anzurechnen, 0,65 aus 8.000,00 Euro		– 296,40 Euro
3. 1,2-Terminsgebühr, Nr. 3100 VV RVG (Wert: 8.000,00 Euro)		547,20 Euro
4. Postentgeltpauschale, Nr. 7002 VV RVG		20,00 Euro
Zwischensumme	863,60 Euro	
5. 19 % Umsatzsteuer, Nr. 7008 VV RVG		164,08 Euro
Gesamt		**1.027,68 Euro**
Summe I + II		**1.756,91 Euro**

Beispiel 5: Der Kläger beauftragt seinen Anwalt im Widerspruchsverfahren vor der Behörde (Wert: 8.000,00 Euro) und im nachfolgenden Rechtsstreit vor dem Verwaltungsgericht. Die Kosten des Verfahrens einschließlich des Widerspruchsverfahrens werden der beklagten Behörde auferlegt.

Die Geschäftsgebühr für das Widerspruchsverfahrens (Nrn. 2300 VV RVG) und die Verfahrensgebühr des Rechtsstreits (Nr. 3100 VV RVG) sind erstattungsfähig (§ 162 Abs. 2 S. 2 VwGO). Auch hier muss der Kläger die Anrechnung gegen sich gelten lassen; er kann insgesamt zur Festsetzung anmelden:

I. Widerspruchsverfahren

1. 1,3-Geschäftsgebühr, Nr. 2300 VV RVG (Wert: 8.000,00 Euro)		592,80 Euro
2. Postentgeltpauschale, Nr. 7002 VV RVG		20,00 Euro
Zwischensumme	612,80 Euro	
3. 19 % Umsatzsteuer, Nr. 7008 VV RVG		116,43 Euro
Gesamt		**729,23 Euro**

II. Rechtsstreit

1. 1,3-Verfahrensgebühr, Nr. 3100 VV RVG (Wert: 8.000,00 Euro)		592,80 Euro
2. gem. Vorbem. 3 Abs. 4 VV RVG anzurechnen, 0,65 aus 8.000,00 Euro		– 296,40 Euro
3. 1,2-Terminsgebühr, Nr. 3100 VV RVG (Wert: 8.000,00 Euro)		547,20 Euro
4. Postentgeltpauschale, Nr. 7002 VV RVG		20,00 Euro
Zwischensumme	863,60 Euro	
5. 19 % Umsatzsteuer, Nr. 7008 VV RVG		164,08 Euro
Gesamt		**1.027,68 Euro**
Summe I + II		**1.756,91 Euro**

Eine solche Konstellation kann sich jetzt auch in sozialgerichtlichen Angelegenheiten ergeben, in denen nach Betragsrahmen abgerechnet wird (§ 3 Abs. 1 RVG).

Beispiel 6: Der Kläger beauftragt seinen Anwalt im Widerspruchsverfahren vor der Sozialbehörde und im nachfolgenden Rechtsstreit vor dem Sozialgericht. Die Kosten des Verfahrens einschließlich des Widerspruchsverfahrens werden der beklagten Behörde auferlegt.

Die Geschäftsgebühr für das Widerspruchsverfahrens (Nr. 2302 Nr. 1 VV RVG) und die Verfahrensgebühr des Rechtsstreits (Nr. 3102 VV RVG) sind erstattungsfähig. Auch hier muss der Kläger die Anrechnung gegen sich gelten lassen; er kann insgesamt zur Festsetzung anmelden:

I. Widerspruchsverfahren

1. Geschäftsgebühr, Nr. 2302 Nr. 1 VV RVG		345,00 Euro
2. Postentgeltpauschale, Nr. 7002 VV RVG		20,00 Euro
Zwischensumme	365,00 Euro	
3. 19 % Umsatzsteuer, Nr. 7008 VV RVG		116,43 Euro
Gesamt		**434,35 Euro**

II. Gerichtliches Verfahren

1. Verfahrensgebühr, Nr. 3102 VV RVG		300,00 Euro
2. gem. Vorbem. 3 Abs. 4 VV RVG anzurechnen		− 172,50 Euro
3. Terminsgebühr, Nr. 3106 VV RVG		280,00 Euro
4. Postentgeltpauschale, Nr. 7002 VV RVG		20,00 Euro
Zwischensumme	427,50 Euro	
5. 19 % Umsatzsteuer, Nr. 7008 VV RVG		81,23 Euro
Gesamt		**508,73 Euro**

d) Berücksichtigung, wenn Geschäftsgebühr nur teilweise gezahlt, zugesprochen oder gezahlt worden ist

Ist die Geschäftsgebühr lediglich zu einem geringeren Gebührensatz oder nach einem geringeren Wert zugesprochen worden als geltend gemacht, dann wird die Geschäftsgebühr im Kostenfestsetzungsverfahren auch nur nach dem Gebührensatz oder -wert hälftig angerechnet, der zugesprochen worden ist.

aa) Geschäftsgebühr ist nach geringerem Gebührensatz zugesprochen

Ist die Geschäftsgebühr lediglich zu einem geringeren Gebührensatz zugesprochen worden als eingeklagt, dann wird die Geschäftsgebühr im Kostenfestsetzungsverfahren nur nach dem Gebührensatz hälftig angerechnet, der zugesprochen worden ist.

Beispiel 7: Der Anwalt klagt für den Mandanten neben der Hauptsache (8.000,00 Euro) eine 1,5-Geschäftsgebühr (Nr. 2300 VV RVG) daraus ein. Das Gericht spricht neben den 8.000,00 Euro nur eine 1,3-Gebühr daraus zu und weist die Klage im Übrigen ab.

Anzurechnen ist die Geschäftsgebühr nur in Höhe der Hälfte des zugesprochenen Satzes, also in Höhe von 0,65.

Der Mandant erhält als **materiell-rechtlichen Kostenerstattungsanspruch**:

1. 1,3-Geschäftsgebühr, Nr. 2300 VV RVG (Wert: 8.000,00 Euro)		592,80 Euro
2. Postentgeltpauschale, Nr. 7002 VV RVG		20,00 Euro
Zwischensumme	612,80 Euro	
3. 19 % Umsatzsteuer, Nr. 7008 VV RVG		116,43 Euro
Gesamt		**729,23 Euro**

Im Wege der **Kostenfestsetzung/-ausgleichung** sind zu berücksichtigen:

1. 1,3-Verfahrensgebühr, Nr. 3100 VV RVG (Wert: 8.000,00 Euro)		592,80 Euro
2. gem. Vorbem. 3 Abs. 4 VV RVG anzurechnen, 0,65 aus 8.000,00 Euro		− 296,40 Euro
3. 1,2-Terminsgebühr, Nr. 3104 VV RVG (Wert: 8.000,00 Euro)		547,20 Euro
4. Postentgeltpauschale, Nr. 7002 VV RVG		20,00 Euro
Zwischensumme	863,60 Euro	
5. 19 % Umsatzsteuer, Nr. 7008 VV RVG		164,08 Euro
Gesamt		**1.027,68 Euro**

bb) Geschäftsgebühr wird nach geringerem Gegenstandswert zugesprochen

Wird die Geschäftsgebühr zwar nach dem vollen Gebührensatz zugesprochen, jedoch nach einem geringeren Gegenstandswert, wird die Geschäftsgebühr im Kostenfestsetzungsverfahren hälftig nach dem Wert angerechnet, nach dem sie zugesprochen worden ist.

Beispiel 8: Der Anwalt klagt für den Mandanten neben der Hauptsache (8.000,00 Euro) eine 1,5-Geschäftsgebühr (Nr. 2300 VV RVG) daraus ein. Das Gericht spricht lediglich 4.000,00 Euro sowie eine 1,5-Gebühr daraus zu und weist die Klage im Übrigen ab.

Anzurechnen ist die Geschäftsgebühr nur in Höhe der Hälfte des zugesprochenen Satzes, also in Höhe von 0,75, allerdings nur aus dem zugesprochenen Wert.

Der Mandant erhält als **materiell-rechtlichen Kostenerstattungsanspruch**:

1. 1,5-Geschäftsgebühr, Nr. 2300 VV RVG (Wert: 4.000,00 Euro)		378,00 Euro
2. Postentgeltpauschale, Nr. 7002 VV RVG		20,00 Euro
Zwischensumme	398,00 Euro	
3. 19 % Umsatzsteuer, Nr. 7008 VV RVG		75,62 Euro
Gesamt		**473,62 Euro**

Im Wege der **Kostenfestsetzung/-ausgleichung** sind zu berücksichtigen:

1. 1,3-Verfahrensgebühr, Nr. 3100 VV RVG (Wert: 8.000,00 Euro)		592,80 Euro
2. gem. Vorbem. 3 Abs. 4 VV RVG anzurechnen, 0,75 aus 4.000,00 Euro		– 189,00 Euro
3. 1,2-Terminsgebühr, Nr. 3104 VV RVG (Wert: 8.000,00 Euro)		547,20 Euro
4. Postentgeltpauschale, Nr. 7002 VV RVG		20,00 Euro
Zwischensumme	970,80 Euro	
5. 19 % Umsatzsteuer, Nr. 7008 VV RVG		184,45 Euro
Gesamt		**1.155,25 Euro**

cc) Geschäftsgebühr ist sowohl nach geringerem Gebührensatz als auch nach geringerem Gegenstandswert zugesprochen worden

Möglich sind auch Kombinationen Ist vom Gericht sowohl der Gebührensatz gekürzt als auch lediglich ein geringerer Gegenstandswert zugestanden worden, dann ist die Geschäftsgebühr hälftig nach dem zugesprochenen geringeren Gebührensatz und Gegenstandswert anzurechnen.

Beispiel 9: Der Anwalt klagt für den Mandanten neben der Hauptsache (8.000,00 Euro) eine 1,5-Geschäftsgebühr (Nr. 2300 VV RVG) daraus ein. Das Gericht spricht lediglich 4.000,00 Euro sowie eine 1,3-Gebühr daraus zu und weist die Klage im Übrigen ab.

Anzurechnen ist die Geschäftsgebühr nur in Höhe der Hälfte des zugesprochenen Satzes, also in Höhe von 0,65, allerdings nur aus dem zugesprochenen Wert.

Der Mandant erhält daher als **materiell-rechtlichen Kostenerstattungsanspruch**:

1. 1,3-Geschäftsgebühr, Nr. 2300 VV RVG (Wert: 4.000,00 Euro)		327,60 Euro
2. Postentgeltpauschale, Nr. 7002 VV RVG		20,00 Euro
Zwischensumme	347,60 Euro	
3. 19 % Umsatzsteuer, Nr. 7008 VV RVG		66,04 Euro
Gesamt		**413,64 Euro**

Im Wege der **Kostenfestsetzung/-ausgleichung** sind zu berücksichtigen:

1. 1,3-Verfahrensgebühr, Nr. 3100 VV RVG (Wert: 8.000,00 Euro)		592,80 Euro
2. gem. Vorbem. 3 Abs. 4 VV RVG anzurechnen, 0,65 aus 4.000,00 Euro		– 163,80 Euro
3. 1,2-Terminsgebühr, Nr. 3104 VV RVG (Wert: 8.000,00 Euro)		547,20 Euro
4. Postentgeltpauschale, Nr. 7002 VV RVG		20,00 Euro
Zwischensumme	996,20 Euro	
5. 19 % Umsatzsteuer, Nr. 7008 VV RVG		189,28 Euro
Gesamt		**1.185,48 Euro**

III. Anrechnung der Geschäftsgebühr im PKH-/VKH-Festsetzungsverfahren

Die Regelung des § 15 Abs. 2 RVG hat auch Bedeutung für die Abrechnung mit der Landeskasse in Prozesskostenhilfemandaten. Die Landeskasse ist ebenfalls Dritter i. S. d. § 15 a Abs. 2 RVG. Auch sie kann sich also zunächst einmal nur auf Zahlungen berufen, die sie selbst geleistet hat. Soweit die Landeskasse Beratungshilfegebühren nach den Nrn. 2501, 2503 VV RVG gezahlt hat, sind diese gem. § 58 Abs. 1 RVG auf die PKH-Vergütung ganz (Anm. Abs. 2 Nr. 2501 VV RVG) oder hälftig (Anm. Abs. 2 zu Nr. 2503 VV RVG) anzurechnen. Insoweit hat sich durch § 15a Abs. 2 RVG nichts geändert.

Im Übrigen kann sich die Landeskasse aber nicht (mehr) auf eine Anrechnung berufen. Sie kann also insbesondere nicht – wie früher von der Rechtsprechung vertreten – geltend machen, der Anwalt sei außergerichtlich als Wahlanwalt tätig gewesen, so dass der Bedürftige dem Anwalt eine Geschäftsgebühr schulde und die Landeskasse daher nur noch die um die Anrechnung verminderte Verfahrensgebühr zu zahlen habe.

Nur soweit die bedürftige Partei tatsächlich auf die vorgerichtliche Geschäftsgebühr Zahlungen geleistet hat, kann sich die Landeskasse mittelbar auf die Anrechnung berufen, nämlich insoweit, als Zahlungen der bedürftigen Partei im Rahmen des § 58 Abs. 2 RVG zu berücksichtigen sind. Das bedeutet, dass tatsächlich geleistete Zahlungen der bedürftigen Partei auf anzurechnende Gebühren zwar grundsätzlich berücksichtigt werden, dass diese Zahlungen aber zunächst einmal auf die nicht gedeckte Differenz zwischen Pflicht- (§ 13 RVG) und Wahlanwaltsgebühren (§ 49 RVG) zu verrechnen bzw. anzurechnen sind und nur dann, wenn dieser Differenzbetrag gedeckt ist, auf die PKH-/VKH-Gebühren angerechnet wird. [1]

Beispiel 10: Außergerichtlich war der Anwalt wegen einer Forderung in Höhe von 3.000,00 Euro als Wahlanwalt tätig. Angemessen sei dafür eine 1,5-Geschäftsgebühr:

1. 1,5-Geschäftsgebühr, Nr. 2300 VV RVG (Wert: 3.000,00 Euro)		301,50 Euro
2. Postentgeltpauschale, Nr. 7002 VV RVG		20,00 Euro
Zwischensumme	321,50 Euro	
3. 19 % Umsatzsteuer, Nr. 7008 VV RVG		61,09 Euro
Gesamt		**382,59 Euro**

Im nachfolgenden gerichtlichen Verfahren wird der Anwalt im Rahmen der Prozesskostenhilfe beigeordnet.
a) Der Mandant hat die Geschäftsgebühr nicht gezahlt.
b) Der Mandant hat die Geschäftsgebühr gezahlt.

Im Fall a) ist nichts anzurechnen, da der Anwalt auf die anzurechnende Gebühr keine Zahlung erhalten hat. Die Landeskasse muss die volle Verfahrensgebühr zahlen

1. 1,3-Verfahrensgebühr, Nr. 3100 VV RVG (Wert: 3.000,00 Euro)		261,30 Euro
2. 1,2-Terminsgebühr, Nr. 3104 VV RVG (Wert: 3.000,00 Euro)		241,20 Euro
3. Postentgeltpauschale, Nr. 7002 VV RVG		20,00 Euro
Zwischensumme	522,50 Euro	
4. 19 % Umsatzsteuer, Nr. 7008 VV RVG		99,28 Euro
Gesamt		**621,78 Euro**

Im Fall b) ist die Zahlung auf die Geschäftsgebühr dagegen nach § 58 Abs. 2 RVG zu berücksichtigen. Da sich hier keine Differenz zwischen Wahlanwalts- und Pflichtanwaltsgebühren ergibt, ist die Anrechnung nach Vorbem. 3 Abs. 4 VV RVG in voller Höhe vorzunehmen. Der Anwalt erhält aus der Landeskasse im Ergebnis lediglich noch 0,55 der Verfahrensgebühr.

1. 1,3-Verfahrensgebühr, Nr. 3100 VV RVG		261,30 Euro
2. gem. § 58 Abs. 2 RVG i.V.m. Vorbem. 3 Abs. 4 VV RVG		
anzurechnen, 0,75 aus 3.000,00 Euro		– 150,75 Euro
3. 1,2-Terminsgebühr, Nr. 3104 VV RVG		241,20 Euro
4. Postentgeltpauschale, Nr. 7002 VV RVG		20,00 Euro
Zwischensumme	371,75 Euro	
5. 19 % Umsatzsteuer, Nr. 7008 VV RVG		70,63 Euro
Gesamt		**442,38 Euro**

---

[1] OLG Zweibrücken AGS 2010, 329 = zfs 2010, 518 = RVGreport 2010, 297 = FamRB 2010, 271; OLG Braunschweig RVGreport 2011, 254 = RVGprof. 2011, 151; OLG Oldenburg, Beschl. v. 1.9.2011 – 13 W 29/11; OLG Brandenburg AGS 2011, 549 = MDR 2011, 1206 = JurBüro 2011, 580 = Rpfleger 2012, 89 = RVGreport 2011, 376; OLG Frankfurt/M. JurBüro 2013, 21; OLG Koblenz JurBüro 2009, 423 = OLGR 2009, 665; KG AGS 2009, 168 = KGR 2009, 268 = JurBüro 2009, 187 = RVGreport 2009, 107 = RVGprof. 2009, 148.

Beispiel 11: Der Anwalt wird für den Auftraggeber wegen einer Forderung in Höhe von 10.000,00 Euro als Wahlanwalt tätig. Beratungshilfe war nicht beantragt worden. Angemessen sei dafür wiederum eine 1,5-Geschäftsgebühr:

1. 1,5-Geschäftsgebühr, Nr. 2300 VV RVG (Wert: 10.000,00 Euro)		837,00 Euro
2. Postentgeltpauschale, Nr. 7002 VV RVG		20,00 Euro
Zwischensumme	857,00 Euro	
3. 19 % Umsatzsteuer, Nr. 7008 VV RVG		162,83 Euro
Gesamt		**1.019,83 Euro**

Hiernach wird der Anwalt im Rechtsstreit tätig. Der Partei wird Prozesskostenhilfe bewilligt und der Anwalt beigeordnet.

a) Der Mandant hat die Geschäftsgebühr nicht gezahlt.
b) Der Mandant hat die Geschäftsgebühr gezahlt.

Im Fall a) ist nichts anzurechnen, da der Anwalt auf die anzurechnende Gebühr keine Zahlung erhalten hat (§ 15a Abs. 2 RVG). Die Landeskasse muss die volle Verfahrensgebühr aus den Beträgen des § 49 RVG zahlen:

1. 1,3-Verfahrensgebühr, Nr. 3100 VV RVG, § 49 RVG		399,10 Euro
2. 1,2-Terminsgebühr, Nr. 3104 VV RVG, § 49 RVG		368,40 Euro
3. Postentgeltpauschale, Nr. 7002 VV RVG		20,00 Euro
Zwischensumme	787,50 Euro	
4. 19 % Umsatzsteuer, Nr. 7008 VV RVG		149,63 Euro
Gesamt		**937,13 Euro**

Im Fall b) ist die Zahlung, die der Anwalt von der bedürftigen Partei auf die Geschäftsgebühr erhalten hat, im Rahmen des § 58 Abs. 2 RVG zu berücksichtigen. Und zwar ist der nach Vorbem. 3 Abs. 4 VV RVG anzurechnende Teil der Geschäftsgebühr jetzt zunächst auf die nicht gedeckten Wahlanwaltsgebühren des § 13 RVG anzurechen und erst hiernach auf die PKH-Vergütung des § 49 RVG. Nicht eindeutig ist, ob sich § 58 Abs 2 RVG nur auf die Verfahrensgebühr erstreckt oder auf alle Gebühren.

Erstreckt man § 58 Abs. 2 RVG nur auf die Geschäftsgebühr, ergibt sich folgende Berechnung:

1. 1,3-Verfahrensgebühr, Nr. 3100 VV RVG, § 49 RVG		399,10 Euro
2. anrechnungsfähig nach Vorbem. 3 Abs. 4 VV RVG:		
– 0,75 aus 10.000,00 Euro nach § 13 RVG	-364,50 Euro	
– davon nach § 58 Abs. 2 RVG anrechnungsfrei (725,40 Euro – 399,10 Euro)	326,30 Euro	
		– 38,20 Euro
3. 1,2-Terminsgebühr, Nr. 3104 VV RVG, § 49 RVG		368,40 Euro
4. Postentgeltpauschale, Nr. 7002 VV RVG		20,00 Euro
Zwischensumme	749,30 Euro	
5. 19 % Umsatzsteuer, Nr. 7008 VV RVG		142,37 Euro
Gesamt		**891,67 Euro**

Erstreckt man § 58 Abs. 2 RVG dagegen auf alle Gebühren, dann ergibt dies folgende Berechnung:

1. 1,3-Verfahrensgebühr, Nr. 3100 VV RVG, § 49 RVG		399,10 Euro
2. anrechnungsfähig nach Vorbem. 3 Abs. 4 VV RVG:		
– 0,75 aus 10.000,00 Euro nach § 13 RVG	– 364,50 Euro	
– davon nach § 58 Abs. 2 RVG anrechnungsfrei (725,40 Euro – 399,10 Euro + 699,60 – 368,40 Euro)	657,50 Euro	
		– 0,00 Euro
3. 1,2-Terminsgebühr, Nr. 3104 VV RVG, § 49 RVG		368,40 Euro
4. Postentgeltpauschale, Nr. 7002 VV RVG		20,00 Euro
Zwischensumme	787,50 Euro	
5. 19 % Umsatzsteuer, Nr. 7008 VV RVG		149,63 Euro
Gesamt		**937,13 Euro**

Damit Zahlungen des Bedürftigen, die dieser vorgerichtlich auf die Geschäftsgebühr oder andere anzurechnende Gebühren geleistet hat, berücksichtigt werden können, ist in § 55 Abs. 5 S. 2 RVG die Mitteilungspflicht des Anwalts dahingehend erweitert worden, dass er auch Zahlungen auf anzurechnende Gebühren anzugeben hat.

IV. Anrechnung bei rechtsschutzversicherten Mandanten

Auch ein Rechtsschutzversicherer ist Dritter i. S. d. § 15a Abs. 2 RVG. Auch er kann sich auf eine Anrechnung der nur dann berufen, wenn er die anzurechnende Gebühr gezahlt hat.

Beispiel 12: Der rechtsschutzversicherte Mandant beauftragt den Anwalt außergerichtlich wegen einer Forderung in Höhe von 8.000,00 Euro. Hiernach kommt es zum Rechtsstreit über diesen Betrag. Für den Rechtsstreit erteilt der Rechtsschutzversicherer Deckungsschutz; für die außergerichtliche Vertretung lehnt er den Deckungsschutz bedingungsgemäß ab, da nur gerichtliche Tätigkeiten versichert sind.

Der Mandant schuldet insgesamt folgende Vergütung:

I. Vorgerichtliche Vertretung (Wert: 8.000,00 Euro)
1. 1,5-Geschäftsgebühr, Nr. 2300 VV RVG		684,00 Euro
2. Postentgeltpauschale, Nr. 7002 VV RVG		20,00 Euro
Zwischensumme	704,00 Euro	
3. 19 % Umsatzsteuer, Nr. 7008 VV RVG		133,76 Euro
Gesamt		**837,76 Euro**

II. Erstinstanzliches Verfahren (Wert: 8.000 Euro)
1. 1,3-Verfahrensgebühr, Nr. 3100 VV RVG		592,80 Euro
2. gem. Vorbem. 3 Abs. 4 VV RVG anzurechnen, 0,75 aus 8.000 Euro		– 342,00 Euro
3. 1,2-Terminsgebühr, Nr. 3104 VV RVG		547,20 Euro
4. Postentgeltpauschale, Nr. 7002 VV RVG		20,00 Euro
Zwischensumme	818,00 Euro	
5. 19 % Umsatzsteuer, Nr. 7008 VV RVG		155,42 Euro
Gesamt		**973,42 Euro**

Vom Rechtsschutzversicherer kann der Mandant ungeachtet der Anrechnung die volle Verfahrensgebühr verlangen. Die Anrechnung der von ihm selbst gezahlten Geschäftsgebühr kommt also ihm alleine zugute, nicht dem Versicherer.

I. Abrechnung mit dem Rechtsschutzversicherer (Wert: 8.000 Euro)
1. 1,3-Verfahrensgebühr, Nr. 3100 VV RVG		592,80 Euro
2. 1,2-Terminsgebühr, Nr. 3104 VV RVG		547,20 Euro
3. Postentgeltpauschale, Nr. 7002 VV RVG		20,00 Euro
Zwischensumme	1.060,00 Euro	
4. 19 % Umsatzsteuer, Nr. 7008 VV RVG		220,04 Euro
Gesamt		**1.380,40 Euro**

Mit Einführung des 2. KostRMoG gilt dies jetzt auch in sozialrechtlichen Angelegenheiten.

Beispiel 13: Der Anwalt wird im Verwaltungsverfahren vor der Behörde beauftragt. Gegen den Bescheid der Behörde legt er Widerspruch ein. Verwaltungsverfahren und Widerspruchsverfahren sind umfangreich und schwierig, allerdings durchschnittlich. Der Mandant ist rechtsschutzversichert, wobei der Versicherungsschutz jedoch erst ab dem Widerspruchsverfahren einsetzt.

Gegenüber dem Mandanten ist wie folgt abzurechnen:

I. Verwaltungsverfahren
1. Geschäftsgebühr, Nr. 2302 Nr. 1 VV RVG   345,00 Euro
2. Postentgeltpauschale, Nr. 7002 VV RVG   20,00 Euro
   Zwischensumme   1.060,00 Euro
3. 19 % Umsatzsteuer, Nr. 7008 VV RVG   69,35 Euro
Gesamt   **434,35 Euro**

II. Widerspruchsverfahren
1. Geschäftsgebühr, Nr. 2302 Nr. 1 VV RVG   345,00 Euro
2. gem. Vorbem. 2.3 Abs. 4 S. 1 VV RVG anzurechnen   – 172,50 Euro
3. Postentgeltpauschale, Nr. 7002 VV RVG   20,00 Euro
   Zwischensumme   192,50 Euro
4. 19 % Umsatzsteuer, Nr. 7008 VV RVG   36,58 Euro
Gesamt   **229,08 Euro**

Von dem Rechtsschutzversicherung für das Widerspruchsverfahren zu übernehmen sind ungeachtet der Anrechnung:

1. Geschäftsgebühr, Nr. 2302 Nr. 1 VV RVG   345,00 Euro
2. Postentgeltpauschale, Nr. 7002 VV RVG   20,00 Euro
   Zwischensumme   365,00 Euro
3. 19 % Umsatzsteuer, Nr. 7008 VV RVG   69,35 Euro
Gesamt   **434,35 Euro**

Die Vorschrift des § 15a Abs. 2 RVG kann sich im Rahmen der Rechtsschutzversicherung auch auf die Kostenerstattung auswirken, nämlich dann, wenn der Mandant einerseits zur Zahlung der Geschäftsgebühr verurteilt wurde und er andererseits die Kosten des Verfahrens zu tragen hat. Von Kosten, die der Versicherungsnehmer aus materiellem Recht schuldet (vorgerichtliche Geschäftsgebühr des Gegners etwa Verzug, Delikt o. Ä.), muss der Rechtsschutzversicherer diesen nicht freistellen.[1] Lediglich von prozessualen Kostenerstattungsansprüchen muss der Rechtsschutzversicherer den Versicherungsnehmer befreien. Dabei muss jedoch beachtet werden, dass sich materiell-rechtlicher Kostenersatzanspruch und prozessualer Kostenerstattungsanspruch teilweise decken. Im Bereich dieser Deckungsgleichheit bleibt der Versicherer zur Leistung bzw. Freistellung verpflichtet.[2]

Beispiel 14: Der rechtsschutzversicherte Beklagte wird verurteilt, 8.000,00 Euro zu zahlen sowie eine daraus verzugsbedingt angefallene 1,5-Geschäftsgebühr (Nr. 2300 VV RVG), also:

1. 1,5-Geschäftsgebühr, Nr. 2300 VV RVG   684,00 Euro
2. Postentgeltpauschale, Nr. 7002 VV RVG   20,00 Euro
   Zwischensumme   704,00 Euro
3. 19 % Umsatzsteuer, Nr. 7008 VV RVG   133,76 Euro
Gesamt   **837,76 Euro**

Festgesetzt wird anschließend die um die Anrechnung verminderte Verfahrensgebühr:

1. 1,3-Verfahrensgebühr, Nr. 3100 VV RVG   592,80 Euro
2. gem. Vorbem. 3 Abs. 4 VV RVG anzurechnen,
   0,75 aus 8.000 Euro   – 342,00 Euro
3. 1,2-Terminsgebühr, Nr. 3104 VV RVG   547,20 Euro
4. Postentgeltpauschale, Nr. 7002 VV RVG   20,00 Euro
   Zwischensumme   818,00 Euro
5. 19 % Umsatzsteuer, Nr. 7008 VV RVG   155,42 Euro
Gesamt   **973,42 Euro**

---

[1] AG Düsseldorf AGkompakt 2010, 54; AG Hamburg-Sankt Georg, Urt. v. 8.2.2007 – 914 C 606/06; *Harbauer*, ARB 2000, § 5 Rn 150; *Prölss/Martin*, ARB, 28. Aufl. 2010, ARB 2008/II, § 5 Rn 41; *Buschbell/Hering*, 3. Aufl. 2007, § 9 Rn 60.

[2] AG München AGS 2011, 414 m. Anm. *Henke* = RVGreport 2011, 318.

Der Rechtsschutzversicherer muss die im Urteil zugesprochene Geschäftsgebühr nicht zahlen, da es sich um einen materiell-rechtlichen Schadensersatzanspruch handelt und er insoweit bedingungsgemäß keine Freistellung schuldet.[1]

Der Rechtsschutzversicherer muss aber den Versicherungsnehmer von der Verfahrensgebühr freistellen, und zwar in voller Höhe und nicht nur in der festgesetzten Höhe. Die Titulierung der Geschäftsgebühr gegen den Versicherungsnehmer entlastet ihn nicht.[2] Er hat also den Versicherungsnehmer freizustellen in Höhe von:

1. 1,3-Verfahrensgebühr, Nr. 3100 VV RVG   592,80 Euro
2. 1,2-Terminsgebühr, Nr. 3104 VV RVG   547,20 Euro
3. Postentgeltpauschale, Nr. 7002 VV RVG   20,00 Euro
   Zwischensumme   1.060,00 Euro
4. 19 % Umsatzsteuer, Nr. 7008 VV RVG   220,04 Euro

Gesamt   **1380,40 Euro**

Damit wird der Versicherungsnehmer also auch von einem Teil seiner materiell-rechtlichen Kostenschuld befreit (1.380,40 Euro – 973,42 Euro =) 406,98 Euro. Das entspricht im Ergebnis dem Anrechnungsbetrag von 342,00 Euro zuzüglich 19% Umsatzsteuer i.H.v. 64,98 Euro.

---

[1] AG Düsseldorf AGkompakt 2010, 54; AG Hamburg-Sankt Georg, Urt. v. 8.2.2007 – 914 C 606/06; *Harbauer*, ARB 2000, § 5 Rn 150; *Prölss/Martin*, ARB, 28. Aufl. 2010, ARB 2008/II, § 5 Rn 41; *Buschbell/Hering*, 3. Aufl. 2007, § 9 Rn 60.

[2] AG München AGS 2011, 414 m. Anm. *Henke* = RVGreport 2011, 318.

22. Verfahrens- und Gegenstandswerte in familienrechtlichen Angelegenheiten[1]

I. Überblick

Mit dem Inkrafttreten des FGG-ReformG zum 1.9.2009 sind die Werte für die Gerichts- und Anwaltsgebühren in Familiensachen neu geregelt worden. An Stelle des früheren Begriffs des Streit- oder Geschäftswertes ist jetzt einheitlich der Begriff des **Verfahrenswertes** (§ 3 Abs. 1 FamGKG) eingeführt worden. Die Verfahrenswerte sind jetzt ausschließlich im FamGKG geregelt. Eine Mehrspurigkeit wie nach bisherigem Recht (ZPO, GKG, KostO, RVG) ist nicht mehr vorgesehen. Sonstige Gesetze sind daneben nicht mehr anwendbar. Insbesondere enthält das FamGKG im Gegensatz zum GKG keine Verweisung auf die Vorschriften der ZPO. Es finden sich lediglich in den §§ 36 und 46 FamGKG einige Rechtsfolgenverweisungen auf die Vorschriften des GNotKG.

Die Verfahrenswerte in Familiensachen sind auch für den **Gegenstandswert der anwaltlichen** Tätigkeit maßgebend (§§ 23 Abs. 1, 32 Abs. 1 RVG), soweit das RVG keine vorrangigen besonderen Regelungen enthält.

Die Verfahrenswerte selbst sind in den §§ 33–52 FamGKG geregelt. Das Gesetz unterscheidet

Allgemeine Wertvorschriften

§ 33 Grundsatz
§ 34 Zeitpunkt der Wertberechnung
§ 35 Geldforderung
§ 36 Genehmigung einer Erklärung oder deren Ersetzung
§ 37 Früchte, Nutzungen, Zinsen und Kosten
§ 38 Stufenantrag
§ 39 Klage- und Widerantrag, Hilfsanspruch, wechselseitige Rechtsmittel, Aufrechnung
§ 40 Rechtsmittelverfahren
§ 41 Einstweilige Anordnung
§ 42 Auffangwert

Besondere Wertvorschriften

§ 43 Ehesachen
§ 44 Verbund
§ 45 Bestimmte Kindschaftssachen
§ 46 Übrige Kindschaftssachen
§ 47 Abstammungssachen
§ 48 Ehewohnungs- und Haushaltssachen
§ 49 Gewaltschutzsachen
§ 50 Versorgungsausgleichssachen
§ 51 Unterhaltssachen und sonstige den Unterhalt betreffende Familiensachen
§ 52 Güterrechtssachen

Auch das **Verfahren der Wertfestsetzung** ist im FamGKG einheitlich geregelt (§§ 53 ff. FamGKG), einschließlich der **Beschwerde** gegen die Festsetzung des Verfahrenswertes (§ 59 FamGKG).

---

[1] Die Werte gelten in Lebenspartnerschaftssachen entsprechend (§ 5 FamGKG).

II. Verfahrens- und Gegenstandswerttabelle

1. Allgemeine Regeln

Gegenstand	Vorschrift	Bemessung
1. Abänderung eines Arrestes	§ 42 Abs. 1 FamGKG	Wert des Arrestverfahren, soweit Abänderung begehrt wird[1]
2. Abänderung einer einstweiligen Anordnung	§ 41 FamGKG	Wert des Anordnungsverfahrens, soweit Abänderung begehrt wird[2]
3. Arrestverfahren (§ 113 Abs. 1 S. 2 FamFG i.V.m. §§ 916 ff. ZPO)	§ 42 Abs. 1 FamGKG[3]	Bewertung nach billigem Ermessen, i.d.R. Interesse an der Sicherung des Anspruchs i.d.R. ein Drittel der Hauptsache[4]
	§ 42 Abs. 3 FamGKG	Bestehen keine genügenden Anhaltspunkte, ist von einem Auffangwert von 5.000,00 Euro auszugehen.
4. Aufhebung eines Arrest	§ 41 FamGKG	Wert des Arrestverfahrens, soweit Aufhebung begehrt wird[1]
5. Aufhebung einer einstweiligen Anordnung	§ 41 FamGKG	Wert des Anordnungsverfahrens, soweit Aufhebung begehrt wird[1]
6. Beschwerde		
a) Im gerichtlichen Verfahren richten sich die Gebühren nach dem Wert	§ 40 Abs. 1 S. 1 FamGKG	Anträge des Beschwerdeführers
	§ 40 Abs. 1 S. 2 FamGKG	Werden keine Anträge gestellt, ist die Beschwer maßgebend
	§ 40 Abs. 1 S. 2 FamGKG	Anträge nach Ablauf der Begründungsfrist sind unbeachtlich; es gilt die Beschwer
	§ 39 Abs. 2, Abs. 1 FamGKG	Die Werte wechselseitiger Beschwerden werden zusammengerechnet, es sei denn der Gegenstand ist derselbe; dann gilt nur der höhere Wert.
	§ 40 Abs. 2 FamGKG	Der Wert des Beschwerdeverfahrens kann nicht höher sein als der der Vorinstanz, es sei denn der Gegenstand wird im Beschwerdeverfahren erweitert.

---

[1] Für das Abänderungsverfahren werden neben dem Anordnungsverfahren keine Gerichtsgebühren erhoben (Vorbem. 1.4 S. KV FamGKG).
Auch für den Anwalt ist sind Anordnungs- und Abänderungsverfahren nur eine Angelegenheit (§ 16 Nr. 5 RVG), so dass die Gebühren nur einmal anfallen (§ 15 Abs. 2 RVG). Bedeutung hat der Wert der Abänderung daher nur, wenn der Anwalt ausschließlich im Abänderungsverfahren beauftragt ist. Der Wert ist dann gegebenenfalls nach § 33 Abs. 1 RVG gesondert festzusetzen.

[2] Für das Abänderungsverfahren werden neben dem Anordnungsverfahren keine Gerichtsgebühren erhoben (Vorbem. 1.4 S. 1 KV FamGKG).
Auch für den Anwalt ist sind Anordnungs- und Abänderungsverfahren nur eine Angelegenheit (§ 16 Nr. 5 RVG), so dass die Gebühren nur einmal anfallen (§ 15 Abs. 2 RVG). Bedeutung hat der Wert der Abänderung daher nur, wenn der Anwalt ausschließlich im Abänderungsverfahren beauftragt ist. Der Wert ist dann gegebenenfalls nach § 33 Abs. 1 RVG gesondert festzusetzen.

[3] § 41 FamGKG ist nicht anwendbar. Diese Vorschrift gilt nur für einstweilige Anordnungsverfahren (OLG Brandenburg AGS 2010, 556 = FamRZ 2011, 758; OLG München FamRZ 2011, 746; OLG Celle AGS 2010, 555 = NdsRpfl 2011, 19 = NJW-Spezial 2010, 699 = FamRZ 2011, 759); *Schneider/Wolf/Thiel*, FamGKG, § 42 Rn. 70).

[4] OLG Brandenburg AGS 2010, 556 = FamRZ 2011, 758; OLG München FamRZ 2011, 746; OLG Celle AGS 2010, 555 = NdsRpfl 2011, 19 = NJW-Spezial 2010, 699 = FamRZ 2011, 759.

22. Verfahrens- und Gegenstandswerte in familienrechtlichen Angelegenheiten | 249

Gegenstand	Vorschrift	Bemessung
b) Im gerichtlichen Verfahren werden Festgebühren erhoben oder gar keine Gebühren	§ 23 Abs. 2 S. 1 RVG	Interesse des Beschwerdeführers gem. § 23 Abs. 3 S. 2 RVG, soweit sich aus dem RVG nichts anderes ergibt
	§ 23 Abs. 2 S. 2 RVG	Der Gegenstandswert wird durch den Wert des zugrunde liegenden Verfahrens begrenzt.
7. Einstweilige Anordnung[1]	§ 41 S. 1 FamGKG	Voller Wert bei Vorwegnahme der Hauptsache
		Ermäßigter Wert der Hauptsache bei geringere Bedeutung
	§ 41 S. 2 FamGKG	Bei geringerer Bedeutung ist grundsätzlich vom hälftigen Hauptsachewert auszugehen.
8. Feststellungsklage	§ 42 Abs. 1 FamGKG	Wert der Hauptsache abzüglich Feststellungsabschlag (i.d.R. 20%)
9. Hilfsantrag		
a) verschiedene Gegenstände	§ 39 Abs. 1 S. 2 FamGKG	Zusammenrechnung mit dem Hauptantrag, sofern über Hilfsantrag entschieden wird
b) derselbe Gegenstand	§ 39 Abs. 1 S. 3, 2 FamGKG	Wert des höheren Anspruchs, sofern über Hilfsantrag entschieden wird
10. Hilfsaufrechnung		
a) Es ergeht eine Entscheidung über die Hilfsaufrechnung	§ 39 Abs. 3 FamGKG	Addition der Werte, soweit eine der Rechtskraft fähige Entscheidung ergeht
b) Vergleich über Hilfsaufrechnung	§ 39 Abs. 4, Abs. 3 FamGKG	Addition der Werte, soweit eine entsprechende Entscheidung der Rechtskraft fähig wäre[2]
11. Höchstwert[3]	§ 30 Abs. 3 FamGKG	30 Mio. Euro
12. Klage- und Widerantrag		
a) verschiedene Gegenstände	§ 39 Abs. 1 S. 1 FamGKG	Zusammenrechnung
b) derselbe Gegenstand	§ 39 Abs. 1 S. 3, 1 FamGKG	Wert des höheren Anspruchs
13. Mehrere Gegenstände		
a) Grundsatz	§ 33 Abs. 1 S. 1 FamGKG	Zusammenrechnung
b) Vermögensrechtlicher Anspruch verbunden mit einem daraus hergeleiteten nicht vermögensrechtlichen Anspruch	§ 33 Abs. 1 S. 2 FamGKG	Es gilt nur der höhere Wert.
14. Kosten des Verfahrens		
a) neben der Hauptforderung	§ 37 Abs. 1 FamGKG	bleiben unberücksichtigt
b) ohne die Hauptforderung	§ 37 Abs. 3 FamGKG	Wert der Kosten, begrenzt auf den Wert der Hauptsache
15. Nebenforderungen		
a) neben der Hauptsache	§ 37 Abs. 1 FamGKG	bleiben unberücksichtigt
b) ohne die Hauptsache	§ 37 Abs. 2 FamGKG	Wert der Nebenforderung, begrenzt auf den Wert der Hauptforderung

[1] Siehe dazu auch unter Nr. 5, S. 248 ff.
[2] Soweit der Vergleich darüber hinaus geht, ist ein Vergleichs(mehr)wert gegeben, aus dem die Vergleichsgebühr der Nr. 1500 KV FamGKG anfällt.
[3] In den besonderen Wertvorschriften sind zum Teil geringere Höchstwerte vorgesehen.

Gegenstand	Vorschrift	Bemessung
16. Rechtsbeschwerde	§ 40 Abs. 1 S. 1 FamGKG	Anträge des Rechtsmittelführers
	§ 40 Abs. 1 S. 2 FamGKG	Werden keine Anträge gestellt, ist die Beschwer maßgebend.
	§ 39 Abs. 2, Abs. 1 FamGKG	Die Werte wechselseitiger Rechtsbeschwerden werden zusammengerechnet, es sei denn der Gegenstand ist derselbe; dann gilt nur der höhere Wert.
	§ 40 Abs. 2 FamGKG	Der Wert des Rechtsbeschwerdeverfahrens kann nicht höher sein als der der Vorinstanz.
17. Rechtsmittel	§ 40 FamGKG	siehe *Beschwerde*, *Rechtsbeschwerde*, *Zulassung der Rechtsbeschwerde*
18. Stufenantrag	§ 38 FamGKG	Es gilt nur der höhere Wert.
19. Teilungsversteigerung		Gericht: Keine Werte vorgesehen, da Festgebühren erhoben werden
	§ 26 RVG	Anwalt: Wert des dem Beteiligten zustehenden Rechts
20. Verbundverfahren (§ 137 FamFG)[1]	§§ 44 Abs. 2 FamGKG	Die Werte von Ehe- und Folgesachen werden zusammengerechnet
21. Vollstreckung		
a) Gericht		Keine Werte vorgesehen, da Festgebühren erhoben werden
b) Anwalt		
– Geldforderung	§ 25 Nr. 1, 1. Hs. RVG	Betrag der zu vollstreckenden Geldforderung einschließlich der Nebenforderungen
	§ 25 Nr. 1, 1. Hs. RVG	Soll ein bestimmter Gegenstand gepfändet werden und hat dieser einen geringeren Wert, ist der geringere Wert maßgebend.
	§ 25 Nr. 1, 2. Hs. RVG	Wird künftig fällig werdendes Arbeitseinkommen nach § 850d Abs. 3 ZPO gepfändet, sind die noch nicht fälligen Ansprüche nach § 51 Abs. 1 S. 1 FamGKG zu bewerten. Fällige Ansprüche sind entsprechend § 51 Abs. 2 FamGKG in voller Höhe hinzuzurechnen.
– herauszugebende Sache	§ 25 Nr. 2, 1. Hs. RVG	Wert der herauszugebenden Sache
	§ 25 Nr. 2, 2. Hs. RVG	Der Gegenstandswert darf jedoch den Wert nicht übersteigen, mit dem der Herausgabe- oder Räumungsanspruch nach den für die Berechnung von Gerichtskosten maßgeblichen Vorschriften zu bewerten ist.[2]
– Handlung, Duldung oder Unterlassung	§ 25 Nr. 3 RVG	Wert, den die zu erwirkende Handlung, Duldung oder Unterlassung für den Gläubiger hat[3]

[1] Zu den Werten von Ehe- und Folgesachen im Verbund s. unter 4, S. 266.
[2] Bei Herausgabe der Ehewohnung gilt daher § 48 Abs. 1, 3 FamGKG; bei der Herausgabe von Hausratsgegenständen gelten die Werte des § 48 Abs. 2, 3 FamGKG.
[3] Auf die Höhe des Ordnungs- oder Zwangsgeld kommt es nicht an (OLG Köln AGS 2005, 262 = OLGR 2005, 259 = RVGreport 2005, 237).

Gegenstand	Vorschrift	Bemessung
– Verfahren über die Erteilung der Vermögensauskunft nach § 802 c ZPO	§ 25 Nr. 4 RVG	Betrag, der einschließlich der Nebenforderungen aus dem Vollstreckungstitel noch geschuldet wird; der Wert beträgt jedoch höchstens 2.000,00 Euro.
– Anträge des Schuldners	§ 25 Abs. 2 RVG	Interesse des Schuldner nach billigem Ermessen
22. Vollstreckungsabwehrantrag		
a) Geldforderung	§§ 42, Abs. 1, 35 FamGKG	Wert der abzuwehrenden Forderung[1]
b) sonstige Ansprüche	42 Abs. 1 FamGKG	Wert des abzuwehrenden Anspruchs
23. Zeitpunkt der Bewertung		
a) Antragsverfahren	§ 34 S. 1 FamGKG	Zeitpunkt der erstmaligen Antragstellung
b) Amtsverfahren	§ 34 S. 2 FamGKG	Fälligkeit der Gerichtsgebühr
24. Zulassung der Sprungrechtsbeschwerde	§ 40 Abs. 3 FamGKG	Wert der zuzulassenden Rechtsbeschwerde

2. Selbständige Familiensachen

Gegenstand	Vorschrift	Bemessung
1. Abstammungssachen (§§ 169 ff. FamFG)		
a) Verfahren nach auf Feststellung des Bestehens oder Nichtbestehens eines Eltern-Kind-Verhältnisses, insbesondere der Wirksamkeit oder Unwirksamkeit einer Anerkennung der Vaterschaft (§ 169 Nr. 1 FamFG) und auf Anfechtung der Vaterschaft (§ 169 Nr. 4 FamFG)	§ 47 Abs. 1, 1. Hs. FamGKG	2.000,00 Euro Regelwert
	§ 47 Abs. 2 FamGKG	Bei Unbilligkeit kann ein höherer oder niedrigerer Wert festgesetzt werden.
b) Verfahren auf Ersetzung der Einwilligung in eine Abstammungsuntersuchung (§ 169 Nr. 2 FamFG) oder Einsichtnahme in ein Abstammungsgutachten (§ 169 Nr. 3 FamFG)	§ 47 Abs. 1, 2. Hs. FamGKG	1.000,00 Euro Regelwert
	§ 47 Abs. 2 FamGKG	Bei Unbilligkeit kann ein höherer oder niedrigerer Wert festgesetzt werden.
c) Verbindung mehrerer Verfahren betreffend dasselbe Kind (§ 179 Abs. 1 S. 1 FamFG)[2]	§ 47 Abs. 1, 2 FamGKG	Es bleibt beim einfachen Regelwert; der höhere Umfang oder eine höhere Schwierigkeit können gegebenenfalls durch eine Werterhöhung nach § 47 Abs. 2 FamGKG berücksichtigt werden.

[1] Der Wert kann geringer sein als die titulierte Forderung, wenn nur ein Teil der titulierten Forderung angegriffen wird.
[2] Da nach § 179 FamFG – im Gegensatz zu § 640c ZPO – eine Verbindung von mehreren Abstammungssachen verschiedener Kinder nicht möglich ist, stellt sich die Frage der Bewertung bei mehreren Kindern nicht.

Gegenstand	Vorschrift	Bemessung
d) Verfahren auf Feststellung der Vaterschaft verbunden mit einem Verfahren auf Zahlung von Kindesunterhalt (§ 179 Abs. 1 S. 2 i. V. m. § 237 FamFG)	§§ 47 Abs. 1, 35, 51 Abs. 1, 2, 33 Abs. 1 S. 2 FamGKG	Für die Vaterschaftsfeststellung gilt der Wert nach § 47 Abs. 1 FamGKG (siehe a)). Für den Unterhalt gelten die §§ 35, 51 FamGKG (siehe Nr. 15). Gem. § 33 Abs. 1 S. 2 FamGKG gilt nur der höhere Wert, also i.d.R. der Wert des Zahlungsantrags.
2. Adoptionssachen (§ 186 Nr. 1–4 FamFG)	§ 42 Abs. 2 FamGKG	Berücksichtigung aller Umstände des Einzelfalls, insbesondere des Umfangs und der Bedeutung der Sache und der Vermögens- und Einkommensverhältnisse der Beteiligten, nach billigem Ermessen
	§ 42 Abs. 2 FamGKG	Höchstwert 500.000,00 Euro
	§ 42 Abs. 3 FamGKG	Bestehen keine genügenden Anhaltspunkte, ist von einem Auffangwert von 5.000,00 Euro auszugehen.
3. Anerkennung ausländischer Entscheidungen		
a) in Ehesachen (§ 107 FamFG)		Gericht: Keine Werte vorgesehen, da im gerichtlichen Verfahren Festgebühren erhoben werden (Nrn. 1710 ff. KV FamGKG)
	§ 23 Abs. 1 S. 2 RVG i.V.m. §§ 42, 43 FamGKG	Anwalt: Entsprechende Anwendung der Wertvorschriften des FamGKG[1]
b) in anderen Sachen (§ 108 FamFG)		Gericht: Keine Werte vorgesehen, da im gerichtlichen Verfahren Festgebühren erhoben werden (Nrn. 1710 ff. KV FamGKG)
	§ 23 Abs. 1 S. 2 RVG i.V.m. § 42 FamGKG unter Berücksichtigung der besonderen Wertvorschriften:	Anwalt: Entsprechende Anwendung der Wertvorschriften des FamGKG[2]
aa) bezifferte Geldforderung	§ 35 FamGKG	titulierter Betrag
bb) Unterhalt als wiederkehrende Leistung	§ 51 Abs. 1, 2 FamGKG	geforderte Betrag für die folgenden zwölf Monate zuzüglich fälliger Beträge. Der Zeitpunkt der Fälligkeit i.S.d. § 51 Abs. 1, 2 FamGKG richtet sich dabei nach zutreffender Ansicht nach dem Zeitpunkt der Antragstellung im zugrunde liegenden ausländischen gerichtlichen Verfahren.[3] Fällige Beträge aus der Zeit nach dessen Erlass sind jedenfalls nach allen Auffassungen nicht hinzuzurechnen.[4]

[1] Die Wertfestsetzung nur für die Anwaltsgebühren erfolgt nur auf Antrag nach § 33 Abs. 1 RVG.
[2] Die Wertfestsetzung nur für die Anwaltsgebühren erfolgt nur auf Antrag nach § 33 Abs. 1 RVG.
[3] OLG Bremen, Beschl. v. 11.12.1992 – 2 W 101/91. Handelt es sich dabei um einen Titel, der ohne Antrag erlassen worden ist, so sind die Beträge, die bis zu dem Erlass des Titels fällig geworden sind, maßgebend (OLG Hamburg OLGR 1997, 164). Nach anderer Auffassung soll wohl stets auf den Zeitpunkt des Erlasses des ausländischen Urteils abzustellen sein (OLG Dresden OLGR 2006, 60 = FamRZ 2006, 563 = OLG-NL 2006, 111 = IPRspr. 2005, Nr. 171).
[4] BGH AGS 2009, 47 = FamRZ 2009, 222 = MDR 2009, 173 = NJW-Spezial 2009, 60 = FuR 2009, 96; OLG Zweibrücken JurBüro 1986, 1404; OLG Zweibrücken, Beschl. v. 24.1.1990 - 2 WF 11/90; OLG Düsseldorf OLGR 2008, 190 = FamRZ 2008, 904.

Gegenstand	Vorschrift	Bemessung
cc) Soweit keine besondere Wertvorschrift greift		
– vermögensrechtliche Angelegenheit	§ 42 Abs. 1 FamGKG	Bestimmung nach billigem Ermessen
	§ 42 Abs. 3 FamGKG	Bestehen keine genügenden Anhaltspunkte, ist von einem Auffangwert von 5.000,00 Euro auszugehen.
– nicht vermögensrechtliche Angelegenheit	§ 42 Abs. 2 FamGKG	Berücksichtigung aller Umstände des Einzelfalls, insbesondere des Umfangs und der Bedeutung der Sache und der Vermögens- und Einkommensverhältnisse der Beteiligten, nach billigem Ermessen
	§ 42 Abs. 2 FamGKG	Höchstwert 500.000,00 Euro
	§ 42 Abs. 3 FamGKG	Bestehen keine genügenden Anhaltspunkte, ist von einem Auffangwert von 5.000,00 Euro auszugehen.
4. Ehesache (§ 121 FamFG)		
a) Scheidung der Ehe (§ 121 Nr. 1 FamFG)	§ 43 Abs. 1 S. 1 FamGKG	Umstände des Einzelfalls, insbesondere Umfang und Bedeutung der Sache, Vermögens- und Einkommensverhältnisse der Ehegatten
	§ 43 Abs. 2 FamGKG	Für die Einkommensverhältnisse ist auf das dreifache Nettoeinkommen der Ehegatten abzustellen.
	§ 43 Abs. 1 S. 2 FamGKG	Mindestwert 3.000,00 Euro[1]
	§ 43 Abs. 1 S. 2 FamGKG	Höchstwert 1 Mio. Euro
b) Wechselseitige Scheidungsanträge	§§ 43, 39 Abs. 1 S. 3 FamGKG	Es gilt der Wert des zuerst eingereichten Antrags
c) Aufhebung der Ehe (§ 121 Nr. 2 FamFG)	§ 43 Abs. 1 FamGKG	wie Ehesache (siehe a))
d) Feststellung des Bestehens oder Nichtbestehens der Ehe (§ 121 Nr. 3 FamFG)	§ 43 Abs. 1 FamGKG	wie Ehesache (siehe a))
e) Wechselseitige Anträge auf Scheidung und Aufhebung der Ehe	§§ 43 Abs. 1, 39 Abs. 1 S. 3 FamGKG	Scheidung und Aufhebung werden jeweils nach § 43 Abs. 1 FamGKG bewertet (siehe a) u. c)). Die Werte werden anschließend zusammengerechnet (§ 39 Abs. 1 S. 1 FamGKG), da es sich um verschiedene Gegenstände handelt. Aufhebung und Scheidung sind nicht derselbe Gegenstand i.S.d. § 39 Abs. 1 S. 3 FamGKG.[2]
f) Antrag auf Scheidung Hilfswiderantrag auf Aufhebung der Ehe (oder umgekehrt)	§§ 43, 39 Abs. 1 S. 2, 3 FamGKG	Bewertung wie e); jedoch Addition gem. § 39 Abs. 1 S. 3 FamGKG nur, wenn über Hilfsantrag entschieden wird
5. Ehewohnungssachen (§ 200 Abs. 1 FamFG)		
a) Zuweisungsantrag nach § 1568a BGB	§ 48 Abs. 1 S. 1, 1. Hs. FamGKG	Regelwert 3.000,00 Euro
	§ 48 Abs. 3 FamGKG	Bei Unbilligkeit kann ein höherer oder niedrigerer Wert festgesetzt werden.

[1] Beiderseitige Verfahrenskostenhilfe ist kein Grund, lediglich den Mindestwert anzunehmen (ständige Rechtsprechung des BVerfG). Siehe ausführlich *Thiel*, AGS 2009, 257.
[2] OLG Zweibrücken AGS 2002, 38 u. 156 = OLGR 2001, 492 = FamRZ 2002, 255 = EzFamR aktuell 2002, 43.

Gegenstand	Vorschrift	Bemessung
b) Zuweisungsantrag nach § 1361 b BGB	§ 48 Abs. 1 S. 1, 2. Hs. FamGKG	Regelwert 4.000,00 Euro
	§ 48 Abs. 3 FamGKG	Bei Unbilligkeit kann ein höherer oder niedrigerer Wert festgesetzt werden.
c) Ausgleichszahlung (Nutzungsentschädigung nach §§ 1361 b Abs. 3 S. 2)[1]	§ 48 Abs. 1 S. 1, 2. Hs. FamGKG	Regelwert 4.000,00 Euro[2]
	§ 48 Abs. 3 FamGKG	Bei Unbilligkeit kann ein höherer oder niedrigerer Wert festgesetzt werden.
d) Sonstige Zahlungsansprüche	§ 35 FamGKG	Betrag der Forderung
6. Elterliche Sorge (§ 151 Nr. 1 FamFG)	§ 45 Abs. 1 FamGKG	Regelwert 3.000,00 Euro
	§ 45 Abs. 3 FamGKG	Bei Unbilligkeit kann ein höherer oder niedrigerer Wert festgesetzt werden.
	§ 45 Abs. 2 FamGKG	Betrifft das Verfahren mehrere Kinder, liegt nur ein Gegenstand vor, so dass nur ein Wert festzusetzen ist, gegebenenfalls erhöht nach § 45 Abs. 3 FamGKG.[3]
7. Gewaltschutzsachen (§§ 210 ff. FamFG)		
a) Verfahren über Maßnahmen nach § 1 GewSchG	§ 49 Abs. 1, 1. Hs. FamGKG	Regelwert 2.000,00 Euro
	§ 49 Abs. 2 FamGKG	Bei Unbilligkeit kann ein höherer oder niedrigerer Wert festgesetzt werden.
b) Ansprüche nach § 2 GewSchG	§ 49 Abs. 1, 2. Hs. FamGKG	Regelwert 3.000,00 Euro
	§ 49 Abs. 2 FamGKG	Bei Unbilligkeit kann ein höherer oder niedrigerer Wert festgesetzt werden.
c) Verfahren nach §§ 1 und 2 GewSchG	§§ 49 Abs. 1, 2, 33 Abs. 1 S. 1 FamGKG	Die jeweiligen Werte (siehe a) u. b)) werden zusammengerechnet.
8. Güterrechtssachen (§§ 261 ff. FamFG) – ohne Zugewinn[4]		
a) Auf Geldzahlung gerichtete Verfahren	§ 35 FamGKG	Wert der Forderung
b) Aufhebung der Gütergemeinschaft nach §§ 1447 f., 1449 ff. ZPO	§ 42 Abs. 1 FamGKG	Interesse an der Aufhebung, i.d.R. Hälfte des Anteils des Antragstellers am Gesamtgut[5]
c) Auseinandersetzung der Gütergemeinschaft nach §§ 1471 ff. BGB	§ 42 Abs. 1 FamGKG	Interesse an der Auseinandersetzung; i.d.R. Wert des auf den Antragsteller bei der Teilung entfallenden Teil des Gesamtguts[6]
d) Verfahren auf Genehmigung einer Erklärung oder deren Ersetzung	§ 36 Abs. 1 S. 1 FamGKG	Wert des zugrunde liegenden Geschäfts

[1] Soweit man während der Trennung einen Anspruch nach § 745 Abs. 2 BGB annimmt, handelt es sich um eine Familienstreitsache (s. 12).

[2] OLG Bamberg AGS 2011, 197 = NJW Spezial 2011, 252; OLG Koblenz AGS 2013, 287 = NJW-Spezial 2013, 412.

[3] Werden dagegen im Verfahren mehrere Kindschaftssachen behandelt (etwa Umgangs- und Sorgerecht), so sind die Werte zusammenzurechnen (§ 33 Abs. 1 S. 1 FamGKG).

[4] Zum Zugewinn s. Nr. 21.

[5] *Kindermann*, Rn. 274.

[6] Ein Abzug der Schulden ist nicht vorzunehmen (BGH NJW 1975, 1425).

Gegenstand	Vorschrift	Bemessung
	§ 36 Abs. 1 S. 2 FamGKG	§ 38 GNotKG und die für eine Beurkundung geltenden besonderen Geschäftswert- und Bewertungsvorschriften des GNotKG (§§ 97–111 GNotKG) gelten entsprechend.
	§ 36 Abs. 2 FamGKG	Soweit Gegenstand des Verfahrens mehrere Erklärungen sind, werden diese als ein Gegenstand bewertet (Ausnahme von § 33 Abs. 1 S. 1 FamGKG).
	§ 36 Abs. 3 FamGKG	Höchstwert 1 Mio. Euro
e) Sonstige Anträge		
aa) Vermögensrechtliche Angelegenheiten	§ 42 Abs. 1 FamGKG	Bestimmung nach billigem Ermessen
	§ 42 Abs. 3 FamGKG	Bestehen keine genügenden Anhaltspunkte, ist von einem Auffangwert von 5.000,00 Euro auszugehen.
bb) Nicht vermögensrechtliche Angelegenheiten	§ 42 Abs. 2 FamGKG	Berücksichtigung aller Umstände des Einzelfalls, insbesondere des Umfangs und der Bedeutung der Sache und der Vermögens- und Einkommensverhältnisse der Beteiligten, nach billigem Ermessen
	§ 43 Abs. 2 FamGKG	Höchstwert 500.000,00 Euro
	§ 42 Abs. 3 FamGKG	Bestehen keine genügenden Anhaltspunkte, ist von einem Auffangwert von 5.000,00 Euro auszugehen.
9. Haushaltssachen (§ 200 Abs. 2 FamFG)		
a) Ansprüche nach § 1568b BGB	§ 48 Abs. 2 S. 1, 1. Hs. FamGKG	Regelwert 3.000,00 Euro
	§ 48 Abs. 3 FamGKG	Bei Unbilligkeit kann ein höherer oder niedrigerer Wert festgesetzt werden.
b) Ansprüche nach § 1361b BGB	§ 48 Abs. 2 S. 1, 2. Hs. FamGKG	Regelwert 2.000,00 Euro
	§ 48 Abs. 3 FamGKG	Bei Unbilligkeit kann ein höherer oder niedrigerer Wert festgesetzt werden.
c) Ausgleichsansprüche nach § 1586 Abs. 3 BGB	§ 35 FamGKG	Betrag der Forderung
d) Ausgleichsansprüche nach § 1361a BGB	§ 48 Abs. 2 A. 1, 2. Hs. FamGKG	Regelwert 2000, 00 Euro
e) Sonstige Zahlungsansprüche	§ 35 FamGKG	Betrag der Forderung
10. Kindesherausgabe (§ 151 Nr. 3 FamFG)	§ 45 Abs. 1 FamGKG	Regelwert 3.000,00 Euro
	§ 45 Abs. 3 FamGKG	Bei Unbilligkeit kann ein höherer oder niedrigerer Wert festgesetzt werden.
	§ 45 Abs. 2 FamGKG	Betrifft das Verfahren mehrere Kinder, liegt nur ein Gegenstand vor, so dass nur ein Wert festzusetzen ist, gegebenenfalls erhöht nach § 45 Abs. 3 FamGKG.[1]

---

[1] Werden dagegen im Verfahren mehrere Kindschaftssachen behandelt (etwa Umgangs- und Sorgerecht), so sind die Werte zusammenzurechnen (§ 33 Abs. 2 S. 1 FamGKG).

Gegenstand	Vorschrift	Bemessung
11. Kostenvorschuss für ein gerichtliches Verfahren (Unterhaltssache nach § 231 FamFG)	§ 35 FamGKG	geforderter Betrag[1]
12. Sonstige Familiensachen (§ 266 Abs. 1 FamFG)		
a) Zahlungsanträge	§ 35 FamFGKG	Betrag der Forderung
b) Anträge auf wiederkehrende Leistungen	§ 35, 42 Abs, 1 FamFGKG i.V.m. §§ 48 Abs. 1 S. 1 GKG, 9 ZPO	Dreieinhalbfacher Betrag der Forderung, es sei denn streitige Zeit ist geringer[2]
c) Vermögensrechtliche Ansprüche	§ 42 Abs. 1 FamGKG	Bestimmung nach billigem Ermessen
	§ 42 Abs. 3 FamGKG	Bestehen keine genügenden Anhaltspunkte, ist von einem Auffangwert von 5.000,00 Euro auszugehen.
d) Nicht vermögensrechtliche Ansprüche	§ 42 Abs. 2 FamGKG	Berücksichtigung aller Umstände des Einzelfalls, insbesondere des Umfangs und der Bedeutung der Sache und der Vermögens- und Einkommensverhältnisse der Beteiligten, nach billigem Ermessen
	§ 42 Abs. 2 FamGKG	Höchstwert 500.000,00 Euro
	§ 42 Abs. 3 FamGKG	Bestehen keine genügenden Anhaltspunkte, ist von einem Auffangwert von 5.000,00 Euro auszugehen.
13. Übrige Kindschaftssachen (§§ 151 FamFG)[3]		
a) § 151 Nr. 1 FamFG, soweit die Vermögenssorge betroffen und § 36 FamGKG nicht einschlägig ist	§ 46 Abs. 1 FamGKG	Entsprechende Anwendung des § 38 GNotKG und der für eine Beurkundung geltenden besonderen Geschäftswert- und Bewertungsvorschriften des GNotKG (§§ 97–111 GNotKG)
	§ 46 Abs. 3 FamGKG	Höchstwert 1 Mio. Euro
b) § 151 Nr. 4 FamFG, soweit der Vormund für das Vermögen des Mündels zu sorgen hat (§§ 1773 ff. BGB)	§ 46 Abs. 1 FamGKG	Entsprechende Anwendung des § 38 GNotKG und der für eine Beurkundung geltenden besonderen Geschäftswert- und Bewertungsvorschriften des GNotKG (§§ 97–111 GNotKG)
	§ 46 Abs. 3 FamGKG	Höchstwert 1 Mio. Euro
c) § 151 Nr. 5 FamFG, soweit ein Pfleger für die Verwaltung des Vermögens zuständig ist (§§ 1909 ff. BGB)	§ 46 Abs. 1 FamGKG	Entsprechende Anwendung des § 38 GNotKG und der für eine Beurkundung geltenden besonderen Geschäftswert- und Bewertungsvorschriften des GNotKG (§§ 97–111 GNotKG)
	§ 46 Abs. 3 FamGKG	Höchstwert 1 Mio. Euro
d) Verfahren, die nicht die Übertragung oder Entziehung der elterlichen Sorge oder eines Teils betreffen (§ 151 Nr. 4 bis 8 FamFG)		
aa) Gegenstand des Verfahrens sind Pflegschaften für einzelne Rechtshandlungen	§ 46 Abs. 2 FamGKG	Wert der Rechtshandlung
	§ 46 Abs. 3 FamGKG	Höchstwert 1 Mio. Euro

[1] Unerheblich ist, ob Zahlung oder Freistellung verlangt wird. Ebenso unerheblich ist, wie sich die Kostenforderung zusammensetzt (Gerichtskosten, Anwaltsgebühren, Auslagen, Umsatzsteuer, etc.).

[2] So für Nutzungsentschädigung nach § 745 Abs. 2 BGB: OLG Frankfurt NJW-Spezial 20134, 539 = AGS 2013, 341: a.A. Regelwert des § 48 Abs. 1 FamGKG: OLG Hamm AGS 2013, 183 = RVGprof. 2013, 55 = NJW-Spezial 2013, 285 = FamFR 2013, 254 = FamRB 2013, 218.

[3] Siehe zur elterlichen Sorge Nr. 6 zur Kindesherausgabe Nr. 10 und zum Umgangsrecht Nr. 14.

Gegenstand	Vorschrift	Bemessung
bb) Sonstige Gegenstände	§ 42 Abs. 2 FamGKG	Berücksichtigung aller Umstände des Einzelfalls, insbesondere des Umfangs und der Bedeutung der Sache und der Vermögens- und Einkommensverhältnisse der Beteiligten, nach billigem Ermessen
	§ 42 Abs. 3 FamGKG	Bestehen keine genügenden Anhaltspunkte, ist von einem Auffangwert von 5.000,00 Euro auszugehen.
e) Kindschaftssachen, soweit nichtvermögensrechtliche Angelegenheiten betroffen sind, die nicht die Entziehung der elterlichen Sorge oder eines Teils derselben betreffen (§ 151 Nr. 1 FamFG); Verfahren nach § 151 Nr. 6 bis 8 FamFG	§ 42 Abs. 2 FamGKG	Berücksichtigung aller Umstände des Einzelfalls, insbesondere des Umfangs und der Bedeutung der Sache und der Vermögens- und Einkommensverhältnisse der Beteiligten, nach billigem Ermessen
	§ 42 Abs. 2 FamGKG	Höchstwert 500.000,00 Euro
	§ 42 Abs. 3 FamGKG	Bestehen keine genügenden Anhaltspunkte, ist von einem Auffangwert von 5.000,00 Euro auszugehen.
14. Umgangsrecht (Kindschaftssachen nach § 151 Nr. 2 FamFG)[1]	§ 45 Abs. 1 FamGKG	Regelwert 3.000,00 Euro
	§ 45 Abs. 3 FamGKG	Bei Unbilligkeit kann ein höherer oder niedrigerer Wert festgesetzt werden.
	§ 45 Abs. 2 FamGKG	Betrifft das Verfahren mehrere Kinder, liegt nur ein Gegenstand vor, so dass nur ein Wert festzusetzen ist, gegebenenfalls erhöht nach § 45 Abs. 3 FamGKG.[2]
15. Unterhaltssachen nach § 231 Abs. 1 FamFG sonstige den Unterhalt betreffende Familiensachen [3, 4]		
a) fälliger Unterhalt	§ 35 FamGKG	geforderter Betrag
b) Unterhalt als zukünftige Leistung		
aa) bezifferte Unterhaltsbeträge	51 Abs. 1 S. 1 FamGKG	Wert der für die ersten zwölf Monate nach Antragseinreichung geforderten Beträge
bb) Unterhalt nach §§ 1612a bis c BGB	§ 51 Abs. 1 S. 2 FamGKG	Zwölffacher Monatsbetrag des zum Zeitpunkt der Einreichung des Antrags geltenden Mindestunterhalts nach der zu diesem Zeitpunkt maßgebenden Altersstufe,[5] es sei denn der verlangte Betrag ist geringer

[1] Siehe auch Vermittlungsverfahren nach § 165 FamFG.
[2] Werden dagegen im Verfahren mehrere Kindschaftssachen behandelt (etwa Umgangs- und Sorgerecht), so sind die Werte zusammenzurechnen (§ 33 Abs. 1 S. 1 FamGKG).
[3] Zum besonderen Fall des Kostenvorschuss für ein gerichtliches Verfahren siehe Nr. 11, zum Vereinfachten Verfahren auf Festsetzung des Unterhalts Minderjähriger Nr. 17.
[4] Die Vorschriften gelten im Gegensatz zum bisherigen Recht jetzt auch für vertragliche Unterhaltsansprüche.
[5] Das anzurechnende Kindergeld ist abzuziehen (OLG München AGS 2005, 165 = FamRZ 2005, 1766 = FamRB 2005, 106; OLG Köln FamRZ 2002, 684 = JAmt 2002, 272; AG Groß-Gerau FamRZ 2001, 432 (unter Aufgabe seiner früheren gegenteiligen Rspr. AGS 2002, 178 = FamRZ 2001, 778, 1384 = OLGR 2001, 224).

Gegenstand	Vorschrift	Bemessung
c) Fällige Beträge neben Unterhalt als zukünftige Leistung	§§ 35, 51 Abs. 1, 2 FamGKG	wiederkehrende Leistung wie b) bei Antragseinreichung[1] fällige Beträge wie a) beide Werte werden anschließend zusammengerechnet (§ 51 Abs. 2 S. 1 FamGKG).
16. Unterhaltssachen nach § 231 Abs. 2 FamFG	§ 51 Abs. 3 S. 1 FamGKG	Regelwert 500,00 Euro[2]
	§ 51 Abs. 3 S. 2 FamGKG	Bei Unbilligkeit kann ein höherer Wert festgesetzt werden.
17. Vereinfachtes Verfahren auf Festsetzung des Unterhalts Minderjähriger		
a) zukünftiger Unterhalt	§ 51 Abs. 1 S. 2 FamGKG	Zwölffaches des bei Antragseinreichung[3] maßgebenden Betrags[3]
b) fällige Beträge	§ 51 Abs. 2 S. 3 i.V.m. S. 1 u. 2 FamGKG	Bei Antragseinreichung[5] fällige Beträge werden hinzugerechnet.[4]
18. Vermittlungsverfahren (§ 165 FamFG)	§ 45 Abs. 1 FamGKG	Regelwert 3.000,00 Euro[5]
	§ 45 Abs. 2 FamGKG	Betrifft das Verfahren mehrere Kinder, liegt nur ein Gegenstand vor.
	§ 45 Abs. 3 FamGKG	Bei Unbilligkeit kann ein höherer oder niedrigerer Wert festgesetzt werden.
19. Versorgungsausgleich (§§ 217 ff. FamFG)		
a) Verfahren anlässlich der Scheidung[6]	§ 50 Abs. 1 S. 1 FamGKG	je Anrecht 10 % des Drei-Monats-Nettoeinkommens beider Ehegatten
	§ 50 Abs. 1 S. 2 FamGKG	Mindestwert 1.000,00 Euro
	§ 50 Abs. 3 FamGKG	Bei Unbilligkeit kann ein höherer oder niedrigerer Wert festgesetzt werden.
b) Ausgleichsansprüche nach der Scheidung	§ 50 Abs. 1 S. 1 FamGKG	je Anrecht 20 % des Drei-Monats-Nettoeinkommens beider Ehegatten
	§ 50 Abs. 1 S. 2 FamGKG	Mindestwert 1.000,00 Euro
	§ 50 Abs. 3 FamGKG	Bei Unbilligkeit kann ein höherer oder niedrigerer Wert festgesetzt werden.
c) Auskunft (§ 220 FamFG i.V.m. § 4 VersAusglG)	§ 50 Abs. 2 FamGKG	Regelwert 500,00 Euro
	§ 50 Abs. 3 FamGKG	Bei Unbilligkeit kann ein höherer oder niedrigerer Wert festgesetzt werden.
d) Stufenantrag auf Auskunft und Ausgleich	§§ 50, 38 FamGKG	Bewertung der einzelnen Ansprüche wie a) bis c)

[1] Einreichung des Klageantrags steht die Einreichung eines Antrags auf Bewilligung der Verfahrenskostenhilfe gleich, wenn der Antrag alsbald nach Mitteilung der Entscheidung über den Antrag oder über eine alsbald eingelegte Beschwerde eingereicht wird (§ 51 Abs. 1 S. 2 FamGKG).
[2] Bei der Bezugsberechtigung für mehrere Kinder sind mehrere Regelwerte festzusetzen und nach § 33 Abs. 1 S. 1 FamGKG zu addieren (*Schneider/Wolf*, FamGKG, § 51 Rn. 198).
[3] Dem Antragseingang steht die Einreichung eines Antrags auf Bewilligung der Verfahrenskostenhilfe gleich, wenn der Antrag alsbald nach Mitteilung der Entscheidung über den Antrag oder über eine alsbald eingelegte Beschwerde eingereicht wird (§ 51 Abs. 2 S. 3, 2 FamGKG).
[4] OLG München AGS 2005, 165 = FamRZ 2005, 1766 = FamRB 2005, 106; OLG Brandenburg FamRZ 2004, 962.
[5] OLG Karlsruhe AGS 2012, 578 = ZKJ 2013, 80 = FamRZ 2013, 722 = RVGreport 2013, 73 = FuR 2013, 175 = FF 2013, 131 = FF 2013, 262.
[6] Isolierte Versorgungsausgleichsverfahren anlässlich der Scheidung sind insbesondere möglich in abgetrennten Verfahren nach Art. 111 Abs. 4 FGG-ReformG.

Gegenstand	Vorschrift	Bemessung
		Maßgebend ist nur der höhere Wert, in der Regel der Wert des Ausgleichsanspruchs. Besteht keine hinreichende Schätzungsgrundlage ist der Auffangwert des § 42 Abs. 3 FamGKG i.H.v. 5.000,00 Euro anzusetzen.[1]
e) Abtretung	§ 50 Abs. 2 FamGKG	Regelwert 500,00 Euro
	§ 50 Abs. 3 FamGKG	Bei Unbilligkeit kann ein höherer oder niedrigerer Wert festgesetzt werden.
20. Vollstreckbarerklärung ausländischer Entscheidungen (§ 110 FamFG)		
a) Unterhaltstitel über wiederkehrende Leistungen	§ 42 Abs. 1 i.V.m. §§ 35, 51 Abs. 1 u. Abs. 2 FamGKG	Zwölfmonatiger Bezug zuzüglich fälliger Beträge[2]
b) Sonstige Titel über eine bezifferte Geldforderung	§ 42 Abs. 1 i.V.m. § 35 FamGKG	Betrag der Forderung[3]
c) Sonstige Titel über vermögensrechtliche Ansprüche	§ 42 Abs. 1 FamGKG	Bewertung nach billigem Ermessen
	§ 42 Abs. 3 FamGKG	Bestehen keine genügenden Anhaltspunkte, ist von einem Auffangwert von 5.000,00 Euro auszugehen.
d) Titel über nicht vermögensrechtliche Ansprüche	§ 42 Abs. 2 FamGKG	Bewertung unter Berücksichtigung aller Umstände des Einzelfalls, insbesondere des Umfangs und der Bedeutung der Sache und der Vermögens- und Einkommensverhältnisse der Beteiligten, nach billigem Ermessen
		Höchstwert 500.000,00 Euro
	§ 42 Abs. 3 FamGKG	Bestehen keine genügenden Anhaltspunkte, ist von einem Auffangwert von 5.000,00 Euro auszugehen.
21. Zugewinn (Güterrechtssache nach §§ 261 ff. FamFG)		
a) Zahlungsantrag	§ 35 FamGKG	Wert des verlangten Ausgleichs
b) Zahlungsanspruch und Anspruch nach § 40 FGB/DDR	§§ 35, 33 Abs. 1 FamGKG	Die Werte beider Anträge sind nach a) zu bewerten und zusammenzurechnen.[4]
c) Klage- und Widerantrag auf Zahlung	§§ 35, 39 Abs. 1 S. 1 FamGKG	Die Werte von Klage- und Widerantrag, jeweils berechnet nach a), werden addiert[5]

[1] OLG Hamm AGS 2012, 194 = FamRZ 2011, 582 = FamFR 2011, 41 = FF 2011, 219.
[2] Der Zeitpunkt der Fälligkeit i.S.d. § 51 Abs. 2 S. 1 FamGKG richtet sich nach zutreffender Ansicht nach dem Zeitpunkt der Antragstellung im zugrunde liegenden ausländischen gerichtlichen Verfahren (OLG Bremen, Beschl. v. 11.12.1992 – 2 W 101/91). Handelt es sich dabei um einen Titel, der ohne Antrag erlassen worden ist, so sind die Beträge, die bis zu dem Erlass des Titels fällig geworden sind, maßgebend (OLG Hamburg OLGR 1997, 164). Nach anderer Auffassung soll wohl stets auf den Zeitpunkt des Erlasses des ausländischen Urteils abzustellen sein (OLG Dresden OLGR 2006, 60 = FamRZ 2006, 563 = OLG-NL 2006, 111 = IPRspr. 2005, Nr. 171). Fällige Beträge aus der Zeit nach dessen Erlass sind jedenfalls nach allen Auffassungen nicht hinzuzurechnen (BGH AGS 2009, 47 = FamRZ 2009, 222 = MDR 2009, 173 = NJW-Spezial 2009, 60 = FuR 2009, 96; OLG Zweibrücken JurBüro 1986, 1404; OLG Zweibrücken, Beschl. v. 24.1.1990 – 2 WF 11/90; OLG Düsseldorf OLGR 2008, 190 = FamRZ 2008, 904).
[3] Eine gegebenenfalls vorzunehmende Währungsumrechnung erfolgt auf den Zeitpunkt der Einreichung des Antrags auf Vollstreckbarerklärung (§ 34 FamGKG).
[4] *Koch*, FamRZ 2003, 197 (210); *Kindermann*, Rn. 264.
[5] Es liegt nicht derselbe Streitgegenstand i.S.d. § 39 Abs. 1 S. 3 FamGKG vor (zuletzt OLG Köln BRAGOreport 2001, 63 m. Anm. von *N. Schneider* = FamRZ 2001, 1386 = MDR 2001, 941 = OLGR

Gegenstand	Vorschrift	Bemessung
d) Negativer Feststellungsantrag	§ 35 FamGKG	Wert der Forderung, deren Nichtbestehen festgestellt werden soll.[1]
e) Klage- und Widerantrag, einerseits auf Zahlung (Teilantrag), andererseits auf negative Feststellung	§§ 35, 39 Abs. 1 S. 1 FamGKG	Die Werte von Antrag und Widerantrag, jeweils berechnet nach a) und d), werden addiert, soweit die Beträge sich nicht decken.[2]
f) Auskunft	§ 42 Abs. 1 FamGKG	Bruchteil des erwarteten Zahlungsanspruchs[3]
	§ 40 FamGKG	Bei einem Rechtsmittel des Auskunftsverpflichteten richtet sich er Wert nach den Aufwendungen an Zeit und Geld für die Erteilung der Auskunft.[4]
	§ 42 Abs. 3 FamGKG	Bestehen keine genügenden Anhaltspunkte, ist von einem Auffangwert von 5.000,00 Euro auszugehen.
g) Antrag- und Widerantrag auf Auskunft	§§ 42 Abs. 1, 39 Abs. 1 S. 1 FamGKG	Die Werte von Antrag und Widerantrag, jeweils berechnet nach f) werden addiert.[2]
h) Antrag und Widerantrag einerseits auf Zahlung, andererseits auf Auskunft	§§ 35, 42 Abs. 1, 39 Abs. 1 S. 1 FamGKG	Die Werte von Antrag und Widerantrag, jeweils berechnet nach a) und f) werden addiert.[2]
i) Stufenantrag (Auskunft, eidesstattliche Versicherung und Zahlung)		Sofern die Gebühren in mehreren Stufen ausgelöst werden, ist der höhere Wert maßgebend.
aa) Auskunft	§ 42 Abs. 1 FamGKG	wie d)
bb) Eidesstattliche Versicherung	§ 42 Abs. 1 FamGKG	Bruchteil des erwarteten Zahlungsanspruchs; in der Regel unterhalb des Auskunftswertes
cc) Zahlungsantrag	§ 35 FamGKG	Wert des Ausgleichsanspruchs, wie er sich bei objektiver Betrachtung nach den Vorstellungen des Antragstellers ergibt[5]
		Fehlen Anhaltspunkte für eine Schätzung, ist vom Auffangwert des § 42 Abs. 3 FamGKG i.H.v. 5.000,00 Euro auszugehen[6]
j) Isolierter Antrag auf Stundung des Zugewinnausgleichs	§ 42 Abs. 1 FamGKG	Kosten der ersparten Finanzierung[7]
	§ 42 Abs. 3 FamGKG	Bestehen keine genügenden Anhaltspunkte, ist von einem Auffangwert von 5.000,00 Euro auszugehen.

2001, 203; OLG Hamburg AGS 2000, 230 = OLGR 2000, 306; ausführlich *N. Schneider,* Gegenstandswerte bei Klage und Widerklage auf Zugewinnausgleich, FamRZ 2002, 379; *Kindermann,* Die Abrechnung in Ehe- und Familiensachen, Rn. 256 ff.; a. A. OLG Hamm RVGreport 2007, 38; Beschl. v. 9.8.2006 – 10 WF 154/06 (juris).
[1] Ein Feststellungsabschlag ist nicht vorzunehmen, da die negative Feststellung über den Anspruch endgültig entscheidet (*Schneider/Wolf,* FamGKG, § 52 Rn. 52).
[2] OLG Düsseldorf MDR 2003, 236 m. Anm. *N. Schneider.*
[3] Die Höhe des Bruchteils richtet sich danach, wie sehr der Anspruchsteller auf die Auskunft angewiesen ist, i.d.R. 1/10 bis 1/3 (*Schneider/Wolf,* FamGKG, § 52 Rn. 42).
[4] *Schneider/Wolf,* FamGKG, § 52 Rn. 27.
[5] OLG Düsseldorf JurBüro 1986, 1685; zum Streitstand siehe *Kindermann,* Die Abrechnung in Ehe- und Familiensachen, Rn. 255.
[6] OLG Hamm AGS 2012, 194 = FamRZ 2011, 582 = FamFR 2011, 41 = FF 2011, 219.
[7] OLG Köln AGS 2003, 362 m. Anm. *N. Schneider.*

Gegenstand	Vorschrift	Bemessung
k) Zahlungsantrag und Gegenantrag auf Stundung der Ausgleichsforderung	§§ 35, 42 Abs. 1, 52 FamGKG	Die Werte von Zahlungsantrag (s. o. a)) und Stundungsantrag (s. o. e)) sind zusammenzurechnen, sofern eine Entscheidung über den Stundungsantrag ergeht.[1]
l) Isolierter Antrag auf vorzeitigen Zugewinnausgleich	§ 42 Abs. 1 FamGKG	Interesse am vorzeitigen Zugewinnausgleich[2]
	§ 42 Abs. 3 FamGKG	Bestehen keine genügenden Anhaltspunkte, ist von einem Auffangwert von 5.000,00 Euro auszugehen.
m) Antrag auf vorzeitigen Zugewinnausgleich und gleichzeitiger Zahlungsantrag	§§ 35, 42 Abs. 1, 33 Abs. 1 FamGKG	Die Werte des Antrags auf vorzeitigen Zugewinnausgleich (s. o. l)) und des Zahlungsantrags (s. o. a)) sind zu addieren.[3]
n) Isolierter Antrag auf Übertragung von Vermögensgegenständen	§ 42 Abs. 1 FamGKG	Wert der zu übertragenden Gegenstände; Belastungen bleiben außer Ansatz[4]
	§ 42 Abs. 3 FamGKG	Bestehen keine genügenden Anhaltspunkte, ist von einem Auffangwert von 5.000,00 Euro auszugehen.
	§ 42 Abs. 2 FamGKG	Höchstwert 500.000,00 Euro
o) Zahlungsklage und Antrag auf Übertragung von Vermögensgegenständen	§§ 35, 42 Abs. 1, 52 FamGKG	Die Werte des Zahlungsantrags (s. o. a)) und des Antrags auf Übertragung (s. o. n)) sind zu addieren, sofern über den Übertragungsanspruch entschieden wird.
p) Sicherheitsleistung bei vorzeitigem Zugewinnausgleich (§ 1389 BGB) und bei Stundung (§ 1382 Abs. 3 BGB)	§ 42 Abs. 1 FamGKG	Interesse des Antragstellers an der Sicherheitsleistung[5]
	§ 42 Abs. 3 FamGKG	Bestehen keine genügenden Anhaltspunkte, ist von einem Auffangwert von 5.000,00 Euro auszugehen.
q) Vorzeitiger Zugewinnausgleich und Sicherheitsleistung	§§ 35, 42 Abs. 1, 33 Abs. 1 FamGKG	Die Werte von vorzeitigem Zugewinnausgleich (s. o. l)) und Sicherheitsleistung (s. o. p)) sind zu addieren.

3. Besondere Verfahrenssituationen in Unterhaltssachen

Gegenstand	Vorschrift	Bemessung
1. Außergerichtliche Vertretung (Nrn. 2300 VV RVG)		
a) Fälliger Unterhalt	§ 23 Abs. 1 S. 3 u. 1 RVG i.V.m. § 35 FamGKG	Verlangter Betrag

---

[1] Maßgebend ist nur der Wert der Stundung, soweit dem Zahlungsantrag stattgegeben wird.
[2] *Kindermann*, Die Abrechnung in Ehe- und Familiensachen, Rn. 265; *Koch*, FamRZ 2003, 197, 210.
[3] *Kindermann*, Die Abrechnung in Ehe- und Familiensachen, Rn. 266.
[4] OLG Frankfurt MDR 1990, 58.
[5] Dieses Interesse wird um so höher zu bewerten sein, je größer das Ausfallrisiko ist. Je geringer das Risiko, den Zugewinnausgleich später nicht durchsetzen zu können, desto geringer ist der Wert anzusetzen.

Gegenstand	Vorschrift	Bemessung
b) Unterhalt als wiederkehrende Leistung		
aa) Zukünftige Beträge	§ 23 Abs. 1 S. 3 u. 1 RVG i.V.m. §§ 35, 51 Abs. 1 FamGKG	Betrag der auf die Beendigung der Angelegenheit folgenden zwölf Monate, sofern der weitere Zeitraum, für den Unterhalt verlangt wird, nicht geringer ist
bb) Fällige und zukünftige Beträge	§ 23 Abs. 1 S. 3 u. 1 RVG i.V.m. §§ 35, 51 Abs. 1 u. 2 FamGKG	Alle bei Erledigung fälligen Beträge werden dem Wert der künftigen Beträge hinzugerechnet, da es bei außergerichtlichen Tätigkeiten keine Antragseinreichung gibt.[1]
2. Antrag auf Trennungsunterhalt und nachehelichen Unterhalt	§§ 35, 51, 33 Abs. 1 FamGKG	Die Werte von Trennungsunterhalt und nachehelichem Unterhalt sind gesondert zu bewerten und dann nach § 33 Abs. 1 S. 1 FamGKG zu addieren, da es sich um verschiedene Gegenstände handelt.[2]
3. Auskunft	§ 42 Abs. 1 FamGKG	Bruchteil des Wertes des erwarteten Unterhaltsanspruchs Die Höhe des Bruchteils richtet sich danach, wie sehr der Anspruchsteller auf die Auskunft angewiesen ist. I.d.R. wird 1/10 bis 1/4 der zu erwartenden Forderung angenommen.[3]
	§ 40 FamGKG	Bei einem Rechtsmittel des Auskunftsverpflichteten richtet sich die Beschwer und der Verfahrenswert für das Rechtsmittelverfahren nach den Aufwendungen an Zeit und Geld für die Erteilung der Auskunft.[4]
4. Auskunft für mehrere Beteiligte	§§ 33 Abs. 1 S. 1, 42 Abs. 1 FamGKG	Die Werte der einzelnen nach Nr. 3 zu bewertenden Auskunftsansprüche werden zusammengerechnet.[5]
5. Stufenantrag		
a) Auskunftsantrag	§ 42 Abs. 1 FamGKG	wie Nr. 3
b) Antrag auf Abgabe der eidesstattlichen Versicherung	§ 42 Abs. 1 FamGKG	Bruchteil des erwarteten Zahlungsanspruchs; in der Regel unterhalb des Auskunftswertes[6]
c) Leistungsantrag	§§ 35, 51 Abs. 1 u. 2 FamGKG	wie oben 2 Nr. 15[7]

[1] N. Schneider, Gebührenberechnung bei außergerichtlichem Vergleich über Unterhaltszahlungen, AGS 2004, 58; siehe auch zur vergleichbaren Rechtslage bei Schadensersatzrenten: OLG Nürnberg AGS 2002, 232 = OLGR 2002, 248.
[2] Schneider/Wolf/*Fölsch*, FamGKG, § 51 Rn. 81. Dies ergibt sich an sich schon aus den allgemeinen Vorschriften, da eine gemeinsame Klage auf Trennungs- und nachehelichem Unterhalt nur nach Rechtskraft der Scheidung möglich ist und dann der Trennungsunterhalt zwingender weise fällig sein muss, so dass er insgesamt unter § 51 Abs. 2 FamGKG fällt.
[3] Siehe Schneider/Wolf/*Thiel*, § 42 Rn. 88
[4] Siehe Schneider/Wolf/*Schneider*, § 40 Rn. 27.
[5] Jeder Auskunftsanspruch ist ein eigener Gegenstand. Es liegt daher kein Fall der Nr. 1008 VV RVG vor (siehe Schneider/Wolf/*Thiel*, § 51 Rn. 92).
[6] Schneider/Wolf/*Schneider*, FamGKG, § 51 Rn. 115.
[7] Für die Beurteilung der fälligen und der zukünftigen Beträge ist hinsichtlich der Leistungsstufe – obwohl noch nicht beziffert – auf den Antragseingang abzustellen, bzw. auf den Eingang des Antrags auf Bewilligung von Verfahrenskostenhilfe (§ 51 Abs. 1 S. 2 FamGKG), wenn der alsbald nach Mitteilung der Entscheidung über den Verfahrenskostenhilfeantrag oder über eine alsbald eingelegte Beschwerde eingereicht wird.

Gegenstand	Vorschrift	Bemessung
		Maßgebend ist weder der letztlich bezifferte Betrag noch bei fehlender Bezifferung infolge vorzeitiger Erledigung die Erfolgsaussichten der Unterhaltsklage, sondern die der Klage bei ihrer Einreichung zugrunde liegende Erwartung des Antragstellers.[1]
d) Gesamt	§ 38 FamGKG	Keine Addition; der höchste Wert ist maßgebend
6. Abänderungsverfahren	§§ 35, 51 Abs. 1 FamGKG	Geforderter Abänderungsbetrag der auf die Antragseinreichung[2] folgenden zwölf Monate, sofern der Zeitraum, für den Unterhalt verlangt wird, nicht geringer ist
	§ 51 Abs. 2 S. 1 FamGKG	Bei Einreichung fällige Beträge[3] werden hinzugerechnet.[4]
		Wird einem Herabsetzungsantrag gleichzeitig Rückzahlung verlangt, wirken die verlangten Beträge nicht Wert erhöhend.[5]
7. Wechselseitige Abänderungsverfahren	§§ 39 Abs. 1 S. 1, 35, 51 Abs. 1 u. 2 FamGKG	Die Werte der wechselseitigen Abänderungsanträge sind zu addieren.[6]
8. Antragserweiterung bei wiederkehrenden Leistungen		
a) ursprünglicher Antrag	§§ 35, 51 FamGKG	Bewertung nach §§ 35, 51 Abs. 1, 2 FamGKG
b) Antragserweiterung	§§ 35, 51 Abs. 1 FamGKG	Erhöhung des Verfahrenswertes um die verlangten weiteren Beträge der auf die Einreichung des Erweiterungsantrags folgenden zwölf Monate
	§§ 35, 51 Abs. 2 FamGKG	Die fälligen Erweiterungsbeträge,[7] die auf die Zeit zwischen Antragseinreichung und Antragserweiterung fallen, sind hinzuzurechnen.[8]

---

[1] OLG Köln AGS 2005, 451; OLG Hamm AGS 2005, 452.
[2] Wird Verfahrenskostenhilfe beantragt, zählt bereits der Tag der Einreichung des Verfahrenskostenhilfeantrags (§ 51 Abs. 2 S. 2 FamGKG), wenn der Antrag alsbald nach Mitteilung der Entscheidung über den Verfahrenskostenhilfeantrag oder über eine alsbald eingelegte Beschwerde eingereicht wird.
[3] Das Gesetz spricht ausdrücklich von „fälligen Beträgen" und nicht mehr wie früher von Rückständen. Die Fälligkeit richtet sich nach § 1612 Abs. 3 S. 1 BGB: Eine Geldrente ist monatlich im Voraus zu zahlen. Der laufende Monat ist daher bereits ein fälliger
[4] OLG München AGS 2005, 165 = OLGR 2005, 115 = FamRZ 2005, 1766 OLGR = FamRB 2005, 106. Wird Verfahrenskostenhilfe beantragt, zählt bereits der Tag der Einreichung des Verfahrenskostenhilfeantrags (§ 51 Abs. 2 S. 2 FamGKG), wenn die Klage alsbald nach Mitteilung der Entscheidung über den Antrag oder über eine alsbald eingelegte Beschwerde eingereicht wird.
[5] OLG Karlsruhe FamRZ 2010, 1933; OLG Köln AGkompakt 2010 134 = JurBüro 1994, 493; OLG Hamburg FamRZ 1999, 608; KG NJW-Spezial 2010, 763.
[6] Es liegt nicht derselbe Streitgegenstand zugrunde; OLG München AGS 2007, 364 = FamRZ 2007, 750 = OLGR 2007, 416 = ZFE 2007, 315; a. A. OLG Hamm AGS 2004, 30 m. abl. Anm. N. Schneider.
[7] Das Gesetz spricht ausdrücklich von „fälligen Beträgen" und nicht mehr wie früher von Rückständen. Die Fälligkeit richtet sich nach § 1612 Abs. 3 S. 1 BGB: Eine Geldrente ist monatlich im Voraus zu zahlen.
[8] Str., wie hier: OLG Köln AGS 2004, 32 = OLGR 2003, 301 = FamRB 2004, 45 = FamRZ 2004, 1226 = FuR 2004, 380; OLG Celle FamRZ 2009, 74 = OLGR Celle 2009, 198; a.A. OLG München EzFamR aktuell 2000, 7 = OLGR 2000, 73 = FuR 2000, 298 = FamRZ 2001, 239; OLG Schleswig = AGS 2001, 35 = 2000, 477.

Gegenstand	Vorschrift	Bemessung
9. Negativer Feststellungsantrag		
a) Fällige Beträge	§ 35 FamGKG	Voller Wert der Unterhaltsforderungen, deren Nichtbesehen festgestellt werden soll.[1]
b) Unterhalt als wiederkehrende Leistung		
aa) Fällige Beträge	§ 35 FamGKG	Voller Wert der bei Antragseinreichung fälligen Unterhaltsforderungen, deren Nichtbesehen festgestellt werden soll.[1]
bb) zukünftige Beträge	§ 51 Abs. 1 FamGKG	Betrag der auf die Antragseinreichung folgenden zwölf Monate, sofern der Zeitraum, für den das Nichtbestehen festgestellt werden soll, nicht geringer ist[2]
c) fällige und zukünftige Beträge	§ 51 Abs. 1, 2 FamGKG	Die Werte nach a) und b) werden zusammengerechnet.[3]
10. „Titulierungsantrag"	§§ 35, 51 FamGKG	Voller Wert; kein Abschlag wegen bloßem „Titulierungsinteresse"[4]
11. Negativer Feststellungsantrag verbunden mit Rückzahlungsantrag		
a) Negativer Feststellungsantrag	§ 35 FamGKG	wie Nr. 8
b) Rückzahlung	§ 35 FamGKG	Für die Rückzahlung gilt der volle Wert.
c) Gesamt	§ 33 Abs. 1 S. 1 FamGKG	Beide Werte sind zu addieren, sofern sie nicht denselben Gegenstand betreffen.
12. Sicherheitsleistung gem. § 1585a BGB	§ 42 Abs. 1 FamGKG	Bruchteil der verlangten Sicherheit, i. d. R. 50 %, also bei dem Höchstfall des Jahresbetrags der Bezug von sechs Monaten[5]
13. Nachforderungsantrag nach § 324 ZPO[6]	§ 42 Abs. 1 FamGKG	Bruchteil der Nachforderung
14. Zahlung und Sicherheitsleistung gem. § 1585a BGB	§§ 33, 42 Abs. 1, 35, 51 FamGKG	Die Werte von Zahlung und Sicherheit werden addiert[7]
15. Vollstreckungsabwehrantrag		
a) fällige Beträge	§ 35 FamGKG	voller Wert, soweit Abwehr beantragt wird
b) wiederkehrende Leistungen		
aa) zukünftige Beträge	§§ 35, 52 Abs. 1 FamGKG	Betrag der auf die Einreichung des Klageantrags folgenden zwölf Monate, sofern der Zeitraum, für den Unterhalt abgewehrt werden soll nicht geringer ist

[1] Ein Feststellungsabschlag ist nicht vorzunehmen, da bei Stattgabe der Klage über den Anspruch endgültig entschieden wird.
[2] Wird Verfahrenskostenhilfe beantragt, zählt bereits der Tag der Einreichung des Verfahrenskostenhilfeantrags (§ 51 Abs. 2 S. 2 FamGKG), wenn die Klage alsbald nach Mitteilung der Entscheidung über den Antrag oder über eine alsbald eingelegte Beschwerde eingereicht wird.
[3] OLG Köln FamRZ 2001, 1385.
[4] OLG Hamburg AGS 2013, 184 = MDR 2013, 600 = NJW-Spezial 2013, 251 = RVGprof. 2013, 73 = FamFR 2013, 185 = RVGreport 2013, 244.
[5] Schneider/Wolf/*Fölsch*, FamGKG, § 51 Rn. 153.
[6] Das Verfahren nach § 324 ZPO ist versehentlich nicht mit in das FamFG übernommen worden.
[7] *Kindermann*, Die Abrechnung in Ehe- und Familiensachen, Rn. 182.

Gegenstand	Vorschrift	Bemessung
bb) zukünftige und fällige Beträge	§§ 35, 52 Abs. 1, 2 FamGKG	Die bei Einreichung fälligen Beträge[1] werden dem Wert der zukünftigen Beträge (siehe aa)) hinzugerechnet.[2]
16. Vollstreckungsabwehrantrag gegen Trennungsunterhaltstitel nach Rechtskraft der Scheidung	§ 42 Abs. 1 FamGKG	Beseitigungsinteresse[3]
17. Rückzahlungsantrag	§ 35 FamGKG	Geforderter Betrag
18. Vollstreckungsabwehrantrag mit Rückzahlungsantrag	§ 35 FamGKG	Vollstreckungsabwehrantrag wie oben Nr. 15 Rückzahlungsantrag wie Nr. 16 Keine Addition, soweit beide Anträge dieselben Unterhaltsbeträge betreffen, da wirtschaftliche Identität
19. Beschwerde		
a) Fällige Beträge	§ 40 Abs. 1 S. 1 FamGKG	Wert der angefochtenen Verurteilung
	§ 40 Abs. 1 S. 2 FamGKG	Mangels Antrag Wert der Beschwer
b) Wiederkehrende Leistungen		
aa) fällige Beträge	§§ 40 Abs. 1 S. 1 FamGKG	Wert der angefochtenen Verpflichtung
bb) zukünftige Beträge	§§ 40 Abs. 1 S. 1, 51 Abs. 1 FamGKG	Betrag der auf die Einreichung der erstinstanzlichen Antragseinreichung[4] folgenden ersten zwölf angefochtenen Monate[5]
	§ 40 Abs. 1 S. 1 FamGKG	höchstens Wert der ersten Instanz[6].
cc) fällige und zukünftige Beträge	§§ 40 Abs. 1 S. 1, 35, 51 Abs. 1, 2 FamGKG	Die Werte der fälligen Beträge (aa)) und der zukünftigen Beträge (bb)) werden zusammengerechnet
	§ 40 Abs. 1 S. 2 FamGKG	Mangels Antrag Wert der Beschwer
20. Wechselseitige Beschwerden	§ 39 Abs. 2 FamGKG	Die Werte wechselseitiger Beschwerden sind zu addieren
21. Rechtsbeschwerde		
a) Fällige Beträge	§ 40 Abs. 1 S. 1 FamGKG	Wert der angefochtenen Verurteilung
	§ 40 Abs. 1 S. 2 FamGKG	Mangels Antrag Wert der Beschwer

[1] Wird Verfahrenskostenhilfe beantragt, zählt bereits der Tag der Einreichung des Verfahrenskostenhilfeantrags (§ 51 Abs. 2 S. 2 FamGKG), sofern alsbald über den Verfahrenskostenhilfeantrag entschieden wird.
[2] OLG München OLGR 1994, 23.
[3] OLG Koblenz JurBüro 1987, 108 (ein Drittel der Hauptforderung); ebenso *Kindermann*, Die Abrechnung in Ehe- und Familiensachen, Rn. 173.
[4] Wird Verfahrenskostenhilfe beantragt, zählt bereits der Tag der Einreichung des Verfahrenskostenhilfeantrags (§ 51 Abs. 2 S. 2 FamGKG), wenn die Klage alsbald nach Mitteilung der Entscheidung über den Antrag oder über eine alsbald eingelegte Beschwerde eingereicht wird.
[5] Wird die Verurteilung für die Zeit der ersten zwölf Monaten nach Klageeinreichung nicht oder nur teilweise mit der Beschwerde angefochten, so ist auf den streitigen Wert für die ersten zwölf im Beschwerdeverfahren noch im Streit befindlichen Monate abzustellen (siehe OLG Stuttgart AGS 2008, 192 = OLGR 2008, 148 = FamRZ 2008, 1205 = FamRB 2008, 77 = FPR 2008, 121 = FF 2008, 339; OLG Oldenburg AGS 2009, 83 = OLGR 2008, 955 = FamRZ 2009, 73 = ZFE 2009, 36 = RVGreport 2009, 78 = FPR 2009, 136 = FamRB 2009, 114 = FuR 2009, 226 = FF 2009, 176 = FF 2009, 218).
[6] BGH AGS 2004, 76 m. Anm. *N. Schneider*.

Gegenstand	Vorschrift	Bemessung
b) Wiederkehrende Leistungen		
aa) fällige Beträge	§§ 40 Abs. 1 S. 1 FamGKG	Wert der angefochtenen Verurteilung
bb) zukünftige Beträge	§§ 40 Abs. 1 S. 1, 51 Abs. 1 FamGKG	Betrag der auf die Einreichung der erstinstanzlichen Antragseinreichung[1] folgenden ersten zwölf angefochtenen Monate[2]
	§ 40 Abs. 1 S. 1 FamGKG	höchstens Wert der Beschwerdeinstanz.[3]
cc) fällige und zukünftige Beträge	§§ 40 Abs. 1 S. 1, 35, 51 Abs. 1, 2 FamGKG	Die Werte der fälligen Beträge (aa)) und der zukünftigen Beträge (bb)) werden zusammengerechnet
	§ 40 Abs. 1 S. 2 FamGKG	Mangels Antrag Wert der Beschwer
22. Zulassung der Sprungrechtsbeschwerde	§ 40 Abs. 3 FamGKG	Wert der zuzulassenden Sprungrevision
23. Einigung über nichtanhängige Unterhaltsforderungen	§§ 35, 51 FamGKG	Beträge der auf die Einigung folgenden zwölf Monate, sofern der Zeitraum, für den Unterhalt verlangt wird, nicht geringer ist
		Bei Einigung fällige Beträge werden hinzugerechnet.[1]
24. Unterhaltsverzicht		Umstände des Einzelfalls, insbesondere der Höhe zukünftiger möglicher Ansprüche[2]
25. Anfechtungsklage vor dem Verwaltungsgericht gegen die Überleitung von Unterhaltsansprüchen		
a) Höhe der übergeleiteten Ansprüche steht fest	§ 52 GKG i.V.m. dem Streitwertkatalog der Verwaltungsgerichtsbarkeit. Einschlägig ist Nr. 21.3 (Kinder- und Jugendhilferecht – Überleitung von Ansprüchen)	Höhe der übergeleiteten Forderungen[3]
		höchstens Jahresbetrag[3]
		Eine Hinzurechnung fälliger Beträge ist nicht vorgesehen[3]
b) Höhe der übergeleiteten Ansprüche ist nicht bekannt	§ 52 Abs. 2 GKG	Regelwert 5.000,00 Euro

4. Verbundverfahren (§ 137 FamFG)[4]

Gegenstand	Vorschrift	Bemessung
1. Ehesache (§ 121 FamFG)	§ 43 Abs. 1 FamGKG	Siehe 2 Nr. 4
2. Versorgungsausgleich (§ 217 FamFG)	§ 50 Abs. 1 S. 1 FamGKG	je Anrecht 10 % des Drei-Monats-Nettoeinkommens beider Ehegatten

[1] Bei Einbeziehung nicht anhängiger Unterhaltsforderungen gibt es keine Klageerhebung, so dass alle fälligen Beträge bis zur Einigung nach § 51 Abs. 2 S. 2 FamGKG zu berücksichtigen sind (N. Schneider, Gebührenberechnung bei außergerichtlichem Vergleich über Unterhaltszahlungen, AGS 2004, 58).
[2] OLG Dresden FamRZ 1999, 1290 = MDR 1999, 1201 = OLGR 1999, 284; a. A. OLG Düsseldorf JurBüro 1992, 52: regelmäßig Jahresbetrag.
[3] BVerwG NVwZ-RR 1998, 142 = FEVS 48, 97 = BayVBl 1998, 159 = *Buchholz* 360 § 13 FamGKG Nr. 97 = DVBl 1997, 1448 = FamRZ 1998, 108.
[4] Die Werte von Ehe- und Folgesachen werden zusammengerechnet (§ 44 Abs. 2 FamGKG).

Gegenstand	Vorschrift	Bemessung
	§ 50 Abs. 1 S. 2 FamGKG	Mindestwert 1.000,00 Euro
	§ 50 Abs. 3 FamGKG	Der Wert kann herauf- oder herabgesetzt werden, wenn er nach den Umständen des Einzelfalls unbillig wäre.
3. Ehewohnung (§ 200 Abs. 1 FamFG)	§ 48 Abs. 1 FamGKG	Regelwert 4.000,00 Euro
	§ 48 Abs. 2 FamGKG	Der Wert kann herauf- oder herabgesetzt werden, wenn er nach den Umständen des Einzelfalls unbillig wäre.
4. Elterliche Sorge (§ 151 Nr. 1 FamFG)	§ 44 Abs. 2 S. 1, 1. Hs. FamGKG	Regelwert 20 % der Ehesache
	§ 44 Abs. 2 S. 1, 2. Hs. FamGKG	Sind mehrere Kinder betroffen, gelten sie als ein Gegenstand und rechtfertigen grundsätzlich keine Erhöhung des Verfahrenswertes.
	§ 44 Abs. 2 S. 1, 1. Hs. FamGKG	Höchstwert 3.000,00 Euro
	§ 44 Abs. 3 FamGKG	Die Werte können herauf- oder herabgesetzt werden, wenn sie nach den Umständen des Einzelfalls unbillig wären.
5. Haushalt (§ 200 Abs. 2 FamFG)	§ 48 Abs. 2 FamGKG	Regelwert 3.000,00 Euro
	§ 48 Abs. 3 FamGKG	Der Wert kann herauf- oder herabgesetzt werden, wenn er nach den Umständen des Einzelfalls unbillig wäre.
6. Kindesherausgabe (§ 151 Nr. 3 FamFG)	§ 44 Abs. 2 S. 1, 1. Hs. FamGKG	Regelwert 20 % der Ehesache
	§ 44 Abs. 1 S. 1, 2. Hs. FamGKG.	Sind mehrere Kinder betroffen, gelten sie als ein Gegenstand und rechtfertigen grundsätzlich keine Erhöhung des Verfahrenswertes.
	§ 44 Abs. 2 S. 1 FamGKG	Höchstwert 3.000,00 Euro
	§ 44 Abs. 3 FamGKG	Die Werte können herauf- oder herabgesetzt werden, wenn sie nach den Umständen des Einzelfalls unbillig wären.
7. Umgangsrecht (§ 151 Nr. 2 FamFG)	§ 44 Abs. 2 S. 1, 1. Hs. FamGKG	Regelwert 20 % der Ehesache
	§ 44 Abs. 1 S. 1, 2. Hs. FamGKG	Sind mehrere Kinder betroffen, gelten sie als ein Gegenstand und rechtfertigen grundsätzlich keine Erhöhung des Verfahrenswertes.
	§ 44 Abs. 2 S. 1 FamGKG	Höchstwert 3.000,00 Euro
	§ 44 Abs. 3 FamGKG	Die Werte können herauf- oder herabgesetzt werden, wenn sie nach den Umständen des Einzelfalls unbillig wären.
8. Unterhalt		
a) nachehelicher Ehegattenunterhalt	§§ 35, 51 Abs. 1 FamGKG	Wert der für die ersten zwölf Monate nach Rechtskraft der Scheidung geforderten Beträge[1]

[1] Fällige Beträge kommen im Verbund nicht in Betracht.

Gegenstand	Vorschrift	Bemessung
b) Kindesunterhalt		
aa) bezifferter Unterhalt	§§ 35, 51 Abs. 1 S. 1, 2 FamGKG	Wert der für die ersten zwölf Monate nach Scheidung geforderten Beträge[1]
bb) dynamisierter Unterhalt	§§ 35, 51 Abs. 1 S. 2, 2 FamGKG	Zwölffacher Monatsbetrag des zum Zeitpunkt der Einreichung des Antrags geltenden Mindestunterhalts nach der zu diesem Zeitpunkt maßgebenden Altersstufe,[1] es sei denn der verlangte Betrag ist geringer
c) Stufenantrag auf Auskunft, gegebenenfalls eidesstattliche Versicherung, und Zahlung	§ 38 FamGKG	Auskunft: Bruchteil des erwarteten Anspruchs (s. 3 Nr. 4 a) Eidesstattliche Versicherung: Bruchteil des Auskunftsanspruchs (s. 3 Nr. 4 b) Zahlung: (s. o. a)) Insgesamt gilt aber nur der höhere Wert
9. Zugewinn		
a) Zahlung	§ 35 FamGKG	verlangter Betrag
b) Zahlung, Antrag und Widerantrag	§§ 35, 39 Abs. 1 S. 1 FamGKG	Die Werte von Antrag- und Widerantrag werden zusammen gerechnet.[2]
c) Stufenantrag auf Auskunft gegebenenfalls eidesstattliche Versicherung und Zahlung	§ 38 FamGKG	Auskunft: Bruchteil des erwarteten Anspruchs (s. 3 Nr. 4 a) Eidesstattliche Versicherung: Bruchteil des Auskunftsanspruchs (s. 3 Nr. 4 b) Zahlung: (s. o. a)) Insgesamt gilt aber nur der höhere Wert
d) Zahlungs- und Stundungsantrag nach § 1382 Abs. 1 BGB	§§ 52, 35, 42 Abs. 1 FamGKG	Der Wert des Stundungsantrags (siehe 2 Nr. 21 i) wird der Wert des Zahlungsantrags (siehe a)) hinzugerechnet, soweit darüber entschieden wird,
e) Zahlungsantrag und Antrag auf Übertragung bestimmter Gegenstände nach § 1383 Abs. 1 BGB	§§ 52, 35, 42 Abs. 1 FamGKG	Dem Wert des Zuweisungsantrags (siehe 2 Nr. 21 m) wird der Wert des Zahlungsantrags (§ 35 FamGKG) hinzugerechnet, soweit darüber entschieden wird.

5. Einstweilige Anordnungsverfahren (§§ 49 ff. FamFG)

Gegenstand	Vorschrift	Bemessung
1. Ehewohnungssachen (§ 200 Abs. 1 FamFG)		
a) Zuweisungsantrag nach § 1568a BGB	§ 41 FamGKG	grundsätzlich hälftiger Regelwert: 2.000,00 Euro
b) Zuweisungsantrag nach § 1361b BGB	§ 41 FamGKG	grundsätzlich hälftiger Regelwert: 1.500,00 Euro
c) Ausgleichszahlung (Nutzungsentschädigung) nach § 1361b Abs. 3 S. 2 BGB)	§ 41 FamGKG	I.d.R. Wert des verlangten Betrages, da Vorwegnahme der Hauptsache; gegebenenfalls Abschlag
2. Elterliche Sorge	§ 41 FamGKG	grundsätzlich hälftiger Regelwert: 1.500,00 Euro

[1] Das anzurechnende Kindergeld ist abzuziehen (OLG München AGS 2005, 165 = FamRZ 2005, 1766 = FamRB 2005, 106; OLG Köln FamRZ 2002, 684 = JAmt 2002, 272; AG Groß-Gerau FamRZ 2001, 432 (unter Aufgabe seiner früheren gegenteiligen Rspr. AGS 2002, 178 = FamRZ 2001, 778, 1384 = OLGR 2001, 224).

[2] Siehe o. 2 Nr. 21 b.

Gegenstand	Vorschrift	Bemessung
3. Gewaltschutzsachen (§§ 210 ff. FamFG)		
a) Verfahren über Maßnahmen nach § 1 GewSchG	§ 41 FamGKG	grundsätzlich hälftiger Regelwert: 1.000,00 Euro[1]
b) Ansprüche nach § 2 GewSchG	§ 41 FamGKG	grundsätzlich hälftiger Regelwert: 1.500,00 Euro[2]
c) Verfahren nach § 1 und 2 GewSchG	§ 41 FamGKG	grundsätzlich hälftiger Regelwert: 2.500,00 Euro[2]
4. Haushaltssachen		
a) Zuweisungsantrag nach § 1568a BGB	§ 41 FamGKG	Grundsätzlich hälftiger Regelwert: 2.000,00 Euro
b) Zuweisungsantrag nach § 1361b BGB	§ 41 FamGKG	grundsätzlich hälftiger Regelwert: 1.500,00 Euro
c) Ausgleichszahlung (Nutzungsentschädigung nach §§ 1361b Abs. 3 S. 2, 745 Abs. 2 BGB)	§ 41 FamGKG	I.d.R. Wert der verlangten Beträge, da Vorwegnahme der Hauptsache, gegebenenfalls Abschlag
5. Kindesherausgabe	§ 41 FamGKG	grundsätzlich hälftiger Regelwert: 1.500,00 Euro
6. Kostenvorschuss	§ 41 FamGKG	Voller Wert, da vollständige Vorwegnahme der Hauptsache[2]
7. Umgangsrecht	§ 41 FamGKG	grundsätzlich hälftiger Regelwert: 1.500,00 Euro
8. Unterhalt	§ 41 FamGKG	Nach dem Wortlaut Hälfte der für die nächsten zwölf Monate geforderten Beträge. Fällige Beträge sind hinzuzurechnen.[3] Zutreffend dürfte hier wegen der Vorwegnahme der Hauptsache (siehe § 246 FamFG) ein höherer Wert anzusetzen sein, gegebenenfalls der volle Wert.[4]
9. Versorgungsausgleich	§§ 41, 50 FamGKG	5% bzw. 10% des dreifachen Nettoeinkommens beider Ehegatten je Anrecht
10. Zugewinn	§ 41 FamGKG	grundsätzlich hälftiger Wert des jeweiligen Hauptsachebegehrens

---

[1] Hier dürfte es wegen der faktischen Vorwegnahme der Hauptsache (dazu OLG Zweibrücken, Beschl. v. 18.11.2009 – 2 WF 215/09) angemessen sein, grundsätzlich einen höheren Betrag bis zum vollen Wert der Hauptsache anzusetzen (Schneider/Wolf/*Fölsch*, FamGKG, § 41 Rn. 15).

[2] OLG Bamberg AGS 2011, 454 = RVGreport 2011, 271 = FamRB 2011, 343; ebenso bereits zum früheren Recht OLG Schleswig SchlHA 1978, 22; a.A. OLG Celle, Beschl. v. 9.7.2013 – 10 WF 230/13.

[3] OLG München AGS 2011, 306 = NJW-Spezial 2011, 476; OLG Köln AGS 2010, 618 = FamRZ 2011, 758 = RVGreport 2011, 114 = FamFR 2011, 15; OLG Köln AGS 2010, 618 = FamRZ 2011, 758 = RVGreport 2011, 114 = FamFR 2011, 15; OLG Bamberg AGS 2011, 454 = RVGreport 2011, 271 = FamRB 2011, 343.

[4] OLG Düsseldorf AGS 2010, 105; AG Lahnstein AGS 2010, 264 = NJW-Spezial 2010, 412; Schneider/Wolf/*Fölsch*, FamGKG, § 41 Rn. 14; a.A. (hälftiger Wert): OLG Köln AGS 2010, 618 = FamRZ 2011, 758 = RVGreport 2011, 114 = FamFR 2011, 15; OLG Stuttgart AGS 2010, 617 = FamRZ 2011, 757 = RVGreport 2011, 76 = ZFE 2011, 112 = FamFR 2011, 16; OLG Celle FamRZ 2011, 757.

6. Außergerichtliche Tätigkeiten

Gegenstand	Vorschrift	Bemessung
1. Gegenstand kann Gegenstand eines gerichtlichen Verfahrens sein	§ 23 Abs. 1 S. 3 i.V.m. S. 1 u. 2 RVG	Die Werte für gerichtliche Verfahren gelten entsprechend (siehe A.)
		Wird außergerichtlich Unterhalt als wiederkehrende Leistung geltend gemacht, gelten alle bis zur Erledigung fällig geworden Unterhaltsbeträge.[1]
2. Gegenstand kann nicht Gegenstand eines gerichtlichen Verfahrens sein		
a) Vorschriften des GNotKG sind einschlägig	§ 23 Abs. 3 S. 1 RVG	es gelten die Bewertungsvorschriften des GNotKG und die §§ 37, 38, 42 bis 45 sowie 99 bis 102 GNotKG
b) Die in § 23 Abs. 3 S. 1 RVG genannten Vorschriften sind nicht einschlägig		
aa) Vermögensrechtliche Angelegenheit		
Für Ermessensausübung sind Anhaltspunkte gegeben	§ 23 Abs. 3 S. 2 Hs. 1 RVG	Bestimmung nach billigem Ermessen
Für eine Ermessensausübung liegen keine Anhaltspunkte vor	§ 23 Abs. 3 S. 2 Hs. 2 RVG	Auffangwert i.H.v. 5.000,00 €
		Der Auffangwert kann herauf- oder herabgesetzt werden. Er darf jedoch den Betrag i. H. v. 500.000,00 € nicht übersteigen.
bb) Nicht vermögensrechtliche Angelegenheit	§ 23 Abs. 3 S. 2 Hs. 2 a.E. RVG	Regelwert i. H. v. 5.000,00 €
		Der Auffangwert kann herauf- oder herabgesetzt werden.
		Höchstwert 500.000,00 €

---

[1] N. *Schneider*, Gebührenberechnung bei außergerichtlichem Vergleich über Unterhaltszahlungen, AGS 2004, 58; siehe auch zur vergleichbaren Rechtslage bei Schadensersatzrenten: OLG Nürnberg AGS 2002, 232.

23. Erstattungsfähige Kosten der Partei für die Wahrnehmung gerichtlicher Termine

I. Überblick

Nach § 91 Abs. 1 S. 2, 1. Hs. ZPO umfasst die Kostenerstattung auch die Entschädigung des Gegners für die durch notwendige Reisen oder durch die notwendige Wahrnehmung von Terminen entstandene Zeitversäumnis. Insoweit gelten gem. § 91 Abs. 1 S. 2, 2. Hs. ZPO die für die Entschädigung von Zeugen geltenden Vorschriften entsprechend, also die Vorschriften des JVEG.[1]

Unerheblich ist, ob das persönliche Erscheinen der Partei durch das Gericht angeordnet worden war.[2]

Erstattungsfähig sind grundsätzlich alle Kosten, die durch die Terminswahrnehmung entstanden sind, also insbesondere Reisekosten, sonstige Aufwendungen anlässlich der Reise und auch Verdienstausfall oder Entschädigung für Zeitversäumnis.

II. Fahrtkosten

Fahrtkosten sind der Partei zu erstatten.

Bei öffentlichen Verkehrsmitteln ist der tatsächliche Aufwand zu erstatten (§ 5 Abs. 1 JVEG). Reist die Partei mit dem Zug, ist eine Fahrt erster Klasse zuzüglich Reservierung zu erstatten (§ 5 Abs. 1 S. JVEG). Flugreisen werden immer bis zur Höhe der Kosten einer Bahnfahrt ersetzt, darüber hinaus nur bei Notwendigkeit des Flugs (z.B. wegen erheblicher Zeitersparnis).

Bei Benutzung eines Pkw werden 0,25 EUR/km erstattet (§ 5 Abs. 2 S. 1 Nr. 1 JVEG). Hinzu kommen sonstige Auslagen, wie Parkentgelte etc. (§ 5 Abs. 2 S. 3 JVEG).

III. Entschädigung für Zeitversäumnis

Nach den §§ 20 ff. JVEG erhält die Partei eine Entschädigung für jede Stunde versäumte Zeit. Dabei werden die Zeiten der An- und Abfahrt mitgerechnet.

Nach § 20 JVEG beträgt die **Entschädigung für Zeitversäumnis** 3,50 EUR je Stunde.

Die Entschädigung für **Nachteile bei der Haushaltsführung** beträgt 14,00 EUR je Stunde (§ 21 JVEG).

Die Höchstentschädigung für **Verdienstausfall** beträgt 21,00 EUR je Stunde (§ 22 JVEG). Eine Verdienstausfallentschädigung kann auch eine GmbH geltend machen, wenn ihr Geschäftsführer an dem gerichtlichen Termin teilnimmt.[3] Nimmt die Partei für den Termin Urlaub, kann Verdienstausfall kann nur bei unbezahltem Urlaub geltend gemacht werden.[4] Bei bezahltem Urlaub besteht nur Anspruch auf Entschädigung auf 3,50 EUR/Stunde wegen Freizeiteinbuße (§ 20 JVEG) oder gegebenenfalls mit 14,00 EUR wegen Nachteilen bei der Haushaltsführung (§ 21 JVEG).

---

[1] Zu Einzelheiten siehe *Schneider/Thiel*, ABC der Kostenerstattung 2013.
[2] OLG Koblenz AGS 2010, 102 m. Anm. N. *Schneider* = JurBüro 2010, 210 = FamRZ 2010, 1104 = NJW-Spezial 2010, 187; OLG Saarbrücken AGS 2012, 496.
[3] BGH AGS 2009, 436 = ZfSch 2009, 105 = MDR 2009, 230 = ZIP 2009, 436 = AnwBl. 2009, 239 = VersR 2009, 417 = NZG 2009, 317 = Rpfleger 2009, 274 = JurBüro 2009, 141 = NJW 2009, 1001 = ZInsO 2009, 739 = NJW-Spezial 2009, 60 = BauR 2009, 291 = RVGreport 2009, 113 = JurBüro 2009, 277.
[4] BGH AGS 2012, 199 = MDR 2012, 374 = Rpfleger 2012, 350 = JurBüro 2012, 254 = ZfSch 2012, 344 = NJW-RR 2012, 761 = ArbR 2012, 151 = FamRZ 2012, 632 = NJW-Spezial 2012, 251 = RVGreport 2012, 159 = MittdtschPatAnw 2012, 196 = BauR 2012, 996.

IV. Tagegeld

Nach § 6 JVEG kann die Partei auch ein Tagegeld verlangen, wenn sich der Termin außerhalb der Gemeinde befindet, in der die Partei wohnt oder ihren Sitz hat. Die Höhe richtet sich nach § 4 Abs. 5 S. 1 Nr. 5 S. 2 EStG.

V. Sonstige Aufwendungen

Nach § 7 JVEG können auch sonstige Aufwendungen verlangt werden, etwa erforderliche Übernachtungskosten oder auch Kosten einer notwendigen Begleitperson.

24. ABC der wichtigsten Gebührentatbestände und -vorschriften

Abänderung eines Arrests, einer einstweiligen Verfügung, einer einstweiligen oder vorläufigen Anordnung, der Anordnung oder Wiederherstellung der aufschiebenden Wirkung oder der Aufhebung der Vollziehung
siehe *Arrest*, *einstweilige Verfügung* oder *einstweilige Anordnung*

Abgabe § 20 RVG

Ablichtungen Nr. 7000 VV RVG

Abtretung des Kostenerstattungsanspruchs in Verfahren nach Teil 4, 5 und 6 VV RVG § 43 RVG

Abwesenheitsgeld Nr. 7005 VV RVG

Adhäsionsverfahren
– erste Instanz[1] Nr. 4143 VV RVG
– Rechtsmittelverfahren Nr. 4144 VV RVG
– Beschwerde nach § 406 Abs. 5 S. 2 StPO Nr. 4145 VV RVG

Allgemeine Geschäftskosten Vorbem. 7 Abs. 1 S. 1 VV RVG

Angelegenheit §§ 16 ff. RVG

Anspruch des beigeordneten Anwalts gegen den Auftraggeber § 53 RVG

Anspruch des beigeordneten Anwalts gegen den Beschuldigten oder den Betroffenen § 52 RVG

Anträge auf gerichtliche Entscheidung § 19 Abs. 1 S. 1 RVG (keine gesonderte Vergütung);[2] Ausnahmen: Nr. 4146 VV RVG; Vorbem. 5 Abs. 4 VV RVG

Anträge zur Prozess- und Sachleitung bei Säumnis des Gegners
– erste Instanz Nrn. 3104, 3105 VV RVG
– Berufungsverfahren
  – Berufungskläger ist säumig Nrn. 3202, 3203 VV RVG
  – Berufungsbeklagter ist säumig Nr. 3202 VV RVG
– Revisionsverfahren
  – Revisionskläger ist säumig Nrn. 3210, 3211 VV RVG
  – Revisionsbeklagter ist säumig Nr. 3210 VV RVG
– Beschwerde- und Rechtsbeschwerdeverfahren in Familienstreitsachen wie Berufung und Revision (Vorbem. 3.2.1 Nr. 2 Buchst. b) VV RVG)

Arrestverfahren
– erste Instanz[3] Nrn. 3100 ff. VV RVG
– Berufung Nrn. 3200 ff. VV RVG
– Beschwerde gegen Nichterlass Nrn. 3500, 3513, 3514 VV RVG
– Beschwerde in Familiensachen Vorbem. 3.2.1 Nr. 2 Buchst. b), Nrn. 3200 ff. VV RVG
– Abänderung oder Aufhebung § 16 Nr. 5 RVG: zählt zum Verfahren

Aufgebotsverfahren Nrn. 3324, 3332 VV RVG

---

[1] Auch dann, wenn die Ansprüche im Berufungsverfahren erstmals geltend gemacht werden (Anm. zu Nr. 4143 VV RVG).

[2] Anders für Anträge auf gerichtliche Entscheidung gegen die Kostenfestsetzung in verwaltungs- und sozialgerichtlichen Verfahren u. a. (§ 18 Abs. 1 Nr. 3 RVG).

[3] Auch wenn das Berufungsgericht als Gericht der Hauptsache zuständig ist (Vorbem. 3.2 Abs. 2 VV RVG).

Aufhebung eines Arrests, einer einstweiligen Verfügung, einer einstweiligen oder vorläufigen Anordnung, der Anordnung oder Wiederherstellung der aufschiebenden Wirkung oder der Aufhebung der Vollziehung
  siehe *Arrest, einstweilige Verfügung* oder *einstweilige Anordnung*

Aufwendungen
  Vorbem. 7 Abs. 1 S. 2 VV RVG

Auslagen
  Nrn. 7000 ff. VV RVG

Außergerichtliche Vertretung
– die Gebühren richten sich nach dem Gegenstandswert
  Nrn. 2300, 2301, 2303 VV RVG
– sozialrechtliche Angelegenheiten, in denen sich die Gebühren nicht nach dem Gegenstandswert richten
  Nrn. 2302 Nr. 1 VV RVG
– Angelegenheiten nach der WBO und der WDO
  Nrn. 2302 Nr. 2 VV RVG
– Beratungshilfe
  Nr. 2503 VV RVG

Aussöhnung
– Ehesache ist nicht anhängig
  Nr. 1001 VV RVG
– Ehesache ist gerichtlich erstinstanzlich anhängig
  Nrn. 1001, 1003 VV RVG
– Ehesache ist gerichtlich anhängig im Beschwerde- oder Rechtsbeschwerdeverfahren
  Nrn. 1001, 1004 VV RVG
– Beratungshilfe
  Nr. 2508 VV RVG[1]

Beigeordneter Rechtsanwalt in Scheidungs- und Lebenspartnerschaftssachen
  § 39 RVG

Beratung
  § 34 RVG

Beratungshilfe
– Beratungsgebühr
  Nrn. 2501, 2502 VV RVG
– Geschäftsgebühr
  Nrn. 2503 ff. VV RVG
– Einigungs-, Aussöhnungs[1]- oder Erledigungsgebühr
  Nr. 2508 VV RVG

Beratungshilfegebühr
  Nr. 2500 VV RVG

Berechnung der Vergütung
  § 10 RVG

Berufsgerichtliche Verfahren wegen der Verletzung einer Berufspflicht
  Nrn. 6200 ff. VV RVG

Berufung
– Verfahren nach Teil 3 VV RVG
  – die Gebühren richten sich nach dem Gegenstandswert
    Nrn. 3200 ff. VV RVG
  – sozialgerichtliche Angelegenheiten, in denen sich die Gebühren nicht nach dem Gegenstandswert richten
    Nrn. 3204, 3205 VV RVG
– Strafsachen
  – Verteidigung etc.
    Nrn. 4124 ff. VV RVG
  – Adhäsionsverfahren
    Nr. 4144 VV RVG

Beschwerde
– **allgemeine**
  – Gebühren richten sich nach dem Gegenstandswert
    Nrn. 3500, 3513[2] VV RVG
  – sozialgerichtliche Angelegenheiten, in denen sich die Gebühren nicht nach dem Gegenstandswert richten
    Nrn. 3501, 3515 VV RVG
– **gegen Endentscheidungen**
  – in Familiensachen
    Vorbem. 3.2.1 Nr. 2 Buchst. b) VV RVG
  – in Verfahren der freiwilligen Gerichtsbarkeit
    Vorbem. 3.2.1 Nr. 2 Buchst. b) VV RVG
– **gegen Entscheidungen des BPatG vor dem BGH**
  Vorbem. 3.2.2 Nr. 2 VV RVG
– **gegen Nichterlass eines Arrestes oder einer einstweiligen Verfügung**
  Nrn. 3500, 3513, 3514 VV RVG
– **gegen Nichtzulassung einer Revision oder Berufung**
  siehe *Nichtzulassungsbeschwerde*

---

[1] Str., wie hier AnwK-RVG/N. *Schneider*, Nr. 2508 VV RVG Rn. 8; a. A. LG Darmstadt KostRsp. BRAGO § 132 Nr. 47; AG Meppen NdsRpfl. 1995, 105; AG Kleve JurBüro 1985, 1844.
[2] Zu den Besonderheiten der Beschwerde gegen den Nichterlass eines Arrestes oder einer einstweiligen Verfügung siehe *Arrest* und *Einstweilige Verfügung*.

– gegen Rechtszug beendenden Entscheidungen	
– in Beschlussverfahren vor den Gerichten für Arbeitssachen	Vorbem. 3.2.1 Nr. 2 Buchst. c) VV RVG
– über Anträge auf Vollstreckbarerklärung ausländischer Titel	Vorbem. 3.2.1 Nr. 2 Buchst. a) VV RVG
– über Anträge auf Erteilung der Vollstreckungsklausel zu ausländischen Titeln	Vorbem. 3.2.1 Nr. 2 a) VV RVG
– über Anträge auf Aufhebung oder Abänderung der Vollstreckungsklausel	Vorbem. 3.2.1 Nr. 2 a) VV RVG
– im personalvertretungsrechtlichen Beschlussverfahren vor den Verwaltungsgerichten	Vorbem. 3.2.1 Nr. 2 c) VV RVG
– in Strafsachen	
–– allgemeine Beschwerden	grundsätzlich durch die Verteidigergebühren abgegolten (Vorbem. 4.1 Abs. 2 VV RVG)
– Beschwerden nach § 406 Abs. 5 S. 2 StPO	Nr. 4145 VV RVG
– Beschwerden gegen Entscheidungen nach § 25 Abs. 1 S. 3-5, § 13 StrRehaG	Nr. 4146 VV RVG
– Beschwerden nach Vorbem. 4 Abs. 5 VV RVG	Nrn. 3510, 3516 VV RVG
– Beschwerden in der Strafvollstreckung	Nrn. 4200 ff. VV RVG (Vorbem 4.2 VV RVG)
– Einzeltätigkeit	Nr. 4302 VV RVG
– nach dem EnWG	Vorbem. 3.2.1 Nr. 2 Buchst. f) VV RVG
– nach dem GWB	Vorbem. 3.2.1 Nr. 2 Buchst. e) VV RVG
– nach § 355 HGB	Nrn. 3100 ff. VV RVG[1]
– nach dem KSpG	Vorbem. 3.2.1 Nr. 2 Buchst. g) VV RVG
– nach dem SpruchG	Vorbem. 3.2.1 Nr. 2 Buchst. i) VV RVG
– nach dem VSchDG	Vorbem. 3.2.1 Nr. 2 Buchst. h) VV RVG
– nach dem WpÜG	Vorbem. 3.2.1 Nr. 2 Buchst. j) VV RVG
Bestimmung bei Rahmengebühren	§ 14 Abs. 1 RVG
Beweisaufnahmen, Zusatzgebühr für umfangreiche –	Nr. 1010 VV RVG
Bußgeldverfahren	Nrn. 5100 ff. VV RVG
Dateien, Überlassung von elektronisch gespeicherten –	Nr. 7000 Nr. 2 VV RVG
Disziplinarverfahren	Nrn. 6200 ff. VV RVG
Dokumentenpauschale	Nr. 7000 VV RVG
Einfaches Schreiben	
– außergerichtlich	Nrn. 2300, 2301 VV RVG
– gerichtlich	Nrn. 3403, 3404 VV RVG
Einigung	
– Gebühren richten sich nach dem Gegenstandswert[2]	
– Gegenstand der Einigung ist nicht anhängig	Nr. 1000 VV RVG
– Gegenstand der Einigung ist gerichtlich anhängig in erster Instanz[3]	Nrn. 1000, 1003 VV RVG

---

[1] N. *Schneider*, AGS 2009, 420.
[2] Auch in Adhäsionsverfahren nach Nrn. 4143, 4144 VV RVG.
[3] Ausgenommen bei Anhängigkeit im selbstständigen Beweisverfahren ohne Anhängigkeit der Hauptsache (arg. e Nr. 1003 VV RVG); es gilt dann Nr. 1000 VV RVG.

- Gegenstand der Einigung ist gerichtlich anhängig im Berufungs- oder Revisionsverfahren, Beschwerde- oder Rechtsbeschwerdeverfahren nach Vorbem. 3.2.1 oder 3.2.2 VV RVG, einem Verfahren auf Zulassung solcher Rechtsmittel und Verfahren über die Beschwerde gegen die Nichtzulassung solcher Rechtsmittel — Nrn. 1000, 1004 VV RVG
- sozialrechtliche Angelegenheiten, in denen sich die Gebühren nicht nach dem Gegenstandswert richten
  - Gegenstand der Einigung ist nicht anhängig — Nr. 1005 VV RVG
  - Gegenstand der Einigung ist gerichtlich anhängig — Nr. 1006 VV RVG
- Privatklageverfahren[1] — Nr. 4147 VV RVG
- Beratungshilfe — Nr. 2508 VV RVG

Einspruchsrücknahme
- Bußgeldverfahren — Nr. 5115 VV RVG
- Strafverfahren — Nr. 4141 VV RVG

Einstellung des Verfahrens
- Bußgeldverfahren — Nr. 5115 VV RVG
- Strafverfahren — Nr. 4141 VV RVG

Einstweilige Anordnungsverfahren[2]
- **Verfahren nach dem FamFG und in Verfahren der freiwilligen Gerichtsbarkeit**
  - erstinstanzliche Verfahren — Nrn. 3100 ff. VV RVG
  - Beschwerde gegen die einstweilige Anordnung oder deren Nichterlass — Vorbem. 3.2.1 Nr. 2 Buchst. b), Nrn. 3200 ff. VV RVG
- **zivilrechtliche Verfahren**
  - Anordnungsverfahren — § 19 Abs. 1 S. 1 RVG: keine gesonderte Vergütung, soweit nicht besonders geregelt, wie z. B. in § 19 Nr. 12 RVG i. V. m. Nr. 3328 VV RVG
  - Beschwerde — Nrn. 3500, 3513 VV RVG
- **verwaltungsgerichtliche Verfahren und sozialgerichtliche Verfahren, die sich nach dem Wert richten[3]**
  - Anordnungsverfahren — Nrn. 3100 ff. VV RVG
  - Beschwerde — Vorbem. 3.2.1 Nr. 3 Buchst. a), Nrn. 3200 ff. VV RVG
- **sozialgerichtliche Verfahren, in denen sich die Gebühren nicht nach dem Wert richten[4]**
  - Anordnungsverfahren — Nrn. 3102, 3106 VV RVG
  - Beschwerde — Vorbem. 3.2.1 Nr. 3 Buchst. a), Nrn. 3204 ff. VV RVG
- **finanzgerichtliche Verfahren**
  - Anordnungsverfahren — Vorbem. 3.2.1 Nr. 1, Nrn. 3200 ff. VV RVG
  - Beschwerde (§ 128 abs. 3 FGO) — Vorbem. 3.2.2 Nr. 3, Nrn. 3206 ff.

Einstweilige Verfügung
- Anordnungsverfahren — Nrn. 3100 ff. VV RVG
- Aufhebungs- und Abänderungsverfahren — zählen nach § 16 Nr. 5 RVG zur Hauptsache
  - Berufung — Nrn. 3200 ff. VV RVG
  - Beschwerde gegen Nichterlass — Nrn. 3500, 3513, 3514 VV RVG

---

[1] Wird auch eine Einigung hinsichtlich vermögensrechtlicher Ansprüche erzielt, kommt eine Gebühr nach Nrn. 1000 ff. VV RVG hinzu.
[2] Einschließlich der Verfahren auf Aufhebung oder Abänderung (§ 16 Nr. 5 RVG).
[3] Auch wenn das Berufungsgericht als Gericht der Hauptsache zuständig ist (Vorbem. 3.2 Abs. 2 VV RVG).

Einzeltätigkeiten in gerichtlichen Verfahren
- Verfahren nach Teil 3 VV RVG
  - Gebühren richten sich nach dem Gegenstandswert   Nrn. 3403, 3404 VV RVG
  - sozialrechtliche Angelegenheiten, in denen sich die Gebühren nicht nach dem Gegenstandswert richten   Nr. 3406 VV RVG
- Strafsachen   Nrn. 4300 ff. VV RVG
- Bußgeldverfahren   Nr. 5200 VV RVG
- Verfahren nach Teil 6 VV RVG   Nr. 6500 VV RVG

Einziehung und verwandte Maßnahmen
- Strafsachen   Nr. 4142 VV RVG
- Bußgeldverfahren   Nr. 5116 VV RVG

Einziehungs- oder Nebenbeteiligter, Vertretung   Vorbem. 4 Abs. 1 VV RVG

Erfolgshonorar   § 4a RVG § 49 Abs. 2 BRAO

Erinnerung[1]
- Gebühren richten sich nach dem Gegenstandswert   Nrn. 3500, 3514 VV RVG
- sozialrechtliche Angelegenheiten, in denen sich die Gebühren nicht nach dem Gegenstandswert richten   Nrn. 3501, 3515 VV RVG

Erledigung
- Gebühren richten sich nach dem Gegenstandswert
  - Gegenstand der Erledigung ist nicht anhängig   Nr. 1002 VV RVG
  - Gegenstand der Erledigung ist gerichtlich erstinstanzlich anhängig   Nrn. 1002, 1003 VV RVG
  - Gegenstand der Erledigung ist gerichtlich anhängig im Berufungs- oder Revisionsverfahren   Nrn. 1002, 1004 VV RVG
- sozialgerichtliche Angelegenheiten und sonstige Angelegenheiten, in denen sich die Gebühren nicht nach dem Gegenstandswert richten
  - Gegenstand der Erledigung ist nicht anhängig   Nrn. 1002, 1005 VV RVG
  - Gegenstand der Erledigung ist gerichtlich anhängig   Nrn. 1002, 1006 VV RVG
- Beratungshilfe   Nr. 2608 VV RVG

Erstinstanzliche Verfahren
- **nach Teil 3 VV RVG**
  - Gebühren richten sich nach dem Gegenstandswert (mit Ausnahme der Verfahren vor dem FG)   Nrn. 3100, 3101, 3104, 3105 VV RVG
  - finanzgerichtliche Verfahren   Vorbem. 3.2.1 Nr. 1 VV RVG i. V. m. Nrn. 3200 ff. VV RVG
  - sozialgerichtliche Angelegenheiten, in denen sich die Gebühren nicht nach dem Gegenstandswert richten   Nrn. 3102, 3106 VV RVG
  - Verfahren vor dem OLG nach § 16 Abs. 4 UrhWarnG   Nr. 3300 Nr. 1 VV RVG
  - Verfahren vor dem BVerwG, dem OVG (VGH) und dem LSG   Nr. 3300 Nr. 2 VV RVG
  - Verfahren bei überlangen Gerichtsverfahren und strafrechtlichen Ermittlungsverfahren vor dem BGH, BAG, BSG, BVerwG, OLG, OVG (VGH), LSG und LAG   Nr. 3300 Nr. 3 VV RVG
- **nach Teil 4 VV RVG** (Strafsachen)   Nrn. 4100. ff. VV RVG
- **nach Teil 5 VV RVG** (Bußgeldsachen)   Nrn. 5100 ff. VV RVG

EuRAG, Verfahren nach dem –   Nrn. 2200 ff. VV RVG

Europäische Gemeinschaften, Verfahren vor dem Gerichtshof –   § 38 RVG

Europäischer Gerichtshof für Menschenrechte, Verfahren vor dem –   § 38a RVG

Europäischer Zahlungsbefehl, Verfahren über –   Wie *Mahnverfahren*

---

[1] Gem. § 18 Nr. 3 RVG sind Erinnerungen gesondert zu vergüten
- gegen Entscheidungen des Rechtspflegers (Ausnahme Erinnerung nach § 766 – § 19 Abs. 2 Nr. 2 RVG),
- gegen Entscheidungen in der Kostenfestsetzung und
- als Einzeltätigkeit.

Fahrtkosten	
– eigenes Kraftfahrzeug	Nr. 7003 VV RVG
– sonstige Verkehrsmittel	Nr. 7004 VV RVG
Fälligkeit	§ 8 Abs. 1 RVG
Finanzgerichtliche Verfahren	
– erste Instanz	Vorbem. 3.2.1 Nr. 1 VV RVG i. V. m. Nrn. 3200 ff. VV RVG
– Beschwerde gegen die Nichtzulassung der Revision	Nrn. 3506, 3516 VV RVG
– Revision	Nrn. 3206 ff. VV RVG
Freiheitsentziehungsverfahren	Nrn. 6300 ff. VV RVG
Gebührenunterschreitung, Verbot der –	§ 49 Abs. 1 BRAO (Ausnahme § 4 Abs. 2 RVG)
Gegenstandswert	§§ 22 ff. RVG
Gegenstandswert, Hinweispflicht	§ 49 b Abs. 5 BRAO
Gehörsrüge[1]	
– Verfahren nach Teil 3 VV RVG	Nrn. 3330, 3331 VV RVG
– sonstige Verfahren	nicht geregelt – siehe *Einzeltätigkeit*
gemeinsamer Vertreter, bestellter Rechtsanwalt als –	§ 40 RVG
Gerichtshof der Europäischen Gemeinschaften, Verfahren vor –	§ 38 RVG
Gerichtshof für Menschenrechte, europäischer, Verfahren vor –	§ 38a RVG
Geschäftsreise	Vorbem. 7 Abs. 2 VV RVG
Gnadensachen	Nr. 4303 VV RVG
Grundgebühr	
– Strafsachen	Nr. 4100 VV RVG
– Bußgeldsachen	Nr. 5100 VV RVG
– Disziplinarverfahren, berufsgerichtliche Verfahren und Verfahren wegen der Verletzung einer Berufspflicht	Nr. 6200 VV RVG
Gutachten	§ 34 Abs. 1 RVG
Gutachten des Vorstands der Rechtsanwaltskammer	
– bei Rahmengebühren	§ 14 Abs. 2 RVG
– vor Herabsetzung einer vereinbarten Vergütung	§ 3a Abs. 2 RVG
Güte- und Schlichtungsverfahren	Nr. 2303 VV RVG
Haftpflichtversicherungsprämie	Nr. 7007 VV RVG
Hebegebühr	Nr. 1009 VV RVG
Hemmung der Verjährung	§ 8 Abs. 2 RVG
Herabsetzung einer vereinbarten Vergütung	§ 3a Abs. 2 RVG
Hilfeleistung in Steuersachen	§ 35 RVG
Hilfspersonen	§ 5 RVG
Hinterlegungsverfahren	Nr. 2300 ff. VV RVG
Insolvenzverfahren	Nrn. 3313 ff. VV RVG
Kontaktperson nach § 34 a EGGVG	Nr. 4304 VV RVG
Kopiekosten	Nr. 7000 Nr. 1 VV RVG
Mahnverfahren	Nrn. 3305 ff. VV RVG; Vorbem. 3.2.2. i. V. m. Nr. 3104 VV

---

[1] Sofern nicht nach § 19 Abs. 1 Nr. 5 RVG zum Rechtszug gehörend.

Mediation	§ 34 Abs. 1 RVG
Mehrere Anwälte	§ 6 RVG
Mehrere Auftraggeber	Nr. 1008 VV RVG, § 7 RVG
Nachprüfungsverfahren	
– verwaltungs- und sozialrechtliche Angelegenheiten, die sich nach dem Gegenstandswert richten	
– der Anwalt wird erstmals im Nachprüfungsverfahren beauftragt	Nr. 2300 VV RVG
– der Anwalt war bereits im Verwaltungsverfahren beauftragt	Nr. 2300 VV RVG mit vorheriger Anrechnung nach Vorbem. 2.3 Abs. 4 VV RVG
– sozialrechtliche Angelegenheiten, die sich nach nicht dem Gegenstandswert richten	
– der Anwalt wird erstmals im Nachprüfungsverfahren beauftragt	Nr. 2302 Nr. 1 VV RVG
– der Anwalt war bereits im Verwaltungsverfahren beauftragt	Nr. 2302 Nr. 1 VV RVG mit vorheriger Anrechnung nach Vorbem. 2.3 Abs. 4 VV RVG
Nebenkläger, Vertretung	Vorbem. 4. Abs. 1 VV RVG
Nichtigkeitsklage	Gebühren nach der Instanz für die die Nichtigerklärung beantragt wird[1]
Nichtzulassungsbeschwerde	
– gegen die Nichtzulassung der Revision	
– vor dem BGH	Nrn. 3506, 3508, 3516 VV RVG
– in sonstigen Fällen, in denen sich die Gebühren nach dem Wert richten	Nrn. 3506, 3516 VV RVG
– in sozialrechtlichen Angelegenheiten, die sich nicht nach dem Gegenstandswert richten	Nrn. 3512, 3518 VV RVG
– gegen die Nichtzulassung der Berufung	
– die Gebühren richten sich nach dem Gegenstandswert	Nrn. 3504, 3516 VV RVG
– in sozialgerichtlichen Angelegenheiten, die sich nicht nach dem Gegenstandswert richten	Nrn. 3511, 3517 VV RVG
– gegen die Nichtzulassung der Rechtsbeschwerde in den in Vorbem. 3.2.2 VV RVG genannten Verfahren	Nrn. 3506, 3516 VV RVG
– gegen die Nichtzulassung der Revision in Disziplinarverfahren, berufsgerichtlichen Verfahren und Verfahren wegen der Verletzung einer Berufspflicht	Nr. 6215 VV RVG
– gegen die Nichtzulassung der Revision in Verfahren auf gerichtliche Entscheidung vor dem BVerwG in Verfahren der WBO und WDO	Nr. 6402 VV RVG
Notarkostenbeschwerde	Nr. 3100 ff. VV RVG[2]
Pauschgebühr	
– Wahlanwalt	§ 42 RVG
– bestellter oder beigeordneter Anwalt	§ 51 RVG
Privatkläger, Vertretung	Vorbem. 4 Abs. 1 VV RVG
Prozesspfleger	§ 41 RVG
Prozesskostenhilfeprüfungsverfahren	
– die Gebühren richten sich nach dem Gegenstandswert	Nr. 3335 VV RVG; Vorbem. 3.3.6 i. V. m. der jeweiligen Terminsgebühr des Ausgangsverfahrens

---

[1] Das Nichtigkeitsverfahren ist gegenüber dem vorausgegangenen Verfahren immer eine eigene selbstständige Angelegenheit (BGH, Beschl. v. 18.5.1995 – X ZR 52/93, KostRsp. § 27 GKG Nr. 5).
[2] LG Berlin AGS 2006, 484 = RVGreport 2006, 306; a. A. KG: ErbR 2009, 310 = FGPrax 2009, 235 = KGR 2009, 797 = RVGreport 2009, 384 = JurBüro 2009, 531 (Gebühren nach Nrn. 3500 ff. VV RVG).

– in sozialgerichtlichen Angelegenheiten, in denen sich die Gebühren nicht nach dem Gegenstandswert richten	Nr. 3336 VV RVG; Vorbem. 3.3.6 i. V. m. der jeweiligen Terminsgebühr des Ausgangsverfahrens
Prozess- und Sachleitung, Anträge bei Säumnis des Gegners	siehe *Anträge zur Prozess- und Sachleitung bei Säumnis des Gegners*
Prüfung der Erfolgsaussicht eines Rechtsmittels	
– Wertgebühren	Nrn. 2100, 2101 VV RVG
– Rahmengebühren	Nrn. 2102, 2103 VV RVG
Räumungsfristverfahren, selbständiges nach §§ 721, 794a ZPO	Nr. 3334 VV RVG; Vorbem. 3.3.6 i. V. m. Nr. 3104 VV RVG
Rahmengebühren, Bestimmung bei	§ 14 Abs. 1 RVG
Rechnung an den Auftraggeber	§ 10 RVG
Rechtsbeschwerde	
– allgemeine	Nrn. 3502, 3516 VV RVG
– gegen Endentscheidung	
– in Familiensachen	Vorbem. 3.2.2 Nr. 1 Buchst. a) VV RVG
– in Verfahren der Freiwilligen Gerichtsbarkeit	Vorbem. 3.2.2 Nr. 1 Buchst. a) VV RVG
– gegen Entscheidungen des BPatG vor dem BGH	Vorbem 3.2.2 Nr. 2 VV RVG
– gegen Rechtszug beendende Entscheidungen	
– in Beschlussverfahren vor den Gerichten für Arbeitssachen	Vorbem. 3.2.1 Nr. 1 Buchst. a) VV RVG
– über Anträge auf Vollstreckbarerklärung ausländischer Titel	Vorbem. 3.2.2 Nr. 1 Buchst. a) VV RVG
– über Anträge auf Erteilung der Vollstreckungsklausel zu ausländischen Titeln	Vorbem. 3.2.2 Nr. 1 Buchst. a) VV RVG
– über Anträge auf Aufhebung oder Abänderung der Vollstreckungsklausel	Vorbem. 3.2.2 Nr. 1 Buchst. a) VV RVG
– in Bußgeldverfahren	Nrn. 5113, 5114 VV RVG
– nach dem EnWG	Vorbem. 3.2.1 Nr. 1 Buchst. a) VV RVG
– nach dem GWB	Vorbem. 3.2.1 Nr. 1 Buchst. a) VV RVG
– nach § 15 KapMuG	Vorbem. 3.2.2 Nr. 2 Buchst b) VV RVG[1]
– nach dem KSpG	Vorbem. 3.2.2 Nr. 1 Buchst. a) VV RVG
– nach dem SpruchG	Vorbem. 3.2.2 Nr. 1 Buchst. a) VV RVG
– nach dem StVollzG auch i.V.m. § 92 JGG	Vorbem. 3.2.1 Nr. 4 VV RVG
– nach dem VSchDG	Vorbem. 3.2.1 Nr. 1 Buchst. a) VV RVG
– nach dem WpÜG	Vorbem. 3.2.2 Nr. 1 Buchst. a) VV RVG
Reisekosten	Nrn. 7003 ff. VV RVG
Revision	
– Gebühren richten sich nach dem Gegenstandswert	
– vor dem BGH	Nrn. 3206, 3208, 3210 VV RVG
– in sonstigen Fällen	Nrn. 3206, 3210 VV RVG
– sozialgerichtliche Angelegenheiten, die sich nicht nach dem Gegenstandswert richten	Nrn. 3212, 3213 VV RVG

---

[1] Gegenstandswert: § 23a RVG.

– Strafsachen	Nrn. 4130 ff. VV RVG
– Disziplinarverfahren, berufsgerichtliche Verfahren und Verfahren wegen der Verletzung einer Berufspflicht	Nrn. 6211 ff. VV RVG

Rücknahme des Einspruchs

– Strafsachen	Nr. 4141 VV RVG
– Bußgeldsachen	Nr. 5115 VV RVG

Rüge wegen Verletzung des Anspruchs auf rechtliches Gehör	siehe *Gehörsrüge*
Sachverständigenbeistand	Vorbem. 3 Abs. 1; Vorbem. 4 Abs. 1; Vorbem. 5 Abs. 1; Vorbem. 6. Abs. 1 VV RVG
Scheckprozess	Nrn. 3100 ff. VV RVG (beachte aber Anm. Abs. 2 zu Nr. 3100 VV RVG)
Schiedsgericht, Verfahren vor dem –	§ 36 RVG
Schiedsrichterliche Verfahren	§ 36 RVG
Schlichtungsverfahren	Nr. 2303 VV RVG

Schriftliches Verfahren, Terminsgebühr

– die Gebühren richten sich nach dem Gegenstandswert	
– erste Instanz	Anm. Abs. 1 Nr. 1 zu Nr. 3104 VV RVG
– Berufung	Anm. zu Nr. 3202 VV RVG
– Revision	Anm. zu Nr. 3210 VV RVG
– sozialgerichtliche Angelegenheiten, die sich nicht nach dem Gegenstandswert richten	
– erste Instanz	Anm. Abs. 1 Nr. 1 zu Nr. 3106 VV RVG
– Berufung	Anm. zu Nr. 3205 VV RVG
– Revision	Anm. zu Nr. 3213 VV RVG

Schwellengebühr

– die Gebühren richten sich nach dem Gegenstandswert	Anm. zu Nr. 2300 VV RVG
– sozialgerichtliche Angelegenheiten, die sich nicht nach dem Gegenstandswert richten und Verfahren nach der WBO und WDO	Anm. zu Nr. 2302 VV RVG

Selbständiges Beweisverfahren

– in erster Instanz	
– die Gebühren richten sich nach dem Gegenstandswert	Nrn. 3100, 3101, 3104 VV RVG[1] (beachte aber Vorbem. 3 Abs. 5 VV RVG)
– sozialgerichtliche Angelegenheiten, die sich nicht nach dem Gegenstandswert richten	Nrn. 3102, 3106 VV RVG[2] (beachte aber Vorbem. 3 Abs. 5 VV RVG)
– im Berufungsverfahren	
– die Gebühren richten sich nach dem Gegenstandswert	Nrn. 3200, 3201, 3203 VV RVG (beachte aber Vorbem. 3 Abs. 5 VV RVG)
– sozialgerichtliche Angelegenheiten, die sich nicht nach dem Gegenstandswert richten	Nrn. 3204, 3205 VV RVG (beachte aber Vorbem. 3 Abs. 5 VV RVG)

---

[1] Die Einigungs- oder Erledigungsgebühr bemisst sich nach Nr. 1000 VV RVG, sofern die Hauptsache noch nicht anhängig ist (arg. e Nr. 1003 VV RVG).

[2] Die Einigungs- oder Erledigungsgebühr bemisst sich nach Nr. 1005 VV RVG, sofern die Hauptsache noch nicht anhängig ist. Zwar fehlt hier eine der Nr. 1003 VV RVG vergleichbare ausdrückliche Ausnahme. Man wird diese Regelung jedoch analog auch auf Rahmengebühren übertragen müssen.

Sozialgerichtliche Verfahren, die sich nicht nach dem Gegenstandswert richten	
– erste Instanz	Nrn. 3102, 3106 VV RVG
– Beschwerde gegen die Nichtzulassung der Berufung	Nrn. 3511, 3517 VV RVG
– Berufungsverfahren	Nrn. 3204, 3205 VV RVG
– Beschwerde gegen die Nichtzulassung der Revision	Nrn. 3512, 3518 VV RVG
– Beschwerde gegen Entscheidungen des einstweiligen Rechtsschutzes	Vorbem. 3.2.1 Nr. 2 Buchst. d), 3200 ff. VV RVG
– Revisionsverfahren	Nrn. 3212, 3213 VV RVG
– allgemeine Beschwerdeverfahren	Nrn. 3501, 3515 VV RVG
– Erinnerungsverfahren	Nrn. 3501, 3515 VV RVG
– Gehörsrüge	Nrn. 3330, 3331 VV RVG
– Prozesskostenhilfeprüfungsverfahren	Nrn. 3336 VV RVG; Vorbem. 3.3.6 i. V. m. Nr. 3106 VV RVG
– Verkehrsanwalt	Nrn. 3400, 3405 VV RVG
– Terminsvertreter	Nrn. 3401, 3402, 3405 VV RVG
– Einzeltätigkeit	Nr. 3406 VV RVG
Steuersachen, Hilfeleistung in –	§ 35 RVG
Strafrechtliches Rehabilitierungsgesetz	
– Verfahren	Vorbem. 4.1 Abs. 1 VV RVG
– Antrag auf gerichtliche Entscheidung und Beschwerde nach § 25 Abs. 1 S. 3 bis 5, § 13 StRehaG	Nr. 4146 VV RVG
Strafsachen	Nrn. 4100 ff. VV RVG
Strafvollstreckung	Nrn. 4200 ff. VV RVG
Tagegelder	Nr. 7005 VV RVG
Telekommunikationsdienstleistungen, Entgelte für –	
– konkrete Abrechnung	Nr. 7001 VV RVG
– pauschale Abrechnung	Nr. 7002 VV RVG
Terminsvertreter	
– die Gebühren richten sich nach dem Gegenstandswert	Nrn. 3401, 3402, 3405 VV RVG
– sozialgerichtliche Verfahren, die sich nicht nach dem Gegenstandswert richten	Nrn. 3401, 3402, 3405 VV RVG
– Strafsachen	Nr. 4301 Nr. 4 VV RVG
– Bußgeldsachen	Nr. 5200 VV RVG
– Verfahren nach Teil 6 VV RVG	Nr. 6500 VV RVG
Übergangsvorschriften	§§ 60, 61 RVG
Umsatzsteuer	Nr. 7008 VV RVG
Unterbringungssachen	Nrn. 6300 ff. VV RVG
Urkunden-, Scheck- und Wechselprozess	Nrn. 3100 ff. VV RVG (beachte aber Anm. Abs. 2 zu Nr. 3100 VV RVG)
Vereinfachtes Verfahren über den Unterhalt Minderjähriger	Nrn. 3100 ff. VV RVG (beachte Anm. Abs. 1 zu Nr. 3100 VV RVG)
Verfahren bei überlangen Gerichtsverfahren und strafrechtlichen Ermittlungsverfahren vor dem BGH, BAG, BVerwG, BSG, OLG, LAG, OVG (VGH) oder LSG	Nrn. 3300, 3301 VV RVG
Verfahren nach § 16 Abs. 3 UmwG	Nrn. 3325, 3332 VV RVG
Verfahren nach § 148 Abs. 1 und 2, §§ 246 a, 319 Abs. 6 AktG, auch i. V. m. § 327e Abs. 2 AktG auch i. V. m. § 327e Abs. 2 AktG	Nrn. 3325, 3332 VV RVG
Verfahren nach dem Gesetz über die internationale Rechtshilfe in Strafsachen	Nrn. 6100 ff. VV RVG
Verfahren nach dem IStGH-Gesetz	Nrn. 6100 ff. VV RVG

Verfahren über die Bestellung eines Schiedsrichters oder Ersatzschiedsrichters, über die Ablehnung eines Schiedsrichters oder über die Beendigung des Schiedsrichteramts, zur Unterstützung bei der Beweisaufnahme oder bei der Vornahme sonstiger richterlicher Handlungen anlässlich eines schiedsrichterlichen Verfahrens	Nrn. 3326, 3332 VV RVG
Verfahren vor dem OLG nach § 16 Abs. 4 des Urheberrechtswahrnehmungsgesetzes	Nrn. 3300, Vorbem. 3.3.1 i. V. m. Nr. 3104 VV RVG
Verfahren vor dem Schiedsgericht	§ 36 RVG
Verfahren vor den Gerichten für Arbeitssachen, wenn sich die Tätigkeit auf eine gerichtliche Entscheidung über die Bestimmung einer Frist (§ 102 Abs. 3 ArbGG), die Ablehnung eines Schiedsrichters (§ 103 Abs. 3 ArbGG) oder die Vornahme einer Beweisaufnahme oder einer Vereidigung (§ 106 Abs. 2 ArbGG) beschränkt	Nrn. 3327, 3332 VV RVG
Verfahrenskostenhilfeprüfungsverfahren	Siehe *Prozesskostenhilfeprüfungsverfahren*
Verfassungsgericht, Verfahren vor einem –	Nr. 37 RVG
Vergütungsfestsetzung	§ 11 RVG
Vergütungsvereinbarung	§ 3a ff. RVG
Verkehrsanwalt	
– Verfahren nach Teil 3 VV RVG	Nrn. 3400, 3405 VV RVG
– Strafsachen	Nr. 4301 Nr. 3 VV RVG
– Bußgeldverfahren	Nr. 5200 VV RVG
– Verfahren nach Teil 6 VV RVG	Nr. 6500 VV RVG
Verletzter, Beistand	Vorbem. 4 Abs. 1 VV RVG
Vermittlungsverfahren nach § 165 FamFG	Nrn. 3100 ff. VV RVG (beachte Anm. Abs. 3 zu Nr. 3100 VV RVG)
Versäumnisbeschluss	wie Versäumnisurteil
Versäumnisurteil[1]	
– erste Instanz	
– in mündlicher Verhandlung	Nrn. 3104, 3105 VV RVG
– im schriftlichen Vorverfahren	Nr. 3104, Anm. Abs. 1 Nr. 2 zu Nr. 3105 VV RVG
– Berufungsverfahren	
– Berufungskläger ist säumig	Nrn. 3202, 3203 VV RVG
– Berufungsbeklagter ist säumig	Nr. 3202 VV RVG
– Revisionsverfahren	
– Revisionskläger ist säumig	Nrn. 3210, 3211 VV RVG
– Revisionsbeklagter ist säumig	Nr. 3210 VV RVG
Verteilungsverfahren außerhalb der Zwangsversteigerung und der Zwangsverwaltung[2]	Nr. 3333 VV RVG
Verteilungsverfahren nach der Schifffahrtsrechtlichen Verteilungsordnung	Nrn. 3313 ff. VV RV
Verwaltungszwangverfahren	Nrn. 3309, 3310 VV RVG
Verweisung	§ 21 Abs. 1 RVG
Vollstreckungsbescheid	Nr. 3308 VV RVG
Vollstreckbarerklärung der durch Rechtsmittelanträge nicht angefochtenen Teile eines Urteils (§§ 537, 558 ZPO)	Nrn. 3329, 3332 VV RVG

[1] Siehe auch *Zweites Versäumnisurteil*.
[2] Eine Termingebühr entsteht nicht (Anm. S. 2 zu Nr. 3333 VV RVG).

Vollziehung einer im einstweiligen Rechtsschutz ergangenen Entscheidung	Nrn. 3309, 3310 VV RVG
Vorläufige Anordnungsverfahren	siehe *Einstweilige Anordnungsverfahren*
Vorläufige Einstellung, Beschränkung oder Aufhebung der Zwangsvollstreckung bei abgesonderter mündlicher Verhandlung	Nrn. 3328, 3332 VV RVG
Vorschuss – Wahlanwalt – bestellter oder beigeordneter Anwalt	 § 9 RVG § 47 RVG
WBO, Verfahren nach der –	Nrn. 2303 Nr. 2, 6400, 6401 VV RVG
WDO, Verfahren nach der –	Nrn. 2302 Nr. 2, 6402, 6403 VV RVG
Wechselprozess	Nrn. 3100 ff. VV RVG (beachte aber Anm. Abs. 2 zu Nr. 3100 VV RVG)
WEG-Verfahren	Nrn. 3100 ff. VV RVG (keine Besonderheiten mehr)
Weitere Vergütung bei Prozess- und Verfahrenskostenhilfe	§ 50 RVG
Weiterleitung von Zahlungen, Wertpapieren und Kostbarkeiten	Nr. 1009 VV RVG
Widerspruch im Mahnverfahren	Nr. 3307 VV RVG
Widerspruchsverfahren	siehe *Nachprüfungsverfahren*
Wiederaufnahmeverfahren nach Teil 3 VV RVG	Gebühren nach der Instanz in der die Wiederaufnahme betrieben wird[1]
Wiederaufnahmeverfahren in Bußgeldverfahren	Vorbem. 5.1.3 Abs. 2 VV RVG i. V. m. Nrn. 5107 ff. VV RVG[2]
Wiederaufnahmeverfahren in Disziplinarverfahren, berufgerichtlichen Verfahren wegen Verletzung einer Berufspflicht	Vorbem. 6.2.3 i. V. m. Nrn. 6203 ff. VV RVG[3]
Wiederaufnahmeverfahren in Strafsachen	Nrn. 4136 ff. VV RVG[4]
Zahlungsvereinbarung	Anm. Abs. 1 S. 1 Nr. 2 zu Nr. 1000 VV RVG
Zeugenbeistand	Vorbem. 3 Abs. 1; Vorbem. 4 Abs. 1; Vorbem. 5 Abs. 1; Vorbem. 6. Abs. 1 VV RVG
Zulassung eines Rechtsmittels	§ 16 Nr. 11 RVG; das Verfahren auf Zulassung des Rechtsmittels gehört bereits zum jeweiligen Rechtsmittelverfahren und löst die dortigen Gebühren aus

---

[1] Das Wiederaufnahmeverfahren ist gegenüber dem vorausgegangenen Verfahren immer eine eigene selbständige Angelegenheit (BGH, Beschl. v. 18.5.1995 – X ZR 52/93, KostRsp. § 27 GKG Nr. 5). In Verfahren nach Teil 3 VV RVG sind das Wiederaufnahmeverfahren und das wieder aufgenommene Verfahren dagegen eine Angelegenheit (arg. e § 17 Nr. 12 RVG).

[2] In Verfahren nach Teil 5 VV RVG sind auch das Wiederaufnahmeverfahren und das wieder aufgenommene Verfahren zwei verschiedene Angelegenheiten (§ 17 Nr. 12 RVG).

[3] In Verfahren nach Teil 6 VV RVG sind auch das Wiederaufnahmeverfahren und das wieder aufgenommene Verfahren zwei verschiedene Angelegenheiten (analog § 17 Nr. 12 RVG).

[4] In Verfahren nach Teil 4 VV RVG sind auch das Wiederaufnahmeverfahren und das wieder aufgenommene Verfahren zwei verschiedene Angelegenheiten (§ 17 Nr. 12 RVG).

Zulassung der Rechtsbeschwerde in Bußgeldverfahren	Nr. 5113 VV RVG[1]
Zusätzliche Gebühr	
– in Strafsachen	Nr. 4141 VV RVG
– in Bußgeldsachen	Nr. 5115 VV RVG
– in Verfahren nach Teil 6 VV RVG	Nr. 6216 VV RVG
Zusatzgebühr für umfangreiche Beweisaufnahmen	Nr. 1010 VV RVG
Zurückverweisung	§ 21 RVG (beachte in Verfahren nach Teil 3 VV RVG: Vorbem. 3 Abs. 6 VV RVG)
Zwangsversteigerung	Nrn. 3311, 3112 VV RVG
Zwangsverwaltung	Nrn. 3311, 3112 VV RVG
Zwangsvollstreckung	Nrn. 3309, 3310 VV RVG
Zweites Versäumnisurteil	
– Der Anwalt war am ersten Versäumnisurteil nicht beteiligt	
– erste Instanz	Nr. 3105 VV RVG
– Berufungsverfahren	
– Versäumnisurteil gegen Berufungskläger	Nr. 3203 VV RVG
– Versäumnisurteil gegen Berufungsbeklagten	Nr. 3202 VV RVG
– Revision	
– Versäumnisurteil gegen Revisionskläger	Nr. 3210 VV RVG
– Versäumnisurteil gegen Revisionsbeklagten	Nr. 3211 VV RVG
– Der Anwalt hat bereits das erste Versäumnisurteil erwirkt	
– erste Instanz	Nr. 3104 VV RVG[2]
– Berufung	Nr. 3202 VV RVG
– Revision	Nr. 3210 VV RVG
– Das zweite Versäumnisurteil ergeht auf einen Vollstreckungsbescheid	Nr. 3105 VV RVG[3]

---

[1] Das Verfahren auf Zulassung der Rechtsbeschwerde und das zugelassene Rechtsbeschwerdeverfahren sind eine einzige Angelegenheit (§ 16 Nr. 11 RVG).

[2] BGH AGS 2006, 487 = NJW 2006, 2927 = AnwBl. 2006, 675; und zwar auch dann, wenn das erste Versäumnisurteil im schriftlichen Vorverfahren nach § 331 Abs. 3 ZPO ergangen war; BGH AGS 2006, 366 = FamRZ 2006, 1273 = AnwBl. 2006, 674 = RVGreport 2006, 304 = RVG-Letter 2006, 86 = BB 2006, 1879.

[3] OLG Köln AGS 2007, 296 = RVGreport 2007, 189; AG Kaiserslautern JurBüro 2005, 475; OLG Nürnberg AGS 2008, 496 = OLGR 2008, 661 = MDR 2008, 1127 = Rpfleger 2008, 598 – RVGreport 208, 305; OLG Brandenburg, Beschl. v. 4.3.2009 – 6 W 192/08.

B. Gebührentabellen zum GKG

25. Kostenverzeichnis zum GKG

Gliederung

Teil 1. Zivilrechtliche Verfahren vor den ordentlichen Gerichten

Hauptabschnitt 1. Mahnverfahren
Hauptabschnitt 2. Prozessverfahren
    Abschnitt 1. Erster Rechtszug
        Unterabschnitt 1. Verfahren vor dem Amts- oder Landgericht
        Unterabschnitt 2. Verfahren vor dem Oberlandesgericht
        Unterabschnitt 3. Verfahren vor dem Bundesgerichtshof
    Abschnitt 2. Berufung und bestimmte Beschwerden
    Abschnitt 3. Revision, Rechtsbeschwerden nach § 74 GWB, § 86 EnWG, § 35 KSpG und § 24 VSchDG
    Abschnitt 4. Zulassung der Sprungrevision, Beschwerde gegen die Nichtzulassung der Revision sowie der Rechtsbeschwerden nach § 74 GWB, § 86 EnWG, § 35 KSpG und § 24 VSchDG
    Abschnitt 5. Rechtsmittelverfahren des gewerblichen Rechtsschutzes vor dem Bundesgerichtshof
        Unterabschnitt 1. Berufungsverfahren
        Unterabschnitt 2. Beschwerdeverfahren und Rechtsbeschwerdeverfahren
Hauptabschnitt 3. *(weggefallen)*
Hauptabschnitt 4. Arrest und einstweilige Verfügung
    Abschnitt 1. Erster Rechtszug
    Abschnitt 2. Berufung
    Abschnitt 3. Beschwerde
Hauptabschnitt 5. Vorbereitung der grenzüberschreitenden Zwangsvollstreckung
    Abschnitt 1. Erster Rechtszug
    Abschnitt 2. Rechtsmittelverfahren
Hauptabschnitt 6. Sonstige Verfahren
    Abschnitt 1. Selbstständiges Beweisverfahren
    Abschnitt 2. Schiedsrichterliches Verfahren
        Unterabschnitt 1. Erster Rechtszug
        Unterabschnitt 2. Rechtsbeschwerde
    Abschnitt 3. Besondere Verfahren nach dem Gesetz gegen Wettbewerbsbeschränkungen, dem Wertpapiererwerbs- und Übernahmegesetz und dem Wertpapierhandelsgesetz
    Abschnitt 4. Besondere Verfahren nach dem Aktiengesetz und dem Umwandlungsgesetz
        Unterabschnitt 1. Erster Rechtszug
        Unterabschnitt 2. Beschwerde
    Abschnitt 5. Sanierungs- und Reorganisationsverfahren nach dem Kreditinstitute-Reorganisationsgesetz
Hauptabschnitt 7. Rüge wegen Verletzung des Anspruchs auf rechtliches Gehör
Hauptabschnitt 8. Sonstige Beschwerden und Rechtsbeschwerden
    Abschnitt 1. Sonstige Beschwerden
    Abschnitt 2. Sonstige Rechtsbeschwerden
Hauptabschnitt 9. Besondere Gebühren

Teil 2. Zwangsvollstreckung nach der Zivilprozessordnung, Insolvenzverfahren und ähnliche Verfahren

Hauptabschnitt 1. Zwangsvollstreckung nach der Zivilprozessordnung
    Abschnitt 1. Erster Rechtszug
    Abschnitt 2. Beschwerden
        Unterabschnitt 1. Beschwerde
        Unterabschnitt 2. Rechtsbeschwerde
Hauptabschnitt 2. Verfahren nach dem Gesetz über die Zwangsversteigerung und die Zwangsverwaltung; Zwangsliquidation einer Bahneinheit
    Abschnitt 1. Zwangsversteigerung
    Abschnitt 2. Zwangsverwaltung
    Abschnitt 3. Zwangsliquidation einer Bahneinheit

Abschnitt 4. Beschwerden
    Unterabschnitt 1. Beschwerde
    Unterabschnitt 2. Rechtsbeschwerde

Hauptabschnitt 3. Insolvenzverfahren
Abschnitt 1. Eröffnungsverfahren
Abschnitt 2. Durchführung des Insolvenzverfahrens auf Antrag des Schuldners
Abschnitt 3. Durchführung des Insolvenzverfahrens auf Antrag eines Gläubigers
Abschnitt 4. Besonderer Prüfungstermin und schriftliches Prüfungsverfahren (§ 177 InsO)
Abschnitt 5. Restschuldbefreiung
Abschnitt 6. Beschwerden
    Unterabschnitt 1. Beschwerde
    Unterabschnitt 2. Rechtsbeschwerde

Hauptabschnitt 4. Schifffahrtsrechtliches Verteilungsverfahren
Abschnitt 1. Eröffnungsverfahren
Abschnitt 2. Verteilungsverfahren
Abschnitt 3. Besonderer Prüfungstermin und schriftliches Prüfungsverfahren (§ 18 Satz 3 SVertO, § 177 InsO)
Abschnitt 4. Beschwerde und Rechtsbeschwerde

Hauptabschnitt 5. Rüge wegen Verletzung des Anspruchs auf rechtliches Gehör

Teil 3. Strafsachen und gerichtliche Verfahren nach dem Strafvollzugsgesetz, auch in Verbindung mit § 92 des Jugendgerichtsgesetzes, sowie Verfahren nach dem Gesetz über die internationale Rechtshilfe in Strafsachen

Hauptabschnitt 1. Offizialverfahren
Abschnitt 1. Erster Rechtszug
Abschnitt 2. Berufung
Abschnitt 3. Revision
Abschnitt 4. Wiederaufnahmeverfahren

Hauptabschnitt 2. Klageerzwingungsverfahren, unwahre Anzeige und Zurücknahme des Strafantrags

Hauptabschnitt 3. Privatklage
Abschnitt 1. Erster Rechtszug
Abschnitt 2. Berufung
Abschnitt 3. Revision
Abschnitt 4. Wiederaufnahmeverfahren

Hauptabschnitt 4. Einziehung und verwandte Maßnahmen
Abschnitt 1. Antrag des Privatklägers nach § 440 StPO
Abschnitt 2. Beschwerde
Abschnitt 3. Berufung
Abschnitt 4. Revision
Abschnitt 5. Wiederaufnahmeverfahren

Hauptabschnitt 5. Nebenklage
Abschnitt 1. Berufung
Abschnitt 2. Revision
Abschnitt 3. Wiederaufnahmeverfahren

Hauptabschnitt 6. Sonstige Beschwerden

Hauptabschnitt 7. Entschädigungsverfahren

Hauptabschnitt 8. Gerichtliche Verfahren nach dem Strafvollzugsgesetz, auch in Verbindung mit § 92 des Jugendgerichtsgesetzes
Abschnitt 1. Antrag auf gerichtliche Entscheidung
Abschnitt 2. Beschwerde und Rechtsbeschwerde
Abschnitt 3. Vorläufiger Rechtsschutz

Hauptabschnitt 9. Sonstige Verfahren
Abschnitt 1. Vollstreckungshilfeverfahren wegen einer im Ausland rechtskräftig verhängten Geldsanktion
Abschnitt 2. Rüge wegen Verletzung des Anspruchs auf rechtliches Gehör

Teil 4. Verfahren nach dem Gesetz über Ordnungswidrigkeiten

Hauptabschnitt 1. Bußgeldverfahren
Abschnitt 1. Erster Rechtszug
Abschnitt 2. Rechtsbeschwerde
Abschnitt 3. Wiederaufnahmeverfahren

Hauptabschnitt 2. Einziehung und verwandte Maßnahmen
Abschnitt 1. Beschwerde

Abschnitt 2. Rechtsbeschwerde
Abschnitt 3. Wiederaufnahmeverfahren
Hauptabschnitt 3. Besondere Gebühren
Hauptabschnitt 4. Sonstige Beschwerden
Hauptabschnitt 5. Rüge wegen Verletzung des Anspruchs auf rechtliches Gehör

Teil 5. Verfahren vor den Gerichten der Verwaltungsgerichtsbarkeit

Hauptabschnitt 1. Prozessverfahren
   Abschnitt 1. Erster Rechtszug
      Unterabschnitt 1. Verwaltungsgericht
      Unterabschnitt 2. Oberverwaltungsgericht (Verwaltungsgerichtshof)
      Unterabschnitt 3. Bundesverwaltungsgericht
   Abschnitt 2. Zulassung und Durchführung der Berufung
   Abschnitt 3. Revision
Hauptabschnitt 2. Vorläufiger Rechtsschutz
   Abschnitt 1. Verwaltungsgericht sowie Oberverwaltungsgericht (Verwaltungsgerichtshof) und Bundesverwaltungsgericht als Rechtsmittelgerichte in der Hauptsache
   Abschnitt 2. Oberverwaltungsgericht (Verwaltungsgerichtshof)
   Abschnitt 3. Bundesverwaltungsgericht
   Abschnitt 4. Beschwerde
Hauptabschnitt 3. Besondere Verfahren
Hauptabschnitt 4. Rüge wegen Verletzung des Anspruchs auf rechtliches Gehör
Hauptabschnitt 5. Sonstige Beschwerden
Hauptabschnitt 6. Besondere Gebühren

Teil 6. Verfahren vor den Gerichten der Finanzgerichtsbarkeit

Hauptabschnitt 1. Prozessverfahren
   Abschnitt 1. Erster Rechtszug
      Unterabschnitt 1. Verfahren vor dem Finanzgericht
      Unterabschnitt 2. Verfahren vor dem Bundesfinanzhof
   Abschnitt 2. Revision
Hauptabschnitt 2. Vorläufiger Rechtsschutz
   Abschnitt 1. Erster Rechtszug
   Abschnitt 2. Beschwerde
Hauptabschnitt 3. Besondere Verfahren
Hauptabschnitt 4. Rüge wegen Verletzung des Anspruchs auf rechtliches Gehör
Hauptabschnitt 5. Sonstige Beschwerden
Hauptabschnitt 6. Besondere Gebühr

Teil 7. Verfahren vor den Gerichten der Sozialgerichtsbarkeit

Hauptabschnitt 1. Prozessverfahren
   Abschnitt 1. Erster Rechtszug
      Unterabschnitt 1. Verfahren vor dem Sozialgericht
      Unterabschnitt 2. Verfahren vor dem Landessozialgericht
      Unterabschnitt 3. Verfahren vor dem Bundessozialgericht
   Abschnitt 2. Berufung
   Abschnitt 3. Revision
Hauptabschnitt 2. Vorläufiger Rechtsschutz
   Abschnitt 1. Erster Rechtszug
   Abschnitt 2. Beschwerde
Hauptabschnitt 3. Beweissicherungsverfahren
Hauptabschnitt 4. Rüge wegen Verletzung des Anspruchs auf rechtliches Gehör
Hauptabschnitt 5. Sonstige Beschwerden
Hauptabschnitt 6. Besondere Gebühren

Teil 8. Verfahren vor den Gerichten der Arbeitsgerichtsbarkeit

Hauptabschnitt 1. Mahnverfahren
Hauptabschnitt 2. Urteilsverfahren
   Abschnitt 1. Erster Rechtszug
   Abschnitt 2. Berufung
   Abschnitt 3. Revision

Hauptabschnitt 3. Arrest und einstweilige Verfügung
   Abschnitt 1. Erster Rechtszug
   Abschnitt 2. Berufung
   Abschnitt 3. Beschwerde
Hauptabschnitt 4. Besondere Verfahren
Hauptabschnitt 5. Rüge wegen Verletzung des Anspruchs auf rechtliches Gehör
Hauptabschnitt 6. Sonstige Beschwerden und Rechtsbeschwerden
   Abschnitt 1. Sonstige Beschwerden
   Abschnitt 2. Sonstige Rechtsbeschwerden
Hauptabschnitt 7. Besondere Gebühr

                        Teil 9. Auslagen

Teil 1. Zivilrechtliche Verfahren vor den ordentlichen Gerichten

Nr.	Gebührentatbestand	Gebühr oder Satz der Gebühr nach § 34 GKG
	Vorbemerkung 1: Die Vorschriften dieses Teils gelten nicht für die in Teil 2 geregelten Verfahren.	
	Hauptabschnitt 1. Mahnverfahren	
1100	Verfahren über den Antrag auf Erlass eines Mahnbescheids oder eines Europäischen Zahlungsbefehls	0,5 – mindestens 32,00 €
	Hauptabschnitt 2. Prozessverfahren	
	Abschnitt 1. Erster Rechtszug	
	Vorbemerkung 1.2.1: Die Gebühren dieses Abschnitts entstehen nicht im Musterverfahren nach dem KapMuG; das erstinstanzliche Musterverfahren gilt als Teil des ersten Rechtszugs des Prozessverfahrens.	
	Unterabschnitt 1. Verfahren vor dem Amts- oder Landgericht	
1210	Verfahren im Allgemeinen	3,0
	(1) Soweit wegen desselben Streitgegenstands ein Mahnverfahren vorausgegangen ist, entsteht die Gebühr mit dem Eingang der Akten bei dem Gericht, an das der Rechtsstreit nach Erhebung des Widerspruchs oder Einlegung des Einspruchs abgegeben wird; in diesem Fall wird die Gebühr 1100 nach dem Wert des Streitgegenstands angerechnet, der in das Prozessverfahren übergegangen ist. Satz 1 gilt entsprechend, wenn wegen desselben Streitgegenstands ein Europäisches Mahnverfahren vorausgegangen ist. (2) Soweit der Kläger wegen desselben Streitgegenstands einen Anspruch zum Musterverfahren angemeldet hat (§ 10 Abs. 2 KapMuG), wird insoweit die Gebühr 1902 angerechnet.	

1211	Beendigung des gesamten Verfahrens durch
	1. Zurücknahme der Klage
	   a) vor dem Schluss der mündlichen Verhandlung,
	   b) in den Fällen des § 128 Abs. 2 ZPO vor dem Zeitpunkt, der dem Schluss der mündlichen Verhandlung entspricht,
	   c) im Verfahren nach § 495a ZPO, in dem eine mündliche Verhandlung nicht stattfindet, vor Ablauf des Tages, an dem eine Ladung zum Termin zur Verkündung des Urteils zugestellt oder das schriftliche Urteil der Geschäftsstelle übermittelt wird,
	   d) im Fall des § 331 Abs. 3 ZPO vor Ablauf des Tages, an dem das Urteil der Geschäftsstelle übermittelt wird oder
	   e) im europäischen Verfahren für geringfügige Forderungen, in dem eine mündliche Verhandlung nicht stattfindet, vor Ablauf des Tages, an dem das schriftliche Urteil der Geschäftsstelle übermittelt wird,
	wenn keine Entscheidung nach § 269 Abs. 3 Satz 3 ZPO über die Kosten ergeht oder die Entscheidung einer zuvor mitgeteilten Einigung der Parteien über die Kostentragung oder der Kostenübernahmeerklärung einer Partei folgt,
	2. Anerkenntnisurteil, Verzichtsurteil oder Urteil, das nach § 313a Abs. 2 ZPO keinen Tatbestand und keine Entscheidungsgründe enthält, oder nur deshalb Tatbestand und die Entscheidungsgründe enthält, weil zu erwarten ist, dass das Urteil im Ausland geltend gemacht wird (§ 313a Abs. 4 Nr. 5 ZPO),
	3. gerichtlichen Vergleich oder Beschluss nach § 23 Abs. 3 KapMuG oder
	4. Erledigungserklärungen nach § 91a ZPO, wenn keine Entscheidung über die Kosten ergeht oder die Entscheidung einer zuvor mitgeteilten Einigung der Parteien über die Kostentragung oder der Kostenübernahmeerklärung einer Partei folgt,	

Nr.	Gebührentatbestand	Gebühr oder Satz der Gebühr nach § 34 GKG
	es sei denn, dass bereits ein anderes als eines der in Nummer 2 genannten Urteile, eine Entscheidung über einen Antrag auf Erlass einer Sicherungsanordnung oder ein Musterentscheid nach dem KapMuG vorausgegangen ist: Die Gebühr 1210 ermäßigt sich auf	1,0
	Die Zurücknahme des Antrags auf Durchführung des streitigen Verfahrens, des Widerspruchs gegen den Mahnbescheid oder des Einspruchs gegen den Vollstreckungsbescheid stehen der Zurücknahme der Klage gleich. Die Vervollständigung eines ohne Tatbestand und Entscheidungsgründe hergestellten Urteils (§ 313a Abs. 5 ZPO) steht der Ermäßigung nicht entgegen. Die Gebühr ermäßigt sich auch, wenn mehrere Ermäßigungstatbestände erfüllt sind.	
	Unterabschnitt 2. Verfahren vor dem Oberlandesgericht	
1212	Verfahren im Allgemeinen	4,0

1213	Beendigung des gesamten Verfahrens durch
	1. Zurücknahme der Klage
	   a) vor dem Schluss der mündlichen Verhandlung,
	   b) in den Fällen des § 128 Abs. 2 ZPO vor dem Zeitpunkt, der dem Schluss der mündlichen Verhandlung entspricht, oder
	   c) im Fall des § 331 Abs. 3 ZPO vor Ablauf des Tages, an dem das Urteil der Geschäftsstelle übermittelt wird,
	wenn keine Entscheidung nach § 269 Abs. 3 Satz 3 ZPO über die Kosten ergeht oder die Entscheidung einer zuvor mitgeteilten Einigung der Parteien über die Kostentragung oder der Kostenübernahmeerklärung einer Partei folgt,
	2. Anerkenntnisurteil, Verzichtsurteil oder Urteil, das nach § 313a Abs. 2 ZPO keinen Tatbestand und keine Entscheidungsgründe enthält,
	3. gerichtlichen Vergleich oder
	4. Erledigungserklärungen nach § 91a ZPO, wenn keine Entscheidung über die Kosten ergeht oder die Entscheidung einer zuvor mitgeteilten Einigung der Parteien über die Kostentragung oder der Kostenübernahmeerklärung einer Partei folgt,
	es sei denn, dass bereits ein anderes als eines der in Nummer 2 genannten Urteile vorausgegangen ist:
	Die Gebühr 1212 ermäßigt sich auf ....
		2,0

	Die Gebühr ermäßigt sich auch, wenn mehrere Ermäßigungstatbestände erfüllt sind.	
	Unterabschnitt 3. Verfahren vor dem Bundesgerichtshof	
1214	Verfahren im Allgemeinen	5,0

1215	Beendigung des gesamten Verfahrens durch
	1. Zurücknahme der Klage
	   a) vor dem Schluss der mündlichen Verhandlung,
	   b) in den Fällen des § 128 Abs. 2 ZPO vor dem Zeitpunkt, der dem Schluss der mündlichen Verhandlung entspricht, oder
	   c) im Fall des § 331 Abs. 3 ZPO vor Ablauf des Tages, an dem das Urteil der Geschäftsstelle übermittelt wird,
	wenn keine Entscheidung nach § 269 Abs. 3 Satz 3 ZPO über die Kosten ergeht oder die Entscheidung einer zuvor mitgeteilten Einigung der Parteien über die Kostentragung oder der Kostenübernahmeerklärung einer Partei folgt,
	2. Anerkenntnisurteil, Verzichtsurteil oder Urteil, das nach § 313a Abs. 2 ZPO keinen Tatbestand und keine Entscheidungsgründe enthält,
	3. gerichtlichen Vergleich oder
	4. Erledigungserklärungen nach § 91a ZPO, wenn keine Entscheidung über die Kosten ergeht oder die Entscheidung einer zuvor mitgeteilten Einigung der Parteien über die Kostentragung oder der Kostenübernahmeerklärung einer Partei folgt,
	es sei denn, dass bereits ein anderes als eines der in Nummer 2 genannten Urteile vorausgegangen ist:
	Die Gebühr 1214 ermäßigt sich auf ....
		3,0

	Die Gebühr ermäßigt sich auch, wenn mehrere Ermäßigungstatbestände erfüllt sind.	

Nr.	Gebührentatbestand	Gebühr oder Satz der Gebühr nach § 34 GKG
	Abschnitt 2. Berufung und bestimmte Beschwerden	
	Vorbemerkung 1.2.2: Dieser Abschnitt ist auf Beschwerdeverfahren nach 1. den §§ 63 und 116 GWB, 2. § 48 WpÜG, 3. § 37u Abs. 1 WpHG, 4. § 75 EnWG, 5. § 13 VSchDG und 6. § 35 KSpG anzuwenden.	
1220	Verfahren im Allgemeinen	4,0
1221	Beendigung des gesamten Verfahrens durch Zurücknahme des Rechtsmittels, der Klage oder des Antrags, bevor die Schrift zur Begründung des Rechtsmittels bei Gericht eingegangen ist: Die Gebühr 1220 ermäßigt sich auf .... Erledigungserklärungen nach § 91a ZPO stehen der Zurücknahme gleich, wenn keine Entscheidung über die Kosten ergeht oder die Entscheidung einer zuvor mitgeteilten Einigung der Parteien über die Kostentragung oder der Kostenübernahmeerklärung einer Partei folgt.	1,0

1222	Beendigung des gesamten Verfahrens, wenn nicht Nummer 1221 anzuwenden ist, durch
	1. Zurücknahme des Rechtsmittels, der Klage oder des Antrags
	  a) vor dem Schluss der mündlichen Verhandlung,
	  b) in den Fällen des § 128 Abs. 2 ZPO vor dem Zeitpunkt, der dem Schluss der mündlichen Verhandlung entspricht,
	2. Anerkenntnisurteil, Verzichtsurteil oder Urteil, das nach § 313a Abs. 2 ZPO keinen Tatbestand und keine Entscheidungsgründe enthält,
	3. gerichtlichen Vergleich oder
	4. Erledigungserklärungen nach § 91a ZPO, wenn keine Entscheidung über die Kosten ergeht oder die Entscheidung einer zuvor mitgeteilten Einigung der Parteien über die Kostentragung oder der Kostenübernahmeerklärung einer Partei folgt,
	es sei denn, dass bereits ein anderes als eines der in Nummer 2 genannten Urteile, eine Entscheidung über einen Antrag auf Erlass einer Sicherungsanordnung oder ein Beschluss in der Hauptsache vorausgegangen ist:
	Die Gebühr 1220 ermäßigt sich auf ....
	Die Gebühr ermäßigt sich auch, wenn mehrere Ermäßigungstatbestände erfüllt sind.
		2,0

1223	Beendigung des gesamten Verfahrens durch ein Urteil, das wegen eines Verzichts der Parteien nach § 313a Abs. 1 Satz 2 ZPO keine schriftliche Begründung enthält, wenn nicht bereits ein anderes als eines der in Nummer 1222 Nr. 2 genannten Urteile, eine Entscheidung über einen Antrag auf Erlass einer Sicherungsanordnung oder ein Beschluss in der Hauptsache vorausgegangen ist: Die Gebühr 1220 ermäßigt sich auf .... Die Gebühr ermäßigt sich auch, wenn daneben Ermäßigungstatbestände nach Nummer 1222 erfüllt sind.	3,0
	Abschnitt 3. Revision, Rechtsbeschwerden nach § 74 GWB, § 86 EnWG, § 35 KSpG und § 24 VSchDG	
1230	Verfahren im Allgemeinen	5,0
1231	Beendigung des gesamten Verfahrens durch Zurücknahme des Rechtsmittels, der Klage oder des Antrags, bevor die Schrift zur Begründung des Rechtsmittels bei Gericht eingegangen ist: Die Gebühr 1230 ermäßigt sich auf .... Erledigungserklärungen nach § 91a ZPO stehen der Zurücknahme gleich, wenn keine Entscheidung über die Kosten ergeht oder die Entscheidung einer zuvor mitgeteilten Einigung der Parteien über die Kostentragung oder der Kostenübernahmeerklärung einer Partei folgt.	1,0

Nr.	Gebührentatbestand	Gebühr oder Satz der Gebühr nach § 34 GKG
1232	Beendigung des gesamten Verfahrens, wenn nicht Nummer 1231 anzuwenden ist, durch 1. Zurücknahme des Rechtsmittels, der Klage oder des Antrags a) vor dem Schluss der mündlichen Verhandlung, b) in den Fällen des § 128 Abs. 2 ZPO vor dem Zeitpunkt, der dem Schluss der mündlichen Verhandlung entspricht, 2. Anerkenntnis- oder Verzichtsurteil, 3. gerichtlichen Vergleich oder 4. Erledigungserklärungen nach § 91a ZPO, wenn keine Entscheidung über die Kosten ergeht oder die Entscheidung einer zuvor mitgeteilten Einigung der Parteien über die Kostentragung oder der Kostenübernahmeerklärung einer Partei folgt, es sei denn, dass bereits ein anderes als eines der in Nummer 2 genannten Urteile, eine Entscheidung über einen Antrag auf Erlass einer Sicherungsanordnung oder ein Beschluss in der Hauptsache vorausgegangen ist: Die Gebühr 1230 ermäßigt sich auf .... *Die Gebühr ermäßigt sich auch, wenn mehrere Ermäßigungstatbestände erfüllt sind.*	3,0

Abschnitt 4. Zulassung der Sprungrevision, Beschwerde gegen die Nichtzulassung der Revision sowie der Rechtsbeschwerden nach § 74 GWB, § 86 EnWG, § 35 KSpG und § 24 VSchDG

Nr.	Gebührentatbestand	Gebühr oder Satz der Gebühr nach § 34 GKG
1240	Verfahren über die Zulassung der Sprungrevision: Soweit der Antrag abgelehnt wird	1,5
1241	Verfahren über die Zulassung der Sprungrevision: Soweit der Antrag zurückgenommen oder das Verfahren durch anderweitige Erledigung beendet wird *Die Gebühr entsteht nicht, soweit die Sprungrevision zugelassen wird.*	1,0
1242	Verfahren über die Beschwerde gegen die Nichtzulassung des Rechtsmittels: Soweit die Beschwerde verworfen oder zurückgewiesen wird	2,0
1243	Verfahren über die Beschwerde gegen die Nichtzulassung des Rechtsmittels: Soweit die Beschwerde zurückgenommen oder das Verfahren durch anderweitige Erledigung beendet wird .... *Die Gebühr entsteht nicht, soweit der Beschwerde stattgegeben wird.*	1,0

Abschnitt 5. Rechtsmittelverfahren des gewerblichen Rechtsschutzes vor dem Bundesgerichtshof

Unterabschnitt 1. Berufungsverfahren

Nr.	Gebührentatbestand	Gebühr oder Satz der Gebühr nach § 34 GKG
1250	Verfahren im Allgemeinen	6,0
1251	Beendigung des gesamten Verfahrens durch Zurücknahme der Berufung oder der Klage, bevor die Schrift zur Begründung der Berufung bei Gericht eingegangen ist: Die Gebühr 1250 ermäßigt sich auf .... *Erledigungserklärungen nach § 91a ZPO i.V.m. § 121 Abs. 2 Satz 2 PatG, § 20 GebrMG stehen der Zurücknahme gleich, wenn keine Entscheidung über die Kosten ergeht oder die Entscheidung einer zuvor mitgeteilten Einigung der Parteien über die Kostentragung oder der Kostenübernahmeerklärung einer Partei folgt.*	1,0
1252	Beendigung des gesamten Verfahrens, wenn nicht Nummer 1251 anzuwenden ist, durch 1. Zurücknahme der Berufung oder der Klage vor dem Schluss der mündlichen Verhandlung, 2. Anerkenntnis- oder Verzichtsurteil, 3. gerichtlichen Vergleich oder	

Nr.	Gebührentatbestand	Gebühr oder Satz der Gebühr nach § 34 GKG
	4. Erledigungserklärungen nach § 91a ZPO i.V.m. § 121 Abs. 2 Satz 2 PatG, § 20 GebrMG, wenn keine Entscheidung über die Kosten ergeht oder die Entscheidung einer zuvor mitgeteilten Einigung der Parteien über die Kostentragung oder der Kostenübernahmeerklärung einer Partei folgt, es sei denn, dass bereits ein anderes als eines der in Nummer 2 genannten Urteile vorausgegangen ist: Die Gebühr 1250 ermäßigt sich auf .... *Die Gebühr ermäßigt sich auch, wenn mehrere Ermäßigungstatbestände erfüllt sind.*	3,0
	Unterabschnitt 2. Beschwerdeverfahren und Rechtsbeschwerdeverfahren	
1253	Verfahren über die Beschwerde nach § 122 PatG oder § 20 GebrMG i.V.m. § 122 PatG gegen ein Urteil über den Erlass einer einstweiligen Verfügung in Zwangslizenzsachen	2,0
1254	Beendigung des gesamten Verfahrens durch Zurücknahme der Beschwerde, bevor die Schrift zur Begründung der Beschwerde bei Gericht eingegangen ist: Die Gebühr 1253 ermäßigt sich auf .... *Erledigungserklärungen nach § 91a ZPO i.V.m. § 121 Abs. 2 Satz 2 PatG, § 20 GebrMG stehen der Zurücknahme gleich, wenn keine Entscheidung über die Kosten ergeht oder die Entscheidung einer zuvor mitgeteilten Einigung der Parteien über die Kostentragung oder der Kostenübernahmeerklärung einer Partei folgt.*	1,0
1255	Verfahren über die Rechtsbeschwerde	750,00 €
1256	Beendigung des gesamten Verfahrens durch Zurücknahme der Rechtsbeschwerde, bevor die Schrift zur Begründung der Rechtsbeschwerde bei Gericht eingegangen ist: Die Gebühr 1255 ermäßigt sich auf .... *Erledigungserklärungen in entsprechender Anwendung des § 91a ZPO stehen der Zurücknahme gleich, wenn keine Entscheidung über die Kosten ergeht oder die Entscheidung einer zuvor mitgeteilten Einigung der Parteien über die Kostentragung oder der Kostenübernahmeerklärung einer Partei folgt.*	100,00 €
	Hauptabschnitt 3. *(aufgehoben)*	
	Hauptabschnitt 4. Arrest und einstweilige Verfügung	
	Vorbemerkung 1.4.: Im Verfahren über den Antrag auf Anordnung eines Arrests oder einer einstweiligen Verfügung und im Verfahren über den Antrag auf Aufhebung oder Abänderung (§ 926 Abs. 2, §§ 927, 936 ZPO) werden die Gebühren jeweils gesondert erhoben. Im Fall des § 942 ZPO gilt das Verfahren vor dem Amtsgericht und dem Gericht der Hauptsache als ein Rechtsstreit.	
	Abschnitt 1. Erster Rechtszug	
1410	Verfahren im Allgemeinen	1,5
1411	Beendigung des gesamten Verfahrens durch 1. Zurücknahme des Antrags vor dem Schluss der mündlichen Verhandlung, 2. Anerkenntnisurteil, Verzichtsurteil oder Urteil, das nach § 313a Abs. 2 ZPO keinen Tatbestand und keine Entscheidungsgründe enthält, 3. gerichtlichen Vergleich oder 4. Erledigungserklärungen nach § 91a ZPO, wenn keine Entscheidung über die Kosten ergeht oder die Entscheidung einer zuvor mitgeteilten Einigung der Parteien über die Kostentragung oder der Kostenübernahmeerklärung einer Partei folgt, es sei denn, dass bereits ein Beschluss nach § 922 Abs. 1, auch i.V.m. § 936 ZPO, oder ein anderes als eines der in Nummer 2 genannten Urteile vorausgegangen ist: Die Gebühr 1410 ermäßigt sich auf .... *Die Vervollständigung eines ohne Tatbestand und Entscheidungsgründe hergestellten Urteils (§ 313a Abs. 5 ZPO) steht der Ermäßigung nicht entgegen. Die Gebühr ermäßigt sich auch, wenn mehrere Ermäßigungstatbestände erfüllt sind.*	1,0

Nr.	Gebührentatbestand	Gebühr oder Satz der Gebühr nach § 34 GKG
1412	Es wird durch Urteil entschieden oder es ergeht ein Beschluss nach § 91a oder § 269 Abs. 3 Satz 3 ZPO, wenn nicht Nummer 1411 erfüllt ist: Die Gebühr 1410 erhöht sich nach dem Wert des Streitgegenstands, auf den sich die Entscheidung bezieht, auf	3,0

Abschnitt 2. Berufung

Nr.	Gebührentatbestand	Gebühr
1420	Verfahren im Allgemeinen	4,0
1421	Beendigung des gesamten Verfahrens durch Zurücknahme der Berufung, des Antrags oder des Widerspruchs, bevor die Schrift zur Begründung der Berufung bei Gericht eingegangen ist: Die Gebühr 1420 ermäßigt sich auf .... Erledigungserklärungen nach § 91a ZPO stehen der Zurücknahme gleich, wenn keine Entscheidung über die Kosten ergeht oder die Entscheidung einer zuvor mitgeteilten Einigung der Parteien über die Kostentragung oder der Kostenübernahmeerklärung einer Partei folgt.	1,0

1422	Beendigung des gesamten Verfahrens, wenn nicht Nummer 1421 erfüllt ist, durch
	1. Zurücknahme der Berufung oder des Antrags
	   a) vor dem Schluss der mündlichen Verhandlung,
	   b) in den Fällen des § 128 Abs. 2 ZPO vor dem Zeitpunkt, der dem Schluss der mündlichen Verhandlung entspricht,
	2. Anerkenntnis- oder Verzichtsurteil,
	3. gerichtlichen Vergleich oder
	4. Erledigungserklärungen nach § 91a ZPO, wenn keine Entscheidung über die Kosten ergeht oder die Entscheidung einer zuvor mitgeteilten Einigung der Parteien über die Kostentragung oder der Kostenübernahmeerklärung einer Partei folgt,
	es sei denn, dass bereits ein anderes als eines der in Nummer 2 genannten Urteile vorausgegangen ist:
	Die Gebühr 1420 ermäßigt sich auf ....
	Die Gebühr ermäßigt sich auch, wenn mehrere Ermäßigungstatbestände erfüllt sind.
		2,0

1423	Beendigung des gesamten Verfahrens durch ein Urteil, das wegen eines Verzichts der Parteien nach § 313a Abs. 1 Satz 2 ZPO keine schriftliche Begründung enthält, wenn nicht bereits ein anderes als eines der in Nummer 1422 Nr. 2 genannten Urteile mit schriftlicher Begründung oder ein Versäumnisurteil vorausgegangen ist: Die Gebühr 1420 ermäßigt sich auf .... Die Gebühr ermäßigt sich auch, wenn daneben Ermäßigungstatbestände nach Nummer 1422 erfüllt sind.	3,0

Abschnitt 3. Beschwerde

Nr.	Gebührentatbestand	Gebühr
1430	Verfahren über die Beschwerde gegen die Zurückweisung eines Antrags auf Anordnung eines Arrests oder einer einstweiligen Verfügung	1,5
1431	Beendigung des gesamten Verfahrens durch Zurücknahme der Beschwerde: Die Gebühr 1430 ermäßigt sich auf	1,0

Nr.	Gebührentatbestand	Gebühr oder Satz der Gebühr nach § 34 GKG
	Hauptabschnitt 5. Vorbereitung der grenzüberschreitenden Zwangsvollstreckung	
	Vorbemerkung 1.5: Die Vollstreckbarerklärung eines ausländischen Schiedsspruchs oder deren Aufhebung bestimmt sich nach Nummer 1620.	
	Abschnitt 1. Erster Rechtszug	
1510	Verfahren über Anträge auf 1. Vollstreckbarerklärung ausländischer Titel, 2. Feststellung, ob die ausländische Entscheidung anzuerkennen ist, 3. Erteilung der Vollstreckungsklausel zu ausländischen Titeln und 4. Aufhebung oder Abänderung von Entscheidungen in den in den Nummern 1 bis 3 genannten Verfahren oder über die Klage auf Erlass eines Vollstreckungsurteils	240,00 €
1511	Beendigung des gesamten Verfahrens durch Zurücknahme der Klage oder des Antrags vor dem Schluss der mündlichen Verhandlung oder, wenn eine mündliche Verhandlung nicht stattfindet, vor Ablauf des Tages, an dem die Entscheidung der Geschäftsstelle übermittelt wird: Die Gebühr 1510 ermäßigt sich auf .... Erledigungserklärungen nach § 91a ZPO stehen der Zurücknahme gleich, wenn keine Entscheidung über die Kosten ergeht oder die Entscheidung einer zuvor mitgeteilten Einigung der Parteien über die Kostentragung oder der Kostenübernahmeerklärung einer Partei folgt.	90,00 €
1512	Verfahren über Anträge auf Ausstellung einer Bescheinigung nach § 56 AVAG	15,00 €
1513	Verfahren über Anträge auf Ausstellung einer Bestätigung nach § 1079 ZPO	20,00 €
1514	Verfahren nach § 3 Abs. 2 des Gesetzes zur Ausführung des Vertrages zwischen der Bundesrepublik Deutschland und der Republik Österreich vom 6. Juni 1959 über die gegenseitige Anerkennung und Vollstreckung von gerichtlichen Entscheidungen, Vergleichen und öffentlichen Urkunden in Zivil- und Handelssachen in der im Bundesgesetzblatt Teil III, Gliederungsnummer 319-12, veröffentlichten bereinigten Fassung, das zuletzt durch Artikel 23 des Gesetzes vom 27. Juli 2001 (BGBl. I S. 1887) geändert worden ist	60,00 €
	Abschnitt 2. Rechtsmittelverfahren	
1520	Verfahren über Rechtsmittel in den in den Nummern 1510 und 1514 genannten Verfahren	360,00 €
1521	Beendigung des gesamten Verfahrens durch Zurücknahme des Rechtsmittels, der Klage oder des Antrags, bevor die Schrift zur Begründung des Rechtsmittels bei Gericht eingegangen ist: Die Gebühr 1520 ermäßigt sich auf	90,00 €
1522	Beendigung des gesamten Verfahrens durch Zurücknahme des Rechtsmittels, der Klage oder des Antrags vor dem Schluss der mündlichen Verhandlung oder, wenn eine mündliche Verhandlung nicht stattfindet, vor Ablauf des Tages, an dem die Entscheidung der Geschäftsstelle übermittelt wird, wenn nicht Nummer 1521 erfüllt ist: Die Gebühr 1520 ermäßigt sich auf .... Erledigungserklärungen nach § 91a ZPO stehen der Zurücknahme gleich, wenn keine Entscheidung über die Kosten ergeht oder die Entscheidung einer zuvor mitgeteilten Einigung der Parteien über die Kostentragung oder der Kostenübernahmeerklärung einer Partei folgt.	180,00 €
1523	Verfahren über Rechtsmittel in 1. den in den Nummern 1512 und 1513 genannten Verfahren und 2. Verfahren über die Berichtigung oder den Widerruf einer Bestätigung nach § 1079 ZPO: Das Rechtsmittel wird verworfen oder zurückgewiesen	60,00 €

Nr.	Gebührentatbestand	Gebühr oder Satz der Gebühr nach § 34 GKG
	Hauptabschnitt 6. Sonstige Verfahren	
	Abschnitt 1. Selbstständiges Beweisverfahren	
1610	Verfahren im Allgemeinen	1,0
	Abschnitt 2. Schiedsrichterliches Verfahren	
	Unterabschnitt 1. Erster Rechtszug	
1620	Verfahren über die Aufhebung oder die Vollstreckbarerklärung eines Schiedsspruchs oder über die Aufhebung der Vollstreckbarerklärung .... Die Gebühr ist auch im Verfahren über die Vollstreckbarerklärung eines ausländischen Schiedsspruchs oder deren Aufhebung zu erheben.	2,0
1621	Verfahren über den Antrag auf Feststellung der Zulässigkeit oder Unzulässigkeit des schiedsrichterlichen Verfahrens	2,0
1622	Verfahren bei Rüge der Unzuständigkeit des Schiedsgerichts	2,0
1623	Verfahren bei der Bestellung eines Schiedsrichters oder Ersatzschiedsrichters	0,5
1624	Verfahren über die Ablehnung eines Schiedsrichters oder über die Beendigung des Schiedsrichteramts	0,5
1625	Verfahren zur Unterstützung bei der Beweisaufnahme oder zur Vornahme sonstiger richterlicher Handlungen	0,5
1626	Verfahren über die Zulassung der Vollziehung einer vorläufigen oder sichernden Maßnahme oder über die Aufhebung oder Änderung einer Entscheidung über die Zulassung der Vollziehung .... Im Verfahren über die Zulassung der Vollziehung und in dem Verfahren über die Aufhebung oder Änderung einer Entscheidung über die Zulassung der Vollziehung werden die Gebühren jeweils gesondert erhoben.	2,0
1627	Beendigung des gesamten Verfahrens durch Zurücknahme des Antrags: Die Gebühren 1620 bis 1622 und 1626 ermäßigen sich auf	1,0
	Unterabschnitt 2. Rechtsbeschwerde	
1628	Verfahren über die Rechtsbeschwerde in den in den Nummern 1620 bis 1622 und 1626 genannten Verfahren	3,0
1629	Beendigung des gesamten Verfahrens durch Zurücknahme der Rechtsbeschwerde oder des Antrags: Die Gebühr 1628 ermäßigt sich auf	1,0
	Abschnitt 3. Besondere Verfahren nach dem Gesetz gegen Wettbewerbsbeschränkungen, dem Wertpapiererwerbs- und Übernahmegesetz und dem Wertpapierhandelsgesetz	
1630	Verfahren über einen Antrag nach § 115 Abs. 2 Satz 5 und 6, Abs. 4 Satz 2, § 118 Abs. 1 Satz 3 oder nach § 121 GWB	3,0
1631	Beendigung des gesamten Verfahrens durch Zurücknahme des Antrags: Die Gebühr 1630 ermäßigt sich auf	1,0
1632	Verfahren über den Antrag nach § 50 Abs. 3 bis 5 WpÜG, auch i.V.m. § 37u Abs. 2 WpHG .... Mehrere Verfahren gelten innerhalb eines Rechtszugs als ein Verfahren.	0,5

Nr.	Gebührentatbestand	Gebühr oder Satz der Gebühr nach § 34 GKG
	Abschnitt 4. Besondere Verfahren nach dem Aktiengesetz und dem Umwandlungsgesetz	
	Unterabschnitt 1. Erster Rechtszug	
1640	Verfahren nach § 148 Abs. 1 und 2 des Aktiengesetzes	1,0
1641	Verfahren nach den §§ 246a, 319 Abs. 6 des Aktiengesetzes, auch i.V.m. § 327e Abs. 2 des Aktiengesetzes oder § 16 Abs. 3 UmwG	1,5
1642	Beendigung des gesamten Verfahrens ohne Entscheidung: Die Gebühren 1640 und 1641 ermäßigen sich auf	0,5
	(1) Die Gebühr ermäßigt sich auch im Fall der Zurücknahme des Antrags vor Ablauf des Tages, an dem die Entscheidung der Geschäftsstelle übermittelt wird. (2) Eine Entscheidung über die Kosten steht der Ermäßigung nicht entgegen, wenn die Entscheidung einer zuvor mitgeteilten Einigung der Parteien über die Kostentragung oder der Kostenübernahmeerklärung einer Partei folgt.	
	Unterabschnitt 2. Beschwerde	
1643	Verfahren über die Beschwerde in den in Nummer 1640 genannten Verfahren	1,0
1644	Beendigung des Verfahrens ohne Entscheidung: Die Gebühr 1643 ermäßigt sich auf	0,5
	(1) Die Gebühr ermäßigt sich auch im Fall der Zurücknahme der Beschwerde vor Ablauf des Tages, an dem die Entscheidung der Geschäftsstelle übermittelt wird. (2) Eine Entscheidung über die Kosten steht der Ermäßigung nicht entgegen, wenn die Entscheidung einer zuvor mitgeteilten Einigung der Parteien über die Kostentragung oder der Kostenübernahmeerklärung einer Partei folgt.	
	Abschnitt 5. Sanierungs- und Reorganisationsverfahren nach dem Kreditinstitute-Reorganisationsgesetz	
1650	Sanierungsverfahren	0,5
1651	Die Durchführung des Sanierungsverfahrens wird nicht angeordnet: Die Gebühr 1650 beträgt	0,2
1652	Reorganisationsverfahren	1,0
1653	Die Durchführung des Reorganisationsverfahrens wird nicht angeordnet: Die Gebühr 1652 beträgt	0,2
	Hauptabschnitt 7. Rüge wegen Verletzung des Anspruchs auf rechtliches Gehör	
1700	Verfahren über die Rüge wegen Verletzung des Anspruchs auf rechtliches Gehör (§ 321a ZPO, auch i.V.m. § 122a PatG oder § 89a MarkenG; § 71a GWB): Die Rüge wird in vollem Umfang verworfen oder zurückgewiesen	60,00 €
	Hauptabschnitt 8. Sonstige Beschwerden und Rechtsbeschwerden	
	Abschnitt 1. Sonstige Beschwerden	
1810	Verfahren über Beschwerden nach § 71 Abs. 2, § 91a Abs. 2, § 99 Abs. 2, § 269 Abs. 5 oder § 494a Abs. 2 Satz 2 ZPO	90,00 €
1811	Beendigung des Verfahrens ohne Entscheidung: Die Gebühr 1810 ermäßigt sich auf	60,00 €
	(1) Die Gebühr ermäßigt sich auch im Fall der Zurücknahme der Beschwerde vor Ablauf des Tages, an dem die Entscheidung der Geschäftsstelle übermittelt wird. (2) Eine Entscheidung über die Kosten steht der Ermäßigung nicht entgegen, wenn die Entscheidung einer zuvor mitgeteilten Einigung der Parteien über die Kostentragung oder der Kostenübernahmeerklärung einer Partei folgt.	

Nr.	Gebührentatbestand	Gebühr oder Satz der Gebühr nach § 34 GKG
1812	Verfahren über nicht besonders aufgeführte Beschwerden, die nicht nach anderen Vorschriften gebührenfrei sind: Die Beschwerde wird verworfen oder zurückgewiesen .... Wird die Beschwerde nur teilweise verworfen oder zurückgewiesen, kann das Gericht die Gebühr nach billigem Ermessen auf die Hälfte ermäßigen oder bestimmen, dass eine Gebühr nicht zu erheben ist.	60,00 €
	Abschnitt 2. Sonstige Rechtsbeschwerden	
1820	Verfahren über Rechtsbeschwerden gegen den Beschluss, durch den die Berufung als unzulässig verworfen wurde (§ 522 Abs. 1 Satz 2 und 3 ZPO) ..	2,0
1821	Verfahren über Rechtsbeschwerden nach § 20 KapMuG	5,0
1822	Beendigung des gesamten Verfahrens durch Zurücknahme der Rechtsbeschwerde, bevor die Schrift zur Begründung der Rechtsbeschwerde bei Gericht eingegangen ist: Die Gebühren 1820 und 1821 ermäßigen sich auf .... Erledigungserklärungen nach § 91a ZPO stehen der Zurücknahme gleich, wenn keine Entscheidung über die Kosten ergeht oder die Entscheidung einer zuvor mitgeteilten Einigung der Parteien über die Kostentragung oder der Kostenübernahmeerklärung einer Partei folgt.	1,0
1823	Verfahren über Rechtsbeschwerden in den Fällen des § 71 Abs. 1, § 91a Abs. 1, § 99 Abs. 2, § 269 Abs. 4, § 494a Abs. 2 Satz 2 oder § 516 Abs. 3 ZPO	180,00 €
1824	Beendigung des gesamten Verfahrens durch Zurücknahme der Rechtsbeschwerde, des Antrags oder der Klage, bevor die Schrift zur Begründung der Rechtsbeschwerde bei Gericht eingegangen ist: Die Gebühr 1823 ermäßigt sich auf	60,00 €
1825	Beendigung des gesamten Verfahrens durch Zurücknahme der Rechtsbeschwerde, des Antrags oder der Klage vor Ablauf des Tages, an dem die Entscheidung der Geschäftsstelle übermittelt wird, wenn nicht Nummer 1824 erfüllt ist: Die Gebühr 1823 ermäßigt sich auf	90,00 €
1826	Verfahren über nicht besonders aufgeführte Rechtsbeschwerden, die nicht nach anderen Vorschriften gebührenfrei sind: Die Rechtsbeschwerde wird verworfen oder zurückgewiesen .... Wird die Rechtsbeschwerde nur teilweise verworfen oder zurückgewiesen, kann das Gericht die Gebühr nach billigem Ermessen auf die Hälfte ermäßigen oder bestimmen, dass eine Gebühr nicht zu erheben ist.	120,00 €
1827	Verfahren über die in Nummer 1826 genannten Rechtsbeschwerden: Beendigung des gesamten Verfahrens durch Zurücknahme der Rechtsbeschwerde, des Antrags oder der Klage vor Ablauf des Tages, an dem die Entscheidung der Geschäftsstelle übermittelt wird	60,00 €
	Hauptabschnitt 9. Besondere Gebühren	
1900	Abschluss eines gerichtlichen Vergleichs: Soweit ein Vergleich über nicht gerichtlich anhängige Gegenstände geschlossen wird .... Die Gebühr entsteht nicht im Verfahren über die Prozesskostenhilfe. Im Verhältnis zur Gebühr für das Verfahren im Allgemeinen ist § 36 Abs. 3 GKG entsprechend anzuwenden.	0,25
1901	Auferlegung einer Gebühr nach § 38 GKG wegen Verzögerung des Rechtsstreits	wie vom Gericht bestimmt
1902	Anmeldung eines Anspruchs zum Musterverfahren (§ 10 Abs. 2 KapMuG) ...	0,5

Teil 2. Zwangsvollstreckung nach der Zivilprozessordnung, Insolvenzverfahren und ähnliche Verfahren

Nr.	Gebührentatbestand	Gebühr oder Satz der Gebühr nach § 34 GKG
	Hauptabschnitt 1. Zwangsvollstreckung nach der Zivilprozessordnung	
	Abschnitt 1. Erster Rechtszug	
2110	Verfahren über den Antrag auf Erteilung einer weiteren vollstreckbaren Ausfertigung (§ 733 ZPO)	20,00 €
	Die Gebühr wird für jede weitere vollstreckbare Ausfertigung gesondert erhoben. Sind wegen desselben Anspruchs in einem Mahnverfahren gegen mehrere Personen gesonderte Vollstreckungsbescheide erlassen worden und werden hiervon gleichzeitig mehrere weitere vollstreckbare Ausfertigungen beantragt, wird die Gebühr nur einmal erhoben.	
2111	Verfahren über Anträge auf gerichtliche Handlungen der Zwangsvollstreckung gemäß § 829 Abs. 1, §§ 835, 839, 846 bis 848, 857, 858, 886 bis 888 oder § 890 ZPO	20,00 €
	Richtet sich ein Verfahren gegen mehrere Schuldner, wird die Gebühr für jeden Schuldner gesondert erhoben. Mehrere Verfahren innerhalb eines Rechtszugs gelten als ein Verfahren, wenn sie denselben Anspruch und denselben Vollstreckungsgegenstand betreffen.	
2112	Verfahren über den Antrag auf Vollstreckungsschutz nach § 765a ZPO	20,00 €
2113	Verfahren über den Antrag auf Erlass eines Haftbefehls (§ 802g Abs. 1 ZPO)	20,00 €
2114	Verfahren über den Antrag auf Abnahme der eidesstattlichen Versicherung nach § 889 ZPO	35,00 €
2115	*(aufgehoben)*	
2116	*(aufgehoben)*	
2117	Verteilungsverfahren	0,5
2118	Verfahren über die Vollstreckbarerklärung eines Anwaltsvergleichs nach § 796a ZPO	60,00 €
2119	Verfahren über Anträge auf Verweigerung, Aussetzung oder Beschränkung der Zwangsvollstreckung nach § 1084 ZPO auch i.V.m. § 1096 oder § 1109 ZPO oder nach § 31 AUG	30,00 €
	Abschnitt 2. Beschwerden	
	Unterabschnitt 1. Beschwerde	
2120	Verfahren über die Beschwerde im Verteilungsverfahren: Soweit die Beschwerde verworfen oder zurückgewiesen wird	1,0
2121	Verfahren über nicht besonders aufgeführte Beschwerden, die nicht nach anderen Vorschriften gebührenfrei sind: Die Beschwerde wird verworfen oder zurückgewiesen	30,00 €
	Wird die Beschwerde nur teilweise verworfen oder zurückgewiesen, kann das Gericht die Gebühr nach billigem Ermessen auf die Hälfte ermäßigen oder bestimmen, dass eine Gebühr nicht zu erheben ist.	
	Unterabschnitt 2. Rechtsbeschwerde	
2122	Verfahren über die Rechtsbeschwerde im Verteilungsverfahren: Soweit die Beschwerde verworfen oder zurückgewiesen wird	2,0

Nr.	Gebührentatbestand	Gebühr oder Satz der Gebühr nach § 34 GKG
2123	Verfahren über die Rechtsbeschwerde im Verteilungsverfahren: Soweit die Beschwerde zurückgenommen oder das Verfahren durch anderweitige Erledigung beendet wird .... Die Gebühr entsteht nicht, soweit der Beschwerde stattgegeben wird.	1,0
2124	Verfahren über nicht besonders aufgeführte Rechtsbeschwerden, die nicht nach anderen Vorschriften gebührenfrei sind: Die Rechtsbeschwerde wird verworfen oder zurückgewiesen .... Wird die Rechtsbeschwerde nur teilweise verworfen oder zurückgewiesen, kann das Gericht die Gebühr nach billigem Ermessen auf die Hälfte ermäßigen oder bestimmen, dass eine Gebühr nicht zu erheben ist.	60,00 €

Hauptabschnitt 2. Verfahren nach dem Gesetz über die Zwangsversteigerung und die Zwangsverwaltung; Zwangsliquidation einer Bahneinheit

Vorbemerkung 2.2:
Die Gebühren 2210, 2220 und 2230 werden für jeden Antragsteller gesondert erhoben. Wird der Antrag von mehreren Gesamtgläubigern, Gesamthandsgläubigern oder im Fall der Zwangsversteigerung zum Zweck der Aufhebung der Gemeinschaft von mehreren Miteigentümern gemeinsam gestellt, gelten diese als ein Antragsteller. Betrifft ein Antrag mehrere Gegenstände, wird die Gebühr nur einmal erhoben, soweit durch einen einheitlichen Beschluss entschieden wird. Für ein Verfahren nach § 765a ZPO wird keine, für das Beschwerdeverfahren die Gebühr 2240 erhoben; richtet sich die Beschwerde auch gegen eine Entscheidung nach § 30a ZVG, gilt Satz 2 entsprechend.

Abschnitt 1. Zwangsversteigerung

2210	Entscheidung über den Antrag auf Anordnung der Zwangsversteigerung oder über den Beitritt zum Verfahren	100,00 €
2211	Verfahren im Allgemeinen	0,5
2212	Beendigung des Verfahrens vor Ablauf des Tages, an dem die Verfügung mit der Bestimmung des ersten Versteigerungstermins unterschrieben ist: Die Gebühr 2211 ermäßigt sich auf	0,25
2213	Abhaltung mindestens eines Versteigerungstermins mit Aufforderung zur Abgabe von Geboten .... Die Gebühr entfällt, wenn der Zuschlag aufgrund des § 74a oder des § 85a ZVG versagt bleibt.	0,5
2214	Erteilung des Zuschlags .... Die Gebühr entfällt, wenn der Zuschlagsbeschluss aufgehoben wird.	0,5
2215	Verteilungsverfahren	0,5
2216	Es findet keine oder nur eine beschränkte Verteilung des Versteigerungserlöses durch das Gericht statt (§§ 143, 144 ZVG): Die Gebühr 2215 ermäßigt sich auf	0,25

Abschnitt 2. Zwangsverwaltung

2220	Entscheidung über den Antrag auf Anordnung der Zwangsverwaltung oder über den Beitritt zum Verfahren	100,00 €
2221	Jahresgebühr für jedes Kalenderjahr bei Durchführung des Verfahrens .... Die Gebühr wird auch für das jeweilige Kalenderjahr erhoben, in das der Tag der Beschlagnahme fällt und in dem das Verfahren aufgehoben wird.	0,5 – mindestens 120,00 €, im ersten und letzten Kalenderjahr jeweils mindestens 60,00 €

Nr.	Gebührentatbestand	Gebühr oder Satz der Gebühr nach § 34 GKG
	Abschnitt 3. Zwangsliquidation einer Bahneinheit	
2230	Entscheidung über den Antrag auf Eröffnung der Zwangsliquidation	60,00 €
2231	Verfahren im Allgemeinen	0,5
2232	Das Verfahren wird eingestellt: Die Gebühr 2231 ermäßigt sich auf	0,25
	Abschnitt 4. Beschwerden	
	Unterabschnitt 1. Beschwerde	
2240	Verfahren über Beschwerden, wenn für die angefochtene Entscheidung eine Festgebühr bestimmt ist: Die Beschwerde wird verworfen oder zurückgewiesen .... Wird die Beschwerde nur teilweise verworfen oder zurückgewiesen, kann das Gericht die Gebühr nach billigem Ermessen auf die Hälfte ermäßigen oder bestimmen, dass eine Gebühr nicht zu erheben ist.	120,00 €
2241	Verfahren über nicht besonders aufgeführte Beschwerden, die nicht nach anderen Vorschriften gebührenfrei sind: Soweit die Beschwerde verworfen oder zurückgewiesen wird	1,0
	Unterabschnitt 2. Rechtsbeschwerde	
2242	Verfahren über Rechtsbeschwerden, wenn für die angefochtene Entscheidung eine Festgebühr bestimmt ist: Die Rechtsbeschwerde wird verworfen oder zurückgewiesen .... Wird die Rechtsbeschwerde nur teilweise verworfen oder zurückgewiesen, kann das Gericht die Gebühr nach billigem Ermessen auf die Hälfte ermäßigen oder bestimmen, dass eine Gebühr nicht zu erheben ist.	240,00 €
2243	Verfahren über nicht besonders aufgeführte Rechtsbeschwerden, die nicht nach anderen Vorschriften gebührenfrei sind: Soweit die Rechtsbeschwerde verworfen oder zurückgewiesen wird	2,0
	Hauptabschnitt 3. Insolvenzverfahren	
	Vorbemerkung 2.3: Der Antrag des ausländischen Insolvenzverwalters steht dem Antrag des Schuldners gleich.	
	Abschnitt 1. Eröffnungsverfahren	
2310	Verfahren über den Antrag des Schuldners auf Eröffnung des Insolvenzverfahrens .... Die Gebühr entsteht auch, wenn das Verfahren nach § 306 InsO ruht.	0,5
2311	Verfahren über den Antrag eines Gläubigers auf Eröffnung des Insolvenzverfahrens	0,5 – mindestens 180,00 €
	Abschnitt 2. Durchführung des Insolvenzverfahrens auf Antrag des Schuldners	
	Vorbemerkung 2.3.2: Die Gebühren dieses Abschnitts entstehen auch, wenn das Verfahren gleichzeitig auf Antrag eines Gläubigers eröffnet wurde.	
2320	Durchführung des Insolvenzverfahrens .... Die Gebühr entfällt, wenn der Eröffnungsbeschluss auf Beschwerde aufgehoben wird.	2,5

Nr.	Gebührentatbestand	Gebühr oder Satz der Gebühr nach § 34 GKG
2321	Einstellung des Verfahrens vor dem Ende des Prüfungstermins nach den §§ 207, 211, 212, 213 InsO: Die Gebühr 2320 ermäßigt sich auf	0,5
2322	Einstellung des Verfahrens nach dem Ende des Prüfungstermins nach den §§ 207, 211, 212, 213 InsO: Die Gebühr 2320 ermäßigt sich auf	1,5

Abschnitt 3. Durchführung des Insolvenzverfahrens auf Antrag eines Gläubigers

Vorbemerkung 2.3.3:
Dieser Abschnitt ist nicht anzuwenden, wenn das Verfahren gleichzeitig auf Antrag des Schuldners eröffnet wurde.

Nr.	Gebührentatbestand	Gebühr
2330	Durchführung des Insolvenzverfahrens........................... Die Gebühr entfällt, wenn der Eröffnungsbeschluss auf Beschwerde aufgehoben wird.	3,0
2331	Einstellung des Verfahrens vor dem Ende des Prüfungstermins nach den §§ 207, 211, 212, 213 InsO: Die Gebühr 2330 ermäßigt sich auf	1,0
2332	Einstellung des Verfahrens nach dem Ende des Prüfungstermins nach den §§ 207, 211, 212, 213 InsO: Die Gebühr 2330 ermäßigt sich auf	2,0

Abschnitt 4. Besonderer Prüfungstermin und schriftliches Prüfungsverfahren (§ 177 InsO)

Nr.	Gebührentatbestand	Gebühr
2340	Prüfung von Forderungen je Gläubiger	20,00 €

Abschnitt 5. Restschuldbefreiung

Nr.	Gebührentatbestand	Gebühr
2350	Entscheidung über den Antrag auf Versagung oder Widerruf der Restschuldbefreiung (§§ 296, 297, 300, 303 InsO)	35,00 €

Abschnitt 6. Beschwerden

Unterabschnitt 1. Beschwerde

Nr.	Gebührentatbestand	Gebühr
2360	Verfahren über die Beschwerde gegen die Entscheidung über den Antrag auf Eröffnung des Insolvenzverfahrens	1,0
2361	Verfahren über nicht besonders aufgeführte Beschwerden, die nicht nach anderen Vorschriften gebührenfrei sind: Die Beschwerde wird verworfen oder zurückgewiesen .... Wird die Beschwerde nur teilweise verworfen oder zurückgewiesen, kann das Gericht die Gebühr nach billigem Ermessen auf die Hälfte ermäßigen oder bestimmen, dass eine Gebühr nicht zu erheben ist.	60,00 €

Unterabschnitt 2. Rechtsbeschwerde

Nr.	Gebührentatbestand	Gebühr
2362	Verfahren über die Rechtsbeschwerde gegen die Beschwerdeentscheidung im Verfahren über den Antrag auf Eröffnung des Insolvenzverfahrens	2,0
2363	Beendigung des gesamten Verfahrens durch Zurücknahme der Rechtsbeschwerde oder des Antrags: Die Gebühr 2362 ermäßigt sich auf	1,0
2364	Verfahren über nicht besonders aufgeführte Rechtsbeschwerden, die nicht nach anderen Vorschriften gebührenfrei sind: Die Rechtsbeschwerde wird verworfen oder zurückgewiesen .... Wird die Rechtsbeschwerde nur teilweise verworfen oder zurückgewiesen, kann das Gericht die Gebühr nach billigem Ermessen auf die Hälfte ermäßigen oder bestimmen, dass eine Gebühr nicht zu erheben ist.	120,00 €

Nr.	Gebührentatbestand	Gebühr oder Satz der Gebühr nach § 34 GKG
	Hauptabschnitt 4. Schifffahrtsrechtliches Verteilungsverfahren	
	Abschnitt 1. Eröffnungsverfahren	
2410	Verfahren über den Antrag auf Eröffnung des Verteilungsverfahrens	1,0
	Abschnitt 2. Verteilungsverfahren	
2420	Durchführung des Verteilungsverfahrens	2,0
	Abschnitt 3. Besonderer Prüfungstermin und schriftliches Prüfungsverfahren (§ 18 Satz 3 SVertO, § 177 InsO)	
2430	Prüfung von Forderungen je Gläubiger	20,00 €
	Abschnitt 4. Beschwerde und Rechtsbeschwerde	
2440	Verfahren über Beschwerden, die nicht nach anderen Vorschriften gebührenfrei sind: Die Beschwerde wird verworfen oder zurückgewiesen .... Wird die Beschwerde nur teilweise verworfen oder zurückgewiesen, kann das Gericht die Gebühr nach billigem Ermessen auf die Hälfte ermäßigen oder bestimmen, dass eine Gebühr nicht zu erheben ist.	60,00 €
2441	Verfahren über Rechtsbeschwerden: Die Rechtsbeschwerde wird verworfen oder zurückgewiesen .... Wird die Rechtsbeschwerde nur teilweise verworfen oder zurückgewiesen, kann das Gericht die Gebühr nach billigem Ermessen auf die Hälfte ermäßigen oder bestimmen, dass eine Gebühr nicht zu erheben ist.	120,00 €
	Hauptabschnitt 5. Rüge wegen Verletzung des Anspruchs auf rechtliches Gehör	
2500	Verfahren über die Rüge wegen Verletzung des Anspruchs auf rechtliches Gehör (§ 321a ZPO, § 4 InsO, § 3 Abs. 1 Satz 1 SVertO): Die Rüge wird in vollem Umfang verworfen oder zurückgewiesen	60,00 €

Teil 3. Strafsachen und gerichtliche Verfahren nach dem Strafvollzugsgesetz, auch in Verbindung mit § 92 des Jugendgerichtsgesetzes, sowie Verfahren nach dem Gesetz über die internationale Rechtshilfe in Strafsachen

Nr.	Gebührentatbestand	Gebühr oder Satz der jeweiligen Gebühr 3110 bis 3117, soweit nichts anderes vermerkt ist
	Vorbemerkung 3:	
	(1) § 473 Abs. 4 StPO und § 74 JGG bleiben unberührt.	
	(2) Im Verfahren nach Wiederaufnahme werden die gleichen Gebühren wie für das wiederaufgenommene Verfahren erhoben. Wird jedoch nach Anordnung der Wiederaufnahme des Verfahrens das frühere Urteil aufgehoben, gilt für die Gebührenerhebung jeder Rechtszug des neuen Verfahrens mit dem jeweiligen Rechtszug des früheren Verfahrens zusammen als ein Rechtszug. Gebühren werden auch für Rechtszüge erhoben, die nur im früheren Verfahren stattgefunden haben. Dies gilt auch für das Wiederaufnahmeverfahren, das sich gegen einen Strafbefehl richtet (§ 373a StPO).	
	Hauptabschnitt 1. Offizialverfahren	
	Vorbemerkung 3.1:	
	(1) In Strafsachen bemessen sich die Gerichtsgebühren für alle Rechtszüge nach der rechtskräftig erkannten Strafe.	
	(2) Ist neben einer Freiheitsstrafe auf Geldstrafe erkannt, ist die Zahl der Tagessätze der Dauer der Freiheitsstrafe hinzuzurechnen; dabei entsprechen 30 Tagessätze einem Monat Freiheitsstrafe.	
	(3) Ist auf Verwarnung mit Strafvorbehalt erkannt, bestimmt sich die Gebühr nach der vorbehaltenen Geldstrafe.	
	(4) Eine Gebühr wird für alle Rechtszüge bei rechtskräftiger Anordnung einer Maßregel der Besserung und Sicherung und bei rechtskräftiger Festsetzung einer Geldbuße gesondert erhoben.	
	(5) Wird aufgrund des § 55 Abs. 1 StGB in einem Verfahren eine Gesamtstrafe gebildet, bemisst sich die Gebühr für dieses Verfahren nach dem Maß der Strafe, um das die Gesamtstrafe die früher erkannte Strafe übersteigt. Dies gilt entsprechend, wenn ein Urteil, in dem auf Jugendstrafe erkannt ist, nach § 31 Abs. 2 JGG in ein neues Urteil einbezogen wird. In den Fällen des § 460 StPO und des § 66 JGG verbleibt es bei den Gebühren für die früheren Verfahren.	
	(6) Betrifft eine Strafsache mehrere Angeschuldigte, ist die Gebühr von jedem gesondert nach Maßgabe der gegen ihn erkannten Strafe, angeordneten Maßregel der Besserung und Sicherung oder festgesetzten Geldbuße zu erheben. Wird in einer Strafsache gegen einen oder mehrere Angeschuldigte auch eine Geldbuße gegen eine juristische Person oder eine Personenvereinigung festgesetzt, ist eine Gebühr auch von der juristischen Person oder der Personenvereinigung nach Maßgabe der gegen sie festgesetzten Geldbuße zu erheben.	
	(7) Wird bei Verurteilung wegen selbstständiger Taten ein Rechtsmittel auf einzelne Taten beschränkt, bemisst sich die Gebühr für das Rechtsmittelverfahren nach der Strafe für diejenige Tat, die Gegenstand des Rechtsmittelverfahrens ist. Bei Gesamtstrafen ist die Summe der angefochtenen Einzelstrafen maßgebend. Ist die Gesamtstrafe, auch unter Einbeziehung der früher erkannten Strafe, geringer, ist diese maßgebend. Wird ein Rechtsmittel auf die Anordnung einer Maßregel der Besserung und Sicherung oder die Festsetzung einer Geldbuße beschränkt, werden die Gebühren für das Rechtsmittelverfahren nur wegen der Anordnung der Maßregel oder der Festsetzung der Geldbuße erhoben. Die Sätze 1 bis 4 gelten im Fall der Wiederaufnahme entsprechend.	
	(8) Das Verfahren über die vorbehaltene Sicherungsverwahrung und das Verfahren über die nachträgliche Anordnung der Sicherungsverwahrung gelten als besondere Verfahren.	
	Abschnitt 1. Erster Rechtszug	
	Verfahren mit Urteil, wenn kein Strafbefehl vorausgegangen ist, bei	
3110	– Verurteilung zu Freiheitsstrafe bis zu 6 Monaten oder zu Geldstrafe bis zu 180 Tagessätzen	140,00 €
3111	– Verurteilung zu Freiheitsstrafe bis zu 1 Jahr oder zu Geldstrafe von mehr als 180 Tagessätzen	280,00 €
3112	– Verurteilung zu Freiheitsstrafe bis zu 2 Jahren	420,00 €
3113	– Verurteilung zu Freiheitsstrafe bis zu 4 Jahren	560,00 €
3114	– Verurteilung zu Freiheitsstrafe bis zu 10 Jahren	700,00 €
3115	– Verurteilung zu Freiheitsstrafe von mehr als 10 Jahren oder zu einer lebenslangen Freiheitsstrafe	1 000,00 €

Nr.	Gebührentatbestand	Gebühr oder Satz der jeweiligen Gebühr 3110 bis 3117, soweit nichts anderes vermerkt ist
3116	– Anordnung einer oder mehrerer Maßregeln der Besserung und Sicherung	70,00 €
3117	– Festsetzung einer Geldbuße	10 % des Betrags der Geldbuße – mindestens 50,00 € – höchstens 15 000,00 €
3118	Strafbefehl .... Die Gebühr wird auch neben der Gebühr 3119 erhoben. Ist der Einspruch beschränkt (§ 410 Abs. 2 StPO), bemisst sich die Gebühr nach der im Urteil erkannten Strafe.	0,5
3119	Hauptverhandlung mit Urteil, wenn ein Strafbefehl vorausgegangen ist ...... Vorbemerkung 3.1 Abs. 7 gilt entsprechend.	0,5

Abschnitt 2. Berufung

3120	Berufungsverfahren mit Urteil	1,5
3121	Erledigung des Berufungsverfahrens ohne Urteil .... Die Gebühr entfällt bei Zurücknahme der Berufung vor Ablauf der Begründungsfrist.	0,5

Abschnitt 3. Revision

3130	Revisionsverfahren mit Urteil oder Beschluss nach § 349 Abs. 2 oder 4 StPO	2,0
3131	Erledigung des Revisionsverfahrens ohne Urteil und ohne Beschluss nach § 349 Abs. 2 oder 4 StPO .... Die Gebühr entfällt bei Zurücknahme der Revision vor Ablauf der Begründungsfrist.	1,0

Abschnitt 4. Wiederaufnahmeverfahren

3140	Verfahren über den Antrag auf Wiederaufnahme des Verfahrens: Der Antrag wird verworfen oder abgelehnt	0,5
3141	Verfahren über die Beschwerde gegen einen Beschluss, durch den ein Antrag auf Wiederaufnahme des Verfahrens hinsichtlich einer Freiheitsstrafe, einer Geldstrafe, einer Maßregel der Besserung und Sicherung oder einer Geldbuße verworfen oder abgelehnt wurde: Die Beschwerde wird verworfen oder zurückgewiesen	1,0

Hauptabschnitt 2. Klageerzwingungsverfahren, unwahre Anzeige und Zurücknahme des Strafantrags

3200	Dem Antragsteller, dem Anzeigenden, dem Angeklagten oder Nebenbeteiligten sind die Kosten auferlegt worden (§§ 177, 469, 470 StPO) .... Das Gericht kann die Gebühr bis auf 15,00 € herabsetzen oder beschließen, dass von der Erhebung einer Gebühr abgesehen wird.	70,00 €

Hauptabschnitt 3. Privatklage

Vorbemerkung 3.3:
Für das Verfahren auf Widerklage werden die Gebühren gesondert erhoben.

Abschnitt 1. Erster Rechtszug

3310	Hauptverhandlung mit Urteil	140,00 €
3311	Erledigung des Verfahrens ohne Urteil	70,00 €

Nr.	Gebührentatbestand	Gebühr oder Satz der jeweiligen Gebühr 3110 bis 3117, soweit nichts anderes vermerkt ist
	Abschnitt 2. Berufung	
3320	Berufungsverfahren mit Urteil	290,00 €
3321	Erledigung der Berufung ohne Urteil .... Die Gebühr entfällt bei Zurücknahme der Berufung vor Ablauf der Begründungsfrist.	140,00 €
	Abschnitt 3. Revision	
3330	Revisionsverfahren mit Urteil oder Beschluss nach § 349 Abs. 2 oder 4 StPO	430,00 €
3331	Erledigung der Revision ohne Urteil und ohne Beschluss nach § 349 Abs. 2 oder 4 StPO .... Die Gebühr entfällt bei Rücknahme der Revision vor Ablauf der Begründungsfrist	290,00 €
	Abschnitt 4. Wiederaufnahmeverfahren	
3340	Verfahren über den Antrag auf Wiederaufnahme des Verfahrens: Der Antrag wird verworfen oder abgelehnt	70,00 €
3341	Verfahren über die Beschwerde gegen einen Beschluss, durch den ein Antrag auf Wiederaufnahme des Verfahrens verworfen oder abgelehnt wurde: Die Beschwerde wird verworfen oder zurückgewiesen	140,00 €

Hauptabschnitt 4. Einziehung und verwandte Maßnahmen

Vorbemerkung 3.4:

(1) Die Vorschriften dieses Hauptabschnitts gelten für die Verfahren über die Einziehung, dieser gleichstehende Rechtsfolgen (§ 442 StPO) und die Abführung des Mehrerlöses. Im Strafverfahren werden die Gebühren gesondert erhoben.

(2) Betreffen die in Absatz 1 genannten Maßnahmen mehrere Angeschuldigte wegen derselben Tat, wird nur eine Gebühr erhoben. § 31 GKG bleibt unberührt.

	Abschnitt 1. Antrag des Privatklägers nach § 440 StPO	
3410	Verfahren über den Antrag des Privatklägers: Der Antrag wird verworfen oder zurückgewiesen	35,00 €
	Abschnitt 2. Beschwerde	
3420	Verfahren über die Beschwerde nach § 441 Abs. 2 StPO: Die Beschwerde wird verworfen oder zurückgewiesen	35,00 €
	Abschnitt 3. Berufung	
3430	Verwerfung der Berufung durch Urteil	70,00 €
3431	Erledigung der Berufung ohne Urteil .... Die Gebühr entfällt bei Zurücknahme der Berufung vor Ablauf der Begründungsfrist.	35,00 €
	Abschnitt 4. Revision	
3440	Verwerfung der Revision durch Urteil oder Beschluss nach § 349 Abs. 2 oder 4 StPO	70,00 €
3441	Erledigung der Revision ohne Urteil und ohne Beschluss nach § 349 Abs. 2 oder 4 StPO .... Die Gebühr entfällt bei Zurücknahme der Revision vor Ablauf der Begründungsfrist.	35,00 €

Nr.	Gebührentatbestand	Gebühr oder Satz der jeweiligen Gebühr 3110 bis 3117, soweit nichts anderes vermerkt ist
	Abschnitt 5. Wiederaufnahmeverfahren	
3450	Verfahren über den Antrag auf Wiederaufnahme des Verfahrens: Der Antrag wird verworfen oder zurückgewiesen	35,00 €
3451	Verfahren über die Beschwerde gegen einen Beschluss, durch den ein Antrag auf Wiederaufnahme des Verfahrens verworfen oder abgelehnt wurde: Die Beschwerde wird verworfen oder zurückgewiesen	70,00 €

Hauptabschnitt 5. Nebenklage

Vorbemerkung 3.5:
Gebühren nach diesem Hauptabschnitt werden nur erhoben, wenn dem Nebenkläger die Kosten auferlegt worden sind.

	Abschnitt 1. Berufung	
3510	Die Berufung des Nebenklägers wird durch Urteil verworfen; aufgrund der Berufung des Nebenklägers wird der Angeklagte freigesprochen oder für straffrei erklärt	95,00 €
3511	Erledigung der Berufung des Nebenklägers ohne Urteil	50,00 €
	Die Gebühr entfällt bei Zurücknahme der Berufung vor Ablauf der Begründungsfrist.	
	Abschnitt 2. Revision	
3520	Die Revision des Nebenklägers wird durch Urteil oder Beschluss nach § 349 Abs. 2 StPO verworfen; aufgrund der Revision des Nebenklägers wird der Angeklagte freigesprochen oder für straffrei erklärt	140,00 €
3521	Erledigung der Revision des Nebenklägers ohne Urteil und ohne Beschluss nach § 349 Abs. 2 StPO	70,00 €
	Die Gebühr entfällt bei Zurücknahme der Revision vor Ablauf der Begründungsfrist.	
	Abschnitt 3. Wiederaufnahmeverfahren	
3530	Verfahren über den Antrag des Nebenklägers auf Wiederaufnahme des Verfahrens: Der Antrag wird verworfen oder abgelehnt	50,00 €
3531	Verfahren über die Beschwerde gegen einen Beschluss, durch den ein Antrag des Nebenklägers auf Wiederaufnahme des Verfahrens verworfen oder abgelehnt wurde: Die Beschwerde wird verworfen oder zurückgewiesen	95,00 €

Hauptabschnitt 6. Sonstige Beschwerden

Vorbemerkung 3.6:
Die Gebühren im Kostenfestsetzungsverfahren bestimmen sich nach den für das Kostenfestsetzungsverfahren in Teil 1 Hauptabschnitt 8 geregelten Gebühren.

3600	Verfahren über die Beschwerde gegen einen Beschluss nach § 411 Abs. 1 Satz 3 StPO: Die Beschwerde wird verworfen oder zurückgewiesen	0,25
3601	Verfahren über die Beschwerde gegen eine Entscheidung, durch die im Strafverfahren einschließlich des selbstständigen Verfahrens nach den §§ 440, 441, 444 Abs. 3 StPO eine Geldbuße gegen eine juristische Person oder eine Personenvereinigung festgesetzt worden ist: Die Beschwerde wird verworfen oder zurückgewiesen	0,5
	Eine Gebühr wird nur erhoben, wenn eine Geldbuße rechtskräftig festgesetzt ist.	

Nr.	Gebührentatbestand	Gebühr oder Satz der jeweiligen Gebühr 3110 bis 3117, soweit nichts anderes vermerkt ist
3602	Verfahren über nicht besonders aufgeführte Beschwerden, die nicht nach anderen Vorschriften gebührenfrei sind: Die Beschwerde wird verworfen oder zurückgewiesen .... Von dem Beschuldigten wird eine Gebühr nur erhoben, wenn gegen ihn rechtskräftig auf eine Strafe, auf Verwarnung mit Strafvorbehalt erkannt, eine Maßregel der Besserung und Sicherung angeordnet oder eine Geldbuße festgesetzt worden ist. Von einer juristischen Person oder einer Personenvereinigung wird eine Gebühr nur erhoben, wenn gegen sie eine Geldbuße festgesetzt worden ist.	60,00 €

Nr.	Gebührentatbestand	Gebühr oder Satz der Gebühr nach § 34 GKG
	Hauptabschnitt 7. Entschädigungsverfahren	
3700	Urteil, durch das dem Antrag des Verletzten oder seines Erben wegen eines aus der Straftat erwachsenen vermögensrechtlichen Anspruchs stattgegeben wird (§ 406 StPO) .... Die Gebühr wird für jeden Rechtszug nach dem Wert des zuerkannten Anspruchs erhoben.	1,0
	Hauptabschnitt 8. Gerichtliche Verfahren nach dem Strafvollzugsgesetz, auch in Verbindung mit § 92 des Jugendgerichtsgesetzes	
	Abschnitt 1. Antrag auf gerichtliche Entscheidung	
	Verfahren über den Antrag des Betroffenen auf gerichtliche Entscheidung:	
3810	– Der Antrag wird zurückgewiesen	1,0
3811	– Der Antrag wird zurückgenommen	0,5
	Abschnitt 2. Beschwerde und Rechtsbeschwerde	
	Verfahren über die Beschwerde oder die Rechtsbeschwerde:	
3820	– Die Beschwerde oder die Rechtsbeschwerde wird verworfen	2,0
3821	– Die Beschwerde oder Rechtsbeschwerde wird zurückgenommen	1,0
	Abschnitt 3. Vorläufiger Rechtsschutz	
3830	Verfahren über den Antrag auf Aussetzung des Vollzugs einer Maßnahme der Vollzugsbehörde oder auf Erlass einer einstweiligen Anordnung: Der Antrag wird zurückgewiesen	0,5
	Hauptabschnitt 9. Sonstige Verfahren	
	Abschnitt 1. Vollstreckungshilfeverfahren wegen einer im Ausland rechtskräftig verhängten Geldsanktion	
	Vorbemerkung 3.9.1: Die Vorschriften dieses Abschnitts gelten für gerichtliche Verfahren nach Abschnitt 2 Unterabschnitt 2 des Neunten Teils des Gesetzes über die internationale Rechtshilfe in Strafsachen.	
3910	Verfahren über den Einspruch gegen die Entscheidung der Bewilligungsbehörde: Der Einspruch wird verworfen oder zurückgewiesen	50,00 €

Nr.	Gebührentatbestand	Gebühr oder Satz der Gebühr nach § 34 GKG
	Wird auf den Einspruch wegen fehlerhafter oder unterlassener Umwandlung durch die Bewilligungsbehörde die Geldsanktion umgewandelt, kann das Gericht die Gebühr nach billigem Ermessen auf die Hälfte ermäßigen oder bestimmen, dass eine Gebühr nicht zu erheben ist. Dies gilt auch, wenn hinsichtlich der Höhe der zu vollstreckenden Geldsanktion von der Bewilligungsentscheidung zugunsten des Betroffenen abgewichen wird.	
3911	Verfahren über die Rechtsbeschwerde: Die Rechtsbeschwerde wird verworfen oder zurückgewiesen .... (1) Die Anmerkung zu Nummer 3910 gilt entsprechend. (2) Die Gebühr entfällt bei Rücknahme der Rechtsbeschwerde vor Ablauf der Begründungsfrist.	75,00 €
	Abschnitt 2. Rüge wegen Verletzung des Anspruchs auf rechtliches Gehör	
3920	Verfahren über die Rüge wegen Verletzung des Anspruchs auf rechtliches Gehör (§§ 33a, 311a Absatz 1 Satz 1, § 356a StPO, auch i. V. m. § 55 Absatz 4, § 92 JGG und § 120 StVollzG): Die Rüge wird in vollem Umfang verworfen oder zurückgewiesen	60,00 €

Teil 4. Verfahren nach dem Gesetz über Ordnungswidrigkeiten

Nr.	Gebührentatbestand	Gebühr oder Satz der Gebühr 4110, soweit nichts anderes vermerkt ist

Vorbemerkung 4:

(1) § 473 Abs. 4 StPO, auch i.V.m. § 46 Abs. 1 OWiG, bleibt unberührt.

(2) Im Verfahren nach Wiederaufnahme werden die gleichen Gebühren wie für das wiederaufgenommene Verfahren erhoben. Wird jedoch nach Anordnung der Wiederaufnahme des Verfahrens die frühere Entscheidung aufgehoben, gilt für die Gebührenerhebung jeder Rechtszug des neuen Verfahrens mit dem jeweiligen Rechtszug des früheren Verfahrens zusammen als ein Rechtszug. Gebühren werden auch für Rechtszüge erhoben, die nur im früheren Verfahren stattgefunden haben.

Hauptabschnitt 1. Bußgeldverfahren

Vorbemerkung 4.1:

(1) In Bußgeldsachen bemessen sich die Gerichtsgebühren für alle Rechtszüge nach der rechtskräftig festgesetzten Geldbuße. Mehrere Geldbußen, die in demselben Verfahren gegen denselben Betroffenen festgesetzt werden, sind bei der Bemessung der Gebühr zusammenzurechnen.

(2) Betrifft eine Bußgeldsache mehrere Betroffene, ist die Gebühr von jedem gesondert nach Maßgabe der gegen ihn festgesetzten Geldbuße zu erheben. Wird in einer Bußgeldsache gegen einen oder mehrere Betroffene eine Geldbuße auch gegen eine juristische Person oder eine Personenvereinigung festgesetzt, ist eine Gebühr auch von der juristischen Person oder Personenvereinigung nach Maßgabe der gegen sie festgesetzten Geldbuße zu erheben.

(3) Wird bei Festsetzung mehrerer Geldbußen ein Rechtsmittel auf die Festsetzung einer Geldbuße beschränkt, bemisst sich die Gebühr für das Rechtsmittelverfahren nach dieser Geldbuße. Satz 1 gilt im Fall der Wiederaufnahme entsprechend.

Abschnitt 1. Erster Rechtszug

Nr.	Gebührentatbestand	Gebühr
4110	Hauptverhandlung mit Urteil oder Beschluss ohne Hauptverhandlung (§ 72 OWiG)	10 % des Betrags der Geldbuße – mindestens 50,00 € – höchstens 15 000,00 €
4111	Zurücknahme des Einspruchs nach Eingang der Akten bei Gericht und vor Beginn der Hauptverhandlung .... Die Gebühr wird nicht erhoben, wenn die Sache an die Verwaltungsbehörde zurückverwiesen worden ist.	0,25 – mindestens 15,00 €
4112	Zurücknahme des Einspruchs nach Beginn der Hauptverhandlung	0,5

Abschnitt 2. Rechtsbeschwerde

Nr.	Gebührentatbestand	Gebühr
4120	Verfahren mit Urteil oder Beschluss nach § 79 Abs. 5 OWiG	2,0
4121	Verfahren ohne Urteil oder Beschluss nach § 79 Abs. 5 OWiG .... Die Gebühr entfällt bei Rücknahme der Rechtsbeschwerde vor Ablauf der Begründungsfrist.	1,0

Abschnitt 3. Wiederaufnahmeverfahren

Nr.	Gebührentatbestand	Gebühr
4130	Verfahren über den Antrag auf Wiederaufnahme des Verfahrens: Der Antrag wird verworfen oder abgelehnt	0,5
4131	Verfahren über die Beschwerde gegen einen Beschluss, durch den ein Antrag auf Wiederaufnahme des Verfahrens verworfen oder abgelehnt wurde: Die Beschwerde wird verworfen oder zurückgewiesen	1,0

Nr.	Gebührentatbestand	Gebühr oder Satz der Gebühr 4110, soweit nichts anderes vermerkt ist
	Hauptabschnitt 2. Einziehung und verwandte Maßnahmen	
	Vorbemerkung 4.2: (1) Die Vorschriften dieses Hauptabschnitts gelten für die Verfahren über die Einziehung, dieser gleichstehende Rechtsfolgen (§ 442 StPO i.V.m. § 46 Abs. 1 OWiG) und die Abführung des Mehrerlöses. Im gerichtlichen Verfahren werden die Gebühren gesondert erhoben. (2) Betreffen die in Absatz 1 genannten Maßnahmen mehrere Betroffene wegen derselben Handlung, wird nur eine Gebühr erhoben. § 31 GKG bleibt unberührt.	
	Abschnitt 1. Beschwerde	
4210	Verfahren über die Beschwerde nach § 441 Abs. 2 StPO i.V.m. § 46 Abs. 1 OWiG: Die Beschwerde wird verworfen oder zurückgewiesen	60,00 €
	Abschnitt 2. Rechtsbeschwerde	
4220	Verfahren mit Urteil oder Beschluss nach § 79 Abs. 5 OWiG: Die Rechtsbeschwerde wird verworfen	120,00 €
4221	Verfahren ohne Urteil oder Beschluss nach § 79 Abs. 5 OWiG	60,00 €
	Die Gebühr entfällt bei Rücknahme der Rechtsbeschwerde vor Ablauf der Begründungsfrist.	
	Abschnitt 3. Wiederaufnahmeverfahren	
4230	Verfahren über den Antrag auf Wiederaufnahme des Verfahrens: Der Antrag wird verworfen oder abgelehnt	35,00 €
4231	Verfahren über die Beschwerde gegen einen Beschluss, durch den ein Antrag auf Wiederaufnahme des Verfahrens verworfen oder abgelehnt wurde: Die Beschwerde wird verworfen oder zurückgewiesen	70,00 €
	Hauptabschnitt 3. Besondere Gebühren	
4300	Dem Anzeigenden sind im Fall einer unwahren Anzeige die Kosten auferlegt worden (§ 469 StPO i.V.m. § 46 Abs. 1 OWiG)	35,00 €
	Das Gericht kann die Gebühr bis auf 15,00 € herabsetzen oder beschließen, dass von der Erhebung einer Gebühr abgesehen wird.	
4301	Abschließende Entscheidung des Gerichts im Fall des § 25a Abs. 1 StVG ...	35,00 €
4302	Entscheidung der Staatsanwaltschaft im Fall des § 25a Abs. 1 StVG	20,00 €
4303	Verfahren über den Antrag auf gerichtliche Entscheidung gegen eine Anordnung, Verfügung oder sonstige Maßnahme der Verwaltungsbehörde oder der Staatsanwaltschaft oder Verfahren über Einwendungen nach § 103 OWiG: Der Antrag wird verworfen	30,00 €
	Wird der Antrag nur teilweise verworfen, kann das Gericht die Gebühr nach billigem Ermessen auf die Hälfte ermäßigen oder bestimmen, dass eine Gebühr nicht zu erheben ist.	
4304	Verfahren über die Erinnerung gegen den Kostenfestsetzungsbeschluss des Urkundsbeamten der Staatsanwaltschaft (§ 108a Abs. 3 Satz 2 OWiG): Die Erinnerung wird zurückgewiesen	30,00 €
	Wird die Erinnerung nur teilweise verworfen, kann das Gericht die Gebühr nach billigem Ermessen auf die Hälfte ermäßigen oder bestimmen, dass eine Gebühr nicht zu erheben ist.	

Nr.	Gebührentatbestand	Gebühr oder Satz der Gebühr 4110, soweit nichts anderes vermerkt ist
	Hauptabschnitt 4. Sonstige Beschwerden	
	Vorbemerkung 4.4: Die Gebühren im Kostenfestsetzungsverfahren bestimmen sich nach den für das Kostenfestsetzungsverfahren in Teil 1 Hauptabschnitt 8 geregelten Gebühren.	
4400	Verfahren über die Beschwerde gegen eine Entscheidung, durch die im gerichtlichen Verfahren nach dem OWiG einschließlich des selbstständigen Verfahrens nach den §§ 88 und 46 Abs. 1 OWiG i.V.m. den §§ 440, 441, 444 Abs. 3 StPO eine Geldbuße gegen eine juristische Person oder eine Personenvereinigung festgesetzt worden ist: Die Beschwerde wird verworfen oder zurückgewiesen .... Eine Gebühr wird nur erhoben, wenn eine Geldbuße rechtskräftig festgesetzt ist.	0,5
4401	Verfahren über nicht besonders aufgeführte Beschwerden, die nicht nach anderen Vorschriften gebührenfrei sind: Die Beschwerde wird verworfen oder zurückgewiesen .... Von dem Betroffenen wird eine Gebühr nur erhoben, wenn gegen ihn eine Geldbuße rechtskräftig festgesetzt ist.	60,00 €
	Hauptabschnitt 5. Rüge wegen Verletzung des Anspruchs auf rechtliches Gehör	
4500	Verfahren über die Rüge wegen Verletzung des Anspruchs auf rechtliches Gehör (§§ 33a, 311a Abs. 1 Satz 1, § 356a StPO i.V.m. § 46 Abs. 1 und § 79 Abs. 3 OWiG: Die Rüge wird in vollem Umfang verworfen oder zurückgewiesen	60,00 €

Teil 5. Verfahren vor den Gerichten der Verwaltungsgerichtsbarkeit

Nr.	Gebührentatbestand	Gebühr oder Satz der Gebühr nach § 34 GKG
	Hauptabschnitt 1. Prozessverfahren	
	Vorbemerkung 5.1: Wird das Verfahren durch Antrag eingeleitet, gelten die Vorschriften über die Klage entsprechend.	
	Abschnitt 1. Erster Rechtszug	
	Unterabschnitt 1. Verwaltungsgericht	
5110	Verfahren im Allgemeinen	3,0

5111	Beendigung des gesamten Verfahrens durch
	1. Zurücknahme der Klage
	   a) vor dem Schluss der mündlichen Verhandlung,
	   b) wenn eine solche nicht stattfindet, vor Ablauf des Tages, an dem das Urteil oder der Gerichtsbescheid der Geschäftsstelle übermittelt wird, oder
	   c) im Fall des § 93a Abs. 2 VwGO vor Ablauf der Erklärungsfrist nach § 93a Abs. 2 Satz 1 VwGO,
	2. Anerkenntnis- oder Verzichtsurteil,
	3. gerichtlichen Vergleich oder
	4. Erledigungserklärungen nach § 161 Abs. 2 VwGO, wenn keine Entscheidung über die Kosten ergeht oder die Entscheidung einer zuvor mitgeteilten Einigung der Beteiligten über die Kostentragung oder der Kostenübernahmeerklärung eines Beteiligten folgt,
	wenn nicht bereits ein anderes als eines der in Nummer 2 genannten Urteile oder ein Gerichtsbescheid vorausgegangen ist:
	Die Gebühr 5110 ermäßigt sich auf ....
	Die Gebühr ermäßigt sich auch, wenn mehrere Ermäßigungstatbestände erfüllt sind.
		1,0

	Unterabschnitt 2. Oberverwaltungsgericht (Verwaltungsgerichtshof)	
5112	Verfahren im Allgemeinen	4,0

5113	Beendigung des gesamten Verfahrens durch
	1. Zurücknahme der Klage
	   a) vor dem Schluss der mündlichen Verhandlung,
	   b) wenn eine solche nicht stattfindet, vor Ablauf des Tages, an dem das Urteil, der Gerichtsbescheid oder der Beschluss in der Hauptsache der Geschäftsstelle übermittelt wird,
	   c) im Fall des § 93a Abs. 2 VwGO vor Ablauf der Erklärungsfrist nach § 93a Abs. 2 Satz 1 VwGO,
	2. Anerkenntnis- oder Verzichtsurteil,
	3. gerichtlichen Vergleich oder
	4. Erledigungserklärungen nach § 161 Abs. 2 VwGO, wenn keine Entscheidung über die Kosten ergeht oder die Entscheidung einer zuvor mitgeteilten Einigung der Beteiligten über die Kostentragung oder der Kostenübernahmeerklärung eines Beteiligten folgt,
	es sei denn, dass bereits ein anderes als eines der in Nummer 2 genannten Urteile, ein Gerichtsbescheid oder Beschluss in der Hauptsache vorausgegangen ist:
	Die Gebühr 5112 ermäßigt sich auf ....
	Die Gebühr ermäßigt sich auch, wenn mehrere Ermäßigungstatbestände erfüllt sind.
		2,0

	Unterabschnitt 3. Bundesverwaltungsgericht	
5114	Verfahren im Allgemeinen	5,0

Nr.	Gebührentatbestand	Gebühr oder Satz der Gebühr nach § 34 GKG

5115	Beendigung des gesamten Verfahrens durch
	1. Zurücknahme der Klage
	   a) vor dem Schluss der mündlichen Verhandlung,
	   b) wenn eine solche nicht stattfindet, vor Ablauf des Tages, an dem das Urteil oder der Gerichtsbescheid der Geschäftsstelle übermittelt wird,
	   c) im Fall des § 93a Abs. 2 VwGO vor Ablauf der Erklärungsfrist nach § 93a Abs. 2 Satz 1 VwGO,
	2. Anerkenntnis- oder Verzichtsurteil,
	3. gerichtlichen Vergleich oder
	4. Erledigungserklärungen nach § 161 Abs. 2 VwGO, wenn keine Entscheidung über die Kosten ergeht oder die Entscheidung einer zuvor mitgeteilten Einigung der Beteiligten über die Kostentragung oder der Kostenübernahmeerklärung eines Beteiligten folgt,
	es sei denn, dass bereits ein anderes als eines der in Nummer 2 genannten Urteile, ein Gerichtsbescheid oder ein Beschluss in der Hauptsache vorausgegangen ist:
	Die Gebühr 5114 ermäßigt sich auf ....
	Die Gebühr ermäßigt sich auch, wenn mehrere Ermäßigungstatbestände erfüllt sind.
		3,0

Abschnitt 2. Zulassung und Durchführung der Berufung

Nr.	Gebührentatbestand	Gebühr oder Satz der Gebühr nach § 34 GKG
5120	Verfahren über die Zulassung der Berufung: Soweit der Antrag abgelehnt wird	1,0
5121	Verfahren über die Zulassung der Berufung: Soweit der Antrag zurückgenommen oder das Verfahren durch anderweitige Erledigung beendet wird .... Die Gebühr entsteht nicht, soweit die Berufung zugelassen wird.	0,5
5122	Verfahren im Allgemeinen	4,0
5123	Beendigung des gesamten Verfahrens durch Zurücknahme der Berufung oder der Klage, bevor die Schrift zur Begründung der Berufung bei Gericht eingegangen ist: Die Gebühr 5122 ermäßigt sich auf .... Erledigungserklärungen nach § 161 Abs. 2 VwGO stehen der Zurücknahme gleich, wenn keine Entscheidung über die Kosten ergeht oder die Entscheidung einer zuvor mitgeteilten Einigung der Beteiligten über die Kostentragung oder der Kostenübernahmeerklärung eines Beteiligten folgt.	1,0

5124	Beendigung des gesamten Verfahrens, wenn nicht Nummer 5123 erfüllt ist, durch
	1. Zurücknahme der Berufung oder der Klage
	   a) vor dem Schluss der mündlichen Verhandlung,
	   b) wenn eine solche nicht stattfindet, vor Ablauf des Tages, an dem das Urteil oder der Beschluss in der Hauptsache der Geschäftsstelle übermittelt wird, oder
	   c) im Fall des § 93a Abs. 2 VwGO vor Ablauf der Erklärungsfrist nach § 93a Abs. 2 Satz 1 VwGO,
	2. Anerkenntnis- oder Verzichtsurteil,
	3. gerichtlichen Vergleich oder
	4. Erledigungserklärungen nach § 161 Abs. 2 VwGO, wenn keine Entscheidung über die Kosten ergeht oder die Entscheidung einer zuvor mitgeteilten Einigung der Beteiligten über die Kostentragung oder der Kostenübernahmeerklärung eines Beteiligten folgt,
	es sei denn, dass bereits ein anderes als eines der in Nummer 2 genannten Urteile oder ein Beschluss in der Hauptsache vorausgegangen ist:
	Die Gebühr 5122 ermäßigt sich auf ....
	Die Gebühr ermäßigt sich auch, wenn mehrere Ermäßigungstatbestände erfüllt sind.
		2,0

Nr.	Gebührentatbestand	Gebühr oder Satz der Gebühr nach § 34 GKG
	Abschnitt 3. Revision	
5130	Verfahren im Allgemeinen	5,0
5131	Beendigung des gesamten Verfahrens durch Zurücknahme der Revision oder der Klage, bevor die Schrift zur Begründung der Revision bei Gericht eingegangen ist:	
	Die Gebühr 5130 ermäßigt sich auf	1,0
	Erledigungserklärungen nach § 161 Abs. 2 VwGO stehen der Zurücknahme gleich, wenn keine Entscheidung über die Kosten ergeht oder die Entscheidung einer zuvor mitgeteilten Einigung der Beteiligten über die Kostentragung oder der Kostenübernahmeerklärung eines Beteiligten folgt.	
5132	Beendigung des gesamten Verfahrens, wenn nicht Nummer 5131 erfüllt ist, durch	
	1. Zurücknahme der Revision oder der Klage	
	a) vor dem Schluss der mündlichen Verhandlung,	
	b) wenn eine solche nicht stattfindet, vor Ablauf des Tages, an dem das Urteil oder der Beschluss in der Hauptsache der Geschäftsstelle übermittelt wird, oder	
	c) im Fall des § 93a Abs. 2 VwGO vor Ablauf der Erklärungsfrist nach § 93a Abs. 2 Satz 1 VwGO,	
	2. Anerkenntnis- oder Verzichtsurteil,	
	3. gerichtlichen Vergleich oder	
	4. Erledigungserklärungen nach § 161 Abs. 2 VwGO, wenn keine Entscheidung über die Kosten ergeht oder die Entscheidung einer zuvor mitgeteilten Einigung der Beteiligten über die Kostentragung oder der Kostenübernahmeerklärung eines Beteiligten folgt,	
	es sei denn, dass bereits ein anderes als eines der in Nummer 2 genannten Urteile oder ein Beschluss in der Hauptsache vorausgegangen ist:	
	Die Gebühr 5130 ermäßigt sich auf	3,0
	Die Gebühr ermäßigt sich auch, wenn mehrere Ermäßigungstatbestände erfüllt sind.	

Hauptabschnitt 2. Vorläufiger Rechtsschutz

Vorbemerkung 5.2:

(1) Die Vorschriften dieses Hauptabschnitts gelten für einstweilige Anordnungen und für Verfahren nach § 80 Abs. 5, § 80a Abs. 3 und § 80b Abs. 2 und 3 VwGO.

(2) Im Verfahren über den Antrag auf Erlass und im Verfahren über den Antrag auf Aufhebung einer einstweiligen Anordnung werden die Gebühren jeweils gesondert erhoben. Mehrere Verfahren nach § 80 Abs. 5 und 7, § 80a Abs. 3 und § 80b Abs. 2 und 3 VwGO gelten innerhalb eines Rechtszugs als ein Verfahren.

Nr.	Gebührentatbestand	Gebühr
	Abschnitt 1. Verwaltungsgericht sowie Oberverwaltungsgericht (Verwaltungsgerichtshof) und Bundesverwaltungsgericht als Rechtsmittelgerichte in der Hauptsache	
5210	Verfahren im Allgemeinen	1,5
5211	Beendigung des gesamten Verfahrens durch	
	1. Zurücknahme des Antrags	
	a) vor dem Schluss der mündlichen Verhandlung oder,	
	b) wenn eine solche nicht stattfindet, vor Ablauf des Tages, an dem der Beschluss der Geschäftsstelle übermittelt wird,	
	2. gerichtlichen Vergleich oder	
	3. Erledigungserklärungen nach § 161 Abs. 2 VwGO, wenn keine Entscheidung über die Kosten ergeht oder die Entscheidung einer zuvor mitgeteilten Einigung der Beteiligten über die Kostentragung oder der Kostenübernahmeerklärung eines Beteiligten folgt,	
	es sei denn, dass bereits ein Beschluss über den Antrag vorausgegangen ist:	
	Die Gebühr 5210 ermäßigt sich auf	0,5
	Die Gebühr ermäßigt sich auch, wenn mehrere Ermäßigungstatbestände erfüllt sind.	

Nr.	Gebührentatbestand	Gebühr oder Satz der Gebühr nach § 34 GKG
	Abschnitt 2. Oberverwaltungsgericht (Verwaltungsgerichtshof)	
	Vorbemerkung 5.2.2: Die Vorschriften dieses Abschnitts gelten, wenn das Oberverwaltungsgericht (Verwaltungsgerichtshof) auch in der Hauptsache erstinstanzlich zuständig ist.	
5220	Verfahren im Allgemeinen	2,0

5221	Beendigung des gesamten Verfahrens durch
	1. Zurücknahme des Antrags
	   a) vor dem Schluss der mündlichen Verhandlung oder,
	   b) wenn eine solche nicht stattfindet, vor Ablauf des Tages, an dem der Beschluss der Geschäftsstelle übermittelt wird,
	2. gerichtlichen Vergleich oder
	3. Erledigungserklärungen nach § 161 Abs. 2 VwGO, wenn keine Entscheidung über die Kosten ergeht oder die Entscheidung einer zuvor mitgeteilten Einigung der Beteiligten über die Kostentragung oder der Kostenübernahmeerklärung eines Beteiligten folgt,
	es sei denn, dass bereits ein Beschluss über den Antrag vorausgegangen ist:
	Die Gebühr 5220 ermäßigt sich auf ....
	Die Gebühr ermäßigt sich auch, wenn mehrere Ermäßigungstatbestände erfüllt sind.
		0,75

	Abschnitt 3. Bundesverwaltungsgericht	
	Vorbemerkung 5.2.3: Die Vorschriften dieses Abschnitts gelten, wenn das Bundesverwaltungsgericht auch in der Hauptsache erstinstanzlich zuständig ist.	
5230	Verfahren im Allgemeinen	2,5

5231	Beendigung des gesamten Verfahrens durch
	1. Zurücknahme des Antrags
	   a) vor dem Schluss der mündlichen Verhandlung oder,
	   b) wenn eine solche nicht stattfindet, vor Ablauf des Tages, an dem der Beschluss der Geschäftsstelle übermittelt wird,
	2. gerichtlichen Vergleich oder
	3. Erledigungserklärungen nach § 161 Abs. 2 VwGO, wenn keine Entscheidung über die Kosten ergeht oder die Entscheidung einer zuvor mitgeteilten Einigung der Beteiligten über die Kostentragung oder der Kostenübernahmeerklärung eines Beteiligten folgt,
	es sei denn, dass bereits ein Beschluss über den Antrag vorausgegangen ist:
	Die Gebühr 5230 ermäßigt sich auf ....
	Die Gebühr ermäßigt sich auch, wenn mehrere Ermäßigungstatbestände erfüllt sind.
		1,0

	Abschnitt 4. Beschwerde	
	Vorbemerkung 5.2.4: Die Vorschriften dieses Abschnitts gelten für Beschwerden gegen Beschlüsse des Verwaltungsgerichts über einstweilige Anordnungen (§ 123 VwGO) und über die Aussetzung der Vollziehung (§§ 80, 80a VwGO).	
5240	Verfahren über die Beschwerde	2,0
5241	Beendigung des gesamten Verfahrens durch Zurücknahme der Beschwerde: Die Gebühr 5240 ermäßigt sich auf	1,0
	Hauptabschnitt 3. Besondere Verfahren	
5300	Selbstständiges Beweisverfahren	1,0
5301	Verfahren über Anträge auf gerichtliche Handlungen der Zwangsvollstreckung nach den §§ 169, 170 oder § 172 VwGO............................	20,00 €

Nr.	Gebührentatbestand	Gebühr oder Satz der Gebühr nach § 34 GKG
Hauptabschnitt 4. Rüge wegen Verletzung des Anspruchs auf rechtliches Gehör		
5400	Verfahren über die Rüge wegen Verletzung des Anspruchs auf rechtliches Gehör (§ 152a VwGO): Die Rüge wird in vollem Umfang verworfen oder zurückgewiesen	60,00 €
Hauptabschnitt 5. Sonstige Beschwerden		
5500	Verfahren über die Beschwerde gegen die Nichtzulassung der Revision: Soweit die Beschwerde verworfen oder zurückgewiesen wird	2,0
5501	Verfahren über die Beschwerde gegen die Nichtzulassung der Revision: Soweit die Beschwerde zurückgenommen oder das Verfahren durch anderweitige Erledigung beendet wird .... Die Gebühr entsteht nicht, soweit die Revision zugelassen wird.	1,0
5502	Verfahren über nicht besonders aufgeführte Beschwerden, die nicht nach anderen Vorschriften gebührenfrei sind: Die Beschwerde wird verworfen oder zurückgewiesen .... Wird die Beschwerde nur teilweise verworfen oder zurückgewiesen, kann das Gericht die Gebühr nach billigem Ermessen auf die Hälfte ermäßigen oder bestimmen, dass eine Gebühr nicht zu erheben ist.	60,00 €
Hauptabschnitt 6. Besondere Gebühren		
5600	Abschluss eines gerichtlichen Vergleichs: Soweit ein Vergleich über nicht gerichtlich anhängige Gegenstände geschlossen wird .... Die Gebühr entsteht nicht im Verfahren über die Prozesskostenhilfe. Im Verhältnis zur Gebühr für das Verfahren im Allgemeinen ist § 36 Abs. 3 GKG entsprechend anzuwenden.	0,25
5601	Auferlegung einer Gebühr nach § 38 GKG wegen Verzögerung des Rechtsstreits	wie vom Gericht bestimmt

Teil 6. Verfahren vor den Gerichten der Finanzgerichtsbarkeit

Nr.	Gebührentatbestand	Gebühr oder Satz der Gebühr nach § 34 GKG
	Hauptabschnitt 1. Prozessverfahren	
	Abschnitt 1. Erster Rechtszug	
	Unterabschnitt 1. Verfahren vor dem Finanzgericht	
6110	Verfahren im Allgemeinen, soweit es sich nicht nach § 45 Abs. 3 FGO erledigt	4,0

6111	Beendigung des gesamten Verfahrens durch
	1. Zurücknahme der Klage
	    a) vor dem Schluss der mündlichen Verhandlung oder,
	    b) wenn eine solche nicht stattfindet, vor Ablauf des Tages, an dem das Urteil oder der Gerichtsbescheid der Geschäftsstelle übermittelt wird, oder
	2. Beschluss in den Fällen des § 138 FGO,
	es sei denn, dass bereits ein Urteil oder ein Gerichtsbescheid vorausgegangen ist:
	Die Gebühr 6110 ermäßigt sich auf ....
	Die Gebühr ermäßigt sich auch, wenn mehrere Ermäßigungstatbestände erfüllt sind.
		2,0

	Unterabschnitt 2. Verfahren vor dem Bundesfinanzhof	
6112	Verfahren im Allgemeinen	5,0

6113	Beendigung des gesamten Verfahrens durch
	1. Zurücknahme der Klage
	    a) vor dem Schluss der mündlichen Verhandlung oder,
	    b) wenn eine solche nicht stattfindet, vor Ablauf des Tages, an dem das Urteil oder der Gerichtsbescheid der Geschäftsstelle übermittelt wird, oder
	2. Beschluss in den Fällen des § 138 FGO,
	es sei denn, dass bereits ein Urteil oder ein Gerichtsbescheid vorausgegangen ist:
	Die Gebühr 6112 ermäßigt sich auf ....
	Die Gebühr ermäßigt sich auch, wenn mehrere Ermäßigungstatbestände erfüllt sind.
		3,0

	Abschnitt 2. Revision	
6120	Verfahren im Allgemeinen	5,0
6121	Beendigung des gesamten Verfahrens durch Zurücknahme der Revision oder der Klage, bevor die Schrift zur Begründung der Revision bei Gericht eingegangen ist: Die Gebühr 6120 ermäßigt sich auf .... Erledigungen in den Fällen des § 138 FGO stehen der Zurücknahme gleich.	1,0

6122	Beendigung des gesamten Verfahrens, wenn nicht Nummer 6121 erfüllt ist, durch
	1. Zurücknahme der Revision oder der Klage
	    a) vor dem Schluss der mündlichen Verhandlung oder,
	    b) wenn eine solche nicht stattfindet, vor Ablauf des Tages, an dem das Urteil, der Gerichtsbescheid oder der Beschluss in der Hauptsache der Geschäftsstelle übermittelt wird, oder
	2. Beschluss in den Fällen des § 138 FGO,
	es sei denn, dass bereits ein Urteil, ein Gerichtsbescheid oder ein Beschluss in der Hauptsache vorausgegangen ist:
	Die Gebühr 6120 ermäßigt sich auf ....
	Die Gebühr ermäßigt sich auch, wenn mehrere Ermäßigungstatbestände erfüllt sind.
		3,0

Nr.	Gebührentatbestand	Gebühr oder Satz der Gebühr nach § 34 GKG
	Hauptabschnitt 2. Vorläufiger Rechtsschutz	

Vorbemerkung 6.2:

(1) Die Vorschriften dieses Hauptabschnitts gelten für einstweilige Anordnungen und für Verfahren nach § 69 Abs. 3 und 5 FGO.

(2) Im Verfahren über den Antrag auf Erlass und im Verfahren über den Antrag auf Aufhebung einer einstweiligen Anordnung werden die Gebühren jeweils gesondert erhoben. Mehrere Verfahren nach § 69 Abs. 3 und 5 FGO gelten innerhalb eines Rechtszugs als ein Verfahren.

	Abschnitt 1. Erster Rechtszug	
6210	Verfahren im Allgemeinen	2,0

6211	Beendigung des gesamten Verfahrens durch
	1. Zurücknahme des Antrags
	   a) vor dem Schluss der mündlichen Verhandlung oder,
	   b) wenn eine solche nicht stattfindet, vor Ablauf des Tages, an dem der Beschluss (§ 114 Abs. 4 FGO) der Geschäftsstelle übermittelt wird, oder
	2. Beschluss in den Fällen des § 138 FGO,
	es sei denn, dass bereits ein Beschluss nach § 114 Abs. 4 FGO vorausgegangen ist:
	Die Gebühr 6210 ermäßigt sich auf ....
	Die Gebühr ermäßigt sich auch, wenn mehrere Ermäßigungstatbestände erfüllt sind.
		0,75

	Abschnitt 2. Beschwerde	

Vorbemerkung 6.2.2:
Die Vorschriften dieses Abschnitts gelten für Beschwerden gegen Beschlüsse über einstweilige Anordnungen (§ 114 FGO) und über die Aussetzung der Vollziehung (§ 69 Abs. 3 und 5 FGO).

6220	Verfahren über die Beschwerde	2,0
6221	Beendigung des gesamten Verfahrens durch Zurücknahme der Beschwerde: Die Gebühr 6220 ermäßigt sich auf	1,0
	Hauptabschnitt 3. Besondere Verfahren	
6300	Selbstständiges Beweisverfahren	1,0
6301	Verfahren über Anträge auf gerichtliche Handlungen der Zwangsvollstreckung gemäß § 152 FGO	20,00 €
	Hauptabschnitt 4. Rüge wegen Verletzung des Anspruchs auf rechtliches Gehör	
6400	Verfahren über die Rüge wegen Verletzung des Anspruchs auf rechtliches Gehör (§ 133a FGO): Die Rüge wird in vollem Umfang verworfen oder zurückgewiesen	60,00 €
	Hauptabschnitt 5. Sonstige Beschwerden	
6500	Verfahren über die Beschwerde gegen die Nichtzulassung der Revision: Soweit die Beschwerde verworfen oder zurückgewiesen wird	2,0
6501	Verfahren über die Beschwerde gegen die Nichtzulassung der Revision: Soweit die Beschwerde zurückgenommen oder das Verfahren durch anderweitige Erledigung beendet wird .... Die Gebühr entsteht nicht, soweit die Revision zugelassen wird.	1,0
6502	Verfahren über nicht besonders aufgeführte Beschwerden, die nicht nach anderen Vorschriften gebührenfrei sind: Die Beschwerde wird verworfen oder zurückgewiesen .... Wird die Beschwerde nur teilweise verworfen oder zurückgewiesen, kann das Gericht die Gebühr nach billigem Ermessen auf die Hälfte ermäßigen oder bestimmen, dass eine Gebühr nicht zu erheben ist.	60,00 €
	Hauptabschnitt 6. Besondere Gebühr	
6600	Auferlegung einer Gebühr nach § 38 GKG wegen Verzögerung des Rechtsstreits	wie vom Gericht bestimmt

Teil 7. Verfahren vor den Gerichten der Sozialgerichtsbarkeit

Nr.	Gebührentatbestand	Gebühr oder Satz der Gebühr nach § 34 GKG
	Hauptabschnitt 1. Prozessverfahren	
	Abschnitt 1. Erster Rechtszug	
	Unterabschnitt 1. Verfahren vor dem Sozialgericht	
7110	Verfahren im Allgemeinen	3,0

7111	Beendigung des gesamten Verfahrens durch
	1. Zurücknahme der Klage
	   a) vor dem Schluss der mündlichen Verhandlung oder,
	   b) wenn eine solche nicht stattfindet, vor Ablauf des Tages, an dem das Urteil oder der Gerichtsbescheid der Geschäftsstelle übermittelt wird,
	2. Anerkenntnisurteil,
	3. gerichtlichen Vergleich oder angenommenes Anerkenntnis oder
	4. Erledigungserklärungen nach § 197a Abs. 1 Satz 1 SGG i.V.m. § 161 Abs. 2 VwGO, wenn keine Entscheidung über die Kosten ergeht oder die Entscheidung einer zuvor mitgeteilten Einigung der Beteiligten über die Kostentragung oder der Kostenübernahmeerklärung eines Beteiligten folgt,
	es sei denn, dass bereits ein Urteil oder ein Gerichtsbescheid vorausgegangen ist:
	Die Gebühr 7110 ermäßigt sich auf ....
		1,0

	Die Gebühr ermäßigt sich auch, wenn mehrere Ermäßigungstatbestände erfüllt sind.	
	Unterabschnitt 2. Verfahren vor dem Landessozialgericht	
7112	Verfahren im Allgemeinen	4,0

7113	Beendigung des gesamten Verfahrens durch
	1. Zurücknahme der Klage
	   a) vor dem Schluss der mündlichen Verhandlung oder,
	   b) wenn eine solche nicht stattfindet, vor Ablauf des Tag es, an dem das Urteil oder der Gerichtsbescheid der Geschäftsstelle übermittelt wird,
	2. Anerkenntnisurteil,
	3. gerichtlichen Vergleich oder angenommenes Anerkenntnis oder
	4. Erledigungserklärungen nach § 197a Abs. 1 Satz 1 SGG i.V.m. § 161 Abs. 2 VwGO, wenn keine Entscheidung über die Kosten ergeht oder die Entscheidung einer zuvor mitgeteilten Einigung der Beteiligten über die Kostentragung oder der Kostenübernahmeerklärung eines Beteiligten folgt,
	es sei denn, dass bereits ein Urteil oder ein Gerichtsbescheid vorausgegangen ist:
	Die Gebühr 7112 ermäßigt sich auf ....
		2,0

	Die Gebühr ermäßigt sich auch, wenn mehrere Ermäßigungstatbestände erfüllt sind.	
	Unterabschnitt 3. Verfahren vor dem Bundessozialgericht	
7114	Verfahren im Allgemeinen	5,0

7115	Beendigung des gesamten Verfahrens durch
	1. Zurücknahme der Klage
	   a) vor dem Schluss der mündlichen Verhandlung oder,
	   b) wenn eine solche nicht stattfindet, vor Ablauf des Tages, an dem das Urteil oder der Gerichtsbescheid der Geschäftsstelle übermittelt wird,
	2. Anerkenntnisurteil,
	3. gerichtlichen Vergleich oder angenommenes Anerkenntnis oder
	4. Erledigungserklärungen nach § 197a Abs. 1 Satz 1 SGG i.V.m. § 161 Abs. 2 VwGO, wenn keine Entscheidung über die Kosten ergeht oder die Entscheidung einer zuvor mitgeteilten Einigung der Beteiligten über die Kostentragung oder der Kostenübernahmeerklärung eines Beteiligten folgt,	

Nr.	Gebührentatbestand	Gebühr oder Satz der Gebühr nach § 34 GKG
	es sei denn, dass bereits ein Urteil oder ein Gerichtsbescheid vorausgegangen ist:	
	Die Gebühr 7114 ermäßigt sich auf	3,0
	Die Gebühr ermäßigt sich auch, wenn mehrere Ermäßigungstatbestände erfüllt sind.	

Abschnitt 2. Berufung

Nr.	Gebührentatbestand	Gebühr oder Satz der Gebühr nach § 34 GKG
7120	Verfahren im Allgemeinen	4,0
7121	Beendigung des gesamten Verfahrens durch Zurücknahme der Berufung oder der Klage, bevor die Schrift zur Begründung der Berufung bei Gericht eingegangen ist und vor Ablauf des Tages, an dem die Verfügung mit der Bestimmung des Termins zur mündlichen Verhandlung der Geschäftsstelle übermittelt wird und vor Ablauf des Tages, an dem die den Beteiligten gesetzte Frist zur Äußerung abgelaufen ist (§ 153 Abs. 4 Satz 2 SGG):	
	Die Gebühr 7120 ermäßigt sich auf	1,0
	Erledigungserklärungen nach § 197a Abs. 1 Satz 1 SGG i.V.m. § 161 Abs. 2 VwGO stehen der Zurücknahme gleich, wenn keine Entscheidung über die Kosten ergeht oder die Entscheidung einer zuvor mitgeteilten Einigung der Beteiligten über die Kostentragung oder der Kostenübernahmeerklärung eines Beteiligten folgt.	
7122	Beendigung des gesamten Verfahrens, wenn nicht Nummer 7121 erfüllt ist, durch	
	1. Zurücknahme der Berufung oder der Klage	
	a) vor dem Schluss der mündlichen Verhandlung oder,	
	b) wenn eine solche nicht stattfindet, vor Ablauf des Tages, an dem das Urteil oder der Beschluss in der Hauptsache der Geschäftsstelle übermittelt wird,	
	2. Anerkenntnisurteil,	
	3. gerichtlichen Vergleich oder angenommenes Anerkenntnis oder	
	4. Erledigungserklärungen nach § 197a Abs. 1 Satz 1 SGG i.V.m. § 161 Abs. 2 VwGO, wenn keine Entscheidung über die Kosten ergeht oder Entscheidung einer zuvor mitgeteilten Einigung der Beteiligten über die Kostentragung oder der Kostenübernahmeerklärung eines Beteiligten folgt,	
	es sei denn, dass bereits ein Urteil oder ein Beschluss in der Hauptsache vorausgegangen ist:	
	Die Gebühr 7120 ermäßigt sich auf	2,0
	Die Gebühr ermäßigt sich auch, wenn mehrere Ermäßigungstatbestände erfüllt sind.	

Abschnitt 3. Revision

Nr.	Gebührentatbestand	Gebühr oder Satz der Gebühr nach § 34 GKG
7130	Verfahren im Allgemeinen	5,0
7131	Beendigung des gesamten Verfahrens durch Zurücknahme der Revision oder der Klage, bevor die Schrift zur Begründung der Revision bei Gericht eingegangen ist:	
	Die Gebühr 7130 ermäßigt sich auf	1,0
	Erledigungserklärungen nach § 197a Abs. 1 Satz 1 SGG i.V.m. § 161 Abs. 2 VwGO stehen der Zurücknahme gleich, wenn keine Entscheidung über die Kosten ergeht oder die Entscheidung einer zuvor mitgeteilten Einigung der Beteiligten über die Kostentragung oder der Kostenübernahmeerklärung eines Beteiligten folgt.	
7132	Beendigung des gesamten Verfahrens, wenn nicht Nummer 7131 erfüllt ist, durch	
	1. Zurücknahme der Revision oder der Klage,	
	a) vor dem Schluss der mündlichen Verhandlung oder,	
	b) wenn eine solche nicht stattfindet, vor Ablauf des Tages, an dem das Urteil oder der Beschluss in der Hauptsache der Geschäftsstelle übermittelt wird,	
	2. Anerkenntnisurteil,	
	3. gerichtlichen Vergleich oder angenommenes Anerkenntnis oder	

Nr.	Gebührentatbestand	Gebühr oder Satz der Gebühr nach § 34 GKG
	4. Erledigungserklärungen nach § 197a Abs. 1 Satz 1 SGG i.V.m. § 161 Abs. 2 VwGO, wenn keine Entscheidung über die Kosten ergeht oder die Entscheidung einer zuvor mitgeteilten Einigung der Beteiligten über die Kostentragung oder der Kostenübernahmeerklärung eines Beteiligten folgt, wenn nicht bereits ein Urteil oder ein Beschluss in der Hauptsache vorausgegangen ist: Die Gebühr 7130 ermäßigt sich auf .... Die Gebühr ermäßigt sich auch, wenn mehrere Ermäßigungstatbestände erfüllt sind.	3,0

Hauptabschnitt 2. Vorläufiger Rechtsschutz

Vorbemerkung 7.2:

(1) Die Vorschriften dieses Hauptabschnitts gelten für einstweilige Anordnungen und für Verfahren nach § 86b Abs. 1 SGG.

(2) Im Verfahren über den Antrag auf Erlass und im Verfahren über den Antrag auf Aufhebung einer einstweiligen Anordnung werden die Gebühren jeweils gesondert erhoben. Mehrere Verfahren nach § 86b Abs. 1 SGG gelten innerhalb eines Rechtszugs als ein Verfahren.

Abschnitt 1. Erster Rechtszug

7210	Verfahren im Allgemeinen	1,5

7211	Beendigung des gesamten Verfahrens durch
	1. Zurücknahme des Antrags
	   a) vor dem Schluss der mündlichen Verhandlung oder,
	   b) wenn eine solche nicht stattfindet, vor Ablauf des Tages, an dem der Beschluss (§ 86b Abs. 4 SGG) der Geschäftsstelle übermittelt wird,
	2. gerichtlichen Vergleich oder angenommenes Anerkenntnis oder
	3. Erledigungserklärungen nach § 197a Abs. 1 Satz 1 SGG i.V.m. § 161 Abs. 2 VwGO, wenn keine Entscheidung über die Kosten ergeht oder die Entscheidung einer zuvor mitgeteilten Einigung der Beteiligten über die Kostentragung oder der Kostenübernahmeerklärung eines Beteiligten folgt,
	es sei denn, dass bereits ein Beschluss (§ 86b Abs. 4 SGG) vorausgegangen ist:
	Die Gebühr 7210 ermäßigt sich auf ....
	Die Gebühr ermäßigt sich auch, wenn mehrere Ermäßigungstatbestände erfüllt sind.
		0,5

Abschnitt 2. Beschwerde

Vorbemerkung 7.2.2:

Die Vorschriften dieses Abschnitts gelten für Beschwerden gegen Beschlüsse des Sozialgerichts nach § 86b SGG.

7220	Verfahren über die Beschwerde	2,0
7221	Beendigung des gesamten Verfahrens durch Zurücknahme der Beschwerde: Die Gebühr 7220 ermäßigt sich auf	1,0

Hauptabschnitt 3. Beweissicherungsverfahren

7300	Verfahren im Allgemeinen	1,0

Hauptabschnitt 4. Rüge wegen Verletzung des Anspruchs auf rechtliches Gehör

7400	Verfahren über die Rüge wegen Verletzung des Anspruchs auf rechtliches Gehör (§ 178a SGG): Die Rüge wird in vollem Umfang verworfen oder zurückgewiesen	60,00 €

Nr.	Gebührentatbestand	Gebühr oder Satz der Gebühr nach § 34 GKG
	Hauptabschnitt 5. Sonstige Beschwerden	
7500	Verfahren über die Beschwerde gegen die Nichtzulassung der Berufung: Soweit die Beschwerde verworfen oder zurückgewiesen wird	1,5
7501	Verfahren über die Beschwerde gegen die Nichtzulassung der Berufung: Soweit die Beschwerde zurückgenommen oder das Verfahren durch anderweitige Erledigung beendet wird .... Die Gebühr entsteht nicht, soweit die Berufung zugelassen wird.	0,75
7502	Verfahren über die Beschwerde gegen die Nichtzulassung der Revision: Soweit die Beschwerde verworfen oder zurückgewiesen wird	2,0
7503	Verfahren über die Beschwerde gegen die Nichtzulassung der Revision: Soweit die Beschwerde zurückgenommen oder das Verfahren durch anderweitige Erledigung beendet wird .... Die Gebühr entsteht nicht, soweit die Revision zugelassen wird.	1,0
7504	Verfahren über nicht besonders aufgeführte Beschwerden, die nicht nach anderen Vorschriften gebührenfrei sind: Die Beschwerde wird verworfen oder zurückgewiesen .... Wird die Beschwerde nur teilweise verworfen oder zurückgewiesen, kann das Gericht die Gebühr nach billigem Ermessen auf die Hälfte ermäßigen oder bestimmen, dass eine Gebühr nicht zu erheben ist.	60,00 €
	Hauptabschnitt 6. Besondere Gebühren	
7600	Abschluss eines gerichtlichen Vergleichs: Soweit ein Vergleich über nicht gerichtlich anhängige Gegenstände geschlossen wird .... Die Gebühr entsteht nicht im Verfahren über die Prozesskostenhilfe. Im Verhältnis zur Gebühr für das Verfahren im Allgemeinen ist § 36 Abs. 3 GKG entsprechend anzuwenden.	0,25
7601	Auferlegung einer Gebühr nach § 38 GKG wegen Verzögerung des Rechtsstreits	wie vom Gericht bestimmt

Teil 8. Verfahren vor den Gerichten der Arbeitsgerichtsbarkeit

Nr.	Gebührentatbestand	Gebühr oder Satz der Gebühr nach § 34 GKG
	Vorbemerkung 8: Bei Beendigung des Verfahrens durch einen gerichtlichen Vergleich entfällt die in dem betreffenden Rechtszug angefallene Gebühr; im ersten Rechtszug entfällt auch die Gebühr für das Verfahren über den Antrag auf Erlass eines Vollstreckungsbescheids oder eines Europäischen Zahlungsbefehls. Dies gilt nicht, wenn der Vergleich nur einen Teil des Streitgegenstands betrifft (Teilvergleich).	
	Hauptabschnitt 1. Mahnverfahren	
8100	Verfahren über den Antrag auf Erlass eines Vollstreckungsbescheids oder eines Europäischen Zahlungsbefehls	0,4 – mindestens 26,00 €
	Die Gebühr entfällt bei Zurücknahme des Antrags auf Erlass des Vollstreckungsbescheids. Sie entfällt auch nach Übergang in das streitige Verfahren, wenn dieses ohne streitige Verhandlung endet; dies gilt nicht, wenn ein Versäumnisurteil ergeht. Bei Erledigungserklärungen nach § 91a ZPO entfällt die Gebühr, wenn keine Entscheidung über die Kosten ergeht oder die Kostenentscheidung einer zuvor mitgeteilten Einigung der Parteien über die Kostentragung oder der Kostenübernahmeerklärung einer Partei folgt.	
	Hauptabschnitt 2. Urteilsverfahren	
	Abschnitt 1. Erster Rechtszug	
8210	Verfahren im Allgemeinen	2,0
	(1) Soweit wegen desselben Anspruchs ein Mahnverfahren vorausgegangen ist, entsteht die Gebühr nach Erhebung des Widerspruchs, wenn ein Antrag auf Durchführung der mündlichen Verhandlung gestellt wird, oder mit der Einlegung des Einspruchs; in diesem Fall wird eine Gebühr 8100 nach dem Wert des Streitgegenstands angerechnet, der in das Prozessverfahren übergegangen ist, sofern im Mahnverfahren der Antrag auf Erlass des Vollstreckungsbescheids gestellt wurde. Satz 1 gilt entsprechend, wenn wegen desselben Streitgegenstands ein Europäisches Mahnverfahren vorausgegangen ist. (2) Die Gebühr entfällt bei Beendigung des gesamten Verfahrens ohne streitige Verhandlung, wenn kein Versäumnisurteil ergeht. Bei Erledigungserklärungen nach § 91a ZPO entfällt die Gebühr, wenn keine Entscheidung über die Kosten ergeht oder die Kostenentscheidung einer zuvor mitgeteilten Einigung der Parteien über die Kostentragung oder der Kostenübernahmeerklärung einer Partei folgt.	
8211	Beendigung des gesamten Verfahrens nach streitiger Verhandlung durch 1. Zurücknahme der Klage vor dem Schluss der mündlichen Verhandlung, wenn keine Entscheidung nach § 269 Abs. 3 Satz 3 ZPO über die Kosten ergeht oder die Entscheidung einer zuvor mitgeteilten Einigung der Parteien über die Kostentragung oder der Kostenübernahmeerklärung einer Partei folgt, 2. Anerkenntnisurteil, Verzichtsurteil oder Urteil, das nach § 313a Abs. 2 ZPO keinen Tatbestand und keine Entscheidungsgründe enthält, oder 3. Erledigungserklärungen nach § 91a ZPO, wenn keine Entscheidung über die Kosten ergeht oder die Entscheidung einer zuvor mitgeteilten Einigung der Parteien über die Kostentragung oder der Kostenübernahmeerklärung einer Partei folgt, es sei denn, dass bereits ein anderes als eines der in Nummer 2 genannten Urteile vorausgegangen ist:	
	Die Gebühr 8210 ermäßigt sich auf	0,4
	Die Zurücknahme des Widerspruchs gegen den Mahnbescheid oder des Einspruchs gegen den Vollstreckungsbescheid stehen der Zurücknahme der Klage gleich. Die Gebühr ermäßigt sich auch, wenn mehrere Ermäßigungstatbestände erfüllt sind oder Ermäßigungstatbestände mit einem Teilvergleich zusammentreffen.	
8212	Verfahren wegen eines überlangen Gerichtsverfahrens (§ 9 Abs. 2 Satz 2 des Arbeitsgerichtsgesetzes) vor dem Landesarbeitsgericht:	
	Die Gebühr 8210 beträgt	4,0

Nr.	Gebührentatbestand	Gebühr oder Satz der Gebühr nach § 34 GKG
8213	Verfahren wegen eines überlangen Gerichtsverfahrens (§ 9 Abs. 2 Satz 2 des Arbeitsgerichtsgesetzes) vor dem Landesarbeitsgericht: Die Gebühr 8211 beträgt	2,0
8214	Verfahren wegen eines überlangen Gerichtsverfahrens (§ 9 Abs. 2 Satz 2 des Arbeitsgerichtsgesetzes) vor dem Bundesarbeitsgericht: Die Gebühr 8210 beträgt	5,0
8215	Verfahren wegen eines überlangen Gerichtsverfahrens (§ 9 Abs. 2 Satz 2 des Arbeitsgerichtsgesetzes) vor dem Bundesarbeitsgericht: Die Gebühr 8211 beträgt	3,0

Abschnitt 2. Berufung

Nr.	Gebührentatbestand	Gebühr oder Satz der Gebühr nach § 34 GKG
8220	Verfahren im Allgemeinen	3,2
8221	Beendigung des gesamten Verfahrens durch Zurücknahme der Berufung oder der Klage, bevor die Schrift zur Begründung der Berufung bei Gericht eingegangen ist: Die Gebühr 8220 ermäßigt sich auf	0,8
	Erledigungserklärungen nach § 91a ZPO stehen der Zurücknahme gleich, wenn keine Entscheidung über die Kosten ergeht oder die Entscheidung einer zuvor mitgeteilten Einigung der Parteien über die Kostentragung oder der Kostenübernahmeerklärung einer Partei folgt.	
8222	Beendigung des gesamten Verfahrens, wenn nicht Nummer 8221 erfüllt ist, durch 1. Zurücknahme der Berufung oder der Klage vor dem Schluss der mündlichen Verhandlung, 2. Anerkenntnisurteil, Verzichtsurteil oder Urteil, das nach § 313a Abs. 2 ZPO keinen Tatbestand und keine Entscheidungsgründe enthält, oder 3. Erledigungserklärungen nach § 91a ZPO, wenn keine Entscheidung über die Kosten ergeht oder die Entscheidung einer zuvor mitgeteilten Einigung der Parteien über die Kostentragung oder der Kostenübernahmeerklärung einer Partei folgt, es sei denn, dass bereits ein anderes als eines der in Nummer 2 genannten Urteile vorausgegangen ist: Die Gebühr 8220 ermäßigt sich auf	1,6
	Die Gebühr ermäßigt sich auch, wenn mehrere Ermäßigungstatbestände erfüllt sind oder Ermäßigungstatbestände mit einem Teilvergleich zusammentreffen.	
8223	Beendigung des gesamten Verfahrens durch ein Urteil, das wegen eines Verzichts der Parteien nach § 313a Abs. 1 Satz 2 ZPO keine schriftliche Begründung enthält, wenn nicht bereits ein anderes als eines der in Nummer 8222 Nr. 2 genannten Urteile oder ein Beschluss in der Hauptsache vorausgegangen ist: Die Gebühr 8220 ermäßigt sich auf	2,4
	Die Gebühr ermäßigt sich auch, wenn daneben Ermäßigungstatbestände nach Nummer 8222 erfüllt sind oder Ermäßigungstatbestände mit einem Teilvergleich zusammentreffen.	

Abschnitt 3. Revision

Nr.	Gebührentatbestand	Gebühr oder Satz der Gebühr nach § 34 GKG
8230	Verfahren im Allgemeinen	4,0
8231	Beendigung des gesamten Verfahrens durch Zurücknahme der Revision oder der Klage, bevor die Schrift zur Begründung der Revision bei Gericht eingegangen ist: Die Gebühr 8230 ermäßigt sich auf	0,8
	Erledigungserklärungen nach § 91a ZPO stehen der Zurücknahme gleich, wenn keine Entscheidung über die Kosten ergeht oder die Entscheidung einer zuvor mitgeteilten Einigung der Parteien über die Kostentragung oder der Kostenübernahmeerklärung einer Partei folgt.	

Nr.	Gebührentatbestand	Gebühr oder Satz der Gebühr nach § 34 GKG
8232	Beendigung des gesamten Verfahrens, wenn nicht Nummer 8231 erfüllt ist, durch 1. Zurücknahme der Revision oder der Klage vor dem Schluss der mündlichen Verhandlung, 2. Anerkenntnis- oder Verzichtsurteil oder 3. Erledigungserklärungen nach § 91a ZPO, wenn keine Entscheidung über die Kosten ergeht oder die Entscheidung einer zuvor mitgeteilten Einigung der Parteien über die Kostentragung oder der Kostenübernahmeerklärung einer Partei folgt, es sei denn, dass bereits ein anderes als eines der in Nummer 2 genannten Urteile vorausgegangen ist: Die Gebühr 8230 ermäßigt sich auf .... Die Gebühr ermäßigt sich auch, wenn mehrere Ermäßigungstatbestände erfüllt sind oder Ermäßigungstatbestände mit einem Teilvergleich zusammentreffen.	2,4
8233	Verfahren wegen eines überlangen Gerichtsverfahrens (§ 9 Abs. 2 Satz 2 des Arbeitsgerichtsgesetzes): Die Gebühr 8230 beträgt	5,0
8234	Verfahren wegen eines überlangen Gerichtsverfahrens (§ 9 Abs. 2 Satz 2 des Arbeitsgerichtsgesetzes): Die Gebühr 8231 beträgt	1,0
8235	Verfahren wegen eines überlangen Gerichtsverfahrens (§ 9 Abs. 2 Satz 2 des Arbeitsgerichtsgesetzes): Die Gebühr 8232 beträgt	3,0
	Hauptabschnitt 3. Arrest und einstweilige Verfügung	
	Vorbemerkung 8.3: Im Verfahren über den Antrag auf Anordnung eines Arrests oder einer einstweiligen Verfügung und im Verfahren über den Antrag auf Aufhebung oder Abänderung (§ 926 Abs. 2, §§ 927, 936 ZPO) werden die Gebühren jeweils gesondert erhoben. Im Fall des § 942 ZPO gilt dieses Verfahren und das Verfahren vor dem Gericht der Hauptsache als ein Rechtsstreit.	
	Abschnitt 1. Erster Rechtszug	
8310	Verfahren im Allgemeinen	0,4
8311	Es wird durch Urteil entschieden oder es ergeht ein Beschluss nach § 91a oder § 269 Abs. 3 Satz 3 ZPO, es sei denn, der Beschluss folgt einer zuvor mitgeteilten Einigung der Parteien über die Kostentragung oder der Kostenübernahmeerklärung einer Partei: Die Gebühr 8310 erhöht sich auf .... Die Gebühr wird nicht erhöht, wenn durch Anerkenntnisurteil, Verzichtsurteil oder Urteil, das nach § 313a Abs. 2 ZPO keinen Tatbestand und keine Entscheidungsgründe enthält, entschieden wird. Dies gilt auch, wenn eine solche Entscheidung mit einem Teilvergleich zusammentrifft.	2,0
	Abschnitt 2. Berufung	
8320	Verfahren im Allgemeinen	3,2
8321	Beendigung des gesamten Verfahrens durch Zurücknahme der Berufung, des Antrags oder des Widerspruchs, bevor die Schrift zur Begründung der Berufung bei Gericht eingegangen ist: Die Gebühr 8320 ermäßigt sich auf .... Erledigungserklärungen nach § 91a ZPO stehen der Zurücknahme gleich, wenn keine Entscheidung über die Kosten ergeht oder die Entscheidung einer zuvor mitgeteilten Einigung der Parteien über die Kostentragung oder der Kostenübernahmeerklärung einer Partei folgt.	0,8

Nr.	Gebührentatbestand	Gebühr oder Satz der Gebühr nach § 34 GKG
8322	Beendigung des gesamten Verfahrens, wenn nicht Nummer 8321 erfüllt ist, durch	
	1. Zurücknahme der Berufung oder des Antrags vor dem Schluss der mündlichen Verhandlung,	
	2. Anerkenntnisurteil, Verzichtsurteil oder Urteil, das nach § 313a Abs. 2 ZPO keinen Tatbestand und keine Entscheidungsgründe enthält, oder	
	3. Erledigungserklärungen nach § 91a ZPO, wenn keine Entscheidung über die Kosten ergeht oder die Entscheidung einer zuvor mitgeteilten Einigung der Parteien über die Kostentragung oder der Kostenübernahmeerklärung einer Partei folgt,	
	es sei denn, dass bereits ein anderes als eines der in Nummer 2 genannten Urteile vorausgegangen ist:	
	Die Gebühr 8320 ermäßigt sich auf	1,6
	Die Gebühr ermäßigt sich auch, wenn mehrere Ermäßigungstatbestände erfüllt sind oder Ermäßigungstatbestände mit einem Teilvergleich zusammentreffen.	
8323	Beendigung des gesamten Verfahrens durch ein Urteil, das wegen eines Verzichts der Parteien nach § 313a Abs. 1 Satz 2 ZPO keine schriftliche Begründung enthält, wenn nicht bereits ein anderes als eines der in Nummer 8322 Nr. 2 genannten Urteile oder ein Beschluss in der Hauptsache vorausgegangen ist:	
	Die Gebühr 8320 ermäßigt sich auf	2,4
	Die Gebühr ermäßigt sich auch, wenn daneben Ermäßigungstatbestände nach Nummer 8322 erfüllt sind oder solche Ermäßigungstatbestände mit einem Teilvergleich zusammentreffen.	
	Abschnitt 3. Beschwerde	
8330	Verfahren über Beschwerden gegen die Zurückweisung eines Antrags auf Anordnung eines Arrests oder einer einstweiligen Verfügung	1,2
8331	Beendigung des gesamten Verfahrens durch Zurücknahme der Beschwerde:	
	Die Gebühr 8330 ermäßigt sich auf	0,8
	Hauptabschnitt 4. Besondere Verfahren	
8400	Selbstständiges Beweisverfahren	0,6
8401	Verfahren über Anträge auf Ausstellung einer Bestätigung nach § 1079 ZPO	15,00 €
	Hauptabschnitt 5. Rüge wegen Verletzung des Anspruchs auf rechtliches Gehör	
8500	Verfahren über die Rüge wegen Verletzung des Anspruchs auf rechtliches Gehör (§ 78a des Arbeitsgerichtsgesetzes):	
	Die Rüge wird in vollem Umfang verworfen oder zurückgewiesen	50,00 €
	Hauptabschnitt 6. Sonstige Beschwerden und Rechtsbeschwerden	
	Abschnitt 1. Sonstige Beschwerden	
8610	Verfahren über Beschwerden nach § 71 Abs. 2, § 91a Abs. 2, § 99 Abs. 2, § 269 Abs. 5 oder § 494a Abs. 2 Satz 2 ZPO	70,00 €
8611	Beendigung des Verfahrens ohne Entscheidung:	
	Die Gebühr 8610 ermäßigt sich auf	50,00 €
	(1) Die Gebühr ermäßigt sich auch im Fall der Zurücknahme der Beschwerde vor Ablauf des Tages, an dem die Entscheidung der Geschäftsstelle übermittelt wird.	
	(2) Eine Entscheidung über die Kosten steht der Ermäßigung nicht entgegen, wenn die Entscheidung einer zuvor mitgeteilten Einigung der Parteien über die Kostentragung oder der Kostenübernahmeerklärung einer Partei folgt.	
8612	Verfahren über die Beschwerde gegen die Nichtzulassung der Revision:	
	Soweit die Beschwerde verworfen oder zurückgewiesen wird	1,6

Nr.	Gebührentatbestand	Gebühr oder Satz der Gebühr nach § 34 GKG
8613	Verfahren über die Beschwerde gegen die Nichtzulassung der Revision: Soweit die Beschwerde zurückgenommen oder das Verfahren durch anderweitige Erledigung beendet wird .... Die Gebühr entsteht nicht, soweit die Revision zugelassen wird.	0,8
8614	Verfahren über nicht besonders aufgeführte Beschwerden, die nicht nach anderen Vorschriften gebührenfrei sind: Die Beschwerde wird verworfen oder zurückgewiesen .... Wird die Beschwerde nur teilweise verworfen oder zurückgewiesen, kann das Gericht die Gebühr nach billigem Ermessen auf die Hälfte ermäßigen oder bestimmen, dass eine Gebühr nicht zu erheben ist.	50,00 €
	Abschnitt 2. Sonstige Rechtsbeschwerden	
8620	Verfahren über Rechtsbeschwerden in den Fällen des § 71 Abs. 1, § 91a Abs. 1, § 99 Abs. 2, § 269 Abs. 4, § 494a Abs. 2 Satz 2 oder § 516 Abs. 3 ZPO	145,00 €
8621	Beendigung des gesamten Verfahrens durch Zurücknahme der Rechtsbeschwerde, des Antrags oder der Klage, bevor die Schrift zur Begründung der Rechtsbeschwerde bei Gericht eingegangen ist: Die Gebühr 8620 ermäßigt sich auf	50,00 €
8622	Beendigung des gesamten Verfahrens durch Zurücknahme der Rechtsbeschwerde, des Antrags oder der Klage vor Ablauf des Tages, an dem die Entscheidung der Geschäftsstelle übermittelt wird, wenn nicht Nummer 8621 erfüllt ist: Die Gebühr 8620 ermäßigt sich auf	70,00 €
8623	Verfahren über nicht besonders aufgeführte Rechtsbeschwerden, die nicht nach anderen Vorschriften gebührenfrei sind: Die Rechtsbeschwerde wird verworfen oder zurückgewiesen .... Wird die Rechtsbeschwerde nur teilweise verworfen oder zurückgewiesen, kann das Gericht die Gebühr nach billigem Ermessen auf die Hälfte ermäßigen oder bestimmen, dass eine Gebühr nicht zu erheben ist.	95,00 €
8624	Verfahren über die in Nummer 8623 genannten Rechtsbeschwerden: Beendigung des gesamten Verfahrens durch Zurücknahme der Rechtsbeschwerde, des Antrags oder der Klage vor Ablauf des Tages, an dem die Entscheidung der Geschäftsstelle übermittelt wird	50,00 €
	Hauptabschnitt 7. Besondere Gebühr	
8700	Auferlegung einer Gebühr nach § 38 GKG wegen Verzögerung des Rechtsstreits	wie vom Gericht bestimmt

Teil 9. Auslagen

Nr.	Auslagentatbestand	Höhe
	Vorbemerkung 9: (1) Auslagen, die durch eine für begründet befundene Beschwerde entstanden sind, werden nicht erhoben, soweit das Beschwerdeverfahren gebührenfrei ist; dies gilt jedoch nicht, soweit das Beschwerdegericht die Kosten dem Gegner des Beschwerdeführers auferlegt hat. (2) Sind Auslagen durch verschiedene Rechtssachen veranlasst, werden sie auf die mehreren Rechtssachen angemessen verteilt.	
9000	Pauschale für die Herstellung und Überlassung von Dokumenten:	
	1. Ausfertigungen, Kopien und Ausdrucke bis zur Größe von DIN A3, die a) auf Antrag angefertigt oder auf Antrag per Telefax übermittelt worden sind oder b) angefertigt worden sind, weil die Partei oder ein Beteiligter es unterlassen hat, die erforderliche Zahl von Mehrfertigungen beizufügen; der Anfertigung steht es gleich, wenn per Telefax übermittelte Mehrfertigungen von der Empfangseinrichtung des Gerichts ausgedruckt werden:	
	für die ersten 50 Seiten je Seite	0,50 €
	für jede weitere Seite	0,15 €
	für die ersten 50 Seiten in Farbe je Seite	1,00 €
	für jede weitere Seite in Farbe	0,30 €
	2. Entgelte für die Herstellung und Überlassung der in Nummer 1 genannten Kopien oder Ausdrucke in einer Größe von mehr als DIN A3	in voller Höhe
	oder pauschal je Seite	3,00 €
	oder pauschal je Seite in Farbe	6,00 €
	3. Überlassung von elektronisch gespeicherten Dateien oder deren Bereitstellung zum Abruf anstelle der in den Nummern 1 und 2 genannten Ausfertigungen, Kopien und Ausdrucke:	
	je Datei	1,50 €
	für die in einem Arbeitsgang überlassenen, bereitgestellten oder in einem Arbeitsgang auf denselben Datenträger übertragenen Dokumente insgesamt höchstens	5,00 €
	(1) Die Höhe der Dokumentenpauschale nach Nummer 1 ist in jedem Rechtszug und für jeden Kostenschuldner nach § 28 Abs. 1 GKG gesondert zu berechnen; Gesamtschuldner gelten als ein Schuldner. Die Dokumentenpauschale ist auch im erstinstanzlichen Musterverfahren nach dem KapMuG gesondert zu berechnen. 2) Werden zum Zweck der Überlassung von elektronisch gespeicherten Dateien Dokumente zuvor auf Antrag von der Papierform in die elektronische Form übertragen, beträgt die Dokumentenpauschale nach Nummer 2 nicht weniger, als die Dokumentenpauschale im Fall der Nummer 1 betragen würde. (3) Frei von der Dokumentenpauschale sind für jede Partei, jeden Beteiligten, jeden Beschuldigten und deren bevollmächtigte Vertreter jeweils 1. eine vollständige Ausfertigung oder Kopie oder ein vollständiger Ausdruck jeder gerichtlichen Entscheidung und jedes vor Gericht abgeschlossenen Vergleichs, 2. eine Ausfertigung ohne Tatbestand und Entscheidungsgründe und 3. eine Kopie oder ein Ausdruck jeder Niederschrift über eine Sitzung. § 191a Abs. 1 Satz 2 GVG bleibt unberührt.	
9001	Auslagen für Telegramme	in voller Höhe
9002	Pauschale für Zustellungen mit Zustellungsurkunde, Einschreiben gegen Rückschein oder durch Justizbedienstete nach § 168 Abs. 1 ZPO je Zustellung	3,50 €
	Neben Gebühren, die sich nach dem Streitwert richten, mit Ausnahme der Gebühr 3700, wird die Zustellungspauschale nur erhoben, soweit in einem Rechtszug mehr als 10 Zustellungen anfallen. Im erstinstanzlichen Musterverfahren nach dem KapMuG wird die Zustellungspauschale für sämtliche Zustellungen erhoben.	
9003	Pauschale für die bei der Versendung von Akten auf Antrag anfallenden Auslagen an Transport- und Verpackungskosten je Sendung	12,00 €
	(1) Die Hin- und Rücksendung der Akten durch Gerichte oder Staatsanwaltschaften gelten zusammen als eine Sendung. (2) Die Auslagen werden von demjenigen Kostenschuldner nicht erhoben, von dem die Gebühr 2116 zu erheben ist.	

Nr.	Auslagentatbestand	Höhe
9004	Auslagen für öffentliche Bekanntmachungen	in voller Höhe
	(1) Auslagen werden nicht erhoben für die Bekanntmachung in einem elektronischen Informations- und Kommunikationssystem, wenn das Entgelt nicht für den Einzelfall oder nicht für ein einzelnes Verfahren berechnet wird. Nicht erhoben werden ferner Auslagen für die Bekanntmachung eines besonderen Prüfungstermins (§ 177 InsO, § 18 SVertO).	
	(2) Die Auslagen für die Bekanntmachung eines Vorlagebeschlusses gemäß § 6 Abs. 4 KapMuG gelten als Auslagen des Musterverfahrens.	
9005	Nach dem JVEG zu zahlende Beträge	in voller Höhe
	(1) Nicht erhoben werden Beträge, die an ehrenamtliche Richter (§ 1 Abs. 1 Satz 1 Nr. 2 JVEG) gezahlt werden.	
	(2) Die Beträge werden auch erhoben, wenn aus Gründen der Gegenseitigkeit, der Verwaltungsvereinfachung oder aus vergleichbaren Gründen keine Zahlungen zu leisten sind. Ist aufgrund des § 1 Abs. 2 Satz 2 JVEG keine Vergütung zu zahlen, ist der Betrag zu erheben, der ohne diese Vorschrift zu zahlen wäre.	
	(3) Auslagen für Übersetzer, die zur Erfüllung der Rechte blinder oder sehbehinderter Personen herangezogen werden (§ 191a Abs. 1 GVG), werden nicht, Auslagen für Gebärdensprachdolmetscher (§ 186 Abs. 1 GVG) werden nur nach Maßgabe des Absatzes 4 erhoben.	
	(4) Ist für einen Beschuldigten oder Betroffenen, der der deutschen Sprache nicht mächtig, hör- oder sprachbehindert ist, im Strafverfahren oder im gerichtlichen Verfahren nach dem OWiG ein Dolmetscher oder Übersetzer herangezogen worden, um Erklärungen oder Schriftstücke zu übertragen, auf deren Verständnis der Beschuldigte oder Betroffene zu seiner Verteidigung angewiesen oder soweit dies zur Ausübung seiner strafprozessualen Rechte erforderlich war, werden von diesem die dadurch entstandenen Auslagen nur erhoben, wenn das Gericht ihm diese nach § 464c StPO oder die Kosten nach § 467 Abs. 2 Satz 1 StPO, auch i. V. m. § 467a Abs. 1 Satz 2 StPO, auferlegt hat; dies gilt auch jeweils i. V. m. § 46 Abs. 1 OWiG.	
	(5) Im Verfahren vor den Gerichten für Arbeitssachen werden Kosten für vom Gericht herangezogene Dolmetscher und Übersetzer nicht erhoben, wenn ein Ausländer Partei und die Gegenseitigkeit verbürgt ist oder ein Staatenloser Partei ist.	
9006	Bei Geschäften außerhalb der Gerichtsstelle	
	1. die den Gerichtspersonen aufgrund gesetzlicher Vorschriften gewährte Vergütung (Reisekosten, Auslagenersatz) und die Auslagen für die Bereitstellung von Räumen	in voller Höhe
	2. für den Einsatz von Dienstkraftfahrzeugen für jeden gefahrenen Kilometer	0,30 €
9007	An Rechtsanwälte zu zahlende Beträge mit Ausnahme der nach § 59 RVG auf die Staatskasse übergegangenen Ansprüche	in voller Höhe
9008	Auslagen für	
	1. die Beförderung von Personen	in voller Höhe
	2. Zahlungen an mittellose Personen für die Reise zum Ort einer Verhandlung, Vernehmung oder Untersuchung und für die Rückreise	bis zur Höhe der nach dem JVEG an Zeugen zu zahlenden Beträge
9009	An Dritte zu zahlende Beträge für	
	1. die Beförderung von Tieren und Sachen mit Ausnahme der für Postdienstleistungen zu zahlenden Entgelte, die Verwahrung von Tieren und Sachen sowie die Fütterung von Tieren	in voller Höhe
	2. die Beförderung und die Verwahrung von Leichen	in voller Höhe
	3. die Durchsuchung oder Untersuchung von Räumen und Sachen einschließlich der die Durchsuchung oder Untersuchung vorbereitenden Maßnahmen	in voller Höhe
	4. die Bewachung von Schiffen und Luftfahrzeugen	in voller Höhe
9010	Kosten einer Zwangshaft, auch aufgrund eines Haftbefehls nach § 802g ZPO	in Höhe des Haftkostenbeitrags
	Maßgebend ist die Höhe des Haftkostenbeitrags, der nach Landesrecht von einem Gefangenen zu erheben ist.	

Nr.	Auslagentatbestand	Höhe
9011	Kosten einer Haft außer Zwangshaft, Kosten einer einstweiligen Unterbringung (§ 126a StPO), einer Unterbringung zur Beobachtung (§ 81 StPO, § 73 JGG) und einer einstweiligen Unterbringung in einem Heim der Jugendhilfe (§ 71 Abs. 2, § 72 Abs. 4 JGG) .... Maßgebend ist die Höhe des Haftkostenbeitrags, der nach Landesrecht von einem Gefangenen zu erheben ist. Diese Kosten werden nur angesetzt, wenn der Haftkostenbeitrag auch von einem Gefangenen im Strafvollzug zu erheben wäre.	in Höhe des Haftkostenbeitrags
9012	Nach dem Auslandskostengesetz zu zahlende Beträge	in voller Höhe
9013	An deutsche Behörden für die Erfüllung von deren eigenen Aufgaben zu zahlende Gebühren sowie diejenigen Beträge, die diesen Behörden, öffentlichen Einrichtungen oder deren Bediensteten als Ersatz für Auslagen der in den Nummern 9000 bis 9011 bezeichneten Art zustehen .... Die als Ersatz für Auslagen angefallenen Beträge werden auch erhoben, wenn aus Gründen der Gegenseitigkeit, der Verwaltungsvereinfachung oder aus vergleichbaren Gründen keine Zahlungen zu leisten sind.	in voller Höhe, die Auslagen begrenzt durch die Höchstsätze für die Auslagen 9000 bis 9011
9014	Beträge, die ausländischen Behörden, Einrichtungen oder Personen im Ausland zustehen, sowie Kosten des Rechtshilfeverkehrs mit dem Ausland ...... Die Beträge werden auch erhoben, wenn aus Gründen der Gegenseitigkeit, der Verwaltungsvereinfachung oder aus vergleichbaren Gründen keine Zahlungen zu leisten sind.	in voller Höhe
9015	Auslagen der in den Nummern 9000 bis 9014 bezeichneten Art, soweit sie durch die Vorbereitung der öffentlichen Klage entstanden sind	begrenzt durch die Höchstsätze für die Auslagen 9000 bis 9013
9016	Auslagen der in den Nummern 9000 bis 9014 bezeichneten Art, soweit sie durch das dem gerichtlichen Verfahren vorausgegangene Bußgeldverfahren entstanden sind .... Absatz 3 der Anmerkung zu Nummer 9005 ist nicht anzuwenden.	begrenzt durch die Höchstsätze für die Auslagen 9000 bis 9013
9017	An den vorläufigen Insolvenzverwalter, den Insolvenzverwalter, die Mitglieder des Gläubigerausschusses oder die Treuhänder auf der Grundlage der Insolvenzrechtlichen Vergütungsverordnung aufgrund einer Stundung nach § 4a InsO zu zahlende Beträge	in voller Höhe
9018	Im ersten Rechtszug des Prozessverfahrens: Auslagen des erstinstanzlichen Musterverfahrens nach dem KapMuG zuzüglich Zinsen .... (1) Die im erstinstanzlichen Musterverfahren entstehenden Auslagen nach Nummer 9005 werden vom Tag nach der Auszahlung bis zum rechtskräftigen Abschluss des Musterverfahrens mit 5 Prozentpunkten über dem Basiszinssatz nach § 247 BGB verzinst. (2) Auslagen und Zinsen werden nur erhoben, wenn der Kläger nicht innerhalb von einem Monat ab Zustellung des Aussetzungsbeschlusses nach § 8 KapMuG seine Klage in der Hauptsache zurücknimmt. (3) Der Anteil bestimmt sich nach dem Verhältnis der Höhe des von dem Kläger geltend gemachten Anspruchs, soweit dieser von den Feststellungszielen des Musterverfahrens betroffen ist, zu der Gesamthöhe der vom Musterkläger und den Beigeladenen des Musterverfahrens in dem Prozessverfahren geltend gemachten Ansprüche, soweit diese von den Feststellungszielen des Musterverfahrens betroffen sind. Der Anspruch des Musterklägers oder eines Beigeladenen ist hierbei nicht zu berücksichtigen, wenn er innerhalb von einem Monat ab Zustellung des Aussetzungsbeschlusses nach § 8 KapMuG seine Klage in der Hauptsache zurücknimmt.	anteilig

Anlage 2
(zu § 34 Absatz 1 Satz 3)

Gebühren nach Streitwert

Streitwert bis ... €	Gebühr ... €	Streitwert bis ... €	Gebühr ... €
500	35,00	50 000	546,00
1 000	53,00	65 000	666,00
1 500	71,00	80 000	786,00
2 000	89,00	95 000	906,00
3 000	108,00	110 000	1 026,00
4 000	127,00	125 000	1 146,00
5 000	146,00	140 000	1 266,00
6 000	165,00	155 000	1 386,00
7 000	184,00	170 000	1 506,00
8 000	203,00	185 000	1 626,00
9 000	222,00	200 000	1 746,00
10 000	241,00	230 000	1 925,00
13 000	267,00	260 000	2 104,00
16 000	293,00	290 000	2 283,00
19 000	319,00	320 000	2 462,00
22 000	345,00	350 000	2 641,00
25 000	371,00	380 000	2 820,00
30 000	406,00	410 000	2 999,00
35 000	441,00	440 000	3 178,00
40 000	476,00	470 000	3 357,00
45 000	511,00	500 000	3 536,00

26. Gerichtsgebühren nach § 34 GKG (ausgenommen Verfahren vor den Arbeitsgerichten)

I. Überblick

Gerichtsgebühren nach dem GKG werden gem. **§ 1 Abs. 1 GKG** erhoben in Verfahren

1. nach der Zivilprozessordnung, einschließlich des Mahnverfahrens nach § 113 Abs. 2 des Gesetzes über das Verfahren in Familiensachen und in den Angelegenheiten der freiwilligen Gerichtsbarkeit und der Verfahren nach dem Gesetz über das Verfahren in Familiensachen und in den Angelegenheiten der freiwilligen Gerichtsbarkeit, soweit das Vollstreckungs- oder Arrestgericht zuständig ist;
2. nach der Insolvenzordnung;
3. nach der Schifffahrtsrechtlichen Verteilungsordnung;
4. nach dem Gesetz über die Zwangsversteigerung und die Zwangsverwaltung;
5. nach der Strafprozessordnung;
6. nach dem Jugendgerichtsgesetz;
7. nach dem Gesetz über Ordnungswidrigkeiten;
8. nach dem Strafvollzugsgesetz, auch in Verbindung mit § 92 des Jugendgerichtsgesetzes;
9. nach dem Gesetz gegen Wettbewerbsbeschränkungen;
10. nach dem Wertpapiererwerbs- und Übernahmegesetz, soweit dort nichts anderes bestimmt ist;
11. nach dem Wertpapierhandelsgesetz;
12. nach dem Anerkennungs- und Vollstreckungsausführungsgesetz;
13. nach dem Auslandsunterhaltsgesetz, soweit das Vollstreckungsgericht zuständig ist;
14. für Rechtsmittelverfahren vor dem Bundesgerichtshof nach dem Patentgesetz, dem Gebrauchsmustergesetz, dem Markengesetz, dem Geschmacksmustergesetz, dem Halbleiterschutzgesetz und dem Sortenschutzgesetz (Rechtsmittelverfahren des gewerblichen Rechtsschutzes);
15. nach dem Energiewirtschaftsgesetz;
16. nach dem Kapitalanleger-Musterverfahrensgesetz;
17. nach dem EG-Verbraucherschutzdurchsetzungsgesetz;
18. nach Abschnitt 2 Unterabschnitt 2 des Neunten Teils des Gesetzes über die internationale Rechtshilfe in Strafsachen und
19. nach dem Kohlendioxid-Speicherungsgesetz.

Das GKG ist gem. **§ 1 Abs. 2 GKG** ferner anzuwenden für Verfahren

1. vor den Gerichten der Verwaltungsgerichtsbarkeit nach der Verwaltungsgerichtsordnung;
2. vor den Gerichten der Finanzgerichtsbarkeit nach der Finanzgerichtsordnung;
3. vor den Gerichten der Sozialgerichtsbarkeit nach dem Sozialgerichtsgesetz, soweit nach diesem Gesetz das Gerichtskostengesetz anzuwenden ist;
4. vor den Gerichten für Arbeitssachen nach dem Arbeitsgerichtsgesetz und
5. vor den Staatsanwaltschaften nach der Strafprozessordnung, dem Jugendgerichtsgesetz und dem Gesetz über Ordnungswidrigkeiten.

Es gilt ferner gem. **§ 1 Abs. 3 GKG** für Verfahren

1. nach der Verordnung (EG) Nr. 861/2007 des Europäischen Parlaments und des Rates vom 11. Juli 2007 zur Einführung eines europäischen Verfahrens für geringfügige Forderungen (ABl. EU Nr. L 199 S. 1) und
2. nach der Verordnung (EG) Nr. 1896/2006 des Europäischen Parlaments und des Rates vom 12. Dezember 2006 zur Einführung eines Europäischen Mahnverfahrens (ABl. EU Nr. L 399 S. 1).

Schließlich gilt das GKG nach **§ 1 Abs. 4 GKG** für Verfahren über eine Beschwerde, die mit einem der in § 1 Abs. 1 bis 3 GKG genannten Verfahren im Zusammenhang steht

(z. B. eine Beschwerde nach § 33 RVG oder eine Beschwerde oder Rechtsbeschwerde nach § 11 RVG).

Soweit weder **Festgebühren** vorgesehen, die Höhe der Gebühr dem **Ermessen des Gerichts** überlassen ist (Nrn. 1901, 5601, 6600, 7061 KV GKG) oder in Straf- und Bußgeldsachen die Gebühr von der **Höhe der verhängten Geldbuße** abhängt (Nrn. 3117, 4110 KV GKG), richten sich die Gebühren gem. § 3 Abs. 1 GKG nach dem **Wert des Streitgegenstands (Streitwert)**.

Der **Streitwert** wiederum bemisst sich nach den Vorschriften der §§ 41 ff. GKG, gegebenenfalls auch nach den §§ 3 ff. ZPO, auf die § 48 Abs. 1 S. 1 GKG verweist, sofern das GKG keine eigenen Regelungen enthält.

Die **Festsetzung** des Streitwerts folgt nach den §§ 63 ff. GKG.

Maßgebend für die Wertberechnung ist derjenige **Zeitpunkt**, in dem der, den jeweiligen Streitgegenstand betreffende verfahrenseinleitende Antrag gestellt wird (§ 40 GKG).

In demselben Verfahren und in demselben Rechtszug werden die Werte **mehrerer Streitgegenstände** zusammengerechnet, soweit nichts anderes bestimmt ist (§ 39 Abs. 1 GKG). Solche anderweitigen Bestimmungen enthalten z. B. § 44 GKG (**Stufenklage**) oder § 45 Abs. 1 S. 3 GKG (**Klage und Widerklage bei demselben Streitgegenstand**); es gilt dann nur der höhere Wert. Ebenso werden die Werte von **Früchten, Nutzungen, Zinsen oder Kosten** als **Nebenforderungen** nicht der Hauptsache hinzugerechnet (§ 43 Abs. 1 GKG).

Nach § 39 Abs. 2 GKG ist der Streitwert auf **höchstens 30 Mio. Euro** beschränkt. Eine Möglichkeit, diesen Betrag bei mehreren Auftraggebern zu erhöhen – wie bei den Anwaltsgebühren (§ 22 Abs. 2 RVG) – gibt es für die Gerichtsgebühren nicht.

Die jeweiligen **Gebührensätze**, nach denen sich die Gerichtsgebühren berechnen, ergeben sich aus den Kostenverzeichnis (KV GKG), das als Anlage 1 gem. § 3 Abs. 2 GKG dem Gesetz beigefügt ist.[1]

Die **Gebührenbeträge** der **Wertgebühren** bestimmen sich wiederum nach § 34 Abs. 1 S. 1 u. 2 GKG und der nach § 34 Abs. 1 S. 3 GKG dem Gesetz als Anlage 2 beigefügten Tabelle.

Die **im Einzelfall zu erhebende Gebühr** ist zu berechnen, indem der Gebührenbetrag nach dem betreffenden Streitwert mit dem gefundenen Gebührensatz multipliziert wird. Siehe hierzu die Tabelle II. mit den ausgewiesenen Endbeträgen.

Soweit **Gebühren nur aus Teilwerten** anfallen, ist nur dieser Teilwert maßgebend (§ 39 Abs. 1 GKG). Ergeben sich aus einzelnen Teilwerten unterschiedliche Gebührensätze, gilt § 36 Abs. 2 u. 3 GKG. Das gilt jetzt auch im Verhältnis von Verfahrensgebühr zu Vergleichsgebühr (Anm. S. 2 zu Nr. 1900 KV GKG).

– Danach darf nicht mehr als eine Gebühr aus dem Gesamtbetrag der Teilwerte erhoben werden, wenn von einzelnen Wertteilen in demselben Rechtszug für gleiche Handlungen Gebühren zu berechnen sind (§ 36 Abs. 2 S. 1 GKG).

– Gelten für Teile des Gegenstands verschiedene Gebührensätze, sind die Gebühren für die Teile gesondert zu berechnen; die aus dem Gesamtbetrag der Wertteile nach dem höchsten Gebührensatz berechnete Gebühr darf jedoch nicht überschritten werden (§ 36 Abs. 2 S. 2 GKG).

Der **Mindestbetrag** einer Gebühr beträgt nach § 34 Abs. 3 GKG 15,00 Euro. Im Mahnverfahren beträgt die Mindestgebühr 32,00 Euro (Nr. 1110 KV GKG).[2]

Eine **Abrundungsregelung** sieht das GKG nicht vor, da keine Gebührenbeträge unter 1 Cent anfallen können.

---

[1] Abgedruckt auf S. 287.
[2] Dieser Wert gilt ab dem 1.8.2013 (Art. 3 Abs. 2 Nr. 1 2. KostRMoG). Bis zum 31.7.2013 galt noch ein Mindestwert von 25,00 Euro. Für Übergangsfälle gilt § 71 GKG.

II. Tabelle

Wert bis €	0,25	0,5	0,75	1,0	1,5	2,0	3,0	4,0	5,0	6,0
500	15,00[1]	17,50[2]	26,25	35,00	52,50	70,00	105,00	140,00	175,00	210,00
1.000	15,00[1]	26,50[2]	39,75	53,00	79,50	106,00	159,00	212,00	265,00	318,00
1.500	17,75	35,50	53,25	71,00	106,50	142,00	213,00	284,00	355,00	426,00
2.000	22,25	44,50	66,75	89,00	133,50	178,00	267,00	356,00	445,00	534,00
3.000	27,00	54,00	81,00	108,00	162,00	216,00	324,00	432,00	540,00	648,00
4.000	31,75	63,50	95,25	127,00	190,50	254,00	381,00	508,00	635,00	762,00
5.000	36,50	73,00	109,50	146,00	219,00	292,00	438,00	584,00	730,00	876,00
6.000	41,25	82,50	123,75	165,00	247,50	330,00	495,00	660,00	825,00	990,00
7.000	46,00	92,00	138,00	184,00	276,00	368,00	552,00	736,00	920,00	1.104,00
8.000	50,75	101,50	152,25	203,00	304,50	406,00	609,00	812,00	1.015,00	1.218,00
9.000	55,50	111,00	166,50	222,00	333,00	444,00	666,00	888,00	1.110,00	1.332,00
10.000	60,25	120,50	180,75	241,00	361,50	482,00	723,00	964,00	1.205,00	1.446,00
13.000	66,75	133,50	200,25	267,00	400,50	534,00	801,00	1.068,00	1.335,00	1.602,00
16.000	73,25	146,50	219,75	293,00	439,50	586,00	879,00	1.172,00	1.465,00	1.758,00
19.000	79,75	159,50	239,25	319,00	478,50	638,00	957,00	1.276,00	1.595,00	1.914,00
22.000	86,25	172,50	258,75	345,00	517,50	690,00	1.035,00	1.380,00	1.725,00	2.070,00
25.000	92,75	185,50	278,25	371,00	556,50	742,00	1.113,00	1.484,00	1.855,00	2.226,00
30.000	101,50	203,00	304,50	406,00	609,00	812,00	1.218,00	1.624,00	2.030,00	2.436,00
35.000	110,25	220,50	330,75	441,00	661,50	882,00	1.323,00	1.764,00	2.205,00	2.646,00
40.000	119,00	238,00	357,00	476,00	714,00	952,00	1.428,00	1.904,00	2.380,00	2.856,00
45.000	127,75	255,50	383,25	511,00	766,50	1.022,00	1.533,00	2.044,00	2.555,00	3.066,00
50.000	136,50	273,00	409,50	546,00	819,00	1.092,00	1.638,00	2.184,00	2.730,00	3.276,00
65.000	166,50	333,00	499,50	666,00	999,00	1.332,00	1.998,00	2.664,00	3.330,00	3.996,00
80.000	196,50	393,00	589,50	786,00	1.179,00	1.572,00	2.358,00	3.144,00	3.930,00	4.716,00
95.000	226,50	453,00	679,50	906,00	1.359,00	1.812,00	2.718,00	3.624,00	4.530,00	5.436,00
110.000	256,50	513,00	769,50	1.026,00	1.539,00	2.052,00	3.078,00	4.104,00	5.130,00	6.156,00
125.000	286,50	573,00	859,50	1.146,00	1.719,00	2.292,00	3.438,00	4.584,00	5.730,00	6.876,00
140.000	316,50	633,00	949,50	1.266,00	1.899,00	2.532,00	3.798,00	5.064,00	6.330,00	7.596,00
155.000	346,50	693,00	1.039,50	1.386,00	2.079,00	2.772,00	4.158,00	5.544,00	6.930,00	8.316,00
170.000	376,50	753,00	1.129,50	1.506,00	2.259,00	3.012,00	4.518,00	6.024,00	7.530,00	9.036,00
185.000	406,50	813,00	1.219,50	1.626,00	2.439,00	3.252,00	4.878,00	6.504,00	8.130,00	9.756,00
200.000	436,50	873,00	1.309,50	1.746,00	2.619,00	3.492,00	5.238,00	6.984,00	8.730,00	10.476,00
230.000	481,25	962,50	1.443,75	1.925,00	2.887,50	3.850,00	5.775,00	7.700,00	9.625,00	11.550,00
260.000	526,00	1.052,00	1.578,00	2.104,00	3.156,00	4.208,00	6.312,00	8.416,00	10.520,00	12.624,00
290.000	570,75	1.141,50	1.712,25	2.283,00	3.424,50	4.566,00	6.849,00	9.132,00	11.415,00	13.698,00
320.000	615,50	1.231,00	1.846,50	2.462,00	3.693,00	4.924,00	7.386,00	9.848,00	12.310,00	14.772,00
350.000	660,25	1.320,50	1.980,75	2.641,00	3.961,50	5.282,00	7.923,00	10.564,00	13.205,00	15.846,00
380.000	705,00	1.410,00	2.115,00	2.820,00	4.230,00	5.640,00	8.460,00	11.280,00	14.100,00	16.920,00
410.000	749,75	1.499,50	2.249,25	2.999,00	4.498,50	5.998,00	8.997,00	11.996,00	14.995,00	17.994,00
440.000	794,50	1.589,00	2.383,50	3.178,00	4.767,00	6.356,00	9.534,00	12.712,00	15.890,00	19.068,00
470.000	839,25	1.678,50	2.517,75	3.357,00	5.035,50	6.714,00	10.071,00	13.428,00	16.785,00	20.142,00
500.000	884,00	1.768,00	2.652,00	3.536,00	5.304,00	7.072,00	10.608,00	14.144,00	17.680,00	21.216,00
550.000	929,00	1.858,00	2.787,00	3.716,00	5.574,00	7.432,00	11.148,00	14.864,00	18.580,00	22.296,00
600.000	974,00	1.948,00	2.922,00	3.896,00	5.844,00	7.792,00	11.688,00	15.584,00	19.480,00	23.376,00
650.000	1.019,00	2.038,00	3.057,00	4.076,00	6.114,00	8.152,00	12.228,00	16.304,00	20.380,00	24.456,00
700.000	1.064,00	2.128,00	3.192,00	4.256,00	6.384,00	8.512,00	12.768,00	17.024,00	21.280,00	25.536,00
750.000	1.109,00	2.218,00	3.327,00	4.436,00	6.654,00	8.872,00	13.308,00	17.744,00	22.180,00	26.616,00
800.000	1.154,00	2.308,00	3.462,00	4.616,00	6.924,00	9.232,00	13.848,00	18.464,00	23.080,00	27.696,00
850.000	1.199,00	2.398,00	3.597,00	4.796,00	7.194,00	9.592,00	14.388,00	19.184,00	23.980,00	28.776,00

[1] Mindestbetrag nach § 13 Abs. 2 GKG.
[2] Mindestbetrag im Verfahren über den Erlass eines Mahnbescheids 32,00 Euro.

Wert bis €	0,25	0,5	0,75	1,0	1,5	2,0	3,0	4,0	5,0	6,0
900.000	1.244,00	2.488,00	3.732,00	4.976,00	7.464,00	9.952,00	14.928,00	19.904,00	24.880,00	29.856,00
950.000	1.289,00	2.578,00	3.867,00	5.156,00	7.734,00	10.312,00	15.468,00	20.624,00	25.780,00	30.936,00
1.000.000	1.334,00	2.668,00	4.002,00	5.336,00	8.004,00	10.672,00	16.008,00	21.344,00	26.680,00	32.016,00
1.050.000	1.379,00	2.758,00	4.137,00	5.516,00	8.274,00	11.032,00	16.548,00	22.064,00	27.580,00	33.096,00
1.100.000	1.424,00	2.848,00	4.272,00	5.696,00	8.544,00	11.392,00	17.088,00	22.784,00	28.480,00	34.176,00
1.150.000	1.469,00	2.938,00	4.407,00	5.876,00	8.814,00	11.752,00	17.628,00	23.504,00	29.380,00	35.256,00
1.200.000	1.514,00	3.028,00	4.542,00	6.056,00	9.084,00	12.112,00	18.168,00	24.224,00	30.280,00	36.336,00
1.250.000	1.559,00	3.118,00	4.677,00	6.236,00	9.354,00	12.472,00	18.708,00	24.944,00	31.180,00	37.416,00
1.300.000	1.604,00	3.208,00	4.812,00	6.416,00	9.624,00	12.832,00	19.248,00	25.664,00	32.080,00	38.496,00
1.350.000	1.649,00	3.298,00	4.947,00	6.596,00	9.894,00	13.192,00	19.788,00	26.384,00	32.980,00	39.576,00
1.400.000	1.694,00	3.388,00	5.082,00	6.776,00	10.164,00	13.552,00	20.328,00	27.104,00	33.880,00	40.656,00
1.450.000	1.739,00	3.478,00	5.217,00	6.956,00	10.434,00	13.912,00	20.868,00	27.824,00	34.780,00	41.736,00
1.500.000	1.784,00	3.568,00	5.352,00	7.136,00	10.704,00	14.272,00	21.408,00	28.544,00	35.680,00	42.816,00
1.550.000	1.829,00	3.658,00	5.487,00	7.316,00	10.974,00	14.632,00	21.948,00	29.264,00	36.580,00	43.896,00
1.600.000	1.874,00	3.748,00	5.622,00	7.496,00	11.244,00	14.992,00	22.488,00	29.984,00	37.480,00	44.976,00
1.650.000	1.919,00	3.838,00	5.757,00	7.676,00	11.514,00	15.352,00	23.028,00	30.704,00	38.380,00	46.056,00
1.700.000	1.964,00	3.928,00	5.892,00	7.856,00	11.784,00	15.712,00	23.568,00	31.424,00	39.280,00	47.136,00
1.750.000	2.009,00	4.018,00	6.027,00	8.036,00	12.054,00	16.072,00	24.108,00	32.144,00	40.180,00	48.216,00
1.800.000	2.054,00	4.108,00	6.162,00	8.216,00	12.324,00	16.432,00	24.648,00	32.864,00	41.080,00	49.296,00
1.850.000	2.099,00	4.198,00	6.297,00	8.396,00	12.594,00	16.792,00	25.188,00	33.584,00	41.980,00	50.376,00
1.900.000	2.144,00	4.288,00	6.432,00	8.576,00	12.864,00	17.152,00	25.728,00	34.304,00	42.880,00	51.456,00
1.950.000	2.189,00	4.378,00	6.567,00	8.756,00	13.134,00	17.512,00	26.268,00	35.024,00	43.780,00	52.536,00
2.000.000	2.234,00	4.468,00	6.702,00	8.936,00	13.404,00	17.872,00	26.808,00	35.744,00	44.680,00	53.616,00
2.050.000	2.279,00	4.558,00	6.837,00	9.116,00	13.674,00	18.232,00	27.348,00	36.464,00	45.580,00	54.696,00
2.100.000	2.324,00	4.648,00	6.972,00	9.296,00	13.944,00	18.592,00	27.888,00	37.184,00	46.480,00	55.776,00
2.150.000	2.369,00	4.738,00	7.107,00	9.476,00	14.214,00	18.952,00	28.428,00	37.904,00	47.380,00	56.856,00
2.200.000	2.414,00	4.828,00	7.242,00	9.656,00	14.484,00	19.312,00	28.968,00	38.624,00	48.280,00	57.936,00
2.250.000	2.459,00	4.918,00	7.377,00	9.836,00	14.754,00	19.672,00	29.508,00	39.344,00	49.180,00	59.016,00
2.300.000	2.504,00	5.008,00	7.512,00	10.016,00	15.024,00	20.032,00	30.048,00	40.064,00	50.080,00	60.096,00
2.350.000	2.549,00	5.098,00	7.647,00	10.196,00	15.294,00	20.392,00	30.588,00	40.784,00	50.980,00	61.176,00
2.400.000	2.594,00	5.188,00	7.782,00	10.376,00	15.564,00	20.752,00	31.128,00	41.504,00	51.880,00	62.256,00
2.450.000	2.639,00	5.278,00	7.917,00	10.556,00	15.834,00	21.112,00	31.668,00	42.224,00	52.780,00	63.336,00
2.500.000	2.684,00	5.368,00	8.052,00	10.736,00	16.104,00	21.472,00	32.208,00	42.944,00	53.680,00	64.416,00
2.550.000	2.729,00	5.458,00	8.187,00	10.916,00	16.374,00	21.832,00	32.748,00	43.664,00	54.580,00	65.496,00
2.600.000	2.774,00	5.548,00	8.322,00	11.096,00	16.644,00	22.192,00	33.288,00	44.384,00	55.480,00	66.576,00
2.650.000	2.819,00	5.638,00	8.457,00	11.276,00	16.914,00	22.552,00	33.828,00	45.104,00	56.380,00	67.656,00
2.700.000	2.864,00	5.728,00	8.592,00	11.456,00	17.184,00	22.912,00	34.368,00	45.824,00	57.280,00	68.736,00
2.750.000	2.909,00	5.818,00	8.727,00	11.636,00	17.454,00	23.272,00	34.908,00	46.544,00	58.180,00	69.816,00
2.800.000	2.954,00	5.908,00	8.862,00	11.816,00	17.724,00	23.632,00	35.448,00	47.264,00	59.080,00	70.896,00
2.850.000	2.999,00	5.998,00	8.997,00	11.996,00	17.994,00	23.992,00	35.988,00	47.984,00	59.980,00	71.976,00
2.900.000	3.044,00	6.088,00	9.132,00	12.176,00	18.264,00	24.352,00	36.528,00	48.704,00	60.880,00	73.056,00
2.950.000	3.089,00	6.178,00	9.267,00	12.356,00	18.534,00	24.712,00	37.068,00	49.424,00	61.780,00	74.136,00
3.000.000	3.134,00	6.268,00	9.402,00	12.536,00	18.804,00	25.072,00	37.608,00	50.144,00	62.680,00	75.216,00
3.050.000	3.179,00	6.358,00	9.537,00	12.716,00	19.074,00	25.432,00	38.148,00	50.864,00	63.580,00	76.296,00
3.100.000	3.224,00	6.448,00	9.672,00	12.896,00	19.344,00	25.792,00	38.688,00	51.584,00	64.480,00	77.376,00
3.150.000	3.269,00	6.538,00	9.807,00	13.076,00	19.614,00	26.152,00	39.228,00	52.304,00	65.380,00	78.456,00
3.200.000	3.314,00	6.628,00	9.942,00	13.256,00	19.884,00	26.512,00	39.768,00	53.024,00	66.280,00	79.536,00
3.250.000	3.359,00	6.718,00	10.077,00	13.436,00	20.154,00	26.872,00	40.308,00	53.744,00	67.180,00	80.616,00
3.300.000	3.404,00	6.808,00	10.212,00	13.616,00	20.424,00	27.232,00	40.848,00	54.464,00	68.080,00	81.696,00
3.350.000	3.449,00	6.898,00	10.347,00	13.796,00	20.694,00	27.592,00	41.388,00	55.184,00	68.980,00	82.776,00
3.400.000	3.494,00	6.988,00	10.482,00	13.976,00	20.964,00	27.952,00	41.928,00	55.904,00	69.880,00	83.856,00
3.450.000	3.539,00	7.078,00	10.617,00	14.156,00	21.234,00	28.312,00	42.468,00	56.624,00	70.780,00	84.936,00
3.500.000	3.584,00	7.168,00	10.752,00	14.336,00	21.504,00	28.672,00	43.008,00	57.344,00	71.680,00	86.016,00
3.550.000	3.629,00	7.258,00	10.887,00	14.516,00	21.774,00	29.032,00	43.548,00	58.064,00	72.580,00	87.096,00

26. Gerichtsgebühren nach § 34 GKG

Wert bis €	0,25	0,5	0,75	1,0	1,5	2,0	3,0	4,0	5,0	6,0
3.600.000	3.674,00	7.348,00	11.022,00	14.696,00	22.044,00	29.392,00	44.088,00	58.784,00	73.480,00	88.176,00
3.650.000	3.719,00	7.438,00	11.157,00	14.876,00	22.314,00	29.752,00	44.628,00	59.504,00	74.380,00	89.256,00
3.700.000	3.764,00	7.528,00	11.292,00	15.056,00	22.584,00	30.112,00	45.168,00	60.224,00	75.280,00	90.336,00
3.750.000	3.809,00	7.618,00	11.427,00	15.236,00	22.854,00	30.472,00	45.708,00	60.944,00	76.180,00	91.416,00
3.800.000	3.854,00	7.708,00	11.562,00	15.416,00	23.124,00	30.832,00	46.248,00	61.664,00	77.080,00	92.496,00
3.850.000	3.899,00	7.798,00	11.697,00	15.596,00	23.394,00	31.192,00	46.788,00	62.384,00	77.980,00	93.576,00
3.900.000	3.944,00	7.888,00	11.832,00	15.776,00	23.664,00	31.552,00	47.328,00	63.104,00	78.880,00	94.656,00
3.950.000	3.989,00	7.978,00	11.967,00	15.956,00	23.934,00	31.912,00	47.868,00	63.824,00	79.780,00	95.736,00
4.000.000	4.034,00	8.068,00	12.102,00	16.136,00	24.204,00	32.272,00	48.408,00	64.544,00	80.680,00	96.816,00
4.050.000	4.079,00	8.158,00	12.237,00	16.316,00	24.474,00	32.632,00	48.948,00	65.264,00	81.580,00	97.896,00
4.100.000	4.124,00	8.248,00	12.372,00	16.496,00	24.744,00	32.992,00	49.488,00	65.984,00	82.480,00	98.976,00
4.150.000	4.169,00	8.338,00	12.507,00	16.676,00	25.014,00	33.352,00	50.028,00	66.704,00	83.380,00	100.056,00
4.200.000	4.214,00	8.428,00	12.642,00	16.856,00	25.284,00	33.712,00	50.568,00	67.424,00	84.280,00	101.136,00
4.250.000	4.259,00	8.518,00	12.777,00	17.036,00	25.554,00	34.072,00	51.108,00	68.144,00	85.180,00	102.216,00
4.300.000	4.304,00	8.608,00	12.912,00	17.216,00	25.824,00	34.432,00	51.648,00	68.864,00	86.080,00	103.296,00
4.350.000	4.349,00	8.698,00	13.047,00	17.396,00	26.094,00	34.792,00	52.188,00	69.584,00	86.980,00	104.376,00
4.400.000	4.394,00	8.788,00	13.182,00	17.576,00	26.364,00	35.152,00	52.728,00	70.304,00	87.880,00	105.456,00
4.450.000	4.439,00	8.878,00	13.317,00	17.756,00	26.634,00	35.512,00	53.268,00	71.024,00	88.780,00	106.536,00
4.500.000	4.484,00	8.968,00	13.452,00	17.936,00	26.904,00	35.872,00	53.808,00	71.744,00	89.680,00	107.616,00
4.550.000	4.529,00	9.058,00	13.587,00	18.116,00	27.174,00	36.232,00	54.348,00	72.464,00	90.580,00	108.696,00
4.600.000	4.574,00	9.148,00	13.722,00	18.296,00	27.444,00	36.592,00	54.888,00	73.184,00	91.480,00	109.776,00
4.650.000	4.619,00	9.238,00	13.857,00	18.476,00	27.714,00	36.952,00	55.428,00	73.904,00	92.380,00	110.856,00
4.700.000	4.664,00	9.328,00	13.992,00	18.656,00	27.984,00	37.312,00	55.968,00	74.624,00	93.280,00	111.936,00
4.750.000	4.709,00	9.418,00	14.127,00	18.836,00	28.254,00	37.672,00	56.508,00	75.344,00	94.180,00	113.016,00
4.800.000	4.754,00	9.508,00	14.262,00	19.016,00	28.524,00	38.032,00	57.048,00	76.064,00	95.080,00	114.096,00
4.850.000	4.799,00	9.598,00	14.397,00	19.196,00	28.794,00	38.392,00	57.588,00	76.784,00	95.980,00	115.176,00
4.900.000	4.844,00	9.688,00	14.532,00	19.376,00	29.064,00	38.752,00	58.128,00	77.504,00	96.880,00	116.256,00
4.950.000	4.889,00	9.778,00	14.667,00	19.556,00	29.334,00	39.112,00	58.668,00	78.224,00	97.780,00	117.336,00
5.000.000	4.934,00	9.868,00	14.802,00	19.736,00	29.604,00	39.472,00	59.208,00	78.944,00	98.680,00	118.416,00
5.050.000	4.979,00	9.958,00	14.937,00	19.916,00	29.874,00	39.832,00	59.748,00	79.664,00	99.580,00	119.496,00
5.100.000	5.024,00	10.048,00	15.072,00	20.096,00	30.144,00	40.192,00	60.288,00	80.384,00	100.480,00	120.576,00
5.150.000	5.069,00	10.138,00	15.207,00	20.276,00	30.414,00	40.552,00	60.828,00	81.104,00	101.380,00	121.656,00
5.200.000	5.114,00	10.228,00	15.342,00	20.456,00	30.684,00	40.912,00	61.368,00	81.824,00	102.280,00	122.736,00
5.250.000	5.159,00	10.318,00	15.477,00	20.636,00	30.954,00	41.272,00	61.908,00	82.544,00	103.180,00	123.816,00
5.300.000	5.204,00	10.408,00	15.612,00	20.816,00	31.224,00	41.632,00	62.448,00	83.264,00	104.080,00	124.896,00
5.350.000	5.249,00	10.498,00	15.747,00	20.996,00	31.494,00	41.992,00	62.988,00	83.984,00	104.980,00	125.976,00
5.400.000	5.294,00	10.588,00	15.882,00	21.176,00	31.764,00	42.352,00	63.528,00	84.704,00	105.880,00	127.056,00
5.450.000	5.339,00	10.678,00	16.017,00	21.356,00	32.034,00	42.712,00	64.068,00	85.424,00	106.780,00	128.136,00
5.500.000	5.384,00	10.768,00	16.152,00	21.536,00	32.304,00	43.072,00	64.608,00	86.144,00	107.680,00	129.216,00
5.550.000	5.429,00	10.858,00	16.287,00	21.716,00	32.574,00	43.432,00	65.148,00	86.864,00	108.580,00	130.296,00
5.600.000	5.474,00	10.948,00	16.422,00	21.896,00	32.844,00	43.792,00	65.688,00	87.584,00	109.480,00	131.376,00
5.650.000	5.519,00	11.038,00	16.557,00	22.076,00	33.114,00	44.152,00	66.228,00	88.304,00	110.380,00	132.456,00
5.700.000	5.564,00	11.128,00	16.692,00	22.256,00	33.384,00	44.512,00	66.768,00	89.024,00	111.280,00	133.536,00
5.750.000	5.609,00	11.218,00	16.827,00	22.436,00	33.654,00	44.872,00	67.308,00	89.744,00	112.180,00	134.616,00
5.800.000	5.654,00	11.308,00	16.962,00	22.616,00	33.924,00	45.232,00	67.848,00	90.464,00	113.080,00	135.696,00
5.850.000	5.699,00	11.398,00	17.097,00	22.796,00	34.194,00	45.592,00	68.388,00	91.184,00	113.980,00	136.776,00
5.900.000	5.744,00	11.488,00	17.232,00	22.976,00	34.464,00	45.952,00	68.928,00	91.904,00	114.880,00	137.856,00
5.950.000	5.789,00	11.578,00	17.367,00	23.156,00	34.734,00	46.312,00	69.468,00	92.624,00	115.780,00	138.936,00
6.000.000	5.834,00	11.668,00	17.502,00	23.336,00	35.004,00	46.672,00	70.008,00	93.344,00	116.680,00	140.016,00
6.050.000	5.879,00	11.758,00	17.637,00	23.516,00	35.274,00	47.032,00	70.548,00	94.064,00	117.580,00	141.096,00
6.100.000	5.924,00	11.848,00	17.772,00	23.696,00	35.544,00	47.392,00	71.088,00	94.784,00	118.480,00	142.176,00
6.150.000	5.969,00	11.938,00	17.907,00	23.876,00	35.814,00	47.752,00	71.628,00	95.504,00	119.380,00	143.256,00
6.200.000	6.014,00	12.028,00	18.042,00	24.056,00	36.084,00	48.112,00	72.168,00	96.224,00	120.280,00	144.336,00
6.250.000	6.059,00	12.118,00	18.177,00	24.236,00	36.354,00	48.472,00	72.708,00	96.944,00	121.180,00	145.416,00

Wert bis €	0,25	0,5	0,75	1,0	1,5	2,0	3,0	4,0	5,0	6,0
6.300.000	6.104,00	12.208,00	18.312,00	24.416,00	36.624,00	48.832,00	73.248,00	97.664,00	122.080,00	146.496,00
6.350.000	6.149,00	12.298,00	18.447,00	24.596,00	36.894,00	49.192,00	73.788,00	98.384,00	122.980,00	147.576,00
6.400.000	6.194,00	12.388,00	18.582,00	24.776,00	37.164,00	49.552,00	74.328,00	99.104,00	123.880,00	148.656,00
6.450.000	6.239,00	12.478,00	18.717,00	24.956,00	37.434,00	49.912,00	74.868,00	99.824,00	124.780,00	149.736,00
6.500.000	6.284,00	12.568,00	18.852,00	25.136,00	37.704,00	50.272,00	75.408,00	100.544,00	125.680,00	150.816,00
6.550.000	6.329,00	12.658,00	18.987,00	25.316,00	37.974,00	50.632,00	75.948,00	101.264,00	126.580,00	151.896,00
6.600.000	6.374,00	12.748,00	19.122,00	25.496,00	38.244,00	50.992,00	76.488,00	101.984,00	127.480,00	152.976,00
6.650.000	6.419,00	12.838,00	19.257,00	25.676,00	38.514,00	51.352,00	77.028,00	102.704,00	128.380,00	154.056,00
6.700.000	6.464,00	12.928,00	19.392,00	25.856,00	38.784,00	51.712,00	77.568,00	103.424,00	129.280,00	155.136,00
6.750.000	6.509,00	13.018,00	19.527,00	26.036,00	39.054,00	52.072,00	78.108,00	104.144,00	130.180,00	156.216,00
6.800.000	6.554,00	13.108,00	19.662,00	26.216,00	39.324,00	52.432,00	78.648,00	104.864,00	131.080,00	157.296,00
6.850.000	6.599,00	13.198,00	19.797,00	26.396,00	39.594,00	52.792,00	79.188,00	105.584,00	131.980,00	158.376,00
6.900.000	6.644,00	13.288,00	19.932,00	26.576,00	39.864,00	53.152,00	79.728,00	106.304,00	132.880,00	159.456,00
6.950.000	6.689,00	13.378,00	20.067,00	26.756,00	40.134,00	53.512,00	80.268,00	107.024,00	133.780,00	160.536,00
7.000.000	6.734,00	13.468,00	20.202,00	26.936,00	40.404,00	53.872,00	80.808,00	107.744,00	134.680,00	161.616,00
7.050.000	6.779,00	13.558,00	20.337,00	27.116,00	40.674,00	54.232,00	81.348,00	108.464,00	135.580,00	162.696,00
7.100.000	6.824,00	13.648,00	20.472,00	27.296,00	40.944,00	54.592,00	81.888,00	109.184,00	136.480,00	163.776,00
7.150.000	6.869,00	13.738,00	20.607,00	27.476,00	41.214,00	54.952,00	82.428,00	109.904,00	137.380,00	164.856,00
7.200.000	6.914,00	13.828,00	20.742,00	27.656,00	41.484,00	55.312,00	82.968,00	110.624,00	138.280,00	165.936,00
7.250.000	6.959,00	13.918,00	20.877,00	27.836,00	41.754,00	55.672,00	83.508,00	111.344,00	139.180,00	167.016,00
7.300.000	7.004,00	14.008,00	21.012,00	28.016,00	42.024,00	56.032,00	84.048,00	112.064,00	140.080,00	168.096,00
7.350.000	7.049,00	14.098,00	21.147,00	28.196,00	42.294,00	56.392,00	84.588,00	112.784,00	140.980,00	169.176,00
7.400.000	7.094,00	14.188,00	21.282,00	28.376,00	42.564,00	56.752,00	85.128,00	113.504,00	141.880,00	170.256,00
7.450.000	7.139,00	14.278,00	21.417,00	28.556,00	42.834,00	57.112,00	85.668,00	114.224,00	142.780,00	171.336,00
7.500.000	7.184,00	14.368,00	21.552,00	28.736,00	43.104,00	57.472,00	86.208,00	114.944,00	143.680,00	172.416,00
7.550.000	7.229,00	14.458,00	21.687,00	28.916,00	43.374,00	57.832,00	86.748,00	115.664,00	144.580,00	173.496,00
7.600.000	7.274,00	14.548,00	21.822,00	29.096,00	43.644,00	58.192,00	87.288,00	116.384,00	145.480,00	174.576,00
7.650.000	7.319,00	14.638,00	21.957,00	29.276,00	43.914,00	58.552,00	87.828,00	117.104,00	146.380,00	175.656,00
7.700.000	7.364,00	14.728,00	22.092,00	29.456,00	44.184,00	58.912,00	88.368,00	117.824,00	147.280,00	176.736,00
7.750.000	7.409,00	14.818,00	22.227,00	29.636,00	44.454,00	59.272,00	88.908,00	118.544,00	148.180,00	177.816,00
7.800.000	7.454,00	14.908,00	22.362,00	29.816,00	44.724,00	59.632,00	89.448,00	119.264,00	149.080,00	178.896,00
7.850.000	7.499,00	14.998,00	22.497,00	29.996,00	44.994,00	59.992,00	89.988,00	119.984,00	149.980,00	179.976,00
7.900.000	7.544,00	15.088,00	22.632,00	30.176,00	45.264,00	60.352,00	90.528,00	120.704,00	150.880,00	181.056,00
7.950.000	7.589,00	15.178,00	22.767,00	30.356,00	45.534,00	60.712,00	91.068,00	121.424,00	151.780,00	182.136,00
8.000.000	7.634,00	15.268,00	22.902,00	30.536,00	45.804,00	61.072,00	91.608,00	122.144,00	152.680,00	183.216,00
8.050.000	7.679,00	15.358,00	23.037,00	30.716,00	46.074,00	61.432,00	92.148,00	122.864,00	153.580,00	184.296,00
8.100.000	7.724,00	15.448,00	23.172,00	30.896,00	46.344,00	61.792,00	92.688,00	123.584,00	154.480,00	185.376,00
8.150.000	7.769,00	15.538,00	23.307,00	31.076,00	46.614,00	62.152,00	93.228,00	124.304,00	155.380,00	186.456,00
8.200.000	7.814,00	15.628,00	23.442,00	31.256,00	46.884,00	62.512,00	93.768,00	125.024,00	156.280,00	187.536,00
8.250.000	7.859,00	15.718,00	23.577,00	31.436,00	47.154,00	62.872,00	94.308,00	125.744,00	157.180,00	188.616,00
8.300.000	7.904,00	15.808,00	23.712,00	31.616,00	47.424,00	63.232,00	94.848,00	126.464,00	158.080,00	189.696,00
8.350.000	7.949,00	15.898,00	23.847,00	31.796,00	47.694,00	63.592,00	95.388,00	127.184,00	158.980,00	190.776,00
8.400.000	7.994,00	15.988,00	23.982,00	31.976,00	47.964,00	63.952,00	95.928,00	127.904,00	159.880,00	191.856,00
8.450.000	8.039,00	16.078,00	24.117,00	32.156,00	48.234,00	64.312,00	96.468,00	128.624,00	160.780,00	192.936,00
8.500.000	8.084,00	16.168,00	24.252,00	32.336,00	48.504,00	64.672,00	97.008,00	129.344,00	161.680,00	194.016,00
8.550.000	8.129,00	16.258,00	24.387,00	32.516,00	48.774,00	65.032,00	97.548,00	130.064,00	162.580,00	195.096,00
8.600.000	8.174,00	16.348,00	24.522,00	32.696,00	49.044,00	65.392,00	98.088,00	130.784,00	163.480,00	196.176,00
8.650.000	8.219,00	16.438,00	24.657,00	32.876,00	49.314,00	65.752,00	98.628,00	131.504,00	164.380,00	197.256,00
8.700.000	8.264,00	16.528,00	24.792,00	33.056,00	49.584,00	66.112,00	99.168,00	132.224,00	165.280,00	198.336,00
8.750.000	8.309,00	16.618,00	24.927,00	33.236,00	49.854,00	66.472,00	99.708,00	132.944,00	166.180,00	199.416,00
8.800.000	8.354,00	16.708,00	25.062,00	33.416,00	50.124,00	66.832,00	100.248,00	133.664,00	167.080,00	200.496,00
8.850.000	8.399,00	16.798,00	25.197,00	33.596,00	50.394,00	67.192,00	100.788,00	134.384,00	167.980,00	201.576,00
8.900.000	8.444,00	16.888,00	25.332,00	33.776,00	50.664,00	67.552,00	101.328,00	135.104,00	168.880,00	202.656,00
8.950.000	8.489,00	16.978,00	25.467,00	33.956,00	50.934,00	67.912,00	101.868,00	135.824,00	169.780,00	203.736,00

Wert bis €	0,25	0,5	0,75	1,0	1,5	2,0	3,0	4,0	5,0	6,0
9.000.000	8.534,00	17.068,00	25.602,00	34.136,00	51.204,00	68.272,00	102.408,00	136.544,00	170.680,00	204.816,00
9.050.000	8.579,00	17.158,00	25.737,00	34.316,00	51.474,00	68.632,00	102.948,00	137.264,00	171.580,00	205.896,00
9.100.000	8.624,00	17.248,00	25.872,00	34.496,00	51.744,00	68.992,00	103.488,00	137.984,00	172.480,00	206.976,00
9.150.000	8.669,00	17.338,00	26.007,00	34.676,00	52.014,00	69.352,00	104.028,00	138.704,00	173.380,00	208.056,00
9.200.000	8.714,00	17.428,00	26.142,00	34.856,00	52.284,00	69.712,00	104.568,00	139.424,00	174.280,00	209.136,00
9.250.000	8.759,00	17.518,00	26.277,00	35.036,00	52.554,00	70.072,00	105.108,00	140.144,00	175.180,00	210.216,00
9.300.000	8.804,00	17.608,00	26.412,00	35.216,00	52.824,00	70.432,00	105.648,00	140.864,00	176.080,00	211.296,00
9.350.000	8.849,00	17.698,00	26.547,00	35.396,00	53.094,00	70.792,00	106.188,00	141.584,00	176.980,00	212.376,00
9.400.000	8.894,00	17.788,00	26.682,00	35.576,00	53.364,00	71.152,00	106.728,00	142.304,00	177.880,00	213.456,00
9.450.000	8.939,00	17.878,00	26.817,00	35.756,00	53.634,00	71.512,00	107.268,00	143.024,00	178.780,00	214.536,00
9.500.000	8.984,00	17.968,00	26.952,00	35.936,00	53.904,00	71.872,00	107.808,00	143.744,00	179.680,00	215.616,00
9.550.000	9.029,00	18.058,00	27.087,00	36.116,00	54.174,00	72.232,00	108.348,00	144.464,00	180.580,00	216.696,00
9.600.000	9.074,00	18.148,00	27.222,00	36.296,00	54.444,00	72.592,00	108.888,00	145.184,00	181.480,00	217.776,00
9.650.000	9.119,00	18.238,00	27.357,00	36.476,00	54.714,00	72.952,00	109.428,00	145.904,00	182.380,00	218.856,00
9.700.000	9.164,00	18.328,00	27.492,00	36.656,00	54.984,00	73.312,00	109.968,00	146.624,00	183.280,00	219.936,00
9.750.000	9.209,00	18.418,00	27.627,00	36.836,00	55.254,00	73.672,00	110.508,00	147.344,00	184.180,00	221.016,00
9.800.000	9.254,00	18.508,00	27.762,00	37.016,00	55.524,00	74.032,00	111.048,00	148.064,00	185.080,00	222.096,00
9.850.000	9.299,00	18.598,00	27.897,00	37.196,00	55.794,00	74.392,00	111.588,00	148.784,00	185.980,00	223.176,00
9.900.000	9.344,00	18.688,00	28.032,00	37.376,00	56.064,00	74.752,00	112.128,00	149.504,00	186.880,00	224.256,00
9.950.000	9.389,00	18.778,00	28.167,00	37.556,00	56.334,00	75.112,00	112.668,00	150.224,00	187.780,00	225.336,00
10.000.000	9.434,00	18.868,00	28.302,00	37.736,00	56.604,00	75.472,00	113.208,00	150.944,00	188.680,00	226.416,00
10.050.000	9.479,00	18.958,00	28.437,00	37.916,00	56.874,00	75.832,00	113.748,00	151.664,00	189.580,00	227.496,00
10.100.000	9.524,00	19.048,00	28.572,00	38.096,00	57.144,00	76.192,00	114.288,00	152.384,00	190.480,00	228.576,00
10.150.000	9.569,00	19.138,00	28.707,00	38.276,00	57.414,00	76.552,00	114.828,00	153.104,00	191.380,00	229.656,00
10.200.000	9.614,00	19.228,00	28.842,00	38.456,00	57.684,00	76.912,00	115.368,00	153.824,00	192.280,00	230.736,00
10.250.000	9.659,00	19.318,00	28.977,00	38.636,00	57.954,00	77.272,00	115.908,00	154.544,00	193.180,00	231.816,00
10.300.000	9.704,00	19.408,00	29.112,00	38.816,00	58.224,00	77.632,00	116.448,00	155.264,00	194.080,00	232.896,00
10.350.000	9.749,00	19.498,00	29.247,00	38.996,00	58.494,00	77.992,00	116.988,00	155.984,00	194.980,00	233.976,00
10.400.000	9.794,00	19.588,00	29.382,00	39.176,00	58.764,00	78.352,00	117.528,00	156.704,00	195.880,00	235.056,00
10.450.000	9.839,00	19.678,00	29.517,00	39.356,00	59.034,00	78.712,00	118.068,00	157.424,00	196.780,00	236.136,00
10.500.000	9.884,00	19.768,00	29.652,00	39.536,00	59.304,00	79.072,00	118.608,00	158.144,00	197.680,00	237.216,00
10.550.000	9.929,00	19.858,00	29.787,00	39.716,00	59.574,00	79.432,00	119.148,00	158.864,00	198.580,00	238.296,00
10.600.000	9.974,00	19.948,00	29.922,00	39.896,00	59.844,00	79.792,00	119.688,00	159.584,00	199.480,00	239.376,00
10.650.000	10.019,00	20.038,00	30.057,00	40.076,00	60.114,00	80.152,00	120.228,00	160.304,00	200.380,00	240.456,00
10.700.000	10.064,00	20.128,00	30.192,00	40.256,00	60.384,00	80.512,00	120.768,00	161.024,00	201.280,00	241.536,00
10.750.000	10.109,00	20.218,00	30.327,00	40.436,00	60.654,00	80.872,00	121.308,00	161.744,00	202.180,00	242.616,00
10.800.000	10.154,00	20.308,00	30.462,00	40.616,00	60.924,00	81.232,00	121.848,00	162.464,00	203.080,00	243.696,00
10.850.000	10.199,00	20.398,00	30.597,00	40.796,00	61.194,00	81.592,00	122.388,00	163.184,00	203.980,00	244.776,00
10.900.000	10.244,00	20.488,00	30.732,00	40.976,00	61.464,00	81.952,00	122.928,00	163.904,00	204.880,00	245.856,00
10.950.000	10.289,00	20.578,00	30.867,00	41.156,00	61.734,00	82.312,00	123.468,00	164.624,00	205.780,00	246.936,00
11.000.000	10.334,00	20.668,00	31.002,00	41.336,00	62.004,00	82.672,00	124.008,00	165.344,00	206.680,00	248.016,00
11.050.000	10.379,00	20.758,00	31.137,00	41.516,00	62.274,00	83.032,00	124.548,00	166.064,00	207.580,00	249.096,00
11.100.000	10.424,00	20.848,00	31.272,00	41.696,00	62.544,00	83.392,00	125.088,00	166.784,00	208.480,00	250.176,00
11.150.000	10.469,00	20.938,00	31.407,00	41.876,00	62.814,00	83.752,00	125.628,00	167.504,00	209.380,00	251.256,00
11.200.000	10.514,00	21.028,00	31.542,00	42.056,00	63.084,00	84.112,00	126.168,00	168.224,00	210.280,00	252.336,00
11.250.000	10.559,00	21.118,00	31.677,00	42.236,00	63.354,00	84.472,00	126.708,00	168.944,00	211.180,00	253.416,00
11.300.000	10.604,00	21.208,00	31.812,00	42.416,00	63.624,00	84.832,00	127.248,00	169.664,00	212.080,00	254.496,00
11.350.000	10.649,00	21.298,00	31.947,00	42.596,00	63.894,00	85.192,00	127.788,00	170.384,00	212.980,00	255.576,00
11.400.000	10.694,00	21.388,00	32.082,00	42.776,00	64.164,00	85.552,00	128.328,00	171.104,00	213.880,00	256.656,00
11.450.000	10.739,00	21.478,00	32.217,00	42.956,00	64.434,00	85.912,00	128.868,00	171.824,00	214.780,00	257.736,00
11.500.000	10.784,00	21.568,00	32.352,00	43.136,00	64.704,00	86.272,00	129.408,00	172.544,00	215.680,00	258.816,00
11.550.000	10.829,00	21.658,00	32.487,00	43.316,00	64.974,00	86.632,00	129.948,00	173.264,00	216.580,00	259.896,00
11.600.000	10.874,00	21.748,00	32.622,00	43.496,00	65.244,00	86.992,00	130.488,00	173.984,00	217.480,00	260.976,00
11.650.000	10.919,00	21.838,00	32.757,00	43.676,00	65.514,00	87.352,00	131.028,00	174.704,00	218.380,00	262.056,00

Wert bis €	0,25	0,5	0,75	1,0	1,5	2,0	3,0	4,0	5,0	6,0
11.700.000	10.964,00	21.928,00	32.892,00	43.856,00	65.784,00	87.712,00	131.568,00	175.424,00	219.280,00	263.136,00
11.750.000	11.009,00	22.018,00	33.027,00	44.036,00	66.054,00	88.072,00	132.108,00	176.144,00	220.180,00	264.216,00
11.800.000	11.054,00	22.108,00	33.162,00	44.216,00	66.324,00	88.432,00	132.648,00	176.864,00	221.080,00	265.296,00
11.850.000	11.099,00	22.198,00	33.297,00	44.396,00	66.594,00	88.792,00	133.188,00	177.584,00	221.980,00	266.376,00
11.900.000	11.144,00	22.288,00	33.432,00	44.576,00	66.864,00	89.152,00	133.728,00	178.304,00	222.880,00	267.456,00
11.950.000	11.189,00	22.378,00	33.567,00	44.756,00	67.134,00	89.512,00	134.268,00	179.024,00	223.780,00	268.536,00
12.000.000	11.234,00	22.468,00	33.702,00	44.936,00	67.404,00	89.872,00	134.808,00	179.744,00	224.680,00	269.616,00
12.050.000	11.279,00	22.558,00	33.837,00	45.116,00	67.674,00	90.232,00	135.348,00	180.464,00	225.580,00	270.696,00
12.100.000	11.324,00	22.648,00	33.972,00	45.296,00	67.944,00	90.592,00	135.888,00	181.184,00	226.480,00	271.776,00
12.150.000	11.369,00	22.738,00	34.107,00	45.476,00	68.214,00	90.952,00	136.428,00	181.904,00	227.380,00	272.856,00
12.200.000	11.414,00	22.828,00	34.242,00	45.656,00	68.484,00	91.312,00	136.968,00	182.624,00	228.280,00	273.936,00
12.250.000	11.459,00	22.918,00	34.377,00	45.836,00	68.754,00	91.672,00	137.508,00	183.344,00	229.180,00	275.016,00
12.300.000	11.504,00	23.008,00	34.512,00	46.016,00	69.024,00	92.032,00	138.048,00	184.064,00	230.080,00	276.096,00
12.350.000	11.549,00	23.098,00	34.647,00	46.196,00	69.294,00	92.392,00	138.588,00	184.784,00	230.980,00	277.176,00
12.400.000	11.594,00	23.188,00	34.782,00	46.376,00	69.564,00	92.752,00	139.128,00	185.504,00	231.880,00	278.256,00
12.450.000	11.639,00	23.278,00	34.917,00	46.556,00	69.834,00	93.112,00	139.668,00	186.224,00	232.780,00	279.336,00
12.500.000	11.684,00	23.368,00	35.052,00	46.736,00	70.104,00	93.472,00	140.208,00	186.944,00	233.680,00	280.416,00
12.550.000	11.729,00	23.458,00	35.187,00	46.916,00	70.374,00	93.832,00	140.748,00	187.664,00	234.580,00	281.496,00
12.600.000	11.774,00	23.548,00	35.322,00	47.096,00	70.644,00	94.192,00	141.288,00	188.384,00	235.480,00	282.576,00
12.650.000	11.819,00	23.638,00	35.457,00	47.276,00	70.914,00	94.552,00	141.828,00	189.104,00	236.380,00	283.656,00
12.700.000	11.864,00	23.728,00	35.592,00	47.456,00	71.184,00	94.912,00	142.368,00	189.824,00	237.280,00	284.736,00
12.750.000	11.909,00	23.818,00	35.727,00	47.636,00	71.454,00	95.272,00	142.908,00	190.544,00	238.180,00	285.816,00
12.800.000	11.954,00	23.908,00	35.862,00	47.816,00	71.724,00	95.632,00	143.448,00	191.264,00	239.080,00	286.896,00
12.850.000	11.999,00	23.998,00	35.997,00	47.996,00	71.994,00	95.992,00	143.988,00	191.984,00	239.980,00	287.976,00
12.900.000	12.044,00	24.088,00	36.132,00	48.176,00	72.264,00	96.352,00	144.528,00	192.704,00	240.880,00	289.056,00
12.950.000	12.089,00	24.178,00	36.267,00	48.356,00	72.534,00	96.712,00	145.068,00	193.424,00	241.780,00	290.136,00
13.000.000	12.134,00	24.268,00	36.402,00	48.536,00	72.804,00	97.072,00	145.608,00	194.144,00	242.680,00	291.216,00
13.050.000	12.179,00	24.358,00	36.537,00	48.716,00	73.074,00	97.432,00	146.148,00	194.864,00	243.580,00	292.296,00
13.100.000	12.224,00	24.448,00	36.672,00	48.896,00	73.344,00	97.792,00	146.688,00	195.584,00	244.480,00	293.376,00
13.150.000	12.269,00	24.538,00	36.807,00	49.076,00	73.614,00	98.152,00	147.228,00	196.304,00	245.380,00	294.456,00
13.200.000	12.314,00	24.628,00	36.942,00	49.256,00	73.884,00	98.512,00	147.768,00	197.024,00	246.280,00	295.536,00
13.250.000	12.359,00	24.718,00	37.077,00	49.436,00	74.154,00	98.872,00	148.308,00	197.744,00	247.180,00	296.616,00
13.300.000	12.404,00	24.808,00	37.212,00	49.616,00	74.424,00	99.232,00	148.848,00	198.464,00	248.080,00	297.696,00
13.350.000	12.449,00	24.898,00	37.347,00	49.796,00	74.694,00	99.592,00	149.388,00	199.184,00	248.980,00	298.776,00
13.400.000	12.494,00	24.988,00	37.482,00	49.976,00	74.964,00	99.952,00	149.928,00	199.904,00	249.880,00	299.856,00
13.450.000	12.539,00	25.078,00	37.617,00	50.156,00	75.234,00	100.312,00	150.468,00	200.624,00	250.780,00	300.936,00
13.500.000	12.584,00	25.168,00	37.752,00	50.336,00	75.504,00	100.672,00	151.008,00	201.344,00	251.680,00	302.016,00
13.550.000	12.629,00	25.258,00	37.887,00	50.516,00	75.774,00	101.032,00	151.548,00	202.064,00	252.580,00	303.096,00
13.600.000	12.674,00	25.348,00	38.022,00	50.696,00	76.044,00	101.392,00	152.088,00	202.784,00	253.480,00	304.176,00
13.650.000	12.719,00	25.438,00	38.157,00	50.876,00	76.314,00	101.752,00	152.628,00	203.504,00	254.380,00	305.256,00
13.700.000	12.764,00	25.528,00	38.292,00	51.056,00	76.584,00	102.112,00	153.168,00	204.224,00	255.280,00	306.336,00
13.750.000	12.809,00	25.618,00	38.427,00	51.236,00	76.854,00	102.472,00	153.708,00	204.944,00	256.180,00	307.416,00
13.800.000	12.854,00	25.708,00	38.562,00	51.416,00	77.124,00	102.832,00	154.248,00	205.664,00	257.080,00	308.496,00
13.850.000	12.899,00	25.798,00	38.697,00	51.596,00	77.394,00	103.192,00	154.788,00	206.384,00	257.980,00	309.576,00
13.900.000	12.944,00	25.888,00	38.832,00	51.776,00	77.664,00	103.552,00	155.328,00	207.104,00	258.880,00	310.656,00
13.950.000	12.989,00	25.978,00	38.967,00	51.956,00	77.934,00	103.912,00	155.868,00	207.824,00	259.780,00	311.736,00
14.000.000	13.034,00	26.068,00	39.102,00	52.136,00	78.204,00	104.272,00	156.408,00	208.544,00	260.680,00	312.816,00
14.050.000	13.079,00	26.158,00	39.237,00	52.316,00	78.474,00	104.632,00	156.948,00	209.264,00	261.580,00	313.896,00
14.100.000	13.124,00	26.248,00	39.372,00	52.496,00	78.744,00	104.992,00	157.488,00	209.984,00	262.480,00	314.976,00
14.150.000	13.169,00	26.338,00	39.507,00	52.676,00	79.014,00	105.352,00	158.028,00	210.704,00	263.380,00	316.056,00
14.200.000	13.214,00	26.428,00	39.642,00	52.856,00	79.284,00	105.712,00	158.568,00	211.424,00	264.280,00	317.136,00
14.250.000	13.259,00	26.518,00	39.777,00	53.036,00	79.554,00	106.072,00	159.108,00	212.144,00	265.180,00	318.216,00
14.300.000	13.304,00	26.608,00	39.912,00	53.216,00	79.824,00	106.432,00	159.648,00	212.864,00	266.080,00	319.296,00
14.350.000	13.349,00	26.698,00	40.047,00	53.396,00	80.094,00	106.792,00	160.188,00	213.584,00	266.980,00	320.376,00

Wert bis €	0,25	0,5	0,75	1,0	1,5	2,0	3,0	4,0	5,0	6,0
14.400.000	13.394,00	26.788,00	40.182,00	53.576,00	80.364,00	107.152,00	160.728,00	214.304,00	267.880,00	321.456,00
14.450.000	13.439,00	26.878,00	40.317,00	53.756,00	80.634,00	107.512,00	161.268,00	215.024,00	268.780,00	322.536,00
14.500.000	13.484,00	26.968,00	40.452,00	53.936,00	80.904,00	107.872,00	161.808,00	215.744,00	269.680,00	323.616,00
14.550.000	13.529,00	27.058,00	40.587,00	54.116,00	81.174,00	108.232,00	162.348,00	216.464,00	270.580,00	324.696,00
14.600.000	13.574,00	27.148,00	40.722,00	54.296,00	81.444,00	108.592,00	162.888,00	217.184,00	271.480,00	325.776,00
14.650.000	13.619,00	27.238,00	40.857,00	54.476,00	81.714,00	108.952,00	163.428,00	217.904,00	272.380,00	326.856,00
14.700.000	13.664,00	27.328,00	40.992,00	54.656,00	81.984,00	109.312,00	163.968,00	218.624,00	273.280,00	327.936,00
14.750.000	13.709,00	27.418,00	41.127,00	54.836,00	82.254,00	109.672,00	164.508,00	219.344,00	274.180,00	329.016,00
14.800.000	13.754,00	27.508,00	41.262,00	55.016,00	82.524,00	110.032,00	165.048,00	220.064,00	275.080,00	330.096,00
14.850.000	13.799,00	27.598,00	41.397,00	55.196,00	82.794,00	110.392,00	165.588,00	220.784,00	275.980,00	331.176,00
14.900.000	13.844,00	27.688,00	41.532,00	55.376,00	83.064,00	110.752,00	166.128,00	221.504,00	276.880,00	332.256,00
14.950.000	13.889,00	27.778,00	41.667,00	55.556,00	83.334,00	111.112,00	166.668,00	222.224,00	277.780,00	333.336,00
15.000.000	13.934,00	27.868,00	41.802,00	55.736,00	83.604,00	111.472,00	167.208,00	222.944,00	278.680,00	334.416,00
15.050.000	13.979,00	27.958,00	41.937,00	55.916,00	83.874,00	111.832,00	167.748,00	223.664,00	279.580,00	335.496,00
15.100.000	14.024,00	28.048,00	42.072,00	56.096,00	84.144,00	112.192,00	168.288,00	224.384,00	280.480,00	336.576,00
15.150.000	14.069,00	28.138,00	42.207,00	56.276,00	84.414,00	112.552,00	168.828,00	225.104,00	281.380,00	337.656,00
15.200.000	14.114,00	28.228,00	42.342,00	56.456,00	84.684,00	112.912,00	169.368,00	225.824,00	282.280,00	338.736,00
15.250.000	14.159,00	28.318,00	42.477,00	56.636,00	84.954,00	113.272,00	169.908,00	226.544,00	283.180,00	339.816,00
15.300.000	14.204,00	28.408,00	42.612,00	56.816,00	85.224,00	113.632,00	170.448,00	227.264,00	284.080,00	340.896,00
15.350.000	14.249,00	28.498,00	42.747,00	56.996,00	85.494,00	113.992,00	170.988,00	227.984,00	284.980,00	341.976,00
15.400.000	14.294,00	28.588,00	42.882,00	57.176,00	85.764,00	114.352,00	171.528,00	228.704,00	285.880,00	343.056,00
15.450.000	14.339,00	28.678,00	43.017,00	57.356,00	86.034,00	114.712,00	172.068,00	229.424,00	286.780,00	344.136,00
15.500.000	14.384,00	28.768,00	43.152,00	57.536,00	86.304,00	115.072,00	172.608,00	230.144,00	287.680,00	345.216,00
15.550.000	14.429,00	28.858,00	43.287,00	57.716,00	86.574,00	115.432,00	173.148,00	230.864,00	288.580,00	346.296,00
15.600.000	14.474,00	28.948,00	43.422,00	57.896,00	86.844,00	115.792,00	173.688,00	231.584,00	289.480,00	347.376,00
15.650.000	14.519,00	29.038,00	43.557,00	58.076,00	87.114,00	116.152,00	174.228,00	232.304,00	290.380,00	348.456,00
15.700.000	14.564,00	29.128,00	43.692,00	58.256,00	87.384,00	116.512,00	174.768,00	233.024,00	291.280,00	349.536,00
15.750.000	14.609,00	29.218,00	43.827,00	58.436,00	87.654,00	116.872,00	175.308,00	233.744,00	292.180,00	350.616,00
15.800.000	14.654,00	29.308,00	43.962,00	58.616,00	87.924,00	117.232,00	175.848,00	234.464,00	293.080,00	351.696,00
15.850.000	14.699,00	29.398,00	44.097,00	58.796,00	88.194,00	117.592,00	176.388,00	235.184,00	293.980,00	352.776,00
15.900.000	14.744,00	29.488,00	44.232,00	58.976,00	88.464,00	117.952,00	176.928,00	235.904,00	294.880,00	353.856,00
15.950.000	14.789,00	29.578,00	44.367,00	59.156,00	88.734,00	118.312,00	177.468,00	236.624,00	295.780,00	354.936,00
16.000.000	14.834,00	29.668,00	44.502,00	59.336,00	89.004,00	118.672,00	178.008,00	237.344,00	296.680,00	356.016,00
16.050.000	14.879,00	29.758,00	44.637,00	59.516,00	89.274,00	119.032,00	178.548,00	238.064,00	297.580,00	357.096,00
16.100.000	14.924,00	29.848,00	44.772,00	59.696,00	89.544,00	119.392,00	179.088,00	238.784,00	298.480,00	358.176,00
16.150.000	14.969,00	29.938,00	44.907,00	59.876,00	89.814,00	119.752,00	179.628,00	239.504,00	299.380,00	359.256,00
16.200.000	15.014,00	30.028,00	45.042,00	60.056,00	90.084,00	120.112,00	180.168,00	240.224,00	300.280,00	360.336,00
16.250.000	15.059,00	30.118,00	45.177,00	60.236,00	90.354,00	120.472,00	180.708,00	240.944,00	301.180,00	361.416,00
16.300.000	15.104,00	30.208,00	45.312,00	60.416,00	90.624,00	120.832,00	181.248,00	241.664,00	302.080,00	362.496,00
16.350.000	15.149,00	30.298,00	45.447,00	60.596,00	90.894,00	121.192,00	181.788,00	242.384,00	302.980,00	363.576,00
16.400.000	15.194,00	30.388,00	45.582,00	60.776,00	91.164,00	121.552,00	182.328,00	243.104,00	303.880,00	364.656,00
16.450.000	15.239,00	30.478,00	45.717,00	60.956,00	91.434,00	121.912,00	182.868,00	243.824,00	304.780,00	365.736,00
16.500.000	15.284,00	30.568,00	45.852,00	61.136,00	91.704,00	122.272,00	183.408,00	244.544,00	305.680,00	366.816,00
16.550.000	15.329,00	30.658,00	45.987,00	61.316,00	91.974,00	122.632,00	183.948,00	245.264,00	306.580,00	367.896,00
16.600.000	15.374,00	30.748,00	46.122,00	61.496,00	92.244,00	122.992,00	184.488,00	245.984,00	307.480,00	368.976,00
16.650.000	15.419,00	30.838,00	46.257,00	61.676,00	92.514,00	123.352,00	185.028,00	246.704,00	308.380,00	370.056,00
16.700.000	15.464,00	30.928,00	46.392,00	61.856,00	92.784,00	123.712,00	185.568,00	247.424,00	309.280,00	371.136,00
16.750.000	15.509,00	31.018,00	46.527,00	62.036,00	93.054,00	124.072,00	186.108,00	248.144,00	310.180,00	372.216,00
16.800.000	15.554,00	31.108,00	46.662,00	62.216,00	93.324,00	124.432,00	186.648,00	248.864,00	311.080,00	373.296,00
16.850.000	15.599,00	31.198,00	46.797,00	62.396,00	93.594,00	124.792,00	187.188,00	249.584,00	311.980,00	374.376,00
16.900.000	15.644,00	31.288,00	46.932,00	62.576,00	93.864,00	125.152,00	187.728,00	250.304,00	312.880,00	375.456,00
16.950.000	15.689,00	31.378,00	47.067,00	62.756,00	94.134,00	125.512,00	188.268,00	251.024,00	313.780,00	376.536,00
17.000.000	15.734,00	31.468,00	47.202,00	62.936,00	94.404,00	125.872,00	188.808,00	251.744,00	314.680,00	377.616,00
17.050.000	15.779,00	31.558,00	47.337,00	63.116,00	94.674,00	126.232,00	189.348,00	252.464,00	315.580,00	378.696,00

B. Gebührentabellen zum GKG

GKG

Wert bis €	0,25	0,5	0,75	1,0	1,5	2,0	3,0	4,0	5,0	6,0
17.100.000	15.824,00	31.648,00	47.472,00	63.296,00	94.944,00	126.592,00	189.888,00	253.184,00	316.480,00	379.776,00
17.150.000	15.869,00	31.738,00	47.607,00	63.476,00	95.214,00	126.952,00	190.428,00	253.904,00	317.380,00	380.856,00
17.200.000	15.914,00	31.828,00	47.742,00	63.656,00	95.484,00	127.312,00	190.968,00	254.624,00	318.280,00	381.936,00
17.250.000	15.959,00	31.918,00	47.877,00	63.836,00	95.754,00	127.672,00	191.508,00	255.344,00	319.180,00	383.016,00
17.300.000	16.004,00	32.008,00	48.012,00	64.016,00	96.024,00	128.032,00	192.048,00	256.064,00	320.080,00	384.096,00
17.350.000	16.049,00	32.098,00	48.147,00	64.196,00	96.294,00	128.392,00	192.588,00	256.784,00	320.980,00	385.176,00
17.400.000	16.094,00	32.188,00	48.282,00	64.376,00	96.564,00	128.752,00	193.128,00	257.504,00	321.880,00	386.256,00
17.450.000	16.139,00	32.278,00	48.417,00	64.556,00	96.834,00	129.112,00	193.668,00	258.224,00	322.780,00	387.336,00
17.500.000	16.184,00	32.368,00	48.552,00	64.736,00	97.104,00	129.472,00	194.208,00	258.944,00	323.680,00	388.416,00
17.550.000	16.229,00	32.458,00	48.687,00	64.916,00	97.374,00	129.832,00	194.748,00	259.664,00	324.580,00	389.496,00
17.600.000	16.274,00	32.548,00	48.822,00	65.096,00	97.644,00	130.192,00	195.288,00	260.384,00	325.480,00	390.576,00
17.650.000	16.319,00	32.638,00	48.957,00	65.276,00	97.914,00	130.552,00	195.828,00	261.104,00	326.380,00	391.656,00
17.700.000	16.364,00	32.728,00	49.092,00	65.456,00	98.184,00	130.912,00	196.368,00	261.824,00	327.280,00	392.736,00
17.750.000	16.409,00	32.818,00	49.227,00	65.636,00	98.454,00	131.272,00	196.908,00	262.544,00	328.180,00	393.816,00
17.800.000	16.454,00	32.908,00	49.362,00	65.816,00	98.724,00	131.632,00	197.448,00	263.264,00	329.080,00	394.896,00
17.850.000	16.499,00	32.998,00	49.497,00	65.996,00	98.994,00	131.992,00	197.988,00	263.984,00	329.980,00	395.976,00
17.900.000	16.544,00	33.088,00	49.632,00	66.176,00	99.264,00	132.352,00	198.528,00	264.704,00	330.880,00	397.056,00
17.950.000	16.589,00	33.178,00	49.767,00	66.356,00	99.534,00	132.712,00	199.068,00	265.424,00	331.780,00	398.136,00
18.000.000	16.634,00	33.268,00	49.902,00	66.536,00	99.804,00	133.072,00	199.608,00	266.144,00	332.680,00	399.216,00
18.050.000	16.679,00	33.358,00	50.037,00	66.716,00	100.074,00	133.432,00	200.148,00	266.864,00	333.580,00	400.296,00
18.100.000	16.724,00	33.448,00	50.172,00	66.896,00	100.344,00	133.792,00	200.688,00	267.584,00	334.480,00	401.376,00
18.150.000	16.769,00	33.538,00	50.307,00	67.076,00	100.614,00	134.152,00	201.228,00	268.304,00	335.380,00	402.456,00
18.200.000	16.814,00	33.628,00	50.442,00	67.256,00	100.884,00	134.512,00	201.768,00	269.024,00	336.280,00	403.536,00
18.250.000	16.859,00	33.718,00	50.577,00	67.436,00	101.154,00	134.872,00	202.308,00	269.744,00	337.180,00	404.616,00
18.300.000	16.904,00	33.808,00	50.712,00	67.616,00	101.424,00	135.232,00	202.848,00	270.464,00	338.080,00	405.696,00
18.350.000	16.949,00	33.898,00	50.847,00	67.796,00	101.694,00	135.592,00	203.388,00	271.184,00	338.980,00	406.776,00
18.400.000	16.994,00	33.988,00	50.982,00	67.976,00	101.964,00	135.952,00	203.928,00	271.904,00	339.880,00	407.856,00
18.450.000	17.039,00	34.078,00	51.117,00	68.156,00	102.234,00	136.312,00	204.468,00	272.624,00	340.780,00	408.936,00
18.500.000	17.084,00	34.168,00	51.252,00	68.336,00	102.504,00	136.672,00	205.008,00	273.344,00	341.680,00	410.016,00
18.550.000	17.129,00	34.258,00	51.387,00	68.516,00	102.774,00	137.032,00	205.548,00	274.064,00	342.580,00	411.096,00
18.600.000	17.174,00	34.348,00	51.522,00	68.696,00	103.044,00	137.392,00	206.088,00	274.784,00	343.480,00	412.176,00
18.650.000	17.219,00	34.438,00	51.657,00	68.876,00	103.314,00	137.752,00	206.628,00	275.504,00	344.380,00	413.256,00
18.700.000	17.264,00	34.528,00	51.792,00	69.056,00	103.584,00	138.112,00	207.168,00	276.224,00	345.280,00	414.336,00
18.750.000	17.309,00	34.618,00	51.927,00	69.236,00	103.854,00	138.472,00	207.708,00	276.944,00	346.180,00	415.416,00
18.800.000	17.354,00	34.708,00	52.062,00	69.416,00	104.124,00	138.832,00	208.248,00	277.664,00	347.080,00	416.496,00
18.850.000	17.399,00	34.798,00	52.197,00	69.596,00	104.394,00	139.192,00	208.788,00	278.384,00	347.980,00	417.576,00
18.900.000	17.444,00	34.888,00	52.332,00	69.776,00	104.664,00	139.552,00	209.328,00	279.104,00	348.880,00	418.656,00
18.950.000	17.489,00	34.978,00	52.467,00	69.956,00	104.934,00	139.912,00	209.868,00	279.824,00	349.780,00	419.736,00
19.000.000	17.534,00	35.068,00	52.602,00	70.136,00	105.204,00	140.272,00	210.408,00	280.544,00	350.680,00	420.816,00
19.050.000	17.579,00	35.158,00	52.737,00	70.316,00	105.474,00	140.632,00	210.948,00	281.264,00	351.580,00	421.896,00
19.100.000	17.624,00	35.248,00	52.872,00	70.496,00	105.744,00	140.992,00	211.488,00	281.984,00	352.480,00	422.976,00
19.150.000	17.669,00	35.338,00	53.007,00	70.676,00	106.014,00	141.352,00	212.028,00	282.704,00	353.380,00	424.056,00
19.200.000	17.714,00	35.428,00	53.142,00	70.856,00	106.284,00	141.712,00	212.568,00	283.424,00	354.280,00	425.136,00
19.250.000	17.759,00	35.518,00	53.277,00	71.036,00	106.554,00	142.072,00	213.108,00	284.144,00	355.180,00	426.216,00
19.300.000	17.804,00	35.608,00	53.412,00	71.216,00	106.824,00	142.432,00	213.648,00	284.864,00	356.080,00	427.296,00
19.350.000	17.849,00	35.698,00	53.547,00	71.396,00	107.094,00	142.792,00	214.188,00	285.584,00	356.980,00	428.376,00
19.400.000	17.894,00	35.788,00	53.682,00	71.576,00	107.364,00	143.152,00	214.728,00	286.304,00	357.880,00	429.456,00
19.450.000	17.939,00	35.878,00	53.817,00	71.756,00	107.634,00	143.512,00	215.268,00	287.024,00	358.780,00	430.536,00
19.500.000	17.984,00	35.968,00	53.952,00	71.936,00	107.904,00	143.872,00	215.808,00	287.744,00	359.680,00	431.616,00
19.550.000	18.029,00	36.058,00	54.087,00	72.116,00	108.174,00	144.232,00	216.348,00	288.464,00	360.580,00	432.696,00
19.600.000	18.074,00	36.148,00	54.222,00	72.296,00	108.444,00	144.592,00	216.888,00	289.184,00	361.480,00	433.776,00
19.650.000	18.119,00	36.238,00	54.357,00	72.476,00	108.714,00	144.952,00	217.428,00	289.904,00	362.380,00	434.856,00
19.700.000	18.164,00	36.328,00	54.492,00	72.656,00	108.984,00	145.312,00	217.968,00	290.624,00	363.280,00	435.936,00
19.750.000	18.209,00	36.418,00	54.627,00	72.836,00	109.254,00	145.672,00	218.508,00	291.344,00	364.180,00	437.016,00

26. Gerichtsgebühren nach § 34 GKG

Wert bis €	0,25	0,5	0,75	1,0	1,5	2,0	3,0	4,0	5,0	6,0
19.800.000	18.254,00	36.508,00	54.762,00	73.016,00	109.524,00	146.032,00	219.048,00	292.064,00	365.080,00	438.096,00
19.850.000	18.299,00	36.598,00	54.897,00	73.196,00	109.794,00	146.392,00	219.588,00	292.784,00	365.980,00	439.176,00
19.900.000	18.344,00	36.688,00	55.032,00	73.376,00	110.064,00	146.752,00	220.128,00	293.504,00	366.880,00	440.256,00
19.950.000	18.389,00	36.778,00	55.167,00	73.556,00	110.334,00	147.112,00	220.668,00	294.224,00	367.780,00	441.336,00
20.000.000	18.434,00	36.868,00	55.302,00	73.736,00	110.604,00	147.472,00	221.208,00	294.944,00	368.680,00	442.416,00
20.050.000	18.479,00	36.958,00	55.437,00	73.916,00	110.874,00	147.832,00	221.748,00	295.664,00	369.580,00	443.496,00
20.100.000	18.524,00	37.048,00	55.572,00	74.096,00	111.144,00	148.192,00	222.288,00	296.384,00	370.480,00	444.576,00
20.150.000	18.569,00	37.138,00	55.707,00	74.276,00	111.414,00	148.552,00	222.828,00	297.104,00	371.380,00	445.656,00
20.200.000	18.614,00	37.228,00	55.842,00	74.456,00	111.684,00	148.912,00	223.368,00	297.824,00	372.280,00	446.736,00
20.250.000	18.659,00	37.318,00	55.977,00	74.636,00	111.954,00	149.272,00	223.908,00	298.544,00	373.180,00	447.816,00
20.300.000	18.704,00	37.408,00	56.112,00	74.816,00	112.224,00	149.632,00	224.448,00	299.264,00	374.080,00	448.896,00
20.350.000	18.749,00	37.498,00	56.247,00	74.996,00	112.494,00	149.992,00	224.988,00	299.984,00	374.980,00	449.976,00
20.400.000	18.794,00	37.588,00	56.382,00	75.176,00	112.764,00	150.352,00	225.528,00	300.704,00	375.880,00	451.056,00
20.450.000	18.839,00	37.678,00	56.517,00	75.356,00	113.034,00	150.712,00	226.068,00	301.424,00	376.780,00	452.136,00
20.500.000	18.884,00	37.768,00	56.652,00	75.536,00	113.304,00	151.072,00	226.608,00	302.144,00	377.680,00	453.216,00
20.550.000	18.929,00	37.858,00	56.787,00	75.716,00	113.574,00	151.432,00	227.148,00	302.864,00	378.580,00	454.296,00
20.600.000	18.974,00	37.948,00	56.922,00	75.896,00	113.844,00	151.792,00	227.688,00	303.584,00	379.480,00	455.376,00
20.650.000	19.019,00	38.038,00	57.057,00	76.076,00	114.114,00	152.152,00	228.228,00	304.304,00	380.380,00	456.456,00
20.700.000	19.064,00	38.128,00	57.192,00	76.256,00	114.384,00	152.512,00	228.768,00	305.024,00	381.280,00	457.536,00
20.750.000	19.109,00	38.218,00	57.327,00	76.436,00	114.654,00	152.872,00	229.308,00	305.744,00	382.180,00	458.616,00
20.800.000	19.154,00	38.308,00	57.462,00	76.616,00	114.924,00	153.232,00	229.848,00	306.464,00	383.080,00	459.696,00
20.850.000	19.199,00	38.398,00	57.597,00	76.796,00	115.194,00	153.592,00	230.388,00	307.184,00	383.980,00	460.776,00
20.900.000	19.244,00	38.488,00	57.732,00	76.976,00	115.464,00	153.952,00	230.928,00	307.904,00	384.880,00	461.856,00
20.950.000	19.289,00	38.578,00	57.867,00	77.156,00	115.734,00	154.312,00	231.468,00	308.624,00	385.780,00	462.936,00
21.000.000	19.334,00	38.668,00	58.002,00	77.336,00	116.004,00	154.672,00	232.008,00	309.344,00	386.680,00	464.016,00
21.050.000	19.379,00	38.758,00	58.137,00	77.516,00	116.274,00	155.032,00	232.548,00	310.064,00	387.580,00	465.096,00
21.100.000	19.424,00	38.848,00	58.272,00	77.696,00	116.544,00	155.392,00	233.088,00	310.784,00	388.480,00	466.176,00
21.150.000	19.469,00	38.938,00	58.407,00	77.876,00	116.814,00	155.752,00	233.628,00	311.504,00	389.380,00	467.256,00
21.200.000	19.514,00	39.028,00	58.542,00	78.056,00	117.084,00	156.112,00	234.168,00	312.224,00	390.280,00	468.336,00
21.250.000	19.559,00	39.118,00	58.677,00	78.236,00	117.354,00	156.472,00	234.708,00	312.944,00	391.180,00	469.416,00
21.300.000	19.604,00	39.208,00	58.812,00	78.416,00	117.624,00	156.832,00	235.248,00	313.664,00	392.080,00	470.496,00
21.350.000	19.649,00	39.298,00	58.947,00	78.596,00	117.894,00	157.192,00	235.788,00	314.384,00	392.980,00	471.576,00
21.400.000	19.694,00	39.388,00	59.082,00	78.776,00	118.164,00	157.552,00	236.328,00	315.104,00	393.880,00	472.656,00
21.450.000	19.739,00	39.478,00	59.217,00	78.956,00	118.434,00	157.912,00	236.868,00	315.824,00	394.780,00	473.736,00
21.500.000	19.784,00	39.568,00	59.352,00	79.136,00	118.704,00	158.272,00	237.408,00	316.544,00	395.680,00	474.816,00
21.550.000	19.829,00	39.658,00	59.487,00	79.316,00	118.974,00	158.632,00	237.948,00	317.264,00	396.580,00	475.896,00
21.600.000	19.874,00	39.748,00	59.622,00	79.496,00	119.244,00	158.992,00	238.488,00	317.984,00	397.480,00	476.976,00
21.650.000	19.919,00	39.838,00	59.757,00	79.676,00	119.514,00	159.352,00	239.028,00	318.704,00	398.380,00	478.056,00
21.700.000	19.964,00	39.928,00	59.892,00	79.856,00	119.784,00	159.712,00	239.568,00	319.424,00	399.280,00	479.136,00
21.750.000	20.009,00	40.018,00	60.027,00	80.036,00	120.054,00	160.072,00	240.108,00	320.144,00	400.180,00	480.216,00
21.800.000	20.054,00	40.108,00	60.162,00	80.216,00	120.324,00	160.432,00	240.648,00	320.864,00	401.080,00	481.296,00
21.850.000	20.099,00	40.198,00	60.297,00	80.396,00	120.594,00	160.792,00	241.188,00	321.584,00	401.980,00	482.376,00
21.900.000	20.144,00	40.288,00	60.432,00	80.576,00	120.864,00	161.152,00	241.728,00	322.304,00	402.880,00	483.456,00
21.950.000	20.189,00	40.378,00	60.567,00	80.756,00	121.134,00	161.512,00	242.268,00	323.024,00	403.780,00	484.536,00
22.000.000	20.234,00	40.468,00	60.702,00	80.936,00	121.404,00	161.872,00	242.808,00	323.744,00	404.680,00	485.616,00
22.050.000	20.279,00	40.558,00	60.837,00	81.116,00	121.674,00	162.232,00	243.348,00	324.464,00	405.580,00	486.696,00
22.100.000	20.324,00	40.648,00	60.972,00	81.296,00	121.944,00	162.592,00	243.888,00	325.184,00	406.480,00	487.776,00
22.150.000	20.369,00	40.738,00	61.107,00	81.476,00	122.214,00	162.952,00	244.428,00	325.904,00	407.380,00	488.856,00
22.200.000	20.414,00	40.828,00	61.242,00	81.656,00	122.484,00	163.312,00	244.968,00	326.624,00	408.280,00	489.936,00
22.250.000	20.459,00	40.918,00	61.377,00	81.836,00	122.754,00	163.672,00	245.508,00	327.344,00	409.180,00	491.016,00
22.300.000	20.504,00	41.008,00	61.512,00	82.016,00	123.024,00	164.032,00	246.048,00	328.064,00	410.080,00	492.096,00
22.350.000	20.549,00	41.098,00	61.647,00	82.196,00	123.294,00	164.392,00	246.588,00	328.784,00	410.980,00	493.176,00
22.400.000	20.594,00	41.188,00	61.782,00	82.376,00	123.564,00	164.752,00	247.128,00	329.504,00	411.880,00	494.256,00
22.450.000	20.639,00	41.278,00	61.917,00	82.556,00	123.834,00	165.112,00	247.668,00	330.224,00	412.780,00	495.336,00

Wert bis €	0,25	0,5	0,75	1,0	1,5	2,0	3,0	4,0	5,0	6,0
22.500.000	20.684,00	41.368,00	62.052,00	82.736,00	124.104,00	165.472,00	248.208,00	330.944,00	413.680,00	496.416,00
22.550.000	20.729,00	41.458,00	62.187,00	82.916,00	124.374,00	165.832,00	248.748,00	331.664,00	414.580,00	497.496,00
22.600.000	20.774,00	41.548,00	62.322,00	83.096,00	124.644,00	166.192,00	249.288,00	332.384,00	415.480,00	498.576,00
22.650.000	20.819,00	41.638,00	62.457,00	83.276,00	124.914,00	166.552,00	249.828,00	333.104,00	416.380,00	499.656,00
22.700.000	20.864,00	41.728,00	62.592,00	83.456,00	125.184,00	166.912,00	250.368,00	333.824,00	417.280,00	500.736,00
22.750.000	20.909,00	41.818,00	62.727,00	83.636,00	125.454,00	167.272,00	250.908,00	334.544,00	418.180,00	501.816,00
22.800.000	20.954,00	41.908,00	62.862,00	83.816,00	125.724,00	167.632,00	251.448,00	335.264,00	419.080,00	502.896,00
22.850.000	20.999,00	41.998,00	62.997,00	83.996,00	125.994,00	167.992,00	251.988,00	335.984,00	419.980,00	503.976,00
22.900.000	21.044,00	42.088,00	63.132,00	84.176,00	126.264,00	168.352,00	252.528,00	336.704,00	420.880,00	505.056,00
22.950.000	21.089,00	42.178,00	63.267,00	84.356,00	126.534,00	168.712,00	253.068,00	337.424,00	421.780,00	506.136,00
23.000.000	21.134,00	42.268,00	63.402,00	84.536,00	126.804,00	169.072,00	253.608,00	338.144,00	422.680,00	507.216,00
23.050.000	21.179,00	42.358,00	63.537,00	84.716,00	127.074,00	169.432,00	254.148,00	338.864,00	423.580,00	508.296,00
23.100.000	21.224,00	42.448,00	63.672,00	84.896,00	127.344,00	169.792,00	254.688,00	339.584,00	424.480,00	509.376,00
23.150.000	21.269,00	42.538,00	63.807,00	85.076,00	127.614,00	170.152,00	255.228,00	340.304,00	425.380,00	510.456,00
23.200.000	21.314,00	42.628,00	63.942,00	85.256,00	127.884,00	170.512,00	255.768,00	341.024,00	426.280,00	511.536,00
23.250.000	21.359,00	42.718,00	64.077,00	85.436,00	128.154,00	170.872,00	256.308,00	341.744,00	427.180,00	512.616,00
23.300.000	21.404,00	42.808,00	64.212,00	85.616,00	128.424,00	171.232,00	256.848,00	342.464,00	428.080,00	513.696,00
23.350.000	21.449,00	42.898,00	64.347,00	85.796,00	128.694,00	171.592,00	257.388,00	343.184,00	428.980,00	514.776,00
23.400.000	21.494,00	42.988,00	64.482,00	85.976,00	128.964,00	171.952,00	257.928,00	343.904,00	429.880,00	515.856,00
23.450.000	21.539,00	43.078,00	64.617,00	86.156,00	129.234,00	172.312,00	258.468,00	344.624,00	430.780,00	516.936,00
23.500.000	21.584,00	43.168,00	64.752,00	86.336,00	129.504,00	172.672,00	259.008,00	345.344,00	431.680,00	518.016,00
23.550.000	21.629,00	43.258,00	64.887,00	86.516,00	129.774,00	173.032,00	259.548,00	346.064,00	432.580,00	519.096,00
23.600.000	21.674,00	43.348,00	65.022,00	86.696,00	130.044,00	173.392,00	260.088,00	346.784,00	433.480,00	520.176,00
23.650.000	21.719,00	43.438,00	65.157,00	86.876,00	130.314,00	173.752,00	260.628,00	347.504,00	434.380,00	521.256,00
23.700.000	21.764,00	43.528,00	65.292,00	87.056,00	130.584,00	174.112,00	261.168,00	348.224,00	435.280,00	522.336,00
23.750.000	21.809,00	43.618,00	65.427,00	87.236,00	130.854,00	174.472,00	261.708,00	348.944,00	436.180,00	523.416,00
23.800.000	21.854,00	43.708,00	65.562,00	87.416,00	131.124,00	174.832,00	262.248,00	349.664,00	437.080,00	524.496,00
23.850.000	21.899,00	43.798,00	65.697,00	87.596,00	131.394,00	175.192,00	262.788,00	350.384,00	437.980,00	525.576,00
23.900.000	21.944,00	43.888,00	65.832,00	87.776,00	131.664,00	175.552,00	263.328,00	351.104,00	438.880,00	526.656,00
23.950.000	21.989,00	43.978,00	65.967,00	87.956,00	131.934,00	175.912,00	263.868,00	351.824,00	439.780,00	527.736,00
24.000.000	22.034,00	44.068,00	66.102,00	88.136,00	132.204,00	176.272,00	264.408,00	352.544,00	440.680,00	528.816,00
24.050.000	22.079,00	44.158,00	66.237,00	88.316,00	132.474,00	176.632,00	264.948,00	353.264,00	441.580,00	529.896,00
24.100.000	22.124,00	44.248,00	66.372,00	88.496,00	132.744,00	176.992,00	265.488,00	353.984,00	442.480,00	530.976,00
24.150.000	22.169,00	44.338,00	66.507,00	88.676,00	133.014,00	177.352,00	266.028,00	354.704,00	443.380,00	532.056,00
24.200.000	22.214,00	44.428,00	66.642,00	88.856,00	133.284,00	177.712,00	266.568,00	355.424,00	444.280,00	533.136,00
24.250.000	22.259,00	44.518,00	66.777,00	89.036,00	133.554,00	178.072,00	267.108,00	356.144,00	445.180,00	534.216,00
24.300.000	22.304,00	44.608,00	66.912,00	89.216,00	133.824,00	178.432,00	267.648,00	356.864,00	446.080,00	535.296,00
24.350.000	22.349,00	44.698,00	67.047,00	89.396,00	134.094,00	178.792,00	268.188,00	357.584,00	446.980,00	536.376,00
24.400.000	22.394,00	44.788,00	67.182,00	89.576,00	134.364,00	179.152,00	268.728,00	358.304,00	447.880,00	537.456,00
24.450.000	22.439,00	44.878,00	67.317,00	89.756,00	134.634,00	179.512,00	269.268,00	359.024,00	448.780,00	538.536,00
24.500.000	22.484,00	44.968,00	67.452,00	89.936,00	134.904,00	179.872,00	269.808,00	359.744,00	449.680,00	539.616,00
24.550.000	22.529,00	45.058,00	67.587,00	90.116,00	135.174,00	180.232,00	270.348,00	360.464,00	450.580,00	540.696,00
24.600.000	22.574,00	45.148,00	67.722,00	90.296,00	135.444,00	180.592,00	270.888,00	361.184,00	451.480,00	541.776,00
24.650.000	22.619,00	45.238,00	67.857,00	90.476,00	135.714,00	180.952,00	271.428,00	361.904,00	452.380,00	542.856,00
24.700.000	22.664,00	45.328,00	67.992,00	90.656,00	135.984,00	181.312,00	271.968,00	362.624,00	453.280,00	543.936,00
24.750.000	22.709,00	45.418,00	68.127,00	90.836,00	136.254,00	181.672,00	272.508,00	363.344,00	454.180,00	545.016,00
24.800.000	22.754,00	45.508,00	68.262,00	91.016,00	136.524,00	182.032,00	273.048,00	364.064,00	455.080,00	546.096,00
24.850.000	22.799,00	45.598,00	68.397,00	91.196,00	136.794,00	182.392,00	273.588,00	364.784,00	455.980,00	547.176,00
24.900.000	22.844,00	45.688,00	68.532,00	91.376,00	137.064,00	182.752,00	274.128,00	365.504,00	456.880,00	548.256,00
24.950.000	22.889,00	45.778,00	68.667,00	91.556,00	137.334,00	183.112,00	274.668,00	366.224,00	457.780,00	549.336,00
25.000.000	22.934,00	45.868,00	68.802,00	91.736,00	137.604,00	183.472,00	275.208,00	366.944,00	458.680,00	550.416,00
25.050.000	22.979,00	45.958,00	68.937,00	91.916,00	137.874,00	183.832,00	275.748,00	367.664,00	459.580,00	551.496,00
25.100.000	23.024,00	46.048,00	69.072,00	92.096,00	138.144,00	184.192,00	276.288,00	368.384,00	460.480,00	552.576,00
25.150.000	23.069,00	46.138,00	69.207,00	92.276,00	138.414,00	184.552,00	276.828,00	369.104,00	461.380,00	553.656,00

Wert bis €	0,25	0,5	0,75	1,0	1,5	2,0	3,0	4,0	5,0	6,0
25.200.000	23.114,00	46.228,00	69.342,00	92.456,00	138.684,00	184.912,00	277.368,00	369.824,00	462.280,00	554.736,00
25.250.000	23.159,00	46.318,00	69.477,00	92.636,00	138.954,00	185.272,00	277.908,00	370.544,00	463.180,00	555.816,00
25.300.000	23.204,00	46.408,00	69.612,00	92.816,00	139.224,00	185.632,00	278.448,00	371.264,00	464.080,00	556.896,00
25.350.000	23.249,00	46.498,00	69.747,00	92.996,00	139.494,00	185.992,00	278.988,00	371.984,00	464.980,00	557.976,00
25.400.000	23.294,00	46.588,00	69.882,00	93.176,00	139.764,00	186.352,00	279.528,00	372.704,00	465.880,00	559.056,00
25.450.000	23.339,00	46.678,00	70.017,00	93.356,00	140.034,00	186.712,00	280.068,00	373.424,00	466.780,00	560.136,00
25.500.000	23.384,00	46.768,00	70.152,00	93.536,00	140.304,00	187.072,00	280.608,00	374.144,00	467.680,00	561.216,00
25.550.000	23.429,00	46.858,00	70.287,00	93.716,00	140.574,00	187.432,00	281.148,00	374.864,00	468.580,00	562.296,00
25.600.000	23.474,00	46.948,00	70.422,00	93.896,00	140.844,00	187.792,00	281.688,00	375.584,00	469.480,00	563.376,00
25.650.000	23.519,00	47.038,00	70.557,00	94.076,00	141.114,00	188.152,00	282.228,00	376.304,00	470.380,00	564.456,00
25.700.000	23.564,00	47.128,00	70.692,00	94.256,00	141.384,00	188.512,00	282.768,00	377.024,00	471.280,00	565.536,00
25.750.000	23.609,00	47.218,00	70.827,00	94.436,00	141.654,00	188.872,00	283.308,00	377.744,00	472.180,00	566.616,00
25.800.000	23.654,00	47.308,00	70.962,00	94.616,00	141.924,00	189.232,00	283.848,00	378.464,00	473.080,00	567.696,00
25.850.000	23.699,00	47.398,00	71.097,00	94.796,00	142.194,00	189.592,00	284.388,00	379.184,00	473.980,00	568.776,00
25.900.000	23.744,00	47.488,00	71.232,00	94.976,00	142.464,00	189.952,00	284.928,00	379.904,00	474.880,00	569.856,00
25.950.000	23.789,00	47.578,00	71.367,00	95.156,00	142.734,00	190.312,00	285.468,00	380.624,00	475.780,00	570.936,00
26.000.000	23.834,00	47.668,00	71.502,00	95.336,00	143.004,00	190.672,00	286.008,00	381.344,00	476.680,00	572.016,00
26.050.000	23.879,00	47.758,00	71.637,00	95.516,00	143.274,00	191.032,00	286.548,00	382.064,00	477.580,00	573.096,00
26.100.000	23.924,00	47.848,00	71.772,00	95.696,00	143.544,00	191.392,00	287.088,00	382.784,00	478.480,00	574.176,00
26.150.000	23.969,00	47.938,00	71.907,00	95.876,00	143.814,00	191.752,00	287.628,00	383.504,00	479.380,00	575.256,00
26.200.000	24.014,00	48.028,00	72.042,00	96.056,00	144.084,00	192.112,00	288.168,00	384.224,00	480.280,00	576.336,00
26.250.000	24.059,00	48.118,00	72.177,00	96.236,00	144.354,00	192.472,00	288.708,00	384.944,00	481.180,00	577.416,00
26.300.000	24.104,00	48.208,00	72.312,00	96.416,00	144.624,00	192.832,00	289.248,00	385.664,00	482.080,00	578.496,00
26.350.000	24.149,00	48.298,00	72.447,00	96.596,00	144.894,00	193.192,00	289.788,00	386.384,00	482.980,00	579.576,00
26.400.000	24.194,00	48.388,00	72.582,00	96.776,00	145.164,00	193.552,00	290.328,00	387.104,00	483.880,00	580.656,00
26.450.000	24.239,00	48.478,00	72.717,00	96.956,00	145.434,00	193.912,00	290.868,00	387.824,00	484.780,00	581.736,00
26.500.000	24.284,00	48.568,00	72.852,00	97.136,00	145.704,00	194.272,00	291.408,00	388.544,00	485.680,00	582.816,00
26.550.000	24.329,00	48.658,00	72.987,00	97.316,00	145.974,00	194.632,00	291.948,00	389.264,00	486.580,00	583.896,00
26.600.000	24.374,00	48.748,00	73.122,00	97.496,00	146.244,00	194.992,00	292.488,00	389.984,00	487.480,00	584.976,00
26.650.000	24.419,00	48.838,00	73.257,00	97.676,00	146.514,00	195.352,00	293.028,00	390.704,00	488.380,00	586.056,00
26.700.000	24.464,00	48.928,00	73.392,00	97.856,00	146.784,00	195.712,00	293.568,00	391.424,00	489.280,00	587.136,00
26.750.000	24.509,00	49.018,00	73.527,00	98.036,00	147.054,00	196.072,00	294.108,00	392.144,00	490.180,00	588.216,00
26.800.000	24.554,00	49.108,00	73.662,00	98.216,00	147.324,00	196.432,00	294.648,00	392.864,00	491.080,00	589.296,00
26.850.000	24.599,00	49.198,00	73.797,00	98.396,00	147.594,00	196.792,00	295.188,00	393.584,00	491.980,00	590.376,00
26.900.000	24.644,00	49.288,00	73.932,00	98.576,00	147.864,00	197.152,00	295.728,00	394.304,00	492.880,00	591.456,00
26.950.000	24.689,00	49.378,00	74.067,00	98.756,00	148.134,00	197.512,00	296.268,00	395.024,00	493.780,00	592.536,00
27.000.000	24.734,00	49.468,00	74.202,00	98.936,00	148.404,00	197.872,00	296.808,00	395.744,00	494.680,00	593.616,00
27.050.000	24.779,00	49.558,00	74.337,00	99.116,00	148.674,00	198.232,00	297.348,00	396.464,00	495.580,00	594.696,00
27.100.000	24.824,00	49.648,00	74.472,00	99.296,00	148.944,00	198.592,00	297.888,00	397.184,00	496.480,00	595.776,00
27.150.000	24.869,00	49.738,00	74.607,00	99.476,00	149.214,00	198.952,00	298.428,00	397.904,00	497.380,00	596.856,00
27.200.000	24.914,00	49.828,00	74.742,00	99.656,00	149.484,00	199.312,00	298.968,00	398.624,00	498.280,00	597.936,00
27.250.000	24.959,00	49.918,00	74.877,00	99.836,00	149.754,00	199.672,00	299.508,00	399.344,00	499.180,00	599.016,00
27.300.000	25.004,00	50.008,00	75.012,00	100.016,00	150.024,00	200.032,00	300.048,00	400.064,00	500.080,00	600.096,00
27.350.000	25.049,00	50.098,00	75.147,00	100.196,00	150.294,00	200.392,00	300.588,00	400.784,00	500.980,00	601.176,00
27.400.000	25.094,00	50.188,00	75.282,00	100.376,00	150.564,00	200.752,00	301.128,00	401.504,00	501.880,00	602.256,00
27.450.000	25.139,00	50.278,00	75.417,00	100.556,00	150.834,00	201.112,00	301.668,00	402.224,00	502.780,00	603.336,00
27.500.000	25.184,00	50.368,00	75.552,00	100.736,00	151.104,00	201.472,00	302.208,00	402.944,00	503.680,00	604.416,00
27.550.000	25.229,00	50.458,00	75.687,00	100.916,00	151.374,00	201.832,00	302.748,00	403.664,00	504.580,00	605.496,00
27.600.000	25.274,00	50.548,00	75.822,00	101.096,00	151.644,00	202.192,00	303.288,00	404.384,00	505.480,00	606.576,00
27.650.000	25.319,00	50.638,00	75.957,00	101.276,00	151.914,00	202.552,00	303.828,00	405.104,00	506.380,00	607.656,00
27.700.000	25.364,00	50.728,00	76.092,00	101.456,00	152.184,00	202.912,00	304.368,00	405.824,00	507.280,00	608.736,00
27.750.000	25.409,00	50.818,00	76.227,00	101.636,00	152.454,00	203.272,00	304.908,00	406.544,00	508.180,00	609.816,00
27.800.000	25.454,00	50.908,00	76.362,00	101.816,00	152.724,00	203.632,00	305.448,00	407.264,00	509.080,00	610.896,00
27.850.000	25.499,00	50.998,00	76.497,00	101.996,00	152.994,00	203.992,00	305.988,00	407.984,00	509.980,00	611.976,00

Wert bis €	0,25	0,5	0,75	1,0	1,5	2,0	3,0	4,0	5,0	6,0
27.900.000	25.544,00	51.088,00	76.632,00	102.176,00	153.264,00	204.352,00	306.528,00	408.704,00	510.880,00	613.056,00
27.950.000	25.589,00	51.178,00	76.767,00	102.356,00	153.534,00	204.712,00	307.068,00	409.424,00	511.780,00	614.136,00
28.000.000	25.634,00	51.268,00	76.902,00	102.536,00	153.804,00	205.072,00	307.608,00	410.144,00	512.680,00	615.216,00
28.050.000	25.679,00	51.358,00	77.037,00	102.716,00	154.074,00	205.432,00	308.148,00	410.864,00	513.580,00	616.296,00
28.100.000	25.724,00	51.448,00	77.172,00	102.896,00	154.344,00	205.792,00	308.688,00	411.584,00	514.480,00	617.376,00
28.150.000	25.769,00	51.538,00	77.307,00	103.076,00	154.614,00	206.152,00	309.228,00	412.304,00	515.380,00	618.456,00
28.200.000	25.814,00	51.628,00	77.442,00	103.256,00	154.884,00	206.512,00	309.768,00	413.024,00	516.280,00	619.536,00
28.250.000	25.859,00	51.718,00	77.577,00	103.436,00	155.154,00	206.872,00	310.308,00	413.744,00	517.180,00	620.616,00
28.300.000	25.904,00	51.808,00	77.712,00	103.616,00	155.424,00	207.232,00	310.848,00	414.464,00	518.080,00	621.696,00
28.350.000	25.949,00	51.898,00	77.847,00	103.796,00	155.694,00	207.592,00	311.388,00	415.184,00	518.980,00	622.776,00
28.400.000	25.994,00	51.988,00	77.982,00	103.976,00	155.964,00	207.952,00	311.928,00	415.904,00	519.880,00	623.856,00
28.450.000	26.039,00	52.078,00	78.117,00	104.156,00	156.234,00	208.312,00	312.468,00	416.624,00	520.780,00	624.936,00
28.500.000	26.084,00	52.168,00	78.252,00	104.336,00	156.504,00	208.672,00	313.008,00	417.344,00	521.680,00	626.016,00
28.550.000	26.129,00	52.258,00	78.387,00	104.516,00	156.774,00	209.032,00	313.548,00	418.064,00	522.580,00	627.096,00
28.600.000	26.174,00	52.348,00	78.522,00	104.696,00	157.044,00	209.392,00	314.088,00	418.784,00	523.480,00	628.176,00
28.650.000	26.219,00	52.438,00	78.657,00	104.876,00	157.314,00	209.752,00	314.628,00	419.504,00	524.380,00	629.256,00
28.700.000	26.264,00	52.528,00	78.792,00	105.056,00	157.584,00	210.112,00	315.168,00	420.224,00	525.280,00	630.336,00
28.750.000	26.309,00	52.618,00	78.927,00	105.236,00	157.854,00	210.472,00	315.708,00	420.944,00	526.180,00	631.416,00
28.800.000	26.354,00	52.708,00	79.062,00	105.416,00	158.124,00	210.832,00	316.248,00	421.664,00	527.080,00	632.496,00
28.850.000	26.399,00	52.798,00	79.197,00	105.596,00	158.394,00	211.192,00	316.788,00	422.384,00	527.980,00	633.576,00
28.900.000	26.444,00	52.888,00	79.332,00	105.776,00	158.664,00	211.552,00	317.328,00	423.104,00	528.880,00	634.656,00
28.950.000	26.489,00	52.978,00	79.467,00	105.956,00	158.934,00	211.912,00	317.868,00	423.824,00	529.780,00	635.736,00
29.000.000	26.534,00	53.068,00	79.602,00	106.136,00	159.204,00	212.272,00	318.408,00	424.544,00	530.680,00	636.816,00
29.050.000	26.579,00	53.158,00	79.737,00	106.316,00	159.474,00	212.632,00	318.948,00	425.264,00	531.580,00	637.896,00
29.100.000	26.624,00	53.248,00	79.872,00	106.496,00	159.744,00	212.992,00	319.488,00	425.984,00	532.480,00	638.976,00
29.150.000	26.669,00	53.338,00	80.007,00	106.676,00	160.014,00	213.352,00	320.028,00	426.704,00	533.380,00	640.056,00
29.200.000	26.714,00	53.428,00	80.142,00	106.856,00	160.284,00	213.712,00	320.568,00	427.424,00	534.280,00	641.136,00
29.250.000	26.759,00	53.518,00	80.277,00	107.036,00	160.554,00	214.072,00	321.108,00	428.144,00	535.180,00	642.216,00
29.300.000	26.804,00	53.608,00	80.412,00	107.216,00	160.824,00	214.432,00	321.648,00	428.864,00	536.080,00	643.296,00
29.350.000	26.849,00	53.698,00	80.547,00	107.396,00	161.094,00	214.792,00	322.188,00	429.584,00	536.980,00	644.376,00
29.400.000	26.894,00	53.788,00	80.682,00	107.576,00	161.364,00	215.152,00	322.728,00	430.304,00	537.880,00	645.456,00
29.450.000	26.939,00	53.878,00	80.817,00	107.756,00	161.634,00	215.512,00	323.268,00	431.024,00	538.780,00	646.536,00
29.500.000	26.984,00	53.968,00	80.952,00	107.936,00	161.904,00	215.872,00	323.808,00	431.744,00	539.680,00	647.616,00
29.550.000	27.029,00	54.058,00	81.087,00	108.116,00	162.174,00	216.232,00	324.348,00	432.464,00	540.580,00	648.696,00
29.600.000	27.074,00	54.148,00	81.222,00	108.296,00	162.444,00	216.592,00	324.888,00	433.184,00	541.480,00	649.776,00
29.650.000	27.119,00	54.238,00	81.357,00	108.476,00	162.714,00	216.952,00	325.428,00	433.904,00	542.380,00	650.856,00
29.700.000	27.164,00	54.328,00	81.492,00	108.656,00	162.984,00	217.312,00	325.968,00	434.624,00	543.280,00	651.936,00
29.750.000	27.209,00	54.418,00	81.627,00	108.836,00	163.254,00	217.672,00	326.508,00	435.344,00	544.180,00	653.016,00
29.800.000	27.254,00	54.508,00	81.762,00	109.016,00	163.524,00	218.032,00	327.048,00	436.064,00	545.080,00	654.096,00
29.850.000	27.299,00	54.598,00	81.897,00	109.196,00	163.794,00	218.392,00	327.588,00	436.784,00	545.980,00	655.176,00
29.900.000	27.344,00	54.688,00	82.032,00	109.376,00	164.064,00	218.752,00	328.128,00	437.504,00	546.880,00	656.256,00
29.950.000	27.389,00	54.778,00	82.167,00	109.556,00	164.334,00	219.112,00	328.668,00	438.224,00	547.780,00	657.336,00
30.000.000	27.434,00	54.868,00	82.302,00	109.736,00	164.604,00	219.472,00	329.208,00	438.944,00	548.680,00	658.416,00

27. Gerichtsgebühren in Verfahren vor den Gerichten der Arbeitsgerichtsbarkeit (Teil 8 KV GKG)

I. Überblick

Die Gerichtsgebühren in Verfahren vor den Gerichten der Arbeitsgerichtsbarkeit finden sich seit dem 1. 7. 2004 im KV GKG und sind dort als Teil 8 eingefügt worden.[1] Das System der Gerichtsgebühren ist dem der allgemeinen Zivilsachen angenähert; gleichwohl finden sich zum Teil erhebliche Abweichungen. Insbesondere enthält Teil 8 KV GKG eigene abweichende Gebührensätze.

Darüber hinaus ordnet Vorbem. 8 KV GKG an, dass im Falle eines Vergleichs keine Gerichtsgebühren anfallen. Daher gibt es hier auch keine Gebühr für einen Mehrwertvergleich wie bei den Zivilsachen vor den ordentlichen Gerichten (Nr. 1900 KV GKG) oder in Verfahren vor den Verwaltungsgerichten (Nr. 5600 KV GKG) oder den Sozialgerichten (Nr. 7600 KV GKG).

Gleiches gilt in erster Instanz, wenn sich das gesamte Verfahren ohne streitige Verhandlung erledigt, sofern kein Versäumnisurteil vorausgegangen ist und auch keine Entscheidung nach § 91a ZPO ergeht, es sei denn die Parteien haben sich über die Kostentragung geeinigt oder die Entscheidung der Kostenübernahmeerklärung einer Partei folgt (Anm. Abs. 2 zu Nr. 8210 KV GKG). Auch dann werden keine Gerichtsgebühren erhoben.

Grundsätzlich richten sich auch in arbeitsgerichtlichen Verfahren die Gebühren nach dem Wert des Streitgegenstands (Streitwert; § 3 Abs. 1 S. 1 GKG). Ausnahmen sind hier die Festgebühren nach Nr. 8500 KV GKG (Gehörsrüge), die Nrn. 8610, 8613 KV GKG in Beschwerdeverfahren und die Nrn. 8620, 8621 KV GKG in Rechtsbeschwerdeverfahren sowie die Verzögerungsgebühr nach Nr. 8700 VV RVG, deren Höhe das Gericht nach Ermessen bestimmt.

Spezielle Wertvorschriften für arbeitsgerichtliche Verfahren finden sich in § 43 Abs. 2 und 3 GKG.

Der Streitwert ist auch hier nach § 39 Abs. 2 GKG auf höchstens 30 Mio. Euro beschränkt. Der Mindestbetrag einer Gebühr beträgt 15,00 Euro.[2]

II. Die Gebührensätze in arbeitsgerichtlichen Verfahren

0,4 – Verfahren auf Erlass eines Vollstreckungsbescheids,[3] mindestens jedoch 18,00 Euro (Nr. 8100 KV GKG)
– Ermäßigte Verfahrensgebühr Erkenntnisverfahren 1. Instanz nach streitiger Verhandlung (Nr. 8211 KV GKG)
– Verfahren im Allgemeinen, Arrest und einstweilige Verfügung (Nr. 8310 KV GKG)

0,6 – Selbstständiges Beweisverfahren (Nr. 8400 KV GKG)

0,8 – Ermäßigte Gebühr bei Rücknahme der Berufung oder Klage vor Eingang der Berufungsbegründung im Erkenntnisverfahren (Nr. 8221 KV GKG); ebenso bei Erledigungserklärungen nach § 91a ZPO, wenn keine Entscheidung über die Kosten ergeht oder die Entscheidung einer zuvor mitgeteilten Einigung der Parteien über die Kostentragung oder der Kostenübernahmeerklärung einer Partei folgt (Anm. zu Nr. 8221 KV GKG).
– Ermäßigte Verfahrensgebühr bei Rücknahme der Revision oder Klage vor Eingang der Begründungsbegründung (Nr. 8231 KV GKG); ebenso bei Erledigungserklärungen nach § 91a ZPO, wenn keine Entscheidung über die Kosten ergeht oder die Ent-

---

[1] Abgedruckt auf S. 287 ff.
[2] Bei Erlass eines Vollstreckungsbescheids mindestens 20,00 Euro (Nr. 8100 KV GKG).
[3] Für das arbeitsgerichtliche Mahnverfahren werden keine Gerichtsgebühren erhoben.

scheidung einer zuvor mitgeteilten Einigung der Parteien über die Kostentragung oder der Kostenübernahmeerklärung einer Partei folgt (Anm. zu Nr. 8231 KV GKG)
- Ermäßigte Gebühr in Arrest- oder einstweiligen Verfügungsverfahren bei Zurücknahme der Berufung, des Antrags oder des Widerspruchs, bevor die Schrift zur Begründung der Berufung bei Gericht eingegangen ist (Nr. 8321 KV GKG); ebenso bei Erledigungserklärungen nach § 91a ZPO, wenn keine Entscheidung über die Kosten ergeht oder die Entscheidung einer zuvor mitgeteilten Einigung der Parteien über die Kostentragung oder der Kostenübernahmeerklärung einer Partei folgt (Anm. zu Nr. 8321 KV GKG)
- Beendigung des gesamten Verfahrens durch Zurücknahme der Beschwerde (Nr. 8331 KV GKG)
- Verfahren über die Beschwerde gegen die Nichtzulassung der Revision, soweit die Beschwerde zurückgenommen oder das Verfahren durch anderweitige Erledigung beendet wird (Nr. 8612 KV GKG)[1]

1,2 - Verfahren über Beschwerden gegen die Zurückweisung eines Antrags auf Anordnung eines Arrests oder einer einstweiligen Verfügung (Nr. 8330 KV GKG)

1,6 - Ermäßigte Verfahrensgebühr nach Eingang der Begründungsbegründung im Erkenntnisverfahren (Nr. 8222 KV GKG); auch in Verbindung mit einem Teilvergleich (Anm. zu Nr. 8222 KV GKG)
- Ermäßigte Verfahrensgebühr nach Eingang der Begründungsbegründung in Arrest- und einstweiligen Verfügungsverfahren (Nr. 8322 KV GKG)
- Verfahren über die Beschwerde gegen die Nichtzulassung der Revision, soweit die Beschwerde verworfen oder zurückgewiesen wird (Nr. 8611 KV GKG)

2,0 - Verfahren im allgemeinen, Erkenntnisverfahren 1. Instanz (Nr. 8210 KV GKG)
- Verfahren mit Urteil in Arrest- und einstweiligen Verfügungsverfahren (Nr. 8311 KV GKG), ausgenommen Anerkenntnisurteil, Verzichtsurteil oder Urteil, das nach § 313a Abs. 2 ZPO keinen Tatbestand und keine Entscheidungsgründe enthält (Anm. S. 1 zu Nr. 8311 KV GKG); das gilt auch, wenn eine solche Entscheidung mit einem Teilvergleich zusammentrifft (Anm. S. 2 zu Nr. 8311 KV GKG)

2,4 - Ermäßigte Verfahrensgebühr im Erkenntnisverfahren bei Verzicht auf Urteilsgründe im Berufungsverfahren (Nr. 8223 KV GKG); auch in Verbindung mit einem Ermäßigungstatbestand nach Nr. 8222 KV GKG oder einem Teilvergleich (Anm. zu Nr. 8223 KV GKG)
- Ermäßigte Verfahrensgebühr bei Verzicht auf Urteilsgründe im Revisionsverfahren (Nr. 8232 KV GKG)
- Ermäßigte Verfahrensgebühr in Arrest und einstweiligen Verfügungsverfahren bei Verzicht auf Urteilsgründe im Berufungsverfahren (Nr. 8323 KV GKG)

3,2 - Verfahren im allgemeinen, Berufung im Erkenntnisverfahren (Nr. 8220 KV GKG)
- Verfahren im Allgemeinen, Berufung in Arrest- und einstweiligen Verfügungsverfahren (Nr. 8320 KV GKG)

4,0 - Verfahren im allgemeinen, Revision (Nr. 8230 KV GKG)

---

[1] Die Gebühr entsteht nicht, wenn die Revision zugelassen wird (Anm. zu Nr. 8612 KV GKG).

III. Gebührentabelle bis 10 Mio. Euro

Hohe Streitwerte kommen in arbeitsgerichtlichen Verfahren kaum vor. Daher beschränkt sich diese Tabelle auf Werte bis 10 Mio. Euro. Sollten ausnahmsweise höhere Werte anfallen, kann die in der GKG-Tabelle zu Kapitel 26 (S. 333 ff.) ausgewiesene 1,0-Gebühr mit dem entsprechenden Satz multipliziert werden.

Wert bis	0,4	0,6	0,8	1,2	1,6	2,0	2,4	3,2	4,0
500	15,00	21,00	28,00	42,00	56,00	70,00	84,00	112,00	140,00
1.000	21,20	31,80	42,40	63,60	84,80	106,00	127,20	169,60	212,00
1.500	28,40	42,60	56,80	85,20	113,60	142,00	170,40	227,20	284,00
2.000	35,60	53,40	71,20	106,80	142,40	178,00	213,60	284,80	356,00
3.000	43,20	64,80	86,40	129,60	172,80	216,00	259,20	345,60	432,00
4.000	50,80	76,20	101,60	152,40	203,20	254,00	304,80	406,40	508,00
5.000	58,40	87,60	116,80	175,20	233,60	292,00	350,40	467,20	584,00
6.000	66,00	99,00	132,00	198,00	264,00	330,00	396,00	528,00	660,00
7.000	73,60	110,40	147,20	220,80	294,40	368,00	441,60	588,80	736,00
8.000	81,20	121,80	162,40	243,60	324,80	406,00	487,20	649,60	812,00
9.000	88,80	133,20	177,60	266,40	355,20	444,00	532,80	710,40	888,00
10.000	96,40	144,60	192,80	289,20	385,60	482,00	578,40	771,20	964,00
13.000	106,80	160,20	213,60	320,40	427,20	534,00	640,80	854,40	1.068,00
16.000	117,20	175,80	234,40	351,60	468,80	586,00	703,20	937,60	1.172,00
19.000	127,60	191,40	255,20	382,80	510,40	638,00	765,60	1.020,80	1.276,00
22.000	138,00	207,00	276,00	414,00	552,00	690,00	828,00	1.104,00	1.380,00
25.000	148,40	222,60	296,80	445,20	593,60	742,00	890,40	1.187,20	1.484,00
30.000	162,40	243,60	324,80	487,20	649,60	812,00	974,40	1.299,20	1.624,00
35.000	176,40	264,60	352,80	529,20	705,60	882,00	1.058,40	1.411,20	1.764,00
40.000	190,40	285,60	380,80	571,20	761,60	952,00	1.142,40	1.523,20	1.904,00
45.000	204,40	306,60	408,80	613,20	817,60	1.022,00	1.226,40	1.635,20	2.044,00
50.000	218,40	327,60	436,80	655,20	873,60	1.092,00	1.310,40	1.747,20	2.184,00
65.000	266,40	399,60	532,80	799,20	1.065,60	1.332,00	1.598,40	2.131,20	2.664,00
80.000	314,40	471,60	628,80	943,20	1.257,60	1.572,00	1.886,40	2.515,20	3.144,00
95.000	362,40	543,60	724,80	1.087,20	1.449,60	1.812,00	2.174,40	2.899,20	3.624,00
110.000	410,40	615,60	820,80	1.231,20	1.641,60	2.052,00	2.462,40	3.283,20	4.104,00
125.000	458,40	687,60	916,80	1.375,20	1.833,60	2.292,00	2.750,40	3.667,20	4.584,00
140.000	506,40	759,60	1.012,80	1.519,20	2.025,60	2.532,00	3.038,40	4.051,20	5.064,00
155.000	554,40	831,60	1.108,80	1.663,20	2.217,60	2.772,00	3.326,40	4.435,20	5.544,00
170.000	602,40	903,60	1.204,80	1.807,20	2.409,60	3.012,00	3.614,40	4.819,20	6.024,00
185.000	650,40	975,60	1.300,80	1.951,20	2.601,60	3.252,00	3.902,40	5.203,20	6.504,00
200.000	698,40	1.047,60	1.396,80	2.095,20	2.793,60	3.492,00	4.190,40	5.587,20	6.984,00
230.000	770,00	1.155,00	1.540,00	2.310,00	3.080,00	3.850,00	4.620,00	6.160,00	7.700,00
260.000	841,60	1.262,40	1.683,20	2.524,80	3.366,40	4.208,00	5.049,60	6.732,80	8.416,00
290.000	913,20	1.369,80	1.826,40	2.739,60	3.652,80	4.566,00	5.479,20	7.305,60	9.132,00
320.000	984,80	1.477,20	1.969,60	2.954,40	3.939,20	4.924,00	5.908,80	7.878,40	9.848,00
350.000	1.056,40	1.584,60	2.112,80	3.169,20	4.225,60	5.282,00	6.338,40	8.451,20	10.564,00
380.000	1.128,00	1.692,00	2.256,00	3.384,00	4.512,00	5.640,00	6.768,00	9.024,00	11.280,00
410.000	1.199,60	1.799,40	2.399,20	3.598,80	4.798,40	5.998,00	7.197,60	9.596,80	11.996,00
440.000	1.271,20	1.906,80	2.542,40	3.813,60	5.084,80	6.356,00	7.627,20	10.169,60	12.712,00
470.000	1.342,80	2.014,20	2.685,60	4.028,40	5.371,20	6.714,00	8.056,80	10.742,40	13.428,00
500.000	1.414,40	2.121,60	2.828,80	4.243,20	5.657,60	7.072,00	8.486,40	11.315,20	14.144,00
550.000	1.486,40	2.229,60	2.972,80	4.459,20	5.945,60	7.432,00	8.918,40	11.891,20	14.864,00
600.000	1.558,40	2.337,60	3.116,80	4.675,20	6.233,60	7.792,00	9.350,40	12.467,20	15.584,00
650.000	1.630,40	2.445,60	3.260,80	4.891,20	6.521,60	8.152,00	9.782,40	13.043,20	16.304,00
700.000	1.702,40	2.553,60	3.404,80	5.107,20	6.809,60	8.512,00	10.214,40	13.619,20	17.024,00

Wert bis	0,4	0,6	0,8	1,2	1,6	2,0	2,4	3,2	4,0
750.000	1.774,40	2.661,60	3.548,80	5.323,20	7.097,60	8.872,00	10.646,40	14.195,20	17.744,00
800.000	1.846,40	2.769,60	3.692,80	5.539,20	7.385,60	9.232,00	11.078,40	14.771,20	18.464,00
850.000	1.918,40	2.877,60	3.836,80	5.755,20	7.673,60	9.592,00	11.510,40	15.347,20	19.184,00
900.000	1.990,40	2.985,60	3.980,80	5.971,20	7.961,60	9.952,00	11.942,40	15.923,20	19.904,00
950.000	2.062,40	3.093,60	4.124,80	6.187,20	8.249,60	10.312,00	12.374,40	16.499,20	20.624,00
1.000.000	2.134,40	3.201,60	4.268,80	6.403,20	8.537,60	10.672,00	12.806,40	17.075,20	21.344,00
1.050.000	2.206,40	3.309,60	4.412,80	6.619,20	8.825,60	11.032,00	13.238,40	17.651,20	22.064,00
1.100.000	2.278,40	3.417,60	4.556,80	6.835,20	9.113,60	11.392,00	13.670,40	18.227,20	22.784,00
1.150.000	2.350,40	3.525,60	4.700,80	7.051,20	9.401,60	11.752,00	14.102,40	18.803,20	23.504,00
1.200.000	2.422,40	3.633,60	4.844,80	7.267,20	9.689,60	12.112,00	14.534,40	19.379,20	24.224,00
1.250.000	2.494,40	3.741,60	4.988,80	7.483,20	9.977,60	12.472,00	14.966,40	19.955,20	24.944,00
1.300.000	2.566,40	3.849,60	5.132,80	7.699,20	10.265,60	12.832,00	15.398,40	20.531,20	25.664,00
1.350.000	2.638,40	3.957,60	5.276,80	7.915,20	10.553,60	13.192,00	15.830,40	21.107,20	26.384,00
1.400.000	2.710,40	4.065,60	5.420,80	8.131,20	10.841,60	13.552,00	16.262,40	21.683,20	27.104,00
1.450.000	2.782,40	4.173,60	5.564,80	8.347,20	11.129,60	13.912,00	16.694,40	22.259,20	27.824,00
1.500.000	2.854,40	4.281,60	5.708,80	8.563,20	11.417,60	14.272,00	17.126,40	22.835,20	28.544,00
1.550.000	2.926,40	4.389,60	5.852,80	8.779,20	11.705,60	14.632,00	17.558,40	23.411,20	29.264,00
1.600.000	2.998,40	4.497,60	5.996,80	8.995,20	11.993,60	14.992,00	17.990,40	23.987,20	29.984,00
1.650.000	3.070,40	4.605,60	6.140,80	9.211,20	12.281,60	15.352,00	18.422,40	24.563,20	30.704,00
1.700.000	3.142,40	4.713,60	6.284,80	9.427,20	12.569,60	15.712,00	18.854,40	25.139,20	31.424,00
1.750.000	3.214,40	4.821,60	6.428,80	9.643,20	12.857,60	16.072,00	19.286,40	25.715,20	32.144,00
1.800.000	3.286,40	4.929,60	6.572,80	9.859,20	13.145,60	16.432,00	19.718,40	26.291,20	32.864,00
1.850.000	3.358,40	5.037,60	6.716,80	10.075,20	13.433,60	16.792,00	20.150,40	26.867,20	33.584,00
1.900.000	3.430,40	5.145,60	6.860,80	10.291,20	13.721,60	17.152,00	20.582,40	27.443,20	34.304,00
1.950.000	3.502,40	5.253,60	7.004,80	10.507,20	14.009,60	17.512,00	21.014,40	28.019,20	35.024,00
2.000.000	3.574,40	5.361,60	7.148,80	10.723,20	14.297,60	17.872,00	21.446,40	28.595,20	35.744,00
2.050.000	3.646,40	5.469,60	7.292,80	10.939,20	14.585,60	18.232,00	21.878,40	29.171,20	36.464,00
2.100.000	3.718,40	5.577,60	7.436,80	11.155,20	14.873,60	18.592,00	22.310,40	29.747,20	37.184,00
2.150.000	3.790,40	5.685,60	7.580,80	11.371,20	15.161,60	18.952,00	22.742,40	30.323,20	37.904,00
2.200.000	3.862,40	5.793,60	7.724,80	11.587,20	15.449,60	19.312,00	23.174,40	30.899,20	38.624,00
2.250.000	3.934,40	5.901,60	7.868,80	11.803,20	15.737,60	19.672,00	23.606,40	31.475,20	39.344,00
2.300.000	4.006,40	6.009,60	8.012,80	12.019,20	16.025,60	20.032,00	24.038,40	32.051,20	40.064,00
2.350.000	4.078,40	6.117,60	8.156,80	12.235,20	16.313,60	20.392,00	24.470,40	32.627,20	40.784,00
2.400.000	4.150,40	6.225,60	8.300,80	12.451,20	16.601,60	20.752,00	24.902,40	33.203,20	41.504,00
2.450.000	4.222,40	6.333,60	8.444,80	12.667,20	16.889,60	21.112,00	25.334,40	33.779,20	42.224,00
2.500.000	4.294,40	6.441,60	8.588,80	12.883,20	17.177,60	21.472,00	25.766,40	34.355,20	42.944,00
2.550.000	4.366,40	6.549,60	8.732,80	13.099,20	17.465,60	21.832,00	26.198,40	34.931,20	43.664,00
2.600.000	4.438,40	6.657,60	8.876,80	13.315,20	17.753,60	22.192,00	26.630,40	35.507,20	44.384,00
2.650.000	4.510,40	6.765,60	9.020,80	13.531,20	18.041,60	22.552,00	27.062,40	36.083,20	45.104,00
2.700.000	4.582,40	6.873,60	9.164,80	13.747,20	18.329,60	22.912,00	27.494,40	36.659,20	45.824,00
2.750.000	4.654,40	6.981,60	9.308,80	13.963,20	18.617,60	23.272,00	27.926,40	37.235,20	46.544,00
2.800.000	4.726,40	7.089,60	9.452,80	14.179,20	18.905,60	23.632,00	28.358,40	37.811,20	47.264,00
2.850.000	4.798,40	7.197,60	9.596,80	14.395,20	19.193,60	23.992,00	28.790,40	38.387,20	47.984,00
2.900.000	4.870,40	7.305,60	9.740,80	14.611,20	19.481,60	24.352,00	29.222,40	38.963,20	48.704,00
2.950.000	4.942,40	7.413,60	9.884,80	14.827,20	19.769,60	24.712,00	29.654,40	39.539,20	49.424,00
3.000.000	5.014,40	7.521,60	10.028,80	15.043,20	20.057,60	25.072,00	30.086,40	40.115,20	50.144,00
3.050.000	5.086,40	7.629,60	10.172,80	15.259,20	20.345,60	25.432,00	30.518,40	40.691,20	50.864,00
3.100.000	5.158,40	7.737,60	10.316,80	15.475,20	20.633,60	25.792,00	30.950,40	41.267,20	51.584,00
3.150.000	5.230,40	7.845,60	10.460,80	15.691,20	20.921,60	26.152,00	31.382,40	41.843,20	52.304,00
3.200.000	5.302,40	7.953,60	10.604,80	15.907,20	21.209,60	26.512,00	31.814,40	42.419,20	53.024,00
3.250.000	5.374,40	8.061,60	10.748,80	16.123,20	21.497,60	26.872,00	32.246,40	42.995,20	53.744,00
3.300.000	5.446,40	8.169,60	10.892,80	16.339,20	21.785,60	27.232,00	32.678,40	43.571,20	54.464,00

Wert bis	0,4	0,6	0,8	1,2	1,6	2,0	2,4	3,2	4,0
3.350.000	5.518,40	8.277,60	11.036,80	16.555,20	22.073,60	27.592,00	33.110,40	44.147,20	55.184,00
3.400.000	5.590,40	8.385,60	11.180,80	16.771,20	22.361,60	27.952,00	33.542,40	44.723,20	55.904,00
3.450.000	5.662,40	8.493,60	11.324,80	16.987,20	22.649,60	28.312,00	33.974,40	45.299,20	56.624,00
3.500.000	5.734,40	8.601,60	11.468,80	17.203,20	22.937,60	28.672,00	34.406,40	45.875,20	57.344,00
3.550.000	5.806,40	8.709,60	11.612,80	17.419,20	23.225,60	29.032,00	34.838,40	46.451,20	58.064,00
3.600.000	5.878,40	8.817,60	11.756,80	17.635,20	23.513,60	29.392,00	35.270,40	47.027,20	58.784,00
3.650.000	5.950,40	8.925,60	11.900,80	17.851,20	23.801,60	29.752,00	35.702,40	47.603,20	59.504,00
3.700.000	6.022,40	9.033,60	12.044,80	18.067,20	24.089,60	30.112,00	36.134,40	48.179,20	60.224,00
3.750.000	6.094,40	9.141,60	12.188,80	18.283,20	24.377,60	30.472,00	36.566,40	48.755,20	60.944,00
3.800.000	6.166,40	9.249,60	12.332,80	18.499,20	24.665,60	30.832,00	36.998,40	49.331,20	61.664,00
3.850.000	6.238,40	9.357,60	12.476,80	18.715,20	24.953,60	31.192,00	37.430,40	49.907,20	62.384,00
3.900.000	6.310,40	9.465,60	12.620,80	18.931,20	25.241,60	31.552,00	37.862,40	50.483,20	63.104,00
3.950.000	6.382,40	9.573,60	12.764,80	19.147,20	25.529,60	31.912,00	38.294,40	51.059,20	63.824,00
4.000.000	6.454,40	9.681,60	12.908,80	19.363,20	25.817,60	32.272,00	38.726,40	51.635,20	64.544,00
4.050.000	6.526,40	9.789,60	13.052,80	19.579,20	26.105,60	32.632,00	39.158,40	52.211,20	65.264,00
4.100.000	6.598,40	9.897,60	13.196,80	19.795,20	26.393,60	32.992,00	39.590,40	52.787,20	65.984,00
4.150.000	6.670,40	10.005,60	13.340,80	20.011,20	26.681,60	33.352,00	40.022,40	53.363,20	66.704,00
4.200.000	6.742,40	10.113,60	13.484,80	20.227,20	26.969,60	33.712,00	40.454,40	53.939,20	67.424,00
4.250.000	6.814,40	10.221,60	13.628,80	20.443,20	27.257,60	34.072,00	40.886,40	54.515,20	68.144,00
4.300.000	6.886,40	10.329,60	13.772,80	20.659,20	27.545,60	34.432,00	41.318,40	55.091,20	68.864,00
4.350.000	6.958,40	10.437,60	13.916,80	20.875,20	27.833,60	34.792,00	41.750,40	55.667,20	69.584,00
4.400.000	7.030,40	10.545,60	14.060,80	21.091,20	28.121,60	35.152,00	42.182,40	56.243,20	70.304,00
4.450.000	7.102,40	10.653,60	14.204,80	21.307,20	28.409,60	35.512,00	42.614,40	56.819,20	71.024,00
4.500.000	7.174,40	10.761,60	14.348,80	21.523,20	28.697,60	35.872,00	43.046,40	57.395,20	71.744,00
4.550.000	7.246,40	10.869,60	14.492,80	21.739,20	28.985,60	36.232,00	43.478,40	57.971,20	72.464,00
4.600.000	7.318,40	10.977,60	14.636,80	21.955,20	29.273,60	36.592,00	43.910,40	58.547,20	73.184,00
4.650.000	7.390,40	11.085,60	14.780,80	22.171,20	29.561,60	36.952,00	44.342,40	59.123,20	73.904,00
4.700.000	7.462,40	11.193,60	14.924,80	22.387,20	29.849,60	37.312,00	44.774,40	59.699,20	74.624,00
4.750.000	7.534,40	11.301,60	15.068,80	22.603,20	30.137,60	37.672,00	45.206,40	60.275,20	75.344,00
4.800.000	7.606,40	11.409,60	15.212,80	22.819,20	30.425,60	38.032,00	45.638,40	60.851,20	76.064,00
4.850.000	7.678,40	11.517,60	15.356,80	23.035,20	30.713,60	38.392,00	46.070,40	61.427,20	76.784,00
4.900.000	7.750,40	11.625,60	15.500,80	23.251,20	31.001,60	38.752,00	46.502,40	62.003,20	77.504,00
4.950.000	7.822,40	11.733,60	15.644,80	23.467,20	31.289,60	39.112,00	46.934,40	62.579,20	78.224,00
5.000.000	7.894,40	11.841,60	15.788,80	23.683,20	31.577,60	39.472,00	47.366,40	63.155,20	78.944,00
5.050.000	7.966,40	11.949,60	15.932,80	23.899,20	31.865,60	39.832,00	47.798,40	63.731,20	79.664,00
5.100.000	8.038,40	12.057,60	16.076,80	24.115,20	32.153,60	40.192,00	48.230,40	64.307,20	80.384,00
5.150.000	8.110,40	12.165,60	16.220,80	24.331,20	32.441,60	40.552,00	48.662,40	64.883,20	81.104,00
5.200.000	8.182,40	12.273,60	16.364,80	24.547,20	32.729,60	40.912,00	49.094,40	65.459,20	81.824,00
5.250.000	8.254,40	12.381,60	16.508,80	24.763,20	33.017,60	41.272,00	49.526,40	66.035,20	82.544,00
5.300.000	8.326,40	12.489,60	16.652,80	24.979,20	33.305,60	41.632,00	49.958,40	66.611,20	83.264,00
5.350.000	8.398,40	12.597,60	16.796,80	25.195,20	33.593,60	41.992,00	50.390,40	67.187,20	83.984,00
5.400.000	8.470,40	12.705,60	16.940,80	25.411,20	33.881,60	42.352,00	50.822,40	67.763,20	84.704,00
5.450.000	8.542,40	12.813,60	17.084,80	25.627,20	34.169,60	42.712,00	51.254,40	68.339,20	85.424,00
5.500.000	8.614,40	12.921,60	17.228,80	25.843,20	34.457,60	43.072,00	51.686,40	68.915,20	86.144,00
5.550.000	8.686,40	13.029,60	17.372,80	26.059,20	34.745,60	43.432,00	52.118,40	69.491,20	86.864,00
5.600.000	8.758,40	13.137,60	17.516,80	26.275,20	35.033,60	43.792,00	52.550,40	70.067,20	87.584,00
5.650.000	8.830,40	13.245,60	17.660,80	26.491,20	35.321,60	44.152,00	52.982,40	70.643,20	88.304,00
5.700.000	8.902,40	13.353,60	17.804,80	26.707,20	35.609,60	44.512,00	53.414,40	71.219,20	89.024,00
5.750.000	8.974,40	13.461,60	17.948,80	26.923,20	35.897,60	44.872,00	53.846,40	71.795,20	89.744,00
5.800.000	9.046,40	13.569,60	18.092,80	27.139,20	36.185,60	45.232,00	54.278,40	72.371,20	90.464,00
5.850.000	9.118,40	13.677,60	18.236,80	27.355,20	36.473,60	45.592,00	54.710,40	72.947,20	91.184,00
5.900.000	9.190,40	13.785,60	18.380,80	27.571,20	36.761,60	45.952,00	55.142,40	73.523,20	91.904,00

Wert bis	0,4	0,6	0,8	1,2	1,6	2,0	2,4	3,2	4,0
5.950.000	9.262,40	13.893,60	18.524,80	27.787,20	37.049,60	46.312,00	55.574,40	74.099,20	92.624,00
6.000.000	9.334,40	14.001,60	18.668,80	28.003,20	37.337,60	46.672,00	56.006,40	74.675,20	93.344,00
6.050.000	9.406,40	14.109,60	18.812,80	28.219,20	37.625,60	47.032,00	56.438,40	75.251,20	94.064,00
6.100.000	9.478,40	14.217,60	18.956,80	28.435,20	37.913,60	47.392,00	56.870,40	75.827,20	94.784,00
6.150.000	9.550,40	14.325,60	19.100,80	28.651,20	38.201,60	47.752,00	57.302,40	76.403,20	95.504,00
6.200.000	9.622,40	14.433,60	19.244,80	28.867,20	38.489,60	48.112,00	57.734,40	76.979,20	96.224,00
6.250.000	9.694,40	14.541,60	19.388,80	29.083,20	38.777,60	48.472,00	58.166,40	77.555,20	96.944,00
6.300.000	9.766,40	14.649,60	19.532,80	29.299,20	39.065,60	48.832,00	58.598,40	78.131,20	97.664,00
6.350.000	9.838,40	14.757,60	19.676,80	29.515,20	39.353,60	49.192,00	59.030,40	78.707,20	98.384,00
6.400.000	9.910,40	14.865,60	19.820,80	29.731,20	39.641,60	49.552,00	59.462,40	79.283,20	99.104,00
6.450.000	9.982,40	14.973,60	19.964,80	29.947,20	39.929,60	49.912,00	59.894,40	79.859,20	99.824,00
6.500.000	10.054,40	15.081,60	20.108,80	30.163,20	40.217,60	50.272,00	60.326,40	80.435,20	100.544,00
6.550.000	10.126,40	15.189,60	20.252,80	30.379,20	40.505,60	50.632,00	60.758,40	81.011,20	101.264,00
6.600.000	10.198,40	15.297,60	20.396,80	30.595,20	40.793,60	50.992,00	61.190,40	81.587,20	101.984,00
6.650.000	10.270,40	15.405,60	20.540,80	30.811,20	41.081,60	51.352,00	61.622,40	82.163,20	102.704,00
6.700.000	10.342,40	15.513,60	20.684,80	31.027,20	41.369,60	51.712,00	62.054,40	82.739,20	103.424,00
6.750.000	10.414,40	15.621,60	20.828,80	31.243,20	41.657,60	52.072,00	62.486,40	83.315,20	104.144,00
6.800.000	10.486,40	15.729,60	20.972,80	31.459,20	41.945,60	52.432,00	62.918,40	83.891,20	104.864,00
6.850.000	10.558,40	15.837,60	21.116,80	31.675,20	42.233,60	52.792,00	63.350,40	84.467,20	105.584,00
6.900.000	10.630,40	15.945,60	21.260,80	31.891,20	42.521,60	53.152,00	63.782,40	85.043,20	106.304,00
6.950.000	10.702,40	16.053,60	21.404,80	32.107,20	42.809,60	53.512,00	64.214,40	85.619,20	107.024,00
7.000.000	10.774,40	16.161,60	21.548,80	32.323,20	43.097,60	53.872,00	64.646,40	86.195,20	107.744,00
7.050.000	10.846,40	16.269,60	21.692,80	32.539,20	43.385,60	54.232,00	65.078,40	86.771,20	108.464,00
7.100.000	10.918,40	16.377,60	21.836,80	32.755,20	43.673,60	54.592,00	65.510,40	87.347,20	109.184,00
7.150.000	10.990,40	16.485,60	21.980,80	32.971,20	43.961,60	54.952,00	65.942,40	87.923,20	109.904,00
7.200.000	11.062,40	16.593,60	22.124,80	33.187,20	44.249,60	55.312,00	66.374,40	88.499,20	110.624,00
7.250.000	11.134,40	16.701,60	22.268,80	33.403,20	44.537,60	55.672,00	66.806,40	89.075,20	111.344,00
7.300.000	11.206,40	16.809,60	22.412,80	33.619,20	44.825,60	56.032,00	67.238,40	89.651,20	112.064,00
7.350.000	11.278,40	16.917,60	22.556,80	33.835,20	45.113,60	56.392,00	67.670,40	90.227,20	112.784,00
7.400.000	11.350,40	17.025,60	22.700,80	34.051,20	45.401,60	56.752,00	68.102,40	90.803,20	113.504,00
7.450.000	11.422,40	17.133,60	22.844,80	34.267,20	45.689,60	57.112,00	68.534,40	91.379,20	114.224,00
7.500.000	11.494,40	17.241,60	22.988,80	34.483,20	45.977,60	57.472,00	68.966,40	91.955,20	114.944,00
7.550.000	11.566,40	17.349,60	23.132,80	34.699,20	46.265,60	57.832,00	69.398,40	92.531,20	115.664,00
7.600.000	11.638,40	17.457,60	23.276,80	34.915,20	46.553,60	58.192,00	69.830,40	93.107,20	116.384,00
7.650.000	11.710,40	17.565,60	23.420,80	35.131,20	46.841,60	58.552,00	70.262,40	93.683,20	117.104,00
7.700.000	11.782,40	17.673,60	23.564,80	35.347,20	47.129,60	58.912,00	70.694,40	94.259,20	117.824,00
7.750.000	11.854,40	17.781,60	23.708,80	35.563,20	47.417,60	59.272,00	71.126,40	94.835,20	118.544,00
7.800.000	11.926,40	17.889,60	23.852,80	35.779,20	47.705,60	59.632,00	71.558,40	95.411,20	119.264,00
7.850.000	11.998,40	17.997,60	23.996,80	35.995,20	47.993,60	59.992,00	71.990,40	95.987,20	119.984,00
7.900.000	12.070,40	18.105,60	24.140,80	36.211,20	48.281,60	60.352,00	72.422,40	96.563,20	120.704,00
7.950.000	12.142,40	18.213,60	24.284,80	36.427,20	48.569,60	60.712,00	72.854,40	97.139,20	121.424,00
8.000.000	12.214,40	18.321,60	24.428,80	36.643,20	48.857,60	61.072,00	73.286,40	97.715,20	122.144,00
8.050.000	12.286,40	18.429,60	24.572,80	36.859,20	49.145,60	61.432,00	73.718,40	98.291,20	122.864,00
8.100.000	12.358,40	18.537,60	24.716,80	37.075,20	49.433,60	61.792,00	74.150,40	98.867,20	123.584,00
8.150.000	12.430,40	18.645,60	24.860,80	37.291,20	49.721,60	62.152,00	74.582,40	99.443,20	124.304,00
8.200.000	12.502,40	18.753,60	25.004,80	37.507,20	50.009,60	62.512,00	75.014,40	100.019,20	125.024,00
8.250.000	12.574,40	18.861,60	25.148,80	37.723,20	50.297,60	62.872,00	75.446,40	100.595,20	125.744,00
8.300.000	12.646,40	18.969,60	25.292,80	37.939,20	50.585,60	63.232,00	75.878,40	101.171,20	126.464,00
8.350.000	12.718,40	19.077,60	25.436,80	38.155,20	50.873,60	63.592,00	76.310,40	101.747,20	127.184,00
8.400.000	12.790,40	19.185,60	25.580,80	38.371,20	51.161,60	63.952,00	76.742,40	102.323,20	127.904,00
8.450.000	12.862,40	19.293,60	25.724,80	38.587,20	51.449,60	64.312,00	77.174,40	102.899,20	128.624,00
8.500.000	12.934,40	19.401,60	25.868,80	38.803,20	51.737,60	64.672,00	77.606,40	103.475,20	129.344,00

27. Gerichtsgebühren in Verfahren vor den Gerichten der Arbeitsgerichtsbarkeit

Wert bis	0,4	0,6	0,8	1,2	1,6	2,0	2,4	3,2	4,0
8.550.000	13.006,40	19.509,60	26.012,80	39.019,20	52.025,60	65.032,00	78.038,40	104.051,20	130.064,00
8.600.000	13.078,40	19.617,60	26.156,80	39.235,20	52.313,60	65.392,00	78.470,40	104.627,20	130.784,00
8.650.000	13.150,40	19.725,60	26.300,80	39.451,20	52.601,60	65.752,00	78.902,40	105.203,20	131.504,00
8.700.000	13.222,40	19.833,60	26.444,80	39.667,20	52.889,60	66.112,00	79.334,40	105.779,20	132.224,00
8.750.000	13.294,40	19.941,60	26.588,80	39.883,20	53.177,60	66.472,00	79.766,40	106.355,20	132.944,00
8.800.000	13.366,40	20.049,60	26.732,80	40.099,20	53.465,60	66.832,00	80.198,40	106.931,20	133.664,00
8.850.000	13.438,40	20.157,60	26.876,80	40.315,20	53.753,60	67.192,00	80.630,40	107.507,20	134.384,00
8.900.000	13.510,40	20.265,60	27.020,80	40.531,20	54.041,60	67.552,00	81.062,40	108.083,20	135.104,00
8.950.000	13.582,40	20.373,60	27.164,80	40.747,20	54.329,60	67.912,00	81.494,40	108.659,20	135.824,00
9.000.000	13.654,40	20.481,60	27.308,80	40.963,20	54.617,60	68.272,00	81.926,40	109.235,20	136.544,00
9.050.000	13.726,40	20.589,60	27.452,80	41.179,20	54.905,60	68.632,00	82.358,40	109.811,20	137.264,00
9.100.000	13.798,40	20.697,60	27.596,80	41.395,20	55.193,60	68.992,00	82.790,40	110.387,20	137.984,00
9.150.000	13.870,40	20.805,60	27.740,80	41.611,20	55.481,60	69.352,00	83.222,40	110.963,20	138.704,00
9.200.000	13.942,40	20.913,60	27.884,80	41.827,20	55.769,60	69.712,00	83.654,40	111.539,20	139.424,00
9.250.000	14.014,40	21.021,60	28.028,80	42.043,20	56.057,60	70.072,00	84.086,40	112.115,20	140.144,00
9.300.000	14.086,40	21.129,60	28.172,80	42.259,20	56.345,60	70.432,00	84.518,40	112.691,20	140.864,00
9.350.000	14.158,40	21.237,60	28.316,80	42.475,20	56.633,60	70.792,00	84.950,40	113.267,20	141.584,00
9.400.000	14.230,40	21.345,60	28.460,80	42.691,20	56.921,60	71.152,00	85.382,40	113.843,20	142.304,00
9.450.000	14.302,40	21.453,60	28.604,80	42.907,20	57.209,60	71.512,00	85.814,40	114.419,20	143.024,00
9.500.000	14.374,40	21.561,60	28.748,80	43.123,20	57.497,60	71.872,00	86.246,40	114.995,20	143.744,00
9.550.000	14.446,40	21.669,60	28.892,80	43.339,20	57.785,60	72.232,00	86.678,40	115.571,20	144.464,00
9.600.000	14.518,40	21.777,60	29.036,80	43.555,20	58.073,60	72.592,00	87.110,40	116.147,20	145.184,00
9.650.000	14.590,40	21.885,60	29.180,80	43.771,20	58.361,60	72.952,00	87.542,40	116.723,20	145.904,00
9.700.000	14.662,40	21.993,60	29.324,80	43.987,20	58.649,60	73.312,00	87.974,40	117.299,20	146.624,00
9.750.000	14.734,40	22.101,60	29.468,80	44.203,20	58.937,60	73.672,00	88.406,40	117.875,20	147.344,00
9.800.000	14.806,40	22.209,60	29.612,80	44.419,20	59.225,60	74.032,00	88.838,40	118.451,20	148.064,00
9.850.000	14.878,40	22.317,60	29.756,80	44.635,20	59.513,60	74.392,00	89.270,40	119.027,20	148.784,00
9.900.000	14.950,40	22.425,60	29.900,80	44.851,20	59.801,60	74.752,00	89.702,40	119.603,20	149.504,00
9.950.000	15.022,40	22.533,60	30.044,80	45.067,20	60.089,60	75.112,00	90.134,40	120.179,20	150.224,00
10.000.000	15.094,40	22.641,60	30.188,80	45.283,20	60.377,60	75.472,00	90.566,40	120.755,20	150.944,00

GKG

C. Gebührentabellen zum FamGKG

28. Kostenverzeichnis zum FamGKG

Gliederung

Teil 1. Gebühren

Hauptabschnitt 1. Hauptsacheverfahren in Ehesachen einschließlich aller Folgesachen
    Abschnitt 1. Erster Rechtszug
    Abschnitt 2. Beschwerde gegen die Endentscheidung wegen des Hauptgegenstands
    Abschnitt 3. Rechtsbeschwerde gegen die Endentscheidung wegen des Hauptgegenstands
    Abschnitt 4. Zulassung der Sprungrechtsbeschwerde gegen die Endentscheidung wegen des Hauptgegenstands

Hauptabschnitt 2. Hauptsacheverfahren in selbständigen Familienstreitsachen
    Abschnitt 1. Vereinfachtes Verfahren über den Unterhalt Minderjähriger
        Unterabschnitt 1. Erster Rechtszug
        Unterabschnitt 2. Beschwerde gegen die Endentscheidung wegen des Hauptgegenstands
        Unterabschnitt 3. Rechtsbeschwerde gegen die Endentscheidung wegen des Hauptgegenstands
        Unterabschnitt 4. Zulassung der Sprungrechtsbeschwerde gegen die Endentscheidung wegen des Hauptgegenstands
    Abschnitt 2. Verfahren im Übrigen
        Unterabschnitt 1. Erster Rechtszug
        Unterabschnitt 2. Beschwerde gegen die Endentscheidung wegen des Hauptgegenstands
        Unterabschnitt 3. Rechtsbeschwerde gegen die Endentscheidung wegen des Hauptgegenstands
        Unterabschnitt 4. Zulassung der Sprungrechtsbeschwerde gegen die Endentscheidung wegen des Hauptgegenstands

Hauptabschnitt 3. Hauptsacheverfahren in selbständigen Familiensachen der freiwilligen Gerichtsbarkeit
    Abschnitt 1. Kindschaftssachen
        Unterabschnitt 1. Verfahren vor dem Familiengericht
        Unterabschnitt 2. Beschwerde gegen die Endentscheidung wegen des Hauptgegenstands
        Unterabschnitt 3. Rechtsbeschwerde gegen die Endentscheidung wegen des Hauptgegenstands
        Unterabschnitt 4. Zulassung der Sprungrechtsbeschwerde gegen die Endentscheidung wegen des Hauptgegenstands
    Abschnitt 2. Übrige Familiensachen der freiwilligen Gerichtsbarkeit
        Unterabschnitt 1. Erster Rechtszug
        Unterabschnitt 2. Beschwerde gegen die Endentscheidung wegen des Hauptgegenstands
        Unterabschnitt 3. Rechtsbeschwerde gegen die Endentscheidung wegen des Hauptgegenstands
        Unterabschnitt 4. Zulassung der Sprungrechtsbeschwerde gegen die Endentscheidung wegen des Hauptgegenstands

Hauptabschnitt 4. Einstweiliger Rechtsschutz
    Abschnitt 1. Einstweilige Anordnung in Kindschaftssachen
        Unterabschnitt 1. Erster Rechtszug
        Unterabschnitt 2. Beschwerde gegen die Endentscheidung wegen des Hauptgegenstands
    Abschnitt 2. Einstweilige Anordnung in den übrigen Familiensachen und Arrest
        Unterabschnitt 1. Erster Rechtszug
        Unterabschnitt 2. Beschwerde gegen die Endentscheidung wegen des Hauptgegenstands

Hauptabschnitt 5. Besondere Gebühren

Hauptabschnitt 6. Vollstreckung

Hauptabschnitt 7. Verfahren mit Auslandsbezug
    Abschnitt 1. Erster Rechtszug
    Abschnitt 2. Beschwerde und Rechtsbeschwerde gegen die Endentscheidung wegen des Hauptgegenstands

Hauptabschnitt 8. Rüge wegen Verletzung des Anspruchs auf rechtliches Gehör

Hauptabschnitt 9. Rechtsmittel im Übrigen
    Abschnitt 1. Sonstige Beschwerden
    Abschnitt 2. Sonstige Rechtsbeschwerden
    Abschnitt 3. Zulassung der Sprungrechtsbeschwerde in sonstigen Fällen

Teil 2. Auslagen

Teil 1. Gebühren

Nr.	Gebührentatbestand	Gebühr oder Satz der Gebühr nach § 28 FamGKG
	Hauptabschnitt 1. Hauptsacheverfahren in Ehesachen einschließlich aller Folgesachen	
	Abschnitt 1. Erster Rechtszug	
1110	Verfahren im Allgemeinen	2,0

1111	Beendigung des Verfahrens hinsichtlich der Ehesache oder einer Folgesache durch
	1. Zurücknahme des Antrags
	   a) vor dem Schluss der mündlichen Verhandlung,
	   b) in den Fällen des § 128 Abs. 2 ZPO vor dem Zeitpunkt, der dem Schluss der mündlichen Verhandlung entspricht,
	   c) im Fall des § 331 Abs. 3 ZPO vor Ablauf des Tages, an dem die Endentscheidung der Geschäftsstelle übermittelt wird,
	2. Anerkenntnis- oder Verzichtsentscheidung oder Endentscheidung, die nach § 38 Abs. 4 Nr. 2 und 3 FamFG keine Begründung enthält oder nur deshalb eine Begründung enthält, weil zu erwarten ist, dass der Beschluss im Ausland geltend gemacht wird (§ 38 Abs. 5 Nr. 4 FamFG), mit Ausnahme der Endentscheidung in einer Scheidungssache,
	3. gerichtlichen Vergleich oder
	4. Erledigung in der Hauptsache, wenn keine Entscheidung über die Kosten ergeht oder die Entscheidung einer zuvor mitgeteilten Einigung über die Kostentragung oder einer Kostenübernahmeerklärung folgt,
	es sei denn, dass bereits eine andere Endentscheidung als eine der in Nummer 2 genannten Entscheidungen vorausgegangen ist:	

	Die Gebühr 1110 ermäßigt sich auf	0,5
	(1) Wird im Verbund nicht das gesamte Verfahren beendet, ist auf die beendete Ehesache und auf eine oder mehrere beendete Folgesachen § 44 FamGKG anzuwenden und die Gebühr nur insoweit zu ermäßigen. (2) Die Vervollständigung einer ohne Begründung hergestellten Endentscheidung (§ 38 Abs. 6 FamFG) steht der Ermäßigung nicht entgegen. (3) Die Gebühr ermäßigt sich auch, wenn mehrere Ermäßigungstatbestände erfüllt sind.	
	Abschnitt 2. Beschwerde gegen die Endentscheidung wegen des Hauptgegenstands	
	Vorbemerkung 1.1.2: Dieser Abschnitt ist auch anzuwenden, wenn sich die Beschwerde auf eine Folgesache beschränkt.	
1120	Verfahren im Allgemeinen	3,0
1121	Beendigung des gesamten Verfahrens durch Zurücknahme der Beschwerde oder des Antrags, bevor die Schrift zur Begründung der Beschwerde bei Gericht eingegangen ist:	
	Die Gebühr 1120 ermäßigt sich auf	0,5
	Die Erledigung in der Hauptsache steht der Zurücknahme gleich, wenn keine Entscheidung über die Kosten ergeht oder die Entscheidung einer zuvor mitgeteilten Einigung über die Kostentragung oder einer Kostenübernahmeerklärung folgt.	

1122	Beendigung des Verfahrens hinsichtlich der Ehesache oder einer Folgesache, wenn nicht Nummer 1121 erfüllt ist, durch
	1. Zurücknahme der Beschwerde oder des Antrags
	   a) vor dem Schluss der mündlichen Verhandlung oder,
	   b) falls eine mündliche Verhandlung nicht stattfindet, vor Ablauf des Tages, an dem die Endentscheidung der Geschäftsstelle übermittelt wird,
	2. Anerkenntnis- oder Verzichtsentscheidung,
	3. gerichtlichen Vergleich oder	

Nr.	Gebührentatbestand	Gebühr oder Satz der Gebühr nach § 28 FamGKG
	4. Erledigung in der Hauptsache, wenn keine Entscheidung über die Kosten ergeht oder die Entscheidung einer zuvor mitgeteilten Einigung über die Kostentragung oder einer Kostenübernahmeerklärung folgt, es sei denn, dass bereits eine andere als eine der in Nummer 2 genannten Endentscheidungen vorausgegangen ist:	
	Die Gebühr 1120 ermäßigt sich auf	1,0
	(1) Wird im Verbund nicht das gesamte Verfahren beendet, ist auf die beendete Ehesache und auf eine oder mehrere beendete Folgesachen § 44 FamGKG anzuwenden und die Gebühr nur insoweit zu ermäßigen.	
	(2) Die Gebühr ermäßigt sich auch, wenn mehrere Ermäßigungstatbestände erfüllt sind.	

Abschnitt 3. Rechtsbeschwerde gegen die Endentscheidung wegen des Hauptgegenstands

Vorbemerkung 1.1.3:
Dieser Abschnitt ist auch anzuwenden, wenn sich die Rechtsbeschwerde auf eine Folgesache beschränkt.

Nr.	Gebührentatbestand	Gebühr
1130	Verfahren im Allgemeinen	4,0
1131	Beendigung des gesamten Verfahrens durch Zurücknahme der Rechtsbeschwerde oder des Antrags, bevor die Schrift zur Begründung der Rechtsbeschwerde bei Gericht eingegangen ist:	
	Die Gebühr 1130 ermäßigt sich auf	1,0
	Die Erledigung in der Hauptsache steht der Zurücknahme gleich, wenn keine Entscheidung über die Kosten ergeht oder die Entscheidung einer zuvor mitgeteilten Einigung über die Kostentragung oder einer Kostenübernahmeerklärung folgt.	
1132	Beendigung des Verfahrens hinsichtlich der Ehesache oder einer Folgesache durch Zurücknahme der Rechtsbeschwerde oder des Antrags vor Ablauf des Tages, an dem die Endentscheidung der Geschäftsstelle übermittelt wird, wenn nicht Nummer 1131 erfüllt ist:	
	Die Gebühr 1130 ermäßigt sich auf	2,0
	Wird im Verbund nicht das gesamte Verfahren beendet, ist auf die beendete Ehesache und auf eine oder mehrere beendete Folgesachen § 44 FamGKG anzuwenden und die Gebühr nur insoweit zu ermäßigen.	

Abschnitt 4. Zulassung der Sprungrechtsbeschwerde gegen die Endentscheidung wegen des Hauptgegenstands

Nr.	Gebührentatbestand	Gebühr
1140	Verfahren über die Zulassung der Sprungrechtsbeschwerde: Soweit der Antrag abgelehnt wird	1,0

Hauptabschnitt 2. Hauptsacheverfahren in selbständigen Familienstreitsachen

Abschnitt 1. Vereinfachtes Verfahren über den Unterhalt Minderjähriger

Unterabschnitt 1. Erster Rechtszug

Nr.	Gebührentatbestand	Gebühr
1210	Entscheidung über einen Antrag auf Festsetzung von Unterhalt nach § 249 Abs. 1 FamFG mit Ausnahme einer Festsetzung nach § 254 Satz 2 FamFG	0,5

Unterabschnitt 2. Beschwerde gegen die Endentscheidung wegen des Hauptgegenstands

Nr.	Gebührentatbestand	Gebühr
1211	Verfahren über die Beschwerde nach § 256 FamFG gegen die Festsetzung von Unterhalt im vereinfachten Verfahren	1,0
1212	Beendigung des gesamten Verfahrens ohne Endentscheidung:	
	Die Gebühr 1211 ermäßigt sich auf	0,5
	(1) Wenn die Entscheidung nicht durch Vorlesen der Entscheidungsformel bekannt gegeben worden ist, ermäßigt sich die Gebühr auch im Fall der Zurücknahme der Beschwerde vor Ablauf des Tages, an dem die Endentscheidung der Geschäftsstelle übermittelt wird.	
	(2) Eine Entscheidung über die Kosten steht der Ermäßigung nicht entgegen, wenn die Entscheidung einer zuvor mitgeteilten Einigung über die Kostentragung oder einer Kostenübernahmeerklärung folgt.	

Nr.	Gebührentatbestand	Gebühr oder Satz der Gebühr nach § 28 FamGKG
	Unterabschnitt 3. Rechtsbeschwerde gegen die Endentscheidung wegen des Hauptgegenstands	
1213	Verfahren im Allgemeinen	1,5
1214	Beendigung des gesamten Verfahrens durch Zurücknahme der Rechtsbeschwerde oder des Antrags, bevor die Schrift zur Begründung der Rechtsbeschwerde bei Gericht eingegangen ist:	
	Die Gebühr 1213 ermäßigt sich auf	0,5
1215	Beendigung des gesamten Verfahrens durch Zurücknahme der Rechtsbeschwerde oder des Antrags vor Ablauf des Tages, an dem die Endentscheidung der Geschäftsstelle übermittelt wird, wenn nicht Nummer 1214 erfüllt ist:	
	Die Gebühr 1213 ermäßigt sich auf	1,0
	Unterabschnitt 4. Zulassung der Sprungrechtsbeschwerde gegen die Endentscheidung wegen des Hauptgegenstands	
1216	Verfahren über die Zulassung der Sprungrechtsbeschwerde: Soweit der Antrag abgelehnt wird	0,5
	Abschnitt 2. Verfahren im Übrigen	
	Unterabschnitt 1. Erster Rechtszug	
1220	Verfahren im Allgemeinen	3,0
	Soweit wegen desselben Verfahrensgegenstands ein Mahnverfahren vorausgegangen ist, entsteht die Gebühr mit dem Eingang der Akten beim Familiengericht, an das der Rechtsstreit nach Erhebung des Widerspruchs oder Einlegung des Einspruchs abgegeben wird; in diesem Fall wird eine Gebühr 1100 des Kostenverzeichnisses zum GKG nach dem Wert des Verfahrensgegenstands angerechnet, der in das Streitverfahren übergegangen ist.	
1221	Beendigung des gesamten Verfahrens durch	
	1. Zurücknahme des Antrags	

	a) vor dem Schluss der mündlichen Verhandlung,
	    b) in den Fällen des § 128 Abs. 2 ZPO vor dem Zeitpunkt, der dem Schluss der mündlichen Verhandlung entspricht,
	    c) im Fall des § 331 Abs. 3 ZPO vor Ablauf des Tages, an dem die Endentscheidung der Geschäftsstelle übermittelt wird,
	wenn keine Entscheidung nach § 269 Abs. 3 Satz 3 ZPO über die Kosten ergeht oder die Entscheidung einer zuvor mitgeteilten Einigung über die Kostentragung oder einer Kostenübernahmeerklärung folgt,	

	2. Anerkenntnis- oder Verzichtsentscheidung oder Endentscheidung, die nach § 38 Abs. 4 Nr. 2 oder 3 FamFG keine Begründung enthält oder nur deshalb keine Begründung enthält, weil zu erwarten ist, dass der Beschluss im Ausland geltend gemacht wird (§ 38 Abs. 5 Nr. 4 FamFG),	
	3. gerichtlichen Vergleich oder	
	4. Erledigung in der Hauptsache, wenn keine Entscheidung über die Kosten ergeht oder die Entscheidung einer zuvor mitgeteilten Einigung über die Kostentragung oder einer Kostenübernahmeerklärung folgt, es sei denn, dass bereits eine andere Endentscheidung als eine der in Nummer 2 genannten Entscheidungen vorausgegangen ist:	
	Die Gebühr 1220 ermäßigt sich auf	1,0
	(1) Die Zurücknahme des Antrags auf Durchführung des streitigen Verfahrens (§ 696 Abs. 1 ZPO), des Widerspruchs gegen den Mahnbescheid oder des Einspruchs gegen den Vollstreckungsbescheid stehen der Zurücknahme des Antrags (Nummer 1) gleich.	
	(2) Die Vervollständigung einer ohne Begründung hergestellten Endentscheidung (§ 38 Abs. 6 FamFG) steht der Ermäßigung nicht entgegen.	
	(3) Die Gebühr ermäßigt sich auch, wenn mehrere Ermäßigungstatbestände erfüllt sind.	

Nr.	Gebührentatbestand	Gebühr oder Satz der Gebühr nach § 28 FamGKG
	Unterabschnitt 2. Beschwerde gegen die Endentscheidung wegen des Hauptgegenstands	
1222	Verfahren im Allgemeinen	4,0
1223	Beendigung des gesamten Verfahrens durch Zurücknahme der Beschwerde oder des Antrags, bevor die Schrift zur Begründung der Beschwerde bei Gericht eingegangen ist:	
	Die Gebühr 1222 ermäßigt sich auf	1,0
	Die Erledigung in der Hauptsache steht der Zurücknahme gleich, wenn keine Entscheidung über die Kosten ergeht oder die Entscheidung einer zuvor mitgeteilten Einigung über die Kostentragung oder einer Kostenübernahmeerklärung folgt.	
1224	Beendigung des gesamten Verfahrens, wenn nicht Nummer 1223 erfüllt ist, durch	
	1. Zurücknahme der Beschwerde oder des Antrags	
	a) vor dem Schluss der mündlichen Verhandlung oder,	
	b) falls eine mündliche Verhandlung nicht stattfindet, vor Ablauf des Tages, an dem die Endentscheidung der Geschäftsstelle übermittelt wird,	
	2. Anerkenntnis- oder Verzichtsentscheidung,	
	3. gerichtlichen Vergleich oder	
	4. Erledigung in der Hauptsache, wenn keine Entscheidung über die Kosten ergeht oder die Entscheidung einer zuvor mitgeteilten Einigung über die Kostentragung oder einer Kostenübernahmeerklärung folgt,	
	es sei denn, dass bereits eine andere Endentscheidung als eine der in Nummer 2 genannten Entscheidungen vorausgegangen ist:	
	Die Gebühr 1222 ermäßigt sich auf	2,0
	Die Gebühr ermäßigt sich auch, wenn mehrere Ermäßigungstatbestände erfüllt sind.	
	Unterabschnitt 3. Rechtsbeschwerde gegen die Endentscheidung wegen des Hauptgegenstands	
1225	Verfahren im Allgemeinen	5,0
1226	Beendigung des gesamten Verfahrens durch Zurücknahme der Rechtsbeschwerde oder des Antrags, bevor die Schrift zur Begründung der Rechtsbeschwerde bei Gericht eingegangen ist:	
	Die Gebühr 1225 ermäßigt sich auf	1,0
	Die Erledigung in der Hauptsache steht der Zurücknahme gleich, wenn keine Entscheidung über die Kosten ergeht oder die Entscheidung einer zuvor mitgeteilten Einigung über die Kostentragung oder einer Kostenübernahmeerklärung folgt.	
1227	Beendigung des gesamten Verfahrens durch Zurücknahme der Rechtsbeschwerde oder des Antrags vor Ablauf des Tages, an dem die Endentscheidung der Geschäftsstelle übermittelt wird, wenn nicht Nummer 1226 erfüllt ist:	
	Die Gebühr 1225 ermäßigt sich auf	3,0
	Unterabschnitt 4. Zulassung der Sprungrechtsbeschwerde gegen die Endentscheidung wegen des Hauptgegenstands	
1228	Verfahren über die Zulassung der Sprungrechtsbeschwerde:	
	Soweit der Antrag abgelehnt wird...	1,5
1229	Verfahren über die Zulassung der Sprungrechtsbeschwerde:	
	Soweit der Antrag zurückgenommen oder das Verfahren durch anderweitige Erledigung beendet wird	1,0
	Die Gebühr entsteht nicht, soweit die Sprungrechtsbeschwerde zugelassen wird.	

Nr.	Gebührentatbestand	Gebühr oder Satz der Gebühr nach § 28 FamGKG
	Hauptabschnitt 3. Hauptsacheverfahren in selbständigen Familiensachen der freiwilligen Gerichtsbarkeit	
	Abschnitt 1. Kindschaftssachen	
	Vorbemerkung 1.3.1: (1) Keine Gebühren werden erhoben für 1. die Pflegschaft für eine Leibesfrucht, 2. ein Verfahren, das die freiheitsentziehende Unterbringung eines Minderjährigen betrifft, und 3. ein Verfahren, das Aufgaben nach dem Jugendgerichtsgesetz betrifft. (2) Von dem Minderjährigen werden Gebühren nach diesem Abschnitt nur erhoben, wenn sein Vermögen nach Abzug der Verbindlichkeiten mehr als 25 000 Euro beträgt; der in § 90 Abs. 2 Nr. 8 des Zwölften Buches Sozialgesetzbuch genannte Vermögenswert wird nicht mitgerechnet.	
	Unterabschnitt 1. Verfahren vor dem Familiengericht	
1310	Verfahren im Allgemeinen	0,5
	(1) Die Gebühr entsteht nicht für Verfahren, 1. die in den Rahmen einer Vormundschaft oder Pflegschaft fallen, 2. für die die Gebühr 1313 entsteht oder 3. die mit der Anordnung einer Pflegschaft enden. (2) Für die Umgangspflegschaft werden neben der Gebühr für das Verfahren, in dem diese angeordnet wird, keine besonderen Gebühren erhoben.	
1311	Jahresgebühr für jedes angefangene Kalenderjahr bei einer Vormundschaft oder Dauerpflegschaft, wenn nicht Nummer 1312 anzuwenden ist	5,00 € je angefangene 5 000,00 € des zu berücksichtigenden Vermögens – mindestens 50,00 €
	(1) Für die Gebühr wird das Vermögen des von der Maßnahme betroffenen Minderjährigen nur berücksichtigt, soweit es nach Abzug der Verbindlichkeiten mehr als 25 000 Euro beträgt; der in § 90 Abs. 2 Nr. 8 des Zwölften Buches Sozialgesetzbuch genannte Vermögenswert wird nicht mitgerechnet. Ist Gegenstand der Maßnahme ein Teil des Vermögens, ist höchstens dieser Teil des Vermögens zu berücksichtigen. (2) Für das bei Anordnung der Maßnahme oder bei der ersten Tätigkeit des Familiengerichts nach Eintritt der Vormundschaft laufende und das folgende Kalenderjahr wird nur eine Jahresgebühr erhoben. (3) Erstreckt sich eine Maßnahme auf mehrere Minderjährige, wird die Gebühr für jeden Minderjährigen besonders erhoben. (4) Geht eine Pflegschaft in eine Vormundschaft über, handelt es sich um ein einheitliches Verfahren.	
1312	Jahresgebühr für jedes angefangene Kalenderjahr bei einer Dauerpflegschaft, die nicht unmittelbar das Vermögen oder Teile des Vermögens zum Gegenstand hat	200,00 € – höchstens eine Gebühr 1311
1313	Verfahren im Allgemeinen bei einer Pflegschaft für einzelne Rechtshandlungen	0,5 – höchstens eine Gebühr 1311
	(1) Bei einer Pflegschaft für mehrere Minderjährige wird die Gebühr nur einmal aus dem zusammengerechneten Wert erhoben. Minderjährige, von denen nach Vorbemerkung 1.3.1 Abs. 2 keine Gebühr zu erheben ist, sind nicht zu berücksichtigen. Höchstgebühr ist die Summe der für alle zu berücksichtigenden Minderjährigen jeweils maßgebenden Gebühr 1311. (2) Als Höchstgebühr ist die Gebühr 1311 in der Höhe zugrunde zu legen, in der sie bei einer Vormundschaft entstehen würde. (3) Die Gebühr wird nicht erhoben, wenn für den Minderjährigen eine Vormundschaft oder eine Dauerpflegschaft, die sich auf denselben Gegenstand bezieht, besteht.	
	Unterabschnitt 2. Beschwerde gegen die Endentscheidung wegen des Hauptgegenstands	
1314	Verfahren im Allgemeinen	1,0
1315	Beendigung des gesamten Verfahrens ohne Endentscheidung: Die Gebühr 1314 ermäßigt sich auf	0,5
	(1) Wenn die Entscheidung nicht durch Vorlesen der Entscheidungsformel bekannt gegeben worden ist, ermäßigt sich die Gebühr auch im Fall der Zurücknahme der Beschwerde vor Ablauf des Tages, an dem die Endentscheidung der Geschäftsstelle übermittelt wird.	

Nr.	Gebührentatbestand	Gebühr oder Satz der Gebühr nach § 28 FamGKG
	(2) Eine Entscheidung über die Kosten steht der Ermäßigung nicht entgegen, wenn die Entscheidung einer zuvor mitgeteilten Einigung über die Kostentragung oder einer Kostenübernahmeerklärung folgt. (3) Die Billigung eines gerichtlichen Vergleichs (§ 156 Abs. 2 FamFG) steht der Ermäßigung nicht entgegen.	
	Unterabschnitt 3. Rechtsbeschwerde gegen die Endentscheidung wegen des Hauptgegenstands	
1316	Verfahren im Allgemeinen	1,5
1317	Beendigung des gesamten Verfahrens durch Zurücknahme der Rechtsbeschwerde oder des Antrags, bevor die Schrift zur Begründung der Beschwerde bei Gericht eingegangen ist: Die Gebühr 1316 ermäßigt sich auf	0,5
1318	Beendigung des gesamten Verfahrens durch Zurücknahme der Rechtsbeschwerde oder des Antrags vor Ablauf des Tages, an dem die Endentscheidung der Geschäftsstelle übermittelt wird, wenn nicht Nummer 1317 erfüllt ist: Die Gebühr 1316 ermäßigt sich auf	1,0
	Unterabschnitt 4. Zulassung der Sprungrechtsbeschwerde gegen die Endentscheidung wegen des Hauptgegenstands	
1319	Verfahren über die Zulassung der Sprungrechtsbeschwerde: Soweit der Antrag abgelehnt wird	0,5
	Abschnitt 2. Übrige Familiensachen der freiwilligen Gerichtsbarkeit	
	Vorbemerkung 1.3.2: (1) Dieser Abschnitt gilt für 1. Abstammungssachen, 2. Adoptionssachen, die einen Volljährigen betreffen, 3. Ehewohnungs- und Haushaltssachen, 4. Gewaltschutzsachen, 5. Versorgungsausgleichssachen sowie 6. Unterhaltssachen, Güterrechtssachen und sonstige Familiensachen (§ 111 Nr. 10 FamFG), die nicht Familienstreitsachen sind. (2) In Adoptionssachen werden für Verfahren auf Ersetzung der Einwilligung zur Annahme als Kind neben den Gebühren für das Verfahren über die Annahme als Kind keine Gebühren erhoben.	
	Unterabschnitt 1. Erster Rechtszug	
1320	Verfahren im Allgemeinen	2,0
1321	Beendigung des gesamten Verfahrens 1. ohne Endentscheidung, 2. durch Zurücknahme des Antrags vor Ablauf des Tages, an dem die Endentscheidung der Geschäftsstelle übermittelt wird, wenn die Entscheidung nicht bereits durch Vorlesen der Entscheidungsformel bekannt gegeben worden ist, oder 3. wenn die Endentscheidung keine Begründung enthält oder nur deshalb eine Begründung enthält, weil zu erwarten ist, dass der Beschluss im Ausland geltend gemacht wird (§ 38 Abs. 5 Nr. 4 FamFG): Die Gebühr 1320 ermäßigt sich auf	0,5
	(1) Die Vervollständigung einer ohne Begründung hergestellten Endentscheidung (§ 38 Abs. 6 FamFG) steht der Ermäßigung nicht entgegen. (2) Die Gebühr ermäßigt sich auch, wenn mehrere Ermäßigungstatbestände erfüllt sind.	
1322	Verfahren im Allgemeinen	3,0
1323	Beendigung des gesamten Verfahrens durch Zurücknahme der Beschwerde oder des Antrags, bevor die Schrift zur Begründung der Beschwerde bei Gericht eingegangen ist: Die Gebühr 1322 ermäßigt sich auf	0,5
1324	Beendigung des gesamten Verfahrens ohne Endentscheidung, wenn nicht Nummer 1323 erfüllt ist: Die Gebühr 1322 ermäßigt sich auf	1,0

Nr.	Gebührentatbestand	Gebühr oder Satz der Gebühr nach § 28 FamGKG
	(1) Wenn die Entscheidung nicht durch Vorlesen der Entscheidungsformel bekannt gegeben worden ist, ermäßigt sich die Gebühr auch im Fall der Zurücknahme der Beschwerde vor Ablauf des Tages, an dem die Endentscheidung der Geschäftsstelle übermittelt wird.	
	(2) Eine Entscheidung über die Kosten steht der Ermäßigung nicht entgegen, wenn die Entscheidung einer zuvor mitgeteilten Einigung über die Kostentragung oder einer Kostenübernahmeerklärung folgt.	
	Unterabschnitt 3. Rechtsbeschwerde gegen die Endentscheidung wegen des Hauptgegenstands	
1325	Verfahren im Allgemeinen	4,0
1326	Beendigung des gesamten Verfahrens durch Zurücknahme der Rechtsbeschwerde oder des Antrags, bevor die Schrift zur Begründung der Beschwerde bei Gericht eingegangen ist:	
	Die Gebühr 1325 ermäßigt sich auf	1,0
1327	Beendigung des gesamten Verfahrens durch Zurücknahme der Rechtsbeschwerde oder des Antrags vor Ablauf des Tages, an dem die Endentscheidung der Geschäftsstelle übermittelt wird, wenn nicht Nummer 1326 erfüllt ist:	
	Die Gebühr 1325 ermäßigt sich auf	2,0
	Unterabschnitt 4. Zulassung der Sprungrechtsbeschwerde gegen die Endentscheidung wegen des Hauptgegenstands	
1328	Verfahren über die Zulassung der Sprungrechtsbeschwerde:	
	Soweit der Antrag abgelehnt wird	1,0
	Hauptabschnitt 4. Einstweiliger Rechtsschutz	
	Vorbemerkung 1.4:	
	Im Verfahren über den Erlass einer einstweiligen Anordnung und über deren Aufhebung oder Änderung werden die Gebühren nur einmal erhoben. Dies gilt entsprechend im Arrestverfahren.	
	Abschnitt 1. Einstweilige Anordnung in Kindschaftssachen	
	Unterabschnitt 1. Erster Rechtszug	
1410	Verfahren im Allgemeinen	0,3
	Die Gebühr entsteht nicht für Verfahren, die in den Rahmen einer Vormundschaft oder Pflegschaft fallen, und für Verfahren, die die freiheitsentziehende Unterbringung eines Minderjährigen betreffen.	
	Unterabschnitt 2. Beschwerde gegen die Endentscheidung wegen des Hauptgegenstands	
1411	Verfahren im Allgemeinen	0,5
1412	Beendigung des gesamten Verfahrens ohne Endentscheidung:	
	Die Gebühr 1411 ermäßigt sich auf	0,3
	(1) Wenn die Entscheidung nicht durch Vorlesen der Entscheidungsformel bekannt gegeben worden ist, ermäßigt sich die Gebühr auch im Fall der Zurücknahme der Beschwerde vor Ablauf des Tages, an dem die Endentscheidung der Geschäftsstelle übermittelt wird.	
	(2) Eine Entscheidung über die Kosten steht der Ermäßigung nicht entgegen, wenn die Entscheidung einer zuvor mitgeteilten Einigung über die Kostentragung oder einer Kostenübernahmeerklärung folgt.	
	Abschnitt 2. Einstweilige Anordnung in den übrigen Familiensachen und Arrest	
	Vorbemerkung 1.4.2:	
	Dieser Abschnitt gilt für Familienstreitsachen und die in Vorbemerkung 1.3.2 genannten Verfahren.	
	Unterabschnitt 1. Erster Rechtszug	
1420	Verfahren im Allgemeinen	1,5
1421	Beendigung des gesamten Verfahrens ohne Endentscheidung:	
	Die Gebühr 1420 ermäßigt sich auf	0,5

Nr.	Gebührentatbestand	Gebühr oder Satz der Gebühr nach § 28 FamGKG
	(1) Wenn die Entscheidung nicht durch Vorlesen der Entscheidungsformel bekannt gegeben worden ist, ermäßigt sich die Gebühr auch im Fall der Zurücknahme des Antrags vor Ablauf des Tages, an dem die Endentscheidung der Geschäftsstelle übermittelt wird. (2) Eine Entscheidung über die Kosten steht der Ermäßigung nicht entgegen, wenn die Entscheidung einer zuvor mitgeteilten Einigung über die Kostentragung oder einer Kostenübernahmeerklärung folgt.	
	Unterabschnitt 2. Beschwerde gegen die Endentscheidung wegen des Hauptgegenstands	
1422	Verfahren im Allgemeinen	2,0
1423	Beendigung des gesamten Verfahrens durch Zurücknahme der Beschwerde oder des Antrags, bevor die Schrift zur Begründung der Beschwerde bei Gericht eingegangen ist: Die Gebühr 1422 ermäßigt sich auf	0,5
1424	Beendigung des gesamten Verfahrens ohne Endentscheidung, wenn nicht Nummer 1423 erfüllt ist: Die Gebühr 1422 ermäßigt sich auf	1,0
	(1) Wenn die Entscheidung nicht durch Vorlesen der Entscheidungsformel bekannt gegeben worden ist, ermäßigt sich die Gebühr auch im Fall der Zurücknahme der Beschwerde vor Ablauf des Tages, an dem die Endentscheidung der Geschäftsstelle übermittelt wird. (2) Eine Entscheidung über die Kosten steht der Ermäßigung nicht entgegen, wenn die Entscheidung einer zuvor mitgeteilten Einigung über die Kostentragung oder einer Kostenübernahmeerklärung folgt.	
	Hauptabschnitt 5. Besondere Gebühren	
1500	Abschluss eines gerichtlichen Vergleichs: Soweit ein Vergleich über nicht gerichtlich anhängige Gegenstände geschlossen wird	0,25
	Die Gebühr entsteht nicht im Verfahren über die Verfahrenskostenhilfe. Im Verhältnis zur Gebühr für das Verfahren im Allgemeinen ist § 30 Abs. 3 FamGKG entsprechend anzuwenden.	
1501	Auferlegung einer Gebühr nach § 32 FamGKG wegen Verzögerung des Verfahrens	wie vom Gericht bestimmt
1502	Anordnung von Zwangsmaßnahmen durch Beschluss nach § 35 FamFG: je Anordnung	20,00 €
1503	Selbständiges Beweisverfahren	1,0
	Hauptabschnitt 6. Vollstreckung	

Vorbemerkung 1.6:

Die Vorschriften dieses Hauptabschnitts gelten für die Vollstreckung nach Buch 1 Abschnitt 8 des FamFG, soweit das Familiengericht zuständig ist. Für Handlungen durch das Vollstreckungs- oder Arrestgericht werden Gebühren nach dem GKG erhoben.

1600	Verfahren über den Antrag auf Erteilung einer weiteren vollstreckbaren Ausfertigung (§ 733 ZPO)	20,00 €
	Die Gebühr wird für jede weitere vollstreckbare Ausfertigung gesondert erhoben. Sind wegen desselben Anspruchs in einem Mahnverfahren gegen mehrere Personen gesonderte Vollstreckungsbescheide erlassen worden und werden hiervon gleichzeitig mehrere weitere vollstreckbare Ausfertigungen beantragt, wird die Gebühr nur einmal erhoben.	
1601	Anordnung der Vornahme einer vertretbaren Handlung durch einen Dritten ...	15,00 €
1602	Anordnung von Zwangs- oder Ordnungsmitteln: je Anordnung	20,00 €
	Mehrere Anordnungen gelten als eine Anordnung, wenn sie dieselbe Verpflichtung betreffen. Dies gilt nicht, wenn Gegenstand der Verpflichtung die wiederholte Vornahme einer Handlung oder eine Unterlassung ist.	
1603	Verfahren zur Abnahme einer eidesstattlichen Versicherung (§ 94 FamFG)...	35,00 €
	Die Gebühr entsteht mit der Anordnung des Gerichts, dass der Verpflichtete eine eidesstattliche Versicherung abzugeben hat, oder mit dem Eingang des Antrags des Berechtigten.	

Nr.	Gebührentatbestand	Gebühr oder Satz der Gebühr nach § 28 FamGKG
	Hauptabschnitt 7. Verfahren mit Auslandsbezug	
	Abschnitt 1. Erster Rechtszug	
1710	Verfahren über Anträge auf 1. Erlass einer gerichtlichen Anordnung auf Rückgabe des Kindes oder über das Recht zum persönlichen Umgang nach dem IntFamRVG, 2. Vollstreckbarerklärung ausländischer Titel, 3. Feststellung, ob die ausländische Entscheidung anzuerkennen ist, einschließlich der Anordnungen nach § 33 IntFamRVG zur Wiederherstellung des Sorgeverhältnisses, 4. Erteilung der Vollstreckungsklausel zu ausländischen Titeln und 5. Aufhebung oder Abänderung von Entscheidungen in den in den Nummern 2 bis 4 genannten Verfahren	240,00 €
1711	Verfahren über den Antrag auf Ausstellung einer Bescheinigung nach § 56 AVAG oder § 48 IntFamRVG oder auf Ausstellung des Formblatts oder der Bescheinigung nach § 71 Abs. 1 AUG	15,00 €
1712	Verfahren über den Antrag auf Ausstellung einer Bestätigung nach § 1079 ZPO	20,00 €
1713	Verfahren nach 1. § 3 Abs. 2 des Gesetzes zur Ausführung des Vertrags zwischen der Bundesrepublik Deutschland und der Republik Österreich vom 6. Juni 1959 über die gegenseitige Anerkennung und Vollstreckung von gerichtlichen Entscheidungen, Vergleichen und öffentlichen Urkunden in Zivil- und Handelssachen in der im Bundesgesetzblatt Teil III, Gliederungsnummer 319-12, veröffentlichten bereinigten Fassung, das zuletzt durch Artikel 23 des Gesetzes vom 27. Juli 2001 (BGBl. I S. 1887) geändert worden ist, und 2. § 34 Abs. 1 AUG	60,00 €
1714	Verfahren über den Antrag nach § 107 Abs. 5, 6 und 8, § 108 Abs. 2 FamFG: Der Antrag wird zurückgewiesen	240,00 €
1715	Beendigung des gesamten Verfahrens durch Zurücknahme des Antrags vor Ablauf des Tages, an dem die Endentscheidung der Geschäftsstelle übermittelt wird, wenn die Entscheidung nicht bereits durch Vorlesen der Entscheidungsformel bekannt gegeben worden ist: Die Gebühr 1710 oder 1714 ermäßigt sich auf	90,00 €
	Abschnitt 2. Beschwerde und Rechtsbeschwerde gegen die Endentscheidung wegen des Hauptgegenstands	
1720	Verfahren über die Beschwerde oder Rechtsbeschwerde in den in den Nummern 1710, 1713 und 1714 genannten Verfahren	360,00 €
1721	Beendigung des gesamten Verfahrens durch Zurücknahme der Beschwerde, der Rechtsbeschwerde oder des Antrags, bevor die Schrift zur Begründung der Beschwerde bei Gericht eingegangen ist: Die Gebühr 1720 ermäßigt sich auf	90,00 €
1722	Beendigung des gesamten Verfahrens ohne Endentscheidung, wenn nicht Nummer 1721 erfüllt ist: Die Gebühr 1720 ermäßigt sich auf .... (1) Wenn die Entscheidung nicht durch Vorlesen der Entscheidungsformel bekannt gegeben worden ist, ermäßigt sich die Gebühr auch im Fall der Zurücknahme der Beschwerde oder der Rechtsbeschwerde vor Ablauf des Tages, an dem die Endentscheidung der Geschäftsstelle übermittelt wird. (2) Eine Entscheidung über die Kosten steht der Ermäßigung nicht entgegen, wenn die Entscheidung einer zuvor mitgeteilten Einigung über die Kostentragung oder einer Kostenübernahmeerklärung folgt.	180,00 €
1723	Verfahren über die Beschwerde in 1. den in den Nummern 1711 und 1712 genannten Verfahren, 2. Verfahren nach § 245 FamFG oder 3. Verfahren über die Berichtigung oder den Widerruf einer Bestätigung nach § 1079 ZPO: Die Beschwerde wird verworfen oder zurückgewiesen	60,00 €

Nr.	Gebührentatbestand	Gebühr oder Satz der Gebühr nach § 28 FamGKG
	Hauptabschnitt 8. Rüge wegen Verletzung des Anspruchs auf rechtliches Gehör	
1800	Verfahren über die Rüge wegen Verletzung des Anspruchs auf rechtliches Gehör (§§ 44, 113 Abs. 1 Satz 2 FamFG, § 321a ZPO): Die Rüge wird in vollem Umfang verworfen oder zurückgewiesen	60,00 €
	Hauptabschnitt 9. Rechtsmittel im Übrigen	
	Abschnitt 1. Sonstige Beschwerden	
1910	Verfahren über die Beschwerde in den Fällen des § 71 Abs. 2, § 91a Abs. 2, § 99 Abs. 2, § 269 Abs. 5 oder § 494a Abs. 2 Satz 2 ZPO	90,00 €
1911	Beendigung des gesamten Verfahrens ohne Endentscheidung: Die Gebühr 1910 ermäßigt sich auf	60,00 €
	(1) Wenn die Entscheidung nicht durch Vorlesen der Entscheidungsformel bekannt gegeben worden ist, ermäßigt sich die Gebühr auch im Fall der Zurücknahme der Beschwerde vor Ablauf des Tages, an dem die Endentscheidung der Geschäftsstelle übermittelt wird.	
	(2) Eine Entscheidung über die Kosten steht der Ermäßigung nicht entgegen, wenn die Entscheidung einer zuvor mitgeteilten Einigung über die Kostentragung oder einer Kostenübernahmeerklärung folgt.	
1912	Verfahren über eine nicht besonders aufgeführte Beschwerde, die nicht nach anderen Vorschriften gebührenfrei ist: Die Beschwerde wird verworfen oder zurückgewiesen	60,00 €
	Wird die Beschwerde nur teilweise verworfen oder zurückgewiesen, kann das Gericht die Gebühr nach billigem Ermessen auf die Hälfte ermäßigen oder bestimmen, dass eine Gebühr nicht zu erheben ist.	
	Abschnitt 2. Sonstige Rechtsbeschwerden	
1920	Verfahren über die Rechtsbeschwerde in den Fällen von § 71 Abs. 1, § 91a Abs. 1, § 99 Abs. 2, § 269 Abs. 4 oder § 494a Abs. 2 Satz 2 ZPO	180,00 €
1921	Beendigung des gesamten Verfahrens durch Zurücknahme der Rechtsbeschwerde, bevor die Schrift zur Begründung der Rechtsbeschwerde bei Gericht eingegangen ist: Die Gebühr 1920 ermäßigt sich auf	60,00 €
1922	Beendigung des gesamten Verfahrens durch Zurücknahme der Rechtsbeschwerde oder des Antrags vor Ablauf des Tages, an dem die Endentscheidung der Geschäftsstelle übermittelt wird, wenn nicht Nummer 1921 erfüllt ist: Die Gebühr 1920 ermäßigt sich auf	90,00 €
1923	Verfahren über eine nicht besonders aufgeführte Rechtsbeschwerde, die nicht nach anderen Vorschriften gebührenfrei ist: Die Rechtsbeschwerde wird verworfen oder zurückgewiesen	120,00 €
	Wird die Rechtsbeschwerde nur teilweise verworfen oder zurückgewiesen, kann das Gericht die Gebühr nach billigem Ermessen auf die Hälfte ermäßigen oder bestimmen, dass eine Gebühr nicht zu erheben ist.	
1924	Verfahren über die in Nummer 1923 genannten Rechtsbeschwerden: Beendigung des gesamten Verfahrens durch Zurücknahme der Rechtsbeschwerde oder des Antrags vor Ablauf des Tages, an dem die Endentscheidung der Geschäftsstelle übermittelt wird	60,00 €
	Abschnitt 3. Zulassung der Sprungrechtsbeschwerde in sonstigen Fällen	
1930	Verfahren über die Zulassung der Sprungrechtsbeschwerde in den nicht besonders aufgeführten Fällen: Wenn der Antrag abgelehnt wird	60,00 €

Teil 2. Auslagen

Nr.	Auslagentatbestand	Höhe
	Vorbemerkung 2:	
	(1) Auslagen, die durch eine für begründet befundene Beschwerde entstanden sind, werden nicht erhoben, soweit das Beschwerdeverfahren gebührenfrei ist; dies gilt jedoch nicht, soweit das Beschwerdegericht die Kosten dem Gegner des Beschwerdeführers auferlegt hat.	
	(2) Sind Auslagen durch verschiedene Rechtssachen veranlasst, werden sie auf die mehreren Rechtssachen angemessen verteilt.	
	(3) In Kindschaftssachen werden von dem Minderjährigen Auslagen nur unter den in Vorbemerkung 1.3.1 Abs. 2 genannten Voraussetzungen erhoben. In den in Vorbemerkung 1.3.1 Abs. 1 genannten Verfahren werden keine Auslagen erhoben, für die freiheitsentziehende Unterbringung eines Minderjährigen gilt dies auch im Verfahren über den Erlass einer einstweiligen Anordnung. Die Sätze 1 und 2 gelten nicht für die Auslagen 2013.	
	(4) Bei Handlungen durch das Vollstreckungs- oder Arrestgericht werden Auslagen nach dem GKG erhoben.	

2000	Pauschale für die Herstellung und Überlassung von Dokumenten:
	1. Ausfertigungen, Kopien und Ausdrucke bis zur Größe von DIN A3, die
	   a) auf Antrag angefertigt oder auf Antrag per Telefax übermittelt worden sind oder
	   b) angefertigt worden sind, weil die Partei oder ein Beteiligter es unterlassen hat, die erforderliche Zahl von Mehrfertigungen beizufügen; der Anfertigung steht es gleich, wenn per Telefax übermittelte Mehrfertigungen von der Empfangseinrichtung des Gerichts ausgedruckt werden:
	   für die ersten 50 Seiten je Seite ....
	   für jede weitere Seite ....
	   für die ersten 50 Seiten in Farbe je Seite ....
	   für jede weitere Seite in Farbe ....
	2. Entgelte für die Herstellung und Überlassung der in Nummer 1 genannten Kopien oder Ausdrucke in einer Größe von mehr als DIN A3 ....
	   oder pauschal je Seite ....
	   oder pauschal je Seite in Farbe ....
	3. Überlassung von elektronisch gespeicherten Dateien oder deren Bereitstellung zum Abruf anstelle der in den Nummern 1 und 2 genannten Ausfertigungen, Kopien und Ausdrucke:
	   je Datei ....
	   für die in einem Arbeitsgang überlassenen, bereitgestellten oder in einem Arbeitsgang auf denselben Datenträger übertragenen Dokumente insgesamt höchstens ....
	(1) Die Höhe der Dokumentenpauschale nach Nummer 1 ist in jedem Rechtszug, bei Vormundschaften und Dauerpflegschaften in jedem Kalenderjahr und für jeden Kostenschuldner nach § 23 Abs. 1 FamGKG gesondert zu berechnen; Gesamtschuldner gelten als ein Schuldner.
	(2) Werden zum Zweck der Überlassung von elektronisch gespeicherten Dateien Dokumente zuvor auf Antrag von der Papierform in die elektronische Form übertragen, beträgt die Dokumentenpauschale nach Nummer 2 nicht weniger, als die Dokumentenpauschale im Fall der Nummer 1 betragen würde.
	(3) Frei von der Dokumentenpauschale sind für jeden Beteiligten und seinen bevollmächtigten Vertreter jeweils
	1. eine vollständige Ausfertigung oder Kopie oder ein vollständiger Ausdruck jeder gerichtlichen Entscheidung und jedes vor Gericht abgeschlossenen Vergleichs,
	2. eine Ausfertigung ohne Begründung und
	3. eine Kopie oder ein Ausdruck jeder Niederschrift über eine Sitzung.
	§ 191a Abs. 1 Satz 2 GVG bleibt unberührt.
		
		0,50 €
		0,15 €
		1,00 €
		0,30 €
		
		in voller Höhe
		3,00 €
		6,00 €
		
		1,50 €
		
		5,00 €

2001	Auslagen für Telegramme	in voller Höhe
2002	Pauschale für Zustellungen mit Zustellungsurkunde, Einschreiben gegen Rückschein oder durch Justizbedienstete nach § 168 Abs. 1 ZPO je Zustellung	3,50 €
	Neben Gebühren, die sich nach dem Verfahrenswert richten, wird die Zustellungspauschale nur erhoben, soweit in einem Rechtszug mehr als 10 Zustellungen anfallen.	
2003	Pauschale für die bei der Versendung von Akten auf Antrag anfallenden Auslagen an Transport- und Verpackungskosten je Sendung	12,00 €

Nr.	Auslagentatbestand	Höhe
2004	Auslagen für öffentliche Bekanntmachungen	in voller Höhe
	Auslagen werden nicht erhoben für die Bekanntmachung in einem elektronischen Informations- und Kommunikationssystem, wenn das Entgelt nicht für den Einzelfall oder nicht für ein einzelnes Verfahren berechnet wird.	
2005	Nach dem JVEG zu zahlende Beträge	in voller Höhe
	(1) Die Beträge werden auch erhoben, wenn aus Gründen der Gegenseitigkeit, der Verwaltungsvereinfachung oder aus vergleichbaren Gründen keine Zahlungen zu leisten sind. Ist aufgrund des § 1 Abs. 2 Satz 2 JVEG keine Vergütung zu zahlen, ist der Betrag zu erheben, der ohne diese Vorschrift zu zahlen wäre.	
	(2) Auslagen für Übersetzer, die zur Erfüllung der Rechte blinder oder sehbehinderter Personen herangezogen werden (§ 191a Abs. 1 GVG) und für Gebärdensprachdolmetscher (§ 186 Abs. 1 GVG) werden nicht erhoben.	
2006	Bei Geschäften außerhalb der Gerichtsstelle	
	1. die den Gerichtspersonen aufgrund gesetzlicher Vorschriften gewährte Vergütung (Reisekosten, Auslagenersatz) und die Auslagen für die Bereitstellung von Räumen	in voller Höhe
	2. für den Einsatz von Dienstkraftfahrzeugen für jeden gefahrenen Kilometer	0,30 €
2007	Auslagen für	
	1. die Beförderung von Personen	in voller Höhe
	2. Zahlungen an mittellose Personen für die Reise zum Ort einer Verhandlung oder Anhörung und für die Rückreise	bis zur Höhe der nach dem JVEG an Zeugen zu zahlenden Beträge
2008	Kosten einer Zwangshaft, auch aufgrund eines Haftbefehls in entsprechender Anwendung des § 802g ZPO	in Höhe des Haftkostenbeitrags
	Maßgebend ist die Höhe des Haftkostenbeitrags, der nach Landesrecht von einem Gefangenen zu erheben ist.	
2009	Kosten einer Ordnungshaft	in Höhe des Haftkostenbeitrags
	Maßgebend ist die Höhe des Haftkostenbeitrags, der nach Landesrecht von einem Gefangenen zu erheben ist. Diese Kosten werden nur angesetzt, wenn der Haftkostenbeitrag auch von einem Gefangenen im Strafvollzug zu erheben wäre.	
2010	Nach dem Auslandskostengesetz zu zahlende Beträge	in voller Höhe
2011	An deutsche Behörden für die Erfüllung von deren eigenen Aufgaben zu zahlende Gebühren sowie diejenigen Beträge, die diesen Behörden, öffentlichen Einrichtungen oder deren Bediensteten als Ersatz für Auslagen der in den Nummern 2000 bis 2009 bezeichneten Art zustehen	in voller Höhe, die Auslagen begrenzt durch die Höchstsätze für die Auslagen 2000 bis 2009
	Die als Ersatz für Auslagen angefallenen Beträge werden auch erhoben, wenn aus Gründen der Gegenseitigkeit, der Verwaltungsvereinfachung oder aus vergleichbaren Gründen keine Zahlungen zu leisten sind.	
2012	Beträge, die ausländischen Behörden, Einrichtungen oder Personen im Ausland zustehen, sowie Kosten des Rechtshilfeverkehrs mit dem Ausland	in voller Höhe
	Die Beträge werden auch erhoben, wenn aus Gründen der Gegenseitigkeit, der Verwaltungsvereinfachung oder aus vergleichbaren Gründen keine Zahlungen zu leisten sind.	
2013	An den Verfahrensbeistand zu zahlende Beträge	in voller Höhe
	Die Beträge werden von dem Minderjährigen nur nach Maßgabe des § 1836c BGB erhoben.	
2014	An den Umgangspfleger sowie an Verfahrenspfleger nach § 9 Abs. 5 FamFG, § 57 ZPO zu zahlende Beträge	in voller Höhe

Anlage 2
(zu § 28 Abs. 1)

Verfahrenswert bis … €	Gebühr … €	Verfahrenswert bis … €	Gebühr … €
500	35,00	50 000	546,00
1 000	53,00	65 000	666,00
1 500	71,00	80 000	786,00
2 000	89,00	95 000	906,00
3 000	108,00	110 000	1 026,00
4 000	127,00	125 000	1 146,00
5 000	146,00	140 000	1 266,00
6 000	165,00	155 000	1 386,00
7 000	184,00	170 000	1 506,00
8 000	203,00	185 000	1 626,00
9 000	222,00	200 000	1 746,00
10 000	241,00	230 000	1 925,00
13 000	267,00	260 000	2 104,00
16 000	293,00	290 000	2 283,00
19 000	319,00	320 000	2 462,00
22 000	345,00	350 000	2 641,00
25 000	371,00	380 000	2 820,00
30 000	406,00	410 000	2 999,00
35 000	441,00	440 000	3 178,00
40 000	476,00	470 000	3 357,00
45 000	511,00	500 000	3 536,00

D. Tabellen zum GNotKG

29. Gebühren nach § 34 GNotKG

I. Überblick

Soweit bundesrechtlich nichts anderes bestimmt ist, werden Kosten (Gebühren und Auslagen) durch die Gerichte in den Angelegenheiten der freiwilligen Gerichtsbarkeit und durch die Notare für ihre Amtstätigkeit nur nach dem GNotKG[1] erhoben (§ 1 GNotKG).

Grundsätzlich fallen nach der GNotKG **Wertgebühren** an. Vorgesehen sind im Gegensatz zur KostO Dezimalgebühren. Möglich sind auch **Rahmengebühren**. Bei einer Rahmengebühr bestimmt der Notar die Gebühr im Einzelfall unter Berücksichtigung des Umfangs der erbrachten Leistung nach billigem Ermessen (§ 92 Abs. 1 GNotKG). Bei den Gebühren für das Beurkundungsverfahren im Fall der vorzeitigen Beendigung und bei den Gebühren für die Fertigung eines Entwurfs ist für die vollständige Erstellung des Entwurfs die Höchstgebühr zu erheben (§ 92 Abs. 2 GNotKG).

Die Höhe der Gebührenbeträge für die Wertgebühren ist in § 34 GNotKG geregelt. Vorgesehen sind zwei Werttabellen (Tabelle A und Tabelle B). Die Staffelung der Werte ist in § 34 GNotKG geregelt. Gebühren werden auf den nächstliegenden Cent **gerundet**. Bis 0,4 Cent wird abgerundet, ab 0,5 Cent wird aufgerundet (§ 34 Abs. 4 GNotKG).

Der **Mindestbetrag** einer Gebühr beträgt 15,00 Euro (§ 34 Abs. 5 GNotKG).

Die Höhe des jeweiligen Gebührenbetrages richtet sich nach dem sog. **Geschäftswert** (§ 3 Abs. 1 GNotKG), mit dem sich die §§ 35–54, 59–76 und 95–11 GNotKG näher befassen. Der Allgemeine Geschäftswert ist in § 36 GNotKG geregelt. **Früchte, Nutzungen, Zinsen, Vertragsstrafen und Kosten** werden nur berücksichtigt, wenn sie ohne den Hauptgegenstand betroffen sind (§ 37 GNotKG).

Soweit im GNotKG nichts anderes bestimmt ist, beträgt der Geschäftswert **nach Tabelle A höchstens 30 Mio. Euro** und **nach Tabelle B höchstens 60 Mio. Euro** (§ 35 Abs. 2 GNotKG). Daher sind in der nachfolgenden Tabelle A nur die Werte bis 30 Mio. Euro ausgewiesen und in der Tabelle B bis 60 Mio. Euro.

---

[1] Eingeführt durch Art. 1 des 2. KostRMoG, BGBl. I S. 2586.

II. Gebührenbeträge nach § 34 Abs. 2 GNotKG

1. Tabelle A bis 30 Mio. Euro

Wert bis	0,25	0,3	0,5	1,0	1,5	2,0	3,0	4,0
500	15,00[1]	15,00[1]	17,50	35,00	52,50	70,00	105,00	140,00
1.000	15,00[1]	15,90	26,50	53,00	79,50	106,00	159,00	212,00
1.500	17,75	21,30	35,50	71,00	106,50	142,00	213,00	284,00
2.000	22,25	26,70	44,50	89,00	133,50	178,00	267,00	356,00
3.000	27,00	32,40	54,00	108,00	162,00	216,00	324,00	432,00
4.000	31,75	38,10	63,50	127,00	190,50	254,00	381,00	508,00
5.000	36,50	43,80	73,00	146,00	219,00	292,00	438,00	584,00
6.000	41,25	49,50	82,50	165,00	247,50	330,00	495,00	660,00
7.000	46,00	55,20	92,00	184,00	276,00	368,00	552,00	736,00
8.000	50,75	60,90	101,50	203,00	304,50	406,00	609,00	812,00
9.000	55,50	66,60	111,00	222,00	333,00	444,00	666,00	888,00
10.000	60,25	72,30	120,50	241,00	361,50	482,00	723,00	964,00
13.000	66,75	80,10	133,50	267,00	400,50	534,00	801,00	1.068,00
16.000	73,25	87,90	146,50	293,00	439,50	586,00	879,00	1.172,00
19.000	79,75	95,70	159,50	319,00	478,50	638,00	957,00	1.276,00
22.000	86,25	103,50	172,50	345,00	517,50	690,00	1.035,00	1.380,00
25.000	92,75	111,30	185,50	371,00	556,50	742,00	1.113,00	1.484,00
30.000	101,50	121,80	203,00	406,00	609,00	812,00	1.218,00	1.624,00
35.000	110,25	132,30	220,50	441,00	661,50	882,00	1.323,00	1.764,00
40.000	119,00	142,80	238,00	476,00	714,00	952,00	1.428,00	1.904,00
45.000	127,75	153,30	255,50	511,00	766,50	1.022,00	1.533,00	2.044,00
50.000	136,50	163,80	273,00	546,00	819,00	1.092,00	1.638,00	2.184,00
65.000	166,50	199,80	333,00	666,00	999,00	1.332,00	1.998,00	2.664,00
80.000	196,50	235,80	393,00	786,00	1.179,00	1.572,00	2.358,00	3.144,00
95.000	226,50	271,80	453,00	906,00	1.359,00	1.812,00	2.718,00	3.624,00
110.000	256,50	307,80	513,00	1.026,00	1.539,00	2.052,00	3.078,00	4.104,00
125.000	286,50	343,80	573,00	1.146,00	1.719,00	2.292,00	3.438,00	4.584,00
140.000	316,50	379,80	633,00	1.266,00	1.899,00	2.532,00	3.798,00	5.064,00
155.000	346,50	415,80	693,00	1.386,00	2.079,00	2.772,00	4.158,00	5.544,00
170.000	376,50	451,80	753,00	1.506,00	2.259,00	3.012,00	4.518,00	6.024,00
185.000	406,50	487,80	813,00	1.626,00	2.439,00	3.252,00	4.878,00	6.504,00
200.000	436,50	523,80	873,00	1.746,00	2.619,00	3.492,00	5.238,00	6.984,00
230.000	481,25	577,50	962,50	1.925,00	2.887,50	3.850,00	5.775,00	7.700,00
260.000	526,00	631,20	1.052,00	2.104,00	3.156,00	4.208,00	6.312,00	8.416,00
290.000	570,75	684,90	1.141,50	2.283,00	3.424,50	4.566,00	6.849,00	9.132,00
320.000	615,50	738,60	1.231,00	2.462,00	3.693,00	4.924,00	7.386,00	9.848,00
350.000	660,25	792,30	1.320,50	2.641,00	3.961,50	5.282,00	7.923,00	10.564,00
380.000	705,00	846,00	1.410,00	2.820,00	4.230,00	5.640,00	8.460,00	11.280,00
410.000	749,75	899,70	1.499,50	2.999,00	4.498,50	5.998,00	8.997,00	11.996,00
440.000	794,50	953,40	1.589,00	3.178,00	4.767,00	6.356,00	9.534,00	12.712,00
470.000	839,25	1.007,10	1.678,50	3.357,00	5.035,50	6.714,00	10.071,00	13.428,00
500.000	884,00	1.060,80	1.768,00	3.536,00	5.304,00	7.072,00	10.608,00	14.144,00
550.000	929,00	1.114,80	1.858,00	3.716,00	5.574,00	7.432,00	11.148,00	14.864,00
600.000	974,00	1.168,80	1.948,00	3.896,00	5.844,00	7.792,00	11.688,00	15.584,00
650.000	1.019,00	1.222,80	2.038,00	4.076,00	6.114,00	8.152,00	12.228,00	16.304,00
700.000	1.064,00	1.276,80	2.128,00	4.256,00	6.384,00	8.512,00	12.768,00	17.024,00
750.000	1.109,00	1.330,80	2.218,00	4.436,00	6.654,00	8.872,00	13.308,00	17.744,00
800.000	1.154,00	1.384,80	2.308,00	4.616,00	6.924,00	9.232,00	13.848,00	18.464,00

[1] Die Mindestgebühr gem. § 34 Abs. 5 GNotKG beträgt 15,00 Euro. Geringere Beträge – wie hier – sind daher auf 15,00 Euro anzuheben.

Wert bis	0,25	0,3	0,5	1,0	1,5	2,0	3,0	4,0
850.000	1.199,00	1.438,80	2.398,00	4.796,00	7.194,00	9.592,00	14.388,00	19.184,00
900.000	1.244,00	1.492,80	2.488,00	4.976,00	7.464,00	9.952,00	14.928,00	19.904,00
950.000	1.289,00	1.546,80	2.578,00	5.156,00	7.734,00	10.312,00	15.468,00	20.624,00
1.000.000	1.334,00	1.600,80	2.668,00	5.336,00	8.004,00	10.672,00	16.008,00	21.344,00
1.050.000	1.379,00	1.654,80	2.758,00	5.516,00	8.274,00	11.032,00	16.548,00	22.064,00
1.100.000	1.424,00	1.708,80	2.848,00	5.696,00	8.544,00	11.392,00	17.088,00	22.784,00
1.150.000	1.469,00	1.762,80	2.938,00	5.876,00	8.814,00	11.752,00	17.628,00	23.504,00
1.200.000	1.514,00	1.816,80	3.028,00	6.056,00	9.084,00	12.112,00	18.168,00	24.224,00
1.250.000	1.559,00	1.870,80	3.118,00	6.236,00	9.354,00	12.472,00	18.708,00	24.944,00
1.300.000	1.604,00	1.924,80	3.208,00	6.416,00	9.624,00	12.832,00	19.248,00	25.664,00
1.350.000	1.649,00	1.978,80	3.298,00	6.596,00	9.894,00	13.192,00	19.788,00	26.384,00
1.400.000	1.694,00	2.032,80	3.388,00	6.776,00	10.164,00	13.552,00	20.328,00	27.104,00
1.450.000	1.739,00	2.086,80	3.478,00	6.956,00	10.434,00	13.912,00	20.868,00	27.824,00
1.500.000	1.784,00	2.140,80	3.568,00	7.136,00	10.704,00	14.272,00	21.408,00	28.544,00
1.550.000	1.829,00	2.194,80	3.658,00	7.316,00	10.974,00	14.632,00	21.948,00	29.264,00
1.600.000	1.874,00	2.248,80	3.748,00	7.496,00	11.244,00	14.992,00	22.488,00	29.984,00
1.650.000	1.919,00	2.302,80	3.838,00	7.676,00	11.514,00	15.352,00	23.028,00	30.704,00
1.700.000	1.964,00	2.356,80	3.928,00	7.856,00	11.784,00	15.712,00	23.568,00	31.424,00
1.750.000	2.009,00	2.410,80	4.018,00	8.036,00	12.054,00	16.072,00	24.108,00	32.144,00
1.800.000	2.054,00	2.464,80	4.108,00	8.216,00	12.324,00	16.432,00	24.648,00	32.864,00
1.850.000	2.099,00	2.518,80	4.198,00	8.396,00	12.594,00	16.792,00	25.188,00	33.584,00
1.900.000	2.144,00	2.572,80	4.288,00	8.576,00	12.864,00	17.152,00	25.728,00	34.304,00
1.950.000	2.189,00	2.626,80	4.378,00	8.756,00	13.134,00	17.512,00	26.268,00	35.024,00
2.000.000	2.234,00	2.680,80	4.468,00	8.936,00	13.404,00	17.872,00	26.808,00	35.744,00
2.050.000	2.279,00	2.734,80	4.558,00	9.116,00	13.674,00	18.232,00	27.348,00	36.464,00
2.100.000	2.324,00	2.788,80	4.648,00	9.296,00	13.944,00	18.592,00	27.888,00	37.184,00
2.150.000	2.369,00	2.842,80	4.738,00	9.476,00	14.214,00	18.952,00	28.428,00	37.904,00
2.200.000	2.414,00	2.896,80	4.828,00	9.656,00	14.484,00	19.312,00	28.968,00	38.624,00
2.250.000	2.459,00	2.950,80	4.918,00	9.836,00	14.754,00	19.672,00	29.508,00	39.344,00
2.300.000	2.504,00	3.004,80	5.008,00	10.016,00	15.024,00	20.032,00	30.048,00	40.064,00
2.350.000	2.549,00	3.058,80	5.098,00	10.196,00	15.294,00	20.392,00	30.588,00	40.784,00
2.400.000	2.594,00	3.112,80	5.188,00	10.376,00	15.564,00	20.752,00	31.128,00	41.504,00
2.450.000	2.639,00	3.166,80	5.278,00	10.556,00	15.834,00	21.112,00	31.668,00	42.224,00
2.500.000	2.684,00	3.220,80	5.368,00	10.736,00	16.104,00	21.472,00	32.208,00	42.944,00
2.550.000	2.729,00	3.274,80	5.458,00	10.916,00	16.374,00	21.832,00	32.748,00	43.664,00
2.600.000	2.774,00	3.328,80	5.548,00	11.096,00	16.644,00	22.192,00	33.288,00	44.384,00
2.650.000	2.819,00	3.382,80	5.638,00	11.276,00	16.914,00	22.552,00	33.828,00	45.104,00
2.700.000	2.864,00	3.436,80	5.728,00	11.456,00	17.184,00	22.912,00	34.368,00	45.824,00
2.750.000	2.909,00	3.490,80	5.818,00	11.636,00	17.454,00	23.272,00	34.908,00	46.544,00
2.800.000	2.954,00	3.544,80	5.908,00	11.816,00	17.724,00	23.632,00	35.448,00	47.264,00
2.850.000	2.999,00	3.598,80	5.998,00	11.996,00	17.994,00	23.992,00	35.988,00	47.984,00
2.900.000	3.044,00	3.652,80	6.088,00	12.176,00	18.264,00	24.352,00	36.528,00	48.704,00
2.950.000	3.089,00	3.706,80	6.178,00	12.356,00	18.534,00	24.712,00	37.068,00	49.424,00
3.000.000	3.134,00	3.760,80	6.268,00	12.536,00	18.804,00	25.072,00	37.608,00	50.144,00
3.050.000	3.179,00	3.814,80	6.358,00	12.716,00	19.074,00	25.432,00	38.148,00	50.864,00
3.100.000	3.224,00	3.868,80	6.448,00	12.896,00	19.344,00	25.792,00	38.688,00	51.584,00
3.150.000	3.269,00	3.922,80	6.538,00	13.076,00	19.614,00	26.152,00	39.228,00	52.304,00
3.200.000	3.314,00	3.976,80	6.628,00	13.256,00	19.884,00	26.512,00	39.768,00	53.024,00
3.250.000	3.359,00	4.030,80	6.718,00	13.436,00	20.154,00	26.872,00	40.308,00	53.744,00
3.300.000	3.404,00	4.084,80	6.808,00	13.616,00	20.424,00	27.232,00	40.848,00	54.464,00
3.350.000	3.449,00	4.138,80	6.898,00	13.796,00	20.694,00	27.592,00	41.388,00	55.184,00
3.400.000	3.494,00	4.192,80	6.988,00	13.976,00	20.964,00	27.952,00	41.928,00	55.904,00
3.450.000	3.539,00	4.246,80	7.078,00	14.156,00	21.234,00	28.312,00	42.468,00	56.624,00
3.500.000	3.584,00	4.300,80	7.168,00	14.336,00	21.504,00	28.672,00	43.008,00	57.344,00
3.550.000	3.629,00	4.354,80	7.258,00	14.516,00	21.774,00	29.032,00	43.548,00	58.064,00
3.600.000	3.674,00	4.408,80	7.348,00	14.696,00	22.044,00	29.392,00	44.088,00	58.784,00

Wert bis	0,25	0,3	0,5	1,0	1,5	2,0	3,0	4,0
3.650.000	3.719,00	4.462,80	7.438,00	14.876,00	22.314,00	29.752,00	44.628,00	59.504,00
3.700.000	3.764,00	4.516,80	7.528,00	15.056,00	22.584,00	30.112,00	45.168,00	60.224,00
3.750.000	3.809,00	4.570,80	7.618,00	15.236,00	22.854,00	30.472,00	45.708,00	60.944,00
3.800.000	3.854,00	4.624,80	7.708,00	15.416,00	23.124,00	30.832,00	46.248,00	61.664,00
3.850.000	3.899,00	4.678,80	7.798,00	15.596,00	23.394,00	31.192,00	46.788,00	62.384,00
3.900.000	3.944,00	4.732,80	7.888,00	15.776,00	23.664,00	31.552,00	47.328,00	63.104,00
3.950.000	3.989,00	4.786,80	7.978,00	15.956,00	23.934,00	31.912,00	47.868,00	63.824,00
4.000.000	4.034,00	4.840,80	8.068,00	16.136,00	24.204,00	32.272,00	48.408,00	64.544,00
4.050.000	4.079,00	4.894,80	8.158,00	16.316,00	24.474,00	32.632,00	48.948,00	65.264,00
4.100.000	4.124,00	4.948,80	8.248,00	16.496,00	24.744,00	32.992,00	49.488,00	65.984,00
4.150.000	4.169,00	5.002,80	8.338,00	16.676,00	25.014,00	33.352,00	50.028,00	66.704,00
4.200.000	4.214,00	5.056,80	8.428,00	16.856,00	25.284,00	33.712,00	50.568,00	67.424,00
4.250.000	4.259,00	5.110,80	8.518,00	17.036,00	25.554,00	34.072,00	51.108,00	68.144,00
4.300.000	4.304,00	5.164,80	8.608,00	17.216,00	25.824,00	34.432,00	51.648,00	68.864,00
4.350.000	4.349,00	5.218,80	8.698,00	17.396,00	26.094,00	34.792,00	52.188,00	69.584,00
4.400.000	4.394,00	5.272,80	8.788,00	17.576,00	26.364,00	35.152,00	52.728,00	70.304,00
4.450.000	4.439,00	5.326,80	8.878,00	17.756,00	26.634,00	35.512,00	53.268,00	71.024,00
4.500.000	4.484,00	5.380,80	8.968,00	17.936,00	26.904,00	35.872,00	53.808,00	71.744,00
4.550.000	4.529,00	5.434,80	9.058,00	18.116,00	27.174,00	36.232,00	54.348,00	72.464,00
4.600.000	4.574,00	5.488,80	9.148,00	18.296,00	27.444,00	36.592,00	54.888,00	73.184,00
4.650.000	4.619,00	5.542,80	9.238,00	18.476,00	27.714,00	36.952,00	55.428,00	73.904,00
4.700.000	4.664,00	5.596,80	9.328,00	18.656,00	27.984,00	37.312,00	55.968,00	74.624,00
4.750.000	4.709,00	5.650,80	9.418,00	18.836,00	28.254,00	37.672,00	56.508,00	75.344,00
4.800.000	4.754,00	5.704,80	9.508,00	19.016,00	28.524,00	38.032,00	57.048,00	76.064,00
4.850.000	4.799,00	5.758,80	9.598,00	19.196,00	28.794,00	38.392,00	57.588,00	76.784,00
4.900.000	4.844,00	5.812,80	9.688,00	19.376,00	29.064,00	38.752,00	58.128,00	77.504,00
4.950.000	4.889,00	5.866,80	9.778,00	19.556,00	29.334,00	39.112,00	58.668,00	78.224,00
5.000.000	4.934,00	5.920,80	9.868,00	19.736,00	29.604,00	39.472,00	59.208,00	78.944,00
5.050.000	4.979,00	5.974,80	9.958,00	19.916,00	29.874,00	39.832,00	59.748,00	79.664,00
5.100.000	5.024,00	6.028,80	10.048,00	20.096,00	30.144,00	40.192,00	60.288,00	80.384,00
5.150.000	5.069,00	6.082,80	10.138,00	20.276,00	30.414,00	40.552,00	60.828,00	81.104,00
5.200.000	5.114,00	6.136,80	10.228,00	20.456,00	30.684,00	40.912,00	61.368,00	81.824,00
5.250.000	5.159,00	6.190,80	10.318,00	20.636,00	30.954,00	41.272,00	61.908,00	82.544,00
5.300.000	5.204,00	6.244,80	10.408,00	20.816,00	31.224,00	41.632,00	62.448,00	83.264,00
5.350.000	5.249,00	6.298,80	10.498,00	20.996,00	31.494,00	41.992,00	62.988,00	83.984,00
5.400.000	5.294,00	6.352,80	10.588,00	21.176,00	31.764,00	42.352,00	63.528,00	84.704,00
5.450.000	5.339,00	6.406,80	10.678,00	21.356,00	32.034,00	42.712,00	64.068,00	85.424,00
5.500.000	5.384,00	6.460,80	10.768,00	21.536,00	32.304,00	43.072,00	64.608,00	86.144,00
5.550.000	5.429,00	6.514,80	10.858,00	21.716,00	32.574,00	43.432,00	65.148,00	86.864,00
5.600.000	5.474,00	6.568,80	10.948,00	21.896,00	32.844,00	43.792,00	65.688,00	87.584,00
5.650.000	5.519,00	6.622,80	11.038,00	22.076,00	33.114,00	44.152,00	66.228,00	88.304,00
5.700.000	5.564,00	6.676,80	11.128,00	22.256,00	33.384,00	44.512,00	66.768,00	89.024,00
5.750.000	5.609,00	6.730,80	11.218,00	22.436,00	33.654,00	44.872,00	67.308,00	89.744,00
5.800.000	5.654,00	6.784,80	11.308,00	22.616,00	33.924,00	45.232,00	67.848,00	90.464,00
5.850.000	5.699,00	6.838,80	11.398,00	22.796,00	34.194,00	45.592,00	68.388,00	91.184,00
5.900.000	5.744,00	6.892,80	11.488,00	22.976,00	34.464,00	45.952,00	68.928,00	91.904,00
5.950.000	5.789,00	6.946,80	11.578,00	23.156,00	34.734,00	46.312,00	69.468,00	92.624,00
6.000.000	5.834,00	7.000,80	11.668,00	23.336,00	35.004,00	46.672,00	70.008,00	93.344,00
6.050.000	5.879,00	7.054,80	11.758,00	23.516,00	35.274,00	47.032,00	70.548,00	94.064,00
6.100.000	5.924,00	7.108,80	11.848,00	23.696,00	35.544,00	47.392,00	71.088,00	94.784,00
6.150.000	5.969,00	7.162,80	11.938,00	23.876,00	35.814,00	47.752,00	71.628,00	95.504,00
6.200.000	6.014,00	7.216,80	12.028,00	24.056,00	36.084,00	48.112,00	72.168,00	96.224,00
6.250.000	6.059,00	7.270,80	12.118,00	24.236,00	36.354,00	48.472,00	72.708,00	96.944,00
6.300.000	6.104,00	7.324,80	12.208,00	24.416,00	36.624,00	48.832,00	73.248,00	97.664,00
6.350.000	6.149,00	7.378,80	12.298,00	24.596,00	36.894,00	49.192,00	73.788,00	98.384,00
6.400.000	6.194,00	7.432,80	12.388,00	24.776,00	37.164,00	49.552,00	74.328,00	99.104,00

29. Gebühren nach § 34 GNotKG

Wert bis	0,25	0,3	0,5	1,0	1,5	2,0	3,0	4,0
6.450.000	6.239,00	7.486,80	12.478,00	24.956,00	37.434,00	49.912,00	74.868,00	99.824,00
6.500.000	6.284,00	7.540,80	12.568,00	25.136,00	37.704,00	50.272,00	75.408,00	100.544,00
6.550.000	6.329,00	7.594,80	12.658,00	25.316,00	37.974,00	50.632,00	75.948,00	101.264,00
6.600.000	6.374,00	7.648,80	12.748,00	25.496,00	38.244,00	50.992,00	76.488,00	101.984,00
6.650.000	6.419,00	7.702,80	12.838,00	25.676,00	38.514,00	51.352,00	77.028,00	102.704,00
6.700.000	6.464,00	7.756,80	12.928,00	25.856,00	38.784,00	51.712,00	77.568,00	103.424,00
6.750.000	6.509,00	7.810,80	13.018,00	26.036,00	39.054,00	52.072,00	78.108,00	104.144,00
6.800.000	6.554,00	7.864,80	13.108,00	26.216,00	39.324,00	52.432,00	78.648,00	104.864,00
6.850.000	6.599,00	7.918,80	13.198,00	26.396,00	39.594,00	52.792,00	79.188,00	105.584,00
6.900.000	6.644,00	7.972,80	13.288,00	26.576,00	39.864,00	53.152,00	79.728,00	106.304,00
6.950.000	6.689,00	8.026,80	13.378,00	26.756,00	40.134,00	53.512,00	80.268,00	107.024,00
7.000.000	6.734,00	8.080,80	13.468,00	26.936,00	40.404,00	53.872,00	80.808,00	107.744,00
7.050.000	6.779,00	8.134,80	13.558,00	27.116,00	40.674,00	54.232,00	81.348,00	108.464,00
7.100.000	6.824,00	8.188,80	13.648,00	27.296,00	40.944,00	54.592,00	81.888,00	109.184,00
7.150.000	6.869,00	8.242,80	13.738,00	27.476,00	41.214,00	54.952,00	82.428,00	109.904,00
7.200.000	6.914,00	8.296,80	13.828,00	27.656,00	41.484,00	55.312,00	82.968,00	110.624,00
7.250.000	6.959,00	8.350,80	13.918,00	27.836,00	41.754,00	55.672,00	83.508,00	111.344,00
7.300.000	7.004,00	8.404,80	14.008,00	28.016,00	42.024,00	56.032,00	84.048,00	112.064,00
7.350.000	7.049,00	8.458,80	14.098,00	28.196,00	42.294,00	56.392,00	84.588,00	112.784,00
7.400.000	7.094,00	8.512,80	14.188,00	28.376,00	42.564,00	56.752,00	85.128,00	113.504,00
7.450.000	7.139,00	8.566,80	14.278,00	28.556,00	42.834,00	57.112,00	85.668,00	114.224,00
7.500.000	7.184,00	8.620,80	14.368,00	28.736,00	43.104,00	57.472,00	86.208,00	114.944,00
7.550.000	7.229,00	8.674,80	14.458,00	28.916,00	43.374,00	57.832,00	86.748,00	115.664,00
7.600.000	7.274,00	8.728,80	14.548,00	29.096,00	43.644,00	58.192,00	87.288,00	116.384,00
7.650.000	7.319,00	8.782,80	14.638,00	29.276,00	43.914,00	58.552,00	87.828,00	117.104,00
7.700.000	7.364,00	8.836,80	14.728,00	29.456,00	44.184,00	58.912,00	88.368,00	117.824,00
7.750.000	7.409,00	8.890,80	14.818,00	29.636,00	44.454,00	59.272,00	88.908,00	118.544,00
7.800.000	7.454,00	8.944,80	14.908,00	29.816,00	44.724,00	59.632,00	89.448,00	119.264,00
7.850.000	7.499,00	8.998,80	14.998,00	29.996,00	44.994,00	59.992,00	89.988,00	119.984,00
7.900.000	7.544,00	9.052,80	15.088,00	30.176,00	45.264,00	60.352,00	90.528,00	120.704,00
7.950.000	7.589,00	9.106,80	15.178,00	30.356,00	45.534,00	60.712,00	91.068,00	121.424,00
8.000.000	7.634,00	9.160,80	15.268,00	30.536,00	45.804,00	61.072,00	91.608,00	122.144,00
8.050.000	7.679,00	9.214,80	15.358,00	30.716,00	46.074,00	61.432,00	92.148,00	122.864,00
8.100.000	7.724,00	9.268,80	15.448,00	30.896,00	46.344,00	61.792,00	92.688,00	123.584,00
8.150.000	7.769,00	9.322,80	15.538,00	31.076,00	46.614,00	62.152,00	93.228,00	124.304,00
8.200.000	7.814,00	9.376,80	15.628,00	31.256,00	46.884,00	62.512,00	93.768,00	125.024,00
8.250.000	7.859,00	9.430,80	15.718,00	31.436,00	47.154,00	62.872,00	94.308,00	125.744,00
8.300.000	7.904,00	9.484,80	15.808,00	31.616,00	47.424,00	63.232,00	94.848,00	126.464,00
8.350.000	7.949,00	9.538,80	15.898,00	31.796,00	47.694,00	63.592,00	95.388,00	127.184,00
8.400.000	7.994,00	9.592,80	15.988,00	31.976,00	47.964,00	63.952,00	95.928,00	127.904,00
8.450.000	8.039,00	9.646,80	16.078,00	32.156,00	48.234,00	64.312,00	96.468,00	128.624,00
8.500.000	8.084,00	9.700,80	16.168,00	32.336,00	48.504,00	64.672,00	97.008,00	129.344,00
8.550.000	8.129,00	9.754,80	16.258,00	32.516,00	48.774,00	65.032,00	97.548,00	130.064,00
8.600.000	8.174,00	9.808,80	16.348,00	32.696,00	49.044,00	65.392,00	98.088,00	130.784,00
8.650.000	8.219,00	9.862,80	16.438,00	32.876,00	49.314,00	65.752,00	98.628,00	131.504,00
8.700.000	8.264,00	9.916,80	16.528,00	33.056,00	49.584,00	66.112,00	99.168,00	132.224,00
8.750.000	8.309,00	9.970,80	16.618,00	33.236,00	49.854,00	66.472,00	99.708,00	132.944,00
8.800.000	8.354,00	10.024,80	16.708,00	33.416,00	50.124,00	66.832,00	100.248,00	133.664,00
8.850.000	8.399,00	10.078,80	16.798,00	33.596,00	50.394,00	67.192,00	100.788,00	134.384,00
8.900.000	8.444,00	10.132,80	16.888,00	33.776,00	50.664,00	67.552,00	101.328,00	135.104,00
8.950.000	8.489,00	10.186,80	16.978,00	33.956,00	50.934,00	67.912,00	101.868,00	135.824,00
9.000.000	8.534,00	10.240,80	17.068,00	34.136,00	51.204,00	68.272,00	102.408,00	136.544,00
9.050.000	8.579,00	10.294,80	17.158,00	34.316,00	51.474,00	68.632,00	102.948,00	137.264,00
9.100.000	8.624,00	10.348,80	17.248,00	34.496,00	51.744,00	68.992,00	103.488,00	137.984,00
9.150.000	8.669,00	10.402,80	17.338,00	34.676,00	52.014,00	69.352,00	104.028,00	138.704,00
9.200.000	8.714,00	10.456,80	17.428,00	34.856,00	52.284,00	69.712,00	104.568,00	139.424,00

Wert bis	0,25	0,3	0,5	1,0	1,5	2,0	3,0	4,0
9.250.000	8.759,00	10.510,80	17.518,00	35.036,00	52.554,00	70.072,00	105.108,00	140.144,00
9.300.000	8.804,00	10.564,80	17.608,00	35.216,00	52.824,00	70.432,00	105.648,00	140.864,00
9.350.000	8.849,00	10.618,80	17.698,00	35.396,00	53.094,00	70.792,00	106.188,00	141.584,00
9.400.000	8.894,00	10.672,80	17.788,00	35.576,00	53.364,00	71.152,00	106.728,00	142.304,00
9.450.000	8.939,00	10.726,80	17.878,00	35.756,00	53.634,00	71.512,00	107.268,00	143.024,00
9.500.000	8.984,00	10.780,80	17.968,00	35.936,00	53.904,00	71.872,00	107.808,00	143.744,00
9.550.000	9.029,00	10.834,80	18.058,00	36.116,00	54.174,00	72.232,00	108.348,00	144.464,00
9.600.000	9.074,00	10.888,80	18.148,00	36.296,00	54.444,00	72.592,00	108.888,00	145.184,00
9.650.000	9.119,00	10.942,80	18.238,00	36.476,00	54.714,00	72.952,00	109.428,00	145.904,00
9.700.000	9.164,00	10.996,80	18.328,00	36.656,00	54.984,00	73.312,00	109.968,00	146.624,00
9.750.000	9.209,00	11.050,80	18.418,00	36.836,00	55.254,00	73.672,00	110.508,00	147.344,00
9.800.000	9.254,00	11.104,80	18.508,00	37.016,00	55.524,00	74.032,00	111.048,00	148.064,00
9.850.000	9.299,00	11.158,80	18.598,00	37.196,00	55.794,00	74.392,00	111.588,00	148.784,00
9.900.000	9.344,00	11.212,80	18.688,00	37.376,00	56.064,00	74.752,00	112.128,00	149.504,00
9.950.000	9.389,00	11.266,80	18.778,00	37.556,00	56.334,00	75.112,00	112.668,00	150.224,00
10.000.000	9.434,00	11.320,80	18.868,00	37.736,00	56.604,00	75.472,00	113.208,00	150.944,00
10.050.000	9.479,00	11.374,80	18.958,00	37.916,00	56.874,00	75.832,00	113.748,00	151.664,00
10.100.000	9.524,00	11.428,80	19.048,00	38.096,00	57.144,00	76.192,00	114.288,00	152.384,00
10.150.000	9.569,00	11.482,80	19.138,00	38.276,00	57.414,00	76.552,00	114.828,00	153.104,00
10.200.000	9.614,00	11.536,80	19.228,00	38.456,00	57.684,00	76.912,00	115.368,00	153.824,00
10.250.000	9.659,00	11.590,80	19.318,00	38.636,00	57.954,00	77.272,00	115.908,00	154.544,00
10.300.000	9.704,00	11.644,80	19.408,00	38.816,00	58.224,00	77.632,00	116.448,00	155.264,00
10.350.000	9.749,00	11.698,80	19.498,00	38.996,00	58.494,00	77.992,00	116.988,00	155.984,00
10.400.000	9.794,00	11.752,80	19.588,00	39.176,00	58.764,00	78.352,00	117.528,00	156.704,00
10.450.000	9.839,00	11.806,80	19.678,00	39.356,00	59.034,00	78.712,00	118.068,00	157.424,00
10.500.000	9.884,00	11.860,80	19.768,00	39.536,00	59.304,00	79.072,00	118.608,00	158.144,00
10.550.000	9.929,00	11.914,80	19.858,00	39.716,00	59.574,00	79.432,00	119.148,00	158.864,00
10.600.000	9.974,00	11.968,80	19.948,00	39.896,00	59.844,00	79.792,00	119.688,00	159.584,00
10.650.000	10.019,00	12.022,80	20.038,00	40.076,00	60.114,00	80.152,00	120.228,00	160.304,00
10.700.000	10.064,00	12.076,80	20.128,00	40.256,00	60.384,00	80.512,00	120.768,00	161.024,00
10.750.000	10.109,00	12.130,80	20.218,00	40.436,00	60.654,00	80.872,00	121.308,00	161.744,00
10.800.000	10.154,00	12.184,80	20.308,00	40.616,00	60.924,00	81.232,00	121.848,00	162.464,00
10.850.000	10.199,00	12.238,80	20.398,00	40.796,00	61.194,00	81.592,00	122.388,00	163.184,00
10.900.000	10.244,00	12.292,80	20.488,00	40.976,00	61.464,00	81.952,00	122.928,00	163.904,00
10.950.000	10.289,00	12.346,80	20.578,00	41.156,00	61.734,00	82.312,00	123.468,00	164.624,00
11.000.000	10.334,00	12.400,80	20.668,00	41.336,00	62.004,00	82.672,00	124.008,00	165.344,00
11.050.000	10.379,00	12.454,80	20.758,00	41.516,00	62.274,00	83.032,00	124.548,00	166.064,00
11.100.000	10.424,00	12.508,80	20.848,00	41.696,00	62.544,00	83.392,00	125.088,00	166.784,00
11.150.000	10.469,00	12.562,80	20.938,00	41.876,00	62.814,00	83.752,00	125.628,00	167.504,00
11.200.000	10.514,00	12.616,80	21.028,00	42.056,00	63.084,00	84.112,00	126.168,00	168.224,00
11.250.000	10.559,00	12.670,80	21.118,00	42.236,00	63.354,00	84.472,00	126.708,00	168.944,00
11.300.000	10.604,00	12.724,80	21.208,00	42.416,00	63.624,00	84.832,00	127.248,00	169.664,00
11.350.000	10.649,00	12.778,80	21.298,00	42.596,00	63.894,00	85.192,00	127.788,00	170.384,00
11.400.000	10.694,00	12.832,80	21.388,00	42.776,00	64.164,00	85.552,00	128.328,00	171.104,00
11.450.000	10.739,00	12.886,80	21.478,00	42.956,00	64.434,00	85.912,00	128.868,00	171.824,00
11.500.000	10.784,00	12.940,80	21.568,00	43.136,00	64.704,00	86.272,00	129.408,00	172.544,00
11.550.000	10.829,00	12.994,80	21.658,00	43.316,00	64.974,00	86.632,00	129.948,00	173.264,00
11.600.000	10.874,00	13.048,80	21.748,00	43.496,00	65.244,00	86.992,00	130.488,00	173.984,00
11.650.000	10.919,00	13.102,80	21.838,00	43.676,00	65.514,00	87.352,00	131.028,00	174.704,00
11.700.000	10.964,00	13.156,80	21.928,00	43.856,00	65.784,00	87.712,00	131.568,00	175.424,00
11.750.000	11.009,00	13.210,80	22.018,00	44.036,00	66.054,00	88.072,00	132.108,00	176.144,00
11.800.000	11.054,00	13.264,80	22.108,00	44.216,00	66.324,00	88.432,00	132.648,00	176.864,00
11.850.000	11.099,00	13.318,80	22.198,00	44.396,00	66.594,00	88.792,00	133.188,00	177.584,00
11.900.000	11.144,00	13.372,80	22.288,00	44.576,00	66.864,00	89.152,00	133.728,00	178.304,00
11.950.000	11.189,00	13.426,80	22.378,00	44.756,00	67.134,00	89.512,00	134.268,00	179.024,00
12.000.000	11.234,00	13.480,80	22.468,00	44.936,00	67.404,00	89.872,00	134.808,00	179.744,00

Wert bis	0,25	0,3	0,5	1,0	1,5	2,0	3,0	4,0
12.050.000	11.279,00	13.534,80	22.558,00	45.116,00	67.674,00	90.232,00	135.348,00	180.464,00
12.100.000	11.324,00	13.588,80	22.648,00	45.296,00	67.944,00	90.592,00	135.888,00	181.184,00
12.150.000	11.369,00	13.642,80	22.738,00	45.476,00	68.214,00	90.952,00	136.428,00	181.904,00
12.200.000	11.414,00	13.696,80	22.828,00	45.656,00	68.484,00	91.312,00	136.968,00	182.624,00
12.250.000	11.459,00	13.750,80	22.918,00	45.836,00	68.754,00	91.672,00	137.508,00	183.344,00
12.300.000	11.504,00	13.804,80	23.008,00	46.016,00	69.024,00	92.032,00	138.048,00	184.064,00
12.350.000	11.549,00	13.858,80	23.098,00	46.196,00	69.294,00	92.392,00	138.588,00	184.784,00
12.400.000	11.594,00	13.912,80	23.188,00	46.376,00	69.564,00	92.752,00	139.128,00	185.504,00
12.450.000	11.639,00	13.966,80	23.278,00	46.556,00	69.834,00	93.112,00	139.668,00	186.224,00
12.500.000	11.684,00	14.020,80	23.368,00	46.736,00	70.104,00	93.472,00	140.208,00	186.944,00
12.550.000	11.729,00	14.074,80	23.458,00	46.916,00	70.374,00	93.832,00	140.748,00	187.664,00
12.600.000	11.774,00	14.128,80	23.548,00	47.096,00	70.644,00	94.192,00	141.288,00	188.384,00
12.650.000	11.819,00	14.182,80	23.638,00	47.276,00	70.914,00	94.552,00	141.828,00	189.104,00
12.700.000	11.864,00	14.236,80	23.728,00	47.456,00	71.184,00	94.912,00	142.368,00	189.824,00
12.750.000	11.909,00	14.290,80	23.818,00	47.636,00	71.454,00	95.272,00	142.908,00	190.544,00
12.800.000	11.954,00	14.344,80	23.908,00	47.816,00	71.724,00	95.632,00	143.448,00	191.264,00
12.850.000	11.999,00	14.398,80	23.998,00	47.996,00	71.994,00	95.992,00	143.988,00	191.984,00
12.900.000	12.044,00	14.452,80	24.088,00	48.176,00	72.264,00	96.352,00	144.528,00	192.704,00
12.950.000	12.089,00	14.506,80	24.178,00	48.356,00	72.534,00	96.712,00	145.068,00	193.424,00
13.000.000	12.134,00	14.560,80	24.268,00	48.536,00	72.804,00	97.072,00	145.608,00	194.144,00
13.050.000	12.179,00	14.614,80	24.358,00	48.716,00	73.074,00	97.432,00	146.148,00	194.864,00
13.100.000	12.224,00	14.668,80	24.448,00	48.896,00	73.344,00	97.792,00	146.688,00	195.584,00
13.150.000	12.269,00	14.722,80	24.538,00	49.076,00	73.614,00	98.152,00	147.228,00	196.304,00
13.200.000	12.314,00	14.776,80	24.628,00	49.256,00	73.884,00	98.512,00	147.768,00	197.024,00
13.250.000	12.359,00	14.830,80	24.718,00	49.436,00	74.154,00	98.872,00	148.308,00	197.744,00
13.300.000	12.404,00	14.884,80	24.808,00	49.616,00	74.424,00	99.232,00	148.848,00	198.464,00
13.350.000	12.449,00	14.938,80	24.898,00	49.796,00	74.694,00	99.592,00	149.388,00	199.184,00
13.400.000	12.494,00	14.992,80	24.988,00	49.976,00	74.964,00	99.952,00	149.928,00	199.904,00
13.450.000	12.539,00	15.046,80	25.078,00	50.156,00	75.234,00	100.312,00	150.468,00	200.624,00
13.500.000	12.584,00	15.100,80	25.168,00	50.336,00	75.504,00	100.672,00	151.008,00	201.344,00
13.550.000	12.629,00	15.154,80	25.258,00	50.516,00	75.774,00	101.032,00	151.548,00	202.064,00
13.600.000	12.674,00	15.208,80	25.348,00	50.696,00	76.044,00	101.392,00	152.088,00	202.784,00
13.650.000	12.719,00	15.262,80	25.438,00	50.876,00	76.314,00	101.752,00	152.628,00	203.504,00
13.700.000	12.764,00	15.316,80	25.528,00	51.056,00	76.584,00	102.112,00	153.168,00	204.224,00
13.750.000	12.809,00	15.370,80	25.618,00	51.236,00	76.854,00	102.472,00	153.708,00	204.944,00
13.800.000	12.854,00	15.424,80	25.708,00	51.416,00	77.124,00	102.832,00	154.248,00	205.664,00
13.850.000	12.899,00	15.478,80	25.798,00	51.596,00	77.394,00	103.192,00	154.788,00	206.384,00
13.900.000	12.944,00	15.532,80	25.888,00	51.776,00	77.664,00	103.552,00	155.328,00	207.104,00
13.950.000	12.989,00	15.586,80	25.978,00	51.956,00	77.934,00	103.912,00	155.868,00	207.824,00
14.000.000	13.034,00	15.640,80	26.068,00	52.136,00	78.204,00	104.272,00	156.408,00	208.544,00
14.050.000	13.079,00	15.694,80	26.158,00	52.316,00	78.474,00	104.632,00	156.948,00	209.264,00
14.100.000	13.124,00	15.748,80	26.248,00	52.496,00	78.744,00	104.992,00	157.488,00	209.984,00
14.150.000	13.169,00	15.802,80	26.338,00	52.676,00	79.014,00	105.352,00	158.028,00	210.704,00
14.200.000	13.214,00	15.856,80	26.428,00	52.856,00	79.284,00	105.712,00	158.568,00	211.424,00
14.250.000	13.259,00	15.910,80	26.518,00	53.036,00	79.554,00	106.072,00	159.108,00	212.144,00
14.300.000	13.304,00	15.964,80	26.608,00	53.216,00	79.824,00	106.432,00	159.648,00	212.864,00
14.350.000	13.349,00	16.018,80	26.698,00	53.396,00	80.094,00	106.792,00	160.188,00	213.584,00
14.400.000	13.394,00	16.072,80	26.788,00	53.576,00	80.364,00	107.152,00	160.728,00	214.304,00
14.450.000	13.439,00	16.126,80	26.878,00	53.756,00	80.634,00	107.512,00	161.268,00	215.024,00
14.500.000	13.484,00	16.180,80	26.968,00	53.936,00	80.904,00	107.872,00	161.808,00	215.744,00
14.550.000	13.529,00	16.234,80	27.058,00	54.116,00	81.174,00	108.232,00	162.348,00	216.464,00
14.600.000	13.574,00	16.288,80	27.148,00	54.296,00	81.444,00	108.592,00	162.888,00	217.184,00
14.650.000	13.619,00	16.342,80	27.238,00	54.476,00	81.714,00	108.952,00	163.428,00	217.904,00
14.700.000	13.664,00	16.396,80	27.328,00	54.656,00	81.984,00	109.312,00	163.968,00	218.624,00
14.750.000	13.709,00	16.450,80	27.418,00	54.836,00	82.254,00	109.672,00	164.508,00	219.344,00
14.800.000	13.754,00	16.504,80	27.508,00	55.016,00	82.524,00	110.032,00	165.048,00	220.064,00

Wert bis	0,25	0,3	0,5	1,0	1,5	2,0	3,0	4,0
14.850.000	13.799,00	16.558,80	27.598,00	55.196,00	82.794,00	110.392,00	165.588,00	220.784,00
14.900.000	13.844,00	16.612,80	27.688,00	55.376,00	83.064,00	110.752,00	166.128,00	221.504,00
14.950.000	13.889,00	16.666,80	27.778,00	55.556,00	83.334,00	111.112,00	166.668,00	222.224,00
15.000.000	13.934,00	16.720,80	27.868,00	55.736,00	83.604,00	111.472,00	167.208,00	222.944,00
15.050.000	13.979,00	16.774,80	27.958,00	55.916,00	83.874,00	111.832,00	167.748,00	223.664,00
15.100.000	14.024,00	16.828,80	28.048,00	56.096,00	84.144,00	112.192,00	168.288,00	224.384,00
15.150.000	14.069,00	16.882,80	28.138,00	56.276,00	84.414,00	112.552,00	168.828,00	225.104,00
15.200.000	14.114,00	16.936,80	28.228,00	56.456,00	84.684,00	112.912,00	169.368,00	225.824,00
15.250.000	14.159,00	16.990,80	28.318,00	56.636,00	84.954,00	113.272,00	169.908,00	226.544,00
15.300.000	14.204,00	17.044,80	28.408,00	56.816,00	85.224,00	113.632,00	170.448,00	227.264,00
15.350.000	14.249,00	17.098,80	28.498,00	56.996,00	85.494,00	113.992,00	170.988,00	227.984,00
15.400.000	14.294,00	17.152,80	28.588,00	57.176,00	85.764,00	114.352,00	171.528,00	228.704,00
15.450.000	14.339,00	17.206,80	28.678,00	57.356,00	86.034,00	114.712,00	172.068,00	229.424,00
15.500.000	14.384,00	17.260,80	28.768,00	57.536,00	86.304,00	115.072,00	172.608,00	230.144,00
15.550.000	14.429,00	17.314,80	28.858,00	57.716,00	86.574,00	115.432,00	173.148,00	230.864,00
15.600.000	14.474,00	17.368,80	28.948,00	57.896,00	86.844,00	115.792,00	173.688,00	231.584,00
15.650.000	14.519,00	17.422,80	29.038,00	58.076,00	87.114,00	116.152,00	174.228,00	232.304,00
15.700.000	14.564,00	17.476,80	29.128,00	58.256,00	87.384,00	116.512,00	174.768,00	233.024,00
15.750.000	14.609,00	17.530,80	29.218,00	58.436,00	87.654,00	116.872,00	175.308,00	233.744,00
15.800.000	14.654,00	17.584,80	29.308,00	58.616,00	87.924,00	117.232,00	175.848,00	234.464,00
15.850.000	14.699,00	17.638,80	29.398,00	58.796,00	88.194,00	117.592,00	176.388,00	235.184,00
15.900.000	14.744,00	17.692,80	29.488,00	58.976,00	88.464,00	117.952,00	176.928,00	235.904,00
15.950.000	14.789,00	17.746,80	29.578,00	59.156,00	88.734,00	118.312,00	177.468,00	236.624,00
16.000.000	14.834,00	17.800,80	29.668,00	59.336,00	89.004,00	118.672,00	178.008,00	237.344,00
16.050.000	14.879,00	17.854,80	29.758,00	59.516,00	89.274,00	119.032,00	178.548,00	238.064,00
16.100.000	14.924,00	17.908,80	29.848,00	59.696,00	89.544,00	119.392,00	179.088,00	238.784,00
16.150.000	14.969,00	17.962,80	29.938,00	59.876,00	89.814,00	119.752,00	179.628,00	239.504,00
16.200.000	15.014,00	18.016,80	30.028,00	60.056,00	90.084,00	120.112,00	180.168,00	240.224,00
16.250.000	15.059,00	18.070,80	30.118,00	60.236,00	90.354,00	120.472,00	180.708,00	240.944,00
16.300.000	15.104,00	18.124,80	30.208,00	60.416,00	90.624,00	120.832,00	181.248,00	241.664,00
16.350.000	15.149,00	18.178,80	30.298,00	60.596,00	90.894,00	121.192,00	181.788,00	242.384,00
16.400.000	15.194,00	18.232,80	30.388,00	60.776,00	91.164,00	121.552,00	182.328,00	243.104,00
16.450.000	15.239,00	18.286,80	30.478,00	60.956,00	91.434,00	121.912,00	182.868,00	243.824,00
16.500.000	15.284,00	18.340,80	30.568,00	61.136,00	91.704,00	122.272,00	183.408,00	244.544,00
16.550.000	15.329,00	18.394,80	30.658,00	61.316,00	91.974,00	122.632,00	183.948,00	245.264,00
16.600.000	15.374,00	18.448,80	30.748,00	61.496,00	92.244,00	122.992,00	184.488,00	245.984,00
16.650.000	15.419,00	18.502,80	30.838,00	61.676,00	92.514,00	123.352,00	185.028,00	246.704,00
16.700.000	15.464,00	18.556,80	30.928,00	61.856,00	92.784,00	123.712,00	185.568,00	247.424,00
16.750.000	15.509,00	18.610,80	31.018,00	62.036,00	93.054,00	124.072,00	186.108,00	248.144,00
16.800.000	15.554,00	18.664,80	31.108,00	62.216,00	93.324,00	124.432,00	186.648,00	248.864,00
16.850.000	15.599,00	18.718,80	31.198,00	62.396,00	93.594,00	124.792,00	187.188,00	249.584,00
16.900.000	15.644,00	18.772,80	31.288,00	62.576,00	93.864,00	125.152,00	187.728,00	250.304,00
16.950.000	15.689,00	18.826,80	31.378,00	62.756,00	94.134,00	125.512,00	188.268,00	251.024,00
17.000.000	15.734,00	18.880,80	31.468,00	62.936,00	94.404,00	125.872,00	188.808,00	251.744,00
17.050.000	15.779,00	18.934,80	31.558,00	63.116,00	94.674,00	126.232,00	189.348,00	252.464,00
17.100.000	15.824,00	18.988,80	31.648,00	63.296,00	94.944,00	126.592,00	189.888,00	253.184,00
17.150.000	15.869,00	19.042,80	31.738,00	63.476,00	95.214,00	126.952,00	190.428,00	253.904,00
17.200.000	15.914,00	19.096,80	31.828,00	63.656,00	95.484,00	127.312,00	190.968,00	254.624,00
17.250.000	15.959,00	19.150,80	31.918,00	63.836,00	95.754,00	127.672,00	191.508,00	255.344,00
17.300.000	16.004,00	19.204,80	32.008,00	64.016,00	96.024,00	128.032,00	192.048,00	256.064,00
17.350.000	16.049,00	19.258,80	32.098,00	64.196,00	96.294,00	128.392,00	192.588,00	256.784,00
17.400.000	16.094,00	19.312,80	32.188,00	64.376,00	96.564,00	128.752,00	193.128,00	257.504,00
17.450.000	16.139,00	19.366,80	32.278,00	64.556,00	96.834,00	129.112,00	193.668,00	258.224,00
17.500.000	16.184,00	19.420,80	32.368,00	64.736,00	97.104,00	129.472,00	194.208,00	258.944,00
17.550.000	16.229,00	19.474,80	32.458,00	64.916,00	97.374,00	129.832,00	194.748,00	259.664,00
17.600.000	16.274,00	19.528,80	32.548,00	65.096,00	97.644,00	130.192,00	195.288,00	260.384,00

Wert bis	0,25	0,3	0,5	1,0	1,5	2,0	3,0	4,0
17.650.000	16.319,00	19.582,80	32.638,00	65.276,00	97.914,00	130.552,00	195.828,00	261.104,00
17.700.000	16.364,00	19.636,80	32.728,00	65.456,00	98.184,00	130.912,00	196.368,00	261.824,00
17.750.000	16.409,00	19.690,80	32.818,00	65.636,00	98.454,00	131.272,00	196.908,00	262.544,00
17.800.000	16.454,00	19.744,80	32.908,00	65.816,00	98.724,00	131.632,00	197.448,00	263.264,00
17.850.000	16.499,00	19.798,80	32.998,00	65.996,00	98.994,00	131.992,00	197.988,00	263.984,00
17.900.000	16.544,00	19.852,80	33.088,00	66.176,00	99.264,00	132.352,00	198.528,00	264.704,00
17.950.000	16.589,00	19.906,80	33.178,00	66.356,00	99.534,00	132.712,00	199.068,00	265.424,00
18.000.000	16.634,00	19.960,80	33.268,00	66.536,00	99.804,00	133.072,00	199.608,00	266.144,00
18.050.000	16.679,00	20.014,80	33.358,00	66.716,00	100.074,00	133.432,00	200.148,00	266.864,00
18.100.000	16.724,00	20.068,80	33.448,00	66.896,00	100.344,00	133.792,00	200.688,00	267.584,00
18.150.000	16.769,00	20.122,80	33.538,00	67.076,00	100.614,00	134.152,00	201.228,00	268.304,00
18.200.000	16.814,00	20.176,80	33.628,00	67.256,00	100.884,00	134.512,00	201.768,00	269.024,00
18.250.000	16.859,00	20.230,80	33.718,00	67.436,00	101.154,00	134.872,00	202.308,00	269.744,00
18.300.000	16.904,00	20.284,80	33.808,00	67.616,00	101.424,00	135.232,00	202.848,00	270.464,00
18.350.000	16.949,00	20.338,80	33.898,00	67.796,00	101.694,00	135.592,00	203.388,00	271.184,00
18.400.000	16.994,00	20.392,80	33.988,00	67.976,00	101.964,00	135.952,00	203.928,00	271.904,00
18.450.000	17.039,00	20.446,80	34.078,00	68.156,00	102.234,00	136.312,00	204.468,00	272.624,00
18.500.000	17.084,00	20.500,80	34.168,00	68.336,00	102.504,00	136.672,00	205.008,00	273.344,00
18.550.000	17.129,00	20.554,80	34.258,00	68.516,00	102.774,00	137.032,00	205.548,00	274.064,00
18.600.000	17.174,00	20.608,80	34.348,00	68.696,00	103.044,00	137.392,00	206.088,00	274.784,00
18.650.000	17.219,00	20.662,80	34.438,00	68.876,00	103.314,00	137.752,00	206.628,00	275.504,00
18.700.000	17.264,00	20.716,80	34.528,00	69.056,00	103.584,00	138.112,00	207.168,00	276.224,00
18.750.000	17.309,00	20.770,80	34.618,00	69.236,00	103.854,00	138.472,00	207.708,00	276.944,00
18.800.000	17.354,00	20.824,80	34.708,00	69.416,00	104.124,00	138.832,00	208.248,00	277.664,00
18.850.000	17.399,00	20.878,80	34.798,00	69.596,00	104.394,00	139.192,00	208.788,00	278.384,00
18.900.000	17.444,00	20.932,80	34.888,00	69.776,00	104.664,00	139.552,00	209.328,00	279.104,00
18.950.000	17.489,00	20.986,80	34.978,00	69.956,00	104.934,00	139.912,00	209.868,00	279.824,00
19.000.000	17.534,00	21.040,80	35.068,00	70.136,00	105.204,00	140.272,00	210.408,00	280.544,00
19.050.000	17.579,00	21.094,80	35.158,00	70.316,00	105.474,00	140.632,00	210.948,00	281.264,00
19.100.000	17.624,00	21.148,80	35.248,00	70.496,00	105.744,00	140.992,00	211.488,00	281.984,00
19.150.000	17.669,00	21.202,80	35.338,00	70.676,00	106.014,00	141.352,00	212.028,00	282.704,00
19.200.000	17.714,00	21.256,80	35.428,00	70.856,00	106.284,00	141.712,00	212.568,00	283.424,00
19.250.000	17.759,00	21.310,80	35.518,00	71.036,00	106.554,00	142.072,00	213.108,00	284.144,00
19.300.000	17.804,00	21.364,80	35.608,00	71.216,00	106.824,00	142.432,00	213.648,00	284.864,00
19.350.000	17.849,00	21.418,80	35.698,00	71.396,00	107.094,00	142.792,00	214.188,00	285.584,00
19.400.000	17.894,00	21.472,80	35.788,00	71.576,00	107.364,00	143.152,00	214.728,00	286.304,00
19.450.000	17.939,00	21.526,80	35.878,00	71.756,00	107.634,00	143.512,00	215.268,00	287.024,00
19.500.000	17.984,00	21.580,80	35.968,00	71.936,00	107.904,00	143.872,00	215.808,00	287.744,00
19.550.000	18.029,00	21.634,80	36.058,00	72.116,00	108.174,00	144.232,00	216.348,00	288.464,00
19.600.000	18.074,00	21.688,80	36.148,00	72.296,00	108.444,00	144.592,00	216.888,00	289.184,00
19.650.000	18.119,00	21.742,80	36.238,00	72.476,00	108.714,00	144.952,00	217.428,00	289.904,00
19.700.000	18.164,00	21.796,80	36.328,00	72.656,00	108.984,00	145.312,00	217.968,00	290.624,00
19.750.000	18.209,00	21.850,80	36.418,00	72.836,00	109.254,00	145.672,00	218.508,00	291.344,00
19.800.000	18.254,00	21.904,80	36.508,00	73.016,00	109.524,00	146.032,00	219.048,00	292.064,00
19.850.000	18.299,00	21.958,80	36.598,00	73.196,00	109.794,00	146.392,00	219.588,00	292.784,00
19.900.000	18.344,00	22.012,80	36.688,00	73.376,00	110.064,00	146.752,00	220.128,00	293.504,00
19.950.000	18.389,00	22.066,80	36.778,00	73.556,00	110.334,00	147.112,00	220.668,00	294.224,00
20.000.000	18.434,00	22.120,80	36.868,00	73.736,00	110.604,00	147.472,00	221.208,00	294.944,00
20.050.000	18.479,00	22.174,80	36.958,00	73.916,00	110.874,00	147.832,00	221.748,00	295.664,00
20.100.000	18.524,00	22.228,80	37.048,00	74.096,00	111.144,00	148.192,00	222.288,00	296.384,00
20.150.000	18.569,00	22.282,80	37.138,00	74.276,00	111.414,00	148.552,00	222.828,00	297.104,00
20.200.000	18.614,00	22.336,80	37.228,00	74.456,00	111.684,00	148.912,00	223.368,00	297.824,00
20.250.000	18.659,00	22.390,80	37.318,00	74.636,00	111.954,00	149.272,00	223.908,00	298.544,00
20.300.000	18.704,00	22.444,80	37.408,00	74.816,00	112.224,00	149.632,00	224.448,00	299.264,00
20.350.000	18.749,00	22.498,80	37.498,00	74.996,00	112.494,00	149.992,00	224.988,00	299.984,00
20.400.000	18.794,00	22.552,80	37.588,00	75.176,00	112.764,00	150.352,00	225.528,00	300.704,00

Wert bis	0,25	0,3	0,5	1,0	1,5	2,0	3,0	4,0
20.450.000	18.839,00	22.606,80	37.678,00	75.356,00	113.034,00	150.712,00	226.068,00	301.424,00
20.500.000	18.884,00	22.660,80	37.768,00	75.536,00	113.304,00	151.072,00	226.608,00	302.144,00
20.550.000	18.929,00	22.714,80	37.858,00	75.716,00	113.574,00	151.432,00	227.148,00	302.864,00
20.600.000	18.974,00	22.768,80	37.948,00	75.896,00	113.844,00	151.792,00	227.688,00	303.584,00
20.650.000	19.019,00	22.822,80	38.038,00	76.076,00	114.114,00	152.152,00	228.228,00	304.304,00
20.700.000	19.064,00	22.876,80	38.128,00	76.256,00	114.384,00	152.512,00	228.768,00	305.024,00
20.750.000	19.109,00	22.930,80	38.218,00	76.436,00	114.654,00	152.872,00	229.308,00	305.744,00
20.800.000	19.154,00	22.984,80	38.308,00	76.616,00	114.924,00	153.232,00	229.848,00	306.464,00
20.850.000	19.199,00	23.038,80	38.398,00	76.796,00	115.194,00	153.592,00	230.388,00	307.184,00
20.900.000	19.244,00	23.092,80	38.488,00	76.976,00	115.464,00	153.952,00	230.928,00	307.904,00
20.950.000	19.289,00	23.146,80	38.578,00	77.156,00	115.734,00	154.312,00	231.468,00	308.624,00
21.000.000	19.334,00	23.200,80	38.668,00	77.336,00	116.004,00	154.672,00	232.008,00	309.344,00
21.050.000	19.379,00	23.254,80	38.758,00	77.516,00	116.274,00	155.032,00	232.548,00	310.064,00
21.100.000	19.424,00	23.308,80	38.848,00	77.696,00	116.544,00	155.392,00	233.088,00	310.784,00
21.150.000	19.469,00	23.362,80	38.938,00	77.876,00	116.814,00	155.752,00	233.628,00	311.504,00
21.200.000	19.514,00	23.416,80	39.028,00	78.056,00	117.084,00	156.112,00	234.168,00	312.224,00
21.250.000	19.559,00	23.470,80	39.118,00	78.236,00	117.354,00	156.472,00	234.708,00	312.944,00
21.300.000	19.604,00	23.524,80	39.208,00	78.416,00	117.624,00	156.832,00	235.248,00	313.664,00
21.350.000	19.649,00	23.578,80	39.298,00	78.596,00	117.894,00	157.192,00	235.788,00	314.384,00
21.400.000	19.694,00	23.632,80	39.388,00	78.776,00	118.164,00	157.552,00	236.328,00	315.104,00
21.450.000	19.739,00	23.686,80	39.478,00	78.956,00	118.434,00	157.912,00	236.868,00	315.824,00
21.500.000	19.784,00	23.740,80	39.568,00	79.136,00	118.704,00	158.272,00	237.408,00	316.544,00
21.550.000	19.829,00	23.794,80	39.658,00	79.316,00	118.974,00	158.632,00	237.948,00	317.264,00
21.600.000	19.874,00	23.848,80	39.748,00	79.496,00	119.244,00	158.992,00	238.488,00	317.984,00
21.650.000	19.919,00	23.902,80	39.838,00	79.676,00	119.514,00	159.352,00	239.028,00	318.704,00
21.700.000	19.964,00	23.956,80	39.928,00	79.856,00	119.784,00	159.712,00	239.568,00	319.424,00
21.750.000	20.009,00	24.010,80	40.018,00	80.036,00	120.054,00	160.072,00	240.108,00	320.144,00
21.800.000	20.054,00	24.064,80	40.108,00	80.216,00	120.324,00	160.432,00	240.648,00	320.864,00
21.850.000	20.099,00	24.118,80	40.198,00	80.396,00	120.594,00	160.792,00	241.188,00	321.584,00
21.900.000	20.144,00	24.172,80	40.288,00	80.576,00	120.864,00	161.152,00	241.728,00	322.304,00
21.950.000	20.189,00	24.226,80	40.378,00	80.756,00	121.134,00	161.512,00	242.268,00	323.024,00
22.000.000	20.234,00	24.280,80	40.468,00	80.936,00	121.404,00	161.872,00	242.808,00	323.744,00
22.050.000	20.279,00	24.334,80	40.558,00	81.116,00	121.674,00	162.232,00	243.348,00	324.464,00
22.100.000	20.324,00	24.388,80	40.648,00	81.296,00	121.944,00	162.592,00	243.888,00	325.184,00
22.150.000	20.369,00	24.442,80	40.738,00	81.476,00	122.214,00	162.952,00	244.428,00	325.904,00
22.200.000	20.414,00	24.496,80	40.828,00	81.656,00	122.484,00	163.312,00	244.968,00	326.624,00
22.250.000	20.459,00	24.550,80	40.918,00	81.836,00	122.754,00	163.672,00	245.508,00	327.344,00
22.300.000	20.504,00	24.604,80	41.008,00	82.016,00	123.024,00	164.032,00	246.048,00	328.064,00
22.350.000	20.549,00	24.658,80	41.098,00	82.196,00	123.294,00	164.392,00	246.588,00	328.784,00
22.400.000	20.594,00	24.712,80	41.188,00	82.376,00	123.564,00	164.752,00	247.128,00	329.504,00
22.450.000	20.639,00	24.766,80	41.278,00	82.556,00	123.834,00	165.112,00	247.668,00	330.224,00
22.500.000	20.684,00	24.820,80	41.368,00	82.736,00	124.104,00	165.472,00	248.208,00	330.944,00
22.550.000	20.729,00	24.874,80	41.458,00	82.916,00	124.374,00	165.832,00	248.748,00	331.664,00
22.600.000	20.774,00	24.928,80	41.548,00	83.096,00	124.644,00	166.192,00	249.288,00	332.384,00
22.650.000	20.819,00	24.982,80	41.638,00	83.276,00	124.914,00	166.552,00	249.828,00	333.104,00
22.700.000	20.864,00	25.036,80	41.728,00	83.456,00	125.184,00	166.912,00	250.368,00	333.824,00
22.750.000	20.909,00	25.090,80	41.818,00	83.636,00	125.454,00	167.272,00	250.908,00	334.544,00
22.800.000	20.954,00	25.144,80	41.908,00	83.816,00	125.724,00	167.632,00	251.448,00	335.264,00
22.850.000	20.999,00	25.198,80	41.998,00	83.996,00	125.994,00	167.992,00	251.988,00	335.984,00
22.900.000	21.044,00	25.252,80	42.088,00	84.176,00	126.264,00	168.352,00	252.528,00	336.704,00
22.950.000	21.089,00	25.306,80	42.178,00	84.356,00	126.534,00	168.712,00	253.068,00	337.424,00
23.000.000	21.134,00	25.360,80	42.268,00	84.536,00	126.804,00	169.072,00	253.608,00	338.144,00
23.050.000	21.179,00	25.414,80	42.358,00	84.716,00	127.074,00	169.432,00	254.148,00	338.864,00
23.100.000	21.224,00	25.468,80	42.448,00	84.896,00	127.344,00	169.792,00	254.688,00	339.584,00
23.150.000	21.269,00	25.522,80	42.538,00	85.076,00	127.614,00	170.152,00	255.228,00	340.304,00
23.200.000	21.314,00	25.576,80	42.628,00	85.256,00	127.884,00	170.512,00	255.768,00	341.024,00

29. Gebühren nach § 34 GNotKG

Wert bis	0,25	0,3	0,5	1,0	1,5	2,0	3,0	4,0
23.250.000	21.359,00	25.630,80	42.718,00	85.436,00	128.154,00	170.872,00	256.308,00	341.744,00
23.300.000	21.404,00	25.684,80	42.808,00	85.616,00	128.424,00	171.232,00	256.848,00	342.464,00
23.350.000	21.449,00	25.738,80	42.898,00	85.796,00	128.694,00	171.592,00	257.388,00	343.184,00
23.400.000	21.494,00	25.792,80	42.988,00	85.976,00	128.964,00	171.952,00	257.928,00	343.904,00
23.450.000	21.539,00	25.846,80	43.078,00	86.156,00	129.234,00	172.312,00	258.468,00	344.624,00
23.500.000	21.584,00	25.900,80	43.168,00	86.336,00	129.504,00	172.672,00	259.008,00	345.344,00
23.550.000	21.629,00	25.954,80	43.258,00	86.516,00	129.774,00	173.032,00	259.548,00	346.064,00
23.600.000	21.674,00	26.008,80	43.348,00	86.696,00	130.044,00	173.392,00	260.088,00	346.784,00
23.650.000	21.719,00	26.062,80	43.438,00	86.876,00	130.314,00	173.752,00	260.628,00	347.504,00
23.700.000	21.764,00	26.116,80	43.528,00	87.056,00	130.584,00	174.112,00	261.168,00	348.224,00
23.750.000	21.809,00	26.170,80	43.618,00	87.236,00	130.854,00	174.472,00	261.708,00	348.944,00
23.800.000	21.854,00	26.224,80	43.708,00	87.416,00	131.124,00	174.832,00	262.248,00	349.664,00
23.850.000	21.899,00	26.278,80	43.798,00	87.596,00	131.394,00	175.192,00	262.788,00	350.384,00
23.900.000	21.944,00	26.332,80	43.888,00	87.776,00	131.664,00	175.552,00	263.328,00	351.104,00
23.950.000	21.989,00	26.386,80	43.978,00	87.956,00	131.934,00	175.912,00	263.868,00	351.824,00
24.000.000	22.034,00	26.440,80	44.068,00	88.136,00	132.204,00	176.272,00	264.408,00	352.544,00
24.050.000	22.079,00	26.494,80	44.158,00	88.316,00	132.474,00	176.632,00	264.948,00	353.264,00
24.100.000	22.124,00	26.548,80	44.248,00	88.496,00	132.744,00	176.992,00	265.488,00	353.984,00
24.150.000	22.169,00	26.602,80	44.338,00	88.676,00	133.014,00	177.352,00	266.028,00	354.704,00
24.200.000	22.214,00	26.656,80	44.428,00	88.856,00	133.284,00	177.712,00	266.568,00	355.424,00
24.250.000	22.259,00	26.710,80	44.518,00	89.036,00	133.554,00	178.072,00	267.108,00	356.144,00
24.300.000	22.304,00	26.764,80	44.608,00	89.216,00	133.824,00	178.432,00	267.648,00	356.864,00
24.350.000	22.349,00	26.818,80	44.698,00	89.396,00	134.094,00	178.792,00	268.188,00	357.584,00
24.400.000	22.394,00	26.872,80	44.788,00	89.576,00	134.364,00	179.152,00	268.728,00	358.304,00
24.450.000	22.439,00	26.926,80	44.878,00	89.756,00	134.634,00	179.512,00	269.268,00	359.024,00
24.500.000	22.484,00	26.980,80	44.968,00	89.936,00	134.904,00	179.872,00	269.808,00	359.744,00
24.550.000	22.529,00	27.034,80	45.058,00	90.116,00	135.174,00	180.232,00	270.348,00	360.464,00
24.600.000	22.574,00	27.088,80	45.148,00	90.296,00	135.444,00	180.592,00	270.888,00	361.184,00
24.650.000	22.619,00	27.142,80	45.238,00	90.476,00	135.714,00	180.952,00	271.428,00	361.904,00
24.700.000	22.664,00	27.196,80	45.328,00	90.656,00	135.984,00	181.312,00	271.968,00	362.624,00
24.750.000	22.709,00	27.250,80	45.418,00	90.836,00	136.254,00	181.672,00	272.508,00	363.344,00
24.800.000	22.754,00	27.304,80	45.508,00	91.016,00	136.524,00	182.032,00	273.048,00	364.064,00
24.850.000	22.799,00	27.358,80	45.598,00	91.196,00	136.794,00	182.392,00	273.588,00	364.784,00
24.900.000	22.844,00	27.412,80	45.688,00	91.376,00	137.064,00	182.752,00	274.128,00	365.504,00
24.950.000	22.889,00	27.466,80	45.778,00	91.556,00	137.334,00	183.112,00	274.668,00	366.224,00
25.000.000	22.934,00	27.520,80	45.868,00	91.736,00	137.604,00	183.472,00	275.208,00	366.944,00
25.050.000	22.979,00	27.574,80	45.958,00	91.916,00	137.874,00	183.832,00	275.748,00	367.664,00
25.100.000	23.024,00	27.628,80	46.048,00	92.096,00	138.144,00	184.192,00	276.288,00	368.384,00
25.150.000	23.069,00	27.682,80	46.138,00	92.276,00	138.414,00	184.552,00	276.828,00	369.104,00
25.200.000	23.114,00	27.736,80	46.228,00	92.456,00	138.684,00	184.912,00	277.368,00	369.824,00
25.250.000	23.159,00	27.790,80	46.318,00	92.636,00	138.954,00	185.272,00	277.908,00	370.544,00
25.300.000	23.204,00	27.844,80	46.408,00	92.816,00	139.224,00	185.632,00	278.448,00	371.264,00
25.350.000	23.249,00	27.898,80	46.498,00	92.996,00	139.494,00	185.992,00	278.988,00	371.984,00
25.400.000	23.294,00	27.952,80	46.588,00	93.176,00	139.764,00	186.352,00	279.528,00	372.704,00
25.450.000	23.339,00	28.006,80	46.678,00	93.356,00	140.034,00	186.712,00	280.068,00	373.424,00
25.500.000	23.384,00	28.060,80	46.768,00	93.536,00	140.304,00	187.072,00	280.608,00	374.144,00
25.550.000	23.429,00	28.114,80	46.858,00	93.716,00	140.574,00	187.432,00	281.148,00	374.864,00
25.600.000	23.474,00	28.168,80	46.948,00	93.896,00	140.844,00	187.792,00	281.688,00	375.584,00
25.650.000	23.519,00	28.222,80	47.038,00	94.076,00	141.114,00	188.152,00	282.228,00	376.304,00
25.700.000	23.564,00	28.276,80	47.128,00	94.256,00	141.384,00	188.512,00	282.768,00	377.024,00
25.750.000	23.609,00	28.330,80	47.218,00	94.436,00	141.654,00	188.872,00	283.308,00	377.744,00
25.800.000	23.654,00	28.384,80	47.308,00	94.616,00	141.924,00	189.232,00	283.848,00	378.464,00
25.850.000	23.699,00	28.438,80	47.398,00	94.796,00	142.194,00	189.592,00	284.388,00	379.184,00
25.900.000	23.744,00	28.492,80	47.488,00	94.976,00	142.464,00	189.952,00	284.928,00	379.904,00
25.950.000	23.789,00	28.546,80	47.578,00	95.156,00	142.734,00	190.312,00	285.468,00	380.624,00
26.000.000	23.834,00	28.600,80	47.668,00	95.336,00	143.004,00	190.672,00	286.008,00	381.344,00

Wert bis	0,25	0,3	0,5	1,0	1,5	2,0	3,0	4,0
26.050.000	23.879,00	28.654,80	47.758,00	95.516,00	143.274,00	191.032,00	286.548,00	382.064,00
26.100.000	23.924,00	28.708,80	47.848,00	95.696,00	143.544,00	191.392,00	287.088,00	382.784,00
26.150.000	23.969,00	28.762,80	47.938,00	95.876,00	143.814,00	191.752,00	287.628,00	383.504,00
26.200.000	24.014,00	28.816,80	48.028,00	96.056,00	144.084,00	192.112,00	288.168,00	384.224,00
26.250.000	24.059,00	28.870,80	48.118,00	96.236,00	144.354,00	192.472,00	288.708,00	384.944,00
26.300.000	24.104,00	28.924,80	48.208,00	96.416,00	144.624,00	192.832,00	289.248,00	385.664,00
26.350.000	24.149,00	28.978,80	48.298,00	96.596,00	144.894,00	193.192,00	289.788,00	386.384,00
26.400.000	24.194,00	29.032,80	48.388,00	96.776,00	145.164,00	193.552,00	290.328,00	387.104,00
26.450.000	24.239,00	29.086,80	48.478,00	96.956,00	145.434,00	193.912,00	290.868,00	387.824,00
26.500.000	24.284,00	29.140,80	48.568,00	97.136,00	145.704,00	194.272,00	291.408,00	388.544,00
26.550.000	24.329,00	29.194,80	48.658,00	97.316,00	145.974,00	194.632,00	291.948,00	389.264,00
26.600.000	24.374,00	29.248,80	48.748,00	97.496,00	146.244,00	194.992,00	292.488,00	389.984,00
26.650.000	24.419,00	29.302,80	48.838,00	97.676,00	146.514,00	195.352,00	293.028,00	390.704,00
26.700.000	24.464,00	29.356,80	48.928,00	97.856,00	146.784,00	195.712,00	293.568,00	391.424,00
26.750.000	24.509,00	29.410,80	49.018,00	98.036,00	147.054,00	196.072,00	294.108,00	392.144,00
26.800.000	24.554,00	29.464,80	49.108,00	98.216,00	147.324,00	196.432,00	294.648,00	392.864,00
26.850.000	24.599,00	29.518,80	49.198,00	98.396,00	147.594,00	196.792,00	295.188,00	393.584,00
26.900.000	24.644,00	29.572,80	49.288,00	98.576,00	147.864,00	197.152,00	295.728,00	394.304,00
26.950.000	24.689,00	29.626,80	49.378,00	98.756,00	148.134,00	197.512,00	296.268,00	395.024,00
27.000.000	24.734,00	29.680,80	49.468,00	98.936,00	148.404,00	197.872,00	296.808,00	395.744,00
27.050.000	24.779,00	29.734,80	49.558,00	99.116,00	148.674,00	198.232,00	297.348,00	396.464,00
27.100.000	24.824,00	29.788,80	49.648,00	99.296,00	148.944,00	198.592,00	297.888,00	397.184,00
27.150.000	24.869,00	29.842,80	49.738,00	99.476,00	149.214,00	198.952,00	298.428,00	397.904,00
27.200.000	24.914,00	29.896,80	49.828,00	99.656,00	149.484,00	199.312,00	298.968,00	398.624,00
27.250.000	24.959,00	29.950,80	49.918,00	99.836,00	149.754,00	199.672,00	299.508,00	399.344,00
27.300.000	25.004,00	30.004,80	50.008,00	100.016,00	150.024,00	200.032,00	300.048,00	400.064,00
27.350.000	25.049,00	30.058,80	50.098,00	100.196,00	150.294,00	200.392,00	300.588,00	400.784,00
27.400.000	25.094,00	30.112,80	50.188,00	100.376,00	150.564,00	200.752,00	301.128,00	401.504,00
27.450.000	25.139,00	30.166,80	50.278,00	100.556,00	150.834,00	201.112,00	301.668,00	402.224,00
27.500.000	25.184,00	30.220,80	50.368,00	100.736,00	151.104,00	201.472,00	302.208,00	402.944,00
27.550.000	25.229,00	30.274,80	50.458,00	100.916,00	151.374,00	201.832,00	302.748,00	403.664,00
27.600.000	25.274,00	30.328,80	50.548,00	101.096,00	151.644,00	202.192,00	303.288,00	404.384,00
27.650.000	25.319,00	30.382,80	50.638,00	101.276,00	151.914,00	202.552,00	303.828,00	405.104,00
27.700.000	25.364,00	30.436,80	50.728,00	101.456,00	152.184,00	202.912,00	304.368,00	405.824,00
27.750.000	25.409,00	30.490,80	50.818,00	101.636,00	152.454,00	203.272,00	304.908,00	406.544,00
27.800.000	25.454,00	30.544,80	50.908,00	101.816,00	152.724,00	203.632,00	305.448,00	407.264,00
27.850.000	25.499,00	30.598,80	50.998,00	101.996,00	152.994,00	203.992,00	305.988,00	407.984,00
27.900.000	25.544,00	30.652,80	51.088,00	102.176,00	153.264,00	204.352,00	306.528,00	408.704,00
27.950.000	25.589,00	30.706,80	51.178,00	102.356,00	153.534,00	204.712,00	307.068,00	409.424,00
28.000.000	25.634,00	30.760,80	51.268,00	102.536,00	153.804,00	205.072,00	307.608,00	410.144,00
28.050.000	25.679,00	30.814,80	51.358,00	102.716,00	154.074,00	205.432,00	308.148,00	410.864,00
28.100.000	25.724,00	30.868,80	51.448,00	102.896,00	154.344,00	205.792,00	308.688,00	411.584,00
28.150.000	25.769,00	30.922,80	51.538,00	103.076,00	154.614,00	206.152,00	309.228,00	412.304,00
28.200.000	25.814,00	30.976,80	51.628,00	103.256,00	154.884,00	206.512,00	309.768,00	413.024,00
28.250.000	25.859,00	31.030,80	51.718,00	103.436,00	155.154,00	206.872,00	310.308,00	413.744,00
28.300.000	25.904,00	31.084,80	51.808,00	103.616,00	155.424,00	207.232,00	310.848,00	414.464,00
28.350.000	25.949,00	31.138,80	51.898,00	103.796,00	155.694,00	207.592,00	311.388,00	415.184,00
28.400.000	25.994,00	31.192,80	51.988,00	103.976,00	155.964,00	207.952,00	311.928,00	415.904,00
28.450.000	26.039,00	31.246,80	52.078,00	104.156,00	156.234,00	208.312,00	312.468,00	416.624,00
28.500.000	26.084,00	31.300,80	52.168,00	104.336,00	156.504,00	208.672,00	313.008,00	417.344,00
28.550.000	26.129,00	31.354,80	52.258,00	104.516,00	156.774,00	209.032,00	313.548,00	418.064,00
28.600.000	26.174,00	31.408,80	52.348,00	104.696,00	157.044,00	209.392,00	314.088,00	418.784,00
28.650.000	26.219,00	31.462,80	52.438,00	104.876,00	157.314,00	209.752,00	314.628,00	419.504,00
28.700.000	26.264,00	31.516,80	52.528,00	105.056,00	157.584,00	210.112,00	315.168,00	420.224,00
28.750.000	26.309,00	31.570,80	52.618,00	105.236,00	157.854,00	210.472,00	315.708,00	420.944,00
28.800.000	26.354,00	31.624,80	52.708,00	105.416,00	158.124,00	210.832,00	316.248,00	421.664,00

Wert bis	0,25	0,3	0,5	1,0	1,5	2,0	3,0	4,0
28.850.000	26.399,00	31.678,80	52.798,00	105.596,00	158.394,00	211.192,00	316.788,00	422.384,00
28.900.000	26.444,00	31.732,80	52.888,00	105.776,00	158.664,00	211.552,00	317.328,00	423.104,00
28.950.000	26.489,00	31.786,80	52.978,00	105.956,00	158.934,00	211.912,00	317.868,00	423.824,00
29.000.000	26.534,00	31.840,80	53.068,00	106.136,00	159.204,00	212.272,00	318.408,00	424.544,00
29.050.000	26.579,00	31.894,80	53.158,00	106.316,00	159.474,00	212.632,00	318.948,00	425.264,00
29.100.000	26.624,00	31.948,80	53.248,00	106.496,00	159.744,00	212.992,00	319.488,00	425.984,00
29.150.000	26.669,00	32.002,80	53.338,00	106.676,00	160.014,00	213.352,00	320.028,00	426.704,00
29.200.000	26.714,00	32.056,80	53.428,00	106.856,00	160.284,00	213.712,00	320.568,00	427.424,00
29.250.000	26.759,00	32.110,80	53.518,00	107.036,00	160.554,00	214.072,00	321.108,00	428.144,00
29.300.000	26.804,00	32.164,80	53.608,00	107.216,00	160.824,00	214.432,00	321.648,00	428.864,00
29.350.000	26.849,00	32.218,80	53.698,00	107.396,00	161.094,00	214.792,00	322.188,00	429.584,00
29.400.000	26.894,00	32.272,80	53.788,00	107.576,00	161.364,00	215.152,00	322.728,00	430.304,00
29.450.000	26.939,00	32.326,80	53.878,00	107.756,00	161.634,00	215.512,00	323.268,00	431.024,00
29.500.000	26.984,00	32.380,80	53.968,00	107.936,00	161.904,00	215.872,00	323.808,00	431.744,00
29.550.000	27.029,00	32.434,80	54.058,00	108.116,00	162.174,00	216.232,00	324.348,00	432.464,00
29.600.000	27.074,00	32.488,80	54.148,00	108.296,00	162.444,00	216.592,00	324.888,00	433.184,00
29.650.000	27.119,00	32.542,80	54.238,00	108.476,00	162.714,00	216.952,00	325.428,00	433.904,00
29.700.000	27.164,00	32.596,80	54.328,00	108.656,00	162.984,00	217.312,00	325.968,00	434.624,00
29.750.000	27.209,00	32.650,80	54.418,00	108.836,00	163.254,00	217.672,00	326.508,00	435.344,00
29.800.000	27.254,00	32.704,80	54.508,00	109.016,00	163.524,00	218.032,00	327.048,00	436.064,00
29.850.000	27.299,00	32.758,80	54.598,00	109.196,00	163.794,00	218.392,00	327.588,00	436.784,00
29.900.000	27.344,00	32.812,80	54.688,00	109.376,00	164.064,00	218.752,00	328.128,00	437.504,00
29.950.000	27.389,00	32.866,80	54.778,00	109.556,00	164.334,00	219.112,00	328.668,00	438.224,00
30.000.000	27.434,00	32.920,80	54.868,00	109.736,00	164.604,00	219.472,00	329.208,00	438.944,00

2. Tabelle B bis 60 Mio. Euro

Wert bis €	0,1	0,2	0,3	0,5	0,6	0,8	1,0
500	15,00[1]	15,00[1]	15,00[1]	15,00[1]	15,00[1]	15,00[1]	15,00[1]
1.000	15,00[1]	15,00[1]	15,00[1]	15,00[1]	15,00[1]	15,20	19,00
1.500	15,00[1]	15,00[1]	15,00[1]	15,00[1]	15,00[1]	18,40	23,00
2.000	15,00[1]	15,00[1]	15,00[1]	15,00[1]	16,20	21,60	27,00
3.000	15,00[1]	15,00[1]	15,00[1]	16,50	19,80	26,40	33,00
4.000	15,00[1]	15,00[1]	15,00[1]	19,50	23,40	31,20	39,00
5.000	15,00[1]	15,00[1]	15,00[1]	22,50	27,00	36,00	45,00
6.000	15,00[1]	15,00[1]	15,30	25,50	30,60	40,80	51,00
7.000	15,00[1]	15,00[1]	17,10	28,50	34,20	45,60	57,00
8.000	15,00[1]	15,00[1]	18,90	31,50	37,80	50,40	63,00
9.000	15,00[1]	15,00[1]	20,70	34,50	41,40	55,20	69,00
10.000	15,00[1]	15,00[1]	22,50	37,50	45,00	60,00	75,00
13.000	15,00[1]	16,60	24,90	41,50	49,80	66,40	83,00
16.000	15,00[1]	18,20	27,30	45,50	54,60	72,80	91,00
19.000	15,00[1]	19,80	29,70	49,50	59,40	79,20	99,00
22.000	15,00[1]	21,40	32,10	53,50	64,20	85,60	107,00
25.000	15,00[1]	23,00	34,50	57,50	69,00	92,00	115,00
30.000	15,00[1]	25,00	37,50	62,50	75,00	100,00	125,00
35.000	15,00[1]	27,00	40,50	67,50	81,00	108,00	135,00
40.000	15,00[1]	29,00	43,50	72,50	87,00	116,00	145,00
45.000	15,50	31,00	46,50	77,50	93,00	124,00	155,00
50.000	16,50	33,00	49,50	82,50	99,00	132,00	165,00
65.000	19,20	38,40	57,60	96,00	115,20	153,60	192,00
80.000	21,90	43,80	65,70	109,50	131,40	175,20	219,00
95.000	24,60	49,20	73,80	123,00	147,60	196,80	246,00
110.000	27,30	54,60	81,90	136,50	163,80	218,40	273,00
125.000	30,00	60,00	90,00	150,00	180,00	240,00	300,00
140.000	32,70	65,40	98,10	163,50	196,20	261,60	327,00
155.000	35,40	70,80	106,20	177,00	212,40	283,20	354,00
170.000	38,10	76,20	114,30	190,50	228,60	304,80	381,00
185.000	40,80	81,60	122,40	204,00	244,80	326,40	408,00
200.000	43,50	87,00	130,50	217,50	261,00	348,00	435,00
230.000	48,50	97,00	145,50	242,50	291,00	388,00	485,00
260.000	53,50	107,00	160,50	267,50	321,00	428,00	535,00
290.000	58,50	117,00	175,50	292,50	351,00	468,00	585,00
320.000	63,50	127,00	190,50	317,50	381,00	508,00	635,00
350.000	68,50	137,00	205,50	342,50	411,00	548,00	685,00
380.000	73,50	147,00	220,50	367,50	441,00	588,00	735,00
410.000	78,50	157,00	235,50	392,50	471,00	628,00	785,00
440.000	83,50	167,00	250,50	417,50	501,00	668,00	835,00
470.000	88,50	177,00	265,50	442,50	531,00	708,00	885,00
500.000	93,50	187,00	280,50	467,50	561,00	748,00	935,00
550.000	101,50	203,00	304,50	507,50	609,00	812,00	1.015,00
600.000	109,50	219,00	328,50	547,50	657,00	876,00	1.095,00
650.000	117,50	235,00	352,50	587,50	705,00	940,00	1.175,00
700.000	125,50	251,00	376,50	627,50	753,00	1.004,00	1.255,00
750.000	133,50	267,00	400,50	667,50	801,00	1.068,00	1.335,00

[1] Die Mindestgebühr gem. § 34 Abs. 5 GNotKG beträgt 15,00 Euro. Geringere Beträge – wie hier – sind daher auf 15,00 Euro anzuheben.

1,3	1,5	2,0	2,5	3,5	5,0	Wert bis €
19,50	22,50	30,00	37,50	52,50	75,00	500
24,70	28,50	38,00	47,50	66,50	95,00	1.000
29,90	34,50	46,00	57,50	80,50	115,00	1.500
35,10	40,50	54,00	67,50	94,50	135,00	2.000
42,90	49,50	66,00	82,50	115,50	165,00	3.000
50,70	58,50	78,00	97,50	136,50	195,00	4.000
58,50	67,50	90,00	112,50	157,50	225,00	5.000
66,30	76,50	102,00	127,50	178,50	255,00	6.000
74,10	85,50	114,00	142,50	199,50	285,00	7.000
81,90	94,50	126,00	157,50	220,50	315,00	8.000
89,70	103,50	138,00	172,50	241,50	345,00	9.000
97,50	112,50	150,00	187,50	262,50	375,00	10.000
107,90	124,50	166,00	207,50	290,50	415,00	13.000
118,30	136,50	182,00	227,50	318,50	455,00	16.000
128,70	148,50	198,00	247,50	346,50	495,00	19.000
139,10	160,50	214,00	267,50	374,50	535,00	22.000
149,50	172,50	230,00	287,50	402,50	575,00	25.000
162,50	187,50	250,00	312,50	437,50	625,00	30.000
175,50	202,50	270,00	337,50	472,50	675,00	35.000
188,50	217,50	290,00	362,50	507,50	725,00	40.000
201,50	232,50	310,00	387,50	542,50	775,00	45.000
214,50	247,50	330,00	412,50	577,50	825,00	50.000
249,60	288,00	384,00	480,00	672,00	960,00	65.000
284,70	328,50	438,00	547,50	766,50	1.095,00	80.000
319,80	369,00	492,00	615,00	861,00	1.230,00	95.000
354,90	409,50	546,00	682,50	955,50	1.365,00	110.000
390,00	450,00	600,00	750,00	1.050,00	1.500,00	125.000
425,10	490,50	654,00	817,50	1.144,50	1.635,00	140.000
460,20	531,00	708,00	885,00	1.239,00	1.770,00	155.000
495,30	571,50	762,00	952,50	1.333,50	1.905,00	170.000
530,40	612,00	816,00	1.020,00	1.428,00	2.040,00	185.000
565,50	652,50	870,00	1.087,50	1.522,50	2.175,00	200.000
630,50	727,50	970,00	1.212,50	1.697,50	2.425,00	230.000
695,50	802,50	1.070,00	1.337,50	1.872,50	2.675,00	260.000
760,50	877,50	1.170,00	1.462,50	2.047,50	2.925,00	290.000
825,50	952,50	1.270,00	1.587,50	2.222,50	3.175,00	320.000
890,50	1.027,50	1.370,00	1.712,50	2.397,50	3.425,00	350.000
955,50	1.102,50	1.470,00	1.837,50	2.572,50	3.675,00	380.000
1.020,50	1.177,50	1.570,00	1.962,50	2.747,50	3.925,00	410.000
1.085,50	1.252,50	1.670,00	2.087,50	2.922,50	4.175,00	440.000
1.150,50	1.327,50	1.770,00	2.212,50	3.097,50	4.425,00	470.000
1.215,50	1.402,50	1.870,00	2.337,50	3.272,50	4.675,00	500.000
1.319,50	1.522,50	2.030,00	2.537,50	3.552,50	5.075,00	550.000
1.423,50	1.642,50	2.190,00	2.737,50	3.832,50	5.475,00	600.000
1.527,50	1.762,50	2.350,00	2.937,50	4.112,50	5.875,00	650.000
1.631,50	1.882,50	2.510,00	3.137,50	4.392,50	6.275,00	700.000
1.735,50	2.002,50	2.670,00	3.337,50	4.672,50	6.675,00	750.000

Wert bis €	0,1	0,2	0,3	0,5	0,6	0,8	1,0
800.000	141,50	283,00	424,50	707,50	849,00	1.132,00	1.415,00
850.000	149,50	299,00	448,50	747,50	897,00	1.196,00	1.495,00
900.000	157,50	315,00	472,50	787,50	945,00	1.260,00	1.575,00
950.000	165,50	331,00	496,50	827,50	993,00	1.324,00	1.655,00
1.000.000	173,50	347,00	520,50	867,50	1.041,00	1.388,00	1.735,00
1.050.000	181,50	363,00	544,50	907,50	1.089,00	1.452,00	1.815,00
1.100.000	189,50	379,00	568,50	947,50	1.137,00	1.516,00	1.895,00
1.150.000	197,50	395,00	592,50	987,50	1.185,00	1.580,00	1.975,00
1.200.000	205,50	411,00	616,50	1.027,50	1.233,00	1.644,00	2.055,00
1.250.000	213,50	427,00	640,50	1.067,50	1.281,00	1.708,00	2.135,00
1.300.000	221,50	443,00	664,50	1.107,50	1.329,00	1.772,00	2.215,00
1.350.000	229,50	459,00	688,50	1.147,50	1.377,00	1.836,00	2.295,00
1.400.000	237,50	475,00	712,50	1.187,50	1.425,00	1.900,00	2.375,00
1.450.000	245,50	491,00	736,50	1.227,50	1.473,00	1.964,00	2.455,00
1.500.000	253,50	507,00	760,50	1.267,50	1.521,00	2.028,00	2.535,00
1.550.000	261,50	523,00	784,50	1.307,50	1.569,00	2.092,00	2.615,00
1.600.000	269,50	539,00	808,50	1.347,50	1.617,00	2.156,00	2.695,00
1.650.000	277,50	555,00	832,50	1.387,50	1.665,00	2.220,00	2.775,00
1.700.000	285,50	571,00	856,50	1.427,50	1.713,00	2.284,00	2.855,00
1.750.000	293,50	587,00	880,50	1.467,50	1.761,00	2.348,00	2.935,00
1.800.000	301,50	603,00	904,50	1.507,50	1.809,00	2.412,00	3.015,00
1.850.000	309,50	619,00	928,50	1.547,50	1.857,00	2.476,00	3.095,00
1.900.000	317,50	635,00	952,50	1.587,50	1.905,00	2.540,00	3.175,00
1.950.000	325,50	651,00	976,50	1.627,50	1.953,00	2.604,00	3.255,00
2.000.000	333,50	667,00	1.000,50	1.667,50	2.001,00	2.668,00	3.335,00
2.050.000	341,50	683,00	1.024,50	1.707,50	2.049,00	2.732,00	3.415,00
2.100.000	349,50	699,00	1.048,50	1.747,50	2.097,00	2.796,00	3.495,00
2.150.000	357,50	715,00	1.072,50	1.787,50	2.145,00	2.860,00	3.575,00
2.200.000	365,50	731,00	1.096,50	1.827,50	2.193,00	2.924,00	3.655,00
2.250.000	373,50	747,00	1.120,50	1.867,50	2.241,00	2.988,00	3.735,00
2.300.000	381,50	763,00	1.144,50	1.907,50	2.289,00	3.052,00	3.815,00
2.350.000	389,50	779,00	1.168,50	1.947,50	2.337,00	3.116,00	3.895,00
2.400.000	397,50	795,00	1.192,50	1.987,50	2.385,00	3.180,00	3.975,00
2.450.000	405,50	811,00	1.216,50	2.027,50	2.433,00	3.244,00	4.055,00
2.500.000	413,50	827,00	1.240,50	2.067,50	2.481,00	3.308,00	4.135,00
2.550.000	421,50	843,00	1.264,50	2.107,50	2.529,00	3.372,00	4.215,00
2.600.000	429,50	859,00	1.288,50	2.147,50	2.577,00	3.436,00	4.295,00
2.650.000	437,50	875,00	1.312,50	2.187,50	2.625,00	3.500,00	4.375,00
2.700.000	445,50	891,00	1.336,50	2.227,50	2.673,00	3.564,00	4.455,00
2.750.000	453,50	907,00	1.360,50	2.267,50	2.721,00	3.628,00	4.535,00
2.800.000	461,50	923,00	1.384,50	2.307,50	2.769,00	3.692,00	4.615,00
2.850.000	469,50	939,00	1.408,50	2.347,50	2.817,00	3.756,00	4.695,00
2.900.000	477,50	955,00	1.432,50	2.387,50	2.865,00	3.820,00	4.775,00
2.950.000	485,50	971,00	1.456,50	2.427,50	2.913,00	3.884,00	4.855,00
3.000.000	493,50	987,00	1.480,50	2.467,50	2.961,00	3.948,00	4.935,00
3.050.000	501,50	1.003,00	1.504,50	2.507,50	3.009,00	4.012,00	5.015,00
3.100.000	509,50	1.019,00	1.528,50	2.547,50	3.057,00	4.076,00	5.095,00
3.150.000	517,50	1.035,00	1.552,50	2.587,50	3.105,00	4.140,00	5.175,00
3.200.000	525,50	1.051,00	1.576,50	2.627,50	3.153,00	4.204,00	5.255,00
3.250.000	533,50	1.067,00	1.600,50	2.667,50	3.201,00	4.268,00	5.335,00
3.300.000	541,50	1.083,00	1.624,50	2.707,50	3.249,00	4.332,00	5.415,00
3.350.000	549,50	1.099,00	1.648,50	2.747,50	3.297,00	4.396,00	5.495,00
3.400.000	557,50	1.115,00	1.672,50	2.787,50	3.345,00	4.460,00	5.575,00
3.450.000	565,50	1.131,00	1.696,50	2.827,50	3.393,00	4.524,00	5.655,00

1,3	1,5	2,0	2,5	3,5	5,0	Wert bis €
1.839,50	2.122,50	2.830,00	3.537,50	4.952,50	7.075,00	**800.000**
1.943,50	2.242,50	2.990,00	3.737,50	5.232,50	7.475,00	**850.000**
2.047,50	2.362,50	3.150,00	3.937,50	5.512,50	7.875,00	**900.000**
2.151,50	2.482,50	3.310,00	4.137,50	5.792,50	8.275,00	**950.000**
2.255,50	2.602,50	3.470,00	4.337,50	6.072,50	8.675,00	**1.000.000**
2.359,50	2.722,50	3.630,00	4.537,50	6.352,50	9.075,00	**1.050.000**
2.463,50	2.842,50	3.790,00	4.737,50	6.632,50	9.475,00	**1.100.000**
2.567,50	2.962,50	3.950,00	4.937,50	6.912,50	9.875,00	**1.150.000**
2.671,50	3.082,50	4.110,00	5.137,50	7.192,50	10.275,00	**1.200.000**
2.775,50	3.202,50	4.270,00	5.337,50	7.472,50	10.675,00	**1.250.000**
2.879,50	3.322,50	4.430,00	5.537,50	7.752,50	11.075,00	**1.300.000**
2.983,50	3.442,50	4.590,00	5.737,50	8.032,50	11.475,00	**1.350.000**
3.087,50	3.562,50	4.750,00	5.937,50	8.312,50	11.875,00	**1.400.000**
3.191,50	3.682,50	4.910,00	6.137,50	8.592,50	12.275,00	**1.450.000**
3.295,50	3.802,50	5.070,00	6.337,50	8.872,50	12.675,00	**1.500.000**
3.399,50	3.922,50	5.230,00	6.537,50	9.152,50	13.075,00	**1.550.000**
3.503,50	4.042,50	5.390,00	6.737,50	9.432,50	13.475,00	**1.600.000**
3.607,50	4.162,50	5.550,00	6.937,50	9.712,50	13.875,00	**1.650.000**
3.711,50	4.282,50	5.710,00	7.137,50	9.992,50	14.275,00	**1.700.000**
3.815,50	4.402,50	5.870,00	7.337,50	10.272,50	14.675,00	**1.750.000**
3.919,50	4.522,50	6.030,00	7.537,50	10.552,50	15.075,00	**1.800.000**
4.023,50	4.642,50	6.190,00	7.737,50	10.832,50	15.475,00	**1.850.000**
4.127,50	4.762,50	6.350,00	7.937,50	11.112,50	15.875,00	**1.900.000**
4.231,50	4.882,50	6.510,00	8.137,50	11.392,50	16.275,00	**1.950.000**
4.335,50	5.002,50	6.670,00	8.337,50	11.672,50	16.675,00	**2.000.000**
4.439,50	5.122,50	6.830,00	8.537,50	11.952,50	17.075,00	**2.050.000**
4.543,50	5.242,50	6.990,00	8.737,50	12.232,50	17.475,00	**2.100.000**
4.647,50	5.362,50	7.150,00	8.937,50	12.512,50	17.875,00	**2.150.000**
4.751,50	5.482,50	7.310,00	9.137,50	12.792,50	18.275,00	**2.200.000**
4.855,50	5.602,50	7.470,00	9.337,50	13.072,50	18.675,00	**2.250.000**
4.959,50	5.722,50	7.630,00	9.537,50	13.352,50	19.075,00	**2.300.000**
5.063,50	5.842,50	7.790,00	9.737,50	13.632,50	19.475,00	**2.350.000**
5.167,50	5.962,50	7.950,00	9.937,50	13.912,50	19.875,00	**2.400.000**
5.271,50	6.082,50	8.110,00	10.137,50	14.192,50	20.275,00	**2.450.000**
5.375,50	6.202,50	8.270,00	10.337,50	14.472,50	20.675,00	**2.500.000**
5.479,50	6.322,50	8.430,00	10.537,50	14.752,50	21.075,00	**2.550.000**
5.583,50	6.442,50	8.590,00	10.737,50	15.032,50	21.475,00	**2.600.000**
5.687,50	6.562,50	8.750,00	10.937,50	15.312,50	21.875,00	**2.650.000**
5.791,50	6.682,50	8.910,00	11.137,50	15.592,50	22.275,00	**2.700.000**
5.895,50	6.802,50	9.070,00	11.337,50	15.872,50	22.675,00	**2.750.000**
5.999,50	6.922,50	9.230,00	11.537,50	16.152,50	23.075,00	**2.800.000**
6.103,50	7.042,50	9.390,00	11.737,50	16.432,50	23.475,00	**2.850.000**
6.207,50	7.162,50	9.550,00	11.937,50	16.712,50	23.875,00	**2.900.000**
6.311,50	7.282,50	9.710,00	12.137,50	16.992,50	24.275,00	**2.950.000**
6.415,50	7.402,50	9.870,00	12.337,50	17.272,50	24.675,00	**3.000.000**
6.519,50	7.522,50	10.030,00	12.537,50	17.552,50	25.075,00	**3.050.000**
6.623,50	7.642,50	10.190,00	12.737,50	17.832,50	25.475,00	**3.100.000**
6.727,50	7.762,50	10.350,00	12.937,50	18.112,50	25.875,00	**3.150.000**
6.831,50	7.882,50	10.510,00	13.137,50	18.392,50	26.275,00	**3.200.000**
6.935,50	8.002,50	10.670,00	13.337,50	18.672,50	26.675,00	**3.250.000**
7.039,50	8.122,50	10.830,00	13.537,50	18.952,50	27.075,00	**3.300.000**
7.143,50	8.242,50	10.990,00	13.737,50	19.232,50	27.475,00	**3.350.000**
7.247,50	8.362,50	11.150,00	13.937,50	19.512,50	27.875,00	**3.400.000**
7.351,50	8.482,50	11.310,00	14.137,50	19.792,50	28.275,00	**3.450.000**

Wert bis €	0,1	0,2	0,3	0,5	0,6	0,8	1,0
3.500.000	573,50	1.147,00	1.720,50	2.867,50	3.441,00	4.588,00	5.735,00
3.550.000	581,50	1.163,00	1.744,50	2.907,50	3.489,00	4.652,00	5.815,00
3.600.000	589,50	1.179,00	1.768,50	2.947,50	3.537,00	4.716,00	5.895,00
3.650.000	597,50	1.195,00	1.792,50	2.987,50	3.585,00	4.780,00	5.975,00
3.700.000	605,50	1.211,00	1.816,50	3.027,50	3.633,00	4.844,00	6.055,00
3.750.000	613,50	1.227,00	1.840,50	3.067,50	3.681,00	4.908,00	6.135,00
3.800.000	621,50	1.243,00	1.864,50	3.107,50	3.729,00	4.972,00	6.215,00
3.850.000	629,50	1.259,00	1.888,50	3.147,50	3.777,00	5.036,00	6.295,00
3.900.000	637,50	1.275,00	1.912,50	3.187,50	3.825,00	5.100,00	6.375,00
3.950.000	645,50	1.291,00	1.936,50	3.227,50	3.873,00	5.164,00	6.455,00
4.000.000	653,50	1.307,00	1.960,50	3.267,50	3.921,00	5.228,00	6.535,00
4.050.000	661,50	1.323,00	1.984,50	3.307,50	3.969,00	5.292,00	6.615,00
4.100.000	669,50	1.339,00	2.008,50	3.347,50	4.017,00	5.356,00	6.695,00
4.150.000	677,50	1.355,00	2.032,50	3.387,50	4.065,00	5.420,00	6.775,00
4.200.000	685,50	1.371,00	2.056,50	3.427,50	4.113,00	5.484,00	6.855,00
4.250.000	693,50	1.387,00	2.080,50	3.467,50	4.161,00	5.548,00	6.935,00
4.300.000	701,50	1.403,00	2.104,50	3.507,50	4.209,00	5.612,00	7.015,00
4.350.000	709,50	1.419,00	2.128,50	3.547,50	4.257,00	5.676,00	7.095,00
4.400.000	717,50	1.435,00	2.152,50	3.587,50	4.305,00	5.740,00	7.175,00
4.450.000	725,50	1.451,00	2.176,50	3.627,50	4.353,00	5.804,00	7.255,00
4.500.000	733,50	1.467,00	2.200,50	3.667,50	4.401,00	5.868,00	7.335,00
4.550.000	741,50	1.483,00	2.224,50	3.707,50	4.449,00	5.932,00	7.415,00
4.600.000	749,50	1.499,00	2.248,50	3.747,50	4.497,00	5.996,00	7.495,00
4.650.000	757,50	1.515,00	2.272,50	3.787,50	4.545,00	6.060,00	7.575,00
4.700.000	765,50	1.531,00	2.296,50	3.827,50	4.593,00	6.124,00	7.655,00
4.750.000	773,50	1.547,00	2.320,50	3.867,50	4.641,00	6.188,00	7.735,00
4.800.000	781,50	1.563,00	2.344,50	3.907,50	4.689,00	6.252,00	7.815,00
4.850.000	789,50	1.579,00	2.368,50	3.947,50	4.737,00	6.316,00	7.895,00
4.900.000	797,50	1.595,00	2.392,50	3.987,50	4.785,00	6.380,00	7.975,00
4.950.000	805,50	1.611,00	2.416,50	4.027,50	4.833,00	6.444,00	8.055,00
5.000.000	813,50	1.627,00	2.440,50	4.067,50	4.881,00	6.508,00	8.135,00
5.200.000	826,50	1.653,00	2.479,50	4.132,50	4.959,00	6.612,00	8.265,00
5.400.000	839,50	1.679,00	2.518,50	4.197,50	5.037,00	6.716,00	8.395,00
5.600.000	852,50	1.705,00	2.557,50	4.262,50	5.115,00	6.820,00	8.525,00
5.800.000	865,50	1.731,00	2.596,50	4.327,50	5.193,00	6.924,00	8.655,00
6.000.000	878,50	1.757,00	2.635,50	4.392,50	5.271,00	7.028,00	8.785,00
6.200.000	891,50	1.783,00	2.674,50	4.457,50	5.349,00	7.132,00	8.915,00
6.400.000	904,50	1.809,00	2.713,50	4.522,50	5.427,00	7.236,00	9.045,00
6.600.000	917,50	1.835,00	2.752,50	4.587,50	5.505,00	7.340,00	9.175,00
6.800.000	930,50	1.861,00	2.791,50	4.652,50	5.583,00	7.444,00	9.305,00
7.000.000	943,50	1.887,00	2.830,50	4.717,50	5.661,00	7.548,00	9.435,00
7.200.000	956,50	1.913,00	2.869,50	4.782,50	5.739,00	7.652,00	9.565,00
7.400.000	969,50	1.939,00	2.908,50	4.847,50	5.817,00	7.756,00	9.695,00
7.600.000	982,50	1.965,00	2.947,50	4.912,50	5.895,00	7.860,00	9.825,00
7.800.000	995,50	1.991,00	2.986,50	4.977,50	5.973,00	7.964,00	9.955,00
8.000.000	1.008,50	2.017,00	3.025,50	5.042,50	6.051,00	8.068,00	10.085,00
8.200.000	1.021,50	2.043,00	3.064,50	5.107,50	6.129,00	8.172,00	10.215,00
8.400.000	1.034,50	2.069,00	3.103,50	5.172,50	6.207,00	8.276,00	10.345,00
8.600.000	1.047,50	2.095,00	3.142,50	5.237,50	6.285,00	8.380,00	10.475,00
8.800.000	1.060,50	2.121,00	3.181,50	5.302,50	6.363,00	8.484,00	10.605,00
9.000.000	1.073,50	2.147,00	3.220,50	5.367,50	6.441,00	8.588,00	10.735,00
9.200.000	1.086,50	2.173,00	3.259,50	5.432,50	6.519,00	8.692,00	10.865,00
9.400.000	1.099,50	2.199,00	3.298,50	5.497,50	6.597,00	8.796,00	10.995,00
9.600.000	1.112,50	2.225,00	3.337,50	5.562,50	6.675,00	8.900,00	11.125,00

1,3	1,5	2,0	2,5	3,5	5,0	Wert bis €
7.455,50	8.602,50	11.470,00	14.337,50	20.072,50	28.675,00	**3.500.000**
7.559,50	8.722,50	11.630,00	14.537,50	20.352,50	29.075,00	**3.550.000**
7.663,50	8.842,50	11.790,00	14.737,50	20.632,50	29.475,00	**3.600.000**
7.767,50	8.962,50	11.950,00	14.937,50	20.912,50	29.875,00	**3.650.000**
7.871,50	9.082,50	12.110,00	15.137,50	21.192,50	30.275,00	**3.700.000**
7.975,50	9.202,50	12.270,00	15.337,50	21.472,50	30.675,00	**3.750.000**
8.079,50	9.322,50	12.430,00	15.537,50	21.752,50	31.075,00	**3.800.000**
8.183,50	9.442,50	12.590,00	15.737,50	22.032,50	31.475,00	**3.850.000**
8.287,50	9.562,50	12.750,00	15.937,50	22.312,50	31.875,00	**3.900.000**
8.391,50	9.682,50	12.910,00	16.137,50	22.592,50	32.275,00	**3.950.000**
8.495,50	9.802,50	13.070,00	16.337,50	22.872,50	32.675,00	**4.000.000**
8.599,50	9.922,50	13.230,00	16.537,50	23.152,50	33.075,00	**4.050.000**
8.703,50	10.042,50	13.390,00	16.737,50	23.432,50	33.475,00	**4.100.000**
8.807,50	10.162,50	13.550,00	16.937,50	23.712,50	33.875,00	**4.150.000**
8.911,50	10.282,50	13.710,00	17.137,50	23.992,50	34.275,00	**4.200.000**
9.015,50	10.402,50	13.870,00	17.337,50	24.272,50	34.675,00	**4.250.000**
9.119,50	10.522,50	14.030,00	17.537,50	24.552,50	35.075,00	**4.300.000**
9.223,50	10.642,50	14.190,00	17.737,50	24.832,50	35.475,00	**4.350.000**
9.327,50	10.762,50	14.350,00	17.937,50	25.112,50	35.875,00	**4.400.000**
9.431,50	10.882,50	14.510,00	18.137,50	25.392,50	36.275,00	**4.450.000**
9.535,50	11.002,50	14.670,00	18.337,50	25.672,50	36.675,00	**4.500.000**
9.639,50	11.122,50	14.830,00	18.537,50	25.952,50	37.075,00	**4.550.000**
9.743,50	11.242,50	14.990,00	18.737,50	26.232,50	37.475,00	**4.600.000**
9.847,50	11.362,50	15.150,00	18.937,50	26.512,50	37.875,00	**4.650.000**
9.951,50	11.482,50	15.310,00	19.137,50	26.792,50	38.275,00	**4.700.000**
10.055,50	11.602,50	15.470,00	19.337,50	27.072,50	38.675,00	**4.750.000**
10.159,50	11.722,50	15.630,00	19.537,50	27.352,50	39.075,00	**4.800.000**
10.263,50	11.842,50	15.790,00	19.737,50	27.632,50	39.475,00	**4.850.000**
10.367,50	11.962,50	15.950,00	19.937,50	27.912,50	39.875,00	**4.900.000**
10.471,50	12.082,50	16.110,00	20.137,50	28.192,50	40.275,00	**4.950.000**
10.575,50	12.202,50	16.270,00	20.337,50	28.472,50	40.675,00	**5.000.000**
10.744,50	12.397,50	16.530,00	20.662,50	28.927,50	41.325,00	**5.200.000**
10.913,50	12.592,50	16.790,00	20.987,50	29.382,50	41.975,00	**5.400.000**
11.082,50	12.787,50	17.050,00	21.312,50	29.837,50	42.625,00	**5.600.000**
11.251,50	12.982,50	17.310,00	21.637,50	30.292,50	43.275,00	**5.800.000**
11.420,50	13.177,50	17.570,00	21.962,50	30.747,50	43.925,00	**6.000.000**
11.589,50	13.372,50	17.830,00	22.287,50	31.202,50	44.575,00	**6.200.000**
11.758,50	13.567,50	18.090,00	22.612,50	31.657,50	45.225,00	**6.400.000**
11.927,50	13.762,50	18.350,00	22.937,50	32.112,50	45.875,00	**6.600.000**
12.096,50	13.957,50	18.610,00	23.262,50	32.567,50	46.525,00	**6.800.000**
12.265,50	14.152,50	18.870,00	23.587,50	33.022,50	47.175,00	**7.000.000**
12.434,50	14.347,50	19.130,00	23.912,50	33.477,50	47.825,00	**7.200.000**
12.603,50	14.542,50	19.390,00	24.237,50	33.932,50	48.475,00	**7.400.000**
12.772,50	14.737,50	19.650,00	24.562,50	34.387,50	49.125,00	**7.600.000**
12.941,50	14.932,50	19.910,00	24.887,50	34.842,50	49.775,00	**7.800.000**
13.110,50	15.127,50	20.170,00	25.212,50	35.297,50	50.425,00	**8.000.000**
13.279,50	15.322,50	20.430,00	25.537,50	35.752,50	51.075,00	**8.200.000**
13.448,50	15.517,50	20.690,00	25.862,50	36.207,50	51.725,00	**8.400.000**
13.617,50	15.712,50	20.950,00	26.187,50	36.662,50	52.375,00	**8.600.000**
13.786,50	15.907,50	21.210,00	26.512,50	37.117,50	53.025,00	**8.800.000**
13.955,50	16.102,50	21.470,00	26.837,50	37.572,50	53.675,00	**9.000.000**
14.124,50	16.297,50	21.730,00	27.162,50	38.027,50	54.325,00	**9.200.000**
14.293,50	16.492,50	21.990,00	27.487,50	38.482,50	54.975,00	**9.400.000**
14.462,50	16.687,50	22.250,00	27.812,50	38.937,50	55.625,00	**9.600.000**

Wert bis €	0,1	0,2	0,3	0,5	0,6	0,8	1,0
9.800.000	1.125,50	2.251,00	3.376,50	5.627,50	6.753,00	9.004,00	11.255,00
10.000.000	1.138,50	2.277,00	3.415,50	5.692,50	6.831,00	9.108,00	11.385,00
10.250.000	1.153,50	2.307,00	3.460,50	5.767,50	6.921,00	9.228,00	11.535,00
10.500.000	1.168,50	2.337,00	3.505,50	5.842,50	7.011,00	9.348,00	11.685,00
10.750.000	1.183,50	2.367,00	3.550,50	5.917,50	7.101,00	9.468,00	11.835,00
11.000.000	1.198,50	2.397,00	3.595,50	5.992,50	7.191,00	9.588,00	11.985,00
11.250.000	1.213,50	2.427,00	3.640,50	6.067,50	7.281,00	9.708,00	12.135,00
11.500.000	1.228,50	2.457,00	3.685,50	6.142,50	7.371,00	9.828,00	12.285,00
11.750.000	1.243,50	2.487,00	3.730,50	6.217,50	7.461,00	9.948,00	12.435,00
12.000.000	1.258,50	2.517,00	3.775,50	6.292,50	7.551,00	10.068,00	12.585,00
12.250.000	1.273,50	2.547,00	3.820,50	6.367,50	7.641,00	10.188,00	12.735,00
12.500.000	1.288,50	2.577,00	3.865,50	6.442,50	7.731,00	10.308,00	12.885,00
12.750.000	1.303,50	2.607,00	3.910,50	6.517,50	7.821,00	10.428,00	13.035,00
13.000.000	1.318,50	2.637,00	3.955,50	6.592,50	7.911,00	10.548,00	13.185,00
13.250.000	1.333,50	2.667,00	4.000,50	6.667,50	8.001,00	10.668,00	13.335,00
13.500.000	1.348,50	2.697,00	4.045,50	6.742,50	8.091,00	10.788,00	13.485,00
13.750.000	1.363,50	2.727,00	4.090,50	6.817,50	8.181,00	10.908,00	13.635,00
14.000.000	1.378,50	2.757,00	4.135,50	6.892,50	8.271,00	11.028,00	13.785,00
14.250.000	1.393,50	2.787,00	4.180,50	6.967,50	8.361,00	11.148,00	13.935,00
14.500.000	1.408,50	2.817,00	4.225,50	7.042,50	8.451,00	11.268,00	14.085,00
14.750.000	1.423,50	2.847,00	4.270,50	7.117,50	8.541,00	11.388,00	14.235,00
15.000.000	1.438,50	2.877,00	4.315,50	7.192,50	8.631,00	11.508,00	14.385,00
15.250.000	1.453,50	2.907,00	4.360,50	7.267,50	8.721,00	11.628,00	14.535,00
15.500.000	1.468,50	2.937,00	4.405,50	7.342,50	8.811,00	11.748,00	14.685,00
15.750.000	1.483,50	2.967,00	4.450,50	7.417,50	8.901,00	11.868,00	14.835,00
16.000.000	1.498,50	2.997,00	4.495,50	7.492,50	8.991,00	11.988,00	14.985,00
16.250.000	1.513,50	3.027,00	4.540,50	7.567,50	9.081,00	12.108,00	15.135,00
16.500.000	1.528,50	3.057,00	4.585,50	7.642,50	9.171,00	12.228,00	15.285,00
16.750.000	1.543,50	3.087,00	4.630,50	7.717,50	9.261,00	12.348,00	15.435,00
17.000.000	1.558,50	3.117,00	4.675,50	7.792,50	9.351,00	12.468,00	15.585,00
17.250.000	1.573,50	3.147,00	4.720,50	7.867,50	9.441,00	12.588,00	15.735,00
17.500.000	1.588,50	3.177,00	4.765,50	7.942,50	9.531,00	12.708,00	15.885,00
17.750.000	1.603,50	3.207,00	4.810,50	8.017,50	9.621,00	12.828,00	16.035,00
18.000.000	1.618,50	3.237,00	4.855,50	8.092,50	9.711,00	12.948,00	16.185,00
18.250.000	1.633,50	3.267,00	4.900,50	8.167,50	9.801,00	13.068,00	16.335,00
18.500.000	1.648,50	3.297,00	4.945,50	8.242,50	9.891,00	13.188,00	16.485,00
18.750.000	1.663,50	3.327,00	4.990,50	8.317,50	9.981,00	13.308,00	16.635,00
19.000.000	1.678,50	3.357,00	5.035,50	8.392,50	10.071,00	13.428,00	16.785,00
19.250.000	1.693,50	3.387,00	5.080,50	8.467,50	10.161,00	13.548,00	16.935,00
19.500.000	1.708,50	3.417,00	5.125,50	8.542,50	10.251,00	13.668,00	17.085,00
19.750.000	1.723,50	3.447,00	5.170,50	8.617,50	10.341,00	13.788,00	17.235,00
20.000.000	1.738,50	3.477,00	5.215,50	8.692,50	10.431,00	13.908,00	17.385,00
20.500.000	1.766,50	3.533,00	5.299,50	8.832,50	10.599,00	14.132,00	17.665,00
21.000.000	1.794,50	3.589,00	5.383,50	8.972,50	10.767,00	14.356,00	17.945,00
21.500.000	1.822,50	3.645,00	5.467,50	9.112,50	10.935,00	14.580,00	18.225,00
22.000.000	1.850,50	3.701,00	5.551,50	9.252,50	11.103,00	14.804,00	18.505,00
22.500.000	1.878,50	3.757,00	5.635,50	9.392,50	11.271,00	15.028,00	18.785,00
23.000.000	1.906,50	3.813,00	5.719,50	9.532,50	11.439,00	15.252,00	19.065,00
23.500.000	1.934,50	3.869,00	5.803,50	9.672,50	11.607,00	15.476,00	19.345,00
24.000.000	1.962,50	3.925,00	5.887,50	9.812,50	11.775,00	15.700,00	19.625,00
24.500.000	1.990,50	3.981,00	5.971,50	9.952,50	11.943,00	15.924,00	19.905,00
25.000.000	2.018,50	4.037,00	6.055,50	10.092,50	12.111,00	16.148,00	20.185,00
25.500.000	2.046,50	4.093,00	6.139,50	10.232,50	12.279,00	16.372,00	20.465,00
26.000.000	2.074,50	4.149,00	6.223,50	10.372,50	12.447,00	16.596,00	20.745,00

1,3	1,5	2,0	2,5	3,5	5,0	Wert bis €
14.631,50	16.882,50	22.510,00	28.137,50	39.392,50	56.275,00	**9.800.000**
14.800,50	17.077,50	22.770,00	28.462,50	39.847,50	56.925,00	**10.000.000**
14.995,50	17.302,50	23.070,00	28.837,50	40.372,50	57.675,00	**10.250.000**
15.190,50	17.527,50	23.370,00	29.212,50	40.897,50	58.425,00	**10.500.000**
15.385,50	17.752,50	23.670,00	29.587,50	41.422,50	59.175,00	**10.750.000**
15.580,50	17.977,50	23.970,00	29.962,50	41.947,50	59.925,00	**11.000.000**
15.775,50	18.202,50	24.270,00	30.337,50	42.472,50	60.675,00	**11.250.000**
15.970,50	18.427,50	24.570,00	30.712,50	42.997,50	61.425,00	**11.500.000**
16.165,50	18.652,50	24.870,00	31.087,50	43.522,50	62.175,00	**11.750.000**
16.360,50	18.877,50	25.170,00	31.462,50	44.047,50	62.925,00	**12.000.000**
16.555,50	19.102,50	25.470,00	31.837,50	44.572,50	63.675,00	**12.250.000**
16.750,50	19.327,50	25.770,00	32.212,50	45.097,50	64.425,00	**12.500.000**
16.945,50	19.552,50	26.070,00	32.587,50	45.622,50	65.175,00	**12.750.000**
17.140,50	19.777,50	26.370,00	32.962,50	46.147,50	65.925,00	**13.000.000**
17.335,50	20.002,50	26.670,00	33.337,50	46.672,50	66.675,00	**13.250.000**
17.530,50	20.227,50	26.970,00	33.712,50	47.197,50	67.425,00	**13.500.000**
17.725,50	20.452,50	27.270,00	34.087,50	47.722,50	68.175,00	**13.750.000**
17.920,50	20.677,50	27.570,00	34.462,50	48.247,50	68.925,00	**14.000.000**
18.115,50	20.902,50	27.870,00	34.837,50	48.772,50	69.675,00	**14.250.000**
18.310,50	21.127,50	28.170,00	35.212,50	49.297,50	70.425,00	**14.500.000**
18.505,50	21.352,50	28.470,00	35.587,50	49.822,50	71.175,00	**14.750.000**
18.700,50	21.577,50	28.770,00	35.962,50	50.347,50	71.925,00	**15.000.000**
18.895,50	21.802,50	29.070,00	36.337,50	50.872,50	72.675,00	**15.250.000**
19.090,50	22.027,50	29.370,00	36.712,50	51.397,50	73.425,00	**15.500.000**
19.285,50	22.252,50	29.670,00	37.087,50	51.922,50	74.175,00	**15.750.000**
19.480,50	22.477,50	29.970,00	37.462,50	52.447,50	74.925,00	**16.000.000**
19.675,50	22.702,50	30.270,00	37.837,50	52.972,50	75.675,00	**16.250.000**
19.870,50	22.927,50	30.570,00	38.212,50	53.497,50	76.425,00	**16.500.000**
20.065,50	23.152,50	30.870,00	38.587,50	54.022,50	77.175,00	**16.750.000**
20.260,50	23.377,50	31.170,00	38.962,50	54.547,50	77.925,00	**17.000.000**
20.455,50	23.602,50	31.470,00	39.337,50	55.072,50	78.675,00	**17.250.000**
20.650,50	23.827,50	31.770,00	39.712,50	55.597,50	79.425,00	**17.500.000**
20.845,50	24.052,50	32.070,00	40.087,50	56.122,50	80.175,00	**17.750.000**
21.040,50	24.277,50	32.370,00	40.462,50	56.647,50	80.925,00	**18.000.000**
21.235,50	24.502,50	32.670,00	40.837,50	57.172,50	81.675,00	**18.250.000**
21.430,50	24.727,50	32.970,00	41.212,50	57.697,50	82.425,00	**18.500.000**
21.625,50	24.952,50	33.270,00	41.587,50	58.222,50	83.175,00	**18.750.000**
21.820,50	25.177,50	33.570,00	41.962,50	58.747,50	83.925,00	**19.000.000**
22.015,50	25.402,50	33.870,00	42.337,50	59.272,50	84.675,00	**19.250.000**
22.210,50	25.627,50	34.170,00	42.712,50	59.797,50	85.425,00	**19.500.000**
22.405,50	25.852,50	34.470,00	43.087,50	60.322,50	86.175,00	**19.750.000**
22.600,50	26.077,50	34.770,00	43.462,50	60.847,50	86.925,00	**20.000.000**
22.964,50	26.497,50	35.330,00	44.162,50	61.827,50	88.325,00	**20.500.000**
23.328,50	26.917,50	35.890,00	44.862,50	62.807,50	89.725,00	**21.000.000**
23.692,50	27.337,50	36.450,00	45.562,50	63.787,50	91.125,00	**21.500.000**
24.056,50	27.757,50	37.010,00	46.262,50	64.767,50	92.525,00	**22.000.000**
24.420,50	28.177,50	37.570,00	46.962,50	65.747,50	93.925,00	**22.500.000**
24.784,50	28.597,50	38.130,00	47.662,50	66.727,50	95.325,00	**23.000.000**
25.148,50	29.017,50	38.690,00	48.362,50	67.707,50	96.725,00	**23.500.000**
25.512,50	29.437,50	39.250,00	49.062,50	68.687,50	98.125,00	**24.000.000**
25.876,50	29.857,50	39.810,00	49.762,50	69.667,50	99.525,00	**24.500.000**
26.240,50	30.277,50	40.370,00	50.462,50	70.647,50	100.925,00	**25.000.000**
26.604,50	30.697,50	40.930,00	51.162,50	71.627,50	102.325,00	**25.500.000**
26.968,50	31.117,50	41.490,00	51.862,50	72.607,50	103.725,00	**26.000.000**

Wert bis €	0,1	0,2	0,3	0,5	0,6	0,8	1,0
26.500.000	2.102,50	4.205,00	6.307,50	10.512,50	12.615,00	16.820,00	21.025,00
27.000.000	2.130,50	4.261,00	6.391,50	10.652,50	12.783,00	17.044,00	21.305,00
27.500.000	2.158,50	4.317,00	6.475,50	10.792,50	12.951,00	17.268,00	21.585,00
28.000.000	2.186,50	4.373,00	6.559,50	10.932,50	13.119,00	17.492,00	21.865,00
28.500.000	2.214,50	4.429,00	6.643,50	11.072,50	13.287,00	17.716,00	22.145,00
29.000.000	2.242,50	4.485,00	6.727,50	11.212,50	13.455,00	17.940,00	22.425,00
29.500.000	2.270,50	4.541,00	6.811,50	11.352,50	13.623,00	18.164,00	22.705,00
30.000.000	2.298,50	4.597,00	6.895,50	11.492,50	13.791,00	18.388,00	22.985,00
31.000.000	2.310,50	4.621,00	6.931,50	11.552,50	13.863,00	18.484,00	23.105,00
32.000.000	2.322,50	4.645,00	6.967,50	11.612,50	13.935,00	18.580,00	23.225,00
33.000.000	2.334,50	4.669,00	7.003,50	11.672,50	14.007,00	18.676,00	23.345,00
34.000.000	2.346,50	4.693,00	7.039,50	11.732,50	14.079,00	18.772,00	23.465,00
35.000.000	2.358,50	4.717,00	7.075,50	11.792,50	14.151,00	18.868,00	23.585,00
36.000.000	2.370,50	4.741,00	7.111,50	11.852,50	14.223,00	18.964,00	23.705,00
37.000.000	2.382,50	4.765,00	7.147,50	11.912,50	14.295,00	19.060,00	23.825,00
38.000.000	2.394,50	4.789,00	7.183,50	11.972,50	14.367,00	19.156,00	23.945,00
39.000.000	2.406,50	4.813,00	7.219,50	12.032,50	14.439,00	19.252,00	24.065,00
40.000.000	2.418,50	4.837,00	7.255,50	12.092,50	14.511,00	19.348,00	24.185,00
41.000.000	2.430,50	4.861,00	7.291,50	12.152,50	14.583,00	19.444,00	24.305,00
42.000.000	2.442,50	4.885,00	7.327,50	12.212,50	14.655,00	19.540,00	24.425,00
43.000.000	2.454,50	4.909,00	7.363,50	12.272,50	14.727,00	19.636,00	24.545,00
44.000.000	2.466,50	4.933,00	7.399,50	12.332,50	14.799,00	19.732,00	24.665,00
45.000.000	2.478,50	4.957,00	7.435,50	12.392,50	14.871,00	19.828,00	24.785,00
46.000.000	2.490,50	4.981,00	7.471,50	12.452,50	14.943,00	19.924,00	24.905,00
47.000.000	2.502,50	5.005,00	7.507,50	12.512,50	15.015,00	20.020,00	25.025,00
48.000.000	2.514,50	5.029,00	7.543,50	12.572,50	15.087,00	20.116,00	25.145,00
49.000.000	2.526,50	5.053,00	7.579,50	12.632,50	15.159,00	20.212,00	25.265,00
50.000.000	2.538,50	5.077,00	7.615,50	12.692,50	15.231,00	20.308,00	25.385,00
51.000.000	2.550,50	5.101,00	7.651,50	12.752,50	15.303,00	20.404,00	25.505,00
52.000.000	2.562,50	5.125,00	7.687,50	12.812,50	15.375,00	20.500,00	25.625,00
53.000.000	2.574,50	5.149,00	7.723,50	12.872,50	15.447,00	20.596,00	25.745,00
54.000.000	2.586,50	5.173,00	7.759,50	12.932,50	15.519,00	20.692,00	25.865,00
55.000.000	2.598,50	5.197,00	7.795,50	12.992,50	15.591,00	20.788,00	25.985,00
56.000.000	2.610,50	5.221,00	7.831,50	13.052,50	15.663,00	20.884,00	26.105,00
57.000.000	2.622,50	5.245,00	7.867,50	13.112,50	15.735,00	20.980,00	26.225,00
58.000.000	2.634,50	5.269,00	7.903,50	13.172,50	15.807,00	21.076,00	26.345,00
59.000.000	2.646,50	5.293,00	7.939,50	13.232,50	15.879,00	21.172,00	26.465,00
60.000.000	2.658,50	5.317,00	7.975,50	13.292,50	15.951,00	21.268,00	26.585,00

1,3	1,5	2,0	2,5	3,5	5,0	Wert bis €
27.332,50	31.537,50	42.050,00	52.562,50	73.587,50	105.125,00	**26.500.000**
27.696,50	31.957,50	42.610,00	53.262,50	74.567,50	106.525,00	**27.000.000**
28.060,50	32.377,50	43.170,00	53.962,50	75.547,50	107.925,00	**27.500.000**
28.424,50	32.797,50	43.730,00	54.662,50	76.527,50	109.325,00	**28.000.000**
28.788,50	33.217,50	44.290,00	55.362,50	77.507,50	110.725,00	**28.500.000**
29.152,50	33.637,50	44.850,00	56.062,50	78.487,50	112.125,00	**29.000.000**
29.516,50	34.057,50	45.410,00	56.762,50	79.467,50	113.525,00	**29.500.000**
29.880,50	34.477,50	45.970,00	57.462,50	80.447,50	114.925,00	**30.000.000**
30.036,50	34.657,50	46.210,00	57.762,50	80.867,50	115.525,00	**31.000.000**
30.192,50	34.837,50	46.450,00	58.062,50	81.287,50	116.125,00	**32.000.000**
30.348,50	35.017,50	46.690,00	58.362,50	81.707,50	116.725,00	**33.000.000**
30.504,50	35.197,50	46.930,00	58.662,50	82.127,50	117.325,00	**34.000.000**
30.660,50	35.377,50	47.170,00	58.962,50	82.547,50	117.925,00	**35.000.000**
30.816,50	35.557,50	47.410,00	59.262,50	82.967,50	118.525,00	**36.000.000**
30.972,50	35.737,50	47.650,00	59.562,50	83.387,50	119.125,00	**37.000.000**
31.128,50	35.917,50	47.890,00	59.862,50	83.807,50	119.725,00	**38.000.000**
31.284,50	36.097,50	48.130,00	60.162,50	84.227,50	120.325,00	**39.000.000**
31.440,50	36.277,50	48.370,00	60.462,50	84.647,50	120.925,00	**40.000.000**
31.596,50	36.457,50	48.610,00	60.762,50	85.067,50	121.525,00	**41.000.000**
31.752,50	36.637,50	48.850,00	61.062,50	85.487,50	122.125,00	**42.000.000**
31.908,50	36.817,50	49.090,00	61.362,50	85.907,50	122.725,00	**43.000.000**
32.064,50	36.997,50	49.330,00	61.662,50	86.327,50	123.325,00	**44.000.000**
32.220,50	37.177,50	49.570,00	61.962,50	86.747,50	123.925,00	**45.000.000**
32.376,50	37.357,50	49.810,00	62.262,50	87.167,50	124.525,00	**46.000.000**
32.532,50	37.537,50	50.050,00	62.562,50	87.587,50	125.125,00	**47.000.000**
32.688,50	37.717,50	50.290,00	62.862,50	88.007,50	125.725,00	**48.000.000**
32.844,50	37.897,50	50.530,00	63.162,50	88.427,50	126.325,00	**49.000.000**
33.000,50	38.077,50	50.770,00	63.462,50	88.847,50	126.925,00	**50.000.000**
33.156,50	38.257,50	51.010,00	63.762,50	89.267,50	127.525,00	**51.000.000**
33.312,50	38.437,50	51.250,00	64.062,50	89.687,50	128.125,00	**52.000.000**
33.468,50	38.617,50	51.490,00	64.362,50	90.107,50	128.725,00	**53.000.000**
33.624,50	38.797,50	51.730,00	64.662,50	90.527,50	129.325,00	**54.000.000**
33.780,50	38.977,50	51.970,00	64.962,50	90.947,50	129.925,00	**55.000.000**
33.936,50	39.157,50	52.210,00	65.262,50	91.367,50	130.525,00	**56.000.000**
34.092,50	39.337,50	52.450,00	65.562,50	91.787,50	131.125,00	**57.000.000**
34.248,50	39.517,50	52.690,00	65.862,50	92.207,50	131.725,00	**58.000.000**
34.404,50	39.697,50	52.930,00	66.162,50	92.627,50	132.325,00	**59.000.000**
34.560,50	39.877,50	53.170,00	66.462,50	93.047,50	132.925,00	**60.000.000**

30. Ermäßigte Gebühren nach § 91 GNotKG

I. Überblick

Nach § 91 Abs. 1 GNotKG ermäßigen sich die in Teil 2 Hauptabschnitt 1 oder 4 und in den Nrn, 23803 und 25202 KV GNotKG bestimmten Gebühren, wenn der Notar diese Gebühren erhebt
- vom Bund, einem Land sowie einer nach dem Haushaltsplan des Bundes oder eines Landes für Rechnung des Bundes oder eines Landes verwalteten öffentlichen Körperschaft oder Anstalt,
- von eine Gemeinde, einem Gemeindeverband, einer sonstigen Gebietskörperschaft oder einem Zusammenschluss von Gebietskörperschaften, einem Regionalverband, einem Zweckverband,
- von eine Kirche oder einer sonstigen Religions- oder Weltanschauungsgemeinschaft, jeweils soweit sie die Rechtsstellung einer juristischen Person des öffentlichen Rechts hat,
und die Angelegenheit nicht deren wirtschaftliche Unternehmen betrifft.

Die Gebührenermäßigung ist nach § 91 Abs. 2 GNotKG auch einer Körperschaft, Vereinigung oder Stiftung zu gewähren, wenn
- diese ausschließlich und unmittelbar mildtätige oder kirchliche Zwecke im Sinne der Abgabenordnung verfolgt,
- die Voraussetzung durch einen Freistellungs- oder Körperschaftsteuerbescheid oder durch eine vorläufige Bescheinigung des Finanzamts nachgewiesen wird und
- dargelegt wird, dass die Angelegenheit nicht einen steuerpflichtigen wirtschaftlichen Geschäftsbetrieb betrifft.

Die Ermäßigung erstreckt sich auf andere Beteiligte, die mit dem Begünstigten als Gesamtschuldner haften, nur insoweit, als sie von dem Begünstigten aufgrund gesetzlicher Vorschrift Erstattung verlangen können (§ 91 Abs. 2 GNotKG).

Die Ermäßigung betrifft nur Gebühren nach Tabelle B und wirkt sich wie folgt aus:
- Bis zu einen Geschäftswert von 25.000,00 Euro bleiben die Beträge der Tabelle B unverändert.
- Ab einem Geschäftswert von mehr als 25.000,00 Euro ermäßigen sich die Gebührenbeträge wie folgt:

Bis zu einem Geschäftswert
von	110.000,00 Euro	um 30% (also auf 70%)
von	260.000,00 Euro	um 40% (also auf 60%)
von	1.000.000,00 Euro	um 50% (also auf 50%)
über	1.000.000,00 Euro	um 60% (also auf 40%)

Eine ermäßigte Gebühr darf jedoch die bei einem niedrigeren Geschäftswert einer vorangegangenen Wertstufe zu erhebende Gebühr nicht unterschreiten (§ 91 Abs. 1 GNotKG).

II. Gebührentabelle bis 60 Mio. Euro

Wert bis	0,3	0,5	1,0	2,0	2,5
500	15,00[1]	15,00[1]	15,00[1]	30,00	37,50
1.000	15,00[1]	15,00[1]	19,00	38,00	47,50
1.500	15,00[1]	15,00[1]	23,00	46,00	57,50
2.000	15,00[1]	15,00[1]	27,00	54,00	67,50
3.000	15,00[1]	16,50	33,00	66,00	82,50
4.000	15,00[1]	19,50	39,00	78,00	97,50
5.000	15,00[1]	22,50	45,00	90,00	112,50
6.000	15,30	25,50	51,00	102,00	127,50
7.000	17,10	28,50	57,00	114,00	142,50
8.000	18,90	31,50	63,00	126,00	157,50
9.000	20,70	34,50	69,00	138,00	172,50
10.000	22,50	37,50	75,00	150,00	187,50
13.000	24,90	41,50	83,00	166,00	207,50
16.000	27,30	45,50	91,00	182,00	227,50
19.000	29,70	49,50	99,00	198,00	247,50
22.000	32,10	53,50	107,00	214,00	267,50
25.000	34,50	57,50	115,00	230,00	287,50
30.000	34,50	57,50	115,00	230,00	287,50
35.000	34,50	57,50	115,00	230,00	287,50
40.000	34,50	57,50	115,00	230,00	287,50
45.000	34,50	57,50	115,00	230,00	287,50
50.000	34,65	57,75	115,50	231,00	288,75
65.000	40,32	67,20	134,40	268,80	336,00
80.000	45,99	76,65	153,30	306,60	383,25
95.000	51,66	86,10	172,20	344,40	430,50
110.000	57,33	95,55	191,10	382,20	477,75
125.000	57,33	95,55	191,10	382,20	477,75
140.000	58,86	98,10	196,20	392,40	490,50
155.000	63,72	106,20	212,40	424,80	531,00
170.000	68,58	114,30	228,60	457,20	571,50
185.000	73,44	122,40	244,80	489,60	612,00
200.000	78,30	130,50	261,00	522,00	652,50
230.000	87,30	145,50	291,00	582,00	727,50
260.000	96,30	160,50	321,00	642,00	802,50
290.000	96,30	160,50	321,00	642,00	802,50
320.000	96,30	160,50	321,00	642,00	802,50
350.000	102,75	171,25	342,50	685,00	856,25
380.000	110,25	183,75	367,50	735,00	918,75
410.000	117,75	196,25	392,50	785,00	981,25
440.000	125,25	208,75	417,50	835,00	1.043,75
470.000	132,75	221,25	442,50	885,00	1.106,25
500.000	140,25	233,75	467,50	935,00	1.168,75
550.000	152,25	253,75	507,50	1.015,00	1.268,75
600.000	164,25	273,75	547,50	1.095,00	1.368,75
650.000	176,25	293,75	587,50	1.175,00	1.468,75
700.000	188,25	313,75	627,50	1.255,00	1.568,75
750.000	200,25	333,75	667,50	1.335,00	1.668,75
800.000	212,25	353,75	707,50	1.415,00	1.768,75

[1] Die Mindestgebühr gem. § 34 Abs. 5 GNotKG beträgt 15,00 Euro. Geringere Beträge – wie hier – sind daher auf 15,00 Euro anzuheben.

Wert bis	0,3	0,5	1,0	2,0	2,5
850.000	224,25	373,75	747,50	1.495,00	1.868,75
900.000	236,25	393,75	787,50	1.575,00	1.968,75
950.000	248,25	413,75	827,50	1.655,00	2.068,75
1.000.000	260,25	433,75	867,50	1.735,00	2.168,75
1.050.000	260,25	433,75	867,50	1.735,00	2.168,75
1.100.000	260,25	433,75	867,50	1.735,00	2.168,75
1.150.000	260,25	433,75	867,50	1.735,00	2.168,75
1.200.000	260,25	433,75	867,50	1.735,00	2.168,75
1.250.000	260,25	433,75	867,50	1.735,00	2.168,75
1.300.000	265,80	443,00	886,00	1.772,00	2.215,00
1.350.000	275,40	459,00	918,00	1.836,00	2.295,00
1.400.000	285,00	475,00	950,00	1.900,00	2.375,00
1.450.000	294,60	491,00	982,00	1.964,00	2.455,00
1.500.000	304,20	507,00	1.014,00	2.028,00	2.535,00
1.550.000	313,80	523,00	1.046,00	2.092,00	2.615,00
1.600.000	323,40	539,00	1.078,00	2.156,00	2.695,00
1.650.000	333,00	555,00	1.110,00	2.220,00	2.775,00
1.700.000	342,60	571,00	1.142,00	2.284,00	2.855,00
1.750.000	352,20	587,00	1.174,00	2.348,00	2.935,00
1.800.000	361,80	603,00	1.206,00	2.412,00	3.015,00
1.850.000	371,40	619,00	1.238,00	2.476,00	3.095,00
1.900.000	381,00	635,00	1.270,00	2.540,00	3.175,00
1.950.000	390,60	651,00	1.302,00	2.604,00	3.255,00
2.000.000	400,20	667,00	1.334,00	2.668,00	3.335,00
2.050.000	409,80	683,00	1.366,00	2.732,00	3.415,00
2.100.000	419,40	699,00	1.398,00	2.796,00	3.495,00
2.150.000	429,00	715,00	1.430,00	2.860,00	3.575,00
2.200.000	438,60	731,00	1.462,00	2.924,00	3.655,00
2.250.000	448,20	747,00	1.494,00	2.988,00	3.735,00
2.300.000	457,80	763,00	1.526,00	3.052,00	3.815,00
2.350.000	467,40	779,00	1.558,00	3.116,00	3.895,00
2.400.000	477,00	795,00	1.590,00	3.180,00	3.975,00
2.450.000	486,60	811,00	1.622,00	3.244,00	4.055,00
2.500.000	496,20	827,00	1.654,00	3.308,00	4.135,00
2.550.000	505,80	843,00	1.686,00	3.372,00	4.215,00
2.600.000	515,40	859,00	1.718,00	3.436,00	4.295,00
2.650.000	525,00	875,00	1.750,00	3.500,00	4.375,00
2.700.000	534,60	891,00	1.782,00	3.564,00	4.455,00
2.750.000	544,20	907,00	1.814,00	3.628,00	4.535,00
2.800.000	553,80	923,00	1.846,00	3.692,00	4.615,00
2.850.000	563,40	939,00	1.878,00	3.756,00	4.695,00
2.900.000	573,00	955,00	1.910,00	3.820,00	4.775,00
2.950.000	582,60	971,00	1.942,00	3.884,00	4.855,00
3.000.000	592,20	987,00	1.974,00	3.948,00	4.935,00
3.050.000	601,80	1.003,00	2.006,00	4.012,00	5.015,00
3.100.000	611,40	1.019,00	2.038,00	4.076,00	5.095,00
3.150.000	621,00	1.035,00	2.070,00	4.140,00	5.175,00
3.200.000	630,60	1.051,00	2.102,00	4.204,00	5.255,00
3.250.000	640,20	1.067,00	2.134,00	4.268,00	5.335,00
3.300.000	649,80	1.083,00	2.166,00	4.332,00	5.415,00
3.350.000	659,40	1.099,00	2.198,00	4.396,00	5.495,00
3.400.000	669,00	1.115,00	2.230,00	4.460,00	5.575,00

30. Ermäßigte Gebühren nach § 91 GNotKG

Wert bis	0,3	0,5	1,0	2,0	2,5
3.450.000	678,60	1.131,00	2.262,00	4.524,00	5.655,00
3.500.000	688,20	1.147,00	2.294,00	4.588,00	5.735,00
3.550.000	697,80	1.163,00	2.326,00	4.652,00	5.815,00
3.600.000	707,40	1.179,00	2.358,00	4.716,00	5.895,00
3.650.000	717,00	1.195,00	2.390,00	4.780,00	5.975,00
3.700.000	726,60	1.211,00	2.422,00	4.844,00	6.055,00
3.750.000	736,20	1.227,00	2.454,00	4.908,00	6.135,00
3.800.000	745,80	1.243,00	2.486,00	4.972,00	6.215,00
3.850.000	755,40	1.259,00	2.518,00	5.036,00	6.295,00
3.900.000	765,00	1.275,00	2.550,00	5.100,00	6.375,00
3.950.000	774,60	1.291,00	2.582,00	5.164,00	6.455,00
4.000.000	784,20	1.307,00	2.614,00	5.228,00	6.535,00
4.050.000	793,80	1.323,00	2.646,00	5.292,00	6.615,00
4.100.000	803,40	1.339,00	2.678,00	5.356,00	6.695,00
4.150.000	813,00	1.355,00	2.710,00	5.420,00	6.775,00
4.200.000	822,60	1.371,00	2.742,00	5.484,00	6.855,00
4.250.000	832,20	1.387,00	2.774,00	5.548,00	6.935,00
4.300.000	841,80	1.403,00	2.806,00	5.612,00	7.015,00
4.350.000	851,40	1.419,00	2.838,00	5.676,00	7.095,00
4.400.000	861,00	1.435,00	2.870,00	5.740,00	7.175,00
4.450.000	870,60	1.451,00	2.902,00	5.804,00	7.255,00
4.500.000	880,20	1.467,00	2.934,00	5.868,00	7.335,00
4.550.000	889,80	1.483,00	2.966,00	5.932,00	7.415,00
4.600.000	899,40	1.499,00	2.998,00	5.996,00	7.495,00
4.650.000	909,00	1.515,00	3.030,00	6.060,00	7.575,00
4.700.000	918,60	1.531,00	3.062,00	6.124,00	7.655,00
4.750.000	928,20	1.547,00	3.094,00	6.188,00	7.735,00
4.800.000	937,80	1.563,00	3.126,00	6.252,00	7.815,00
4.850.000	947,40	1.579,00	3.158,00	6.316,00	7.895,00
4.900.000	957,00	1.595,00	3.190,00	6.380,00	7.975,00
4.950.000	966,60	1.611,00	3.222,00	6.444,00	8.055,00
5.000.000	976,20	1.627,00	3.254,00	6.508,00	8.135,00
5.200.000	991,80	1.653,00	3.306,00	6.612,00	8.265,00
5.400.000	1.007,40	1.679,00	3.358,00	6.716,00	8.395,00
5.600.000	1.023,00	1.705,00	3.410,00	6.820,00	8.525,00
5.800.000	1.038,60	1.731,00	3.462,00	6.924,00	8.655,00
6.000.000	1.054,20	1.757,00	3.514,00	7.028,00	8.785,00
6.200.000	1.069,80	1.783,00	3.566,00	7.132,00	8.915,00
6.400.000	1.085,40	1.809,00	3.618,00	7.236,00	9.045,00
6.600.000	1.101,00	1.835,00	3.670,00	7.340,00	9.175,00
6.800.000	1.116,60	1.861,00	3.722,00	7.444,00	9.305,00
7.000.000	1.132,20	1.887,00	3.774,00	7.548,00	9.435,00
7.200.000	1.147,80	1.913,00	3.826,00	7.652,00	9.565,00
7.400.000	1.163,40	1.939,00	3.878,00	7.756,00	9.695,00
7.600.000	1.179,00	1.965,00	3.930,00	7.860,00	9.825,00
7.800.000	1.194,60	1.991,00	3.982,00	7.964,00	9.955,00
8.000.000	1.210,20	2.017,00	4.034,00	8.068,00	10.085,00
8.200.000	1.225,80	2.043,00	4.086,00	8.172,00	10.215,00
8.400.000	1.241,40	2.069,00	4.138,00	8.276,00	10.345,00
8.600.000	1.257,00	2.095,00	4.190,00	8.380,00	10.475,00
8.800.000	1.272,60	2.121,00	4.242,00	8.484,00	10.605,00
9.000.000	1.288,20	2.147,00	4.294,00	8.588,00	10.735,00

Wert bis	0,3	0,5	1,0	2,0	2,5
9.200.000	1.303,80	2.173,00	4.346,00	8.692,00	10.865,00
9.400.000	1.319,40	2.199,00	4.398,00	8.796,00	10.995,00
9.600.000	1.335,00	2.225,00	4.450,00	8.900,00	11.125,00
9.800.000	1.350,60	2.251,00	4.502,00	9.004,00	11.255,00
10.000.000	1.366,20	2.277,00	4.554,00	9.108,00	11.385,00
10.250.000	1.384,20	2.307,00	4.614,00	9.228,00	11.535,00
10.500.000	1.402,20	2.337,00	4.674,00	9.348,00	11.685,00
10.750.000	1.420,20	2.367,00	4.734,00	9.468,00	11.835,00
11.000.000	1.438,20	2.397,00	4.794,00	9.588,00	11.985,00
11.250.000	1.456,20	2.427,00	4.854,00	9.708,00	12.135,00
11.500.000	1.474,20	2.457,00	4.914,00	9.828,00	12.285,00
11.750.000	1.492,20	2.487,00	4.974,00	9.948,00	12.435,00
12.000.000	1.510,20	2.517,00	5.034,00	10.068,00	12.585,00
12.250.000	1.528,20	2.547,00	5.094,00	10.188,00	12.735,00
12.500.000	1.546,20	2.577,00	5.154,00	10.308,00	12.885,00
12.750.000	1.564,20	2.607,00	5.214,00	10.428,00	13.035,00
13.000.000	1.582,20	2.637,00	5.274,00	10.548,00	13.185,00
13.250.000	1.600,20	2.667,00	5.334,00	10.668,00	13.335,00
13.500.000	1.618,20	2.697,00	5.394,00	10.788,00	13.485,00
13.750.000	1.636,20	2.727,00	5.454,00	10.908,00	13.635,00
14.000.000	1.654,20	2.757,00	5.514,00	11.028,00	13.785,00
14.250.000	1.672,20	2.787,00	5.574,00	11.148,00	13.935,00
14.500.000	1.690,20	2.817,00	5.634,00	11.268,00	14.085,00
14.750.000	1.708,20	2.847,00	5.694,00	11.388,00	14.235,00
15.000.000	1.726,20	2.877,00	5.754,00	11.508,00	14.385,00
15.250.000	1.744,20	2.907,00	5.814,00	11.628,00	14.535,00
15.500.000	1.762,20	2.937,00	5.874,00	11.748,00	14.685,00
15.750.000	1.780,20	2.967,00	5.934,00	11.868,00	14.835,00
16.000.000	1.798,20	2.997,00	5.994,00	11.988,00	14.985,00
16.250.000	1.816,20	3.027,00	6.054,00	12.108,00	15.135,00
16.500.000	1.834,20	3.057,00	6.114,00	12.228,00	15.285,00
16.750.000	1.852,20	3.087,00	6.174,00	12.348,00	15.435,00
17.000.000	1.870,20	3.117,00	6.234,00	12.468,00	15.585,00
17.250.000	1.888,20	3.147,00	6.294,00	12.588,00	15.735,00
17.500.000	1.906,20	3.177,00	6.354,00	12.708,00	15.885,00
17.750.000	1.924,20	3.207,00	6.414,00	12.828,00	16.035,00
18.000.000	1.942,20	3.237,00	6.474,00	12.948,00	16.185,00
18.250.000	1.960,20	3.267,00	6.534,00	13.068,00	16.335,00
18.500.000	1.978,20	3.297,00	6.594,00	13.188,00	16.485,00
18.750.000	1.996,20	3.327,00	6.654,00	13.308,00	16.635,00
19.000.000	2.014,20	3.357,00	6.714,00	13.428,00	16.785,00
19.250.000	2.032,20	3.387,00	6.774,00	13.548,00	16.935,00
19.500.000	2.050,20	3.417,00	6.834,00	13.668,00	17.085,00
19.750.000	2.068,20	3.447,00	6.894,00	13.788,00	17.235,00
20.000.000	2.086,20	3.477,00	6.954,00	13.908,00	17.385,00
20.500.000	2.119,80	3.533,00	7.066,00	14.132,00	17.665,00
21.000.000	2.153,40	3.589,00	7.178,00	14.356,00	17.945,00
21.500.000	2.187,00	3.645,00	7.290,00	14.580,00	18.225,00
22.000.000	2.220,60	3.701,00	7.402,00	14.804,00	18.505,00
22.500.000	2.254,20	3.757,00	7.514,00	15.028,00	18.785,00
23.000.000	2.287,80	3.813,00	7.626,00	15.252,00	19.065,00
23.500.000	2.321,40	3.869,00	7.738,00	15.476,00	19.345,00

30. Ermäßigte Gebühren nach § 91 GNotKG

Wert bis	0,3	0,5	1,0	2,0	2,5
24.000.000	2.355,00	3.925,00	7.850,00	15.700,00	19.625,00
24.500.000	2.388,60	3.981,00	7.962,00	15.924,00	19.905,00
25.000.000	2.422,20	4.037,00	8.074,00	16.148,00	20.185,00
25.500.000	2.455,80	4.093,00	8.186,00	16.372,00	20.465,00
26.000.000	2.489,40	4.149,00	8.298,00	16.596,00	20.745,00
26.500.000	2.523,00	4.205,00	8.410,00	16.820,00	21.025,00
27.000.000	2.556,60	4.261,00	8.522,00	17.044,00	21.305,00
27.500.000	2.590,20	4.317,00	8.634,00	17.268,00	21.585,00
28.000.000	2.623,80	4.373,00	8.746,00	17.492,00	21.865,00
28.500.000	2.657,40	4.429,00	8.858,00	17.716,00	22.145,00
29.000.000	2.691,00	4.485,00	8.970,00	17.940,00	22.425,00
29.500.000	2.724,60	4.541,00	9.082,00	18.164,00	22.705,00
30.000.000	2.758,20	4.597,00	9.194,00	18.388,00	22.985,00
31.000.000	2.772,60	4.621,00	9.242,00	18.484,00	23.105,00
32.000.000	2.787,00	4.645,00	9.290,00	18.580,00	23.225,00
33.000.000	2.801,40	4.669,00	9.338,00	18.676,00	23.345,00
34.000.000	2.815,80	4.693,00	9.386,00	18.772,00	23.465,00
35.000.000	2.830,20	4.717,00	9.434,00	18.868,00	23.585,00
36.000.000	2.844,60	4.741,00	9.482,00	18.964,00	23.705,00
37.000.000	2.859,00	4.765,00	9.530,00	19.060,00	23.825,00
38.000.000	2.873,40	4.789,00	9.578,00	19.156,00	23.945,00
39.000.000	2.887,80	4.813,00	9.626,00	19.252,00	24.065,00
40.000.000	2.902,20	4.837,00	9.674,00	19.348,00	24.185,00
41.000.000	2.916,60	4.861,00	9.722,00	19.444,00	24.305,00
42.000.000	2.931,00	4.885,00	9.770,00	19.540,00	24.425,00
43.000.000	2.945,40	4.909,00	9.818,00	19.636,00	24.545,00
44.000.000	2.959,80	4.933,00	9.866,00	19.732,00	24.665,00
45.000.000	2.974,20	4.957,00	9.914,00	19.828,00	24.785,00
46.000.000	2.988,60	4.981,00	9.962,00	19.924,00	24.905,00
47.000.000	3.003,00	5.005,00	10.010,00	20.020,00	25.025,00
48.000.000	3.017,40	5.029,00	10.058,00	20.116,00	25.145,00
49.000.000	3.031,80	5.053,00	10.106,00	20.212,00	25.265,00
50.000.000	3.046,20	5.077,00	10.154,00	20.308,00	25.385,00
51.000.000	3.060,60	5.101,00	10.202,00	20.404,00	25.505,00
52.000.000	3.075,00	5.125,00	10.250,00	20.500,00	25.625,00
53.000.000	3.089,40	5.149,00	10.298,00	20.596,00	25.745,00
54.000.000	3.103,80	5.173,00	10.346,00	20.692,00	25.865,00
55.000.000	3.118,20	5.197,00	10.394,00	20.788,00	25.985,00
56.000.000	3.132,60	5.221,00	10.442,00	20.884,00	26.105,00
57.000.000	3.147,00	5.245,00	10.490,00	20.980,00	26.225,00
58.000.000	3.161,40	5.269,00	10.538,00	21.076,00	26.345,00
59.000.000	3.175,80	5.293,00	10.586,00	21.172,00	26.465,00
60.000.000	3.190,20	5.317,00	10.634,00	21.268,00	26.585,00

Soweit höhere Werte anfallen, sind die in der Tabelle B (S. 384 ff.) ausgewiesenen Beträge um 60 % zu kürzen. Zu diesem Ergebnis gelangt man, indem man die vollen Gebührenbeträge mit 0,4 oder mit 40 % multipliziert.

E. Prozess- und Verfahrenskostenhilfe

31. Einzusetzendes Einkommen und Freibeträge

I. Einzusetzendes Einkommen

§ 115. Einsatz von Einkommen und Vermögen. (1) ¹ Die Partei hat ihr Einkommen einzusetzen. ² Zum Einkommen gehören alle Einkünfte in Geld oder Geldeswert. ³ Von ihm sind abzusetzen:
1. a) die in § 82 Abs. 2 des Zwölften Buches Sozialgesetzbuch bezeichneten Beträge;
   b) bei Parteien, die ein Einkommen aus Erwerbstätigkeit erzielen, ein Betrag in Höhe von 50 vom Hundert des höchsten durch Rechtsverordnung nach § 28 Abs. 2 Satz 1 des Zwölften Buches Sozialgesetzbuch festgesetzten Regelsatzes für den Haushaltsvorstand;
2. a) für die Partei und ihren Ehegatten oder ihren Lebenspartner jeweils ein Betrag in Höhe des um 10 vom Hundert erhöhten höchsten durch Rechtsverordnung nach § 28 Abs. 2 Satz 1 des Zwölften Buches Sozialgesetzbuch festgesetzten Regelsatzes für den Haushaltsvorstand;
   b) bei weiteren Unterhaltsleistungen auf Grund gesetzlicher Unterhaltspflicht für jede unterhaltsberechtigte Person 70 vom Hundert des unter Buchstabe a genannten Betrages;
3. die Kosten der Unterkunft und Heizung, soweit sie nicht in einem auffälligen Mißverhältnis zu den Lebensverhältnissen der Partei stehen;
4. Mehrbedarfe nach § 21 des Zweiten Buches Sozialgesetzbuch und nach § 30 des Zwölften Buches Sozialgesetzbuch;
5. weitere Beträge, soweit dies mit Rücksicht auf besondere Belastungen angemessen ist; § 1610a des Bürgerlichen Gesetzbuchs gilt entsprechend.

⁴ Maßgeblich sind die Beträge, die zum Zeitpunkt der Bewilligung der Prozesskostenhilfe gelten. ⁵ Das Bundesministerium der Justiz gibt jährlich die vom 1. Juli bis zum 30. Juni des Folgejahres maßgebenden Beträge nach Satz 3 Nr. 1 Buchstabe b und Nr. 2 im Bundesgesetzblatt bekannt.[1] ⁵ Diese Beträge sind, soweit sie nicht volle Euro ergeben, bis zu 0,49 Euro abzurunden und von 0,50 Euro an aufzurunden. ⁷ Die Unterhaltsfreibeträge nach Satz 3 Nr. 2 vermindern sich um eigenes Einkommen der unterhaltsberechtigten Person. ⁷ Wird eine Geldrente gezahlt, so ist sie anstelle des Freibetrages abzusetzen, soweit dies angemessen ist.

(2) Von dem nach den Abzügen verbleibenden, auf volle Euro abzurundenden Teil des monatlichen Einkommens (einzusetzendes Einkommen) sind unabhängig von der Zahl der Rechtszüge höchstens achtundvierzig Monatsraten aufzubringen, und zwar bei einem einzusetzenden Einkommen eine Monatsrate von

(Euro)	(Euro)
bis 15	0
50	15
100	30
150	45
200	60
250	75
300	95
350	115
400	135
450	155
500	175
550	200
600	225
650	250
700	275

---

[1] Siehe unten II.

(Euro) (Euro)
750 300
über 750 300 zuzüglich des 750 übersteigenden
Teils des einzusetzenden Einkommens.

(3) ¹Die Partei hat ihr Vermögen einzusetzen, soweit dies zumutbar ist. ² § 90 des Zwölften Buches Sozialgesetzbuch gilt entsprechend.

(4) Prozeßkostenhilfe wird nicht bewilligt, wenn die Kosten der Prozeßführung der Partei vier Monatsraten und die aus dem Vermögen aufzubringenden Teilbeträge voraussichtlich nicht übersteigen.

II. Freibeträge

Bekanntmachung zu § 115 der Zivilprozessordnung (Prozesskostenhilfebekanntmachung 2014 – PKHB 2014) vom 6. Dezember 2013[1]

Das Bundesministerium gibt bei jeder Neufestsetzung die maßgebenden Freibeträge im Bundesgesetzblatt bekannt.

Die ab dem 1. Januar 2014 maßgebenden Beträge, die nach § 115 Absatz 1 Satz 3 Nummer 1 Buchstabe b und Nummer 2 der Zivilprozessordnung vom Einkommen der Partei abzusetzen sind, betragen
1. für Parteien, die ein Einkommen aus Erwerbstätigkeit erzielen (§ 115 Absatz 1 Satz 3 Nummer 1 Buchstabe b der Zivilprozessordnung), 206 Euro,
2. für die Partei und ihren Ehegatten oder ihren Lebenspartner (§ 115 Absatz 1 Satz 3 Nummer 2 Buchstabe a der Zivilprozessordnung), 452 Euro,
3. für jede weitere Person, der die Partei auf Grund gesetzlicher Unterhaltspflicht Unterhalt leistet, in Abhängigkeit von ihrem Alter (§ 115 Absatz 1 Satz 3 Nummer 2 Buchstabe b der Zivilprozessordnung):
   a) Erwachsene 362 Euro,
   b) Jugendliche vom Beginn des 15. bis zur Vollendung des 18. Lebensjahres 341 Euro,
   c) Kinder vom Beginn des siebten bis zur Vollendung des 14. Lebensjahres 299 Euro,
   d) Kinder bis zur Vollendung des sechsten Lebensjahres 263 Euro.

Übersicht über die Freibeträge

Partei	452,00 Euro
Ehegatte oder Lebenspartner	452,00 Euro
je weitere Person, soweit gesetzlich geschuldeter Unterhalt geleistet wird,[2]	
Erwachsene	362,00 Euro
Jugendlicher zwischen 15 und 18 Jahre	341,00 Euro
Kind zwischen 7 und 14 Jahre	299,00 Euro
Kind bis 6 Jahre	263,00 Euro
Erwerbstätigenfreibetrag	206,00 Euro

III. Berücksichtigung von Fahrtkosten zur Arbeitsstelle

Fahrtkosten zur Arbeitsstelle sind vom Nettoeinkommen abzuziehen. Die überwiegende Rechtsprechung hatte sich bislang an den unterhaltsrechtlichen Leitlinien orientiert und pro gefahrenem Kilometer (Hin- und Rückweg) 0,30 Euro berücksichtigt.[3] Nach a. A. sollen gem. § 3 Abs. 6 Nr. 2 Buchst. a der Durchführungsverordnung zu § 82 SGB XII Fahrtkosten nur mit monatlich 5,20 Euro je Entfernungskilometer einfache Wegstrecke anzusetzen sein.[4] Der

---

[1] BGBl. I S. 4088.
[2] Es sei denn, es wird ein geringerer Unterhalt gezahlt; dann ist nur dieser Betrag maßgebend.
[3] OLG Karlsruhe AGS 2009, 549 = FamRZ 2009, 1424; FamRZ 2008, 2288; FamRZ 2008, 69; OLG Nürnberg FamRZ 2008, 1961; OLG Jena AGS 2009, 549 = FamRZ 2009, 1848; OLG Zweibrücken FamRZ 2006, 436.
[4] OLG Koblenz FamRZ 2009, 531; OLG Brandenburg FamRZ 2008, 158; OLG Bamberg OLGR 2008, 501; OLG Zweibrücken FamRZ 2006, 799; OLG Düsseldorf FamRZ 2007, 644; OLG Stuttgart OLGR 2008, 36.

BGH[1] hat bestätigt, dass diese Berechnungsmethode nicht zu beanstanden sei und dass sich bei Berechnung der Fahrtkosten nach den Unterhaltsleitlinien deutlich überhöhte Abzugsbeträge ergeben dürften, die in vielen Fällen nicht der Realität entsprechen würden. Er hat diese Methode – da es nicht darauf ankam – jedoch (noch) nicht als unzulässig angesehen. Die die Begrenzung des Fahrtkostenabzugs auf Fahrtstrecken von bis zu 40 Entfernungskilometern ist jedoch nicht anzuwenden.[2]

Die Pauschale von monatlich 5,20 Euro je Entfernungskilometer deckt aber nur die Betriebskosten einschließlich Steuern ab.[3] Zusätzlich sind konkret nachgewiesene Anschaffungskosten eines für den Weg zur Arbeit erforderlichen Fahrzeugs als besondere Belastung im Sinne des § 115 Abs. 1 S. 3 Nr. 4 ZPO a.F. (§ 115 Abs. 1 S. 3 Nr. 5 ZPO n. F.) zu berücksichtigen.

---

[1] AGS 2012, 473 = MDR 2012, 930 = FamRZ 2012, 1374 = FuR 2012, 547 = NJW-RR 2012, 1089 = FamFR 2012, 395 = RVGreport 2012, 359 = FF 2012, 378 = DAR 2012, 578 = JurBüro 2012, 534 = FamRB 2012, 377; MDR 2012, 1182 = FamRZ 2012, 1629 = NJW-RR 2012, 1281 = ZfSch 2012, 710 = JurBüro 2012, 657 = FF 2012, 423 = FamFR 2012, 476 = RVGreport 2012, 438 = FamRB 2012, 375.
[2] BGH MDR 2012, 1182 = FamRZ 2012, 1629 = NJW-RR 2012, 1281 = ZfSch 2012, 710 = JurBüro 2012, 657 = FF 2012, 423 = FamFR 2012, 476 = RVGreport 2012, 438 = FamRB 2012, 375.
[3] BGH MDR 2012, 1182 = FamRZ 2012, 1629 = NJW-RR 2012, 1281 = ZfSch 2012, 710 = JurBüro 2012, 657 = FF 2012, 423 = FamFR 2012, 476 = RVGreport 2012, 438 = FamRB 2012, 375.